金石文獻叢刊

金石萃編

四

【清】王昶 撰

上海古籍出版社

金石萃編卷一百三十五

賜進士出身 誥授光祿大夫刑部右侍郎加七級王昶譔

宋十三

澹山巖詩刻二十四段

石高二尺八寸廣二尺六寸七行行八字正書

尚書駕部員外郎監零陵郡事尹瞻

發巢元化精嶄巖大塊坼骸若盤古時呀然巨靈擘狀
怪嘔風雷勢遡吞山澤寒暑中外分居僧甘窟宅

又 高一尺九寸廣一尺六寸三分八行行八字正書

郡進士蔣緯

風生崖木響靄散洞門寬幽徑盤危入青天一面看三
冬僧定暖五月客游寒縱有通神筆亦應圖出難
嘉祐六年正月廿四日孫州院孔目官裦上石并書

又 高二尺七寸廣一尺三寸三分六行行十四字正書

尚書都官郎中通判軍州事樂咸

門開巖底洞沈沈竇乳雲泉失路深香石峭峰千載異
龍潭幽穴四時陰僧居築室隨高下客到留題見古今
南出零陵一舍地清瀟堤上好追尋
治平三年正月十五日書

又 橫廣四尺五寸高三尺五寸十八行行廿一字正書

蔣之奇字穎尗

零陵水石天下聞澹山之勝難具論初從巖口入地底
始見殿閣開重門乃知茲洞最殊絕洞內金碧開祇園
寬平可容萬人坐仰視有若覆盎盆虛明晃宜朝日照
陰晦常有靈雲屯盤虬夭矯垂乳下異獸奕兀巨石蹲
香山一株在崖壁人跡悄絕不可捫靈仙飛遊亭此供
常駕飇馭乘雲軒我來正逢秋雨霽氣豁開廓陽景溫
呀然雙亢露天半龍絡萬象將并吞只疑七竅混沌死
五竅亡失兩竅存神奇遺跡未泯滅至今猶有斧鑿痕
雲床石屏極隈隩昔有居士嘗潛蟠避秦不出傲晦召

美名遂入賢水源咸通嘗爲二虵窟元暢演法虵輒遷
從茲其中建佛刹棲隱不復聞世喧惜哉此境久埋沒
但與釋子安幽禪次山子厚愛山水探索幽隱窮晨昏
朝陽追逬若就猊石角禿髯如遺髡豪篇矜夸過其實
稱譽珉石爲璵璠瓌觀珎賓欲奄有不到勝處天所慳
嗟予至此駭未覩不暇稱讚徒驚歎恨無雄文壓奇怪
好事略與二子班蕪詞願勒喦上石勿使歲久字滅漫
熙寧九年正月廿二日過此書

又 高二尺六寸五分廣一尺五寸六行行十字正書

一景曲彎彎初遺号澹山崖邊煙草亂石上雨苔斑客

往長時望僧居永日閑幾迴將欲去心只在巖間

熙寧九年丙辰歲安定胡奕題

又高七尺四寸廣三尺二寸五分七行行十九字廿字不等行書

山谷老人黃庭堅

去城二十五里近天與隔盡俗子塵春畫秋蠅不到耳
夏涼冬暖揔宜人巖中清磬僧定起洞口綠樹僊家春
惜哉淡山世未顯不得雄文鑱翠珉
淡山淡姓人安在徵君避秦亦不歸石門竹徑幾時有
瑤臺瓊室至今疑山中明潔坐十客亦可呼樂醉舞衣
闕州城南果何似永州淡巖天下稀

又橫廣二尺八寸高一尺九寸十五行行九字十字不等行書

進士蔣𩆜

風生崖木響霧散洞門寬幽徑盤危入青天一面看三
冬僧定暖五月客遊寒縱有通神筆亦應圖出難

昔郡守王公世則遊是嵓讀此詩至青天一面看輒
驚歎曰嵓中奇処此句道盡遂相与為詩友士大夫
雖傳誦此詩至今終不知其因今復易新刻并叙其
事以示觀者建中靖國改元中春望日四世孫務敏
謹識

又三行行十三字行書此刻在蔣𩆜詩之左

古木懸秋月空雲結洞天嵓中人不見歸去竟忘年

時為巡撫願書□來遊□□□□□□□□□□識

又高四尺七寸五分廣三尺千行行十四五六字不等行書

乖暇率僚友訪澹山巖閱　御書清談久之偶成以
豁其思

棠陰蕭爽訟詞稀乘暇齋莊一陟危　雲漢昭回　神
聖畫珠璣焜燿古今詩清談習習風聲起薄暮霏霏雨
腳垂它日　玉堂誇勝踐畫圖應展淡山奇

同遊者為譙讜國曹宗文元伯廬江何兌太和長沙
何谷應求臨江何昌辰利見吳興沈充彥端　宣和

二年歲在庚子季冬二十有七日江夏黃同學古書

又高三尺四寸廣一尺五寸廿二行行十十一十二字不等行書

建炎庚戌上春十有三日用之同文叢先輩偶遊澹
山巖長老琦公接余于寺外且曰不預探知不獲遠
接余笑謂之曰訓狐不相報否琦老即謂余曰提刑
道力行不動塵鬼神容有不知余嘉其不以偽告而
味其言之高也因成二詩以答其意借用山谷老人
韵江都尙用之

我來訓狐無所聞老人戲我不動塵道愧未嘗分寸得
心灰要似尋常人斷崖危絆藤蔓古殘僧靜對桃李春

次山不過過山谷倖口妙何垂堅珉
嵓深樹綠春長在嵓暝雨霽雲初歸天要護持有神物
蛇去因果無狐疑石田藥臼誰與刻香山乳竇苔生衣
未問城南閬州比此景自是寰中稀
又橫廣二尺七寸高一尺五寸五分
十一行行七字九字不等篆書
渡過瀟江日巳暱影和明月共三人名嵓近郭別州少
好事更誰如我眞絶頂有天浮碧樹凌秋無暑斷紅塵
終當早棄人間事來與山僧作並隣
紹興乙丑七月嵎谷游何蕭卿乘月獨遊淡巖書事
兼簡零陵宰君李兄秀實

又高六尺二寸廣二尺五
寸七行行十四字正書
起仰高山積有年忽看巖竇鎖雲煙一塵不到非凡地
六月當知不暑天昔有秦人嘗穴處世從山谷始名傳
品題自古因人重我謾邀僧煮石泉
清源留鈞端父嘉定丁丑抄冬八日行郡來遊與僧
文思酌衡嶽茗誦山谷詩徜徉久之因識歲月
又高四尺八寸八分廣二尺二寸二分六
行四行行十四字二行行廿二字正書
坤靈擘鑄天幻奇一到偲凡覺兩岐處士清風存萬古
詩翁雅句見當時洞深不礙烟雲遶丹就那知日月遲
更上層臺瞻佛像媿無法語勸狐疑

郡丞三山王子申挈家偕臨汝董叔雲□蒲同遊昔
嘉定庚辰孟冬九日男憲孫頴孫侍行因賡唐律以
紀歲月云
又高三尺八寸廣二尺七
寸十行行十四字行書
郡丞晉陵張友仁仲父目紹定庚寅二月十六日遊
澹巖賦水調歌
石屋勢平曠峭壁幾巉嵓妙哉天造地設誰復謂神剜
嚀昔浩翁題品曾說人寰稀有豈特冠湘南趣取脚輕
健相與上高寒　避秦者君莫問意其間祖龍文密至
今草木尙愁顏贏得功成丹鼎久矣乘風而去踪鶴與

驂鸞猶有白雲在鎖日繞禪關
又高三尺四寸廣二尺七寸十
一行行十三四字不等正書
澹氏人安在縹緲九霄間我來唯有石屋周覽百尋寬
一曲中分夷險兩扇空光平布滿洞貯清寒高致自堪
仰何必論金丹　屈賢士知此意薄秦官一牀一枕依
然猶伴白雲閑門外倍塵如海門裏道心如水談笑足
回瀾此事無今古不信叩嵛山
伊維吳千能守瀟湘八閱月迺得游淡巖眞天下奇
觀也賦水調刻諸石弟千兒子奕侍客蔣灤曹昌佑
偕行紹定庚寅淸明日

又橫廣三尺六寸高三尺一寸八行行七字正書

紹定六年歲在癸巳二月二十六日郡丞嘉興婁續

祖題永州淡嵒

嵒扃寂寂幾經春中有神僊隔世塵不假棟樑爲大廈
盡藏今古往來人

又橫廣二尺二寸高一尺六寸十五行行十二三字不等行書

憶昔游淡嵒文社四爲侶相逢各年少抱負俱有素訓
狐聖得知夜半叫巳妻主人知客來倒屣相告語且言
龍王神多有靈異處慇懃扣科名吉兆齊確許未成三
先達陞績霄漢去轉眄三十載獨我尙困沮行將買餘

勇猶幸有孤往乘興偶重游寓敬香一炷再拜問龍王
前約何可負朱衣願點頭成就在此舉擬欲鑱堅珉紀
此一奇趣

浯溪郭三聘次尹紹定癸巳中秋偕唐可大周衡仲
重遊感舊賦詩問訊龍王之神刻翠誓以彰靈跡姑
俟異日殊老證明

又高三尺五寸三分廣三尺九行行十四字正書

爲愛溪山來永州黃茅白葦使人愁驅車遙指前峯去
峯在瀟江最上頭江轉峯回景奇絕澹山嵌竇眞天設
摩抄丹竈酌石泉騎驢曾遊今幾劫徵君徵君苦避秦
一秦人又一秦人青山踏破無扃鐍何地堪逃世上塵

景定壬戌四月望郡從事眉山文有年題於是吾宗
默庵開堂之三日也

又橫廣三尺六寸高二尺一寸十行行七字行書

永州淡巖天下稀山靈妙斵涪翁知蹲猊翔鳳獻頡異
中有僊佛來娛嬉我生骨相□氷雪心境相□□懌悅
緣輕自笑來巳遲猶見巖前古時月

景定壬戌陳宗禮書　住山應遠上石

又高二尺九寸廣二尺六寸六行行十字行書

巖實天下奇黃詩天下稀洞明無所隱石執爭欲飛雷

鼓今猶在澹仙何未歸磨崖文斷滅苔蘚却成衣

景定癸亥中秋二日會稽張遠猷書

又此刻在張遠猷之左三行行八字十字不等行書

使君得佳句簡存如猗那着之巖石中千古不可磨

住山門僧紹瑤謹誌

又高三尺二寸廣一尺四寸十三行行五字七字不等正書

舟艤澹巖前巖扃不記年臺高先得月石透可通天洞
古依禪刹碑殘紀昔賢勝遊回首望林麓鎖雲煙

景定甲子仲冬蜀東如齋文子璋自道之吉艤舟岸
下挈家來遊男起傳道傳侍

又橫廣三尺高一尺八
寸十行行七字行書

清江趙口口

巖扃一里鎖煙霏天下名山此本稀硬石穿空誰運斧
寒冰滴雪欲添衣仙遊塵外杜蘿老僧住山間笋蕨肥
自嘆微官猶縛我倘容卜築定忘歸

咸淳壬申九月范陽同年示及零陵三題率然爲荅
甚愧妍唱

又石橫廣四尺高三尺五寸
十六行行十四字正書

荆湖南路轉運使尚書祠部員外郎俞希孟

火星巖

信美眞靈宅呀然洞府通 皇家尊盛德南夏享陰功
廟貌鄰炎帝峯名比祝融遊人思所謂無獨愛嵌空

朝陽巖

旭日多橫照幽巖得粹華次山名此地瀟水匯其涯峭
壁生雲葉危根濺浪花終携羨門侶晨坐蒸朱霞

澹山巖

巖腹潛雲搆清泉十畝間天開盤古穴人識寶隨山壞
深煙嵐濕高僧歲月閑 聖時無逼客佳境付禪關

又石橫廣三尺九寸高一尺九寸五分
廿三行行十一十二三字不等草書

澹巖六韻奉呈 遜叔侍郎兼寄惠照禪老

河南潘正夫

祝融之南近湘濱地口口開闢翠珉金闕不關口世設
丹葩爭巖洞宮春遲留杖屨辯眞慣悵望煙蘿入夢頻
口巃空口巘河客口口多失避秦人口口石棧仙風迴
鄰對巖扉口色新借問詩翁與禪伯如何口口許爲鄰
遜叔嘗約寺
僧讀書巖中

次韻奉和 蒙著太尉澹山見示長句

澹巖宛在進江濱多少篇章刻翠珉聞道 鳳凰將九
子恰逢花木正中春是日春分杖游豈爲知名久歷覽縣知
嘯侶頻林外鳥聲應報 客溪頭梅子已生人茆荚

信我無 三頤物象因君遂一新試 口携筇採靈草
口口何必與口鄰

按澹山巖詩刻二十四段凡五七言古近體詩二
十八首内一首重出水調歌詞二闋詩不見錄於紀事
詞不見錄於詞綜作者及題名姓氏可見者三十
六人而泐者不與焉其見于史傳者四人蔣之奇
巳詳前卷彼但有題名而無歲月此則刻詩而署
云熙寧九年正月廿二日題名當亦同此時也山
谷老人黃庭堅題七古詩二首豫章黃先生文集
亦載此二詩皆無歲月攷年譜崇寧二年留鄂州

十一月有宣州誥命三年自潭州歷衡州永州全州靜江府以趨貶所三月洎浯溪十四日到永州有題淡山巖詩二首是此詩作於崇寧三年三月也廬江何兌太和史有何兌者昭武人附見忠義馬伸傳伸依程頤門以學受中庸以歸兌復受學于伸伸歿兌嘗輯其事狀但傳不言其宦和時有官永州之事未知即一人否也陳宗禮字立之淳祐四年進士累宜煥章閣選祕書監以監察御史虞處言追兩官送永州居住景定四年拜侍御史此題在景定三年壬戌正居住永州時也此外有

倘用之見宋詩紀事載蒙亭倡和長句張洵倡倘用之和有序略曰嘉祐中經略與公及即伏波巖之左以爲亭名蒙漕使李公師中記而鐫於巖之崖亭久堙廢記亦湮滅紹聖改元龍圖閣胡公宗回帥桂林憲使梁公出其家藏蒙亭記以覲胡公斥基而新之云云詩從粵西詩載錄出此題是建炎庚戌距紹聖改元又三十七年不知即一人否紀事不詳用之事跡而此則著其貫爲江都人姑識以備攷餘俱無攷

李屯田勸農示

石高三尺六寸廣二尺三寸十行行十七字正書

勸農事　　提刑屯田員外郎李　　每因讀刑禁旬狀見人民多因小事爭鬭致有殺傷雖骨肉至親不相容忍此深可哀憫蓋勸農親民官不本教化所致今後令佐須曉諭鄉老令勸率子弟勉於田農孝養父母內外和順不相欺凌民無爭則無橫死自然天道與人事相應無水旱凶災令佐不得輕遠方以爲不可教誨況此人民曉事教誨必聽切在遵稟

大宋嘉祐六年辛丑六月一日龍隱岩釋迦寺傳天台祖教沙門□□上石

蘇文忠獨遊南山詩

石横廣三尺二寸高二尺六寸十行行十字正書

獨遊南山詩

趙郡蘇軾子瞻

壬寅重九以不與　府會故獨遊至此有懷舍弟子由

花開酒美曷不醉來看南山冷翠微憶弟淚如雲不散望鄉心與鴈南飛明年縱健人應老昨日追歡意已違不向秋風强吹帽秦人不笑楚人譏

元祐庚午秋天王院僧□□

鳳翔府天興縣尉林□

按此詩文忠自署云趙郡蘇軾子瞻史傳稱爲眉州眉山人郎顥蘋撰墓誌銘亦稱世家眉山此獨題趙郡其詩以施注蘇詩本校之此首在續補遺卷中題云壬寅重九不預會獨遊普門寺僧閣有懷子由此題則云壬寅重九以不與府會故獨遊至此有懷舍弟子由彼此互有詳略東坡先生年譜嘉祐七年壬寅先生年二十七官於鳳翔傳稱嘉祐五年調福昌主簿歐陽修以才識兼茂薦之秘閣試六論除大理評事簽書鳳翔府判官即是時也陝西通志普門寺在鳳翔府東一里唐建有

王建吳道子壁畫其日獨遊南山者似是指府西北三十里之雍山即水經注雍水出雍山者也鳳翔有山皆在西北東北而南面無山此詩云來看南山冷翠微者亦借用陶詩悠然見南山語非實有所指也詩中與集本不同者花開酒美曷不醉集作花開酒美盍不歸此顯然是集誤是時文忠官府判不預府會故云曷不醉若云盍不歸則無謂矣不向秋風強吹帽集作不問亦訛末題元祐庚午秋庚午爲元祐五年殆立石之年歟

韓愷墓誌銘

石高廣俱二尺四分十八行行十八字正書在安陽縣

韓愷墓誌銘并序

叔祖開府儀同三司行刑部尚書同中書門下平章事昭文館大學士監修　國史上柱國儀國公琦撰并書

愷字和仲余姪殿中丞公彥之次子母仁壽縣君張氏愷天性孝謹初識禮義讀書彊記而善屬文嘉祐三年秋方應進士舉而兄確物故是冬其父病愷躬進藥劑晝夜侍側不解帶者累月及父之亡也哀毀過甚不能自抑既而感疾遂不可治五年四月二十二日卒時年

二十噫愷之所稟可謂粹美矣使天稍畀以年則其治家也有不順而睦乎其得仕也有不忠而幹乎奈何乎吾家之不幸而賦命之短也七年十一月二十九日因余妻安國夫人崔氏之葬乃於相州安陽縣新安村先塋東百步之近得地吉用丙穴以葬愷銘曰

秀而不實夫子之嗟哀哉愷兮遽如是邪

碑云愷字和仲余姪殿中丞公彥之次子又云乃于相州安陽縣新安邨先塋東百步之近得地吉用丙穴以葬愷蓋附國華冢也方志載韓氏墓甚詳獨遺愷墓賴有碑碣以存之耳　中州金石記

按韓琦瑛文結銜有行刑部尚書史傳載嘉祐元年召爲三司使未至迎拜樞密使三年六月拜同中書門下平章事集賢殿大學士六年閏六月遷昭文館大學士監修國史封儀國公未嘗有行刑部尚書也宰輔表嘉祐元年八月癸亥韓琦自三司使加檢校少傅依前行工部尚書樞密使三年六月丙午自樞密使工部尚書依前官加同平章事集賢殿大學士監修國史是表之所有工部尚書傳并略之而碑之行刑部尚書表亦略之一系銜之微而碑與表傳互異若此

石林亭唱和詩

石高三尺九寸二分廣一尺九寸共十六行行二十七字正書額題京兆唱和四字篆書在麟遊縣

石林亭詩

翰林侍讀學士尚書禮部郎中永興軍路安撫使兼知軍府事劉敞

朝廷入忩返山林往不還念無高世姿聊處可否間築基傚崔嵬鞭石輕險艱羣玉相磊落萬峯正孱顏種樹亦蒼蒼激流復潺潺潤澔欵在眼崑閬若可攀自我嬰世網迴冰鬢毛斑丘壑誠若爽簿書常自環及爾滅聞見曠如遠塵寰豈敢同避世庶幾善閉關子牟困懷魏謝傳悲徂山茲焉可遺老詎猷終歲閑

次韻和

將仕郎守大理評事簽書鳳翔府節度判官廳公事蘇軾

都城日荒廢往事不可還唯餘故苑石漂散尚人間公來始購蓄不憚道里艱盡從塵埃中來對冰雪顏瘦骨拔凜凜蒼根漱潺潺唐人惟奇章好石古莫攀盡令屬牛氏刻鑿紛斑斑嗟此本何常聚散實循環人失亦人得要不出區寰君看劉李末不能愛河關況此百株石鴻毛於太山但當對石飲萬事付等閑

嘉祐七年十二月十五日　將仕郎守縣尉兼主簿事李郃書

登仕郎試秘書省校書郎守鳳翔府麟遊縣令郭九齡建

按石林亭倡和詩刻在陝西鳳翔府麟遊縣今陝西通志古蹟不載石林亭其詩倡者劉敞和者蘇軾施注蘇詩編此詩在嘉祐六年辛丑十二月按東坡先生年譜不載此詩先生以六年十二月赴鳳翔任初到匆匆似不暇與安撫倡和況李郃書此詩在七年十二月十五日則詩亦當以七年作

恐原編或有誤也此詩題云次韻和劉京兆石林亭之作石本唐苑中物散流民間劉購得之詩有云唐人唯奇章好石古莫攀盡令屬牛氏刻鑿紛班班注引白樂天太湖石記云今丞相奇章公嗜石於此物獨不謙讓東第南墅列而置之以甲乙丙丁品之各刻于石陰曰牛氏石甲之上丙之中乙之下按奇章公牛僧孺也劉敞字原父臨江新喻人傳稱其累以識論與衆忤求知永興軍拜翰林侍讀學士碑系銜有尚書禮部郎中稽之東都事略及史傳皆略簿尉李部縣令郭九齡無攷

昌黎五箴

石高三尺五寸六分廣二尺二寸四分二十四行行三十二字篆書

五箴并序

昌黎韓愈

狄道李宗書

人患不知其過既知之不能改無勇也余生三十有八年髮之短者日益白齒之搖者日益脫聰明不及於前時道德日負於初心其不至於君子而卒爲小人也昭昭矣作五箴以訟其惡云

游箴

于少之時將求多能早夜以孜孜于今之時既飽而嬉早夜以無爲烏呼余乎其無知乎君子之棄而小人之歸乎

言箴

不知言之人烏可與言知言之人默焉而其意已傳幕中之辯人反以汝爲叛臺中之評人反以汝爲傾汝不懲邪而呶呶以害其生邪

行箴

行與義乖言與法違後雖無害汝可以悔行也無邪言也無頗死而不死汝悔而何宜悔而休汝惡曷瘳宜休而悔汝善安在悔不可止悔不可爲思而斯得汝則弗

思

好惡箴

無諄而好不觀其道無諄而惡不詳其故前之所好今見其尤從也爲比捨也爲讐前之所惡今見其臧從也爲媿捨也爲狂維讐維比維狂維媿於身不祥於德不義不義不祥維惡之大幾如是爲而不顛沛齒之尚少庸有不思今其老矣不慎胡爲

知名箴

内不足者急於人知霈焉有餘厥聞四馳今日告汝知

名之法勿病無聞病其晦晦昔者子路惟恐有聞赫然
千載德譽愈尊矜汝文章負汝言語乘人不能掩以自
取汝非其父汝非其師不請而教誰云不欺欺以賈憎
掩以媒怨汝不曾悟以及於難小人在辱亦克知悔及
其既寧終莫能誡既出汝心又銘汝前汝知不顧辱則
宜然

大宋嘉祐八年春二月初吉

宣和六季三月既望男玠摹上石　姚彥刊

右昌黎五箴書之者爲狄道李宗山谷跋是書作李
康年又有李康年篆書心經跋云江夏李康年字樂

道是宋一名康年而樂道其字也東坡亦云江夏李
康年博學好名小篆尤精二公精于書法自應不爽
但此書似于肉勝略無淸健瘦硬之氣乃山谷云樂
道白首心醉六經所著書章程句斷不類今時書生
晚悟篆籀下筆自可意直木曲鐵得之自然秦丞相
斯李少監陽冰不知去樂道遠近也得無張之太過
知名箴云昔者子路惟恐有聞赫然千載德譽愈尊
其解嘗論與今絕異細思此解實爲有理是卽君子
恥聲聞過情之意也不知韓公論語筆解中亦作如
此箋註否存金石
寂於宋不甚著名筆格方整可觀惜其有譌體處書
家所不避也關中金石記

按昌黎五箴據舊刻朱子校昌黎文集有不同者
數處序文不能改無勇也集作是無勇也游箴于
少之時集作余少之時既飽而僖集僖作嬉好惡
箴無誇而好集作無善而好注云善方從杭蜀作
悖此碑作誇是與杭蜀本同誤而不顚怖集作沛
知名箴怖焉有餘集作需辱則宜然集作禍亦宜
然注云禍亦方作辱則似方本多取石刻而朱子
則從本集原文也此箴李宗以嘉祐八年書而男

玠以宣和六年上石耳玠無記跋不能知其摹刻
之由

妙德禪院明覺殿記

碑高五尺八寸廣三尺三寸七分十七行行二十五字正書在耀州

耀州妙德禪院新修明覺殿記

朝奉郎尙書職方員外郎知同州軍州兼同州牧及
管內勸農事上騎都尉賜緋魚袋借紫雷簡夫撰

鄉貢進士劉口書

明覺禪師唐異僧也葬於泗而塔祠焉稱曰大聖泗之
南有淮水東注涉歷夏秋積雨入淮其水大漲波勢奔

激直衝泗州之城而城不被水害若陰神靈應庇護使
然天下談釋者皆曰大聖力也豈其然哉耀州城中有
佛廟曰妙德禪院僧智燈者嘗詣泗州叩請於塔下塑
像以歸於是設屋爲殿置像於中而庇覆焉目其殿曰
明覺凡計瓦木工匠巳費三百餘萬皆燈能致之殿既
成燈自耀來同請文於予曰耀之民久畏水灾以明覺
常有功於泗我教以平等爲心俾又有功於耀使耀之
民事明覺也如泗之民又焉知明覺之功止於泗而不
及於耀也嗚呼耀州其城當漆沮二水之間每歲自初
春後民斂□增固捍提以禦水勢民亦勞矣而一歲之

間常恐恐乎飄溺又其危矣今燈者惻此而有爲謂其
應驗決不欺可謂其靈莫測者也嘉祐八年六月一日
記
造明覺殿功德主沙門智燈立石
前□正僧□□
維□僧□□　□□□
狄道李□

仁宗飛白書帝字
碑高七尺一寸廣二尺七寸分上下截上截中書飛白帝字左十七字右二十二字下截記十九行行二十四字正書隷額
在醴陵縣招福寺

勅建大招福寺家佛堂　住持宗敬提點法□
帝　寶
賜進士翰林院學士陳　合山僧衆詣
陵祕白行禮酌奠化財
臣充友人陳□審甚母屈于緱氏之野開使人來告
曰□不幸少孤今年春老母以天年終京師歸葬於
此未幾而　先皇帝棄羣臣遺制之來斬焉在衰
絰之中無籍以通不得與於朝晡之臨招福寺昭陵
復土不得列於同軌之末拊心自悼閒則抱　賜
書以泣賜書者嘉祐八年正月　先皇帝遣中使

所賜　御飛白字也其下寶書存焉泣已則又私
自念寺祝白君賜如是雖巾箱之秘神明所護非鏤
金石不足以久貧無以家唯先墓之廬有置錐焉將
刋諸琬琰爲不朽之觀俾千萬年子孫寔寵嘉之較
之吾鄉人以組負遺弓而號者不猶愈哉予狀吾意
臣詞議不得命因應曰善恭惟　先皇帝之德在
臣民在草木在鳥獸其遺風餘烈在史官在宗廟在
曼世之傳其在筆畫文字者特其土苴緒餘雖然聽
政之隙不用之於田獵聲色而留意藻翰如是之精
非天縱之聖孰能與此哉陳□河南人少取進士弟

有名聲於朝而善爲文其拜賜也方爲祕書丞集賢校理觀其意可知其人時嘉祐八年冬十一月十日京西諸州水陸計度轉運使兼制置本路營田勸農使朝奉郎尚書兵部員外郎充集賢校理輕車都尉賜緋魚袋借紫臣吳充謹記并書丹

朝奉郎守殿中丞知河南府緱氏縣事騎都尉臣陳知和題額

臣王易摸刻

碑上層爲飛白書帝字旁題云勅建大招福寺家佛堂賜進士瀚林院學士陳帝字下有寶畫下層爲吳

充記所述陳□喪母在家先帝棄羣臣因刊御書于先墓之廬也賜書者嘉祐八年正月亦見記中翰林作瀚林尤前人所未有宋史本紀云至和七年幸寶文閣爲飛白書分賜從臣歐陽修歸田錄云仁宗萬幾之暇無所翫好惟親翰墨而飛白尤爲神妙也玉海亦多稱仁宗飛白書 中州金石記

億按宋仁宗賜陳繹飛白帝字以充所記賜在嘉祐八年正月其刻在是年十一月蓋仁宗已升遐而繹追感立石于招福者也按大蘇集仁宗皇帝御飛白記爲王詵作亦以其父舉正慶歷中所賜端敏二字刻石而傳之然則當時宸翰所頒爲世秘寶久矣飛白字自唐以下余所收及者僅此是又可珍也吳充題銜京西諸州水陸計度轉運使兼制置本路營田勸農使朝奉郎尚書兵部員外郎充集賢校理輕車都尉賜緋魚袋借紫證之宋史本傳惟云歷知陝州京西淮南河東轉運使亦太闕略宜互證於此碑也又輿服志太宗太平興國二年詔朝官出知節鎭及轉運使副衣緋綠者並借紫今銜名借紫之名由此宋史陳繹傳繹開封人攷充所記乃云河南人又云繹喪其母居於緱氏之野緱氏地亦近河南或上世

占籍開封而繹現居河南充故以此書之宜有據也繹本傳爲館閣校勘集賢校理刊定前漢書居母憂詔卽家讐校今碑云爲秘書丞集賢校理正相符 偃師金石錄

韓國華神道碑

碑高一丈四尺廣六尺二寸三分三十四行行九十字正書篆額在安陽縣

大宋故太中大夫行右諫議大夫上柱國南陽縣開國男食邑三百戶賜紫金魚袋贈開府儀同三司太師中書令兼尚書令魏國公韓公神道碑銘 并序

推忠協謀同德守正佐理功臣樞密使特進檢校太

師行禮部尚書同中書門下平章事上柱國河南郡
開國公食邑六千八百戶食實封二千四百戶富弼
撰
翰林學士兼侍讀學士朝散大夫尚書吏部郎中知
制誥充史館脩撰判館事輕車都尉太原郡開國侯
食邑一千八百戶食實封二百戶賜紫金魚袋王珪
書
武寧章友直篆額
丞相衛國公使以書來告曰我先人没于大中祥符四
年春三月之甲申葬于慶曆五年春二月之己酉雖論

行有狀誌壙有銘載于史有傳施之幽顯不爲無述然
墓在吾里相州安陽縣之新安村有窆棺之碑存諸隧
公與我游又嘗陪議軍國於二府知吾家爲詳宜爲
我列先人事實刻于其上以表于道燦然使後世覩之
者曰此　有宋賢臣之墓可信不惑不待鉤考而後
見則吾志畢矣予曰諾按春秋晉侯有子食韓原其後
遂以韓命氏六卿裂晉自王又有以韓國爲氏者子孫
散適諸郡國其在昌黎者最爲著姓　公即昌黎之
裔也遠者歷世不絶遠祖從居深州之博野四代祖曰
乂賓事唐僖宗爲鎮冀深趙等州節度判官檢校太子

左庶子兼御史中丞時巢寇亂中原其帥王景崇檄諸
鎮兵大破之謀皆出於庶子庶子生二子其季曰昌辭
於公爲曾王父終于眞定府鼓城令鼓城生璆爲王父
少自力學工爲歌詩與晉人李崧徐台符深相善名重
一時任廣晉府永濟令避亂又從居趙郡之贊皇台符
爲作詩哀其不達而終其詩甚悲崧乃以其弟之女妻
其子構即公之考妣也考始居于相以文章稱尤妙書
奏諸侯府爭辟之能致之者即一府口治嘗宰貝州之
淸河始至與民約曰屈法撓人等事吾斷腕不爲惟思
利者爲若力之民於是大說然亦畏伏絲毫不敢犯歷

事周晉二代以世亂亦不得進入　宋埶祖平南
海偏選守臣乃命知康州未幾以太子中允卒于官公
漸顯累贈工部尚書有子四人公於次爲第三諱國華
字光弼幼而警絶鄉舉進士　太宗初口口平與
國二年甲科授大理評事通判瀘州代還遷右贊善大
夫會　詔與相帥擇賢佐改彰德軍節度判官凡從
官者率以鄉里爲難至則歛鋒鍔一聽以恩公時年尚
少處之氣益勁不爲少損有民李氏者怙富殺人乃厚
以賄州之上下爲汨其情將不寘於死公持之盡抉其
姦隱李卒弃市由是諸豪憚之疊足不敢動公每出按

嘗儼然未嘗妄視里人毎置酒睹曰有見其左右顧者
飮之至罷去竟不得飮時國用方僮牛倚闕賦乃升秘
書省著作郎監上蔡稅以監察御史　召彈擊有稜
角巖然望高于臺閣屬　天子議復燕薊擇庭臣
曰安得勇而善辭令者爲我諭高麗出兵西攻契丹以
分其力則吾事可不勞而集旣曰非韓某不可卽假以
太常少卿爲使公馳舸至其國其王負固不時奉
詔公坐館舍遣王書責以慢命且稱　朝廷威德
之盛諸僭僞悉已擒滅遂欲北取故疆以雪晉恥而委
王以方面者其意不巳重乎王惟我中國是賴可以得

志諸囗雖暫勤而衆寳王長世之利也今若不勉
天子怒一日大兵東出先誅不用命者如決海灌爝
火王其無悔王大恐奔走率職明日遣太相韓光元輔
趙抗領兵數萬度浿江以侵契丹且令光等率諸將詣
館門聽命公待以陪臣禮爲指畫方略銜勸而慰遣之
師期未集公又累與王書奬激勸礪使不得少懈復問
曰深入攻之邪姑挑戰也王報曰已深入矣公得其肝
膽遂復命　天子大喜拜右拾遺直史館　面
賜五品服章兼判登聞院入三司爲開坼推官公囗開
坼司主出納三部文籍置推官其名不正宜更判事之

號辱　詔改主判三司開坼司遷左司諫充鹽鐵判
官久之契丹大將蕭寧遣使叩雄州約和州將劉福信
之以聞　天子因思高麗功立命公走雄州按其
事亦令代福作報書索其情僞寧之意欲我先發公固
願息兵以養民然念國體不可屈書十餘反終不許復
意其譎而有謀乃謝使者急令備邊還奏　天子
又大喜益愛其才故事凡曲燕五品以下官非隸館閣
者不預時　燕侍臣于苑中公以在鹽鐵例罷史局
不得入侍　天子特命直昭文館三司判官兼館
職自公始旣又歷判鹽鐵度支戶部三勾院改左計司

判官主計者嫌其守囗囗囗下審讞于　帝帝雅
信公郞曰　詔揔判三勾賜三品服章仍令宰相召
于政事堂諭旨讞者大沮公圖報益自奮條三司不便
事二十七上之官民偕利後無以易者遂爲著法俄出
爲京東轉運副使卽拜峽路轉運使峽爲險遠一路官
俸薄不可責以廉公奏益之至今峽中官德公不巳
眞宗卽位入判大理寺自始登尙書秩至是凡五
遷爲職方郞中出知河陽徙潞州會契丹由梁門入寇
河朔分兵略太行其鋒甚銳潞人恐公以精騎屯吳兒
谷扼其奔衝賊遂不敢犯其境又率本道糧以餉朔軍

王師大濟　帝嘉之褒以璽書景德初契丹再寇
澶淵縣請脩好　朝廷以其多變詐使絕域者難其
人人亦憚其往故首命公假祕書監爲國信使江南飢
又遣巡撫專一道之政還　朝權開封府判官出知
曹州拜太常少卿徙泉州　天子封泰山擢爲諫
議大夫　召歸道病卒于建陽驛泉人聞之傾一州
來會哭久不忍去　朝廷舉䘏典賜一子官所以慰
其旅魂也公儀相魁碩有偉量與人接坦然必盡其誠
不露形跡亦不設機鍵尤篤於孝友常恨祿不逮親居
多感涕凡俸賜悉分惠宗黨不問疏密姑姊數人孀且

老皆迎歸奉之以終其身又爲外姻之貧者畢嫁娶復
與營其生事教子合悉用經術而濟之以嚴法得任子
不與奏蓋欲使其自致也故諸子多能踐其世科公沒
後布衣者尚三人焉噫公年十九時已入官壽雖止五
十五而其閱從政者幾四十年可謂久矣事　兩
朝不懈夙夜　國家每有急難處必首被選委又在
討庭更八任不得解迹其所從來不爲不遇中外望歸
謂必大用　天子亦屢欲用之而公素方整守道
權倖者多不說故每爲其所閒而止公惟所任莫不竭
其力不以抑墜自蔑而遂浮沈于時向若得所用如人

之所望者經綸設施布宣光昭其爲功德非古賢孰與
校之哉娶羅氏諫議大夫延吉之女鄭王紹威之孫封
宜城縣君六男球湖州德清尉瑄將作監主簿琚司封
員外郎兩浙轉運使琓河陽司法參軍璩祕書省著作
佐郎或自科舉或由蔭授方以才名並進而不幸繼亡
琦相　仁宗皇帝被　遺制立　今天
子爲門下侍郎兼兵部尚書同中書門下平章事昭文
館大學士衛國公位臨天下勳冠列辟以公積德儲慶
所宜身享厚祿然恨早世不克待其發而發于丞相丞
相以似以繼其傳之者又可涯邪二女歸于衛尉卿高

口寧丞相貴累贈公與祖尚書曾祖永濟三代並太師
中書令兼尚書令又啓魏燕冀三國皆追封爲公妣羅
氏祖妣李氏曾妣史氏亦以魏燕齊三國追封爲太夫
人銘曰
士孰不官　公官獨難　使臨東夷　跨海渺漫　掐
麾出師　勢分狄患　王始偃强　恃遠且艱　覘部
抹剌　不奉以虔　公怒移書　以何以言　口以禍
福　日星之觀　王雖島酋　聞義惕然　發兵餽糧
革頑易慳　對廬稽蕳　伏命館門　能俾遠夷
舉國奔職　不憚己勞　不畏險隙　又俾强虜　歛

其毒螫　二邦口公　一舉斯得　獮走朔陲　議收
戈戟　坐策立判　虜姦不施　不爲其欺　國不挫
威　兩使外禦　天子再怡　益之衆美　大用是宜
而卒不用　讒人之爲　復不永年　道卒遐裔
與考同之　勤官攸致　位不都躬　華于幼嗣　曰
將曰相　勲德名世　本支原流　公得何異　何以
畀之　天相其類　天實使然　人亦靡然　口口口
然　其昭昭然
嘉祐八年十一月十四日建
中書省玉冊官王克明鑱億刊

案碑後載國華娶羅氏諫議大夫延吉之女鄭王紹威之孫封宜城縣君据魏公爲太夫人胡氏墓誌云夫人父諱覺始仕孟氏名在朝籍乾德三年太祖平兩川例遣歸闕生夫人於京師久之不得調卒夫人從母李氏適故秦王牙吏王慶王被譴左右皆得罪家族無依遂以夫人歸於太師是胡氏爲諫議側室文生魏公於泉州亦當以附書然富公撰碑獨不稱者亦以嫡統之金石正例也若懶眞子云國華嘗仕於蜀蜀中士人胡廣善相術與魏公所述名覺者異又胡覺既亡歸夫人於韓氏實不出自覺而懶眞子傳聞之詞不足据依予故附此爲辨之以見野聞不可信如此後載武寧章友直篆額友直見二體石經周禮殘碑有其名皇宋書錄章友直字伯益又引國朝會要云嘉祐六年二月一日國子監言草澤章友直篆石經畢詔補將作主簿友直自以不願仕進免官乃賜銀百兩蓋其人辭榮守約不以藝自衒故得其所篆於此額尤爲可尙篆額例與撰書人並列友直獨自居於後當以草澤自安也安陽縣志

按此乃韓魏公琦之父碑也撰者富弼字彥國河南人宋史宰輔表嘉祐八年四月英宗即位五月戊午授弼樞密使檢校太師行禮部尙書同平章事與碑系銜合傳則但言召爲樞密使餘官及河南郡公俱不載書者王珪傳載字禹玉成都華陽人後徙舒累官知制誥知審官院爲翰林學士知開封府遭母憂除喪復爲學士兼侍讀學士碑所系尙書吏部郎中充史館修撰不見于傳碑立于嘉祐八年十一月韓琦以英宗嗣位爲仁宗山陵使加門下侍郎封衛國公其時尙是嘉祐八年碑文首云丞相衛國公使以書來告云云是也若進封魏國公在治平元年五月皇太后還政之後拜

右僕射之時此碑標題不知何以云魏國公也又中與國華本傳校略有不同者升祕書省著作郎傳作著作佐郎出爲京東轉運副使傳無副字天子封泰山擢爲諫議大夫尋作右諫議大夫六男球瑄琚琉璩琦而傳不録球瑄傳云改兵部員外屯田郎中京東轉運使碑不載員外郎中兩官又碑云拜峽路轉運使傳則誤作川陝路官益陝峽二字易訛傳云加都官郎中入判大理寺碑不載都官郎中此皆碑傳互異者也碑所載使高麗事在雍熙三年語與高麗傳合而韓光越抗領兵度

涓江等事則高麗傳略焉契丹蕭寧叩雄州約和事國華本傳在淳化二年而劉福傳不載信之以聞之事餘俱碑傳大同碑載公之四代祖乂資以下及公之考構歴世事蹟詳見魏公安陽集自撰重修五代祖塋域記大致與此同不具録据碑國華以大中祥符四年卒慶歴五年葬至是嘉祐八年立碑葢卒後三十四年而後葬葬後十八年而後立碑宋時風尚如此若唐人無是事也

金石萃編卷一百三十五終

金石萃編卷一百三十六

宋十四

賜進士出身 誥授光祿大夫刑部右侍郎加七級王昶譔

晝錦堂記

碑高八尺八寸六分廣四尺八寸四分十八行行三十九字正書篆額在安陽縣

端明殿學士尚書禮部侍郎蔡襄書丹

尚書刑部郎中知 制誥邵必題額

仕宦而至將相富貴而歸故鄉此人情之所榮而今昔之所同也葢士方窮時困阨閭里庸人孺子皆得易而侮之若季子不禮於其嫂買臣見棄於其妻一旦高車

駟馬旗旄導前而騎卒擁後夾道之人相與駢肩纍迹瞻望咨嗟而所謂庸夫愚婦者奔走駭汗羞媿俯伏以自悔罪於車塵馬足之間而莫敢仰視此一介之士得志於當時而意氣之盛昔人比之衣錦之榮者也惟大丞相衛國公則不然公相人也世有令德爲時名卿自公少時已擢高科登顯仕海内之士聞下風而望餘光者葢亦有年矣所謂將相而富貴皆公所宜素有非如窮阨之人僥幸得志於一時出於庸夫愚婦之不意以驚駭而夸耀之也然則高牙大纛不足爲公榮桓圭衮冕不足爲公貴惟德被生民而功施 社稷勒

之金石播之聲詩以耀後世而垂無窮此公之志而士亦以此望於公也豈止夸一時而榮一鄉哉公在至和中嘗以武康之節來治於相乃作晝錦之堂于後圃既又刻詩於石以遺相人其言以快恩讎矜名譽為可薄蓋不以昔人之所夸者為榮而以為戒於此見公之視富貴為如何而其志豈易量哉故能出入將相勤勞

王家而夷險一節至於臨大事決大議垂紳正笏不動聲氣而措天下於泰山之安可謂 社稷之臣矣其豐功盛烈所以銘彝鼎而被絃歌者乃邦家之光非閭里之榮也余雖不獲登公之堂幸嘗竊誦公之

詩樂公之志有成而喜為天下道也於是乎書尚書吏部侍郎參知政事歐陽脩記

治平二年三月十三日 太子賓客知相州趙良規立石 潯陽蹇偁刊字

蔡君謨妙得古人書法其書晝錦堂每字作一紙擇其不失法度者裁截布列連成碑形當時謂百衲本故宜勝人也 廣川書跋

晝錦堂在鼓樓西順治間掘地得是碑今移城東南隅祠內端重嚴勁絕類魯公尚有醉白堂記韓魏公先塋碑惜未寓目 金石續錄

右晝錦堂記文稱大丞相衛國公按韓忠獻於皇祐中封南陽郡開國公嘉祐中入相進封儀國公英宗嗣位改衛國公後又改魏國公碑立于治平二年三月猶稱衛國則魏國之封當在其後宰相表于治平元年閏五月已書魏國公者誤也此記俗本亦誤作魏蓋後人不知忠獻嘗封衛公而以意改之耳 潛研堂金石文跋尾

此宋韓琦以丞相判鄉郡建于居第者也琦第別有榮歸虛心二堂其後曾孫肖胄守相又建榮事堂襄字方正爲一代絕手此碑尤名于時乃別體不乏寫

功从刀矜从子學書者宜棄其短也 中州金石記

案皇宋書錄學宮刻晝錦堂記相州元刻云書丹而此本聞諸老先生云以墨跡摹於石今碑題蔡襄書丹正與書錄符及覽河朔訪古記云庭西晝錦堂記碑一通至元間再摹而刻已非舊觀矣然碑仍稱書丹與相州元刻合蓋當時必有舊拓本規度於石迄時人多以忠惠之跡溢美不容於口故爲揭其所自以昭眞賞云 安陽志

按晝錦堂記歐陽脩撰文忠公集與宋文鑑皆載此記今取以互校有不同者而莫敢仰視歐集無

此五字原注云一有此五字得志於當時集無於字原注云家本有於字然則高牙大纛集亦作大纛原注云一作旆不動聲氣集作不作聲色原注云一作氣此碑與集之不同也昔人比之衣錦之榮者也文鑑無者字僥幸得志於一時文鑑無一字益不以昔人之所夸者爲榮文鑑無之字此碑與文鑑之不同也魏公以觀文殿學士拜武康軍節度使知并州久之求知相州嘉祐元年召爲三司使未至迎拜樞密使記所謂公在至和中嘗以武康之節來治於相乃作晝錦之堂于後圃計其

時當卽在至和元年至嘉祐元年卽內召矣其後以嘉祐六年閏八月遷昭文館大學士監修國史封儀國公至嘉祐八年四月進封衛國公歐公亦以嘉祐六年閏八月除參知政事益同知政府兩年始作此記記後又兩年相人始刻于石也書丹者蔡襄史傳但載其乞爲杭州拜端明殿學士以往不言其官尙書禮部侍郎東都事略則云襄召拜翰林學士三司使英宗親政數問大臣襄如何人因襄數請告英宗曰三司事務繁多襄久在病告何不更用人後夏人犯邊又曰軍須未備三司

當擇人襄聞之不自安遂求知杭州卽拜端明殿學士遷禮部侍郎知杭州此碑系銜無知杭州字則書此碑當在治平元年未知杭州以前矣篆額者邵必史附邵亢傳亢之從父墨池編云餘之族丹陽人字不疑舉進士爲上元主簿國子監立石經必今本宋史此下皆作餘善篆隸召充直講遷爲唐書編修官累爲京西轉運使入修起居注知制誥碑系銜有尚書刑部郎中則傳所略書畫跋跋謂刻碑須書丹乃神若係百衲不知若何入石如用朱塡則益失眞云云可知明時上石不知用雙鈎之法也若如

今時就墨跡上用墨筆雙鈎再用朱筆描其背由是上石不致失眞且于墨本不損雖百衲無傷矣惟字經百衲則有雜湊之迹而失顧盼之神未爲佳耳

宋球玉華山詩

石橫廣四尺七寸五分高二尺五寸七分二十九行行十七字正書在鄜州宜君縣

留題玉華山詩

西河奐上之書

太常博士簽書坊州判官事矣球

玉華山

玉華山來自何處巋巍拔立陵䨥熛上有千雲切霄之
蒼松下有迸崖漱玉之清泉長河西來翻山足燐火白
日明峯巔浮嵐暖翠入窗戶六月殿閣風泠然我來豈
暇弔古迹俛仰但喜遺躅喧心魂澄澈耳目醒如脫世
故遊神僊平明却入俗塵去回首煙蘿羞滿顔

玉華寺

一逕入雲巒遊人高下行絲蘿垂紺巘屏壁削層城山
氣蒸衣濕松風灑面清野僧遺萬事飽聽石泉聲

次韻奉和

國子博士知坊州軍州事張道宗

玉華山

玉華山形巒嶙峭白晝莽蒼常生煙近村百家濕翠黛
險崖千尺深寒泉山根宛轉抱河曲河流倒影浸碧巔
文皇性熱不奈暑當時宮此安徙然得非遍選天下勝
真如茲地無煩喧暫遊已覺非俗骨久駐直恐成真仙
何當借得神畫筆寫縮十幅圖彝顔

玉華寺

殿閣依山古尋春開客行誰知唐帝館今在梵王城禾
黍傷時變松篁入夜淸惟餘碧巖溜依舊昔年聲

治平三年四月一日文林郎試秘書省校書郎守宜
君縣尉兼主簿張詢立石　鄜州李玉鐫

宮在縣西三十里唐書地理志貞觀二十五年置玉
華宮宮在縣北四里鳳皇谷永徽四年廢爲寺舊云
縣有玉華山宮以山名據此知山實以宮名也金於
此置玉華鎭書史會要冀上之字冠卿西河人楷書
師歐陽率更關中金石記

張峋玉華山詩

石横廣三尺三寸五分高二尺一寸十五行行十四字正書

玉華山詩

著作佐郎滎陽張峋子堅

河東冀上之書

玉華山誰窮遠近百里迴旋勢方盡削成蒼玉倚青天
氣象軒軒獨奇俊黃河哮顒摧崑崙一峯飄落如龍蹲
白雲低垂半巖腹茫茫日輪平地奔驚湍瀑流飛雨歷
松根巉巖裂石壁洞門晝閉不知深仙人瓊漿滿杯碧
飢鼯啼煙猿嘯風子規聲哀愁滿容山鳥嚶嚀繞喬木
唯有黃鸝鳴嚦嚦翠華迢迢來避暑飄然陵雲欲輕舉
當時此地最清涼九成翠微不足數玉輦聲斷宮殿閑
大龍飛去騎難攀川巒如舊人事變但見明月留空山

治平丙午五月望

游玉華山記

石横廣四尺一寸五分高二尺七寸五分三十四行行二十四字正書

縣宜君縣西南行四十里有山夾道而來者玉華也其南门野火谷有石常然望之如爨煙而莫知其所自也野火之西曰鳳皇谷則唐置宫之故地也蓋其初有九殿五門而可記其名與處者六其正殿爲玉華其上爲排雲又其上爲慶雲其正門爲南風南風之東爲太子之居其殿曰耀和門曰嘉禮知其名而失其處者一曰金飈門也今其尺垣隻瓦無有存者過而覽之但見野田荒草而榛莿也其西曰珊瑚谷蓋嘗有别殿在焉珊

瑚之北曰蘭芝谷昔太宗詔沙門元奘者譯經於此其始曰肅成殿後廢而爲寺云中有石巖嶄然有成下有鑿室可容數十人有泉懸焉勢若飛雨有松十八環其側皆生石上高可十尋端如植筆其西且南有崖曰駐蹕其始入也雙壁屹然如削石而成既至其處若視甕側有泉飛而下如懸布如噴珠其名曰水簾稍北有崖與泉亦若是而差小焉治平三年夏五月丁巳余與六人者來游乃相與坐石蔭松聽泉而飲之已而覽故宫以裴回問遺事於田老方嚣然不欲歸而余與六人者或有官守或有事牽其勢不可久留既宿而遂去然而相視有不足之色余爲之言曰夫山林泉石之樂奇偉之游嘗在乎窮僻之處而去人迹甚遠故必爲野僧方士與夫幽潛之人所據而有也然幽潛之人知好之而力不足以營之惟佛老之說可以動人故其徒常獨有力而危亭廣廈眺覽之娱莫不爲其所先也夫以有唐之盛窮天下之富建宫於此隨而廢没而杜甫乃其時人過之且有悲傷之感至或形於歌詩獨寺僧之徒更相傳而不息迄于今而尚存則雖天下之力亦有屈於此歟以太宗之賢致治之美宜其愈久而彌傳也今問諸遺老無所稱道而彼元奘者特一浮屠耳然說者至

爲荒怪難知之語以增大其事豈人之情常樂於放僻而易忘於中正哉又豈物之盛衰廢興亦各有時而此特其盛時也歟斯可爲之歎息也若夫太宗之賢天下之力猶不能長有此也則吾曹可以一寓目而足矣又何必以不久留爲恨哉然荒崖窮谷之崎危發宫頽址之蕭條雖累歲月未嘗有一二人游焉而余與六人者同時而來亦可謂之盛哉六人者余兄子堅弟嶧與太原石繼和公美河東郎几康伯温陵陳說君豫西河冀上之冠卿也壬申滎陽張緡子望記上之書　李玉鐫

按元一統志玉華山在宜君縣西南四十里有唐

建玉華宮宋雍熙初於此獲一角獸時以爲麟又野火山在縣西南七十里卽碑所謂野火谷也碑又云野火之西曰鳳皇谷則唐置宮之故地也其西曰珊瑚谷蓋嘗有别殿在焉珊瑚之北曰蘭芝谷沙門元奘譯經於此宜君縣志蘭芝谷在縣西五十里嘗產蘭芝故名鳳皇谷在縣西南五十里昔有五色雀見于此元奘譯經已詳唐碑聖教序跋茲不贅玉華宮制度見冊府元龜已詳前卷惟碑所稱其殿曰耀和冊府元龜曰暉和爲異唐書地理志宮在坊州宜君縣北四里此碑則云宜君

縣西南四十里爲玉華山其南曰野火谷谷西曰鳳皇谷唐宮之故地則與唐書云縣北四里者不合疑唐時縣治别也宜君縣唐屬坊州今因元明之舊屬鄜州撰記者張縉字子望前碑作詩者張晌字子堅其兄也皆榮陽人無傳可攷前詩作于治平丙午五月望益三年也此碑以治平三年五月丁巳來遊壬申作記距遊之後十六日矣據遼史朔考是月甲寅朔初四日丁巳十九日壬申是作記在作詩之後四日也

浯溪題記十九段

石橫廣一尺八寸七分高一尺四寸八行行六字隸書在永州府祁陽縣

湖南轉運判官屯田郎中沈紳治平四年季春丙子訪浯谿元子次山故居讀中興頌唔臺中堂右堂三銘游琬侍行

又 石高二尺二寸八分廣一尺六寸八分五行行八字正書

宋昭遡遵道李公度唐輔張處厚德甫徐聳及之鞏固固道周漸彥升同遊浯溪熙寧二年十月二日

又 石高二尺七寸五分廣一尺五寸八分四行行十字正書

浯溪

熙寧六年癸丑十月十九日尚書都官員外郎通判永

州柳應辰全家遊此

又 二行行十五字行書

予自上元促運江上至是凡十過此時元祐丁卯孟夏中休頫水陳宏公遠記

又 橫廣一尺六寸高七寸六行行二字正書

會稽蔚宗登此熙寧甲寅正月

又 橫廣一尺九寸六分高一尺四寸九行行六字行書

胡羯自干紀唐綱竟不維可怜德業淺有愧此碑詞

米黻南官五年求便養得長沙掾熙寧八年十月望經浯溪

攷元章生於皇祐辛卯至是纔二十五歲筆力縱勁
小技亦由天授也潛研堂金石文跋尾
又橫廣一尺五寸五分高一尺四寸五分七行行五字正書
不能歌不能吟瀟湘江頭千古心全家來游七日而去
熙寧丙辰歲柳應辰書
又石高一尺九寸一分廣一尺七寸九分六行行六字左行書
陶輔佐臣子遊梁立儀定國子格之同遊黃諫子莊期
而未至元豐四年辛酉口月壬戌日題
又石橫廣三尺一寸高二尺七寸五分九行行八字行書
會稽錢昂紹聖二年八月十一日過永州祁陽縣觀顏

魯公所書元次山撰唐中興頌磨崖碑同明府陳行通
中宮寺新禪師登㾍亭峿臺游浯溪遂汎舟清湘自衡
潭北歸都下識之
又石高二尺八寸廣二尺一寸五行行七字行書
宛亭諡士口龍守零陵道口浯溪因率邑令戴字中儒
林同遊時大觀庚寅仲夏廿三日題
又石橫廣三尺五寸高一尺五寸七行行四字行書
白雲居士李伯魚自清湘北歸携家遊浯溪大觀庚寅
孟秋十八日題
又石高二尺九寸五分廣一尺四寸三篆字書中間餘字正書分寫兩旁

無相盦
河口薛公度施口浯溪寺口奉無相大士紹興二年以
月望日
又石高一尺六寸五分廣一尺三寸五分五行行十字隸書
河間劉堯自紹興戊辰得官茲邑迄丁丑歲三來于此
竟未能去十載之間奔馳往返江山如故每一登覽重
增感慨云季夏七日
又石橫廣二尺高一尺四寸五分六行行七字正書
河內李元老被 命假守清湘挈家來游紹興戊寅中
冬十六日書男耆明耆卑耆勲壻鄭种侍行

又石橫廣一尺八寸高一尺五寸五分八行行九字行書
開封趙彥橚被 命持節廣右道由浯溪拭目中興磨
崖碑頌遐想元顏二公風烈徘徊久之三歎而退時嘉
泰甲子季秋二十日客晉陵馮祖德同遊男炬夫焯夫
侍
佳山妙應上石
又石高三尺廣二尺四寸六行行九字正書
趙必愿假守清湘道出浯溪拜 二公之祠敬觀 先
君吏部遺刻整整一紀歲月易流不勝感慨竹洲洪口
成同行寶慶丁亥四月三日
又石高一尺三寸二分廣一尺一寸七行行七字正書

靜沙凌學龍因省兄宰浯溪以淳祐庚戌仲冬六日携
子斯義同藍田子九江柯鐩銓鑰金歷陽丁必達來遊
口三吾主人慧同

又石高三尺廣二尺二寸八分五行行七八字不等正書

咸淳戊辰中穐京兆楊履順偕廬陵周士楨賓峯胡興
祖匊門黃晉孫來遊姪口孫子益孫侍

又石高一尺七寸六分廣一尺六寸六行行八字正書

咸淳辛未重陽桂人唐復赴武安書記泊舟浯溪甥文
益壻蔣棟琴軒唐震之同遊二子寧生庚生從子眞玉
次元侍

按浯溪題記十九段綜其姓名得五十一人有可
攷者五人椰應辰見宋詩紀事武陵人寶元元年
進士仕至尚書都官員外郎永州通判容齋五筆
稱浯溪石上有大押字題云押字起於心心之所
記人不能知大宋熙寧十年甲寅歲武陵椰應辰
仍有詩云浯溪石上大江邊心記閑將此地鐫自
有後人來屈指四千六百甲寅年詩意不知所謂
今搨本未見據熙寧丙辰歲所題不能歌不能吟
瀟湘江上千古心與此正相類也此題熙寧六年
癸丑明年卽是甲寅乃熙寧七年容齋作十年者
傳寫誤也會稽蔚宗蔚姓不見於氏族陳繼儒太
平清話有錢塘關蔚宗景仁弟廬州使君也平生
好事多蓄書畫游宦交廣米芾海岳名言又稱其
金陵幔山樓有題榜疑卽其人偶不署姓耳米黻
題五言一絕記云南宮五年求便養得長沙掾熙
寧八年十月望經浯溪據史傳米芾字元章吳人宋詩紀事云襄陽人以母侍宣仁后藩邸舊恩補含光尉歷
知雍邱縣漣水軍太常博士知無爲軍召爲書畫
學博士擢禮部員外郎出知淮陽軍卒是未嘗爲
長沙掾也黃潛筆記云元章自署姓名米或爲芊
芾或爲黻史作米芾此題作米黻無疑卽一人芾
年四十九宋史紀事稱其官淮陽軍在大觀二年

其母嘗侍宣仁后在仁宗末年則芾之官長沙便
養母當在神宗時此題熙寧八年正卽其時也由
大觀二年逆推至熙寧八年約三十餘歲則官長
沙掾不及二十歲年幼官卑史文從略又據潛研
跋謂元章生于皇祐三年辛卯則熙寧八年爲二
十五歲至四十九歲爲元符二年則其官淮陽軍
不應在大觀二年宋史紀事恐誤史傳但云歷知
雍邱縣則長沙掾槩括于歷知一字中矣宗室傳

湘彥埔字文長悼王七世孫慶元初出知晉陵縣擢監登聞檢院出知汀州遷廣西提刑入爲戶部侍郎還湖廣總領知平江府轉寶謨閣待制卒此題云被命持節廣右當是遷廣西提刑時也甲子爲嘉泰四年趙必愿亦宗室也字立夫廣西經略安撫崇憲之子丁父憂居喪盡禮貽書問學于黃榦服除差充兩浙運司主管文字再考特差充提領安邊所主管文字差知全州陛辭乞下道江二州訪周惇頤之後此題卽其時也云敬觀先君吏部遺刻者謂其父崇憲安撫廣西時過此留題也

今搨本亦未見丁亥爲寶慶三年餘俱無攷

白龍池題記二十一段

石高二尺七寸五分廣二尺一寸五分六行行八九字正書

入內供奉官李舜舉被　命禱祀　帝岳奉香勝槩於
壽聖節日先致　青帝宮次詣白龍潭治平四年題
書吏李恭從行

又　石橫廣四尺八寸高三尺四寸五分八行行五字正書

兗守劉袞奉　詔祈雪于　岱宗登絕頂翌日謁　白
龍池之祠元祐丁卯孟春初四日奉符令林會題

又　七行行二字左行正書

回自百丈泉烹茶鼓琴以終清興

又　石高六尺三寸廣一尺四寸二行一十字一八字正書

貫道建欄於此以便遊者元祐丁卯正月八日

又　石高三尺四寸五分廣三尺二寸五行行四五字行書

山陽龔燕叢被　清檄權宰奉高因率兒姪輩遊此元
祐庚午中冬十一日

又　石高三尺九寸五分廣二尺四分五行行十一字正書

汴陽元永居士任紹承祖朝　嶽罷同青帝觀主楊若
冲遊太平頂同瞻覩白龍池聖跡時大宋紹聖三年二
月十五日謹題

又　白龍池三大字磨崖橫書下橫廣七尺二寸高二尺七寸又一方橫廣二尺七寸高一尺四寸四行行二字並左行正書

白龍池

德充忠玉國寶文仲紹聖丁丑三月九日

又　石高二尺七寸餘廣一尺五寸五分三行行六字正書

范陽邢輔再遊同魯國景元至丁丑三月廿六日

又　石高二尺七寸廣一尺五寸五分三行六字五字左行行書

東之丁丑十一月口日遊南正同至

又　石高四尺一寸廣二尺三寸三行行七字左行行書

元符庚辰七月晦趙習之徐安國弟居仁孫正仲同遊

又石高二尺七寸五分廣一尺七寸餘四行行五字左行行書

韓存中點檢岳祠修造同王濟之二游庚辰十月廿七日

又石高二尺七寸五分廣一尺九寸五分四行行五字六字左行正書

皇甫備徐端朝孫口同游建中靖國元年三月廿六日題

又石高二尺七寸五分廣一尺九寸五分五行行七字左行正書

奉符令李珪因捕蝗恭謁　白龍祠男彚侍行崇寧壬午孟秋初七日

又石橫廣二尺八寸三分高二尺七寸三分題記二此在右偏四行行七字行書其左偏元康兄題記

淥觀　蒲元康政和甲午重九日攜家來遊虧贄貴侍行

又三行行四字六字左行正書

自恭觀元康兄丙午政和乙未孟冬二十日

又石高二尺七寸三分廣二尺三寸五分四行行六字左行行書

長清董自恭謁　白龍池之祠罷酌泉石上時乙未孟冬中澣日

又石高二尺七寸五分廣二尺四寸五行行七字正書

莆陽陳國瑞子玉恭謁　白龍池之祠俯洞酌泉少憩而適政和丁酉夏前二日

又石高二尺七寸三分廣一尺五寸四分四行行六字左行行書

李顯道張公美李仲與張去塵庚子孟夏十九日同遊池上

又石高二尺七寸一分廣一尺五寸三分四行行五字左行行書

姜子正子方李晉道劉言可才文琳同來庚子四月

又石高三尺二寸七分廣二尺二寸七分三行行六字七字左行行書

鄆城李價弟倢姪韻隨侍遊此癸卯季春廿八日

又石高二尺七寸廣一尺四寸二行行五字正書

許大希祈雨取水嘗至此

右在嶽西傲來峰下白龍池石壁上平廣記二十餘

丈書曰龍潭口白龍池並大字其旁皆宋人題名尚未剜缺錄之得十五首其文略無重複自治平迄宣和六十年間人名字亦可以想見當日太平之盛而金元以降游道兵火名山奧區委之榛莽無復有顯名者矣金石文字記

右刻均在白龍池雙崖對峙南曰三元石北曰元圭石宋人題刻殆遍顧氏所采十五首皆在北崖之陽顯而易見者近來錢唐江鳳彝復搜得正書十六首均在南崖之陰幽暗陡險游跡罕至自熙寧迄政和內無年月者三首較顧氏所得又過之可見金石錚

求必由好古者親歷其地抉苔剔蘚而得之但憑工人摹拓所及往往十失五六是可慨矣金棨泰山志

按白龍池在岱岳西南麓泰安縣志云白龍池上有淵濟公祠旱禱輒應宋祥符中封白龍爲淵濟公建祠于此此題名中所謂白龍祠祈雨取水者是也題名徧南北兩崖金石文字記得十五段泰安縣志增補十四段合之得二十九段山左金石志所得搨本二十八段泰山志其搜得三十一段最爲詳備今祀所得搨本祇二十一段餘皆工人失搨者其文並見諸書所載茲不復補錄從其

實也綜計二十一段之中題名姓氏得四十四人内但署名而不署姓者八人無從詳攷其餘有可攷者入内供奉官李舜舉見宋史宦者傳字公輔開封人世爲内侍曾祖卽神福也仁宗時舜舉出爲秦鳳路走馬承受英宗立奏事京師此題治平四年被命禱祀帝岳奉香勝槩於壽聖節日先款青帝宮次詣白龍潭英宗本紀帝以正月三日生卽位之初以生日爲壽聖節治平三年十一月戊午帝不豫十二月乙未宰相祈于天地宗廟社稷史雖不言禱于嶽瀆山川據此題必因不豫而禱祀於帝岳也英宗以四年正月丁巳崩是月庚戌朔丁巳是初八日在壽聖節後而舜舉之禱祀尙應壽聖節也徐安國見孟宗寶洞霄詩集號春渚未詳其貫嘗題一詩于大滌洞而不詳何年未知與此所題之徐安國卽一人否也刁文叔見宋詩紀事云不知其名張橫浦子韶之友橫浦心傳錄載其春日旅中一絶句謂思致尤遠不止工也然亦未知卽此題之刁文叔否餘俱無攷

溫泉箴

石橫廣二尺八寸四分高二尺七分十八行行十四字正書在臨潼縣

溫泉箴

唐燕國公張說

虞部員外郎楊方平書丹

東山少連曰元冥氏之子曰壬夫安祇融氏之女曰丁辛俱學水仙是爲溫泉之神焉帝命之救萬靈鬱滯結腑藏達肯膝泄下人多賴上帝是崇有飛廉氏之佚女妬之常欲大凨其功故入溫泉必齋以洒心戒以防患恕以利物含生之疾我願除祇二神嘉之吹湯激邪珠連滙累渦汩揚華此其効也若入溫泉僻心穢行惡口淫形居食失節動出躁輕二神醜口不匡人命飛廉佚

女以祛髮人是走狂芒風瘍眩瞯之病夫有意之醫照合神理無悄之醫身爲慾使莫之益傷之者至矣是以君子愼其微也

治平丁未孟冬湖縣令尹光臣立石

吕義山子居至山子口同趨甘棠趙洋聖護送别于此就浴温泉而去元祐戊辰冬十二月十一日

按温泉在臨潼縣東南驪山下泉上有温泉宫天寶六載更名華清宫宫有湯井爲池唐帝皆嘗遊幸元宗特侈此箴爲唐張燕公所作至治平丁未縣令尹光臣重刻也丁未爲治平四年書者楊方

平史無傳

義田記

碑二石各高五尺許廣四尺許共三十二行行二十一字正書左下角空處刻文英跋亦正書在蘇州天平山范文正公祠

晉陵錢公輔譔

吳興趙雍書

范文正公蘇人也平生好施與擇其親而貧踈而賢者咸施之方貴顯時於其里中買負郭常稔之田千畝號曰義田以養濟羣族族之人日有食歲有衣嫁娶凶葬皆有贍擇族之長而賢者一人主其計而時其出納焉日食人米一升歲衣人一縑嫁女者錢五十千娶婦者二十千再嫁者三十千再娶者十五千葬者如再嫁之數葬幼者十千族之聚者九十口歲入粳稻八百斛以其所入給其所聚霈然有餘而無窮仕而家居俟代者預焉仕而之官者罷其給此其大較也初公之未貴顯也嘗有志於是矣而力未之逮者二十年旣而爲西帥以至於參大政於是始有祿賜之入而終其志公旣殁後世子孫至今修其業承其志如公存也公雖位充祿厚而貧終其身殁之日身無以爲斂子無以爲喪惟以施貧活族之仁遺其子而已昔晏平仲敝車羸馬以朝

陳桓子觴之曰君位之上卿祿之百萬而敝車羸馬是隱君之賜也晏子曰自臣之貴父之族無不乘車者母之族無不足於衣食者妻之族無凍餒者齊國之士待臣而舉火者三百餘家如此爲隱君之賜乎彰君之賜乎於是齊侯以晏子之觴而觴桓子予嘗愛晏子好仁齊侯知賢而桓子服義也又愛晏子之仁有等級而言有次序也先父族次母族次妻族而後及疏遠之賢孟子曰親親而仁民仁民而愛物晏子爲近之今觀文正公之義其與晏子比肩矣然晏子之仁止於生前而文正公之義垂於身後其規模遠舉又疑其過之嗟乎世

之人都三公位享萬鍾祿其邸第之雄輿馬之盛聲色之侈妻孥之富止乎一己而族之人不得其門而入者豈少哉況於施賢乎其下爲卿爲大夫爲士而廩稍之充奉養之厚足乎一己而族之人操壺瓢爲溝中瘠者又豈少哉況於賙人乎是皆文正公之罪人也公之忠義滿朝廷事業滿邊陲功名滿天下後必有良史書之者予可無書也獨書其義田以警於世云

舊本刻于天平山忠烈廟中有脫簡文英庚午歲任湖州安定山長求趙文敏公子仲穆書此本謹刻于書院忠厚堂之前庶以永其傳龍集至正庚寅孟秋

七月望日主宗祀八世孫文英識　裔孫伯仁摹勒

按此碑撰者錢公輔書者趙雍宋史公輔傳字君倚常州武進人仁宗朝累官知制誥英宗朝累知廣德軍神宗立拜天章閣待制知鄧州復知制誥與王安石異議出知江寧府徙揚州以病乞越改提舉景福觀卒計其歷官似距文正公卒後二十年碑不署銜疑爲後人所删文不著何年所作據范忠宣公以義莊規矩奏請于朝劄付蘇州在治平元年似公輔撰文亦在是時趙雍爲孟頫之子元史附見孟頫傳但云子雍以書畫知名不詳其歷官元詩選稱雍字仲穆夙慧有父風以蔭守昌國海寧一州歷官翰林院待制書譜引陶宗儀云官至集賢待制同知湖州路總管府事書史會要稱其工眞行草篆此碑以庚午歲文正八世孫文英任湖州安定山長求仲穆書碑當即仲穆官湖州路時庚午爲元文宗至順元年書碑後又二十年至庚寅歲爲順帝至正十年文英乃刻于文正公書院之忠厚堂文英跋稱義田記舊本刻于天平山忠烈廟中而不詳當時書者何人刻于何年天平山之有忠烈廟檢文正公集補編附錄明泰

和王直撰重修忠烈廟記稱文正公經畧西鄙西人仰公之德服公之化皆爲公置生祠宜和間宇文虛中爲慶帥言公忠於朝廷其功烈顯於西土至今猶廟祀益虔然廟未有額徽宗命以忠烈名之且爲題其楣凡廟之在西者皆易以新名然蘇猶未有也紹興以來西土皆陷忠烈之廟越在異邦蘇之守令與其士大夫謀曰蘇公故郡也而天平山則公祠墳在焉公之精神必往來乎此乃更作新廟揭忠烈之楣於廟門由是蘇始有忠烈廟歲久廟壞元至元乙酉嗣孫邦瑞士貴復新之此

天平山忠烈廟之緣起也東都事略載慶州賜額忠烈廟在宣和五年至南渡後天平山之建廟未詳何年檢褒賢集載文正公曾孫直方記云紹興乙卯自嶺海被召至行闕丙辰春出使至淮上始過平江時義宅已焚毀族人星居村落間一旦會集于墳山散亾之餘尚二千指云云而不言有廟其時紹興四五年間也周必大乾道丁亥泛舟游山錄有云忠烈廟具有文正以下畫像挂璧謁之丁亥爲乾道三年其時已有忠烈廟矣然則廟之建置不越紹興年間義田記初刻當即在是時其

以趙雍書重刻即在至元乙酉邦瑞新廟之後所謂龍集至正庚寅者是也然文英跋但云舊刻有脫簡不言亾佚不知趙書刻後舊碑亾于何時也義田之置史傳但言好施予置義莊里中以贍族人不言建置之年忠宣公奏立義莊規條則云臣父仲淹先任資政殿學士日於蘇州吳長兩縣置田十餘頃供給諸房宗族衣食及婚嫁喪葬之用墓誌銘則云公在杭盡以餘俸買田於蘇州號義莊以聚疏屬据年譜公之除資政在慶歴五年知杭州在皇祐元年自資政至知杭州相距五年此

五年中即置義田之時忠宣之奏在治平元年其時刊定規矩編類刻石則即以此時屬公輔發記以垂永久可懸揣而得也公此碑始附治平末宋史本傳稱仲淹唐宰相履冰之後其先邠州人也後家江南遂爲蘇州吳縣人年譜稱公遠祖博士范滂裔孫履冰爲唐丞相鸞臺鳳閣平章事世居河內四世祖隨唐咸通十一年由長鄉主簿遷處州麗水縣丞一支渡江中原亂離不克歸子孫遂爲中吳人蓋義田所贍之族人皆麗水丞之子孫即直方所見之二千指亦即分贍義田之族人也履冰見唐

書宰相表載初元年春官尚書范履冰同鳳閣鸞臺平章事又世系表云范氏後漢博士滂世居河內又文藝元萬頃傳云武后諷帝召諸儒論譔禁中萬頃與周王府戶曹參軍范履冰苗神客太子舍人周思茂右史胡楚賓與選蓋履冰在唐時固以文學著稱也文正自曾祖祖父皆仕吳越父隨錢俶歸宋終徐州節度掌書記文正生于徐州二歲而孤隨母適朱宋史傳云長山朱氏歐公神道碑富鄭公墓誌銘皆同年譜云淄州長山朱氏文正公集補編載文正公家傳作池州長山朱氏於是淄州之長山

與池州青陽縣之長山皆有公祠朱紹定中丁黼池州祠堂記謂青陽之長山一名讀山是公幼讀書之地至淄州之長山乃公隨所養父淄州長史朱文翰之地本名長白山也然攷淄州長山有醴泉寺饗堂嶺皆公幼讀書之所丁黼記謂在青陽恐未盡然此事史傳碑銘皆所未晰因附識之

題觀魚軒詩

石高三尺四寸三分橫長四尺六寸五分共十一行行八字正書在安陽

題觀魚軒

淮南節度使司徒兼侍中判相州事魏國公韓琦

雨後方池碧漲秋觀魚亭檻俯臨流時看隱荇駢頭戲忽見開萍作隊游喜擲舟前翻亂錦靜潛波下起圓漚吾心大欲同斯樂肯插銛竿餌釣鉤

碑無年月不云并書玩其字跡卽琦筆法也琦築忘機堂在彰德府治北前有狎鷗亭又前有觀魚亭州中金石記

按魏公以司徒兼侍中判相州在神宗卽位之初此碑無年月姑附治平四年之末

金石萃編卷一百三十六終

金石萃編卷一百三十七

賜進士出身 誥授光祿大夫刑部右侍郎加七級王昶譔

宋十五

周元公題名二段

表本高廣尺寸行字多寡皆不詳正書一在廣東德慶州一在廣東高要縣

濂溪周惇頤茂叔熙寧元年季冬二十六日遊

轉運判官周惇頤茂叔熙寧二年正月七日遊軍事推官譚允高要縣尉曾緒同至

右濂溪先生題名二段一在今德慶州三州巖自左而右乾道己丑洛陽程祐之刻其一在今肇慶府七

星巖俱在石洞上茂字至正字當泉涌處向隱隱可見後有淳祐壬子呂中等題字茂叔書點點畫畫端重沉實無一毫苟且姿媚態觀者可以想見先生道德之風裘漫襲藏復謹誌之葉竹堂稾

按史傳熙寧初惇頤知郴州用抃及呂公著薦爲廣東轉運判官提點刑獄此二段蓋行部所至留題也

壽聖禪院勅牒

碑連額高四尺八寸廣三尺四分二十六行行四十六字正書在偃師縣

大宋勅賜壽聖禪院額

中書門下　牒　河南府
河南府奏准　勑應今日以前諸處無名額寺院宮
觀□蓋及□□間已上見有功德佛像者委州縣檢勘
保明聞奏特與存留係帳拘管仍並以壽聖爲額有下
項一十三縣各申有無名額寺院見有蓋到舍屋下有
功德佛像各有僧行者住持遂委官躬親點檢到見在
殿宇廊舍各及三十間已上並依降　勑日前蓋到
縣司官吏各保明委是詣實如後異同甘俟朝典本府
尋委逐縣巡檢依此點檢今據逐縣巡檢申點檢到見
在間椽結罪保明開坐如後本府□□保明委是詣實

如後異同甘俟朝典伏候　勑旨
伊陽縣高都村洞子院一所舍屋共五十間永安縣橋
西村義井院一所舍屋共三十二間韋蓆村明教院一
所舍屋共四十間偃師縣泗州院一所舍屋共三十五
間壽安縣郭下文殊院一所舍屋共五十二間密縣邢
谷村影堂院一所舍屋共三十一間邢谷村義井院一
所舍屋共三十一間張固村院子一所舍屋共三十三
間張固村院子一所舍屋共三十一間謝村院子一所
舍屋共三十二間謝村院子一所舍屋共三十三間福
昌縣鍾王村賈谷塔院一所舍屋共七十一間永寧縣

蘇□村安寶龍泉院子一所舍屋共四十三間河清縣
南王村院子一所舍屋共三十三間澠池縣千秋□東
禪院一所舍屋共三十五間北班村塔院一所舍屋共
三十一間姚村慶空禪院一所舍屋共三十二間萬受
村金和尙院一所舍屋共三十二間存留天王院一所
舍屋共一百間伊闕縣中□村寺一所舍屋共三十二
間河南縣平華村寺一所舍屋共三十三間宮南村寺
一所舍屋共三十三間緱氏縣蔣村寺一所舍屋共三
十間永寧縣西土村鐵佛寺一所舍屋共三十八間河
清縣長泉村廣化寺一所舍屋共三十三間宜並特賜

壽聖寺爲額
牒奉　勑如前宜令河南府謄錄勑黃降付逐寺院
依今來勑命所定名額牒至准勑故牒　熙寧元年二
月二十八日牒
給事中叅知政事唐
右諫議大夫叅知政事趙
起復戶部尙書叅知政事張
左僕射兼門下平章事
偃師縣帖　壽聖院准　河南府帖准　勑節文爲
伊陽等一十三縣有無名額寺院並賜壽聖院爲額數

內偃師縣　院仰識錄　勅黃降付本院依今來
　勅命所定名額者
右具如前當縣今識錄到　勅黃一道頭連在前事
須帖付本院准此照會熙寧元年四月初三日帖
將仕郎守縣尉兼主簿事張
尙書屯田員外郎知偃師縣事劉
熙寧二年歲次己酉五月二日院主尼遇仙立石
供養主尼惠淸
維那尼惠善
典座尼惠雲　　張士廉刊

億按牒云伊陽等一十三縣有無名額寺院並賜壽
聖院爲額蓋依河南府奏准而首以伊陽冠十三縣
之上與宋史地理志次置不合又後列給事中叅知
政事唐則指唐介而傳不詳爲給事中起復戶部尙
書叅知政事張則指張方平而傳不言爲戶部尙書
亦不列起復凡此皆史鈌也下列右諫議大夫叅知
政事趙蓋卽趙忭而並行更列左僕射兼門下平章
事僅題一李銜雖姓氏亦不書竟莫知其孰謂也牒
刻一石在熙寧二年五月二日爲院主尼遇仙所立
又牒載諸縣寺院今類廢罕有遺蹟著此以爲方志

皋遺亦不可遽没也偃師金石錄

江夏黃鶴樓雜詩

石連額高七尺八寸廣四尺三寸八分分五層書第一層四十五行餘四層皆四十四行行約十四字行書額題鄂州雜詩四字篆書

和伏武昌登孫權故城　謝　朓詩不具錄下倣此
漢口口別　宋之問
黃鶴樓　崔　顥
送夏侯子之江夏　賈　至
送康太守　王　維
送人歸江夏

黃鶴樓歌送獨孤助　顧　況
與史郎中飲聽黃鶴樓吹笛　李　白
鸚鵡洲
江夏使君叔席上贈史郎中
口漢陽輔錄事
江夏贈韋南陵氷
望漢陽柳色寄王宰
江夏寄漢陽輔錄事
送儲口之武昌
江上送友人

送孟浩然之廣陵
題江夏脩靜寺
送□九遊江左
送□□歸鄂渚
江夏送客　孟浩然
泝江過
送田端公還鄂渚使府　武元衡
除官赴闕至江州□鄂岳李大夫　韓　愈
夏□　杜　牧
送張判官謁鄂州大夫

送王侍御赴夏□□王　禛
寄牛相公
赴黃鶴樓崔侍御宴　白居易
上江夏主人
黃鶴樓　賈　島
又　李羣玉
□□山人　□　陶
武昌老人鐃笛歌　劉禹錫
晚泊漢陽渡　王眞白
黃鶴樓寓興　羅　隱

望故郢城　皮日休
望黃鶴山張君　沈如筠
黃鶴樓　盧　郢
熙寧二年六月日立

按黃鶴樓詩刻南齊一人唐二十人凡詩三十九首謝朓一人載入文選宋之問以下亦皆載入全唐詩故但存其目不錄其詩碑不知何人所書及因何刻石惟存年月而已

瀧岡阡表

碑連額高八尺一寸五分廣三尺五寸二十七行行五十六字連額並正書在永豐縣

嗚呼惟我　皇考崇公卜吉于瀧岡之六十年其子脩始克表於其阡非敢緩也蓋有待也脩不幸生四歲而孤　太夫人守節自誓居貧自力於衣食以長以教俾至于成人　太夫人告之曰汝父爲吏廉而好施與喜賓客其俸祿雖薄常不使有餘曰毋以是爲我累故其亡也無一瓦之覆一壠之殖以庇而爲生吾何恃而能自守耶吾於汝父知其一二以有待於汝也自吾爲汝家婦不及事吾姑然知汝父之能養也汝孤而幼吾不能知汝之必有立然知汝父之必將有後也吾之始歸也汝父免於母喪方逾年歲時祭祀則

必涕泣曰祭而豐不如養之薄也間御酒食則又涕泣曰昔常不足而今有餘其何及也始吾一二見之以爲新免於喪適然爾既而其後常然至其終身未嘗不然吾雖不及事姑而以此知汝父之能養也汝父爲吏嘗夜燭治官書屢廢而歎吾問之則曰此死獄也我求其生不得尒吾曰生可求乎曰求其生而不得則死者與我皆無恨也矧求而有得邪以其求而得則知不求而死者有恨也夫常求其生猶失之死而世常求其死也回顧乳者劒汝而立于旁因指而歎曰術者謂我歲行在戌將死使其言然吾不及見兒之立也後當以我語

告之其平居教他子弟常用此語吾耳熟焉故能詳也其施於外事吾不能知其居于家無所矜飾而所爲如此是眞發於中者耶嗚呼其心厚於仁者耶此吾知汝父之必將有後也汝其勉之夫養不必豐要於孝利雖不得博於物要其心之厚於仁吾不能教汝此汝父之志也脩泣而志之不敢忘　先公少孤力學咸平三年進士及第爲道州判官泗綿二州推官又爲泰州判官享年五十有九葬沙溪之瀧岡　太夫人姓鄭氏考諱德儀世爲江南名族　太夫人恭儉仁愛而有禮初封福昌縣太君進封樂安安康彭城三郡

太君自其家少微時治其家以儉約其後常不使過之曰吾兒不能苟合於世儉薄所以居患難也其後脩貶夷陵　太夫人言笑自若曰吾處之有素矣汝能安之吾亦安矣自　先公之亡二十年脩始得祿而養又十有二年列官于　朝始得贈封其親又十年脩爲龍圖閣直學士尚書吏部郎中留守南京　太夫人以疾終于官舍享年七十有二又八年脩以非才入副樞密遂參政事又七年而罷自登二府　天子推恩褒其三世故自嘉祐以來逢國大慶必加寵錫　皇曾祖府君累贈金紫

光祿大夫太師中書令兼尚書令曾祖妣累封楚國太夫人　皇祖府君累贈金紫光祿大夫太師中書令兼尚書令　祖妣累封吳國太夫人　皇考崇公累贈金紫光祿大夫太師中書令兼尚書令皇妣累封越國太夫人　今上初郊　皇考賜爵爲崇國公　太夫人進號魏國於是小子脩泣而言曰嗚呼爲善無不報而遲速有時此理之常也惟我　祖考積善成德宜享其隆雖不克有於其躬而賜爵受封顯榮褒大實有　三朝之錫命是足以表見於後世而庇賴其子孫矣乃列其世譜具

刻于碑既又載我　皇考崇公之遺訓　太
夫人之所以教而有待於脩者並揭于阡俾知夫小子
脩之德薄能鮮遭時竊位而幸全大節不辱其先者其
來有自
熙寧三年歲次庚戌四月辛酉朔十有五日乙亥男
推誠保德崇仁翊戴功臣觀文殿學士特進行兵部
尚書知青州軍州事兼管內勸農使充京東東路安
撫使上柱國樂安郡開國公食邑四千三百戶食實
封一千二百戶脩表

歐陽公書筆勢險勁字體新麗自成一家（東坡集）

歐陽公書如其爲人外若優游中實剛勁（朱子集）

朱歐陽文忠公自作不載何人書疑公自書在永豐（格古要論）

歐陽文忠公瀧岡阡碑爲龍神借觀事甚奇黃魯直
檄龍文云臣黃魯直謹言臣聞天子詔脩永叔以三
年三月三日趨朝欽承皇上滌龍錫以重爵推以峻
位加恩三世著其褒辭以貽修命石氏鐫之故刻瀧
岡阡表世次碑乃僱舟載田五月十三日至鄱陽湖
泊舟廬山之下是夜一叟同五人青衣大帶來舟揖
而言曰聞公之文章蓋世水府願借一觀自謂龍也
請碑入水遂不見焉惟陰風怒號淡月映空修篙悍
不已坐以待旦黎明起諭直時知泰和令以同邦之
誼命直爲文以檄恭惟洞天水府之宮震澤主者潤
濟王闕下福地陰陽龍池歲月星斗芒寒受寶質于
上界雲津變化膺顯號于人間廟食吳中官民均賴
茲有河神之玩法敢將表石以沉淪妙畫雄文自應
呵護瓊章玉冊孰敢誰何雖龍宮之幽元而雷神之
慧徹冀風震雷駭蚪奔鯨地裂水竭淵泉俱滅既巳
各司其職胡不永保其身以汝上天功也驤首雲霄
德配亭毒乾道之性厥位六焉鼎成以升實汝之神

下地利也淵源潭洞養身適性坤絕妖塵其德元焉
禹舟之負實汝之功今汝不然乃羅茲禁萬一株連
五龍盡滅書畢投檄湖中忽空中語云吾乃天丁也
押服驪龍往而送至永豐沙溪勅賜文儒讀書堂之
南龍泉坑而交也文忠公歸家掃墓但見坑中雲霧
濛蔽虹光爍空往視一大龜負碑而出倏忽不見惟
碑上龍涎宛然在焉乃起置于崇國公墓前俾垂不
朽嗚呼文能動龍孝足感天公之文章德業至矣極
矣天下萬世誰不翕然而宗師之時熙寧三年庚戌
七月望日黃魯直謹識（筠廊偶筆）

瀧岡阡表爲六一集中第一等文字手書勒石越州胡仁濟令廬陵搨十本餉余書作行楷莊雅中雜流麗盎文與書爲兩絕也老友方靈皋評余乳者劒汝而立於旁當是紉汝歐公爲文多不使奇嶮字此蓋用離騷紉秋蘭以爲佩比之曲禮負劒辟咡爲較安也按碑文正作劒又宋姚寬西溪叢語亦有劒汝立旁之解還當以劒爲正 盧舟題跋

按文獻通考及宋史職官志文武臣僚功臣號無推誠而有推忠然史又稱中書樞密則推忠協謀親王則崇仁佐運餘官則推誠保德翊戴則推忠之號惟

兩府專之其餘文武諸臣但當爲推誠耳通考及史文作推忠者誤也歐公嘗任執政此所賜功臣號止稱推誠保德者宋制中書樞密所賜若罷免或出鎮則改之予又記狄武襄公神道碑稱推誠保德守正翊戴功臣狄公由樞密使出鎮故所賜功臣號亦用餘官之例也表作于熙寧三年四月時公以觀文殿學士知青州按宰輔編年録是年四月除宣徽南院使判太原府方作表之時除命尚未下也 潛研堂金石文跋尾

歐陽文忠公爲其考崇公及太夫人撰瀧岡阡表成勒諸石遣吏齎之歸并檄郡守董墓事渡江風濤大作有龍蜿蜒夾舟舟欲覆篙師呼曰客有懷寶者乎請投之以禳此厄客曰無之惟碑在焉因共擠之江龍乃冉冉去波亦平遂得竟渡吏持檄以實告郡守守訝之令吏祭墓且以告則碑已巋然植于其側矣守墓者曰昨之夜震電發土碑于是出也薄觀之見表文中獨以朱圈祭而豐不如養之薄八字漓水淋漓自額及趺不絕硃迹炳然閱數百載如新嗟乎椎牛而祭不如雞黍之逮存昔賢著之矣而發之自公有甚痛于中者故言之足以動鬼神致靈異若此夫非盡人之子歟讀是文者其尚有感于斯 江西通志

按江西通志瀧岡在吉安府永豐縣鳳凰山側歐公此文本集及宋文鑑並全載之今取二書互校有不同者卜吉於瀧岡之六十年文鑑脫岡字居貧自力於衣食文鑑同集居貧作居窮注云一作貧太夫人告之曰集同文鑑作告曰毋以是爲我累集同文鑑毋作無一壠之殖集與文鑑皆作植集注云碑本作壠昔常不足集作昔常注云常一作吾文鑑亦作吾始吾一二見之集鑑皆作吾始則死者與我皆無恨也集有也字注云一無也字文鑑無也字以其求而得集作以其有得注云一本有字

作求而文鑑亦作以其有得則知不求而死者有
根也(集同)鑑無有字而世常求其死也集作世注云
一作況文鑑作況劍汝而立于旁集作劍注云一
作抱文鑑作抱常用此語集常作需鑑作嘗自其
家少微時集作微注云一作賤文鑑作賤曰吾處
之有素矣集曰下有汝家故貧賤也六字注云碑
本無六字文鑑亦有此六字自先公之亡二十年
(集同)鑑作三十太夫人以疾終于官舍集作終注云
一作卒鑑作卒故自嘉祐以來集作故注云一作
益太夫人進號魏國集作魏注云一作韓鑑作韓

而有待于脩者(集同)鑑無有字熙寧三年四月辛酉
朔(集同)鑑作二年無朔字大抵歐集尚參用碑本文
鑑則直取當時流傳之集本未與碑校又有傳寫
之誤故不同如此又按歐公以熙寧五年卒(見本傳)
年六十六(見東都事略及東坡祭歐文忠公文)推其生在真宗景德
四年生四歲而孤則其父之卒在大中祥符三年
是年庚戌正與術者歲行在戌之語合其時父年
五十九是公之生父年五十六公父卒後四十二
年太夫人始卒于南京官舍年七十二當父
卒時太夫人年僅三十故云守節自誓也太夫人

之卒在皇祐三年時公年四十五其入副樞密在
嘉祐五年參知政事在六年罷參政在治平四年
年六十一矣碑云今上初郊皇考賜爵為崇國公
者神宗紀熙寧元年十一月丁亥祀天地于圜丘
羣臣進秩有差即此時也公之撰此碑在知青州
時其後判太原府徙蔡州四年致仕五年卒是建
碑之後未嘗到墓而鈎廓偶筆載黃山谷謂文忠
歸家掃墓見坑中雲霧已非其實自此以後異聞
傳布為龍神借觀碑文風浪攝去江西通志又有
龍夾舟擠碑入江翼日雷電發土而碑出悠謬之

談轉輾志怪殆非確據也至劍汝而立于旁句是
即曲禮負劍辟咡之劍謂出于掖下虛舟題跋引
方靈皋言當改為紉秋蘭之紉靈皋求不知金石
而以選八家古文批語強作解事更為乖謬

湯陰縣嵇公廟記

碑連額高一丈一尺四寸五分廣三尺六寸四分十三行行五十一字正書篆額在湯陰城西南

相州湯陰縣新修晉太尉嵇公廟記

夫以忠事君人臣之常分也然遭大變臨大節或心無
所主爲禍福所動以苟一時之生而貽萬世之戮者多
矣若其鼎鑊在前鋒刃加己能挺然知義之所在分固

當爾輕其命若鴻毛然卒死而不顧者幾何人哉惟
晉侍中贈太尉忠穆嵇公則其人也方惠帝昏弱諸
王肆亂各萌僭奪以相屠害故帝之北征也公馳赴行
在力當國難而成都王穎以兵犯乘輿衛從奔散獨公
端冕侍側以身扞帝至血濺御衣而殞嗚呼公之知義
明分可謂處得其死而不爲難也故其大忠偉節赫然
與日月爭光卒然與山嶽爭高天地知不可窮而公之
名亦不可窮矣宜乎百世之下有國家者欽遺風想餘
烈置祠奉祀永永而不絶也相之湯陰即公死難之地
其廟在焉前之爲邑者不知追顯忠義爲政所先因循

不葺底於大壞今令張君楙至則首拜祠下覩其墻敝
之甚驚而嘆曰茲不職之大者也亟舉公事迹與夫朝
廷崇祀之意諭于邑民民皆欣然願共力以完之令乃
寬與之約聽自營辦不數月而祠宇一新于是民益知
夫大賢之忠於國者雖死於不幸後世必載祀典嚴廟
貌奉事尊仰之如此皆思勉而爲善自一邑而推一郡
繇一郡而推諸四方則其爲勸也豈小補哉廟完具書
來告以余嘗兩守鄴邦願志本末噫忠義之心人皆有
之但勉而不力執之不固遂不至于古人余亦勉而執
之者跂忠穆之風尤竊穄以自激文雖甚陋惡敢名而

不書時熙寧三年八月十五日
司徒兼侍中判大名府兼北京留守司事大名府路安
撫使魏國公韓琦記并書
尚書都官員外郎管句大名府路安撫都總管司機
宜文字□□篆
安陽任倫重鎸

此琦因湯陰令張楙修廟而記其事也太平寰宇記
云湯陰縣浣衣里晉侍中嵇紹葬所按鄴中記志帝
師敗湯陰千官皆走獨紹端冕帝側以身捍主遂至
見害血濺御衣及事寧左右欲浣之帝曰此嵇侍中

之血勿去也詔葬縣南因名此地爲浣衣里是紹墓
亦在今縣城西南也墨池編稱韓魏公書骨力壯偉
書史會要稱其工正書師顔魯公頗露圭角信然中州
金石記

按河南通志嵇侍中廟在彰德府湯陰縣城西南
祀晉侍中嵇紹宋治平中建据此碑立于熙寧三
年而文云相之湯陰即公死難之地其廟在焉因
循不葺底于大壞今令張君楙至首拜祠下覩其
墻敝之甚諭于邑民不數月而祠宇一新則湯陰
之有嵇公廟其來已久不始建于治平中特至是

重葺之耳碑文所紀嵇公忠績悉與晉書本傳合
韓魏公爲相州安陽縣人据史傳先由武康軍節
度使知并州求知相州在嘉祐元年以前繼除鎮
安武勝軍節度使司徒兼侍中判相州入對改判
永興軍經略陝西熙寧元年七月復請相州以歸
碑故云余嘗兩守鄉邦也是年河北地震河決徙
大名府充安撫使即此揆書之時也

觀褚書聖教序碑題名七段

題名正書五行行五字至九字不等左行在同州府聖教序碑陰

范育巽之雷壽民安老崔君授彥得李亥希仲同觀熙

寧四年六月二十三日

又 正書九行行七字左行

權發遣轉運副使公事游師雄按部至同　郡守章能
圖粢相率同觀與者三人通判州事張坰提刑司撿法
官崔直躬州學教授白時中元祐甲戌中和節後一日
題

又 正書四行行七字左行

武功游師雄馮翊仇伯玉同觀褚書聖教序元祐三年
五月廿九日

又 行書四行行九字左行

太僕丞張景修敏叔拉左輔令宋靖與正同觀龍興寺
褚書聖教序崇寧元年二月廿三日題

又 正書六行行九字左行

歷山張智周被　漕檄攝郡事暇日率眉山唐達叔樊
川李少蒙金陵曾公乘汝陽崔莘叟東里陳子美仝閱
唐碑政和改元孟冬望日再題

又 行書四行行十字左行

建安暨尹卿公任邀成都羅與惇詩同觀褚書弟召卿
公南右卿公介預焉時宣和辛丑清明前二日題

又 行書五行行八字至十字不等

建安暨唐裔堯本三峯周兆子京山陽顧伯起景震邵
武俞日新德夫同觀褚書聖教序宣和壬寅上巳後三
日題

游師雄題名二通俱在同州府褚書聖教序碑陰其
一題元祐三年五月而不著官職以宋史本傳推之
當是任陝西轉運判官時也其一題元祐甲戌中和
節後一日稱權發遣轉運副使公事甲戌者元祐九
年也阿房宮賦石刻有師雄跋立於元祐八年亦稱
權發遣轉運副使公事本傳云爲陝西轉運使蓋脫
副字宋時外任差遣資淺者加權字尤淺者則稱權

發遣某官公事史書皆略而不書惟石刻一一書之章楽時以直龍圖閣知同州故有章龍圖之目白時中官同州學教授亦史傳所未及 潛研堂金石文跋尾

善感禪院新井記

碑連額高五尺九寸廣二尺五寸八分共十八行行三十六字行書額題善感院新井記六字篆書在咸寧縣

京兆府□□善感禪院新井記

提舉興修白渠及專切管勾見行渠堰事宣奉郎守

殿中丞騎都尉侯可譔

文辯大師慧觀書

南山李元直篆

太生五材下民日用而不可不備惟水火相須之急洪範弗得弗先或闕乎一黔首罔以爲生及乎用之之情口不擇其精粹者也一事不精未有不思其更革者也長安寔漢唐之故都當西方之衝要衣冠豪右錯居其閒連甍接檷僅數萬家官府佛寺道觀又將踰百計其井不啻乎萬也然而舄鹵之地井泉惟鹹凡厥膳羞烹飪皆失其味求其甘者略無一二焉又非井之用也井之道上行而在及乎衆及乎衆則衆所歸也衆所歸者泉寒而味甘也泉寒而味甘則井道之廣也易曰井洌寒泉食是得其中而衆所歸者也既鹹而不食則失井之道也井道既失衆所不來也故多捨弃舊井而改卜其地求發泉源之甘醴者則未嘗有如其意者也有香城院直府庭之東南隅千步而近院處諸梵宇之甲者僧徒童行官客僕從日不減其數百八舊井一十一空水之所供浴室廚爨澣濯馬廄秣飼之事崇朝及暮用汲無窮厥味甚不甜美久厭其食衆共來請於主僧智海師曰願改卜地以成井以足大衆茶藥之用海師齊肅誠意乃卽其請越三日集僧徒行浮屠教之法事於大門內東垣下後以杖卓其地命匠者具畚鍤興工二

日而井成其泉源沸湧澄然而甘寒宜其食也傍及左右所居之民往來汲取養而不窮嗟乎非誠意精絜感物之深者物莫肯應焉智海師戒律淳篤正心無我住持修整孰不瞻嚮以斯之應可謂師之行果者歟熙寧七年正月晦日記

典座僧德安 維那僧德岳 書狀賜紫德邕 供養主僧德越 住持沙門賜紫智海立石

鎸都武德誠刻字

按陝西通志香城寺在西安府城內鑄局創自石晉思遠禪師周顯德中賜額廣福禪院宋仁宗更

賜名曰善感然人恒以香城名之此碑標題云善
感而文內仍但稱香城益善感之賜名未久也

唵字贊 石高二尺六寸七分廣一尺四寸四分上梵書唵字下贊七行行十字正書在咸寧縣卧龍寺

鎮成軍僧顯俊書
義靜三藏於西天取得此梵書唵字所在之處一切鬼
神見聞者無不驚怖
太宗皇帝贊
鶴立虵行勢未休五天文字鬼神愁儒門弟子無人識
穿耳胡僧笑點頭

京兆府住持十方福應禪院講經論傳戒沙門惟果
立石
大宋丁巳熙寧十年八月二十六日安民鐫刊

表忠觀碑 碑共四石兩面刻各高八尺五寸八分廣四尺皆七行其一面五行行皆十八字正書在錢塘表忠觀

朝奉郎尚書祠部員外郎直史館權知徐州軍州事
騎都尉蘇軾撰并書
熙寧十年十月戊子資政殿大學士右諫議大夫知杭
州軍州事臣抃言故吳越國王錢氏墳廟及其父祖妃
夫人子孫之墳在錢塘者二十有六在臨安者十有一
皆蕪廢不治父老過之有流涕者謹按故武肅王鏐始
以鄉兵破走黃巢名聞江淮復以八都兵討劉漢宏并
越州以奉董昌而自居於杭及昌以越叛則誅昌而并
越盡有浙東西之地傳其子文穆王元瓘至其孫忠獻
王仁佐遂破李景兵取福州而仁佐之弟忠懿王俶又
大出兵攻景以迎周世宗之師其後卒以國入覲三世
四王與五代相終始天下大亂豪傑蜂起方是時以數
州之地盜名字者不可勝數既覆其族延及于無辜之
民罔有孑遺而吳越地方千里帶甲十萬鑄山煮海象
犀珠玉之富甲於天下然終不失臣節貢獻相望於道
是以其民至於老死不識兵革四時嬉游歌鼓之聲相
聞至于今不廢其有德於斯民甚厚 皇宋受命
四方僭亂以次削平而蜀江南負其嶮遠兵至城下力
屈勢窮然後束手而河東劉氏百戰守死以抗

王師積骸爲城釃血爲池竭天下之力僅乃克之獨吳
越不待告命封府庫籍郡縣請吏于 朝視去其
國如去傳舍其有功於 朝廷甚大昔竇融以河
西歸漢光武詔右扶風脩理其父祖墳塋祠以太牢今
錢氏功德殆過於融而未及百年墳廟不治行道傷嗟
甚非所以勸獎忠臣慰荅民心之義也臣願以龍山廢

佛祠曰妙因院者爲觀使錢氏之孫爲道士曰自然者居之凡墳廟之在錢塘者以付自然其在臨安者以付其縣之淨土寺僧曰道微歲各度其徒一人使世掌之籍其地之所入以時脩其祠宇封殖其草木有不治者縣令丞察之甚者易其人庶幾永終不墜以稱朝廷待錢氏之意臣抃昧死以聞　制曰可其妙因院改賜名曰表忠觀銘曰

天目之山苕水出焉龍飛鳳舞萃于臨安篤生異人絕類離羣奮挺大呼從者如雲仰天誓江月星晦蒙强弩射潮江海爲東殺宏誅昌奄有吳越金券玉冊虎符龍

節大城其居包落山川左江右湖控引島蠻歲時歸休以燕父老曄如神人玉帶毬馬四十一年寅畏小心厥篚相望大貝南金五朝昏亂罔堪託國三王相承以待有德既獲所歸弗謀弗咨先王之志我維行之天胙忠孝世有爵邑允文允武子孫千億帝謂守臣治其祠墳毋俾樵牧愧其後昆龍山之陽巋焉新宮匪私于錢維以勸忠非忠無君非孝無親凡百有位視此刻文

元豐元年八月甲寅

觀在杭州龍山宋郡守趙抃以五代錢武肅王墳廟蕪廢請于朝卽龍山廢剎爲觀賜額表忠東坡爲碑銘山堂肆考

表忠觀碑蘇文忠公撰并書結法不能如羅池老筆亦自婉潤可愛銘詞是蘇詩之佳者余嘗怪錢氏起羣盜非有大功德於民而能制一方傳數世穹爵崇奉迫於大明熸火自若納叛之後圭組映帶者又百餘年久而人思之何也武肅王初有國將築宮望氣者言因故府大之不過百年塡西湖之半可得千年武肅笑曰世有千年中而不出眞主者乎奈何困吾民爲遂弗改此其智有足多者五代史故歐陽氏懟筆未盡徵也弇州山人藁

觀中碑今已重摹擘窠大字與醉翁豐樂記同法而更加嚴重若以飾圜屏信偉觀也荆公與長公極不合乃獨稱許此文可見古人服善宋人言荆公初見時極擊節連曰此何語也數次繼乃曰此三王世家也潘子眞又謂公云是漢與諸侯王年表此兩語皆是似三王世家是形似諸侯年表是神初據形言久之乃悟其神耳文得於神斯善法古矣武肅王草莽英傑事要不能盡善惟知安心待眞主始終臣事中原故能保其封疆耳其不塡西湖亦是此意司冠據錢氏私誌謂五代史係歐公懟筆恐未然歐公平日

推尊文僖公甚至歸田錄所記惟瞋珊瑚筆格一事稍短於明察然亦不失爲厚德其他若好讀書若不得於黃紙書名皆佳事好讀書尤爲不易及何得云非美談武肅乃文僖曾祖有何大怨直至上誣及歐公曾同謝希深遊嵩嶽歸抵香山錢公遣歌妓往謂因挾一妓爲錢公所持尤非文僖固不純亦不囿歐公言損品大抵凡子孫類爲祖父護前稱道微末至怨遂歸焉文人負謗皆緣此近世尤甚凡頌人必得如孔顏乃滿志若止如孟子輿云有圭角卜子夏云見紛華而說亦卒不快矣但不意弇州公亦未鑑錢氏懟說書書跋跋

右表忠觀碑碑凡八片今存四片又失其下截每行止十一字然筆法方整俊偉比之蔡君謨有過之無不及坡公最用意之作也石在杭州府學乾隆辛酉歲掘地得之湖上錢王祠有明人重刻本文雖完好特優孟之衣冠耳潛研堂金石文跋尾

表忠觀碑余向見三本一是嘉靖三十六年郡守陳公重摹本一是陳吉士所鐫行書本卽王衡跋所稱字僅拇指大者也最後始見原碑卽府學掘地所得者三本互校皆微有不同如蘇軾撰并書吉士本無并書二字二十有六吉士本作廿有六銘詞末覩此刻文陳柯本作觀此刻本吾友陳以剛又言而蜀江南板本作西蜀江南不知所謂板本者又何本也今原碑已蝕無可據矣原碑舊在龍山不知何年移置郡庠以臆度之當與石經同時之事　國朝乾隆五年余教授剡得於泮宮後石原四片八面今出土只得二片一面嵌壁搨者不得其全乾隆乙卯歲適杭嘉湖道秦公瀛糧儲道張公映璣來觀無錫錢立羣泳卽力言之乃舁至觀中與嘉靖重摹本同列千年名蹟位置得所亦時會爲之也朱文藻碑攷序

按表忠觀萬歷杭州府志宋時觀在龍山熙寧十年知杭州趙抃請於朝建賜名表忠觀蘇軾作碑記卽此碑也西湖志云表忠觀碑在今錢王祠內嘉靖三十六年杭州知府陳柯重摹立石此則明時重摹本在今錢王祠者也今之錢王祠在杭州府城湧金門外柳浪聞鶯之南靈芝寺之左亦名表忠觀雍正五年　敕封錢王爲誠應武肅王于是總督李衛重建今祠表以石楔題曰功德坊取陳柯重摹碑補缺者二十六字而自爲跋以識于碑旁考表忠觀碑有四本其最初者本四石兩

面刻作行楷書字大四寸每石每面六行行二十字元豐元年之旁尙有小行書兩行其一行云表忠觀碑總四片面背刻字下文缺第二行云臣護而樹之此碑遂下文缺　錢文瀚蘇碑攷云蘇軾表忠觀原碑舊在龍山觀內元初西僧楊璉眞伽悉輦碑石甃塔基杭郡碑石爲其所災者已大半矣此碑乃正德十二年御史宋廷佐與宋高宗石經同遷于郡庠　國朝乾隆二年諸暨余蘿村諱懋棅教授郡庠秋暮蘿村同年趙石函來寓循視頹垣下微露石棱掘土獲斷碑二即表忠觀碑也一時題

詠甚夥後嵌于郡庠壁者幾年又倒仆于名宦祠者幾年歲乙卯重修表忠觀落成此碑自郡庠移來樹于今表忠觀左廡此東坡手書初刻之碑也其次則明太守陳柯重摹本在觀中右廡又其次行書碑見王衡緱山集陳子占士出所鐫文忠行書碑文字僅拇指大者又見王荆公題跋云子瞻守杭州作表忠觀碑余退老鍾山忽復見過同憩法雲寺子瞻忽已寫一通字字欲飛袖之而歸者也又其次小字表忠觀碑見竹崦盦金石目云在杭州府學僅二小石其臣願以龍山廢佛寺曰妙因院者爲觀以下俱缺蓋表忠觀碑之現行于世者大凡有此四種今所錄者取府學出土本而以陳柯重摹本補其全按碑文東坡文集及宋文鑑並載之而校其互異之處如忠獻王仁佐集鑑俱作忠顯曌越地方千里鑑作一千里墳廟不治鑑此上有而字曰妙因院者爲觀鑑無者字我維行之鑑作我繼玩文義似集鑑有訛衍當以碑爲正也東坡先生年譜元豐元年戊午先生在徐州任但載八月癸丑黃樓落成而不敘及撰此碑是年譜漏略宋史趙抃傳抃字閱道衢州西安人神宗

立名知諫院未幾擢參知政事奏論新法懇乞去位拜資政殿學士知杭州宰輔表熙寧三年四月己卯趙抃自參知政事右諫議大夫以資政殿學士知杭州此碑載熙寧十年十月抃猶知杭州但系銜加大學士與表不同蓋出知杭州已八年矣東坡撰此文祇敘抃之奏而加以銘辭不自述其所以撰文之由且係在徐州任並非守杭州不知何以荆公題跋云子瞻守杭州作表忠觀碑恐此跋亦係誤傳也

海公壽塔記

碑連額高五尺七寸八分廣二尺九寸三分
二十二行行三十四字正書篆額在咸寧縣

有宋永興軍香城善感禪院主廣慈大師海公壽塔記

宣德郎守尚書虞部員外郎管勾永興軍耀州三白
渠公事騎都尉賜緋魚袋王頤書
狄道李元直篆額

大師名智海字濟叔姓劉氏耀州三原留册民家子也
生於祥符三年庚戌之歲既滿月張慶席會親于家有
善相者曰此兒異日非塵埃中物但幼齡多患而不利
所天耳甫八歲果得疾未瘳而父先朝露母王氏事佛
尤篤日常一食以求其安越三年夜夢梵僧撫師之頂

謂王氏曰此法器也亟歸諸釋氏則其病自愈翌日王
氏焚香像前稽首而諾之月餘病間天聖元年始辭家
入長安依香城主僧承珣習浮屠法八年去氏削髮明
年受具爲比丘從而植學經論之塲左右承獲深達義
趣加之性行醇謹多爲緇德之所推許未幾舉充慶安
寺主綱衆以寬集事以勤上下稱治由厥師順寂還院
充維那紀綱不紊賓主胥悅尋以本府表嘆闕員又補
師以尸其局皇祐三年　殿前太尉許公懷德德師素
深遂薦章服嘉祐四年又領府命主澄矜院事熙寧三
年　府尹左丞錢公明逸謂百塔興教禪院皆賢之遺

迹古都之上遊宜於諸寺擇高行僧以董其衆師首膺
其選僉謂得人居凡二年度門弟子七人以善感主僧
承詔化去乃徇衆命歸嗣院事其爲治也安而不擾簡
而有成嘗患院之舊井鹵不可用一日領其徒於中門
之外東北之隅以卜井地恪誠再拜祈佛冥加果得甘
泉咸沸清冷　殿中丞侯可記之詳矣師能以四攝歸
人故輔翼之儔樂宣其力致院務多暇披擧貝書手不
釋卷閱大藏經一遍法華金剛經各周一藏並營蒲塞
以慶之既而名聞上都美傳戚里　都尉王公詵
奏号廣慈以旌行業師嘗念新新生滅駃於犇馬豈以

後事累其徒耶乃於萬年縣龍首鄉滻水之西原預卜
葬地壘塔既成走介抵洛丐余文以次其實余兩遊長
安皆館師之院粗稔其迹故直書不讓也自祥符庚戌
至元豐戊午師之壽六十有九師之臘四十有九兩院
度門弟子共二十六人後之可紀者非余所知在師之
賢一二三子而續之云時元豐改元秋九月重陽前一日
寓三陵永昌院文辯大師慧觀記
師弟賜紫沙門德邕立石　安民師刊

按善感禪院有新井即海公所開碑見前卷此碑
叙海公主善感時亦述其開新井事與前碑合撰

記者慧觀卽前碑書丹者也篆額之李元直則兩
碑皆同東坡常稱元直字通叔長安人其先出於
唐讓帝學篆書數十年覃思甚苦曉字法得古意
用銛鋒筆縱手疾書初不省度

蘇潁濱黃樓賦

賦四紙寬窄不一一廣二尺九寸五分一廣二尺七寸一厚一尺九寸五分一厚二尺一寸五分各高八尺三寸五分共三十四行行三十四字正書在銅山縣

黃樓賦

蘇轍

口熙寧十年七月乙丑河決於澶淵東流入鉅野北溢

于濟南溢于泗八月戊戌水及彭城余兄子瞻適爲彭
城守水未至使民具畚鍤畜土石積芻茭完窒隙穴以
爲水備故水至而民不恐自戊戌至九月戊辰水及城
下者二丈八尺塞東西北門水皆自城際山雨晝夜不
止子瞻衣製履屨廬於城上調急走發禁所以從事令
民無得竊出避水以身率之與城存亡故水大至而民
不潰方水之淫也汗漫千餘里漂廬舍敗冢墓老弱蔽
川而下壯者狂走無所得食槁死於丘陵林木之上子
瞻使習水者浮舟楫載糗餌以濟之得脫者無數水既
涸　朝廷方塞澶淵未暇及徐子瞻曰澶淵誠塞徐

則無害塞不塞天也不可使徐人重被其患乃請增築
徐城相水之衝以木堤捍之水雖復至不能以病徐也
故水既去而民益親於是卽城之東門爲大樓焉堊以
黃土曰土實勝水徐人相勸成之轍方從事於宋將登
黃樓覽觀山川弔水之遺迹乃作黃樓之賦其詞曰
子瞻與客游於黃樓之上客仰而望俯而歎曰噫嘻殆
哉在漢元光河決瓠子騰蹙鉅野衍溢淮泗梁楚受害
二十餘歲下者爲汙澤上者爲沮洳民爲魚鼈郡縣無
所天子封祀太山徜徉東方哀民之無辜流死不藏使
公卿負薪以塞宣房瓠子之歌至今傷之嗟維此邦俯

仰千載河東傾而南泄蹈漢世之遺害包原隰而爲一
窺吾墉之摧敗呂梁齟齬橫絕乎其前四山連屬合圍
乎其外水洄洑而不進環孤城而爲海舞魚龍於隍壑
閱帆檣於睥睨方飄風之迅發震鞞鼓之驚駭誠蟻穴
之不救分閭閻之橫潰幸冬日之既迫水泉縮以自退
棲流枿於喬木遺枯蚌於水裔聽澶淵之奏功非天意
吾誰賴今我與公冠冕裳衣設几布筵斗酒相屬飲酣
樂作嘔口而笑夫豈偶然也哉子瞻曰今夫安於樂者
不知樂之爲樂也必涉於害者而後知之吾嘗與子憑
茲樓而四顧覽天宇之宏大繚青山以爲城引長河而

爲帶平皐衍其如席桑麻蔚乎旆旆畫阡陌之從横分
園廬之向背放田漁於江浦散牛羊於煙際清風時起
微雲霮䨴山川開闔蒼莽千里東望則連山參差与水
皆馳群石傾奔絶流而西百步涌波舟楫紛披負黿顛
沛没人所嬉聲崩震雷城堞爲危南望則戲馬之臺巨
佛之峰巋乎特起下窺城中樓觀翱翔嵬峩相重激水
既平眇莽浮空駢洲接浦下與淮通西望則山斷爲玦
傷心極目麥孰禾秀離離滿隰飛鴻羣往白鳥孤没横
煙澹澹俯見寮日北望則泗水淤漫古汴合焉匯爲濤
淵蛟龍所蟠古木蔽空烏鳥號呼賈客連檣聯絡城隅

送夕陽之西盡導明月之東出金鉦涌於青嶂陰霧爲
之辟易窺人寰而直上委餘彩於沙磧激飛楹而入戶
使人體寒而戰慄息洶洶於羣動聽川流之蕩潏可以
起舞相命一飲千石遺棄憂患超然自得且子獨不見
夫昔之居此者乎前則項籍劉備後則光弼建封戰馬
成羣猛士如林振臂長嘯風動雲興朱閣青黄舞女歌
童勢窮力竭化爲虛空山高水深草生故墟蓋將問其
遺老既已灰滅而無餘矣故吾將與子弔古人之既逝
憫河決於疇昔以變化之無在付杯酒於終日於是衆
客釋然而笑頹然而醉酒傾月墜扶携而出

按東坡先生年譜熙寧十年丁巳先生年四十二
在密州任就差知河中府已而改知徐州四月赴
徐州任徐州水患大作七月十七日河決澶州曹
村埽八月二十一日及徐州城下先生治水有功
至十月五日水漸退城以全朝廷降詔奬諭元豐
元年戊午二月有旨賜錢二千四百一十萬起夫
四千二十三人及發常平錢米改築徐州外小城
創木岸四以奬諭敕記并刻諸石爲熙寧防河錄
迺即徐州城之東門爲大樓堊以黄土名之曰黄
樓以土實勝水故也子由作黄樓賦先生跋云元

豐元年八月癸丑樓成九月庚辰大合樂以落之
今此碑無建立年月計樓成作賦當在元豐元年
九月以後矣欒城集與宋文鑑皆載此賦然集本
是明刻有不同處倘不足據文鑑是仿宋刻姑取
以互校而著其不同者熙寧十年七月乙丑鑑作
秋七月八月戊戌水及彭城鑑作彭城下完窒隙
穴鑑無完字九月戊辰鑑作戊申調急走發禁所
鑑作調急夫發禁卒載糗餌以濟之鑑作糗糧粱
楚受害二十餘歲鑑作二十餘年斗酒相屬鑑作
中酒相屬俯見寮日鑑作落日金鉦涌於青嶂鑑

涌作溥前則項籍劉備鑑作劉戊猛士如林鑑作
成林攘臂長嘯鑑作振臂朱閣青黃鑑作青樓以
變化之無在鑑作知變化付杯酒於終日鑑作以
終日頽然而醉鑑作就醉酒傾月墮鑑作河傾扶
攜而出鑑作攜扶蘚碑無書人不知何人所立或
不能無誤而文鑑亦或有傳刻之訛宜兩存之不
能定其孰是也河決澶淵賦序作七月乙丑年譜
作七月十七日宋史神宗紀作七月丙子遼史朔
考是年七月己酉朔乙丑正是十七日賦序年譜
合也丙子是二十八日則本紀爲不同殆聞之朝

廷有遲速耶年譜云八月二十一日及徐州城下
賦序云八月戊戌水及彭城是月戊寅朔戊戌是
二十一日也至九月戊辰文鑑作戊申是月戊申
朔戊辰在二十一日水已及徐州城不應相距一
月始塞東西北門自戊戌至戊申十日而水甚宜
矣則文鑑不誤而碑譌也

金石萃編卷一百三十八

賜進士出身誥授光祿大夫刑部右侍郎加七級王昶譔

宋十六

渾王廟記

石横廣二尺四寸四分高一尺八寸五分二十行行十四字正書在宜川縣

尚書屯田員外郎馬唐民記

淮南節度推官知丹州宜川縣郭仲益書

自古忠義之士立功於一時其心未必皆欲求聞於後
世然到于今有廟食而不絕者是蓋有德於後之人雖
載在祀典而歲月磨滅猶恐其名之失傳尒丹州舊郡
郎唐　忠武渾王故封也廟直州之東財二里兩崖間

題之曰閏王廟前守王內口克嘗取本史新傳以載於
石今　左藏高侯守丹之明年春以謝雨至祠下顧視
徘徊且謂僚屬按新舊書王未嘗以閏封又閏非國名
特閏與渾聲近之誤尒乃改榜爲渾王廟　高侯通古
今善辯論尤勇於爲義如王之稱不正者久矣一旦遂
正之使其力所可得而正者其決當如何

元豐二年三月初九日

左藏庫副使知丹州軍州事騎都尉高湞立石

廟在鳳翅山上在今縣之東南五里文云廟直丹州

之東二里在兩崖間者唐舊治也舊誤爲閆王廟以閆渾聲近後左藏庫副使知丹州事高渙爲之改正唐民撰文以紀其事關中金石記

按渾王卽渾瑊兩唐書有傳稱瑊本鐵勒九姓之渾部也世爲皋蘭都督父釋之封寧朔郡王廣德中與吐蕃戰歿瑊年十一善騎射事德宗屢立戰功繇樓煩郡王徙咸寧咸寧者本丹州縣名唐置周廢宋初復置太平興國初省入宜川碑故云丹州舊郡卽唐忠武渾王故封也忠武乃瑊卒後所加之謚尚非宋封唐爵祇郡王宋元豐三年八月以禱雨有應乃卽以謚爲封號特封爲忠武王有牒見下碑

渾王廟牒

碑連額高七尺一寸八分廣四尺一寸三分共二十五行大字行三十二字小字行六十一字牒後有王碩題記額題勑封忠武王碑六字正書在宜川縣

中書門下牒

淮南節度推官知宜川縣事郭仲荅書

尚書屯田員外郎致仕馬唐民題額

太常禮院奏准中書批送下丹州奏狀當州據宜川縣狀申照會近於今年二月中爲雨雪愆潤本州准都轉運司牒准朝旨名山靈祠委長吏精虔祈禱尋　知州左藏率州縣官吏親詣本州鳳翅山唐忠武渾王廟精虔祈禱迎聖水赴州應期得雨潤深一赤苗種並皆霑足撿會渾王名瑊唐時封本州咸寧郡王其廟今土俗呼爲渾王土地廟內有聖泉病者飮之亦多得痊愈今來依准朝旨祈求又便獲時雨之應顯是祈禱靈驗撿會熙寧七年赦書節文應天下祠廟祈禱靈驗未有爵號者當以名聞內雖有爵號而襃崇未稱者亦仰聞奏本州勘會渾王名瑊在唐朝常立大功遂封本州咸寧郡王廟食至今不絶凡有所求悉皆應驗近以雨雪愆

潤本州於今年二月二十日承准都轉運司牒准朝旨訪尋管下名山靈祠委所在長吏躬親精虔祈禱州司尋帖宜川縣勘會據本縣狀申今州界有鳳翅山渾王廟神靈兼有聖水可以祈禱本州知州左藏庫副使高渙於當月二十三日躬親往詣精虔祈禱及迎聖水赴州至當月二十九日三十日三月初一日初八日共四次降雨一赤民田高下普遍霑足百姓歡呼豐年有望兼勘會至和二年自冬至春不雨有知州內殿承制閤門祗候段隱禱於祠下尋獲嘉應爲文祭饗刻石在廟前後公私祈禱並有神驗委是一州之內靈祠且朝廷

賞典必有功德被於民者然後行之況渾王瑊生有勳
勞已褒崇於勅號没而英顯能福祐於州民今據宜川
縣狀備錄在前伏望朝廷特霈殊恩别加徽稱使其忠
義之魂不獨受榮於前世矣具狀奏聞候
勅旨狀前批送當院者當院看詳咸寧郡王廟圖經所
載祈禱有應緣自唐加封王號聖朝未曾褒崇合賜改
封王號伏候
勅旨
丹州咸寧郡王廟
牒奉

勅古之諸侯得祀其境內山川之神非使之徼福以利
乎己也蓋神之德及民則思所以報之眷言靈祠與彼
邦服比因旱暵嘉澤應祈有司請焉宜有昭答疏爵錫
號顯揚神休宜特封忠武王牒至准
勅故牒
元豐二年八月日牒
右諫議大夫叅知政事蔡假
禮部侍郎平章事王押
工部侍郎平章事吳押
元豐二年八月三十日

守宜川縣主簿馬安國
守司理叅軍寇臻
守司戶叅軍劉伯通
三班奉職監酒稅崔之平
右班殿直監酒稅賀宣
軍事推官權管勾通判公事王立賢
右班殿直管界巡檢張珏
左侍禁兵馬監押王安
前潞州上黨縣主簿指教方田朱定
左藏庫副使銀青光祿大夫檢校太子賓客兼御史

大夫知丹州軍州兼管內勸農事騎都尉平原縣開
國伯食邑九伯戶高渙立石
余熙寧中充本州都知兵馬使時太守高公渙葺茲
靈祠殿乃神像命余督工於此因勒姓名于石至元
豐初余方以勞受祿遂踐仕途從神師經略深入虜
庭討蕩比月保全而歸濫遷貪級建中內任環慶將
副擊殭擣虛累至戎境臨宥州還撓告功亦累被
聖澤豈不賴　明神主祐乎今挈家躬祀屈指往事
已二紀餘矣傷時口徙不覺憮然乘與滿毫漫紀歲
月時崇寧改元九月十五日酉作坊使差知慈順軍

水洛城王碩勉之題

碑側

側廣四寸五行字數與碑小字同

中書劄子

丹州咸寧郡王廟已降

勅命特封忠武王

右奉

聖旨宜令丹州差官往彼精虔祭告及造牌額安掛所有勅牒仰本廟收掌應有合行事件令太常禮院檢會施行劄付丹州准此

元豐二年八月八日 押 押

按陝西通志稱渾瑊廟中有惠澤水歲旱禱于此此牒所載聖泉者是也牒後列銜三人署姓不署名曰右諫議大夫參知政事蔡者蔡確也蔡不署押而注假字殆在告也禮部侍郎平章事王者王珪也工部侍郎平章事吳者吳充也餘皆丹州屬官無可攷碑書一尺作一赤古通用字方田之法宋史食貨志載神宗患田賦不均熙寧五年修定以東西南北各千步當四十一頃六十六畝一百六十步爲一方歲以九月縣委令佐分地計量隨陂原平澤而定其地因赤淤黑壚而辨其色方量畢以地及色參定肥瘠而分五等以定稅則此碑列銜內有未定官潞州上黨縣主簿而以指教方田系銜即所謂縣委令佐分地計量者也

龍井記

石高七尺六寸五分廣三尺五寸四分十八行行四十字或三十八三十七字不等行書在錢塘縣

龍井舊名龍泓距錢唐十里吳赤烏中葛洪嘗鍊丹於此事見圖經其地當西湖之西淛江之北風篁嶺之上實深山中之泉也每歲旱請雨於它祠不獲則禱于此其禱輒應故相傳以爲有龍居之然泉者山之精氣所

發也西湖深靜空闊納光景而涵煙霏草木名花之所附麗黿蟲魚鳥之所矜餘而成文陰晴之中各有異態而不可以言盡也故岸湖之山多爲所誘而不克以爲泉淛江介於吳越之間一晝一夜之間濤頭自海而上者再疾擊而遠馳兕虎駭而風雨怒遇者摧當者壞乘高而望之使人毛髮盡立心掉而不禁故岸江之山多爲所脅而不暇以爲泉惟此地蟠居而踞阻內無靡曼之誘以散越其精外無豪悍之脅以虧疎其氣故嶺之左右大率多泉龍井其尤者也夫畜之深者發之遠其養也不苟則其施也有無窮龍井之德有至於是者則

其爲龍之託也亦奚疑哉元豐二年才大師自天竺謝講席退休於此山之壽聖院院去龍井一里凡山中之人有事於錢唐與游客之將至壽聖者皆取道於井旁師乃即其處爲亭又率其徒以浮圖環而咒之庶幾慰夫所謂龍者俄有大魚自泉中躍出觀者異焉然後知井有龍耳其名由此益大聞於時是歲余自淮南如越省親過錢唐訪師於山中師杖策送余於風篁嶺指龍井曰此泉之德至矣美如西湖不能淫之使遷壯如浙江不能威之使屈受天地之中含陰陽之和推其緒餘以澤萬物雖古有道之士何以於此盍爲我記之余曰

唯唯

淮海秦觀爲　才大師撰　楚國米芾書

雲間董其昌爲方伯斗垣周公臨

此文見淮海集龍井有此碑乃米元章書今已不復存但有方圓庵記余倣米法以補之壬戌元正晦秉燭記　其昌　　錢塘門人金嘉會摹勒上石

天水趙希賓嘗蓄米老所書秦太虛龍井記石本字畫雄放但其文惜多缺處其子寬因錄全文於前以便讀者託吾友史明古求余題之趙君之意雖爲故物重然亦重乎米書而又不無不重乎太虛之文也君如重其文則太虛又嘗有龍井題名記及東坡跋語更錄以附於後則不獨全龍井之文且并龍井之事全矣余方與明古約同游杭預期日月而龍井者杭之勝處也至則當按記文所載次第登覽亦將爲數語以續古人歸其爲君再書以附之匏翁家藏集

按此記米芾書者原碑已佚今所存者明董文敏補書今取西湖志所載此記校之互異之處甚多然恐各有訛誤不敢據志以改碑其小有增易之字無關文義者不具論姑舉其大者如碑云實深山中之泉也志云實深山亂石中之泉也碑云草

木名花之所附麗龜蟲魚鳥之所紆餘而成文志云菱芡荷花之所附麗龜魚鳥蟲之所依憑漫衍而不迫紆餘以成文碑云以浮圖環而咒之志云以浮屠法環而咒之碑云含陰陽之和志云資陰陽之和以養其源碑云何以於此志云又何以加於此此數處似碑顯有脫誤而志較優也宋史本傳秦觀應舉爲親養始登第調定海主簿此記云余自淮南如越省親過錢塘訪師於山中不言官定海又無從攷其親之因何在越然其過錢塘則當在是時也西湖遊覽志載其遊龍井寺記云元

豐三年中秋後一日余自吳興道杭東還會稽龍
井有辨才大師以書邀余入山然則撰此記卽在
元豐三年矣米芾傳生平未嘗至杭西湖志名賢
亦不列芾名其書此碑不知其何因姑存而不論
辨才有傳見咸淳臨安志云元淨本姓徐字無象
於潛人十歲出家受業於慈雲年二十五賜紫衣
及辨才號沈遘治杭命住上天竺增室爲礎重樓
傑閣冠于浙西居十七年有奪之者遂還於潛逾
年復歸天竺趙抃贊之曰師去天竺山空鬼哭天
竺師歸道場光輝留三年謝去老于南山龍井之
上精修行業元祐八年示寂壽八十一由元祐八
年逆推至元豐二年是其退居龍井壽聖院得十
五年壽聖院俗稱龍井寺西湖遊覽志云廣乾祐
二年居民淩霄募緣建爲報國看經院宋熙寧中
改壽聖院蘇子瞻書云元豐二年辨才禪師自天
竺歸老于此咸淳臨安志龍井山川勝槩一時星
流而二蘇趙秦諸賢皆與辨才爲方外交名章大
篇照映泉石蓋此記亦在內矣

閻使君祠記

石橫廣二尺七寸高二尺一寸五分
十九行行十九字正書在宜川縣

□□使君祠□後記

尚書屯田員外郎致仕馬唐民記
淮南節度推官知丹州宜川縣事郭仲益書

□□□□在三堡原唐高宗永徽辛亥　閻使□□
□□□地狹而峻遷於丹陽川之□昭宗景□□刺使
王公惜其德施於人而名晦不顯因訪□舊得使君故
塋於西嶺構屋而祠之并刻其記□豐戊午令　太
守高侯下車謁其祠殆不忍視雖記石尚毀剝頓可辨
遂命復葺并修其壙列木以環之將續其記且曰舊文
殘缺不尒則無以見於後　高侯與守邊郡過與人
講求利害事不啻若親任其責自到丹每顧視城壁樓
櫓常謂未盡□□□何暇應敵監司上其言　朝
廷□□自二月已起功復建言請按山城以備不虞議
亦垂下因思自永徽辛亥至今庚申實四百三十年中
間更幾守方無事時其相繼能遠慮者不知凡有幾因
記之并以告　使君

左藏庫副使銀青光祿大夫撿校太子賓客兼御史
大夫知丹州軍州兼管內勸農事騎都尉平原縣開
國伯食邑九百戸高湙立石

按閻使君碑泐其名唐書惟閻濟美新書附盧坦

傳舊書入良吏傳然係貞元時　非高宗永徽時

餘無有閻姓之在高宗時官宜川者陝西通志名

宦傳亦不載唐時閻姓之官監牧守令者碑云得

使君故塋于西嶺揭塚而祠之通志陵墓祠祀兩

門亦俱無攷高涣宋史又無傳惟碑云地狹而峻

遷於丹陽川之口丹陽川即丹陽水亦即丹水在

宜川縣西南水經注丹水出丹陽山東北逕丹陽

城東又東北合白水口又東入于河元和郡縣志

西魏置丹州因丹陽川爲名太平寰宇記蒲川水

自鄜川洛川縣流入丹陽川玩碑文語意似係遷

城于丹陽川口者然通志城池條下亦不詳志乘

缺略如此識以備攷

郭恕先神在二大字

石高七尺三寸餘廣四尺二寸五分下截左偏有王臨題記二行行廿三廿四字草書在歷城

神在

興德城南泰山廟東廊壁上神在二字世傳郭恕先

之筆命意既異固非凡俗所能爲者因模刻石以存

不朽元豐三年四月望日尚書兵部郎中直昭文館

知軍州事上柱國王臨題

石刻神在二字字徑二尺七寸筆畫轉折處皆間以

雙鉤黑線旁有王臨題字三行行書徑一寸山左金石志

按此碑在濟南府城內舜井前歷城縣志稱舜泉

在舜祠東一名舜井即太平寰宇記所云舜井在

縣東一百步舜所穿之井也今之濟南在宋元豐

時爲齊州興德軍碑故云興德城南也王臨史附

王廣淵傳廣淵大名成安人弟臨字大觀起進士

治平中詔求武略用近臣薦自屯田員外郎換崇

儀使知順安軍改河北沿邊安撫都監進安撫副

使歷知涇鄜州廣信安肅軍召對還文階知齊州

碑系銜尚書兵部郎中直昭文館史俱畧之

孫眞人祠記

碑高五尺八寸四分廣二尺九寸三十七行行八十字正書在耀州

耀州華原縣五臺山孫眞人祠記

華原本京兆屬邑後建而爲列郡曰耀今其名矣然環

耀多山水其城之東有水曰沮沮水之東二三里有山

曰五臺其峯回環相望者有五因以名焉其間翹楚卓

立最出諸峯至絕頂者有之廟曰崇福觀嘗聞耆老傳

之曰今之觀在昔孫眞人舊隱之地其後經五代之亂

隱閟荒毁後人崇之流而爲老氏然登是山也或升或

降或回或直或細而幾絕或平而復綏怪石崚嶒松檜

夾窬者山間之逕也及其盡也老木參天枯枝屈地門
庭瀟洒殿宇崢嶸以至就高而爲危閣依龕而爲洞房
下瞰城隅而影浸碧水者山之臺崇福也陰森院落淸
楚庭廡像貌聳秀精神溫粹左童侍而右虎伏者眞人
之新堂也其東北也循而行之或下則幽谷窈然而深
藏或上則山勢聳然而特立嶄巖險阻逕幾不通其回
旋數曲有洞邃然洞幽而深人莫能測其宏廣也則如
宇之斯大者眞人舊隱之所也然舊隱之所去百有餘
步今尙存者殘碑壞碣或湮或滅不復究矣幸而近足
以取鄕里之詳傳遠足以有新舊二史之可驗參之以

考其所爲稽之以質其行事庶幾爲可紀焉故案唐史
云孫思邈京兆華原人始七歲就學日誦千餘言通百
家說善言老子莊周周洛州總管獨孤信見其少而異
之曰聖童也顧器大難爲用爾長居太白山隋文帝輔
政以國子博士召不拜密語人曰後五十年有□聖人出
吾且助之太宗初召詣京師年已老而聽視聰瞭帝歎
曰有道者欲官之不受顯慶中復召見拜諫議大夫固
辭上元元年稱疾還山高宗賜良馬假鄱陽公主邑司
以居之思邈於陰陽推步醫藥無不善孟詵盧照鄰等
師事之照鄰有惡疾不可爲感而問曰高醫愈疾柰何

荅曰天有四時五行寒暑迭居和爲雨怒爲風凝爲雪
霜張爲虹蜺天常數也人之四支五臟一覺一寐吐納
往來流爲榮衛章爲氣色發爲音聲人常數也陽用其
形陰用其精天之所同也失則蒸生熱否生寒結爲瘤
贅陷爲癰疽奔則喘乏竭則燋槁發乎面動乎形天地
亦然五緯縮贏孛彗飛流其危診也寒暑不時其蒸否
也石立土踊是其瘤贅山崩土陷是其癰疽奔風暴雨
其喘乏川瀆竭涸其燋槁高醫導以藥石救以鍼劑聖
人和以至德輔以人事故體有可愈之疾天有可振之
災照鄰曰人事柰何曰心爲之君君尙欽故欲小詩曰

如臨深淵如履薄冰小之謂也膽爲之將以果決爲務
故欲大詩曰赳赳武夫公侯干城大之謂也仁者靜地
之象故欲方傳曰不爲利回不爲義疚方之謂也智欲
動天之象故欲圓易曰見機而作不俟終日圓之謂也
復問養性之要荅曰天有盈虛人有屯危不自愼不能
濟也故養性必先知自愼也愼以畏爲本故士無畏則
簡仁義農無畏則墮稼穡工無畏則慢規矩商無畏則
貨不殖子無畏則忘孝父無畏則廢慈臣無畏則勳不
立君無畏則亂不治是以太上畏道其次畏天其次畏
物其次畏人其次畏身憂於身者不拘於人畏於己者

不制於彼愼於小者不懼於大戒於近者不侮於遠知
此則人事盡矣初魏徵等修齊梁周隋五家史屢咨所
遺其傳最詳永淳中卒年百餘歲遺令薄葬不藏明器
祭去牲牢經月餘顏貌不改舉屍就木有若空衣時人
異之時東臺侍郎孫處約嘗以諸子見思邈曰俊先顯
侑晚貴佺禍在執兵後皆驗太子詹事盧齊卿之少也
思邈曰後五十年位方伯吾孫屬吏願自愛時思邈之
孫溥尚未生及溥爲蕭丞而齊卿徐州刺史注老子莊
子撰千金方三十卷行於代又撰福祿論三卷攝生眞
錄及枕中素書會三教論各一卷子行天授中爲鳳閣

侍郎此皆新舊二史之文也至於耆老之所傳道家之
所紀所載尤詳云自開元中復隱於終南山與僧藏者
鄰谷而棲一日有老叟老嫗詣僧藏所隱之處倉皇求
救曰某等昆明池龍也有胡僧者利龍宮寶貨乘以天
旱就池祈雨誣罔國家以法欲涸其池一日池乾水涸
其寶貨即爲胡僧所有某等當受譎於上帝願師憐之
藏曰此事非吾所能爲也鄰谷孫處士有神僊變化之
術可以禦焉汝速叩之龍如其言以其事白於先生荅
曰此誠末事但歸無苦僧當自遁矣龍既歸昆明之水
復舊而胡僧竄伏而之也明日忽有人攜仙方而至曰

此非人間之所有昨日慈救之恩而珠玉不足以爲荅
某不免冒禁以獻之所貴酬報之厚爾其後交遊往來
莫非有道達理之士忽謂先生曰所著千金方濟物之
功亦廣矣然以物命爲藥害物亦多後功滿日必爲尸
解不得白日輕舉矣於是先生仍以草木之藥以代昆
虫鳥獸之命作千金翼三十篇篇有神僊方論以行於
世天寶初廟諱宗晏處別殿先生乘御雲鶴而降白於
上曰臣於峨嵋山南峯修煉丹石所闕者武都山雄黃
願少賜之以助鑪鼎之用敕遣中使陳忠成賫雄黃就
山以賜之使至山下求訪信宿皆莫知其所遂置雄黃

於盤石之上焚香宣詔俄而見形謂使者曰但留雄黃
當自取之石上有謝表請謄錄以奏主上視之果有朱
書錄僅畢字亦隨化不復見矣自是之後或隱或見人
莫能測咸通末山下居民有子幾十餘歲不飲酒不茹
葷父母憐其性善遂遣於白水院爲僧童子忽一日有
遊山者自云孫處士邀步周遊既而就袖中出藥以
授童子命而煎之既至微飲餘者以賜小童童既飲之
便覺神爽須臾處士以歸小童亦乘空而去復視煎藥
之器已成金矣時人異之此皆自古及今鄉里耆艾衆
所共傳也夫眞人之道上通天地陰陽谿蘊之理下達

萬物性命消息之微先機逆數知來藏往則有幾於神或隱或見乘雲氣御飛龍而遊乎六極之外則有達於僊惟神也與道爲一而無方惟僊也與天地同久而無死無方故其道莫能測無死故其神莫能滅故世以爲神僊而後世之士無賢愚貴賤莫不聞其風而愛戴之又況夫處性澹泊而不爲利役操心寂寞而不爲名累者乎故今數百年之後高尙有道之士與夫大醫名藥所以爭相塑繪以欽事之而尙未息也郡人万俟景其先祖宗世不喜名利以修心養性爲務常慕至人好求古迹因訪孫眞人故鄉乃至華原因以居焉故其後子

孫或以醫藥名聞於一時或以肆意不顯於當世至景之時蓋數世矣然尙不忘祖宗之業每遊眞人故宅觀其遺跡舊基慨然有感乃備私錢基構堂宇塑繪像貌經之營之僅費十餘萬而規摹方備孜孜勉勉爲力勤矣時嘉祐已亥四月畢工景之弟祐亦紹祖風而得眞人方術祕錄及治心養性之術最爲多矣後二十三年忽一日訪瓛曰有道者非稱則不顯有德者非彰則不明眞人可謂有道德者也堂既修而嚴奉之誠則至矣然無文以紀之則不足以顯揚至道美德非所謂仰慕之至者也强瓛爲記瓛忝與其子完爲友故不獲已而書之雖然道不可以言傳非言則無以見道德不可以文顯非文則無以彰德至於一語默一行止豈加損哉本諸二史之記質諸好事之傳始誌其實而已元豐四年歲次辛酉四月初一日鄉貢進士王瓛記

元豐四年歲次辛酉六月一日渤海万俟祐立石

男進士完檢校寧實寔同立石

眞人生于華原以碩德隱操顯于隋唐間其豐功厚利拯濟羣生者于今六百年矣雖飛昇之久而一方有雨暘之求則昭應也如響病者有藥餌之請則對證而受賜其異跡顯狀焜耀後世若此故崇寧間賜

廟額曰靜應封爲妙應眞人其後改爲靜明觀而普天之下莫不景仰其高風焉故郡人万俟景之先人自他州而徙居眞人之鄉縣者已數世矣至景而自辦財力特爲眞人修堂塑像以表其欽事之意其後景之弟曰祐乃求文於里人王先生以爲記其言典實詳贍傳誦于鄉里者垂九十年然碑石狹小字畫纖細而祐之孫曰善深又恐歲月之久或致漫滅乃別磐巨石募善工以刊前記仍刻眞人之像於其碑首使來者瞻像讀文以起敬慕之心焉遂以前碑龕于眞人舊隱之洞新碑既成善深求余敘其本末其

淸信向善兼能不墜其先人之志如此有足嘉者也
可不爲書之里人米孝思謹跋
大定九年歲次己丑七月乙卯朔初八日壬戌万俟
善深并弟衍重建
施碑座人進士宋九齡　同檢校人趙澗劉勉
進士易椿年王演　進士楊礪
畫像人杜穆
万俟善深男端并彥同捨己財立石
華原劉紹彭刊

文云華原本京兆屬邑後建爲別郡曰耀其城之東
有沮水水東二三里有山曰五臺爲孫眞人舊隱之
地案今沮水在州城之西是城亦非華原舊繫矣五
臺山本名風孔山長安志云風孔山在華原縣東五
里今山在城東猶二三里稽以道里以長安志爲是
碑云在水東二三里者恐非也碑又云有昆明池龍
胡僧利其寶貨取去求救于眞人眞人因得其方書
此事出酉陽雜俎云胡僧利其腦非寶貨也續仙傳
云千金方以救龍子得之與此說異今千金方書前
有眞人自敘惟言集古方書知此說近誕用以博異
聞焉可耳關中金石記

東坡集歸去來辭詩

石橫廣三尺六寸八分高三尺四寸五分作三截書每截十八行行七字八字不等行書在西安府

眉山軾書

子喜淵明歸去來辭因集字爲詩六首
命駕欲何向欣欣春木榮世人無往復鄉老自將迎雲
內流泉遠風前飛鳥輕相攜就衡宇酌酒話交情
涉世恨形役告休成老夫良欣就歸路不復向迷途去
去徑猶菊行行田欲蕪情親有還往淸酒引觴壺
與世不相入膝琴聊盡歡風光歸笑傲雲物寄游觀言
靜審無倦心懷良獨安東皋循有趣植杖日盤桓

雲岫不知遠巾車行復前僕夫尋老木童子引淸泉矯
首獨傲世委心懷樂天農夫告春事扶老向良田
世事非吾事駕言鄉路尋向時迷有命今日悟無心亭
內菊歸酒窗前風入琴寓形知已老猶未倦登臨
富貴良非願鄉關歸去休攜琴已尋壑載酒復經丘翳
翳景將入涓涓泉欲流老農人未樂我獨與之遊
元豐四年九月廿二日
按東坡集歸去來辭五律詩今見於施注蘇詩在
續補遺卷中有十首此但刻六首與施注本互校
有不同者鄉老自將迎施作有逢迎去去徑猶菊

施作徑有菊注云一作猶清酒引觴壺施作引觴
壺膝琹聊盡歡施作聊自歡注云一作盡言語審
無倦施作言話委心懷樂天施作還樂天駕言鄉
路尋施作歸路尋老農人未樂施作農夫人不樂
互異如此竟不能定其孰是也東坡先生年譜元
豐四年辛酉先生在黃州其集歸去來辭詩年譜
不爲敘及施注本續補遺又不遂此詩之所由來
此刻署云眉山軾書後署歲月而無刻石題識不
言立於何所据寰宇訪碑錄云在陝西長安想有
据也書畫跋跋謂延祐乙卯彭澤縣摹刻後有題

跋六行是別一本又云王弇州司寇于文休承處
見佳臨本此又是一本墨林快事謂書之以遺契
順者弇州識其以三錢鷄毛筆所書蒼潤軒跋謂
契順間關萬里只求長公一書此亦別是一本後
有跋云在淦謝縉正家後題彭鏞拜觀又鄒文揚
金因同觀又云王汝玉刻石于潯陽又云此書極
佳摹入晚香堂帖然則摹本不一而總無有言及
長安本者姑詳識之以備攷

興教寺玉峯軒記

石高廣俱二尺一寸五分十八行行十八字隸書在西安府

京兆府萬年縣興教寺玉峯軒記
龍圖閣直學士呂公帥雍之明年出奉祠事道過樊川
之興教寺　公命郎其□□以爲軒既而告成主僧晏
靜請議而名之□以謂潏水之源冠于樊□□興教所
據□□□俯大澤有岡分行以翼其前有林茂植以蔽
其後南有大山巑岏矗出列若屏幃環□擁抱□於軒
前其名曰玉案山樊川自韋曲□東□□兩岡至此則
原隰平□山水秀麗有若下巖□而遊乎廣莫之野出
巫峽而泛乎洞庭之淵襟宇翛然瞻顧無閡登之者足
以騁懷於界外□目於太虛矣雖宇宙之大品類之衆

遺形反照有以寄一於無窮則□軒之意豈止於斯而
已哉至其夷曠□樂疏通明遠亦足以見　公之□焉
是軒之成不可以無記也□題之曰玉峯軒云前河南
府法曹叅軍權縣事陳正舉記
元豐四年十二月一日
□□閣直學士朝散郎充永興軍路馬步軍都總管
安撫使兼知軍府事呂大防

興教寺舊在樊川呂大防帥雍奉祠事而道經于此
即其地爲軒題曰玉峯今記後署銜龍圖直學士朝
散郎充永興軍路馬步軍都總管安撫使兼知軍府

事較宋史本傳除龍圖待制知秦州元豐初徙永興者爲詳然記言雍州而傳言秦州則記者以古强域名之也金石跋授堂

溫泉雙皂筴行

石高二尺八分廣一尺八寸四分共十八行行十八字隸書在臨潼縣

衛尉寺丞知臨潼縣事陳叔度

綠葉森森迎曉日雙雙暗結秋霜實乾坤造化借風流陰靈滑稽爲誰匹一帶雙葩心兩同風刀雨線神其功中宮始奏獻奇異祥圖瑞牒揮毫鋒四海萬方只一株繚以周墻百丈餘從此宮娃共爭取攀援棘刺血羅繻

採得溫泉奉金輦雪瑩肥膚紅玉暖合歡堂前此物生上皇却笑天機淺

皇祐中　吾先君作宰是邑政務清簡時多暇豫客有至者相與登遊覽古終日忘返以至發於吟詠形爲歌詩故見於家集者華淸之作爲尤多元豐中西師之役邑令以召命之涇原正舉承乏于斯於靈泉觀梁棟間有故榜存焉觀之則　先君所爲雙皂筴行也觀主郭居隆請歎諸石以永其傳元豐五季秋七月十有一日安化陳正舉記　道士梁宗道刊

按陝西通志華淸宮四聖殿東有怪柏朝元閣南有連理木而獨不及此雙早筴此碑完善不泐一字存之可以補通志之漏畧

謝卿材饒益寺題名

石高二尺六寸四分廣一尺九寸七行行七字正書在朝邑縣

朝散大夫臨淄　謝卿材仲適元豐癸亥被　詔自歷下移守馮翊三月二十六日過饒益寺題

住持賜紫智欽　立石　蒲人焦元亨模刻

按謝卿材見續通鑑長編載元祐八年二月淮南等路發運副使謝卿材知相州又欒城集有謝卿材自陝漕徙河北轉運使告辭此皆卿材之歷官

也東坡詩集有謝運使仲適座上送王敏仲北使詩即卿材也舊注蘇詩皆缺今馮應榴注極詳矣亥爲元豐六年題云自歷下移守馮翊又可知其元祐以前之官矣

方圓菴記

碑高五尺六寸五分廣三尺五寸七分十七行行四十八或四十九字行書在錢塘縣

杭州龍井山方圓庵記

天竺辨才法師以智者教傳四十年學者如歸四方風靡於是晦者明窒者通大小之機無不遂者不居其功不宿於名乃辭其交游去其弟子而求于寂寞之濵得

龍井之居以隱焉南山守一往見之過龍泓登風篁嶺引目周覽以索其居岌然羣峯密圍滔□□不蔽翳四顧若失莫知其鄉逡巡下危證行深林得之于烟雲髣髴之間遂造而揖之法師引予並席而坐相視而笑徐曰子胡來予曰願有觀焉法師曰子固觀矣而又將奚觀予笑曰然法師命予入由照閣經寂室指其庵而言曰此吾佛亦如之使吾黨祝髮以圓其頂壞色以方其袍乃欲其煩惱盡而理體圓定慧修而德相顯也蓋溺於理而不達於事迷於事而不明於理者皆不可謂之沙門以制禮樂爲衣裳至於舟車器械宮室之爲皆則

而象之故儒者冠圓冠以知天時履句屨以知地形蓋蔽於天而不知人蔽於人而不知天者皆不可謂之眞儒矣唯能通天地人者眞儒矣唯能理事一如向無異觀者其眞沙門歟噫人之處乎覆載之內晌乎教化之中具其形服其服用其器而於其居也特不然哉吾所以爲是庵也然則吾直以是爲蘧廬尔若夫以法性之圓事相之方而規矩一切則之所以休息乎此也窺其制則圓蓋而方址予謁之曰夫釋子之寢或爲方丈或爲圓廬而是庵也胡爲而然哉法師曰子既得之矣雖然試爲子言之夫形而上者渾淪周徧非方非圓而能

成方圓者也形而下者或得於方或得於圓或兼斯二者而不能無悖者也大至於天地近止乎一身無不然故天得之則運而無積地得之則靜而無變是以天圓而地方人位乎天地之間則首足具二者之形矣蓋宇宙雖大不離其內秋毫雖小待之成躰故凡有貌象聲色者無巨細無古今皆不能出於方圓之內也所以古先哲王因之也雖然此遊方之內者也至於　諸法同體而無自位萬物各得而不相知皆藏乎不深之度而游乎无端之紀則是庵也爲無相之庵而吾亦將以無所住而住焉當是時也子奚往而觀乎嗚呼理圓也語

方也吾當忘言與之以無所觀而觀之於是嗒然隱几予出以法師之說授其門弟子使記焉

元豐癸亥四月九日慧日峯守一記不二作此文成過予愛之因書　鹿門居士米元章

此米字之最有聲合作者乃以庵之增修好事者適得米老舊搨以補亡而恰遇一顛倒裝潢者錯其先後遂據之入石虎林遊人如織莫有爲之是政者余早得此本亦以爲裝家誤旋入杭摩娑石下依然誤也因另搨一番爲之改裝則文從理順不致詒一公爲傖胡顯士爲糊目矣欲再一正其石而匆匆北歸

當時此恨因識于此（鄖林佚事）

按西湖志方圓菴在龍井延恩衍慶院（卽壽聖院）但載楊傑張雨二詩而不載此記惟碑碣門載此碑名云有萬歷丁酉仲夏知仁和縣事晉陵□□跋今此搨失去後跋攷杭州府志職官志仁和知縣胡澄武進人萬歷二十一年任當卽其人

第一山字

碑高八尺五寸七分廣四尺五分行書在盩厔縣

米芾書

第一山

終南山古樓觀道祖說經臺立

此刻在盱眙縣中南樓觀石乃摹刻耳縱逸飛動殊有一夫當關之勢（石墨鐫華）

第一山芾行書字方六七寸奇偉秀麗在盱眙縣此其摹刻者也（考槃餘事）

李伯時陽關歸去來圖并浮休居士詩

石橫畫二圖統高三尺八寸五分廣二尺三寸兩截下截皆圖上截一寫陽關圖詩四十八行行八字一寫歸去來辭後半已缺僅存二十二行行七字正書

李伯時畫陽關圖

京兆安汾叟赴辟臨洮幕府南舒李伯時自畫陽關圖并詩以送行浮休居士爲繼其後

古人送行贈以言李君送人兼以畫自寫陽關万里情
夲送安西從辟者澄心古紙白如銀筆墨輕清意瀟洒
短亭離筵列歌舞亭下謳誇簇車馬溪邊一叟靜垂綸
橋畔俄逢兩負薪掣臂蒼鷹隨獵犬聳耳駏驉扶雙輪
長安陌上多豪俠正值春風三二月分明朝雨浥輕塵
客舍青青柳色新主人舉杯苦勸客道是西征無故人
慇懃一曲歌未闋歌者背面沾羅巾酒闌童僕各辭親
結束鞍縢意氣振稚子牽衣老人哭道上行客皆酸辛
唯有溪邊釣魚叟寂寂投竿如不聞李君此畫何容易

畫出源携有深意爲道世間離别人若箇不因名與利
紅蓮幕府盡奇才家近南山紫翠堆烜赫朱門當巷陌
潺湲流水遶亭臺當軒怪石人稀見夾道長松手自栽
靜鎖園林鸎對語燕穿堂戶鷺鷥同試問主翁在何所
近向安西幕府開歌舞教成頭已白功名未立老相催
西山東國不我與造父王良安在哉已卜買田箕嶺下
更看築室頻河隈憑君傳語王摩詰畫個陶潛歸去來

陶淵明歸去來辭（文不錄）

按此詩不著作者姓名宋史張舜民傳舜民字芸叟自號浮休居士則詩爲張舜民作也舜民中進

士第哲宗初以司馬光薦爲館閣校勘則哲宗以
前未入仕也此詩題稱京兆安汾叟赴辟臨洮幕
府南舒李伯時自畫陽關圖并詩以送行浮休居
士爲繼其後安汾叟不知其人臨洮幕府者據宋
詩紀事載舜民詩有西征回途中二絶後引東坡
題跋舜民通練西事從高遵裕西征回途中作二
絶句云云宋神宗本紀高遵裕爲環慶經略使在
元豐四年時舜民當在其幕府五年正月遵裕被
貶爲郢州團練副使舜民因從之而回則此詩當
作於幕府將回時矣遵裕傳初知通遠軍其時安

撫使王韶復洮隴取河州所謂臨洮幕府或即王
韶而安汾叟與伯時芸叟同在高幕赴辟將行因
有此畫與詩也玩畫陽關圖命意及舜民詩與書
歸去來辭似送者皆有不得意之象則遵裕被貶
而回也宋詩紀事載此詩采聲畫集非據此碑今
彼此互校惟二字不同亭下謳謌簇車馬紀事作
亭亭態態一曲歌未闋紀事作歌者闋似石刻較
勝伯時作畫并詩今伯時之詩無從考矣碑無年
月及刻石姓名考作詩約在元豐五年因附之

韓魏公祠堂記

碑高一丈四寸五分廣四尺九寸二
十行行四十八字正書在安陽縣

北京韓魏公祠堂記

沒而祠之禮也由漢以來牧守有惠政於民者民或爲
之生祠雖非先王之制皆發於人心之去思亦不可廢
也然年時浸遠人浸忘之惟唐狄梁公爲魏州刺史屬
契丹寇河北梁公省徭戰守之備撫綏彫弊之民民安
而寇自退魏人祠之至今血食熙寧初河北水溢地大
震官寺民居蕩覆者大半　詔以淮南節度使司徒
兼侍中韓魏公爲河北巡撫使判大名府兼北京留守
公既至愛民如愛子治民如治家去其疾忘已之疾閔

其勞忘已之勞□□居者以安流者以還飢者以充乏
者以足羣心既和歲則屢豐在魏五年徙判相州魏人
涕泣遮止數日乃得去魏人思公而不得見相與立祠
於熙寧禪院塑公像而事之後二年公薨於相州魏人
聞之爭奔走哭祠下雲合而雷動連日乃稍息自是每
逢公生及違世之日皆來致祠及作佛事未嘗少懈噫
公之德及一方功施一時者魏人固知之矣至於德及
海內功施後世者亦嘗知之乎公爲□相十年當
仁宗之末　英宗之初　朝廷多故公臨大節處
危疑苟利　國家知無不爲若湍水之赴深壑無所

疑口口諫曰公所爲如是誠善萬一蹉跌豈惟身不自
保恐家無處所殆非明哲之所尙也公歎曰此何言也
凡爲人臣口盡心力口口口死生以之顧事之是非何
如耳至於成敗天也豈可豫憂其不成遂輟不爲哉聞
者愧服其忠勇如此故口光口　三后大濟艱難使
中外之人哺啜嬉遊自若曾無驚覗傾聽竊語之警坐
置天下於太平公之力也嗚呼公與狄梁公皆有惠政
於魏故魏人祠之然其爲遠近所尊慕年時雖遠而不
毀非有大功於　社稷爲神祇所相祐能如是乎然
梁公之功顯天下皆知之魏公之功隱天下或未能盡

知也然則魏公不又賢乎宜其與梁公之祠並立於魏
享祀無窮也公薨後九年魏人以狀抵西京俾光爲記
將刻於石竊惟梁公二碑乃李邕馮宿之文光實何人
敢不自量顧魏人之口口口口口又欲以其所未知者
論之故不敢辭時元豐七年六月丙戌涑水司馬光記
安武軍節度冀州管內觀察處置等使持節冀州諸
軍事冀州刺史充河東路經略安撫使兼馬步軍都
總管兼知太原軍府事及管內勸農使上柱國廣陵
郡開國公食邑二千口百戶食實封口口戶下闕
資政殿大學士右光祿大夫知揚州軍州事兼管內
勸農使充淮南東路兵馬鈐轄上柱國馮翊郡開國
公下闕
資政殿學士通議大夫知大名府兼北京留守司公
事畿內勸農使充大名府路安撫使馬步軍都總管
護軍河東下闕
碑下半漫滅缺書人名以字體知爲蔡襄筆也琦廟
在晝錦坊中州金石記
按碑載溫公集以石本校之民或爲之生祠集本
無民字皆發於人心之去思集本無心字公既至
集本無至字及作佛事集本無及字盡心力以事

君集本無心字餘缺字皆如原缺以溫公集世皆
知之不必補贅也魏公宋史本傳云在魏都人爲
立生祠卽指此事然碑旣立於大名不稔何以重
刻此文於晝錦堂之陰初疑前明人摹勒爲之及
攷韓魏王新廟碑元高書訓所撰也已云歐陽司
馬二公之記蔡端明之字光燄萬丈照映千古云
云是溫公文在元時已置此矣河朔訪古記韓魏
王廟庭西晝錦堂記碑一通至元間再摹而刻蓋
魏都生祠碑轉摹於此石之陰當以此時也碑後
題銜凡三皆殘缺有馬步軍都總管銜嘉泰會稽

志國初節度使領馬步軍都步署英宗卽位避御名改稱都總管其後守臣兼一路安撫使者皆帶馬步軍都總管此三題銜在元豐七年正以避諱不稱都步署至所帶銜亦由大名河東各爲一路故蒞安撫使者循之安陽縣志

栗子山題名

石高廣皆二尺六寸八行行八字在偃師縣永慶寺

楊世長李希呂昭□邢綬馮建康宣趙洗侯咸劉亨崔邁藺育徐京馮覘同修奉　神宗皇帝山陵轄兵栗子山般運石段常由是邑元豐八年七月旣望謹題

霍希範刻

億按修奉神宗山陵諸臣題名自楊世長而下凡十三人官爵史無可考蓋皆小臣奉使者故不具書也

偃師金石錄

按神宗以元豐八年三月戊戌崩十月乙酉葬於永裕陵故修陵在七月也然神宗廟號以九月戊戌加上此當七月已見於題記殆上謚冊在九月而廟號蚤定中外皆知故得先書於石耶神宗陵在九山東北麓九山今名白雲山在鞏縣西南七十里栗子山者攷偃師縣志有委粟偵在縣西南五十里舊志云宋修陵採石委粟於此故名豈卽謂此栗子山耶詳見後卷宣仁后山陵採石記

惠明寺舍利塔銘

碑高九尺四寸五分廣四尺六寸共二十四行行六十二字正書在太原府

太原故城惠明寺舍利塔碑銘

資政殿大學士正議大夫河東路經略安撫使兼馬步軍都總管兼知太原軍府事及管內勸農使護軍東平郡開國侯食邑一千一百戶呂惠卿撰并書

朝請郎權發遣河東路提點刑獄公事兼本路勸農提舉河渠公事上護軍賜緋魚袋借紫范子諒篆額

太平興國四年春　太宗皇帝征劉繼元於河東夏五月癸未繼元降　詔壞故城遷□民於新邑而惠明寺實創於隋仁壽之初而其塔則佛書以爲阿育王所造舍利塔八萬四千之一也旣壞而光見　詔爲之復建咸平二年三月壬戌大震電風寺塔災六年冬　朝廷遣內侍王守眞等發諸州兵一千三百人修之景德三年七月塔成累甓九級其崇一百五十有八尺　詔以汾州僧啓彛主寺事賜金書閣求九軸歲度僧五人大中祥符二年　詔廣堂廡五十有四閒以東封泰山所得芝草十有一本賜之自塔復建至今元豐八年凡八

十有一年矣而惠卿使河東實兼領太原軍府事寺僧
惠素以碑刻未立口文以紀之惠卿嘗觀自有書契以
來聖人之得志行乎中國者其聲教所暨不過文軌之
所同而已則其在下而傳其道以服乎天下者從可知
也至西方有佛口者出則非嘗得志而行乎中國又非
傳其道以服乎天下者也而浮行之所通聞見之所接
雖殊言異聞莫不爲之累譯以習其書雖易服變貌莫
不爲之設祠以禮其像非特若是也幽至於山岳之祇
靈深至於江海之龍怪凡有情狀者亦莫不口聞欽嚮
此固多見博識之士所其知者也夫豈以爵位利勢名

聲謳說口使之然哉彼以典教則口行有止此以神化
故其運無方也以是觀之則所謂阿育王役鬼神以佛
舍利爲八萬口千寶塔其在中國者一十而惠明居其
一亦奚足異哉惠明之建雖始於隋之仁壽而舍利子
之至中國則不知自何代更若千年也然自隋唐五代
以至　我有宋凡四百餘口口口歷時變代易人口天
災而舍利之神異終不口口口故既壞而復興已墜而
復建則佛之在相者尙或如此則其法身非相金剛不
壞者宜如何也竊惟　我太祖皇帝以天授人與既來
四方矣而劉氏獨阻太口當是時舉天下之力以定一

國宜無不克者而承鈞以漢祀爲辭則終其身爲之不
加兵至于繼元迷不知變　我太宗皇帝親討不享城
雖垂拔猶且力拒口爲口郑師以開其降遂脫一國之
民死則　我一祖　一宗之至德深仁亦曠古之所罕
見者也口　我有宋國祚之長遠雖與佛日照臨於無
窮豈不宜哉惠卿口口平日嘗以佛書洗其心因得造
華藏之眞遊觀金光之妙相則於其教像宜所稱讚以
開未悟而酬大恩而又口口口口綏斯民　當使之知
　我有口口口口生之造不翅如天地父母則欣戴
樂推雖歷千萬世而不斁者故其知也故因惠素之請

樂爲之敘其本末而以詩口之其辭曰
大道微妙含虛空　其大無外小無中　西方有聖維
大雄　其性如是相亦充　聲教非特文軌同　幽顯
環嚮逮天龍　金身未滅本非終　舍利傳布流無窮
　阿育寶塔非世工　八萬四千口穹隆　世間之智
育育聾　誰知此相與理融　惠明隋室初建崇　舍
利來至知何從　歷唐五季時口口　逢辰泰定此亦
通　問誰相繼揚眞風　惟　我有宋　祖與　宗
太原形勢控胡戎　唐俗猶在其邑豐　承鈞哀祈金
故封　捨置度外開涵容　繼元拒守迷不恭　矜脫

屠戮麀臨衝　瑞光□□□□□　既與復立茲以寫
佛日發汝多生蒙　君天賜汝再造功　悲慈憫仁
均□□　嗟汝勿□□□□忠

元豐八年八月初一日建　太原□覞摸刻

按此碑撰者呂惠卿宋史姦臣傳惠卿果以資政殿學士知延州丁母憂元豐元年加大學士知太原府將使仍鎮鄜延坐斥知單州明年復知太原此碑立于元豐八年是復知太原時也惠卿小人文與字皆不足存今錄于此者亦薦檮杌垂誡之義耳

金石萃編卷一百三十九

賜進士出身　誥授光祿大夫刑部右侍郎加七級王昶譔

宋十七

薛紹彭書樓觀詩三段

石横廣二尺二寸四分高一尺四寸三分共十三行行八字正書在盩厔縣

留題樓觀

國子博士監上清太平宫薛周

結草終南下雲蘿一逕深入窮文始跡誰到伯陽心古木含天理清風快客襟勞車行計促空媿負長吟

至和二年十月二十九日

元祐元年三月廿一日姪監上清太平宫紹彭書

虞學士集評書謂坡谷出而魏晉之法盡米元章薛紹彭黄長睿方知古法又云長睿書不逮言惟紹彭最佳而世遂不傳米氏父子世學其奇怪據此似于坡谷之後獨取紹彭也今中南樓觀有紹彭書詩刻余凡得五紙其一書唐人玉眞公主莊玉眞觀諸詩小楷法出入黄庭洛神無一毫滲漏其一書蘇子瞻詩其一書其叔薛周詩其一書王工部詩其一書一絶句字稍大或作眞行其法皆自晉唐絶不作側筆惡態眞可寶也紹彭號翠微居士其父師正畫横定

武蘭亭其子嗣昌刻智永千文益世有書學者伯生
之鑒精矣哉石墨鐫華
案劉貢父彭城集中薛顔神道碑云孫三人次曰周
爲駕部員外郎中歲謝事不仕云云與東坡詩辭合
今讀此石刻詩知爲未致仕前作也馮應榴跋

又石横廣一尺七寸高一尺三寸八分共十一行行十一至六字不等正書

題樓觀南樓
紛紛塵事日嬰懷一見南山眼暫開好是晚雲收拾盡
半天蒼翠望中來
自清平如鄜蹡過此元豐辛酉孟夏二十七日大中

題
元祐元年三月二十九日承事郎勾當上清太平宮
薛紹彭書

又石横廣二尺八寸高二尺三寸中刻詩共十九行行八字上刻石夷吾等題名十八字並正書

王工部詩
常恨閑行少忩忩忽解鞍秋風尹家宅更得暫盤桓
右元豐四年七月二十五日題
罷歸闕今存遺宅翊駕真人有舊丘水石自含仙氣爽
煙雲常許世人遊悠悠天道推終始擾擾塵纓滯去留
君看一官容易捨老來棲止占山陬

右十二月十二日至樓觀作
元祐元年三月三十日承事郎勾當上清太平宮兼
兵馬監押薛紹彭書
石夷吾許端卿崇寧二年十二月廿八日同遊
按上清太平宮乃太平興國觀中北帝宮通明殿
之額也在盩厔縣東三十里縣東南三十里即樓
觀彼此隣近故監宮者往往留題樓觀也薛紹彭
宋史附見薛向傳向子向之祖顔河中萬泉人傳
但稱紹彭有翰墨名而不詳其官位米元章書史
稱其字道祖王弇州藁稱其累官秘閣修撰知梓

潼路漕周艸窓癸辛雜識稱其與米家父子同留
意筆札蓋當時工書米薛並稱元章嘗有詩云世
言米薛或薛米猶言弟兄與兄弟是也薛周爲顔
次孫是向之弟史傳不爲附載其大中及王工部
二人詩俱無攷
東坡書上清詞

碑高五尺五寸廣二尺四寸七分作五截書每截十八行行十一字至十三字不等行書在盩厔縣

詞不錄
同前 轍
詞不錄

嘉祐八年冬軾佐鳳翔幕以事□上清太平宮屢謁
眞君敬撰此詞仍邀家弟轍同賦其後廿四年承事
郎薛君紹彭爲監宮請書此二篇將刻之石元祐二
年二月廿八日記
元祐二年夏六月立石　工李輔摹刻
上清宮即徐鉉作碑述神人降于鳳翔者今在盩厔
盩厔昔屬鳳翔子瞻判鳳翔過此要子由同賦薛紹
彭請書刻石遒逸豐美比公他書尤勝石舊在本宮
一道士院中斷爲二余與余友徐宣伯偶過觀之搨
二紙後邑侯王公之栩移置衙齋作碑亭焉 石墨鐫華

按上清詞見蘇文忠公文集起四句南山之幽雲
冥冥兮孰居此者帝側之神君集本所無集直從
君胡爲乎山之幽起也餘俱彼此相同弟轍所作
亦見欒城集據東坡先生年譜嘉祐八年冬官于
鳳翔宋史英宗紀是年十月葬仁宗永昭陵十一
月祔太廟或當時有朝謁上清神御之文故云以
事至上清太平宮也元祐二年則先生爲翰林學
士當是應薛紹彭之請而追書之耳

寶月禪師龕銘

石横廣二尺六寸高二尺三寸七分
共十六行行十四字行書在寶雞縣

宋故青峯山寶月大師帷禪師龕銘
琅邪王箴撰并書
鉅雄闡化萬靈一源正法眼藏大甘露門師子一吼群
魔遁奔廣傳智慧梵天之尊能慈與悲不止不紛風揮
日舒照迷炳昏一切有情令入涅槃先王道缺周衰秦
熾鰥寡孤獨弗能自存仁義浸微九流無言金人夢漢
□相其傳死果生因□囂革頑有功在民暨于夷蠻塔
廟莊嚴百千斯年少林爲禪枝葉爲繁北律南宗各守
一偏師少而通絶羣離喧鶴警寒露猿啼青山白雲孤
飛得法泐潭天空月明萬慮不干一鉢一錫揚波函關

誰其嗣之厥聲巖巖
元祐三年四月十六日麻田院主僧道珂立石
張惟慶刻

緱氏重修泰山廟記

碑連額高七尺五寸廣三尺六分二十
四行行四十八字正書篆額在偃師縣

緱氏泰山廟在□□□步當嵩洛大道之衝有亭翼然
枕道之北垠者居人行商四時望祭之所也亭北五步
抵其廟廟有三門□□□□□□□□□□廡陛有階
齋庖有次其立屋以楹計之凡一百三十有五其闢地
以步計之東西凡五十南北凡七□□□□□□□□□

□□外內有老木幾三百本皆槐柏梧桐大者七圍八圍小者三圍四圍含蓄掩映望之藹然其氣象□□□□□□□□□□熙寧五年以迄于今爲議者所私廢而爲鎮農商之人咸病之廬里蕭然非復曩時矣而獨是祠□□□□□□□□□□□□城往往不能有也先是周廣順中李進者雞創其地至　國朝祥符中孫信者大聖中孫□□□□□□□□□□□既久瓦木腐毀皆圮頹缺不足以媚神安靈民之有力者議欲重修久矣而常患於吝且誣故□□□□□□□□□□□□三年里人王守福始倡而成之稚耋

協力不驅而從由是腐毀者更新頹缺者復完塑繪之□□□□□□□□□□□□蓋經始於四月之癸卯而成於十一月之壬申既又擇日率其鄉老大具肴酒有事于祠下□□□□□□□□□□樂而落之自　天子之命吏與公卿大夫士庶人之子弟戴白之叟重髫之童無貴賤□□□□□□□□□□□□□郎臨符其邑乃顧余而言曰守福之爲此宇不亦勤乎此土之人蒙神之休而不忘其□□□□□□□□□□□□見吾人去舊即新變呻爲謳相與燕休于茲也不亦嘉乎子其爲記之庶幾後之人

有□□□□□□□□□□□□□□□然古者天子諸侯皆得通祀其境內之神祇惟聰明正直功□而德鉅有益于斯民□□□□□□□□□□□□而□□社稷之祭偕而況□□□□□□□□□□□□□□□□□□□之右在□□□□□□□□□□□□□□□□□□□□□□□□□□□□□則有司存盖其所尸特以興雲雨致禍福代天治人無所不統爲事大可謂□□□□□□□□□□□□□□□□□甚異於衆人也唯其不吝且誣篤於誠心故能刻意經營以起數十年之廢□□□□□□□

□□□□□□□力□□不懈豈非有志于爲善者與夫人苟有志於爲善也則凡此土之人爲人□□□□□□□□□□□□□不可不孝於其父母爲人之兄者不可不友於其弟爲其弟不可不敬於其兄爲人之□□□□□□□□□□□□□□□□□□□□以至於爲兵爲農爲工爲商爲老爲佛者皆不可不肅以勤精以敏儉□□□□□□□□□□□□□□□□□□□□而矣也哉余曰然則是可書也於是乎書元祐三年閏十二月一日□□□□□□□□□□□□□□□□□□□□南樂份書

并篆額
修廟都料首王守福　同修廟人鄭宣　王再榮
句當□□
□□□□□□□□恭　董立　王易　盧漸
李和　□□　王士安　趙遵　董貴
億按碑上截已殘剝然所云立屋以楹計之凡一百
三十有五蓋當時營建之盛可見如此又云熙寧五
年以迄於今爲議者所私廢而爲鎮農商之人咸病
之攷宋史地理志偃師熙寧五年省入緱氏八年復
置省緱氏縣爲鎮隸焉元豐九域志同是史志並以

爲在八年省緱氏今依碑證之殆于五年已廢而爲
鎮則史志悉傳誤也碑在今緱氏鎮其敘緱氏縣廢
始末之詳并及於廬里蕭然由撰記者所目擊故於
宋之縣城使後世猶得以知在斯地爲可據也撰者
名已缺唯書者樂份字存偃師金石錄

贈李方叔賜馬券
券存二紙各高四尺七寸廣二尺作三截書八行六行不等行五字六字亦不等行書在嘉興縣學
元祐元年予初入玉堂蒙　恩賜玉鼻騂今年出守杭
州復沾　此賜東南例乘肩輿得一馬足矣而　李方
叔未有馬故以贈之又恐方叔別獲嘉馬不免賣此故
爲出公據四年四月十五日　軾書
方叔來別　子瞻館於東齋將行　子瞻以賜馬贈
之　方叔作詩次韻奉和　轍
小林卧客笑元龍彈鋏無輿下舍中　五馬不辭分後
乘輕裘初許與諸公隨人射虎氣終在徒步白頭心頗
同遥想據鞍橫槊處新詩一一建安風
翰林蘇子瞻所得天廄馬其所從來甚寵加以妙墨作
券此馬價應十倍方叔豆羹常不繼將不能有此馬御
以如富貴之家輙曰非良馬也故不售夫天廄雖饒馬
其知名絶足亦時有之尒豈可求錫馬盡良也或又責

方叔受翰林公之惠當乘之往來田間安用汲汲索錢
此又不識蚌痛者從旁論砭疽尒甚窮亦難忍哉使有
義士能捐廿萬并券與馬取之不惟解方叔之倒縣亦
足以豪矣衆不可蓋遇人中磊磊者試以余書示之元
祐四年十月甲寅黃庭堅書贈李方叔
子瞻以天厩賜馬遺李方叔使鬻之而爲書券魯直
又爲跋索十萬錢大是佳話然以子瞻故硬差作伯
樂抑勒牙人亦見爾時詞客之橫耳弇州山人四部稿
蘇文忠公馬券帖並穎濱詩黃山谷跋共四石舊藏
陸宣公祠歲久散失順治甲午宣公後裔求得之勢

有好事者購取其三餘二石遂湮榛蕪中今乾隆甲午嶺南梁君宰嘉禾訪購人間所藏二石又於祠中猶角并獲二石而四石復完王杰跋

按此石今在嘉興縣學流虹亭東坡先生年譜元祐元年累遷翰林學士知制誥四年三月除知杭州七月三日到杭州任其書此券在四月則未出都時事也弇州稿云曾直爲跋索十萬錢今石刻跋云能捐廿萬并券與馬取之彼此有異此券石刻袒在四川眉州蘇公祠內見有券刻與趙松雪眞草文同嵌壁極爲精妙但兩刻不知孰先孰後矣至此石之在嘉興宜公祠其原委未有詳及者

游師雄題六駿碑

碑高七尺三寸廣三尺八寸五分分作四截下三截繪六駿并贊上截記凡二十五行行十一字正書篆額在醴泉縣

運判奉議游公題六駿碑

師雄舊見唐太宗六馬畫像世傳以爲閻立本之筆十八學士爲之贊晚始得唐陵園記云太宗葬文德皇后於昭陵御製刻石文并六馬像贊皆立於陵後敕歐陽詢書高宗總章二年詔殷仲容別題馬贊於石座即知贊文乃太宗自製非天策學士所爲明矣歐陽詢書今不復見惟仲容之字仍存如寫白蹄烏贊云平薛仁果時乘由此益知唐史悞以果爲杲耳距陵北五里自山下往返四十里崖徑峭嶮欲登者難之因諭邑官倣其石像帶箭之狀并丘行恭眞塑于邑西門外太宗廟廷高庳豐約洪纖寸尺毫毛不差以便往來觀覽者又別爲繪圖刻石于廡下以廣其傳焉元祐四年端午日武功游師雄景叔題京兆府醴泉縣尉刁玠書主簿蔡安時篆額知縣事呂由聖立石

颯露紫　平東都時乘

西第一紫鷰騮前中一箭

紫鷰超躍骨騰神駿氣讋三川威凌八陣

特勒驃　平宋金剛時乘

東第一黃白色喙微黑色

應策騰空承聲半漢入險摧敵乘危濟難

拳毛騧　平劉黑闥時乘

西第二黃馬黑喙前中六箭背三箭

月精按轡天駟橫行弧矢載戢氛埃廓清

青騅　平竇建德時乘

東第二蒼白雜色前中五箭

足輕電影神發天機策茲飛練定我戎衣

白蹄烏　平薛仁果時乘
西第三紑黑色四蹄俱白
倚天長劒追風駿足聳轡平隴回鞍定蜀
什伐赤　平世充建德時乘
東第三紑赤色前中四箭背中一箭
瀍澗未靜斧鉞申威朱汗騁足青旌凱歸　武宗道刊
六馬贊唐文皇御製歐陽詢書石與文德皇后碑同立陵後高宗又詔殷仲容別題馬贊于石座則贊宜有歐殷二公書也今文德皇后碑與歐書都亡而陵上馬無石座書世所傳圖乃游景叔所刻景叔序云

得唐陵園記云然楊用修丹鉛錄記六馬贊云在秦中殷仲容撰歐陽詢書又有元學士王惲跋云云其說與景叔小異或用修所見乃舊石耶然一爲歐書刻石一爲殷書刻馬座實出太宗製非殷撰而歐書也游公刻圖盛傳用修不當未見何牴牾乃爾今去用修未百年豈舊石頓亡獨有游公刻耶景叔亦云詢書不復見獨殷書存距陵北五里今石馬正在陵下不數十武又無座書其非唐馬無疑然則殷書宋時尚在今亦淪没不可求矣非游公刻圖誰其知之公又云殷書薛仁杲作仁果以証史官之誤如此類者尚多游公雅善臨池李靖李勣碑陰各有題字草行甚佳而此圖序乃醴泉縣尉刁玠正書深得歐陽詢遺意者可觀也石墨鐫華

按游師雄所繪昭陵圖有紹聖元年石刻詳後卷圖中六駿儼然在昭陵之後其馬贊舊題于石坐東坡嘗得石本賦詩紀之此碑乃師雄重繪六馬并贊刻石于醴泉太宗廟者太宗乘六駿以定天下馬多中箭此圖皆摹繪不爽可見太宗不忘大勲雖馬猶然而師雄表章之蹟亦非徒好古而已

奉天縣渾忠武公祠堂記

碑高四尺五寸廣二尺七寸共二十二行行三十四字正書篆額在乾州

奉天縣新修渾武忠公祠堂記

進士安宜之書并篆

渾公諱瑊事唐三世德宗朝爲中書令封咸寧郡王及薨贈太師謚曰忠武　公少以材武聞唐自天寶末天下擾壤　公嘗從李光弼郭子儀平河北收復兩京及擊吐蕃回紇皆有軍功然方是時人惟知　公智勇而已及涇師亂德宗幸奉天賊臣朱泚以兵薄城四面矢石如雨旬浹不解時李懷光軍未至外無蚍蜉螘蟻之助人心危急城幾陷没而　公掘地隧以陷賊雲橋身

中流矢遠自摑去披血猶戰卒能解圍然後又知　公
忠義大節有足尚者嗚呼德宗持性不明任用臣下多
所猜忌至李希烈詐爲　公書遣人間謀帝終不疑
公更賜良馬厚幣信任益固正元後藩臣跋扈上嘗姑
息之惟知　公忠謹每有奏論不盡從可一以純誠待
　公公本出鐵勒九姓之渾部嘗好書通春秋漢史故
能知忠義大節篤於自信有足以感動上意者亦以此
歟噫奉天之難闔城待死其危如俎上肉爾然邑民父
子得不屠滅者皆　公之德也今去　公三百餘年而
奉天竟無　公之遺迹使民可以思慕而不忘者良可

惜也　運判游公好古君子乃飭縣令使爲　公祠堂
於縣圃中畫像於其間俾斯民也登其堂瞻其像則如
甘棠之思召伯峴山之愛羊公豈不偉哉夫士大夫之
爲郡邑而其治有及於堂室亭榭能不廢昔人之所爲
雅致高躅者世已稱爲好事蓋郡邑之有堂室亭榭人
嘗好治而不廢者此其地必爲飲食宴樂與夫閒居遊
觀之所以飲食宴樂閒居遊觀者人情之所同好則不
患乎不治至於爲堂室亭榭而人之所好或異於此則
往往廢壞而不治者多矣今　游公之俾爲是堂也又
非人之所同好而　公力成之堂既完矣其久不能保

其無壞愚又不知夫異日之所好能如　游公否也
公因命育書創立之歲月亦以俟夫後之同好者庶幾
茲堂之不墜而　渾公之德傳之於無窮也元祐五年
清明日門生雄州防禦推官知延安府臨眞縣事辛育
記

縣尉李士林

主簿王恂

知縣丞侯唐輔

右宣德郎知縣事錢景逄　京兆安民鐫

按今之乾州宋時謂之醴州所屬奉天縣即唐德

宗幸奉天朱泚以兵薄城渾公掘地隧陷賊身中
流矢卒能解圍之所也宜川縣已有渾王廟碑見
前卷宜川是其封地奉天則其見功之地至是始
得建廟陝西通志載祠在乾州南門內又引世法
錄云明洪武二十七年四月乾州同知史孟通言
唐忠臣渾瑊在德宗時涇原兵變保乘輿全城郭
功載唐史今其祠廟在而祀事有闕甚非報功勸
忠之意宜令有司每春秋致祭詔從之然則祠祀
至今不廢而於建廟之緣起通志略焉是未嘗據
碑而詳載之也

謁太史公祠題記

石高四尺九寸七分廣二尺六寸五分七行行十三字行書在韓城縣

元祐五年春不雨夏四月丁酉詔書委所在長吏躬禱境內名山大川將以戊午有事于韓城之　禹廟乙卯道出少梁恭謁　太史公祠簽書節度判官廳公事田漑觀察判官高士乙知同州事邵龢題

是不著書人姓名字體瘦勁與游師雄墓志略同應即邵書無疑邵字仲恭丹陽人嘗授筆法於蔡元長元長教以學沈傳師者文云元祐五年春不雨宋紀是年二月辛丑罷修黃河癸卯禱雨嶽瀆罷浚京城

濠丁未減天下四罪杖以下釋之四月甲辰呂大防等求退不允丁巳詔避殿減膳諸所書皆以旱故也攷是年至五月始得雨紀于二月書禱雨岳瀆而是題四月猶有事禹廟則其往復遣官禱祭情事可知攷史是年正月丁卯朔二月有丁酉不言朔當是二日則辛丑爲六日癸卯爲八日丁未爲十二日也四月丁酉應是三日甲辰爲十日丁巳則二十三日史于三月亦著丙辰朔合大小餘之列亦無誤關中金石記

鄆州學田記

碑高六尺一寸廣三尺一寸二十行行四十字隸書額題鄆州州學新田之記八字亦隸書在東平州

鄆州州學新田記

趙郡李侁書

鄆有學其盛□沂國王文正公其時天下郡國庠序未設鄆雖有之而小陋貧□儒雅缺然王文正公以故相爲吾州□爲士不知道義果不足用道義顧安出則大作學買田聚書所□就士爲多而學遂以盛吾州之人歌祠之至今其後亦數有名守臣頗寵厲士學然學舍之不治則久□能慨然悲其廢復廣□新之者自澶淵井公季能之爲轉運使於東部也井公既作新學閎碩遂麗居者悅喜其明年改元元祐詔以龍圖□學士光

祿大夫吳郡滕公爲鄆州公熙寧初嘗以翰林侍讀學士□爲吾州矣能教民使本西漢爲文章拔孝秀之民一人曰王大臨爲學者迎師使授經增弟子之數實□其人心去且十年　上知東人之思公也復以爲鄆公下車即入學延見耆舊諸生問政所設施諸耆老儒生爭言新學成顧苦在貧有田磽瘠食不能百生游學之士或自罷去公聞太息曰教學養徒而無食可乎則厚爲廩餼諸生問其所無而與之歲時齎金錢衣物裁殺酒從之勞饗爲禮相與周旋士更感勸貧無歸者得卒學欣欣紓樂其翹然秀出者使學官以其業來告

其姓名府中將薦寵之故一時英卓悉出俗化粲然興於學先是汶水之陽東山之下有羨田畝一金宜桑柘麻麥官與大豪而薄其賦□根深牢旁小民歲歲訟不解公曰吾學適貧不若盡以與之卽爲奏請得田二千五百畝有奇與民耕□歲輸錢百萬是爲新田諸生言凡新田之入實三倍於其舊亦盛矣又舊田浸久遠籍書散亡昧不可見公使明直吏行視盡得之田益開治豐好出粟賦錢皆厚以餞遷嘗承乏學官略計一歲大槩新田□入已足供之而舊田正可爲齋祠釋菜鄉射飲酒投壺絃歌間燕獻酬之費耳始公請田章五邵而

士不知其後　詔可諸生德公而不謝知公非以爲名也公以文章忠孝爲天下弟一兩爲吾州學是以□與旣去又自大書學榜以榮邦人士至學門趨而入如望見公無敢不敬者是歲東郡大饑公活流人□八萬□急農事務德厚屏盜賊輕刑辟哀貧窮　褒詔亟下其大功偉美又數十皆可頌歌然遷方記新田得略而不書公諱元發字達道五年九月十五日門人須句尹遷謹記

案宋史本傳滕元發浙之東陽人初名甫字元發以避諱改字爲名而字達道哲宗登位除龍圖直學士復知鄆州學生食不給民有爭公田二十年不決者元發曰學無食而以良田飽頑民可乎乃請以爲學田遂絶其訟盖卽此碑所記之事也碑陰刻紹聖四年呂公謁先聖記山左金石記

京兆府學移石經記

碑連額高五尺六寸廣二尺八寸二十三行行三十七字正書篆額在西安府

京兆府府學新移石經記

河南安宜之書

汲郡呂公龍圖領漕陝右之日持適承乏雍學一日謁公公喟然謂持曰京兆關閒有唐國子監存焉

其間石經乃開成中鐫刻唐史載文宗時太學勒石經而鄭覃與周墀等校定九經文字上石及覃以宰相兼祭酒於是進石壁九經一百六十卷卽今之石經是也舊在務本坊自天祐中韓建築新城而六經石本委棄于野至朱梁時劉鄩守長安有幕吏尹玉羽者白鄩請輦入城鄩方備岐軍之侵軼謂此非急務玉羽紿之曰一旦虜兵臨城碎爲矢石亦足以助賊爲虐鄩然之乃遷置于此卽唐尚書省之西隅也地雜民居其處窪下霖潦衝注隨立輒仆埋沒腐壞歲久折缺殆非所以尊經而重道予欲徙置於府學之北墉子且俾圖來覩厥

既視圖則命徒役具器用平其溝塹而基之築其浮虛而窒之凡石刻而仆者仆者悉輦置於其地洗剔塵土補錮殘缺分爲東西次比而陳列焉明皇注孝經及建學碑則立之於中央顏褚歐陽徐柳之書下迨偏傍字源之類則分布于庭之左右俄而如登道山如入東序河圖洛書大辟琬琰爛然盈目而應接或不暇矣先是有興平僧誕妄惑衆攻索無厭　大尹劉公希道沒入其貲有欲請于　朝以脩慈恩浮圖者　公即建言崇飾塔廟非古而興建學校爲急　朝廷乃以五百千畀之不費公不役民經始於元祐二年初秋盡

孟冬而落成門序旁啓雙亭中峙廊廡回環不崇不庳誠故都之壯觀翰墨之淵藪也學者暇日於此游息得之於目而會之以心固已有超然遠詣之意豈曰小補之哉竊惟六經天人之道備聖人所以遺天下來世之意盡在于是自周末至隋千餘載之間已遭五厄汗簡以載或焚或脫縑楮魚蠹易腐易裂道雖無窮而器則有弊雅鑱之金石庶可以久有唐之君相知物之終始而憂後世之慮深故石經之立殆以此也然以洛陽蔡邕石經四十六碑觀之其始立也觀視摹寫者車乘日千餘兩塡塞街陌可謂盛矣及范蔚宗所見其存者纔十有六枚餘皆毀壞磨滅然後知不得其人以護持雖金石之固亦難必其可久此　呂公所以爲有功於聖人之經而不可不書也然持書此者豈特紀其歲月而已哉將使後之君子知古人之用心而不廢前功庶斯文之有寄云爾元祐五年歲次庚午九月壬戌朔二十日辛巳京兆黎持謹記　安民鐫

京兆府學新移石經記一帙乃宋元祐五年黎持爲文安宜之正書以紀呂公移碑之故者呂公之舉眞光明俊偉有功斯石余嘗兩覯石本慨想蔡中郎遐軌然後知是記之作所關者大　蒼潤軒帖跋

京兆府學新移石經碑記其曰汲郡呂公者宣公大防之兄以工部郎中陝西轉運副使知陝州以直龍圖閣知秦州大忠也自唐鄭覃等勒石壁九經一百六十卷天祐中築新城石爲韓建所弃劉鄩守長安移置尚書舊省至大中領漕日始克盡列于學載持記甚詳方是時宣公在朝二三執政罔非正人監司長吏咸以興起學校裒集經史爲務至紹聖元符之際小人柄政諸君子咸被重罪以去宣公竄死虔州未幾大忠亦降官崇寧初籍黨人立石端禮門側蔡京復自書碑頒郡縣彼張商英周秩楊畏之徒反覆

附和恬不知耻民以一石工獨能嚴邪正之辨不肯
鐫名姓于碑惟恐得罪後世匹夫之志不可奪如是
夫持爲京兆學官其文辭條達類南豐曾氏而宜之
之書亦稱入格迄今博聞之士或不能舉其姓氏民
則後生末學皆能道之以此見立身行己不可不爲
後世慮苟是非得其正雖百工技能之人反有榮于
當時之士大夫者嗚呼可感也已尹玉羽者京兆長
安人以孝行聞杜門隱居鄠辟爲保大軍節度推官
仕後唐至光祿少卿晉高祖召之辭以老退歸秦中
嘗著自然經五卷武庫集五十卷其書散見于冊府

元龜借歐陽子不爲立傳而其書亦不傳于世也子
既感碑文之出于民所鐫而題其後子友鍾淵映將
注五代史記并書玉羽之事告之俾附注于鄉之傳
焉曝書亭集

唐凌烟閣功臣畫像并讚

石二皆高二尺六寸六分一廣二尺五寸六分二十六行一廣一尺七寸二十二行行皆十字正書在麟遊縣

禮部侍郎永興公王珪
隋氏不君忠賢莫用桐生朝陽有集惟鳳捨彼頹廈鬱
爲新棟軺車元亥開國有宋武德之暮羣孽內蠹巍巍
永公聳節高步不吐不茹不來不去屹崛中立爲天一
柱徒容而言社稷遂安持式秉純光輔二君激濁揚清
知人知身其道至廣莫我敢羣其境至大不容纖塵雲
霜倚空冰鑑照人

□□鄭國公魏徵
堂堂魏公□節大志貞幹直聳摩□自致遭風雲時得
霸王氣一言委質有死無二撫我則后各盡其忠沉浮
變道其道不窮龍戰既息皇建其極禪衮補職其繩則
直諤諤凝凝危言正色漢興是崇德洽道豐保合大和
昭明有融尹躬佐商有恥于湯公以其心匡飭巨唐

兵部尚書英國公李勣
橫流莫極大亂無象奐公傑出應運爲將與楚楚霸與
漢漢王天時人事隨其所嚮長蛇縱蠆東據河洛棼棼
封豕其濟同惡哮吼連聲如雷若霆萬里震驚時惟英
公□□□斬豕以鉞□□□□□殄滅乃□□□
□□□□有大□□□□□□□和□□□□□
□□□白髮皤□□□□□□磨

尚書□□□□君集
洛□□□□□決公之應變臨陣□拔銳氣盡來我
盈彼竭進退反掌存亡奄忽虎來風□鼇轉山没遂作

心膂爰從討伐崩圍陷陣火迸氷裂擒如鶻鷙縱若鯨
奔功臣國定萬古壯骨
按長安志凝陰殿南有凌煙閣貞觀十八年唐書太宗紀作十七年二月戊申太宗圖畫功臣之像二十四人於閣
上帝自爲讚詞褚遂良題額此太宗建凌煙閣之
始也此碑寰宇訪碑錄云在麟遊縣碑刻功臣畫
象并贊祇王珪魏徵李勣侯君集四人乃元祐五
年游師雄撰書以刻石者唐書王珪傳珪仕太宗
朝封永寧縣男進封郡公由同州刺史召拜禮部
尚書此碑題云禮部侍郎永興公與史異魏徵傳

累拜太子太師封鄭國公徵亡帝思不已登凌煙
閣觀畫像賦詩悼痛考徵之卒在十七年正月而
畫功臣在二月葢卒後所畫也李勣傳高祖初封
英國公徙封曹改舒國公太宗即位徙封英治并
州召爲兵部尚書高宗永徽四年册進司空始太
宗時已畫像凌煙閣至是帝復命圖其形自序之
侯君集太宗初封潞國公遷兵部尚書進吏部後
坐承乾事帝謂曰與公訣矣今而後徒見公遺像
已因泣下遂斬之所謂遺像者殆即凌煙閣也獨
王珪之圖形傳無明文此碑當有年月及書撰題
識或搨者失之

涇陽縣孔子廟記

碑連額高八尺六寸三分廣三尺四寸五分二十四行行三十四字隸書額題孔子廟記四字篆書在涇陽縣

涇陽縣重脩孔子廟記

鄉貢進士杜德機撰

縣尉王騤書并篆額

先聖者道之所自出而道非學校不行故世之州縣因
先聖有廟所以重道也即廟有學所以傳道也涇陽廟
學其㝗已久矣栖栖乎塑像之居弊陋乎行禮之舍雖

二時之有釋奠神之格思未敢信也先生之待問何所
布席朋友之交會何所投笈遂使峨冠而長者去而就
境外之傳總角之幼者分徒裂居或假館於佛宮或開
戸於委巷欲風俗之全粹不可得也　奉議郎賈
公公明廉勤文敏威惠以雍容宰邑然自下車多見其
執要以聽訟貴恕以用刑重士輕財禽姦縱善類以此
爲務乃若廟學則踰年而始及何也廟所以重本學所
以源教化凡士皆知之況　公良治之後其文學
之雄乎盖儲思積慮填乎胷次時拘文而不得爲也日
者　朝廷始有命修諸毀廢之祠廟　公

獨以孔子廟爲請則疇昔之有志可見矣疇昔憤之一
朝攄之則何啻宿火之獲然積泉之遇决其所經畫豈
鹵莽齟齬而輒已哉雖然因錢於公府因材於故地因
時於農隙因力於民從而上下一無傷焉及其鳩徒聚
工則又以佚道悅使以明令申嚴以宿戒覗成俾一心
百身蜂還蟻往築庳以爲高闢隘以爲廣缺斯完撓斯
隆百日之工七旬之畢何其形壯而功斂也其間革故
從新神人異宅北廟而南學廟則加之四簷而翼其正
室之楄敞之二廡而寬其拜獻之位內更塑像則聖括
之神有依矣外益繪像則前賢之七十二後賢之二十

四得以白其道矣先聖所以嚴也學則起正堂以待講
解環齋宇以延聽讀人才所以育也若是則神之不格
風俗之不全粹非所患也雖然廟也學也昔與吾宰之
廨舍其弊陋均矣然廨舍之弊陋當時猶未能一新以
聳衆人之觀望况有議及於廟學者乎　公於一
者素皆有志於建立而獨以廟學爲先則可謂切於事
道矣今觀縣之廊舍雄壯尊嚴可以爲諸邑之首而使
民莫不知有所尊仰有所敬畏則號令刑政固亦由此
而振矣夫號令刑政所以爲治也廟學所以爲教也其
所建立先吾爲教之地則是所以爲治者本於道也

公於此乃能知之蓋知所以務本故也且孔子佛
老分而爲三教其趣善一也世之奉佛老者寺觀相高
制侔宮室雕磨繢畫窮力盡工寶珠殫於綴飾瓌材竭
於輪奐其費舉不下萬計至其事孔子則槩無髣髴此
布韋之士每憤憤而不得有爲者矣妄得損彼之有餘
少益此之不足乎噫益此不足而爲之唱　公其
人也或曰事孔子以禮廟貌豐宇不在觀人之耳目愚
應之曰膚行騶路不知有吾道者紛如也不如此不足
以鼓動激勸今有人焉解弊褐而鮮裾起衡門而華屋
則必見之者改視親之者改容而况掃儒宮之積陋以
鼎盛觀人又豈止有改視改容者應乎元祐五年十月

初七日記

雲臺觀賜紫道士董宗卿刊

主簿謝斂

奉議郎權知涇陽縣事兼兵馬都監雲騎尉賜緋魚
袋賈公裕

按陝西通志載涇陽縣學在縣治西南宋元祐五
年建據此碑則舊有廟而弊陋元祐五年特重新
之耳知縣事賈公裕無考文爲杜德機撰以廟學
碑而刊之者乃雲臺觀道士董宗卿亦賢矣哉雲

臺觀在華陰縣華山下

金石萃編卷一百三十九終

金石萃編卷一百四十

賜進士出身 誥授光祿大夫刑部右侍郎加七級王昶譔

宋十八

草堂寺題名二十七段

碑高五尺八寸三面刻正面廣二尺九寸兩側各廣九寸題名參錯今按年代敘錄正面爲唐定慧禪師碑又附列另石二段並在鄠縣

側面三行行八字正書

轉運使杜孝錫元祐庚午十月十日來游男開孫君滙侍行

正面五行行十三字正書左行

劉銅公範張閎仲達李惇義行之惇禮彥中類彥明鵬舉南公安常知德段天麟信臣趙彥詒叔嗣張閶孝卿十人同宿紫閣過此元祐壬申秋社後一日記

又四行行五字正書左行

張保源澄之倫紹蒙紹希自此遊高驪潭元祐壬申

側面二段共七行行六字七字不等正書左行

薛紹彭同曹樸遊元祐口年五月初一日

後二十二年河東薛綱遊諸山獲觀 先公題字不勝悵然己丑歲中元

正面四行行六字分書左行

清源王濟叔同杜陵白耘叟游此紹聖元年仲夏廿八
日題
又 五行行六字 正書左行
通判府事河南朱光裔公遠發書節度判官公事廣漢
王普德充同遊紹聖二年三月十二日
又 石高廣俱一尺七寸五分 十二行行十二字行書
惇自長安率蘇君旦安君師孟至終南謁蘇君軾因與
蘇游口觀五郡延生大秦仙游旦師孟二君留終南回
遂與二君過渼陂漁於蘇君旦之園池晚宿草堂明日
宿紫閣惇獨至白閣廢寺還復宿草堂間過高觀題名

潭東石上且將宿百塔登南五臺與太一湫道華嚴趙
長安別二君而惇獨來也甲辰正月二十三日京兆章
惇題　供養主僧口口摸紹聖二年十二月初八日住
持講經賜紫僧口口立石
子厚與子瞻遊而題此書亦有卧筆間作渴筆遊縣
法亦遒逸可存也 石墨鐫華
文云惇自長安率蘇君旦安君師孟至終南謁蘇君
軾者宋史惇傳惇舉甲科調商洛令與蘇軾遊南山
抵仙遊潭潭下臨絕壁萬仞橫木其上惇揖軾書壁
軾懼不敢書惇平步過之乘索挽樹攝衣而下以漆

墨濡筆大書石壁曰蘇軾章惇來既還神彩不動卽
其時事也今仙游寺題名已失所存者惟此耳 關中金石
記
又 二段共七行行六字 七字行書左行
范墳自長安祠太平宮率張秉同至此丁丑仲夏廿二
日
後三日王霽奉祠高觀覽仲成留字叚勺同來霽題
側面 四行行十字十 二字不等行書
衛國李諷才孺口詛彥貫絳臺薛幾口微之元符戊寅
冬十月乙未日邀逍遙栖禪寺

又 四行行十七十八 字不等正書左行
博陵崔伯宗元符己卯二月解官來京濬原尉三月中
被　濟撥從軍城臨羌天都西安州五月初人馬分屯
月末還雍七月初四日挈家游栖禪淨境弟安仁同來
又 四行行六字 分書左行
李援蘇昞甯祖武陳圭華叚勺元符三年二月口口口
口草堂
又 二行行十 字正書
李華孫求呂景山至山邂逅同遊建中靖國元年三月
十四日

正面 四行行十一十二字不等行書左行

路允蹈聖由祠于高觀張秉持正劉鯤化鵬同往觀龍潭溥暮還宿逍遙寺詰旦之寶林建中靖國改元四月廿三日

又 石高廣俱一尺三寸共八行行八字行書左行

高郵孫竦子敬竢居易自太平宫致醮迴鄠宰劉希亮彥輔尉李革仲孚相率遊白雲過紫閣遂宿草堂翌日二公還邑子敬居易歸長安建中靖國元年五月九日題

此終南草堂題名首題孫竦子敬竢居易而于劉希亮彥輔李革仲孚稱二公則題必孫筆也然二賢昆季以爲讓能合屬兄以爲服勞則合屬弟不可攷已年乃建中靖國之元此時蘇黃之名未至令海內風靡固宜有頗存古道如此者及玉局力碓而老顛又苟率以濟之此義遂紛披不可復見亦書之一大厄已 墨林快事

又 四行行六七字不等行書左行

崇寧四年仲秋廿有三日景與宗祀 高觀劉琬寯祖武來會

又 二行行七字篆書左行

魏郡王仲孚游崇寧丙戌孟秋一日

又 四行行九字正書左行

百泉張壽翁與男縣尉□遊雲隆雲□紫閣觀□□□□草堂歸邑崇寧丙戌□月十有二日

又 三行行十字十一字不等正書左行

李逸老政和壬辰上巳後一日自百塔過翠微宿草堂明日將游紫閣白雲趨終南

又 四行行四字正書左行

竇淵深甫灃庭玉政和乙未初春同遊

又 二行十六字正書

呂湘西遊是寺宣和二年六月初四日題

側面 三行行八字分書

長安解益王佐河南邵伯温同遊宣和六年七月二十五日偕永奇偕

正面 四行行五字正書左行

王賾顯夫劉雍彥甫靖康丁未四月十日投宿草堂

又 三字正書

王著遊

又 二字正書

紫陽

側面二行十四字
堅之正叔公亮集之曾來觀此經宿

按此碑題名三面其正面爲唐定慧禪師碑磨舊碑刻之隱隱有先聖題延陵季子十字其所由來不可知矣草堂寺在鄠縣東南四十里唐改栖禪寺崔伯宗題記挈家游栖禪淨境者是也縣東南三十里有高冠峪峪内有高冠潭王弇題云奉祠高觀當卽高冠以音同而訛也張保源題云自此遊高驪潭似卽高冠潭亦以音近而異又縣東南三十里有紫閣峯杜工部詩紫閣峯陰入翠微者

是也劉銅題云十人同宿紫閣卽此路允蹈題云同往龍潭疑卽高驪潭又云薄暮宿逍遥寺寺在長安縣西南三十里甫張村陝西通志云創時碑志無攷據此題則宋時已有之矣李逸老題云自百塔過翠微宿草堂明日將游紫閣白雲趨終南百塔寺在長安城南五十里翠微寺在長安城西南翠微山上唐武德八年建太和宮太宗葺改爲翠微宮元和元年廢爲翠微寺其白雲山在鄠縣南二十里其下有白雲觀終南山在鄠縣東南二十里東接長安西接盩厔盖逸老此游往來於長安鄠縣盡兩日之興而歷諸勝也題名綜計五十八人內見於史傳者轉運使杜孝錫之子開史附忠義趙叔憑傳云叔憑建炎間任陝州都監金人圍陝州城危死之時職官杜開等五十一人俱死無降者疑卽其人薛紹彭卽書樓觀詩者監上清太平宮元祐某年同曹褍來遊碑泐其年據後二十二年巳丑歲其子綱來遊觀先公題字巳丑爲大觀三年推前二十二年則元祐三年也今姑附元祐末章惇與蘇軾遊仙遊潭事關中金石記巳詳范壎以丁丑仲夏率張秉同游丁丑是紹聖四

年史有兩張秉一是昭允之子太宗時人一字孟節新安人景德時仕終樞密直學士又宋詩紀事有張秉官監察御史知鄭州與王禹偁在鄭州聯句詩附見小畜集似皆非此張秉此張秉在王弇來游之前三日王弇見宋詩紀事引成都文類載其和吳仲庶遊海雲寺詩蓋與范純仁同時也李譓以元符戊寅來遊戊寅是元符元年史附李南公傳南公子鄭州人哲宗朝累擢顯謨閣待制任鄜延帥復徙永興僞爲蟺芝以獻徽宗疑之坐罔上貶散官安置此題蓋從永興時也但傳稱譓字

智甫此題作才孺爲不同未知即一人否蘇昞以元符三年來遊史道學傳稱昞字季明武功人始學於張載而事二程卒業元祐末呂大中薦之起布衣爲太常博士坐元符上書入邪籍編管饒州上書係元符三年事入邪籍係崇寧元年事其遊草堂殆未上書時也呂景山以建中靖國元年來遊史附見呂大防傳大防子藍田人紹聖四年大防貶舒州團練副使安置循州至虔州信豐而病語景山曰吾不復南矣吾死汝歸呂氏尚有遺種此時來遊蓋歸後四年矣河南邵伯溫以宣和六年來遊史道學傳伯溫字子文洛陽人康節處士雍之子也累官永興軍鑄錢監徽宗即位日食求言上書數千言又著書名辨誣後以上書人分邪正等伯溫在邪等出監華州西嶽廟久之知峽州靈寶縣徙芮城丁母憂服除主管永興軍耀州三白渠公事此題當在是時（元祐黨籍碑不列邵伯溫名）末王著遊三字不著年月史有兩王著一字成象單州人仕周入宋開寶二年終兵部郎中一字知微世家渭南攻書仕僞蜀入宋至端拱時終殿中侍御史此題當是端拱時之王著耳附於末餘俱無攷

遊師珍寺留題

石高二尺二寸五分廣二尺四寸八分共九行行十字正書在咸寧縣

具茨程奇

塵中總總誰青眼黃髮蒼顏世情短坐看前溪一片雲安得相從任舒卷浩歌聊詠北山薇不有歸心眞自欺欲借養和延晝夢數聲啼鳥日平西

元祐庚午冬十二月中澣寺僧惠元立石　李輔刊

觀音像並讚

石二均高二尺三寸五分廣二尺一寸四分各繪像一尊讚刻第二像下截二十四行行四字六字不等正書在西安府

吳道子筆

惟觀世音手持柳枝圓如滿月瑩如琉璃明如慧日能破諸暗住清淨觀除煩惱談妙音所薰慈目所覩一切障魔永爲依怙

二觀音乃唐吳道子筆余以　毋氏苦目疾訪求累年近方獲于長安僧惠諲因摹刻諸石又繫之以二贊且俾世人瞻敬供養同結善緣云爾元祐辛未仲夏望日河南呂由聖遵古題

伯夷叔齊墓碑

碑高七尺五寸廣三尺八寸共十五行行四十字正書

廬江文勛篆額

伯夷叔齊墓在河東蒲坂雷首之陽見於水經地志司考不妄其即墓爲廟則不知其所始以二子之賢意其爲唐晉典祀也舊矣元祐六年予同年進士臨菑王關之爲河東縣政成乃用四年九月大享赦書以公錢七萬及廢徹濫祠之屋作新廟凡三十有二楹貴德尚賢聞者興起貌象祠器皆中法程五月辛未有事於廟乃相與謀記歲月來乞文於豫章黃庭堅謹按伯夷叔齊蓋有國君之二子逃其國而不有者也予嘗求其說伯夷之不得立也其宗與國人必有不說者矣叔齊之立

也其宗與國人亦有不說者矣於是時紂又在上虐用諸侯則二子之去亦以避紂耶二子雖去其國其社稷必血食如初也事雖不經見以曹子臧吳季札之傳考之意其若是也故孔子以爲不降其志不辱其身身中清廢中權求仁而得仁又何怨又曰齊景公有馬千駟死之日民無德而稱焉伯夷叔齊餓於首陽之下民到於今稱之孟子以爲非其君不事非其民不使不立於惡人之朝不與惡人言故聞伯夷之風者貪夫廉懦夫有立志此則二子之行也至於諫武王而不用去而餓死則予疑焉陽夏謝景平曰二子之事凡孔子孟子之不言可無信也其初蓋出於莊周空言無事實其後司馬遷作史記列傳韓愈作頌事傳三人而空言成實者三家之學皆有罪於聖人者也徒以文章擅天下學者又弗深考故從而信之以予觀謝氏之論可謂篤信好學者矣然可爲智者道也予觀今之爲吏愒日玩歲及爲政者鮮矣政且不舉又何暇於教民今河東爲縣吏治膚敏政成而舉典祀以教民可謂知本矣故樂爲之書并書余所聞二子事以告來者六月丙申豫章黃庭堅記

雒陽李宏立石

碑稱夷齊之不立必其宗與國人有不說者又云二子之事孔孟之所不言不足信則宋人迂謬之談往往如此石墨鐫華

豐樂亭記

碑共三石各高九尺六寸六分廣三尺八寸八行一廣二尺七寸五行行皆二十二字正書在全椒縣

豐樂亭記

宋廬陵歐陽脩撰

眉山蘇軾書

脩既治滁之明年夏始飲滁水而甘問諸滁人得於州南數百步之近其上則豐山聳然而特立下則幽谷窈

然而深藏中有清泉滃然而仰出俯仰左右顧而樂之
於是疏泉鑿石闢地以爲亭而與滁人往游其間滁於
五代干戈之際用武之地也昔　太祖皇帝嘗以周
師破李景兵十五萬於清流山下生擒其將皇甫暉姚
鳳於滁東門之外遂以平滁脩嘗考其山川按其圖記
升高以望清流之關欲求暉鳳就擒之所而故老皆無
在者蓋天下之平久矣自唐失其政海内分裂豪傑並
起而爭所在爲敵國何可勝數及宋受命　聖人出而
四海一向之憑恃險阻剷削消磨百年之閒漠然徒見
山高而水清欲問其事而遺老盡矣今滁介江淮之閒

舟車商賈四方賓客之所不至民生不見外事而安於
畎畝衣食以樂生送死而孰知上之功德休養生息涵
煦百年之深也脩之來此樂其地僻而事簡又愛其俗
之安閒既得斯泉於山谷之閒乃日與滁人仰而望山
俯而聽泉掇幽芳而蔭喬木風霜冰雪刻露清秀四時
之景無不可愛又幸其民樂其歲物之豐成而喜與予
游也因爲本其山川道其風俗之美使民知所以安其
豐年之樂者幸生無事之時也夫宣上恩德以與民共
樂刺史之事也遂書以名其亭云

坡公所書醉翁豐樂二亭記擘窠書法出顏尚書徐
吏侍結體雖小散緩而道俊邁自是當家弇州山人稿
按豐樂亭記歐集及宋文鑑皆有之今取以互校
其不同者得于州南數百步之近集本州南注云
一作城西無數字鑑同其上則豐山聳然而特立集
無則字鑑同特立集作獨立滃然而仰出集無仰字
而與滁人往游其間集游字下注云一作還其閒
上注云一有於字於滁東門之外鑑無之字修嘗
考其山川按其圖記集注云一作按其山川攷其
圖記所在爲敵國集所在上注云一有而字下注
云一有自字敵國下有者字鑑亦有者字休養生息集

注云一作覆被休養乃日與滁人集注云一無乃
字四時之景集注云景一作美使民知所以安其
豐年之樂者鑑使民上有而字又安其作安此遂
書以名其亭云集鑑云俱作焉集本此下有云慶
歷丙戌六月日右正言知制誥知滁州軍州事歐
陽修記歐公左遷知制誥知滁州傳不著年月攷
其左遷之由以諫杜衍韓琦范仲淹富弼之不當
罷政府宰輔表事在慶歷五年歐公之作此記在
慶歷六年爲治滁之明年則歐公以五年知滁州
矣慶歷丙戌東坡年纔十一其後不知何年書此

記年譜不載書記之事此碑又不署書記之年惟
滁州有坡書醉翁亭記爲元祐六年十一月所書
据年譜是時到潁州任有祭歐陽文忠公文又有
十二月二日與歐陽叔弼季默夜坐記則其書此
記或與書醉翁亭記同時寰宇訪碑錄云豐樂亭
記蘇軾正書無年月明嘉靖間重刻在全椒正謂
此碑也與醉翁亭記之無年月者並列可知此記
初刻者必在滁州佚不可見嘉靖重刻時刪去年
月遂不能攷耳記云太祖皇帝嘗以周師破李景
兵十五萬於清流山下生擒其將皇甫暉姚鳳於

滁東門之外遂以平滁宋史太祖紀顯德三年春
從征淮南南唐節度皇甫暉姚鳳衆號十五萬塞
清流關擊走之追至城下暉整陣出太祖擁馬項
直入手刃暉中腦并姚鳳擒之薛五代史周世宗
紀顯德三年二月壬申今上謂太祖奏破淮賊萬五
千人於清流山乘勝攻下滁州擒僞命江州節度
使充行營應援使皇甫暉常州團練使充應援都
監姚鳳以獻歐史最簡但云壬申克滁州注引王銍默記李景
聞世宗親至淮上而滁州其控扼且援壽州命大
將皇甫暉監軍姚鳳提兵十萬扼其地太祖以周

師數千與暉遇於清流關隘路周師大敗暉整全
師入憩滁州城下會翌日再出太祖兵聚關下且
虞暉兵再至問諸村人云有趙學究在村中教學
多智計太祖往訪之學究曰我有奇計令關下有
徑路人無行者雖牌軍亦不知之乃山之背也可
以直抵城下方值西澗水大漲之時彼必謂我既
敗之後無敢躡其後者誠能由山背小路率兵浮
西澗水至城下斬關而入可以得志太祖大喜且
命學究以指其路學究亦不辭而遣人前導卽下
令誓師夜從小路行三軍踴馬浮西澗以迫城暉

果不爲備奪門以入暉始聞之率親兵擐甲與太
祖巷戰三縱而三擒之遂下滁州据此則暉鳳就
擒之所亦略可見矣十國春秋皇甫暉傳注引史
纂左編云趙學究卽普也又傳云暉見世宗後數
日創甚暉不肯治而死後滁人感暉意一日輒五
時鳴鐘以資薦暉云并附識於此

漾安持靈巖詩

石高四尺七寸七分廣二尺八寸六行行十字九字行書年月上空處有劉爲亭題記四行行七字在長
清縣靈巖

四絶之中劇寂先山圍宮殿鎖雲煙當年鶴馭歸何處

世上猶傳錫杖泉
元祐壬申十月中澣睢陽蔡安持資中題
北安劉德亨安禮攜家之泗水任飯僧於此正隆二
年三月十有七日書

按長清縣靈巖寺有絶景亭爲宋僧仁欽建景有四曰翠峯獻秀曰甘泉漱玉曰松舟挺翠曰巖花啼鳥見王在晉遊靈巖記卽詩所謂四絶也長清縣志載卓錫泉魏僧法定開創靈巖苦近菴乏水汲誌於佛圖澄澄曰何地無水至一處曰此下有甘泉以九環錫杖卓之得泉甘冽卽詩所謂世上

猶傳錫杖泉也蔡安持宋史無傳壬申爲元祐七年此詩又見宋詩紀事引求古錄錄之亦不詳安持事蹟

魯公仙跡記

碑高五尺一寸五分廣四尺十八行行二十六字行書在費縣

魯公爲盧杞所忌李希烈反杞首議遣公諫者甚衆德宗問杞對曰眞卿朝廷重臣忠義聞天下誰不慴服臣常父事之今遣使不爲賊憚則辱國紛紛之言豈足聽陛下當自斷之無惑衆議德宗不能棄遂遣之人知公不還矣親族餞于長樂坡公旣飲乃躍上梁跳躑謂餞者曰吾昔江南遇道士陶八八得刀圭碧霞餌之自此不衰嘗云七十後有大厄當會我于羅浮山此行幾是歟次汜水悅遇陶笑謂曰吉吉指嵩少而去後公死于賊賊平家人啓瘞狀有金色爪髮皆長如生人歸葬偃師北山先塋後有賈人至羅浮山遇二道士奕卽而觀之問曰子何所來賈人曰洛陽其一笑謂曰幸託書達吾家許諾卽扎書付之其題曰至洛都偃師縣北小顏家及往訪之則塋也守塚蒼頭識公書大驚問狀皆公也因與至其家白之家人大哭卜日開壙發棺已空矣嗚呼杞欲害公之人而不能害公之仙也希烈杞等賊

耳賊之殺人有常刑公死且不朽又況仙耶元祐三年九月余遊吳興適覩郡人新公之祠因得謁拜公像其英氣仙骨凜然如在嘗閱洛中紀異載公前事考史所載杞拜公于中書與對德宗之言姦人表裏無迹則公之仙復何疑焉公之大節紀載甚多而論次于林公之文爲備固已激忠義之頹風沮陰邪之羞愧至仙眞事吾又以刻于碑陰以貽續仙傳者襄陽漫仕米黻記

米老爲魯公書碑陰卽用魯公書法奇宕可喜至碑中謂杞欲害公之人而不能害公之仙其說亦新余以爲杞能害公一時而不能不亨公以千古固無論

公之仙與不仙也（庚子銷夏記）

此碑吳興掌故錄及歸安邑志皆云在湖州府學盎公嘗刺湖州故湖州宜有碑米元章遊吳興適晤郡人新公之祠因得拜公之象而作是碑然吾友裘思芹爲歸安令徧訪湖州並無此碑郃陽褚千峯云碑在今山東顏廟魯公爲顏氏巨擘顏廟固應有碑然元章記必非妄語意當時湖州亦有一石不知毁自何年耳（虛舟題跋）

按唐書顏眞卿傳不詳里居但言爲顏師古五世從孫而師古之祖之推自瑯邪臨沂居關中遂爲

京兆萬年人此碑稱魯公歸葬偃師北山先塋則又不知何代之先塋也公於乾元二年拜浙西節度使故吳興人爲公立祠宋史米芾傳敘其生平宦蹟未嘗至浙不知何因而遊吳興據此記是因吳興郡人新公之祠拜公像而作記則宜刻於湖州今此搨本乃在費縣魯公祠內曹輔撰新廟記之碑陰正碑建於元祐七年此碑無年月當亦七年所刻據費縣志云眞卿五世祖師古居費縣東朱滿村新廟記亦云顏文忠公有廟在瑯邪之費距縣治東北五十里曰諸滿村元祐六年縣令楊君建言于州請新此廟其十一世孫安上者買地而從遷之廟成立碑而此記遂刻於碑陰其所出來不能詳矣

郃陽縣學記

碑高六尺三寸廣三尺八寸五分十八行行四十一字正書篆額在郃陽縣

同州郃陽縣學記

京兆王起書并題額

郃陽邑小而僻有爲者所不當至至者以謂不足爲而不爲也官守職業不可須頃怠者且廢不舉因循不急之務從可知元祐辛未有令來閱事先後緩急爲紀綱

法度以其序治之累月獄訟衰農事勸號令行期會應邑用翕然稱治越明年理孔子祠爲學舍以教養邑子弟且以來四方士而邑之人乃始相與疑曰令寔健矣而更迂柰何令卒不顧學克成堂室齋廡祭器什伯略具乃以書抵耤田令王寔仲弓求余爲之記余曰令不迂矣夫學校者禮義政事之所自出古之爲政者之所先務也末流之敝遂爲不切於時而間有桀然自異於薄俗之中則彼不能者必忌而咻之曰是迂踈者不然俗吏邀名耳地大人衆且不免咻則一邑之小以是迂其令向何怪然而孔子曰十室之邑必有忠信如丘者

焉不如丘之好學也十室至小邑耳雖孔子不以小故無其人况不爲孔子者乎惟不知所以學則雖大必廢而彼小者亦何足道且天下十室之積也老子曰小國寡民蓋小者易以道治而大者或道之所不載則治天下者在所積而已今夫設官置吏布滿天下皆上之人所與治天下者也顧惟縣令爲㝡親於民後世縣令官小無權而猥事擾之使不得行其胷中以與古人等於是縣令始賤可厭而士或俛仰爲禄計至則數日代去別希其所欲雖或才智不肯苟簡慨然思有所作爲而齟齬階級勢不得便或者凡庸操制要領而妨忌乖

王罷勉孖氣求閎闊莫且恐弗暇矣暇求其所以治哉然則上之人蓋亦不可以不知也當使天下之士不鄙小官而爲之縣令者有以自恩曰是百里有民社足以爲政曷可苟又曰令可暫也縣不可暫也上之人所以委以與我者爲能治之耳必求所以治而不可暫則豈待簿書期會而已蓋將有以本教化美風俗善吾人以士君子之道然後出禮義舉政事而無不可者推一邑之小以達天下之大則其於爲治也何有孰謂知此而迺乎令不迺矣邑人其無疑令左宣德郎河內李百祿祐之實余之友人云元祐癸酉正月庚寅陽武時彥記

主簿張价縣尉劉熙立石

按陝西通志郃陽縣學在縣治南宋元祐六年知縣李百祿建武陽張价有記據此碑云元祐辛未有令來閱事越明年理孔子祠爲學舍辛未即元祐六年其時令初視事明年延學則七年也據記者時彥乃通志不云時彥有記而云張价豈別有張价碑耶抑即時彥之誤也時彥史有傳云字邦美開封人碑云陽武舉進士第簽書穎昌判官入爲秘書省正字累至集賢校理碑不署其官位文之略也記刻于癸酉爲元祐八年令李百祿及書者王寔俱無攷

曹娥碑

碑高六尺六寸三分廣四尺四寸八分十八行行三十字行書在上虞縣

後漢會稽上虞孝女曹娥碑

上虞縣令度尚字博平　弟子邯鄲淳字子禮撰

蔡邕題其碑陰云　黃絹幼婦外孫齏臼

孝女曹娥者上虞曹盱之女也其先與周同祖末冑荒沉爰茲適居盱能撫節按歌婆娑樂神漢安二年五月時迎伍君逆濤而上爲水所淹不得其屍娥時年十四號慕思盱哀吟澤畔旬有七日遂自投江死經五日抱

父屍出以漢安迄于永嘉青龍辛卯莫之有表度尚設
祭誅之詞曰　伊惟孝女曄曄之姿偏其反而令色孔
儀窈窕淑女巧笑倩兮宜其室家在洽之陽大礼未施
嗟喪慈父彼蒼伊何無父孰怙訴神告哀赴江永號視
死如歸是以眇然輕絶投入沙泥翩翩孝女載沉載浮
或泊洲嶼或在中流或趍湍瀨或逐波濤千夫失聲悼
痛萬餘觀者塡道雲集路衢泣淚掩涕驚動國都是以
哀姜哭市杞崩城隅或有刻面引鏡剺耳用刀坐臺待
水抱柱而燒於戲孝女德茂此儔何者大國防礼自脩
豈況庶賤露屋草茅不扶自直不斵自雕越梁過宋比

之有殊哀此貞厲千載不渝嗚呼哀哉銘曰
名勒金石質之乾坤歲數歷祀立廟起墳光于后土顯
昭天人生賤死貴利之義門何悵花落飄零早分葩艷
窈窕永世配神若堯二女爲湘夫人時效髣髴以昭後
昆

宋元祐八年正月左朝請郎充龍圖閣待制知越州
軍州事蔡卞重書

江南東道越州上虞縣曹娥碑按夏侯曾先地志云
餘姚縣有孝女曹娥父泝濤溺死娥年十四號哭入
水因抱父屍出而死縣令度尚使外生邯鄲子禮爲

碑文後蔡邕過讀碑乃題八字曰黃絹幼婦外孫齏
臼此碑今在上虞縣永濱太平寰宇記
北海曹娥眞碑傳世甚少皆摹刻也此蔡卞于元祐
間書頗得其神而精采勝之以其宋人弗貴也且石
在越迄今尚爲完善此搨更蚤字更全尤覺奕奕射
人豈孝女之神常在山川間有志爲書者則精英郎
附助之邪墨林快事

曹娥碑右軍北海皆曾一書予見查查浦陸其淸家
有宋搨本查瘦陸肥不知其果出王李手否也而世
共寶之幾與隋珠和璧等此本近查而搨不甚舊或

曰眞賞齋物也故附於眞賞黃庭之末云錢函齋書跋

按後漢書列女傳曹娥會稽上虞人父盱能絃歌
爲巫祝漢安二年五月五日於縣江泝濤迎婆娑
神溺死不得屍娥年十四乃沿江號哭晝夜不絶
聲旬有七日遂投江而死至元嘉元年縣長度尚
改葬娥於江南道旁爲立碑焉此語與碑小異碑
云能撫節按歌婆娑樂神婆娑謂跳舞非謂婆娑
神也碑云時迎伍君逆濤而上非迎婆娑神則碑
較傳爲確漢安順帝年號度尚立碑之年碑云永
嘉青龍辛卯則拓本誤也永嘉爲晉懷帝年號無

辛卯千支固無論矣據紹興府志所載碑文竟作元嘉元年與傳合元嘉爲後漢桓帝建元恰是辛卯則此碑舊揭原是元嘉也立碑之歲距娥死後九年碑題不云曹娥廟而銘詞則云歲數歷祀立廟起墳是當時葬所有廟萬歷紹興府志曹娥廟初屬上虞後改隸會稽在府城東九十二里今紹興府志曹娥廟條下注云漢元嘉元年上虞長度尚爲石碑屬魏朗作碑文久之未就時尚弟子邯鄲淳年二十聰明才贍而未知名乃令作之揮筆輒就下載碑文互校惟銘曰作亂曰爲不同朗至尙以示之朗大嘆

服蔡邕聞之來觀值夜以手摸其文而讀之題曰黃絹幼婦外孫齏臼又曰三百年後碑當墮欲墮不墮逢王匡後魏武帝見之謂楊修曰解否曰已解曰卿未可言待我思之行三十里而喻乃令修解之修曰黃絹色絲也幼婦少女也外孫女之子也齏臼受辛也蓋曰絕妙好辭帝曰吾亦意此但有智無智較三十里此注大約本之會稽典錄而詳略不同後漢書曹娥傳注引會稽典錄上虞長度尚弟子邯鄲淳字子禮時甫弱冠有異才尚先使魏朗作曹娥碑文成未出會朗見尚尚與之飲宴而子禮方至督酒尚問朗碑文成未朗辭不才因試使子禮爲之操筆而成無所點定朗嗟歎不暇遂毀其草後蔡邕又題八字曰黃絹幼婦外孫齏臼然多可疑者度尚後漢書無傳固已紹興府志既不列於名宦傳復不預於名宦祀何志乘缺略也水經注云上虞縣有曹娥碑縣令度尚使甥邯鄲子禮爲碑文以彰孝烈太平寰宇記亦同是邯鄲淳爲度尚之甥而與言弟子者異邯鄲淳三國志魏書附見王粲傳注引魏略一條不言度尚之甥與弟子亦不言爲度尚撰碑文故其事無攷楊修後漢書附楊震傳不及黃絹幼婦云云又三國志魏書附見陳思王植傳注亦不詳黃絹語卽魏武帝紀亦未見魏朗見後漢書黨錮傳朗字少英會

稽上虞人少爲縣吏兄爲鄉人所殺朗白日操刀報讎於縣中遂亡命到陳國從博士郤仲信學春秋圖緯又詣太學授五經京師長者李膺之徒多爭從之由辟司徒府累出爲河內太守復徵爲尙書著書數篇號魏子亦未載其令長屬爲碑文之事又蔡邕傳但載其髡鉗徙朔方宥還本郡慮卒不免乃亡命江海遠跡吳會往來依太山羊氏積十二年在吳吳人有焦尾琴事注引張騭文士傳邕告吳人曰吾昔嘗經會稽高遷亭見屋椽竹可以爲笛取用果有異聲而亦不載到上虞題碑事

以上諸書所載魏朗係上虞縣吏宜為令長撰碑然不久亡命從人受經則其能文亦當在亡命以後既已亡命自不復到縣為令長撰文蔡邕在吳又到會稽宜乎可以題碑然傳與注俱無明文其他之無因者更無論矣攷邕之亡命吳會在光和二年下距獻帝之世魏武與楊修解幼婦之時約三十年揆之于理碑在越魏武在洛其文何由得經魏武之目且邕之亡命上距元嘉元年亦約三十年若如府志注文并据後漢書李賢注所云蔡邕夜闇手摸其文題字之語竟似碑文書刻甫就

邕聞而乘夜來觀以手摸文而讀之因題八字況讀文尚用手摸安能題字此理之顯然者其閒如此府志絕不加辨證何耶邕生平從未嘗作隱語且文辭與辤受自是二義邕既工書辨之必審奚可僅宜而通用也說文辛部既有辤字云不受也又有辭字云理辜也邕何必借辤為辭字種種疑義從未經人論及因詳識之以質諸博識者紹興府舊志載曹娥廟舊有王右軍書小字本新定吳茂先嘗刻于廟中後為好事者取去今所存者四本一為宋蔡卞書大字本一為明賴恩集李北海書一為康熙間王作霖重摹右軍本一為近時所刻此本即蔡卞書大字本也刻于元祐八年正月蔡邕題其碑陰云云一行當即卞所加或別本亦有之卞字元度京弟哲宗立遷禮部侍郎使遼還以龍圖閣待制知宣州徙江寧府歷揚廣潤越陳五州廣州寶貝叢湊一無所取及徙越夷人清其去以薔薇露灑衣送之卞與京同列姦臣傳而史于卞不掩其清然東都事略不載此事失或別有所本未足信也其在越能刻此碑以表孝女有足取者

宣仁后山陵採石記

碑連額高一丈五寸廣四尺一寸十九行行四十二字連額並正書在偃師縣永慶寺

宣仁聖烈皇后山陵採石之記

河南緱氏鎮之西南二十餘里有山嶺最高形如委粟俗号粟子嶺嶺之東北下有廟榜曰山神載在祀典而不知是山何名歷詢故老莫知其實按東漢和帝記稱永元十六年十一月己丑行幸緱氏登百岯山注云即栢岯山也在洛州緱氏縣南又今緱氏之南二十里山名栢崖以此考之則粟子嶺諸山即昔日所謂百岯者也　本朝列聖及　母后登遐例遣官採石于

山下崇奉　陵寢自乾興元年以來始有碑刻可考
宣仁聖烈皇后以元祐癸酉九月三日戊寅上僊太史
奏請以來歲二月七日　山陵復土　詔以　丞
相吕公爲之使安持受　命與如京使林元非宅副
使李文炳同董役于緱山即以其月癸卯開山凡取巨
細石一萬有畸而訖于十一月之壬午四十日而功畢
用石匠二千九百七十四人按故事鳩工十六萬五千
二十有六當用四千人期以兩月而京師匠者十無
二餘悉取於諸路議者患其回遠不能以時至蓋開山
之日始有來者三百六十四人而已至十月四日纔得

一千二百九十九人逮逾月然后及二千九百七十四
人止以是數又十日而訖事餘悉遣之所省八萬九十
九功前此工不集上下憂之乃募作者能倍功即賞之
優給其值於是人情忻然罔不悉心不待有司董戒程
督竭日力而後止故無逃者晨起爲糜粥煮藥時其食
飲而嚴禁其攘竊架竹引泉使無渴飢故少病者爲啚
室南向以就天陽有病則遣官挾太醫胗視相屬于途
不謹則嚴其罰故勘死者蓋自癸卯至壬午吏民兵匠
毋慮五千餘人而無一人逃者以疾斃者三人而已擴
逆者無有也噫何其幸也凡此數者皆　朝廷授以

成法故有司得以奉行而又數下　恩詔加賜吏
士蓋無虛月所以戒敕愛養無所不至是宜和氣浹洽
人不告勞方盛冬之時天氣晏温雨雪不降以迄大事
有以見　天人相應昭示　聖心純孝傳諸
無窮之意下臣姑謹職事以紀歲月云其餘佐吏具列
于别石十一月九日左朝請郎試太僕卿兼權都水使
者都大提舉採石吳安持謹記　大將楊仲卿書　前
玉册官口永昌刻

億按碑在寺後殿之西宋吳安持都大提舉採石于
當時職事歲月詳記其顛末如此宣仁聖烈皇后上

仙記云詔以丞相吕公爲之使宋史哲宗本紀九月
甲申命吕大防爲山陵使是也禮志云四月一日葬
永厚陵紀云二月乙酉葬宣仁聖烈皇后于永厚陵
案之此記宣仁聖烈皇后以元祐癸酉九月三日戊
寅上仙太史奏請以來歲二月七日山陵復土然則
紀爲得實而如志所書四月蓋必其誤也記後云數
下恩詔加賜吏士蓋無虛日據紀十一月壬寅賜勞
修奉山陵兵士與此所記合然記亦有虛崇過爲無
實之詞攷是年冬十一月以雪寒振京城民饑自偃
師抵東京計里三百五十有餘不應節候頓異若以

記所謂盛冬之時天氣晏溫雨雪不降則其然豈其然乎記又云佐吏具列于别石今没不可見偃師金石錄

游師雄玉泉院題名

石高一丈一尺五寸六分廣一丈五寸五行行五字正書在華陰縣

陝西轉運副使游師雄元祐九年正月廿二日觀太華三峯

右在山蓀亭下字徑一尺五六寸景叔書莫大於此關中金石記

金石萃編卷一百四十終

金石萃編卷一百四十一

賜進士出身誥授光祿大夫刑部右侍郎加七級王昶譔

宋十九

蘇軾雪浪石盆銘

盆口圓二丈一尺四寸寬八寸銘題五十六字行書在定州

盡水之變蜀兩孫與不傳者歸九原異哉駁石雪浪翻石中乃有此理存玉井芙蓉丈八盆伏流飛空漱其根東坡作銘豈多言四月辛酉紹聖元

按雪浪石盆在定州學雪浪齋畿輔通志宋蘇軾得石於恒山狀如雪浪鑿石爲芙蓉盆盛之置於

學中因以名其齋東坡後集雪浪齋銘有引云予於中山後圃得黑石白脉如蜀孫位孫知微所畫石間奔流盡水之變又得白石曲陽爲大盆以盛之激水其上名其室曰雪浪齋云盆銘詞刻於盆口而載入集中則并有此引也銘云四月辛酉紹聖元東坡先生年譜元祐八年任端明侍讀二學士尋出知定州註引紀年錄云十二月二十三日到定州紹聖元年知定州落職惠州安置以十月三日到惠州而不詳其離定州在何月據此銘則四月尚在定州任也是月壬寅朔辛酉是二十日

昭陵圖記

碑連額高七尺四寸八分廣三尺五寸分作二截上記下圖記四十一行行十九字正書篆額在醴泉縣

唐太宗昭陵圖 肅宗建陵附

余觀自古帝王山陵者侈厚葬莫若秦皇漢武工徒役至六十萬天下稅賦三分之一奉陵寢秦陵纔高五十丈茂陵十四丈而已固不若唐制之因山也昭陵之因九嵕乾陵之因梁山泰陵之因金粟堆中峯特起上摩煙霄岡阜環抱有龍蟠鳳翥之狀民力省而形勢雄何秦漢之足道哉昔貞觀十八年太宗語侍臣曰漢家先造山陵身復親見又省子孫經營煩費我深是之我看

九嵕山孤聳迴絕實有終焉之志乃詔先爲此制務從儉約九嵕山上足容一棺而已又慕漢之將相陪□自今後功臣密戚各賜塋地一所至二十三年八月畢工先葬文德皇后長孫氏當時陪葬之盛與夫刻蕃酋之形琢六駿之像以旌武功列於北闕規模宏大莫若昭陵按陵今在醴泉縣北五十里唐陵園記云在縣東三十里蓋指舊醴泉縣而言之也其封內周圍一百二十里下宮至陵十八里今已廢毀陪葬諸臣碑刻十亡八九悲夫因語邑官命刊圖于太宗廟以廣其傳焉紹聖元年端午日武功游師雄景叔題

陪葬諸臣一百六十五人 諸王蜀王愔已下七人 公主清河公主已下二十一人 妃嬪越國太妃燕氏已下八人 宰相李勣已下一十二人 丞郎三品戶部尚書唐儉已下五十三人 功臣大將軍尉遲敬德已下六十四人內蕃將阿史那忠等九人

諸蕃君長貞觀中擒伏歸降者琢石肖形狀而刻其官名凡十四人 突厥頡利可汗左衛大將軍阿史那咄苾 突厥利可汗左衛大將軍阿史那什鉢苾 突厥乙泠泥孰侯利苾可汗右武衛大將軍阿史那禰尒 薛延陁眞珠毗伽可汗吐蕃贊普 新羅樂浪

郡王金眞德 吐谷渾河源郡王烏地拔勒豆可汗慕容諾曷鉢 龜口王訶黎布失畢于闐信爲耆王龍突騎支 高昌王右武衛將軍麴智勇林邑王范頭利 婆羅門帝那伏帝國王阿那順

太宗所乘六駿刻石於北闕之下

肅宗建陵 陪葬功臣尚父汾陽王郭子儀一人

縣尉張句 主簿李草

右宣德郎知醴泉縣事傅𥫗立石

唐太宗昭陵圖宋紹聖中直閣游公景叔所勒石也值于太宗之廟直閣題詞于上闕入黃華田有詩曰

際會風雲自古難始終恩禮美貞觀漢家多少韓彭將不得銘旌一字存其語絕工予爲錄之碑尾（鮚埼亭集）

攷昭陵陪葬例子孫願從其祖父者聽如姜遐爲行本之子行本在陪葬諸臣之例遐得從其父葬又陸先妃葬于麟德中特請陪葬此皆在常例之外者故諸家互有不同也惟是當時各家皆有穹碑夾以蒼松翠柏巨槐長楊下宮寢殿與表裏山河其成形勢一時君臣際會之隆號稱極盛自朱梁盜發而後再歷千年金虎石麟淪没榛莽不但基址荒蕪即金石文字亦漸剝蝕無存余以乙未春季閱視涇陽龍洞

渠道出醴泉瞻拜元宮周覽封域因飭地方官重加修葺並爲釐正疆界建立碑亭庶使樵牧牛羊知所禁避而遺徽先烈得以垂諸永久云（關中金石記）

按此碑上記下圖圖今不錄記錄於右畢中丞沅校刻長安志北圖與記附刻卷後內諸蕃君長十四人而石刻所列祇十二人蓋誤合利苾可汗及阿史那社尒爲一人又合真珠毗伽可汗及吐蕃贊普爲一人又合訶黎布失布失畢及于闐信爲一人誤分吐谷渾河源郡王烏地拔勒豆可汗慕容諸曷鉢爲二人改正其誤方合十四人之數也

又案唐會要云上欲闡揚先帝徽烈乃令匠人琢石寫諸蕃君長十四人列於昭陵司馬門內又案金石錄云諸降將名字乃仲容書以上諸條皆詳注於記中碑云茂陵十四丈而已据畢本乃四十丈之訛記作於紹聖元年端午日張舜民撰墓志元祐七年除公集賢校理權陝西轉運副使九年以疾丐郡有旨免按行以自養猶上章堅請乃召赴闕除衛尉少卿改元紹聖在元祐九年四月癸丑其遷官丐郡尚在九年而作記以端午日則在改元以後故題紹聖元年其時將赴闕而猶在轉

副使任也肅宗建陵亦在醴泉故附昭陵後

高陵重修縣學記

（碑高八尺二寸二分廣三尺四寸十六行行三十七字正書在高陵縣）

左承事郎知高陵縣事朱革建并書

三代而上學校徧於鄉黨壯者以暇日弦歌肄業故士不涉義則與臺笑之周衰道術蔽於申韓儒者亂於楊墨風俗寖久則生徒散而子衿歌學校廢而城闕聚嚴刑峻扑日施於前民之姦詐益滋而法亦莫能禁也高陵附長安古之斥縣今其俗彫弊民陋而朴介於涇渭之間者負河隈以爲姦齊民方且防虞戒寇之不暇孰

能治學校耶紹聖之初　天子以憲章繼述爲念
邑令朱公思欲奉承　聖化而新之始至摧抑兼
并強梁者束手遠遁踰年政成境内安堵士人始欲向
學而患無以居之會　運使張公按臨斯邑即以建
學爲請得錢二萬鳩工治材不督自勉浹月而功告畢
闢廊宇相對十二楹面宣聖殿爲講堂各三間西廡東
向七間爲門三楹東其戸門之兩翼爲二齋中爲亭以
限内外前墉後庖上栱下礎重簷疊砌丹楹墨牖松桷
櫛比四維如飛步以圍廊敞以宏閣奐然一新遠近輝
映落成之初邑民大悅悉以謂非　運使張公資其
財令尹朱公致其力則吾民安得受賜耶觀漢唐文物
之盛雖期門羽林悉能通經諸藩子弟屢請入學夫學
者之性如泉源導之爲江河壅之爲汙池豈天之降才
爾殊邪習使之然也吾徒被育德化非若武夫夷狄之
比亦當睨漢唐之烈以爲卑宜乎禮義以脩之問學以
崇之期於致遠而後已無以衆人之所忽而自陋也則
令尹待吾邑之最厚者庶可以少伸矣柔嘉備員邑佐
無補於事猶得樂道其實而書之紹聖元年五月十一
日縣尉吴柔嘉記　　刊者安永年
石門題名十八段

高二尺廣一尺六寸五分五行行六字正書在褒城縣
賈公直正之俞次皋伯誠師賡成之何賁元素紹聖乙
亥中春望同遊伯誠題
又　高三尺四寸廣一尺五寸三行共十四字正書
楊達□□同遊崇寧乙酉閏月九日
又　一行十字隸書
李嵓魏拱之張應夘同來
又　高二尺廣一尺四寸五分共七行行五字至七字不等正書
府從事文玉恩邑令鮮于翔崇寧五年丙戌九月廿四
日遊

□□趙□□□□□庚寅侍　家舅令□□來
又　高六尺二寸五分廣一尺六寸三行行十三字正書
郡丞潞國文岡驤堰役同邑尉舜都張海臨洮魏機東
嘉李燾淳熙丁未仲春十有三日來游
又　高三尺八寸五分廣一尺四寸五分僅存三行行十字十一字不等正書
古鄆張伯山閬中郭彥輔晉原樊子南長江趙仲成同
歎石門淳熙已酉閏月拾下闕
又　高三尺二分廣一尺七寸五行行七字至九字不等正書
慶元丙辰暮春止餘三日趙公茂宋□志張壽卿宋咏
□□公茂二子符拔同來觀漢刻□□于此

又高五尺一寸廣三尺五寸八行行十一字十二字不等行書
成都宋積之攝衰中令廣漢章以初彭城貟公肅渭南
任子飛貟中口口從訪之爲石門之遊口口口口口上
觀玉盆覓猶極口口口口口口口石門漢刻酌酒口
口而歸任明口章龍父子口口口口口口口也慶元丁巳
夏四月十有下闕
又高二尺二寸五分廣一尺五寸三分三行行六字正書
范䲭任沂孫李揆慶元丁巳重陽後一日來游
又高三尺七寸六分廣一尺一寸七分僅存二行行九字正書
慶元戊午中春王還嗣范䲭李師章郭拱因修下闕

又高五尺廣二尺五寸三行行八字左行正書
郭公緒張伸范子進郭中珪嘉定庚午清明前一日同
來
又高六尺二寸五分廣一尺一寸四行行十六字隸書
嘉定三年三月辛丑唐安鮮于申之少謨踪堰山河㳙
褒水登石門幕客眉山史明誠父成都李延允德文李
伯午濳叔普慈張汝嘉亨可全郡趙應龍辰父偕來
又橫廣二尺高一尺五寸五分五行行六字七字不等左行隸書
成都劉參希曽嘉定辛未春閏十有三日挈家徠遊男
兼善口記回記喜侍行

又高四尺二寸五分廣一尺九寸四分七行行十五字隸書
紀閤趙彥口口若眡堰脩祀事閬中口隆之景南普慈
劉炳光遠廣漢耿舁謙叔新沔程屺厚伯威左縣口口
之西村口鰵彭順成季行潼川白巨濟口林徠玩玉盆
口竹渾檥舟口雪步犖确登石門拂石口從容瀹茗而
夫口雪齊有亭須復覘度云寳慶丙戌前蝬食五日
又高二尺三分廣一尺七寸三行行六字正書
曹濟之龐公巽曹璋李寘給宓巳丑褩食日識
又高二尺四寸七分廣一尺二寸七分共四行行四字左行正書
郭仲辰辛未淸明挈家來游　章復之來

又高三尺三寸廣一尺七寸二行行六字隸書
李炳文張孝升王敏仲范季咊
又橫廣三尺五寸五分高二尺四寸二分四行行四字正書
宋之源李師章王譜來修山陰褉事
按石門在陝西漢中府褒城縣水經注褒水又東
南歷小石門石門穿山通道六丈有餘刻石言漢
永平中司隸校尉楊厥所開建和二年太中大夫
王升嘉厥開鑿之功琢石頌德此題名中有慶元
丙辰趙公茂等同來觀漢刻即指建和二年王升
所刻頌也司隸校尉楊孟文頌已見本書第八卷水經注又云褒水

西北出奇嶺山東南逕大石門歷故棧道下谷與地紀勝云山河水卽褒水出太白山有白玉盆在水中大石光白其中可貯五斗漢中府志云褒水東岸有石自然如盆光潔如玉又堰界石在縣東三里龍江中上石橫刻使府打量到下鐫石古界從此石至南大宋乾道元年十一月初五日眉山史可觀記下一石鐫制置大使司提修造張儀准相命檄自嘉定三年至七年督責軍人董工治堰嘉定七年二月記今此題名有慶元丁巳成都宋積之等來遊觀玉盆卽與地紀勝所稱白玉盆也

又嘉定三年鮮于申之賑堰山河泝褒水登石門又寶慶丙戌趙彥口等賑堰修祀事徠玩玉盆登石門所謂賑堰卽府志所稱之堰界石也蓋堰在褒水中爲水利之所重故界石鐫乾道元年及嘉定七年二記此題名正當其時趙彥口題又有口竹潭口雩步口雩舊有亭云云地名缺泐不可攷矣題名共十八段綜計姓名可見者得五十九人泐者不與焉其中見於史者有李燾一人傳稱燾字仁甫眉州丹稜人（題名作東嘉）乾道八年直寶文閣帥潼川兼知瀘州首葺石門堡以扼夷人淳熙改元被召此後未嘗歷外任而以前亦未嘗官漢中不知與此李燾是一人否姑識之餘俱無攷

李行之題名

石高二尺七分廣一尺二寸五分三行行五字行書左行在扶風縣

洛陽李行之岐山劉唐口仝觀紹聖二年四月望日

草堂寺詩刻二段

石高廣俱二尺七寸八行行十六字正書在鄠縣

宿草堂寺

馳車晚叩古禪林喬木參天一徑深門外亂山連翠色竹間流水漱清音幽懷暫喜來棲處高士遺蹤恣訪尋

誰會宗風當日意庭前蒼檜尚青陰

紹聖二年乙亥季秋月二十有二日京兆薛嗣昌亢宗題　住持賜紫僧紹利立石

又石橫廣二尺七寸四分廣二尺二寸五分十四行行十字十一字不等正書

詩四十字留題草堂逍遙寺

南岫從事權縣事李章上

羅什留真嗣重扉掩碧松鄰僧來紫閣遠逕接圭峯雨氣晴先潤庭陰午後濃依俙祖師意瘦倚一枝筇

百堅紹聖二年秋九月到宮奉祠　高觀神廟過逍遙寺主僧紹利出　先人中散昔權邑日留題今而

獲覽不勝悲悼恐歲月之久將遂湮没謹刊於石男
宣德郎知縣事百堅敬題
此紹聖中刻詩未甚超字亦平乃李百堅以子知其
父所權之邑以數十年後覩其留題之章而刻之石
惟時養遺跡在存亡惝怳眞如見之亦可悲可喜之
奇也墨林快事
按薛嗣昌乃薛向之子紹彭之弟也傳稱其以吏
材奮崇寧中歷熙河轉運判官梓州陝西轉運副
使而不詳崇寧以前所歷何官此題在紹聖二年
不署官位或未入仕時也李百堅亦以是年來知

鄠縣事見其父章之詩題而刻之惜父子俱無傳
可攷

王公儀碑銘

碑高九尺七寸廣四尺六寸三十八行行七十四字正書篆額

宋故左中散大夫知涇州軍州事兼管內勸農使上柱
國濟源縣開國男食邑三百戶賜紫金魚袋王公神道
碑銘并序
口口郎提舉利州路常平等事飛騎尉借緋王森撰
朝奉大夫都大管勾成都府利州陝西等路茶事兼
提舉陝西等路買馬公事權管勾秦鳳路經略安撫
口總管司并秦口公事上輕車都尉借紫宋構書
朝奉大夫充寶文閣待　制涇原路經略安撫使兼
馬步軍都總管兼知渭州軍州事及管內勸農使上
柱國口張縣開國男食邑三百戶賜紫金魚袋呂大
忠篆額
天下之達道五君臣父子夫婦昆弟朋友是也天下之
達德三智仁勇是也道之達者常由之路也德之達者
所以行之之具也智足以知之非仁無以守也仁足以
守之非勇不能行也是三口蓋常相須而成則不惑不
憂而至於無懼雖任之有輕重行之有近遠然各資其

道以盡其分故載於中庸而謂之達德中庸鮮克久矣
蓋未之見也今見於　王公其資道盡口而近於
達德者歟　公世爲岷州長道白石人生天聖元
年二月十五日己酉曾祖珪祖維高皆以令望稱鄉里
蓋君子之富也父振尤能傾貲待士以教諸子故諸子
相繼而仕於朝遂累封官至司空而列三公之貴人以
爲能知義方者矣　公卽司空公之第六子也幼
而穎秀不爲戲弄長而嚴整望之峭直曾未髫齔以童
子舉被召口口口侍傑然自立又中慶曆六年之詞科
調官之初享京兆府興平縣之版籍府史以　公

尚少而易之背試以隱訟　公即與奪無滯也府
郭之民生產之厚薄貧富之次第久不能□□□□
公定之遂得大均之法有婦人者死而不明凡欲
掩瘞而　公視其髮親以手捜而得巨釘人服其
神明而死者可無憾蓋始見乎明辯不惑勤卹物隱而
無勢利之憚也自茲入□□歲所蘊故所至有能名而
薦者亦交於公上矣移河中之河西令河西居府城下
庫有縑帛之失陷者長吏訐主庫吏則曰府僚上下均
□貸数獨河西令不預焉衆雖□而上官嘉之其清節
又始□於河西也不惟心服於人名公亦多叩其所以

爲治之術用梅公摯七人薦改著作佐郎知鳳翔之岐
山縣三府之縣皆繁邑也五陵豪俠之風習染猶在由
公以東吏愛民之故不勞而政平訟理民到于今思之
其後子舍有過其邑者亦懽呼喜曰　王公之子
也猶周人之思愛及甘棠古人曰況其子乎正謂是矣
其得民如此遷祕書丞就知渝州巴縣蠻族屢爲邊患
潛侮議事必嚴武備　公至則一以常禮會于境
上宣諭　朝廷恩信夷心感服縣多大姓有杜
生者擅置官刑咨撻僕隸至死而郡胥受賂不直其訟
川峽風俗大率貪細無赴愬之地　公□爲贓吏

然後白守而推治之豪右斂迹非不畏彊禦不克至是
遷太常博士通判耀州賜緋衣銀魚州有白渠歲起利
夫以治之且盜水爭競或擲瓦礫以害邑官或至殺傷
以起大獄　公董役□□省丁萬計而後無水訟
英宗皇帝入繼大統舊勞于外及其即位
庶政勵□遂用　公爲御史推直官委決留獄多
稱明允加屯田都官皆外郎也　神廟登極
再加□方員外郎遷屯田郎中謀殺從按問自阿雲謀
夫始會　公首當詳定則曰法無許從之文出知
商州州居山百貨叢委往時爲吏者或多牟漁於下且

圭田無藝　公則一切蠲減之官吏亦縮手不敢
取自邑至郡皆興學校轉都官郎中求領南都之御史
臺改除知池州轉職方郎中知□元府會瀘南用師懊
還守臣適以　公知資州兼梓夔兩路兵馬事止
造舟之役以惜民力供饋不乏而下不知擾去有遺愛
咸願建祠以紀在民之德先是兵馬事委武臣以
公之至適復帶知遂州遷朝議大夫賜佩服金紫封
清源縣開國男食邑三百室　今上即位加
中散大夫除知涇州用大臣薦改除夔路轉運使施州
幸則殺降累劫不就　詔公按之得其情復疏以

有邊功乞薄其罪　口廷從之繼請便郡得鳳翔
府制撥繁劇庭無留訟加左中散大夫上柱國還　朝
除知祁州未朞移知涇州方議置帥遽以告老聞命未
下而以元祐八年十二月二十二日甲子終於官舍享
年七十一用九年三月十三日甲申葬于白石之西原
從先司空之兆禮也先娶李氏觀察使士衡之猶子贈
金城郡君次娶劉氏工部尚書奐之子贈和義郡君次
娶李氏中散大夫舜卿之子今封隴西郡君男子七人
嘉禮雄州防禦判官嘉謀通直郎嘉猷宣德郎嘉錫太
廟齋郎嘉問嘉言嘉瑞皆假承事郎女子四人長適承

議郎司馬元次適進士黃本道次適內殿承制姚宏次
適蘄州法曹李敏思孫男八人儔假承務郎燾壽宗壽
知常三尙幼孫女十人長適主簿張濬餘皆在室惟王
氏世爲王者子孫之後其姓寖著暇之天下而
公家世以貲高於西方惟西方之强禀金氣之義人多
尙武而　公家伯仲以文顯於　朝廷非
積行之後曷以諧衍盛大至　公而顯耀門戶如
此其光寶　公識明而濟之以學性厚而充之以
仁忠於國而孝於家利於人而愛於物其持身也以儉
其行己也以恭其勤足以幹事其淸足以厲俗見義可

爲也則有不奪之志臨事而懼也則有不懈之心然且
不競不求孤直少與雖服賜三口勳口口口莫非按資
循格而恬無躁進之榮故盤桓郡寄一爲路使而已復
請麾無力小任重之虞有器傳近用之歎此又樂天知
命難進易退之高風也所以夙夜在公施設注措者詎
可一二爲　公道亦見於誌銘者此不復書初
公爲商州方　朝廷患天下之事承平歲
久有偏而不起之虞　主上惕然思欲振起
而鼎新之適尊用儒術曠然大變首差役之議推轂斂
之術使者相望交於道路責在郡縣專奉　新法

公於是時不比不畏採偏補弊歸於中道而已森亦
方以屬邑主簿事　公而屢委之以數邑之法故
一薦之又薦之寔受知於門下者爲寖厚暨　公
捐涇州之館舍其諸孤以書抵余曰先子平生事業君
知之爲詳不孝無以昝昊天顧假恍詞以垂不朽余旣
復書以慰且勉之曰古人有云孝子之親沒當求仁者
之粟以祀之夫祀時思也尙求粟於仁者況顯揚先烈
刻之堅石不求諸當世聞人則何以昭示前烈取信後
世重爲先府君羞敢以固辭又書見諉且遣其昆弟以
來曰當世前古固有名聞之士載於論譔然聞諸禮曰

無善而稱之是誣也伊欲昭示先烈取信後世莫若無
愧於泉下則當求知者以紀其實故禮又曰有善而不
知不明也知而不傳不仁也今以雄州防禦推官郭拱
狀其行事編次本末不敢以片言隻字辱誣我先子且
於　格得之君盍許我乎義不獲避則應之曰諾遂序
其本事表於隧而銘之曰　有宋達德君子
王公諱公儀字子嚴之碑銘曰
惟西方之鎮兮其山曰岷　惟少皞之氣兮是爲肅辰
惟金神則義兮俗尚多武　惟王氏之子兮家聲富文
惟司空之教兮能大其後　惟上柱之生兮克材以秀

弟循良之效兮著見于有勇之仁　無懸歎之聲兮
有愷悌之在民　我政兮如神　我澤兮如春　道之
遠兮任之宜重　器之傳兮止於近用　爲上以德兮
爲下以恩　不在其身兮或在子孫　岷之山兮峻極
于天　岷之水兮潤泉如淵　豐碑道傍兮聊紀歲年
天鑒可乎兮名不愧乎永傳
紹聖三年歲次丙子五月庚寅朔十二日辛丑建
天水□□鐫石

按王公儀世爲岷州長道白石人宋史地理志岷
州屬熙河路長道縣熙寧七年自秦州來隸而無
白石字岷州今屬甘肅鞏昌府長道縣今改爲禮
縣屬秦州此碑撰者王森書者宋構史俱無傳篆
額者呂大忠字進伯大防之弟傳稱其紹聖二年
加寶文閣直學士知渭州此碑結銜充寶文閣待
制碑刻於三年故不同也公儀亦無傳碑文稱冗
泛但叙其辨寃獄有婦人死而不明視其髮得巨
釘人服其神明死者無憾此一事差足採也碑書
臣字俱小字旁注槩見于此又叙其生年月日及
女子之嫁者詳其壻家皆從前碑銘所略者又諱
字不書文內特於叙末銘前別爲銘曰有宋達德
君子王公諱公儀字子嚴之碑此例亦他碑所無

關山雪月詩

石橫廣三尺八寸高三尺六寸五分十
四行行十五字行書在隴州大佛寺

成都宋構承之紹聖丙子歲按部過隴山偶題以補
樂府之闕

關山月關山月千里寒光射冰雪一聲羌笛裂青雲隴
上行人腸斷絕腸斷絕兮將奈何爲君把酒問常娥冰
輪桂魄團時少應似人間離别多

右關山月

關山雪關山雪遠接洮西千里白試登隴首瞰八荒表

裏高低都一色日高融液流車轍凍作堅冰敲不裂早
晩春風動地來消盡寒威百花蘂

右關山雪

監郡扶亭王希聲器之

郡守河南韓渥承之立石

右關山月關山雪詩題云成都朱構承之紹聖丙子歲按部過隴山偶題按朱史不立構傳而東坡集有送宋構朝散知彭州迎侍二親詩施元之注朱彭州名構紹聖間爲金部員外郎是時都大提舉川茶事陸師閔移漕陝西謀代之者曾子宣李邦直僉曰朱

某可遂使權都大管勾政熙寧中設成都茶司其後改名都大提舉茶馬司凡市馬於蕃夷以茶易之此刻於紹聖間構雖管勾川茶而市易帛於秦隴故有按部隴山語潛研堂金石文跋尾

蘇氏墓誌

石高四尺廣三尺八寸八分二十六行行二十五字正書在江寧府新澤寺

宋仁壽縣君蘇氏墓誌銘并序

承議郎句當亳州明道宮劉次莊撰并書

次莊少時先人遇客名儒必奉巵酒接慇懃講儒學事列次莊昆弟侍其得萬一教訓其中故湖北轉運使秘閣校理趙大夫公揚於次莊董家獎飭誨勵後公迎婦廣西往來道長沙益爲曲折熙寧中公通判潭州次莊爲屬縣尉公喻次莊士當自奮扳卽教上書
天子因召見留中都紹聖四年次莊來居陳公之　夫人仁壽君適卒於陳之項城其子將護　夫人之喪祔青龍山校理之墓諭譔次莊職也謹誌而銘之

廣西轉運使贈禮部侍郎蘇公安世慶曆中以三司戶部判官治歐陽脩獄白脩無罪以此名聞天下丞相王文公嘗誌其墓曰蘇君一動其功於天下豈小也哉

夫人其季女也少喜誦詩書黃老之言趙氏名族及

歸以敬肅範儀其家兒女子稍長校理與夫人共訓導使學不得怠弛趙諫戚有女失怙恃　夫人取之養育迨笄爲具資嫁表姪梁傳無所倚仗與之娶致負祿湯祿交趾陷邕州裨將死其妻脫身丐食北走至邵陵

夫人厚撫遺孤送千里還其家太原郡君王氏其子敗官客商水乏食歲時爲賑活平生囊無餘貲槩以此存守吐納鍊氣服餌之術　夫人悉曉通之晩復究明性相寂滅之理紹聖四年十月十四日將奄棄疊足屈指若釋氏結印狀神色疑之後七日家乃敢殮子三人嗣德順軍司法參軍蠓朝城令昞項城尉女三人適長社

尉毛球宣德郎知長安縣濂祐通直郎知邵州張詡云

銘曰

蘇世武功　裔于蠶叢　蜀亡其東　有顯秩宗　迺生淑女　峻厥軌度　橐解不儲　職施之故　宅彼高崗　雲木蒼蒼　以永其藏　莫窒其光

右仁壽縣君蘇氏墓誌湖北轉運使祕閣校理趙揚（揚字不全）之妻廣西轉運使贈禮部侍郎蘇安世之女也慶歷中歐陽永世以孤甥事爲言者所訐安世爲三司戸部判官直其寃以是知名而史不爲立傳王荆公爲安世墓誌云女子五人其適單州魚臺縣尉江

山趙揚者卽仁壽君也劉次莊元祐中御史嘗模刻閣帖於臨江軍又爲釋文十卷行世顧其書世不多見此誌特完好文與書法皆可觀在江寧城外祈澤寺壁間（潛研堂金石文跋尾）

按蘇氏爲趙揚之妻揚爲抃之弟史無傳抃有二弟一曰抗一曰揚皇祐間抃爲江源令縣有江繚治廨址來圓亭踏廡間環迴旋繞公暇事休抃與抗揚坐東軒樂然盤桓引流聯句抃爲序并詩並見名勝志揚三子响嶸岍靑譜引陳田夫南岳總勝集載趙岍徽宗時人移建本命碑大觀二年三月通直郎權潭州通判兼軍州事趙岍文并書此碑作於紹聖四年岍初官項城尉也此文先叙次莊與揚交涉始末於前然後別起爲誌銘之序而系以銘詞亦與他誌別

游師雄墓誌

（石高廣俱四尺九寸一分六十八行行六十七字正書在長安）

宋故朝奉郎直龍圖閣權知陝州軍府兼管內勸農事兼提舉商虢等州兵馬巡撿公事飛騎尉賜緋魚袋借紫游公墓誌銘

朝請郎直祕閣知潭州軍州兼管內勸農事兼荆湖

南路安撫充本路兵馬鈐轄驍騎尉賜紫金魚袋張舜民撰

朝散大夫直祕閣權知秦州軍州兼管內勸農事兼權發遣秦鳳路經略安撫使兼馬步軍都總管公事騎都尉賜紫金魚袋邵龢書

端明殿學士中散大夫充涇原路經略安撫使馬步軍都總管兼知渭州軍州事管內勸農使上柱國賜紫金魚袋章楶篆蓋

公諱師雄字景叔姓游氏世居京兆之武功曾祖永清祖裕皆潛德不仕考光濟始爲大理寺丞贈朝請郎公

爲兒時不妄戲咲聞弦誦聲則悅而慕之授以書如夙
習握筆爲詩語已清拔年十五入京也學益自刻厲蚤
暮不少休仝舍生始多少之已而攷行試藝屢居上列
人畏敬無敢抗其鋒橫渠張載以學名家公日從之游
益得其奧由是名振一時豪俊皆慕與之交宿望耆德
爭相引重治平元年鄉舉進士第一遂中其科授儀州
司戶叅軍郡委公以學校公從而新之士皆就業其後
登科者繼踵丞相范公爲轉運使聞而薦之於是使者
識與不識爭薦其能忠獻魏公在長安遣公營芻糧築
熙寧寨及使相視秦燮會胡盧河定西三川之地復中

利病魏公愛其才蔡挺師涇原以公權管勾機宜文字
熙寧四年遷德順軍判官時初議役法常平司以公相
度秦鳳路公條畫甚多其後　朝廷下陝西役法悉用
其說韓康公爲宣撫委公同提舉常平劉琯往鄜延與
主帥措議戰守之策初琯欲自延州入安定黑水堡過
綏平寨地逼賊境公疑其有伏請由它道已而諜者至
言西夏嘗伏精騎數千於黑水傍伺其過掩之將詰以
機事琯驚曰向非公墮於虜矣趙卨帥延安以公權管
句機宜文字夏人將擾邊時鄜延之兵與戰具悉爲保
安囉兀二將所分據自延州龍安以北諸寨無屯備卨

患之公爲謀諜義勇以守且聚石於城上以待寇夏人
聞其有備乃引兵入麟州饋荒堆三泉而歸韓康公嘗
遣公按視囉兀城撫寧和市公言囉兀無井泉撫寧在
平川皆不可守康公然之未幾撫寧果陷賊中囉兀終
棄而不用丁母艱服除充鄜延路經略司勾當公事復
從趙卨之辟也熙寧七年河溢壞永寧關寧和橋商賈
道絕河東之粟不入於鄜延有　詔治橋甚急議者謂
石岸險用力多非期以歲年不可就公往經度兩月而
成人皆服其神速時旱甚尙委公以行諸壘振貸公使
弓箭手漢蕃戶磨鎧運石浚溝完壁計口而授粮人無

殍亡邊備因之以固八年王師征安南趙卨爲宣撫招
討副使首辟公舍于同文館卨方廹　奏禀不暇省文
檄皆倚公以辦王韶爲樞密副使謂卨曰幕中得士良
可賀也軍將行聞父憂有　旨給告百日復赴軍公丏
以終喪凡三被　詔懇辭乃免卨之行與主帥郭逵議
不協公憂其無功恐以書勉之其後皆如所料服除陞
潁州團練推官秦帥呂大防辟充管勾機宜文字　朝
廷命徐禧計議邊事禧持議不同大防遣公往條白禧
悅其言留之數日邊議始合禧歎曰諸幕府如游君復
何慮元豐四年王師問罪夏人轉運副使李察辟公句

當公事軍駐靈武餽餉之計公力爲多陞忠武軍節度
推官充涇原路經制司勾當公事未幾以疾辭歸趙禼
帥慶陽辟公管勾機宜文字環慶當用兵之後扶傷
補弊師壯民安皆公之贊畫禼移延安范丞相代之留
辟事無巨細一以付之元祐元年改宣德郎除宗正寺
主簿　朝廷以夏人久爲邊患思有以懷來欲以四寨
歸之未决執政以公習知西邊事召問之公曰四寨
先帝所克所以形勢夏人者也　上當守而勿失奈何
輕以畀人且割地以紓邊患不唯示中國之弱將啓蠻
夷無厭之求四寨既予瀘南荆粵如有請者亦將予之

乎非特此也若燕人遣一介之使奉只赤之書求關南
十縣之地者又將予之乎六諸侯割地以餌秦當時猶
以爲秕安有以天下之彊盛而棄地以悦夷狄者哉因
進分疆語錄二卷而主議大臣不聽卒棄四寨夏人夷
其地而不有侮侵加前二年春遷軍器監丞夏四月吐
蕃寇邊其酋長鬼章青宜結素號桀黠熙寧中陷河州
踏白城殺主將景思立者也元祐以来例行姑息因乗
間脅屬羌結夏賊爲亂謀刻據熙河　朝廷患之擇可
使者與邊臣措置僉以公行公奏以謂奉使絕塞兵謀
軍勢間不容髮倏中覆則失於機會欲如古者大夫出

疆之事　上允其請許以便宜從事公既至諜知西夏
聚兵于天都山前鋒已屯通遠境上吐蕃之兵欲攻河
州鬼章又欲以別部出熙州公將先發以制之告於熙
帥劉舜卿舜卿曰彼衆我寡奈何公曰在謀不在衆鬬
智不鬭力此機一失後將噬臍儻不濟爲願爲首戮議
三夕而後從之迺分兵爲兩道姚兕將而左破六逋宗
城斬首一千五百級攻講朱城斷黄河飛橋青唐十万
之衆不得渡种誼將而右破洮州擒鬼章及大首領九
人斬首一千七百級餘衆奔潰溺死者數千人洮水爲
之不流遺鎧仗芻糧數万於是奏捷曰臣聞憑天威震

皇武所以討不庭也今西夏授策而弗謝輒陰援吐蕃
鬼章結釁構姦欲爲邊患臣與宋師合謀將義兵行天
誅賴　陛下聖神陷陳克敵斬獲以万計生擒元惡係
送　北闕下願戮尸槀街蠻夷邸間以示万里書奏百
寮班賀遣使告　裕陵　朝廷欲厚賞公而言者謂邀
功生事必開邊隙甚則欲坐以擅興遂薄其賞止遷奉
議郎賜緋先是青唐酋長来告主師曰董氊死阿里骨
祕不發喪許以爲嗣當立請封於　朝廷已而復殺董
氊妻心牟氏因温溪心部族首領國人怨之若中國以
兵問罪於境上當縶阿里骨以献願立董氊之後以安

國人主帥未納公方使而聞之喜曰此天贊我也以利
害上於朝且曰若遣趙醇忠於青唐城依府州折氏世
受封爵則西方可保百年無變矣會鬼章就禽其事遂
寢出爲陝西轉運判官行郡邑則首興庠序過田里則
親勸農桒新驛傳四十餘區輪奐之美甲於天下自周
秦已来古迹之堙没者皆表之以示往来鑒故關山道
爲坦途便熙秦之飛輓長安之北涇陽櫟陽沃壤千里
而水不浸灌公教民浚溝洫引涇渭之流於是溉田數
千頃自陜以西水利之興者復万餘頃民賴其惠熙河
地不種粟粟由它道往者常高其直而後售而馬亦病

於無草公以粟與農具給漢蕃口民而教以耕種之法
不數年所收富於內地又課邊人種木所在森蔚其後
公私材用皆取足焉五年移秦鳳等路提點刑獄公事
遷承議郎加武騎尉完郡縣之獄且授以唐張說獄箴
使置之坐右朝夕省觀盡心於聽訊買書以給學者開
大散關路利巴蜀之行人自　朝廷棄四寨之後熙河
與夏人分疆至是未決命公往視之具利害以聞由是
形勢之地皆爲我有六年夏賊寇涇原復入熙河殺掠
甚衆公上疏曰元豐以托土爲先故進築之議略元祐
以御戎爲務故進築之議廢今蘭州距賊境一里而通

遠軍不及百里又非有重山複嶺爲之限障犬羊之勢
得以潛窺而輕寇邊民不安其居者屢矣宜自蘭州定
遠城東抵通遠軍定西城與通渭寨之間建汝遮納迷
結珠龍三寨及置護耕七堡所以固藩籬使寇至而不
可犯此邊防無窮之利也疏入不報公又論士民之親
死而不葬寓骨於佛舍歲久暴露於風教有傷宜立法
以禁之其貧而死於道路者願委郡縣給閑田以聚葬
如周官墓大夫之法又言州郡奏疑獄下其案於刑部
大理寺往往歷歲時而不降淹獄緩刑宜有以督之又
上役法廿條　朝廷多行其說七年召拜祠部員外郎

金石萃編卷一百四十一　宋十九　三十八

言天下祠廟多頹弊春秋薦享牲齊酒漓非所以敬鬼
神嚴祭祀也願申戒州縣改工部員外郎鄜延闕帥
上欲用公御延和殿諭竽款　上三問不荅既而對以
資淺姑再使以待之迺除公集賢校理權陜西轉運副
使同列欲變民租爲錢意在収羨餘以獻公面折之曰
五路宿兵以待餉反令輸錢錢可食乎借若豁歲盈積
而倉廩空虛邊陲有警師徒霧集君能任其責耶同列
無以應內州兩稅支移於邊者民常以爲病公爲奏曰
在昔邊土不耕仰粟於內故設支移之法今沿邊之粟
既多糴之軍食自足宜令內州稅戶隨斗升計地里輸

腳乘錢以免支移之勞既可以休民力又可以佐邊用
公私便之九年遷朝奉郎加雲騎尉以疾丐郡有　旨
免按行以自養猶上章堅請乃肯赴　闕　上謂輔臣
曰有自西方来者言游師雄已安旦夕當至矣輔臣初
皆不知及將　陛見班當第四　御筆陞班第一既賜
對　上顧謂曰知卿所苦已安殊可喜也公方謝　上
又曰洮州之役可謂奇功恨賞太薄耳公對曰平羌
孰醜虜皆上禀　廟算臣何力之有焉況被寵光實已
過其分矣但當時將士奮命力鬭而其勞未録此爲可
惜因陳其本末又奏元祐中背議棄汝遮等寨　上皆

然之復面諭公將付以邊閫公辭以疾乃除衛尉少卿
上數問公邊防利害公即具慶曆以来邊臣措置之
臧否廟堂謀議之失得及今扞禦之切務凡一十六事
上進曰紹聖安邊策紹聖二年懇求外補以公知邠州
未幾改守河中府時河中久旱公入境天即大雨民皆
歡謠又自中條山下立渠堰引蒼陵谷水注之城中人
賴其利三年春遷直龍圖閣權知秦州兼權發遣秦鳳
路經略安撫使兼馬步軍都總管加飛騎尉方及境被
旨攝師熙河時夏賊寇延州塞門寨諸路皆屯將兵
於境上以防不虞久而疲罷公至則命解嚴徹備以休

士卒已而虜亦不犯人皆服其持重西鄙自破洮州之
後如于闐大食拂林邈黎等國貢奉般次道常不絶
朝廷憚於供賚抑留於熙河限二歲一進公奏曰夷狄
慕義万里而至此太平之盛事漢唐欲之而不得者今
抑之使不即朝於　闕下恐非所以来遠人也　朝廷
從之於是異國之使接踵於中都焉夏五月　朝廷遣
使與熙河涇原秦鳳之師合謀以制夏國使者銳於成
功意在討擊公以謂宜且進築城壘以爲藩衛席卷之
師未可輕舉因上疏論列不報而使者日持攻取之說
以廹公公度不可共事迺三上章求引避六月被　命

還秦再求内郡移公知陝州其後使者倡攻取之難卒
用修築之議如建汝遮秦金城關皆公已陳之策也四
年自陝及雍大旱公日夕齋戒禱雨已而善霈境内獨
豐民無流徙而旁郡飢殍相枕於溝瀆陝當西道之衝
兵民繁夥使傳旁午爲守者憚之公撫治有經應接多
暇不見其勞攝居無事時常親至學舍執經講問以勸
諸生七月六日以疾卒於治享年六十公初寢疾有星
殞于州宅思邵堂下光燄烱赫不數日而終人咸異之
公娶張氏承務郎程之女封仁壽縣君賢淑有婦道先
公六年卒子八人靖前河南府左軍巡判官管勾書寫

秦鳳路機宜文字茲議苧竦皆舉進士嵩翊郎奴早夭女一人適前蔡州遂平縣尉李圭孫男四人孫女一人尚幼以其年十月丁酉葬于京兆府武功縣西原鳳凰岡之先塋以仁壽夫人祔焉公有文集十卷奏議二十卷藏於家公幼喪母東陽縣太君習氏惸然悲啼人不忍視及事繼母江陵縣太君楊氏尤以孝行著於里中嘗侍疾衣不解帶者累月既孰喪毀瘠過制朝請君歿于延安公被髮徒跣躬負其櫬而歸行路爲之傷惻友愛其弟師韓甚篤嘗遇　明堂推恩不奏其子而以師韓爲請　朝廷雖不從而人皆義之不喜聚貨財廣田

宅爲子孫計獨以賙給親舊爲心族人生無以贍死無以葬者皆公是賴故卒之日家無餘貲從官二十餘年率常在邊塞其蕃漢情僞將佐才否以至熟羌生界住坐山川險易種落族姓靡不周知揣循勞問下逮孩幼故邊蕃之人莫不懷附及爲鎮洮羌人歡呼爭迎於境上比其去漢蕃士卒泣訴于走馬承受曰爲我留　朝廷使公且留此所至民尤愛戴其殁也陝民號慟如喪其所親而蒲人之哭奠者相屬於路羌酋邊卒舊將故吏多繪公之像而事之者其後于闐之使入貢必過公之墓而祭之其得人心如此公恢廓敦文不事邊幅瀟

然莫窺其涯遇人接物未嘗忤其意至於論當世事則毅然正色辭勁而不撓雖　人主前亦不阿合左右方忍懼而公言益亹亹臨危難不顧其身嗚呼才猷器識度量風槩瑰奇卓絕如是而不得盡所藴焉可不爲惜哉銘曰

游本姬姓吉與于鄭元魏靖侯儒風聿修慫慫干祿典刑孰繼疑生陝州文武之器文則華矣其武伊何矢謀于軍書勞實多在昔熙寧鬼章方命　先帝不誅以待　嗣聖　嗣聖繼明公初請纓指蹤將士機發雷霆既破洮州仍執醜虜告慶　廟陵百寮蹈舞窮髮

鬼區讋我　皇武桓桓奇功焜燿海寓乘軺躝隴剖竹蒲關街冑卿寺出入搢紳忠以利國仁以愛民其所施設同風古人慓彼夏羌屢齧西境公提將符嶽立山挺忽從一邦志不獲騁乃令犬羊偷保要頸大勳不遂非公獨然廉頗去趙樂毅離燕惟有令名炯如星縣刻銘幽宮萬世哀焉

京兆安民安敏姚文安延年摸刻

仲恭從學于蔡魯公京京教仲恭學沈傳師遂自名家 鐵圍山叢談

仲恭書秀有餘而老不足 姑溪集

游公表章古蹟自周秦以及唐無不有題識至今尚存焉志亦云然志多與史合蓋修史時采志語入也志張舜民撰頗盡闡揚之致書者邵龥清圓秀勁大足名家所可恨者傷佻耳其書只尺作只赤赤與尺通楊用修以尺牘爲赤牘本之禽經雉上有丈鷃上有赤王元美又引華山石闕云高二丈二赤平等寺碑云高二丈八赤而疑其隱僻欲改作尺據此志則宋已多用之非僻也石墨鐫華

游先生墓志雖言與橫渠游而不言受業疑非弟子然其文則張公舜民其書則邵公龥其篆則章公楶

皆元祐黨人之同岑而所鐫工人爲安民尤可珍乎方修宋儒學案得之爲之喜而加飡結埼亭集

右游師雄墓誌題云宋故朝奉郎直龍圖閣權知陝州軍府陝州稱軍府不云軍州者陝爲大都督府故也文獻通攷大中祥符六年詔龍圖閣學士直學士結銜在本官之上此碑惟章楶以學士結銜在散官上師雄舜民龥皆直閣故結銜在下宋史職官志安撫總一路兵政以知州兼充太中大夫以上或曾歷侍從乃得之品卑者止稱主管某路安撫司公事楶以侍從故得充經略安撫使龥止稱權發遣安撫使公事亦不正授之稱也潭秦渭三州守臣竝帶安撫使舜民龥以知州而兼安撫楶以安撫使而兼知州結銜前後互異亦正授不正授之分也潛研堂金石文跋尾

師雄橫渠弟子治平元年舉進士爲儀州司曹參軍自治平迄元祐二十餘年皆在邊帥幕府始因范忠宣薦韓魏公委督築熙寧寨糧餉後歷蔡挺韓絳劉琯趙卨諸幕而在卨幕最久元祐以後屢經遷轉十餘年始徙知陝州而公已歿矣神哲二宗知之未爲不深也而卒不得大用此議者所以有用不盡才之根歟宋史西夏傳載秉常嗣國後二十年中凡屬戰

守之事得失具見合此志攷之大略出之師雄者居多余集陝省金石目錄見晉遺筆跡幾至廿種其才略風概瑰偉卓犖宋世少其儔匹採錄之餘令人企慕久之關中金石記

按此誌石方廣約五尺文約四千字宋人墓誌之制寬廣而繁冗如此撰者張舜民傳載字芸叟邠州人由通判虢州提點秦鳳刑獄召拜殿中侍御史改金部員外郎進祕書少監使遼加直祕閣陝西轉運使知陝潭青三州此文是知潭州時作也書者邵龥書史會要稱其字仲恭丹陽人官至直

龍圖知蘇州工正行字體清勁此碑結銜知泰州當是知蘇州之前也篆者章楶傳載字質夫建州浦城人累官江淮發運使哲宗訪以邊事對合旨命知渭州俘獲夏統軍嵬名阿埋西壽等哲宗爲御紫宸殿受賀累擢樞密直學士龍圖閣端明殿學士其篆蓋工在此時游師雄東都事畧宋史皆有傳全採此誌有損無增事畧採之最簡惟云師雄字景升與誌之作景叔者異是事畧譌也史傳所採較詳而間有誤處如誌云鬼章又欲以別部出熙州史誤作出熙河熙與河是二州是時吐蕃

欲改河州鬼章又欲出熙州不得云鬼章又欲出熙河也誌云今蘭州距賊境一里史作距賊境一舍一舍是三十里見左傳注史似以其過近而改也建汝遮納迷結珠龍三寨史作安遮權陝西轉運副使史無副字及今捍禦之切務凡一十六事史作六十事皆不能定其孰是被旨攝帥熙河史作熙州時熙河蘭岷路置經畧安撫使稱之曰熙河帥隱括之詞不得单舉熙州也公有文集十卷奏議二十卷傳既不載藝文志亦未見則史畧也傳載師雄事蹟多詳邊功而於善政槩不叙及如誌云公論士民之親死而不葬寓骨於佛舍歲久暴露於風教有傷宜立法以禁之其貧而死於道路者願委郡縣給閑田以聚葬如周官墓大夫之法此則澤及枯骨之仁也自陝及雍大旱公日夕齋戒禱雨已而霑霈境內獨豐此爲民請命之誠也皆可爲守土法豈宜槩削又云年十五入京兆學入學二字始見於此軍將行聞父憂有旨給告百日復赴軍此亦守制百日之始事雖瑣細不可盡畧也故爲拈出之

金石萃編卷一百四十一終

金石萃編卷一百四十二

賜進士出身 誥授光祿大夫刑部右侍郎加七級王昶譔

宋二十

郃陽縣戒香寺碑

碑連額高五尺二寸五分廣二尺七寸
四分二十行行三十字連額並正書

郃陽縣重興戒香寺碑

近據臨汾鄉百里社僧文才陳狀元係河中府榮河縣
開元寺十王院授業於紹聖貳年拾壹月中巡禮到同
州郃陽縣臨汾鄉百里社本邨全社人張志用等請文
才住持本社古蹟有額

戒香寺壹所初見本寺名額年歲深遠累經霖雨損壞
了碑額欲乞移牒本州造帳司勘會本寺從初係省帳
幷
勅賜名額照憑出給收執所貴久遠住持伏乞指揮尋
行勘會得僧文才住持戒香寺別無違礙及打錄到本
寺舊來開元拾貳年 戒香寺碑文尋牒造帳司照會
去後郤准本司牒稱尋將累年申 省僧道等文帳照
會得上件
戒香寺係古蹟常住地土房舍
勅額存留 檢准天禧貳年四月貳拾柒日
敕勅節文係帳拘管請將前件置碑 及重興
勅賜年月日照會仍請指揮前件僧文才等常切看管
住持及自今後依例供申僧行文帳施行
右給重興公據付臨汾鄉百里社張志用并僧文才
等同共住持上件
戒香寺每年供申僧行文帳施行
紹聖四年拾月拾六日住持戒香寺主僧文才幷書
縣尉武 右班殿直監酒稅權主薄陳 宣義郎知縣
事口 朝散郎通判知軍州事鄭 本寺地一頃下院
豆莊興善寺地四頃余

朝散大夫充寶文閣待制知軍州事呂
紹聖五年四月初八日立石記 刻字薛隱

韓宗厚墓誌

石高廣俱三尺九寸三十七
行行三十七字正書在許州

宋故承議郎充慶成軍使兼知河中府榮河縣及管內
勸農事驍騎尉賜緋魚袋韓府君墓誌銘
朝散郎前通判永興軍府兼管內勸農事兼陝西制
置解鹽司句當公事上輕車都尉賜緋魚袋朱光裔
撰
朝請郎充集賢殿修撰知鄭州軍州兼管內勸農事

兼京西南路安撫司公事上柱國賜紫金魚袋杜紘

書

朝請大夫管句西京嵩山崇福宮上柱國賜紫金魚

袋吳安常篆蓋

紹聖元年六月廿九日承議郎慶成軍使韓君卒於官所享年五十三越四年九月廿二日葬於潁昌府長社縣嘉禾鄉靈井里先塋之次嗣子狀　君世緒德美抵予曰　先君之葬有日矣敢請銘尚顯揚於不朽予惟親友之契不宜以固陋辭　君諱宗厚字敦夫潁昌府長社人也曾祖諱保樞贈太師開府儀同三司陳國公

祖諱億皇任太子少傅致仕贈太師開府儀同三司冀國公謚忠憲考諱綽皇任尚書比部郎中知解州贈右光祿大夫曾祖妣郭氏周氏並封陳國太夫人祖妣蒲氏王氏並封冀國太夫人母仁壽縣太君李氏故太子少傅致仕謚康靖李公之女　君以康靖公蔭補太廟齋郎初任徐州沛縣主簿秩滿授江寧府上元縣主簿大興水利溉污萊為良田者至二千七百餘頃創為堰閘視時水旱而均節之民獲其利歌詠載涂丞相王文公為守上其狀於　朝以勞應格特轉光祿寺丞文公知其才事多委於　君以辦治稱知溫州永嘉縣簽書

天平軍節度判官廳公事河決曹邨口水暴至城下危在漏刻　君建議泱古黃河故道以殺其勢太守而下畏避不決　君請獨任其事水一夕而涸郡民欒在父為人毆傷在往報之更廿五日而卒獄具當抵死　君曰父被困辱而為此情有可矜太守嘉其議為讞於朝得減死論孫宗者以忿殺人吏鬻其獄罪止於杖　君摘發姦狀卒致於法歲饑詔貸常平種錢有司并給仕宦之家　君以為非　朝廷惠養困窮之意不當濫及遂止簽書鎮安軍節度判官廳公事時有劇賊未獲捕者利重賞執小盜以告困交通獄吏鍛鍊成罪　君

臨訊立辨其誣為正其獄後竟獲眞盜一郡稱為神明京畿積水為害議者欲隨勢疏決自陳達於蔡河　君曰陳地卑下歲苦流潦今又并受衆水是使鄰境為壑民必受弊事亦不行　君自光祿寺丞四遷至承議郎賜六品服娶張氏封仙源縣君再娶朱氏封長壽縣君男八人理太廟齋郎卒琉郊社齋郎瑛琥未仕餘皆早亡女四人長適前登州防禦判官劉復次未嫁而卒二在室孫二人　君天性樂易通敏篤好學問屬文口速而壯麗可喜有文集百卷藏於家光祿公□館養母夫人左右順適得其歡欣歲時甘珍之奉雖遠必致　君

之亡也毋夫人悲思曰天奪我孝子矣韓氏大家　君
處尊口問曲盡敬愛遇人推誠相與久而益親長於吏
治雖案牘叢委一視察其隱伏吏人畏惕不敢欺屢佐
顯人事有不可者守正不移雖在卑官以氣節自任練
達當世之務嘗上書言元祐問更按問法天下斷獄死
者滋衆請復舊條乞比較州縣獄死之四數多者行罰
皆根於仁厚之意王文公爲世儒宗樂教育後進　君
嘗執經請益得其精微之旨既輔政同時預丈席者多
被薦擢屢欲用　君而輒齟齬不諧通塞之分豈人力
也哉銘曰

夙稟軼才　自負奇志　諷經儒宗　究極精義　篤
於丙行　竭孝奉親　恩均宗黨　愛譽欣欣　當官
而行　弗倚弗比　平反庶獄　建設長利　並游之
俊　方翔騰驤　君口不偶　命也何傷　屈於遠用
尙有修名　刻石垂休　後裔其承

潁川古翊刊字

宗厚韓億之孫緯之子東都事略無緯傳故宗厚亦
不見于史按碑載宗厚歷官自光祿寺丞四遷至承
議郎賜六品服所涖之地多能與水利斷疑獄文繁
不具載又云嘗上書言元祐間更按問法天下斷獄
死者滋衆請復舊條乞比較州縣獄死之四數多者
行罰事皆可傳又云王文公爲世儒宗樂教育後進
君嘗執經請益既輔政屢欲用君而齟齬不諧是宗
厚不附安石尤可嘉尙蘇軾以爲王氏之學好使人
同已化天下皆爲王氏之學一望皆黄茅白葦蓋是
時如宗厚者固少矣杜紘字亦有唐人風格碑云葬
于潁昌府長社縣嘉禾鄉靈井里先塋之次是亦祔
億也今方志亦載億墓而遺宗厚墓中州金石記

按韓宗厚爲億之孫誌云祖諱億皇任太子少傅
致仕贈太師開府儀同三司冀國公諡忠憲宋史

億傳云以太子少傅致仕卒贈太子太保諡忠獻
與誌不同東都事略亦贈太子太保而諡作忠憲
與誌同誌云潁昌府長社人億傳云其先眞定靈
壽人徙開封之雍邱宋史地理志潁昌府本許州
元豐三年升府此誌刻於紹聖四年故稱潁昌府
長社縣是其所屬縣有嘉禾鄉卽韓公葬所然則
史作雍邱人者蓋韓億時遷雍邱而其子若孫再
遷長社史不及書歟然何以此誌又不云自雍邱
遷也億有八子綱綜絳繹維縝緯緬宗厚爲緯之
子是億之第七子所出而位不甚顯功業又無可

迯故史傳所不及誌云君以康靖公蔭補太廟齋
郎康靖李公爲宗厚之外祖蓋用外祖蔭入仕也
此誌撰者朱光裔書者杜紘篆者吳安常吏惟杜
紘有傳字君章由右司郎中大理卿以直祕閣知
齊鄧二州復爲大理卿權刑部侍郎加集賢殿修
撰爲江淮發運使知鄆州此誌系銜則知鄧州時
已充集賢殿修撰傳與誌異也

眞武經

石刻字處高三尺五分廣二尺作三層書每層三十一行行各十七字正書在嵩山

元始天尊說北方眞武經錄文不

宋元符二年歲次己卯正月甲辰朔二十八日辛未
河南宋溥書并立石
武宗孟書　張士寧刊

元符二年宋溥書宋未有名而其書秀雅可觀頗似
趙文敏且嵩碑記絕無小正書錄之 嵩陽石刻記

韓宗道墓誌

石高廣並四尺二寸四十行行四十字正書在許州

宋故通議大夫充寶文閣待制上柱國南陽郡開國侯
食邑一千三百戶致仕韓公墓誌銘并序
朝奉大夫充集賢殿修撰知泰州軍州兼管內勸農
事上輕車都尉曾肇譔
朝請郎試中書舍人兼　侍講上輕車都尉賜紫金
魚袋趙挺之書
左朝議大夫寶文閣待制知潁昌軍府事兼管內勸
農使京西北路安撫使柱國吳安持篆蓋

太中大夫寶文閣待制知杭州兼兩浙西路兵馬鈐轄
上柱國南陽郡開國侯食邑一千三百戶韓公諱宗道
字持正年七十有一上書謝事　優詔許之遷通
議大夫　命未至　公卒于位三子曰璩曰瓌
河南府軍巡判官曰珙承務郎皆前死一孫曰郊社齋

郎其弟朝散郎宗直請于　朝往護　公喪既
而枉道過予爲　公請銘予與　公同時爲郎尚
書已而借爲從官旣故且戚銘其可辭韓氏世家常山
自　累贈太師開府儀同三司魏國忠憲公諱億以
文學起家致位政府始葬其父　累贈太師開府儀
同三司陳國公諱保樞于潁昌府之長社縣遂爲潁昌
人　忠憲公八子二爲宰相一爲門下侍郎一知制
誥　知制誥者諱綜累贈太尉　公考也世德淵
源其來有自至　公三世而盛大光顯實幾百年其
間魁壘傑出爲一時之望者相繼有人至於孝謹恂恂

行稱於家材見於事者亦多可紀　公其一也
公孝友慈祥自少無子弟之過事諸父盡子職不獨於
其親然也其遇人豁然不立畦畛其爲吏廉平無私所
至勤勞公家不簡細故雖貴且老未嘗怠以止也其爲
近侍中立不倚不事夸奪雖有忮心者莫之忌亦莫得
而侮也故在家爲賢子在官爲能吏而在　朝廷
爲良士孔子稱詩之夙夜匪懈又曰無忝爾所生以爲
大夫士之孝若　公可以當之矣初　公以忠憲
公恩補將作監主簿三遷大理評事監潁州商稅務會
汝陰闕縣令號多職田前攝事者垂得口入而州俾

公代　公辭不得則過職田期而后往代時
公年尚少衆伏其廉嘉祐四年鎖其廳中進士第知越
州餘姚縣　公仕籍已有能聲至是摘姦字民治行
益白歷監在京皮角庫簽書彰德軍節度判官事歲饑
請發官粟貸貧民民賴以濟熙寧初知巴州時
天子進用二三大臣鼎新政事　公以名家子有聞
於時近侍多薦　公宜在臺閣大臣亦雅知　公
會　公叔父康國公去相位即擢　公成都府路
轉運判官兼管勾常平農田水利差役事講議法制必
究利病因革損益視理如何不務紛更不膠舊貫繇是

一時同事者初雖異意卒皆紬已從　公服其平正
而凡有改爲蜀人不知其擾入爲開封府判官復出提
點河北西路刑獄徙淮南路轉運副使兼提舉常平市
易事八遷尚書工部郎中時市易法初行任事者希功
旁緣漁奪　公數裁之不聽則致之于理　朝
廷聞之遣官行視任事者得罪去　公亦徙知廬州
蓋　公當官不撓其守類如此歷知鳳翔府潞州官
制行召爲尚書戶部郎中使契丹還歷太常太僕少卿
尚書左司郎中太府卿元祐三年擢權戶部侍郎均節
食貨號爲稱職眞拜刑部侍郎未幾復爲戶部以寶文

閣待制權知開封府聽決平恕不事苛察守中循理不
苟處譽歲餘復還戶部五遷太中大夫紹聖初除寶文
閣直學士知成都府以喪子辭求便郡迺以待制知陳
州徙青州兼京東東路安撫使又徙瀛州兼高陽關路
安撫使又徙杭州卒時紹聖四年七月甲子也元符二
年七月十四日葬長社縣嘉禾鄉祔　忠憲公兆
公在朝數言事嘗請擇守令明黜陟以聚能不立嫁
娶喪祭之制使貧富各安其分　詔有司節浮費
興遺利量入爲出以制國用宅所建白類如此有文集
二十卷藏于家　母劉氏追封韓國太夫人妻薛氏

追封許昌郡君一女適祠部員外郎朱景年孫女三人長適西京伊陽縣主簿宋晟餘尚處銘曰

有偉韓宗　肇自奠公　子孫馮厚　益熾而崇　有公有孤　曰仲叔季　亦有持橐　從容風議　猗與南陽　克紹厥世　豈惟勢榮　德亦是似　崛起于少　吟哦六經　出偕寒儁　擢第王庭　迺使四方明國若否　迺將八州　宜民父母　地官之亞天府之長　在人無非　在己無枉　既果於退　亦全其歸　命書在道　歿有光輝　潁川之郊　其原膴膴　哿矣無怍　往從父祖

宗道韓億之孫綜之子東都事略韓綜傳云子宗道元祐初爲戶部侍郎寶文閣待制餘無所及宋史亦同碑述宗道在朝數言事嘗請擇守令明黜陟以覈能不立嫁娶喪祭之制使貧富各安其分詔有司節浮費與遺利量入爲出以制國用有文集二十卷可補史之缺碑字亦完好今億碑在許州城東北三十里碑云葬長社縣嘉禾鄉祔忠憲公兆是祔億葬也方志失載宗道墓非是趙挺之宋史有傳書史會要稱其工篆札其蹟祿見鳳墅續法帖中蓋未覩此碑　中州金石記

按韓宗道爲綜之子綜爲億之第二子宋史有傳字仲文累遷刑部員外郎知制誥卒不言贈太尉史之畧也傳附載宗道爲戶部侍郎寶文閣待制据誌則除寶文閣直學士知成都府以待制知陳州青州徙瀛州杭州卒史俱畧之此誌叙其貫則云韓氏世家常山自億始葬其父保樞于潁昌府之長社縣遂爲潁昌人然則遷潁昌自億始較宗厚誌加詳而亦不言遷自雍邱誌叙三子一孫于前而末乃及其母妻一女三孫女是又一例也譔者曾肇書者趙挺之篆者吳安持史皆有傳肇字

子開鞏弟坐罪降爲滁州稍復集賢殿修撰歷蔡州海州挺之字正夫密州諸城人由知楚州入爲國子司業歷太常少卿權吏部侍郎除中書舍人給事中不言其兼侍講安持附見吳充傳充子安詩弟官都水使者遷工部侍郎終天章閣待制此系銜寶文閣待制知潁昌軍府史全畧之

州學二大字

石高六尺六寸廣三尺五寸五分州字方二尺三寸學字廣二尺五寸高二尺九寸正書在東平州

翰林院承　旨蔡十題

州學

元符二年中元前一日

按蔡卞爲京弟傳稱紹聖元年復爲中書舍人兼
國史修撰遷翰林學士四年拜尚書左丞而不書
其爲翰林院承旨其於鄆州亦未嘗歴官不知何
以有二大字姑存之備攷

鄠縣利師塔記

碑連額高四尺五寸廣二尺二寸五分共十八行行三十二字額題宋故利公塔記並正書在鄠縣

宋故京兆府鄠縣白雲山主利師塔記

講經律論臨壇僧道雅書并題額

夫寂滅之道寒暑無以迭遷妙極之源生死無以交謝

良由空華生乎翳目輪轉出乎妄心若匪大明難除重
闇况迺滅無所滅生無所生身存身亡誰取誰捨不以
驚懼于懷者即白雲和尚矣師諱得利字子益姓王氏
京兆府高陵人也祖父並儒門之士母姓仁慈始自幼
年不爲童戲宿植善本深慕釋門誓志出家辭親棄俗
遂依鄠縣白雲山淨居禪院守鑒大師肄承佛業朝叅
夕奉未嘗懈然於天禧三年慶蒙眷澤削髮受具著如
來衣脫三界之塵累履一真之正路宏道爲美積德爲
欣乃南訪禪宗研味經律定根益固慧目增明既還白
雲住持淨刹締搆華宇繪飾聖容不以榮辱而見憂喜
非施則不受非時則不食焚誦無綴孜孜是務持法華
金剛上生三經計十大藏由是心地無塵慈雲有潤德
風遠振高譽遐飛復詣鄉邑住毗沙隆昌寺度小師一
人法稱惠滿實慶曆三年　乾元聖節試中經業抑
亦性閑了義續慧熖以長暉拔濟含靈俾正法而悠久
自非師資教遇宿契宏因者何其使然耶師以治平三
年十一月十一日託疾而化僧臘四十七俗壽七十一
門人惠滿荼毗收骨瘞于幡竿村古佛院所迄元符元
年建成窣堵每歲開闢真乘仰伸報効以其先師之道
業頗得爲記余深愧無文直而書之二年已卯十月庚

子鄜畤趙宗輔記

元孫善明　宗緣　曾孫澄愚　澄意　澄觀　澄
照　澄譽　澄月　講金剛圓覺經僧澄靖　孫講
圓覺經僧道因

小師講經律論傳戒僧惠滿立石　安民刊

永泰陵採石記

碑連額高一丈四寸廣五尺二寸二十三行行三十六字正書篆額在偃師縣永泰寺

大行哲宗皇帝以今年正月十二日己卯奄棄萬國
朝廷循故事遣官採石修奉　陵寢孝廣被　詔同文
恩使羅允和宮苑副使帶　御器械麥文昞實董其事

凡辟文武官朝請郎孫熙以次及部役等二十有六員
以二月十日丁未開山至五月十一日丁丑畢功取大
小石二萬七千六百有餘視元豐八年蓋增多五千二
百七十有二焉凡役兵匠九千七百四十有四取石既
夥儸役兵疲困而功不時集復請募近縣夫五百俾悉
挽巨石以訖其事然厲運寒氣癘自京都遠於四方人
多疾疫而況大山深谷之間嵐霧蒸鬱朝暮被冒病者
宜甚於是時其藥食至覆藉之具無一不備仍分處太
醫各俾診治日且躬行巡視由是病者千七百餘人而
不可治而死者蓋亦百纔之二逃者纔五十人耳衆者

既衆不患食不足常患水不給山之東南舊有礓子一
泉方春日用且乏乃並西於桃花谷天井泉至谷口凡
四里績大竹二百二十有四引水日二千餘缶於是水
給而無渴飲之患前此興作而死者皆瘞山中及功
畢往往不復完掩今迺奏　制悉給錢焚收置斂具以
歸其家居山土人皆云每至久積陰晦常聞山中有若
聲役事之歌者意其不幸橫夭者沉寃未得解脫逍遙
而然乎於是大集浮屠衆恭作佛事卽亘五晝夜爲設
冥陽水陸金籙寶符無礙道場以薦拔其苦於其生者
既足飲食具醫藥所以撫恤之無不至於其死者又置

斂具設佛事所以度脫之無不盡此無它蓋以謂與大
役舉大事使人人忘勞而赴功是亦臣子遵奉之志耳
故不敢不勉云元符三年五月十二日朝奉大夫都水
使者都大提舉採石曾孝廣謹記
河南府福昌縣主簿提舉採石醫藥韓思永書并篆
宮苑副使帶　御器械同都大提舉採石宋文昞立
石　緱山霍希範霍亮霍奕刻
僖按永泰陵哲宗葬地也于時修奉陵寢首是役者
爲朝奉大夫都水使者都大提舉采石曾孝廣案孝
廣字仲錫元豐末爲都水丞元祐中大臣議復河故

道召孝廣問之言不可出通判保州久之復爲都水
丞見宋史本傳今碑言都水使者卽其職也然于孝
廣都大提舉採石竟不附見史文其亦有所未及與
宋史禮志哲宗崩徽宗卽位詔山陵制度並如元豐
今案碑云取大小石二萬七千六百有餘視元豐八
年蓋增多五千二百七十有二然則有司踵事奉行
益窮崇侈其靡費已至此而史因依詔文書爲並如
元豐其信然與偃師金石錄

二陵採石記

碑連額高八尺一寸廣四尺三寸二十行行三十二字連額並正書在偃師縣

建中靖國歲在辛巳正月乙亥　欽聖憲肅皇太
后上僊遺誥追尊　故皇太妃爲皇太后是爲欽
慈皇太后於是　山陵園陵二役並作太史請以
五月丙寅復土而採山之役自昔爲重祇奉　二
陵其用實倍事嚴期廹上下憂懼　朝廷始更用郎
官往護其役迺　詔遣尚書都官郎中曾孝序都
督之而以如京使帶　御器械麥文昞西京左藏庫副
使提點孳生馬監高偉爲之副辟置其屬分督庶務二
十有九人集七路匠師與夫陪役之兵以指計者九萬
六千三百三十石之扳類者其脩至二十有二尺其廣

踰尋其以枚計者二萬七千一百有奇役實始於正月
癸未而終於三月壬午盡六十日而　奏畢若匠若兵
或死或亡纔二十有九人論者以爲徼而赴功燕及其
衆仰惟　憲肅皇太后有大功於　朝　主
上誠孝充塞天地當此之時百神莫不効職事之所以
養濟豈小臣之力哉故例皆立碑以紀歲月僚佐有請
願安得以獨無於是乎書建中靖國元年三月二十六
日朝散郎守尚書都官郎中都大提舉採石護軍賜緋
魚袋曾孝序謹記
前河中府河東縣尉都提舉採石所管句文字史恂

仲題額
朝奉郎監西京偃師縣緱氏鎮管句城內煙火事兼
税場驍騎尉賜緋魚袋孫雕書
西京左藏庫副使提點開封府界孳生馬監同都大
提舉採石高偉
如京使帶　御器械句當翰林司提點萬壽觀公事
同都大提舉採石麥文昞立石　彭臯刻字
億按二陵一爲神宗欽聖憲肅向皇后一爲欽慈陳
皇后並陪葬永裕陵者也宋史徽宗紀建中靖國元
年正月甲戌皇太后崩遺詔追尊皇太妃陳氏爲皇

太后碑所記皆合然少有異者惟云正月乙亥欽聖
憲肅皇太后上僊與史較後一日碑當時所述當不
誤又攷碑之記在是年三月二十六日文內已首稱
二后謚攷之紀乃云四月甲午上大行皇太后謚乙
未上追尊皇太后謚方作記時謚號尚未定文獨預
稱何也此必立石時追紀及此耳記出之曾孝序孝
序見忠義傳叙其歷官自初筮仕以至死職皆未言
當建中靖國元年爲朝散郎守尚書都官郎中又無
使職如今碑所載都大提舉採石護軍賜緋魚袋而
史並從畧今得之於此碑又可實也偃師金石錄

三十六峯賦

碑高七尺五寸廣三尺六寸共二十六行行六十六字行書在登封縣

三十六峯賦并敘

四明樓异試可

武林僧曇潛參寥書

監寺僧宗證題額

余少聞洛邑之盛在唐宋爲東西都而山川形勝之富視它州爲傑觀昔韓退之白樂天見於歌詩形容勝槩有詠歎不足之意後歐陽文忠与梅謝諸賢相繼爲像友數遊嵩少間至今以爲美談余幸以不敏得令嵩高

縱觀諸境未有過少室者而巉巖聳拔乃在户牖間朝夕慱望歷〻可數因作三十六峯賦以自廣非敢竊比古詩之流云

伊浮雲之公子兮訪道於林丘而棲神於巖谷超然有游方之志兮乃東升于岱頂而西謁于華麓雖衡陽之南兮与夫恒山之北靡不窮探歷覽兮游心而騁目獨怡然而忘歸兮內欣然而自足忽御風而行兮排空濛而造中域徐睥睨以四顧兮意惚恍而有失邅嵩高之丈人而問津兮曰游四方而冀有得何高之不登兮何危之不陟今乃西望兮岌然而聳特雄柱天綱兮横亘於地軸連絡偃蹇兮龍盤而虎伏雖華以九而巫以十二兮曾未覩奇峰之六〻丈人放杖而笑兮秋水方至而河伯自溢子烏覩海若之難匹兮獨不聞中天之少室其高則嶢屼嵴崒嵾岑嶙峋兮十有六里而疊有十八其深則環紆縈繞盤糾紛錯兮上方十里而周圍一百包嵩陽以作鎮兮載巀嶭以爲郛眷歌山之所聞兮觀舞水之所樂其上則有嘉禾甘棗兮神芝與仙藥石柱若承露之盤兮帝休若楊枝之葉石脂所滴兮飲之可以長上古玉膏在巔兮服之可以揖羽客雲母之井兮寶所聚光明之穴兮晝所鑠一丈之鍾乳兮可發千

歲之資粮兮不絕其中可避兵水之災兮自有經書之慱其神異則玉女爛織錦之文兮金人迷白露之落雲洞警時聞之鍾兮石井泣哀鳴之鶴王子晉環之以爲壘兮阿育王寶之以爲塔潘岳記曰少室山有十八疊周圍一百里西征記曰少室山上方十里元和郡國圖志曰少室山其高十六里山海經曰少室之山有木焉名曰帝休葉如楊其枝五衢郭璞曰少室山巔有白玉膏服之得仙郡國志曰少室有金像人在視則有白霧起迷人道書曰少室之陽可避兵水之災嵩山記曰少室山有石井出雲母神仙傳曰少室山有自然五穀甘棗神芝仙藥周太子晉學道上仙有千年資粮留於山中下有石室中有自然經書自然飯食与世無異石室前有石杵似承露盤有石脂滴下食之一合与天地畢郡國志又曰有王子晉壘猶有九十年資粮在山中河南志曰歌山舞水在諸峰口阿育王塔在山北玉女織錦臺并室在東北室內石色斕斑煥如紋錦鍾乳穴在山東南穴中有鍾乳徑頭

大一丈光明穴在山東南角深三里餘直上五百尺晝夜長明雲鍾洞樵人往聞鍾聲口穴井皆有二人得道一人誤傷而死一人化爲鶴求其死者哀鳴泣血滴石成穴此皆公子之所未知兮而丈人之所安宅丈人曰名生於實兮義設於適子知其一兮未知其二子識其外兮未識其內是徒知六六之所有兮而烏覩六六之名義東朝嶽祠儼百神兮西望洛邑鬱千宮兮下瞰洛陽其形如拱揖太陽少陽山之明兮在山之南明月峰之左日月之象故名太陽居泉峰之南故云少陽石城石筍天所形兮上有石天然峭如城壁狀似筍秀拔万尋櫃香丹砂寶所鍾兮山多出櫃峰皆紅色光明亦云出朱砂鉢盂香爐狀所肖兮形如鉢盂覆其上狀若香爐然連天紫霄勢之穹兮以最出羣峰上插於天次以差低於連天亦接雲霄羅漢七佛像設留

兮上有羅漢洞隱現莫測岩中有銅像七尊靈隱來仙洞府深兮皆是聖所隱之處古老云此峰是神仙洞時有見者清涼寶勝梵刹標兮昔有清涼寺居其下又云居寺名寶勝云瑞應瓊璧祥光紛兮峰多祥瑞夜有神人通體紅色面東一壁日出而色若銀彩紫蓋翠華煙靄凝兮色紫秀宛若幢蓋其翠靄華茂故云以藥堂紫微花草靈兮多生奇藥若王屋藥閣峰上生紫微花白道天德名字傑兮昔有道人白道人隱此上有天然帝字一云帝字峰卓劍白雲形實紀兮狀若卓劍峰上四時多起白雲金牛明月色像起兮色若黃金其狀若牛峰中時現圓像如月疑碧迎霞天光聚兮上多翠碧石在衆峰之東而迎其朝霞玉華寶柱金石瑩兮口昔玉石華茂於諸峰而形如柱皆五色或云有金玉故繫馬白鹿神仙衆兮下有子晋口馬澗峰如馬柱或云仙人繫馬於上峰上多白鹿或云仙鹿其色皆白此則六六之名義兮

而未覩六六之景氣丈人曰方春陽之盎盎兮燒痕蕪沒而青青紛紅紫之繡錯兮引百囀之幽禽雄樓傑觀兮切星辰而上侵玉仙神女兮乘輜軿而下征朱明草木之扶疏兮蔽大明之午外山棥雲氣之冉冉兮若覆甑而鬱蒸忽雨聲於天外兮勢翻盆而倒傾唯紫芝與黃鶴兮舞長空而産英金飇之驚棄兮山空落石若仙人之鍜碎夜月白而風泠泠兮玉笙淸澈而弭聽暨元陰林柯之脫盡兮山形瘦而骨稜稜冰雪積於千仞兮玉龍飛而白虎亭亭惟四時之出沒變態兮顯晦陰晴不可得而盡名豈特仰觀俯聽自辰及酉應接之不

暇兮以盡朝昏此雖丈人之所不能形容兮而豈公子之所可預聞丈人曰突兀撑空兮千變萬狀山經地志兮不可究量或背若相戾兮或面若相向或竦若相鬪兮或揖若相聘或散若相忘兮或聚若相訪或後者若和兮而前者若唱或卑者若下兮而尊者若上或喜兮若相携或怒兮若相抗或若秦晋兮相匹或若楚越兮相望或聳瘦兮若峨冠或臃腫兮若挾纊或蹲伏兮若駝虎或崇聚兮若甕盎或威嚴兮若壯王或勇猛兮若梟將或決驟兮若風馬或浮空兮若舡舫或若遊郊原兮轉丘墳而包樞榔或若入宗廟兮紛豆登而罇秬鬯

哉　兮森劒戟落　兮列屏障勢領略兮斷而還連狀
容與兮宛而復壯赵然若三十六天兮神仙之洞宅姹
然若三十六宮兮妃嬪之游燕昂霄聳壑冠珮悠兮泉
飛霞傾爵斝流兮天闊星熒玉杵戍兮松篁瑟瑟鈞天
迎兮嫣雲曲月鬟眉新兮煙斜霧蒸龍麝焚兮霞舒霓
卷舞袖張兮雷霆轟轟　宮車還兮言未旣而公子頹然
如醉兮洒然如醒非丈人無以藥之使瘳兮刮之使明
傑未能窮茲山之勝蹤兮究茲山之曜靈請執杖屨兮
以從後塵

建中靖國元年九月廿三日

住持少林禪寺傳法沙門清江上石

洛陽張士寧刊

四明楼异令嵩高賦少室賦不足道而書者爲武林
僧參寥極得坡公臥筆法遒勁古雅卽令坡公見之
亦當首肯石墨鐫華

碑立金壺峯下宋登封令楼异刻金壺詩於上志載
异置仰嵩堂於治署圖金嵩於屏著太室二十四峯
詩少室三十六峯賦並序僧曇潛書异詩殊不足觀
賦序大詳贍可備考故書亦不惡說嵩

楼墨莊知鄉郡鄞廢廣德湖以爲田予每過其祠未嘗
不心薄之然墨莊有祖爲慶歷之人師有孫爲嘉定
之大老故豐惠之祠晝錦之堂梓里不加廢斥也豈
莊知登封最與參寥厚故三十六峯賦乃參寥所書
予喪界之以充四明文獻而抄墨莊嵩山之詩以附
其後吾鄉墨莊嘗攜嵩山之石以歸高孝而後南北
隔絶攻媿乃築閣曰登封而昕石于其上其自爲記
也三致意于京洛之遺五百年以來喬木消沉閣與
石俱滅毁而碑刻尙無恙斯杜元凱所以惓惓于身
後與鮚埼亭集

右三十六峯賦知登封縣四明楼异試可所作僧曇

潛書曇潛一名道潛與東坡倡和所謂參寥子者也
朱昂續骫骳說參寥住西湖智果院能文章尤喜爲
詩坡南遷素不快者摭詩語謂有譏刺得罪反初服
建中靖國元年曾子開爲翰林學士言其非辜詔復
祝髮紫方袍師號如故碑書于建中靖國元年九月
正參寥初復師號時也潛研堂金石文跋尾

金石萃編卷一百四十二終

金石萃編卷一百四十三

賜進士出身　誥授光祿大夫刑部右侍郎加七級王昶譔

宋二十一

梅澤詩并題記

石横廣二尺七寸七分高二尺二寸七分共十九行行十四字行書在鄠縣

宣德郎權知縣事崔珙書

過草堂望終南山

兩峰高插碧天寒雖得春風雪未乾謝屐自忘登覽倦
草堂終日凭欄干

經樊川懷杜牧之

杜曲樹連蒼翠外終南雲暗有無中清詩妙句空貽後
不見樊川一老翁

行役述懷

世路侵尋老客顏黃埃遮眼鬢毛斑青山未許教人去
白日何曾放我閑

又

明月一尊酒清風萬卷書南山山下地終欲卜林居
有宅一區有田一頃有酒一尊有書萬卷嗚呼余乎
胡爲乎爭名於騎隔此真趣而心與形役自勞其生
乎

崇寧改元三月十四日吳郡梅澤說之題

住持僧紹利立石

余旣得珙書李騊詩表而識之以爲希有其後又得
所書吳郡梅說之過草堂望終南詩等四首又題尾
一段津津然有味于山水之間思往而不可得者梅
之寄意不淺矣使非珙爲之書刻後世之人何從而
吊其遺蹤焉始知山川之奇與人胷中之秀腕筆底
之神牽相待而成一時之盛乃山川有更移時世有
降殺而人之心胷脈脈流行不絕又相爲灌注始終
不亦猶歸于變滅悲夫誰爲後來者當與此心期已

聖林快事

劉晦叔等題名

石高三尺一寸五分廣二尺二寸五行行六字惟第二行七字行書在盱眙

崇寧元年季春十七日汝海劉晦叔東平畢公叔三封
宋仙民莆陽蔡元長同來

按題名首行季字旁有張謙克讓題五小字蔡元
長卽京也傳載崇寧元年由知定州徙大名府韓
忠彥與曾布交惡謀引京自助復用爲學士承旨
其時自定州至大名還都盱眙非道路所經不知
何以來此

修唐太宗廟記

碑連額高八尺六寸廣三尺五寸八分二十行行三十五字正書篆額在武功縣

通直郎知長安縣事朱光旦書并題額

粤有大寶聖人守焉上惟軒羲傳記罔悉道德乎堯舜仁義於禹湯文王有周大勲集武而幽厲廢之侯國蜂聚七雄蟻爭以啗祖龍而二世亡之漢乘秦虐口手以取權操與備因漢弱而攘裂晉則虛誕不技而宋齊梁陳遺塈於胡羯正統墜絕有唐階暴隋以興僖昭寖衰五代竊據天閞地泰乃歸于 有宋之 眞人焉顧若相因迭爲興廢者得明主賢臣可取法有暴君汙吏足爲戒皆所以資我 聖時爲永永無窮太平之治具也然歷觀前史惟其有甚梦乱之患然後生夫英傑之君故必能措海宇於昇平拯黎庶於塗炭則漢之高祖唐之太宗其倫乎按唐紀太宗文皇帝以隋開皇十八年十二月戊午生於武功之别館有二龍戲門外三日而去是京兆府武功縣之南有唐慶善宮今爲慈德寺乃其所也北曰報本寺神堯之舊宅焉先是縣圖雖載厥事而祀秩無文龍閣游公慨然興歎率里人即報本寺北偶經始廟貌法大壯以建殿宇想天日而形塑繪左右壁間盡圖正觀朝臣英姿凛然彷彿

見當時之盛於是肅嚴致敬有所實元祐三年戊辰歲也後十四載洛陽趙茂會被命長邑一日至祠下而龍閣公弟師韓語之故且求以記遂諾之曰僕元祐末典獄平涼見君之伯氏爲使者愛民以道率吏以誠觀其激風流敦教化使法令美意下浹於田父野老之肌骨雖古昔名父□□□□□□□□執律馭師則折衝尊俎笑談帷幄豫計勝負驗若符契致 朝廷威靈遠震于辮毛重譯之巢穴雖前世班超李牧之輩無以尚矣我思其致今也則亡常企慕之恨不得述其梗槩兹幸君之及此也昔梁州人侯栢年以廉泉之名譏其閭里而史筆書之不遺矧公肇是祠宇俾後世識者以人物稱其風氣則追遠厚俗之意豈淺也哉故論前世治乱之迹見文皇帝之英傑因記其祠之者名字云游公名師雄字景叔大宋崇寧元年中元日謹記

按唐太宗廟在乾州武功縣城北武功縣志云今前殿爲鴻禧觀祀老氏明嘉靖末所建也碑引唐紀云太宗文皇帝以隋開皇十八年十二月戊午生于武功之别館今唐書太宗紀無此語不知其何本也今紀云貞觀二十三年五月己巳崩年五十三由貞觀二十三年逆推五十三年是爲隋開

皇十七年此云十八所未詳也碑云武功縣南有
慶善宮今爲慈德寺北曰報本寺神堯之舊宅焉
据縣志金大定十六年勅賜崇教禪院卽此寺也
報本寺在縣西北一里本唐高祖舊宅大中元年
建爲寺依山立刹中有浮圖高二十尋偉然一邑
之望太宗廟建於元祐三年游師雄因鬼章青宜
結構夏人爲亂謀分據熙河詔師雄往使擒鬼章
報捷遷陝西轉運判官提點秦鳳路刑獄建廟卽
在是時師雄有弟師韓傳所不載賴此碑及之

淨相院詩刻

石横廣二尺一十五分高一尺七寸二分共十行行八字正書在興平縣

留題淨相院檻軒

宣義郎知縣事彭迪明

萬葉扶疎雙榦脩植臨禪坐色長幽影分渭北千家月
香散山南一檻秋清液冰寒承露結圓苞金重帶霜收
會應登列西州貢庭實寧無橘柚羞

崇寧壬午秋九月書

楞嚴經偈

偈二凡四石第一石横廣六尺八寸五分第二石六尺一寸第三石六尺五寸七分第四石六尺四寸七分高各一尺四寸五分前偈共一百三十五行行八九字十十一字又續偈二十行行六七八九字不等行書在長清縣靈巖寺

楞嚴經偈 語不錄

元符二年十二月十三日莆陽蔡卞書凝寒筆凍殊
不能工也

續偈 語不錄

建中靖國元年冬十一月五日池陽慧日院南軒續
此偈

崇寧元年十一月鄱陽齊迅施刻于靈巖寺、
住持傳法淨照大師賜紫仁□立石　匠人牛誠刊

按首楞嚴經以阿難誤入魔登伽女之室命文殊

以呪攝鬼既以徵心辨性復令二十五無學各言
入道之因乃屬文殊揀擇因說此偈取觀世音從
聞思修入三摩地爲第一蔡卞書已見前卷此所
書瀏灕頓挫行法不減元章且通體完善臨池家
可以摹仿也

玉盆題名十二段

横廣四尺四寸四分高三尺七寸六分七行行五六字左行正書在褒城縣

崇寧□元□二十有□□臺張元翊成□袁武震岐下
□師般同遊窮谿鑿之勝刻玉盆之陽

又 高二尺五寸廣一尺九寸五分七行行十字十一字不等左行正書

河南李口彦粹游石門登玉盆預行者定武口口子寔
開封王師顏希賢徐師民叔瞻秦亭李師古口從馬翊
傅汝礪彦正洛陽口中直子正建炎已酉歲清明前一
日行記男松年侍

又高三尺一寸廣二尺九寸三行行六字七字不等隸書

晏德廣段口口缺師命禱雨升潭口缺而去口熙甲辰缺

又橫廣三尺一寸三分高三尺三寸五分六行行七字八字不等隸書

石邵昃雄飛晏亲涛旹已禱雨巘舟玉盆側誌歲月而
去乙巳清明前一日以董堰復徠同登夙掃縱觀方羊久之

又高四尺八寸廣二尺四寸三行行七字八字不等隸書

閬丘資深田德夫章德梂慶元二年二月壬申因眎堰徠

又三行行八字正書

曹濟之龐公巽曹璋李稟紹定已丑淸明日識

又高二尺廣僅存一尺五寸五分三行行四字正書

郭嗣卿陳季時程淸叔慶元戊缺

又高一尺九寸五分廣一尺五寸四分四行行四字五字不等正書

開禧二年人日牟節甫劉林靜來

又高一尺八寸八分廣一尺五寸三分四行行七字八字不等正書

昷然安丙子文抱孫明孫與李口貴同來嘉定已巳閏
月淸明日

又高一尺九寸五分廣一尺五寸五分七行行六字七字不等正書

邑令何武仲拉賓中黃元英廣漢沈德明普慈周伯光
黃養源來仝二子祿孫和孫侍行嘉定辛未中秋後十日

又高四尺六寸四分廣三尺七寸五行行四字正書

石盆應有意要洗貪者廉前郡口李一鰲

又三行行三字隸書

李口能來嘉定端午

按玉盆在褒水中詳見前卷石門題名此題名中
有因禱雨而至者有因眎堰而至者亦詳見前跋
此題率多缺泐其來遊姓名全見者得三十四人

惟安丙一人史有傳餘俱無攷丙字子文廣安人
淳熙間進士開禧二年邊事方興程松爲四川宣
撫使吳曦副之丙陳十可憂于松言曦必誤國旣
而曦奏丙爲隨軍轉運司居河池十一月金人攻
湫池堡破天水谿西河入成州十二月金人持詔
至曦受詔稱蜀王三年正月曦僭號建官稱臣於
金以丙爲中大夫丞相長史權行郎省事丙陽與
而陰圖之遂謀誅曦三月函曦首附驛朝廷上下
動色交慶加丙端明殿學士中大夫知興州安撫
使兼四川宣撫副使卒謚忠定著昷然集此題嘉

定巳巳爲三年正吳曦伏誅丙知興州之時也鼂
然是其別號因以名集石邵等薑堰徠登題云汖
埽縱觀方羊久之方羊二字見於左傳他書多作
仿佯史記吳王濞傳又作彷徉淮南子原道訓又
作方洋皆卽逍遙徙倚之意字異義同

武功縣學碑

碑高八尺一寸廣四尺三寸五分二十
一行行四十二字正書篆額在武功縣

宋京兆府武功縣新作縣學碑銘

知縣事兼管句兵馬司公事趙茂曾撰并書丹篆額

士志於道者常患乎不得遂其學得遂其學者常患乎

不得信其志遂其學矣時能信之則君子以爲榮遇焉
此武功縣學之興而銘序之所以作也建中靖國元年
夏四月知京兆府孫公覽奏以壽春縣令趙茂曾知武
功事秋八月公去崇寧元年春三月茂曾始來是秋貢
士府十四縣懸格所取武功居多時歎惜其遺者猶衆
既冬邑人相謂曰戢盜賊撫良善政令之所在也孝悌
睦婣以考其行絃誦講習以和其心性命道德以進其
學實士人之所望焉乃謀葺 孔子廟聚生徒而
湫陋不可居十二月有 詔建州縣學講養
士之法同僚相語以州縣吏雖尊賤有次其申明孝悌
孰後先邪茂曾瞿然以興曰嚋敢不祗若
王之休命明年春訪隙地稟於府願易廟西樓店基爲
學舍 知府事虞公策從之徹木於淫祠經費於計臺
轉運副使許公天啓可所請卽日給官錢五十四萬
資其用於是築新基南鄉爲麗澤堂左右前廡玦布八
齋名之以道德皆新作也其東則 宣聖殿小學
職掌之位庖廚祭器隸者所直舊舍足焉補缺益卑與
新允稱總五十楹基長二十有五尋廣十有三尋餘六
尺經始於二月乙丑落成於三月癸巳烏乎學校爲事
必興於聖人極盛之時三代可監也蓋備所養以期所

用今 吾君待天下之士厚矣天下之士宜
思所以副之茂曾何人獲宣 盛化且得效
犬馬之力於其間爲遇爲榮罔可言旣謹拜稽首叙事
勒銘著之金石以告學者銘曰

夏后庠序商邦瞽宗周王頖宮申之孝悌漸磨仁義名
殊迹同 明明我主超三邁五人材是隆民
有彝則好是懿德合由以容家黨衛國塾庠序學慨然
聿崇通井次舉匪私是與允期於公咨爾有衆學以致
用勿尸厥中入孝出悌居仁由義敏則有功以副
盛時允能庶幾三代之風

崇寧二年四月初吉立石左班殿直監酒稅王俊權
主簿蔣次元縣尉盧祥
遊終南山雜詠
石高三尺廣二尺三寸分兩截皆十九行行十四字行書在鄠城縣
李騊詩
宣德郎知縣事崔珙書
入門脩竹聳琅玕坐久香風拂畫欄春色正穠雙檜靜
朝光初上一峯寒草堂主峯嶔爲巉絶翠縈虛室塵襟闊冷逼疎
窓夜夢殘物外閑心殊未愜劳勤重上白雲端自此遂遊紫閣
右草堂

石磴溪橋傍翠巒分明深入畫圖間遠饒禪剎疑無景
南山諸寺惟紫閣爲冠迥出群峯別有山仙掌數尖特在群峯之外微雨欲來
雲影亂輕風不斷鳥聲閑嵐光可是清人骨更待中宵
一夢還
右宿紫閣
小雨初回作暮寒斷崖壁立夕陽間一襟清興無人語
旋拂禪床卧看山
右雨後紫閣晚望
蔽日芳林迷去路被蹊落葉誤行蹤轉崖却見層巒出
知是仙山第幾重寺前大頂山極爲峭拔

右雲際院
西風壁立蒼崖瘦一水湍流怒浪翻雲外不須求紫府
秖應此景是桃源
右長嘯洞
漸侵晚景尤便靜不出忙中豈愛閑休問驊騮與鼉黿
會須投紱老青山
右宿重雲山寺
萬點梢頭爛曉霞謾隨閑世鬬春華孤根自是生窮僻
未必輕輸別圃花
右重雲道中海棠

蔽空穠綠門前路匝地疎苗戶外村暫宿雲房叩虛寂
紅塵意味不堪論
右宿白雲明日之鄠縣
望極空濛清滿懷更尋遺跡步高臺日斜林杪增光去
風靜山尖倒影來萬頃澄瀾春漲碧一川秀色暝陰開
坐中自有江湖興未放陂南畫舸回
右渼陂
通判朝散諸寺留題寺僧請立石
崇寧二年六月一日
李騊通判秦中酉題中南而鄠令崔珙書刻石騊詩

珙書皆不離宋人本色留之以見時代之下人自不能使超也崔珙是又一人非唐廢相起判鳳翔者石墨鐫華

右爲終南山雜咏曰草堂曰紫閣曰雲際院曰長嘯洞曰重雲山曰白雲曰渼陂乃李騎之詩崔珙書之于崇寧間者爲七律二七言絕句八共十首詩亦淸拔獨怪珙以風塵下吏一旦執筆遂足爲詩人之重令榮華至今不至與山風谷鳥俱没字之不可已如此今人重詆宋人以爲詩字無分矣乃其閒寂之濱炳朗有此人亦不可全蕠巳余得此驚躍亟與進之

以續一代之絕學其赫赫山斗者未可與竝也墨林快事

褒城縣學記

碑連額高八尺七寸五分廣四尺九寸五分二十三行行三十六字正書篆額在褒城縣

褒城縣新修縣學記

缺　蘇時記

谷口謝賓書

缺　主簿閻師敏篆額

天子卽位之四年寔崇寧改元之明年也□　詔天下州縣皆得立學蓋將□追　先朝欲爲之志恢復三代甚盛之舉缺美□□載新□州以是責守相縣以是□□□□□□□司咸董其治百爵賞以待有功信刑缺□□□□□暮□外賓海嶠內卽郊畿郡邑相屬小大畢舉於是□□以衆師儒給田以食□□□□□□□□以□□材磨治滌濯以就其器嗚呼□□□□□□□其盛耶爲之郡縣者□如何耶爲之學生者忍負之耶褒城古漢中之□□□□□□□□慶馨中□□丞爲□始□孔子於邑之東隅度地不善濱江郎水庫□□□□□□□□□□曾莫暇顧迨今□□有年而令尹魏郡張侯克擭奉□□□□□□□□□□□甚□□錢不□萬而

民財不共募工不踰月而民力不與齋祠講□□□□□□□□□□□□□欲解去於是邑之父老與其子弟相與咨嗟太息謂□□□□□□□□□□□□賓賢與能□□於其終咸欲書石以紀其事然予謂褒中□□□□□□□□□□□□□□□□□□□□□□迹百氏之筌蹄求不放之良心□□□□□□□□□□□□□□□□□□□□已□學□□施於有政讜論嘉言獻於□□□□□□□□□□□□□□□□□□□□□受成於學然後翰墨談笑之間□□□□□□□□□□□□

□□□□　□□□□□□□□□□也哉

六月癸未缺

右班殿直監酒稅務元浩

缺縣事張元翊立石

按陝西通志褒城縣學慶歷閒倚於江岸竇充宰褒建有自記崇寧中張克獲移治西三十步蘇時有記即此碑也碑文殘缺惟慶歷中及度地不善瀕江水齧令尹魏郡張克獲等語尚可詳譯碑建於崇寧二年六月癸未云詔天下州縣皆得立學者是時方推廣元豐三舍之法行于縣邑因令縣邑皆置學褒城舊有學至是因移建也慶歷竇充

碑已見前

乾陵無字碑題字十二段

碑高一丈七尺廣七尺九寸計題名凡十二其一五行行八字左行正書在乾州

開封王轂正叔按行邊部南還京兆道經奉天同邑尉李定應之恭拜乾陵時男僅從行崇寧癸未季冬初八日題

又正書五行行九字左行

范致明晦叔謫官□水政和元年天祺節後一日同邑尉郭韶又善來謁乾陵寅亮寅畏從行

又正書四行行十一字左行

宛丘宋孝先天經作丞萬年權邑奉天挈家恭謁乾陵徘徊歷覽終日政和甲午仲秋晦日男才申甫侍行

又與金部統經畧郎君行記同在一面行書六行行十一字左行

政和甲午冬行勸農之事因登乾陵晚步臨川亭抵暮廼還仝會者五人北𨟻李濟澤民王頤正大彭城韓涣亭牀河南郭彥正子常淮陽宋孝先天經十月十有七日題

又正書三行行七字

建安暨唐裔公本攝郡事挈家來遊政和戊戌孟夏望日

又正書七行行十二字

宣和改元勸農出郊休轡梁山晚飭入郭率蒲中來扶安道圃田周無忌漢直鄱陽甯洙仲濟邯鄲李思誨孝初岐下范汝聽用言河南郭彥正子常同焉仲春中澣日守郡吏大梁李士觀元孚題

又正書五行行八字左行

宋仲□□□□□□守易使三秦宣和五年正月十四日與□□器張子剛子□同訪古至此□□爲書

又正書五行行十字左行

劉錫禹圭□環節之河朔以宣和癸卯三月四日與□
鋅和□錡□□三大宗正舍□□□□□□□□
□□恭謁　陵□
又正書九行行七字左行
千山頭角□万木爪牙深有客能占氣無人解換金難
名帝堯德易小漢文心慷慨松風外停車聊一吟
又與金都統經畧郎君行記同在一面行書七行行十三十四字不等左行
宋京按部再至宣和五年三月望弟卞從行
少府監丞師具贍民望監察御史完顏忽升虎用之刺
史胥謙益之省差段繼祥慶之奉天令李天章文卿縣

丞溫迪罕提奇主簿孛朮魯縣尉孫完全甫司候吳斯
明之興定五年四月中旬日敬謁　陵下外郎張秀華
德秀題
又與金都統經畧郎君行記同在一面行書三行行十字左行
省掾昝恒同弟恭因省覲　兄刺史敬謁　陵下興定
辛巳重陽日題
又正書四行行十四字
正大改元夏廿九日州司候許柔前醴泉簿宋㝎尉蔡
仲融進士鄭和邠人王玠仝拜
陵下

又正書七行行九字
丁亥清明日權縣事范益率致政馬麟之監征高士若
邠師雄丞員　延年簿孟及申恭謁　陵下是日麗昊咏
霽春氣融達遊人共樂排燭夜歸
按乾陵唐高宗陵也在乾州奉天縣北十里今縣已省入州東至僖宗靖陵十里肅宗建陵四十五里太宗
昭陵六十里宋元祐中計使游公圖而刻之防禦
推官趙楷爲之記又有于闐國所進無字碑高三
十餘尺螭首龜趺巋然表裏無一字今題名有十
三段崇寧政和宣和年者九段金正大元年者一

段興定五年者二段丁亥清明日一段興定二年
爲宋嘉定十四年正大改元爲宋嘉定十七年但
云夏廿九日不知何月也丁亥爲金正大四年宋
之寶慶三年也蓋自宣和五年以後隔九十八年
而後有金人題名陵之曠無人跡亦云久矣題名
中姓名間有缺泐其存者合之宋金得四十二人
見於宋史者一人曰劉錫附見劉仲武傳仲武字
子文秦州成紀人官西寧都護童貫招誘羌王子
臧征撲哥收積石軍邀仲武計事仲武曰王師入
羌必降但河橋功力大非倉卒可成貫許以便宜

僕哥果約降而索一子爲質仲武卽遣子錫往河橋亦成仲武帥師渡河挈與歸貫掩其功仲武亦不自言徽宗遣使持璲至邊賜獲王者訪得仲武召對帝勞之問幾子曰九人恐命以官錫閤門祗候此題劉錫字禹圭以宣和癸卯三月謁陵疑卽其人癸卯是宣和五年又宋京一人見宋詩紀事成都人崇寧進士而不言官位此題在宣和五年云按部再至是已顯仕矣不知卽其人否又金史一人胥謙附見忠義馬慶祥傳元光元年十一月聞元將萌古不花將攻鳳翔行省檄慶祥與治中

胥謙分道清野遇大兵邀其歸路慶祥不屈而死胥謙及其子嗣亨亦不屈死詔贈輔國上將軍彰化軍節度使此題稱刺史與史稱治中小異然興定五年之明年卽改元元光當卽其人

靜應廟記

碑連額高五尺一寸三分廣四尺二寸一十八行行二十字行書額正書在耀州

耀州五臺山靜應廟記

朝奉郎知軍州事賜緋魚袋借紫王允中記

宣德郎充陝西路提舉學事司管句文字東長孺書

崇寧二年春三月丁亥允中始涖郡事適境內經時不雨雩禜祈禳遍無應者乃考圖經訪諸靈蹟郡城之東五里有五臺山孫眞人祠實傳隱也以美利在民廟食久矣丙申躬率僚吏禱焉卽獲甘雨三尺合境告足自是每禱則昭答如響爰請褒崇賜額靜應秋九月丙申貴　勅以告屬允暘有請里民奔輳祠下踵未及旋已復霈然烈章載上錫號妙應眞召華原令張勳尉李倚論之曰祭有五義凡施法定國勤事與夫禦災捍患皆得祀之矧眞人生不屈于世以保其素死能福斯民以食其土而祠宇卑陋僅庇風雨非所以上副　朝廷褒大旌顯之意下副邦人祈報敬事之誠勳倚聞之

趨走赴功鳩材庀工三年春三月經始踰月告成於是棟宇之制始稱其嘉號眞人諱思邈清風高節與夫靈異變化之迹具載傳記而盛德茂功又已著於　訓詞茲不復紀九月二十日

朝奉郎通判軍州事賜緋魚袋于巽立石

刊者劉源

靜應廟勅告

碑連額高八尺三寸廣三尺七寸作兩截書上十九行行九字下十八行行十八字連額並正書在耀州

威德軍五臺山靜應廟額勅并加號妙應眞人告詞

尚書省牒耀州靜應廟禮部狀近承都省付下陝府西

路轉運司奏據耀州申契勘孫思邈本華原人祈禳靡
有不應乞賜一廟額本司保明是實尋下太常寺看詳
據本寺狀檢准令節文諸神祠應旌封者先賜額今依
條欲擬靜應廟爲額本部欲依太常寺擬到前項事理
旌行伏候指揮牒奉
勅宜賜靜應廟爲額牒至准
勅故牒崇寧二年八月二十一日牒　右正議大夫守
右丞吳　左銀青光祿大夫守左僕射
勅耀州華原縣五臺孫眞人山川勝境仙聖所居其盛
德茂功顯聞于世者朕必秩而祀之惟眞人生於有唐

見謂隱逸應物之迹具載史官廟食華原時遁鄉縣祈
禳休貺美利在民肆加褒崇特建榮號尚其歆懌永福
此邦可特封妙應眞人　中書令闕　中書侍郎臣趙
挺之宣奉　中書舍人臣慕容彥逢行奉　勅如右
牒到奉行　侍中闕　尚書左僕射兼門下侍郎京
門下侍郎將　給事中時中崇寧三年二月二十九日
戌時都事康繼隆受　左司員外郎方會付吏部　尚
書令闕　尚書左僕射京尚書右僕射闕　尚書左丞
闕　尚書右丞居厚　吏部尚書執中　吏部侍郎洵
仁　告妙應眞人奉　勅如右符到奉行主事李孝

恭郎中矜令史李遵書令史張應三月五日下十月八
日將仕郎美原縣尉兼主簿臣王岦書朝奉郎通判軍
州事賜緋魚袋臣于巽同立石朝奉郎知軍州事飛騎
尉借紫臣王允中立石　臣劉源刊

中有中書侍郎趙挺之又有尚書左僕射兼門下侍
郎京蔡京也門下侍郎將許將也尚書右丞居厚吳
居厚也吏部尚書執中何執中也吏部侍郎洵仁鄧
洵仁也關中金石記

逍遙栖禪寺詩刻

石高一尺八寸廣一尺二寸八行行十四字正書在鄠縣

題逍遙栖禪寺
朝奉郎通判軍府事唐遘
圭峯大士翻經處雅俗今猶說草堂十頃筠篁環殿閣
百年松檜老風霜臨溪洗鉢憐僧野卷旆搜山意盜藏
時因捕盜至此試取禪詮滌吾慮蕭然心地頓清涼
崇寧甲申冬至前二日

蕪湖縣學記

碑高八尺二寸六分廣五尺一寸四分二十一行每行字數不等行書在蕪湖縣

太平州蕪湖縣新學記
禮部尚書黃裳撰

無爲守米芾書

崇寧元年仲秋　天子思欲推廣　神宗皇帝三舍造士之法　詔講議司條具以聞本司奏言先王之時比閭族黨之閒莫不有學所以明人倫厚風□及其成也無思犯禮莫不好德伏請縣邑皆得以置學越十月承議郎知蕪湖縣林修奉　詔從事前此所建適如　詔旨第率閭里子弟來就教育推布教條考察如法將拜□郡學而使□□□有以貢焉乃其職也鄉教之設黨有庠庠者養也以主乎造士遂有序序者射也以主乎□士兼□□□而有之學也

此學之名所以施於國歟黨領五族之衆先□之政已備□有相保之智相□□□相葬之禮相救之義教而化之猶以爲未也中有庠焉則□其德而成就之也遂領五縣之衆有州民之仁足以相賙有鄉民之恩文足以相往來五常之善於是乎備矣中有序焉則觀其德而選取之也自黨遂之教廢庠序不設約束之規旣以疏漏修學之士多□□闕不及前古遠甚然而今之州古之國也縣邑皆得以置學其猶黨遂之有庠序歟昔時大夫富其民有□□其民有政養育有道考察有法升移有序故其造士道德同宗本末相應未□□□焉方今　朝廷推行三舍考察之制凡目甚悉必得爲牽者運量乎其中而使士之有□於□者有所資有累於事者有所代積漸涵養覘成論秀出於優游而不廹□□□□□□□□　朝廷樂育人才崇建學校之意庶幾成人有德小子有造其□□存乎□□而已此正　天子有望於郡邑者也令君其勉哉

翰林張士亨摹刊

米老學記乃字字有體勢亦鮮敢筆米書中之可貴者其原碑海內之存否不可知大抵爲僞墨跡者必自舊搨本中摹出則雖屢經翻刻固尙有典刑也林墾

軼事

右蕪湖縣學記米元章書自署無爲守而不列官與它碑式異宋史元章傳稱年四十九卒而蔡肇撰墓誌云年五十七卒於淮陽郡齋其文互異予按元章跋晉謝安眞蹟帖云余生年辛卯又有辛卯米芾四字小印則以仁宗皇祐三年生至哲宗元符三年己卯巳四十九年矣如史所云卽不及徽宗朝而元章却在徽廟時始以上書顯其知無爲軍當在崇寧三年明年始擢禮部員外郎再出知淮陽而歿於官則墓誌云五十七者爲不誤蓋其卒以大觀元年歲在

丁亥爰書此以糾史之謬潛研堂金石文跋尾

按碑云崇寧元年仲秋天子思欲推廣神宗皇帝三舍造士之法詔講議司條具以聞本司奏請縣邑皆得以置學越十月承議郎知蕪湖縣事林修奉詔從事云云宋史選舉志元豐二年頒學令太學置八十齋史作八千誤齋各五楹容三十人外舍生二千人內舍生三百人上舍生百人月一私試歲一公試補內舍生間歲一公試補上舍生彌封謄錄如貢舉法而上舍試則學官不預考校公試外舍生人第一第二等升內舍入優平一等升上舍

皆參攷所書行藝迺升上舍分三等此神宗三舍造士之法本行於太學者也崇寧元年宰臣請天下州縣並置學州置教授二員縣亦置小學縣學生選考升諸州學州學生每三年貢太學至則附試別立號考分三等入上等補上舍入中等補下等上舍入下等補內舍餘俱外舍此崇寧元年推廣三舍造士之法及縣邑置學之緣起也此碑撰者黃裳傳有字文叔者隆慶府普城人係乾道五年進士非此黃裳碑不署建立年月潛研跋謂未常知無爲當在崇寧三年則立碑亦在其時矣

金石萃編卷一百四十三終

金石萃編卷一百四十四

賜進士出身　誥授光祿大夫刑部右侍郎加七級王昶譔

宋二十二

元祐黨籍碑

碑有二本一是褒本正書隸額有饒跋在靜江府一碑高六尺廣三尺一寸五分行字多寡不等正書額題元祐黨籍碑五字亦正書後有沈跋在融縣

皇帝嗣位之五年旌別淑慝明信賞刑黜元祐害政之臣靡有佚罰乃命有司夷考罪狀第其首惡與其附麗者以聞得三百九人　皇帝書而刊之石置於文德殿門之東壁永爲萬世臣子之戒又　詔臣京書之將以頒之天下臣竊惟　陛下仁聖英武遵制揚功彰善癉惡以昭先烈臣敢不對揚　休命仰承　陛下孝悌繼述之志司空尚書左僕射兼門下侍郎臣蔡京謹書

元祐姦黨

文臣

曾任宰臣執政官

司馬光故　文彥博故　呂公著故　呂大防故　劉摯故　范純仁故　韓忠彥　曾布　梁燾故　王巖叟故　蘇轍　王存故　鄭雍故　傅堯俞故　趙瞻故　韓維故　孫固故　范百祿故　胡宗愈故　李清臣故　劉奉世　范純禮　安燾　陸佃故　黄履故　張商英　蔣之奇故

曾任待制以上官

蘇軾故　劉安世　范祖禹故　朱光庭故　姚勔故　趙君錫故　馬默故　孔武仲故　孔文仲故　吳安持故　錢勰故　李之純故　孫覺故　鮮于侁故　趙彥若故　趙卨故　王欽臣故　孫升故　李周故　王汾故　韓川故　顧臨故　賈易　呂希純　曾肇　王覿　范純粹　呂陶　王古　豐稷　張舜民　張問故　楊畏　鄒浩　陳次升　謝文瓘　岑象求故　周鼎　徐勣　路昌衡故　董敦逸故　上官均　葉濤故　郭知章　楊康國　龔原　朱紱　葉祖洽　朱師服

餘官

秦觀故　黄庭堅　晁補之　張耒　吳安詩　歐陽棐　劉唐老　王鞏　呂希哲　杜純故　張保源　孔平仲故據宋史新編及續資治通鑑此下接湯馘等四十八人　衡鈞　兗公適故饒本衮誤作兗宋史新編亦誤作兗據沈本改正　馮百藥沈本及新編馮誤作洪　周誼　孫琮　范柔中　鄧考甫　王察　趙峋　封覺民

故　胡端修　李傑　李賚　趙令畤　郭執中
石芳　金極　高公應　安信之　張集　黃策
吳安遜　周永徽　高漸　張夙故　鮮于綽　呂
諒卿　王貫　朱紘　吳朋故　梁安國　王古
蘇迥　檀固　何大受　王箴　鹿敏求　江公望
曾紆　高士育　鄧忠臣故　种師極　韓治
都貺　秦希甫　錢景祥　周綍　何大正　呂彥
祖　梁寬　沈千　曹興宗　羅鼎臣　劉勃　王
拯　黃安期　陳師錫　于肇　黃遷　万俟正沈本
作莫俟正錢本及新編俱作莫俟皆誤今據續資治通鑑崇寧五年正月庚戌選入呂亮卿等注內改正　許堯輔　楊朏

金石萃編卷一百四十四　宋二十二　三

胡良　梅君俞　冠宗顏　張居　李脩　逢純
熙故　高遵格續通鑑作遵裕今依元本　黃才　曹盥　侯顧道新編
作駿道　周遵道　林膚　葛輝故　宋壽岳　王公彥
王交　張溥　許安修　劉吉甫　胡潛　董祥
楊瓌寶新編作瓌寶　倪直孺　蔣津　王守　鄧允中
沈本及新編俱作元中　梁俊民　王陽新編及續通鑑此下接張裕　陸表民　葉
世英　張裕　謝潛　陳唐　劉經國故　湯鹹故
司馬康故　宋保國故　黃隱　畢仲游　常安
民　汪衍　余爽　鄭俠　常立　程頤　唐義問
故　余卞　李格非　陳瓘　任伯雨　張庭堅

馬涓　孫諤故　陳郛　朱光裔　蘇嘉　龔夬饒本
作史　王回故　呂希績故　吳儔故　歐陽中立故
尹材故　葉伸故　李茂直　吳處厚故　李積
中　商倚故　陳祐　虞防　李祉　李深　李之
儀　范正平　曹蓋　楊琳　蘇昞　葛茂宗　劉
謂　柴衮　洪羽　趙天佐新編作天佑　李新　扈充故
續通鑑作扈充　張恕　陳并　洪芻　周鍔新編及續通鑑俱作諤　蕭
刓　趙越新編作鉞　滕友　江洵　方适續通鑑作方括　許端
卿　李昭玘　向緈續通鑑作向訓　陳察　鍾正甫　高茂
華　楊彥璋　廖正一　李夷行　彭醇　梁士能

金石萃編卷一百四十四　宋二十二　四

武臣
張巽　李備故　王獻可故　胡田　馬諗　王履
趙希夷　任濬　郭子旂　錢盛　趙希德　王
長民　李永故新編作李氷　王庭臣　吉師雄　李愚
吳休復故　崔昌符　潘滋　高士權　李嘉亮
李琉續通鑑作王琉　劉延肇　姚雄　李基
內臣
梁惟簡故　陳衍故　張士良　梁知新故　李偁
譚扆　竇鉞　趙約　黃卿從續通鑑作王卿無從字　馮說
曾燾　蘇舜民　楊偁　梁弼　陳恂　張茂則故

張琳　裴彦臣　李偁故　閻守懃　王紱　李
穆　蔡克明　王化基　王道　鄧世昌　鄭居簡
張祐（精選鑑作張祐）　王化臣（沈本無据饒本增）
爲臣不忠曾任宰臣
王珪（饒本無据沈本增）　章惇
元祐黨議
口其當者所謂公論天地並存日月並明亘億萬年
矛盾馳互此脉終不可亂欲勢力變置之有是哉
徽宗固體　高宗亦繼　昭雷觀國史謂　實錄及
論公家傳等書大氐有攷慶元戊午備末口口林

始獲識　左丞梁公之曾孫府鈐轄律愛其有前輩
風度相與先㬉暇日從容及籍中名氏因謂欲刻諸
石便報傳夫前此一時之屈而後此萬世之伸其所
得孰多然惟是爲計淺之爲丈夫耳非所施於昔賢
特碑苟無恙彼小人者有所口恵其于蔑君子本以
利己浮說定罪惡口位而至於我生遺家殛死貽鬼
誅蓋至口其邪心要少𤼵明斯舉也似不無補歲九
月旦吉川饒祖堯敬跋　鐫于龍口巖刊者王俊
元祐所立姦黨碑以司馬温公爲首一旦爲雷所轟
張山人有詩昨夜風雷起擊碎奸黨碑若問張山人

不知（章文類集）
元祐黨籍碑一卷蔡京元長所書也崇寧初京在相
府追憾元祐諸賢乃籍司馬光以下三百九人指爲
奸黨請徽宗書而刻之又自書頒於天下俾各刻石
以示後世京之意蓋欲汚蔑諸賢使其子孫亦有餘
辱也抑豈知公論之在人心者終不可泯至於摩挲
遺刻歷數姓名粲然若繁星之麗天雖其子孫亦以
祖父得與涑水伊川聯名爲榮曾不以爲辱也嗚呼
愛憎之私果何以掩是非之公邪京可謂謬用其心
矣碑之所列德業無聞者居多然賴此碑之存而天

下後世知其爲君子之黨是則京之詆之乃所以譽
之也歐陽子有言彼讒人之致力乃借譽而揄揚豈
不信哉霅川沈塘以其祖千名在黨籍懼久而磨滅
特取家藏搨本重刻於石行人司副姑蘇周君得此
卷出以示余瞻仰之餘肅然起敬因識於下方嗚呼
世之惡直醜正髣髴於京者覽此碑尚亦自省哉盱
江何喬新識（椒邱文集）
此碑自靖國五年毀碎遂稀傳本今獲見之猶欽寶
籙矣當毀碑時蔡京厲聲曰碑可毀名不可滅嗟乎
烏知後人之欲不毀之更甚於京乎諸賢自涑水創

山數十公外凡二百餘人史無傳者不賴此碑何由知其姓氏哉故此擇禍之道莫大乎與君子同禍小人之謀無往不復君子也石工安民乞免著名今披此籍諸賢位中赫然有安民在倪元璐跋

元祐黨籍徽宗書之立石端禮門其初九十八人爾既而蔡京復大書須郡縣以上書人及已所不喜者作附麗人添入凡三百九人碑稱皇帝嗣位之五年盖崇寧四年也是時籍中曾任宰臣執政者十無一存曾任待制及餘官亦已零落過半亡者毀其繪像及所著書奪其墳寺存者定爲邪等降責編管荒徼

禁不得同州住其子弟亦不得詣闕下小人之快意未有甚于斯時者矣豈復有所忌憚乎其後張綱看詳謂王珪一名不合在籍自九十七人外益以上官均岑象求江公望范柔中鄧考甫孫諤六人共一百三人皆係名德之臣許子孫陳乞恩例次數而龔頤正遂采三百九人之事跡成元祐黨籍列傳譜述一書凡一百卷盖惟恐其闕然則小人之厄君子適以榮之士之自立宜審所擇矣京所書刊石滿天下惟桂林勒之崖壁故至今獨存碑後王珪章惇姓名漫漶者爲瀑泉所泐也曝書亭集

晁氏客語云紹聖初籍定元祐黨止數十人世以爲精選後乃汎濫人以得與爲榮而議者不以爲當也張文簡綱華陽集有紹興間進劄子云臣等看詳黨籍人姓名見于碑刻者有二本一本計九十八人一本三百九人内九十八人係崇寧初所定多得其眞其後蔡京再將上書人及已所不喜者附麗添入黨籍汎濫雜冗遂至三百九人看詳得九十八人内除王珪不合在籍自餘九十七人多是名德之臣所有三百九人除九十七人係前石刻所載其餘更有侍從上官均岑象求餘官江公望范柔中孫諤鄧考甫

等六人名德亦顯然可見共計一百三人依得累降推恩指揮許子孫陳乞恩例云云宰臣文彦博執政梁燾等十六人待制以上蘇軾等三十五人餘官秦觀等三十九人以此攷之蔡京手定黨籍原有二本南渡合二本詳定爲三本王伯厚小學紺珠載三百九人乃京第二本龔頤正列傳譜述一百卷凡三百五人又不可詳者四人亦據第二本也今此碑列章惇李清臣張商英賈易楊畏輩蓋亦第二本未經南渡詳定者慮爲諸賢之玷故詳著之云帶經堂集

余同官黃州司馬于北滇成龍由粵西來贈余元祐

黨籍碑一本云碑在柳州之融縣乃黨人沈千曾孫沈暐刻也暐跋云元祐黨籍蔡氏當國實爲之徽廟遄悟乃詔黨人出籍高宗中興復加褒贈及錄其子若孫公道愈明節義凛凛所謂詘于一時而信于萬世矣其行實大槩則有國史在有公議在餘官第六十三人迺暐之曾祖父也後復官終提點杭州集眞觀贈奉政大夫暐幸託名節後敬以家藏碑本鑱諸玉融之眞仙岩以爲臣子之勸云嘉定辛未八月既望朝奉郎權知融川軍州兼管內勸農事古雲沈暐謹識又周元亮先生書影亦載此碑一則附錄之筠廊偶筆

書影云倪文正題元祐黨碑云云余凡兩見此碑各不同碎碑之後宜無可搨當時令郡邑各建之或尚有存者故其式弗一耳筠廊偶筆

元祐黨籍碑世所見者皆西粵重勒本是刻爲故相梁公燾曾孫律所重勒而吉州饒祖堯跋之其中注已故者六十餘人則西粵本所無也內臣之後另書王珪之名而愆之曰爲臣不忠曾任宰執章惇亦與西粵本不同王丞相雖具臣故不應與章同列當以梁碑爲是也鮚埼亭集

余得黨籍碑二本一沈暐所跋者一饒祖堯所跋者饒本視沈本字樣較大又題額沈是正書饒是八分書按書影謂當時令郡邑各建之或尚有存者故其式弗一沈饒摹刻之不同以此故也觀妙齋金石文攷畧

碑完具其立此者朝奉郎權知融州軍州兼管內勸農事古雲沈暐也暐爲沈千之曾孫以家藏碑本鐫諸玉融之眞僊巖碑式凡三截上橫勒蔡京書題云皇帝嗣位之五年詆之於史實崇寧三年也徽宗紀六月戊午詔重定元祐元符黨人及上書邪等者合爲一籍通三百九人刻石朝堂今碑悉與史合惟碑

所言皇帝書而刊之石置於文德殿之東壁崇寧元年籍元祐及元符諸臣百二十人御書刻石端禮門見本紀則史未嘗載上自書也史揔討元祐元符而碑止題元祐黨籍較史微有異文登固以元祐爲首惡而大書特書之與中載文臣內分宰執侍從餘官又有武臣內臣並列其名次然碑以司馬光居宰執第一而紀則首文彥博碑以內臣張士良武臣王獻可爲第三而史則悉列于首遂爲重定之次如此又書爲臣不忠曾任宰官二人王珪章惇不與上諸官連案是事在三年二月己酉詔王珪章惇別爲一籍如元祐黨今碑另行所書是也下

載暐自記刻石始末爲臣子之勸嗚呼京之計欲出
死力以沉錮幽埋此諸君子者今反借力而譽揚然
則京之愚爲可悲而惜不早覺悟也授堂金石跋
按元祐姦黨姓名有二碑一立於崇寧元年之九月
徽宗手書刻石置端禮門凡百有二十人首文彦博
明年九月臣僚請頒端禮門石刻於外路州軍一立
於三年之六月徽宗手書刻石置文德殿門之東壁
凡三百九人首司馬光又命蔡京書大碑頒之天下
此在長編及宋紀具有明文京所書者乃三百九人
非百二十人也而陳桱通鑑續編於崇寧二年大書

云須蔡京所書元祐姦黨碑刻石於州縣三年則但
云重定元祐元符黨人刻石於朝堂反不及蔡京書
碑事薛應旂王宗沐皆因之何其謬也畢沅續資治通鑑攷異
右元祐黨籍碑徽宗朝元有兩本崇寧元年九月己
亥御書刻石於端禮門者此初本也三年六月戊午
重定一籍通三百九人御書刊石置文德殿門東壁
又詔蔡京書頒之州縣令皆刻石此再刻本也五年
正月以星變除毀朝堂石刻如外處有石刻亦令除
毀而元刻無有存者今世所傳乃南宋人所翻三百
九人之本一在靜江府有慶元戊午饒祖堯跋一在

融州有嘉定辛未沈暐跋饒本字畫較大於諸臣身
故者名下注一故字與沈本異沈本末一行爲臣不
忠曾任宰臣王珪章惇兩人饒本有惇無珪饒本內
臣有王化臣一人沈本無之袞公適饒本誤袞爲兖
馮百藥沈本誤馮爲洪龔夬饒誤作史饒本額元祐
黨籍四字八分書沈本額元祐黨籍碑五字正書按
崇寧詔書云三百九人以兩碑所列姓名數之皆闕
其一當於饒本增入王珪一人沈本增王化臣一人
乃得其實餘官內揚械以下四十八人當移於衙鈞
之前則兩本皆誤當依宋史新編正之予嘗讀新定

續志知淳安縣學亦有元祐黨籍碑縣尉司馬逑所
刊不審今尚存否夫是非之心人皆有之也而姦臣
欲以紹述之說奪之紹述爲孝則更改爲姦人主聽
之亦若近理雖然忠孝者一家之私也是非者萬世
之公也文武之子孫以紹述爲孝幽厲之子孫亦可
以紹述爲孝乎神宗所用之人所擯之海內皆以
爲非獨其臣子是之又以議論之不能勝而假威力
以勝之而人心終不服也人主之權能行於一時不
能行於萬世讀黨籍之碑崇寧君臣幾大快於心矣
豈知人心所不服即天心所不祐向以入此籍爲辱

者後且以不得與此籍爲恥矣若夫曾布張商英楊
畏之翻覆無特操者蔡京雖抑之而後世終不能揚
之此又由乎其人之能自立而非可僥倖以取名也

潛研堂金石文跋尾

元祐黨籍碑姓名攷

文臣曾任宰臣執政官

司馬光 故史傳字君實陝州夏縣人神宗朝累加資政殿學士居洛陽十五年帝崩赴闕臨弔爲門下侍郎元祐元年九月薨贈太師溫國公謚文正紹聖初御史周秩首論光誣謗先帝章惇蔡京請發冢斲棺帝不許乃令奪贈謚惇言不已追貶淸遠軍節度副使又貶崖州司戶參軍徽宗立復太子太保蔡京擅政復降正議大夫京撰姦黨碑令郡國皆刻石長安石工安民當鐫字辭曰民愚人固不知立碑之意但如司馬相公者海內稱其正直今謂之姦邪民不忍刻也府官怒欲加罪泣曰被役不敢辭乞免鐫安民二字於石末恐得罪後世聞者愧之靖康元年還贈謚建炎中配享哲宗廟庭 邵氏聞見錄公既改新法或謂公曰元豐舊臣如章惇呂惠卿輩皆小人他日有以父子之義間上則朋黨之禍作矣不可不慮公正色曰天若祚宋必無此事遂改之不從

文彥博 故史傳字寬夫汾州介休人神宗朝累拜太尉請老以太師致仕居洛陽元祐初司馬光薦彥博宿德元老宜起以自輔宣仁后命平章軍國重事居五年復致仕紹聖初章惇秉政言者論彥博朋附司馬光詆毀先烈降太子少保卒崇寧中預元祐黨籍後特命出籍追復太師謚曰忠烈

呂公著 故史傳字晦叔夷簡子元祐三年累拜司空同平章軍國事明年二月薨贈太師申國公謚曰正獻紹聖元年章惇爲相以翟思張商英周秩居言路論公著更熙豐法度削贈謚再貶建武軍節度副使昌化軍司戶參軍徽宗立追復太子太保蔡京擅政復降左光祿大夫入黨籍等復銀青光祿大夫紹興初悉還贈謚

呂大防 故史傳字微仲其先汲郡人後家藍田元祐中累尚書左僕射兼門下侍郎立朝八年乞遜位未幾左正言上官均論其壞役法右正言張商英御史周秩劉拯相繼攻之奪學士知隨州貶秘書監分司南京居郢州言者又以修神宗實錄直書其事詆誣徙安州紹聖四年貶舒州團練副使安置循州至虔州病薨徽宗即位復其官高宗紹興初又復大學士贈太師宣國公謚曰正愍 續資治通鑑紹聖元年三月乙亥尚書左僕射呂大防罷大防位首相踰六年當國日久羣怨皆歸及宣仁始祔廟侍御史來之邵乞先逐大防以破大臣朋黨因疏列神宗所拔之人章惇安燾呂惠卿等以備進用大防亦自求去位帝亟從之詔以觀文殿大學士知潁昌府後二日改知永興軍 又曰三年七月己亥詔知潁州寶文閣待制呂大忠特除寶文閣直學士知秦州大忠因言臣弟大防自擺謫籍流落累年恐一旦不虞先朝露死生隔絕銜恨無窮伏乞寢臣已除職名只量移大防陝西州郡居住不聽

劉摯 故史傳字莘老永靜東光人元祐六年拜尚書右僕射爲朋讒奇中累徙青州紹聖初來之邵周秩論摯變法棄地罪奪職知黃州再貶光祿卿分司南京蘄州居住四年用邢恕之謗貶鼎州團練副使新州安置至數月以疾卒貝遺謗免其子官與家屬徙英州凡三年死于瘴者十人徽宗立詔反其家□中大夫蔡京爲相降朝散大夫後又復觀文殿大學士太中大夫紹興初贈少師謚曰忠肅 東都事略摯渤海人紹聖初再貶光祿卿分司南京鄆州居住元符三年復中大夫蔡京爲相降朝請大夫與史小異 通鑑輯覽元符三年徽宗即位三月詔許劉摯歸葬錄其子孫五月追復官 朱子名臣言行錄引劉大諫序公文集云公自蒞職知黃州又分司徙蘄州語諸子曰上用章丞相吾勢當得罪若章君顧國事不遷怒百姓但責吾曹死無所恨第恐意在報復法令益峻奈天下何憂形于色初無一言及遷謫也 續資治通鑑紹聖四年十二月癸未鼎州團練副使新州安置劉摯卒先是蔡京安惇共治文及甫事將大有所誅戮會星變帝諭曰朕遵祖宗遺志未嘗誅殺大臣劉摯等可釋勿治然京惇極力鍛鍊不少置而梁燾先卒後七日摯亦卒衆皆疑兩人不得其死

范純仁 故史傳字堯夫仲淹次子元祐中累拜右僕射章惇爲相純仁堅請去遂知潁昌府徙陳州既而呂大防等竄嶺表純仁上疏申理之忤惇意落職知隨州明年又貶武安軍節度副使永州安置徽宗即位即日授光祿卿分司南京鄧州居住道除右正議大夫提舉崇福宮不數月以觀文殿大學士充中太一宮使純仁乞歸許養疾建中靖國改元元旦受家人賀明日熟寐而卒贈開府儀同三司謚曰忠宣 通鑑輯覽貶武安軍節度副使安置于循新雷化永五州 曾肇撰范文正公墓誌除給事中時哲宗宣仁太后共政司馬溫公入相首改差役法公聞之謂人曰此事當熟講而緩行不然滋爲民病且宰相職在求人變法非所先也還朝力爲溫公言之溫公有所建請公復言宰相當虛心以延衆論不必謀自己出謀自己出則諂諛得乘間迎合而正士將卷懷退避公與溫公雖同志及臨事有所矯正類如此 邵氏聞見錄元祐三年有吳處厚者以蔡確題安州車蓋亭詩來上以爲謗訕宣仁太后得之怒曰蔡確以吾比武后當重謫呂汲公爲左相不敢言忠宣乞薄確罪不從初議貶確新州忠宣謂汲公曰此路荊棘已七八十年吾輩開之恐不自免汲公又不敢言忠宣因乞罷政 通鑑輯覽紹聖四年范純仁謫武安軍節度副使安置于循新雷化永五州純仁時因疾失明聞命怡然就道或謂近名純仁曰七十之年兩目俱喪萬里之行豈其欲哉但區區之愛君有懷不盡若避好名之嫌則無爲善之路矣諸子欲以與司馬光議役法不同爲請冀得免行純仁曰吾用君實薦以致宰相昔同朝論事不合則可汝輩以爲今日之言則不可也有愧心而生不若無愧心而死其子乃止

韓忠彥 史傳字師朴琦子元祐中累知真定府移定州坐棄地降資政殿學士改知大名府徽宗即位以吏部尚書召拜門下侍郎踰月拜尚書右僕射兼中書侍郎進左僕射

兼門下侍郎封儀國公而曾布爲右相多不協言事者助布排忠彥以觀文殿大學士知大名府又以欽聖欲復廢后爲忠彥罪再降大中大夫單州居住又論忠彥在相位不應棄湟州謫崇信軍節度副使濟州居住遂復謫磁州團練副使復大中大夫遂以宣奉大夫致仕卒　通鑑輯覽崇寧元年五月忠彥爲相與曾布不協左司諫吳材右正言王能甫附布論忠彥變神考之法度逐神考之人才遂罷知大名府

曾布　史姦臣傳字子宣南豐人紹聖初拜同知樞密院事布贊惇紹述甚力請甄賞元祐臣庶論更役法不便者以勸敢言惇遂興大獄陷正人流貶錯廢略無虛日布多陰拮之徽宗立拜右僕射明年改元建中靖國獨當國漸進紹述之說明年又改元崇寧罷爲觀文殿大學士知潤州坐贓貶落職提舉太清宮太平州居住又降司農卿分司南京又責散官衡州安置又以棄湟州責賀州別駕又責廉州司戶凡四年徙舒州復大中大夫提舉崇福宮大觀元年卒于潤州後贈觀文殿大學士謚曰文肅　通鑑輯覽崇寧元年閏六月曾布免布與蔡京素有隙議事多不合會布擬將陳佑甫爲戶部侍郎京言布私其所親布忿然爭辨久之帝不悅殿中侍御史錢遹言布援元祐之姦黨擠紹聖之忠賢于是布請罷出知潤州

梁燾　故史傳字況之鄆州須城人紹聖元年知鄆州朋黨論起以司馬光黨黜知鄂州三年再貶少府監分司南京明年三貶雷州別駕化州安置卒　通鑑輯覽元符三年徽宗即位三月詔許梁燾歸葬錄其子孫　宏簡錄紹聖元年黨論起士猶記其立論中正多所開陳盡出公議以故最後謫徙其子昭州哲宗立始得歸

王巖叟　故史傳字彥霖大名清平人元祐六年拜樞密直學士簽書院事辛相劉摯爲御史鄭雍所擊嚴叟連上疏論救摯去位御史遂指爲黨罷爲端明殿學士知鄭州明年徙河陽數月卒贈左正議大夫紹聖初追貶雷州別駕　張舜民撰墓誌曰公拜樞密直學士僉書樞密院事進曰或問有以君子小人參用之說告陛下者不知果有之否此乃深誤陛下也自古君子小人無參用之理聖人惟說君子在內小人在外則成泰小人在內君子在外則成否若君子既進小人不能與君子同事自然不得親近小人既進君子不肯與小人爭進自然術術引去君子與小人競進則危亂之機也

蘇轍　史傳字子由與兄軾同登進士紹聖初上疏哲宗覽奏以爲引漢武方先朝落職累責筠州居住三年又責化州別駕雷州安置徽宗即位徙永州岳州已而復大中大夫提舉鳳翔上清太平宮崇寧中蔡京當國又降朝請大夫罷祠居許州復大中大夫致仕政和二年卒追復端明殿學士淳熙中謚文定　按史云三年又責化州別駕通鑑輯覽作四年

王存　故史傳字正仲潤州丹陽人元祐三年累遷尚書左丞歲餘加資政殿學士吏部尚書時在廷朋黨之論寖熾存爲哲宗言人臣朋黨誠不可長然或不察則濫及善人由是復與任事者戾除知大名府改知杭州紹聖初請老提舉崇禧觀遷右正議大夫致仕既而降通議大夫建中靖國元年卒贈左銀青光祿大夫

鄭雍　故史傳字公肅襄邑人哲宗立拜尚書左丞紹聖初治元祐衆臣罪頗自列周秩乘隙詆之謂雍初爲侍從時因徐王私於權臣以進哲宗怒黜秩二年以資政殿學士知陳州徙北京留守坐元祐黨奪職知鄭

州改成都府元符元年提舉崇福宮歸未至而卒政和中復資政殿學士

傅堯俞　故史傳字欽之本鄆州須城人徙孟州濟源元祐四年累拜中書侍郎六年卒贈銀青光祿大夫謚曰獻簡紹聖中以元祐黨人奪贈謚著名黨籍徽宗解下詔復贈錄其子

趙瞻　故史傳字大觀其先亳州永城人徙鳳翔之盩厔元祐三年累擢樞密直學士簽書樞密院事明年以中大夫同知院事五年卒贈銀青光祿大夫謚曰懿簡紹聖中言者以嘗論元祐諸臣追奪所贈官列于黨籍

韓維　故史傳字持國億第五子哲宗朝累拜門下侍郎有忌之者將爲飛語以太子少傅致仕轉少師紹聖中坐元祐黨落左朝議大夫再謫崇信軍節度副使均州安置元符元年復左朝議大夫是歲卒徽宗初悉追復舊官　通鑑輯覽紹聖四年落職致仕再貶均州安置

孫固　故史傳字和父鄭州管城人元祐二年知樞密院事累官右光祿大夫五年卒贈開府儀同三司謚曰溫靖紹聖時奪遺澤元符二年爲所贈官列元祐黨籍政和中徽宗以固嘗爲神宗宮僚特出籍還所奪

范百祿　故史傳字子功鎭兄鎡之子元祐中累拜中書侍郎罷爲資政殿學士知河中徙河陽河南薨贈銀青光祿大夫子祖述知鄆縣以父黨籍監中岳廟後累官朝議大夫卒

胡宗愈　故史附胡宿傳宿從子字完夫元祐初爲御史中丞哲宗嘗問朋黨之弊對曰君子指小人爲姦則小人指君子爲黨明日具君子無黨論以進拜尚書右丞書論罷爲資政殿學士知陳州徙成都府召爲禮部尚書遷吏部卒　又胡宗回傳云徽宗時省衍制歷慶消牘延會州兄宗愈入黨籍宗回亦罷郡

李清臣　故史傳字邦直魏人哲宗即位累拜中書侍郎紹聖元年廷試進士淸臣發策詆誚元祐之政于是紹述之論大興國是遂變卒惇入相逐諸臣亦籍文彥博呂公著以下三十八人將悉竄嶺表淸臣曰更先帝法度不爲無過然皆累朝元老若從惇言必大駭物聽帝曰是豈無中道耶令揭榜朝堂餘人不問出往婦人告淸臣謀反以大學士知河南尋落職知眞定府徽宗立入爲門下侍郎爲曾布所陷出知大名府而卒贈金紫光祿大夫　按往姑人者據宏簡錄是姑子田氏外婦　東都事略諸臣以元符中章疏詆毀先帝追奪職名言者又以淸臣與蔡確忠彥爲執政日請復元祐皇后義非所安再貶雷州司戶參軍　又東都事略李淸臣傳論曰紹聖之初淸臣復被任用不以公正事上而乃謀取宰相首以紹述激怒上意自是朋黨論起而士大夫蒙其患矯誣之說行而淸議不得其謗朝廷不復安靜而淸臣亦不得相矣　通鑑輯覽建中靖國元年冬十月李淸臣罷淸臣與韓忠彥有姻好忠彥惟其言是聽范純禮之罷亦其謀也至是以忤曾布免

劉奉世　史附劉敞傳敞子字仲馮紹聖元年以端明殿學士知成德軍改定州踰年知成都府過都入覲欲進朋黨頌邪之狀帝將聽其來曾布曰元祐變先朝法無一當者奉世有力焉最爲漏網恐不足見遂不許明年責光祿少卿分司南京居郴州再被加怨劾貶隰州團練副使徽宗立盡還其官職知定州大名府鄆州崇寧初再奪職貶居沂兗以疾得歸政和二年復端明殿學士薨　通鑑輯覽紹聖四年責光祿少卿郴州居住尋安置柳州

范

純禮 史傳字彝叟仲淹第三子徽宗立累擢尚書右丞坐詆罷爲端明學士知潁昌府提舉崇福宮崇寧中啓黨禁貶試少府監分司南京又貶靜江軍節度副使徐州安置徙單州五年復左朝議大夫提舉鴻慶宮卒 通鑑輯覽范純禮字彝叟仲淹中子紹聖四年蔡州居住徽宗即位累擢尚書右丞建中靖國元年六月罷純禮沈毅剛正曾布憚之駙馬都尉王詵曰上欲除君承旨范右丞不可詵怒會詵館遼使純禮主宴詵誣其輒斥御名遂罷知潁昌府崇寧二年六月論棄湟州罪貶靜江軍節度副使 安燾 史傳字厚卿開封人登第元祐中累官門下侍郎坐救常安民章惇謫其相表裏出知鄭州徙大名徽宗立復知樞密院以老避位知河南崇寧元年坐棄湟州議其罪降端明殿學士再貶寧國軍節度副使漢陽軍安置潭州復又降祁州團練副使鄧州復又移建昌軍閒再歲復通議大夫還洛卒後五歲悉還其官職 陸佃 故史傳字農師越州山陰人徽宗即位累拜尚書左丞御史欲更懲元祐餘黨佃爲徽宗言不宜窮治乃下詔申諭揭之朝堂議者用是詆佃曰佃名在黨籍不欲窮治正恐自及耳遂罷爲中大夫知亳州數月卒追復資政殿學士 黃履 故史傳字安中邵武人紹聖初累拜尚書右丞坐高事罷知亳州徽宗立召爲資政殿學士復拜右丞未踰年求去卒 東都事畧黃履始以文學進初附蔡確謀定策事復附章惇排擊元祐之臣時議嫉之後以復后事追貶柳州團練副使 宏簡錄黃履以救鄒浩罷知亳州徽宗立召爲資政殿學士兼侍讀復拜右丞加大學士提舉中太一宮卒 張商英 史傳字天覺蜀州新津人哲宗初累使河北江西淮南哲宗親政召爲右正言左司諫商英積憾元祐大臣不用己極力攻之惇蔡交薦商英欲助惇求所以傾謗者哲宗不直商英徙左司員外郎既與漸交鬬事皆露貶監江寧酒起知洪州累遷中書舍人謝表歷詆元祐諸賢衆益畏其口徽宗出爲河北都轉運使降知隨州崇寧初爲吏部刑部侍郎翰林學士蔡京拜相商英雅與之善第拜尚書左丞復與京議政不合頗詆京罷知亳州入元祐黨籍京罷相削籍知鄧州京復相以散官安置歸峽二州大觀四年京再逐起知杭州過闕留爲資政殿學士拜尚書右僕射坐方技郭天信事罷貶衡州安置後復故官職宣和三年卒贈少保紹興中賜謚文忠 續資治通鑑崇寧二年八月戊申詔張商英秉國機政議論反復處遂交當竄在例可落職知亳州臣僚門商英作爲謗書肆行詆誣宜更加誅責遂之元祐黨中李門詔以商英入元祐黨籍改知蘄州尋罷職提舉靈仙觀敘聞曰先是條例史後請鈔法篇云鈔法例行一日權貨務中人納見錢已積三百萬緡魯公將上進呈上號曰直有爾許邪張丞相商英時爲中書侍郎忽廢進曰陛下許錢魯公愕然問焉曰臣據行司中如此商英今以明虛錢乞令商英與臣各遣官點檢字號分明皆在庫也翌日奏聞張大慙由是不安後又以臣遞官禁未幾罷去又宣和殿記魯公在元豐中與商英素厚善其後商英出入魯公門下又與伯氏親厚魯公將爲相商英頗爲之麻其辭甚美遂除右丞遷中書侍郎及守邇頗攻魯公一日上在禁中偶視貴人之冠紋間並一小卷文書戲取開視之乃細字曰張商英乞除右僕射上語貴人汝勿預外庭事因密降出示魯公上大怒而貴人方不安位魯公亦甚懼曰此關

商英無狀耳恐事干宮禁不可治於是掩之以他事黜商英 蔣之奇 故史傳字穎叔常州宜興人元祐初累拜翰林學士兼侍讀坐責守汝州徙慶州徽宗立拜知樞密院事崇寧元年知杭州以棄河湟事奪職降中大夫以疾告歸提舉靈仙觀三年卒後錄其首陳紹述之言盡復官職

曾任待制以上官

蘇軾 故史傳字子瞻眉州眉山人元祐七年兼端明殿翰林侍讀兩學士爲禮部尚書哲宗親政出知定州紹聖初御史論軾掌內外制日所作詞命以爲譏斥先朝累貶寧遠軍節度副使惠州安置徽宗立移廉州改舒州團練副使徙永州赦還提舉玉局觀復朝奉郎建中靖國元年卒軾自爲舉子至出入侍從必以愛君爲本忠規讜論羣臣無出其右但爲小人忌惡不使安於朝廷之上 通鑑輯覽紹聖四年蘇軾自惠州徙昌化軍 東坡年譜四年五月責授瓊州別駕昌化軍安置 宏簡錄高宗贈資政殿學士孝宗乾道六年特贈太師謚文忠 劉安世 史傳字器之魏人司馬光入相薦爲祕書省正字累知成德軍章惇用事尤忌惡之黜知南安軍再貶少府少監三貶新州別駕安置英州又徙梅州徽宗即位以集賢殿修撰知鄆州真定府曾布又忌之不使入朝蔡京既相連七謫至峽州羈管稍復承議郎卜居宋都宣和六年復待制中書舍人明年卒 通鑑輯覽紹聖四年劉安世自英州徙高州元符元年七月再竄于梅州安世至貶所章惇將必致之死險令殺陳衍使者過梅脅安世使自裁使者不忍而止惇又擢土豪爲轉運判官使殺之判官承意疾馳未至三十里嘔血而死安世獲免 朱子名臣言行錄公徧歷言路正色立朝知無不言言無不盡每以辨是非邪正爲先進君子退小人爲急其面折廷爭至雷霆之怒赫然則執簡却立伺天威稍霽復前極論一時奏對且前且卻者或至四五殿廷觀者皆汗縮竦聽目之曰殿上虎又曰惇卞用事必欲致公於死故方竄廣東則移廣西既抵廣西則復徙廣東凡二廣間遠惡州軍無所不至人皆謂公必死然七年之間未嘗一日病年幾八十堅悍不衰此非人力所及殆天相也或問何以至此曰誠而已 范祖禹 故史附范鎮傳鎮從孫字淳甫一字夢得哲宗立累爲禮部侍郎侍講學士紹述之論興有忤惇意祖禹力言惇不可用不見從遂請外以龍圖閣學士知陝州言者論祖禹修實錄詆誣又摭其諫禁中雇乳媼事追貶武安軍節度副使昭州別駕安置永州賀州又徙賓化而卒建炎二年追復龍圖閣學士 通鑑輯覽紹聖四年范祖禹自賀州徙賓州元符元年七月再竄于化州 朱光庭 故史附朱景傳景子字公掞哲宗即位司馬光薦爲左正言累加集賢院學士感疾卒紹聖中追貶柳州別駕元符又停錮其諸子徽宗立復其官 按東都事略作追貶柳州別駕餘俱同 姚勔 故史無傳通鑑輯覽姚勔作姚緬紹聖四年衛州居住 趙君錫 故史附趙安仁傳安仁孫字無愧累知應天府紹聖中貶少府少監分司南京紹興六年贈徽猷閣直學士 通鑑輯覽紹聖四年趙君錫亳州居住 馬默 故史傳字處厚單州城武人哲宗朝累除河北都轉運使八之告老提

舉鴻慶宮紹聖時坐附司馬光致仕卒紹興中以其子純請贈開府儀同三司加贈太保 通鑑輯覽紹聖四年馬默單州居住 孔武仲 故史附文仲傳文仲弟字常父元祐中累以寶文閣待制知洪州徙宣州坐元祐黨奪職居池州元符末追復之 通鑑輯覽紹聖四年孔武仲池州居住 孔文仲 故史傳字經父臨江新喻人元祐初哲宗召爲中書舍人三年同知貢舉先有寒疾及是晝夜不廢職疾甚卒後追貶梅州別駕元符末復其官 通鑑輯覽紹聖四年孔文仲追貶別駕 吳安持 故史附吳充傳充次子元祐時爲都水使者遷工部侍郎仕終天章閣待制 錢勰 故史附錢惟演傳惟演從孫字穆父哲宗時翰林缺學士帝以命勰仍兼侍讀惇極排詆諷全臺攻之不已罷知池州卒元符末追復龍圖閣學士 李之純 故史傳字端伯滄州無棣人元祐中累改工部尚書紹聖中劉拯劾其阿附蘇轍出知單州卒 通鑑輯覽李之純字端明紹聖四年追奪官秩按之純弟之儀字端叔則端明似訛 孫覺 故史傳字莘老高郵人哲宗即位累擢御史中丞以疾請罷除龍圖閣學士提舉舒州靈仙觀卒紹聖中以覺爲元祐黨奪職追兩官徽宗即位復官職 鮮于侁 故史傳字子駿閬州人哲宗立召爲太常少卿在職三月以疾求去除集賢殿修撰知陳州卒 東都事略紹聖閒以侁爲元祐黨削左諫議大夫集賢殿修撰遂與黨籍云 趙彥若 故史附趙師民傳師民子試中書舍人 趙卨 故

史傳字公才邛州依政人元祐五年拜端明殿學士遷大中大夫卒贈右光祿大夫紹聖四年以卨與元祐棄地議係其名於黨籍 通鑑輯覽紹聖四年趙卨追奪官秩 王欽臣 故史附王洙傳洙子字仲至元祐中累改集賢殿修撰知和州徙饒州提舉太平觀徽宗立復待制知成德軍卒 通鑑輯覽紹聖四年王欽臣信州居住 孫升 故史傳字君孚高郵人哲宗立累以天章閣待制知應天府董敦逸黃慶基摭升過改集賢院學士紹聖初張商英又劾之削職知房州歸州貶水部員外郎分司又貶果州團練副使汀州安置卒 通鑑輯覽紹聖四年孫升峽州居住 李周 故史傳字純之馮翊人哲宗立累改集賢殿修撰卒紹聖中追貶賀州別駕後復舊職 通鑑輯覽紹聖四年李周追奪官秩貶別駕 王汾 故史附王禹偁傳禹偁曾孫仕至工部侍郎後入元祐黨籍 通鑑輯覽王汾誤作王玢紹聖四年落職致仕 韓川 故史傳字元伯陝人元祐中累以龍圖閣待制守潁虢二州與孫升同受責由坊州郢州貶屯田員外郎分司峽州團練副使道州安置徽宗立復故官知青襄二州卒 通鑑輯覽紹聖四年韓川隨州居住 顧臨 故史傳字子敦會稽人紹聖初以龍圖閣學士知定州徙應天河南府中人梁惟簡坐嘗事宣仁太后得罪過洛轉運使郭茂恂徇章惇意劾臨與之宴奪職知歙州又以附會黨人斥饒州居住卒徽宗立追復之 通鑑輯覽紹聖四年顧臨饒州居住 賈易 史傳字明叔無爲人元祐中累加直祕閣元符累謫保靜軍行軍司馬邵州安置徽

宗立召爲太常少卿進右諫議大夫改權刑部侍郎歷工部吏部未滿歲爲真以寶文閣待制知鄧州入黨籍 呂希純 史附呂公著傳公著三子字子進元祐初歷權太常少卿章惇既相出爲寶文閣待制知亳州諫官張商英謂希純攻之力從睦州歸州自京東而之浙西自浙西而上三峽名爲易地實困之也公著追貶希純亦以屯田員外郎分司南京居金州又責舒州團練副使道州安置建中靖國元年還爲待制知瀛州改潁州入崇寧黨籍卒 通鑑輯覽紹聖四年呂希純金州居住 史論曰公著父子俱位至宰相希哲希純世濟其美然皆陷於崇寧黨籍何君子之不幸歟 曾肇 史附曾鞏傳鞏弟字子開元祐末累知海州坐實錄譏訕降滁州復集賢殿修撰歷泰州海州徽宗即位復召爲中書舍人元祐臣僚被譴者咸以赦恩甄敘肇請併錄死者訓詞哀厚惻怛讀者爲之感愴還翰林學士兼侍讀建中靖國元年兄布在相位避禁職拜龍圖閣學士提舉中太一宮未幾出知陳州歷太原應天二府揚定二州崇寧初落職謫知和州徙岳州繼貶濮州團練副使安置汀州四年歸潤而卒兄布與韓忠彥並相日夕傾危之肇既居外移書告之曰兄方得君當引用善人正道以杜惇卞復起之萌而數月以來所謂端人吉士繼跡去朝所進以爲輔佐侍從臺諫往往皆前日事惇卞者比來主意已移小人道長進則必論元祐人於帝前退則盡排元祐者於要路異時惇卞縱未至一蔡京足以兼二人可不深慮布不能從未幾京得政布與肇俱不免紹興初謚曰文昭 朱子名臣言行錄引行述云時有嘆大中至正之論者以元祐紹聖均爲有失曾公稱上命命公推此意爲詔諭天下公見上言陛

下欲建皇極以消弭朋黨須先分君子小人賞善罰惡不可偏廢聞說甚至又曰元祐士大夫再被降黜公義不獨全請與俱貶言者繼之落職知和州 王覿 史傳字明叟泰州如皋人哲宗立擢右正言進右司諫覿在言路欲深破朋黨之說朱光庭訐蘇軾試館職策問呂陶辨其不然遂起洛蜀二黨覿言軾之辭不過失輕重之體耳若悉考同異深究嫌疑則兩岐遂分黨論滋熾夫學士命詞失指其事尚小使士大夫有朋黨之名大患也帝深然之尋改右諫議大夫出知潤州蘇州徙江淮發運使入拜刑戶二部侍郎紹聖初知成都府徙河陽貶少府少監分司南京又貶鼎州團練副使徽宗即位還故職知永興軍過闕留爲工部侍郎遷御史中丞改翰林學士知潤州徙海州罷主管太平觀安置臨江軍覿持正論始終再罹譴逐不少變無疾卒紹興初追復龍圖閣學士 通鑑輯覽紹聖四年王覿通州居住 范純粹 史附范仲淹傳仲淹第四子字德孺元祐中除寶文閣待制出知延州紹聖初坐元祐棄地事降直龍圖閣明年復以寶文閣待制知熙州歷滑州徙以元祐黨人奪職知均州徽宗立起知信州復故職知太原再徙延州改知永興軍尋以言者落職知金州提舉鴻慶宮又責常州別駕鄂州安置錮子弟不得擅入都會赦復領祠久之以右文殿修撰提舉太清宮黨禁解復徽猷閣待制致仕卒 通鑑輯覽紹聖四年范純粹均州居住 續資治通鑑廣仙姑者年八十餘行大洞法帝嘗問仙姑致太平之期對曰當用賢人帝曰賢人謂誰曰范純粹也帝以語京京曰此元祐臣僚所使遂逐之於是士大夫爭言廣仙姑亦入元祐黨矣 呂陶 史傳字元鈞成都人元祐中以

集賢院學士知陳州徙河陽潞州落職再貶庫部員外郎分司徽宗立
復集賢殿修撰知梓州致仕卒　通鑑輯覽紹聖四年呂陶衡州居住
王古　史附江公望傳建中靖國元年御史中丞趙挺之與戶部尚書王古同
翠通大古多所論辯挺之初古頗天下之財以爲私惠公望乃上疏曰
臣聞挺之與古論事每不相合屢見於辭氣懷不平之心有待而發信謂有之
私事官讎此小人之所不爲而挺之安爲之豈忠臣乎　續資治通鑑考異同
時有兩王古其一官戶部尚書乃旦之曾孫任待制以　豐稷　史傳
上其一在餘官甚以元符上書列邪等得罪者其爵里未詳
字相之明州鄞人元祐中累知河南府加龍圖閣待制連徙六州徽宗立以左
諫議大夫召道除御史中丞以樞密直學士守越蔡京得政修故怨貶海州團
練副使道州別駕安置台州除名徙建州稍復朝請郎卒建炎中追復學士諡
曰清敏　通鑑輯覽建中靖國元年十一月罷禮部尚書豐稷稷初自河南入
對論罷蔡京又欲率臺屬論曾布布覺之遷稷尚書稷數以論事忤
權近及是出知蘇州崇寧二年正月蔡京蔡卞陷以黨事安置台州　張舜
民　史傳字芸叟邠州人哲宗初司馬光薦以館閣校勘進祕書少監累知陝
潭青三州徽宗立擢龍圖閣待制知定州改同州坐元祐黨謫楚州團練
副使商州安置復集賢殿修撰卒紹興中追贈寶文閣　張問　故史傳字
直學士　通鑑輯覽崇寧二年正月張舜民安置商州　昌言襄
陽人元祐初爲祕書監給　楊畏　史傳字子安其先遂寧徙洛陽累提點
事中累官正議大夫卒　夔州路刑獄元祐初請祠歸洛恐得罪

司馬光稱其盛德光卒復言其不知道呂大防劉摯爲相用爲工部員外郎擢
殿中侍御史助大防攻摯十事摯罷蘇頌爲相畏復攻頌頌罷畏欲蘇轍爲相
宣仁后召范純仁畏攻純仁畏本附轍知轍不相復詆轍其傾危反覆如此遷
禮部侍郎薦章惇呂惠卿可大任廷試發策有紹述意考官第主元祐者居上
畏復考惡下之惇入相畏遣所親陰結之惇至從畏吏部尋以寶文閣待制知
眞定府天下目爲楊三變謂其進於元豐顯於元祐遷於紹聖也坐落職知虢
州入元祐黨後知鄧州復集賢殿修撰知襄州移荊南提舉洞霄宮未
幾知鄧州再祠主管崇禧觀蔡京爲相出黨籍復寶文閣待制卒　鄒
浩　史傳字志完常州晉陵人元祐中擢右正言蹇序辰看詳元祐章奏公肆
誣欺輕重不平浩言初旨但分兩等語及先帝并語言過差而已今所施
行忿然莫辨願加省察章惇獨相浩所言每觸惇忌賢妃劉氏立浩上疏惇詆
其狂妄削官羈管新州徽宗立亟召還以寶文閣待制知江寧府徙杭越州蔡
京用事再責衡州別駕竄昭州五年始得歸稍復直龍圖閣病疾作卒高宗即
位復待制贈寶文閣直學士賜諡忠　鄒氏聞見錄田晝者字承君陽翟人故
樞密宣獻公姪也議論慷慨鄒浩志完敬援頗畏與承君遊志完性懦得承君
遇事輒自激厲元符間承君監京城門志完除言官既而朋黨之禍大起時事
日變更承君謝病歸陽翟田舍一日報立劉氏爲皇后承君語人曰志完不言
可以絕交矣又一日志完以書約承君會潁昌中途承君亟往志完具言諫立
皇后時浩之言憊矣乃得罪留三日臨別志完出涕承君正責曰使志完隱默
官京師遇寒疾不汗五日死矣豈獨嶺海之外能死人哉乃別去建中靖國初

承君入爲大宗正　陳次升　史傳字當時興化仙游人紹聖中爲御史
丞知淮陽軍卒　殿中時方編元祐章疏指紳次升疏論
惇卞交譖之謫南安軍徽宗立召爲侍御史遷右諫議大夫崇寧初以寶文閣
待制知潁昌府降集賢殿修撰繼又除名徙建昌編管循州政和中用赦恩復
舊職卒　通鑑輯覽崇寧二　謝文瓘　史傳字聖藻陳州人哲宗召對
年正月陳次升貶竄循州　除祕書省正字考功右司員外
郎徽宗擢起居舍人給事中崇寧元年出知濮州務治徵事坐元豐上疏論邵
武軍移處州帝披黨籍曰朕究知文瓘本末命出籍以爲集英殿修撰知濟州
卒　岑象求　故史無傳朱史紀事字巖起梓州人終寶文閣　周鼎
待制入黨籍全蜀藝文志載其遊定林院詩
史無　徐勣　史傳字元功宣州南陵人元豐末累諸王府記室參軍哲
傳　宗末及用徽宗立擢寶文閣待制遷中書舍人時紹聖黨
與尚在朝人懷異意以沮新政帝謂勣爲變舊章與蔡京同校五朝寶訓勣固
辭蔡京之惡引盧杞爲喻遷給事中翰林學士勣與何執中偕事帝於王邸京
每曲意事之勣不少降節俄而遭京入輔執中亦預政擿勣行章惇詞以爲
詆先烈服闋主管崇仙觀入黨籍起知江寧府言者復論爲元祐姦朋罷歸大
觀三年知太平州加龍圖閣直學士留守南京除顯謨閣學士致仕卒　路
贈資政殿學士正奉大夫　按大觀三年知太平州宋箴錄作二年
昌衡　故史傳字持政開封祥符人紹聖中以寶文閣待制知開封府累知
成都徽宗立責司農少卿分司居郢州明年起爲滁州徙南京留

守坐前上書事落職入黨籍　董敦逸　故史傳字夢授吉州永豐人元
卒宣和五年贈龍圖閣學士　祐六年以監察御史出知臨
江軍紹聖初復除監察御史歷左司諫明年出
知興國軍徙江州徽宗即位累遷戶部侍郎卒　上官均　史傳字彥衡邵
武人哲宗立擢
開封府推官元祐中累改提點河北東路刑獄紹聖初召拜左正言遷工部員
外郎累知越州徽宗立入爲祕書少監累知永興軍徙襄州崇寧初與元祐黨
籍奪職主管崇禧觀政和中復集賢院修撰　葉濤　故史傳字致遠處州龍
提舉洞霄宮久之復龍圖閣待制致仕卒　泉人紹聖初爲權中
書舍人論安燾不宜加罪蔡京劾爲姦黨罷知光州徽
宗立曾布引爲給事中以龍圖閣待制提舉崇禧觀卒　郭知章　史傳字
明叔吉
州龍泉人用薦累知和州徽宗立曾布用爲工部侍郎累翰林學
士言者論罷知鄧州旋入黨籍數年復顯謨閣直學士政和初卒　楊康
國　史無傳　龔原　史傳字深之處州遂昌人紹聖中累擢工部侍郎出知潤
州徽宗初入爲祕書監歷知廬州陳瓘擊蔡京原與瓘善
或謂原實使之奪職居和州起爲亳州命下而卒　文獻通考續稽古錄一卷
陳氏曰祕書丞歷陽龔頤正養正撰嘗撰元祐黨籍譜得官韓氏用事時賜出
身入館頤正給事　朱紱　史無傳　葉祖洽　史傳字敦禮邵武人紹聖
中原之曾孫也　中歷知洪州曾布用事以
吏部侍郎召改寶文閣待制知青州未赴布引爲吏部侍郎布罷出知定州且
行大言於上徽宗怒其躁妄降集賢修撰提舉沖祐觀自是不復用久之知洪

州改亳州加徽猷閣直學士政和末年卒　朱師服史無傳

餘官

秦觀故史傳字少游揚州高郵人累兼國史院編修官紹聖初坐黨籍出通判杭州御史劉拯論其增損實錄貶監處州酒稅又以謁告寫佛書爲罪削秩徙郴州繼編管橫州又徙雷州徽宗立復宣德郎放還至藤州游華光亭卒　通鑑輯覽紹聖四年秦觀橫州居住　黃庭堅史傳字魯直洪州分寧人哲宗立累兼國史編修官紹聖初出知宣州改鄂州章惇蔡卞與其黨論實錄多誣貶涪州別駕黔州安置言者猶以處善地爲慢法徙戎州徽宗即位起監鄂州稅簽書寧國軍判官知舒州以吏部員外郎召皆辭不行丐郡知太平州至九日罷主管玉隆觀除名羈管宜州三年徙永州未聞命而卒　晁補之史傳字無咎濟州鉅野人進士第一元祐初累爲著作佐郎章惇當國出知齊州坐修神宗實錄失實降通判應天府亳州又貶監處信二州酒稅徽宗立復以著作召既至拜吏部員外郎禮部郎中兼國子編修實錄檢討官黨論起爲諫官管師仁所論出知河中府徙湖州密州果州遂主管鴻慶宮大觀末出黨籍知達州改泗州卒　通鑑輯覽紹聖四年晁補之謫監當官　張耒史傳字文潛楚州淮陰人紹聖初請郡以直龍圖閣知潤州坐黨籍徙宣州謫監黃州酒稅徙復州徽宗立起爲通判黃州歷知汝州崇寧初復坐黨籍落職主管明道

宮未在病謁蘇軾訃爲舉哀行服言者以爲言遂貶房州別駕安置於黃五年得自便居陳州晚監南嶽廟主管崇福宮卒建炎初贈集英殿修撰　吳安詩史附吳充傳充長子在元祐時爲諫官起居郎　通鑑輯覽吳安詩紹聖四年連州居住　歐陽棐史附歐陽修傳修中子字叔弼元符末歷吏部右司二郎中以直祕閣知蔡州未幾坐黨籍廢十餘年卒　續資治通鑑元符元年十月詔祕閣校理權知潞州歐陽棐落職送吏部與合入差遣坐朋附元祐權臣每希進用也又曰歐陽棐朝見帝目之語曾布曰此元祐五鬼布曰亦聞有此名元祐附麗亦必有之治郡亦常才然棐歐陽修之子登進士第修子英宗定策之際最有功帝頷之　劉唐老史附見陳瓘傳云瓘論張耒黃庭堅晁補之歐陽棐劉唐老等宜在朝廷云云　續資治通鑑紹聖四年十二月丁酉詔祕閣校理劉唐老落職監桂陽監稅務以唐老元祐姦黨故有是命　王鞏史附王素傳素子長於詩從蘇軾遊軾守滁州鞏往訪之與客遊泗水登魋山吹笛飲酒乘月而歸軾待之於黃樓上謂鞏曰李太白死世無此樂三百年矣軾得罪鞏亦竄賓州數歲得還後歷宗正丞每除官輒爲言者所議故終不顯　宋詩紀事鞏字定國莘縣人文正公旦之孫工部尚書素之子嘗倅揚州坐與蘇軾遊謫監筠州鹽稅入黨籍　東坡詩集贈鞏詩有云清詩草聖俱入妙別後寄我書連紙　呂希哲史附呂公著傳公著長子字原明哲宗初爲崇政殿說書擢右司諫不拜紹聖黨論起御史劉拯論其進不由科第以祕閣校理知懷州分司南京居和州徽宗初爲祕書少監改光祿

少卿以直祕閣知曹州旋遭崇寧黨禍貶職知相州徙邢州罷爲宮祠卒　宏簡錄希哲罷奉祠寓淮泗間十餘年卒　杜純故史傳字孝錫濮州甄城人以伯父廕入官累擢侍御史言者詆其不由科第改右司累陝西轉運使還拜鴻臚光祿卿權兵部侍郎以集賢院學士提舉崇福宮改修撰卒　張保源史無傳　續資治通鑑元符元年十一月癸丑三省言王鞏張保源累上書議論朝政表裏姦臣欲變先朝法度詔鞏除名勒停全州編管保源特勒停峽州居住　按保源字濬之見草堂寺題名石刻　孔平仲故史附文仲傳文仲弟字義甫用薦累給事中言者詆其元祐時附會當路譏毀先烈出知衡州徙韶州坐前上書之故責惠州別駕安置英州徽宗立召爲戶部金部郎中累帥鄜延環慶黨論再起罷主管兗州景靈宮卒　通鑑輯覽紹聖四年孔平仲落職知衡州　宏簡錄惠州別駕作恩州　衛鈞史無傳　袞公適故史無傳按袞姓不見於氏族其受姓之始未詳　馮百藥　周誼　孫琮四人史俱無傳　范柔中史附見鄧孝甫傳詳見下　續資治通鑑崇寧元年九月臣僚章疏姓名分正邪三等柔中名列邪上尤甚等　鄧考甫史傳作孝甫字成之臨川人積官提點開封府界河渠坐事去官元符末詔求直言孝甫年八十一上書云亂天下者新法也末流之禍將不可勝言云云蔡京嫉之謂爲詆訕宗廟削籍羈筠州崇寧去黨碑釋逐臣同類者五十三人其五十人得歸惟孝甫與范柔中封覺民獨否據

卒于筠　按碑作考甫史作孝甫據其字成之考有成義則碑當不誤續資治通鑑亦作考　王寀　趙峋二人史無傳　封覺民故史附見鄧孝甫傳詳前　胡端修　李傑　李賁三人史無傳　趙令畤史無傳　宋詩紀事字德麟太祖次子燕王德昭元孫元祐中簽書穎州公事坐與蘇軾交通罰金入黨籍紹興初襲封安定郡王同知行在大宗正事累贈開府儀同三司　郭執中　石芳　金極　高公應　安信之　張集六人史無傳　黃策史無傳　續通鑑紹興三年七月甲子帝謂大臣曰元祐黨人固皆賢然其中亦有不賢者如呂陶洽等曰豈能皆賢徐俯曰若眞元祐黨人豈不賢但蔡京輩凡己之所惡欲終身廢之者必名之元祐之黨是以其中不免有小人帝曰若黃策之類是也俯曰黃策乃元符末上書狂直被罪始天下皆稱之如策比者無慮十餘人策不能固窮守節陷於非義其中亦有議論前後反覆姦惡狠瑣竄名其間如楊畏朱師服數人耳策以直祕閣通判嚴州受賕抵罪故帝及之　吳安遜　周永徽　高漸　張鳳故四人史俱無傳　鮮于綽史無傳　文獻通考傳信錄十卷皇朝鮮于綽大受撰　呂諒卿　王貫　朱紘　吳朋故　梁安國

五人史俱無傳　王古史無傳　書畫譜引茅山志王古徽宗時人茅山崇禧觀碑銘崇寧五年張商英撰朝散郎簽書榮州軍州事判官廳公事輕車都尉賜緋魚袋王古書　按碑有兩王古此所載蓋碑之王古與前王古歷官不同因附此備攷　蘇迥　檀固　何大受　王箴　鹿敏求五人史俱無傳　江公望史傳字民表睦州人建中靖國元年由太常博士拜左司諫出知淮陽軍未幾召爲左司員外郎以直龍圖閣知壽州蔡京爲政編管南安軍遇赦還家卒建炎末與陳瓘同贈右諫議大夫　通鑑輯覽建中靖國元年六月罷左司諫江公望先是公望上疏言元祐人才皆出于熙豐培養之餘遭紹聖竄逐之後存者無幾陛下若立元祐爲名必有元豐紹聖爲之對有對則爭興爭興則黨復立矣疏入會蔡王府史以語言疑似成獄王上表待罪公望乞勿以無根之言加諸王親遂坐罪崇寧二年正月陷以黨事安置南安軍　曾紆史無傳　宋詩紀事字公衮布子以蔭補官入元祐黨籍紹興二年除直顯謨閣知衢州撫州府志字公卷一作公袞善詞翰以蔭補官崇寧癸未坐黨籍貶零陵與黃魯直善　江西詩徵曾紆自號空青先生有集　高士育史無傳　鄧忠臣故史無傳　宋詩紀事字謹思長沙人熙寧三年進士仕至考功郎坐元祐黨廢　范忠宣公文集補編覆忠宣公謚議鄧忠臣撰後附跋云按長沙鄧忠臣字愼思宋神宗朝擢爲祕書省校書郎知衡陽入爲南宮舍人歷考功因覆謚忠宣公遂入黨籍出守彭門改汝海以宮祠罷歸終于家後贈直祕閣所居玉池峰自號玉池先生　种師極史無傳　以种世衡傳世衡孫有師道師中疑師極亦世衡之諸孫也　韓治史附韓琦子忠彥傳忠彥子徽宗時仕爲太僕少卿出知相州以疾丐祠　都貺　秦希甫　錢景祥　周綍　何大正　呂彥祖　梁寬七人史俱無傳　沈千史無傳　曾孫暐黨籍碑跋但云後復官終提點杭州集眞觀贈奉政大夫不詳其初所復何官　曹興宗　羅鼎臣　劉勃　王拯　黃安期五人史俱無傳　陳師錫史傳字伯修建州建陽人徽宗立拜殿中侍御史歷知潁廬滑三州坐黨論監衡州酒稅又削官安置郴州卒師錫始與陳瓘論京卞時號二陳紹興中贈直龍圖閣　按宏簡錄字伯脩作伯修又紹興中贈官誤作紹聖　于肇　黃遷　万俟正　許堯輔四人史俱無傳　楊朏史無傳　宋詩紀事字持正閬人元祐六年進士終建寧軍節度推記人黨籍　胡良　梅君俞　寇宗顏　張居　李修　逢純熙故六人史俱無傳　高遵恪史無傳　續資治通鑑作遵裕字公綽遵之孫也累貶郢州團練副使哲

宗即位復右屯衛將軍主管中嶽廟卒贈永州團練使紹聖中崇贈奉國軍節度觀察留後　黃才　曹盥　侯顧道　周遵道四人史俱無傳　林膚史附林希傳希弟旦之子坐元符上書陷於黨籍　葛輝故　朱壽岳二人史無傳　王公彥史無傳　續資治通鑑紹興三年十月丙午左承議郎主管亳州明道宮王公彥進秩二等以元符上書入籍故也自是黨人見在者皆還官　王交　張溥　許安修　胡三人史俱無傳　劉吉甫史無傳　宋詩紀事云吉甫入元祐黨籍爵里未詳劉克莊後邨千家詩載其閒簡一絕　潛　董祥　楊瓌寶　倪直孺　蔣津　王守　鄧允中　梁俊民　王陽　陸表民　葉世英　張裕　謝潛　陳唐　劉經國故　湯馘故十六人史無傳　司馬康故史附司馬光傳光子字公休累遷校書郎光薨服除召爲著作佐郎兼侍講以居喪蔬食寢地得腹疾卒贈右諫議大夫　史傳論云康濟美象賢不幸短命而死世尤惜之然康不死亦將不免於紹聖之禍矣　宋保國故　黃隱二人史俱無傳　畢仲游史附見畢士安傳士安子字公叔與兄仲衍同登第徽宗時歷吏部郎中陷黨籍坎壈散秩而終弟仲愈歷國子監丞諸王府侍講知鳳翔府坐兄仲游陷黨籍例廢黜徽宗曰畢仲游被遇先帝可除罪籍以仲愈爲都官郎中擢祕書少監卒　常安民史傳字希古邛州人紹聖初拜監察御史疏論蔡京內結中官外連朝士一不附己則誣以黨於元祐非先帝法必擠之而後已今在朝之臣京黨過半陛下不可不早覺悟而逐去之是時京之姦始萌芽人多未測獨安民首發之又言今大臣爲紹述之說皆借此名以報復私怨朋附之流迭從而和之章疏前後至數十百上度終不能回遂乞外會布希旨挾此而排之董敦逸再爲御史亦奏之出監滁州酒稅蒞三歲通判溫州徽宗立提點永興軍路刑獄蔡京用事入黨籍流落二十年政和末卒建炎四年贈諫議大夫　通鑑輯覽崇寧二年正月常安民陷黨事安置溫州　邵氏聞見錄常安民長安人以鐫字爲業多收隋唐銘誌墨本亦能篆崇寧初蔡京蔡卞爲元祐黨籍刻石文德殿門又立於天下州縣長安府召安民安民辭曰乞不刻安民鐫字於碑恐後世併以爲罪　按長安鐫字者姓安名民居官而入黨籍者姓常名安民顯然二人邵氏聞見錄乃於安民之上加一常字遂目之爲常安民自有此誤迨倪文正跋亦云石工安民乞免著名今披諸賢位中赫然有安民在是亦誤以常安民爲即安民也　汪衍史無傳附見下文　余爽史附余良肱傳良肱子字荀龍與兄卞皆以任子恩試校書郎元祐末極言請太皇太后還政章惇械爽不附己摘其言爲謗訕以滁州防禦推官除名竄封州久之起

知開州未行罷監東嶽廟崇寧中與卞俱入黨籍　續資治通鑑元符元年十
月己亥詔朝散郎汪衍濵州防禦推官余爽並除官勒停永不收敘衍送昭州
爽送封州羈管先是蔡京蔡卞惡爽嘗上書論元豐末爽及衍各上
書詆誣先朝爽又元祐中嘗上書乞宣仁歸政險詐反覆故有是命　鄭俠
史傳字介夫福州福清人監安上門熙寧六年七月不雨至于七年之三月流
民襁負塞道俠悉繪所見爲圖上之神宗反覆觀圖翌日又下詔責躬求言越三日
天雨輔臣入賀帝示以俠所進圖狀群姦切齒安石去惠卿執政俠又上疏
論之惠卿奏爲謗訕編管汀州徙英州哲宗立始得歸元符七年再竄于英徽
宗立赦之乃還故官又爲蔡京所奪宣和元年卒里人揭
其閭爲鄭公坊州縣皆記之于學紹熙初詔贈朝奉郎　常立　史無傳宋史簡
傳常秩字夷甫潁州汝陰人子立始爲天平推官校書學文院紹聖中蔡卞薦
爲諸者正字館王府侍講崇政殿說書召對以爲諫官會布欲傾卞貶監酒稅
而死　續資治通鑑紹聖三年六月癸未詔常立罷諸王府侍講寄監永州酒
稅初蔡卞請以立爲崇政殿說書既賜對又請除諫官帝未許卞方與章惇比
會布欲傾之乘間爲帝言立附兩人乃於史院取立父秩行事以進有云自荊
公去位天下官吏陰變新法民受塗炭公獨見幾知其必敗帝駭曰何謂必敗
布言立狂悖不遜帝亦切
齒故特與遠小處監當　程頤　史傳字正叔哲宗初司馬光呂公著疏其行義詔以爲西京國子監教授力辭
尋召爲祕書省校書郎久之加直祕閣再上表辭董敦逸摭其有怨望語去官
紹聖中削籍竄涪州徽宗即位徙峽州俄復官又奪於崇寧卒嘉定十三年賜

金石萃編卷一百四十四　宋二十二　二十七

謚曰正公　通鑑輯覽紹聖四年十一月編管程頤于涪州頤時放歸田里帝
一時與輔臣語及元祐時曰程頤妄自尊大在經筵多不遜于是言者論頤與
司馬光同惡相濟削籍竄涪州河南尹李[illegible]日追遣欲入內別叔母不許
明日贐以銀一百兩頤亦不受元符三年[illegible]即位十月復以程頤判西京國
子監頤先已移峽州尋復宣德郎還洛及是受命未幾致仕　公所錄程頤稱
宗初詔峽州俄復其官自以首被大恩不供職何以仰承德意遂受一月之俸
致仕復於崇寧本年七十五紹興初贈直龍圖閣錄其孫易爲分寧令　續
資治通鑑崇寧二年四月追毀程頤出身以來文字范致虛又言頤以邪說詖
行惑亂衆聽而尹焞張繹爲之羽翼乞下河南盡逐學徒頤於是遷
居龍門之南止四方學者曰尊所聞行所知可矣不必及吾門也　唐
義問　故史附唐介傳介次子字士宣元祐中文彥博薦累集賢殿修撰知廣州章惇執政治棄渠陽罪貶舒州團練副使後七年復故官知
潁昌府卒　余卞　史附余良肱傳良肱子爽兄字洪範五溪蠻叛斷渠陽道卞適使湖北節制諸將伐山開道入渠陽賊遂困有詔罷
渠陽爲砦紹聖初治棄渠陽罪免歸徽宗即位復承議郎管句
玉隆觀未幾復渠陽爲靖州又論前事免終于家崇寧中入黨籍　李格
非　史傳字文叔濟南人紹聖立局編元祐章奏以爲檢討不就戾執政意通
判廣信軍召爲校書郎遷著作佐郎禮部員外郎提點京東刑獄以黨籍
罷卒　陳瓘　史傳字瑩中南劍州沙縣人徽宗即位召爲右正言累擢給事
中出知泰州崇寧中除名竄袁州廉州移郴州稍復宣德郎安

置通州又徙台州居五年得自便復承事郎卜居江州移南康又移楚宣和六
年卒靖康初詔贈諫議大夫紹興二十六年高宗謂輔臣曰陳瓘昔爲諫官甚
有讜議近覽所著尊堯集明君臣大分合于易天尊地卑及春秋尊王之法瓘
宜特賜謚以表之謚曰忠肅　通鑑輯覽建中靖國元年冬十月罷陳瓘權
給事中台州先使客告以將即真瓘曰吾與丞相議事多不合今若此豈以官爵
相餌也客有一書論其過且持入省布大怒信宿出瓘知泰州崇寧二年正月
安置袁州後移郴州瓘子正彙在杭訟京有動搖東宮迹杭州蔡嶷執送京師
事下開封府併逮治瓘獄具正彙以所告失實流海上瓘安置通州政和元年
十月瓘嘗著尊堯集謂紹聖史官專據王安石日錄改修神宗史
變亂是非不可傳信張明誣妄以正君臣之義張商英爲相取其書既上而商
英罷瓘徙台州何執中起鄉人石愨知台欲害瓘以必死恐瓘至庭大陳
獄具將脅以死瓘告以朝廷取所著尊堯集意所以究之者百端終不能害執中怒
罷愨瓘平生論京兄弟皆披摘其處心發露其情慝最所忌恨故得禍最酷宣
和四年二月管勾太平觀卒　朱子名臣言行錄載陳忠肅公遺事云公因朝
會見蔡京視日久而不瞬嘗以語人曰京之精神如此他日必貴然矜其禀賦
敢敵太陽吾恐此人得志必擅私逞欲無君自肆矣尋居諫省必攻其惡京以
甘言啖公公曰杜詩所謂射人先射馬
擒賊須擒王不得已也於是攻之愈力　任伯雨　史傳字德翁眉州眉山人累擢右正言徽宗初
政納用讜論伯雨首擊章惇繼論蔡京建中靖國改元當國者欲和調元祐紹
聖之人故以中爲名伯雨言人才固不當分黨與然自古未有君子小人雜然

金石萃編卷一百四十四　宋二十二　二十八

並進可以致治者唐德宗坐此致播遷之禍建中乃其紀號不可以不戒伯雨
居諫省半歲所上一百八疏大臣畏其多言俾給事中徙度支員外郎知虢
州崇寧黨事作削籍編管通州爲蔡卞所陷與陳瓘龔夬張庭堅等十三人皆
南遷瑞州用兩徙昌化移海上三年而歸宣和初卒紹興初贈直龍圖閣諫議
大夫紹熙
中謚忠敏　張庭堅　史傳字才叔廣安軍人徽宗召對除著作郎擢右正言治方說應詔治進遷忠懇庭堅與鄒浩龔夬江公
望常安民任伯雨皆在諫列庭堅作職逾月數上封事爲宰相司馬光呂公著
之賢又薦蘇軾蘇轍可用故忤權倖因擠其所論不當帝命徙爲郎出爲京
東轉運判官改知汝州又改通判陳州初蔡京守蜀庭堅在蜀府與相好京還
朝欲引爲己用庭堅不肯往京大恨遂列黨籍編管鼎州徙象州久之復
故官卒紹興初
詔贈直龍圖閣　馬涓　史無傳　正月馬涓[illegible]　通鑑輯覽[illegible]　孫諤　史傳
字元忠睢陽人元祐中累官左正言紹聖初[illegible]其監
不遠寬序嚴尋爲臨頗疏而又言朝廷當示信以靜安天下請如前詔一切勿
同輩悖愚其捨已出知廣德軍徙南州提點湖南刑獄徽宗立復爲右司諫遷
左司諫以疾卒　宋史紀事本末熙寧六年進士累官右正言以直諫斷
德軍卒後　陳郛　史無傳　朱光裔　史無傳　府寺河南朱光裔公遂來遊紹聖
入黨籍
二年三月　蘇嘉　史無傳　龔夬　史傳字彥和瀛州人徽宗立召拜殿中
十二日　侍御史上殿抗疏辯忠邪又乞正元祐

后冊位號已而元祐后冊再廢首者論丸首是建言詔削籍編管務州徙象州化州徙涉適貶所持爾乞錢自給逢赦得歸政和元年卒紹興中累贈右諫議大夫

王回 故 史附鄒浩傳字景深仙遊人第進士元符中與祖治爲監親宅謫者與鄒浩友善浩南遷回斂交游錢與治裝往來經理且以安其母讒者以聞逮詣詔獄除名停廢徽宗立召還舊官權監察御史數日卒錄其子渙老郊社齋郎蔡京爲相奪之仍列名黨籍

呂希績 故 史無傳 通鑑輯覽字紀常公著次子紹聖四年光州居住

吳儔 故 史無傳 續通鑑紹興五年十月庚申故承議郎吳儔贈直秘閣官其家一人儔育孫也名在黨籍故其家請而賜之

歐陽中立 故 尹材

葉伸 故 李茂直 四人史俱無傳

吳處厚 史附姦臣蔡確傳 處厚邵武人始蔡確嘗從處厚學賦及作相處厚通牋乞憐確無汲引意元祐中確知安州郡有淸江卒當戍漢陽確固不遣處厚怒曰爾在廟堂時數陷我今比郡作守猶爾邪會得確車蓋亭詩引郝甑山事乃箋釋上之云郝處俊封甑山公唐高宗欲遜位武后處俊諫止今乃以比太皇太后且用滄海揚塵事此蓋時運之大變尤非佳語譏謗切害非所宜言確遂南竄擢處厚知衛州未幾卒紹聖閒追貶歙州司馬

李積中 史附李大性傳大性字伯和端州四會人其先積中嘗爲御史以直言入元祐黨籍始家豫章李氏自積中三世官于朝父子兄弟相師友而大性與弟大異大東並躋從列爲名臣云 按宗學元年九月積中名列正上等

商倚 故 史無傳 宋詩紀事倚淄川人官太學博士入元祐黨籍有詩見同文館集

陳祐 史傳作祐字純益仙井人第進士元符末以吏部員外郎拜右正言上疏徽宗曰有旨令臣與任伯雨論韓忠彥援引元祐臣僚事按覽易學象求豈謂張耒黃庭堅鄭原晁補之劉唐老李昭玘人才均可用特迹近嫌疑而已今若分別黨類天下之人必且妄意陛下逐去元祐之臣復興紹聖政事今紹聖人才比肩于朝一切不問元祐之人數十輒攻擊不已是朝廷之上公然立黨也遷右司諫又論章惇蔡京蔡卞鄧洵武皆當通判滁州卞乞貶伯雨等新在徽中編管遼州徙歸州復承議郎卒

虞防 李祉 李深 三人史俱無傳 通鑑輯覽崇寧二年正月李深安置復州

李之儀 史附李之純傳之純從弟字端叔登第幾三十年乃從蘇軾於定州幕府元符中累監內香藥庫御史石豫言其嘗從蘇軾辟不可以任京官詔勒停徽宗初提舉河東常平坐爲范純仁遺表作行狀編管太平徙唐州終朝請大夫

范正平 史附范純仁傳純仁子字子夷紹聖中爲開封尉蔡京嘗恨正平及當國言正平矯撰父遺表又李之儀所述純仁行狀妄載中使蔡克明傳二聖虛佇之意遂以正平逮之儀究問同詔御史府正平就獄捶楚甚苦皆欲誣服既克明曰得制凡傳聖語受本於御前請寶印出注籍於內東門使從其家得永州傳宣聖語本有御寶又驗內東門籍皆同獄遂解正平羈管象州家屬死者十餘人會赦得歸潁昌以壽終

曹蓋 楊綝

二人史俱無傳

蘇昞 史傳字季明武功人始學於張載而事二程卒業元祐末呂大中薦之起布衣爲太常博士坐元符上書入邪籍編管饒州卒 蔡寶寺有蘇昞題名元符三年二月與李援寶融武陳去華段句同遊

葛茂宗 劉謂 三人史俱無傳

柴袞 洪羽 史無傳 宋詩紀事洪朋字龜父南昌人黃山谷之甥與弟芻駒父炎玉父羽鴻父俱有才名號四洪陳振孫書錄解題云洪氏兄弟四人其母黃魯直之妹不淑早世所爲賦毀譽者也龜父累舉進士不第其季弟羽鴻父坐上書元符中入黨籍終其身詩不傳于世

趙天佐 李新 扈充 故 張恕 陳并 五人史俱無傳

洪芻 史無傳 宋詩紀事芻字駒父紹聖元年進士崇寧中入黨籍靖康中爲諫議大夫汴京失守坐爲金人括財流沙門島卒

周鍔 蕭刓 趙越 滕友 江洵 方适 許端卿 七人史俱無傳

李昭玘 史傳字成季濟南人累提點永興京西京東路刑獄坐元符黨奪官徽宗立召爲右司員外郎遷太常少卿崇寧初詔以昭玘嘗傾搖先烈改元豐勅條倡從寬之邪說罷主管鴻慶宮遂入黨籍中居閒十五年自號樂靜先生寓意法書圖畫所于十囊命曰燕游十友自序以爲與今人友或趨附而陷于禍吾寧與十者友久益有味也晚知徐州辭不行靖康初復以起居舍人召而已卒紹興初追復直徽猷閣

向綝 陳察 鍾正甫 三人史俱無傳

高茂華 史無傳 宋詩紀事云字秀實呂去仁稱其人物高遠有出塵之姿入元祐黨籍

楊彥璋 史無傳

廖正一 史無傳 宋詩紀事字明略號竹林居士安陸人元豐二年進士元祐中召試館職除秘書省正字出知常州紹聖閒入黨籍貶監玉山稅 郡齋讀書志廖明略元祐中召試館職蘇子瞻在翰林見其所對策大奇之除正字

李夷行 史無傳 宋詩紀事字炳大崇寧間都水丞出爲泗州守入元祐黨籍

彭醇 梁士能 二人史俱無傳

武臣

張巽 李備 故 王獻可 故 胡田 馬諗 五人史俱無傳

王履 史無傳 宋詩紀事字坦翁開封人元祐初從父景昞南郊恩爲三班奉職元符上書編置新州入黨籍靖康初除相州觀察使虜騎被圍死之三朝北盟會編載其臨難歌云癯首向天兮天卒無言忠臣效死兮死亦何憾

趙希夷 史無傳 宗室世系表太宗次子燕王德昭九世孫希夷乃秉義郎子維之曾孫卿孔之孫師鵰之子事跡無考

任濬 郭子旂 錢盛 三人

史俱無傳 趙希德 史無傳 宗室世系表太祖太子燕王德昭九世孫希德乃武翊大夫子㮣之曾孫伯麐之孫師襄之子事蹟無攷

王長民 李永 故 王庭臣 吉師雄 李愚

吳休復 故六人史俱無傳 崔昌符 史無傳 按史有崔台符字平叔蒲陰人中明法科累官至光祿大夫元祐初御史林旦上官均發其惡出知潞州又貶秩徙相州後兼監牧使卒或與昌符爲兄弟行識以備攷

潘滋 高士權

李嘉亮 李琉 劉延肇 五人史俱無傳 姚雄 史附姚兕傳兕子字毅夫年十八佐父征伐哲宗紹聖加防禦使建中靖國初議棄湟州詔訪雄利害雄以爲可棄徙雄知熙州進華州觀察使蔡京用王厚復河湟治棄地罪停雄官光州居住三年得自便後論爲貢輕復贓金州明年聽歸高永年死起雄知滄州累泰寧軍節度使致仕卒贈開府儀同三司諡武恪 李基 史無傳

內臣

梁惟簡 故 史附見顧臨傳云中人梁惟簡坐嘗事宣仁太后得罪過洛臨與之宴集又附見陳衍傳以援引張士良梁知新以黨附皆得罪

陳衍 故 史宦者傳開封人以內侍給事殿庭累官供備庫使與梁惟簡爲諸宣仁聖烈皇后主管高韓王宅累出爲眞定路都監御史來之邵方力詆元祐政事首言衍在垂簾日交結戚里進退大臣力引所私俾居耳目之地坐貶監郴州酒稅務又編管白州徙配朱崖章惇起獄誣元祐諸老大臣云結衍輩以謀廢立士良嘗與衍同在宣仁后閤自郴州召之使實其說士良至但言宣仁彌留之際衍嘗可否二府事及用御寶付外而已鍛鍊無所得安惇蔡京乃奏衍疏隔兩宮斥隨龍內侍十餘人于外以翦除人主腹心羽翼意在動搖大逆不道乃啓處死令廣西轉運使程節涖其刑 宋子名臣言行錄引范祖禹遺事陳衍初管御藥院公爲諫議就居城西白家巷東鄰陳衍園也衍每至園中不敢高聲謂同列曰范諫議一言到上前吾輩不知死所矣

張士良 史無傳附見陳衍傳詳上 續資治通鑑元符元年三月戊午三省言究治前皇城使張士良辭服士良以御藥院官給事宣仁聖烈皇后與陳衍更直宮中掌文書其所從違事皆衍輒自予奪須降未嘗以聞間有臣僚奏請東朝還政者衍匿其奏留櫃中不以聞東朝亦不以聞於帝於是蔡京安惇言司馬光劉摯呂大防等交通中人張茂則梁惟簡陳衍之徒覬取高位盡變先帝成法深懼陛下一日親政則必有欺君罔上之刑乃同觀却慮爲傾搖之計於是疏隔兩宮及隨龍內侍十人恐行放逐以去陛下之腹心發受遺顧命元臣置以必死之地先帝任事之臣無一存者以翦陛下之羽翼大逆不道死有餘責陳衍罪在不赦 梁知新亦乞更賜審問正以國法詔誅衍於崖州徙士良羈管白州

故 史無傳附見陳衍傳詳上 李倬 譚扆 竇鉞 趙約 黃卿

從 馮說 曾燾 蘇舜民 楊偁 梁弼 陳恂

十一人史無傳 張茂則 故 史宦者傳字平甫開封人初補小黃門五遷至西頭供奉官哲宗即立累遷昌國軍留後加兩省都知卒紹聖論元祐人以茂則嘗預任使追貶左監門衛將軍崇寧中入黨籍

張琳 裴彥臣 李偁

故 閻守勲 王紱 李穆 蔡克明 王化基

王道 鄭世昌 鄭居簡 張祜 王化臣 十三人史無傳

爲臣不忠曾任宰臣

王珪 史傳字禹玉成都華陽人哲宗立累進金紫光祿大夫封岐國公卒諡曰文紹聖中邢恕謗訕黃履葉祖洽劉拯交論珪元豐末命事恕又誘教高遵裕子士京上奏言珪欲立雍王由是得罪追貶萬安軍司戶參軍削諸子籍徽宗即位還其官封蔡京秉政復奪贈諡政和中復之 按王珪原在御書百二十人數內其後與章惇別爲一籍不知饒本何以少此人

章惇 史姦臣傳字子厚建州浦城人進士甲科哲宗即位累知樞

密院事宣仁聽政惇與蔡確矯唱定策功確罷惇不自安乃駁司馬光所更役法累數千言宣仁怒黜知汝州哲宗親政有復熙寧元豐之意首起惇爲尚書左僕射兼門下侍郎於是專以紹述爲國是凡元祐所革一切復之引蔡卞林希黃履來之邵張商英周秩翟思上官均居要地任言責協謀朋姦報復仇怨小大之臣無一得免死者禍及其孥甚至詆宣仁后謂元祐之初老姦擅國又請發司馬光呂公著冢斵其棺哲宗不聽惇意不慊請編類元祐諸臣章疏遂治劉安世范祖禹諫禁中雇乳媼事又起同文館獄命蔡京安惇蹇序辰窮治欲覆諸人家又議察訪嶺南將盡殺流人哲宗曰朕遵祖宗遺制未嘗殺大臣其釋勿治然重得罪者千餘人或至三四謫徙天下冤之惇用邢恕爲御史中丞恕託司馬光語范祖禹曰今主少國疑宣訓事猶可慮又誘高士京上書言父遵裕臨死屏左右謂士京曰神宗彌留之際王珪遣高士充來問曰不知皇太后欲立誰我叱士充去之皆欲誣宣仁以此實之惇遂追貶司馬光王珪結中官郝隨爲助欲追廢宣仁后自皇太后太妃皆力爭之哲宗感悟焚其奏隨覘知之密語惇與蔡卞明日惇卞再言哲宗怒曰卿等不欲朕入英宗廟乎惇卞乃已惇又以皇后孟氏元祐中宣仁后所立迎合郝隨勸哲宗起掖庭祕獄託以左道廢后瑤華宮其後哲宗頗悔乃歎曰章惇壞我名節哲宗崩徽宗立遷惇特進封申國公爲山陵使靈轝陷澤中踰宿而行言者劾其不恭罷知越州尋貶武昌軍節度副使潭州安置右正言任伯雨論其欲追廢宣仁后又貶雷州司戶參軍從睦州死政和中追贈觀文殿大學士紹聖五年高宗閱任伯雨章疏手詔曰惇詆誣宣仁后欲追廢爲庶人賴哲宗不從其請使其言施用

豈不上累永陵貶昭化軍節度副使子孫不得仕于朝詔下海內稱快 通鑑輯覽建中靖國元年二月癸卯貶雷州司戶參軍初蘇軾謫雷不許占官舍遂僦民屋惇又以爲強奪民居下州究治以僦券甚明乃止至是惇問舍於民民曰前蘇公來爲章丞相幾破我家今不可也後徙睦州死 續資治通鑑崇寧四年十一月己未舒州團練副使湖州安置章惇死惇四子連登科無顯者死之日蔡卞分爭金帛停屍數日無人在側爲鼠食其一指 又曰有虞仙姑者年八十餘蔡京嘗具飯招仙姑見大豬指而問京曰識之否此章惇也意以諷京京大不樂

金石萃編卷一百四十四終

金石萃編卷一百四十五

賜進士出身 誥授光祿大夫刑部右侍郎加七級王昶譔

宋二十三

元祐黨籍碑本末

哲宗紹聖元年五月癸丑編類元祐羣臣章疏及更改事條 七月戊午詔大臣朋黨司馬光以下各輕重議罰布告天下餘悉不問議者亦勿復言 宋史本紀

二年十二月乙酉曾布言文彥博劉摯王存王巖叟輩皆詆毀先朝去年施行元祐之人多漏網者惇曰三省已得旨編類元祐以來臣僚章疏及申請文字密院亦合編類帝以爲然許將再奏曰密院已得指

揮編修文字乞便施行從之

四年正月丙午詔應紹聖二年十二月十五日類定姓名責降人子孫弟姪各不得住本州其鄰州內子孫仍並與次路遠分合入差遣已授未赴并見任人並罷 以上續資治通鑑

三月壬午命官編類司馬光等改廢法度論奏事狀 宋史本紀

三月壬午中書舍人蹇序辰言前日追正司馬光等罪惡實狀並取會編類人爲一本分置三省樞密院

以示天下後世之大戒從之章惇蔡卞請命序辰及直學士院徐鐸主其事由是搢紳之禍無一得脫者　四月丁酉進編臣僚章疏一百四十三帙　五月辛未詔榜示朝堂曰朕獲承先構永惟休烈盛美欲以昭示萬世而頃遭羣姦逞臆力肆詆排政事人材廢毀殆盡思與卿士大夫共承厥志念今在廷之臣乃陰懷私恩顯廢公議以姦臣所斥逐爲當罪所變更爲得宜以先帝所建立爲不然所褒擢爲非當借舉餘黨幸復甄收顚爲是非不定之論欲開善否更用之端朕察言觀事灼見邪心欲正典刑當申儆戒

其或怙終必罰無赦

元符元年二月丙申詔河北路轉運副使呂升卿提舉荆湖南路常平等事董必並爲廣南東西路察訪蔡京等究治同文館獄卒不得其要領乃更遣二人嶺外謀盡殺元祐流人時朝廷猶未知劉摯梁燾之死已而知之二人並罷　初章惇蔡卞恐元祐舊臣一旦復起日夜與邢恕謀所以排陷之者既再追貶呂公著司馬光又責呂大防劉摯梁燾范祖禹劉安世等過嶺意猶未慊仍用黃履疏高士英狀追貶王珪皆誣以圖危上躬其言浸及宣仁皇后帝頗惑之最後起同文獄將悉誅元祐大臣內結宦者郝隨爲助專媒蘗垂簾時事張士良者前竄雷州惇卞遽赴詔獄欲使證宣仁廢立及士良至以舊御藥告并列鼎鑊刀鋸置前謂之曰言有即還舊官言無則死士良仰天哭曰太皇太后不可誣天地神祇何可欺也乞就戮京惇無如之何但以陳衍罪狀塞詔宣仁廢立之議由是得息　六月壬寅詔蹇序辰安惇看詳元祐訴理所陳述語言於先朝不順者職位姓名別具以聞序辰初有是請帝亦厭之蔡卞勸章惇力使必行故有是詔自後緣訴理被禍者凡七八百人序

辰及惇實啓之　九月丙辰蹇序辰安惇以訴理事入對曾布言此事株連者衆恐失人心昨朝廷指揮令言有不順者具名聞奏中外皆以爲平允然恐議論者更有所加願聖意裁察臣嘗謂訴理之人本無可罪今刑部左右兩曹一主斷獄一主敘雪蓋自祖宗以來凡得罪輕斷訴雪者比比而有但元祐用事之人特置一司以張大其事信爲可罪其訴雪者似不足深責帝深納其言而序辰及惇所陳已紛紛矣

十一月甲子除元祐餘黨及特旨行遣者並與量移　以上宋元通鑑　續資治通鑑

徽宗卽位元符三年四月先是韓忠彦言哲宗卽位嘗詔天下實封言事獻言者以千百計章惇旣相乃置局編類摘取語言近似者指爲謗訕前日應詔者大抵得罪今陛下又詔中外直言朝政闕失若復編類則敢言之士必懷疑懼臣願急詔罷局盡焚所編類文書納之禁中中書舍人曾肇亦言祖宗以來臣僚所上章疏未嘗編寫蓋緣人臣指切朝政彈擊臣下皆是忘身爲國不顧後禍朝廷若有施行往往刊去姓名只作臣僚上言所以愛惜言事之人不使招怨若一一編錄傳之無窮萬一其人子孫見之必結

深隙祖宗以來未嘗編錄意恐在此今編錄旣非祖宗故事又有限定年月且元豐八年四月已前上至國初元祐元年四月十二日已後下至今日章疏何爲皆不編類而獨編此十年章疏臣所未喻欲乞指揮將中書樞密寫人等並各放罷帝嘉納之癸亥詔罷編類臣僚章疏局翼日吏部侍郎徐鐸取已編類成書者悉行進入　冬十月初章惇旣罷知越州陳瓘等以爲責輕復論惇在紹聖中置看詳元祐訴理局凡于先朝言語不順者加以釘足剥皮斬頸拔舌之刑其慘刻如此看詳官如安惇蹇序辰受大臣風諭傅致語言指爲謗訕攻之公論宜正典刑于是二人並除名放歸田里而貶章惇武昌軍節度副使潭州安置　歷代通鑑輯覽宋元通鑑

十一月詔改元時議以元祐紹聖均有所失欲以大公至正消釋黨朋遂詔改明年元爲建中靖國由是邪正雜進矣　通鑑輯覽

改元詔下御史中丞王覿言建中之名雖取皇極然重襲前代紀號非是宜以德宗爲戒時任事者多邪異不同覿言堯舜禹相授一道堯不去四凶而舜去之堯不舉元凱而舜舉之事未必盡同文王作邑於

豐而武王治鎬文王關市不征澤梁無禁周公征而禁之不害其爲善述神宗作法於前子孫當守於後至於時異事殊須損益者損益之於理固未爲有失也當國者忌其言遂改爲翰林學士由是邪正雜進矣初曾布密陳紹述之說帝不能決以問給事中徐勣勣對曰聖意得非欲兩存乎天下之事有是與非朝廷之人有忠與佞若不考其實姑務兩存臣未見其可也　宋元通鑑

建中靖國元年二月任伯雨又言蔡卞惡甚於章惇遂陳其大罪有六曰誣罔宣仁保佑之功欲行追廢

一也凡紹聖以來竄逐臣僚皆卞啓而後行二也宫
中厭勝事作卞乞掖庭置獄只遣内臣推治皇后以
是得罪三也編排元祐章疏被罪者數千人議自卞
出四也激怒哲宗致鄒浩遠謫又請治其親故送行
之罪五也蹇序辰建看詳訴理之議惇遲疑未應卞
以二心之言脅之惇即日置局士大夫得罪者八百
三十家六也卞陰狡險賊惡機滑天門生故吏徧滿
中外今雖薄責猶如在朝人人惴恐不敢回心向善
朝廷邪正是非不得分别馴致不已姦人復進天下
安危殆未可保也奏入不省　十一月壬午三省奏

事訖曾布獨留進呈内降起居郎鄧洵武所進愛莫
助之圖其說以爲陛下方紹述先志羣臣無助之者
其圖如史書年表例自宰相執政侍從臺諫郎官館
閣學校分爲七隔每隔旁通左曰紹述右曰元祐左
序助紹述者執政中惟温益一人其餘每隔止三四
人如趙挺之范致虚王能甫錢遹之屬而已右序舉
朝皆在其間至百餘人又於左序别立一項小貼揭
去布密稟揭去臣僚姓名帝曰洵武謂非相蔡京不
可以不與卿同故去之布曰洵武所陳既與臣所見
不同臣安敢與議明日遂改付温益益欣然奉行乞

籍記異論之人於是帝決意用京矣宋元通鑑
十一月再詔改元曾布主于紹述請改明年元爲崇
寧帝從之通鑑輯覽
崇寧元年五月庚午臣僚上言先朝貶斥司馬光等
異議害政播告中外天下共知方陛下即位之初未
及專攬萬幾當國之臣不能公平心意檢會事狀詳
具進呈以次率復今日再招人言遂至煩紊伏望陛
下明諭執政大臣使公共參議詳酌事體原輕重之
情定大小之罪上稟聖裁特賜行遣如顯有欺君負
國之實遂自宜放棄不足收卹其間亦有干連牽挂

偏執愚見情非姦誣者乞依近年普博之恩使有自
新之路則天下之氣平而紛紛之論息矣乙亥詔故
追復太子太保司馬光吕公著太師文彦博光祿大
夫吕大防太中大夫劉摯右中散大夫梁燾朝奉郎
王巖叟蘇軾各從裁減追復一官其元追復官告並
繳納王存鄭雍傅堯俞趙瞻趙禼孫升孔文仲朱光
庭秦觀張茂則范純仁韓維蘇轍范純粹吳安詩范
純禮陳次升韓川張耒吕希哲劉唐老歐陽棐孔平
仲畢仲游徐常黄庭堅晁補之劉跂王鞏劉當時常
安民黄隱張保源汪衍余爽湯馘鄭俠常立程頤張

裒等四十人通鑑輯覽宋元通鑑俱作四十四人行遣輕重有差惟孫固爲
神考潛邸人已復職名及贈官免追奪任伯雨陳祐
張庭堅商倚等並送吏部令在外指射差遣陳瓘龔
夬並予祠其司馬光等責詞皆曾布所草定也又詔
應元祐並元符今來責降人韓忠彥曾任宰臣安燾
係前執政王覿豐稷見任侍從外蘇轍范純禮劉奉
世等五十七人並令三省籍記不得與在京差遣通鑑輯覽崇寧元年五月詔籍元祐元符黨人蘇轍范純禮劉奉世范純粹劉安世賈易呂希純張舜民陳次升韓川呂仲甫張耒歐陽棐呂希哲劉唐老吳安詩黃庭堅黃隱畢仲游常安民劉當時孔平仲徐常王鞏張保源晁補之商倚張庭堅謝良佐韓跂馬琮陳彥默李祉陳祐任伯雨陳郛朱光裔蘇嘉鄭俠劉昱曾君貺陳瓘龔夬江衍余爽湯馘程頤朱光庭張巽張士良曾燾趙約談扆楊偁陳恂張琳裴彥臣凡五十餘人不得與在京差遣　丙子詔

應元祐以來及元符末未嘗以朋比附會得罪者除
已施行外自今以往一切釋而不問在言責者亦勿
復輒言　八月丙子詔司馬光呂公著王巖叟朱光
庭孔平仲孔文仲呂大防劉安世劉摯蘇軾梁燾李
周范純仁范祖禹狂衍湯馘李清臣豐稷鄒浩張舜
民子弟並毋得官京師按宋史本紀云詔司馬光等二十一人毋得官京師此所載只二十人爲異
九月乙未詔中書籍元符三年臣僚章疏姓名分正
邪各爲三等於是中書奏正上鍾世美喬世材何彥
正黃克俊鄧洵武李積中六人正中耿毅等十三人
正下許奉世等二十二人邪上尤甚范柔中等三十

九人邪上梁寬等四十一人邪中趙越等一百五十
人邪下王箏等三百十二人己亥御批付中書省應
元祐責籍并元符末叙復過當之人各具元籍定姓
名進入于是蔡京籍文臣執政官文彥博等二十二
人文彥博呂公著司馬光安燾呂大防劉摯梁燾王巖叟范純仁王珪王存傅堯俞趙瞻韓維孫固范百祿胡宗愈李清臣蘇轍劉奉世范純禮陸佃通鑑輯覽宋元通鑑載二十四人增多韓忠彥鄭雍二人餘並同此待制以上官蘇軾等三十五人蘇軾范祖禹王欽臣姚勔顧臨趙君錫馬默孔武仲王汾孔文仲朱光庭吳安持錢勰李之純孫覺鮮于侁趙彥若趙卨孫升李周劉安世韓川賈易呂希純曾肇王覿范純粹楊畏呂陶王古陳次升豐稷謝文瓘鄒浩張舜民餘官秦觀等四十八人秦觀湯馘杜純司馬康宋保國吳安詩張耒黃隱歐陽棐呂希哲劉唐老晁補之黃庭堅畢仲游常安民汪衍孔平仲王鞏張保源余爽鄭俠常立程頤余卞唐義問李格非商倚張庭堅李祉陳佑任伯雨陳郛朱光裔蘇嘉陳瓘龔夬呂希績歐陽中立吳儔呂仲甫徐常劉當時馬琮謝良佐陳彥默劉昱曾君貺韓跂內

臣張士良等八人張士良曾燾趙約譚扆楊偁陳恂張琳裴彥臣武臣王獻可等四
人王獻可張巽李備胡田等其罪狀謂之姦黨請御書刻石於端
禮門攷異曰此據長編所列姓名人數李燾曰七月二日曾君貺劉昱李常呂仲甫朱光裔馬琮劉當時謝良佐陳彥默八人已出籍恐此姓名不當又見九月十七日十七日即己亥也今按宋史徽宗紀崇寧元年九月己亥籍元祐及元符末宰相文彥博等侍從蘇軾等餘官秦觀等內臣張士良等武臣王獻可等凡百有二十人御書刻石端禮門而長編所列姓名止一百十七人尚少三人恐有遺脫其出籍八人又不當在內則所闕共十一人矣又二年九月從臣僚之請循端禮門石刻于天下長編載御史臺抄錄到名數又止九十八人彼此參錯不齊未知何故　按考異所引李燾長編載已出籍者八人今以碑校內李常前作徐常此八人碑已無名而此外尚有韓跂一人不見於碑又按通鑑輯覽所載一百二十八人姓名次序詳略與此不同併錄於此以備攷云時元祐元符末羣賢貶竄死徙者略盡蔡京猶未愜意乃與其客強浚明葉夢得籍宰執司馬光文彥博呂公著呂大防劉摯范純仁韓忠彥王珪梁燾王巖叟王存鄭雍傅堯俞趙瞻韓維孫固范百祿胡宗愈李清臣蘇轍劉奉世范純禮安燾陸佃曾任待制以上官蘇軾范祖禹孔文仲孔武仲朱光庭孫覺鮮于侁賈易鄒浩等餘官程頤秦觀張耒晁補之黃庭堅孔平仲等及內臣張士良等武臣王獻可等凡百二十人謂之姦黨請御書刻石於端禮門又按薛氏

通鑑所載百二十八人除李軾二十四人與輯覽同其待制以上官曰蘇軾范祖禹王欽臣姚勔顧臨趙君錫馬默王汾孔文仲孔武仲朱光庭孫覺吳安持錢勰李之純趙彥若趙卨孫升李周劉安世韓川呂希純曾肇王覿范純粹王畏呂陶王古陳次升豐稷謝文瓘鮮于侁賈易鄒浩張舜民餘官程頤謝良佐呂希哲呂希績晁補之黃庭堅畢仲游常安民孔平仲司馬康吳安詩張耒歐陽棐陳瓘鄭俠秦觀徐常湯馘杜純宋保國劉唐老黃隱王鞏張保源汪衍余爽常立唐義問余卞李格非商倚張庭堅李祉陳祐任伯雨朱光裔陳郛蘇嘉龔夬歐陽中立吳儔呂仲甫劉當時馬琮陳彥默劉昱魯君貺韓跋內臣張士良曾燾趙約譚扆王偁陳詢張琳裴彥臣武臣王獻可張巽李備胡田凡百二十八人較輯覽加詳而次序與此本迥異姓名亦間有不同

庚子贈宣德郎鍾世美為右諫議大夫錄其子為郊社齋郎世美元符末提舉福建路常平應詔上書乞復熙寧紹聖政事至是第為正上等第一故有此恩餘正等四十人悉加旌擢其邪等五百四十二人降責有差按此與東都事略小異詳見下以上並續資治通鑑

冬十月戊辰詔責降官觀人不得同一州居住丙子劉奉世等二十七人坐元符末黨與變法並罷祠祿宋史本紀

冬十月復廢元祐皇后孟氏貶韓忠彥等官竄豐稷陳瓘等于遠州時元符皇后閣宦者郝隨諷蔡京再廢元祐皇后京未得間既而昌州判官馮澥上書論復后為非於是御史中丞錢遹殿中侍御史石豫左膚連章論韓忠彥等乘一布衣誣言復瑤華之廢后掠流俗之虛美當時物議固已洶洶乃至疏逖小臣詣闕上書忠義激切則天下公議從可知矣京等皆主其說帝從之詔罷元祐皇后之號復居瑤華宮且治元符末議復后號者降宰臣韓忠彥曾布官追貶李清臣雷州司戶參軍黃履祁州團練副使安置翰林學士曾肇御史中丞豐稷諫臣陳瓘龔夬等十七人于遠州擢馮澥鴻臚寺主簿宋元通鑑

十一月甲辰詔曰元符末下詔求直言蓋欲廣朕聞見裨益政治比以所上章疏付之有司攷其邪正令具名來上其間忠言讜議指陳闕失力陳父子兄弟繼述友恭之義者四十一人悉令旌擢以勸多士內有附會姦慝誣毀先帝政事總五百四十一人然言

有淺深罪有輕重取其詆毀謗斥尤甚者三十人可逐之遠方次等四十一人其言亦多詆訕各逐等第責降以戒為臣之不忠者東都事畧徽宗紀按此即續通鑑九月庚子一條而詳畧小異因并錄之以備參攷

十二月丁丑詔諸邪說詖行非先聖賢之書及元祐學術政事並勿施用

二年三月乙酉詔黨人子弟毋得擅到闕下其應緣趣附黨人罷任在外指射差遣及得罪停替臣僚亦如之癸卯賜禮部奏名進士及第出身五百三十八人其嘗上書在正等者升甲邪等者黜之並宋史本紀

時李階舉禮部第一階深之子而陳瓘之甥也安忱
對策言使黨人之子魁多士無以示天下遂奪階出
身而賜忱第忱惇兄也又黃定等十八人皆上書邪
等帝臨軒召謂之曰卿等攻朕短可也神宗哲宗何
負於卿等亦竝黜之皆從蔡京言也　四月乙亥詔
蘇洵蘇軾蘇轍黃庭堅張耒晁補之秦觀馬涓文集
范祖禹唐鑑范鎮東齋記事劉攽詩話僧文瑩湘山
野錄等印板悉行焚毀　詔追毀程頤出身以來文
字除名其入山所著書令本路監司覺察時臣僚上
言程頤學術頗僻素行譎怪勸講經筵有輕視人主

之意議法太學則專以變亂成憲爲事故有是詔
六月庚申詔元符末上書進士頗多詆訕令州郡遣
入新學依太學自訟齋法候及一年能革心自新者
許將來應舉其不變者當屏之遠方　七月辛卯詔
上書進士見充三舍生者罷歸乙巳吏部言程頤子
端彥見任鄢陵縣尉郎係在京府界宜放罷從之因
下詔責降人子弟毋得任在京及府界差遣　九月
壬午詔宗室不得與元祐姦黨子孫及有服親爲婚
姻內已定未過禮者竝改正庚寅詔上書邪等人知
縣以上資序竝與外祠選人不得改官及爲縣令

臣僚上言近出使府界陳州士人有以端禮門石刻
元祐姦黨姓名問臣者其姓名雖嘗行下至於御筆
刻石則未盡知近在畿甸且如此況四遠乎乞特降
睿旨以御書刊石端禮門姓名下外路州軍於監司
長吏廳立石刊記以示萬姓從之攷異云長編御史臺抄錄到元祐姦黨曾任宰臣文彥博
呂公著司馬光呂大防劉摯范純仁韓忠彥王珪執政官梁燾王巖叟王存鄭
雍傅堯俞趙瞻韓維孫固范百祿胡宗愈李清臣蘇轍劉奉世范純禮陸佃安
燾待制以上官蘇軾范祖禹王欽臣姚勔顧臨趙君錫馬默孔武仲王汾孔文
仲朱光庭吳安持錢勰李之純孫覺鮮于侁趙彥若趙卨孫升李周劉安世韓
川賈易呂希純曾肇王覿范純粹楊畏呂陶王古陳次升豐稷謝文瓘鄒浩張
舜民餘官秦觀湯馘杜純司馬康宋保國吳安詩張耒歐陽棐呂希哲劉唐老
晁補之黃庭堅黃隱畢仲游常安民孔平仲王鞏張保源任衍余爽鄭俠常立
程頤唐義問余卞李格非商倚張庭堅李祉陳祐任伯雨陳郛朱光裔蘇嘉陳
瓘龔夬呂希績歐陽中立吳儔而內臣武臣不與焉通計止九十八人其所列
姓名次序亦與元年小異今具錄以備參攷云　按此條與元年小異者曾任

宰臣內韓宗彥鄭雍二人爲元年所無餘俱相同　十一月庚辰詔以學術政事聚徒
傳授者委監司舉察必罰無赦　十二月丁巳詔臣
僚姓名有與姦黨人同者竝令改名從權開封府吳
拭奏請也時改名者五人朱紱李積中王公彥江湖
張鐸按碑有江洵無江湖張鐸姓名亦未見
三年春正月辛巳詔上書邪等人毋得至京師　二
月己酉詔王珪章惇別爲一籍如元祐黨　六月戊
午詔重定元祐元符黨人及上書邪等者合爲一籍
通三百九人刻石朝堂餘竝出籍自今毋得復彈奏
元祐姦黨文臣曾任宰臣執政官司馬光等二十七

人待制以上官蘇軾等四十九人餘官秦觀等一百七十六人武臣張巽等二十五人內臣梁惟簡等二十九人爲臣不忠曾任宰相二人（按續資治通鑑人數下各注姓名今以碑校之姓名皆同間有異者分注各人之下此不複出其有次序互異者無甚關係亦不斷論惟餘官一百七十六人據碑是一百七十七人內失載周遵道一人且不合三百九人之數疑誤） 壬戌蔡京奏奉詔令臣書元祐姦黨姓名恭惟皇帝嗣位之五年旌別淑慝明信賞罰黜元祐害政之臣靡有佚罰乃命有司夷攷罪狀第其首惡與其附麗者以聞得三百九人皇帝書而刊之石置於文德殿門東壁永爲萬世子孫之戒又詔臣京書之將以頒之天下臣敢不對揚休命仰承陛下孝悌繼

述之志謹書元祐姦黨名姓仍連元書本進呈於是詔頒之州縣令皆刻石（按此奏京節節取其辭序於碑首而其文稍異因備錄於此又按通鑑輯覽時戶部尚書劉拯字彥修宣州南陵人言漢唐失政皆自朋黨始今日指前日之人爲黨焉知後日不以今日爲黨乎大抵人之過惡自有公論何必悉拘于籍而禁錮之哉蔡京大不懌諷臺諫劾之出知蘄州） 十一月庚辰詔上書邪等遞人除不得注知縣令丞外其職官錄叅判司簿尉並許差注 丙申祀圜丘大赦應係貶謫官員除元祐姦黨籍及別有指揮不許移放之人外未量移者與量移

四年五月戊申除黨人父兄子弟之禁 七月丁巳手詔應上書奏疏見羈管編管人可特與放還鄉里仍令三省量輕重具名立此聞奏 八月壬辰詔應上書編管進士已放歸鄉里親戚保任者若犯流以上罪或擅出州界或不改革輒有謗訕其保任與同 九月己亥詔元祐姦黨久責遐裔用示至仁稍從內徙應嶺南移荊湖荊湖移江淮江淮移近地唯不得至四輔畿甸（除上書已經量移及近鄉人外其被詔量移者凡五十七人鄒浩陳次升余爽范正平范柔中黃庭堅陳瓘任伯雨張庭堅龔夬孝誼王道梁寬陳恂馬諗王履鄭子游趙彥德王長民張林范純粹馮守勤王化基曾布劉安世孫琮馬涓李深曾紆蔡克明鄭居簡譚忠彥范純禮安鼎王古曾肇朱師服張耒呂希純王覿豐稷張舜民謝文瓘龔原吳安遜馮說梁安國王箴曾紡張彥臣朱紱李移鄧世昌王化臣李之儀江公望陳祐） 十月戊子詔上書進士未獲者限百日自陳免罪（按此條見宋史本紀） 十二月癸巳御筆手詔曰昨降手劄應上書奏疏見編管羈管人令還鄉里責親屬保任

而有司止從量移其誣謗深重除范柔中鄧考甫不放外餘並依已降指揮放還鄉里令親屬保任如法

五年春正月乙巳以星變避殿減膳詔中外臣僚並許直言朝政闕失毀元祐黨人碑又詔應元祐及元符末係籍人等遷謫累年已足懲戒可復仕籍許其自新朝堂石刻已令除毀如外處有姦黨石刻亦令除毀今後更不許以前事彈糾常令御史臺覺察違者劾奏（攷異曰宋史劉逵傳初以附蔡京驟進京以彗星見去相而逵貳中書首勸徽宗碎元祐黨碑寬上書邪籍之禁陳桱通鑑續編采此說後人皆因之案毀碑寬禁在京罷相前一月宋史誤又東都事畧劉逵傳及李氏長編並不載逵語恐非事實續編又云帝夜半遣黃門毀石刻翼日蔡京見之厲聲曰石可毀名不可滅也亦未知出何書姑附記於此 按毀碑之事雖在京罷相前一月然宋史蔡京傳亦云帝以言者毀黨碑則毀碑自出於言者非從由帝

命或所謂言者即劉逵未可知又蔡京厲聲曰云云通鑑輯覽亦載之 丁未太白晝見大赦天下除
黨人一切之禁又詔已降指揮除毀元祐姦黨石刻
及與係籍人敘復注擬差遣深慮愚人妄意臆度覬
欲更張熙豐善政苟害繼述必置典刑 庚戌三省
同奉聖旨敘復元祐黨籍曾任宰臣執政官劉摯等
十一人劉摯梁燾李清臣王巖叟輕第二等韓忠彥曾布范純禮安燾劉奉世輕第三等黃履 待制以上官蘇
軾等十九人蘇軾劉安世曾肇鄒浩朱光庭輕第二等孔文仲范純粹豐稷王古張舜民朱師服謝文瓘賈易呂希純楊畏輕第三等陳次升郭知章朱紱葉祖洽 文臣餘官任伯雨等五十五人重第一等任伯雨范柔中鄧考甫張庭堅馬涓封覺民輕第一等黃庭堅陳祐李祉張耒李深李之儀周誼孫琮胡端修趙令畤吳安遜王箴曾紆江公望李積中汪衍梁寬沈千曹興宗王極陳師錫楊瓌寶陳升黃安期高漸齋元趙越滕友陳唐李昭玘倪直孺高茂華歐陽棐陳察廖正一劉唐老楊彥璋張恕梁士能錢景祥李夷行吳處厚張夙輕第三等蔡希甫鄧貺鍾正甫許端卿向紱 選人呂亮卿等六十七人輕第二等呂諒卿鄭俠余爽范正平楊琳蘇昞葛茂宗劉渭柴袞洪羽趙天祐李新衡百榮趙珣李傑李賁郭執中石芳金極高公應安信之張集黃策周永徽鮮于綽王貫蘇迥檀固何大受干端黃遷方侯正許堯輔楊朏胡良梅君俞冠宗顏張居厚李修黃才曹盥侯顯道周遵道林膚宏壽岳王交張溥許安修胡潛董祥蔣津王守鄧允中梁俊民王陽張裕陳表民江洵王公彥方适龐敏求李世英呂彥祖何大正衛約袞公適王察 十一月癸丑臣僚
上言伏覩崇寧五年七月二日赦應係舊籍人子弟
許到闕者見訖赴部令預集注三次集滿不授差遣
者將與直差又選人限一季若在外指射差遣者聽
免直差朝辭訖限三日出門此陛下慮浸久有害紹
述故畧爲防限以示好惡也然到闕而見與見訖赴
部初無日限伏望特旨令到闕三日即投下文字朝

見訖三日即赴部所有集注直差朝辭出門自從舊
條則異趣之徒不得倚法之脫畧而害紹述之聖政
若乃上書邪等人公肆狂妄非上之所建立所謂躬
自蹈之殆與係籍子弟連坐者異矣是宜得罪重於
子弟今陛下縱以仁心矜貸此曹亦當固爲防限臣
愚以謂宜於七月三日赦內添入上書邪等庶幾繼
志述事明示四海仁心義政並用不廢從之
大觀元年五月癸卯詔自今凡總一路及監司之任
勿以元祐學術及異議人充選
二年三月門下中書後省左右司言檢會今年正月
一日赦書元祐黨人懷姦睥睨報怨不已公肆詆誣
罪在宗廟者朕不敢貸其或情輕法重例被放棄或
非身自犯因人得罪或志非詆謗言有近似或本緣
辨理語涉譏訕或止因職事偶涉更改凡此之類不
據元貶責罪犯審量其情分輕重等第取情理輕者
與落罪籍甄敘差遣今將元編類冊內依詳敕文看
詳到孫固等四十五人孫固陸佃王存鄭少游趙瞻安燾顧臨張問朱師服錢勰王欽臣楊畏李之純王汾馬默周鼎向綡李昭玘歐陽棐陳察梁士能楊彥璋李賁鍾正甫許端卿趙彥若賈易姚勔呂希績歐陽中立葉伸陳郛朱光裔蘇嘉吳儔常立李茂直司馬康鄒貺鄧忠臣廖正一呂希哲蔡希甫張耒杜紘 詔除孫固安燾賈易外餘並出籍又
看詳到葉祖洽等六人葉祖洽郭知章上官均朱紱和師極錢景祥 詔並出籍

六月戊戌門下中書後省左右司復依赦看詳到韓維等九十五人詔並出籍韓維楊康國趙卨鮮于侁孫固董敦逸呂希純孝秦求孔武仲張舜唐義問余卞宋保國李深陳祐商倚李之儀范正平李祉韓治曾紆黃隱馬諗王鞏任濬趙希悫郭子旂劉延肇錢盛吳休復崔昌符李思李玩吉思聰趙令袞王庭臣高士權李永王獻可李嘉亮姚雄潘滋高茂華滕友張濟梅君俞楊瓌寶林膚彭醇呂彥祖陳唐曹盥王守曹興宗高公應黃才江公望安期梁俊民王貫張集鹿敏求李賁高士育逢純熙趙令時倪直孺沈千朱肱呂倪魏道趙越周鍔蕭刓高遵裕劉謂楊琳鄧允中黃祥王交楊朏于肇劉勃許堯輔謝潛姚鳳何大正張裕洪羽鮮于綽李積中馮百藥裘公遹李新許安修案此據長編所列止九十四人蓋脫去一姓名 戊申三省檢會正月一日赦書應元祐黨人不以存亡及在籍可特與叙官勘會前任宰臣執政官見存人韓忠彥蘇轍安燾身亡人文彥博呂公著呂大防劉摯曾布章惇梁燾王巖叟李清臣范純禮黃履詔見存人與復一官文彥博等亦各追復有差以上並通鑑輯覽宋元通鑑續資治通鑑

三年秋七月丁未詔謫籍人除元祐姦黨及得罪宗廟外餘並錄用

四年三月戊辰詔上書邪下等人可依無過人例令後改官升任並免檢舉　閏八月辛酉詔戒朋黨

政和元年十一月壬戌以上書邪等及曾經入籍人並不許試學官

二年春正月甲子制上書邪等人並不除監司

重和元年春正月己丑應元符末上書邪中等人依無過人例　九月癸巳禁羣臣朋黨

宣和四年十一月庚午上書邪上等人特與磨勘以上宋史本紀

五年秋七月禁元祐學術中書言福建印造司馬光等文集詔令毀板凡舉人傳習元祐學術者以違制論通鑑輯覽

六年冬十月庚午詔有收藏習用蘇黃之文者並令焚毀犯者以大不恭論宋史本紀　按此條宋元通鑑與五年七月同系其日曰庚午通鑑輯覽亦同係而不系庚午皆不作六年十月

欽宗靖康元年二月壬寅除元祐黨籍學術之禁以上宋史本紀　七月除元符上書邪等之禁通鑑輯覽薛氏通鑑

總論

哲宗皇帝爰自沖年嗣膺大歷是時宣仁共政登進忠賢以安天下故元祐致治之盛庶幾仁宗及紹聖親政起熙豐舊人而用之元祐政事一切務以相反烏虖哲宗之英毅開敏有能致之資惜乎大臣不以忠厚而事其上也東都事略哲宗本紀贊

紹聖初哲宗親政用李清臣爲中書侍郎范丞相純仁與清臣論事不合范公求去帝不許范公堅辭帝不得已除觀文殿大學士判潁昌府召章惇爲相未至清臣獨當中書益覬倖相位復行免役青苗法除

諸路常平使者停至不能容以事中之清臣出知北京建中靖國初上皇即位用韓忠彥爲相清臣爲門下侍郎忠彥與清臣有嫌故忠彥惟清臣言是聽清臣復用事范右丞純禮忠彥所薦清臣罷之劉安世呂希純皆忠彥所重清臣不使入朝外除安世帥定武希純帥高陽張舜民忠彥薦爲諫大夫清臣出之帥眞定其所出與外除及不使入朝者皆賢士清臣素所憚不可得而用者忠彥儒甚不能爲之主會布爲右相用范致虛諫疏云河北三帥連衡恐非社稷之福劉安世呂希純同日報罷清臣亦爲布所陷出

知北京伯溫常論紹聖建中靖國之初朝廷邪正治亂未定之際皆爲一李清臣以私意幸相位壞之邪說既勝衆小人竝進清臣自亦不能立於朝矣使清臣在紹聖初同范丞相在建中靖國初同范右丞劉安世呂希純張舜民以公議正論共濟國事則朝廷無後日之禍而清臣亦得相位享美名矣此忠臣義士惜一時治亂之機爲之流涕者也　哲宗即位宣仁后垂簾同聽政羣賢畢集於朝專以忠厚不擾爲治和戎偃武愛民重穀庶幾嘉祐之風矣然雖賢者不免以類相從故當時有洛黨川黨朔黨之號洛黨者以程正叔爲領袖朱光庭賈易爲羽翼川黨者以蘇子瞻爲領袖呂陶等爲羽翼朔黨者以劉摯梁燾王巖叟劉安世爲領袖羽翼尤衆諸黨相攻不已正叔多用古禮子瞻謂其不近人情如王介甫深嫉之或加玩侮故朱光庭賈易不平皆以謗訕誣子瞻執政兩平之是時既退元豐大臣于散地皆銜怨刻骨陰伺間隙而諸賢不悟自分黨相毀至紹聖初章惇爲相因以爲元祐黨盡竄嶺海之外可哀也呂微仲秦人戇直無黨范淳甫蜀人師溫公不立黨亦不免竄逐以死尤可哀也邵氏聞見錄

紹聖初章申公以宰相召道過山陽陳忠肅公邀衆謁之章素聞公名獨請登舟共載而行訪以當世之務公曰請以所乘舟爲喻乘舟偏重其可行乎移左置右其偏一也明此則可行矣章默然未荅公復曰上方虛心以待公公必有以副上意者敢問將欲施行之叙以何事爲先何事爲後何事當緩何事當急誰爲君子誰爲小人諒有素定之論章竚思良久曰司馬光姦邪所當先辨無急於此公曰相公誤矣此猶欲平舟勢而移左以置右也果然將失天下之望矣章厲色視公曰光輔母后獨宰政柄不纂紹先烈

肆意大改成緒悞國如此非姦邪而何公曰不察其
心而疑其迹則不爲無罪若遂以爲姦邪而欲大改
其已行則悞國益甚矣乃爲之極論熙豐元祐之事
以爲元豐之政多異熙寧則先志固已變而行之溫
公不明先志而用母改子之說行之太遽所以紛紛
至於今日爲今之計唯當絕臣下之私情融祖宗之
善意消朋黨持中道庶乎可以救弊若又以熙豐元
祐爲說無以厭服公論恐紛紛未艾也辞辯淵源議
論勁正章雖忤意亦頗驚異遂有兼取元祐之語蓋
公其飯而別章到闕召公爲太學博士公聞其與蔡

卞方合知必害於正論遂以婚嫁爲辞久乃赴官於
是三年不遷陳忠肅公言事
哲宗以沖幼踐阼宣仁同政初年召用馬呂諸賢罷
青苗復常平登俊良闢言路天下人心翕然向治而
元祐之政庶幾仁宗奈何熙豐舊姦屏去未盡已而
媒蘖復用卒假紹述之言務反前政報復善良馴致
禍與君子盡斥而宋政益敝矣吁可惜哉宋史哲宗本紀贊
宋中葉之禍章蔡首惡趙良嗣厲階然哲宗之崩徽
宗未立惇謂其輕佻不可以君天下遼天祚之亾張
覺舉平州來歸良嗣以爲納之失信於金必啓外侮

使二人之計行宋不立徽宗不納張覺金雖强何衅
以伐宋哉以是知事變之來雖小人亦能知之而君
子有所不能制也宣政之爲宋承熙豐紹聖椓喪之
餘而徽宗又躬蹈二事之弊鮮不亾者故特著以爲
戒宋史徽宗本紀贊
崇寧元年五月詔籍元祐元符黨人發明曰黨人之
禍其來尚矣自漢立黨錮而正士擯斥唐立黨禁而
君子濳藏然皆不過數世而天下隨滅何也蓋正人
國之元氣元氣遏絕國能久乎宋自仁宗寶元元年
詔戒百官朋黨慶歷四年詔戒朋黨相訐其端雖起

於仁宗然亦戒之之意非籍之之意也徽宗卽位幾
二年詔籍元祐元符黨人則其見戕小人而浸不克
終之意可見矣天下何由而治乎是時羣邪肆虐罔
敢誰何獨陸佃一言以捄之其禍少息見忤朋邪遂
爲罷出可勝惜哉　崇寧二年九月令州縣立黨人
碑發明曰小人之疾忌至此極矣徽宗之昏庸至此
甚矣朱子曰於天下之事有可否則斷以公道而勿
牽於內顧偏聽之私於天下之議有從違則開以誠
心而勿誑以陽開陰闔之計則庶乎德業盛大表裏
光明中外遠邇心悅誠服前立黨人碑於端禮門又

詔黨人子弟毋得至闕下此令州縣立黨人碑畧無
一毫矜恕之意黨人何負于國而疾之深耶　崇寧
三年六月重定黨人刻石朝堂發明曰重定者不宜
定也惡已甚也宋之所謂黨人者皆一時之君子既
非有蠹政害民之事又非有挾私報怨之愆何以謂
之黨人而疾之之深耶蓋君子有朋而無黨小人有
黨而無朋然反以君子爲黨者非公平正大之事也
良由小人之心欲陷君子而難其名必目之爲黨人
則濟濟多士皆罹網中而小人之私意方遂耳殊不
知正人天地之紀伐天地之紀則國未有不敗亾者

徽宗苟能知此悔過自新可也夫何沈溺於豫弗克
稍悟惜哉廣義曰小人之害君子直欲其聲銷影沈
没世無聞然後已然而諸賢流芳百世蔡京遺臭萬
年者其皆出於此乎嗚呼君子小人義利之間學者
不可不辨之早而決之力也　崇寧五年正月毀黨
人碑復謫者仕籍發明曰徽宗因星變而能詔求直
言毀黨人碑則庶幾有敬天聽言之意矣故夫除黨
人父子兄弟之禁還上書流人徙元祐黨人於近地
毀黨人碑皆所以予其悔悟之心也古之聖賢不貴
無過而貴改過者其以此耳徽宗苟能自是一新舊

染遷善戒惡則何天變不消而民心不得哉惜其求
言未幾而罷求直言之心未形而邪佞復作此其所
以終于悖亂而不救也廣義曰詔求直言因星變也
半夜毀碑畏蔡京也婦制其夫家道不可成臣制其
君國體不可立易曰輿說輹夫妻反目此之謂歟續通
鑑綱目
張溥元祐更化論曰神宗崩哲宗即位召程頤爲宗
正寺丞未至而卒朝野哀傷元祐元年秋九月河內
公司馬光卒三年冬十二月蜀公范鎮卒四年春二
月東平公呂公著卒則老成幾盡矣詩不云乎人之

云亡邦國殄瘁孔子殁魯哀公誄之慼然於天之不
遺一老元祐之初羣賢彙征天下望治元德先逝澄
清安託然而聖政日新庶務畢舉者以宣仁太后在
上也宣仁故高瓊曾孫光憲曹太后少鞠之宮中命
配英宗生神宗及岐王顥嘉王頵神宗不豫邪慝蔡
確屬意二王太后獨決延安之命不立愛子而立嫡
孫要爲天下萬世計爾神宗在纊邸時孝友好學一
即尊位數相求賢勵精三代既傾心王安石創行新
法擾民慮惟恐不當靈州永樂之役臨朝痛哭寢
食並廢竟憂悖疾崩人君之不壽也或以聲色崩或

以逸遊崩或以餌金石戕神怪崩獨神宗以想望太
平求治不得而崩新法爲害其可一朝居乎銳然更
始與物維新慈母垂簾之化固孝子山陵之志也一
聽政而罷京城邏卒及免行錢廢濬河司蠲逋賦未
幾而府界三路保甲罷沅州增修堡砦罷矣方田罷
市易罷保馬罷後苑作院罷增直鑄錢監罷成都榷
茶場罷王氏經義字說禁矣熙河經制財用司罷靑
苗法罷矣一聽政而貶吳居厚呂嘉問與邢恕未幾
而章惇免韓縝免張璪免李淸臣免李憲王中正宋
用臣石得一黜矣范子淵陸師閔貶鄧綰李定放呂

惠卿蔡確安置矣欲任賢也必先去邪邪一去賢未
有不任也欲興利也必先除害害一除利未有不興
也其爲政也簡其操術也獨三章之約漢高稱仁四
凶之誅虞舜垂哲千載極治於宣仁僅見爾或疑人
情善反道貴包荒紹聖元符之禍激成於元祐使少
從容可幸無變不知陰陽並立陽常不勝一陰五陽
君子猶懼況其雜也呂大防范純仁稍議調停而楊
畏李淸臣卽起而乘之宜邪正兼用宣仁先禀禀也
夫
又宣仁之誣論曰宋代稱治莫盛于元祐爲之主者

宣仁高太后也神宗卽位變更法制后時以皇太后
居寶慈宮嘗流涕語帝憂王安石亂天下帝病始同
哲宗聽政海內乂安或謂神宗子也宣仁母也子行
不順教誨惟母熙豐之間羣小馳騖宣仁曷不勸帝
早遠佞人守成憲亂而後改事乃多矣然女主垂簾
國家所諱哲宗十歲孩童無知六皇太后慮深社稷
不得已而朝羣臣若壯子當陽政繇內出朝廷大事
豈所預聞惟神宗素志慕堯舜而所任皆驩兜太后
深宮憂念未嘗不憐而泣也忽然抱孫寧堪再亂親
賢遠奸修葺庶政掩吾子之非莫配天之業非求名

而爲處勢適然爾賊臣章惇輩懟憤放廢媒蘖聖人
詭宣訓之辭造同文之獄是可忍也孰不可忍盍思
開寶以來太宗謀契丹仁宗困西夏君子雖進而未
盡用小人雖退而未盡舍獨至元祐九年聖政萬事
畢舉邪正分途中外晏謐委裘恭己功高數帝且先
皇大漸宰相問疾太皇太后手撫延安稱兒孝順立
爲太子黃袍密製踐祚屹然勳業如此慈愛如彼哲
宗寧無人心遽爲賊臣熒惑小究所以歎彼昏也褒
士艮雜治不服向太后指天明誣帝稍感悟宣仁不
殁然故號雖存紹述方銳謗騰國史南渡乃辯以上

言之則孫攻王母以下言之則臣弑其君逆賊之變顯有莽操陰有惇卞亦何所不至哉

又洛蜀黨議論曰元祐之初正人登進程頤以崇政殿說書名蘇軾以翰林學士召咸拔擢不次在帝左右未幾以言論不合賈易朱光庭等劾軾胡宗愈孔文仲顧臨等劾頤洛蜀交攻遂分二黨六七年間廢罷不一終宣仁清明之世竟未施用海內惜之唐長慶太和之有黨也始于李宗閔李逢吉牛僧孺惡李德裕李紳而排之目以爲黨傾軋報復垂四十年宋慶歷之有黨也始于賈昌朝陳執中王拱辰錢明逸

惡范仲淹富弼等而排之目以爲黨飛章詆毀一網立盡此皆小人結約急爲身謀功名累心而恩怨日廸明知君子有益于國而深畏其不利于己是以背公論聚死黨奮發橫恣而不顧也軾與頤合志同方出處不異熙豐之際或堅卧山林或放逐湖海一朝遇主攜手偕行方冀其一心奉公更化善政司馬光未竟之業諸賢力贊其成而口語參商攻訐競起初不聞有國家大政爭若新法仕塗抵巇怨若牛李也右頤者詆軾曰謗訕右軾者詆頤曰矯激在兩賢本無罪可指而言路亦非積憾爲讎特以師友各地辭

色不下嘲侮小嫌詬誶靡已即盈朝之上書猶家人之室鬩耳迨章惇蔡京專國反攻頤軾之徒既竄接踵端門之碑姓名並列此固向所攘臂勃谿忿詢角立者小人所爲一黨而並摯之治世不同禍亂世則同禍諸賢當此亦當自悔其藩籬之不固而水火之必傷也漢桓帝時周福房植有名當朝鄉人興謠賓客譏揣亦學舍戲言耳宦官借之即來告變而捕鉤黨頤軾之爭不關臧否而黨議即興劉摯梁燾王巖叟劉安世等超然評論亦稱朔黨與之鼎立始以相爭者爲黨旣則不爭者亦爲黨小人之害君子張而

大之惟恐其黨名之不著迫而乘之又惟恐其黨孽之不成也朱浮有言凡舉事無爲親厚者所痛而爲見讎者所快洛蜀之議呂公著等所痛章惇等所快也文章理學百代其師而其爕豆泣隙生氣類無黨之凶反甚于有黨元祐君子之失未有大于此者況呂大防復招楊畏而使入乎

又紹述論曰紹述之論發于楊畏李清臣此固小人之靡也畏幼孤好學刻志經術事親有孝名猥爲王安石呂惠卿所知力尊邪學司馬光入洛畏懼得罪面進諂言光薨而旋謗之且始附呂大防攻劉摯後

即背大防始附蘇轍攻范純仁後即背轍反譎性生
彼亦自謂跡在元祐心在熙寧也清臣博學盛名韓
琦以兄之子妻之歐陽修壯其文比之蘇軾乃怙才
躁進覬望相位紹聖策士議主紹述國是遂變此兩
人者初喜聲譽交君子令循節無改不失令士迫切
求用竟甘戎首鄙夫患失良可畏也元祐八年宣仁
甫崩哲宗親政即名內侍劉瑗等十人復職君心不
正君子見微而憂小人知著而喜改元以前大防等
罷章惇等進一二月間勢已燎原其後竄正人廢母
后誣宣仁于在天貶故老于九京雖日亟亟曰此神

考志也抑思宣仁太后神考之母司馬光呂公著諸
臣先朝所遺爲人子者誣先帝之母逐先帝之臣不
孝莫大焉藝祖創法歷世長治安石惠卿變更啓亂
神考寢疾嘗心痛之元祐欲復祖宗之法不得不罪
變法之人蓋復法者其本志而去小人者其餘也紹
聖欲罪復法之人則託言紹神宗之政蓋去君子者
其本志而紹述者其名也蔡確起大獄王韶取熙河
章惇開五溪沈起擾交管徐禧种諤造西事以至吳
居厚鐵冶劉定保甲王子京蹇周輔茶鹽李稷陸師
閔市易咸附麗王呂割剝天下即彼羣奸何嘗不心

知其非而黨與旣成富貴念急反脣塗面腼堂而起
變法者塗炭海內稱爲元功復法者惠懷兆庶詆爲
罪府毋盍子失而謂之歸過于君臣行君令而謂之
毀謗不道務反公議以快驅除大防等復察奸不啻
自破藩籬一人操戈舉朝喪氣九年聖政敗于須臾
邦國殄瘁末如何已然楊畏進于元豐顯于元祐遷
于紹聖徒號三變不免惇怒清臣謀相不得惇亦惡
之狂婦遮呼劾罷不起賊臣先驅潰閑無補才人智
士尤戒失身從橫之學寧足慕哉

又孟后廢復論曰宋代冊后哲宗孟氏儀文尤備宣

仁欽聖教誨宮中宰執大臣典司六禮文德親冊賀
有賢助劉御侍即明豔才藝善順兩宮帝與后亦未
有間也撖坐生怨禱祠興獄皆賊惇與郝隨搆之時
太皇太后已崩四年矣羣奸紹述欲行誣謗亟發難
於孟后其事以仁宗廢郭后爲辭而無將之謀覗呂
夷簡閻文應尤加惡焉然孟后廢於紹聖之三年劉
后立於元符之二年帝雖寵婕妤尙畏人言久乃正
位使當廢后時廷有諍臣華陽之貶庶遄阻乎無如
舉朝皆惇黨何也惇等附婕妤謀廢后先摭范祖禹
劉安世向日乳媼之諫指爲詆斥竄之遠方鉗天下

口孟后旣廢元祐諸臣死者奪官生者流貶同文獄
起上誣宣仁海內謂之堯舜賊臣比以呂武哆侈南
箕天地晦冥苟不佐闕即稱善士孰知父母有過號
泣三諫之義哉鄒浩仗義抗疏立逐新州王回爲泣
南夢遠詣詔獄網羅之密幾不容世有樂公然究之
非帝意也皇城撈掠孟后獄成董敦逸附會奏牘猶
爲呼冤帝不加罪浩疏停婕妤冊禮亦從容與辯未
嘗怒呵帝豈憾后者哉憾后者章惇也宣仁功造王
室而幾夷庶人則不孫神宗父道可改而反益其蠱
則不子九年善政而自毀成勞則不君孟氏賢淑而

廢居瑤華則不夫無道之名受者哲宗行者惇黨天
子不自爲而大臣代之爲下快其私上蒙其惡是謂
極愚耳徽宗初立追先帝悔言復后位號蔡京等又
祖惇說而廢之暗君之勢不敵賊臣宋竟以此亡嗚
呼

又建中初政論曰神宗十四子八王早薨惟哲宗與
申王佖端王佶莘王俁簡王似睦王偲在哲宗崩無
子申王以目疾不得立章惇屬意簡王向太后不聽
而端王正位是爲徽宗竟喪天下設建儲之時朝議
從惇端王不帝宋可無敗乎然觀即位之初詔求直
言龔夬陳瓘鄒浩任伯雨等並列諫職尊孟后錄忠
賢而蔡卞邢恕章惇蔡京安惇蹇序辰諸賊以次貶
竄帝非不可爲善者也神宗有堯舜之資王安石呂
惠卿相之而熙豐釀亂哲宗非有終之主司馬光呂
公著佐之而元祐稱治一人在上豈能獨理助其成
者二三執政爾申端諸王才皆伯仲無大過人者幸
而端王之立斷出太后賊臣不得攘功帝亦有憾於
惇急收公論奮其斷除一年之內幾睹清明若立申
王惇將以蓋世之惡挾定策之勲銳精紹述害政殺
人必又甚焉欲如建中靖國其可得歟太皇太后親

立哲宗邪恕蔡確猶欲誣以廢立自矜推戴章惇詛
之圖爲霍光其謀不成社稷福也豈容以商辛後日
之惡追非太史立嫡之諍乎帝初立時曾布叱惇樞
前僉定帝遂惡惇而德布不知布之姦深猶惇也明
年改元而邪正雜來蔡京旣入而小人專用去一惇
進百惇亂數兇矣太皇太后聽政九年至元祐八年
崩向太后聽政六月至建中元年崩二后殂落之時
即奸臣變法之日自古慮國家者患女主而宋之亂
反以無女主故又世運一變也以上馮琦宋史紀事本末

按元祐黨籍或謂之元祐黨人或謂之元祐姦黨

今題元祐黨籍者據南宋翻本之額也此碑之刻凡三次崇寧元年蔡京與其黨強浚明葉夢得籍司馬光文彥博等一百二十人等其罪狀徽宗御書刻于端禮門者一也二年令州縣立黨人碑則京自書之者二也三年重定黨人刻石朝堂凡三百九人者三也不著何人所書李燾長編亦以為徽宗御書刻于文德殿門東壁又詔京書之以頒天下是徽宗御書本有二本至五年星變毀朝堂石刻其外處亦令除毀故所謂百二十人者世無傳本三百九人者御書碑亦無傳惟蔡京書以頒

行者祀家所藏一靜江饒跋本一融縣沈跋本不惟兩碑互校有人數姓名之不同即取柯氏宋史新編馮氏宋史紀事本末邵氏元史類編薛氏宋元資治通鑑近時畢氏續資治通鑑諸書互校又各不同或傳刻有異或碑經翻刻不能無訛今以饒本為主饒本有誤則取沈本仍注異文於姓名之下以備參攷至姓名次序與諸書不同今既錄碑自宜從碑不復更正仍附注之三百九人事蹟莫備于龔頤正之列傳譜述一百卷所闕者祇四人蓋龔氏時去北宋不遠文獻有徵採輯尚易而

其書已不可得見又宋史藝文志載三朝正論二卷曾布撰黨人記一卷蔡京撰熙符祐本末十卷龔敦撰文獻通考載曾相手記三卷曾布撰晁氏曰紹聖初元祐黨禍起布知公論所在故對上之語多持兩端又輒增損以著此書邵氏辨誣一卷宋志作十卷邵伯溫撰晁氏曰辨蔡卞章惇邢恕誣宣仁欲廢哲宗立徐邸事傳信錄十卷鮮于綽撰晁氏曰言國朝雜事多元豐後朝廷政事得失人物賢否已上諸書皆可與黨籍參稽互證惜皆亡佚矣又元祐黨人碑考一卷明海瑞撰見四庫全書

存目惟 國朝徐賁撰歷代黨鑑五卷內有洛蜀朔三黨及元祐黨籍可資攷證錄入四庫全書元祐黨籍之由始于王安石呂惠卿潰敗于章惇再糜爛于蔡京蔡卞羣姦附之馴致童貫王黼之徒牽引用事其間蔓藺株連諸人之載入正史者不過宰執待制以上若干人其餘不載于史者則仍取兩宋叢書彙為元祐黨籍碑姓名攷約計一百四十二人闕者百六十七人攷章惇在相位七年為言官任伯雨劾之貶雷州司戶參軍尋徙睦州而死京為相二十四年至宣和七年與子攸爭權

帝亦厭薄之乃勒令致仕是冬太學生陳東上書
請誅京等又一年京竄儋州道死攸亦伏誅然忠
良俱盡我宵叠彰遂有五國城之痛計距崇寧初
立碑祇二十五年爾夫陰陽邪正之氣如冰炭之
不相容薰蕕之不同器故仁者能好人必能惡人
間或使貪使詐權宜應用亦必不可置之心腹肘
腋之地以滋後患記稱惟仁人放流之迸諸四夷
不與同中國詩則屛之於投畀豺虎豺虎不食者
此也君子公正爲心羣而不黨其於正人端士則
同聲相應同氣相求各從其類乃順天道之自然

間有學問偶殊性情稍異而以公義相取爲海內
吹噓善類爲國家愛惜賢才其於小人則去之務
盡亦祇上以爲國下以爲民必無肆其機械滋其
荼毒而鄉愿之徒乃欲姑息調停以自溷于庸惡
陋劣豈聖賢激濁揚淸之訓哉漢之甘陵以黨錮
阨甘陵而漢亡唐之末造以白馬定淸流而唐滅
宋初邪正互爲勝負所以尙爲盛世及至元祐黨
籍出而北宋亡慶元黨禁出而南宋亦亡明季東
林復社之禍起而亦漸改革是皆以朋黨爲羅織
傾陷之實眞千秋之大誡也自來論此碑者著作

凡數十種議論凡數萬言莫不戟手而詈咋舌而嘆
者今不能悉載撮其大畧跋之至于碑末附王珪
章惇其時晦盲否塞國是日非轉以大姦竄入其
中鼃聲紫色不足深論也

金石萃編卷一百四十五終

金石萃編卷一百四十六

賜進士出身誥授光祿大夫刑部右侍郎加七級王昶譔

宋二十四

淨安寺鐘款

鐘刻字凡四面行字皆不等正書在朝邑縣

維大宋崇寧四年歲次乙酉十月二十五日□鑄同州朝邑縣魯苑鄉淨安禪院鐵鐘願所集勝利上祈

皇帝萬歲□臣千秋文武百寮常居祿位法界衆生同成佛果

住持院主僧惠以下助緣施主諸人姓名不錄

此鐘是解州匠人杜臻男鑄造

寺故址在渭水濱元至正元年沒于渭明改建于王林村欵云同州朝邑縣魯苑鄉金史有鎮名四而無魯苑之名亦可以補地志之缺關中金石記

感德軍五臺山唱和詩

碑連額高五尺九寸廣三尺四寸五分三截書每截二十一行行十字連額並正書在耀州

巽啓叅陪使騎秖謁眞祠偶成小詩拜呈知府屯田伏冀　采覽

朝散郎通判軍州事于巽

千騎驂驔出禁城眞祠欵謁罄虔誠矜禱載路歌仁政簫鼓喧天樂太平殘雪未消山下路和風先颭馬前旌是日天氣晴暖幾有春意爲民祈禱多靈應來歲豐穰定有成

朝散郎知軍州事王允中和

縹緲仙臺俯郡城躬修祠事表精誠天邊霧捲山峯出澗下風輕水面平不爲尋春馳五馬聊因勸課駐雙旌六典刺史掌勸課風流別乘多才調彩筆先揮秀句成

宣德郎充州學教授向佐均

路霜投曉賽祠廷豪竹繁絃妙吐誠嘉客滿筵青眼看遠山數點白雲平淺霞漏日迎前騎輕吹含煙獵後旌好處畫工傳不盡只憑詩筆爲摹成

右侍禁監倉王需

眞人廟食占茲城欲乞豐年在至誠五馬貳車恭欵謁豐香烈火報登平犬鷄仙去遺丹竈鸞鶴飛來認翠旌旣就金方留世了終回玉帝錄功成

儒林郎知華原縣事張飭

仙翁輸隱寄巖扃千里蒙休合薦誠菽粟有餘民暇逸雨暘無沴氣和平瀟至綏綏陳觴豆脊艾紛紛逐旆旌靈迹欲知垂不朽使君妙製刻初成太守近作靜應廟記

通仕郎錄事叅軍張介夫

曈曨曉日照重城車騎翩翩布德誠綽約仙姿臨世遠

依倚樓觀與雲平神靈響荅歆香火民庶歡呼擁旆旌
瑞雪呈祥和氣洽行看闔境報嘉成
將仕郎富平縣主簿高鈞
二公祠事出重城宜有休祥荅至誠林壑靜深經雪後
樓臺高下與雲平豐年簫鼓來仙宅晴日煙霞上使旌
黎庶歡聲自偕樂但聞高廪頌周成
將仕郎華原縣主簿何賁
清晨雪霽出東城躬欵靈祠致克誠百品果蔬供薦獻
萬人簫鼓賀昇平曈曨曉日明臺殿獵獵霜風滿旆旌
碧瓦脩廊盡宏麗亦從民欲落新成

將仕郎華原縣尉李倚立石
崇寧四年十二月二十三日建　劉源刊字
前有吳上尤中啓云拜呈知府屯田攷宋制諸府州
縣皆以京朝幕等官攝之故有以某官知某府事知
某州事知某縣事之稱或不帶京朝幕官等銜亦云
某府知府某州知州某縣知縣至明則竟改稱知府
知州知縣近人作碑刻有用宋時舊例云知某府事
等稱者亦始於明世有意好古者耳　關中金石記

張大亨米芾等題名
石高廣均二尺一寸三行行三字二字不等行書在盱眙縣

張大亨米芾丙戌歲
按丙戌爲崇寧五年米芾以崇寧三年知無爲軍四
年知淮陽大觀元年卒於官此正知淮陽時也

長興萬壽寺閣圖并記
碑高二尺二寸八分廣一尺七寸分兩截上截繪圖下截記二十七行行十四字正書在大荔縣
華州不朱權記
馮翊楊時中書
左輔之西北隅有寺曰長興萬壽禪院古木森蔭殿宇
宏壯爲一方之雄觀寺有高閣絕頂虛曠之所塑文殊
菩薩聖像因名爲文殊閣聳立三層不啻百餘尺徘徊

周匝止於二十楹刻桷彫甍翬飛鳥翼屹若地出晃若
天降可謂殊勝寶淳化五年別駕楊公所建也觀其經
營締構足以想見其爲人亦以知古之豪右歸依吾三
寶爲切至也迄今百有餘歲巨屋已老爲風雨所壞畫
像益故爲塵埃所棲鼠穿其垣墉燕雀巢于榱棟寒
木煙蕪但相掩映於其側弊壞隳圯至此爲極宗明受
業兹院承師資之後猥居於此積有歲年載顧載瞻毎
爲深悼將欲增修潤色前人之遺基揣其謭薄不克自
辦必仗信心有力之衆共成大事以作勝因涅盤經云
施一訶梨勒授辟支佛除病惱於九十一劫造像經云

造一小塔感輪王果於三十大返之中夫一詞梨勸之細一小塔之微所得之果猶且若是今者有力檀那能共成此閣則感果之大信不誣矣

大觀元年七月十五日　左街僧雲智刊字

大觀聖作碑四種

碑連額高一丈一尺二寸五分廣四尺二十八行行六十八字正書額行書在興平縣

大觀聖作之碑

通直郎書學博士臣李時雍奉　勑摹寫

太師尚書左僕射兼門下侍郎上柱國魏國公食邑一万一千二百戶食實封叁阡捌伯戶臣蔡京奉

勑題額

學以善風俗明人倫而人材所自出也今有教養之法而未有善俗明倫之制殆未足以兼明天下孔子曰其爲人也孝悌而好犯上者鮮矣不好犯上而好作亂者未之有也蓋設學校置師儒所以敦孝悌孝悌興則人倫明人倫明則風俗厚而人材成刑罰措朕考成周之隆教萬民而賓興以六德六行否則威之以不孝不悌之刑比已立法保任孝悌婣睦任恤忠和之士去古綿邈上非里選習尚科舉不孝不悌有時而容故任官臨政趨利犯義詆訕貪汚無不爲者此官非其人士不素養故也近因餘暇稽周官之書制爲法度頒之校學明倫善俗庶幾於古

諸士有善父母爲孝善兄弟爲悌善內親爲睦善外親爲婣信於朋友爲任仁於州里爲恤知君臣之義爲忠達義利之分爲和

諸士有孝悌睦婣任恤忠和八行見於事狀著於鄉里者鄉保伍以行實申縣縣令佐審察延入縣學考驗不虛保明申州如令

諸八行孝悌忠和爲上睦婣爲中任恤爲下士有全備八行保明如令不以時隨奏貢入太學免試爲太

學上舍司成以下引問考驗較定不誣申尚書省取旨釋褐命官優加拔用

諸士有全備上四行或不全一行而兼中等二行爲州學上舍上等之選不全上二行而兼中等一行或不全上三行而兼中二行者爲上舍中等之選不全上三行而兼中一行或兼下行者爲上舍下等之選全有中二行或有中等一行而兼下一行者爲內舍之選餘爲外舍之選

諸士以八行中三舍之選者上舍貢入內舍在州學半年不犯弟二等罰者爲上舍外舍一年不犯弟三

等罰升爲內舍仍准上法
諸士以八行中上舍之選而被貢入太學者上等在學半年不犯第三等罰司成以下考驗行實聞奏依太學貢士釋褐法中等依太學中等法待殿試下等依太學下等法
諸士以八行中選在州縣若太學皆免試補爲諸生之首選充職事及諸齋長諭
諸以八行考士爲上舍上等其家依官戶法中下等免戶下支移折變借借身丁內舍免支移身丁
諸謀反謀叛謀大逆同子孫及大不恭詆訕宗廟指斥

乘輿爲不忠之刑惡逆詛罵告言祖父母父母別籍異財供養有闕居喪作樂自娶釋服匿哀爲不孝之刑不恭其兄不友其弟姊妹叔嫂相犯罪杖爲不悌之刑殺人略人放火强姦强盜若竊盜杖及不道爲不和之刑謀殺及賣略緦麻以上親毆告大功以上尊長小功尊屬若內亂爲不睦之刑詛罵告言外祖父母與外姻有服親同母異父親若妻之尊屬相犯至徒違律爲婚停妻娶妻若無罪出妻爲不婣之刑毆受業師犯同學友至徒應相隱而輒告言爲不任之刑詐欺取財罪杖告屬者鄰保伍有所規求避免或告事不干已爲不恤之刑
諸犯八刑縣令佐州知通以其事目書於籍報學應有入學按籍檢會施行
諸士有犯不忠不孝不悌不和終身不齒不得入學不睦十年不婣八年不任五年不恤三年能改過自新不犯罪而有二行之實者鄰保伍申縣縣令佐審察聽入學在學一年又不犯第三等罰聽齒於諸生之列
大觀元年九月十八日資政殿學士兼　侍讀臣鄭居中奏乞以

御筆八行詔旨摹刻于石立之宮學次及太學辟廱天下郡邑二年八月二十九日奉
御筆賜臣禮部尚書兼　侍講久中令以所賜刻石
承議郎尚書禮部員外郎武騎尉臣葛勝仲
朝散郎尚書禮部員外郎雲騎尉臣韋壽隆
承議郎試尚書禮部侍郎　學制局同編修官武騎尉隴西縣開國男食邑三百戶賜紫金魚袋臣李圖南
朝請郎試禮部尚書兼　侍講實錄修撰飛騎尉南陽縣開國男食邑三百戶賜紫金魚袋臣鄭久中

承□郎權縣尉臣李任
廸功郎權主簿管句學事臣盧端仁
通直郎知京兆府興平縣事管句學事勸農公事兼
兵馬都監臣陳亦
此刻脩賀若誼碑之陰京以大觀元年五月爲尚書
左僕射兼門下侍郎二年正月進太師碑題太師尚
書左僕射與史傳合 關中金石記
又 碑連額高八尺八寸五分廣三尺五寸五分二十七行行六十字連額並正書在淳化縣
耀州淳化縣御製學校八行八刑之碑
將仕郎耀州華原縣主簿管句學事權淳化縣簿尉

臣鄭仲先書丹
文見前不錄
大宋大觀二年四月十五日
從仕郎知耀州淳化縣事管句學事兼管句勸農公
事臣劉去立石
又 碑連額高八尺二寸廣三尺四寸五分三十行行五十九字正書篆額在高陵縣
御製學校八行八刑條
教諭臣胡□□篆額
承務郎監商州□稅權知京兆府高陵縣□學事兼
管勾勸農事臣張□書并立石

文見前不錄
奉
勑如右牒到奉行前批三月二十日午時付禮部施行
仍關合屬去處
大觀二年五月十五日奉
御筆建
學長臣李希攸 權學諭臣史□ 直學臣吳若虛
將仕郎京兆府高陵縣尉管句學事臣李凱
三班奉職監京兆府高陵縣□□權主簿臣張憲
臣李壽永臣李壽明刊

又 碑連額高七尺八寸廣四尺一寸三十四行行五十一字連額並正書在臨潼縣
御製學校八行八刑條
學長臣王竃書
文見前不錄
大觀二年十月二十五日奉
御筆建
登仕郎京兆府臨潼縣尉管句學事臣徐□
將仕郎□京兆府臨潼縣主簿管句學事臣李良佐
登仕郎京兆府臨潼縣丞管句學事臣王敦化
朝散郎知京兆府臨潼縣管句學事兼兵馬都監雲

騎尉臣王奐　立石
□仕郎充永興軍等路提舉□□□管句□□臣黃
哲
朝請郎□提舉永興軍等路學事雲騎尉賜緋魚袋
臣李胙
是碑當時想天下俱應有之今惟存鄭州本耳予得
見于范侍郎天一閣八行之選宋史取士一法也當
取之以証選舉志鮚埼亭集
億按宋史徽宗紀大觀元年三月甲辰立八行取士
科今碑所錄八行及三舍之制並較史爲詳又碑蔡

京題額自列銜云太師尚書左僕射兼門下侍郎上
柱國魏國公按蔡京本傳大觀三年臺諫交論其惡
遂致仕猶提舉修哲宗實錄改封楚國公以史攷之
既云改封則前此已有封矣今碑列京題銜所云魏
國公是當大觀二年京早受封爵及于三年提舉修
哲宗實錄改封楚國公於文乃爲有據史疏不及此
蓋失錄也偃師金石錄
按大觀聖作碑聖作猶言御製也歷城縣志金石
考云大觀碑山左學宮往往有之蓋通天下皆立
者蔡京題額曰大觀聖作之碑以御製爲聖作猶

以公主爲帝姬也其以此碑文頒之郡縣加以尚
書省牒而别題額曰御製八行八刑條制其實與
聖作碑同也按宋史選舉志大觀元年三月甲辰
詔立八行取士科詔詞大意與碑同然品目既立有司必
求其迹以應令遂有牽合瑣細者自元祐擯經明
行修科主德行而畧辭藝間取禮部試黜之士附
賓興科當時固已咎其無所甄别及八行科立則
三舍皆不試而補往往設爲形迹求與名格相應
於是兩科相望幾數十年迺無一人卓然能自著
見者而八行又有甚敝蓋後世欲追古制而不知

風俗教化之所從出其難固如此据史文知八行
八刑在當時固亦行之久矣碑云頒之校學史志
則云頒之學授校學似學校倒文學授或又學校
之誤也末云鄭居中奏乞以御筆八行詔旨摹刻
于石立之宮學次及太學辟廱天下郡邑考宋制
學校但有國子學太學其辟廱一名外學乃崇寧
元年所建以處天下貢士别無宮學之文据文獻
通考載外學既成增博士十員正錄五員充學諭
者十人直學二人俟貢士至爲之置諸王宮大小
學教授立考選法据此則當時自有諸王宮大小

學而制未詳也玩碑文先立於官學次及太學辟
廱又次及天下郡邑則官學在太學之上矣此碑
今存者山左較多河南次之昶所得者僅陝西四
種而已

孫鼇草堂寺詩刻

石橫廣二尺七寸八分高二尺五寸九行行九字又張智周題記一行行十七十八字左行並正書在鄠縣

雙樹輪囷五百年開華結實兩爭妍我來問道師知否
祖意元無法可傳
大觀己丑九月廿九日孫鼇抃才甫遊因至紫閣留
宿此寺
將仕郎權京兆府鄠縣尉管句學事權主簿縣丞蓋戴
宣德郎知京兆府鄠縣事管句學事勸農公事兼兵
馬監押吳叔□
歷山張智周政和元年十一月廿七日獨游時以察
視民兵職事徧行諸邑猶恨不從容也

脩三白石渠記

石高四尺五寸廣二尺二寸八行行十四字正書在涇陽縣

大觀二年秋被
朝旨開修三白石渠工徒數千人渠河部役官朝奉大
夫蔡溥而下十有五人祗領其事至四年九月十三日

休工告成引涇水深五赤入渠通行七縣溉民田云
朝請大夫新權成都府路轉運判官權提舉永興軍等
路常平等事趙佺謹題　　李壽永刊

按宋史河渠志三白渠在京兆涇陽縣至道元年
正月度支判官梁鼎陳堯叟上言鄭白渠利害詔皇
甫選何亮乘傳經度選等使還言周覽三白渠溉
涇陽櫟陽高陵雲陽三原富平六縣田三千八百
五十餘頃此渠衣食之源也望令增築堤堰以固
護之景德三年鹽鐵副使林特度支副使馬景盛
陳關中河渠之利請興修鄭白渠古制乃詔太常
博士尙賓乘傳經度率丁夫治之賓言鄭渠久廢
不可復今自白渠洪口合舊渠以畎涇河灌富平
櫟陽高陵等縣工畢而水利饒足民獲數倍史志
所載止此不及大觀二年修渠之事不可攷矣史
稱溉六縣田此記稱通行七縣不知更溉何縣也
三白渠在宋時有灌溉之利今歲久淤廢故王扶
子先生大岳官陝西觀察時著涇水考二卷謂涇
水古以資灌田積日旣久其泥重濁易於淤塞不
獨民田化爲斥鹵即近山之泉來者反被其累故
自宋元以來必障涇水而遠之惟恐其攔入仍渾

盡畫近山泉水分疏灌溉葢地勢不同如此凡言
水利者不可泥古而不知今也

李擬過臨潼詩
石横廣三尺二寸八分高一尺七寸二十五行行十五字又向子千題記三行行七字並行書在臨潼縣

潁川李擬

予嘉祐中嘗迎先妣來主臨□□元祐丁卯□月赴守遂
寧復過是邑凡山林宫寺之勝皆當日奉板輿盡朋簪
歲時游息之處到今二十八年矣因成短詩以叙感慨
凄凉感舊與懷親時事居人觸目新獨有温泉故情在
猶能爲我洗紅塵

孥家登朝元閣晚由東山北下自石甕過朝元山路
并斯飛亭皆當日親爲開置今復經從因留摘句
一别驪山歳已深林花依舊緑苔岑歸尋當日新開路
隱約苔痕下翠陰翠陰亭乃開元時勝槩今路在亭基之上

題靈泉觀
山原繚繞水縈紆嶺屏風立座隅更上朝元最高處
饒君都看渭川圖

先君昔守遂寧過臨潼熙民侍行後二十有四年熙民
行部至此感愴之餘尋先君當日所畱詩板已不復見
矣乃追憶舊題刻石置温泉行館之壁大觀四年十二
月十六日永興軍等路提點刑獄公事李熙民謹記

向子千自丙申歳皆以職事過此宣和辛丑孟夏十七日

按李擬題云予嘉祐中來主臨潼元祐丁卯赴守
遂寧復過是邑到今二十八年自元祐丁卯逆推
二十八年之前知其主臨潼在嘉祐五年也至大
觀四年其子熙民提點永興刑獄逆推其前元祐
丁卯歳侍其先君守遂寧過臨潼恰二十四年詩
題有朝元閣靈泉觀册府元龜天寳七載十二月
戊戌聖祖元元皇帝降見於華清宫之朝元閣乃
改爲降聖閣改會昌山爲昭應山封山神爲元德

公仍立祠宇以時祭享又都穆遊驪山記云山之
半平坡朝元閣舊建於此又上二里爲老君殿
舊云老君見於朝元閣南元宗於其處立降聖觀
琢白玉石爲像今尚存殿壁繪唐從臣之像殆當
時人手筆雍勝畧云靈泉觀本華清宫禄山亂後
天子罕復遊唐末遂皆圮晉天福中改爲觀賜道
士居之李擬李熙民史俱無傳

河瀆靈源王廟碑
碑連額高一丈二寸五分廣四尺七寸三分二十八行行六十三字正書篆額在韓城縣

勑修同州韓城縣河瀆靈源王廟碑

宣德郎知京兆府高陵縣事管句學事管句勸農公
事兼兵馬監押臣陳振撰
宣德郎充提轄措置陝西川路坑冶鑄錢司催促般
運鑄錢物料句當臣王瑟書并篆額
皇帝臨御十有三年典章文物炳然一新正郊丘以辨
兩儀廣　宗廟以嚴九室興明堂以脩　配
口之典祠太一以荅靈貺之符　明德郵祀咸秩
無文肹蠁敦奔罔不祗懷神祇　祖考既已安樂
之矣而復以　聲制律而樂和以　身立度
而禮節琢玉以成寶而文采彰鑄金以象物而

基本固前世之所廢而不講後人之所忽而不問發明
誕告悉出　宸翰　詔令一下不日而成於
是卿雲呈祥靈光薦休膏露零滋朱草騰色嘉禾之秀
羽物之瑞凡曠古之所未嘗記者連章累牘奏之
闕下頌聲洋溢周於四遐獄犴來王氐羌入貢黔中
嶺表龍水播川邊酋群醜解辮屈膝而願爲臣妾者蓋
不可以數計古之所謂天不愛其道地不愛其寶人不
愛其財者具見於茲故一事之舉一物之來類皆付之
史官刊之琬琰銘之鼎彝紀之以編簡載之以竹帛自
堯舜三代典謨訓誥之書未有若　此時之盛者

也惟此洪河自　大觀以來變濁爲清者畧有三
焉乾寧保平率以累日惟二年冬見於同州之韓城郃
陽其袤百里其久彌月　詔遣尙書郎臣張勸持
祝往祭既抵其野訪故祠得破屋一區風雨剥頹圯
殆甚懼不足以尊顯　靈德上副　一人誠
報之意故已事而還請新廟貌　詔可其奏旣
賜幣券以經其用又出大農之錢以助其不足鳩
工飭材一不在民庀事於政和元年秋八月之壬寅落
成於二年春正月之甲子凡爲屋之楹三十有四堂崇
以延門嚴以閟有廡如翼有屛如植籩豆之設有位侍

衛之列有所輪奐丹雘儼無不肅乃　賜靈源爲
號因　命擇詞臣而記其事部使者猥以屬臣振
臣振不敢以荒斐辭竊惟洪範之數兆於五行五行之
證原於五事自視聽貌言思之近推而廣之至五福六
極休咎所報之遠若符契然豈人力也哉夫堯以水土
未平吁謨而命禹禹以百姓未安瘁其身而告功九年
而洚水平土作乂考其績用固非人力而所爲者可不
歸之天乎使百姓戴天而居履地而行力農而食日用
而不知可不謂之神乎澗溪瀆之卑朝盈而暮竭有
欲澄之者猶不能清況崐崘萬里之勢數千年之久敢

目期於身嘗而目見之乎非有作之　聖人其孰
能與於此今　皇帝道德之妙蟠極上下
精誠之微昭格幽顯凡所以　施設注措一出於
　獨智百辟卿士曾不足以探識其　與而
四方萬里鼓舞震動化貸成就亦罔知　帝力之
所加豈天之神與禹之智舉在　是歟福物之報
固有由爾顧一河之淸惡足以盡之而惓惓不忘者亦
以昭　景命頌純嘏奉　上帝之錫美而已
竊嘗以傳記考之河千歲一淸其應在　人君壽
考天下治安今接歲三淸應益昭著自非　睿聖

撫運　溥博淵泉　通乎高深何以及此是
宜有以鋪張　閎休揚厲　偉蹟而
詔乎無窮也如臣黿蟺之陋顧安能識　咸英之
太和而調達之姑以區區之見述其萬一而預榮焉臣
謹拜手稽首而爲之頌曰
皇帝臨御十有三年禮制樂作典章粲然道德之妙格
于皇天景星慶雲膏露醴泉諸福之物克臻其全大觀
之初濁河三淸乾寧保平郃陽韓城有泚其澄有光其
榮詔遣臣勸報祭惟精乃新其宮靈淵是名郡縣奔走
累月而成神歆其類旣安且寧皇帝有道山川受職珍

符來暨惟神之錫皇帝有道受福無疆神之聽之德音
不忘籌領臣振預榮釐事作爲聲詩垂千萬禩
降授奉議郎權發遣陝府西路計度轉運判官公事
借緋魚袋臣郭倫
降授朝議大夫直龍圖閣權發遣陝府西路計度轉
運副使公事兼勸農使賜紫金魚袋臣柏□
降授朝散郎直龍圖閣權發遣陝府西路計度轉運
使公事兼勸農使賜紫金魚袋臣陳遘
　臣李壽永臣李壽昌刊字
文稱河自大觀以來變濁爲淸者三乾寧保平率以

累日惟二年冬見於同州之韓城郃陽其袤百里其
久彌月攷徽宗本紀自大觀至政和凡三書河淸並
在同州惟大觀三年兼有陝州保平軍卽陝州也又
于二年云以乾寧軍爲淸州改乾寧爲淸應卽以河
淸之故而史不及之疑是略矣河自三代以來皆有
崇祀故公羊傳以太山河海爲三望望者謂不能親
詣所在就其近郊祭之之義也其置祠實自秦始史
記封禪書云河祠臨晉漢志云臨晉故大荔秦獲之
更名有河水祠今同州府朝邑縣是其地蓋昭王作
河橋於此卽因而祭之耳郊祀志高祖置祠祀官女

巫令河巫祠河於臨晉又宣帝詔五嶽四瀆皆有常禮河於臨晉使者持節侍祠歲五祠太平寰宇記西魏文帝大統十三年于漢祠更加營造周武帝天和四年太宰宇文護于祠西建碑一所靈帝大象元年江淮濟各從本所祠惟河一祠依舊不改每歲發使致醮加牲以祠焉文獻通考唐武德貞觀四瀆年別一祭祭西瀆大河于同州歷代相傳並因而不改至明皇開元十五年始以有司言改祠於河中府在今山西之榮河縣而同州之祠廢矣攷唐自明皇以後嶽瀆之制互有輕重然猶封河神爲靈源公眞宗封

禪進號爲顯聖靈源公仁宗康定封爲靈源王金章宗明昌爲顯聖靈源王元太祖至元爲靈源宏濟王順帝至元爲靈源神佑宏濟王明則芟去前號改稱西瀆大河之神亦並存河中府之舊此唐以前宋以後祠祀異地之大較也攷唐王延昌撰廟碑云安祿山反其將崔乾祐守蒲坂時郭子儀軍渭汭與之相持子儀夢神告曰永豐倉側將有急變姑以避之此軍退賊騎雲集子儀賴以獲全後請于朝而修祠此猶是同州之舊其建于韓城者乃當時別祠如宋時滑州河南亦得置河廟者是也文所云詔遣尚書郞

張勸致祭既抵其野訪故祠得破屋一區頓圮殆甚退請修建詔可之此宋世修建之事念陝省爲全河之襟帶而祀典闕如今雖不能復臨晉之故而韓城舊址不應委棄榛蕪過而弗問此守土之責也余將請於

朝鼎新廟貌修復祀典以妥神庥而慶安瀾焉關中金石記

右韓城縣河瀆靈源王廟碑宋史禮志祀河瀆於河中府今蒲州之永濟縣也大觀初韓城河水清詔遣尚書郞張勸往祭卽舊廟而修之廟在今韓城縣之東王郷非河瀆之常祀也碑稱洪河自大觀以來變

濁爲清者略有二焉乾寧保平軍以累日維二年冬見於同州之韓城郃陽其袤百里其久彌月今考五行志祇載乾寧軍及同州二事不及保平蓋大觀政和之間郡國言瑞者多志不能盡書然未久遂有五國城之禍粉飾太平何益於國是哉碑未列名者直龍圖閣陝府西路轉運使陳遘直龍圖閣轉運副使趙口轉運判官郭倫凡三人陳降授朝散郞趙降授朝議大夫郭降授奉議郎皆列於銜此它碑所未有宋史遘傳但云爲何北轉運使加直龍圖閣徙陝西不知其降官之由也潛研堂金石文跋尾

崇恩園陵采石記

碑連額高五尺六寸五分廣三尺一寸十六行行二十五字行書篆額在偃師縣永慶寺

崇恩園陵采石碑

崇恩□□寢疾崩于宮政和三年三月丙申朝散郎權
發遣京畿計度轉運副使公事趙霆入內內侍省武功
大夫計置賈□山採石兼提舉鄭州窑務張懷寶奉
詔旨提舉　園陵採石太史□□□□□吉祭山興役
于緱氏鎮礀子泉之東西谷段石□工視大觀二年處
官數□會日力之役九旬以時　朝廷促工期以□□
□□□氏逾旬稍□霖雨零霰迭日間作官吏惴慄惟

稽遲之□□而巨石艱致之材越七日而數以登又十
有五日而夫役告畢蓋官屬奮職夙夜暴露協力盡瘁
用濟厥事也官屬爲誰管勾文□兼理縣公事朝散郎
□寧都□楽中亮郎任緯通直郎韓瑜□□齋郎孫
傑武翼郎賈之才□齋郎蘭中立修武郎李從古秉義
郎趙士□宋良□成忠郎周延慶許紳承節郎張延慶
張世昌周儀從事郎宋聲李選將仕郎李處仁張遠王
充李周福進武校尉張懿進義校尉王恩永假承務郎
陳充管勾鐵爐東井匠人□郎傳□管勾公使進義副
尉張守忠季春癸酉趙□記并書

朝奉郎京西轉運□□□□□□□□□□長吉立
石　　霍亮彭皋馬頁刻字

億按碑殘泐諱讀多不可識唯前數行有入內內侍
省武功大夫計置下缺鄭州張懷寶奉名缺園陵採
石後忽又有題銜云云攷記內諸官並與史志同唯
管勾鐵爐東井匠人則當事權設者也字奇逸秀絕
惜太漫滅耳偃師金石記

范子嚴墓誌

石高三尺五寸五分廣三尺三寸五分三十行行三十字正書在寶雞縣

宋故范君子嚴墓誌銘

奉議郎致仕逕騎尉張令撰
朝散郎權知巴州軍州管勾學事雲騎尉借紫權維
書
奉議郎簽書興州軍事判官廳公事管勾學事王沃
篆蓋

子嚴先塋在邑之澤川鄉尉遲社塋閉之木往往合抱
詢其族人之高年者皆云葬逾百年矣雖無誌可考知
其久爲陳倉人也曾祖照祖懿皆務農不仕考元吉有
度量善謀畫由畎畝積貲至鉅萬遂徙居邑中而屬籍
爲第一卒葬於大像原有子三人而　君居季孟之

閒孝悌喜儒意將擇子之賢者教之然其孟旣以門錄
隸府役季且幼獨屬意於　君不幸考早世遂嘿嘿
不得志一旦潛率友人朱景者如京師南抵滁濠閒求
師友而學焉遠歸季孟已有析煙之議　君獨得畸
零之業鬻去七八復買地於西平原凡五六年始稍有
序然中心常以未副先君之志爲恨因置其主事又率
其友張令者復如太學凡數年四方賢俊多願交焉然
數干舉不利有勸以習明經比進士爲可必者君深然
之乃出居尉遲之故廬絕人事閉門誦戴禮荅義凡二
年注疏首尾爛然在臆人皆謂　君舉是科取青紫

猶掇之也會　朝廷改科場罷明經君歎曰是亦有
命焉乃不復爲干舉之學而專閱史傳歷攷古人行事
時與鄉中有道者爲詩酒之樂益多藏書招賢士以教
諸子爲急然性介潔上不願接勢位下不喜延白丁唯
吾儒叩門一言道合則傾蓋如故以至推財拯乏靡所
不逮其所交遊多魁磊宏博之士未嘗俛首以投俗人
之耳目元祐元年閏二月十七日以疾卒享年四十八
元娶馬氏卽邑人進士馬收之女次朱氏鄉貢進士景
之姊五男四女皆朱氏所出曰汝翼成忠郎前任興州
管界巡轄馬遞鋪次汝弼秉義郎前任巴州管界巡檢

次汝聽將仕郎次汝揖汝礪皆讀書後君而亡女長適
邑人馬鈞次適進士薛弁次幼而亡次適進士張扑孫
男十人倪份何伾倫脩伸倬儔倚孫女六人長適吳山
進士楊大年餘並幼　君之亡汝翼年十八幹蠱事
親教諸弟奕奕有立乃遵遺訓於政和三年六月十二
日卜兆於鳳翔府寶雞縣寶雞鄉大像里先塋之西朱
氏祔葬焉前期求誌于予予素與　君善又予之次
子娶　君之幼女作誌與銘固所願也子嚴字也諱
莊姓范氏銘曰
今學不効兮古學是循　古學有得兮所親者仁　宜

壽不壽兮天所屯　福慶流衍兮鍾後人
按誌稱子嚴久爲陳倉人陳倉卽寶雞縣隋以前
爲陳倉唐以後爲寶雞又稱其買地西平原陝西
通志西平原在寶雞縣東北十五里卽吳玠與金
將撒離喝相持處原之高峻處又名大蟲嶺其原
延亘東接鳳翔界誌又云朝廷改科場罷明經此
卽神宗時王安石議更法謂古之取士俱本于學
請興學校以復古其明經諸科欲行廢罷取明經
人數增進士額語詳宋史選舉志子嚴曾祖祖父
皆務農而積貲至鉅萬誌不加粉飾之詞見其質

也兄弟析居謂之析烟初娶馬氏繼娶朱氏而稱
馬氏爲元娶卽後世元配之所昉皆撥見此文

浮邱公廟靈泉記
碑連額高四尺四寸廣三尺二十四
行行三十一字正書篆額在偃師縣

浮丘公廟靈泉記
文林郎行永安縣尉管句學事張鋋撰

嵩高之下曰緱氏山昔周靈王子子晉吹笙之地也子
晉授道於浮丘公公接□僊去距山不遠遺冢具存民
俗傳爲浮丘藏舄之所卽其巔搆祠以祀焉俯瞰□□
更爲別廟里民歲時祈報遝至政和二年夏六月泉出

庭下澄澈□□□□□飴映帶淸流人初易之俄鷗鳧
泳者輒死衆迺驚悟始識景貺病者請禱□□□愈於
是相與謀甃以文塼甓□方□藻飾丹雘祈嚮雲來洪
惟永安授□□　宋　聖祖　神宗弓
□所閟而嵩高之岳作鎭中土□邑之□眞僊所宅靈
顯□出□□□□惠施於民稽攷傳記寔
□之祥廿年而來　朝廷淸明百度修舉總名覈
實禮制樂成河海宴淸□禾並秀泉石□□□□□功
珍符嘉瑞史不絕書蓋以　皇天眷佑　上
德昭明格致休美以懋大業顧不偉歟則儒學之士競
爲詞章揄揚□□□□盛事俾諸聲詩以薦　郊
廟實維特也今靈泉出於福地神異焯然莫之殫載鋋
雖不才□乏□□□詠　聖德矧臣子之職敢以
斐陋而辭謹著大畧以告來者其辭曰
嵩□之陽　複岫重岡　山維緱氏　作鎭其旁　恭
爲鄉雲　□成景光　僊聖之宅　其神無方　在昔
帝子　系自周王　浮丘挹袖　絳闕扶將　夜月吹
笙　乘雲帝鄉　鶴馭莫返　鳳踨松篁　遺宮廟食
寶舄珍藏　後千餘年　醴流其唐　蠲痾療疾
起痼愈尫　惟神之惠　表　國之祥　帝德廣運　修

明馨香　地不愛寶　天錫會昌　年穀順成　降福
穰穰　本支百世　聖壽無疆　如山之崇　如泉之
長　小臣作詩　德音不忘
政和四年五月二十五日張當世書董顧立石
劉士□刊

此泉今在偃師縣南三十五里既而久涸乾隆初復
出也中州金石記

金石攷碑在緱山政和二年夏六月有泉出浮邱廟
庭下能愈疾永安令張鋋記之偃師縣志

按偃師縣志靈泉在縣南三十五里源出府店鎭

東盤泉溝宋時始出醴甘如飴其後久涸乾隆初復出經浮邱公廟前與梨樹溝水會爲五龍口西迤遶府店鎮北屈而西北至江都寨北滑城泉自東來注之浮邱公廟祀浮邱伯列仙傳姓李居嵩山修道亦修道於緱山山有浮邱洞嘗作原道歌虎伏龍亦藏龍藏先伏虎但畢河車功不用提防拒諸子學飛仙在迷不得住左右得君臣四物相念護乾坤法象成自有眞人顧

牛鼎銘 高廣行字皆不計篆書

釋文

隹甲午八月丙寅帝若稽古肇乍宗器番厥象乍牛鼎各于太室從用亯億寧神休隹帝皆寶萬世其永賴

京畿豐潤縣文廟中有古鼎友人羅孝廉名廷元攺名堃錢塘人後爲廣東遂溪縣令歿於任在縣脩志以邑人翰林曹鼎望所作辨文寄觀謂是前五代宋孝武帝之鼎嘗考蔣一夔長安客話云宏治間土人鑿井得之重五百斤圜腹弇口四足足上爲牛首下爲牛蹄款識甚古或以爲商時物客話得自傳聞未嘗目擊宋雖殺後不當稱帝且古不以命子名歲日知錄辨商毋乙卣丙寅之文博古圖誤以日爲年確當可信今文廟之鼎重只五十斤高一尺三寸五分濶尺有六寸耳旁出高三寸腹至足七寸凡三足以爲重五百斤及四足者皆非鼎內有銘在底係四字曹君據元初隨隱漫錄宋末陳世崇崇仁人入元乃撰此錄云紹興初有獻鼎於行都上賜白金三千兩賜三茅觀觀在杭州吳山高一尺三寸廣尺有咫兩耳旁出三足皆具牛首鼎外周環紋如篆籀腹內篆

銘曰維命午八月丙寅帝若稽古肇宋鼎番厥象作牛鼎格于太室從用享億萬寧神休維帝時寶萬世其永賴凡四十一字乃五代宋孝武帝孝建元年八月二日肇作以享太室者鼎銘與此銘其文稍有增減如云肇作宋器增作字易鼎字又億字下無萬字亦共四十一字又考田叔禾西湖遊覽志訛作漢鼎稱漢建元三年按漢武帝建元三年乃癸卯非命午是益以宋孝武訛漢孝武以孝建元年訛爲建元益謬矣顧遊覽志謂宋鼎今以焚香殿中叔禾乃嘉靖間人而三茅觀之鼎猶無恙豈其宏治時便已得自豐潤

即使篆銘相符亦當別是一鼎且宋自武帝永初元年受禪遷神主於太廟時尚未立明堂閲三十餘年至孝武大明五年明堂始立有司奏鼎俎彝簋一依廟禮班行有司搜材簡工此在孝建之後若明堂未立以前何有太室又况南朝重器豈得遠至北地余考太歲之在命午者北宋實得其三太宗淳化五年仁宗至和元年徽宗政和四年皆值命午宋初季秋大享命有司攝事於郊壇寓祭而已仁宗皇祐二年以大慶殿為明堂三年宰臣文彥博進大享明堂記亦猶寓祭雖皇祐五年有閟宗朝祭器之事而五年

乃癸巳明年至和元年方值命午元年之八月又無丙寅日至神宗元豐時禮官以明堂寓大慶路寢別請建立未暇講求沿及徽宗崇寧蔡京為相始以姚舜仁明堂圖議上詔依所定營建尋因彗出蔡京免官明堂亦罷故大觀元年大享明堂猶寓大慶殿及政和五年特詔建立參稽古制為四戸八窻五室十二堂九階四阿之式又以言者明堂基宜正臨丙方近東以據福德之地乃徙秘書省宣德門東以其地為明堂命蔡京為明堂使其年乃金太祖稱帝之収國元年也政和七年明堂成太室乃明堂五室之中

室而宋史禮志云初議禮局之制也詔求天下古器更制尊爵鼎彝之屬又置禮制局於編類御筆所於是郊廟禮祀之器多更其舊劉昺傳徽宗所儲三代彝器詔昺討定凡尊爵俎豆盤匜之屬悉改以從古而載所制器於祀儀則明堂之建雖降詔於政和五年而鼎或先鑄於政和四年之八月其丙寅之日則是月之二十三四日也是則紹興所獻亦是北宋之鼎而非五代之宋矣史紀靖康之難古器祭器八寶九鼎無一不與辟雍石鼓同其輦致夫焉保無流落於民間者乎趙宋政和相隔劉宋孝建六百三十餘年越一紀而及欽宗靖康自靖康至明孝宗宏

治三百六十餘年到今又二百五六十年竟無鑑別古器者或謂宋仁宗皇祐五年鑄鼎十有二圜丘用五宗廟用七劉敞為之銘疑此為劉敞作銘而鑄成於至和元年者無論紀日不符且原父博學亦不應戾古而以命午紀歲也汪師韓韓門綴學

孫漸遊驪山詩

石横廣三尺二寸五分高二尺五分十七行行十二字行書在臨潼縣

中奉大夫權發遣轉運副使公事孫漸

曉促零口征晚留華清宿弥月倦紛埃聊壜逍湯浴夜雨鬧庭梧漏長秋睡足平明徑欲西霽色開林麓遂作

朝元遊聊放千里目嵯峨北来橫渭水東轉曲坂田散
牛羊沙岸翔鳧鶩爽氣襲衣發青煙生井屋憶昔唐天
子承平淵愛欲翠輦拂行雲鉤陳裹幽谷遺址今尙存
繚垣半頹覆玉像暗真僊石槽標飲鹿羯鼓猶無聲連
理空餘木長生豈難求有道書丹籙淚未忘馬嵬恨已
悲金粟往事寄冥冥芳草依然綠

政和四年十月　日通仕郎臨潼縣令管句學事
王愼立石

左丞侯蒙行記序

碑僅存下截高一尺八寸廣二尺七寸序十六行行十字正書在寶雞縣

江夏黃鉞篆

左丞　侯公昔作尉于陳倉凡郵驛往還嘗憩是院於
法堂門之東有行記焉自元祐五載逮今政和四年經
二紀也一旦遇風雲之會爲社稷之臣措天下於泰山
之安豈不偉哉僧問辦以屋宇疎漏牆壁浸圮恐其墨
跡湮沒乃模上石庶幾傳之不朽政和四年歲次甲午
十月旦日張磐謹序

扶風馬定國摸　同管勾僧問才　廣濟管勾僧問
□□石

按記云左丞侯公昔作尉於陳倉嘗憩是院有行
記焉自元祐五載逮今政和四年經二紀也侯公
者卽侯蒙也史傳字元功密州高密人進士及第
調寶雞尉徽宗朝累官同知樞密院尙書左丞傳
皆無年月以宋史宰輔表證之其官左丞在大觀
四年八月以此碑證之其尉寶雞在元祐五年是
歲庚午下逮政和四年甲午正兩紀也序稱行記
摸上石今但得其序在下截其記文必在上截已
不可得不知所憩之院何院也

圓測法師佛舍利塔銘

石橫廣三尺一寸高二尺一寸三十六行行二十四字正書在咸寧縣

大周西明寺故大德圓測法師佛舍利塔銘并序

貢士宋復撰并書

法師諱文雅字圓測新羅國王之孫也三歲出家十五
請業初於常辯二法師聽論天聰警越雖數千萬言一
歷其耳不忘於心正觀中　太宗文皇帝度爲僧
住京元法寺乃覽毗曇成實俱舍婆沙等論暨古今章
疏無不闚曉名聲藹著　三藏法師奘公自天竺將還
法師預夢婆羅門授菓滿懷其所證應勝因夙會及
奘公一見契合莫逆卽命付瑜伽成唯識等論兼所
翻大小乘經論皎若生知後被名爲西明寺大德撰成

唯識論疏十卷解深密經疏十卷仁王經疏三卷金剛般若觀所緣論般若心經無量義經等疏羽翼祕典耳目時人所以贊佐　奘公使佛法東流大典無窮之教者也　法師性樂山水往依終南山雲際寺又去寺三十餘里間居一所靜志八年西明寺僧徒邀屈還寺講成唯識論時有中天竺三藏地婆訶羅至京奉勅簡召大德五人令與譯密嚴等經　法師即居其首後又召入東都講譯新華嚴經卷軸未終遷化於佛授記寺實萬歲通天元年七月二十二日也春秋八十有四以其月二十五日蟠於龍門香山寺北谷便立白塔

在京學徒西明寺主慈善法師大薦福寺大德勝莊法師等當時已患禮奉無依遂於香山葬所分骸一節盛以寶函石槨別葬於終南山豐德寺東嶺上　法師嘗昔往游之地墓上起塔塔基內安舍利四十九粒今其路幾不通矣峭壁嶄絕茂林鬱閉險僻藏疾人跡罕到迺光蔽德徒有歲年孰知歸仰由是同州龍興寺仁王院廣越法師勤成至願以　大宋政和五年四月八日乃就豐德分供養并諸佛舍利又葬於興教寺奘公塔之左創起新塔規範基公之塔一體無異并基公之塔即舊而新之金輪寶鐸層構雙聳矗如幻成其下各璅以廣厥神像崇踰左右以祔　奘公焉俾至者景慕起信不知何時而已也及於塔之前創修獻殿六楹落成慶贊之日不暇求能成文者丐余直序其事兼之以銘銘曰

貝葉西來兮其功大教流中國兮斯永賴法匠有慧兮誕際會香山迢遙兮閟幽宮豐德峻阻兮藏靈蹤後人依歸兮何適從有越作緣兮神助力雙塔屹立兮基是式以祔　奘公兮豈窮極終南相高兮峻倚天盛德巍然兮銘石鐫來者瞻仰兮千萬年

塔銘貢士宋復撰書亦宋書之楚楚者而名不顯故

無稱猶怪銘首稱大周豈以法師死于武后朝耶因歎武曌淫穢在唐以高宗故不致削奪而后世猶不唾去之何也石墨鐫華

按塔銘在咸寧縣興教寺陝西通志云寺在城南六十里唐總章二年建內有三塔其中塔特高大爲唐三藏法師元奘瘞身之所尚書屯田郎中劉軻銘左爲慈恩基公塔太子左庶子李宏度銘右則大周圓測法師塔銘之者貢士宋復也按銘序云奘公塔之左創起新塔據通志則云圓測塔在奘公塔右彼此互異又按今大藏首載大般若波

羅蜜多經六百卷凡十六會各有小序皆西明寺
沙門元則撰疑即此園測識以俟攷

金石萃編卷一百四十六終

金石萃編卷一百四十七

賜進士出身 誥授光祿大夫刑部右侍郎加七級王昶譔

宋二十五

折克行神道碑

碑高一丈二尺八寸廣四尺五寸行數字數剝蝕不可計正書在府谷縣孤山堡南

上缺諸軍事秦□□□秦州管內觀察使充太原府路
兵馬鈐轄知府州軍州事兼管內勸農使兼麟府州管
界都巡撿使兼河東第十二將上柱國高平郡開國公
食□□□□□□□□□□□□□□□□□□□□神
道碑

朝散郎試給事中兼 侍講同修 國史西安
縣開國子食邑五百戶賜紫金魚袋臣毛友奉
勅撰
翰林學士中大夫知 制誥兼 侍講修
國史成都郡開國侯食邑一千一百戶食實封壹伯
戶賜紫金魚袋臣宇文虛中奉 □□
缺行既葬八年其子右武大夫康州刺史知府州可求
言于 朝先臣克行官爵皆應法當有隧道之碑敢
以請 天子曰嘻惟爾之先保有永安櫛風沐雨
世捍邊垂奉州來歸缺駕克捷有功自我缺宗以來所

以假折氏之靈甚寵西人之不驕緊折氏是懲今其云
亡雖無言固將休顯之迺　詔給事中臣友汝爲之
銘臣友再拜稽首而言曰西夏自元昊乘中國久安玩
治之後空□□殺陷缺數出不利一方用兵驕缺之憂
熙寧元豐間大飭邊備既開熙河遂斷賊右臂應揚之
將時則有若王韶賓遂燕達种諤其餘不可勝數
哲宗皇帝懲元祐罷兵弃地驕□之過擇將練兵大
復熙豐之政□城天都□逼橫山□□□□浸以衰弱
當時邊將折氏爲第缺幾與西人戰大小百七十遇未
嘗喪敗鹵獲鉅萬萬功在右府行在奉常光榮福祿有

始有終臣爲史□□□襃善而記功雖不能其敢以固
陋辭公字遵道出河西折掘姓五世祖從阮唐末爲府
州刺史晉以府州路契丹從阮不從自拔歸漢缺太祖
受命來覲委以腹心德扆生御卿公曾大父也
太宗征太原以兵來迎收復嵐□爲永安軍節度使贈
太師燕國公大父惟忠簡州團練使贈崇信軍節度使
父繼閔宮苑使果州團練使麟府路駐泊兵馬鈐轄贈
太尉曾祖妣蘇氏缺人梁氏梁國太夫人祖妣劉氏彭
城郡夫人妣劉氏慕容氏郭氏輿郡魏郡魯郡太夫人
初公當承襲太尉公以公幼表授其弟繼祖公久居行

間無所知名熙寧三年賊寇慶州　詔种諤合鄜延
河東路大軍城囉兀以牽制之繼祖以所缺鋒遇賊開
光川尚堡嶺再戰皆利諤患賊抄糧道即以三千人□
公戰葭蘆川於是人行少公公奮先登所向如有神諸
老將郭日真太尉子也斬首四百級生降千戶驅牛羊
贏馬囊它萬計其後會公兄克柔以疾不能將遂以公
知府州缺主乘常　詔五路出師問罪張世矩□河
外兵表公別將蕃兵與□廷議難以守臣自行令遂子
弟部三千人隸世矩公抗章願率部落先驅報國未報
即委管勾以行賊據營平逼官軍公進擊潰去是夜世

矩被命班師以公爲後拒賊缺躡其後公止俄枝盤堆
度賊半度隘縱兵擊大敗之殺咩保吳良師還自劾擅
興　詔釋不問王中正□□□公將行□右□時軍
中旗物大軍悉已取其善者餘皆雜惡不可用公命□
其短長黑白創五軍陳法團爲五部部爲一色以□缺
州賊遁去公遣騎追擊生擒五人不殺使爲鄉道中正
命公□千騎先趨宥州一夕拔之時賊保險□□□中
正命公□援□□□戰公曰□大軍不易至此若不速
戰情見力□進退不可即提刀躍馬而前手格殺數十
人所當皆靡戰士缺挽公徐之公不顧以策招後軍□

紿言賊陳動矣衆讙乘之大敗賊衆乘勝追奔□五里
賊久窺河外患公每□□□畏之□□□兵□□□
折氏雖舉國犯他路而左□兵未嘗隨明年四月破賊
于青岡嶺九月又破于廝羅川六年二月□□缺二月
擊賊三角川斬僞鈐轄吳埋保等元祐二年以蕃兵破
賊于□摩川六年會諸將出□水川鏖戰公□□□□
□大破之□□□□千級有奇餘皆赴水死紹聖三
年擊賊遮沒大破之九月青岡嶺又破之是月賊犯鄜
延公統兵牽制至□缺孫覽帥大原議城□□以復故
也邊將論多不合覽檄召公問策公條具所見遂檄公

以□□界□賊擊寧浪□□□□於吐渾河分追□
將□分爲深入□□之狀賊疑不敢動□□□□□
進築公□□□至□慶川賊至大敗之斬二千□缺□
□黃川五年掩襲□烏□□獲僞左廂鈐轄令王兒沒
崖副鈐轄兀勒香□頭□兀姚□□□□賊□□□□
□□□□橫川元符元年又破□□嶺九月又破□□
□十月又破遊□川蹬兀流十二月又破□勒圖明年
正月大破賊藏才山□缺月又破龍馬川時□□□□
東進□□□□□鄜延帥□□□□□□□□□□公
□□□□□□□□□□□□□□□□□□□□□

□如□□□□□□□□□在□□中矣□□□由近
及遠□□法也公曰不然事有奇正今八城已□□缺
士□之銳急前收功而□□之歸氣□□□萬一爲□
□乘未見□□□□□□□□□□□□□□□□□
□□□□□□□□□□□□□□□□□□□□延
公引□□□□□□□□□□□而□□□□□□步
□□□□□將弱兵五千以□缺□奇兵由閒道旁擊
之□□日□□□□□子□兵深入□□公曰□□□
□□□□□□□□□□□□□□□□□□□□□
□□□□□□□□□□□□□□□□□□□□□

□□□明年□□□□□□□□□□□□□□□□
□□□缺□□□斬首萬三千級生降□□□□□
□□□□萬三千□□□□□□□□□□□□□□
□□□□□□□□□□□□□□□□□□□□□
□□□□□□□□□□□□□□□□□□□□□
□□□□□□□□□□□□□□缺□□□其動則
若□□水於于□□□□□□者以故大出則大□□
□□□□□□□□□□□□□□□□□□□□□
□□□□□□□□□□□□□□□□□□□□□
□□□□□□□□□□□□□□□□□□□□□

□□缺□□□□□大至難支□□□□□□□□□
□請帥□□□□□□□□□□□□□□□□□□
□□□□□□□□□□□□□□□□□□□□□
□□□□□□□□□□□□□□□□□□□□□
□□□□□□□□□□□□□□□□□□□□□
□□□□□□□□□□□□缺□□□□□□□普
用則雖□□□□□□□不能欺賊以下殘缺不可錄
號年缺文云武恭公既葬八年其子可求請立隧道之碑克行以大觀二年卒既葬八年當是政和六年也可求降金者故克行本傳不及其名　碑叙次克行家世官爵大略與史並合惟御卿贈太師燕國公

惟忠贈崇信軍節度使史不及之耳世以此碑爲折太君碑攷折太君德扆之女楊業之妻也墓在保德州折窩村非此也金史張奕傳云天眷三年夏人侵界詔奕往征還奏曰折氏世守麟府以抗夏人本朝有其地遂以與夏夏人夷折氏墳壠而戮其屍折氏怨入骨髓而不得報今復守晉寧故激怒夏人欲開邊釁以雪私讎朝廷遂移折氏守青州據此則折氏之祖墳在府州者多爲夏人所夷今此及嗣祚兩墳翠石巋然歷千年而不毀當是折氏世篤忠貞之報今因以五代宋書三史及碑叙其世系庶有攷焉

碑陰並列所統各寨主姓名史稱折氏自從阮於唐莊宗時起家府州至宋高宗建炎二年可求以地降金凡七世父子兄弟相繼扞衛邊境者歷二百餘年而嗣祚碑有自武德中詔府谷鎮遏使之語遏使者唐鎮官名是折起于唐初迄于宋金之際也幾歷五百餘年簪纓不替其勛業彪炳史冊卓絕千古觀此碑陰益見其控禦邊陲鈐轄蕃漢之遺制焉關中金石記

按此碑殘缺過甚全文不知若干字今存者尚一千二百餘字標題已缺其姓賴其文內尚有可攷碑爲奉勑撰書撰者毛友史無傳書者字文虛中

傳稱字叔通成都華陽人大觀三年進士歷官州縣入爲起居舍人國史編修官同知貢舉遷中書舍人碑系銜云翰林學士中大夫知制誥兼侍講史皆略之碑云公字遵道出河西折掘姓廣韻云虜複姓南凉禿髮傉檀立其妻折屈氏爲皇后此作折掘文之異也碑又云德扆生御卿公之曾大父也大父惟忠父繼閔宋史折德扆傳德扆二子御勳御卿御卿淳化五年拜永安軍節度使契丹大將韓德威率衆來侵御卿疾甚其母密遣人召歸御卿曰世受國恩死于軍中其分也翌日卒子

惟正惟昌惟信惟忠惟忠字藎臣累進脩州團練使喪母起復雲麾將軍卒碑略其雲麾將軍子繼宣繼閔繼祖繼世繼閔以勞累遷宮苑使領果州團練使皇祐二年卒史略其麟府路駐泊兵馬鈐轄子廣孝克行克行初仕軍府擢知府州在邊三十年戰功最多羌人呼爲折家父官至秦州觀察使卒贈武安軍節度使子可大爲榮州團練使知府州東都事略可大初官四方館使廉州刺史此其大略也其餘碑文較詳于史而大致皆合碑末段可見者云由近及遠□□法也公曰不然事有奇正今八城已□云

云此下間段駁蝕據傳則云詔河東進築八砦通道鄜延延帥遣秦希甫來共議克行請兩路併力遠者爲先希甫曰由近及遠法也克行曰不然事有奇正今乘士氣之銳所利在速故先遠役以出其不意若徐圖之心且怠矣希甫持不可并上二議卒用克行策此段原委如此得史而碑之缺者可攷矣傳此下無多語大約碑文此後所缺亦無多矣今碑在府谷縣孤山堡南稽之陝西通志陵墓條下不載其墓則亦因此碑之剝蝕不顯于世故也碑陰列繫主姓名今失搨

上官革等寶雲寺題名

碑高三尺七寸六分廣二尺八寸六分八行行九字正書在隴州

政和六年閏正月晦日以禱雪獲應謁謝
嶽祠早飯寶雲寺登覽佛閣偕來者司錄事員逵堯知
汧源縣席徽卿教授王行可汧源簿賈裔尉高慥知軍
州事上官革命吏題

按汧源縣即今之隴州州南七十里爲吳岳即周禮西鎮曰岳是也此題所謂嶽祠即西鎮吳山廟祀嘗至其處寶雲寺及佛閣俱無攷上官革等亦無衍傳

謝彥温泉詩刻

石横廣三尺八寸八分高二尺十一行行五字行書在臨潼縣

宣旬謝龍圖留題
自愧塵容去復來驪山頂上看佳鬼誰人得向長安道
會浴蓮湯十二回
政和丙申三月十八日謝彥子美書
政和六年五月日從事郎武功縣丞管句學事權臨
潼縣事梅安□立石

重修薦福寺塔記

碑高六尺八寸五分廣三尺二寸十七行行三十一字正書篆額在咸寧縣

大薦福寺重修塔記

長安城之西南三里餘有寺曰大薦福自唐高宗時立爲獻福寺至天授元年始改薦福并御書飛白額中宗大加營飾以神龍年後翻譯佛經並於此院按兩京記西北隅有薦福寺浮圖院實景龍中宮人率錢造立浮圖凡一十五級高三百尺爲祈福之地自景龍至
本朝政和丙申三百九十二年風雨摧剎簷角墊毀有山谷迂叟因出往遊偶見是事喟然傷乎歲月寖久將就傾圮使夫妙緣聖跡寂寥數百年來未有修崇之者衆但咨嗟莫能辦集蓋此巍然寶塔寔爲諸佛無量劫

來薰修妙行誓願所成靈牙舍利悉貯其中普爲一切衆生作大高廣福田故我喜於修完勇躍成就願此殊勝淨行利樂無窮普沐妙因豈不韙哉於是負糧裹費自竭其力雖一毫不假於人以是年二月己卯興功越四月戊寅告成洎以甃砌剔屋墮塼所擊上漏下濕損弊尤甚悉皆修完遂復一新由是觀者如堵湊沓瞻仰衆復歸向溥發善緣始山谷子廬於臨涇之白龍庵中方宴坐間嗒然隱几而寐夢現一寶塔白光亘天躋踏之間傍有人云此乃般若寶塔也子欲遊乎夢中謂曰寶光充塞殆不能前又若有云但隨吾行於光明中往來升降洞徹無礙蘧然驚覺所夢寶塔猶在目前稔時方歆後二年獲修此塔以白堊飾之素光耀目銀色貫空正如夢中所見之像略無少異何報應之若是耶願力冥契成就斯緣喜揭慶讚聊紀梗槩云大宋丙申政和六年五月二十七日李堃記

勸緣住持傳法沙門永明立石

按碑云自景龍至本朝政和丙申三百九十二年今由政和六年丙申歲逆推三百九十二年以前乃開元十三年乙丑歲非景龍中也疑碑記憶訛

重修光濟寺碑

碑連額高五尺四寸廣三尺六寸四分三十三行行五十五字正書篆額在郃陽縣

重建光濟寺記

同州貢士張鑑撰

夏陽古西河之野當潼關之北自漢迄唐至於　皇朝世爲馮翊屬邑闔關之境分陝而西金城千里號爲四塞地占天下上游□邑之封直都而東不遠數舍版圖登□邑居關中佳處□□□勢勝則前嚮蒲坂之都會背恃龍門之峭絕大河派其左以俯矚汾晉梁山脉其右而平指條華其地靈人異則有有莘氏建都之址卜子夏明道之方廟像端肅文母始生之舊里也壠畝

膏潤伊尹昔耕之豐野抑有瑞應丹鳳覽輝之臺孝子王祥躍魚之潸故築城□以居民聚□□以爲市設官府以聽訟開廩庾以受輸其來久矣城之東北隅崗阜回旋若起觀□連屬映抱爽塏十仞以擁其後泉漢泓澄若設明鑑支□□絡淤田千頃而闤其前喬林蔚然脩竹森然雲烟濃麗而四時春融樓殿煇映而萬瓦鱗次者光濟之爲寺以處其中也方其興創之始偶□文記莫得詳攷前後相承司其事者惟務因仍歲月旣久循至圮廢有傳業法師惠嚴者爲兒童時捨身出家一心向佛日以持誦爲樂雖寒暑之切肌食餬之不免者

閒亦忘之積習之美僅於十年乃中程於州長旣得度後法乳昆季有請於其師明滋者曰嚴師精專而勤切朴直而誠厚必可以起吾寺之廢滋亦然之遂以寺事付焉而法師辭之辭不獲已而受之然常謂其倫曰吾沙弥小師爾方此落髮以趍向眞諦今□□以寺此固吾家事也然寺隘陋而弊廢吾固欲闢其隘而廣之革其弊而新之吾爲僧之日未久信義未孚于人人未我知也一旦欲增建而崇起之其費不啻千萬雖有善知識其我從者蓋亦寡矣莫若使我受圓具戒從遊禮願聽學大乘法士之門得悟眞覺無相之教然後開示正

信指授大衆與慈雲於貝梵布法雨於金田普爲衆生施大利益則何求而不得也其師聞而壯之迺從其願法師旣得免去擇善演說□遠亦從之窮經抗論披究其文紬繹其義語執其疑似悟識其隱微□年於外名成而歸滋且老矣旣至復授事乃募里人雷琦爲檀信士琦城中之大族也資富鉅萬膏腴沃壤華屋□第連亘輝煥甲於一方然厚於營生廉於自奉爲人頗温淳而長者樂於從善卽與法師相爲戮力旣捨家資又粒衆施迎寒涉暑以夜繼晝構美材以爲廈範寶鐵以成鍾始於元祐之丁卯逮於元符之己卯星霜一紀以至

落成法堂處其奥三門直其前大殿居其中殿之兩序曰東西廊東廊之北曰鬼母堂又其北曰浴室香積廚西廊之北曰授寶館又其北曰羅漢殿衆僧堂法堂之左右翼曰法師寮當講位管勾房貞行舍內羅漢殿及闍殿賢聖並係檀信雷琦獨辦建置殊勝功德也又覺角鍔揚金者鍾樓崛起於坤之□也庭竹蔽玉者矮堂隱處於乾之位也堂之北有隧邃然以洞其下有塔巋然以封其上者是又法師逆脩之墓也倚墓之背連寺之垣□臺其上□□千里洪波巨浸風帆浪舶之河津晉壤韓原禹服秦中之畛域每一登覽盡在諸掌眞所

謂形勝之地故寺之成也不侈不大幾於百楹不□不
陋金碧翬飛入其門而瞻仰姦偷惡少亦有恭肅之心
升其堂而作禮宰夫冥盜猶有回向之念則法師之所
以增大寺宇崇飾教像誘人□善其於細民豈曰小補
又況寺之設也所以建置道場上爲　廟朝祈禱之
所仰惟　聖王有萬壽無疆之休亦惟光濟有万年
不朽之□余嘗至其寺每終日瞻玩似不知其在遠方
也蓋戚里貴人之於　都城得　請爲薦福寺宇
者捨金弊極侈崇長廊廣殿連棟飛甍□□自天而下
幾非人力所能致者光濟之殿宇邃靜有以髣髴焉法

師之功固亦勤矣法師以緇素俯靜梵非特足以易其
弊而致其新又能有以善其生而全其樂其處世也無
累眞所謂解脫者今茲僧臘四十一而俗壽七十有六
矣寺事委以小師洪禧日惟誦禮不忘其初上以報稱
國恩次以興謝　佛蔭故門弟子日益滋多洪
勲而下凡一十一員解經論演教法以啓廸未悟者居
其半余授徒洽水之東相距□□□日禧持其□以來
俾道其事詳而有據嗚呼若考作室厥子毋難於堂構
厥父菑厥子毋難於播穫昔人深所望者迺禧等見之
今其請也欲紀其師之功而懼沒其美是非獨有以不
墜其業而止爾抑有肯堂構播穫之念也余喜道法師
之勤而嘉與禧等之志遂述之云大宋政和丙申歲八
月十五日光濟寺住持講經論僧惠嚴管句僧洪禧等
立石　并書　刊字人薛立
成忠郎同州管界巡鹽舒
忠訓郎權同州馮翊等五縣巡檢侯進
忠翊郎管句同州夏陽鎭及鹽倉草場煙火公事范
從事郎知同州郃陽縣事專切管句學事教□保甲
管句勸農公事李養威
承節郎監郃陽縣酒稅務董濤

保義郎河中府同華州巡鹽偷□
保義郎郃陽縣尉陳□元
將仕郎郃陽縣主簿張基

按碑云夏陽古西河之野唐書地理志夏陽本河
西武德三年析郃陽置又以河西郃陽韓城置西
韓州乾元三年更河西曰夏陽隸河中後復來屬
至宋熙寧四年省入郃陽是立碑之年已無夏陽
碑蓋追述舊時建置也縣廢之後改爲鎭在郃陽
縣南二十里鎭有太姒墓又縣城東四十里有太
任太姒二聖母廟即碑所云廟像端肅文母始生

之舊里也光濟寺今陝西通志無攷

王郅等啟母殿題記

石高廣俱二尺六寸十一行行十一字十二字不等行書在登封縣嵩陽書院講堂壁

左武大夫忠州團練使知東上閤門事提舉中太一宮
兼祐神觀公事王郅子堅右武郎提點醴泉觀陳彪炳
文忠訓郎王淵深甫□隨侍
□□節使太尉詣崇福得獲恭参
啟母殿下遂觀
聖跡不勝大抃時政和戊戌孟夏十有八日彪謹題捧
硯八劉天錫

政和八年端午日靜正法師視朝散大夫知西京嵩
山崇福宮事張若□
太上都功法籙弟子知廟事曹仲恭摸
嵩陽聶□□□

傳梅嵩書曰往來嵩山之麓每每從瓦礫荊棘中見
有古人尺碣片石磨洗識認但文字可識者移置存
古書院嵌於堂壁若鱗次然葉封與復嵩陽書院乃
移置於此說嵩

按記云詣崇福得獲恭參啟母殿下遂觀聖跡不
勝太抃河南通志嵩山崇福宮在登封縣城東北
五里漢武帝創建名萬歲觀唐改名太一觀宋改
今名為真宗祝釐之所啟母廟在嵩山麓廟前有
啟母石古云塗山氏所化漢武帝祀中嶽見啟母
石因建廟焉此記所謂聖跡殆即啟母石也戊戌
年十一月已酉朔始改元重和此記刻於端午日
故仍稱政和八年

崇佑觀牒

碑高五尺四寸廣三尺四分行字多寡大小不可計行書又奏據六行小字書在朝邑縣

陝府西路都轉運司奏據同州申據朝邑縣申本縣耆
老人戶賈□等狀本縣城西有岱嶽行宮地居高阜殿
宇宏壯屋舍計一百六十餘間自來請道士王永清住
持焚修每遇亢旱祈求雨澤皆獲感應人民無不歸仰
伏乞敷奏朝廷賜宮觀名額本縣側近並無宮觀遇天
寧節開建道場委是順便本司保明是實伏候
勅旨
尚書省牒同州朝邑縣崇佑觀
牒奉
勅宜賜崇佑觀為額牒至准
勅故牒通議大夫□左□王押起復少傅太宰押少保
少宰押太師魯國公不押

政和八年九月十一日牒

後題云通議大夫守左丞王押者王黼也起復少傅太宰押者鄭居中也居中以六年爲少保太宰七年八月以母憂去十一月起復八年進少傅少宰少保押者余深也深以七年十一月爲特進少宰八年七月爲少保太師魯國公不押者蔡京也以本紀列傳攷之皆合 關中金石記

升元觀勅

石連額高六尺三寸餘廣二尺七寸大小字共七行字數不齊正行書額題升元觀勅四字篆書在泰安縣

尚書軍狀泰寧軍奉符縣升元觀

泰寧省牒據兗州儀曹掾兼兵曹裴寅亮狀稱契勘兗州奉符縣泰山之下有古洞天周三十里名曰三宮空洞之天載在圖經是實即目宮觀並無名額却有建封院一所逼連嶽廟之後殿屋完備田產頗多六一村僧占據住持征役民間安費丘墓穢惡不蠲深慮觸瀆眞仙不便欲乞備申朝廷改爲道觀州司看詳本院委合改充前件洞天道觀伏候　指揮

牒奉

勅宜賜升元觀爲額牒至准

勅故牒　政和八年六月十四日牒

起復太中大夫守左丞王　押

特進少宰　押

起復少保太宰　押

太師魯國公　不押

政和八年閏九月二十一日襲慶府管內都道正兼權措置升元知觀事洞元大師賜紫道士李仲昭立石

右碑在泰山東南麓升元觀其大字草書甚遒勁不知何人筆錄之以見當日牒文之式考宋史裴寅亮傳但云政和二年進士爲上虞人不言歷官兗州亦可以此碑補史之闕其曰太師魯國公則蔡京也 金石文字記

碑前載泰寧軍狀稱兗州奉符縣其右旁書政和八年閏九月二十一日襲慶府權措置升元知觀事洞元大師賜紫道士李仲昭立石按徽宗紀政和八年八月乙亥升兗州爲襲慶府故先稱兗州後稱襲慶府矣牒後列尙書省長官曰起復太中大夫守左丞王者王黼也曰特進少宰者余深也曰起復少保太宰者鄭居中也皆有押字曰太師魯國公而不押者

蔡京也陸游老學菴筆記云自唐至本朝中書門下
出勑其勑字皆平正渾厚元豐後勑出尚書省亦然
崇寧間蔡京臨平寺額作險勁體來長而力短省吏
始效之相誇尚謂之司空勑亦曰蔡家勑蓋妖言也
京敗言者數其朝京退送及公主改帝姬之類偶不
及蔡家勑故至今勑字蔡體尚在此碑勑字正蔡體
也石文跋尾潛研堂金

桂林洑波巖還珠洞題名

橫廣三尺五寸高二尺六寸十行行六字七字不等左行行書在臨桂縣龍隱上巖

清源劉鎡逢時膠東蔡樺樂道晉江呂沭子會祥符馮

元震亨之襄陵侯材晉卿苕溪王蕃子宜自湘南樓泛
舟過洑波嵓避暑抵暮而歸宣和己亥六月十六日

重新緱山僊祠題記

石高三尺六寸廣二尺三寸四行行六字正書在偃師縣仙君廟

永定陵都監盧功裔重新緱山僊祠鉅宋宣和庚子歲
重陽記　　成敏刊

億按石碣題云永定陵都監盧功裔重新緱山仙祠
鉅宋宣和庚子歲重陽記凡二十四大字頗似山谷
老人用筆其題鉅宋他石刻亦少見偃師金石錄

八行劉先生詩

碑連額高六尺七寸廣三尺八寸五分十三行行十五字至十七字不等草書篆額在東阿縣黃石公祠

我昔讀漢史心師張子房從容輔漢室功成復翺翔皆
由受　黃石公也師訓知進退存亡我本田舍兒本志在遇
藏日緣遇　　眞主招聘助發揚五年寄京國心志
不皇皇亦由宿志定萬事皆粃糠今日得歸來素志今
得償艤舟河縣下騎馬達祠堂伏行仙遺像我志愈激
昂誓歸東村住心祈契空蒼庶可見　張子侍翁入帝
鄉

宣和二年九月廿四日馱次劉採仙尉張思范陽范
朴羽人張昌道聯騎同來

勑差知東平府濟北穀城黃石山靈顯觀事兼京東
西路傳授科教師賜紫艾知筌立石
忠訓郎東平府博州夾河巡撿兼東阿縣巡撿譚
修職郎東平府東阿縣主簿張口
通直郎知東平府東阿縣管句勸農事宋口
迪功郎東平府東阿縣丞吳世英　李全刊

徽宗大觀元年詔立八行取士科凡孝悌忠和睦姻
任恤爲八行全備者耆隣保伍申縣申州申尚書省
釋褐命官此劉先生殆亦以八行舉而留京師者歟
山左金石志

按劉先生不署名豈年月下有歆次劉採或郎其人歟宋史地理志東平郡本鄆州宣和九年改爲東平府宣和只七年無九年此或是七年之誤此詩宣和二年所書而艾知全等銜名有東平府字則是題詩在宣和二年立石在七年也

宋京太清閣詩刻

石横廣三尺八寸高二尺二寸五分十七行行十四字行書在高陵縣

登太清閣二首

望斷泰原日月寬西來涇渭側依山憑誰喚取王摩詰爲到孤鴻滅没間

輦路名存跡已陳斜陽今作幾家村條墻月轉華清夢來破高陵渡口昏

宣和三年四月二十九日成都宋□□宏□京請郡得幽取道渭上觀爲命□詩刻次韻奉呈□

□奉議公　蜀宋京

金節透迤去不還羅胷星斗煥泰天白雲拱木今何在歲月聲名相與延

乞守初來到渭濱玻瓈親爲拂詩塵□江集裏新添得留取鍾評付後人

宣和辛丑四月晦

□□□知高陵縣事楊□立石　□陽米清摸刻

按宋京史無傳宋詩紀事云京成都人崇寧進士不詳其歷官引成都文類載其琴臺武擔二詩而不及此石刻

季季梵仙詩刻

石横廣三尺一寸高二尺四寸四分十二行行九字至十二字不等草書在上元縣新澤寺

塵寇雲暗青燈小松檜無風春悄悄子規枝上叫夢回清磬一聲山月曉

官南官北添身累年去年來换鬢青何日歸來閑歲月掃山廬墓過餘齡

大觀戊子暮春季季

政和癸巳四月廿四日將去此趋　闕　梵仙

萬里區區學宦遊江南江北幾時休朝來作别殷勤語爲謝多情黄栗留

宣和四年壬寅歲四月旦日新澤寺住持沙門道昇上石

右季季及梵仙詩前二首後題大觀戊子暮春季季季下著二點似是其人之字其詩云官南官北添身累年去年來换鬢青何日歸來閑歲月掃山廬墓過餘齡則亦嘗仕於朝者矣詩又有廬墓之語或即趙

孟遠之昆弟乎又一詩題云政和癸巳四月廿四日將去此趣闕自署梵仙亦不知其姓名也此與高逸上人詩碣書法皆俊爽竝宣和中祈澤寺沙門道昇所刻葛寅亮金陵梵刹志所失載也潛研堂金石文跋尾

朱濟道呈妙空禪師詩

裒本高廣行字皆不計
篆書在長清縣靈巖寺

二年催遣向東州見盡東州水石幽不把尋常費心眼靈巖消得少遲留右一

東州山水亦堪遊及至靈岩分外幽會有定師能指示直須行到寶峰頭右二

宣和五年二月初九日朱濟道偶書呈如公妙空禪師

□法定禪師乃觀音化身初居靈岩□□神寶峰釋迦石像豈有深旨

釋文

二年催遣向東州見盡東州水石幽不把尋常費心眼靈巖消得少遲留右一

東州山水亦堪遊及至靈岩分外幽會有定師能指示直須行到寶峰頭右二

宣和五年二月初九日朱濟道偶書呈如公妙空禪師

□魏法定禪師乃觀音化身初居靈岩□□神寶峰作釋迦石像豈有深旨

按朱濟道不詳其何許人如公妙空禪師者妙空是賜號名淨如住持靈巖者也末小字注二行十九字亦篆書記法定禪師事長清縣志云法定禪師梵僧也魏正光初杖錫來遊方山見希有如來會於此成道遂經營梵宇有蛇引道二虎負經并白兎雙鶴之異遐邇助工於是窮崖絕谷化爲寶

坊勅賜名靈巖寺志但詳剏建靈巖而不及法定禪師爲觀音化身此碑可補邑志之闕

妙空禪師二頌

石橫廣二尺七寸五分高二尺六寸五分前刻二頌十一行行十二字十三字後刻記三行每行字數二十四五六不等行書在長清縣靈巖寺

拙頌奉別　知事頭首兼　雲堂諸禪衆

住山淨如拜呈

七年林下冷相依自愧鉛刀利用微聚散莫云千里遠輪天一月共同暉

慈書記寫予眞求讚漫書此以塞來意

肙不修疎頭突兀身碧垂兮顴無骨長嶙百醜兼且訥
慈禪慈禪不我拙名兮邈兮水裏月咄
宣和五年八月初三方山老拙書
妙空老師嗣法薦福英和尚出於大宗師門下兩坐
道場僅四十載凡示徒貴機用唯棒喝可語言知客
道德獲此二頌囊之久矣師今示冢命工摹石盡傳
不朽皇統三年中秌日監寺僧義由謹記

宣和重修東嶽廟碑

碑高二丈五寸廣七尺五分二十六行行七十四字正書篆額在泰安縣

宣和重修泰嶽廟記

翰林學士承　旨正奉大夫知　制誥兼　侍講修
　國史南陽郡開國侯食邑一千五百戶食實封壹
伯戶臣宇文粹中奉　勑撰
朝散大夫充徽猷閣待　制知襲慶軍府事管句
神霄玉清萬壽宮兼管內勸農使兼提舉濟單州兵
馬巡檢公事陳留縣開國男食邑三百戶賜紫金魚
袋臣張漴奉　勑書篆
宣和四年九月有司以　泰嶽宮廟完成奏功
　制詔學士承　旨臣宇文粹中紀其歲月臣
粹中辭不獲　命退而移文有司盡得營建修
崇　郎旨本末與庀工鳩材因舊增新之數謹
再拜稽首而言曰臣聞自昔受　命而帝者咸
有顯德著在　天庭合四海九州之懽心以爲
　天地社稷百神之主故有壇場圭幣以象其
物有宮室祠宇以猶其居有牲牢酒醴以薦其潔有祝
册號謚以導其誠其漠然而意可求僾然而誠可格殆
與人情無以異是以黃帝建萬國而神靈之封七千虞
夏商周文質迭救雖所尙不同而事神以保民其歸一
揆故其書曰望于山川徧于羣神又曰山川鬼神亦莫
不寧其詩曰懷柔百神及河喬嶽又曰墮山喬嶽允猶

翕河河東曰兗州其山鎭曰岱山自開闢以來尊稱
東嶽其穹崇盤礴雖號爲一方之鎭而觸石膚寸不崇
朝而利及天下是以歷代人君邵姓考瑞盛登封之禮
告祭柴望五載一巡守必以　岱宗爲首而
　神靈烜赫光景震燿載在書史接于耳目者奕
奕相屬也　宋受　天命建都于汴東
倚　神嶽遠不十驛　章聖皇帝肇修
　封祀蓋嘗躬款　祠下欽惟
　神靈響荅之異念唐開元始封王爵禮加三公一等
未足以對揚　休應遂偕　五嶽咸陞

　帝號自是宮廟加修薦獻加厚四方萬里士
民奔湊奠享祈報者蓋日益而歲新也　皇帝
聰明仁孝光于上下　神動天隨　德
施周溥既已躋斯民於富壽逌　申敕中外凡
所以禮　神祇崇顯祀盡志備物舉用其至歲
在辛巳迄于壬寅　詔命屢降增治宮宇輪巘
外周罘罳分翼歸然如　清都紫極望之者知
其爲　神靈所宅凡爲殿寢堂閣門亭庫館樓
觀廊廡合八百一十有三楹財不取于賦調役不假于
追呼而屹然崇成若　天造地設　蓋

祇燕豫福應如響嗚呼眞　盛德之事也惟古
聖王先成民而後致力於神故奉牲以告曰博碩肥腯
謂民力之普存也奉盛以告曰絜粢豐盛謂三時不害
而民和年豐也奉酒醴以告曰嘉栗旨酒謂上下皆有
嘉德而無違心也臣竊伏覩　皇帝陛下臨御
以來　夙宵之念無一不在於民者發號出令
以誠以告頒恩施惠以生以育設官擇人以長以治制
法垂憲以道以翼以訓以齊政成化孚中外寧謐於是
國有暇日以修典禮民有餘力以事神祇咸秩無文周
徧羣祀自古所建上下遠邇靈祠吉祝于今莫不畢舉

觀是宮廟土木文采輪奐崇麗則知郡邑之富庶帷帳
熒煌袞冕璀璨則知縣皋之盈溢牲牷充庭醪醴日御
則知耕牧之登衍簫鼓塡咽歌呼係道則知氣俗之和
平　神之聽之迺底陳于上　帝用降
鑒錫茲祉福則　社稷之安固　曆數
之綿遠蓋方興而未艾也臣既書其事又再拜稽首而
獻頌曰
於皇　上帝　口觀九有　孰贊
天釋　山川封守　帝欲富民　俾阜貨財　溥潤澤
之　俾司風雷　東方岱宗　是爲　天孫

體仁乘震　生化之門　昔在章聖　崇以　帝
號　發冊大庭　五雲前導　施于子孫　格是神保
歲在攝提　新宮載考　皇帝慈儉　愛民
自衷　不侮鰥寡　不廢困窮　神鑒其仁　錫之豐
豐　皇帝神武　赫然外攘　馴服悍戾　以
蕃善良　神予其義　助之安彊　仁義既洽
民有餘力　還以報　神　神居是飭　峨峨
神居　作鎮于東　有來畢作　庶民所同
惟此庶民　惟皇作極　丕應傒志　徧爲爾德　祝
皇之壽　泰山同久　握圖秉籙　歷箕旋

斗祝　皇之祚　泰山等固　鎭安二儀
混同萬宇　下逮羣黎　徧敷錫之　億載萬年　惟
神是依　匪　神獨依　惟　天
無私　有謡康衢　述是聲詩
旹宣和六年歲次甲辰三月己酉朔十八日丙寅建
胡寧刊

案徽宗本紀旣無制詔撰碑之文禮志嶽瀆條亦不詳重修祠宇之事而此碑文體書法皆極壯觀實爲岱廟諸碑之冠惜宇文粹中張崇宋史皆無傳莫能攷其事蹟耳碑陰列嶽廟職事人員凡二十行山左金石志

按此碑在泰安府城內西北隅岱廟內泰山舊有上中下三廟此其下廟也凡歷代祭告皆於此行禮廟之制中爲峻極殿南爲仁安門又南爲配天門門東三靈侯殿南爲炳靈宮門外此碑在焉據山左金石志碑有陰列職事姓名今失搨

賈炎饒益寺二題名

石横廣四尺一寸四分高一尺三寸四分二十五行行八字九字不等行書在鄧邑縣

先考成正公留題
顯謨閣待制提舉南京鴻慶宮賈炎政和三年歲在癸巳夏五月蒙
恩罷延帥領眞祠奉母歸居穎昌與諸子公說公燮公傑公轍公節公靡公烈公協公頡諸孫遜運姪孫適同過此寺二十九日題
政和五年夏自鄜延帥蒙
恩從請移守南陽六月二十七日侍
親過饒益寺顯謨閣待制新知鄧州兼京西南路安撫使賈炎恩諸子公晳公燮公轍公節公靡公烈公協公頡諸孫隨德壽德隆侍行　呂元明馬元鈞偕來
宣和六年四月初八日男承務郞充專一總領措置

陝西路鑄錢司准備差使公傑親摹上石
河中府張崇習刊

先題云顯謨閣待制提舉南京鴻慶宮賈炎政和三年五月蒙恩罷延帥奉母歸居穎昌後題云炎自鄜延帥移守南陽侍親道饒益寺顯謨閣待制新知鄧州兼京南路安撫使賈炎題攷宋史炎昌朝之子歷官工部侍郞政和中以顯謨閣待制知應天府徙知延安求內郡以養母乃命爲潁州未行復留改河陽又改鄧州加直學士知永興入對留爲工部侍郞卒贈銀靑光祿大夫前後奉母過饒益寺者始則由延

帥之賴州再則山河陽改鄧州也傳文叙次不甚明
白不如碑之詳著也又公條題此云先考成正公冊
題傳亦不及其謚其缺略如此南京卽應天府唐之
宋州也鴻慶宮太祖神御殿名關中金石記

按陝西通志饒益寺在朝邑縣南十里新市鎮創
自蕭梁天監唐貞觀二年起十三層浮屠歷代名
賢探勝賦詩勒石金新市監趙忭因歲久石刻殘
缺收置藏春塢壁附以記今藏春塢買炎題名石
尚存卽謂此石刻也

淳化縣吏隱堂記

石高五尺廣二尺四寸二十行行四十九字行書在淳化縣

淳化縣吏隱堂記

梨𨽻昔雲陽支鎮爾　我宋淳化間易爲縣隸華原宣
和初□□□□□□□□□　請□□南幽羽檄飛書
捺抳兩路今爲衝途簿書之繁戶□之夥不減劇邑名
公鉅儒臨莅于此者比比焉蓋亦善地也方　朝廷□
□□令爲民長人歲在乙巳命宣教郎賜緋魚袋張公盖
來典是邑到官未朞月而一境稱治老姦猾吏屏肩
縮首州郡知其賢□□下轄百里之民安居樂業豈不
興歟縣宮畢監前後作治者倥偬於簿書間而修治補
𡺎鮮能及之　公一日環顧其宇□□□歎曰君子之
居一日必葺況今居一邑事耶遂完西堂使之南向命
曰吏隱又所以見　公爲政優游臨事不擾剸繁撥劇
□□寂然而申申於此也得公之餘錢以易其腐棟斷
瓦既完且固不窘寒暑闢而卽之則縣之舊圃美木清
池遊息之亭微步□□皆在其後平畦淺檻佳花香草
之植皆在其左右於是退處其并心一意用其日夜之
思亦不敢忘其政非特爲休佚之設□□　公治民之
意勤矣堂之後楹曰蒙軒周敞明窻旁列机按書史圖
坐面面植脩竹直幹高節四時葱翠殊無一點塵埃氣

□□餘裕搜幽摘奇以醉六經此又得隱中之佳趣也
噫士被於化育民樂其耕桑以自養自足故牛馬之牧
於山谷者不收五□□積於田野者不垣而晏然不知
枹鼓之警發召之役也　公既因其土俗而治以簡靜
遂莫休暇故得以升其堂眞所謂吏隱□□□本部漕
使朝議劉公嬴來攝是邑也愛其民既淳事且簡發於
詞詠作詩十章以蒙軒眞吏隱之句冠於篇首後人慕
其□□刻諸石而　公又新其堂以居焉則知賢者用
心其不相遠矣　公三□顯族也　嚴府君使待制公
元豐間嘗遊是邑見□□地凉泉甘木茂徘徊不忍去

寓兹累年率邑中士人日從其學循循博約略無少倦
我公旣登甲科而座下之士相繼馳□□□屋者有
之歲月滋邁□指四十年間今 待制公累鎮巨藩勳
業昭著 眷倚之重恩數之隆冠於一時天下□□□
祈 公登庸而懇請琳祠優佚里閈爲四方達士之榮
觀 公累歷幕府婉畫有勞 朝廷知其績 名選賜
對又特 □□服衮之行將擢用矣顧小邑不足以
展其才 公之臨也思昔 杖屨所歷之地留心城邑
撫養士民誠亦至矣由是觀之 □且隱於是以待超
騰也邑民欲 公久此政但恐席未温 紫詔西來促

裝東去預以爲思耳彥政雍人也旅食于兹行踰□□
又霑被德化休 公顧遇其心如何哉 公以命堂
之意見囑僕素乏才能辭不獲已謾書其實 公字宗
成云宣和七年□月初三日杜陵石彥政記并書
按淳化縣五代以前總謂之雲陽縣宋淳化四年
析其地置淳化縣屬耀州宣和初改屬邠州碑故
云梨園昔雲陽支鎮我宋淳化間易爲縣隸華原
宣和初云云梨園宋史地理志作黎園雲陽縣鎮
名華原卽耀州華原郡也縣令張姿祖多善政而
史無傳撰書人石彥政亦無考淳化縣隸邠州迨

靖康三年爲金天會五年金元帥府宗翰宗望率
兵伐宋陝西之地賜楚淪金益距此碑之立僅兩
年耳

太史公廟記

碑高三尺八寸五分廣二尺六寸五分
二十一行行三十三字正書在韓城縣

芝川新修太史公廟記
東魯尹陽撰
西韓焦丙書

太史公爲紀錄之宗表表而矜文辭者皆不能出其圈
吾得觀其書矣至于廟像冢藏之古吾弗得而見之宣

和七年秋予始官韓城尋遺訪古乃在少梁之南芝川
之西得太史之遺像焉予咨嗟而致式之因低佪周覽
則棟宇甚傾頽階戺甚卑壞埏隧甚荒蕪惟是享嘗缺
然不至予乃愀然發喟屬諸耆老而告之曰 司馬公
文爲百世之英而所居不能蔽風雨學爲紀述之淵而
所藏不能去荊榛今洪河汨流漾乎前也中條崛起峙
乎東也河嶽深崇氣像雄渾 公文實似之而冢廟卑
庳如此其不稱 公之辭與學也甚矣獨不爲邦人之
耻歟予乃率芝川之民掃其淑體而好事者凡一楹一
桷至于瓦甓門疏之用悉以資之卽 公之墓爲五架

四楹之堂又爲複屋以崇之既宏既完矣於是直榮光之澳睨禹鑿之山面汾陰之脽縱口遐觀豈不快哉嗚呼雖　公之文大肆於周漢之間馳騁於千世之前其力贔負實斡造化欲談而悉之吾所不敢動吾喙觀其下葬於茲豈非洪河巨嶽實稱　公之文也哉乃作迎事享　神之歌俾邦人習之歲時以樂　公之神其詞曰

公辭有如黃河流黃河吐溜崑崙丘上貫星纏經斗牛下連地軸橫九州瀨崖搏石韝狀流騰煙跐霧飛蛟虬迴來宏放三千秋班訟范襲非　公儔　公鑿混沌闢

雙骿力敵造化窮冥搜　公祠慘淡連古丘甍摧瓦落風蕭飀我獨來兮爲　公愁新　公祠兮去榛杞殺甚豐兮酒甚旨民髣髴兮　公燕喜韓之原兮山之趾雲亭亭兮河瀰瀰　公之來兮歲豐美雲爲車兮飈爲轡公之來兮福滂被雲滅沒兮風不留　公曷往兮俾我憂

靖康改元四月甲辰立石　　刊字王彥

按太史公廟在墓前墓在韓城縣南二十里水經注云司馬子長墓墓前有廟廟前有碑永嘉四年漢陽太守殷濟瞻仰遺文大其功德遂建石室立碑樹柏太史公自敘曰遷生龍門是其墳墟所在矣陝西通志引雍勝略云太史公墓在韓城縣南芝川鎮墓前有坡因號司馬坡而建祠焉韓城縣志云漢太史令司馬遷墓在芝川南嶺上西枕梁山東臨大河氣勢雄闊古柏數十百皆蒼老如鐵懸於兩崖作蛟龍狀子長一冢巋然其巔祠壁石壘林立代有名作冢以石砌二柏出其上盤崛尤奇北望少梁曉煙殘照如圖畫然以上諸條可與此碑參觀俾讀者益資景仰云

拱極觀記

碑高三尺九寸二分廣二尺五寸四分二十七行行五十字正書在華陰縣

拱極觀記

朝奉大夫新差提舉京缺

進士校尉特添差充華州准備差使權華陰縣贍軍務權誌書

大觀初　太上皇以水行協序潤下收功解梁奏鹽澤復興寶鹺薦瑞散則擣銀海聚則擁雪山其獲十缺宗社無疆之休　聖德謙沖功不自有乃歸美于　三靈眷飭百神受職申遣王人往會漕臣洎郡邑官僚按封內與夫隣境　方丘嶽鎮凡祠宇在祀典者缺靈貺

且爲民邀福而華陰　西嶽金天順聖帝廟得重葺焉
先是廟中有　北極眞武殿寄廡下提舉脩蓋官王□
□□□□□□□庀事仲千焚香祈得吉卜矢當告遷以
表異　顯德極應如響遂卽廡垣之東徙建殿宇并抗
章請差華嶽觀道士雷道之□□□焚誦及管　眞武
道院道之因闢廟壖隙地增廣作堂室廊廡廚庫凡百
極重和元年冬詔使王仍來降　御香肸蠁有感奉
聖旨撥賜嶽廟舊田伍項特免二稅充齋糧宣和七年
四月恭被　宸翰賜觀名曰拱極復令道之永紹住持
茲其始因也仰惟　北極眞武靈應眞君以輔佐　王

帝而照臨下土幽無弗燭遠無弗屆感無弗通其炳靈
妙用雖黙運於冥冥不測之中斷邪滅妖拯危拔苦福
善禍淫每著於昭昭可見之地上衛　皇圖下濟群品
陰功密德殆不可數計察人間善惡功過欲使愚迷遷
善遠罪回向正道而已所以天下尊奉畏愛洞洞乎如
在其上故寓神之館隨在在而嚴飾也況拱極肇營境
占勝絕面擴蓮嶽之三峯背折龍門之一曲山川秀異
物產瓌琦誠古今仙聖之所宅幽人逸士之所會也道
之自徙殿至賜觀額住持二十年矣既克己礪行遵奉
戒籙普施符藥且得同徒郭隨之協贊薰脩之外共葺

觀事□薙榛莽疏□泉石培植松竹花藥虛而明者軒
亭閒邃而雅者洞府列煙霞蔥朧風月澄澈將與華嶽
觀相表裏門枕大路介乎京洛雍蜀之間過客憧憧往
來名馳利騖塵染垢污乃□安觸禍機横罹罪罟覆車
相望而不休不止呼可閔歟豈知□宫清淨近在道周
外如市而中若水又可以息機返照頤神引年于斯也
公庶庸濁凡軀夙叨道蔭言念宿世於眞君或有少緣
蒙祐多矣醴泉採符則告以吉凶之祥鸞居求嗣則錫
以龜蛇之夢　神休靈貺無所報稱於是羽人求記謹
齋戒緝文以攄丹悃云靖康元年八月三□□記

易曰神而明之存乎其人本觀舊記爰自　聖朝靖
康改元中朝奉大夫薛公所作刻諸琬琰意欲傳於
久昨緣兵革蠭起大火縱焚致于泯滅其文則道之
□嘗錄之以行逮今十三載矣經曰　□地運□有
數而□□□道之雖至愚緬思　景貺得非　眞君
之密贊耶謹募工重刊于石恭銘
休美云時昭興九年歲次己未中元日前西嶽知殿
兼　觀主賜紫道士雷道之謹記
副觀道士楊子淳　知觀道士楊道誠上石
王文□刊

右小碑本在拱極觀觀已久亡萬歷中有人掊地得此碑置之嶽廟中與宇文周碑竝立其碑文鄙淺無足采然吾於是有以見宋人風俗之厚而黃冠道流猶能念本朝而望之興復其愈於後世之人且千萬也夫紹興九年高宗方在臨安而金人有許和之約考之於史八年十二月丁丑詔金國使來盡割河南陝西故地通好于我令尚書省榜諭九年三月丙申王倫受地于金得東西南三京壽春宿亳曹單州及陝西京西之地四月辛亥命樓炤宣諭陝西諸路十年五月金人叛盟陷永興軍則此地之復歸於宋葢

無多日而雷道之一道士耳能于干戈擾亂之際而繫思本朝辭微旨切以視夫士大夫之靦顏臣僕者不大有逕庭邪余見朝邑藏春塢之記稱阜昌癸丑西安府學有華夷圖刻亦稱阜昌七年而以僞齊劉豫之號而欲壽之貞石豈不見此文而媿死也其没于土中久而後出豈陷金之後觀主埋之如鄭所南井中心史之爲邪金石文字記

按此碑撰人姓名已缺文中有公度凡軀云云雷道之記有云中朝奉大夫薛公所作則當爲薛公度作矣而關中金石記乃云薛存撰或別有所据

敷陝西通志拱極觀已無攷據碑文則重和元年降御香宣和七年賜觀名靖康元年刻碑記旋遭兵革至紹興九年重刊當靖康元年八月金人內侵皆在河北河東一路其時關中尚屬晏安逮紹興九年和議已成陝西之境在受地數內故重刻碑記尚覺優游乃紹興十年永興陷至十二年則全陝悉淪于金矣金地理志京兆府路郡縣皆皇統二年定制即紹興十二年也

金石萃編卷一百四十七終

金石萃編卷一百四十八

賜進士出身 誥授光祿大夫刑部右侍郎加七級王昶譔

宋二十六

建康府嘉惠廟牒

石高五尺九寸四分廣四尺作三截書上二截牒文共大小字十六行行三十或三十一并十二十三字不等下截記十六行行十五字正書在上元縣

尚書省牒建康府嘉惠廟

禮部狀准都省付下江南東路轉運司奏建康靈澤夫
人祠宇祈求顯應欲望
睿慈特賜加封仍賜廟額本司尋覆行審究得委有上
項顯應本司保明詣實本部尋行下太常寺勘會去後
今據本寺申檢會近降指揮節文神祠如有靈應即先
賜額今來建康府靈澤夫人父老相傳稱呼靈澤夫人
本□今依前項指揮合先賜額本部所據太常寺申到
事理伏乞朝廷詳酌指揮施行伏候
指揮
牒奉
勅宜賜嘉惠廟爲額牒至准
勅故牒
紹興二年十一月 日牒

簽書樞密院事兼權參知政事權
參知政事孟
尚書右僕射同中書門下平章事
尚書左僕射同中書門下平章事

嘉惠廟靈澤夫人之祠也本末源流載于志者甚詳
紹興初計臺禱雨獲應申請于 朝遂賜今額自
是靈休益著凡有所祈隨叩響荅寶慶改元夏旱時
僑適倫貟下邑心實憂之敬往禱焉果獲甘霔農望
少蘇於是顧瞻祠宇咨問所元因取賜額勅黄覩之
信而有證喟然歎曰 神之有功于民洪矣嘉惠之
賚鐫刻登載因仍闕然歷年浸多恐就湮没不惟爾
神之功不著而 國家所以褒崇爾神爲民祈福之
意亦將晦昧而不彰予心歉焉謹以其所賜勅黄刻
之堅珉傳示不朽云寶慶改元七月日奉議郎知建
康府上元縣主管勸農營田公事借緋趙時僑謹記
住山释普寧立 張彥忠刊

右嘉惠廟牒紹興二年江東轉運司奏建康府靈澤
夫人祠祈禱有應勅賜額嘉惠廟牒後字執押字者
四人自左而右曰尚書左僕射同中書門下平章事
者吕頤浩也曰尚書右僕射同中書門下平章事者

朱勝非也曰參知政事孟者孟庾也曰簽書樞密院
事兼權參知政事權者權邦彥也後九十四年寶慶
改元知上元縣趙時僑始以所賜勅黃刻於石記其
事於下方潛研堂金石文跋尾

按江寧府志載嘉惠廟在城東南二十五里紹興
元年碑作二年此誤賜額慶元志丞相沈該政和中作邑
上元禱雨應刻詩于祠而不詳所祠何神故靈澤
夫人事蹟無攷

岳飛送張紫巖詩

碑高八尺七寸廣四尺六寸六行行通五十七字行書在湯陰

送紫巖張先生北伐
號令風霆迅天聲動北陬長驅渡河洛直擣向燕幽馬
蹀閼氏血旗梟克汗頭歸來報　明主恢復舊神州
紹興五年秋日岳飛拜

按此詩刻者三處一在湯陰一在錢塘墓祠一在
濟南府署此所搨者湯陰本也紫巖即張浚號宋
史高宗紀及張浚岳飛傳紹興五年秋皆無張浚
北伐之事考李幼武名臣言行錄別集載張浚知密院上問大計浚請身任陝蜀之事置司秦川乃以浚爲川陝等路宣撫處置使浚至漢中上奏言漢中實天下形勢之地號令中原必基於此謹於興元積粟理財以待巡幸云云此則浚圖北伐以復中原之本計然其事在建炎二年時岳飛方在宗澤軍中爲留守司統制與張浚毫不相涉也是時浚方與趙鼎同
官左右僕射巨寇楊么據洞庭浚請因盛夏乘其
怠討之具奏與岳飛同討楊么湖寇盡平浚遂奏
遣岳飛屯荆襄以圖中原並非北伐至其署欵尤
非宋人體製宋人贈詩標題及自署姓名皆系銜
于上從未有稱其號而謂之紫巖張先生者又姓
名之下亦未有書拜字者似是明人僞託然碑已
傳久忠武詩蹟又爲人所重故特辨之

岳飛墨莊題字

石高三尺九寸五分廣二尺八分二大字面下行書在湯陰

征西將軍岳飛書
墨
莊
紹興丙辰良月

北宋劉幾顏其書室曰墨莊厥後忠武岳侯討楊么
道經新邑駙馬劉景暉餉師三日景暉幾同支也忠
武因書墨莊二字遺之劉氏子孫勒之家廟摹石而
流傳之世人寶重懸之室中邪魔歛跡夫忠武之勳
王忠也景暉之餉師義也劉氏子孫世守忠武墨蹟
世之人共寶之忠義之不可磨滅也如斯夫朱軾跋

按朱高安跋語意未晰北宋劉幾史無傳岳忠武

詩錫么在紹興五年所云道經新邑未詳何邑駙馬劉景暉宋史公主傳徽宗女惟熙德帝姬下嫁劉文彥或即景暉然不詳其觔觔事此碑在湯陰與所謂道經新邑者無涉碑題丙辰良月則紹興六年十月也時忠武居母憂起復劉豫遣子麟猊分道寇淮西命率師東下未至麟敗乃還軍當家國多難之秋而從容書此恐亦未確又是時忠武奉命宣撫河東節制河北路碑題征西將軍系銜亦與史不合姑存以備攷

高宗御書石經

碑殘闕僅存八十七石高廣行字皆不詳正書在杭州府學靈星門內左右壁

經文不錄碑多模糊今取各碑起訖處有文可辨者分列如左

左壁三十八碑

易二碑

乾元亨利貞起上層 象曰有命无咎志行也九五休止下層

否大人吉其亡其亡繫于苞桑起上層 九三日昃之

離止下層

書七碑 經義考作六碑

上層模糊 攸徂之民室下層

武惟朕文考無罪上層 天降威知我國殷下層殷字缺筆避諱

上層模糊惟乃文等字可辨 乃寵 惟我有周誕受多方下層

上層缺角 不可征王害不違卜 越五日甲寅若翼日乙止下層

卯起上層 若天棐忱我亦不敢知止下層

終出于不祥上層 誥毖歷刑暴亂下層

上層模糊 下層暨終泰

詩十碑 經義考作十二碑

關雎后妃之德也起上層 胡能有定告我不述下層

送子涉淇起上層 青青子佩止下層

悠悠我思縱我不往起上層 維子之故羔裘豹止下層

有杕之杜生于道左起上層 輾轉伏枕止下層

采蘩祁祁起上層 我有嘉賓中心止下層

好之鍾鼓既設起上層 職競由人止下層

取其血膋起上層 何人不將經營四方止下層

何草不黃起上層 于時廬旅于時言言止下層

入覲以其介圭入覲于王起上層 桓桓武王保有厥

士止下層

駱有駵有雒起上層 終卷下層

中庸一碑

必自邇譬如登高起上層 下層終卷末空處有印曰御書之印

論語七碑

子曰學而時習之上層起　有反坫管氏亦下層止
有反坫管氏而知禮上層起　冉子與之粟五秉亦之
適下層止
齊也乘肥馬上層起　如履薄氷下層止
而今而後上層起　食饐而餲魚下層止
餒而肉敗上層起　司馬牛問君子子曰君子不下層止
不忠信行不篤敬上層起避諱缺口敬字　亦曰君夫人下層止
者與之其不可者拒之上層起　下層終卷末有秦檜記詳見後
孟子十一碑
不可以敵强上層起　則何爲不行王下層止

上層缺角寡人好色　管仲晏子之下層止
今此下民上層起　故爲兵餽下層止
之予何爲不受上層起　夫道一而已矣下層止
成覸謂齊景公曰上層起　大哉堯之爲君下層止
惟天惟大上層起　晉國亦仕國也下層止
堯舜之道焉非其義也上層起　是天子而友匹夫也
下層止
用下欽上上層起敬避諱作欽　猶人之性與下層止
上層缺角仁內也非外也　指不若人則知惡之下層止
下而去之仁者固如是乎上層起　舍則失之是求有

謚於下層止
上層缺角舜爲天子　是爲馮婦也下層
右壁
左傳四十九碑
上層模糊澗溪沼沚之毛　下層模糊
奚齊既與中大夫成上層起　而告之曰夷吾無禮下層止
夏晉太子圉爲質于秦上層起　忠而能力晉而無親下層止
吾聞姬姓唐叔之後上層起　傳政于子玉曰以靖國
也靖諸內下層止
而敗諸外上層起　治蹙辥卿九月甲午晉下層止

侯秦伯圍鄭上層起　孟明視率師伐晉以報殽下層止
晉侯禦之先且民將中軍上層起　戊子敗秦師于令
狐至于下層止
己丑先蔑奔秦士會從之上層起　先使士會士會辥
下層止
于晉公□□相會□□于欒上層起　掘而刖之下層
上層模糊　公望　非禮也此等字中二層有　下層模糊
晉師救鄭荀林父將中軍上層　衛殺其大夫孔達下層
也我□乃□且告車乘甚衆上層起　下層模糊
臣不在受怨上層起　下層模糊

則是康公絕我好也上層　姬姓日也ロ姓月也必楚
之王也下層
上層模糊　致壤盈其懷從而歌之下層
士魴逆周子于ロロ上層　多行不義必自及也其是
之謂乎下層
請ロロ晉侯不許孟獻子曰上層　下層模糊
上層模糊　晉侯　晉侯有之中層　下層模糊
上層模糊　謂其宰曰尔以帑免我下層
與之邑其從者皆有賜上層　而殺ロ范氏之徒下層
上層模糊　昭公語祭仲曰必娶之下層

曰歸乎曰君死安歸上層　賦蓼蕭下層
命晉侯拜上層　晉楚之大夫趙孟子木與之言不能
對下層
亦不能對也上層　待其立君而後爲之備下層
趙文子喪上層　而不撫其民其君弱下層
子侈太子卑大夫敖政多門以介于大國上層　君子
務知大者小人務知小者下層
上層模糊　趙孟曰天乎對曰有焉下層
ロ之闕也此皆然矣上層　銘曰昧旦丕顯下層
況日不悛其能久乎上層　黑而上僂深目下層

上層模糊　子産相鄭伯辭于享中層有此語　下層模糊
上層模糊　丙辰衛侯下層可辨者惟此餘模糊
載寶以出上層　遇公子于馬路之ロ乃復入楚下層
上層模糊　春王正月葬宋元公下層
晉殺祁盈上層　下層模糊
如不敢逃死君其入也上層　會諸侯于呂良爲伐楚
下層
上層模糊　于是乎遷鄭于郲而改紀下層
子謂樂ロ曰惟寡人說子之言上層　圉人曰吾以劍
過朝下層

上層模糊　召午而囚諸晉陽下層
上層模糊　秋九月癸酉齊侯ロロ卒下層
不如死棄盟逃讎上層　十有一年春齊國書帥師伐
我下層
上層模糊　太叔懿子止而飲之酒下層
乃免胄而進上層　衛侯文子欲納之下層
及瓜而代期起上層　夫人姜氏薨冬十有二月下層
嘉父逆晉侯于隨上層　周內史聞之曰下層
上層模糊　豈其沒于乾谿下層
簡書同惡相恤之謂也上層　末層模糊莫辨　此只三層

二十二年春正月命于口（上層同上）
（上層中二層下層俱模糊莫辨）
（上層模糊下層終卷末有秦檜記與論語碑同見後）
臣聞之書曰天降下民作之君作之師自古聖王在
上則君師之任歸于一故堯舜之世萬邦咸寧比屋
可封者治教之明效大驗也仰惟主上以天錫勇智
撥亂世反之正又於投戈之隙親御翰墨盡書六經
以及論語孟子左氏傳朝夕從事爲諸儒倡口因得
請刊石于國子監頒其本偏賜泮宮堯舜君師之任
乃幸獲親見之夫以乾坤之清口世道之興起一人

專任其責所爲經綸於心表儀以身者勤亦至矣所
望於丕應者豈淺哉詩不云乎思皇多士生此王國
王國克生維周之翰臣願與學者勉之紹興十有三
年秋九月甲子太師尚書左僕射同中書門下平章
事兼樞密使監修國史兼提舉實錄院提舉詳定一
司勅令提舉編修玉牒所魏國公臣秦檜記（此記兩見一在
論語碑末一在左傳碑末兩碑文同今取左傳碑錄之微有異者治教之明效大驗也論語碑教作道天
錫勇智論語碑作衣紹弓口投戈之隙論語碑隙作暇思皇多士論語碑作濟濟多士維周之翰論語碑
幹作寧十有三年秋論語碑作癸亥歲三字附記于此）
高宗紹興十三年三月出御書左氏春秋宣示館職
六月出御書周易尚書委知臨安府張澄刊石頒諸
州學十四年正月出御書尚書十月出御書毛詩十
六年五月又出御書春秋左傳上又書論語孟子皆
刊石立于太學首善閣及大成殿後三禮堂之廊廡
淳熙四年二月十九日詔知臨安府趙磻老建閣奉
安石經寘碑石于閣下墨本于閣上以光堯石經之
閣爲名五月二十四日磻老奏御書禮記中庸大學
學記儒行經解五篇不在太學石經之數今搜訪舊
本重行摹勒以補禮經之闕從之六月十三日御書
光堯石經之閣牌賜國子監（玉海）

靖康丁未夏四月皇宋中興高宗即大位改元建炎
至紹興十三年癸亥通十九年金人侵袭干戈之日
居多乃能親御翰墨作小楷以書周易尚書毛詩春
秋左傳全帙又節禮記中庸儒行大學經解學記五
篇章草語孟悉送成均九月甲子左僕射秦檜請鐫
石以頒四方卷末皆刊檜跋語（石刻錄敘）
高宗御書六經嘗以賜國子監及石本於諸庠上親
御翰墨稍倦即命憲聖續書至今皆莫能辨（四朝聞見錄）
陳碁西湖書院書目序云杭西湖書院宋太學故址
也德祐內附學廢爲肅政廉訪司治所至元二十八

年故翰林學士承旨東平徐公持浙西行部使者節即治所西偏爲書院後爲尊經閣閣之北爲書庫寔始收拾宋學舊版設司書掌之宋御書石經孔門七十二子畫像石刻咸在焉 夷白集

世祖至元中致遠爲杭州總管府推官西僧楊璉眞加作浮屠於宋故宫欲取高宗所書九經石刻以築基致遠力拒之乃止 元史申屠致遠傳

至元二十五年二月毁宋故宮爲佛寺從桑哥及楊璉眞加言凡宋宮殿郊廟悉毁爲寺復欲取宋高宗所書九經石刻爲浮屠基推官申屠致遠力拒止之 續通鑑綱目宋元通鑑續通鑑同續資治通鑑

宋高宗皇帝御書石經紹興十三年知臨安府事張澂摹勒上石淳熙四年詔知府趙磻老建閣于太學題曰光堯石經之閣置石其下洪邁曾惇楊冠卿葉紹翁李心傳陳騤王應麟潛說友紀之詳矣宋亡學廢爲肅政廉訪司治所西僧楊璉眞伽造白塔于行宮故址取其石壘塔杭州路廉訪經歷申屠致遠力持不可然已損其什一元至正間即治所西偏建西湖書院以祀先師設有山長掌書庫其後明常熟吳訥乾州宋廷佐先後巡按浙江或覆之廊或甃以甋崇禎末廊圮乃嵌諸壁中左易二書六詩十有二禮記何有學記經解中庸儒行大學五篇今惟中庸片石存爾其南則理宗大書御製序四碑在焉右則春秋左氏傳四十八碑闕其首卷通計八十七碑諸經雖非足本然書法甚工學者所當藏弆若夫秦檜一跋已爲訥椎碎其詞見于學士院中興紀事本末君子無取也 曝書亭集

高宗御書石經小楷結體整秀有晉人法論孟字體較大而勢稍縱逸結體在眞行之閒其中避諱缺筆如殷爲殷恒爲恒又爲恒貞爲貞敬爲敬佶爲仕之

類皆不改字論語欽事而信溫良恭儉遜商因於夏禮得見有常者孟子無辭遜之心捨克在位則有責用下欽上則并改字矣然如行不篤敬事君敬其事之類仍不盡改蓋一時隨筆所作無義例也經文大率與今本同唯詩鴟鴞予尾翛翛竹竿遠兄弟父母闕有挑不我知者謂我士也驕不我知者謂我士也罔極左傳焉用亡鄭以陪鄰不闕秦焉取之少齊有寵而死武王有亂十人皆與開成刻同勝於它本孟子無唐以前石刻此碑內文王事混夷有小民之事亦較今本爲善 潛研堂金石文跋尾

宋自仁宗至和中刊石經于太學汴京失守悉遭淪陷高宗南渡宗社播遷而汲汲修表章六經之業嘗謂輔臣曰學寫字不如便寫經書不惟可以學字又得經書不忘于是親書諸經宣示從臣館職為進詩歌諸州為頒墨本而臨安太學悉命刊列廊廡至孝宗淳熙四年詔京尹趙磻老建閣于太學西北奉安石經御書扁曰光堯石經之閣而又益以七十二賢贊李伯時繪像并理宗道統贊附刻諸經之末宋祚既亡太學廢為西湖書院幾遭楊璉真伽之厄欲悉輦碑石以甃塔基賴廉訪申屠致遠之力阻而止明初即書院建仁和學其後改建府學徙仁和學于城隅貢院之址而石經亦舁致為歲深零落踣卧草莽間至宣德元年侍御史吴訥收得百片置之大成殿後兩廡正德十三年監察御史宋廷佐移至府學儒星門北之兩偏覆以周廊左右屋各二十二楹 國初廊圮乃嵌壁中乾隆三十六年重修學宫增建廊屋而碑之嵌壁者益加完整計碑現存者左壁易二書七詩十中庸一論語七孟子十一左傳四十九理宗序四共實九十一碑與吴訥所收百片之數殆舉成數而言而參攷朱彝尊經義考所謂書六詩十三左

傳四十八則又不合殆誤也碧溪文集

按南宋石經諸書紀述言之詳矣然高宗書經之數諸說間有不同如秦檜記云親御翰墨盡書六經以及論語孟子左氏傳是論孟左傳之外先有六經而不詳晰其經名據玉海則紹興十三年十六年兩次出左傳十三年十四年兩次出尚書十三年出周易十四年出毛詩十六年出論語孟子是在紹興時先後出者易書詩左傳論孟六經與檜記之論孟左傳在六經外者不合以臆度之檜殆泛指六經非實數也玉海又載御書禮記五篇不在太學石經之數淳熙四年趙磻老搜訪舊本重行摹勒以補禮經之闕既云不在太學石經之數是太學原未嘗刻禮記五篇矣而又云搜訪舊本重摹補闕似乎別有石刻補入太學者則玉海所載語未甚晰也据石刻鋪叙言先書易書詩左傳全帙又節禮記五篇章草語孟悉送成均是易書詩左傳四經在前禮記語孟三經在後徵與玉海次叙不同而語孟是正行書非章草與今石本不同四朝聞見錄但言御書六經不晰言經名與檜記玉海俱不同續資治通鑑則又言高宗所書

九經石刻爲淨居甚數又不同又考新修杭州府志引錢塘縣志載紹興二年宋高宗御書孝經詩書左傳論語孟子禮記五篇諸家皆不言御書有孝經此有孝經而無易經必是孝經即易經之訛且御書頒於紹興十三年非二年皆志誤也府志又引武林石刻記云春秋三十二碑書六易二詩十論語七孟子十一中庸一所載春秋尚書之數與今不同又引宣德年楊一清記云易二書七詩十春秋四十八論孟中庸十九今左傳亾其十六書經亾其一然則此碑在宣德年已有亾佚反不及今存之多也經義考所載不同殆据傳說未嘗親見搨本其云通計八十七碑仍與今現存者合潛研堂所收祇七十七碑非全搨也然自玉海以下諸書皆不言當時刻石其若干碑今存八十七碑之外不知亾者實有幾何石刻鋪叙言卷末皆刊檜跋語似乎各經之末皆有檜記今惟見論語左傳二經然尚書中庸皆已見終卷未見檜記毛詩據潛研跋有檜記此搨失之曝書亭集言秦檜一跋已爲吳訥椎碎今兩碑之跋巍然蓋訥所椎碎者乃宣聖及弟子贊之跋非石經也檜記作于

紹興十三年九月是年正月詔以錢塘縣西岳飛宅爲太學其宣示左傳在是年三月其出御書易書刊石頒諸州學在是年六月其以左傳論孟立石太學在十六年五月其建閣奉安諸經在孝宗淳熙四年是紹興十三年六月但以刊石頒諸州學然檜記則已有得請刊石國子監頒其本徧賜泮宮之語是得請立石太學始於十三年至十六年漸次刻成要知此工非一年所能畢也經是高宗御書而四朝聞見錄言稍倦即命憲聖續書憲聖者吳皇后也史傳載后頗知書博習書史善翰墨寵遇日至由婉儀進貴妃紹興十三年立爲皇后而不詳其嘗續書諸經李心傳建炎以來朝野雜記稱其讀書萬卷翰墨絕人潛說友咸淳臨安志載西湖石人嶺下時思薦福寺有后書金剛經石刻則后之書諸經理固宜然其書經之時亦在立后之前後也此碑爲乾隆壬寅之冬昶在武林修西湖志暇時躬詣府學周覽左右廊壁命工全搨以歸諦審數過惜其殘泐太甚其經文與前代石經及今行監本異同處皆不及詳攷姑就諸說之不同者辨而識之碑在紹興年諸州學皆有賜

本計當時椎拓不下數百十本迨今僅閱數百年
海內州學固皆散佚無存創金石蒐弆家從不聞
有宋搨流傳者使得見一本俾存全文可讀且可
校板本之異同其欣快爲何如耶

蕪湖縣新學記

碑除額高五尺七寸廣四尺二十四行
行四十六字正書篆額在蕪湖縣學

蕪湖縣新學記

學校者教化之官美俗善治由此出也三代聖王靡不
尙之自一家一鄉一國上達王都無不立學故能薰蒸
陶冶革易民情不自知而趨於善焉辟諸天地山川之

氣滲漉浸灌無跡可尋而勾萌孚甲短長小大自生自
植孰知亭毒之功哉　皇帝嗣位十有七年即
行在所建國學收召英髦張官立師教養其中天下翕
然知　上意之所嚮也八月上丁蕪湖縣釋奠于
先聖先師邑子鵠立棊布以陪祀事凡在位者百人
童子不獲預升降駿奔之列而觀禮於旁者亦復稱是
鄉人父老咸歎相禮之盛儀矩之肅雖承平無事之前
有不逮及詢知上之化下疾於影響也獨廟廡焚圯墻
壁頹壞一室巋然丹堊漶漫生師無所舍禮器無所處
視浮屠老子之宮彼非　朝廷尊崇無學士大夫歸

往其徒嚴奉廟貌儼若縣吏相尤以爲詬病非一日矣
知縣事右承議郎楊擾奮然出力知當任咎曰吾嘗儲
材于某積財于某於此不用其將何如立召梓人匠師
相與謀作室規範辟築先典萬杵雷動斤斲朽墁陶茅
丹雘群工獻能疾於毳刈爲講堂齋官廊廡門闕凡四
十楹繪從祀諸子於廡下又率縣僚邑子相與釋菜於
是縣民上下始信學校爲教化之宮而含齒戴髮之類
不可一日亡學也屬筆於僕使爲之記因爲之言曰蕪
湖地里不見於六經前漢尙爲東諸侯之國後漢封蕪
湖侯始見於書晉元帝南渡之後蕪湖名字班班見於

書矣明帝討王敦陰察其營壘帝紀地里志皆以爲于
湖世俗訛而爲湖陰至唐隸宣之當塗　本朝太平興國
中以當塗爲州遂爲屬縣前人故蹟則晉明帝留鞭之
地王敦之故壘溫太眞李太白之所經行也餘烈遺臭
歷歷可考宜其學士大夫之盛與後來之秀甲於他縣
然而學之源委要在知正堯舜禹湯文武周孔之宗學
之正統也孟子既沒諸子百家蠭起學者無以折衷之
刑名爲申商縱衡爲儀秦清淨爲黃老寂滅爲浮屠去
聖人益遠一時名公卿又各以其所好尙取堯舜禹湯
文武周孔之名緣飾申商儀秦黃老浮屠之實標的一

立逕蕭紛然動數十百年未易刮濯是以聖人之學益
泯泯而不著見三代事功亦不見於後世也大哉
吾君之訓曰學者當以孔孟爲師嗚呼非堯舜文王爲
他道捨此將安之邪學既立矣諸君肄業於此游息於
此苟能造次顚沛不忘　大訓而求孔孟之宗僕未
老也尚能見此縣英髦俊造之士彰明先聖人之道發
爲事功於天下尚不負縣大夫所以建立學宫之意諸
君勉之僕非敢勵諸君也亦自勵也紹興十三年歲次
癸亥十二月十日左廸功郎縣尉陳長方記并書丹
右廸功郎主簿章衆篆額

右從政郎縣丞錢世忠立石

龍骨塔銘

碑連額高三尺五寸廣二尺五寸十二行行十七字連額並正書在褒城縣福巖寺

隱庵修信述
右□職郎游國佐題額
金華老僧巖公於所居後洞獲龍牙角各雙并大骨類
若乎類頷齦齶者十數枚其昔夢巨人縞衣告曰此山
神龍所依無牧觸穢龍且去矣今德人涖吾境山復清
粲龍當還來此其蜕□□之吉祥巖公異之乃即洞旁
大磐石上累甓爲浮圖盡取其牙角骨等藏焉是歲紹
興甲子三月也銘曰
遁神龍兮去何之蜕靈骨兮見於斯巨人夢兮審前知
休徵告兮豈吾欺建浮圖兮洞之湄固磐石兮瘞厥
德人涖兮境毋瀆嗟若龍兮歸何時

按陝西通志福巖寺在褒城縣西南九十里即金
華寺寺前有仙人真身洞并龍骨塔銘即此碑也
老僧巖公通志作嚴公甲子爲紹興十四年

勅封廣惠侯誥

碑連額高六尺二寸廣三尺五寸作三層書上二層勅旨共十五行行九字七字不等下層除首幹縣市戶錢雙行小字另列外十九行行十三字行書篆額在溧水縣

勅建康府溧水縣正顯廟神惟神夙著惠政懷于一方
遺愛流傳廟食殊久凡雨暘之所禱皆響荅而感通功
既及民可無褒典錫兹美號寵以侯封永孚靈休副我
顯渥可特封廣惠侯奉
勅如右牒到奉行
紹興十七年六月二十二日
告廣惠侯奉
勅如右符到奉行
紹興十七年六月二十四日下
人皆知作善於顯明之中者必獲陰祐殊不知陰德

禎被於民者亦有陽報惟　侯惠政在人尸祝之敬
肇□有□追及　我朱　靈休益顯升聞于下闕
命書鼎来邑人歡喜踴躍思□　聖訓用彰　侯
德既刻堅珉且屬衡爲之詞衡嘗謂神人本一心幽
顯無二道非悟釋氏即色即空逵蒙莊□而不言之
說者未易語此後之□茲邑者心存是道而盡力於
民庶被　賢侯可以無愧乩道三年歲在丁亥春正
月庚子朔左□奉郎知建康府溧水縣主管學事勸
農營田公事兼兵馬都監兼主管圩田賜緋魚袋李
衡謹書

幹緣市戶錢□朱扞吳升李安柴□□□□張彥陳
貴鍾元翟思殷朱全吳四六尹□□　潘壽隆刊

金石萃編卷一百四十八終

金石萃編卷一百四十九

賜進士出身　誥授光祿大夫刑部右侍郎加七級王昶譔

宋二十七

李龍眠畫宣聖及七十二弟子像贊

像共十五石各橫廣五尺六分高一尺五寸每石五像或六像四言贊八句第一石宣聖贊十二句並正書在杭州府學

高宗御製并書

朕自睦鄰息兵首開學校教養多士以遂忠良繼幸太
學延見諸生濟濟在庭意甚嘉之因作　文宣王贊
機政餘閒歷取顏回而下七十二人亦爲製贊用廣

列聖崇儒右文之聲復知師弟子間纓弁森森覃
精繹思之訓其於治道心庶幾焉

孔丘字仲尼魯人開元廿七年制追諡爲文宣王
大哉聖宣　斯文在茲　帝王之式　古今之師
志則春秋　道由忠恕　賢於堯舜　日月其譽
維時載雍　戢此武功　肅昭盛儀　海寓聿崇

顏回字子淵魯人贈兗公
德行首科　顯冠學徒　不遷不貳　樂道以居
食瑛甚忠　在陋自如　亘稱賢哉　豈止不愚

閔損字子騫魯人贈費侯

天經地義　孝哉閔騫　父母昆弟　莫閒其言
汙君不仕　志氣軒軒　復我汶上　出處休焉
冉雍字仲弓魯人贈薛侯
懿德賢行　有一則尊　子也履之　成性存存
騂角有用　犁牛莫論　刑政之言　惠施元元
冉耕字伯牛魯人贈鄆侯
德以充性　行以澡身　二事在躬　日躋而新
並驅賢科　得顏與騫　不幸斯疾　命也莫伸
冉求字子有魯人贈徐侯
循良之要　在於有政　可使爲宰　千室百乘

師門育材　治心扶性　退則進之　琢磨之柄
言偃字子游吳人贈吳侯
道義正己　文學擅科　爲宰武城　聊以弦歌
割雞之試　牛刀謂何　前言戲爾　博約則多
宰予字子我魯人贈齊侯
辯以飾詐　言以致文　苟弗執禮　且莫釋紛
朽木糞墻　置不足言　言語之科　巋然有聞
仲由字子路卞人贈衛侯
升堂惟光　千乘惟權　陵暴知非　委質可賢
折獄言簡　結纓禮全　惡言不耳　仲尼賴焉

端木賜字子貢衛人贈黎侯
謙德知二　器實瑚璉　動必幾先　孰並其辯
一使存魯　五國有變　終相其主　譽處悠遠
卜商字子夏衛人贈魏侯
文學之目　名重一時　爲君子儒　作魏侯師
不可後禮　始可言詩　假蓋小嫌　聖亦不疵
林放字子丘魯人贈清河伯
禮之有本　子能啓問　大哉斯言　光昭明訓
德輝泰山　誣祭莫奮　崇茲祀典　壹永令聞
樊須字子遲齊人贈樊伯

養才以道　聖人兼濟　始謂不仁　問鄉頁喜
寓志農圃　似昧仁義　學稼之辭　豈姑捨是
澹臺滅明字子羽武城人贈江伯
惟子有道　天與異容　狀雖云惡　德則其豐
南止江淹　學者雲從　取士自茲　貌或非公
曾參字子輿南武城人贈郕伯
夫孝要道　周訓群生　以綱百行　以通神明
因子侍師　皆問成經　事親之實　代爲儀刑
公冶長字子長齊人贈莒伯
子長宏度　高出倫輩　雖在縲紲　知非其罪

純德備行　夫子所宗　以子妻之　尤知英桀

公西蔵字子上魯人贈祝阿伯

猗尔子上　魯邦之望　以德則貴　惟道是唱

師聰師明　友直友諒　伯於祝阿　儒風斯暢

原憲字子思魯人贈原伯

軾彼窮閻　達士所賓　邦無道穀　進退孰倫

敝衣非病　無財乃貧　賜雖不懌　清節照人

有若字子有魯人贈卞伯

人稟秀德　貌或攸同　爾子儼然　溫溫其容

兩端叩問　未昔機鋒　以禮節和　斯言可宗

鄭國字子徒魯人贈滎陽伯

伯夫滎陽　實惟令德　優入聖門　過不留跡

道以目傳　妙則心識　猗歟偉歟　後代之則

商澤字子季魯人贈睢陽伯

逖矣子季　睢陽是伯　屏息受業　延教登席

未暇四科　困涉六籍　祀典載之　好是正直

秦非字子之魯人贈汧陽伯

樂善据士　伯于汧陽　傳道克正　垂名允藏

執德以洪　用心必剛　家廣業嶷　式賁素王

曾蔵字晳魯人贈宿伯

惟時義方　有子誠孝　怡怡聖域　俱膺是道

暮春舞雩　詠歌至教　師故與之　和悅宜召

巫馬施字子旗魯人贈鄫伯

天清日明　密雨曷有　師命持蓋　子亦善扣

惟夫子博　三才允究　學者之樂　所得遂茂

公晳哀字季次齊人贈郳伯

周衰僞隆　政在群公　廉恥道微　家臣聿崇

不爲屈節　搞默自容　子於是時　凜然清風

漆雕徒父字子期魯人贈須句伯

追想子期　挾策聖帷　涉道是嗜　惟士可縻

在德既賢　在名迺垂　洋洋之風　逮今四馳

顓孫師字子張陳人贈陳伯

念昔顓孫　商德與隣　學以干祿　問以書紳

參前倚衡　忠信是遵　色取行違　作戒後人

高柴字子羔衛人贈共伯

婉彼子羔　受業先聖　宗廟之問　一出乎正

克篤於孝　非愚乃令　師知其生　有輝賢行

榮旂字子祺魯人贈雩婁伯

伯茲雩婁　務學實著　三千之位　七十是預

匪善莫行　惟德乃據　紀于前書　式彰厥譽

秦祖字子南秦人贈少梁伯
秦有子南　蜚聲述作　守道之淵　成德之博
範若鑄金　契猶菼藥　歷世明祀　少梁寵爵
陳亢字子禽陳人贈潁伯
惟禽之問　從容其鯉　求以異聞　詩禮云爾
請一得三　誠退而喜　且知將聖　不私其子
梁鱣字叔魚齊人贈梁伯
室家壯年　無子則逐　見於信史　全齊之俗
原本厥初　師言可復　以學則知　撰之冝篤
冉孺字子魯魯人贈紀伯

紀伯子魯　聖學是務　厲己斯的　好問乃裕
周旋中規　容止可度　允矣昔賢　後世所慕
顏之僕字叔魯人贈東武伯
賢行顏叔　親承尼父　志銳所期　道尊是輔
泥在鈞陶　木就規矩　終膺好爵　揚名東武
石作蜀字子明秦人贈石邑伯
在昔石邑　能知所尊　懋依有德　克述無言
鼓篋槐市　揚名里門　此道久亂　彼美長存
顏高字子驕魯人贈琅琊伯
琅耶之伯　其惟子驕　微言既彰　德音孔昭

已覲雩舞　同聽齊韶　歷千百禩　跂想高標
邽巽字子斂魯人贈平陸伯
彼美邽子　先聖是承　墻仞已及　堂陛將升
良玉斯琢　寒水必冰　錫壤平陸　茂實寯騰
任不齊字選楚人贈任城伯
任城建伯　其表曰選　咻問雅馴　才華淸遠
競辰力行　愛日黽勉　孔教崇崇　令緒顯顯
顏無繇字路魯人贈杞伯
人誰無子　尔嗣標奇　行為世範　學為人師
請車誠非　顧匪其私　千載之下　足以示慈

曹卹字子循蔡人贈曹伯
肅肅曹伯　王室之裔　積習樂道　切磋明義
惟善則主　尔德是類　史筆有煥　令名永紀
縣成字子祺魯人贈鉅野伯
至聖立教　子祺安雅　擅譽魯邦　啓祚鉅野
煒矣風猷　時哉用捨　出倫離類　後學是假
顏噲字子聲魯人贈朱虛伯
褒錫朱虛　在鄉輪輿　儒室振領　聖門曳裾
賢業得蘊　美材以攄　百世不刊　載覩成書
孔忠字子蔑魯人贈汶陽伯

惟子挺生　道德之門　佩服至論　鯉則弟昆
三得三亡　所問殊溫　君子歸宓　義不掩恩
狄黑字晳衛人贈臨濟伯
仰止狄析　抱負淵通　游泳德化　揚厲素風
偉識既畏　持敎乃隆　厥志茂焉　歆祀無窮
漆雕哆字子斂魯人贈武城伯
子斂受封　爰居武城　亹亹其聞　翩翩其英
攝衣時習　領學日明　誕敷孔教　爵里疏榮
申棖字子續魯人贈魯伯
剛毅近仁　志操莫渝　性匪覩鮀　面豈子都

有一於此　剛名可圖　云慾則柔　蓋生之徒
壤駟赤字子徒秦人贈北徵伯
式是壞伯　昭乎聖徒　執經請益　載道若無
詩書規矩　學問楷模　得時而翔　領袖諸儒
施之常字子恒魯人贈乘氏伯
歸國乘氏　有德斯彰　叅稽百行　贊理三綱
自拔行閥　榮名甚光　在史藹藹　歷久弥芳
公祖句茲字子之魯人贈期思伯
惟彼子之　錫伯期思　與賢並進　得聖而師
彬彬雅道　翼翼令儀　上目至言　廟食不寮

伯虔字子析魯人贈鄒伯
有懷子析　全魯之彥　儒行既名　鄒伯乃建
蔵欽受道　弈弈峩弁　懿選嘉訪　世享馨薦
南宮括字子容魯人贈郯伯
先覺既位　簪履並馳　尚德君子　尔乃兼之
羿奡可懲　禹稷可師　三復此道　載覩白圭
公孫龍字子石楚人贈黃伯
黃伯著祀　公孫是云　弥縫中道　協輔斯文
葳修方異　漸漬其勤　史詞不忘　播爲清芬
廉絜字庸衛人贈莒父伯

兄弟之邦　士有廉庸　涵泳素教　表揭儒宗
杏壇探賾　洙泗從容　作興一時　莒父其封
叔仲會字子期魯人贈瑕丘伯
瑕丘祚邑　子期是爲　親訓有日　廣業于時
四教允隆　五常以持　比肩俊傑　闕里斯垂
商瞿字子木魯人贈蒙伯
易之爲書　彌合天地　五十乃學　師則有是
子能受授　洗心傳世　知機其神　宜被厥祀
司馬耕字子牛宋人贈向伯
手足甚親　志異出處　雖將爲亂　子廼脫去

在汚能絜　危而有慮　內省若斯　何憂何懼
蘧瑗字伯玉衛人贈衛伯
有衛伯玉　夫子與居　寡過未能　荐賛使乎
以屍諫君　友則史魚　果得進賢　爛然簡書
公西赤字子華魯人贈鄅伯
學者行道　敝緼亦稱　使齊光華　偶爲肥輕
周急之言　君子所令　荅問允臧　理皆先經
公伯僚字子周魯人贈任伯
人有賢否　道有廢與　子如命何　譬譬震驚
季孫雖惑　景伯莫平　師資一言　秩祀亦懲

漆雕開字子開魯人贈滕伯
仕進之道　要在究習　具臣而居　告欲誰執
斯未能信　謙以有立　闕里說之　多士莫及
宓不齊字子賤魯人贈單伯
君子若人　單父之政　引肘害君　放魚亶令
傅郭勿稜　遂能制命　百代理邑　用規觀聽
燕伋字思秦人贈漁陽伯
師席高振　大成是集　至道克傳　賢達斯執
善道云袞　儒風可立　漁陽之士　得跂而及
申黨字周魯人贈邵陵伯

侁侁申周　四科與儔　逸駕文囿　鼓楫儒流
冠珮既燕　言動允休　邵陵得封　可想清修
琴牢字子開衛人贈南陵伯
多能鄙事　聖人曲意　惟其知之　是以不試
宗魯雖友　弔必以義　尙師嘉言　祀亦罔替
秦商字子丕楚人贈上洛伯
孔父秦父　相尙以力　俱生賢嗣　相與以德
是父是子　致詰疇克　會弁儒林　令名無極
步叔乘字子車齊人贈淳于伯
勉勉子車　封邑淳于　親炙避席　唯諾趨隅

發微既傳　雅道是扶　抑可尙也　不亦美乎
顏辛字子柳魯人贈蕭伯
孰封于蕭　實惟子柳　夙飫格言　克遵善誘
明德斯馨　賢業所就　以侑於儒　傳芳遹茂
奚容蒧字子晳魯人贈下邳伯
雖容子晳　已望堂室　効則有造　成則祖述
文采日化　儒効力弼　永觀厥成　德音秩秩
冉季字子產魯人贈東平伯
東平子產　性著盛時　奉師於塾　講道之微
荅問其敏　婉妙以思　升降陛級　尙想英姿

后處字子里齊人贈營丘伯
溫溫子里　入聞至聖　肆道之華　秉德之柄
深造閫域　不乖言行　全齊之封　竹素爲盛
左人郢字行魯人贈臨淄伯
伯彼臨淄　左行稱賢　聯蹤十哲　秀穎三千
心悅誠服　家至戶傳　樂只君子　文聲益宣
秦冉字開蔡人贈彭衙伯
彭衙高士　經籍是親　贊成德藝　協於彜倫
厎績聖道　斯肖素臣　優哉游哉　學以致身
樂欬字子聲贈昌平伯

樂氏子聲　錫爵昌平　信道之篤　見善乃明
引領高節　載惟思誠　先賢聿集　出爲時英
右宣聖及七十二弟子贊宋高宗製并書其像則李龍眠麐所畫也高宗南渡建行宫于杭紹興十四年正月始即岳飛第作太學三月臨幸首製先聖贊後自顔淵而下亦譔辭以致褒崇之意二十六年十二月刻石于學附以太師尚書左僕射同中書門下平章事兼樞密使秦檜記檜之言有曰孔聖以儒道設教弟子皆無邪雜背違於儒道者今搢紳之習或未純乎儒術顧馳狙詐權譎之說以僥倖於功利其意蓋爲當時言恢復者發也嗚呼靖康之禍二帝蒙塵汴都淪覆當時臣子正宜枕干嘗膽以圖恢復而檜力主和議擯斥衆謀盡指一時忠義之言爲狙詐權譎之論先儒朱熹謂其倡邪說以誤國挾虜勢以要君其罪上通于天萬死不足以贖者是也昔龜山楊先生時嘗建議罷王安石孔廟配享識者韙之訥一介書生幸際　聖明備員風紀兹於仁和縣學得觀石刻見檜之記尚與圖贊並存因命磨去其文庶使邪詖之說姦穢之名不得厠于聖賢圖像之後然念流傳已久謹用備識俾後覽者得有所考云
宣德二年歲在丁未秋七月朔巡按浙江監察御史

海虞吳訥識
教諭林賢訓導劉敷摹勒于石
右孔子并七十二弟子像上有宋高宗贊附以尚書左僕射同中書門下平章事秦檜記不知何人書檜所謂搢紳之習或未純乎儒術顧馳騁狙詐權譎之說以徼幸於功利蓋指當時言恢復者而齊襄公復九世之讎春秋大之則夫言恢復者未必與孔子異意也詎可一切以功利目之乎檜作此記時距其卒僅七十六日其罔上誣民之心至死而不已也今其

說猶與圖贊並存口口出之以俟覽者詳焉金華黃晉卿跋

右宣聖及七十二子像贊史記載孔子之言曰受業身通者七十有七人其姓名具于列傳家語所載亦七十七人無公伯僚秦冉鄔單而有琴牢陳亢縣亶惟文翁禮殿圖作七十二人而圖亦罕傳林放蘧瑗二人史記家語不載而禮殿圖有之其它不可知矣攷舊唐書禮儀志載開元二十七年制贈公者一人侯九人伯六十七人與史記七十七人之數合然杜氏通典載諸賢封號則贈伯者實七十二人文獻通考云通典所載除十哲外自計七十三人係增入蘧瑗林放陳亢申棖琴牢琴張六人按琴牢琴張本一人通典

於琴張云贈南陵伯於琴牢但云贈伯而無地名蓋重出也蓋十哲之外別有七十二賢兼史記家語禮殿圖所互見者而數之也宋大中祥符二年追封閔子以下九人爲公曾子而下六十二人爲侯并兗國公爲七十二弟子大觀二年追封公夏守等十八侯爵預祀典則仍删七十二賢于十哲之外矣思陵撰七十二子贊較之祥符所追封多廉潔秦商后處樂欬少公良孺勾井疆顔何公西輿如不知又何所據諸賢在宋時已經加封而所書仍唐之爵號朱文公嘗言之矣夫治國固有緩急思陵偏安兩浙稱臣于仇讐正復崇儒重道亦何足掩不孝之名則數典而忘祖又在所不足責而如秦檜之姦邪無學亦豈能援引典故以證人主之誤哉碑立于紹興二十六年十二月明宣德二年巡按浙江監察御史吳訥磨去檜跋自爲文識其本末潛研堂金石文跋尾

七十二弟子姓氏爵里異同攷

顔回字子淵魯人贈兗公

閔損字子騫魯人贈費侯

冉雍字仲弓魯人贈薛侯

冉耕字伯牛魯人贈鄆侯

冉求字子有魯人贈徐侯

言偃字子游吳人家語作魯人贈吳侯

宰予字子我魯人贈齊侯

仲由字子路卞人贈衛侯大中祥符曲阜孔廟碑作魏侯

端木賜字子貢衛人贈黎侯

卜商字子夏衛人贈魏侯咸淳臨安志作衛侯

林放字子邱朱彝尊弟子考不言其字魯人贈清河伯

樊須字子遲齊人本史記鄭康成注家語作魯人朱考同贈樊伯朱考作凡伯

澹臺滅明字子羽武城人贈江伯

曾參字子與南武城人曲阜碑作魯人贈郕伯

公冶長家語云名萇范甯云名芝字子長曲阜碑作子之齊人本史記家語作魯人朱考同

公西蕆家語作公西輿字子上魯人贈祝阿伯史記有二人一曰公西輿如字子上一曰公西蕆字子上曲阜碑亦有二人公西輿字子上齊人贈重邱伯公西蕆字了上魯人贈祝阿伯朱考亦有二人公西輿如字子上齊人贈重邱伯公西蕆字子尚魯人贈祝阿伯

原憲字子思魯人本史記鄭注家語作宋人朱考同贈原伯

有若字子有魯人贈卞伯曲阜碑作汴伯

鄭國本史記李鍇尚史云家語薛邦字子從似史記誤薛為鄭避漢諱邦作國字子徒魯人朱考不詳里居贈滎陽伯

商澤字子季家語作子秀朱考同魯人贈睢陽伯

秦非字子之魯人曲阜碑作泰人贈汧陽伯

曾蒧曲阜碑作點字晳曲阜碑字子晳朱考同魯人朱考作南武人贈宿伯

巫馬施字子旗本史記家語作子期曲阜碑朱考並同魯人本史記鄭注朱考作陳人贈鄫伯

公晳哀家語作公晳克字季次齊人家語作魯人贈郳伯曲阜碑作杞伯

漆雕徒父家語作從父字子期家語作子文史記鄭注作子有朱考云字子文或云字子友魯人朱考不詳里居

顓孫師字子張陳人贈陳伯

高柴字子羔史記作子皐衛人本史記鄭注家語作齊人朱考云齊人為衛士師贈共伯

榮旂家語作榮祈字子祺家語作子顏魯人贈雩婁伯

秦祖字子南秦人贈少梁伯曲阜碑無少字咸淳臨安志作沙梁伯

陳亢字子禽家語又云字子亢陳人贈潁伯說文云論語有陳伉

梁鱣史記云一作梁鯉咸淳志云梁仲一云鱣字叔魚曲阜碑字子魚咸淳志云字子免一云叔魚齊人贈梁伯朱考云贈趙伯

冉孺曲阜碑作儒字子魯家語作子魚史記云一作子曾洪适隸續作子魯魯人贈紀伯

顏之僕字叔家語曲阜碑朱考俱作子叔魯人贈東武伯

石作蜀家語作子蜀字子明秦人史記鄭注作成紀人朱考不詳里居贈石邑伯

顏高家語名產今本家語作顏刻字子驕魯人贈琅琊伯

邦巽尚史作邽選注云文翁圖作國選蓋亦避漢諱改之劉氏作邽巽字子斂家語作子飲魯人贈平陸伯

任不齊字選家語曲阜碑朱考並作子選楚人贈任城伯

顏無繇字路曲阜碑作子路朱考作季路魯人贈杞伯

曹卹字子循蔡人贈曹伯曲阜碑作鄸伯

縣成字子祺本史記家語作子橫隸續作子期

顏噲字子聲魯人贈朱虛伯

孔忠家語作孔弗孔子兄孟皮之子字子蔑魯人贈汶陽伯
狄黑字晳家語作晳之曲阜碑朱考俱作子晳衛人曲阜碑作魯人
漆雕哆字子斂曲阜碑作子歛魯人贈武城伯
申棖字子續魯人贈魯伯咸淳志贈阿伯
壤駟赤字子徒家語作子從秦人贈北徵伯曲阜碑作北徵伯朱考作北衛
伯
施之常字子恆家語作子常魯人贈乘氏伯
公祖句茲家語作公祖茲字子之魯人贈期思伯
伯虔家語作伯處字子析家語作子晳曲阜碑作子晳魯人贈聊伯咸淳志作騂伯

南公括本史記家語曲阜碑朱考俱作南宮縚咸淳志作适字子容魯人贈郯
伯
公孫龍家語作寵字子石楚人本史記鄭注孟子注作趙人家語作衛人贈黃
伯
廉絜朱考作廉潔字庸家語作子曹咸淳志朱考俱作子庸衛人贈莒父伯
叔仲會字子期魯人本家語史記鄭注作晉人贈瑕邱伯
商瞿字子木魯人贈蒙伯
司馬耕家語作司馬黎耕字子牛咸淳志云字牛宋人贈向伯
蘧瑗字伯玉魯人曲阜碑作衛人贈衛伯朱考不列姓名謂孔子嚴事之友不復著錄恐滋後學之惑也

公西赤字子華魯人贈郜伯
公伯僚史記作公伯繚或云即申繚曲阜碑咸淳志俱作寮字子周魯人贈任
伯
漆雕開字子開本史記家語曲阜碑朱考俱作子若魯人本史記鄭注家語曲阜碑朱考俱作蔡人贈滕伯
宓不齊字子賤魯人贈單伯
燕伋家語作級字思家語曲阜碑朱考俱作子思秦人朱考不詳里居贈漁陽
伯
申黨本史記曲阜碑同家語作申績或作繚史記正義云或作棠朗申棖朱考亦作棠字周家語曲阜碑俱作子周魯人朱考不詳里居贈邵陵伯按前有申棖字子續此云申黨

字周家語但有申續字子周而無申棖隸續云申棖史記作申棠家語作申續然則申棖申黨子續子周實皆一人矣又按後漢王政碑云有羔羊之絜無申棠之欲是亦申棠即申棖之證
琴牢字子開家語云一字子張衛人贈南陵伯
秦商字子丕本史記家語作丕茲楚人本史記鄭注家語朱考俱作魯人
步叔乘本家語史記廣韻注作少叔乘朱考從之字子車齊人贈淳于伯
顏幸字子柳魯人贈蕭伯朱考作蕭伯
奚容蒧家語作奚蒧字子晳家語作子偕魯人史記正義作衛人
冉季字子產魯人贈東平伯
后處家語作石處字子里家語作里之齊人贈營邱伯
左人郢家語作左郢字行家語朱考俱作子行曲阜碑作子衛魯人贈臨淄

伯
桼冉字開曲阜碑朱考俱作子開蔡人朱考不詳里居贈彭衙伯
樂欬家語作樂欣字子聲碑不詳里居史記正義朱考俱作魯人

右弟子七十二人家語無林放鄭國蘧瑗公伯僚桼冉申棖六人而有公良孺罕父黑薛邦縣亶原抗公肩公夏守句井疆顏相九人又公西蒧之外多公西輿如一人又史記有顏何字冉索隱引家語字稱史記康成注晉人曲阜碑有顏何字子冉魯人贈開陽伯又曲阜碑有公良孺字子幼魯人贈東牟伯句井疆字子野衛人贈漢陽伯

按此碑十五石像贊俱横列像右贊左宋時與石經同在太學明正德年與石經同移於仁和縣學後移杭州府學　大清順治九年歲在壬辰十月朔杭州府儒學教授西苕王元宰捐資重立益暨固輯有題記在吳訥跋後至今不遭損蝕者皆元宰之功也像爲李公麟畫史傳稱公麟字伯時舒州人第進士歷泗州錄事參軍用陸佃薦爲中書門下後省刪定官御史檢法元符三年病痺致仕旣歸老肆意於龍眠山巖壑雅善畫黃庭堅謂其風流不減古人然因畫爲累此碑吳訥跋所云李龍眠麐所畫龍眠是其自號麐則單舉其名一字而省其公字也公麟致仕於元符三年則當卒于徽宗之世距高宗題贊刻石不過五十餘年殆由畫像流傳江南高宗得而製贊以刻石也然高宗製贊並不言及公麟之畫或其語在秦檜記中今檜記磨去不可知矣像祇七十二人每像所題贈爵皆仍唐開元之舊則宜依唐封七十七人之數而乃少五人且又與眞宗祥符製贊立石曲阜之數不合誠不能明其故也孔子弟子見於諸書者上自史記家語禮殿圖通典通考其製贊立石者

先有眞宗曲阜孔廟碑而此碑之見於紀載者有咸淳臨安志及杭州府志然其姓名字里贈爵皆各有不同今悉取而參攷之別爲同異考一篇附于諸書碑跋之後大抵諸書所載不能無傳寫之譌曲阜碑雖係石刻亦明人重摹此碑或亦不免沿襲舛誤皆不能定其孰是也龍眠畫世有摹本細筆鉤勒裒成卷子矜爲眞蹟細玩之似皆從此碑摹出者此碑在當時或從眞蹟鉤摹或徑用眞蹟上石皆不可知樂欬贊後有御書之寶并勒于石而不署年月吳訥所云二十六年十二月者殆

亦在檜記中也

妙喜泉銘

碑高一丈三尺廣五尺三寸十二行前銘九行行二十四字後偈三行行四十字行書在鄞縣育王寺常住田碑陰

育王爲浙東大道場地高無水僧衆苦之紹興丙子佛日禪師杲公受請住持周旋其間命僧廣恭穿穴兹地爲一大池鍬鍤一施飛泉溢涌知州事姜公秘監見而異之名曰妙喜無垢居士爲之銘曰

心外無泉泉外無心是心卽泉是泉卽心或者疑之以問居士心在妙喜泉是育王云何不察合而爲一居士

曰來汝其聽取妙喜未來泉在何處妙喜來止泉卽發生心非泉乎泉非心乎謂余未然妙喜其吏之

紹興丁丑三月丙寅無垢居士張九成書

妙喜老僧宗杲重說偈曰

謂泉卽心謂心卽泉無垢居士作一弗穿有出有入有正有偏居士恁麽妙喜不然徐六擔板如見一邊泉只是泉難喚作心心只是心吏之非泉是義不正亦復不偏泉乎心乎亦非棄捐擬議思量十萬八千

山門監寺僧善卿立石

右妙喜泉銘張無垢撰後有宗杲說偈一首皆無垢書也宗杲說法徑山無垢數與往來嘗論大學格物杲曰公祇知有格物不知有物格無垢言下有悟因題不動軒壁曰子韶格物妙喜物格欲識一貫兩箇五百杲深許可秦檜恐其議己令司諫詹大方論劾竄杲衡陽安置張於南安軍檜死乃復杲師號住四明育王寺而張亦起知温州此泉正宗杲在育王所鑿也杲少爲無盡居士張天覺所知名其庵曰妙喜遂以妙喜自號孝宗嘗書妙喜庵三字賜之故兹泉亦有妙喜之目碑刻於唐范的書常住田碑之陰潛研堂金石文跋尾

按碑書於丁丑三月爲紹興二十七年宗杲與張九成以禪學相契合徑山志載宗杲寄無垢居士一絶云上苑玉池方解凍人間楊柳又垂春山堂盡日焚香坐常憶毘邪杜口人

亦樂堂銘

石横廣四尺四寸五分高二尺二寸二十二行行十字正書在零陵縣朝陽岩

亦樂堂銘

揚雄有言朱丹其轂一敗則赤吾族孔子曰雖在縲紲之中非其辠也夫丹轂榮也雄目爲憂縲紲辱也聖逌有取憂樂豈關於榮辱也哉上饒方疇耕道建炎戊申

銓同季進士也鄭與戊午又同劇是季冬銓以狂瞽被
譴而耕道旋亦去國十有四季而通守丞岡平谿蠻三
十季之冠乙亥以疏直忤要臣被逮賴上恩寬謫零陵
久之名其堂曰亦樂禮部侍郎張公子韶記之戊口口
盧陵胡銓咸仲尼子雲之言而申以銘銘曰
轂丹族赤纍縲不辱陋巷易安鬼瞰高屋蔬補食前患
靡翼餗眉斧伐性妙口獨宿熟哲茲理至樂常口我思
古人自反而縮
按此銘胡銓所作不見於澹庵文集周必大撰忠
簡公神道碑稱公年二十試太學建炎二年廷對

行在所考官初以冠多士或畏其切直寘第五郎
碑所云建炎戊申銓同年進士也戊申爲建炎二
年紹興和議公上書數千言大略謂王倫誘致金
使欲劉豫我秦檜腹心大臣尊陛下爲石晉孫近
傅會遂參政事願斬三人頭羈留金使興問罪之
師時八年十一月也辛亥有旨銓書凶悖劫持其
削籍流昭州後改監廣州都鹽倉即碑所云紹興
戊午冬銓以狂瞽被譴也方疇史無傳張子韶名
九成除浙東提刑力辭與祠以歸未幾召除宗正
少卿權禮部侍郎碑書韶作禦別體字戊口口據

上文耕道以乙亥被逮則此當是戊寅爲紹興二
十八年

瀫山普光王寺捨田碑

碑高三尺許廣二尺四寸分上下二截上截又分三格橫列號田畝數左右下橫刻所至處下截刻捨田尚存一通文廿五行行廿三四字不等額題吳興沈君捨田號七字並正書在青浦縣瀫山會靈三姑廟殿左壁與會靈廟記碑兩背相合此碑嵌外東向

係三十五號田一十七畝三角五步　草蕩此在第一格
係三十四號田計八十畝三角五步此在第二格
係三十三號田一百五畝三角二十步此在第三格
西至竟浦此在第一二格之間左邊一行

東至口口此在第一二格之間右邊一行
次漊此在第三格右邊一行
史伯成田此在第三格右邊一行
北至水漊此在第三格下橫以上俱上一截
捨田入
瀫山普光王寺常住情旨　承節郎沈從言謹封
南瞻部洲大宋國平江府崑山縣淞川鄉大石浦西居
作涛信奉三寶弟子承節郎沈從言同男將仕郎履息
婦高氏四六娘陳氏五十四娘陳氏廿一娘吉氏四八
娘孫男右修職郎起宗將仕郎佐才將仕郎作德承信

郎作義將仕郎林宗作霖希旦嗣宗朝宗儒宗希召作
倅錢氏廿二娘方氏十四娘與闔家眷屬等
右從言所伸情旨二月十六日恭值
先妣太君朱氏遠諱之辰特發誠心謹將本家產田弍
伯肆畝一角三十步其田係在秀州華亭縣修竹鄉四
十三都坐落所有坵片字號消段並在契約該說其田
今將捨入
澱山普光王寺常住永充供贍俾僧行齋粥香火焚修
所得功德先用報荅
四恩三有莊嚴

無上佛果菩提次冀報荐
亡太翁十二承事太婆鍾氏夫人亡翁廿五承事婆呂
氏夫人亡考三承事妣朱氏太君劉氏顏氏太君亡兄
十一承事大承事嫂邵氏太君亡妻周氏太君亡男廿
三司戶廿五縣尉廿八承信三十承信亡女二十娘子
廿五娘子息婦吉氏三九娘子鄭氏九九娘子亡沈氏
六娘子曹氏十一娘子龔氏六娘子盡
門中前亡後化一嗣宗親各願同乘巨善俱遂超升不
入輪迴徑歸極樂然後保祐門闌益秀物業榮昌子孫
傳積慶之風眷愛納自天之祐以至法界有情同霑斯

利從言恭對
金僊敷宣謹疏
紹興弍拾捌年二月　日承節郎沈從言押疏
頭首智肱　定行　知事惠生　有平　道詮
住持傳法道智立石 以上俱下截
按此碑額題吳興沈氏捨田疏捨田者爲沈從言
住崑山縣額稱吳興者其望也碑載捨田分三號
合計其田二百二畝九角三十步然其情旨內則
云本家產田二百四畝一角三十步田以步計似
卽今以弓計之制每一步爲一弓也然今制每積

弓二百四十爲一畝不盈畝者則以所餘弓尺畸
零之數用分釐計之未嘗云餘幾弓也此宋制不
能詳攷而其以角計亦未曉其制其碑載田數前
後不合亦所未詳也情旨云其田在秀州華亭縣
修竹鄉四十三都宋地理志宣和元年改嘉禾郡
爲秀州慶元元年升嘉興府而華亭縣則屬之久
矣此碑刻于紹興二十八年宜爲秀州也紹熙四
年楊潛雲間志華亭管十三鄉第三爲修竹鄉在
縣西九十里三保十二村管里三曰濮陽儀鳳驟
塘而不詳四十三都華亭縣志沿革表明嘉靖二

十二年割縣西北境二鄉之半爲青浦縣尋廢萬
曆元年復割置青浦縣而不詳所謂二鄉者何鄉
其鄉保卷内則已不載修竹鄉可知修竹鄉屬之
青浦雲間志十三鄉在縣西北者爲集賢鄉海隅
鄉在縣西者爲修竹鄉華亭志鄉保仍載集賢而
不載海隅又可知集賢雖在西北仍屬華亭惟海
隅當屬青浦矣青浦志鄉保最爲詳晰有舊時鄉
保現在鄉保參攷之舊時者有修竹鄉分中鄉上
鄉上鄉内有四十二保三區爲啚五現在者則有
華上鄉四十二保三區分五啚曰三啚七啚九啚

十一啚十五啚而七啚内有澱山小圩胡家帶朱
家村北夏村疑所謂澱山小圩朱家村即今珠街
鎮澱山一帶則現在之華上鄉即舊時之修竹鄉
也沈氏捨田在修竹鄉當近澱山因以施之普光
王寺俾其便於收穫也情旨内自稱其階曰承節
郎男爲將仕郎孫男爲右修職郎將仕郎承信郎
又稱亾太翁亾翁亾考亾兄俱爲承事亾男則稱
其官爲司戸縣尉又有稱承信者宋史職官志載
右職換文資之格從事修職換成忠郎未滿三考
保義郎廸功郎換承節郎未滿三考承信郎將仕

郎換承信郎保義郎換修職郎承節承信郎換廸
功郎進義校尉換將仕郎登仕將仕郎換承信郎
未見有所謂承事者又修職亦未有加右字者碑
所載諸階大率不過稱謂之美名未必皆實居其
職而其爲史志所未備者則亦可資參攷也曾祖
曰太翁曾祖妣曰太婆皆據見此碑其稱婦人曰
幾十幾娘亦有稱四六娘四八娘三九娘子九九
娘子者去十字者又從言現在只一男履而現在
息婦有高氏陳氏陳氏吉氏亾男四人而亾息婦
有吉氏鄒氏鄭氏之下有亾沈氏曹氏龔氏但有

亾字而無稱謂皆所未詳也普光王寺賜額在紹
興八年沈氏施田距賜額後二十年葢其時此寺
方興也沈氏先世本出吳興爲湖州之望族其遷
居崑山不知始於何代據此碑則在南宋時已富
而多田緜延至二三百年之久其後人有號萬三
者值明洪武時太祖遷東南富戸于鳳陽沈氏與
焉故其後遂微所謂萬三葢有田多至一萬三百
頃是以施田至二百餘畝不覺其多也所居押川
鄉瀕臨澱湖今地名萬圩相傳即萬三遺蹟然流
俗傳聞不若碑之有據此碑依傍靈祠足垂不朽

而儕在草莽無人著錄今剔抉出之俾其先世祖
孫兄弟銜名從此顯著是亦施田之報矣

四十二章經

石七俱橫廣四尺高一尺五寸三分前二石各三十四行餘皆三十五行每行字數十四至十八不等行正書在杭州六和塔

四十二章經經文不錄今惟取書人銜名錄如左

特進尚書左僕射同中書門下平章事吳興郡開國
公沈該
左正奉大夫守尚書右僕射同中書門下平章事縉
雲郡開國公湯□□

左中大夫知樞密院事陳誠之
左中大夫參知政事陳康伯
左太中大夫同知樞密院事王綸
左太中大夫權吏部尚書賀允中
左朝請郎試尚書吏部侍郎兼史館修撰兼侍講葉
義問
左朝請大夫試尚書兵部侍郎兼侍講兼直學士院
楊椿
左朝散郎試給事中兼直學士院兼同修國史周麟
之

左朝散郎試中書舍人兼權樞密都承旨洪遵
左朝散大夫充敷文閣待制提舉佑神觀楊倓
左朝奉大夫權尚書吏部侍郎沈介
左中奉大夫權尚書戶部侍郎趙令詵
左朝奉大夫權尚書禮部侍郎兼侍講孫道夫
左朝請郎權尚書工部侍郎王晞亮
左朝請郎權尚書刑部侍郎兼權詳定一司　勑令
黃祖舜
左宣教郎試起居舍人兼權中書舍人張孝祥
左朝請大夫太常少卿兼權中書門下省撿正諸房

公事朱棐
左朝奉大夫守宗正少卿金安節
右朝請郎守大理少卿李洪
右朝議大夫司農少卿董苹
右中大夫行太府少卿錢端禮
左朝奉大夫將作監張宗元
左朝請大夫軍器監張運
左朝請大夫尚書吏部郎中楊朴
右朝奉郎守尚書戶部郎中兼權金部郎中莫濛
右奉直大夫尚書刑部郎中路彬

左朝散郎守尚書工部郎中張庭實
左奉議郎守尚書吏部員外郎兼權尚書右司郎官
周操
左朝奉郎尚書吏部員外郎兼國史院編修官兼權
樞密院撿詳諸房文字葉謙亨
左朝奉郎尚書吏部員外郎兼國史院編修官胡沂
左朝散郎尚書司勳員外郎陳俊卿
左宣教郎守尚書司封員外郎鮑彪
左朝請郎尚書考功員外郎陳棠
左朝散郎尚書禮部員外郎楊邦弼

左朝奉郎尚書祠部員外郎兼權國子司業張栻
右承議郎尚書刑部員外郎黃子淳
左朝請郎尚書都官員外郎兼　玉牒所撿討官兼
權戶部員外郎楊倓
左奉議郎守尚書比部員外郎沈樞
左朝請大夫行尚書屯田員外郎韓彥直
左承議郎秘書丞兼國史院編修官兼權兵部員外
郎龐允文
左奉議郎秘書省校書郎兼國史院編修官兼權尚
書駕部員外郎洪邁

維祖宗盛時文物彬彬鬱然有典謨之風是時搢紳
鉅儒若富公弼賈公昌朝輩分寫金剛經刻琢堅珉
三十二分至今蛟龍虬屈翔翱踴躍挹之而疑其飛
去也恭惟盛時文章制作上跨三代下跱兩漢道術
奇士輩推明盛典命智曇法師復六和塔以折海勢
各分寫四十二章經鐫石龕山下作江湖間曠代絕
無而僅有一勝事蓋散則一大藏演之不足聚則四
十二章藏之有餘其言與大易莊老相表裏旨哉淡
而不隱中而不濫也迦葉空法譯於前智圓訓於中
駱偃序於後咸未足以備其大哉惟衆賢畢墜典而

一新之故夷齊雖仁得孔子而德益彰顏淵雖篤學
附驥尾而行益顯是經雖微妙宏深際盛時而理益
明其趍一也時
聖宋紹興己卯冬十一月旦跋　西蜀布衣武材撰
都勸緣住持傳慈恩宗教僧　智曇　立石
此經分寫于偏宋搶攘之年人絕藁猶字如魯衛且
小朝之日爲雍容文物之舉與般樂放敖玩愒廢日
者同本無足評惟經文之指純正雅馴與我道亦何
以異無有荒唐蒙昧之說也墨林快事
右四十二章經凡四十二人人各寫一章字體大小

跡㝉不等唯允中端禮朴操四人行書餘皆眞書後有西蜀布衣武翊跋題紹興已卯十一月以史攷之是歲六月沈該罷左相陳誠之亦罷樞密其七月賀允中自吏部尚書參知政事矣此經蓋書於五月以前至仲冬始勒之石也自紹興已卯至今六百餘年字跡完好如新惟思退名爲後人磨去南渡石刻工妙若此者亦不易得矣 潛研堂金石文跋尾

按四十二章經 萬歷杭州府志錢塘縣志皆誤作二十四章經 在杭州錢塘江岸六和塔內下層嵌壁咸淳臨安志六和塔開寶三年智覺禪師始於錢氏南果園開山建塔

九級後廢紹興十二年奉旨重造二十六年僧智曇因故基成之七層而止據曹勛撰重建月輪山壽寧院塔記云自癸酉仲春鳩功至癸未之春五層告成是年歲晚七級就緒癸酉是紹興二十三年癸未則隆興元年是塔之成非二十六年也武翊跋但言鐫石龕山下作江潮間曠代勝事不云在塔曹勛記亦云此經嵌甃環壁列金剛經列于上下而不及此經意與金剛經同時而經書于已卯歲在塔成之前四年勛記不及者或嵌壁在塔成之後然武林石刻記但云在六和塔不詳嵌壁歲月不知何年此碑幸在塔內無一字缺蝕獨思退之名後人磨去殆以其在相位效秦檜所爲猶七十二賢贊磨去檜記之例然猶存系銜及湯字得以知其爲思退也今大藏有佛說四十二章經一卷宋正議大夫安國軍節度使開國侯程輝編佛教西來元化應運略錄云准周書異記說周昭王二十四年甲寅歲四月八日有光來照殿前王問太史蘇由對曰西方當有大聖人生後一千年教流此土至後漢孝明帝永平七年正月十五日夜夢金人身長丈六赫奕如日來詣殿前曰聲教

流傳此土帝旦集羣臣令占所夢時傅毅對以西方聖人聲教流傳陛下所夢將必是乎帝遂遣王遵等一十八人西訪佛法至月氏國遇摩騰竺法蘭二菩薩將白氎上畫釋迦像及四十二章經一卷載以白馬伺回洛陽時永平十年丁卯十二月三十日也因以騰蘭譯經之所名白馬寺此四十二章經入中國之緣起也眞宗嘗御注此經今在大藏高宗時重建六和塔成廷臣四十二人取此經各書一章經文無多惟首章百三十餘字餘或數十字少者二十餘字而每章之前各署書人銜

名其人見於宋史表傳及宋詩紀事有可攷者得
二十六人沈該史無傳宰輔表紹興二十五年十
二月甲午自敷文閣待制前知夔州召除參知政
事二十六年五月壬寅授左朝議大夫守左僕射
同平章事湯思退史傳字進之處州人宋詩紀事青田人
試博學鴻詞科紹興二十五年繇禮部侍郎除端
明殿學士簽書樞密院事未幾叅大政二十六年
除知樞密院事明年拜尚書右僕射侍御史陳俊
卿論其挾巧詐之心濟傾邪之術觀其所為多效
秦檜蓋思退致身皆檜父子恩也碑所載爵號史

則略之陳誠之史無傳宰輔表紹興二十六年九
月乙巳自敷文閣學士除同知樞密院事二十八
年二月丙申除知樞密院事陳康伯史傳字長卿
信之弋陽人宣和三年中上舍丙科累知泉州秩
滿三奉祠垂十年秦檜死累除吏部尚書尋拜參
知政事王綸史傳字德言建康人紹興五年進士
第累兼直學士院遷工部侍郎二十八年除同知
樞密院事賀允中史無傳宋詩紀事字子忱靖康
中為郎中紹興中拜參知政事宋史宰輔表紹興
二十九年正月丁亥自吏部侍郎除參知政事潛研

政云七月自吏部尚書除參政碑云權吏部尚書不云參知政事
葉義問史傳字審言嚴州壽昌人建炎初登進士
第累通判江州秦檜死湯思退薦之擢殿中侍御
史遷吏部侍郎兼史館修撰尋兼侍讀碑云兼侍
講則史作侍讀者誤也周麟之史無傳宋詩紀事
字茂振海陵人紹興十五年進士中宏詞科擢知
制誥翰林學士終于知樞密院事與碑系銜不同
洪遵史附洪皓傳字景嚴皓仲子試博學宏詞科
中魁選賜進士出身紹興二十八年免父喪召對
拜起居舍人遷起居郎兼權樞密院都承旨二十

九年拜中書舍人楊倓史附楊存中傳存中子官
工部侍郎宋詩紀事字子寬崞縣人居臨安紹興
十五年進士仕至權工部侍郎皆與碑系銜不同
趙令詪史無傳宗室世系表太祖次子燕王德昭
房有少師昌國公世爵之子贈宣奉大夫令詪不
詳其歷官孫道夫史傳字太沖眉州丹稜人貢入
優等張浚薦於高宗賜出身累知蜀州遇事明了
人目為水晶燈籠以吏部郎中入對除太常少卿
假禮部侍郎充賀金正旦使還擢權禮部侍郎兼
侍講黃祖舜史傳福州福清人登進士第累遷右

司郎中權刑部侍郎兼詳定敕令司兼侍講碑不
言兼侍講略之也張孝祥史傳字安國歷陽烏江
人紹興二十四年廷試第一授承事郎簽書鎮東
軍節度判官秦檜死召爲祕書省正字遷尙書禮
部員外郎尋爲起居舍人權中書舍人金安節史
傳字彥亨歙州休寧人宣和六年擢進士第紹興
初范宗尹引爲删定官秦檜死累除浙西提刑入
爲大理卿遷宗正少卿錢端禮史傳字處和臨安
府臨安人宋詩紀事云徙台之臨海惟演四世孫少師忱之子以恩補官紹
興間通判明州加直祕閣累遷右文殿修撰權戶

部侍郎兼樞密都承旨與碑系銜不同張宗元史
無傳附見葉義問傳云義問通判江州豫章守張
宗元忤檜或中以飛語事下漕臣張常先宗元道
九江常先檄義問拘其舟義問投檄曰吾寧得罪
不爲不祥常先白檜罷去碑稱將作監殆檜死後
歷官也張運史傳字南仲信之貴溪人宣和三年
進士第累兼樞密院檢詳遷軍器監莫濛史傳字
子濛湖州歸安人以祖蔭補將仕郎累除湖北轉
運判官未幾知鄂州召除戶部左曹郎中出知揚
州碑稱兼權金部郎中史略之胡沂史傳字周伸

南宋書作周伯紹興餘姚人紹興五年進士甲科陸沈州
縣幾三十載至二十八年始入爲正字遷校書郎
兼實錄院檢討官吏部員外郎轉右司以憂去史
不言兼國史院編修官碑不言轉右司彼此互異
陳俊卿史傳字應求興化人宋詩紀事莆田人紹興八年
登進士第授泉州觀察推官秩滿秦檜當國察其
不附己以爲南外睦宗院教授尋添通判南劍州
未上而檜死乃以校書郎召孝宗時爲普安郡王
除著作郎兼王府教授累遷監察御史殿中侍御
史權兵部侍郎碑所系司勳員外郎史略之陳棠

史無傳宋詩紀事字德召紹興二年進士官祕書
少監不言其官考功沈樞史無傳宋詩紀事字持
要一字持正德淸人紹興間登第歷官太子詹事
不言其官比部韓彥直史附韓世忠傳世忠子字
子溫以父任補右承奉郎登進士第累拜光祿寺
丞二十九年遷屯田員外郎兼權右曹郎虞允文
史傳字彬甫隆州仁壽人紹興二十三年登進士
第宋詩紀事云按咸淳臨安志紹興二十四年張孝祥牓無二十三年宋史誤秦檜當
國蜀士多屏棄檜死用薦除祕書丞遷禮部郎官
與碑作兵部者異洪邁史附洪皓傳字景盧皓季

子紹興十五年始中第授兩浙轉運司幹辦公事入爲敕令所刪定官添差教授福州累遷吏部郎兼禮部除樞密檢詳文字與碑所載歷官全不同餘若楊椿沈介王晞亮朱巢李洪董苹楊朴路彬張庭實周操葉謙亨鮑彪楊邦弼張涤黃子淳楊倓皆未有攷末武翊跋署六十一月且跡不繫日而用且字此卽近世穀旦之所昉

溧水縣正顯廟碑

碑連額高七尺五寸廣三尺七寸二十二行行四十字隸書額題重修正顯廟碑六字篆書在溧水縣

建康府溧水縣重修正顯廟碑

左承議郎提舉兩浙路市舶王端朝詞并書

溧水東門之側有廟曰正顯蓋城隍神白君祠也君諱季康唐元和間人爲官清白通濟凡作四縣令而終於溧水雖歸葬下邽然溧民尸而祝之數百年不忘卽縣治爲祠水旱疾癘必禱焉五代亂離未有封爵 皇宋一天下而茲邑密京師餘千里亦不暇上聞 天子省方東南遂幸建康 光暉所炤百里而近神之受職厥有顯報紹興十年故戶部侍郎李公朝正寔宰溧水有祈必獲以聞于 朝錫廟額曰正顯始以陰功受 帝御書後進封廣惠侯緹章信珪列于五等神既歆享民皆具依桑蠶不晉歲得大稔鰥寡有養奸宄減息民德之益深率以府君名其子邑人錢秀朱拤等以廟宇朽弊徧走大家傍及客捨寸積銖纍日盈月溢增新廣舊不陋不華爲外門三楹中門如之正殿三楹後寢亦如之挾以副宇繚以周廊獻殿處中露臺高峙丹青繪事輿衛悉備炳煥光采標冠一時㝡屋五十間歲四月十有八日邑人記侯誕節競爲侯壽鐃歌鼓吹旌纛節斧森乎其前驅儺釋威儀倡優技巧駢然而次進侯臨之如生邑人榮之竊嘗以謂幽顯一塗神人同道生而廉正歿則必作否亦爲神積功儲行列于上

清如府君是已於少傅樂天爲叔其家灋可知也以承相敏中爲子其義方可知也承相出入將相垂三十年府君在當時已贈至極品而史不書端朝浮家南來卜築深源起居飲食皆神之庇邑人以紀事見屬夫其可辭詞曰

於惟府君 唐之良吏 有德於民 宜百世祀 偉狀廟皃 在城之東 萬石之虡 千柱之宮 羽衛森嚴 丹青顯設 緹衣鸞冕 玉戚金節 侯之涖止 風雲肅然 顧我溧民 撵祝惟虔 侯之韻止 笳鼓爭進 顧我溧民 盧拳斯盡 侯既醉止

氣斯大飫　年豐俗樂　民飽而歌　侯旣歸止　里閭咸仰　月而祀之　家有遺像　少傅之叔　承相之父　中興天子　篤毋斯寧　在唐有閒　在宋有光　佑我溧民　億載無疆

乾道元年冬十一月甲子左朝奉郎知縣事李魚立石　　刊者潘壽鑒

按溧水縣宋屬建康府卽今之江寧府也縣有城隍廟額曰止顯神爲唐縣令白君諱季康卽唐相敏中之父兩唐書無傳卽敏中傳亦不附見舊書敏中傳稱敏中爲居易從父弟新書作從祖弟据居易之父名季庚宰相世系表季庚爲知節之子居易從伯非父也今本世系表知節下誤空一格据居易從父名皆季字因更正之居易父名鍠官鞏令與季康爲從兄弟傳稱居易其先太原人後家韓城又徙下邽碑故云歸葬下邽碑又云皇宋一天下而茲邑望京師餘千里宋史地理志溧水爲次畿蓋南渡後定都臨安則溧水爲次畿碑亦似指南渡而言若初一天下都汴溧水去京師較遠不止千里不得爲次畿也廟爲紹興十年李朝正作令時聞于朝賜額重修朝正後官戶部侍郎碑紀其治績而史無傳碑立于乾道元年距修廟又二十六年神以四月十八日誕節邑人競用鐃歌鼓吹旌纛節斧優釋威儀倡優技巧爲壽蓋神廟慶誕之儀自宋已然矣撰文者王端朝署曰詞并書猶有唐人遺法

漢中新修堰記

磨崖高八尺五寸八分廣七尺四寸二十六行行三十三字正書在襃城縣

乾道元年　四川宣撫使判興州吳公朝　行在所　上寵嘉之□拜上□□爵眞王仍以奉國節髦移鎭漢中粵自用武而來戎馬充斥民事寖緩　公至則曰國基於民而民以食爲天凡所以飽吾師彊吾國者民也民事顧緩而恬不加䘏是不知本之甚也其可乎弐乃申飭寮吏件□　詔令之忠厚愛民與夫政事之偏而不起者次第施行之給和糴之緡而入無□□停逋時之賦而困窮以蘇兼并均□□□弗貸嚴而不□寬以有制至若□蠹除害惠澤流布家至戶到咸知樂業明年春農務□□□　公□□□內漑浸之源□□者無若漢□國曹公山河堰導襃水□□木石□□而疏□□□而西者□於襃城之野行于東南者悉歸南鄭之區其下枝分派别□□□□□□田疇之渠百姓饗其利惟時二邑久□怠作每歲鳩工庀材以

鉅萬計□□□□□□□狡獪者贏其材傥倖者啇其下
□以異時小夫賤隷染汚習熟□丁□□□□爲姦以
故無告蒙害澤不下究　公□然念之鋭意改作與
提點刑獄兼常平使者秘閣張公商推利病先事
設備偕詣堰所擊鮮格神涓日起役畚鍤如雲萬指齊
作乃檄通判軍府事史祁俾總督之僅兩浹日斷手凡
用工若材聚爨爲省而□捌護□之隄又數百丈祁會
邑宰宣勞殫力往來其間申畫畔岸以杜紛爭檢校精
□以□勤惰如　公指麾人自知畏不□而辦先是
光道□積弊縣廢踰廿年而□□下□□供豪右輪□

之用異時沃野皆化□□民寔病之　公又躬卽其
處相方度宜□□□□料簡卒徒官給材用分□方略
遴道使之刻期而就凡以工計者又十萬有□□□□□
□蹤廣能周槩三萬餘畝復□上腴訖事而民弗預抑
又□爲欽惟　我公□□□□□□□□社稷之衛而
司全蜀之□者歷三紀矣逮茲保釐功崇位極乃復推
□□□□□□事爲　朝廷固不拔之基與黔首垂
無窮之福□非識慮□□者之所能爲也□□異代創
業之輔□□□寔今日　中興之佐先後相望於千
有餘歲其愛人利物之心及所成□不約而同可謂盛
德事也召父杜母何足擬倫褒中之石幸可磨鐫詞□
不腆猝職在是庸敢直書昭示來世乾道二年六月十
五日門生□□政郎充利州路提舉常平司幹辦公事
揚猝記并書
門生右朝奉郎通判興元軍□□□□事兼管內勸
農事史祁勒石　　鐫者程彦忠
此是修棧中道路所立今俗名堰界石又有嘉定七
年刻者亡關中金石記
按堰界石在襃城縣東三里龍江中陝西通志有
上下二石上一石横刻使府打量到下鐫古界從

此石乃南大宋乾道元十一月初五日眉山史可
觀記下一石鐫制置大使提修道張儀准相命檄
自嘉定三年至七年督責軍人董工治堰嘉定七
年三月記關中金石記所謂嘉定七年刻者亡卽
張儀治堰記也此碑是乾道二年六月十五日楊
猝記非乾道元年史可觀記與史不合文是磨崖
非刻于堰界石者關中金石記指爲卽修棧道路
所立俗名堰界石者非也記爲築山河堰而作非
爲修棧中道路其誤顯然文云乾道元年四川宣
撫使判興州吳公朝行在所上寵嘉之□拜上□

口爵眞王乃以奉國節髦移鎭漢中吳公卽吳璘宋史孝宗紀及吳璘傳乾道元年四月乙巳吳璘來朝進封新安郡王判興元府其判興州則在紹興二十六年興州後改沔州順政郡紹興十四年爲利西路治所也興元府卽漢中郡傳稱璘至漢中修復褒城古堰溉田數千頃民甚便之卽此碑所記也碑云溉浸之源無若漢口國曹公山河堰導褒水西至於褒城之野東南歸南鄭之區宋史河渠志興元府山河堰灌溉甚廣世傳爲漢蕭何所作嘉祐中提擧常平史炤奏上堰法獲降勅書刻石堰上詔中興以來戶口凋疎堰事荒廢累增修葺旋卽決壞乾道七年遂委御前諸軍統制吳珙經理發卒萬人助役盡修大堰濬大小渠六十五凡溉南鄭褒城二十三萬餘畝史云漢蕭何碑云漢曹公史云乾道七年吳珙修堰碑云乾道二年吳璘修堰彼此互異當據碑以證史也

楊從義墓誌

碑高八尺七寸五分廣四尺五寸四十一行行一百二十字正書篆額在城固縣

宋故和州防禦使提擧台州崇道觀安康郡開國侯食邑一千七百戶食實封一百戶楊公墓誌銘

左朝散大夫新通判成州軍州事主管學事兼管內勸農事袁勃撰

右朝奉郎權知洋州軍州事主管學事兼管內勸農事借紫李昌謗書

右朝散郞通判洋州軍州事主管學事兼管內勸農事賜緋王椿篆

忠義立身之大節知勇爲將之要道此古今不易之論也使忠義立於內而或料敵不明臨機不果則亦無益於事功知勇發於外而或偷生以求安避害以貪利則亦無取於名節有一于此則不足以安國家衛社稷乃若忠出天資知稱人傑禦大敵於擾攘濟中興於艱棘卓然在義勇萬人中而獨成義勇之功者其惟楊公乎公諱從義字子和鳳翔天興人曾祖懷信曾祖妣王氏祖武晟祖妣李氏皆潛德不仕父仲方以公貴累贈武功大夫母高氏累贈碩人公幼慷慨嘗以功名自許靖康丙午金人犯順連破諸國狃於常勝侵軼中原所過輙下無敢攖其鋒者時太平久兵備寖弛乃　詔陝西五路募義勇萬人勤　王詔詞有每聞邊報痛徹朕心之言公聞而歎曰國家艱難正忠臣義士効死之秋豈可久安田里爲一身計我卽奮然而起應原州之募太

守杜平見而奇之曰汝志不羣首赴義勇所謂以義伐
不義異日唾手富貴居吾右矣建炎初三月虜寇涇原
忠烈吳公玠破虜大將婁室于青溪嶺分遣公以奇兵
邀擊斬首一百七十餘級補進武校尉權天興縣尉三
年八月忠烈遣公覘虜動息公被圍於同州聖山廟公
仰天誓曰若出重圍當捐軀報國叱左右矢石交下殺
數百人虜治雲梯公急取竹為籠實之以土號曰土牛
有頃雲梯大集遂以土牛摧折之敵亂乘勢大戰而出
轉承信郎遷隊將四年九月我師不利於富平五路垂
陷忠烈會諸將于隴州八渡議戰公獨進曰虜人侵軼

無敢與爭惟公能挫其鋒於青谿嶺若據得形勢之助
也今虜已陷涇原將入熙河計非半載未還為今之計
莫若先據地利扼其要害以制之當為公先取鳳翔復
為基本忠烈曰善即檄公領兵進復鳳翔既入悉降其
衆不戮一人得粟三十萬斛時忠烈公方營寶雞西南
曰和尚原因貯公所得之粟以資餽餉軍不乏食士卒
咸悅遂移府事以治之檄公知天興縣事本府駐劄轉
保義郎陞部將紹興改元三月虜自熙河復圍鳳翔勢
益熾公告二親曰為人之子非敢蹈於不孝今城中兵
寡守死無益不若潰圍求援即泣別而行公與子大勲

率麾下百餘人力戰至夜半突圍得出忠烈見而勞之
曰尔忠有餘矣柰二親何公泣曰昨在圍中勢必俱死
萬一天監其衷戮力一戰取之易尔忠烈壯之權選鋒
統領守神岔四月忠烈遣公與敵戰于渭南以奇功轉
秉義郎遷副將五月鳳翔虜酋沒立會階州虜酋折合
各統五萬衆夾攻和尚原忠烈遣公逆擊沒立一軍於
神岔大破之獲敵酋潑察胡郎君俘斬二百五十有一
轉武略郎兼閤門宣贊舍人陞正將十月虜元帥四太
子會諸道兵十餘萬必欲取和尚原先犯神岔以瞽我
師忠烈遣公擊之公賈勇先登接戰三日虜又分兵寇

龍門關統制吳公璘掩擊敗走追及神岔虜援兵大至
再合戰公潛以精兵橫貫其腹斷其首尾吳公引兵追
及虜大潰俘斬千餘人棄鎧甲牛馬萬計轉武德大夫
開州刺史遷統領軍馬兼秦鳳路兵馬都監先是虜恥
屢敗遂囚公二親于青谿寨公內不自安二年正月公
乞兵以往忠烈許公帶本部出北山斷虜糧道行數日
至麻家嶺遇敵接戰翌日至青谿虜會諸寨兵為援自
辰合戰至莫大破虜衆奪親以歸忠烈喜曰公深入重
地能破強敵迎還二親可謂忠孝兩全轉武功大夫三
年正月虜寇石板谷忠烈遣公禦之公先設伏以待敵

至以奇兵挑之虜衆敗走追襲十餘里斬首數百轉右
武大夫階銜轄二月僞元帥四太子擁大軍由商於侵
饒風關犯梁洋經義斜道出鳳州再攻和尚原忠烈復
遣公引本部由間道應援和尚原以功轉拱衛大夫公
嘗憤虜人侵暴不已得其使命郎縣剸而歸之公至和
尚原都統郭浩厲聲曰比虜使至公辱而使歸是激敵
怒今擁衆二十萬來攻請公當之公對曰虜據梁洋遣
人以書見檄言很而色傲欲恃勢脇我儻不辱之誠爲
自弱今日之事決戰而已敵衆百倍何足慮也統制吳
公親率公等於是鼓行而前徑與虜戰于栢村一擊破

其三陣敵衆大敗追襲至渭踩踐溺死者不可勝計水
爲之咽流吳公因謂衆曰此捷楊鈐之力也轉親衛大
夫四年二月虜入寇殺金平自元帥以下盡室而來示
無返意全蜀震恐既戰我師初不利公急據第二堡外
預設鹿角之地率强弩併力迭射一日三戰傷殺甚衆
虜引兵稍卻翌日來攻萬人敵堡統領姚仲重傷公代
之率諸將戮力鏖戰五日所向皆摧大破敵衆餘黨悉
遁自是虜不敢輕舉全蜀之民各安其生者雖吳氏之
功然於攻戰之際公有力焉以奇功特中亮大夫郢州
防禦使五年辟知洋州兼管内安撫司公事公嘗從忠

烈登殺金平過第二堡門忠烈顧瞻形勢指虜敗處以
策擊轄謂公曰此衿喉地往歲一戰安危所系非公出
力幾敗大事嘆賞久之九年正月虜歸我河南侵疆十
年五月虜復背盟僞元帥撒离喝領大軍侵犯陝右宣
撫胡公世將擢公同統制與諸軍會於涇州回山原大
戰三日虜氣未衰議者欲潛師而還留裨將以扞公曰
我輩蒙　國厚恩今日當以死戰奈何移禍它人願留
本部兵以拒之公張蓋示以閒暇虜人競進公叱咤力
戰縱我軍數萬衆得出遂下回山轉戰十餘里全師而
還轉協忠大夫七月虜據鳳翔胡公擢公知鳳翔府兼

管内安撫使就守和尚原八月與虜戰于蒲坂河及汧
陽連敗敵衆俘斬數百人奪馬千餘匹轉履正大夫歷
都鈐轄節制鳳翔府忠義軍馬九月遷馬步軍副總管
十一年七月都統楊政出鳳翔公隸焉與敵人戰于陳
倉魚龍川石鼻寨屢戰屢捷生獲虜酋珍珠孛堇諸軍
凱還後三日僞元帥撒离喝整衆再犯和尚原公才千
人進據川金坡敵衆益盛士有懼色公厲聲曰當各奮
壯心以氣吞之聞鼓舉入敢後者斬公率衆先登鼓譟
競進自卯至酉殊死力戰虜衆大敗轉宣正大夫遷統
制軍馬和尚原素號形勝蓋秦蜀必爭之地虜屢欲以

奇取之公扞守二年竟無可乘之隙及因糧於敵餽運
絀省胡公嘉之敷奏于　朝敵既不得意遂伸咊好是
時將迎奉　徽廟梓宮請還　太后鑾輅遂許割和尙
原十二年春　詔宣諭使鄭剛中分畫其地而移公知
鳳州既割和尙原而殺金平復爲要地其傍則仙人原
也四川兵費邊儲萃于魚關三者相距皆十許里有司
謂當得人以守遴選諸帥無出公右者十七年命公以
本部兵屯仙人原公鎭守其地垂二十年保固無虞轉
宣州觀察使會　朝廷詔大臣擧智謀武略可充將帥
者參政楊公椿首以公應　詔授正侍大夫三十一年

九月虜主完顏亮遽絕和好南自江淮西連秦隴舟車
器甲之盛亘古未有乃分遣僞帥合喜統兵數十萬自
鳳翔至寶雞沿渭水連營列柵占據大散關宣撫招討
吳公謂公曰賊據散關扼吾衿喉當急圖之遂擢公節
制軍馬知鳳州公引兵與敵對壘且相視形勢難以力
取於是晝易旌旗夜增火鼓示不可測虜益增備轉糧
草爲持久計吳公親提大兵出涇秦攻德順軍以分其
勢仍命公牽制散關僞帥合喜果分兵赴援三十二年
閏二月公乘勢遣兵出御愛山抵天池原鷩撓敵寨及
斷其餉道又寄遣兵焚其東西兩山樓櫓鼓譟從之聲

震山谷虜人驚駭弃關而走公乘勝進據和尙原則虜
亦宵遁矣翌日有騎數千復來入谷公領兵逆擊之時
天大雨雹風霧晝晦公選神臂弓射之虜酋中流矢引
衆敗去若神助焉寶雞賊帥恐我師乘勝擊之盡焚大
寨退保鳳翔由是渭水以南復歸版籍以功眞拜和州
防禦使賜爵安康郡開國侯食邑一千七百戶食實封
一百戶公自壯歲從事軍旅未嘗一日在告盡瘁王事
常若不及每自嘆曰吾奮身畎畝荷　國恩寵誓欲捐
軀以効尺寸今年踰七十力所不逮勉强而不可得矣
會王師解嚴遂丐歸田里其請甚確吳公以公精力未

衰止聽解兵職遂辟知龍州寔隆興元年之七月也明
年改知文州又明年吳公移鎭漢中梁洋椄境實爲重
地乃辟公復知洋州兼管內安撫使節制軍馬洋人聞
公之來擧酒相賀曰復得吾邦舊使君矣老稚歡迎不
絕于路公暇日嘗讀漢留侯傳至願弃人間事欲從赤
松子游之言公慨然慕之銳意求退上章力請歸休乾
道二年九月　敕授提擧台州崇道觀介梁洋閒居焉
五年二月十八日以疾終于所居之正寢享年七十有
八娶韋氏卒再娶苗氏卒皆贈令人又娶張氏累封令
人子男八人曰大勳右武大夫果州團練使御前右軍

統領權統制彈壓軍馬安康郡侯食邑一千七百戶曰
大亨武經大夫御前中軍同統制本管軍馬曰大節從
義郎御前前軍第三將副將曰大昌秉義郎御前右軍
第一將隊將曰大年忠訓郎亡曰大林忠翊郎御前前
軍第一將隊將曰大森曰大有皆成忠郎女十人長適
武功大夫左部正將丁立亡次適左武大夫御前中軍
同統制本管軍馬胡淸次適承信郎張祐亡次適承信
郎郭良臣次適承節郎彭宷次適保義郎傅汝弼次適
右從事郎城固縣丞張湑餘在室孫男十一人曰祖慶
秉義郎成都府路第二將隊將曰祖廉承信郎御前前

軍第三將隊將曰祖榮成忠郎曰祖顯曰祖仁曰祖學
曰祖椿曰祖輝曰祖賢皆保義郎曰祖詵曰祖訓皆承
節郎孫女十七人長適承信郎李雍次適承信郎張師
古次適承節郎劉之義次適保義郎侯詵次適承信郎
張寔餘在室曾孫男三人曰世忠保義郎曰世輔曰世
傑皆承節郎曾孫女三人在室元孫男二人曰紹先曰
紹光皆承信郎諸子以其年三月甲申舉公之喪葬于
城固縣安樂鄉水北村生祠之側維楊氏系緒遠矣自
東漢太尉震起于關西以淸白遺子孫奕世載德代不
乏人公奮乎千載之後自致功名有光于祖可謂天下

偉男子矣　朝廷雅聞公名故所賜訓詞有曰知義之
貴以勇得名益奮壯心遂成偉績搢紳誦之以爲美談
公善射發無不中嘗偕王人劉參贊子羽行饒風嶺有
虎突出叢薄間人皆辟易公躍馬而出以一矢斃之故
射虎之名喧達都下方二親之在虜也而青谿之民日
贍其費賴以保全及公破青谿既得二親併載其民以
歸給田廬家之於梁洋至今贍給不絕　朝廷聞之以
孝義特賜旌表公之行不特此也爲郡尤以愛民爲本
初洋州有楊塡等八堰久廢不治公皆再葺之溉田五
千餘頃復稅租五千餘石又增營田十四屯公私以濟

民爲立祠宣撫處置張公浚聞于　上賜　詔獎諭初
公至鳳翔也有流民數万在境內或疑其反側悉拘于
山谷間公矜其無辜皆縱之後岐雍大歉流民復入關
就食公復納之所活甚衆西邊饋運自昔頗艱公至鳳
州首創營田四十屯民力減省軍食充足又預築鳳之
黃牛堡以塞散關之衝創文之高平原以控西羌之路
尔後皆獲成效其先見之明古之名將所不能及公惟
寬厚喜士不以其貴驕人接物逮下喜慍不形于色雖
部曲偏裨卒皆待以恩禮軍旅之暇採摭諸史兵家實
效分門成帙釐而爲三十卷目之曰兵要事類漢守張

行成太學博士李石皆蜀名士爲之序引其書遂行于世初公預爲送終之具嘗託門下士朱滸昆季述其行事編爲壁除錄勃偶備員魚梁總幕得親炙公言論一日公出示所錄委勃爲誌勃竊駭愕因問其故公曰傑以義自奮以勇立節每遇戰事許國以死萬一得酬素志則區區之心誰能表襮之故欲先爲之計儻得名卿鉅儒特書其事他日瞑目無憾矣勃嘆曰自中原俶擾豈無忠臣謀士力作中興然於出處用捨之際或有恍焉公始以數百孤軍出重圍不測之親從吳氏伯仲挫乘勝方張之虜堰楊塡以惠梁洋之民復散關以壯川

蜀之勢起匹夫之微而爵通侯之貴勤勞百戰之餘而優游乎二千石之良明哲保身以功名始終蓋未有如公之全者也使人人皆如公徇國而不徇私懷義而不懷利則何患乎勳業之不立卿異時載在盟府繪像作頌血食一方祀必百世其誰曰不宜乃爲之銘銘曰

炎充晦曚　赫然而中　天佑生賢　龍飛雲從　其賢伊何　翼翼楊公　公來自西　名達九重　惟天子明　喜得牙距　料敵制勝　允兼文武　膚功上聞　天子曰嘻　利勢安强　皆汝之爲　忠以禔身　義而報國　智可周物　勇摧大敵　備德有四　孰與之京　風廓霧舒　偉績用成　導利之功　熙澤無窮　粒食用乂　是敬是崇　氣老愈壯　金湯是託　或云不弔　遐邇驚愕　梁山峩峩　漢水湯湯　公名與俱　德音不忘

西周王傑刊

從義字子和以靖康丙午歲應募起隸吳忠烈玠麾下云建炎二年八月被圍于同州者謂金將婁室亦作婁宿同取下邽九月破同州事也時公在圍中云四年九月我師不利於富平者謂金太子宗輔爲副元帥督師陝西九月敗張浚五路兵於富平也云紹興改元十月金四太子必欲取和尙原先遣兵攻神坌以

警我師忠烈遣公擊之者謂是年十月玠保和尙原金將沒立自鳳翔烏魯折合自階成出散關約日會和尙原折合先期至陳北山索戰玠命諸將堅陳待之更戰迭休金兵潰散沒立方攻箭括關玠復遣將擊退之會婁室死兀朮復會諸道兵十餘萬造浮梁跨渭自寶雞連結諸營與玠兵相拒玠復命諸將以勁弓强弩却之先設伏兵於神坌以待金兵至大亂縱擊破之是也云三年二月四太子擁大軍由商於侵饒風關再攻和尙原玠遣公引擊者謂金撤離喝分兵攻關統制郭仲敗走金兵入興元經略使劉子

羽棄城走三泉玠退保仙人關金兵深入既由褒斜谷還興元玠子羽追擊之是也饒風關在今石泉縣西五十里云四年二月金兵入殺金平自元帥以下盡室而來示無返意者謂吳璘守和尙原饋餉不繼玠謂其地去蜀遠命棄之于仙人關右殺金平㪍梁一壘移兵守之至是兀朮撒離喝及劉夔等三十萬騎入侵玠與璘及金人轉戰數晝夜不息是也云九年金歸我河南侵疆者謂金以陝西地來歸遣使王倫受地是也云十年五月金背盟撒離喝侵陝右公與諸軍會於涇州回山原七月金據鳳翔八月與金

戰于蒲坂河者謂是年金兵犯石壁及吳璘與金鶻眼郎君戰撒離喝入邠州胡世將遣公及王彥分道摧敗之撒離喝退屯鳳翔九月楊政遣公夜襲金兵至十一月又襲之寶雞是也至是公隸楊政軍云十一年七月與金戰於陳倉撒離喝再犯和尙原又戰却之者謂是年春正月公旣敗金兵於渭南攻克隴州與戰於寶雞擒金通檢孛堇是也宋史高宗紀作十月與此小異是時和議已成朝廷召政還以商秦之半畀金公亦移守鳳州復退保仙人關垂二十年無所事者皆公之力也云三十一年金主完顏亮違背盟好者謂是年九月金兵攻黃牛堡爲吳璘所敗也云三十二年閏二月公乘勢出攻金兵宵遁者謂璘遣公攻拔大散關分兵據和尙原金人走寶雞是也蓋是時始以功眞拜和州防禦使賜爵安康郡侯而弃三路之議起璘於是乎班師公於是乎丐歸矣公以乾道五年二月卒有子八人女十人子及聟並爲郎官宋史不立公傳其詳並見高宗本紀及璘玠政等傳因疏出之並見碑刻之爲功於史者不小也關中金石記

按此誌撰者袁勃書者李昌謌篆者王椿史皆無

傳誌叙楊從義自建炎初隸忠烈吳玠補進武校尉繼隸宣撫吳璘逮隆興三年累官至和州防禦使知洋州賜爵安康郡開國侯計前後四十年所立戰功不爲不多始終受吳玠吳璘指揮史旣不爲從義立傳卽吳玠傳中亦無一語及之南宋書吳玠傳祇附郭浩楊政王俊張超四人而不及從義且從義武臣未嘗嫻文事乃輯兵要事類三十卷誌稱張行成李石爲序而行世稽之宋史藝文志亦失書凡此皆可補史所未備也史稱吳玠卒益武安作廟于仙人關號忠烈然則忠烈是吳玠

扁額而誌則稱玠爲忠烈不云武安誌稱公預爲
送終之具託門下士朱滸昆季迹其行事編爲墜
除錄此卽後世生作年譜行狀之所昉也朱滸必
是幕客而稱之爲門下士則門下士之稱不必專
屬之貢舉門生矣誌載從義事蹟多與史合關中
金石志疏之已詳茲不贅

金石萃編卷一百四十九終

金石萃編卷一百五十

賜進士出身 誥授光祿大夫刑部右侍郎加七級王昶譔

宋二十八

韓蘄王碑

碑連額高二丈五尺七寸廣八尺九寸額題中興佐命定國元勳之碑十字正書分二行字徑一尺二寸居中有小字題日選德殿書四字正書徑一寸七分中有御書之寶方三寸額占碑之上半截計九尺四寸文八十八行每行一百五十字多寡不等正書徑七分在吳縣靈岩山西

宋故揚武翊運功臣太傅鎮南武安寧國軍節度使充醴泉觀使咸安郡王食邑一萬八千三百戶食實封柒阡貳伯戶進封蘄王謚忠武神道碑

襲□□□□□□□□□□□□□□□□縣開國子食邑柒百戶賜紫金魚袋臣趙雄奉　勑撰

閤上中侍郎□□侍講□□□□□□太子□□□□□□□食邑柒百戶賜紫金魚袋臣周必大奉

勑書

上纘祚之十五年威行德孚丕冒海隅出日罔不畏服罔不願爲臣妾　上盆厲精行健冀大有爲聞鼓鼙而思勳臣于昕夕不忘乃二月甲午　制曰韓世忠感會風雲功冠諸將可特賜謚忠武蓋太師韓蘄王之薨之葬至是已二十有六年而　褒崇益光遂與漢丞

相亮居汾陽王子儀同謚　宸奎內出不由有司中外
偉之王之子彥古方居蘄國夫人憂聞　詔感泣繼血
卽拜疏謝又拜疏請曰草土臣彥古謹昧死言臣之先
臣世忠發身戎行逮事　徽宗　欽宗皆著
顯效暨委質　太上皇帝自大元帥霸府宏濟于
中興始終實備大任仰憑　宗社威靈與　太
上皇帝廟謨神算摧勍敵如拉朽芟劇盜如刈菅大戰
數十小戰數百　豐功盛烈光照古今不幸早棄　明時亦
旣積年　陛下憫念勳勞固嘗爵以眞王錫之美
謚獨墓道之石無名與文惟　陛下哀矜究此

光寵豈獨諸孤顯耀抑先臣有知猶當效結草之忠
天子曰嗚呼惟乃父世忠自建炎中興實資佐命式
定王國時惟元勳予豈可忘乃　親御翰墨大書曰
中興佐命定國元勳之碑翌日　朝諸將于凌虛閣特
詔彥古戎服入見　面賜　御書俾冠于碑首
顧謂諸將曰世忠有大功於帝室今彥古亦克有志
世其家予惟　寵嘉之是用錫此豐碑諸卿勉哉諸將感
激奮躍益知　國家之不負臣下也忠孝之不可以不
盡也功名之不可以不力也皆趨下再拜彥古亦再拜
而出旣又　詔禮部尙書臣雄曰汝其銘世忠之碑臣

雄以謂　聖主褒崇元臣茲事體大顧末學弗稱
且袒諱與王名謚適同再上書懇辭　上遽批出
略曰君前臣名臨文不諱不許辭免臣雄於是惶恐奉
詔謹拜手稽首上故太師蘄忠武王遺事曰王諱世忠
字良臣姓韓氏韓氏本古列國後爲秦所併子孫自韓
原渡河散居延安以國爲姓故王世爲延安人曾祖諱
則居鄉以義俠聞家故饒財賑貧藥病多所全活旣歿
有異人指其所葬地曰代代當生公侯後以王貴贈太
師楚國公曾祖妣郝氏吳國夫人祖諱廣父諱慶皆贈
太師秦陳二國公祖妣高氏妣賀氏莫楚二國夫人楚

國生五丈夫子王其季也始生之夕有光芒出屋間鄰
鄰以爲火各具綆缶馳救至則聞王生皆異焉就襁褓
轉流瞬瞬則目光如電楚國游驚而心奇之少長風骨
偉岸尙氣節能騎生馬駒諸豪里中惡少年皆俛首不
敢出氣則爭爲之服役或負責不償者王輙爲償負者
後聞亟持所償愧謝里俗爲之一變有寃抑不以謁郡
縣而謁諸王咸得其平由是名聞關陝嘗過米脂寨姻
家會飲日已暮而閽閉王怒以臂拉門關鍵應手而斷
旦觀之其木蓋兩拱餘聞吏駭服年未冠以敢勇應募
鄜州挽強弓三百斤嘗乘悍馬手舞鐵槊奔馳天郎山

峭壁間觀者膽裂同列無一人敢鄉者軍府校藝獨用
鬣胎弓所鄉雖金石皆洞貫其騎射絕人類此時崇寧
四年也屬西方多事王每聞邊遽至輒上馬或不俟鞍
而奮喜與交游痛飲貲用通有無或不持一錢相從詣
酒肆貰酒期於戰獲酬級以償王出必多獲由是同列
皆饒給銀州之役綵從党万以行父母素鍾愛不許王
固請於陳公曰大丈夫當建功業取公侯豈宜齪齪自
守陳公奇其志乃聽去軍甫至而城閉王直排扉入斬
主將擣首障外三軍乘之大克獲而夏人以重兵來寇
交高平嶺王與党万惡精銳鏖戰賊解去而突騎忽出

問道擣我營將士驚愕王獨部敢死士殊死鬭賊少卻
時王爲殿見一騎士甚武揮槍而前王問將者爲誰曰
十軍監軍駙馬郎君乃夥也王躍馬從之斬其首賊遂
大潰由是西邊盡服王威名口有司圖上其事且乞優
賞會童貫專制邊事疑敢勇皆勢家子有所增飾止許
補一資衆譁不平而王恬不芥蔕當時識者知王器量
宏遠矣從劉延慶築天降山寨敵據有之延慶令王守
北門王夜縋城而上斬二級劄護城甎以獻繼逢敵於
佛卩寨斬首數級始補守闕進義副尉至臧底河又斬
三級轉進武副尉會妖人方臘起桐廬自號聖公殺掠

吏民自浙河以西至于江南毒流蓋千餘里南方素無
兵備　詔調西師討之王部敢勇五十人隨王稟以往
遇別將王淵於杭之北關堰橋會大潦道不通賊掩至
淵愕怖不知所出王造淵說曰今賊據險爭利我不以
智勝而以力拒可乎淵怒曰何人敢爾王益辯議不少
屈淵曰汝雖能言願聞必勝之說王爲條一二且請以
所部邀擊淵命取軍令狀以去明日會戰賊勢張甚王
選敢勇二十餘人伏堰橋傍須臾伏發賊衆大亂王追
至淵舟前斬首數級師遂大克淵乃嘆服曰眞萬人敵
盡以所隨白金器賞焉與淵定交自此始至今杭人呼

堰橋爲得勝橋云時天下忘戰日久盜起倉卒
天子宵旰南顧　詔能得渠魁者授兩鎮節鉞王單騎
窮追至睦之淸溪洞賊深據巖屋爲三窟諸將繼至莫
知所從入王潛行溪谷問野婦得其洞口卽挺身仗戈
而前榛棘蔽崎越險數里擣其巢穴縛僞八大王格殺
數人賊遂就擒併俘以出辛興宗後至領兵截洞戶掠
王俘以爲己功故王不受上賞別帥楊惟忠還　闕少
伸其事但超轉承節郎　朝廷議復燕山調諸軍以行
至則皆潰王往見劉延慶抵滹沱河獨與蘇格等五騎
俱逢虜騎五千餘從者失色王遣五騎列于高岡戒勿

勳値燕山潰卒來會然皆重傷者王即命艤舟河岸約
曰虜奔即鼓譟助聲勢王乃獨躍馬薄賊囬折自如虜
疑之分爲二隊據坡以視王出其不意突刺二執旗者
因縱擊格等五騎應於後舟中潰卒亦鼓譟如約虜疑
我伏發遂大潰追斬甚衆是時山東河北盜賊蜂起王
從王淵討捕所在摧鋒於大名境中殺水賊幾盡又破
湯村强盜累奇功轉武節郎以偏將從梁方平經略東
事賊楊天王透手滑聚衆數千寇尉氏一戰擒其渠帥
餘黨悉平臨沂賊武鬍衆數萬與戰於韓王洲又平之
沂州賊徐進衆五萬而官軍不滿五千王止以衙兵五

十餘薄賊誅殲悉盡又青社賊張先水皷山賊劉大郎
望仙橋賊高托山集路山賊賈進莒賊徐大郎衆皆不
下萬人大者或跨州兼邑王每身先諸將次第擒滅又
殺獲東海賊張夔等由濟南振旅而歸於是山東羣盜
悉平轉武節郎　欽宗即位之初王方從梁方平
防河濬州金人大軍已壓濬境方平漫不顧以爲他盜
王說曰今之來者金虜耳願公速整行陳爲護河計河
一失守　宗社阽危公可忽乎王忠憤由中詞氣激
烈方平怒俾王以三十騎當敵名曰硬探實欲致王死
地王遇敵輒戰以實歸報方平猶以爲紅巾賊不設備

及虜進逼屯子橋則方平脫身遁矣王師既失主帥數
萬之衆皆潰虜騎大至王陷數十重圍中意氣彌壯挺
槍奮躍而前所殺披靡虜笑異小卻即潰圍出殿諸軍
焚橋而歸至京師　欽宗聞王勇冠軍召對便
殿且詢方平失律之狀王條奏甚悉轉武節大夫
俄召諸路勤王兵入衛王隸京城四壁爲統領屬虜人
許割三鎮而還王淵爲河北總管辟王爲選鋒統制有
勝捷軍統制張師正者戰敗轉徙大名宣撫副使李彌
大斬之以徇師正所部本童貫牙兵初貫創勝捷軍極
諸軍之選每禁軍一指揮所選止一二人或四三人皆

人物魁梧武義超絕者纔得五千餘人後隸師正師正
死此軍懷反側遂相約爲亂皷行而東刼掠淄青間影
附脅從者四五萬號二十萬所過邑復嘯類山東復擾
王以戍將寓大名雅爲李彌大所器重遂檄王以所部五
百人討之至淄河以軍分爲四隊布鐵蒺藜塞歸路令
曰前則有功退則死有怯走者許後隊殺以爲功於是
士皆效死莫敢囬顧至夜半縱兵薄賊營賊既驚擾旦
而接戰大破之斬其魁李復餘悉奔潰王窮追不已賊
率潰卒數千出我不意王不及介胄上馬邀之矢石雨
下臂指吻鼻中四鏃王怒折笴彀弓拔刀徑前殺爲首

者六人賊衆又奔追至宿遷其衆尚萬餘謂已遠王不
能及方擁所掠子女椎牛縱酒王單騎疾馳夜造其營
呼曰大軍來矣速束戈卷甲吾能保全汝等以共功名
賊自淄河破膽皆跽請命曰願吾父貸死因進牛炙斗
酒王下馬飲啖輙盡衆莫敢動遂束手降黎明見王所
部止此始悔之而業已解甲莫不相顧失色遷左武大
夫果州團練使將所降朝京師　欽宗再賜對慰
獎甚渥賜衣甲槍牌除正任單州團練使就命將所部
屯滹沱河眞定失守王知滹沱形勢已蹙去之趙趙守
蓋王淵云淵得王恃以自固虜再入冦趙知王在焉攻

益急口彈援絕孤城更數日殆破王一夕潛起將三百
人擣其營虜大驚亂翌日遁去後有自虜來者始知大
酋二都統是日披創以斃衆遂不能支除嘉州防禦使
將所部還大名總管趙野薦爲前軍統制　光堯
慈聖憲天體道性仁誠德經武緯文太上皇帝時以天
下兵馬大元帥駐濟陽王領所部勸進復自濟陽次南
京虜縱兵逼城人心兇懼王據西王臺力戰虜稍却翌
日再至而酋帥白馬三郎以衆數萬薄城王時所將近
千人與賊遇即單騎突之斬酋帥以還部兵乘勝鏖鬬
虜衆遂潰南京圍解郡守帥父老迎謁居民炷香夾道

多感涕者於是遂詣濟陽勸進遂扈　蹕如南京
太上皇帝授光州觀察使帶御器械王請移　蹕長
安下兵收兩河朝議不從始建　御營以王爲左軍統
制　詔平濟州山口賊解大刀李旱等所歸勦除墊定
國軍承宣使依前帶御器械　制曰解趙城之圍威震
河朔御胡馬之牧效著睢陽皆紀實也　車駕幸維
揚王以所部扈從甫至賊有張遇者號一窩蜂既破儀
眞自金山以衆來降抵城而不解甲扈從者危懼王單
騎造其壘曉以逆順禍福叱使速降衆遂解甲聽命　李
民擁衆十萬亦既來降比至維揚復狼顧整厲器械

詔王淵處置淵以屬王王往諭　旨詠便議者劉彥聽
李民以出縛小校二十九人送淵戮之以民隸王軍分
其衆屬內將張俊等事遂定授王京西等路捉殺內外
盜賊時虜再犯河雒王率敢死士戰于孝義橋所殺已
數千人而別將以後軍先退虜衆乘我王身被鏃如蝟
卒力戰以免後至汴詰先退一軍皆斬左右趾以徇威
令大振自是軍不復敗矣　召還　行在授鄜延路副
總管加平冦將軍承節帶　御營統制如故未幾　部
王領所部如山東王聞　車駕幸錢塘遂由海道趍
行在時建炎三年也未至有裨將段恩者亾至　都

下詭言王兵潰陷虜物情震駭殿前統制苗傅劉正彥
素蓄異心聞王陷沒無復忌憚遂勒兵反殺簽書樞密
院事王淵及內侍數十人奉　太上居別宮囚熖
熾甚神武中軍統制官吳湛又陰與同惡王在海上聞
變望　闕慟哭舉酒酹神曰誓與此賊不共戴天舟中
士卒亦皆慟哭思奮時禮部侍郎張浚在平江方議討
亂與諸將環坐計未有出聞王且至更相慶曰韓公能
來此事必辦王至見浚相與號泣曰何猶豫爲卽日與
浚定復　辟之議乃先諸將啓行時道路譁言傅正彥
謀挾　乘輿以出中外兇懼王曰賊素知畏我我至

彼敢爾耶壽命偏將張世慶援絕諸路郵置使僞命不
行至嘉禾造攻具甚急傅正彥矯制止王且除節鉞王
不受命會江淮浙制置使呂頤浩亦來王迎謁于郊頤
浩問曰賊計無他虞乎王曰彼恃勢憑衆脅取鐵券自
謂不死安有他虞又問可必勝乎王曰以順討逆何爲
不勝頤浩曰知彼知己可以戰矣時楊國夫人及王子
質傅軍防守甚嚴王略無顧念會　隆祐太后宜
見楊國楊國詣傅紿曰太尉作如許事公來矣於太尉
何如傅乃屈膝拜曰願奉兄嫂禮謹具鞍馬煩夫人好
爲言是日入見　隆祐宜問周懿執楊國手垂口

泣曰國家艱危至此太尉首來救　駕可令速清嚴
陛楊國奉　詔馳出都城遇傅弟翊于途告之故翊
色動手自捽耳楊國覺翊意非善愈疾馳一日夜會王
于嘉禾王見之驚曰汝輩在耶俄而明受詔至王曰吾
知有　建炎官家安知明受耶斬其使焚其詔進
兵益急傅等大懼遣將領張永載謝罪且出　御札曰
知卿已到秀州遠來不易朕居此極安寧苗傅劉正彥
本爲宗社終始可嘉卿宜知此意徧諭諸將務爲協和
以安國家王知爭求　詔旨非　太上本意諭永
載曰　天子卽復位事乃可綏不然吾今以死決

之賊得語知不可解卽日復　太上明辟王晨夜
兼行承宣使張俊遣兵三千助王王顧所部或非素所
拊循乃悉收家屬詣軍及合戰臨平檥家屬舟岸下由
是師徒登岸擊賊無一不用命者賊將苗翊馬柔吉以
重兵負山阻河爲陣且於中流植木爲鹿角以梗行舟
岸間塗淖不可馳王乃下馬揮矛令軍中曰今日當以
死報　國若面不帶數箭者皆斬士殊死鬬轉至剪刀
山賊以神臂弓數千持滿而待王瞋目大呼挺刃徑前
賊辟易矢不及發連戰皆大克直造北關門傅正彥自
投江東制置使副提禁旅數萬以遁　朝廷慮其遂

遁去　詔能生擒傅正彥者有官人轉承宣使無官人
授正任觀察使其餘獲逆黨賞各有差王入朝　行
宮拜且泣曰逆賊不道　主辱臣死臣願受　命縛此
二逆因奏曰逆賊擁精兵數萬去甌閩甚邇万一寖成
巢穴愈難擒滅臣請速除之未審　聖意欲生致
之邪抑函首以獻也　太上曰能殺之足矣王曰
臣誓生致之顯戮都市爲　宗社刷恥不然則臣爲
欺天殿前虎賁有朱金剛張小眼者號膂力王乞以從
欲俾護俘來上時所部纔數千人請止以所部行
太上壯之酌巨觥以餞因握手語王曰統制吳湛佐

二判爲逆卿知之乎王曰此易與耳時湛已不自安嚴
兵爲衛王詣湛與語手折其中指遂擒以出門下兵衛
驚擾王按劍叱之無敢動又親擒湛黨王世修同日伏
誅王遂行　詔除武勝軍節度使御前左軍都統制江
浙制置使賊方圍三衢聞　王師來即解去將趨上饒
王恐其或遂蔓閩廣也徑自浦城提出迎之至漁梁驛
與賊遇夜半勒兵距浦城十里賊跨溪據險設伏正彥
屯溪北傅屯溪南相約爲應俄而接戰部將李忠信趙
竭節恃勇陷陳馬彥溥馳救死之王挺槍徑前賊望見
咋曰此韓將軍也乃潰擒傅正彥及傅弟翊遺所乞二

虎賁護俘獻　行宮斬于建康市師還至壽山
太上遣中貴人賜金合茶藥并　御書忠勇二字
表王旗幟　詔曰餘杭之難卿首奮忠勇已破凶逆朕
之復辟惟卿之功除撿校少保武寧昭慶軍節度使御
前左軍都統制揚國自碩人超封國夫人　制曰智略
之優無愧前史給內中俸以示報焉功臣妻給俸自楊
國始歿除武勝定國軍節度使依前撿校少保御前諸
軍都統制兀朮入寇　車駕復幸臨安命杜充以尚
書右僕射守建康王守鎮江兼制海道王方治舟秀之
青龍無何充以建康叛降于兀朮兀朮遂自建康取宣

城直走廣德徑趨臨安　車駕又幸四明王聞之亟
以舟師赴難未發兀朮聞王在京口遽勒三十萬騎北
還王即奏願留江上勦除使無南牧之患遂提兵截大
江以邀之先降其將鐵爪鷹李選　太上賜札曰
比在會稽呂頤浩獻議欲會兵京口邀截歸路遠覽來
奏及圖上方略實契朕懷惟卿忠憤之誠謀慮之審千
里之外不謀而同載觀規圖深所嘉歎今以獲賊資財
物帛盡予將士并降空名告劄二百道用資激賞兀朮
遣使通問王亦遣使臣石皋報之約日會戰戰數十百
合虜終不得渡復使致詞願還所掠假道不聽請益以

名馬又不聽虜乃益兵儀眞勢接建康兀术軍于南撻
辣軍于北王提海艦中流南北接戰相持黃天蕩四十
有八日兀术窘甚求打話王酬答如響時於所佩金鳳
瓶傳酒縱飲示之虜見王整暇色益沮乃祈假道甚哀
王曰是不難但迎還　兩宮復舊疆土歸報
　明主足相全也兀术語塞又數日求登岸會語王
以二人從見之復伸前請而言不順王怒且爲引弓將
射之亟馳去虜自知力憊糧竭久或生變而王將帥中
流鼓櫂飄忽若神□渡海江口又皆已八面控扼出路
垂絕乃一夕潛鑿小河三十里自建康城外□之江以

通漕渠刑白馬剔婦人心兀术自剺其額祭天　□風濤
少休竊載而逃王諜知其謀益舟師督戰會風力□緩
虜得以輕舸渡去土人稱爲番人河其後秦檜主和更
名新開河云先是王治兵鎭江嘗曰是間形勢無如金
山龍王廟者虜必登此觀我虛實乃□□□□□以二
百人伏廟中又遣二百人伏岸下約曰聞鼓聲岸兵先
入廟兵繼出數日虜至果有五騎闕入廟廟中之伏喜
先鼓而出五騎振策以馳僅得其二有一人紅袍白馬
既墜復跳馳而睨語二人者一卽兀术也是舉也兀术
僅以身免俘獲殺傷者不可勝計所遺輜重山積所掠

男女獲免者不知數又獲龍虎大王舟千餘艘捷聞
　太上賜札曰卿比統帥舟師邀擊虜寇忠勇之節
遠近所聞相拒大江殆彌兩月殺傷莫計俘獲亘多所
有已立功人早以功□來上當優與推恩又札曰胡馬
飲江大肆殘虐卿感激忠奮慷慨自期獨提全軍往逮
歸路將士用命水陸齊攻提音遠聞殺獲甚□□念忠
勞不忘□□□□除撿校少師武成感德軍節度使神
武左軍都統制時劇盜數起軍中荆湖震擾朝廷爲出
禁旅遣辛企宗討之師老不能平福帥程邁監司侯懋
等力請改命將帥章四十三上　太上乃除王福

建江西荆湖南北路宣撫□□□孟庾以□□范汝爲
□建安衆□十□至□□黃知微等王曰建居閩嶺上
流使賊沿流而下則七郡皆血肉矣於是選輕銳航海
徑趨福唐□衆而上諸帥迎謁且言賊方銳且少休以
俟元夕王笑曰吾以元夕凱旋見公矣因酌酒以別師
次延平劍潭湍險賊焚橋以拒我師王策馬先浮以濟
師遂濟□氣益倍距建寧百里許賊盡寨途路埋巨木
爲鹿角散布竹簽鐵蒺藜掘陷馬坑凡可以旅拒　王
師者無不用其至王卽命諸軍偃旗仆鼓□□□□
□□□□□□□□□□□□遂□□之□□□□

賊口口口城邑口在井底口口巨口天橋口口口道齊
攻汝爲畏怖以謂從天而下五日城陷汝爲竄身自焚
閻源洞中又有陸必彊葉鐵口陸必元張弓手熊致遠
等皆口賊驍將分兵四刧而葉諒者别以一軍出冦邵
武王悉擒斬之凡殺賊衆三萬餘人生擒魁首張熊等
五百餘人士人之附賊如施逵謝嚮陸棠等皆械送
行在所迺令軍人悉駐城上無得下標旗於城之三隅
令士民自相别農者給牛穀使之耕商賈者弛征禁爲
賊者使民得甘心脅從者貸遣建安之民自以爲蒙更
生家立生祠共圖勒功于石至今奉香火惟謹

太上賜札曰省奏范汝爲已就戮亾遂釋南顧之憂其
餘畸零賊黨并葉諒等想已招投惟務隨宜處置勿留
後患又札曰卿比執訏獲醜安靖一方非特秋豪無犯
而又給耕夫之牛使不失時雖古名將何以加諸朕始
聞此喜而不寐是能威愛兼得體我至仁加惠斯民者
也卿之勞苦實永朕懷王遂條奏江西湖南羣寇要領
以時平定乘勝撲滅勢若破竹詔從之王旋師永嘉
將就休息者已而道栝蒼上饒徑至豫章江濱連營數
十里賊不虞王之猝至以爲神大驚於是曹成馬友李
宏等次弟來降王悉分配諸軍即日移師長沙山東賊

白氈笠劉忠有衆數萬嘗與兀术轉戰頡頏而南據祁
陽之白綿山自黥其額號花面獸山險重複營柵相望
凡一年莫敢攖其鋒者王始至即欲急擊之曰少延歲
月湖南生靈無種矣庾不可曰功幸已成而師勞若更
趨白綿有如不捷前功盡廢王曰兵家利害世忠策之
審矣非參政所知請期半月當馳捷以獻庾不能奪王
即將所部與賊對壘乃奕棊飲酒按兵不動者累日衆
莫窺其際一夕獨與親信蘇格便服聯小騎直穿賊營
警夜者呵問王曰我也蓋王已諜知賊中約以我字爲
號故所鄉不疑遂周覽賊營而出喜曰此天賜也即下

令明日破賊會食遂命諸軍拔柵前往先遣鋭卒二千
銜枚夜進伏于白綿山上戒曰賊必空壘來戰若疾馳
入奪中軍望樓駐麾張蓋旣而賊以三萬人拒戰兵交
自寅至巳賊精兵迭出勝負未分俄而所遣鋭卒二千
植旗蓋於賊之望樓傳呼如雷賊四顧驚愕進退無所
據遂潰亂王乃傳麾令上下夾擊將士爭奮大破之追
斬忠于小舟傳首闕下下令敢掠子女者斬湖南
遂平戰克之日與庾所斯如合符契詔授太尉賜
帶笏又賜札曰出師今將朞歲以爾勞苦繫我憂沖
北歲李宏擁拒劉忠敗績盗張吾武震撓因從朕甚嘉

之且以防秋屆期狄怨是念卿其振旅來歸竭盡智力
以圖大功而後喜可知也王授鉞以出掃清江左
太上偉其功　詔樞密院以功狀頒示內外諸將各
務奮勵其舉中興以光史冊師還建康乃置背嵬親隨
軍皆勇鷙絕倫者除開府儀同三司節制依舊充淮南
東路宣撫使泗州置司明年以建康鎮江淮東宣撫使
駐鎮江是歲兀朮與酋帥撻孛耶合三路兵入寇騎兵
自泗取揚步兵自楚取高郵塵覆飛鳥　太上賜
札曰覽卿承楚之奏良用駭歎今虜氣正銳又皆小舟
輕捷可以橫江徑渡想卿謀畫已定可保無虞更宜率

勵將士勠力勦除此亦卿前日之所爲奏也浙西趨行
朝無數舍之遠朕甚憂之卿忠憤憂國朕所素知協濟
艱難正在今日切更多算以決萬全又札曰朕以逆臣
劉豫外挾强虜驅率吾民遣兵東衛觀其措意必欲圖
危社稷人神所共忿覆載所不容卿爲國大臣乃心王
室忠憤之氣想實同之今賊犯眞滁已逼江上而建康
諸渡舊爲賊衝萬一透漏存亡所係卿宜勠力一心以
赴國家之急先飭守備徐圖進取無失事機以墮賊計
朕雖不德無以君國子民而祖宗德澤猶在人心
所宜深念累世涵養之恩永垂千載忠誼之烈興言及

此當體至懷王受　詔感泣曰　至尊憂勤如
此臣子何以生爲遂自鎭江濟師以前軍統制解元守
高郵候虜步兵王親提騎隊往大儀以當淮泗之驅伐
木爲柵以斷歸路大會將佐曰金人馮步分道並進
車駕方在江南有如不勝必爲　社稷憂諸君
奮忠義以報　國此其時矣吾平昔恨無死所所以拔
橋斷路示無生還之望遂大饗士俟戰士皆感奮氣自
百倍會　朝廷遣魏良臣使虜至維揚王置酒送別
杯一再行流星庚牌沓至良臣問故王曰有　詔移屯
守江乃撤炊爨給之良臣竊自喜疾馳去王度良臣已

出境即上馬令軍中曰視吾鞭所嚮於是六軍大集北
行發大儀口時勒爲五陣設伏二十餘處口口戒之曰
聞鼓聲則起而擊良臣至虜虜果問我師動息悉如所
見以對兀朮號知兵聞大軍倉卒南還喜甚與羣酋厲
兵秣馬直趨江口至大儀五里所王麾虜騎過五軍之
東直北傳小麾鼓一鳴伏者四發五軍旗色與虜雜出
虜軍亂我師伍伍迭進步隊各持長斧斫馬足虜至裝
陷泥淖弓刀無所施王東西麾勁騎四面蹂之虜大半
乞降餘皆奔潰追殺數十里兀朮乘千里馬以遁積尸
如丘垤擒其驍將撻孛耶女眞千戶長五百餘人獲戰

馬五百餘匹器械輜重與平山堂齊軍勢大振兀朮還
泗上見艮臣詰責其賣已將斬之艮臣好詞以免解元
至高郵亦遇虜設水軍夾河而陣我師皆願效死虜整
隊迭出一日之間合戰十三士力稍罷相拒未決王遣
成閔將勁騎往援之閔與元軍合復大戰俘生女眞及
千戸長等虜敗去俄而王至窮追于淮虜復大敗奔潰
相蹈藉没溺死者不可勝計捷書沓至羣臣入賀
太上曰世忠忠勇朕知其必能成功乃　賜札曰聞
卿獨抗大敵勦殺犬羊數以萬計攘逐過淮全師而還
甚慰朕望兀朮舉國來寇憑陵邊圉非卿智勇冠世忠

義徇國豈能冒犯矢石率先士卒以寡勝衆俊偉如此
朕深念卿躬擐甲冑之勞將士摧鋒力戰之苦夙宵震
惻痛切在躬得卿來報頓釋朕懷初虜既傾國内侮
朝廷過計有勸　太上他幸者於是降　旨議
散百司物論譁然獨宰相趙鼎與王議合曰戰而不捷
去未晚也至是虜既潰敗王自淮上振旅凱旋江左遂
安故論者以此舉爲　中興武功第一除少保武成
感德軍節度使淮南東路宣撫使鎭江置司王在鎭江
一日方會諸將置酒虜帥撻辣耻前敗覆以書幣來約戰
王卽遣伶人張軫王愈之持橘茗爲瓊報書略曰元帥

軍事艮苦下諭約戰敢不疾治行李以奉承指也撻
辣謀慨卒不來未幾全軍遁去然諸將徘徊顧無敢
渡江者王獨請移軍窮邊經理中原　太賜札
曰昨因虜近議者以經理淮甸爲言人多憚行獨慨
然請以身任其責朕用嘉之又曰今聞全師渡威聲
遐暢卿妻子同行不乍到醫藥飲食或恐未備所須
一一奏來也改除武寧安化軍節度使依前少充京
東淮東路宣撫處置使兼營田大使楚州置司節制
鎭江時楚累經殘掠邑屋皆丘墟榛棘王至則集流
亡通商惠工創新營壘民心安固軍氣日益振於是

曩時煨燼瓦礫之場化爲雄都會府隱然爲國藩矣
劉豫閒遣兵入寇輒爲王所敗卻生擒僞知鎭軍王
拱及食糧軍數百獻于　朝是年虜又犯漣王迎
擊殺其將孫統領追至金城畔發之銳卒盡屯遷聖
女墩王以輕兵破之轉戰至徐之竇口軍既單而虜
援兵訛里耶索賈舍人踵至遂以背嵬輕騎五衝之
爲虜所圍王突圍拔衆以出復乘銳掩擊過落湖五
十餘里殺傷不可計攻淮陽旦暮且下會　詔師王
亟還道遇僞齊帥劉猊率金國三路都統太一孛堇
山水晶相公青州五路都統東平府總管及兀舉兵

自河間與諸道會王勒陣向敵遣小校郝彥雄造其軍
大呼曰錦袍氈笠驄馬立陣前者韓相公也衆咎王王
曰不如是不足以致敵及虜騎至王先以數騎挑之獲
其引戰者二人諸將乘之大破虜衆暴尸三十里提聞
太上賜札曰卿誠存報國義獨奮身長驅濟淮
力戰破賊俘獲羣醜無軼遺黎眷言忠勞實所嘉歎然
王師之出本以弔民上將之威尤宜持重軍旅之外毋
爽節宣深體至懷副朕倚注特授橫海武寧安化軍節
度使賜揚武翊運功臣依前少保充京東淮南東路宣
撫處置使兼營田大使王以承楚單弱正當寇衝乞至

無以守乃增大其城身自督役役不勞而城固民恃以
無恐家立生祠以報先是移屯山陽與敵接境王乃多
遣間結山東豪俊俾緩急爲應東人及太行羣盜多願
奉要束者金人廢劉豫中原軍潰盜起王以爲機不可
失奏乞全師北討招納叛亡爲恢復計懇請誠切
太上賜札曰覽卿來奏備見忠義許國之意深可歎
嘉今疆場之事以安靜爲先變故在彼不必干預當敦
信約卿其明遠斥堠謹固封疆以備不虞稱朕意焉既
而秦檜議和諸帥已屯建康及武昌詔王徙屯京口
王上奏極論虜情叵測其將以計緩我師乞獨留此軍

蔽遮江淮　太上賜札曰覽奏欲依舊留屯淮甸
誓與敵人決於一戰已悉朕廼於强敵越在海隅每慨
然有恢復中原之志顧以頻年事力未振姑[illegible]久於
此自去冬敵人深入卿首剉其鋒鼓我六師人百其勇
既致彼潛師引遁而卿復率先移屯淮甸進取之計恃
此爲機朕甚嘉之前日恐老小或有未便委卿相度今
得所奏益見忠誠雖古名將亦何以過使朕悚然興歎
以謂有臣如此禍難不足平也古人有言閫外之事將
軍制之今既營屯安便控制得宜卿當施置自便勿復
拘執至於軍餉等事已令三省施行初　國朝軍政

日修虜師屢衄於是陰謀沮撓吾事奏檜還自沙漠力
勸　太上屈己和戎銷兵罷將　朝廷遣使交
割河南境土虜亦遣使來議而使名不遜時檜主議甚
力自大臣宿將萬口和附王獨慷慨泣涕上章以十數
爲　太上開陳和議不可之狀大略以謂虜情詭
詐且陝西諸路出兵產馬用武之地豈肯眞實交割又
曰但恐以還地爲名先要山東河北等路軍民及北人
之歸明者出此聲勢搖動人情我若太加卑屈深慮人
心離散士卒凋沮又曰今當　主辱臣死之時臣願
效死節激昂士卒率先迎敵期於必戰以決成敗若其

不克　陛下委曲聽從事亦未晚又曰卯王倫藍
公佐交割河南地界別無符合詿賺　朝廷雖以王
爵處之未爲過當欲乞令供具委無反復文狀於　朝
以爲後證如臣言虛妄日後事成虛文亦乞重寘典憲
其言深切懇到出於忠誠且請單騎詣　闕面奏
　太上率優詔褒荅其略曰卿忠勇冠時獨當一面
國威既震和議漸諧南北兵民可冀休息究其所自卿
力居多卿其保護來使無致疎虞所乞入朝奏事俟有
機會當卽召卿眾方懷疑疆場事大正倚卿重未可暫
離軍中也其後虜果負約如王所言檜甚恐卽上疏曰

臣聞德無常師主善爲師善無常主協于克一此伊尹
相湯咸有一德之言也臣昨見金國撻辣有講和割地
之議故贊　陛下取河南故疆既而兀术戕其叔
撻辣藍公佐之歸和議已變故勸　陛下定弔民
伐罪之計又曰如臣言不可行卽乞行罷免以明孔聖
陳力就列不能者止之義其詞反覆無據由是天下服
王精議而怨檜益深云兀术既再陷三京又犯漣水
　太上賜札曰金人復來占據已割舊疆卿素蘊忠
義想深憤激凡對境事宜可以結約招納等事可悉從
便宜措置若事體稍重卽具奏來王遂率背嵬軍由泇

口破走兀术僞守趙榮以宿州降李世輔以亳州降
詔除少師餘官悉如故明年虜都統周太師者以大軍
入寇水陸并進未及渡淮王督士馬拒戰于淮陽又走
之因取劉冷莊設伏掩擊逐至沂水虜溺水不知其數
又遣偏將王勝攻下海州取懷仁諸縣破千秋胡陵大
寨擒虜帥郭太師僞守王中盡得其軍糧牛馬器甲卽
日獻俘　闕下　詔除太保依前功臣三鎮節鉞淮東
宣撫處置使兼河南北諸路招討使營田大使封英國
公是年虜犯淮西殿帥楊存中合宣撫使張浚之師與
戰於鍾離弗克　詔王赴援虜別軍數萬屯定遠王遣

成閔以輕騎擊破之轉戰數日兀术中克敵弓以走其
衆大潰遂奪鍾離捷聞　太上賜札曰聞卿親帥
將士與賊接戰追逼直至城下賊馬一發奔潰過淮卿
已復據濠州卿忠義之氣身先士卒親遇大敵嘉歎何
已況卿前後所料賊情一一必中今日善後之策更爲
深加思慮措置以聞也王因上章極言爵賞之濫乞自
今非破虜復境土不畀崇資以塞倖門時和議復成秦
檜權力益盛異己者禍如發矢王復危言若諫以謂中
原士民廹不得已淪于腥羶其間豪傑莫不延頸以俟
弔伐若自此與和日月侵尋人情銷弱　國勢委靡誰

復振之　太上復賜札嘉奬又乞與北使面議
優詔不許尋再上章力陳檜誤　國詞意剴切檜由
是深怨于王已而盡撤邊備　召諸大將還　闕王及
張俊岳飛除樞密使副王上表乞解樞務避寵丐閑時
論高之時紹興十一年也又上表乞骸骨　不許除太
傅依前三鎭節鉞充醴泉觀使進封福國公賜第都城
奉朝請其秋　顯仁皇后龍駕來歸王朝謁于臨
平　后以北方獨聞王名特　召至簾前曰此爲
韓相公耶慰問良久其後賜餉無虛月明年進封潭國
公十三年進封咸安郡王十七年以　郊恩改鎭南武

安寧國之節　太上數宣召同家人燕于苑中眷
禮寀篤數賜名馬寶劍及其他錫予問勞相踵然王老
矣二十一年秋王病不能朝廼上表謝事冊拜太師問
疾遣使肩摩轂擊于道於是悉召故人列校勉以忠義
大節焚　逋券百萬親視含襚曰吾以布衣百職致位公
王可以無憾矣以是年八月四日薨于私第之正寢享
年六十有三疾方革　累詔宣醫診視訃聞　太
上盡然爲　輟視朝贈通義郡王賻內帑金帛各三千
匹兩錫尚方名汞龍腦香以斂襚服用一品所以慰卹
其家甚至遣　敕使徐伸護葬事以是年十月庚子大

葬于平江府吳縣胥臺鄉靈巖山之原有　詔命奉常
策祭于家又　詔奉常貳卿軷祭于都門外子孫次第
進秩妻白氏秦國夫人梁氏楊國夫人茆氏秦國夫人
此下碑文刊去六字子男四人長曰彥直嘗任戶部尚書今爲大
中大夫延水縣開國伯食邑八百戶次曰彥朴奉議郎
直顯謨閣叠世次曰彥質朝奉大夫直徽猷閣知黃州
次曰彥古起復朝奉大夫充敷文閣待制知平江府兼
節制水軍此下碑文刊去八字女八人長適故朝散郎通判饒
州曹需次適宣教郎馮用休次適宣教郎知寧國府寧
國縣王萬修次適從政郎劉莒次適宣教郎宗正寺主

簿胡南逢次適承議郎充集英殿修撰主管佑神觀張
子仁二人爲黃冠孫男十六人曰挺奉議郎太社令曰
扶奉議郎直祕閣曰格宣教郎曰樞承務郎曰拯通仕
郎曰相承事郎曰椿承務郎曰楷承奉郎曰林將仕郎
曰森曰休曰楫曰杰曰本曰梓曰樟孫女八人一適將
仕郎王大昌餘未行　今天子乾道紀元之四年
詔特追封蘄王又八年乃　賜謚始王鼎貴嘗戒
敕下及其家人曰忠者臣子不可一日忘不惟所當常
行抑亦所當常言吾雖名世忠汝曹無得以忠字爲諱
若諱而不言是忘忠也吾生不取死不卷也至是得謚

忠武彥古稟逝先致不敢辭君子以爲通於孝云嗚呼
王起西陲布衣杖劍從戎不十數年功名與日月爭光
何其盛也爲平寇將軍爲都統制爲宣撫使爲處置使
爲營田大使爲招討使爲樞密使所踐無非達官要職
而能益彰平全閩夷江西剪湖湘擒苗劉摧兀朮鑿大
儀拓東海扞揚楚震淮陽斬獲無非勍敵劇賊而功益
俊偉不可及和議初定虜使稍不恭順王忿其無禮乞
吾君誦言誅之且下令所部州無得少屈虜使
爲之沮戢性不喜便佞事關廟社必傴僂玉陛上
流涕極言之雖不加文飾而誠意眞切理致詳悉

人主知其出於忠實不以爲忤也秦檜用事盡遣中
原人親屬還虜中有戀國恩不忍去必械繫以送至
諜迯趙榮王力爭曰榮不忘本朝以州歸順父母
妻子悉遭屠戮相公尚忍遣之無復中原望耶弗聽辭
飛之獄王不平以問檜檜曰飛子雲與張憲書雖不明
其事體莫須有王艴然變色曰相公莫須有三字何以
服天下于時舉朝憚檜權力皆附離爲自全計王獨於
班列一揖之外不復與親每建大議讜言家人危懼或
乘閒勸止王曰今明知其誤國乃畏禍苟同異時瞑
目豈可於太祖官家殿下喫鐵棒耶言雖質而

意深士君子至今傳之受人恩生平不忘心簽樞王淵
識王於微時待遇絕等苗劉之亂淵首遇害王爲請地
厚葬經紀其家不遺餘力初淵輕財嗜義家無宿儲或
奮以治生淵曰國家官人以爵使祿足代其耕也君
切切事錐刀我何愛爵祿不爲大賈富商耶王敬服其
言故握兵三十年未嘗爲乾沒貿遷之私上所
錫賚悉分將士將士故樂爲之用太上高其義
察其功特賜江東永豐圩田以給其子孫王復上書袒
賦願與編戶同爲勢家倡太上欲成其美從之
優詔獎論雖厚撫將士千金有所不愛至一官一

級則靳惜如肌肉嘗謂其將佐曰爲國立功人臣常
分吾所以使汝輩功浮於賞者乃所以遺福子孫也天
日昭昭爵祿虛受終必爲禍他日爲國爪牙尤當戒
此舊制戰勝第賞必以首級軍人貪得不已至殺平人
以希賞王始建議不許以首級計功然諸帥保奏將士
武功左武各有隊伍惟王所部須實有功乃奏終不以
毫髮假人是以淮東一戰功最多而崇資者少城楚州
與士同力役黃天蕩之戰楊國夫人親執桴鼓家楚
州織薄爲屋將士有臨敵怯懦者王遺以巾幗謂樂於
讌會俾爲婦人妝以恥之其人往往感發自奮後多得

其死力其制兵器凡令跳澗以習騎洞貫以習射猊
之鎣連鎖之甲斧之有搽陳弓之有克敵皆王遺法
太上以其制下兵部及頒降諸將者是也嘗中毒
矢入骨則以强弩拔之十指僅四指不能動身被金瘡
如刻畫口以口王奉朝請尤能以道卷舒絕口不言功
名蓋自罷政居都城高臥十年杖屨幅巾放意林泉壺
觴間若未嘗有權位者而偏禪部曲往往致身通顯節
鉞相望歲時造門類皆謝遣鞏工列辟想聞風采而不
可見則相約於朝班望王眉宇而慰喜焉至於外夷遠
人幽閨婦女皆知有所謂韓蘄王者歲時輒相從祠王

年幾安否以爲天下重如此而王日杏口德衽浮圖法
自號清涼居士故雖權臣孔熾王最爲所忌嫉而能雍
容始終蓋詩所謂明哲保身者歟纊之際神爽益清冠
佩翛然合爪而逝有詔擇日臨奠檜遣中書吏韓城
以危語脅諸孤令必辭諸孤亦緣王遺意不敢屈勤
君父上表辭免至再　太上寵勉從之其始
終恩遇如此臣雄曰自起窮以來山西出將尙矣呼吸
雷風動搖山岳戰勝攻克卓然以勇略聞者班班不絕
于冊書至於達之以智謀本之以忠義如古之所謂名
將者山西蓋無幾也秦漢而下可以言智謀忠義如古

名將者若諸葛亮郭子儀其庶幾乎王本山西之豪與
起窮相望而其智謀忠義有過前修無不及焉方逆傅
滔天王聞變慟哭士卒皆哭莫能仰視遂自海道徑還
呂頤浩方以賊爲憂王謂賊既取鐵券必無他慮頤浩
又慮賊難勝王則深言逆順之理知其必勝於是頤浩
計乃決傅卒成擒至如中興之初倡議西都長安
秉建瓴之勢東鄉以圖中原朝議不從議者以爲深恨
及維揚危急　六飛南渡諸將咸欲西趨岳鄂徑
往長沙王獨以爲今已失河北山東惟有淮浙號稱富
實若又棄之更有何地　太上嘉納江左立國之

謀於是乎始定臣嘗待罪太史氏獲覩日歷所紀
太上皇帝聖語甚詳最後論戰議和章數十上皆
算無遺策蓋所謂定大事決大疑忠義稟於天資智謀
出於人表視山西以資略雄者不可同年語矣是以
太上屢賜詔曰雖古名將何以加諸而　皇
上特以忠武易名直以王爲亮子儀之流惟二
聖日月之明知臣莫若君德音鏗鏘天下傳誦世忠得
此　嘉奬其亦可謂死而不朽也耶臣聞宣王中興
如采芑江漢之詩所適荊蠻來威王國庶定等事雖以
褒大方叔召虎之功然其任賢使能致此巍巍則宣王

盛德之形容光明偉傑不可掩也臣願頌采周雅聲詩
銘詩以彰元勳以歌　堯父　舜子知人之明以
稱　明指顯擢韓氏以昭示于億萬世其詞曰
昔在宣靖　崇極而傾　胡酋不恭　神州盡腥
天地重開　眞人龍翔　德業巍巍　周宣漢光
凡此中興　誰實佐命　緊時元勳　王國以定
元勳謂何　維韓蘄王　王奮山西　起巔之鄉
鐵胎之弓　悍馬長槊　方在童年　氣震山嶽
逮事徽皇　至于欽宗　天下兵動　外阻內訌
王先戎行　是傑是巔　浙西山東　績用丕顯

霸府肇新　來乘風雲　掃淸南都　大駕時巡
淮海之閒　劇盜蝟起　解甲東戈　如父詔子
帝幸餘杭　王征徐方　逆臣乘虛　反易天常
戕虐樞臣　都城喋血　凶燄孔熾　震驚宸闕
王在海上　闘變號呼　凡爾衆士　今當糜軀
吾與羣凶　不共戴天　山川鬼神　實臨此言
舟師鼓行　雷動電擊　撓彼凶徒　裂膽褫魄
天位反□　乾淸坤夷　生擒渠魁　梟首大逵
有狡汝爲　盜據富沙　流毒全閩　血人于牙
大江之西　重湖之南　蜂屯蟻結　虎猛狼貪

三方百城　地數千里　奪攘矯虔　聲勢相倚
當宁謀帥　宜莫如王　援以斧鉞　往擣其宂
覆其穴巢　鋤其根萌　閱歲未周　三方底平
降旗奔師　捷書相望　貸遣脅從　旌別善良
爾商爾財　我弛爾征　爾農爾田　我資爾耕
仁義之兵　弔伐是向　帝有恩言　卿古名將
胡馬飲江　充斥以降　金陵不支　游竄上邦
王整虎旅　邀截歸路　虜未雖強　望風震怖
海艦如飛　江之中流　北剗援兵　南蹴歸舟
水戰陸攻　摧枯拉朽　殺傷莫數　俘獲萬計

酋帥小黠　僅脫其身　敵勢愛銷　皇威益信
米衜不悛　纔數年期　傾國南侵　步騎分馳
逆燄成林　靡暗穹蒼　九重劃遷　罪已如湯
王曰呼嗟　君父旰食　臣何生爲　矢死報國
部分將佐　直趨淮壖　親奎歸途　示無生還
妙筭旣定　有司先施　聲言守江　已駐大儀
衆寡雖殊　我整彼亂　勁騎紛馳　馬足俱斷
河面塵擊　若降若屠　積骸爲丘　洒血成渠
折馘獻俘　千里相踵　獲將數百　豈計輜重
偏禆在楚　亦以捷聞　王來窮追　虜師大奔

振旅凱歌　天子曰都　世忠忠勇　虜不足誅
江左人心　恃此寧謐　中興以來　武功第一
淮陽鍾離　莫非役偉　生平戰多　竹帛莫紀
王屯極邊　志清中原　和議既諧　弛柔鎮堅
王之論和　忠憤激烈　利害皎然　黑白區別
聖主俞之　權臣讐之　明哲令終　天寶休之
孰不爲將　孰不建功　動揺丘山　呼吸雷風
惟王天資　與勇將異　達以智謀　本以忠義
大疑大事　决於片詞　較彼起翦　王其過之
王起寒素　飯糗衣紵　出際盛時　蛟龍雲雨

解衣推食　言聽計行　任用不疑　天子之明
三鎮節旄　三事輿策　報功惟優　天子之德
惟聖天子　使臣以禮　哀榮死生　寵錄終始
重華神武　志大有爲　眷言勲勞　恨不同時
與王啟封　貴寵人爵　忠武之謚　如葛如郭
八言充褒　更賜雲章　誰克有勳　上不汝忘
豐碑巖巖　億載有耀　几百臣子　維思忠孝

太師蘄國韓忠武王世忠墓在吳縣靈巖山西紹興二十一年十月葬敕使徐伸護其事吳長洲二縣令奔走供役孝宗御題神道云中興佐命定國元勳之碑敕趙雄爲文碑高十餘丈趺盖在焉初敕文而未立龜趺爲木漬嘉定間以景獻恩例敕葬趙希懌於穹窿相傳磨韓碑爲趙用者其後始樹碑爲樓三成以覆之正與穹窿相直不數月韓氏首喪其長子時有術者言少須幾時穹窿亦未易當繼報景獻薨撥碑額乃高宗御題舊府志又云後碑成而額在百步外鄉人云龍陣過揭也今穹碑尚存好事者梯而搨之趙雄文雖未必得其全王事蹟當有與宋史可參攷者蘇州府志

右蘄忠武王韓世忠碑在吳縣靈巖山之麓予少時

偕王德甫吳企晉曹來殷輩爲上沙之游屢摩挲焉歸田後從臾有力者拓其文輒以架木懸梯爲難頃陽城張古餘攝守吳郡與予同嗜募工搨十餘紙分其一見貽懸置壁間數十年訪求之勤藉一慰亦晚年快事也其額云中興佐命定國元勳之碑下題選德殿書蓋孝宗御筆碑文首尾萬餘言則禮部尚書趙雄奉勑撰石刻頗有曼患以杜大圭名臣碑傳所錄全文細校無甚異同碑云娶白氏秦國夫人梁氏楊國夫人茆氏秦國夫人其下空六字以名臣碑傳校之則周氏蘄國夫人也朱錫鬯詩蘄王墓近古梧

宮暨六夫人祔葬同與碑不合未識何據潘次耕詩碑高三丈字如掌帝製鴻文盛褒奬則誤仞碑文爲御製失之甚矣碑云紹興二十一年八月四日甍享年六十有三與宋史同而元大一統志延安人物傳云紹興十七年卒年六十二蓋修志之時宋史未出志家得諸傳聞故多誤耳碑末未見建立年月而碑首云上纘祚之十五年攷孝宗受禪在紹興壬午次年癸未改元隆興至淳熙四年丁酉恰十有五年此碑必立於丁酉歲也 潛研堂金石文跋尾

按此碑連額高約二丈六尺加以龜趺不過三丈

餘蘇州府志謂高十餘丈者未確也額占碑十分之四題額十字之下有小字選德殿書四字選德殿者孝宗建以爲射殿玉海載孝宗皇帝闢便殿於禁垣之東名曰選德規模樸壯爲陛一級中設漆屏書郡國守相名氏羣臣有圖方畧來上可采者黏之壁以備觀覽數延文武講論治道詢求民隱至於中外奏報軍國機務皆於此決暇則紬繹經傳或親御弧矢雖大寒暑不廢据碑題則親御翰墨亦在此殿也文約一萬三千九百字猝視之漫漶難讀而拓本舖地須極寬敞方能俯躬諦視若地隘而有偏閡者不能讀也文爲趙雄撰雄無文集可攷碑無建立年月錢氏跋据碑首上纘祚之十五年定爲淳熙四年丁酉宋史孝宗紀世忠傳俱不載立碑之事孝宗以紹興三十二年壬午歲六月受禪明年改元隆興宋人撰文敘帝王紀年往往以卽位爲始此碑或連受禪之年計之則十五年乃淳熙三年丙申歲矣且碑載二月甲午賜謚忠武史孝宗紀作三年二月甲申是年三月丙午朔則二月丙子朔甲申爲九日甲午爲十九日其爲三年立碑無疑趙雄及書碑之周必大系

銜已詳史傳雄字溫叔資州人淳熙二年召爲禮部侍郎除端明殿學士簽書樞密院事十一月同知樞密院事碑所系某縣開國子傳略之据名臣碑傳題沂公趙雄撰則開國之爵乃沂國矣碑文云遂又詔禮部尚書臣雄銘碑据宰輔表淳熙三年七月趙雄自朝散郎試禮部尚書兼侍讀兼給事中除端明殿學士簽書樞密院事則其試尚書自三年始而傳又略之周必大字子充一字洪道廬陵人孝宗踐阼除起居郎累權禮部侍郎兼直學士院同修國史實錄院同修撰兼侍講兼中書

舍人未幾辟直學士院張說再除簽書樞密院必大奏以爲不可必大因除建寧府至豐城稱疾而歸久之除敷文閣待制兼侍讀兼權兵部侍郎兼直學士院除兵部侍郎尋兼太子詹事傳載歷官如此而不詳年月攷張說之簽書樞密院宰輔表在乾道七年三月至九年正月除同知密院十月除知密院未見有再除簽書之事與傳不同而其事總在淳熙已前碑於必大系銜尚存侍講太子字亦係淳熙已前官碑云王之子彥古拜疏請立碑特詔彥古戎服入朝而賜御書俾冠碑首是此

碑因彥古之請而立碑載彥古起復朝奉大夫充敷文閣待制知平江府兼節制水軍史無彥古專傳但附世忠傳書其最後官戶部尚書續通鑑載淳熙四年正月戶部侍郎韓彥古云云是四年彥古已爲戶部侍郎碑所載歷官在四年已前又據碑云太師韓蘄王之薨既葬至是已二十有六年世忠以紹興二十一年八月四日薨是年十月庚子葬下逮二十六年正是淳熙三年蓋足據也宋史世忠傳附其子彥直其約七千二百字較碑減十之五而所載功績與碑大同是史本之於碑錢

士升南宋書世忠傳二千四百字又本之史芟節成文惟畢氏續通鑑取歷年戰功分系於年月之下而其文多與碑同是續鑑亦本之碑也今以碑與史傳續鑑校之有碑詳而史鑑不載者有史鑑載而碑或略之者如碑云授鄜延路副總管加平寇將軍史作平寇左將軍史又云屯淮陽會山東兵拒敵粘罕南宋書作宗翰寇襲慶聞世忠扼淮陽乃分兵萬人趨揚州自以大軍迎世忠戰世忠不敵夜引歸敵躡之軍潰于沭陽南宋書云世忠夜棄其軍走鹽城閤門宣贊舍人張遇死之南宋書云麾下輔逵李在等皆散爲海盜碑云禮

部侍郎張浚在平江聞王且至更相慶曰韓公能來此事必辦南宋書云張浚召世忠于常熟碑云擒傅正彥師還御書忠勇二字賜王史云揭旗以賜碑云兀术軍于南撻辣軍于北王提海艦中流南北接戰相持黃天蕩四十有八日史云撻辣在濰州遣孛堇太一趨淮東以援兀术世忠與二酋相持黃天蕩者四十八日太一孛堇軍江北世忠以海艦進泊金山下預以鐵綆貫大鈎授驍健者明旦敵舟譟而前世忠分海舟爲兩道出其背每縋一綆則曳一舟沈之碑云虜一夕潛鑿小河三

十里以通漕渠風濤少休輕舸渡去史云兀朮諸
諸將曰南人使船如使馬奈何募人獻破海舟策
閩人王某者教其舟中載土平版鋪之穴船版以
櫂槳風息則出江有風則勿出海舟無風不可動
也又有獻謀者曰鑿大渠接江口則在世忠上流
兀朮一夕潛鑿渠三十里且用方士術刑白馬剔
婦人心自割其額祭天次日風止我軍帆弱不能
運金人以小舟縱火矢下如雨孫世詢嚴允皆戰
死敵得絕江遁去世忠收餘軍還鎮江南宋書云
翌日風止金人棹舟出疾行如飛世忠舟大輜重

馬騾俱載火矢所及無弗焚者火烘日曝人馬都
盡孫世詢嚴允吉皆戰死世忠墜江楊家洲僧普
倫以小舟出援乃得登岸奔還鎮江碑云卽命諸
軍假鼓下泐三十餘字史云徑抵鳳凰山瞰城
邑設雲梯火樓連日夜併攻碑云山東賊白鞏笠
劉忠據祁陽之白綿山王𤣥卽欲急擊之續通鑑
云紹興二年六月丙子初韓世忠進師討劉忠是
日至岳州之長樂渡與賊對壘賊開塹設伏以拒
官軍己卯世忠先遣中後左右四軍渡江逼劉忠
寨而屯碑云追斬忠於小舟傳首闕下續通鑑則

云忠據白面山踰三年及是乃敗其輜重皆爲世
忠所得九月丁亥劉忠旣爲韓世忠所破復聚衆
走淮西駐于蘄陽口世忠前軍統制解元以舟師
奄至襲忠大破之忠與其徒數十人遁走北去附
于劉豫以忠爲登萊沂密等州都巡檢使（碑作斬忠鑑作
北去彼此互異）碑云湖南遂平續通鑑云紹興二年六月
利州觀察使蘄黃鎮撫使孔彥舟叛降僞齊韓世
忠連破湖湘羣賊順流東歸彥舟疑其圖己遂夬
策叛去碑云除開府儀同三司節制依舊充淮南
東路宣撫使史云九月爲江南東西路宣撫使置

司建康三年三月進開府儀同三司充淮南東西
路宣撫使置司泗州時閩李橫進師討僞齊議遣
大將以世忠忠勇故遣之仍賜廄馬七綱甲十副
銀二萬兩帛二萬匹又出錢百萬緡米二十八萬
斛爲半歲之用碑云至尊憂勤如此臣子何以生
爲續通鑑詳其始末云四年冬十月丙子朔淮東
宣撫使韓世忠奏金及劉豫之兵攻承州楚州帝
謂輔臣曰朕爲二聖在遠生靈久罹塗炭屈己請
和而金復用兵朕當親總六軍臨江決戰趙鼎曰
累年退避敵情益驕今親征出于聖斷武將奮勇

決可成功臣等願效區區亦以圖報遂詔神武右軍都統制張俊以所部往援世忠又令淮西宣撫使劉光世移軍建康車駕定日起發己卯世忠以所部至自鎮江復如揚州碑云朝廷遣魏良臣使虜至維揚王置酒送别續通鑑詳其始末云初奉使魏良臣王繪在鎮江被旨趣行乃以是月丙戌渡江丁亥至揚子橋遇世忠遣使臣督令出界時朝廷已知承楚路絶乃連僞界引伴官牒付良臣等令爲阻絶處照驗又令淮東帥司召募使臣說諭承楚州令放過奉使良臣等至揚州東門外遇

先鋒軍自城中還問之云相公令往江頭把隘入城見世忠坐譙門上頃之世忠留食良臣等辭以欲見參議官陳桷提舉官董旼遂過桷等共飯世忠遣人傳刺謝良臣繪且速桷等還桷旼送二人出北門繪與桷有舊駐馬久之以老幼爲託晚宿大儀鎮翼日行數里遇金騎百十輩弦而來良臣命其徒下馬大呼曰勿射此來講和敵乃引騎還天長問皇帝何在良臣對曰在杭州又問韓家何在士馬幾何繪曰在揚州來時已還鎮江矣又曰得無用計復還掩我否繪曰此兵家事使人安得

知去城六七里遇金將聶呼貝勒舊作聶兒孛堇今改同入城問講和事且言自泗水來所在州縣多見恤刑手詔及戒石銘皇帝恤民如此又問秦中丞何在繪荅以今帶職奉祠居温州又言嘗作相今罷去得非恐爲軍前所取故耶繪曰頃實居相位踰年堅欲求去無它也又問韓家何在良臣曰來時親見人馬出東門望瓜洲去矣繪曰侍郎未可爲此言用兵講和自是二事雖得旨抽回將在軍君命有所不受還與不還使人不可得而知也碑云兀朮還泗上見良臣詰責其賣己將斬之良臣好詞

以免續通鑑云初聶呼貝勒旣敗歸召奉使魏良臣等至天長南門外良臣等下馬金騎擁之而前聶呼憤甚脫所服貂帽按劍瞋目謂曰汝等來講和且謂韓家人馬已還乃陰來害我諸將舉刃示之良臣等曰使人講和止爲國家韓世忠旣以兩使人爲餌安得知其計往返良久乃曰汝往見元帥遂由寶應縣用黃河渡船以濟右副元帥昌遣接伴官團練使蕭揭祿少監李聿興來迓聿興見良臣問所議何事良臣曰此來爲江南欲守見存之地每歲貢銀絹二十五萬匹兩繪云見存之地

謂齊歸回日所存之地事與又云兵家先論曲直
師直爲壯淮南州縣已是大國曾經畧交定與大
齊後來江南擅自占據及大兵到來又令韓世忠
掩其不備頁臣等云經畧州縣事前此書中初未
嘗言及止言淮南不得屯兵本朝一如大國所教
事與云襄陽州縣皆大齊已有之地何爲乃令岳
飛侵奪頁臣云襄陽之地王倫回日係屬江南後
李成爲劉齊所用遂來侵擾欲結揚么裂地而王
之江南恐其包藏禍心難以立國遂遣岳飛收復
即非生事事與云元帥欲見國書遂以議事迎請

二聖二書授之揭祿又問秦中丞安否此人曾在
此軍中煞是好人頁臣等對如初事與再云奈何
更求復地繪云以中間丞相惠書有云既欲不絕
祭祀豈宜過爲悋愛使不成國是以江南敢再三
懇告若或不從却是使不成國事與云大齊雖號
皇帝然只是本朝一附庸指揮使令無不如意又
云此去杭州幾日可以往回繪云星夜兼程往回
不過半月事與曰昨日書元帥已令譯一二日可
得見矣碑所謂頁臣好詞以免者如此碑云鎭江
置司太上賜札云云續通鑑云紹興五年正月壬

戌韓世忠鎭江府置司時世忠與劉光世張俊相
繼入覲世忠奏金人退兵陛下必喜帝曰此不足
喜惟復中原還二聖乃可喜耳然有一事以卿等
將士賈勇爭先非復宅時懼敵之比所喜益在此
也後數日帝以諭輔臣趙鼎等賛帝誠得馭將之
道帝曰楚用子玉晉文公爲之側席而坐今敵騎
雖退然尼瑪哈等輩猶在朕敢忘此憂乎碑云虜
又犯漣水王迎擊云云續通鑑云紹興五年十月
乙丑淮東宣撫使韓世忠奏僞齊遣沂海州等發
軍攻犯漣水軍世忠遣統制官吉州刺史呼延通

等擊殘之所脫無幾帝曰中原赤子爲豫逼脅死
於鋒鏑良可憫也可令收拾遺骸埋瘞設水陸齋
追薦仍出榜曉諭使彼知朝廷矜恤之意乃賜通
袍帶將官拱衛大夫貴州刺史王權已下金椀仍
以通爲果州團練使與將士推恩有差六年二月
乙卯世忠引兵至宿遷縣時劉豫聚兵淮陽世忠
欲攻之乃引兵踰淮泗旁苻離而北前一日遣統
制官岳超以二百人探知邳州賈舍人者亦以千
騎南來與之遇衆欲不戰超曰遇敵不擊將何以
報敵鳴鼓超率衆突入陳中出入數四敵乃還賀

曰世忠引大軍進逼淮陽城下命統制官呼延通前行世忠自以一騎隨之行三十餘里遇金人而止世忠壁高郵以望通軍通騎至陣前請戰金將葉嚇貝勒舊作牙合孛堇今改大呼令解甲通曰我乃呼延通也我在祖宗時殺契丹立大功誓不與契丹俱生況爾與我讐我肯與爾俱生乎葉嚇卽馳刺與通交鋒轉戰移時不解皆失杖以手相捽去陣已遠蹉坎而墜二軍俱不知葉嚇刃通之腋通扼其吭而擒之旣而世忠爲敵所圍乃按甲不動俄麾其衆曰視吾馬首所向奮戈一躍已潰圍而出不

遺一鏃世忠曰敵易與耳復乘銳掩擊敵敗去世忠攻淮陽敵堅守不下劉豫遣使入河間求援于金右副元帥宗弼先是金僞與其守將約受圍一日則舉一烽至是城中舉六烽劉猊與宗弼皆至世忠之出師也乞援于江東宣撫使張俊俊不能從世忠乃還道遇金師世忠勒陳向敵遣小校郝彥雄造其軍大呼云云碑云賜揚武翊運功臣史云尋詔班師復歸楚州淮陽之民從而歸者以萬計三月除京東淮東宣撫處置使兼節制鎭江府仍楚州置司四月賜號揚武翊運功臣加橫海武

寧安化三鎭節度使續通鑑注云節度開三鎭大將賜功臣號皆自世忠始九月帝在平江世忠自楚州來朝十月引兵渡淮與金將訛里也力戰劉猊將寇淮東爲世忠兵扼不得進七年築高郵城民益安之碑於朝平江事略焉續通鑑云七年三月癸亥朔帝次丹陽縣京東宣撫處置使韓世忠以親兵赴行在遂衛帝如建康碑亦略之碑云太上屈己和戎王獨慷慨泣涕上章續通鑑詳其始末云紹興八年十月丁丑世忠乞赴行在奏事先是徽猷閣直學士王倫旣與烏淩阿思謀至金廷金主復遣簽書宣徽院事蕭

哲等爲江南詔諭使使來計事世忠聞之上疏曰金人遣使前來有詔諭之名事勢頗大深思敵情繼發重兵壓境逼脅陛下別致禮數今當熟計不可輕易許諾其終不過舉兵決戰但以兵勢最重去處臣請當之因乞赴行在奏事馳驛以聞上不許又十一月辛丑世忠言臣伏讀宸翰鄰邦許和臣愚思之若王倫藍公佐所議講和割地休兵息民事蹟有實則無誑同外國詐賺本朝之意二人之功雖國家以王爵處之未爲過當欲望聖慈各令逐人先次供具委無反覆文狀於朝以爲後證

如臣前後累具已見冒犯天威日後事成虛文亦
乞將臣重置典憲以爲狂妄之戒先是世忠數上
疏論不當議和帝賜以手劄曰朕勉從人欲嗣有
大器而梓宮未還毋后在遠陵寢宮禁尙爾隔絕
兄弟宗族未遂會聚十餘年間民兵不得休息早
夜念之何以爲心所以屈己和戎以圖所欲賴卿
同心其克有濟卿其保護來使無致疎虞世忠旣
受詔乃復上疏奏詞意剴切由是秦檜惡之史云
世忠又言金人欲以劉豫相待舉國士大夫盡爲
陪臣恐人心離散士氣凋沮且請驛面奏不許

既而伏兵洪澤鎭將殺金使不克續通鑑云九年
正月庚寅韓世忠遷少師因講和恩也碑亦略之
碑云兀朮再陷三京又犯漣水王遂率背嵬軍由
泇口破走兀朮史云十年金人敗盟兀朮率撒離
曷李成等破三京分道深入八月世忠圍淮陽金
人來救世忠迎擊於泇口鎭敗之又遣解元擊金
人於潭城劉寶擊於千秋湖碑作千秋胡陵大寨皆捷親隨
將成閔從統制許世安奪淮陽門而入大戰門內
世安中四矢閔被三十餘創復奪門出世忠奏其
功擢武德大夫閔由是知名續通鑑云閏六月丁

酉京東淮東宣撫司都統制王勝克海州先是韓
世忠命勝率統制官王升權等攻海州守將王山
以兵逆戰去城六十里與官軍遇敗走夜二鼓以
舟師傅城北山乘城守而勝命諸軍隨地而攻火
其北門軍士周成先入父老裒金帛以犒軍勝不
受世忠每出軍秋毫無犯軍之所過耕夫皆荷鋤
而觀八月乙亥世忠圍淮陽軍命諸將齊攻之帳
前親隨武翼郎成閔從統制官許世安奪門而入
大戰于門之內閔身被三十餘鎗世忠亦脛中四
矢力戰奪門復出閔氣絕而復甦屢矣世忠大賞

之別將解元掩擊金人於沂州郯城縣敵溺死者
甚衆及班師世安以箭瘡不能騎遂肩輿而歸世
忠怒命世安馬前步行世忠奏閔之功授武德大
夫遙郡刺史遂除涿州團練使九月壬寅朔遣起
居舍人李易赴韓世忠軍前議事秦檜主罷兵召
湖北京西宣撫使岳飛赴行在遂命易見世忠諭
旨時淮西宣撫副使楊沂中還師鎭江府三京招
撫處置使劉光世還池州淮北宣撫判官劉錡還
太平州自是不復出師矣續通鑑又載是歲三月
辛卯賜京東淮東宣撫使韓世忠淮西宣撫使張

俊燕於臨安府以其來朝故也初諸大將入覲陳兵閲于禁中謂之內教至是統制官呼延通因內教出不遜語中丞王次翁乞斬通以肅軍列因言祖宗著令寸鐵入皇城者皆有常刑今使武夫悍卒披堅執銳於殿廷之下非所以嚴天陛也內教遂罷以上諸事碑俱略之碑云賊馬一發奔潰過淮復據濠州續通鑑詳其始末云紹興十一年三月庚子朔金人圍濠州丙午世忠舟師至昭信縣夜世忠以騎兵遇金人於聞賢驛敗之丁未金人破濠州戊申張俊楊沂中劉錡至黃連埠去濠州

六十里而聞城破俊乃召沂中錡謀之錡謂沂中曰兩府何以處沂中曰惟有戰耳相公與太尉在後沂中當居前有進無退錡曰有制之兵無能之將可御無制之兵有能之將不可御也今我軍雖銳未爲有制且軍士被甲荷糧而趨今已數日本救援濠州濠州既失進無所投人懷歸心勝氣已索又糧食將盡散處迥野此危道也不若據險下寨塹地栽木使根本可恃然後出兵襲人若其引去徐爲後圖乃全師保勝之道諸將皆曰善于是兼足以爲營仍約退軍選募精銳且曰入濠州俊遣斥堠數輩還俱言濠州無金人或謂金人破城之後無所藉又畏大軍之來時已去矣乃再遣騎數百往探皆無所見俊遣將官王禁謂錡曰已不須太尉前進矣錡乃不行惟沂中與王德領二十餘騎往以兩軍所選精銳策應之四更起黃連埠午時騎兵先至濠州城西嶺上列陳未定有金人伏甲騎萬餘於城兩邊須臾煙舉城上伏騎分兩翼而出沂中謂德曰如何德知其勢不可乃曰德統制官也安敢預事太尉爲宣撫利害當處之沂中皇遽以策麾其軍曰那回諸軍聞之以爲令其

走散亂南奔無復紀律其步軍見騎軍走謂其已敗皆散金人追及步軍多不得脫殺傷甚衆己酉韓世忠引兵至濠州庚戌秦檜奏報韓世忠距濠三十里張俊等亦至濠州五十里又岳飛已離池州渡江去會師矣帝曰首禍者惟烏珠戒諸將無務多殺惟取烏珠可也澶淵之役達蘭既死真宗詔諸將按兵縱契丹勿邀其歸路此朕家法也朕兼愛南北之民豈忍以多殺爲意乎辛亥韓世忠與金人戰于淮岸夜遣游奕軍統制劉寶率舟師泝流欲劫金人于濠州金人覺之先遣人于下流

赤龍洲伐木以扼其歸有自岸呼曰赤龍洲水淺可涉金已遣人伐木欲塞河扼舟船請宜撫速歸我趙榮也諸軍聞之皆以其言爲然世忠亦命速歸而金人以鐵騎追及沿淮岸且射且行于是矢著舟如蝟毛至赤龍洲金人果伐木漸運至淮岸未及扼淮而舟師已去金人復歸黄連埠壬子金人自渦口渡淮北歸此事碑載未晰碑云除樞密使副上表乞解樞務乞骸骨除太傅進封福國公賜第都城史云秦檜收三大將權四月拜樞密使遂以所積軍儲錢百萬貫米九十萬石酒庫十五

歸于國十月罷爲醴泉觀使自此杜門謝客絶口不言兵時跨驢攜酒從一二奚童縱游西湖以自樂南宋書云拜樞密使營中統制官各徑達御前有不服者洶洶造言詔令俊飛撫之秦檜縛軍吏胡著將以搖動世忠飛密報之續通鑑云世忠既拜乃製一字巾入都堂則裹之出則以親兵自衛檜頗不喜老學庵筆記云韓蘄王既解樞柄常遊湖山間李晦叔自楚州幕官來改秩而失一舉至冷泉亭愁坐遇韓來矜其狀問之李不識韓見姿狀魁異乃告以實韓曰某有一紙明當相贈李疑謝明日一吏持牘授之仍助以錢三百千李遂陞京秩修牒詣府謝韓不復見武林紀事云世忠罔遊湖山而於冷泉亭尤多盤桓又建亭於飛來峰之半顏曰翠微晚年嘗作小詞甚清逸凡此皆碑所略者碑云紹興十一年進封福國公其秋顯仁皇后龍鴐來歸王朝謁于臨平明年進封潭國公十三年進封咸安郡王史云十二年改潭國公顯仁皇后自金還世忠詣臨平朝謁后在北方聞其名慰問者良久是朝謁顯仁在封潭國公之後也高宗紀奉迎皇太后乃十二年八月辛巳事碑作

十一年與史不合續通鑑云十三年正月癸巳韓世忠請以其私產及上所賜田統計從來未輸之稅併歸之官從之二月乙丑進封咸安郡王時劉光世始薨舊功大臣惟世忠與張俊在俊勳譽在世忠左特以主和議爲秦檜所厚故先得王至是世忠願輸積年租賦於官乃有此命攷異云韓世忠所以得王墓碑及諸書皆不載其制詞云願以賦租併歸官府重爲遠識實超前賢蓋度越於常人宜顯須夫異數卽指此也碑云二十一年八月四日（續通鑑作壬申）薨于私第之正寢碑前云賜第都城

此云私第正寢而不詳第在何處續通鑑云二十一年九月丁巳增築景靈宮用韓世忠賜第爲之期年而畢是世忠賜第即景靈宮址也續通鑑先載紹興十三年二月乙酉詔臨安府建景靈宮其後創於新莊橋之西以劉光世賜第爲之據此則劉光世第與韓世忠賜第相連而新莊橋景靈宮乃合兩家賜第爲之不止世忠一第矣咸淳臨安志蘄王府在前洋街紹興間凡兩賜第一在清湖橋西獻以爲左藏庫基一在新莊橋西獻以益景靈宮遂徙今處高宗嘗名其閣曰懋功大書三字賜以爲扁云云景靈宮在新莊橋之西新莊橋亦名祥符西橋在餘杭門內北新隅車馬門之南斂郎今杭州府城武林門內教場火神廟之地此則賜第之所在也世忠以八月四日薨至九月四日其第即改築景靈宮可知宋時賜第生則居之歿即歸之朝廷子孫不得復居矣碑云錫尚方名承龍腦香以斂史云賜朝服貂蟬冠水銀龍腦以斂碑云所以慰卹其家甚至遣敕使徐伸護葬事續通鑑云其子直敷文閣彥直直祕閣彥樸彥質彥古皆進職二等又命睿思殿祇候徐伸護葬事碑于冠服及徐伸之官四子之進職皆略而下文敘彥朴云奉議郎直顯謨閣蚤世續鑑則云直祕閣而不言蚤世史併不載彥朴皆互異也碑云王艴然變色曰相公莫須有三字何以服

天下史云岳飛寃獄舉朝無敢出一語世忠獨攖檜怒語在檜傳又抵排和議觸檜尤多或勸止之世忠曰今畏禍苟同他日瞑目豈可受鐵杖于太祖殿下中興紀事本末莫須有作必須有何以服天下作何以使人甘心續通鑑攷異云朱彝尊謂宋史作莫須有未若必須有爲得其實徐氏後編從之今攷熊克小紀作莫須有是宋史所本也据此碑則亦作莫須有又按史世忠傳云語在檜傳檢宋史檜傳並無此語惟岳飛傳云獄之將上也韓世忠不平詣檜詰其實檜曰飛子雲與張憲書雖不明其事體莫須有世忠曰莫須有三字何以服天下語與碑同然則史作語在檜傳者蓋在飛傳之訛也碑云弓之有克敵太上以其制下兵部及須降諸將者是也續通鑑云十一年六月甲戌詔有司造克敵弩韓世忠所獻也帝謂宰執曰世忠宣撫淮東日與敵戰常以此弩勝朕取觀之誠工巧然猶未盡善朕籌畫累日乃少更之遂增二石之力而減數斤之重今方盡善後有作者無以加矣然續鑑但言詔有司造克敵弓据碑則連後猊鍪連鎖甲掠陳斧皆下兵部也凡此皆碑略而

諸書加詳者其有碑與諸書小異者高平嶺史作藹平嶺駙馬郎君兀哷史作兀哆藏底河史作藏底河轉進武副尉史作進勇副尉王遂敢勇二十餘人伏堰橋至今杭人呼堰橋爲得勝橋史作兵二千伏北關堰杭州府志云德勝橋一作得勝在覓渡橋直北夾城巷東咸淳志舊名堰橋韓世忠于河掩擊苗劉故名德勝睦之清溪洞史作清溪峒縛僞八大王格殺數人史作數十人獨與蘇格等五騎俱史作五十騎虜騎五千餘史作二千餘勝捷軍統制張師正史作張思正別將以後軍先退別將史作陳思恭皆斬左右趾以徇史無趾字楊國夫人史云世忠妻梁氏封安國夫人三守鎭江兼制海道史云爲浙西制置使守鎭江以二百人伏廟中史作百人除檢校少師武威威德軍節度使史作少保除王福建江西荆湖南北路宣撫使史作副使白鵓山史作白面山兀朮號知兵聞大軍倉卒南還甚史作聶兒孛堇聞世忠退云云與虜酋厲兵秣馬直趨江口至大儀鎭通鑑云撻不野擁鐵騎過大儀各持長斧斫馬足史云各持長斧上揕人胷下斫馬足擒其驍將撻孛耶史

作撻孛也穎通鑑作撻不野除少保武成感德軍節度使改除武寧安化軍節度使史云五年進少保六年授武寧云云東人及太行羣盜東人史作馬秦兼河南北諸路招討使史無南字冊拜太師以是年八月四日薨史于拜太師在八月薨後今本宋史太師誤作太史此皆碑文互異也碑于茆氏秦國夫人之下刊去六字据碑傳有周氏蘄國夫人六字碑云王之子彥古方居蘄國夫人憂則立碑之時蘄國夫人已卒且彥古似即蘄國所出不知碑何以刊去此六字也又兼節制水軍下刊去八字碑傳云今家居終蘄國之制世忠有四子彥朴承世彥直彥質彥古俱存而請謚立碑獨有彥古則其時彥古官位較顯得以上請也此碑之立距蘄王薨已二十六年王初薨時飾終之禮頗爲簡略殆由和議之成本非王意而岳忠武之獄王在朝堂又直言其誣檜實深銜之故薨時其子未嘗上請直至淳熙三年檜死已二十年始請立碑且得直書罷兵還朝之事耳碑在靈巖山西昶先曾祖贈資政大夫大理寺卿墓在靈巖山北蔆村硯山之下去韓墓不遠每值拜掃過此輒摩挲碑下然穹碑

細字不能詳玩今得張古餘太守所贈搨本始克展讀且以其文至一萬四千之多而與諸書叅校仍多所略因詳攷之并互異者備錄以資參攷碑中缺字甚多錢君侗在嘉定有書賈以宋刻杜大圭名臣碑傳求售乃取此文與碑叅校凡碑闕字得盡補注然碑傳有與碑字多寡互異且尚有譌誤之處不可從者仍從碑文之舊又碑傳缺一頁自王黜且罷至陸必元止碑於此頁所缺五十餘字無從校補矣今揚州文匯閣鎮江文宗閣杭州文瀾閣貯藏四庫全書名臣碑傳業經錄入好古之士不難就閣謄鈔則此碑缺字可得其全矣

潼川府學泮橋記

碑高八尺八寸廣五尺三寸十八行行三十四字正書篆額

水與道同體故帝王資以建學天子曰辟廱諸侯曰泮宮則又其等也潼川古大彧學視泮宮□與芻有泮水湮塞歲久乾道九年夏祿掌郡文學　太守馬公謏巳瀦復或謂文明之地埇缺不宜拔須水之制自西而南而東弍方皆水直南當興梁以道往徠於是郎士爲榴礬渠通水使東西相承上施欄檻以延波光旁列四欵以問栢植視之流賛若弍四然其玦也論定役興春鍤四集疏闢立就方命釘甃而　馬公奉祠西歸

提點刑獄何公兼府事令未及下岀圖肯功若出已意卽鳩工伐石具舟運致斲鑿扁礴篇動雲合□砌平布网渝規畫祿適被漕檄試貢上武信暨還則見鵝橋飛虹流水印璜風日凝瀾月星澄瑩儒學氣爲頓增爽儀芹藻青衿超然若生於千百載之上而獲游先王之庠序矣士□□古及衞非匹才非不逮也政教失軌物廢習見苟簡志氣無所發越而胥流下也道學之妙□焉而得者深而艱感焉而得者易而樂故職教化者示之德行寓之形器樂盂几杖有銘宮室車服有度皆所以使學者目擊心悟怡然自得也浮圖老子之居精極嚳麗猶能起人敬信矧夫水有澤物之仁清明之智流行適宜之義盈不踰節之禮進二不已之誠聖賢寄意於此豢類最遠　二公深明制作之本力補墜典之缺諸生入門而見古制升堂而味古書終日所從事者無非先王之舊其胸中豈不趯然有感有思自致於闕人之地哉繼自今賢才輩出然後知泮水之復果益於名教也

馬公名騏字德駿立　朝爲中書舍人

何公名熙志字忠遠立　朝爲御史臺檢法官

道學政事藹然俱蜀苛輩其所建立可紀類如此淳熙

元年六月既望門生從事郎充潼川府學教授白祿記
門生廸功郎新劒州陰平縣主簿主管學事胡鼎書并
篆額

魏城縣通濟橋記

碑高九尺六寸廣四尺四寸
十三行行二十七字正書

承議郎知魏城縣事尹商彥書

縣兩蜀道長安道褒漢畢出於魏城縣車輿步騎往來
日繦屬縣綠大谿其深二十尺廣六倍官舊爲梁叢木
築土歲漲潦不能支輒隳去吏循故牘徵木於民得大
小六百章隨復就民勞於成毀病之而販負細人適當

壞多涉溺溪之上有爲浮圖幢石者招其險魄也余爲
之宰始命伐石于西山得爲柱者十有六爲版爲枕者
半率巨壯力敵百鈞板其趾穿楯以柱柱爲三門壓以
枕又爲方础層累於兩柱之間架木爲宗閣其上凡二
十楹其廣如溪從十有八尺飛簷列檻其檻如前丹雘
輝明氣象偉傑北道千里行者創見經始於淳熙已亥
十月之望斷手於庚子二月之朔是役也費甚廣以傭
工市材而民不知橋成越四月水大至濤鼓風湧與梁
爭高而砥柱岌立飛閣渠渠若丘陵焉驚流無以用其
怒於是可以紓民之役而還行道之安也通濟舊號大

其字以揭之庶後之君子由其號以知其實有以敬其
事是年秋余秩滿去邦人具石請記以文謝不能姑爲
志其略

按魏城縣宋時屬綿州巴西郡總隸于成都府路
其地北達關中東通荆襄碑故云長安襄漢畢出
于魏城縣也入元以後縣省入綿州今仍之碑無
建立年月據碑云斷手于庚子十二月之朔則當
立于淳熙七年

友石臺記

碑共四石各高七尺六寸廣三尺五寸三分第一第
四兩石皆六行餘俱七行每行皆十九字行書在建

寧府

友石臺肇慶吳公南園勝處也臺因墩形不事培刻旁
有大柟樹如側蓋然風藤月篠從而附益之清蔭周覆
可容六七客肇慶幣聲石眞其上所以悅觀瞻而供遊
憩也石出吾里無嵌空奇怪之姿特以其介然若英毅
之氣鍾結而成者皆取以自近焉倚立參錯如拱如伏
遊其間者莫不神竦意動吾知肇慶之不苟爲此戲也
徐而物色之老而耄耄有若純臣者示人以忠不玉其
佩有若祈子者示人以孝容儀偉麗有若奮威者示人
以勤詞氣剴切有若徂徠者示人以直有數焉而對若

御史之謹者有穴城而戰若統軍之雄者異派同宗斷澌漓瀉是以知肇慶之所取亦吾平昔之所樂親也附猾介而沉者次之爲勇力所驅者次之能言以怯除三品以冐除隕星以妖除化婦以執除一有是玷雖瑰瑋亦棄是以知肇慶之所擯亦吾平昔之所欲疎也夫以咫尺之地數拳之石寓意深遠如此則周旋於斯孰不砥礪苟逐物從好以玆爲小而陋也則雖擴六合爲基立五嶽爲塊鄧林藪其左江漢流其右自達人觀之亦掌中之一物耳曾何足大焉惟隨見而足恬然理會則又何大小之別主人方刈柳源之稻釀明月之泉數招

客徜徉于臺上儻以此說爲是與則倚而歌據而瞑皆吾之三益也因以文記之此 屏山先生紹興甲午年間之所撰後學朱熹於淳熙己酉登臺誦記仍稽年譜而知 閩憲吳公所築乃肇慶榮滿時仰慕高風拜手敬書以遺 公之孫子爲

右石臺記朱文公淳熙己酉年書記後書云此屏山先生紹興甲午年間之所譔按宋史儒林傳劉子翬字彥沖學者稱屏山先生以大儒之文得朱夫子書之而益彰矣朱夫子書似不一格他所見者不具論惟隽得家傳詩禮四大字筆法端嚴此書則極流動然端嚴者自逸流動者不放要是中正和平之氣流溢于筆墨閒者也是碑在福建建寧府載天下金石志中觀妙齋金石攷略

按此碑無建立年月末有朱子跋云此屏山先生紹興甲午年間之所撰後學朱熹於淳熙己酉登臺誦記云云紹興無甲午甲午歲爲淳熙元年攷宋史劉子翬傳卒年四十七不詳何年傳稱父韐死靖康之難子翬廬墓三年服除判興化軍計其時當在建炎末年羸疾辭歸武夷山不出者十七年其作此記當在此十七年中而以意度之所謂

甲午乃甲子之訛是紹興十四年也傳又稱熹父松且死以熹託子翬及熹請益卒爲儒宗蓋朱子從學于劉子翬故跋此記稱後學跋作于己酉爲淳熙十六年距子翬作記又四十六年是時朱子當是主管太一宮兼崇政殿說書力辭除祕閣修撰奉外祠之時也跋稱登臺誦記似記已刻于臺上然無明文而又有紹興甲午之訛不敢竟定爲甲子則碑無可系因系于朱子作跋之年

金石萃編卷一百五十終

金石萃編卷一百五十一

賜進士出身　誥授光祿大夫刑部右侍郎加七級王昶譔

宋二十九

漢陰鳳凰山神碑

碑高七尺三寸廣五尺三寸二十六行行四十五字正書篆額在漢陰

宋鳳凰山神昭烈公廟碑

□□漢陰之鳳凰山爲山鎮最鉅禹導嶓冢内方雖於
夏書不述顧饒風女□牛山峙其西東□氣象獨磊落
雄秀□□□銓海瀆之爲望宜建嶽號降　神宅靈
日大振顯按圖經山亦□□□巒排嶂疊爲層□十有

二□□□□□□□如翔羽矗立千仞綿亙盤踞踰數
百里漢江繞其陽月河注其陰上列三湫下瀦萬頃雷
風雲雨□□□蛟龍□□山祇木魅百怪屏衛異時
宿將營據其險以備攻守其亦□□臣伏橫陸夷曠行
於□□□□□□□□□□不斷　神之敵當□□
□□□□□□式祝號加公爵曰昭烈賜廟額曰靈□
以祟□□□□□□□□□不愧□帶京□至
帝□□發祥□□□□之祝融紛之臺駘□司□山鳳
□□□□□□□□□□□□□在國之封內□□
祀秩水旱疫癘則□□□祭元豐初　神以□□而

雲錫□□□□□□□□□□□□□□附□□□
□□□□□□　神之聰鑒□歆依民和□相影響
暨□□□□□□□□□□□□□□□□□□焰
鳳立祠□同委□壞惟　神之貌象物儼然宣撫岳
飛奏請申□命□□□□□□□□□□□□□□
　神冠□玉立慘氣威□駭心動目恍若見其驂馭
羣龍揮斥雷風漢紀將軍生面□□□□□□□
□□□□烈矧惟邃殿寢宮長廊崇廡脩門廣庭潭
潭巍巍其齋□祠室井霤庖廩列豆□□□□□□
□□□□□□華煥鮮麗於　神之所享稱其

尊虔且於茲山增輔壯□□之祝史則□□□櫋棟
摧□□□□□□□□□蝕繪□□厭初除地藉草
滋甚於黷□　守帥四明楊公□□往返展敬愀然肅
□邑令何君□□□□□□　神均德茲土廟之
獘是忝於　神而愧　公之志敢不恪恭敕事於
時道洽民格□□□□□□□□□□□緒以充役
費竹木瓦甓鐵石丹堊以枚數斤會者四萬八千有奇
百工鳩力計□給□□□□□□□□□□□□之
隳廢經始於紹熙改元八月癸未訖事於中冬之戊寅
此　公持本道漕節歸重臺府□□□□□□□

□□賦二詩冠冕前作又大書廟之額榜侈其光華嵗
遂大熟無水旱疾癘先是己酉冬　公以□□□□
□□□□□鐵石之心始敷密雲已布水沉之炯未斷
雨雪其霧之語揭於謝文士夫老交□爲美□□□□
□□□□□□□公像以誌棠陰仰以爲君子忱誠通
天寅衆之柄實總理百神　公抱負道學德業初遷
撫□□□□□□□□威伸於雷霆之餘涵沐以春
和之膏澤有如去橫賫禁苛斂安邊歷和軍心興學校
作士類重農政□□□□□□險灘網舉條叙寄輔
宏化列城叢祠方率職惟謹鳳亭繪像何翅逐大江之

月升太山之雲然令與民敬□□□　神屬仲記脩
廟工役因詔遺思於無窮嗚呼宇內山多以鳳名茲山
獨倚　神爲重　神之祠又倚　公爲重異時
山可磨滅　公之德永配　神不朽石泉寄在景
仰令具碑文請巫書刻之仲三薰臨文□之古碣其□
□雪風雷祥睍異兆書之殆不勝書第欲鏟去箕筆刪
鬼愁志怪推顯晉□□章偲翁飛蛇之逝□□□□
□□□□之德與山俱高令青城忠義故家摭仲之言
曰然是爲記紹熙二年十一月二十四日奉議郎宣差
知金州石泉縣兼管勸農公事王仲記承直郎宣差知

金州漢陰縣主管勸農營田公事何賓書眉山家應龍
篆額

按是碑乃宋紹熙時所立鳳凰山神廟記碑爲風
雨所蝕幾不可句讀就其文觀之知山神於宋時
曾加公爵并賜廟額宣撫岳公又奏請褒脩貌像
殿宇頗稱宏敞其云上列三湫下溉萬頃當是謂
龍神也鳳凰山在漢江左岸故曰漢江繞其陽月
河注其陰月河卽水經注所稱之月谷川也今漢
陰城實在漢水之北五十餘里襟帶月水地無高
山峻嶺左右坡坂殆卽水經注所謂月坂歟鳳凰

山峻嶒江岸高揷雲霄宜爲宿將據守以備攻討
故北史謂之金鳳山祀官陜右時因公至此徧訪
地志旁詢鄉民山神祠宇絕無人知惟殘碑斷碣
委棄榛莽而已

山河堰落成記

磨崖高七尺四寸八分廣一丈九尺八寸四分共十六行行九字每字徑六寸許隸書在褒城縣

紹熙五年山河堰落成郡太守章森常平使者范中藝
祓帥玉宗廉以二月丙辰徠勞工徒堰別爲六凡九百
三十五丈甃渠四百一十丈木臣工計七十二萬四千
九百有奇工以人計一十五萬九千八百有奇先是四

垂夏大水六堰盡决㳂使者被　旨兼守事會凡
役憫念民輸當四倍於每歲之常迺官出錢萬緡爲民
助杳沆賈嗣祖晏袤張柄實董其事
按宋史河渠志山河堰祗載乾道七年吳珙發卒
助役修堰之事此後無文自乾道七年至此僅二
十餘年乃以紹熙四年大水决六堰此堰被決遂
致重修晏袤臨淄人知南鄭縣見鄐君碑題記

顔魯公送劉太冲叙

碑連額高五尺二寸廣二尺五寸兩截書上截十三行行十二至十四字下截十七行行十七字行書額正書

□□□□□城之華望者也自開府垂爾於朱宣澤州
考績於　國朝道素相承世傳儒雅尙矣夫其果行
脩絜斯文彪蔚鄂不照乎移華龍驥驤乎雲路則公山
㐀禮桀高足於前沖與太眞嗣家聲於後有日矣昔余
作郡平原拒胡羯而清與從事掌銓吏部第甲乙而超
升等第尔來蹉跎猶屑卑位雖才不偶命而德其無鄰
故沖之西遊斯有望矣江月弦魄泰淮須潮君行句溪
㐀及春水覩裁之子道在何居魯郡公顔眞卿叙
右顔魯公帖□番本迺送劉太冲叙也併及其仲氏
太眞□舊唐史文藝有太眞傳不紀其與伯氏繼登
天寶上第文集三十卷見館閣書目墓在縣北號柘
塘神市人月有祭禱必應溧陽人尤神之神道碑裴
度譔蔣濟書昔曾易置□廨旋轉縣齋授判官初得
之縣庖下僅存□百七十有九字同郡李兼經從相
與起□鄕賢出其家藏顔帖再摹入石并斷碑□□
廳壁叙言彭城華望以劉於此邑爲著□□碁云宣
城陳留是也開府澤州公山㐀禮表其先世也平原
從事銓部甲乙顔常汲引□也蹉跎卑位悼其窮也
句溪春水此邑時屬宛陵也鄭薰北望樓記言元載
貶顔夷陵別駕後遷廬陵刺史道出莆塘有左伯桃

詩第序腦亡太冲彭三字考汝越帖亦然莫可稱腦
云慶元己未上巳宣城戴援跋邑人秦堣書額
毗陵潘壽仁模刻

顔魯公送劉太冲叙鬱屈瑰奇于二王法外別有異
趣米元章謂如龍蛇生動見者目驚不虛也宋四家
書派皆出魯公亦只爭坐帖一種耳未有學此叙者
豈當時不甚流傳耶眞跡在長安趙中舍士楨家以
余借摹遂爲好事者購去余凡一再見不復見矣淳
熙秘閣續帖亦有刻畫禪室隨筆
右叙載魯公集行書筆筆作折釵股法爲顔書之冠

按宣城戴授跋云得劉太眞墓碑于縣庭下同郡李兼經因出顏公送太沖眞蹟遂刻石同置縣齋此碑𥁞刻于慶元間趙氏已不及見然眞蹟猶藏于陝西東氏吾邑宋閔叔遇東孝廉于京師獲見之紙碧如玉墨黝于漆歷數百年如初落筆者首闕劉太冲彭四字與刻本合冲弟太眞史有傳登天寶上第文集三十卷神道碑文裴度撰蔣潼書史既不爲太沖立傳而太眞傳又不及其兄微此碑沖幾湮沒無聞矣米元章書史云此序碧牋書王欽臣故物也華陰王宏撰云此序眞蹟爲渭上大宗伯南子與先生故物

一孝廉借觀未還而逸其姓豈即東孝廉也耶金石録補

劉太沖帖碧牋書宋時爲唐坰所收其子常語米老謂與智永千文柳公權等書同藝則世間已無此帖矣而董思翁跋又謂在趙中舍士楨家當時有審爲王詵購去之語豈果爲晉卿所得故流傳至今耶又米氏書史稱坰將才不偶命而德其無隣九字剪去今此帖九字無恙獨闕首行五字不可解也蓋唐人善鉤摹或別有搨本亦未可定此序不記所作之年按序中有秦淮頂潮句溪春水之語亦當在刺江寧時公以乾元二年六月自饒州移刺江寧明年二月追爲刑部侍郎在江寧者僅八月則知此序與送蔡明遠叙同時皆當在乾元二年也又叙中言昔在平原拒胡羯而請與從事乃知公以平原刺史拒祿山時太冲實與有功而舊史但稱淸河客李蕚不及太冲非有此序則太冲一段謀畧幾沒殺千古矣則知此序關係太冲不小非直移贈而已此序碧牋書碧牋宜墨故在顏書中獨爲腴潤竹雲題跋

此序淳熙續帖亦有刻與世間流傳本逈不同其鬱屈飛動處更出今本之上今本首行全闕劉太冲者彭五字或以小楷書補之淳熙本首闕上半行太冲

彭三字尙完冲字有微闕劉字闕右半劉上尙闕三字則不可知何字矣虛舟題跋

學遠記

碑連額高六尺二寸五分廣三尺七寸八分兩截書上記十九行行二十五字下條目二十行行十五字正書隸額在杭州府學

學遠記

國子司業王介記

國子錄陳一新書

開禧二年今兵部侍郎戴公溪爲司成有李迴功壽朋者老矣不仕養於學謁司成具道太學有義冢久弗葺

司成樂閩之亟訊其顛末云昔淳熙間故待　制張公宗元以所得分地七畝餘弃之學以葬遠方士子之不幸而死者名廣惠山出清波門並城而南過劉寺五六里道梯子領步漸高坡隴相屬至方家塢即其所也山之東爲官衢西直循王府山其南接民家方氏墓北距郎主簿山廣袤十有五丈幽靜閴寂而勢頗稱舊有守者廪稍不繼棄之去以故殯者少地益不治司成俞學錄李君元白孫君灝往視之舊殯凡九各有表識喟然歎曰朋友死無所歸於我殯是非學校之責乎乃裒金錢加修焉即土周而甃以石循山趾而繚以籬徹舊門

而改作之增爲三間以備時祀之所廣出入之路復命守者給以劵食既成祭以安其神又定津送之費官以給之制時祀之式使歲舉行之榜曰寧遠司成之惠甚渥也嗚呼士不幸而死又不幸而貧或遠不能以歸葬則殯於此者豈不愈於寄之館舍乎朋友致歲祀墓丁供酒掃政使有家殆不過是昔延陵季子葬其子於嬴博之間三號遂行孔子以爲合於禮然則斯殯也而遂葬亦豈不可雖然廪廪不繼時祀不修則朋友義廢而寧遠之意荒矣尚其永念之哉

嘉定元年九月日

條目如后

一每歲清明舉錄前期關諸齋每齋率錢叁鐶省委公厨具鷄黍之屬至日舉錄一員輪請長諭二員同詣義冢致祭遇晴則行其儀用鷄黍從食果子共十豆酒各三酌墓神用鷄及果子共三豆酒亦三酌並備祝文香茶之屬祭畢以所餘給墓丁並隨行僕從元造長卓貳隻用畢仍寄留墓丁家

一兩學生員有不幸身故家貧地遠合葬義冢之人本齋長諭保明申舉錄備申本監請官會貳拾千充結砌等費委舉錄長諭及其鄉人營辦非就義冢安

葬者不給葬之日請本齋集正直日送至墓所

一募丁陳勝月給係轉運司給到小劵一名專充看守不許本監人輒行攙請如或運司給付不時許墓丁經監投狀本監即與施行　陳□□刊

按此碑杭州府志引武林石刻記僅載撰書姓名及高廣行字之數不言碑舊立處所李制府衛西湖志金石卷并不載此碑可知此碑之不顯於世久矣碑云開禧二年今兵部侍郎戴公溪爲司成宋史儒林傳戴溪字肖望沈光作戴溪春秋講義序云字少望永嘉人淳熙五年爲別頭省試第一按宋史選舉志孝宗時在朝清要官

期親許隙子弟作待補國子別號考校此則須省試疑即別號之說監潭州南嶽廟
紹熙初主管吏部架閣文字除太學錄兼實錄院
檢討官正錄兼史職自溪始升博士除慶元府通
判未行改宗正簿累官兵部郎官開禧時和議成
知樞密院事張巖督師京口除授叅議軍事數月
召爲資善堂說書由禮部郎中六轉爲太子詹事
兼祕書監權工部尚書除華文閣學士嘉定八年
以宣奉大夫龍圖閣學士致仕卒傳載溪之歷官
如此據碑則開禧二年官兵部侍郎已前官司成
史皆畧之碑云出清波門並城而南過劉寺五六

里道梯子領至方家塢劉寺者咸淳臨安志云紹
興十八年建十九年賜褒親崇壽額西湖游覽志
云俗稱劉孃子寺劉貴妃父懋因金人南侵獻錢
二萬緡以助軍費高宗嘉之遂令建寺以爲功德
酉壽日札云西湖褒親崇壽寺乃紅霞帔劉貴妃
香火院故俗稱劉寺紅霞帔者宋宮人品名也江
湖後集載周端臣劉寺墳園詩蔦頃蒼寒擁寺門
寺牌金字御書存其規模可想梯子領同嶺字似即
梯雲嶺在慈雲嶺東方家塢今作方家峪咸淳臨
安志在錢湖門外路通慈雲嶺梯子嶺按爾雅釋

水注谿曰谷或从山集韻塢四方土之可居也又
水厓曰塢是峪塢義同而音亦相近然今人皆不
知有方家塢之稱矣至碑載循王府山郎主簿山
皆不可攷寧遠二字是太學義冡祠門之題榜記
中所列條目三則制簡而儀備想見南宋太學師
生用意忠厚可以風世其云每齋率錢叁鍰省者
正字通云凡圜郭有孔可貫繫者謂之鍰是鍰與
貫同宋史食貨志錢幣不詳省字之義嘗見南渡
初製銅牌文云臨安府行用準二百文省準三百
文省準五百文省宋時民間行用有以八十及八

十五爲百者疑即此省字之義歟昶在西湖修志
日搨得此碑及主講敷文乘暇日徘徊方家峪尋
此記中所載各舊蹟則荆榛彌望詢之山樵野牧
無有知之者矣並詳於此以志慨

澱山會靈廟碑

碑高三尺許廣二尺四寸文廿四行行廿七字正書
額題會靈廟記四字篆書在青浦縣澱山廟左壁

會靈廟記

祀天下之大典也德不被物功不及民者不在是典禮
所以報歲功也凡水旱疫癘螟螣則黜其方之神然則
在是典者肅尸素哉嬴秦時　邢氏三女子死而有靈

能役鬼工各開湖洄豬亂流以渾水患　澱湖之
靈其季也罔罟之利舟楫之益民歌輿豐菑害不生一
方之氓均飫其惠嘉定七年孟夏大旱奔走群望有禱
輒爽知縣事李伯壽命主簿陸垕躬至巖禱檀木始然
水立晝昏濺沫飛濤俎洄冠裳傍覩辟易陸固自若不
衡不倚若有相者得魚得蛙速雨之徵必冀所求不獲
不已自魚既躍蛙亦踵至霈雨霶注三日足用歲大有
秋申聞　朝廷錫號會靈揭榜之辰陸乃肅齋僨
奉其行以俟　君賜以答　神貺觀者如堵震動
山谷水天一碧幽顯咸若黃耇鮐背歎未曾有相眡而

作曰　神來止茲福我茲土千有餘歲不知幾縣吏之
禱於斯也一朝潛德撤覆於吾賢父母之手久矣吾
神恒其德而敷其惠也褒封之後凡所以惠我者亦登
有加於疇曩而貳其心哉獨嘉吾賢父母能講明政之
所先務使　朝廷恩渥不及尸素之鬼足以風厲
素食忘事之人俾敏厥修予聞而嘉之遂櫽括其言而
文之俾修歲時之祀者歌之歌曰
湖山兮蒼蒼湖底兮天泱泱樓臺空虛突兀兮金銀錯
舳艫兮轉輸秔稌兮繞湖不知其幾千萬兮寄豐凶於
修竹烟冥冥兮雲澹風蕭蕭兮葭菼貝闕兮饕餮宮物

不疵癘兮民不頷顑煥兮牓題雨露兮新滋　神之靈
兮聽之
嘉定九年孟秋既望前台州報恩光孝禪寺住持嗣
祖居簡記
寄理　勅賜進士出身嘉興華亭支鹽官建安
徐榮叟書并篆額
澱山普光王禪寺住持傳法僧　立石　高舉刊
按此碑撰者僧居簡書篆者徐榮叟居簡自稱前
台州報恩光孝禪寺住持雲間志載明行院記則
云勅差臨安府淨慈光孝禪寺住持北磵居簡記

嘉熙初元立此碑立于嘉定九年後碑則在後二
十一年矣　四庫全書錄其所著北磵集稱居簡
字敬叟潼川王氏子嘉熙中敕住淨慈光孝寺因
寓北磵日久故以名集其集詩文各爲一編宋代
釋子兼有詩文者惟契嵩與惠洪契嵩之文博而
辨惠洪之文輕而秀居簡此集不摭拾宗門語錄
而格意清拔自無蔬筍之氣据此則居簡工文觀
此碑可得其槩矣居簡晚年又嘗住嘉定南翔寺
今僅存二碑是其所撰也徐榮叟宋史有傳字茂
翁煥章閣學士應龍之子及考應龍傳不詳何貫

朱竹垞洞霄宫提舉題名記作浦城人此碑自稱建安輿題名記異傳稱榮叟嘉定七年舉進士歷官通判臨安府累至端明殿學士簽書樞密院事未嘗載其初任華亭支鹽官蓋史略也碑云勅賜進士出身此爲後人系銜用賜進士出身之所昉而此上有寄理二字未曉其義以臆揣之當與權攝治理同謂支鹽官非其本職一時暫寄耳其云嘉興華亭則此時秀州已升嘉興府也支鹽官宋史職官志食貨志皆不載此官雲間志倉庫有支鹽倉在縣西北三十五步乾道六年閏五月奉朝

旨移置本縣又廨舍凡十支鹽官廨舍列于第十是其職居于各官之末歟卑甚矣廨舍在縣南二百一十步榮叟之居此官志亦無傳可攷碑云嘉定七年孟夏大旱知縣事李伯壽命主簿陸垕躬至巖扃櫪木始然水立晝昏濺沫飛濤沮洳冠裳傍睨碑易䃌固自若不衡不倚得魚得蛙速雨之徵白魚既躍蛙亦隨至霈雨霔注三日足用朝廷錫號會靈揭榜之辰陸乃肅齊資奉其行觀者如堵震動山谷云云雲間志不載災異華亭縣志祥異不載嘉定七年之旱知縣事李伯壽雲間志僅

載知縣題名云李百壽嘉定七年任而亦無傳百壽伯壽志與碑異或志有傳寫之訛主簿陸垕則雲間志與松江府志華亭縣志皆不列于題名雲間志載主簿廨舍在縣西七十步又亭館條下云公餘風月在簿廳後嘉定九年簿四明陸垕建始知垕是四明人也以求雨有應之主簿可謂賢矣而志乘無傳賴有此碑傳之咸淳臨安志載陸垕號盤隱官府判嘉定中與僧居簡倡和而不詳其貫四明可据以資互證又檢靈隱寺志載垕所作冷泉亭放閘水一詩云泉聲飛出鬪委折綠陰間

此地原無暑多時不入山草欹疑石墜水定見魚還難得同猿鶴游吟半日閑附錄于此以見其兼能詩也碑書禱與蜡同從虞韻也其云民歌婁豐與唐石經周頌婁豐年句同漢書屢俱作婁說文有婁無屢新附始有之可知南宋時所行毛詩尚仍唐本今監本汲古閣本則皆作屢矣澱山今在平陸登巔望澱湖遠隔二十里外碑云水立晝昏濺沫飛濤則宋時山猶在湖中矣祈雨取水以得生物爲驗若今旱禱龍洞求得蜥蜴迎歸而雨降是也得魚得蛙想亦蜥蜴之意故魚躍蛙至爲所

求之俱遂也沮洳冠裳旁睨辟易則風浪中見神之降矣朝廷賜榜屋親捧而來故觀者震動山谷大抵神舊有祠至此始有賜額也祠之創始無從追攷陸廣微吳地記但云秦時有女子入柘湖爲神卽此祠也雲間志云柘湖今堙塞爲蘆葦之場神亦弗祠今澱湖中普光王寺亦有三姑祠靈甚湖旁三數十里田者與往來之舟皆禱焉故老相傳秦時姓邢氏女兄弟三人卽柘湖所祠也至元嘉禾志稱三姑祠一在府南七十里柘湖一在東北七十二里澱山湖嘉興府志載海鹽縣秦置後

陷爲柘湖移縣武原鄉漢時又陷爲當湖移於今處然則柘湖舊屬海鹽三姑祠舊在柘湖因湖堙而弗祠則柘湖之祠廢久矣不知何年建於澱山雲間志未能詳也宋何松年三姑祠記則云秦始皇時邢氏有三姑長曰雲鶴夫人主沈湖次曰月華夫人主柘湖季曰降靈夫人主澱湖則是三女分主三湖而三夫人之號不能詳其爲何代所封今志乘可攷者惟柘湖與澱湖其沈湖之所在及有祠與否從無述及者此碑云邢氏三女子死而有靈能役鬼工各闢湖泖瀦亂流以洲水患澱湖之靈其季也是亦以在澱湖者爲季女在別湖者爲長次二女但柘湖沈湖無明文耳然松年記又云夫人邢其姓家澱湖東地日柘谿降聖夫人少奉普光王之戒故其後遂莅澱湖夫普光王釋典向無此佛名至唐中宗時僧伽建寺請名普照王寺中宗以照字是天后諱乃改爲普光王寺語見曝書亭詩集註安得謂秦女奉普光王之戒耶莫儔澱山建塔記義燈禪師建塔夢中有榜題曰普光王寺後請額以符其夢其柘湖秦爲海鹽城在嘉興府南七十里安得謂秦女家於澱湖東之柘

谿耶然則舊說之訛傳自宋時已然矣今觀祠宇在普光王寺山門外左首數弓之地建屋二進前爲廟門後卽神殿各三楹不甚宏敞而門前殿後別無餘地可以再增屋宇似此形勢顯係先有寺而後有祠者松江府志以神爲寺之伽藍非無因也寺初建於建炎元年賜額於紹興八年則其剏基不過在建炎已前當不甚遠農田餘話稱僖有登禪師者始結廬於山居人捕魚竟日不得就師問故師曰但以爾舟載土詣吾山當遂所願積累既久因以建寺蓋山本低小賴漁舟載土積累始

覺所謂登禪師或即莫儔記所稱之義燈則建炎已前建寺建炎以後建祠無可疑者碑云神來止茲福我茲土千有餘歲恭祖述何松年祠記之語耳神最靈異謁祠者稍涉褻慢即有禍災故祠門常閉不敢輕啟碑在廟庭左壁與沈氏捨田碑內外相背在牆外者蔓草荒翳從無人摩挲椎拓曩昔總修青浦縣志採訪者不能蒐及遂致失載雖會靈碑文錄其大要而首尾不具茲幸朱君朗齋錢君同人以重九登高啓巖扃陟荒逕尋得此二碑亟爲備錄于此俾後日續修郡邑志時取以補

入也又檢曝書亭集有偕陳同知昂四人登澱山寺謁秦女祠分得合字成三十韻又陳君緘寄普光王寺二碑成詩三十韻二詩中皆無一語述及紹興二十八年沈氏捨田及嘉定七年華亭主簿陸扆祈雨請額之事是陳君當時緘寄別是二碑迥與此碑及捨田碑不同而詩內又不言陳君所寄之二碑何代鐫刻何人撰書所記何事詳玩楊謙箋註此詩引用莫儔建塔記又載入青浦縣志者有何松年三姑祠記皆宋人作似應有石刻則陳君所寄或即彼二碑今普光王寺內外遍尋除會靈廟嵌壁二碑之外並無別項宋碑詢之寺僧亦皆無有見而知之者竹垞作詩在康熙庚辰距今祇百餘年昔所揭者今不可尋今所得者昔亦未見甚矣蒐羅金石之難也

羅池廟迎送神辭碑

碑高九尺三分廣五尺五寸十行行十六字正書後又小字跋五行行書在馬平縣

荔子丹兮蕉黃雜肴兮進侯之堂侯之船兮兩旗渡中流兮風泊之待侯不來兮不知我悲侯乘白駒兮入廟慰我民兮不嚬兮以笑鵝之山兮柳之水桂樹團團兮白石齒齒侯朝出游兮莫來歸春與猿吟兮秋與鶴飛

北方之人兮謂侯是非千秋万歲兮侯無我違願侯福我兮壽我驅厲鬼兮山之左下無苦濕兮高無乾秔稌充美兮蛇蛟結蟠我民報事兮無怠其始自今兮欽于世世

宰相進退百官賢之遇否係焉

柳侯名重一世竟老遐陬繄誰之責嘉定丁丑春㫐赴柳幕道長沙謁　帥相安公先生臨別授坡公大書韓昌黎享神詩俾刻之廟傳其不遇也㫐甫到官攝邑柳城繼易僉賓州回白郡太守　桂公慨然從之於戲　侯賢而□誠獲遇、先生必始終光顯于

朝寀至一擯不復用韓之文得蘇而益妙蘇之書待
先生而後傳邦人聚觀咸嘆謂若昔不遇疇非過
於今耶　先生察百官之進退有賢如　柳尚何憾
如韓如蘇蓋同一際遇大慶也重陽門生從政郎柳
州軍事推官權僉判天台□□艮謹跋立石朝奉郎權
知柳州軍州事借紫承與桂如箎命迪功郎柳州州
學教授豫章廖□□書丹

右東坡書羅池廟迎享送神詩筆意甚佳然較沈傳
師所書碑不同者十數字當以柳碑爲正東里續集
東坡公書柳子厚羅池銘辭遒勁古雅是其書中第

一碑內步有新船秋鶴與飛昔人證之已明無足論
者子厚英秀欝欝未吐没爲明神亦是常理獨惟㛐
容死當是伊伾文態未洗盡耳兗州山人四部稿
余無此石刻本然有一墨本乃鄞張君所惠似是先
用鉤法具間架後乃更用筆書之者穠艷而勁發有
勢疑是南禺先生所臨因此思其原本必絕妙今跋
稱是坡公第一碑諒不誣也羅池神能使㛐者死世
俗鶩畏正在此司寇乃以伾文態嗤之是董狐筆書畫
跋跋
按原碑沈傳師書久佚集古錄言昌黎集本作蕉子

黃沈無子字是刻與沈同又云沈作而秋鶴與飛誤
是刻作秋與鶴飛無而字吟下有兮字與集本同粤西
金石錄
按此碑韓文蘇書嘉定丁丑天台□□艮重刻於柳
州馬平縣羅池廟舊說相傳估客過柳江者搨一
紙卽無風波之虞遭亂失去雜入築城磚石中每
當築處城輒圮有司知其異物色出之仍置廟中
艮缺其姓官柳州推官而署其跋云重陽門生所
未詳也丁丑爲嘉定十年碑當立于是時跋云艮
赴柳幕道長沙謁帥相安公先生安公當是安丙

宋史安丙傳丙字子文廣安人累升資政殿大學
士四川制置大使兼知興元府嘉定七年三月同
知樞密院事兼太子賓客賜手書召之行次廣德
軍進觀文殿學士知潭州湖廣安撫使艮道經長
沙則詣潭州謁安撫爲便也碑刻異同已詳諸跋
不具論

建康府教授西廳記
碑高四尺四寸廣二尺七寸八行行三十字正書在江寧
余同年進士諸王宮教授四明范君之子兆分教金陵
貽書於余曰金陵學官舊惟一員今西廳是也　紹興

初常守尚書石林葉公以　行都請增置故東西對立
西廳歲月最久棟宇寖壞殆不可居光到官之初慨一
日必葺之念而未敢及其私既七月學政粗舉始請于
郡留守侍郎陸公與李公慨然與念捐金與材委吏督工
撤而新之其規摹位置受成於光而財物出入則有司
存經始於嘉定十四年十月之庚午落成於十二月之
丙寅舊門由學宮以出今易而南西直秦淮橫揭鍾阜
朝夕縱覽心目開明亦足自壯幸為我記之余辭不獲
命因廣其意以復之曰天下之理內外本末初無二致
君子居室一日必葺亦猶吾身心不可須臾不加省察

而使各循乎理也故積基而堂架梁負棟室奧深嚴門
戶無壅君子之居也正其衣冠尊其瞻視望之儼然即
之也溫君子之容也如鏡之明如水之定泛應縱橫無
適非正君子之心也自內以及外由末以求本豈容異
觀哉子之學既得於家傳又能從先生長者游其必有
見乎此想其橫經退食招諸生登斯堂燕私從容凡心
目所寓亦必講明乎此不然則一室之安一身之便耳
豈子之志哉嘉定癸未上元日朝散大夫起居舍人兼
國史院編修官兼　實錄院檢討官鄭自誠記宣義
郎充江南東路轉運司幹辦公事趙與懃篆額

右重建建康府教授西廳記景定建康志天聖建學
置教授一員紹興九年因左丞葉公奏照西京例增
置一員分東西廳東廳在學之左西廳在學之右宋
史職官志但載列郡各置教官而京學教授有二員
署不之及亦其疎也篆額者為宣義郎江南東路轉
運司幹辦公事趙與懃攷宗室世系表未見與懃名
惟秦王德芳九世孫有與勤或即其人乎　潛研堂金石跋尾續

治平寺藏輪殿記

碑連額高七尺二寸廣三尺七寸十三行行三十六字正書額題建藏殿記四字正書

新譯治平寺建藏殿記

勅額治平其來遠矣因初師置覆鉢之地故後人營環
堵之宮左脊金陵傍鎮驛道祇龍救旱靈感六朝蓋古
石書有可考焉自嘉定之巳卯有檀越李子濤者距寺不
二里占籍寺東古彭城上陽也每出郊行不厭入寺家
世潤屋不慕經營見聞慈善雅所敬重其先捐錢披剃
本寺之僧曰一十有餘人　[illegible]　而他剎又有
公之施者多不此紀也與夫築梁通津發恩涓惠未易
僝許忽一日入山修設與族弟釋法超從容話次遂曰
此山僧衆足矣但延置禪衲歲無生計可供齋厨不若
闢堂左隙地而建藏輪焉始欲寡助常住不亦可乎況

木植合用吾廬有之既而諸精僧員法超法起爲之幹造夫以命工計慮獨啓巨誠鼎新創造天宫法輪寶殿一所及下彫鑾像儀毋容衷外工畢更飾藏輪佛金一面其興事儳工愈多愈費隨脅隨有略不憚煩幾僟越朞之月已處落成之舉如土石竹木之工計者奚翅十萬炒貲粮糈費之計者奚翅一萬而寺無毫髮之補彼亦奚慮及耶不處幹造二釋殿成七八相繼圓寂悉以藏事委於實華者而實華雖不能任得代師起之衣鉢不容辭爲善哉且人之一發慈言則千里福應況李君建佛塔廟者乎其功德爲如何念惟月浸歲深日更時異謹刊諸石永爲善信之士之規鑑云嵗舍宋癸未嘉定十六年七月十五日攝藏事寶華記

時衆徒弟倡普寧志立善達法誠法圓寶海寶江

都勸緣住持釋

鄂州重修北榭記

碑連額高七尺九寸廣四尺四寸二十五行行四十二字正書額題鄂州重修北榭之記八字篆書在江夏縣

鄂州重修北榭記

鄂渚之勝以南樓北榭並稱南樓繇　元祐改作　元符末脩口黃公魯直嘗見於題詠惟北榭冠子城之巔在郡公堂之後不知自何時建立　乾道中于湖張安國爲大書扁牓厥後達官名人稍有爲賦詩者然距今亦五十餘載矣棟宇敧庳日就圮廢莫或顧省一夕大風震蕩摧屋山飄瓦如墜葉舞空屋隨以傾壓不可復支子城亦久弗治土石隳陁榛莽蒙翳狐狸所窟虺蜴所蟠於是昉議更葺先增數北隅袤二施崇三丈有奇南袤尋有半崇與北等遂改建榭屋闢而大之敗楹腐桷悉易以新既成宏敞翬翼與南樓嶷然相望始於一郡面勢爲稱雖其高無所不矚而北望爲尤宜嘗試相與憑檻遐睎則煙沙蒼茫天水無際西陵鄂杜安陸諸山隱隱出沒霄外雲夢之泱漭漢沔之縈洄皆可目略而指喻羣鴻匹鶴飛翔上下乎蕪斷浦杳杳如髮暇日尙羊不涉級數十武而坐得千里絕特之觀殆前所未有也惟漢江夏太守所統轄城至遠今光黃蘄安信五郡之地皆故屬邑春秋時吳楚交戰山師往來之地水如淸發滾澨山如內方大小別雖丘邑變遷而勢勝猶在與夫孫伯符之所討擊周公瑾之所摧敗陶士衡之所平殄其遺跡猶可訪而考求郛城瀕江故堞宛然嘗笑其規標特淺淺耳庾元規志驕才輕亦弗克有成三關九塞之塞魏梁交攻或得或弃南北彊弱係焉以

見昔人爭戰之力不爲無意夫以地之相距雖有數百里之遠而據其要會實皆在吾環顧覘闚卷舒伸縮之中況郡居全楚上游與江陵襄陽實相爲表裏諸葛忠武嘗欲舉荆州之軍以出宛洛公瑾亦謂據襄陽以蹴操北方可圖二人之言若合符節而宋何尚之顧言夏口當荆江之中直通雍梁實爲津要豈非以地勢便兵力接故耶抑嘗據此論之若昔自南而圖北則易爲功自北而入南則難爲力故梁末囘陸據和之敗郡雖暫屬高齊慕容儼死守半歲雖能拒退侯瑱等然卒棄之還南五季杜洪襲據州城遥附朱梁以扞淮南之侵朱

梁亦遣兵援之皆至近地然無救於洪卒爲淮南將劉存所克身與國絶豈天塹之設果足以限南北耶抑或彼或此亦存乎人之圖回智略如何耳夫惟俊傑之士有志於當世要必討論之素精計慮之素熟異時行遊坐息朝思夕維未嘗不在於此故一旦發而見諸施爲則必卓偉絶人非臨事隨應率意而爲之者所可及傳曰登高能賦可以爲大夫趙孟過鄭請七子皆賦以觀其志夫所謂能賦者豈徒吟詠一時之風物景色哉必也升高而望遠憂深而謀長覽山川之形勝考古今之成敗究昔人謨議之得失與今日時措之宜其所蓄積操存固蘊觸而發見所賦之志於是乎在王茂弘新亭之感逸少冶城之諷大較亦茲意也夫是則高明其居處緬邈其臨眺豈但以逸其一身而自適於耳目之間而已哉榭之廢興似未足書然余改作之意非游觀之爲則不可不明著以貽後之同志者俾得以周覽而繹思焉嘉定甲申三月丙午眉山李埴記

按此記撰者李埴但叙改作北榭之故而不自述其官位宋史附見兄李壁傳壁埴皆燾之子眉州丹稜人燾先以文學著而壁埴又齊名蜀人比之三蘇史言如此不能知其因何改作北榭也記云

乾道中于湖張安國爲大書扁牓史張孝祥傳字安國烏江人高宗朝累知撫州孝宗卽位累知潭州復待制徙知荆南湖北路安撫使其書此牓當在是時孝祥號于湖工翰墨嘗書奏劄高宗見之曰必將名世癸辛雜識又載其知京口時大書多景樓扁郝公帑潤筆

金石萃編卷一百五十一終

金石萃編卷一百五十二

賜進士出身　誥授光祿大夫刑部右侍郎加七級王昶撰

宋三十

句容縣五瑞圖并題記

碑高五尺二寸廣三尺一寸二分分作三截上繪圖中七行行七字下二十行行九字正書在句容縣

特秀之芝兩岐之麥同本之竹並蔕之瓜邐有一於此足爲上瑞况五者來備乎然則　邑大夫與其同僚所以召和迎祥者亦必有道矣

紹定己丑寒食日漫塘叟劉宰

寶慶丙戌邗城張君偘來宰斯邑越兩歲而五瑞集爲士民歌誦盈耳蓋自有不能已者　漫塘聘君劉先生言語妙天下平昔不輕許可其歸美於感召之所自者信矣　山陰王令君亦有跋語暨諸賢序贊連篇累牘未易悉紀　大夫初不自矜至有謝同僚之詩曰勝喜聯官忘爾汝故令元化奪胚胎及惠邑士之詩又曰山川清美天下稀五瑞同時盍紀碑碑上只言人物盛若言德政愧無之吁大夫其謙矣哉是歲五月既望免解進士充縣學學長江千里謹書

句曲司成刊

按五瑞圖題記漫塘劉宰爲句容邑宰張偘作也

宋史劉宰傳宰字平國金壇人紹熙元年舉進士調江陵尉眞州司法授泰興令父喪起爲浙東倉司幹官默觀時變頓不樂仕辭告歸監南嶽廟理宗初卽位乞致仕乃以直祕閣主管仙都觀端平元年升直寶文閣未幾遷太常丞就道至吳門拜疏歸進直顯謨閣主管玉局觀辭卒著有漫塘文集集三十六卷今錄入四庫全書提要云宰著作甚富存者歿初王遂裒其遺稾十僅得四五爲編訂作序名曰前集理宗收入祕閣世遂無傳明正德間大學士靳貴從內閣鈔出因授王臯鋟梓釐爲三十六卷集中漫塘一賦尤爲世所傳誦宋詩紀事云寧宗朝韓侂胄柄國不復仕自號漫塘病叟卒謚文淸此記題紹定己丑寒食日己丑爲紹定二年是時正主管仙都觀也江千里稱之爲漫塘聘君未詳所謂邗城張偘史無傳宋詩紀事亦不見錄其遺句賴見此碑江千里充縣學學長學之有長始見於此

陳盛父仙足巖題記

石橫廣八尺六寸高四尺十一行行七字正書

魯國陳盛父位希賈兄晦叔元煇姪朱子俊胡子儀韓仁父盛父饒德寬兄之官古申是日謁口山遊眞巖丹桂遺香黃花發采舉盃相屬倘羊口晷臨分援筆以紀歲月時紹定壬辰季秋既望

龍壽禪寺復田記

碑連額高五尺九寸廣三尺二寸六分二十一行行四十三字正書篆額

雲蓋龍壽禪寺復田記

從事郎饒州德興縣主簿裘由庚撰

前奉議郎知安豐軍六安縣事胡逖書

朝奉郎改差充江南西路安撫司幹辦公事劉克遜

篆額

教有廢興時有衰盛物有得喪而理無古今存亡之間士君子平心揆事權衡於予奪之際者以其理也山林枯槁之士視外物之去來得喪何有而有失則斯有復

者以其教也餘物之往復以占其時即時之隆替以觀其教此吾西山龍壽禪寺復田記之所爲作也寺興於唐天復中鍾傳據豫章日奏衜以處光化禪師官給田三千頃至　我朝祥符間白石道者智新居之徒衆益盛易律而禪當其盛也唱道鳴教宗主其徒代有其人時往事遷人亾教泯鉢魚如故而瓶笠之游鮮至矣雖在籍之田棄而不有亦漫不復省紹定壬辰　連帥李公壽朋因法席適虛聞僧祖開道價即具威儀迎致開早恭請偹庵衎臨濟法嗣後讀華嚴入大自在法□至之日□□藹闒禪□□集開知□□可爨也□歲大

歉食□□給慨然□歎有言寺故有田濱樵□日裏湖爲居民侵冐者八百六十餘畝開命閱籍果不誣謁諸邑大夫　胡侯梲侯仁勇士　委官按視諗不妄盡理而歸諸寺開欲誌侯之德不忘踵門而謁至再予辭不獲則告之曰子之教以壞色爲衣以行匃爲食田於何有後之人始華屋廣居豐衣美食田連阡陌無藝矣然其歸欲其徒一意精進無衣食以累其心則一也有國者病其無藝之蠹吾民也爲之經制不得貿鬻如世業比則田之有者不可使無失者不可不復亦□其理然耳君子之爲政一揆諸理起而正之於民無怨於僧奚

德子將安所誌乎爲子之徒奉子之教撞鐘伐鼓敷座展鉢於一餐一供思所自來以山谷道人食時五觀自律以無盡居士掬溪煮蔾自警不徒使大儒旁觀有三代禮樂盡在是之歎則廢可興衰可盛侯之功不唐捐矣吾既以爲開勉然見姑蔑之旗者必取呼餘皇之舟者必復侯宰邑以嚴鬪將去爲郢州別駕北望中原志淸河洛得時與位挈輿地而歸　本朝使　廼祖忠簡公義不臣虜之志一伸於六七十載之後則功烈偉矣吾重以爲侯勉紹定六年七月日記

頭首　道宣　應堅　祖安　知事　宗起　宗智

淨聰　住持傳法沙門祖開立石

太學靈通廟牒

碑高八尺四寸三分廣四尺一寸五分作六截書每截或二十一行或七行每行或四字或二十九不等正行書在杭州府學

尚書省牒

存心齋諭學生林居雅篤信齋長學生黃菘服膺齋長盧方春齋諭林公槐覲身齋長章汝鈞齋諭黃綱習是齋長朱應元齋諭龔琦允蹈齋長王日新齋諭陳一中存心齋長周或守約齋長陳季靁齋諭吳附鳳養正齋長張玘齋諭顏復之特志齋長水丘㙯齋諭周景鄘節性齋長陳鼎新齋諭蔡夢霄經德齋長姜文龍齋諭林拾誠意齋長高囂齋諭戴鎣率履齋長陳揚譽齋諭潘震孫循理齋齋長胡夢高齋諭蔡廣時中齋長胡嗣家齋諭李時琇篤信齋齋諭林旂果行齋長陳將齋諭陳士登務本齋長邵忱齋諭閭丘成貫道齋齋長章士元齋諭黃時若觀化齋長徐信卿齋諭臧元孫立禮齋長王岩訥齋諭葉寔衎子居雅等竊見神祠之立　國典所繫自太學初興廟貌隨建禬禳祈禱靈異未易殫述如今歲五月初倉猝戢暴九月初潛弭火警陰有感孚如響斯答惟是

褒立神祠私以護學靈通爲稱未該
賜號近者生員陳謚孫形之夢兆以謂不當私畀名
稱合經
朝廷陳乞神之有知能爲斯言揆之理義殊合典制
矧今際遇
聖君賢相優崇學校若蒙寵榮特畀
恩秩命以徽號使神人兩安爲惠實溥伏候
指揮
牒奉
勑宜特賜靈通廟爲額封正顯侯牒至准
勑故牒
端平貳年十二月　日牒
同知樞密院事兼權參知政事鄭　押
參知政事崔　未上
右丞相　押
特進左丞相　押
勑太學靈通廟神右我先王各因其方以祠后土示有
主也矧司我首善之地而不褒表之歟
□興建學爾以聰明正直妥靈其間凡鼓篋而入解褐
而去莫不駿奔走在廟用物宏多厥靈炳著不但呵星

妖叱鬼怪而烝我髦士發揮斯文以爲邦家光斯亦有
陰助爲矣錫之徽矦都以徽號尚庶幾敬祭重祠之意
可特封正顯侯奉
勅如右牒到奉行
端平三年正月九日
特進左丞相清之
叅知政事與之 未上
右丞相行簡
同知樞密院事兼權叅知政事性之
給事中咨夔

兼權中書舍人□
正月十四日午時都事郭□□□□□受
倉部郎中□□崔端純 差除 付吏部
特進左丞相清之
右丞相行簡
叅知政事與之 未上
同知樞密院事兼權叅知政事性之
吏部尚書闕
工部尚書兼權□□
吏部侍郎闕

告正顯侯奉
勅如右符到奉行
主事徐元麟
權員外郎　令史高之才　書令史周裕　主管院
相
端平三年正月十四日下
按南宋太學乾道臨安志云紹興元年於淩家橋
東以慧安寺故基重建有六齋曰升俊經德敦厚
彌新賁文富文此所指乃臨安府學非太學也宋
史選舉志紹興十三年兵事稍寧始建太學續資

治通鑑紹興十二年四月甲申起居舍人楊愿請
以臨安府學增修爲太學從之是以府學爲太學
也續鑑又載十三年正月癸卯詔以錢塘縣西岳
飛宅爲國子監太學舊太學七十七齋今爲齋十
二曰禔身服膺守約習是允蹈存心持志養正誠
意率履循理時中據咸淳臨安志京城圖淩家橋
在豐豫門內 即今湧金門 湧金池河之東此是初㓻府
學之舊基錢塘縣治在錢塘門內之南岳飛宅稍
在其東北紀家橋之東其後即建國子監太學武
學也然則太學非即府學舊基矣 續鑑云在縣西與圖不同其地

今爲浙江按察使署碑載二十齋曰存心篤信服膺禔身習是允蹈守約養正持志節性經德誠意率履循理時中果行務本貫道觀化立禮校之續鑑增多篤信節性經德果行務本貫道觀化立禮八齋餘十十二齋名同續鑑此二十齋僅見此碑諸書皆不詳不知所謂七十七齋者又皆何名据云舊太學似指汴都然史無攷碑載存心篤信二齋有齋諭學生齋長學生其餘但稱齋長齋諭不云學生不知是官是生宋史選舉職官二志皆不詳其制碑載勅文廟是太學后土神祠其靈異之蹟與夫額

賜靈通侯封正顯稽之史志皆不載則此碑足備武林掌故匪淺尠矣牒以端平二年十二月降三年正月九日行正月十四日下勅後系銜云同知樞密院事兼權參知政事鄭者鄭性之也參知政事崔者崔與之也時與之由知廣州召除故注云未上右丞相不著姓乃喬行簡也特進左丞相不著姓乃鄭清之也皆据宰輔表知之此後又列銜名六行四宰輔外增給事中沓夔者洪咨夔也兼權中書舍人沕其名此後又列銜名四宰輔外增倉部郎中崔端禮等八人不能悉攷矣

嘉熙題名

石高五尺四寸廣二尺三寸三分三行行七字正書

嘉熙己亥歲□□□□泌□希□携家過此與諱侍行

理宗道統贊

碑十六石俱高五尺七寸廣三尺惟第三石四行餘俱五行每行或十一字七字八字不等正書在杭州府學

御製并書

朕獲承 祖 宗右文之緒祗遹 燕謀日奉 慈極萬幾餘閒博求載籍推迹道統之傳自伏羲迄于孟子凡達而在上其道行窮而在下其敎明探其大指各爲之贊雖未能探賾精微姑以寓尊

其所聞之意云爾

紹定三年所製淳祐改元孟春祗謁 先聖就賜國子監宣示諸生

伏羲

繼天立極爲百王先法度肇建道德純俻八卦成文三墳不傳無言而化至治自然

堯

大哉帝堯盛德魏魏垂衣而治光被華夷聖神文武四岳是咨揖遜之典萬世仰之

舜

於皇聖德至孝盡倫所以爲大樂善取人惟精惟一帝心之純垂拱無爲堯道是循

禹

克勤于邦烝民乃粒疇敷在躬厥中允執惡酒好言九功由立不伐不矜振古莫及

湯

順天應人本乎仁義以質繼忠匪曰求異盤銘一德桑林六事人紀肇修垂千萬世

闕

闕

闕

武王

受天眷命繼志前人遐邇悅服偃武修文惟賢是寶法度彰明建用皇極爰叙彝倫

周公

美哉公旦翼輔成周施兼四事才藝俱優制禮作樂惠澤敷流有大勳勞宗社延休

孔子

聖哉尼父秉德在躬應聘列國道大莫容六藝旣作文教聿崇今古日月萬代所宗

顔子

學冠孔門德行科首聞一知十若虛實有樂道簞瓢不易所守口趨聖師瞻若其後

曾

守約博施反躬三省孝爲德先祿仕不忍聖道正傳意會神領一唯忠恕門人深警

子思

閒居請問世業克昌可離非道孜孜力行發揮中庸體用有常人德極要治道權衡

孟子

生禀淑質教被三遷博通儒術氣養浩然深造自得亞聖之賢高揖孔氏獨得其傳

右理宗道統十三贊前有庚貨御書印後有辛丑御書之寶印今在杭州府學即南宋之國子監玉海所謂淳祐聖賢十三贊也潛研堂金石文跋尾

按此碑杭州府志題曰歷代帝王聖賢贊据碑贊凡十三帝王惟伏羲堯舜禹湯文武聖賢惟周孔顔曾思孟則不得以歷代眨之理宗御製序謂推迹道統之傳自伏羲迄于孟子是專爲道統作贊

也宋史道學傳序曰道學之名古無是也三代盛時天子以是道爲政教大臣百官有司以是道爲職業文王周公既没孔子有德無位與其徒定禮樂明憲章刪詩修春秋讚易象討論墳典期使三五聖人之道昭明於無窮孔子没曾子獨得其傳傳之子思以及孟子孟子没而無傳此理宗之傳所以上自伏羲以迄孟子專明道統不及他人也理宗紀載淳祐元年正月甲辰詔曰朕惟孔子之道自孟軻後不得其傳至我朝周惇頤續通鑑避諱但稱周頤張載程顥程頤眞見實踐深探聖域千載絶學

始有指歸中興以來又得朱熹精思明辨表裏混融使大學論孟中庸之書本末洞徹孔子之道益以大明于世朕每觀五臣論著啓沃良多今視學有日其令學官列諸從祀以示崇奬王安石削去從祀亦在此時戊申幸太學謁孔子遂御崇化堂命祭酒曹觱講禮記大學篇監學官各進秩一等諸生推恩賜帛有差製道統十三贊就賜國子監宣示諸生碑所載與史合又理宗本紀贊曰宋嘉定以來正邪貿亂國是靡定自帝繼統首黜王安石孔廟從祀升濂洛九儒表章朱熹四書丕變士習視前朝奸黨之碑僞學之禁豈不大有徑庭也哉身當季運弗獲大效後世有以理學復古帝王之治者考論匡直輔翼之功實自帝始焉蓋以黨碑僞學相較論正謂此碑之於帝王治道大有關係也碑惟闕三行是文王贊餘俱完好前有庚寅御書印後有辛丑御書之寶印庚寅是紹定三年辛丑是淳祐元年然則此贊是辛丑重書上石矣碑在杭州府學今之府學即南宋臨安府學非國子監也國子監址詳見前

太常大樂編鐘款識

鐘高九寸腹徑六寸三分二行行五字正書

淳祐新鑄太常大樂編鐘

右淳祐編鐘一器於枚景間楷書淳祐新鑄大常大樂編鐘二行凡十字重十三斤十二兩以漢尺度之高九寸舞廣六寸舞修六寸七分銑徑七寸鼓徑六寸三分枚三十六自角及銑竟體作雲雷紋極細緻其形不圓而下垂特微有裂痕音響不甚清越耳王尚珏記

按欵識但言淳祐新鑄而不詳何年理宗本紀及續通鑑亦不載淳祐年鑄大樂編鐘之事惟宋史

樂志云理宗享國四十餘年凡禮樂之事式遵舊
章未嘗有所改作紹定三年行中宮冊禮並用紹
熙元年之典及奉上壽明仁福慈睿皇太后冊寶
始新製樂曲行事當時中興六七十載之間士多
嘆樂典之久墜類欲蒐講古制以補遺軼於是姜
夔乃進大樂議于朝夔言紹興大樂多用大晟所
造有編鐘鎛鐘景鐘有特磬玉磬編磬三鐘三磬
未必相應云云然無改鑄編鐘之文史無夔傳惟
宋詩紀事稱夔于慶元中曾上書乞正太常雅樂
得免解訖不第而卒則其議大樂亦在慶元年此

鐘鑄於淳祐年或是舊鐘敝損偶有新鑄非因新
定樂器而鑄也諸家記載無聞識以備攷

大學忠顯廟勑牒

碑殘缺僅存高六尺四寸廣四尺一寸六截書每截
九行行至二十一行行四字至九字不等行書在杭州
府學

缺人倫忠於缺必有缺之缺昭缺有功不缺謀師之風
缺凜若春秋復缺此維與宅以赫缺遡其生之自來檻
缺頗冠帶不左缺干羽在缺極於隆名宜廟食增崇於
命紀英烈言言可畏而仰以迄于今辟雍湯湯永觀厥
成有相之道尙福茲士式勸爲臣可特封忠文王

奉
勑如右牒到奉行
景定二年二月　日
太保右丞相益國公□道
知樞院事兼叅知政事□
簽書樞密院事兼權叅知政事龍榮
時暫兼權給事中□孫
中書舍人□
二月□□午時知事
左司郎中

太保右丞相益國公
知樞密院事兼叅知政事
簽書樞密院事兼權叅知政事
權吏部尙書
吏部侍郎
告忠文王奉
勑如右符到奉行
主事傅起巖
郎中　令史陸宗擬
書令史劉必昌

主管院□□
景定二年二月　日下
忠顯廟佐神
張憲可特封烈文侯
徐慶可特封昌文侯
董先可特封煥文侯
牛皐可特封顯文侯
李實可特封崇文侯
□貫可特封尚文侯
勅忠顯廟佐神張憲等文武之道二而貫之以一曰忠

而已其有忠於所事死生以之此有國者所務旨也爾爲偏將實佐戎旃覘姦鈇逆鼎而如飴凜義烈英風之未沬觀其所主可使懦夫立匪唯有功於干城亦有助於名教封侯廟食維以勸忠可依前件奉
勅如右牒到奉行
景定二年二月　日
太保右丞相益國公□道
知樞密院事兼參知政事□
簽書樞密院事兼權參知政事龍榮
將暫兼權給事中□孫

中書舍人
二月□□午時知事童受
左司郎中　付吏部
太保右丞相益國公
知樞密院事兼參知政事
簽書樞密院事兼權參知政事
權吏部尚書
吏部侍郎
告烈文侯
告昌文侯

告煥文侯
告顯文侯
告崇文侯
告尚文侯
奉
勅如右符到奉行
主事傅起巖
郎中令史陸宗機
書令史劉必昌
主管院□□

景定二年二月　日下

按此碑前段勅文殘泐文有辟雍湯湯永觀厥成有相之道云云後有忠顯及佐神一行知其爲太學忠顯廟碑也稽之杭州府志金石門載五碑一日封太學靈通廟爲正顯侯符勅牒文其一石端平三年刻一日封張憲等爲侯勅文暨寧宗國子監詔旨俱理宗御書（俱引錢塘縣志）一日岳王廟尚書省牒端平三年正月牒一日淳祐寶祐加封淳祐六年五月牒一道寶祐四年八月牒一道碑額篆書一日景定勅封廟額景定元年八月碑額篆書（俱引

武林石刻記）五碑皆不詳建立所在寰宇訪碑錄載五碑一日太學靈通廟牒（端平三年）正月一日加封太學土地文忠侯勅牒淳祐六年五月下列刻寶祐四年勅牒一日加封太學土地文忠英濟侯勅牒寶祐四年九月與淳祐六年牒同刻一石（俱在仁和）一日太學靈通廟勅賜忠顯額牒碑景定元年八月一日勅封忠文王及佐神張憲等牒殘碑景定二年二月（俱在錢塘）二書所載太學靈通廟牒端平三年正月者已見前矣其府志所載封張憲等爲侯勅文即訪碑錄所載勅封忠文王及佐神張憲等牒殘碑皆即謂此碑也但府志於張憲勅文下又云暨寧宗國子監詔旨俱理宗御書訪碑錄所不及而今拓本亦無此碑或所引錢塘志有誤也又所載景定元年八月碑府志但云景定勅封廟額訪碑錄則云太學靈通廟勅賜忠顯額則是先有賜額碑在勅封忠文王碑前一年而今亦未見然據此語是忠顯額即與靈通廟合矣府志祠廟門不載忠顯廟惟有忠佑廟云在按察司署門外左偏宋紹興三十一年（建太學是十三年此語誤）以岳武穆王故宅爲太學立土地祠以祀王（此語亦未晰以岳宅建太學在紹興十三

年其時未必即奉岳武穆爲土地以意度之初建學時以靈通廟爲土神其後乃祀岳王也）王卒時有女尙幼痛父冤抱銀瓶赴井死元至正中附于祠俗呼銀瓶孃子廟然則銀瓶之祔祀始于元至正時其在宋時止祀岳王也太學土地既有靈通廟正顯侯（端平三年牒）又有文忠英濟侯（淳祐六年牒）并此忠文王合之是太學土地有三矣此碑勅云尙福兹士式勸爲臣可特封忠文王確是爲土地之證然府志稱廟額爲忠佑此碑爲忠顯彼此不同訪碑錄又載德祐元年正月有太學忠祐廟勅封告據碑其忠祐實有其廟非即忠顯之訛疑不

能明也府志忠佑廟只載附祀王女而不及張憲等六人注引方彖瑛謁岳忠武家廟其時太學已廢故稱忠佑爲家廟記云中爲王廟張憲等六人配語與碑合此碑後列一勑云忠顯廟佐神張憲烈文侯徐慶昌文侯董先煥文侯牛皐顯文侯李寶崇文侯王貴碑泐其姓據鄂元祐精忠廟記作王貴尚文侯此六人皆武穆部將則正祀之忠文王爲武穆無疑但宋史岳飛傳孝宗時建廟于鄂號忠烈淳熙六年謚武穆嘉定四年追封鄂王寶慶元年改謚忠武未嘗有忠文王之號張憲等六人皆用文字爲封疑用之太學故皆用文字而史於飛傳及張憲等傳皆不載

府志所載端平三年正月岳王廟尚書省牒不知廟在何處然與太學齋通廟同時頒降疑所謂岳王廟即忠顯廟也六侯事蹟史惟張憲牛皐有傳憲傳云憲飛愛將也飛破曹成憲與徐慶王貴招降其黨二萬飛遣憲復隨州進兵鄧州遇賊兵數萬迎戰與王萬董先各出騎突擊遂復鄧州紹興十年金人渝盟入侵憲戰潁昌戰陳州皆大捷憲將徐慶李山復捷于臨潁會秦檜主和命飛班師憲亦還未幾檜與張俊謀殺飛密誘飛部曲以能告飛事寵以優賞卒無人應乃誘王貴告飛劫以

私事貴懼而從又有王俊者以姦貪屢爲憲所裁張俊謀以憲貴俊皆飛將使其徒自相攻發張俊自爲狀付王俊妄言憲謀還飛兵令告王貴使貴執憲張俊親行鞫煉使憲自誣謂得雲書命憲營還兵計憲被掠無全膚竟不伏張俊手自具獄成告檜械憲至行在下大理寺矯詔召飛父子至万俟卨誣飛使子雲孫革致書憲貴令虛申警報以動朝廷雲與憲書規還飛軍憲坐死紹興三十二年追復龍神衛四廂都指揮使閬州觀察使贈寧遠軍承宣使牛皐傳云皐字伯遠魯山人隸岳飛

軍金人入寇破襄陽六郡敵將王嵩在隨張憲攻之月餘不能拔飛遣皐行裹三日糧未盡城拔斬嵩悉推功與憲僞齊驅甲士五千薄廬州飛遣徐慶與皐赴援敵人逼城皐遥謂曰牛皐在此爾輩何爲見犯衆鄂然不戰而潰飛分其功以畀慶從平楊么么計窮投水皐赴水縛么金人渝盟皐戰汴許間功最歷轉河南副總管紹興十七年上巳日都統制田師中大會諸將皐遇毒亟歸明日卒或言秦檜使師中毒皐云此憲皐二人之始末也董先史附見張玘傳云成州刺史董先爲制置司

前軍統制玘佐之紹興元年金將高瓊率衆取商州董先禦之玘乘鋭奔擊明年春偕先敗藍田渡渭規取長安時劉豫據京師先軍乏食僞降豫不挈家玘事其夫人如爵豫使人迎其妻先寄書報玘勿遣且逃必還意三年春先自僞齊歸玘還兵柄退就位此先與張玘之始末也其餘諸人並附岳飛傳云建炎四年兀朮攻常州宜興令迎飛移屯焉盜郭吉聞飛來遁入湖飛遣王貴傅慶追破之紹興二年賊黨姚達饒青逼建昌飛遣王萬徐慶討擒之二年賊曹成以衆十餘萬守蓬頭嶺飛

破其衆成奔連州飛遣張憲自賀連徐慶自邵道王貴自郴桂招降者二萬與飛會連州進兵追成成走宣撫司降三年春虔吉盜連兵寇掠帝乃專命飛平之飛受其降授徐慶等方略捕諸郡餘賊皆破降之餘寇高聚張成犯袁州飛遣王貴平之秋帝授飛江南西路沿江制置使又改神武後軍都統制李山吳全吳錫李橫牛皋皆隸焉四年除飛荆南鄂岳州制置使飛渡江抵郢州僞將京超乘城拒飛飛鼓衆而登超投崖死復鄂州遣張憲徐慶復隨州飛趣襄陽李成迎戰飛舉鞭指王貴

曰爾以長槍步卒擊其騎兵指牛皋曰爾以騎兵擊其步卒成夜遁復襄陽進兵鄧州成與金將劉合孛堇列砦拒飛飛遣王貴張憲掩擊賊衆大潰五年飛如鼎州揚么方浮舟湖中飛亟遣兵擊之舉巨木撞其舟盡壞么投水牛皋擒斬之六年命飛宣撫河東節制河北路首遣王貴等攻虢州下之僞齊屯兵竊廬州飛遣王貴董先等攻破之十年金人攻拱亳劉錡告急命飛馳援飛遣張憲姚政赴之又遣王貴牛皋董先楊再興孟邦傑李寶等分布經略西京汝鄭潁昌陳曹光蔡諸郡凡此

皆六人歷次助飛戰功之大略也（六人中惟王貴被誘告飛劫以私事貴懼而從究不如五人之忠于飛也）史有李寶傳玩其文別一河北人自金拔身從海道來歸者未嘗隸飛麾下歸朝立功高宗書忠勇李寶四字表其旗幟卒贈檢校少保恐非從祀之李寶也牛皋封顯文侯據鄭元祐重建精忠廟（在西湖北山岳墓右）記亦載此六人牛皋作輔文侯府志冢墓門又載西湖東山衛有烈文侯張憲墓棲霞嶺北有輔文侯牛皋墓定香橋有贈少保忠勇李寶墓觀其系銜不云崇文侯似係河北歸朝之李寶非崇文侯李寶也又府志祠廟

門引錢塘縣志載昌文侯祠在府學爲本學土地
神爲徐文慶[文字衍]宋岳武穆王部將有戰功孝宗
朝褒崇及其部將遂賜爲昌文侯[此是理宗志誤作孝宗]牒
充太學土神[此語更誤]後改爲郡學仍奉以祠又有資
福廟在江干祀宋烈文侯張憲景定二年追封今
稱郡城都土地廟又有張烈文侯祠在東山衖口
墓所唐臯撰祠記云侯蜀之閬州人武穆愛將或
曰其壻也墓與祠在棲霞嶺西去武穆不遠百步
許地又有忠烈二侯祠在衆安橋南棗木巷祀宋
封繼忠侯岳雲烈文侯張憲武穆死于獄二侯就

戮此地里人鄭其寃立祠祀之凡六人之有祠墓
可考者如此並附錄備攷碑于勑文年月後列銜
名四段其同者曰太保右丞相益國公口道[名上泐一字]乃賈似道也曰知樞密院事兼參知政事泐其
名一字乃沈炎也曰簽書樞密院事兼權參知政
事能榮乃皮龍榮也並據宰輔表餘官多寡不等
不悉攷

景定鍾欵

[形製高廣悉與淳祐大樂編鍾同止一行六字正書]

景定甲子新鑄

右景定鍾一器亦於杭景間楷書景定甲子新鑄一
行凡六字重九斤其高廣修徑及杭數雲雷之紋皆
與淳祐鍾同形製音響亦如之[天一閣記]
按甲子爲景定五年此鍾形製雖與淳祐鐘同而
其重則較前減十之四鐘之用不一此鐘無大樂
編鐘等字不知其何所用也

朱子書易繫辭

[碑八石每高六尺八寸八分廣一尺八寸七石各二行行八字行書末一石七行行廿五六字不等篆書]
[在常德府學]

經文不錄

朱熹書蔡元忠刻

紫陽先生墨跡原刻在楚常德余既重修彭衙 廟
季鑴 先師小影暨 大司寇像於廟因摹此刻
于明倫堂北徒托金石以傳不朽入廟瞻 像登堂
睹墨 師模儼然儀形式法是在吾同志口時
大明萬曆弍十弍年夏六月吉立知白水縣口西
蜀劉夢陽口識 邑人經魁林 氵篆書

考是書在宋乾道間書孔子易繫辭說卦三節凡八
碑在明倫堂東壁依堂壁逆行至國朝正統三年戊
午歷年二百五十舊刻漫滅知府周鼎重刻刊正順

行敎授盧陵　慶有跋王功載記
右朱文公書易有太極一段蔡元定刻在常德府學
明正德乙亥吉水鄧璞爲嘉定縣儒學敎諭復摹勒
于吾邑之尊經閣下今移置明倫堂西南向刻手不
精遜原本遠甚海隅士大夫罕見文公書得重刻本
猶珍而祕之予在都門琉璃厰書市得此本益猶當
德元刻筆法險勁精采四射殊可喜也潛研堂金石文跋尾

困齋銘

石横廣三尺三寸五分高三尺五分
十七行行十八字隸書在湖南零陵

大谷山劉芮

方耕道通判武岡嶷直而好義臨事不避難力平溪洞
積年之寇一境安靜施及旁郡亡何忌嫉者不欲顯白
其功附勢者又能文致其罪罜獄踰年賴　天恩
深厚姑謫零陵耕道感激循省思有以報稱於是胡邦
衡名其室曰困齋張欽夫記之耕道又以銘見屬芮何
敢辭銘曰
澤亢水困有言不信柔能揜剛樂天弗競豈无人爲拯
此困病拔本塞源遂志致命我觀聖人惟深惟幾三而
陳之窮測萬微或以樂死或以憂生或明而晦或晦而
明春水發源漫漫浮天霜風冽冽艸枯木折六爻升降
吾義則正二體變化吾心則定澤下而谷剛得其中水
上而冽惟塞必通嗚呼至哉德辯益明窮通寧怨誰謂
困中有此至善

橋亭卜卦硯銘

硯縱廣七寸横寛四寸五分上横題橋亭卜卦硯五
字篆書銘二行分左右邊草書背四行程文海銘四
字一行在右下角宋謝侍郎硯大字
一行居中趙元記二行在左並正書

此石吾友也不食而堅語有之人心如石不如石堅誰
似當年採薇不食守義賢也

程文海銘

宋謝侍郎硯

大明永樂丙申七月洪水去橋亭易爲　先生祠掘
地得之　閩後學趙元□□
硯歛材石質堅駮舊潤益宋謝文節公物也按史稱
公弋陽人寶祐中成進士以江東提刑江西招諭使
知信州元師東下公以兵逆戰於團湖坪褒孝忠中
流矢死信州不守公變姓名入建寧唐石山轉茶坂
日麻衣躡屨東鄉哭已而賣卜建陽市上一統志載
建陽縣南門外有朝天橋宋紹興中建跨南溪驛水
十三道覆以屋七十三間又云謝疊山祠在縣南朝
天橋合之趙元所識則橋亭信有徵已特公被魏天

祐淪過北行時硯嘗不及攜遂致淪没永樂間復出
於土其後三百餘年不知何時硯亦北來今完好如
初向爲天津周明經月東焯所藏月東工詩文善大
小篆居城東逆河東岸雍正初偶游城西海潮庵見
僧榻下一硯積土甚厚拂拭之知爲謝公物亟以米
易歸日摩挲於案夜即抱以寢因以卜硯名其居余
與月東善時過其家考古書畫金石必出硯示余乾
隆丁卯秋月東染末疾既卧床余數過視仍抱硯見
一夕謂余曰君每觀此撫之不忍去諸手是珍之也
我死當歸君己巳余由農曹之官粵西與月東不復

相見庚午夏月東抱硯且死詔其孤曰是硯許查子
恂叔矣今恂叔官瘴鄉道雖遠言不可食其孤封題
寄粵以書述治命余潸然不自知其涕之交頤也是
硯自閩之燕之粵往復萬幾千里歷數百載而無少
刓損謂非神物護持耶查禮記

按宋史傳稱謝枋得字君直寶祐中舉進士乙科
除撫州司戶參軍即棄去明年復出試教官兼經
科除教授建寧府丞上吳潛宣撫江東西辟差幹
辦公事坐事謫居興國軍咸淳三年放歸德祐元
年知信州二年吕師夔定江東地枋得以兵逆之
敗奔信州師夔下安仁進攻信州不守枋得入建
寧唐石山寓逆旅中已而賣卜建陽市中有來卜
者惟取米屨而已元至元二十三年集賢學士程
文海薦宋臣二十二人以枋得爲首辭不起二十
五年福建行省參政魏天祐欲薦枋得爲功枋得
見天祐傲岸不爲禮天祐怒强之而北枋得即日
食菜果二十六年四月至京師問謝太后攢所及
瀛國公所在再拜慟哭已而病遷憫忠寺見壁間
曹娥碑泣曰小女子猶爾吾豈不汝若哉留夢炎
使醫持藥雜米飲進之枋得棄於地終不食而死

李道源撰神道碑至元廿六年八月子定之奉柩
還廣信明年九月葬其鄉之玉亭龔原門人諡而
題之曰文節先生謝公墓又據行實載公四月初
一日至燕京初五日死于驛不云在憫忠寺此疊
山歷官殉節之大略也橋亭福建通志在建陽縣
南朝天橋舊名濯錦明永樂十四年圮于水十七
年縣丞趙璧重建橋上有謝疊山祠祀宋謝枋得
枋得嘗賣卜于此橋上邑人祀之此橋亭卜卦硯
之可考者也硯銘識云程文海銘宋謝侍郎硯大
明永樂丙申七月洪水去橋亭易爲先生祠掘地

得之閩後學趙元丙申爲永樂十四年與通志合此銘爲閩人趙元所鐫而云程文海銘宋謝侍郎硯疊山官止於知信州未嘗爲侍郎其號疊山者謫居興國軍時謫所有西山層疊因有千載西山疊疊青之句遂以自號云疊山文集後附明山東道監察御史李奎褒崇忠節奏詞稱宋忠臣謝枋得弋陽人弋陽自歷代以來擅道學忠節之名者獨枋得一人而已枋得妻李氏永樂初已嘗朝廷登載烈女傳足以垂耀不朽奈枋得祠宇未立封謚未加後人無所稱仰如蒙准言乞禮部定謚褒

贈仍行原籍有司創立祠宇歲時致祭云云而不詳是時朝廷准行與否又集後附行實不著撰人時代姓名有云至元甲申黄華平大赦枋得乃出得還寓于茶坂設卜肆于建陽驛橋榜曰依齋易卦小兒賤卒亦知其爲謝侍郎也侍郎之稱蓋始見于行實朱彝尊日下舊聞引韓襄毅公集載韓雍請謚宋臣謝枋得疏竊見宋禮部侍郎謝枋得乞勅禮部翰林院議加贈謚云云是韓雍具疏以前先有禮部侍郎之官究不知加于何時又引景泰實錄載景泰七年九月以巡撫江西右僉都御

史韓雍之請事下禮部於是少保大學士陳循等議按謚法道德博聞曰文謹身制度曰節請謚曰文節帝如所議行是文節之謚由於景泰禮臣之議並不因門人誅題之文皆所未詳也程文海字鉅夫避武宗廟諱以字行故元史傳名鉅夫傳稱鉅夫入元授宣武將軍管軍千戶世祖召見留之翰林爲應奉翰林文字進修撰至元二十年加集賢學士二十三年首陳興建國學乞遣使江南搜訪遺逸三十年出爲閩海道肅政廉訪使是疊山之被文海薦在二十三年卻聘書流傳不朽雖鄉

塾童孺皆能誦而習之其被强入都不食而死在二十五年硯銘皆述疊山不食之事似乎疊山入都時未嘗攜此硯行卒後流傳人間而鉅夫官閩海因以銘之據陳太常兆崙詩注稱文海曾任閩海廉訪使適其時始獲此硯乃爲銘而仍歸之亭吏則此硯沈埋建陽橋下由亭吏失守所致越百二十餘年之後因建橋而掘土得之又越三百年輾轉入於京師爲宛平查氏所得查諱禮字恂叔號鐵橋宛平縣人得此硯時官粤西太守其後陞任蜀中終湖南巡撫宦轍萬里恒以自隨海内文

人多作詩其時昶亦有詩紀其事畢秋帆尚書裒詩詞爲上下二卷并摹硯形銘記刻以傳世名卜硯集今恂叔子湖南觀察淳尤護惜之昶得其搨本重壘山忠節故他硯銘皆不錄而獨存此并識之

金石萃編卷一百五十二終

金石萃編卷一百五十三

賜進士出身誥授光祿大夫刑部右侍郎加七級王昶譔

遼

涿州雲居寺四大部經記

碑高四尺一寸廣二尺五寸共二十五行行五十二字至六十五字不等正書在房山縣

涿州白帶山雲居寺東峯續鐫成四大部經記

殿試進士趙遵仁撰

鄉貢進士王詮書

蓋聞嚴相好具慈悲師天人出生死者 諸佛之願力也開羣迷入聖道薰種性達因緣者諸法之功德也

佛之願力既如彼法之功德又若此 佛法之道大矣哉然則三身應現資化以談其眞三學對明惟經以撮其右爲聖凡之宗要濟像末之根本有緣斯格無福靡臻是以周兆不祥化身以之西滅漢警宵夢像教由是東來遂得貝籍靈文旹臻於近代就唐譯梵歲出於諸家釋教流通自兹彌盛若乃一軸一藏半偈半言或摸以香檀或書之緗卷尚能獨見苦而滌宿業締上緣而成妙果利益廣大思議其難矧有勤石傳文鑿山開室錄寶軸之妙說藏金口之微言水火不可漂燒風雨不可漬壞以備淩滅傳之無窮寔所謂施最上法盡未來

隃者也燕都之有五郡民最饒者涿郡首焉涿郡之有
七寺境最勝者雲居占焉寺自隋朝所建号自唐代所
賜山在郡之西北五十里寺在山之陽掌寺之東望有
峯最高故曰東峯峯頂上有石室七焉經佇是室先自
　我朝太平七年會故樞密直學士韓公諱紹芳知牧
是州因從政之暇命從者遊是山詣是寺陟是峯暨觀
遊間乃見石室內經碑且多依然藏佇遂召當寺耆秀
詢以初迹代去時移細無知者旣而於石室間取出經
碑驗名對數得正法念經一部全七十卷計碑二百一
十條大涅盤經一部全四十卷計碑一百二十條大花

嚴經一部全八十卷計碑二百四十條大般若經五百
二十卷計碑一千五百六十條又於左右別得古記云
幽州沙門釋淨琬精有學識於隋大業中發心造石經
一藏以備法滅遂於幽州西南白帶山上鑿爲石室以
石勒經藏諸室內滿卽用石塞戶以鐵錮之其後雖成
其志未滿其願以唐貞觀十三年奄化歸眞門人導公
繼焉導公沒有儀公繼焉儀公沒有暹公繼焉暹公沒
有法公繼焉自琬至法凡五代焉不絕其志乃知自唐
已降不聞繼造　佛之言教將見其廢耶公一省其事
喟然有復興之嘆以具上事奏於　天朝我　聖宗皇

帝鋭志武功留心釋典暨聞來奏深快宸衷乃委故瑜
伽大師法諱可元提點鐫修勘詿刊謬補缺續新釋文
墜而復興楚匠廢而復作琬師之志因此繼焉迨及我
　興宗皇帝之紹位也孝敬恒專眞空夙悟菲飲食致
豐於廟薦賤珠玉推重其法寶常念經碑數廣匠役程
遥藉檀施則歲久難爲費常住則力乏焉擗重熙七年
於是出御府錢委官吏佇之歲析輕利俾供書經鐫碑
之價仍委郡牧相承提點自兹無分費常住無告藉檀
施以時繫年不暇鐫勒自太平七年至淸寧三年中間
續鐫造到大般若經八十卷計碑二百四十條以全其

部也又鐫寫到大寶積經一部全一百二十卷計碑三
百六十條以成四大部數也都揔合經碑二千七百三
十條若夫攝九類四生歸眞寂無餘者莫尊於大涅盤
大乘頓敎方廣眞筌一句之內包法界一毛之中安剎
土者莫出於大花嚴破有歸無泯相逐性作衆經之軌
躅爲諸法之元宗者莫歸於大般若求佛智見入佛境
界斷纏縛之愛心去執着之妄想者莫如於大寶積如
是經典鐫之以石藏之以山四部畢備壯矣哉亦釋門
中天祿石渠也噫竹帛殘而　佛聲寢靈山壞而法不
作後數百年燬然興者豈非時有遇而敎有緣乎淸學

三年五月十二日大寶積初成郡守蕭公諱惟平天子
股肱法門墻塹下車之後以六條布政副　聖上之
倚毗退公之餘惟三寶留誠冥　如來之付囑欣其
遭遇寔謂寅緣乃請召余謂曰四大部經今續鐫畢見
聞之下幸會攸難願製好辭以爲刊記余弓裘未襲苦
塊居憂又以先父前剖是郡亦於經事私積願誠罔任
未遑遽嗟奄逝敢以順先父之願遵良牧之請罔愧孱
蕪直以爲記大契丹淸寧四年三月一日記
安國軍節度邢洺磁等州觀察處置等使崇祿大夫
撿校太師左金吾衛上將軍使持節邢州諸軍事邢
州刺史知涿州軍州事兼管內巡撿安撫屯田勸農
等使兼御史大夫上柱國蘭陵郡開國公食邑三千
二百戶食實封叁伯貳拾戶蕭惟平
漆水郡夫人耶律氏
西頭供奉官銀青崇祿大夫撿校國子祭酒兼監察
御史雲騎尉男佶
司徒娘子耶律氏
女小娘子三寶奴　孫女興哥
一房山縣西南四十里有山曰白帶山生懲題草又曰
懲題山藏石經者千年矣故曰石經山亦曰小西天

云北齊南岳慧思大師慮東土藏教有毀滅時發願
刻石藏閟封岩壑中坐下靜琬法師承師付囑自隋
大業迄唐貞觀大涅槃經成其夜山吼生香樹三十
餘本六月水浮大木千株至山下構雲居寺馬唐明
皇第八妹金仙公主修之洪武二十六年又修之正
統九年又修之山上雷音洞高丈餘四壁刻經四柱
刻佛前石有扉維以關閉几案瓶鑪皆石臺有欄楯
與堂亘堂左洞二右洞三堂下洞二皆經唐及元代
有續刻經目列石幢人傳洞火龍所穿也山下左右
東峪寺西峪寺西峪寺後香樹林香樹生處也夢唐

菴唐夢堂師居處也林後琬公塔也山多石碑二隋
碑一仁壽元年王臣賺碑一仁壽元年王邵碑五唐
碑一開元十年梁高望碑一開元十五年王大悅碑
一元和四年劉濟碑一景雲二年寳思道碑一太極
元年王利貞碑二遼碑一趙尊仁碑即此碑也碑作遵仁一天
慶八年沙門志才碑二元碑一至正元年賈志道碑
一至正二年釋法貞碑帝京景物畧
懲題山椒赭垣聳立曰小西天山下卽西峪雲居寺
有塔二在寺北者曰北塔在寺南者曰南塔北塔下
四角有唐時小石塔四旁刻銘頌西北角者爲景雲

二年寗思道書撰人名嵌入墻中不可考西南角者爲太極二年王利貞文無書人名東北角者爲開元十年梁高望書無撰人名東南角者爲開元十五年王大悅撰無書人名燕都游覽志云王大悅撰并書誤也至小西天即石經洞洞寬廣如殿中供石佛四壁皆碑石叠砌即隋靜琬法師所刻佛經也字畫端好有歐褚楷法無一筆殘缺左壁兩層共碑三十六枚右壁三層亦三十六枚後壁三層共四十一枚前門左右壁及門頂共三十三枚總共一百四十六枚刻妙法蓮華等經後壁昏黑燭照始能辨其外又有

八小洞皆石扃鐍閉鎔鐵灌樞自牕欞闚之碑石或卧或立時見一二大洞之右第一洞刻佛說恒水流樹等經第二洞刻陀羅尼集等經大洞之左第一洞刻令生歡喜名無垢等經第二洞刻金剛般若波羅蜜等經其下有石井石井之左第一洞刻菩薩瓔珞等經第二洞刻摩訶般若波羅蜜等經石井之右爲伽藍殿殿右第一洞刻文殊師利普超三昧等經第二洞刻千手千眼觀世音菩薩廣大圓滿無礙大悲心陀羅尼等經大洞之左又有心經碑一金剛般若波羅蜜經碑二伽藍殿旁又有金剛般若波羅蜜經卧碑一餘碑林下不勝紀惟遼初續鐫四大部經一記于刻石事頗詳今誌其畧于此記云東峰頂上有石室七四大部經摠合經碑二千七百三十條云云首云涿州白帶山雲居寺東峰續鐫四大部經記大契丹清寧四年殿試進士趙遵仁撰考東都事畧梁王隆緒立年十二自稱天輔皇帝尊母燕燕爲承天皇太后改大遼爲大契丹國又云治平二年洪基改元曰咸寧二年改國號大遼按隆緒即聖宗洪基即道宗是聖宗初立之年至道宗咸寧元年皆稱大契丹國也但聖宗初立之次年即改元統和而東都事

畧則云立八年始改統和道宗即位即改清寧清寧之十一年改元咸雍並無咸寧之號東都事畧于道宗初年失載清寧此又以咸雍爲咸寧誤矣遼史于太宗紀大同元年稱建國大遼于聖宗紀不載稱大契丹于道宗紀不載復稱大遼頗爲疎漏此碑稱大契丹清寧四年益見東都事畧之有據余舊有汪退谷所書唐人題雲居山寺詩三章首爲范陽縣丞吉逾作詩云到此花宮裏觀身火宅中有爲皆是幻何事不成空曉籟鳴寒谷秋山響暮鐘欲歸林下路新月上前峰次爲軒轅偉作詩云不着登山屐捫蘿也

上躋石梁分烏道苔逕過雪霓梵宇千花裏秋聲萬籟齊周遊興未盡鐘磬度前溪汏為吉騊駼作逾從子也詩云石室最高峰攀躋到此中白雲連曉翠清磬度秋風未悟無生理寧知有想空且歸山下寺還欲問支公汪跋云此三詩今在房山縣石經山全唐詩未收特為錄之予既閱石經洞諸碑三詩竟未之見石井二又大石井一俯視深遠僧云鑿井時以斗米易斗石始成有唐大中六年碑略記鑿井事碑陽即元和四年涿鹿山石經堂記幽州盧龍節度支度營田觀察處置等使開府儀同三司撿校司徒兼侍中彭城郡王上柱國劉濟撰又尋觀音洞約三里許再上即縣經臺唐碑一年月已模糊尋別逕下山游香樹菴菴在雲居寺左有金泰和二年廣公禪師塔記遼寺至南塔下小石塔一刻大遼涿州涿鹿山雲居寺續秘藏石經記然題沙門志才撰後有石經目錄天慶八年戊戌五月建志才文已載入日下舊聞惟目錄未載二十一日曉行寺左右蔬圃中于右得元至正二年釋法禎碑帝京景物畧作法正誤于左得遼統和乙巳王正碑正邑人鄭熙書并篆額碑左又有大唐涿鹿山雲居寺新鐘記碑剥落殆盡撰人

年月無考查禮然題上方二山紀遊集

按白帶山漢書地理志清河郡有然題縣顏師古注然古莎字雲居寺在白帶山西峪石經在小西天石洞中四大部者一曰涅槃部一曰華嚴部一曰般若部一曰寶積部其說查恂叔紀遊集已言之詳矣碑記云太平七年故樞密直學士韓公諱紹芳知牧是州暇遊是山見石室經碑且多皆沙門靜琬於隋大業中所造奏於天朝出御府錢歲析輕利俾供書經鐫碑之價自太平七年至清寧三年續鐫造成四大部數清寧三年五月十二日大寶積初成郡守蕭公惟平召余製辭刊記按遼史傳韓延徽幽州安次人孫紹勳紹芳紹芳重熙間參知政事加兼侍中出為廣德軍節度使卒遼史地理志乾州廣德軍上節度本漢無慮縣地聖宗統和三年置以奉景宗乾陵傳載紹芳之為廣德節度在重熙以後而不載其太平七年知牧是州郡守蕭惟平史無傳蕭作簫借用字結銜稱崇祿大夫史百官志不詳官階崇祿之階無攷未載其男佶之婦為司徒娘子亦未詳撰者殿試進士趙遵仁其父前剖是郡亦不知其名史無選舉志

惟於禮志嘉儀下載進士接見儀進士賜等甲敕
儀進士賜章服儀三條而不詳殿試之制遼本紀
聖宗諱隆緒母蕭氏小字燕燕乾寧四年九月癸
丑卽位統和元年六月甲午上皇太后尊號曰承
天皇太后群臣上皇帝尊號曰天輔皇帝與東都
事畧合

賜臺山清水院藏經記
裱本高廣行字皆不計
正書在京師大覺寺

賜臺山清水院創造藏經記
燕京天王寺文英大德賜紫沙門志延撰

鄉貢進士李克忠書
暘臺山者薊壤之名峯清水院者幽都之勝槩山之名
傳諸前古院之興止於近代將構勝緣旋逢信士今優
婆塞南陽鄧公從貴善根生得淨行曰嚴咸雍四年三
月捨錢三十萬葺諸僧舍又五十萬募同志印大藏經
凡五百七十九帙創內外藏而龕措之蒇事既周求爲
之記聊叙勝因俾信來裔
咸雍四年歲次戊申三月癸酉朔四日丙子記
燕京右街檢校太保大卿沙門覺苑
通天門外供御石匠曹辯鐫

按清水院在京城西七十里距圓明園三十餘
里宛平縣所屬山半有泉下注如垂紳至山麓則
有龍潭以瀦之山側有鸐鵲谷見明王嘉謨薊邱
集今無攷矣清水院之額始于遼而沿于金帝京
景物畧載金章宗有八院此其一也後易名靈泉
明宣宗宣德三年建寺更額大覺今仍之寺中穹
碑易見者惟明碑兩面刻宣宗英宗御製文此碑
在寺內龍王堂遊蹟所不到故傳搨絕少乾隆戊
戌九月二十七日昶從寒蕪落葉堆中搜得之摩
挲雒誦回環數四因歎北方石刻可証遼金史者
甚夥惜無好事者搜抉出之也碑額書奉爲太后

皇帝萬壽大王千秋皇帝卽道宗太后則道宗母
仁懿皇后蕭氏也遼史傳蕭氏小字撻里興宗后
道宗卽位尊爲皇太后淸寧二年上尊號曰慈懿
仁和文惠孝敬廣愛宗天皇太后大王者遼百官
志初名夷離堇太宗會同二年改稱大王有南北
二院皆分掌部族軍民之政謂之知大王事道宗
紀咸雍二年三月以東北路詳穩耶律韓福奴爲
北院大王三年十二月以東北路詳穩高八爲南
院大王以臆度之燕京當爲南院所屬所稱大王

或卽高八也碑云暘臺山者薊壤之名峯淸水院者幽都之勝槩薊壤卽薊縣唐建中二年析薊縣置幽都縣遼開泰元年改幽都爲宛平碑蓋從今稱也遼地理志玉河縣本泉山地劉仁恭於大安山創宮觀師煉丹羽化之術于方士王若訥因割薊縣分置以供給之在京西四十里遼之薊縣改名析津今爲大興遼之玉河析宛平地置而云割薊縣者當由兩縣犬牙相錯之地也志明云在京西今之順天府遼爲南京析津府遼言京西正與今同則淸水院似在玉河縣地今山左右尙有南

安窠北安窠之名或卽遼志所謂大安山之南北也鄧從貴爲南安窠村人所居近淸水院也檢畿輔通志建置沿革不載玉河山川內不載暘臺山朱氏日下舊聞不載志延藏經記皆失之疎畧因詳識之碑末沙門覺苑結銜稱檢校太保大卿大卿之稱金百官志無攷

行滿寺尼惠照建陁羅尼幢幷記

幢高六尺六寸八面其第一第三第五第七四面面廣九寸七分或九寸八分餘四面廣六寸八分或六寸九分除序後一面四行皆刻人名不箅外共計大字二十九行行三十一字正書在京師

唐開元三朝灌頂國師和尚□□□□□□開府儀同□□□□□食邑三千戶食實封三百戶□□□□□□□□□□□□□□寺三藏沙門□□譯

佛說佛頂尊勝陁羅尼咒文不錄

觀自在菩薩如意輪陁羅尼咒文不錄

法念相眞言文不錄

大吉祥大輿一切順陁羅尼咒文不錄

受戒弟子優婆塞范陽王□□製文

憲尊莫尊于　師長重若重于　君親義本在三恩無與二況　華昨承　法雨潤未離身俱想　戒雷聲猶在耳痛舊山而忽隱　毫相驚新塔而巳外

甄依差無化火之能恨不興雲而從今但壇哀座下投淚庵前求　道發之明則梁本其壞思　法息之報則昊天罔極其不可已當如之何迺建妙幢上利寄印託難思之句義變無盡之光明積增　聖道之緣兼塞妄情之戀願於北地開　天眼以照臨不捨下根運　神力而加被用擣信手直至道場期此消塵少報萬一

維大康元年歲次乙卯七月辛酉朔二十四日甲申庚時建

門人傳三□戒□法大德講經論賜紫沙門裕□

講經律論沙門裕景　講經律論沙門裕英
□□大德講經律論沙門裕□　□□大德講論賜
紫沙門裕□　業論沙門裕□　裕淨　裕正　裕
□　裕□　裕世　裕顯　裕轉　裕振　裕權
裕□　裕徵
□□□□□□□□□□□□□上座□行大德沙門
□□
建幢施主行滿寺講經律論尼惠照　悟寂院傳大
教尼志覺　趙文保　妻張氏　男士林　士章
士英　出家男□□男□式孫男稅金奴孫女師

□□　娘□女　□□□氏　□□王氏　何惟□
妻張氏　男何年　新婦□氏　孫蓮兒
涿州傅陵郡石匠邵文景成造
按此幢前刻佛頂尊勝陁羅尼咒次刻如意輪陁
羅尼咒次刻大吉祥大典一切順陁羅尼咒後列
范陽王□□記沕其名又列沙門等名內裕淨裕
正裕世裕顯裕轉裕振裕權裕徵名與下幢同此
幢大德講論賜紫沙門沕其名當是裕仁裕正下
沕二人名當是裕祥裕諦並據下幢證之記內氈
依當即瞻依借用字求道搖迄明當是求道歷之

明別體字
京西戒壇寺陁羅尼幢并記
幢高六尺二寸五分八面其第一第三第五面面廣八寸九分各五行第二第六面廣六寸九分第四面廣六寸七分各四行以上共二十七行行皆三十七字其七面廣九寸四分第八面廣六寸六分此二面一八行一六行刻沙門及邑人姓名字數每行五十八至九十五不等正書記行書在京師
唐開元三朝灌頂法師和尚三藏沙門　奉詔譯
聖千手千眼觀自在菩薩摩訶薩廣大圓滿無礙大悲
心密言文不錄
佛說寶篋印眞言文不錄
於戲道尊德貴自古而然生榮死哀□□能致惟感

人之深者則報禮之重焉伏自　我故壇主大師能
事旣周化緣忽盡四生孺慕號咷如喪於所天七衆
心摧擗踊疑無於厚地雖寶棺備禮□氈送終尙增
難捨之哀莫抑無窮之戀遂當遺塔前建勝幢仰憑
佛印之大威上荅　慈雲之巨蔭庶茲塵影俱變
光明蔵因地而速見法身滿果海而長爲佛事今德
滋等共思追遠所集至微豈能必報深恩聊用表其
誠意
維大康三季歲次丁巳三月辛亥朔十四日甲子坤
時建

奉爲　故壇主崇祿大夫守司空傳菩薩戒大師特
建法幢記　門人傳戒大師講經律論賜紫沙門裕
經　三學寺經法師詮圓大德講經律論沙門裕貴
囗囗大德講經律論賜紫沙門裕林　淨戒大德
講經律論沙門裕文　通淨大德講經律論賜紫沙
門裕仁　講經律論沙門裕和　業論沙門裕淨
裕正　裕祥　裕諦　裕世　裕顯　裕轉　裕振
裕權　裕囗　裕徵
寺主囗囗大德講經律論賜紫沙門裕依　當寺圓
通大德賜紫沙門裕住

崇國寺大兜率邑　邑人前管內左街僧錄淨慧大
師賜紫沙門裕方　邑人前東京管內僧錄詮論大
師賜紫沙門裕企　邑人提點張囗恒　邑長康德
從　邑證石王　邑錄邢文正
邑人陳囗正　邑人康士　邑人囗從囗　邑人囗
景　邑人楊士囗　邑人囗囗　邑人囗貴　邑人
囗從諒　邑人王惟囗囗　囗勾當邑人囗囗囗
邑人高詮
邑人判官陳囗囗　邑人囗囗　邑人楊囗　邑人
范囗　邑人囗囗囗　邑人馬囗　邑人李囗囗

邑人劉囗　邑人平囗　邑人陳囗　邑人王囗
邑人孫囗　邑人張肇　邑人張珪　邑人賈囗
邑人孫文式
邑人王囗囗　邑人李囗　邑人周囗　邑人賈囗
囗　邑人齊囗　邑人張囗囗　邑人囗囗囗　邑
人趙囗囗　邑人揚囗　邑人李囗囗　邑人祁囗
囗　邑人劉囗囗　邑人魏囗囗　邑人吳延囗
邑人劉守素　邑人劉化　邑人高文智　邑人劉
俊　邑人郭善
邑人王　邑人郭囗　邑人石囗　邑人李囗

邑人劉囗　邑人張文　邑人張文囗　邑人張
囗囗　邑人李囗　邑人李囗　邑人孫惟辛　邑
人張囗囗　邑人張囗囗　邑人張囗囗　邑人李
諫　邑人劉囗　邑人李從一　邑人王守囗　邑
人段德
邑人劉囗囗　邑人趙囗　邑人王囗　邑人陳囗
邑人朱囗　邑人劉囗　邑人村囗　邑人田囗囗
邑人李囗　邑人鄭囗　邑人馬囗　邑人傅文
囗　邑人賀從令　邑人孟日辛　邑人王亨　邑
人曹德方　邑人胡德義　邑人郭德　邑人李文

秀
邑人王□　邑人王□　邑人李□　邑人王元
邑人齊□　邑人齊□　邑人梁□　邑人張□
邑人王□□　邑人孫□　邑人董□□　邑人李
□　邑人大□寧　邑人李□□　邑人齊□□
邑人□昇　邑人郝善　邑人□惟進　邑人李德
方
邑人□□　邑人□□　邑人□□　邑人田□
邑人王□□　邑人陳□　邑人趙□□　邑人劉
□　邑人□維正　邑人陳□□　邑人劉文□

邑人魏慶　邑人王□□　邑人曹□□　邑人齊
□□　邑人李從正　邑人李用　邑人楊從正
成滌□子人張德正歸□
邑人故邑長王□□　邑人故舉事高□□　邑人
高□□　邑人業鄉貢進士□□　邑人成守□
邑人□□　邑人趙德均　邑人馮□　邑人韓□
邑人張□　邑人劉進　邑人陳□　邑人康□
□　□□
書幢文人三司書表康□
按此幢前刻大悲心密言次刻寶篋印眞言文皆與今

本多不同後記不詳撰者何人記稱幢爲故壇主大師
而作壇主結銜但曰崇祿大夫守司空傳菩薩戒
大師而不詳其名號後列門人寺主等十九人內
裕淨裕正裕世裕顯裕轉裕振裕權裕微名與陁
羅尼幢同又列邑人道俗一百四十二人書幢人
康□一人幢建於大康三年大康爲道宗紀元下
署甲子坤時建坤時疑即申時或當時書體多借
用字此蓋借坤爲申也然陁羅尼幢署甲申庚時
建則用幹不用支此幢之建與前葴隔三年似同
一例不應作申殊不可臆斷

憫忠寺石函題名
石函共四面橫廣二尺九寸高二尺五寸統計七十四行字數二十至三十一不等正書在大興縣
大遼燕京大憫忠寺紫褐師德大衆等
天水嚴甫書
故燕京管內懺悔師鈔主崇祿大夫守司徒燕晉大師
賜紫沙門覺晟
故懺悔主燕京管內左右街都僧錄崇祿大夫守司徒
聰辯大師賜紫沙門善製
□燕京管內左右街僧錄提點宏法竹林總覺大師賜
紫沙門惟道

□□燕京管內左街僧錄判官寳集講主覺智大師賜
紫沙門文傑
華嚴講主通法大德賜紫沙門藴□
講神變□辯慧大德賜紫沙門藴潛
講經論文範大德賜紫沙門義徹
講經論演奥大德賜紫沙門義霑
講經論慈智大德賜紫沙門惟軫
講經詮微大德賜紫沙門義融
前校勘法師證教大德賜紫沙門藴寂
三學論主辯正大德義景

寺主兼寳塔主沙門溥滋
尚座沙門惟常
都維那沙門智印
閣主沙門文瑩
閣主沙門道義
殿主沙門智捒
藏主法藏大德文該
太子殿主沙門省緣
東塔主沙門善辭
西塔主沙門道潤

□□　□□　□□　栖及　崇杲　允的　思雨
廣深　惟顗　歸仁　□□　道存　昭信　允祥
志操　淨慧大德悟杲　義福　法才　思行　道□
仁峭　善超　智行大德惟整　崇忍　文濟　文式
崇均　智敏　□□　□□　法興　文存　從福
瓊滋　道邏　志深　文贍　覺忍　□□大德文惠
惟贍　嚴護大德文峭　善通　道遠　義琛　智矩
溥律　□□　思悟　法寳　義辛　覺恒　志偘
文迪　文定　善崇　寧進　□惠　思澄　思整
志偹　文照　文偹　法詮　惟換　從因　文思

□表　㝡般　崇秘　智遠　行奇　道辛　文偲
文揔　文寂　惟曉　□揩　善椹　惟謙　文曄
文贖　師遵　法昧　令宿　揔提大德元操梵書
□□　藴銳　鮮祐　德俊　戒懿　義表　法遵
圓興　仁英　文脩　□祥　悟□　文安　瓊積
方敬　思岐　藴肅　道祥　藴奇　藴碧　凝元
智遍　文勢　文迴　紹極　師戒　善壇　法舟
貫初　法千　□因　智脩　善覡　法信　善巧
義潛　崇諦　行寂　方智　方諫　□□　□□
□□　□□　道鑾　義竦　文偉　師哲　思懲

瓊白 □□ 文僧 惠愷 法照 義聰 方允
令鮮 運舟 行蘊 方温 □□ 文遜 義卞
運初 文鮮 遵裕 文聘 義戩 圓述 義稽
□琮 文儇 道泉 悟了 道涓 道殊 了非
道暹 融佋 圓瓊 □□ 法□ 義存 悟元
圓埛 裕達 智燈 文昱 方迴 文諦 □□
思非 圓徹 義存 溥濁 道奇 從訓 圓昜
戒企 文脩 師□ 諦延 行確 思齊 文亶
方運 義澄 道永 方省 弃塵 □□ 鮮曦
令宵 義敷 圓揆 文端 蘊迪 師偉 思宏

道逾 □瓊 諦達 智淵 方忖 義貞 云敷
了名 師延 戒琮 圓宗 □融 智微 遵行
令珪 義泉 道炳 圓琛 覺戒 善安 士謹
□□ 遵儀 了忠 省謙 惠瑕 思惠 蘊穆
圓湛 義宣 圓性 □□ 方桂 圓心 □熓
悟直 文演 義澄 融徹 裕著 融性 □□
文儼 志殊 圓蓋 言遜 義達 智照大德蘊孚
義性 義舒 □□ 道如 圓仝 裕勲 圓燈
圓成 圓幽 鮮景 恒殊 文廣 □□ 圓深
瓊昜 圓昱 義深 崇彥 覺性 瓊彥 師訓

思沖 □□ 裕遍 師證 令矩 師賢 悟儔
宗正 鮮凝 圓智 悟圓 □□ □□ 方戒
行濯 行本 省徽 師暎 瓊潤 融鮮
□□ 智如 融袘 圓英 □□ □□ 智穎
融智 行蓮 鮮詠 □□ 融鮮 圓吉 蘊如
詮□ □□ □□ 詮睿 行果 圓求 □□
圓修 義俊 善旻 惠雲 義□ 智幽 義元
蘊謙 行彝 □□ 志裕 義隆 行充 裕亘
卽均 志固 義沖 融□ 方榮 □□ 圓相
運慈 道沖 遵止 志誠 覺沖 義寬 道□

瓊行
□□□□勤□共二百四十人內六十人講流
誦法華經一百三十人
故蓋閟都作頭右承制銀青崇祿大夫兼監察御史
武騎尉康日永
蓋殿寶塔都作頭右承制銀青崇祿大夫兼監察御
史武騎尉姬敬
前閟主法貢
舍利一十三粒銀鴿餅內圓性
新添佛事諸物等

小金餅一崇國寺樞大師施
銀觀音菩薩一尊當寺通法大師施并諸餘口物有
碣子
銀塔一坐當寺𤁋座主施
玉錢一韓家小娘子施
銀淨瓶一內有舍利九粒　銀錢一　火鏡兒一
火珠一　珠子藥袋一已上物千齡院尼寺主守因
施
金結裟一　物海珠子兩个　珊瑚一　玻璃一
水晶垂頭一　花銀錢二　玉羊兒一　玉猗兒一

玉夾板墜子一副　玉墜子一　玉弼口一　銅
猗兒一　銀釵子一　玉匣兒一　銀餅一　龍腦
兩斤　舍利五百粒在藥玉餅內　鍮石淨餅一
鍮石匙筯一　小金剛子數珠一串上有珠子一十
五个玉錢一　金楞玉滴子一對尼雲開施
口合一內有舍利一百餘粒仙露寺尼歸正施
當寺蘊謙施荖餅一內舍利伍粒
制置同知夫人施銀筒子一內舍利三十粒
閣殿砌匠作頭蔡惟亨　世千
太原王惟約刻

憫忠寺內戒壇前有遼幢一乃為寺尼鷹福刻者幢後置有石函一函四周刻字首行標題大遼燕京大憫忠寺紫褐師德大衆等次書覺晟等四人以下駢書諸僧名凡三百七十人又書康日永等三人天水嚴甫書太原王惟約刻最後刻布施諸物石函不記年號相傳為藏舍利用者其舍利等則不可考矣　欽定日下舊聞考

按石函題名不紀年號題稱大遼燕京大憫忠寺前有賜紫沙門善製與下碑舍利函記之功德主同名下碑為大安十年則此碑當與同時矣題稱

紫衣為紫褐殺見此碑其僧職有曰懺悔師鈔主有曰懺悔主亦他碑所未見後列職官二人曰蓋閣都作頭曰蓋殿寶塔都作頭似係修寺時權宜設置之官也石函多紀施舍利之事其藏器有銀鶴餅小金餅銀淨瓶藥玉瓶鍮石淨餅銀筒子其增飾諸器者有玉錢銀錢花銀錢火鏡火珠勃海珠珊瑚玻璃金結裟水晶垂頭玉羊玉猗玉墜子玉弼銅狗銀釵玉匣龍腦鍮石匙筯此外有銀觀音菩薩一尊銀塔一坐小金剛子數珠一串金楞玉滴子一對娄似與毬通用垂頭似與墜頭通用

猗字見韻會本作猗字鍮石見玉篇鍮石似金格古要論云自然銅之精也据此所紀想見當時物力饒裕故所施之美麗如此

憫忠寺舍利函記

石高廣俱二尺五寸十六行行十七字正書在京師憫忠寺

燕京大憫忠寺觀音菩薩地宮舍利函記

門人義中書

恭聞應物爲現利樂無窮者大聖觀音有感克從功德叵測者靈蹤舍利金言所載寶牒攸存善製肇紀巨社會萬人金玉之貲欲滿宿心塑百尺水月之像將圓寶相先賓地宮化權那近百千家獲舍利餘一萬粒封以金匱貯以石函瑠淨瑓然疑爲神異所冀尸微無間之獄福洽有頂之天良因不虛巨利斯在上願

我國家二儀齊於聖壽兩曜等於文明三寶長隆四方永肅八難除一十四種之怖畏四生見三十二應之威神獲圓通之法門願大作於佛事

大安十年歲次甲戌閏四月辛未朔二十二日壬辰甲時

功德主燕京管內左右街都僧錄崇祿大夫檢校太師行鴻臚卿聰辯大師賜紫沙門善製

帝京景物略云寺中一碑下半斷裂可讀者其上段字有燕京大憫忠寺觀音地宮舍利函記金大安十年沙門善製按是碑文字悉完未嘗斷裂末云大安十年歲次甲戌閏四月辛未朔二十二日壬辰申時功德主燕京管內左右街都僧錄崇錄大夫檢校太師行鴻臚卿聰辯大師賜紫沙門善製門人義中書

日下舊聞

碑所稱大安十年乃遼道宗年號帝京景物畧目爲金時物蓋金衛紹王亦改元大安因致誤耳考金衛紹王稱大安者祇三年此云十年可知其非金大安矣其撰文之僧名又見前所載遼時石函上蓋同時物也 欽定日下舊聞考

涿州雲居寺續祕藏石經塔記

幢約高五尺八面面廣八寸七分至九分不等前四面皆五行行卅四字後三面皆七行行四十字其第五面六行二行屬前四行屬後正書在房山縣

大遼涿州涿鹿山雲居寺續秘藏石經塔記

懋題沙門志才撰

古之碑者用木爲之乃葬祭饗聘之際所植一大木而字从石者取其堅而久也後人銘功其上不忍去之自秦漢已降生而有功德政事者亦碑之欲圖不朽易之

以石雖失其本從來所尙不可廢焉噫豪梵書從聖人
經典多刻貞石亦類碑而已矣且　浮圖經教來自
西國梵文貝葉此譯華言盡書竹帛或邪見而毁滅或
濕水而漂溺或兵火而焚爇或時久而蠹爛孰更印度
求請與由是教壞理隱行亾果喪群生蠢蠢盡陷苦途
實可悲夫　有隋沙門靜琬深慮此事厲志發願於
大業季中至涿鹿山以大藏經刻於貞珉藏諸山竇大
願不終而掩化門人導公儀公暹公法公師資相踵五
代造經亦未滿師願至　大遼留公法師奏
閤聖宗皇帝賜普度壇利錢續而又造次

興宗皇帝賜錢又造相國楊公遵勗梁公穎奏
閤道宗皇帝賜錢造經四十七帙通前上石共計一百
八十七帙已厝東峯七石室內見今大藏仍未及半有
　故上人通理大師緇林秀出名實俱高教風一扇
草偃八宏其餘德業具載實峯本寺遺行碑中師因游
兹山寓宿其寺嘅石經未圓有續造之念興無緣慈爲
不請友至大安九季正月一日遂於兹寺開放戒壇仕
庶道俗入山受戒叵以數知海會之衆孰敢評之師之
化緣寔亦次之方盡暮春始得終罷所獲施錢乃萬餘
鏹付門人見右街僧錄通慧圓照大師善定校勘刻石

石類印板背面俱用鐫經兩紙至大安十年錢已費盡
功且權止碑四千八十片經四十四帙題名目錄具列
如左未知後代更更繼之又有門人講經沙門善銳念
　先師遺風不能續扇經碑未藏或有殘壞遂與定
師共議募功至天慶七年於寺內西南隅穿地爲穴
　道宗皇帝所辦石經大碑一百八十片通理大師
所辦石經小碑四千八十片皆藏瘞地穴之內上築臺
砌甎建石塔一坐刻文摽記知經所在昝蘇州重興寺
法華院石壁經請白樂天撰碑有水火不能燒漂風日
不能搖消等文乃國手大才今命余作記口合抱慙闇

筆柰是善緣勉而直書
通理大師所辦石經小碑四千八十片經四十四帙
大佛頂如來密因修證了義諸菩薩萬行首楞嚴經十
卷詩帙一　菩薩地持經十卷賢帙一　菩薩善戒經九卷
淨業障經一卷剋帙一　優婆塞戒經七卷梵網經二卷
受十口戒經一卷念帙一　菩薩瓔珞本業經二卷佛藏
經四卷菩薩善戒經一卷作帙一　菩薩內戒經一卷
優口塞五戒威儀經一卷大乘三聚懺悔經一卷菩薩
五法懺悔文一卷菩薩藏經一卷三曼陁颰陁羅菩薩
經一卷菩薩受齋經一卷舍利弗悔過經一卷文殊悔

過經一卷法律三昧經一卷十善業道經一卷聖帙一
大智度論一百卷十帙德建名立形端表正空谷　十
地經論十二卷傳帙一　弥勒菩薩所問經論五卷大乘
寶積經論四卷寶髻菩薩四法經論一卷聲帙一　佛地
經論七卷金剛般　若論二卷虛帙一　金剛般若波羅
蜜經破取著不壞假名論二卷文殊師利菩薩問菩提
經論二卷堂帙一　勝思惟梵天所問經論四卷涅盤論
一卷涅盤經本有今無偈論一卷遺教經論一卷三具
足經論一卷無量壽經論一卷轉法輪經論一卷習帙一
瑜伽師地論一百卷十帙　聽禍因惡積福緣善慶

尺　顯揚聖教論二十卷辭非帙二　瑜伽師地論釋一
卷顯揚聖教論頌一卷王法正理論一卷大乘阿毗達
磨集論七卷寶帙一　大乘阿毗達磨雜集論十六卷中
論四卷寸陰帙二　般若燈論釋十五卷十二門論一卷
十八空論一卷百論二卷廣百論本一卷是競帙二　大
乘廣百釋論十卷資帙一　成唯識論十卷盡帙一　大丈
夫論二卷入大乘論二卷大乘掌珎論二卷大乘五蘊
論一卷大乘廣五蘊論一卷大乘起信論一卷寶行王
正論一卷命帙一　摩訶衍論十卷寧帙一　大乘本生心
地觀經八卷壁帙一　大乘理趣六波羅蜜經十卷杜帙一

道宗皇帝所鐫石經大碑一百八十片　十住斷結經
碑五片　花手經碑二十五片　佛名經碑二十片
大威德　羅尼經碑二十八片　摩訶摩耶經碑一片
菩薩瓔珞經碑一十一片　大法炬陁羅尼經碑三
十片　五千五百佛名經碑一十三片　不空羂口神
變真言經碑七片　賢劫經碑一十八片　入法界體
經碑一片　須真太子經碑一片　佛說德護長者經
碑二片　超日明三昧經碑五片　佛說浴像功德經
碑一片　未曾有因緣經碑二片　不思議功德諸佛
所護念經碑三片　佛說成具光明定意經碑一片

佛說妙法決定業障經碑一片　佛說寶網經碑一片
過去莊嚴劫千佛名經碑一片　未來星宿劫千佛
名經碑一片　見在賢劫千佛名經碑二片
天慶八年戊戌朔五月戊午十七日戊戌甲寅時建
燕臺沙門惟和書
夫見古之蔂壙得銘石者其石溫潤其字分明今經碑
穿地穴秘藏者取久固不毀者也　沙門志德鐫
富寺首座沙門志玗　寺主講論沙門志慜
伺座講經沙門善相　都和講經沙門志典
按此石經塔記即帝京景物畧所載天慶八年沙

門志才碑是也記稱雲居寺石經遼時聖宗興宗皆賜錢續造至是則道宗又賜錢造之而猶未圓至大安九年十年兩次鐫經凡碑四千八十片經四十四帙從列歷代辯經目錄每十卷爲一帙皆標千字文爲號與今大藏同例碑建於天慶八年戊戌朔五月戊午十七日戊戌甲寅時天慶爲天祚紀元距遼之亡僅七年耳戊戌筆作戌六朝書體如此天慶八年爲戊戌歲此云戊戌朔意不可曉五月戊午不加朔字乃月建也下云十七日戊戌甲寅時戊戌是日推其朔乃壬午不用朔而用

建又一例也

慈悲菴大德幢記

幢高五尺三寸八面各廣六寸二分四行每行字數三十七八九不等正書在京師黑窰廠

故慈智大德佛頂尊勝大悲陁羅尼幢

唐開元三朝灌頂國師和尙特進試鴻臚卿開府儀同三司肅國公食邑三千戶實封三百戶贈司空謚大辯正大廣智大興善寺三藏沙門不空奉　詔譯

講律論比丘德麟書

呪不錄

大遼燕京大憫忠寺故慈智大德幢記

師諱惟脫俗姓魏氏鄚陰田陽人也丱歲礼憫忠寺守淨上人落髮誦白蓮經遇恩得度師志在雜花行依四分其他典論有□力通後因遊方止于上都開創精藍掛錫而住大安九年會門人覺智大師詔赴　闕庭因過　詔聽乃特賜紫衣慈智之號壽昌四年三月九日因疾奄化于寺□講院至五年四月十三日葬于京東先師塋側師行也以精進心□不退輪以勇健力提無畏鼓講說群經□□□□□讀雜花晉一百遍儀範所攝惠用所誘貴高曾慢罔不欽伏其威重如是心行禪身持律起居動息皆有常節雖冱寒隆暑風雨黑夜礼佛

誦經手不釋卷四十餘年几十二時未嘗闕一其精進如是師既疾丞四大將壞無戀著念無厭離想門弟子饋藥數四師報之云色身終壞烏用是爲言訖怡然就化其了悟如是臨終之日暴風忽起晝如晦夜對面莫覩洎師遷逝倏然乃止門人仰師之德感師之恩塋壍骨於其下樹將幢於其上欲存不朽以示將來時壽昌五年歲次己卯四月十三日乙時記

門人管內左街僧錄判官覺智大師賜紫沙門文傑

門人黍元沙門文偉　法孫五人圓心　圓全

圓成　圓登　圓欽

按此幢前刻大悲陁羅尼咒比邱德麟書後刻幢記不著撰者何人蓋爲其師惟脤作也記云惟脤鄉陰田陽人遼史地理志鄉陰縣屬南京析津府本漢泉山之霍村鎮田陽地名無攷記作於道宗壽隆五年己卯歲碑云壽昌者即壽隆也碑署年月下云四月十三日乙時不用支而用幹與戒壇寺陁羅尼幢同皆當時書碑之一例

金石萃編卷一百五十三終

金石萃編卷一百五十四

賜進士出身　誥授光祿大夫刑部右侍郎加七級王昶譔

金一

慈悲菴石幢

幢高一尺八寸四面各廣五寸二面四行行十二字一五行行五字俱梵文一六行行十八九字不等正書在京師黑窰廠

觀音菩薩甘露陁羅尼文不錄

智炬如來心破地獄陁羅尼文不錄

淨法界陁羅尼文不錄

諦甘

天會九年□□□

慈悲菴在黑窰廠菴西偏即陶然亭也慈悲菴康熙二年重修侍讀北平田種玉碑謂剏於元治於明則招提勝境由來舊矣菴北院內有遼壽昌五年陀羅尼幢又庭前有金天會九年四月石幢四面各鏤佛像其三隅文刻咒文皆用西域梵書而標以漢字惟一隅漫漶僅辨年月欽定日下舊聞考

皇弟都統經略郎君行記

碑高一丈八尺廣八尺三寸記在碑之中女直書九行譯正書六行行二十三字額題大金皇弟都統經略郎君行記十二字篆書在乾州

[illegible]
[illegible]
[illegible]
[illegible]
[illegible]
[illegible]

譯文

大金皇弟都統經略郎君以疆埸無事獵于梁山之陽至唐乾陵殿廡頽然一無所睹爰命有司鳩工修飾今復謁陵下繪像一新迴廊四起不勝欣然與醴陽太

守酣飲而歸時天會十二年歲次甲寅仲冬十有四日

尚書職方郎中黄應期

宥州刺史王圭从行奉　命題

右譯前言

郎君稱皇弟無姓名天會十二年記當爲太宗之弟按金史世祖子十一人自康宗太祖太宗而外尚八人未知誰是碑一字不能辨盇女直字如是王元美所録明王慎德四夷咸賓八字正與此同法而此凡一百五字后有譯書漢字字刻乾陵無字碑上石墨鐫華此刻乾陵無字碑上政天會九年金以陝西地賜齊

則其時地猶屬劉豫劉豫帝齊惟撻懶（宋史作撻辣）以左
監軍鎮之撻懶穆宗子也爲太宗之弟文稱皇弟
而不著名合之史當即撻懶無疑（關中金石記）
右記文稱皇弟都統經畧郎君而不署名金石家或
以宗輔當之然宗輔乃太祖之子太宗之姪碑刻於
太宗時不當稱皇弟也或以撻懶當之攷金史紀傳
其時撻懶又不在陝西予謂此郎君蓋撒離喝也撒
離喝本金之宗室又爲世祖養子則與太宗爲昆弟
行宜有皇弟之稱李心傳建炎以來繫年要錄云紹
興元年（即金天會九年）十月宗弼爲吳玠所敗自河東還燕

山左副元帥宗維（即粘罕也金史作宗翰）爲宗弼在軍中更以
副統撒離曷（與喝同）爲陝西經畧使此云都統經畧正
與繫年錄合蓋由副統遷都統也繫年錄又云婁宿
引兵來犯吳玠擊敗之撒離曷懼而泣金人因目爲
啼哭郎君是撒離喝本有郎君之稱矣金史本傳不
載除都統經畧使殊爲闕漏當依繫年錄及石刻補
之撒離喝今譯改爲薩哩甘云（潛研堂金石文跋尾）
按此碑前爲女直書後有譯文女直書則無等者
僅見此碑因摹錄之據譯文云獵于梁山之下至
唐乾陵乾陵乃唐高宗陵也長安志在奉天縣西

北五里梁山鄉丈八青仁埪子三村界周八十里
有于闐國所進無字碑此記即刻于無字碑上奉
天縣者唐書地理志文明元年析醴泉始平好畤
武功邠州之永壽五縣置以奉乾陵梁山即乾陵
所在在乾州北十里奉天縣北五里奉天縣至元
元年省入州後即爲州治乾州志稱梁山高三百
七十四丈周九里廣二里正南兩峯並峙直北一
峯最高與九嵕五峯太白終南遥拱爲一州大觀
孟子太王去邠踰梁山史記秦始皇三十五年幸
梁山宮皆即此梁山與禹貢治梁及岐毛詩奕奕

梁山自别彼梁山在雍州即今同州府韓城縣蓋
前人已辨之矣皇弟不署名潛研跋考定爲撒離
喝其語甚覈金史太宗紀天會十二年二月丁酉
撒離喝敗宋吳玠軍于固鎮碑即以是年仲冬獵
梁山謁乾陵而記其事正相合矣然潛研謂撒離
曷有啼哭郎君之稱可據以證碑之稱郎君宋史
吳璘傳金又有鵓眼郎君以三千騎衝吳璘爲璘
所敗事在宋紹興十年爲金熙宗天眷三年要之
郎君乃金人貴臣之稱謂不獨撒離喝爲然

忻州府普照寺碑

碑不連額高一丈二尺廣四尺文二十四行
行六十二字正書篆額在沂州府城普照寺

中□□□倚撰

集唐柳公權書

伊川□□璋篆額

琅邪之佛祠在郡治者凡六區其五爲毗尼其一爲禪
那今普照是也嘗子□之西南有□臺巋然出於城隅
臺之西復有廢池流潦□焉耆舊相傳臺曰曬書池曰
滌筆其地蓋東晉右將軍王羲之之宅也昔晉祚
中缺元帝渡河臨沂諸王去亂南遷乃捨宅爲梵寺世
祀縣邈眞僞莫考往歲嘗得斷碑於土中字雖漫滅倘

髣髴可讀按招提復興之代實自後魏至有唐孝明皇
帝即位之九年始賜額曰開元宋崇寧初輔臣建言請
詔天下每郡擇□□寺一更爲禪林遇皇上誕弥之月
爲祈延景命之地制從之郡以開元應選自是改稱天
寧萬壽禪寺遂廢齊居攝專用苛政理國郡衆不附尤
猜中多忌凡浮屠老子之居難日所嚴奉以祈福者一
切□華述易天寧之牓榜以普照開元遺址因古臺爲
基下偪闤闠棟宇偏□□□出中所當有者皆廢缺未
備不稱寶坊之制歲在丁亥妙濟禪師覺海始來住持
入院之四年乃議改作衆懼難成姑欲因陋經始之初

異論□起拱手旁觀待其自敗師志先定屹如山立終
不可搖時泰國上將軍渤海高公名和式適守是邦與
師昔於過去劫在無量佛所曾植宿因至是機緣會遇
針芥相投公命首陸雉堞以達蔽阻又架石爲梁跨塹
月湖南臨廣路於指顧間已盡闞湫隘爲空曠之境矣
復名百工授以成規自當陽聖位亥及方丈下逮僮隸
所偃息皆標立區所期盡新之茲出資力往給經費且
示苦忍降伏偷惰畚鍾斤斧所觸輒以身先於是郡人
感其誠莫不風靡遠方檀施亦破慳捨隘助作大緣憧
憧往來相踵於路以故貲用饒益魔失其便與暑未幾

悉滿初頹師又於大雄殿之北創立廣夏聚竺土所傳
調御所說五千四十八卷之經爲大轉輪藏發機於地
棲匭於輪鏤此岸旃檀諸香□須弥山及阿耨池八方
龍鬼出於光際各持金華覩護法相諸天寶宮弥覆其
上一一天宮有諸寶欄楯一一欄楯有諸寶天女執妙
音樂歌舞讚佛復有無數化身如來坐師子座爲百億
天衆放光顯瑞說無言法機輪一動聖凡出沒千變萬
化金碧相錯耀人心目如劫初時風激水□涌爲七珍
蓮華藏世界不可說宮殿次第□成微妙奇巧工告訖
事師擇九月辛未集山東十八郡大長老洎傳戒宿德

建龍華會七晝夜以落其成幢蓋鍾鼓填溢衢市緇素數萬人遐邇咸會覩是勝相皆讚歎隨喜請採石斲碑紀述希有傳信無窮求文於中陶仲汝尙以記其事汝尙曰先佛世尊□□□樹□□餘歲至東漢二葉教流震旦訖於梁氏始宏闡有爲出□空術盡成名相我達摩初祖自天竺西來救其末流俾涅槃妙心巍巍堂堂獨星□月益光耀□像法自此天下之言禪者皆以明道說禪爲宗不泥教律惟師□□西蜀棄萬金之產來爲沙門親近知識求無上道參承咨決已得法要固當高提祖印直指人心乃建塔廟嚴像設同二乘小果希

人天福報此禪流後學所以竊議致疑於師也然汝尙嘗聞師之言曰實際理地不受一塵佛事門中不捨一法吾以如幻三昧遊戲世間雖化大千盡爲佛剎其中寶供㝡勝第一種種具足吾之妙□未始有作也昔眞際之住東院不聽大櫃桄動一□以廣其居是誠古佛用心然不可爲叢林法吾懼末世比丘喜豈誕者藉爲大以擬佛遂有假如來衣竊信施食視法宇之成壞若行路之過逆旅曾不介意或問其故輒謬曰古之人固如是也以至上雨旁風覆壓是虞乃挈鉢囊遂巡告去有如諸方建化率由此輒則寶莊嚴道場往往鞠爲茂草如來遺法其能久住世乎敢以多言汝尙唯唯乃序寺之廢興緣起俾刻石以告來者時皇統四年十月二十日記

奉國上將軍行沂州防禦使事兼管內安撫使統押沂海路萬戶兵馬高名和式

沂州普照禪寺住持傳法賜紫□濟大師覺海立石

中陶□□□刊

撰文者爲仲汝文粗能其家言第云寺故右軍王羲之捨宅者妄右軍渡江時未十歲當是淮南公捨耳弇州山人四部稿

柳書露筋骨易於摹刻故雖自碑刻鉤勒來亦不甚失金狄但知立碑集書者固中原人耳書畫跋跋

居文皇曠世雄才削平海內以其餘力恣意臨池其臣又有率更永興輩其成之故能集書聖教師法千秋自此而后集書未有及之者普照碑建自金源當兵戈草昧之後有仲汝尙文頗盡致而集公權書方整遒勁緊密處殊勝公權自書不啻與聖教代興碑署仲汝義刻疑集書即出其手不有君子其何能國金之謂矣碑云寺是王右軍故宅未辨眞僞而王元美直以爲淮南公捨是又增一妄也石墨鐫華

文云子城之西南有臺巋然出城隅臺之西復有廢
池者舊相傳臺曰曬書池曰洋筆其地蓋晉右將軍
王羲之逸少故宅予攷東觀餘論稱逸少以晉穆帝
升平五年卒而昔人又稱右軍三十三書蘭亭序右
軍年五十有九以永和九年年三十三推之當卒于
孝武太元四年二說不同按晉書謝安傳嘗與王羲
之登城悠然遐想有高世之志羲之謂曰夏禹勤王
手足胼胝文王旰食日不暇給今四郊多壘宜思自
效而虛談廢務浮文妨要恐非當今所宜安之得政
在寧康太元之際則太元初逸少尚存以為卒于升

平五年者誤矣永嘉之亂琅邪陷于劉石其府逸少
尚未生也安得有故宅在琅邪且有洋筆之池乎碑
文集柳誠懸書楷字右旁缺筆避金熙宗御諱也潛研
堂金石文跋尾
武虛谷云右碑斷裂書撰人名氏僅有中尚二字可
辨案之文內所載知為中陶仲汝尚也于氏作齊乘
去金未遠其載此碑猶全後題銜奉國上將軍行沂
州防禦使事兼管內安撫使統押沂海路萬戶兵馬
高召和式即與覺海復葺此寺者也金史廢帝紀正
隆四年十二月乙卯以樞密副使張暉為尚書右丞

歸德尹致仕高召和式起為樞密副使又高彪傳
彪本名召和失辰州渤海人為武寧軍節度使顏盞
貨嘗坐贓海陵以其熟舊杖而釋之改忻州防禦使
以碑證之忻當作沂傳刻誤也其階奉國上將軍及
兼官傳皆遺之山左金石志

長清靈巖寺寶公開堂疏

碑高六尺四寸五分廣三尺八寸五分十八行
行二十八字蓮題並正書在長清縣靈巖寺

徵事郎濟南府錄事夏緯書山門監事僧宗安立石
濟南府
今請靈巖禪寺

寶公長老開堂演法為
國焚修祝延
聖壽者
竊以丈室駐錫便知祖道之興諸天雨花喜遇禪林之
伯剡殺說之公案舉宗上之因緣不有能仁難安勝境
伏惟
寶公堂頭和尚早具鍜金之爐韝妙傳出世之津梁枯
木寒灰宴坐於千峯影裏騰蛟起鳳進步於百尺竿頭
茲緣緇素之依歸有請
省廷而允可唱少林之曲調蹋靈巖之道場信堂堂龍

衆之姿赴肅肅人天之會白雲堆裏不妨依舊經行碧
眼胡遵無惜斬新拈出永洪
睿筭廣震潮音謹疏
皇統九年八月　日疏
承事郎濟南府推官權判官李德恭
府判官闕
宣威將軍濟南府少尹完顏没里虎
安遠大將軍同知濟南尹事南陽縣開國伯食邑七
百戸韓爲殿
特進行濟南府尹上柱國莘國公完顏篤化叔

李彥刊字
右碑額題開堂疏三字横列徑四寸疏文後年月下
有印方一寸八分文曰濟南府印後列銜五人内府
判官闕餘人皆未載府志 山左金石志

按長清縣别有寶公禪師塔銘文見山左金石志
彼碑下截損闕不知寶公之名上一字爲何也但
稱師姓武氏相州里人靈巖虚席府尹韓公爲殿
運使康公淵保申行省云云即此疏所云有請省
廷而允可也韓爲殿塔銘稱府尹此碑作同知尹
事蓋塔銘刻於大定十四年在此碑之後由同知
而升授正尹矣

浦公禪師塔記
石連額高二尺三寸廣二尺六分二十一行行三十字額題故浦公禪師塔銘並正書在耀州

前□□十方妙德禪院浦公禪師塔記
登仕郎□□陽府□□□□撰
登仕郎耀州司候温□書
師諱善浦京兆城東人也俗姓馮氏五代宰相可道六
世孫母蘇氏夜□□□□光貫屋覺而有妊蘇氏心許
出家師既生天資醇厚始絶乳茀喜□□□□□京
兆卧龍禪院主僧恵初爲師克勤持誦至二十二歲試
經創□□□□□□僧者本欲越愛河登彼岸豈反

脩飾人事遂竟齋供如塑自縛□□□□□十餘年
間雲門雪峯一皆恭歷及再歸依香巖謹禪師□□□
□公□□□□□□孟嘗門下新添劍客首座進曰鎮
鋣未用利鈍焉知公曰伯□□□□□是知音者若善
浦□開正眼了見根□但□欲傳非子不可翌日□□
□法時宋宣和元年董待制知府事請師□脩聖壽自
是之後或住天□或居□□□爰經兵火歷更數郡禪刹
至皇統三年知耀州李寧遠以妙德珂□告□□□其
人一日幕屬以師卑之公欣然具禮就京兆還居妙德

開堂之後郡中□□□可其志者或勸師以女衆爲言
師曰雲房無鎖鑰□莫惹塵埃□是妙□□□僧少造
其室者惟師自處寂無纖翳不半載閭閻父老雲集座
下師□□□□□脩葺堂殿表裏一新孫未常化人以
施財爲念惟是郡民之誠持□□□□□而□□門人
□□□□□□皆侍左右師曰大丈夫當去住分明及
一名曰覺道至天德二年忽感疾於當年二月十三日
午刻師遂整衣命筆□□一□云淸風自淸風明月自
明月白雲消散後老僧無可說付以覺道結跏而化享
年六十有六僧蠟四十有四當月十五日覺道舉師喪

葬于華原縣流□鄉待賓村宋家莊而起塔焉工告畢
覺道資君爲余曰先師自提祖印六座道場今旣殁恐
以平昔之善與草木俱腐欲書之堅石以示後學一以
□和尙之美一以表覺道之誠可乎余旣哀其誠又惜
其善何辭以讓因書其實而繫之以銘云
嗚呼淸公　摸範霧叢　雲門宗寶　正眼皆同　久
提祖印　闢鑿盲聾　今其何在　明月淸風
承事郎充耀州軍事判官王□立石
恭學善友劉深　元眞　劉本□　李□□彥徐
□王本顯　張本□　□本唐　辛草　樊本淨

張本因　勇本楢　安本曇　史本雎　□□　王
本□　□本□　雷本□　楊本發　党本□　秦
典　劉本省　陳本復　□本近　同本言　李本
應　黃本□　王本□　□本□　姜本兆　張氏
、劉皐　謝勝　劉本浩　惠本性　本見
施墳地弟子曹本仁　曹□□　王□　公孫本
有　□觀李自然　李本脩　秦本震　馬立　王
本玉　會首郭本廸等　小師　僧
承事郎充耀州軍事判官□□
按碑題妙德禪院稽之陝西通志寺觀卷已無考

文稱師諱善淸俗姓馮氏五代宰相可道六世孫
母祿氏可道卽馮道之字碑敘其先世不稱名而
稱字以一例也薛五代史道有六子平吉某某義正此善淸不知爲何人之裔祿
姓出于紂子祿父之後然從無一人入史傳者則
其姓亦希矣碑以僧蠟爲僧臘恐是筆誤

京兆府重修府學記

碑高六尺七寸六分廣二尺九寸五分三十行行七十字正書篆額在西安府學

三代之治莫隆於周藹藹王多吉士維君子使媚于天
子後世追仰風猷常嘆其不及者何耶非世態淳於前
而澆於後也非人物與於古而衰於今也蓋以庠序學

校之設成於當時者備涵濡長養之方盡於其道也久
故教化有所格器質有所就而賢人衆多能爲邦家立
太平之基矣豈以澆淳興衰有前後古今之異哉晚周
東鴛王室衰微　吾夫子患聖人之道熄刪詩書
定禮樂讚易道述春秋皇皇然轍環天下歷聘諸國以
微言大義垂世立教授三千之徒於洙泗之間祖述堯
舜憲章文武斬帝王之道坦明於時俾民受其賜於萬
世之後嗚呼其念天下後世之重如此至於嘆鳳鳥之
不至泣麟出之非時豈獨爲一身而已哉曁乎夢奠兩
楹異端並起繼以秦焚漢濫得㷔燼之餘者不絕如綫

當是時也微　吾夫子之道其誰與歸斯所以明
君哲后有意帝王之治者莫不詔郡縣立學春秋享
　先聖先師于廟焉京兆舊學在府城之坤維地非
亢爽前宋崇寧二年命郡縣建學以賓興賢能府帥樞
密直學士虞公策承命詣學謂諸生曰辟修泮宮有思
樂泮水薄采其芹之頌是知泮水以育人材也今府城
之東南隅水易就下地且文明欲改卜其處可乎諸生
怡然曰諾乃範湖州規製經營建立廟學之成總五百
楹去模廓度冠偉一時水潤木陰淸泠欝欝儒衣冠而
入者日不啻千人絃誦之聲洞澈霄漢厥後學古入官

貢名于桂籍登書于天府者未斷一二數也自罹兵草
殘毀幾盡貞元乙亥歲河間　韓公希甫亞尹京兆
視事之三日謁奠于　文宣王酌獻禮畢見諸生
於學喟然嘆曰我　國家經文緯武進用賢能每
三歲設科以經史取士鄉升之府府升之　朝而
　皇帝臨軒賦業見賢焉然後用之誠夸越貿古
之制也謹按　尚書省批送禮部節文應有
宣聖廟去處即便修整今此廟兒傾圮釁宇頹弊何以
仰副　明天子作成之意遂即議於　府尹完
顏公胡女遵奉　朝廷之命鳩工計役拾墮瓦於

廢基掄堅材于壞屋新寢祠而重儼像翔脩廊而繪列
賢師儒講誦之有堂生員居處之有廬以至齋祭之室
庖湢之所各有其序補苴罅漏刬䓕治蕪期年而成
　韓公又出己俸重修祭器俎豆之屬大率皆備乃延
諸生入學隸業仍與　漕使李公　同知張公　副
運劉公　曁諸幕屬共議申勅　朝廷養士著令
具饌焉繼而　府推張公仲堪下車提領教綱力贊
其務而又　府判畢公棣入幕之初首督斯舉能事
於是畢矣學正來昌國卿其徒請記於梨棗以鄙陋少
文屢辭屢屬牢不可讓且告之曰在昔宗周作都豐鎬

人材萃出一本於學故詩人謂文王曰於樂辟廱縎武
王曰鎬京辟廱以至世之不顯厥猶翼翼思皇多士生
此王國王國克生維周之楨濟濟多士文王以寧且京
兆處宗周之域被文武之化薰陶漸漬数千百載之後
風聲氣俗宜乎不改今　諸公克承朝廷美意主張
吾道重建廟學豈非翼翼然思皇多士復生我
國家如文王時耶勒銘金石不足以歸美于　上
諸生當勉學夫子之道處則孝於其親友於兄弟出則
忠於其　君施于有政抱道懷德陞名仕版爲當
世之顯儒遠不忝宗周習俗之美仰不負　吾皇

樂育之誠俯不媿　諸公主張之德使諸公異時聞諸
生行業於　廟堂之上奚復有慊於心歟大金正
隆二年十一月十有五日京兆前進士李鼎謹記
河南潘師雄書丹開封錢義方題額學正來昌國等立
石　齋諭韓觀　齋長姚褒　司書宋端弼
直學任俁　學諭曹誼
監修使臣唐安
監修學忠顯校尉充京兆府軍器庫副使兼知作院
武騎尉李宏
監修學奉信校尉可充京兆府軍器庫使兼知作院
飛騎尉劉端
提振修學昭信校尉行京兆府錄事飛騎尉王景暉
提振修學奉政大夫專一規措京兆府耀州三白渠
公事驍騎尉王堪

學爲府尹完顏胡女修建文云舊學在府城之坤維
地前宋崇寧二年命郡縣建府帥樞密直學士虞策
改築于此據之則宋金時學非復唐國子監舊址也
關中金石記

按碑云京兆舊學在府城之坤維前宋崇寧二年
府帥虞策諳學即今府城東南隅改卜其處陝西

通志西安府學但云在府治東南即宋金學校舊
址不言宋金以前舊址所在關中金石記乃云據
文則宋金時學非復唐國子監舊址也攷宋敏求
長安志載唐京城萬年縣所領朱雀門街第二街
北當皇城南面之安上門街東從北第一務本坊
半以西國子監監東開街若兩坊街北抵皇城南
盡一坊之地又曰當日之城南面朱雀門有南北
大街曰朱雀門街東西廣百步萬年長安二縣以
此街爲界萬年領街東五十四坊及東市則是朱
雀街因朱雀門爲名門在京城之正南萬年縣所

領在東街而街東又分五街國子監在第二街以京城大勢揣之監正在東南隅不知碑所謂府城坤維之舊學是何時之學坤維是在西南與唐國子監地不合府尹完顏胡女金史無胡女有活女爲婁室之子傳稱天眷三年爲元帥右都監累歷京兆尹修學在貞元乙亥歲距天眷三年得十六年或是時即活女作尹或金國語傳寫之誤也未列銜有監修學二人提控官又有提振修學二人史百官志凡修舉之事有提控官而無提振此提振或即提控之義王堪規措京兆府耀州三白渠公事志載規措官正七品其屬有照檢渠堰官一員可知當時特重渠事故設官專一規措也

金石萃編卷一百五十四終

金石萃編卷一百五十五

賜進士出身　誥授光祿大夫刑部右侍郎加七級王昶譔

金二

乾州思政堂記

碑連額高七尺八寸五分廣三尺七寸二十三行行四十九字正書篆額在乾州

大中大夫行乾州刺史兼知軍事輕車都尉滎陽郡開國伯食邑七百戶賜紫金魚袋鄭彥文述并書

徵事郎充乾州軍事判官崔艮弼篆額

乾本漢池陽縣至唐改奉天後置爲州梁乾化中升威勝軍後唐同光年乃復今名距京兆不越數舍其地平敞四達自昔關中有事亦用武之地也比年以來宿師多壘癰瘍浩大瘡痍未平風物凋弊而不振号爲難治大定戊子歲余刺北豳庚寅被　命移守來此丁雨暘不時傷我穡事在牧民者當得安養拯恤之方載循空疎䇿鈍怵惕軫慮惟恐蹶失致以罪去昔集賢校理太原王公爲池州日治其後堂命曰思政謂其出政於南嚮之堂思之於此也曾子固作記美王公不敢忘政其於治民之意勤矣余愛其言之有理与余意合私竊擬之而未克遂志適此公署廳事之次有屋一區雖劇宏壯然以廢置之久上下頹圮隅角墊缺風雨摧剝爲

鼠飲宅不可居處乃檄計司得報命工重加完繕補葺
鏬漏塗壁丹雘乃復充堂衍宇之舊觀爽塏軒豁以便
遊息爲退食之所亦以思政榜之蓋欲踵武太原王公
雅志高躅焉嘗聞子大叔問政於子產子產曰政如農
功日夜思之思其始成其終行無越思其過鮮矣余敢
忽之哉值乾路當衝要軺車馹騎電掣星馳迎餞旁午
加之諸邑租庸征賦公務鞅掌民紊訴牒吏鈐紙尾幾
不勝聽剖析決遣若匪三復審諦寧不有誤者哉每公
餘吏散正襟危坐于其中澡瀹神觀疏剔荒塞私自訟
曰尔於事　君之忠有未盡乎行已之道有未得

乎學校有未修乎鰥寡有未恤乎獄訟有未平乎農桑
有未勸乎謹當誦前言而不敢違庶幾幸免曠斥少圖
補報　國恩以寬尸素之愧爲堂之側亦有茂林
翠竹可以招邀風月領略芳華或隱几以休詩書或酌
酒以娛賓客雖在談笑觴豆徜徉巾履中念所以爲政
之本未始造次而忘也嗟余束髮登仕代匱州縣之職
雞一再鳴而起校吏事於朱墨簿書中奉行　天
子教條惟恐不克仰副　委付之意周遊而河暨
陝服不啻萬餘里奔走匏繫垂五十年其羇僑亦久矣
疲頓亦甚矣今年踰七十償於職守失思慮而致譴斁

寧不負乎昔之志哉昔東坡先生守膠西治新疑於黃
堂之北名曰蓋公堂且自作記蓋慕其人也余与坡公
賢愚固不同而做太原王公思政名堂余豈不得慕其
人而襲其遺範哉於是乎書置之左右庶朝夕臨觀以
自警其不逮云大定辛卯歲冬十二月初一日
昭武大將軍同知乾州軍州事上輕車都尉隴西郡
開國伯食邑七百戶李仲仁上石

文有云乾本漢池陽縣至唐改奉天後置爲州梁乾
化中升威勝軍後唐同光年復今名以唐志合之改
縣爲州乃乾寧二年也太平寰宇記云李茂貞建後

鼂王出鎮爲威勝軍文又云距京兆不越數舍寰宇
記東至長安一百八十里關中金石記

按陝西通志乾州知州署在城內西偏即唐德宗
行在故址後改爲州治金大定戊子刺史鄭彥文
修二堂額曰思政堂即謂此碑也文云乾本漢池
陽縣至唐改奉天後置爲州考池陽縣在周爲焦
穫地秦爲涇陽邑漢惠帝四年即其地置池陽縣
屬內史後屬左馮翊後漢因之迨苻秦時於池陽
東南析置涇陽縣宇文周時廢池陽不復置歷代
至今但有涇陽縣其縣今屬西安府並非乾州地

乾州始於唐睿宗文明元年析醴泉始平好畤武功豳州之永壽置奉天縣以奉乾陵至昭宗乾寧二年以縣置乾州其地與池陽東西相距截然兩處碑云本漢池陽縣者誤也鄭彦文大定庚寅移守來此庚寅是大定十年碑立于辛卯則十一年矣金史百官志州刺史正五品同知正七品判官從八品文階從四品上曰大中大夫正五品上曰中議大夫中曰中憲大夫下曰忠順大夫正七品上曰承德郎下曰承直郎從八品上曰徵事郎下曰從仕郎武階正四品上曰昭武大將軍碑於刺

史鄭彦文以正五品官而用正四品上之大中大夫階同知李仲仁以正七品文官不用文階而用正四品上之昭武大將軍武階史志無明文可攷其制莫詳

莊嚴禪寺牒

石高廣俱三尺二寸大小字共十四行每行字數不等下層刻僧衆及各村人名行書在高陵縣

尚書禮部牒莊嚴禪寺

尚書禮部牒

尚書戶部差委京兆府發賣所據京兆府高陵縣遷安鄉幡千村院主僧法淳善江宗昉狀告見佐本院自來別無名額已納訖合着錢叁佰貫文乞立莊嚴禪寺名額勘會是實須合給賜者

牒奉

勑可特賜莊嚴禪寺牒至准

勑故牒

大定四年五月　日令史向昇押主事安假權郭

押

奉直大夫行太常博士權員外郎劉

中憲大夫行員外郎李

宣威將軍郎中耶律押

中奉大夫禮部尚書兼翰林學士承旨知制誥修國史王

侍郎

本村賈福　賈永興　鄭再興　徐志　南順　孫展　張安　吳再立　張俊　韓廣　進義校尉韓卞　朱琦　韓浦　韓永興

蕭張村王昺　王仁美　劉志

許村進義校尉王儀　進義校尉孫喜　柳昇　丁進

小王村進義校尉姚順　牛直　牛彦

坊下村進義校尉劉潤　進義校尉曹榮　進義校尉劉清

僧永琦　智顯　智雲　僧永堅　智訾　僧智存　智䁥　僧智賢　法均　法詮

講瑜應經僧文綬　講唯識論僧文慶　講唯識論僧智英　講經僧法振　僧□□

大定十六年歲次丙申二月丁丑朔二十一日丁酉住持僧法淳上石

講經律論傳大乘戒沙門善江

按大定初年寺觀納錢請賜名額之事金史無攷今所得於陝西者凡十四碑文稱尚書禮部牒是牒由禮部發也又稱尚書戶部差委某州發賣所是戶部設官差委外州發賣牒文也金史百官志戶部既無發賣所之官禮部亦不載牒文格式及發賣錢數但詳僧尼道女冠限度試經之數與夫中選給據之法而已據同官縣靈泉觀記云大定初王師南征軍須匱乏許進納以賜宮觀名額若然則是大定初權宜設置之事非常制也十四碑中在長安者五碑在涇陽者七碑在同官者一碑在高陵者一碑似共制獨行於陝西殆即辦軍須

之所也其牒起於大定二年迄四年是時世宗初即位用兵契丹因暫行此制想四年以後卽停也牒文之式不一大定二年祇稱陝西各路轉運司三年以後則有尚書戶部差委京兆府發賣所又有差委耀州發賣所是發賣所始於三年而各州皆有也其錢數大定二年但云已納訖合着錢數三年以後則著明錢壹伯貫至四年四月清涼禪院牒錢壹伯伍拾貫五月莊嚴院牒錢叁伯貫逾時未久牒價懸殊不能知其故也諸碑皆稱發賣所獨福勝院牒稱發給所小有不同有額名同者如洪福院有二牒一在京兆府一在涇陽縣同為洪福字前為禪院後為院清涼院有二牒一在長安縣一在涇陽縣同為清涼字前為院後為禪院也或當時院與禪院畧有辨歟凡請牒必由狀告與唐宋之制不同詳識于此亦可備一時掌故牒雖多種俱于大典無關今錄此一牒以志大概其餘牒內官既無名可考亦無文字可傳姑從刪削

凝真大師成道記

碑連額高五尺五寸廣二尺七寸分三層上層繪成道圖中層記二十九行行二十字下層田土坦基三十六行行二十餘字不等正書額題驪山靈泉觀凝真大師成道記篆書在臨潼縣

故靈泉觀主凝眞大師成道記

李輔書

大師諱子劉姓劉氏開封人也生有奇相人知不凡年甫數歲居然厭俗自投牒於太清宮受業爲道士既守眞戒奉行教法功德不可思議旁通醫術能起死劑全活者不可勝數歷歲滋久升聞於朝前宋　仁宗召赴闕廷師之入見也年已幾耄鬚髮皆黑面有壯容進趨如儀登對有法帝曰異哉詔賜號曰　凝眞大師撰紫衣　勑授靈泉觀主賜秦帝陵旁并諸庄地土計一百五十頃及山林湯泉水磨臨潼縣地基房廊盡充靈

泉觀常住道業　師既莅事一新規畫數載之後租入有餘謂徇座李藏用曰此觀實唐之華淸宮也今圮廢如此幸有積貯可以繕脩於是創殿閣立堂齋鑿新湯築花圃成之不日壯麗可觀迨至和元年正月二十日師忽沐浴更衣而出擊鐘集道衆遺言曰公等自愛我今歸去言畢遂兩手結印端坐而化是時方春林巒秀茂鸞鶴飛翔空中髣髴有樂音衆皆瞻仰望　師隱隱而昇矣後經一月有客自西蜀來者云我於今年正月二十日逢一道士騎青騾者自稱曰我是靈泉觀主劉子劉煩你傳語在觀道衆衆聞斯語欽仰讚歎曰師遂

者也自師西昇迄今百有餘祀其後代門人馬景暘陳守靜劉守冲携師之行狀踵門而求記於子至于再至于三予嘉其勤而諾曰試郎其行狀直書以叙云爾大定丙申四月初五日渭南王鎬記

劉仲永　惠□一　王守恭　姚若谷　曹仲昌

郟仲弼　楊守中　劉守中　王慶道　寇仲實

陳仲寧　龐仲先

監觀道士馬景暘　觀主道士陳守靜等重立石

武略將軍行京兆府臨潼縣主簿兼縣尉飛騎尉李溫敬

宣威將軍行京兆府臨潼縣令上騎都尉蘭陵縣開國伯食邑五百戶蕭麻鞋　南圭刊

靈泉觀山林水磨田土地基

一山林一所東至天澗水西七盤谷南至分□□□□□□□□

一東宮城裏外并緑繡東□角□毬場上下耕種地土□□三十二頃五十畝

一毬場官道北東西畛地二十八畝東西至□南至道北民田

一望仙橋河南菓園地東至河西至觀下車院牆北河

南□
一西宫城裏外并磑子谷村□磑窠五聖觀上下□城
北菓□地共八段計八頃三十三畝
一丹霞泉西南山坡耕種田□計四頃五十畝
一□□山坡地土計二十頃二畝東至天河西道南水
溝
一南衛村官□下地土□段計四十五頃□畝東至□
西北溝
一騫村谷底并東西□帶□□地土計四頃□□畝
一□邊村東西畸地土計一頃二畝東西南並至道北

□
一西輔村南北畸地土計八十畝東西至民田南□□
□
一秦始皇陵廟周迴地土計四十二頃四至並外陵牆
一觀門東南畏角地基計三十八間東至石堎道西至
官道南至觀客院北至官街
一簿尉衙東客院東南門裏石堎頭地基計五十八間
西至簿尉衙東南北並至觀
一觀門西南畏角地基三十一間東至宫道西官南觀
北官街

一倉門南面西裏角地基二十二間半東倉牆西街東
南觀倉□巷□西南民田北倉門道
一倉門北面西畏角地基一百二十五間□尺東至倉
城牆南至□門道西至街道北至望仙河民田
一北十字街南東壁上面西向街地基一十二間內九
間長一百五十尺東至民田西至官街南至衙牆北至
民田
一新巷南街西面東地基一十二間東至街西新巷南
民田北新巷道
一水巷街東南畏角地基八間東至官地西至街南至

街北至□
一水巷街東面西地基二十五間東至官地西街南觀
北民田
一水巷街西南畏角地基三十三間東至水巷西至民
田南至街北至觀相接係菜薗地北至堎
一水巷街西面東地基二十五間半東至官街西南觀
北民田
一城西街南面北并上西門街西地基四十一間東□
□□□西至舊城牆南至堎北至下西門□□□□西
□□□地基東至街及街東面西地基東至民田西至

街古城牆南北至觀下埝

碑陰題名

三行行七字八字不等草書

少華喬元龍趙鉍功同登朝元氣象豁然因題於壁

少華党元之率鄉人喬子堅楊質夫登朝元於壁間見元龍草聖惜其慢滅遂書于後元符庚辰中秋日質夫題

靈泉觀主姚有祥　上座蘇有志　直歲馬思口重陽日立石　安延年刊

按陝西通志靈泉觀卽華清宮晉天福中改賜道

士故以觀名華清宮在臨潼縣南唐咸亨二年始名温泉宮天寶六載更曰華清碑前載觀主凝眞成道記乃宋仁宗時事師歿於至和元年此記作於大定十六年丙申距師西昇一百二十三年矣記後載山林水磨田土地基四至畝數凡二十四條有東宮城西宮城之名卽謂華清宮城也有秦始皇陵廟在臨潼縣東一十五里可見其觀地自南而東亦云廣矣年月後列衙縣令曰宣威將軍主簿曰武翼將軍金史百官志赤縣令正七品文階上曰承德郎下曰承直郎諸縣令從七品文階上曰承務郎下曰儒林郎主簿皆正九品文階上曰登仕郎下曰將仕郎武階正七品上曰承信校尉下曰昭信校尉從七品上曰忠武校尉下曰忠顯校尉正九品上曰保義校尉下曰進義校尉至宣威將軍乃正五品中階武畧將軍乃從六品下階此碑系衙縣令不用文階而用正五品中之武階主簿不用文階而用從六品下之武階皆未詳其制金碑中多類此者後不具論

三清觀鐵盆記

盆不知大幾許茲就銘而計周圍環一丈四尺七寸寬四寸九分單行凡一百九字正書

維大金大定十七年歲次丁酉八月戊辰朔十五日壬午三清觀道士趙師通　小師趙惟壽　鄉貢進士鄭時舉獻銘曰

金當鎔兮柔而貞兮採摸鳧氏踐跜虎形不勇不躍大器混成不曰鍾乎徒希其聲不曰鼎乎姑旌其名茲惟仰象告於神明動天之德也禋祭惟馨奚取夫罇俎之腥

禮部令史題名記

石二一橫廣二尺八寸一橫廣一尺高各一尺八寸四分共計三十八行行十七字至二十二字不等正書在京師法源寺

初大定乙酉歲旣刻題名爲諸部倡猶以不能備紀始末爲未足至崔君頴士迺更刻石悉書鄉里官品與夫入部及出職歲月所以示君子仕進之難持己旣廉從事旣勤而又積日絫久無簿書文墨之失然後可以有立非徒記姓名銜階秩而已也夫仕宦窮達固繫時□□□在於自爲者如何前刻謂今之貴顯□□出如諸君奚患不榮更在審其所以自爲者勉之戊戌秋八月三日儒林郎國史院編修官武騎尉賜緋魚袋党懷□記

武略將軍崔頴士貫滄州大定八年五月到部正定州軍判

武略將軍張璉貫□州大定□年三月到部嵩州軍判

昭信校尉鄭愿貫遂州大定十年十二月到部

張□貫濟南府大定十五年正月到部

忠翊校尉李徵貫大興大定十五年五月到部沃州軍判

昭信校尉柴庭貫□□大定十六年八月到部宣德州軍判

石璋貫□□大定十七年四月到部

張範貫晉□大定十七年□月到部

忠翊校尉蘇賜貫□大定十七年八月到部

忠翊校尉傅愿□□□□□十七年九月到部

修武校尉王仲□□□□□□十九年十一月到部

敦武校尉周□□□□□□□□□月到部

敦武校尉王□□□□□□□□□□到部

昭信校尉李□□□□□□二十一年三月到部

敦武校尉李嗣温□□□大定二十一年九月到部

保義校尉石亨□□□□□□□□年□月到部

保義校尉□□

保義副尉□□□□□□□大定二十九年十月到部

進義校尉魏愼□貫延安府明昌元年三月到部

保義副尉王谷貫平州明昌元年三月到部

馬伯禎貫順州明昌元年三月到部

和僅貫蠡州明昌元年九月到部

保義副尉李浩然貫延安府明昌元年九月到部

□□貫□州明昌元年十月到部

□□□□州明昌二年六月到部

□□□□□明昌三年正月到部

□□□□□明昌二年五月到部

按金史百官志禮部令史十五人内女直五人譯

史二人通事一人此碑題名凡二十六人不見有女直譯史通事之別文云大定乙酉既刻題名至崔君顯士廼更刻石悉書鄉里官品與夫入部出職歲月今碑題名始于大定八年正是乙酉歲是合前後并刻也但所書止有到部年月並無出職歲月與記不同題名自大定八年至明昌三年而止凡二十五年此後不復續刻禮部官品止於主事共令史有官無品職亦卑矣乃刻石題名爲諸部倡亦是勤于職業之一端然未見諸部有碑能仿而行之者獨此碑流傳於世亦可珍也党懷英

作記歲在戊戌爲大定十八年傳稱懷英字世傑馮翊人大定十年進士除汝陰縣尹國史館編修應奉翰林文字翰林待制兼同修國史能屬文工篆籀當時稱爲第一据此碑結銜是尚未官待制時也題名諸人史俱無傳

重修漢太史公墓記

碑高一尺四寸廣二尺五分二十一行行十五字正書在韓城縣

嘗考漢史司馬太史公生於龍門十歲誦古文二十而南遊江淮上會稽探禹穴窺九疑浮於沅湘北涉汶泗講業齊魯之都以觀孔子之遺風過梁楚以歸焉於是遷仕爲郎中父没三年而爲太史令乃述陶唐以來至于麟趾紬石室金匱之書據左氏國語采世本戰國策述楚漢春秋上協六經馳騁古今不虛美隱惡可謂命世之良才及其卒也葬於梁山之崗至今韓人享祀不絶惜乎時代歷久舊塚傾頹今春姚定乃率里人命工修復其意欲以光華文史之風激勵褒鄙之俗屬余爲記但以文荒才謬爲愧堅不獲辭直書日月耳

時大定己亥清明後二日進士趙振記

稷山石匠王遇段琪　塼匠張立王正

化主任　道成　施栢樹伍拾根杜村張吉

開沽芝川酒場本縣韓樂坊姚定立石

水經注陶渠水又東南逕司馬子長墓北墓前有廟廟前有碑永嘉四年漢陽太守殷濟瞻仰遺文大其功德遂建石室立碑樹栢太史公自序曰遷生龍門是其墳墟所在矣攷陶渠即芝川水今墓在水南俗說云漢武帝于此得芝草改名也　關中金石記

按陝西通志太史公司馬遷墓在韓城縣南二十里芝川鎮墓前有坡因號司馬坡西枕梁山東臨大河氣勢雄闊古柏數十百皆蒼老如鐵懸於兩崖作蛟龍狀邑令翟世祺築高砌以磚石層級而

上冢漸圯縣令康行倜重修之而獨不載姚定重
修之事姚定開沽芝川酒場無守土之責而尙賢
崇古可謂賢矣碑立于己亥歲爲大定十九年

九陽鐘銘

鐘十二方横廣二尺三四寸不等高各一尺八寸每方或七行至十三行字數七至十七各不等正書在臨潼縣

臨潼縣令柴震題
鐘乃古樂制於聖人不石不播可抑可闊周將設之以
饗嘉賓固將奏之以和鬼神豈特於斯仍告朝昏
本觀先於元豐年官鑄九陽神鍾到今百有余年今

蒙銅冶　宣差到觀爲見銅鍾破裂委官别行
鑄造永爲嘉用旹大金大定二十一年辛丑歲四月
十七日壬戌重鑄記
知庫田仲和
直歲馬仲口
監条口
尙座郄仲弼
副觀王慶道
知靈泉觀事兼本縣監觀劉守中
監觀道士馬景陽

助緣人等姓名不錄
助緣道士姓名不錄
本觀道士姓名不錄
助緣人等姓名不錄
保義校尉猛安千戸王明
昭信校尉猛安千戸劉昌
昭信校尉知事口景淵
忠武校尉府推官任企口
少中大夫府判官郭元康
昭毅大將軍統軍判官耶律口口口

昭毅大將軍府少尹兵馬副都總管口口成
定遠大將軍同知府尹兵馬都總管口口
陝西路統軍都監
尹本路兵馬都總管夾谷淸臣
龍虎衛上將軍陝西路統軍使兼京兆規措銅冶鑄
錢所麻
宣差中大夫尙書吏部員外郎規措銅冶鑄錢所張
宣差朝散大夫尙書戸部郎中
轉運司都目官扈彦
孔目官姓名不錄

押司官姓名不錄
司吏姓名不錄
櫟陽縣金火匠程用男程彥
進義校尉商酒同監郭元貞
修武校尉商酒都監孫備
宣武將軍行縣尉孛术魯□不
文林郎前主簿
委監鑄官耶律德
承信校尉行京兆府臨潼縣令使府差
昭毅大將軍支度判官孫□□

奉訓大夫鹽鐵判官李必說
宣武將軍都勾判官劉仲仁
奉直大夫陝西東路轉運副使陳訥
明威將軍陝西東路轉運使高蘇
京兆府孔目官姓名不錄
司吏姓名不錄
本縣司吏姓名不錄
高陵縣姓名不錄
本縣助緣人姓名不錄
臣佐

皇帝萬歲
千秋

臨潼縣九陽鐘銘縣令柴震所作淺陋無足觀周遭刻官吏及助緣人姓名殆遍其最貴者曰宣差朝散大夫尚書戶部郎中規措銅冶鑄錢所張曰宣差中大夫尚書吏部員外郎規措銅冶鑄錢所麻曰龍虎衛上將軍陝西路統軍使兼京兆尹本路兵馬都總管夾谷清臣曰陝西路統軍都監曰定遠大將軍同知府尹兵馬都總管李□曰昭毅大將軍府少尹兵馬副都總管段成功曰昭毅大將軍統軍判官耶律

一里哥其餘不能悉數矣攷金史食貨志大定十二年正月以銅少命尚書省遣使諸路規措銅貨能指坑冶得實者賞十八年代州立監鑄錢命震武軍節度使李天吉知保德軍事高季孫往監之而所鑄斑駁黑澀不可用詔削天吉季孫官落職更命工部郎中張大節吏部員外郎麻珪監鑄即此鐘所列張麻二人也史稱大節工部郎中此刻云吏部者蓋由工部轉吏部耳 潛研堂金石文跋尾

按鐘在靈泉觀重鑄於大定二十一年前銘後記皆臨潼縣令柴震所題次列觀中道職七人存其

姓名以後助緣人等四十八人助緣道士九人本
觀道士十五人又助緣人等七十八人姓名俱不
錄此後監鑄各官銜名十四人又火匠以上暨轉
運使銜名十二人其中孔目官五人押司官四人
司吏十九人京兆府孔目官五人司吏三十人本
縣司吏二十二人高陵縣五人又本縣助緣九人
姓名俱不錄

博州重修廟學記

碑高八尺五分廣四尺二寸二十九行行字數不等行書額題新修廟學之記六字篆書在東昌府學

博州重修廟學記

石䃯王去非記
庭筠書
東平党懷英篆額

夫有國家者欲成長久之業建不拔之基莫大乎厚風
俗厚風俗之道莫大乎興學校蓋學校者教化所由出
也孟子曰夏曰校殷曰序周曰庠皆所以明人倫也此
之謂矣昔孔子欲行是道而不得其時乃修六經以詒
後人孔子既沒之後雖復揚墨于戰國火于秦佛老于
晉宋齊梁然其道揭日月卒使天下尊之以爲　先
聖自京師至郡縣咸立廟學春秋釋奠與社稷通祀之
至今不能易者何耶蓋自暴秦之後二千有餘歲其間
願治之君有能尊夫子而行其道者効著于當年澤流
于後裔故也略以近古治化致隆者明之漢唐之興莫
不敎尙經術開設學校爲先務而繼體承流者復能守
而不失間得人如文翁常袞由是漢唐之風忠信廉耻
庶幾三代及其季也先吏治而後德教政令因而失叙
水旱緣以爲灾是時雖有外陵內侮之虞而國祚猶能
綿綿不絕至于三四百年之久者豈非人被先王之澤
情止乎禮義之効與卽是以觀則崇學校以宣教化有
國者不可緩也　本朝興太學于京師設祭酒司
業博士之員以作新人材又興天下府學州縣許以公
府泉修治　文宣王廟舊有贍學田產經兵火沒縣
官者亦復給于學此　國家崇儒重道之意也州
縣能體　是意而奉行之不無其人而能如
王公所居必興學見諸生以爲政先出於中心之誠者
幾何人哉公由　太子司經來倅博州兼提舉廟學
事既下車謁　宣聖廟是時惟大成殿始新而未完
餘屋皆敝塑像置平地土中　公因諸生侍坐而問
其故有對者曰始徐大夫興崇廟學置贍學之資逮兵
火廟學爲灰燼天眷間趙大夫爲學官以此地創建幾

於苛完今斃若此適太守完顏國公欲修崇之既口新
大成殿俄去郡厥功是用弗集公聞而歎曰今不嗣續
其功殆非體　上意而昭吾道也於是確乎以興
作爲己任必欲凡所謂廟學者無一不具焉乃請於州
顈　太守金吾劉公賢明樂善欣從其請於是正其
地而垣之廣袤伍畝有奇鳩材募工自大成殿始塗墍
潤色役不踰時而制作粲然　宣聖之貌則取乎闕
里之像顏孟之容則法乎秘閣之本皆作藻井華蓋以
尊嚴之升堂之像自兗而下繪壁之像自鷰而下皆循
其禮制而飾之其贊則有唐名臣之文講堂雖仍舊增

檁以廣其制使寬而有容儀門復改作增土以高其基
使翼然其正從祀畫像之廡經籍祭器之庫隸業之館
庖廚之室高下相對凡四十楹皆創建而一新之壯麗
宏敞合禮應圖以至堦序之布列垣墉之環繞水竇之
濬治花木之栽植一一如式計其費無慮五百萬皆贍
學之贏也原　公之意以爲苟不如是徒有修學之
名耳自非知教化之原惟在於學者其誰能之昔漢之
文翁爲蜀郡守乃選明敏有材者親自飭厲每行縣益
從學官諸生明經飭行者与俱吏民榮之由是大化蜀
地學比齊魯于時人材有至郡守刺史者唐之常袞由

宰相出福建觀察使治臨於粵至爲設鄉校民有能誦
書作文辭者与爲客主鈞禮觀游燕饗與焉俗一變歲
貢士与內州等于時歐陽詹獨秀出學既成舉進士登
第与韓退之輩同中選謂之龍虎榜今　王公東漢
彥方之苗裔家聲赫奕文采風流則与文翁常袞不相
上下若乃勸學則加於二人一等矣若二人止能待士
以禮　王公又能課諸生以文獎其勤以勵其游惰
其能而勉其未至其肯承口講指畫爲文者皆有法度
可觀推此則過於二人爲不妄博關號爲上州從來服
儒冠道先王語登科者舉不乏人今又化　王公之

德將見豪傑之士應時所選比肩繼踵而出豈如蜀粵
止稱文常所得人材而已哉去非耄矣無能爲也郡庠
諸君屬之作記去非既嘉　王公之興學又感諸君
之知待不敢以鄙拙辭去非曰自徐公之守是邦當宋
元豐戊午距　聖朝大定辛丑葢百有餘年矣歷
官者不爲不多能推至誠興崇廟學者不可一二數是
知漢唐之治數百年史稱文翁常袞興學校移風俗其
美爲二人所專爲不妄噫　王公方宣　天子
崇儒重道之德意學者方嚮　王公之化風俗將益
厚矣博人何其幸哉公名遵古字元仲好學守道天下

目爲遼東夫子其爲政也緣飾以儒雅故所□稱治云
學正晉紳　信武將軍□□州□候騎都尉高陽
縣開國男食邑三百戶耿　得中
金吾衛上將軍充博州防禦使上護軍彭城郡開國
侯食邑一千戶食實封壹伯戶劉　義　立石

碑陰

碑陰記文十四行行三十三五字不等
行書額題廟學碑陰之記六字篆文

熊岳王遵古記

博州廟學厥惟舊哉宋元豐間徐公爽以己俸置房廊
施於學以贍學者厥後值宋季兵火廟學被燹學之故

基因擾攘間保聚爲縣署所占今聊城縣廨是也
聖朝天眷間學正祁彪始謀指射舊都監廨基以議
興建學錄向戢輔之適趙公懿來爲教授公與正錄戮
力規畫以贍學之資郡人之施建版堂三間兩廡十六
間儀門三間門樓一間又塑宣聖顏孟三像既成郡中
甄公格宅有舊十哲像施於學又繪七十二賢像於兩
廡亦可謂之苟完矣後十餘年防判趙紹祖與學正成
奉世創蓋講堂三間至大定甲午歲防判馮子翼爲釋
奠行禮之隘以作新大殿請於州方委正錄晉紳路應
辰以贍學錢市材木築基址會太守完顏國公允節來

守是邦卹諸生當此重任力不能勝乃假以力功未及
成移守於淸此數君子有權與庠序者有分祿養賢者
有富貴而好禮者宜專其美爲不朽之傳而廣道諸儒
歸功於僕蓋欲使後來者用心益勤將有大於是者遵
古惟塑成是懼故孜孜然卒其事安敢有其功哉若夫
教化流行風俗移易人識廉隅國興仁讓然後語其成
功不負數君子之志僕亦以此仰望於後來者焉
大定辛丑季夏晦男庭筠書門人李穀篆額

齊西王世永模刊

東昌府學有三絕碑金大定間重脩文廟王去非撰

記党懷英篆額王庭筠書丹時號三絕山堂肆考
金王庭筠號黃華老人善寫梅書法沉頓雄快與南
宋諸老各行南北元初嶰子山諸人不及也六研齋筆記
王庭筠在金與趙秉文党懷英輩同負書名而庭筠
酷似南宮此書是也攷是時庭筠父遵古實成廟學
事王去非記之而令庭筠書之故尤爲得意篆額者
卽懷英也石墨鐫華

王去非三人俱有傳庭筠之父遵古時爲博州倅以
興學自任而去非作記時年八十有一耄而能文亦
可稱也遵古字元仲好學守道當時稱遼東夫子官

王翰林直學士而庭筠傳中祗一見其名未免略矣廟學碑陰記遵古撰亦庭筠書而筆勢尤縱逸以古文篆題其額者遵古之門人李穀亦不減党承旨筆法也末行自題熊岳王遵古熊岳縣屬東京路之蓋州故有遼東夫子之稱金史庭筠傳以爲河東人誤潛研堂金石文跋尾

按此碑正面王去非撰文稽之東昌府志已載入學校卷中碑陰王遵古撰記府志不載東昌府宋金時皆謂之博州聊城縣倚郭當時祗有一學州縣合之故元豐間徐奭所建廟學其後淪爲聊城

縣廨王金天眷間祁彪卽舊都監廨重建今府學是也碑云始徐大夫興崇廟學卽謂徐奭不詳其里居永樂舊府志稱其元豐中知博州捐資修學後有惠政碑又稱趙大夫爲學官趙大夫者名鎔時爲教授碑又稱太守完顏國公者名允節又太守金吾劉公者名義卽碑末列銜者也碑陰王遵古撰記遵古字元仲其子庭筠兩面碑文皆庭筠所書庭筠時爲恩州判官金史文藝傳云庭筠字子端河東人中州集稱庭筠爲熊岳人碑遵古自署亦作熊岳文亦稱遵古天下目爲遼東夫子或者金時之所謂河東與唐宋以晉陽爲河東者自別歟庭筠卒後章宗以御製詩賜其家其引云王遵古朕之故人也乃子庭筠又以才選直禁林是王氏父子受知於章宗如此撰文之王去非無攷篆額者党懷英傳稱其爲馮翊人而此碑自署東平未詳

金石萃編卷一百五十六

賜進士出身　誥授光祿大夫刑部右侍郎加七級王昶譔

金三

重修中嶽廟碑

碑高一丈三尺九寸五分廣六尺四寸三十三行行七十字正書篆額在登封縣

大金重修中嶽廟碑

中憲大夫充翰林待　制同知　制誥上騎都尉江
夏縣開國子食邑五百戶賜紫金魚袋臣黃久約奉
敕撰
奉政大夫充翰林修撰同知　制誥兼　國史院編

修官驍騎尉賜緋魚袋臣郝史書
承直郎應奉翰林文字同知　制誥兼　國史院編
修官雲騎尉賜緋魚袋臣党懷英篆額
大定二十二年十月庚申以重修嵩山　中嶽廟成
未有紀述　制詔臣久約書其事于石臣學術荒蕪
實懼不克奉　詔然忝屬翰林以文字爲職雖甚愚
陋其何敢辭於是承　命戰兢而書之臣聞五嶽在
宇宙間繇胚胎剖判之初鍾造化神秀之氣鎮墜厚地
奠安一方噴薄風雷蒸騰雲雨材用繇是乎出寶藏繇
是乎殖形勢巍然非它名山鉅鎮所可方擬若夫挺峻
極之狀嵩高大之稱據天地之中央得五行之正位豈
峩岌嶪俯瞰河洛號衆山之英者惟嵩爲然爰自書契
以來事跡蠢□非一祝融降而啓夏申甫生而興周浮
丘公混俗以僊居王子晉得道而僊去自餘高眞遊覽
元聖棲遲圖諜所傳不可殫舉雖　神尸之聰明正
直克相　上帝保佑生民是宜歷代帝王靡不崇奉
凡巡狩四方往往款謁其下而封爵之隆所以褒大之
每有加而無替也舊有廟在東南嶺上年祀緜邈莫知
其經始之由魏大安中嘗徙于神蓋山唐開元間始改
□於此遭宋靖康兵革之難海內俶擾饑饉荐臻郡邑

凋殘寇盜充斥齊國建立創痍未瘳用兵不休賦役煩
重故伊雒淮甸之間戶口蕭條爲甚廟之基構僅存而
繕修不時上漏旁穿風雨鑿剝翫歲偈日殆不能支歲
時祭奠牲酒寂寥鼓鐘不設　神弗顧享可勝嘆哉
　皇朝混一區夏方隅底寧解嬈除苛政教淸肅涵
養休息復見太平自爾公私獻功稍就完葺然積久弊
陋未足以稱　神之居且當　國家開拓之初地
大物衆經營締構不失先後緩急之宜顧興仆起弊之
功力或未暇如有待者洪惟　主上纂明昌之緒題
熙洽之期蒐獵遺文禮樂備舉嚴奉　宗廟肇禋郊

丘懷柔百神無文咸秩至於崇飾海內前代祠廟恒微
不忘况嶽瀆之在祀典有功烈于斯民者宜如何哉先
是十四年秋九月　敕遣口人諭　指宰相諸嶽
廟久闕修治宜加增飾其選使馳傳遍詣撿視以聞明
年使者復命卽以諸應費材用工徒與夫百物之數具
圖上之粵十月壬午乃有重修之　命且　詔有
司凡一夫之役一物之用悉從官給無得煩民仍寬與
之期戒勿倉卒渉于不敬以稱所以事　神爲民祈
福之意維　中嶽口河南府登封縣之境內尙書省
廼以其事下於府〻以是下之縣地官則以其費用屬

本道轉運司出公帑之口合廟中前後供施餘利驗其
數以時給之冬官則以其夫匠均賦河南及旁近諸郡
發其驍馭役夫之羨卒闕或不足則募諸遊手之民隨
時之高下而優予其直以付本縣令臣張子夏監護役
事又命同知河南尹事臣宋嗣明總治之諏日鳩工衆
作畢舉廟制規摹小大廣狹位置像設悉仍其舊無事
改作視其棟楹榱桷之撓折朽敗者則徹易之垣墉階
戺之缺罅摧圮者則更築之髹彤黝堊藻繪之渝滅不
鮮者則加飾之煥然一新觕壯極麗吏無遺力人不告
勞總爲屋二百三十有八間其西齋廳以待每歲季夏

遣使祭祀之次舍不與焉始事於十六年四月丁未絕
手於十八年六月戊子費錢以貫計之爲一萬四千九
百六十有四用力以工計之爲四萬八千三百六十有
二落成之日丁壯垂白執持香花遠口畢湊皆大知會
不謀同辭咸謂物之廢興成敗自有數存乎其間殆有
非人力所能致而致者夫以五十年回循委靡之弊一
旦變爲殊絕偉麗之觀匪夫遭時隆平　聖天子在
位文明勤儉無爲而成何以臻此嗚呼休哉昔漢武帝
元封口嘗登口山從官吏卒咸聞呼萬歲者三流傳後
世至今稱羨刻　吾君壽考與山齊等永永無極其

陰相之功又豈特區區徒見于祀廟之間而已耶臣旣
序其本末以展歸美之報敢拜手稽首作爲頌詩繫之
于後頌曰
瞻彼崧高維嶽之雄穹窿隱轔屹然地中奕奕　神宮
權輿東陝繇魏以來再徙寬衍上棟下宇揭虔妥靈規
摸顯敞氣象崢嶸遭時否屯兵火饑饉天方厭難人不
堪命酒掃有闕墮頹弗支上雨旁風過者嗟咨大金受
命恢闢疆宇煥休撫摩蹐民口土　皇帝御極寢兵
措刑山川鬼神亦莫不寧維時　神宮久未遑卹
皇帝曰噫我心之惻廼諭近輔廼詔羣司去舊取新經

之營之毋資民財毋勤民力一由於公訓其底式千柱
眈眈萬口差差金鋪琁題輝映陸離落成之初四遠咸
集峰巒增明雲煙改色籩豆在席笙鼓在庭　神之格
思松風泠泠工祝無求施則甚厚雖不望報　神其敢
後厥報維何篤生賢人左右　王室如甫如申
天子萬年永宅口有巍巍堂堂如山之壽下臣獻頌以
相工歌刻之豐碑萬世不磨

此碑正書方整遒勁書者名郝史不立傳亦無書名觀其結構王庭筠輩似不及也党懷英號爲能書乃任篆額不任書知郝書在當時亦自知名碑立于大

定中與博州碑同時世宗勵精政事頗稱太平故以其暇得修祀事耳石墨鐫華

此碑與宋盧多遜王曾陳知微碑體制豐崇相等今列立於崇聖門外左右各二人呼四狀元碑內銜名俱翰林官兼騎尉文臣兼領武職附紀以備官制之考說嵩

碑述大定重修中嶽廟始於十六年四月丁未興手於十八年六月戊子二十二年十月庚申制詔臣久約書其事于石按黃久約字彌大東平須城人也金史有傳稱其雋朗敢言性友弟爲文典贍云碑作郝史書尙可識而庚子銷夏記云書者止云曰郝不著其名石又完好非泐也蓋未諦視之党懷英金史有傳稱其工篆籀當時爲第一童鈺河南府志云中嶽廟按唐韋行儉廟記云魏徙廟于嶽之東南郎黃久約所謂舊有廟在東南嶺上者也行儉謂元魏徙廟而黃以爲莫知其經始記文偶疏耳至黃謂魏大安徙于神蓋山葦則不及合觀二記則元魏兩徙廟也初徙于東南嶺上又徙于神蓋山所謂東嶺者今廟東南玉案峯也所謂神蓋山者今廟東黃蓋峯也又峻極中峯上傳爲元魏中嶽廟遺阯是又曾建廟山

上矣童珏字二樹山陰人所修方志典核可觀近今著述之善者中州金石記

靈巖寺滌公開堂疏

碑高七尺四寸廣三尺六寸十三行行三十一字正書額題開堂疏三字篆書在長清縣

偕義瑄書
左平章政事
今請
滌公　長老住持濟南府十方靈巖禪寺爲
國焚修開堂演法祝嚴
聖壽者

□𠮷達磨不西來孰能薦祖盧公旣剃度始見分枝雖無毫髮示人要在承風耴證例開法施各踞名坊厥有濟南靈巖佛寺利洽鄒齊襟呑兖曾二百年叢林浩浩三千里香火憧憧飛閣蓮宫粹容金界不期偉匠焉振宏綱伏惟

滌公　長老守文三代接武四禪應壓下之機緣續方山之勝蹈遂使白蓮真蹟無根而欝欝騰芳靑社餘光不鏡而綿綿照世正好高提祖印獨步大方祝吾皇萬載之昌圖繼古佛一乘之慧壽謹疏

大定二十三年九月　日疏

金紫光祿大夫平章政事宗國公蕭察通

山門知客僧宗秀道璘立石

右碑額題開堂疏三字横列徑四寸前列左平章政事末題大定二十三年九月空日不書中鈐平章政事印最後題金紫光祿大夫平章政事宗國公蕭察通名案金史世宗紀大定二十一年三月尚書左丞蕭察通爲平章政事二十三年十一月丙寅平章政事蕭察通罷據此疏左平章政事卽左丞也通居此官爲宰相之貳故當時亦云左平章政事矣始請滌公在二十三年三月之前及疏文立石實爲二十三年故前云左平章政事後書平章政事官序可案如此通本傳大定十七年拜尚書右丞轉左丞閱三歲進平章政事封任國公百官志封號小國三十內有棠云舊爲宗以避諱改据是則通封宗國其後當避睿宗諱易號任國史本此書之耳山左金石志

按靈巖寺有皇統九年竇公開堂疏請者爲濟南府尹此疏爲左平章政事所請則其禮愈隆矣月日中間有印方二寸五分文曰平章政事之印亦與竇公疏之用濟南府印者同例文云祝嚴聖壽他碑皆云祝延聖壽殆以音近而通用耶末署平

章政事不加左字與首行異金史蕭察通傳但云進平章政事不加左字百官志尚書省尚書令一員左丞相右丞相各一員平章政事二員亦無左右字然平章政事既有二員自應分左右與左右二丞相分列碑之前有左字者可据也

華州城隍神新廟碑

碑連額高七尺五寸廣二尺九寸五分二十五行行五十六字正書篆額在華陰縣城隍廟

華州城隍神濟安侯新廟記

鄉貢進士張建謹記

鄉貢進士蔚□篆額并書

嗚呼唐室之衰也豈一朝一夕而然哉其所由來者漸矣自安史之亂置軍節度而號爲方鎮鎮之大者連州十餘小者猶兼三四故兵驕則□□而自立帥彊則叛上而不朝魏博鎮冀奮臂而唱於前淄青澤潞躡跡而和於後皆互相表署合從連衡欲效戰國肱髀相依以土地傳子孫□□税爲私有天子不問有司不呵含育貸忍百有餘年以爲後世子孫背脅疽根此大亂貞元所以守邦也乾寧三年鳳翔李茂貞以兵犯京師□□將奔太原次渭北華州刺史韓建遣其子允請天子幸華州昭宗畏偪復欲如鄜建追及昭宗於富平泣而言

曰藩臣倔彊非止茂貞若捨近□□巡極塞車駕渡河不可復矣昭宗亦泣遂幸華州時天子孤弱獨有殿後軍及定州三都將李筠等兵千餘人爲衛以諸王將之建已得昭宗□□制之因請罷諸王將兵散去殿後諸軍昭宗難之建自率精兵數千圍行宮以譟請誅李筠以清君側昭宗不得已遽斬筠以謝悉散殿後□□都衛兵幽諸王於十六宅建又使中尉劉季述誣諸王謀反以兵圍十六宅諸王皆登屋號呼遂皆見殺是夜建袖劒詣行宮將及御幄有神□□御幄旁厲聲叱曰汝陳許間一卒爾蒙天子厚恩至此輒敢爲弒逆事乎

建蒼惶而退亦莫知爲誰明日物色訪之廼華之城隍神也昭宗亦□□遂徙其神於行宮明年八月己未車駕還京師甲子御端門肆赦改元光化以華州爲興德府封城隍神爲濟安侯遭五季亂離典籍廢滅史逸□事而不傳然華之父老至今能言之而言之未嘗不流涕也當是時王珂鎮河中羅紹威鎮魏博趙匡凝鎮河陽朱全忠鎮汴梁李克用鎮太原□行密鎮淮南李仁福鎮靈夏錢鏐鎮吳越皆熊蹲虎踞垂涎抵掌幸時之亂以飽其欲曾不能遣偏裨將卒老弱兵爲勤王衛社稷之計乎今此神□縛草傅泥彩色外飾假以成像尚

能赫怒奮威呵叱不祥拯天子於至危極難中以此知當時藩鎮大臣皆土木之不若也蒼天蒼天此何人哉□何心哉自五代歷宋以行宮爲太守之署迄今因之署之東北其祠在焉大定甲午　太守完顏公□畫錦是邦每布政之暇常憫此祠處于隘□百姓朔望奠酹艱於出入而葺飾不繼榱死朽落貌像黯昬神雖不言若有所待公屢出言如有財力之士而能遷建增廣者許之州人張鐸□□楊林暨前道正韋道機聚父老而謀曰吾鄉雖屢遭兵革殘毀之甚□而不被弒逆之名者賴此神之力也盍遷其廟於外以便祀享衆允其請

口口得爽塏地於子城之東南隅正當离向拱揖佑德之觀宜其神明得所安焉遂平其坳垤以基以築百堵既興寢殿斯構迺立高門高門有閎口口乙未五月旦日以牲幣告神而遷于新廟禮也於是輦石北山礱而碑之求文於僕以紀神之英烈且俾後世亂臣賊子聞之有所戒懼焉吾口口之父老篤於忠義不忘我侯濟安之德既已記其營建之始又爲作迎享送神之詩以遺華人俾歲時歌以祀焉其辭曰

聰明正直兮惟神之德矯誣竊攘兮惟神是殛謂唐室之衰兮神猶主乎山川謂唐民之匱兮神尚歆乎血食

何凶悍之難制兮敢乘幾而肆逆口震怒兮威聲雷吼彼姦孽兮掩耳而走主雖弱兮時獲載寧城雖危兮民得固守華之父老兮至今思之念昔艱難兮悲歌涕洟感神之德兮家口而尸奠苔神之休兮秋嘗以春祠薦肴蔬兮刈玉井之芳蓮進湑醴兮挹渭水之清瀾神之來兮旆繂霞翩神之醉兮覡舞風旋父老兮欣欣傴口兮拜神願神兮無斁降福兮孔均日將暮兮神聿歸風蕭颯兮雨霏微雨公田兮及我私望有年兮其庶幾

大定二十四年十月初一日里人張瑀立石

刊石王口

按碑敘乾寧三年李茂貞犯京師韓建請昭宗幸華州語與唐書本紀合以下敘建誅李筠散殿後軍圍十六王宅殺諸王是夜建祠劍詣行官將及御幄有神厲聲叱退明日訪之迺華之城隍神云云本紀書於乾寧四年而於城隍神之事略焉五代史韓建傳載其父叔豐謂建語與城隍神叱退之語略同殆傭者不諳怪之意碑於此段失書四年二字下文遂云明年八月己未車駕還京師甲子改元光化以華州爲興德府封城隍神爲濟安侯所謂明年者似三年之明年則四年矣碑誤也改元光化是五年八月事升興德府據唐書地理志實是四年事碑蓋牽連書於改元之後未分晰耳升府與封神自是一時之事升府既在四年則封神亦在四年亦爲碑所牽連也然升州爲府本紀四年不書至光化元年八月壬戌書至自華州此下乃紀改元事設使華州已升爲府則紀當云至自興德府矣此事雖碑誤而紀與志亦不能無疑因附識之碑文作於乙未爲大定十五年其立石則在二十四年濟安侯廟碑唐光化二年別有李巨川撰文柳懷素正書王弇州顧亭林朱竹垞諸家皆有跋惜搨本未備附識之

金石萃編卷一百五十六 金三 十二

同官縣靈泉觀記

碑高八尺二分廣三尺三寸文刻碟之下截三十行行五十五字正書篆額在同官縣

華原竹溪散人楊峻撰

邑士劉利賓篆額

月山鄉貢進士劉光書

粤以元璞未分窈冥而含五太淵宗至寂恍惚而蘊二神雖寓彊名難窮妙體上無復祖惟我是身在乎太初太易之前生乎無象無形之內塵刼雖壞亘古常存分清濁而摩乾坤運化育而誕景瑞允爲萬衆之祖宏闢衆妙之門鑽仰而彌高弥堅究詰而至賾至妙孰知空洞而內隱別體寧測太無而中藴至眞肇自公孫黃帝之登極也以道化天下志洞清虛心傾妙有感西王母而降駕授帝玉像元始天尊帝置宮中道觀之上晨夕朝謁然宮觀之号繇黃帝之始也厥後漢唐仙宮道觀碁布天下去縣之北僅二里餘有靈泉觀者寔岱宗之行宮鎮銅川之福地形勢雄壯殿宇崢嶸西旅嶺峰之雲嵓翠侵戶牖東瞰漆水之煙浪潤徹軒楹南面孤祠暮雨猶孟姜之泣淚北覩神水鹿苑隱梵僧之譯經周迴顧盼巖光堆裹松蘿影中霞闕連雲重樓聳漢誠一方之奇觀也政和初道士口景安廼元魏天師謙之苗

裔酷厭塵網栖心物表飄然而至此忻然曰吾頤眞之地也未追再葺創營北極殿于西嵓之上日以焚修爲事逮四十餘載而羽化師法眷孫党存信繼而住持性頗敦厚心尚恬澹言論朴直授伏魔籙戒律嚴肅擬碧潭之明月淸無纖翳駈邪療病應猶谷聲挈刃扶耆以求救治獲痊愈者不爲尠矣由是父老莫不欽慕其行業暨召齋醮遠邇雲臻迄大定初　王師南征軍須匱乏許進納以賜宮觀名額法師喜曰斯廟雖勝東嶽聖帝之廟名然非　朝廷攽賜額觀廟有甘泉疫癘者飲之輒愈鄉老目之曰靈泉不若具厥事跡陳告儻得一額茲亘古亘今之難遇也諸道友咸憚其說法師遂以狀聞　省部迨于　勑下賜今名額法師欣然曰況吾教中立觀度人冣爲鴻因今契吾昔俻之志矣由是萌心營葺鳩工市木創建三淸殿重修岱嶽殿炳靈公殿嘉應侯殿西齊王殿法堂三門客廳廊廡廚庫寮房咸磐嚴備椽緣繪壁尤極臻妙者斯經營三十餘載厥工告畢參差殿閣瓦砌鴛鴦而凝煙屈曲廊廡堦甃琬瓊而晃日重門啓鑰風光凝壺中之洞天危檻橫虹眼界擬海面之閬苑莓苔毯徑薜蔓繡墻環拖珠簾聳天峰醮揉藍之碧夜凉玉宇和月泉飛素

綠之寒雖曰華胥未易遍也法師曰生平之願足矣或曰大道無形上眞非象胡爲勞役形神而事土木之工耶師荅曰道雖無形無形莫宏其道眞雖非象非象奚彰其眞雖徼妙而差別終有無以相依昝黃帝睿聖聰哲尚事玉象于道觀之上余何人哉安敢不營葺觀宇欽事眞聖哉至大定歲次大荒落師春秋七十有五八月十五日而羽化門人有二長曰李冲虛次曰党冲惠孫前管內威儀裴宗徵小師党冲惠謂余曰本觀爰古嶽祠不知元起何代也先師住持垂逮三紀晝不暇餐夕不暇寐罄竭囊橐專事經營暨于完就然厥勤勞固

非一朝一夕矣況本觀額名雖荷　宸恩所賚非先師亦不克得也冲惠雖不肖濫叨冠裳夙昝追省誠慮先師平昔之勤績湮滅于千載之下荐恐後世罔知創賚觀額之由煩公爲我記之刋于翠琰庶俾後人知本觀肇起之根因耳余辭曰峻沮濱布衣假使有倚馬之才難免雌黃不若求文于權貴雖匪吐鳳之句褒踰金玉冲惠曰此讎譽之識見況文章天下之公論幸公勿辭僕不獲已勉書記銘曰

至道希夷體精一烝視聽無形生先象帝寔佀淵宗靡知誰子難窮難詰强名强字宏厓妙門溥育羣彙昭明冤烏鼠員天地中誕人居上豎君治逮于軒皇洞究至理格彼龢女啓授奧旨玉像欽崇道觀肇起宫闕葺修泰漢奢熾黃冠党公紫府傑士佩籙捧符馘妖剪祟德服耆艾行播遠邇殿宇經營裘笥捐棄登雲樓臺晃日金翠祠鎭銅口雄莅漆水皇恩優渥寶額頒賜勤勩一身住持三紀遹摭元因迺書銘記萬載千春永播休美

武義將軍行耀州同官縣主簿兼縣尉飛騎尉李拱

宣威將軍行耀州同官縣令上騎都尉汝南縣開國子食邑五百戸周允中

大定二十五年歲次乙巳重陽日住持觀事法籙道

士党冲惠立石　　汾水高宇刻

右碑兩截上截即刻三年牒文下截刻此記文甚華贍字法亦似褚虞金人碑刻之最佳者 關中金石記

按陝西通志靈泉觀在同官縣治北崖下有靈泉飲之已疾禱之能雨因以名觀碑云靈泉觀者寔岱宗之行宫鎭銅川之福地東瞰漆水之煙浪南面孤祠暮雨猶孟姜之泣淚云云通志載岱岳廟在同官縣北二里金山之麓金山在縣西北三里有姜女祠靈泉在山之西麓自石罅中湧出旱禱有應銅川即銅官川一名同水在縣東北一里西

南流合滦水入耀州界滦水在縣東北五十里以
地多滦木而名其水善溢甚爲邑患南面孤祠者
謂孟姜女廟也廟在金山巖下

淳化縣重修岱嶽廟記

碑高六尺八寸廣二尺六寸五分二十三行行六十七字正書在淳化縣

邠州淳化縣重修岱嶽廟記

武義將軍行邠州淳化縣尉飛騎尉劉昪山篆額

夫太極初分兩儀肇判萃爾精英之秀爲乎山岳之靈
嶽之宗尊首稱於岱鎮彼兖州之域巖然魯邦所瞻位
居五嶽之伯號美上天之孫不歆季氏之旅祭豈假秦

皇之升封掌人倫之總籍主生死之權輿言其神則微
妙無方變通莫測繫人之吉凶禍福有感必至應如影
響焉言其體則峩峩崇崇風雲會聚雷雨蒸騰扶持造
化茲爲地之德也爰自歷代以來封崇旌顯表其神異
者莫越是嶽乎昔虞舜之爲君也望于山川徧于羣神
歲二月東巡守至於岱宗柴夏禹之時別九州也奠高
山大川九山刊旅禹錫元圭告厥成功焉周之受命也
武王既定天下載戢干戈載櫜弓矢歌時邁之詩至于
方岳之下告□□□□□大漢之興武帝放古巡守之事
薦禮百神封泰山禪梁父以刻石紀功爲頌於詩載於

書編於史傳皆帝王之休功茂烈丕著莫不率由舊章
嚴修祀禮稽周禮大宗□□□□祭用牲用嚴大司樂
逌奏㽔賓謌函鍾舞大夏所以儐鬼神也故得陰陽和
風雨時五穀熟草木茂禽獸蕃財用於是出焉寶藏於
是興焉無一物不資其生成無一□□□□□□育者也
洪惟　聖朝奄有四海　懷柔百神　保社稷
等山河之固　任公卿法台岳之靈以增修於□□
□□□於諸祥惟　嶽瀆之神載於祀典者邑官
屬歲時祭饗夫淳化爲邑在城之東北依山之險舊建
府君祠後人易爲東嶽廟歲月浸久楹欹棟橈瓦墮壁

摧塈□□□□下濕殆將頽仆寔可歎惜加之基址
褊隘人皆相與非稱事神之所有邑人郭浹等適啓願
言化到市民曹成曹珪□□□□已業税地周圍玖畝零
在於舊廟之□□□□□塞壇之區復葺是廟繪塑締構
纍年於茲猶未畢備至大定癸卯之夏也　太谷白
公來宰是邑下車之始敬謁　祠下遂視修葺之事
勸諭工師莫肯怠墮繼□□□亢旱率其僚佐精意以
禱神神歆其誠屢降膏澤或旹之疫癘民之疾疹復致
哀禱即獲康愈公之用心益加嚴奉庶幾變凶歉爲豐
穰變愁嘆爲懽謠豈惟一方之民得□□□之福助抑

亦百里之內蒙　公之庇廕今廟也殿宇宏麗門墉
峥嶸碧瓦煥日雕甍飛空體辰極之正位名蓬元之洞
天迴環廊廡二百餘椽繪畫神靈七十四案旣□□□
革故無兩剝以風拔神之燕喜以來寧人皆鼓舞而瞻
仰嗚呼天下之事言之易爲之難作之於始者易廢而
復興者難是廟起於將廢作之於難爲甚可慶也與人
□□□□是宜刻之琬琰傳之永久來請於僕欲紀其
實愚固鄙陋上不能發揚　公之美事下不足副衆
意之懇求安上義不獲已謹述此廟之廢興而爲之詞
以遺其民使□□□祀神其詞曰

岱嶽巖巖　萬古尊嚴　于天駿極　爲國具瞻　丘
墟雲雨　主宰蒸黔　靈鑒昭格　害盈福謙　於皇
時周　□□□詛　哀時之對　來朝諸侯　魯僖之
世　秩祀嘗修　霈然徧雨　協氣擴流　漢武欽崇
歲至元封　王母親降　圖受眞容　唐釋在位
稱其岱宗　天齊爲聖　美號穹隆　梨園舊址　□
□□矣　仲山之陰　古廟頹毀　邑人二三　有汾
陽氏　豈憚艱難　神宮載徙　于彼高崗　奠此一
方　培坳鏟凸　補陋薙荒　繡甍畫桷　廣殿長廊
繕飾未備　屢換星霜　粤有白季　□□靈祠

因歲旱暵　憂民阻飢　用伸懇禱　甘露應期　勿
黍勿稌　如京如坻　公之推誠　喜是經營　廟貌
奕奕　民皆樂成　有餚旣馨　有酒旣淸　薄奠匪
報　于心賽饗　神之來速　聲□應谷　神之聆鑾
民之爲福　災害不生　豐登屢卜　文賴神功
雖不祇肅

大金大定二十七年歲次丁未三月二十八日建

進義校尉可淳化縣商酒同監張居信　報劉松
修武校尉可淳化縣商酒都監李紹先□　劉禹

典史　馮翊　怨希　董或　魏晃　張慶　犒宜
　　　劉昭　張德　張慶　孫鎬　翟沂　楊輝

馬選　□□
張唐　傳希　助緣

將仕郎邠州淳化縣主簿斜卯劉家
朝散大夫行邠州淳化縣令騎都尉南陽縣開國男
食邑三百戶賜紫金魚袋白偉立石

按岱岳廟在淳化縣北二里高岡上其山名壽峯
山或謂卽甘泉賦所云三巒山也今俗呼爲三楞
山文選甘泉賦服虔注棫巒爲甘泉南山又李善
云三巒卽封巒觀疑棫巒爲三楞山而三巒爲觀
名也今封巒觀已無攷或後人卽其址爲崔府君
祠久之又易爲東嶽廟也碑於年月後列銜一曰
進義校尉淳化縣商酒同監一曰修武校尉淳化

縣商酒都監金史百官志酒使之官使從六品副使正七品掌監知人戸醖造麴蘗辦課以佐國用都監正八品掌簽署文簿檢視醖造凡京都及真定皆爲都麴酒使司它處置酒使司課及十萬貫以上者設使副小都監各一員五萬貫以上者設使副各一員一萬貫以上者設使及都監各一員不及一萬貫者爲院務設都監同監各一員不及千貫之院務止設都監一員此碑有都監同監當是不及一萬貫者矣然謂之商酒則史志所無又攷官階之制武散官正九品下曰進義校尉從八

品上曰修武校尉今淳化縣都監用從八品階同監用正九品階亦史志所未詳也碑書寶藏於是

央爲央是與之省筆俗書蓋昉於此

蓮峯真逸詩刻

石高一尺四寸廣二尺八寸詩九行行十字跋十三行行十六字二十二字不等行書在蔚州

興慶池

華萼樓傾有故基路人空讀火餘碑可憐興慶池邊月曾伴寧王玉笛吹家集中伴作照

李氏園

決決氷泉漱竹籬一林寒玉鏁煙霏青裙白髮人何處閑殺南溪冷翠微

故大理丞喬君先生以文章起家迹其德業宜有後者也正隆之亂丞蒲邑保全一城關陝至今稱之京兆所留題咏雖一時游戲然今日運會有足奇者先生仙去十年於茲其子德容以戸曹來光遺跡公餘搜訪得數絶句命刻之石豈特使芝蘭久而益芳圭璧久而益貴將見苗田構室不負所托矣天祿鄉里晚進嘗接餘論方漫令長安此一段因緣答與德容共之不揆狂斐於是乎書大定戊申正月上休古唐申天祿跋

此口得之錄事口口明昌七年二月因府衙委錄事司口整興慶流杯亭以此石置之壁間錄事馬釗錄判馬祥記

右蓮峯真逸興慶池李氏園二絶句喬君名扆字君章洪洞人元裕之中州集稱其詩樂府俱有名然所錄詩止一篇又不著其歷官本末據此刻知喬君官至大理丞正隆之亂丞蒲邑保全一城可補中州集之闕矣喬德容當爲京兆戸曹中州集亦未載戊申蓋大定紀元之二十八年上沐猶言上澣也申天祿時爲長安令潛研堂金石文跋尾

按中州集稱喬扆字君章初名逢辰洪洞人天德三年進士所載詩祗凌虛堂五律一首碑所刻二絶句俱闕焉詩後申天祿跋云正隆之亂承蒲邑保全一城關陝至今稱之蓋自登進士至此適十一年矣金史海陵紀正隆六年六月備法駕入于南京九月上自將三十二總管兵伐宋命河中尹徒單合喜爲西蜀道行營兵馬都統制平陽尹張中彦副之由鳳翔取散關駐軍以俟後命十月宋人攻秦州臘家城德順州克之申跋所謂蒲邑一城保全者殆即此時事也申跋作於大定戊申云

先生仙去十年于茲則喬扆之卒在大定戊戌距正隆之亂又十六年其子德容名守中州集稱其八歲能鼓琴名入東宮顯宗稱其不凡大定十六年登科貞祐初爲益都按察轉運使與田琢器之俱殁兵間顯宗者太宗之子楚王允迪大定二年五月壬寅立爲皇太子二十五年六月庚申薨二十九年正月世宗崩章宗即位二月癸亥追尊爲皇帝廟號顯宗德容名入東宮約略在大定七八年德容時年八歲則其生在大定初年當申天祿作跋時德容以戶曹丞京兆是登科後十二年自戊申後越二十五年爲貞祐初其時德容官益都按察遂遇兵難計其年可五十五六矣此碑移置流杯亭壁在明昌七年二月是作跋後九年不知德容是時居何官也明昌無七年是年十一月始改元承安故二月仍得稱七年洪洞喬氏父有功於蒲邑子殁難於兵間兩世忠貞久無傳述金史既不爲立傳省志又不詳事蹟賴中州集略述其父子而尤賴此碑之存與中州集參攷得其大槩備載於此俾作志者或有取焉

雲寂院鐘款

鐘不知大幾許分上下截書每截界爲八區上截每區一字下截書勸緣監鑄及與會諸人姓名正書在淳化縣

皇帝萬歲臣佐千秋

大定二十九年十月十七日雲寂院住持僧道演

都會首沙門僧守彦

勸緣衆法口僧義達　義遠　守進　守嚴

講經論沙門僧守固

講經論沙門尊宿僧守一

鑄鐘大鑑富平縣省名村劉閏　劉信　冠榮

同監女口烈查刺

舁界都監大珪
忠翊校尉淳化縣商酒都監郭彬
口武將軍淳化縣尉義騎尉叻古信年
登仕郎淳化縣主簿千邦達
顯武將軍縣令騎都尉路豐縣開國男食三伯戶楊
定

按雲寂院今謂之雲寂寺在邠州淳化縣西南一里陝西通志不詳其興建始末此鐘鑄於大定二十九年而院之刱始亦無攷款列住持僧以上至淳化縣令止凡十七人姑存其姓名內有鑄鐘大鑑富平縣畱名村劉閏畱字不可識此後周刻男女姓名一百三十餘人大都皆助緣人今皆不錄然其中村名有曰崇德村李譚空村盈倉村口保村口泉村甘村車馬村安樂村俱口村西甘村巨店東埪村百家谷畱砦村小礓社東草市賀莊村孟㑊村秋社村四泉村西陽口屯莊北步昌東甘沓金畤村庄之名可資志乘攷證者識此以備採

金石萃編卷一百五十六終

金石萃編卷一百五十七

賜進士出身　誥授光祿大夫刑部右侍郎加七級王昶譔

金四

三官宮存留公據碑

石高三尺九寸廣二尺三寸四分上截公據十九行下截記二十三行每行字數十六至十九二十餘不等正書在高陵縣

三官宮奉聖旨存留公據之碑

京兆府

口口口　　尙書祠部口節口承

都省劄口備奉

聖旨楊口制口後創造到口名額寺觀者口是尺行口口仍令除去緣其間有口繪塑口佛容像口不忍除毀特許存留其創造罪名口與免放若今口有犯本人科違

制司縣中知口不口依制斷口仍並解見口口委司縣正官一員遍詣應有寺觀神祠等處一一躬親點檢如係自口口口塑繪口神佛容像口口所口官并司縣先口口口具申州府令司縣并僧道口及州府口口口籍仍從各州府排立字號口口口簽印口合同公據賫付住持寺觀人等口執并造一般合同文簿申覆使府備

坐□□隨處遵依委官點檢施行去後據申到事因除
別外□管□司縣數內高陵縣奉政坊
三官宮內□□□□□
右今出給公據付□□□□□□□□執照大定二十年
十一月　日
使
玆者三官宮元在官道之西起自唐宋迄今數百餘年
累□兵火殿像俱廢至　皇統甲子有村人馬志買到
上件地基及貟與邵顯亦捨已地方得完備與衆社人
同議徙於此處修蓋堂宇聖像一□幸而繼□　大
定庚子使府降到　聖旨存留公據□處年深片
紙湮沒遂刻金石傳之永久旹明昌二年八月一日嶧
峒趙□□記今具社人于右（下有社人姓名不錄）

按高陵縣三官宮今已無攷但存此碑金史世宗
紀大定十八年三月己酉禁民間無得刱興寺觀
此碑所云奉聖旨嗣後創造到無名額寺觀者盡
行除去即此事也碑又云有繪塑佛容像不忍除
毀特許存留創造罪名並與免放是以禮部出給
公據執照稽之史志不得其詳公據降到在大定
二十年越十二年爲明昌二年而後立碑年月後

有社人姓名五十餘人今不錄內有助緣者曰塑
三官人曰粧三官人當時粧塑蓋分二事也又有
爨與姓名爨姓不見於史惟華陽國志昌寧大姓
有爨習蜀錄有交州刺史爨深此爨與或即其苗
裔歟

高曼卿增修宣聖廟記

石高五尺廣三尺八寸十一行行二十五字正書在曲阜孔廟

僕鄉爲令長山被檄泰安嘗謁
宣聖廟歷觀前人碑志自漢魏以來代無不修其舊制
稍隘未足以副天下之望玆者
朝廷右文命開州刺史　高公曼卿特爲增葺凡弊者
新之狹者廣之下者高之舊所無者剏之莫不曲盡其
善僕與公有一日之雅喜而謂曰公爲吾儒獲膺此委
而能大其規橅俾雄麗如此可謂無負矣明昌辛亥復
因輿拜過此安陽蘄銑十月二十有七日題

武亭鐘款

款共十六方各橫廣二尺七寸高二尺二寸或四行或六行八行至十行行或四字至十六字不等正書在乾州

皇帝萬歲臣佐千秋國泰民安法輪常轉
尙書禮部牒

牒奉
勑可口
勑故牒
金明昌叁年柒月　日令史向昇　主事安口口權
郎
中憲大夫行員外郎口
宣威將軍郎中耶律
侍　郎
奉政大夫禮部尚書兼翰林學士承旨知制誥修國
史王

鄜州鄜城縣陽務村鑄鐘大口
維大金國歲次明昌叁年壬子二月癸卯初一日甲
戌　記
陝西京兆府路乾州武亭縣界崇教禪院
先住持祖師僧口口先師僧口照
飜建屋舍聖像鑄鐘都會首住持沙門僧

崇教禪院本在武功于金爲武亭縣是鐘于康熙中出自河畔時巡撫某公方修薦福寺因載歸焉鐘後有尚書禮部牒文關中金石記

按陝西通志崇敎禪院一名慈德寺在乾州武功縣治南即唐慶善宮故址金大定十六年修勑賜崇教禪院今據鐘欵前刻明昌三年禮部勑牒則崇教之賜額在明昌三年或修院在大定十六年也鐘刻破地獄眞言寶樓閣眞言大明六字神咒及助緣三十餘人姓名今俱不錄

高陵縣張公去思碑

碑連額高七尺八寸廣三尺一寸五分二十行行四十九字正書在高陵縣

大金京兆府高陵縣令張公去思之碑
將仕郎充書畫局直長張建撰
文林郎楊庭秀書

隴西李居中篆額

太史公序循吏傳曰奉法循理之吏不伐功不矜能百姓無稱亦無過行予始疑其說以謂循良之吏必有赫赫之名著人之耳目或號霹靂手或號神明政而曰百姓無稱何也豈不以循理之吏不求近功有愛民之誠心使民陰受其賜歲月既久民知其愛己故思之無已非若沽名釣譽之徒內有所不足急於人聞而專苛察督責以祈當世之知求其愛民之誠心則蔑如也久之情態俱露詭亦隨之是以民視吏之去如越人之視秦人肥瘠了不加意斯人也烏足謂循理之吏乎故吏之

艮者不伐其功人所以高其功不矜其能人所以稱其能及受代之後人思其德繪其像而事之此其所以謂之良吏也口川張翔字子翔博學有才識著名於時大定十三季登進士第釋褐授單州軍事判官尋遷狄道高陵北海三縣令東京留守推官今爲解鹽副使自公之去高陸也既更三政矣而民猶念之豈非有愛民之誠心教之以孝悌廉恥不爲鉤距詭異之行雖嘗加刑責者亦服其義而稱頌之初公之莅職於是也有訴其男毀奪女娣之粧奩者公以子之長幼妻之前後諭之其口悔悟而去有妯娌不睦日相詬詈聲徹縣署者公

遣女婢以義責之其人慚而止三朞之間所斷訟獄不啻數十百使人修省改過皆此類也歲或亢旱公爲之禁禱無不感應士或惰學公爲之誨諭無不勸勵令口口口夾谷公尹京兆暨陝西路提刑使栢德公同尹日凡幕職有闕必委公權行其事非廉能夙著何以致此公解職之明年　　朝廷遣使廉問備得公善政之詳不數歲三遷其職任邑人曹璋率諸父老繪公之像構祠堂而事之朝夕瞻望而不忘其德如周人勿翦甘棠而思召公也明昌五季春友人王彥達赴試來京師丐文於予口口口之政予曰昔子產爲政三年而人歌之孔子所以謂古之遺愛者以其久而不忘也今張君去職八年而人尚思之是亦口之遺愛也予既嘉張公之善政且喜高陸之民不忘公之德故系之以銘曰

猗歟張公　治邁厥中　人樂其政　不自爲功　其功不有　積而愈厚　賢者德業　可大可久　咨之小民　競利紛爭　感公之化　禮義由生　昔之士子　佻兮達兮　服公之教　朝書暮詩　今公既去　繪像於堂　千載之下　以配甘棠

按高陵縣名始於周秦之間三國魏及後魏嘗改

高陸隋大業初復名高陵相沿至今此碑前云尋遷狄道高陵北海三縣令下云自公之去高陸也既更三政矣後云且喜高陸之民不忘公之德蓋高陸高陵今古之名互用也碑云口川張翔字子翔陝西通志循吏傳張翔字子翱淄川人名與字與碑倒互當由志誤而淄川則可補碑之泐文攈文者張建金史附呂中孚傳稱建字吉甫蒲城人有詩名明昌初授絳州教官召爲宮教應奉翰林文字以老請致仕章宗愛其純素不欲令去授同知華州防禦使仍賜詩以寵之自號蘭泉有集行

於世此碑立於明昌五年而張建系銜為將仕郎充書畫局直長不云應奉翰林文字殆未任此官時也然碑所系銜傳則略焉金史百官志應奉翰林文字從七品書畫局直長一員正八品掌御用書畫紙札屬祕書監其文散官階從七品上曰承務郎下曰儒林郎正八品上曰文林郎下曰承事郎正九品上曰登仕郎下曰將仕郎此碑張建蓋以正八品官而用正九品下之階以系銜所未詳也首引太史公序循吏傳語据今本史記循吏傳太史公曰法令所以導民也刑罰所以禁姦也文

武不備良民懼然身修者官未曾亂也奉職循理亦可以為治何必威嚴哉祇此數語與碑所引全不同銘詞後列進士李文本等六十七人姓名皆邑人無知名者今不錄

劉仲游詩刻

詩刻在多寶塔碑右側共四行字數不等草書在西安府

觀京兆府學　大成殿後古碑題六言詩兩首

寶墨銀鈎蠶尾豪文玉振金聲一覽古碑辯翰頓還舊觀神明

西泰觀覽古字碑刻長安最多未勝家藏墨跡羲之帖換羣鵞

明昌五季二月八日中大夫同知京兆尹兼本路兵馬都總管府事提舉學校事燕臺劉仲游書

按劉仲游詩不見中州集金史亦無劉仲游傳据碑仲游自署其貫曰燕臺而史有劉仲洙傳字師魯大興宛平人果官定海軍節度仲洙有兄仲淵皆與仲游名同用水旁而又同貫或即仲洙弟兄行也

靈巖寺詩刻

二詩刻在一石石橫廣三尺八寸高一尺八寸前詩共九行行八字後詩十行行八字十字不等在長清縣靈巖寺

琛公堂頭和尙有題超然亭頌因次其韻

巢州節使路伯達

六合空明現此亭本來無垢物華清客來便與團欒坐萬偈何妨信手成

明昌五年二月十五日十方靈巖禪寺住持傳法沙門廣琛立石　濟南梁宗誠同李堅摸刊

巡按詣靈嵓名刹禮佛焚香憩坐于超然亭覽堂頭琛公佳製謾繼嚴韻

山東路提刑王玠

鍾山英秀草堂靈林下相逢話愈清聞道誅身宜勇退得閑何必待功成

明昌五年十月十五日十方靈巖禪寺住持傳法沙門廣琛立石　濟南梁宗誠同李堅摸刊

案金史地理志山東東西路提刑司此王珩結銜稱東路提刑卽巡按濟南諸屬也冀州節使天會七年置安武軍節度是也路伯達見中州集云仲顯字伯達冀州人正隆五年進士明昌初授武安軍節度使據金史本傳伯達字仲顯與中州集稱字伯達者異今詩刻爲其自題不宜署字是名伯達無疑爾本傳稱改鎭安武宋朝事實冀州慶歷八年陞安武軍節度金蓋依其舊名而中州集爲武安倒訛之故也伯達詩爲遺山所採山左金石志

按靈巖寺有明昌六年周馳撰田園記見山左金石志記云明昌三年提刑司援他山例許民採伐由是長老廣琛訴於部省五年琛復走京師詣登聞院陳詞蒙奏斷用阜昌天德所給文字爲準盡付舊地云云据此則琛公自明昌三年以迨六年皆住持靈巖也當明昌三年時許民採伐之提刑不知何人假使卽此和詩之王珩則不應縱民採

伐致琛公有奔告跋涉之苦矣此碑二詩一刻於明昌五年二月十五日一爲十月十五日不知琛公走京師又在何月王珩詩不載中州集廣琛超然亭原倡亦無攷

安陽縣重修唐帝廟記

碑高六尺七寸廣三尺二寸五分兩面刻各十六行行三十三字正書在安陽縣

彰德府安陽縣乞伏村重修唐帝廟記

前應奉翰林文字同知　制誥趙秉文撰并書題額

夫道足以爲萬世法而澤足以爲萬世祀是將有以備制法闕百聖參天地之化育後天地而不亡者矣故桀紂爲獨夫而仲尼得通祀景公有千駟而夷齊到今稱之德之在人焉可誣也況乎有聖人之德都天子之位首出百王之上而幾傳百世之下者哉傳曰惟天爲大惟陶唐則之今夫日月星辰之昭回霜風雨露之鼓蕩寒暑陰陽之變化春生而秋殺明來而晦謝以終始萬物者豈非天之化也哉今夫君臣父子之懿仁義道德之實金木水火土穀之用壯者力於作而老者休於廬生者養而死者葬以衣被天下後世者豈非陶唐氏之遺化也哉陶唐氏之化在於斯民日用之間而莫能名其所以然非天也耶然則去之千百世如將見之廟而

宇之尸而祝之以鼓舞斯民者亦天也是非所謂不亡
者耶嘗謂帝之德當世思之可也後世何自而思之賢
者知之可也野人何自而知之舊邦饗之可也佗邑何
自而饗之譬之說食必飽說穢必唾此亦人之情也有
人於此暴其人之孤識與不識必環視而怒匍匐而往
救之親與不親必相顧而歎親非在己而喜怒爲用凡
所以爲彼者爲我而已且夫帝既外口身以先人亦所
以爲天下後世是故教莫正於敘彝倫降二女以刑家
則志在和口口矣法莫公於傳神器捨其子以禪舜則
志在爲蒼生矣德莫大於振大災治水以命禹則志在

利萬世矣功施於彼而利及於此恩加於當時而廟食
於後世生而不以黃屋爲心沒而享崇軒之貴生而不
以彩椽爲飾沒而都華構之安康衢古謠也後世里歌
社舞簫皷嘈雜有遺音者矣土鉶土簋昔所御也後世
山肴野蔌薻蘋苾芬有遺味者矣易曰咸感也夫感至
於有心則不足以有感矣相之西六十里而遠有聚落
曰乞伏帝之祠在焉西挹太行北枕漳水古木森然上
閱漢晉居人張伯厚等易其欂櫨之朽折者而新之治
其垣甓之毀缺者而復之廟成謁文於僕竊惟相古邑
也若殷王甲之居相文王之居羑里皆有祠廟載在祀

典獨唐帝之祠義若無所出意其神不相於茲土也顧
嘗以爲帝之神如雨露之在天水泉之在地何所往而
不在獨惠彼而遺此豈理也哉嗚呼以如神之智變化
往來其有方乎以如天之仁徧覆包函其有殊乎以曆
象授時之政安知不佐歲功以成物乎以博施濟衆之
心安知不相．　明天子以惠於惸獨乎生而厚其恩
沒猶被其賜展敬乞靈烏可已也敢爲之銘銘曰
鬼神睢盱伏羲受圖人文權輿彝倫既敘五教既敷唐
文煥乎披昏抉塗藥民之愚有典有謨位非我娛萬民
其孥丹朱爲疎陸水其都人蟲其居吁嗟都俞恩漸於

膚今其已夫祀焉忽諸遺祠路隅田婦耕夫或祝或巫
白馬彤車清風肅如神來有無清漳之墟歲孰一區神
遊藐孤　．明昌有道千載同符擊壤康衢走不知乎
今之世陶唐氏之民歟

明昌六年六月望建　　　觀臺張居仁刊

案金史地理志彰德軍節度明昌三年陞爲府以軍
爲名記在六年稱府與史相符又傳載趙秉文明昌
六年入爲應奉翰林文字同知制誥亦與碑符文内
引傳曰惟天爲大惟陶唐則之易堯爲陶唐蓋以堯
爲名諱文避之惟稱論語爲傳尙書序正義凡書非

經則謂之傳言及傳論語孝經正謂論語孝經是傳也漢武帝謂東方朔云傳曰時然後言人不厭其言又漢東平王劉雲與其太師策書云傳曰陳力就列不能者止又成帝賜翟方進策書云傳曰高而不危所以長守貴也是漢世通謂論語孝經爲傳也以論語孝經非先王之書是孔子所傳說故謂之傳所以異於先王之書也据此記亦名論語爲傳殆本於此然唐宋以來如昌黎集燕喜亭記引傳曰知者樂水仁者樂山新唐書魏徵傳引傳曰君使臣以禮臣事君以忠劉貢父公是先生集序傳曰不知言無以知

人也亦沿是稱因跋此并及之安陽縣志

碑云相之西六十里而遠有聚落曰乞伏帝之祠在焉西挹太行北枕漳水古木森然上閱漢晉又云相古邑也若殷三甲之居相文王之居羑里皆有祠廟載在祠典獨唐帝之祠義若無所出予按太平寰宇記云永定縣本漢內黃縣地隋開皇十八年改爲堯城縣因堯所居之城爲名唐末改爲永定縣又云丹朱墓在縣東一里堯之子也攷永定廢縣在今府城東四十里宋省入安陽縣則其地祠堯實當以此丹朱墓亦在府東南嚴郵趙秉文不能遠考故以爲義無所出耳中州金石記

太一靈湫詩

石横廣二尺三分高一尺六寸共十三行行十字正書在西安府

太一靈湫

直疑仙掌捧龍津落葉無留愈覺神福地尙將魚鳥護不思哀惘望雲人

右一

終南見說畜靈湫秋旱虔誠徑一求石磴未容穿屐歷夜窗喜聽聚簷流已便客枕消殘暑將見農家慶有秋自愧書生無異報强搜佳句荅神休

右二

明昌六年中元日知先天觀事奉香火道士何元濟立石

按太一靈湫在長安縣終南山漢書地里志太一古文以爲終南五經要義曰太一一名終南山在扶風武功縣初學記引福地記曰終南太一山左右四十里內皆福地靈湫卽湫池宋敏求長安志池上有澄源夫人湫廟今縣有顯應夫人廟當是澄源夫人改封在終南山炭谷去縣八十里唐封澄源夫人湫池尙在韓昌黎有題炭谷湫祠堂詩

卽此靈湫也昶在長安六七月旱亦嘗遣官求之
取水往往有應此碑刻太一靈湫詩七絕一首七
律一首不著作者姓名玩詩意皆是爲靈湫禱雨
而作碑刻于明昌六年中元日不知是追刻前人
之作抑是當時禱雨有應之作詩稱自愧書生知
非守土之官亦非奉香火之道士也

靈巖寺記

碑高八尺四寸廣四尺五分十九行行四十八字隸書篆額在長清縣

十方靈巖寺記

翰林學士朝散大夫知　制誥兼同修　國史上護

軍馮翊郡開國侯食邑一千戶食實封壹伯戶賜紫
金魚袋党懷英撰并書篆

名山勝境天地所以儲靈蓄秀非福力淺薄者所能擅
止必待僊佛異人建大功德以爲衆生無量福田泰山
爲諸嶽之宗□峯巒拱揖谿麓回抱神秀之氣尤鍾於
西北而西北之勝莫勝於方山昔人相傳以爲希有如
來於此成道今靈巖是其處也後魏正光初有梵僧曰
灋定杖錫而至經營基構始建道場定之至也蓋有靑
虵前導兩虎負經四衆驚異檀施雲集於是空崖絕谷
化爲寶坊歷隋至宋土木丹繪之功日增月葺莊嚴爲

天下之冠四方禮謁委金帛以祈福者歲無慮千萬人
佛事□興而居者益衆分而爲院者凡卅有六趣嚮既
異遂生分别主僧永義律行孤介以接物應務爲勞乃
辭寺事時開封僧行□方以圓覺客理講示後學衆共
推舉可以住持乃更命詳實來代義仍改甲乙以居十
方之衆實熙寧庚戌歲也越三年癸丑仰天元公禪師
以雲門之宗始來唱道自是禪學興行叢林改觀是爲
靈巖初祖爾後凝席或虛則請名德以主之而不專□
宗暨今琛公禪師廿代矣其傳則臨際裔也師至之日
屬山門魔起規奪寺田四垣之外皆爲魔境大衆不安

其居師爲道□猛卒以道力摧伏羣魔山門之舊一旦
還復衆遂安焉師以書屬懷英曰吾寺之名著於諸方
舊矣錄希有至於定公則不□討其歲月錄定至於今
幾七百年中更衰叔歷朝刊紀斷泐磨滅蕩然無餘而
佛祖之因地建置之本來與夫禪律之改□□派之承
傳後來者鮮或知之念無以起信心鎭魔事雖然佛灋
堅固與虛空等而魔者如浮雲浮雲彈指變滅而虛空
無有□盡何憂乎魔事惟是著述銘勒佛事門中舊所
不廢子無以有爲謙我爲我一言余報之曰諾已乃
叙師之所欲言者書□遺之若夫山川光怪靈蹟示現

山中老宿皆能指其所而詳之此不復道也明昌七年
烁九月十有九日記
首座僧師敏　書記僧普寘　知藏僧蘊奥
知客僧宗徹　知閤僧廣仲　殿主僧宗堅
監寺僧濬敘　副寺僧普遷　維那僧悟寶
典座僧普守　直歲僧志功　庫頭僧覺饗
明昌七年十月十四日當山住持傳濬嗣祖沙門廣
琛立石　歷山賈德摸并刊

碑陰

題名二段第一段詩及僧名共十行行十一字正書閒雜古篆

遊靈巖留題
天下三巖自古傳靈巖的是梵王天羣峯環寺連叢柏
雙鶴盤空湧二泉此日登臨驚絕景當年經構仰良緣
停雲妙憶　寥休子好伴　眞游方公禪師社白蓮
丙辰冬至日蓬山劉憲淵識
監寺淨善維那淨悅典座正寧直歲善全住持淸安
野叟提點行實都綱普護命工刊

又一段題名五行行書

冠氏帥趙侯濟河帥劉侯率將佐來游好問與焉丙申
三月廿五日題

右碑額題十方靈巖寺記撰書篆額皆党懷英一人
兼之碑陰兩段一題丙辰冬至日蓬山劉憲淵識丙
辰當是蒙古憲宗時也一題冠氏帥趙侯濟河帥劉
侯率將佐來游好問與焉丙申三月廿五日題遺山
手蹟世不多見書字勁逸不失古法武虛谷云丙申
爲蒙古太宗之七年于時金亡三年矣趙侯者案遺
山集冠氏趙侯先塋碑稱冠氏帥趙侯天賜字受之
今爲東平左副元帥兼分治大名府路同知兵馬都
總管事宣授將軍千戶者即此題趙侯也遺山嘗客
冠氏又與趙侯銘其先人宜其有此勝遊耳山左金石志

按此碑党懷英撰文書篆一人兼之惜搨工每行
失搨一字使文不全然存者皆完善也碑稱琛公
之傳爲臨際裔臨際即臨濟齊乘載濟陽大定六
年避金主允濟諱改曰淸陽允濟遇弒復舊此碑
刻於明昌七年宜遵大定制爲衛紹王諱也鐘於
西北鐘即鍾通用字廣琛住持靈巖當明昌三年
提刑司援他山例許民採伐由是琛公訴於部省
才得地之十一二至五年走京師詣登聞鼓院陳
詞蒙奏斷用阜昌天德所給文字爲準盡付舊地
周馳爲記趙渢書党懷英篆額碑立於明昌六年

越一年又立此碑蓋在復地事定之後碑故稱琛
公以道力摧伏羣魔所謂羣魔者指侵地之輩其
事起於提刑之許民採伐而其禍遂及於羣奸之
侵地此是立碑要旨文故特書之

太平院石幢

幢高二尺五寸四面各廣一尺六分皆分上下截書上三面皆象一面刻年號二行行八字下四面各刻眞言或五行或八行或九行每行二十二字至十四五字不等正書

佛母准提神咒文不錄
熾盛光佛消災吉祥陁羅尼文不錄
延壽眞言

破地獄眞言
文殊五髻眞言
僧伽吒啓語
滿願眞言文俱不錄
昔明昌七年　月　日太平院沙門

按明藏經有準提慧業以六梵字爲用與無量壽
及觀世音大勢至所說不同蓋西方之教大勢至
法王子與其同門攝念佛人歸于淨土至有五十
二菩薩故準提亦其一耳今蘇州城西有準提庵
明唐寅所居相近來往修習其間故庵內有文徵
明祝允明及寅像設焉

重修文宣王廟碑

碑連額高一丈七尺一寸廣六尺二十九行行七十四字隸書額題大金重修至聖文宣王廟之碑十二字篆書在曲阜孔廟

大金重修　至聖文宣王廟碑

翰林學士朝散大夫知　制誥兼同修　國史上護
軍馮翊郡開國侯食邑一千戶食實封壹伯戶賜紫
金魚袋臣党懷英奉　勑撰并書丹篆額
皇朝誕受　天命　累聖相繼平遼舉宋合天下
爲一家　浹仁厚澤以福斯民粤自　太祖暨于

世宗撫養生息八十有餘年庶且富矣又將敎
化而粹美之　主上紹休　祖宗以潤色
洪業爲務　卽位以來　留神政機革其所當革
興其所當興飭官厲俗建學養士詳刑瀆議禮樂舉遺
修舊新美百爲期與萬方同歸文明之治以爲興化致
理必本於尊師重道於是　奠謁　先聖以身先之嘗
謂侍臣曰昔者　夫子立敎於洙泗之上有天下者
所當取灋廼今遺祠久不加葺且其隘陋不足以稱
聖師之居其有以大作新之有司承　詔度材庀工
計所當費爲錢七萬六千四百餘千　詔並賜之仍

命選擇幹臣典領其役役取於軍匠傭於民不費
巫成而責以可久不期示侈而期於有制凡爲殿堂廊
廡門亭齋廚爨舍合三百六十餘楹位敘有次像設有
儀表以傑閣周以崇垣至于握座欄楯簾櫳罘罳之屬
隨所宜設莫不嚴具三分其役因舊以完葺者才居其
一而增㨿者倍之蓋經始於明昌二年之春踰年而土
木基址成越明年而髹漆彩繢成先是羣弟子及先儒
像畫於兩廡既又以塐素易之又明年而衆功皆畢罔
有遺制焉　上既加　恩闕里則又澤及嗣人以
其襲封公爵而官職未稱與夫祭祀之儀不備特

命自五十一代孫元措首階中議大夫職視四品兼世
宰曲阜六年又以祭服祭樂爲　賜遣使策祝升以崇
成之意告之方役之興也有芝生於林域及尼山廟與
孔氏家園凡九本典役者釆圖以　聞且言瑞芝之生
所以表　聖德之致廟成之日宜有刊紀敢請并書
于石又廟有層閣以備皮書願得　賜名揭諸其上以
觀示四方　詔以奎文名之而　命臣懷英記其
事臣魯人也杏壇舊宅猶能想見其處今幸以諸生備
職藝苑其可飾固陋之辭挈楹計工謹諸歲月而已乎
敢竊敘　上之所以褒崇之實備論而書之而後

系之以銘臣嘗謂唐虞三代致治之君皆相授以道至
周末世不得其傳而　夫子載諸六經以俟後聖降周
訖漢異端竝起儒墨道德名灋陰陽分而名家而以六
藝爲經傳章句之學歸之儒流不知六藝者　夫子所
以傳唐虞三代之道衆流之所從出而儒爲之源也後
世偏尙曲聽沿其流而莫達其本用其偏而不得其醇
自是歷代治蹟常與時政高下洪惟　聖上以天
縱之能典學稽古游心於唐虞三代之隆故凡立功建
事必本六經爲正而取信於　夫子之言夫惟信之者
篤則其尊奉之禮宜其厚歟臣觀漢魏以來雖奉祠有

封汎埽有戶給賜有田禮則修矣未有如今日之備也
初廟傷得瞥廢池發取石甃以爲柱礎鉅砌之用浚井
得銅以爲鋪首浮漚諸飾餘是省所費錢以千計者萬
四千有奇方復規畫爲它日繕治無窮之利然則非獨
今日之新蓋將愈久而無弊也銘曰　維古治時
以道相繼　不得其傳　粵自周季　天生　將聖
遭世不綱　垂統六經　以俟後王　六經維何
爲世立道　有王者興　是惟治要　於鑠　我
皇　聖性自天　玩意稽古　傳所不傳　建學辟文
崇明儒雅　躬禮　聖師　率先天下　乃睠　闕

里　祠宇弗治　刓其舊制　既監且庫　乃詔有司

乃疏泉府　揆材庀工　衆役具舉　梓人獻技

役夫効功　監者以閎　庳者以崇　崇焉有制　閎

焉惟瀛　即舊以新　增其十八　植植其正　翼翼

其嚴　魯人來思　歎息仰瞻　魯人有言　惟今非

昔　登伊魯人　四方是式　瞻彼尼山　及其林園

有芝煌煌　表我　聖恩　聖恩之隆

施于世嗣　顯秩崚階　視舊加異　廟樂以雅　祭

服有章　錫爾奉祠　名教是光　有貞斯石　有銘

斯勒　揚厲鴻休　以詔無極

碑陰

凡十六段承安二年月日銜名一段五行隸書居中餘十五段多元人題記及詩四周刻之字體不一附列于後

監修官從仕郎曲阜縣主簿權縣事劉𡑈

同監修徵事郎　宣聖廟教授聶天覺

四十九代孫　璪　璠　璘　募勒

五十代孫　揁　揚　同募勒

承安二季三月旦日訖功　楊元刊

高口等題記四行行五字六字不等行書左行

龍山高口同弟民範拜謁　林廟承安二年夏四十

日

又耿懷義等題記三行行十字十二字不等行書

晉臺耿懷義同雲中魏仲古䔉史煜敬謁　林廟承

安五年閏二月初六日

又蕭元題記七行行六字正書

東遼北野山黃冠蕭元從　五十一代襲封特來敬

謁　林廟壬寅歲十二月謹題

又魏璠等題記九行行十二字十一字不等行書

雲中魏璠上谷劉詡陳郡徐世隆汴梁李紱隆安張

澄泊男孔孫自鄆道兗至曲阜恭謁　林廟凡留三

日遍覽　聖蹟時經亂已久　廟貌未復追想盛明

不勝慨嘆然聖道隆替繫時盛休褒崇之典豈無所

待云甲辰秋七月廿有一日世隆謹題

又元好問等題記八行行九字八字不等行書左行

太原元好問劉浚明京兆邢敏上谷劉詡東光句龍

瀛蕩陰張知剛汝陽楊雲鵬東平韓讓恭拜　聖祠

遂奠　林墓乙巳冬十二月望日謹題

又嚴忠濟題記六行行八字正書

歲在己酉率諸將佐恭拜　林廟周覽　聖蹟留三

日而去二月四日東平嚴忠濟謹題

又王玉汝等題記六行行九字正書

東平王玉汝燕山畢英范陽盧武賢清亭杜仁傑從
行臺公拜奠　祠林歲舍己酉立秋日上谷劉詡謹
識

又張德輝等題記六行行十字隸書

太原張德輝由眞定抵東平從嗣聖諸名敬拜　林
廟周覽勝跡留一夕而去男復侍行歲乙卯夏五月
二十五日識古兖丁丕顯同來

又郝經題記五行行七字六字不等行書左行

乙卯秋九月十有三日陵川郝經拜謁　祠下遂奠

墳林

又高詡題詩十三行行七字行書

庚子歲七月上旬益津高詡敬謁　聖師祠下謹題
二絶何以誌其來

帝王而下幾興亡鎖盡繁華作戰場獨有　東家詩
禮在子孫萬古讀書堂

六經不幸火于秦日月曾何礙片雲用捨從來關治
亂皇天本不喪斯文

又楊奐詩六行行十一字十字不等行書

會見春風入杏壇奎文閣上獨憑欄淵源自古尊
一洙泗祖述何人似孟韓竹簡不隨秦火冷楷林空倚
魯城寒颯零蹤跡千年後无分東家老一簞

又文劇詩六行行九字十字不等行書

萋萋野草黯雩壇回首尼山一凭欄空想文風復鄒
魯豈知俗學尚申韓虛堂晝寂禽聲雜高閣春深檜
影寒樂道獨憐紫陽子志情軒冕羨瓢簞

又劉翮詩六行行十二字十一字不等草書

乘閑杖策上郊壇絕勝登樓靜倚欄千古遺蹤思
孔孟百年雅集數楊韓泉通聲背波紋冷月照龍門
夜色寒此去關西有東魯柳塘沙路口壺簞紫陽方有歸秦

之興故及之

又劉文等題記十行行十三字行書

朝列大夫山東東西道肅政廉訪副使劉文因理東
原等處郡邑獄囚路經曲阜率分司書吏徐介周瑞
奏差羅文郁從　嗣聖五十四代孫中議大夫襲封
衍聖公孔思晦偕三氏子孫教授王不矜學錄賈淳
德學書任明善敬謁　林廟瞻仰奠拜禮成而還時
延祐歲次己未六月二十又五日也

又祭文二十行行十七字十六字不等行書

大元延祐六年歲次己未六月乙酉朔越二十五日

乙巳朝列大夫山東東西道肅政廉訪副使劉文謹
以清酌之奠敬致祭于
大成至聖文宣王
惟王爰出乎類自生而知德配乾坤道光日月總無
極於覆載破未悟以通明爲古今師懷帝王器全集
大成之教决開榮進之源希用報章式陳明薦尙饗
兖國公
惟公位崇亞聖名冠四科皷瑟自怡樂道爲任有攀
鱗附翼之志無施勞伐善之心禮祀大賢光隆永世
尙饗

鄒國公
惟公生稟淑質名推大才立王化之基治儒術之道
適行仁義距放邪淫垂萬世之憲言宜諸生之禮祀
尙饗
按此碑党懷英奉勅撰書篆額其立石在承安二
年三月署于碑陰檢曲阜縣志金石卷中載此碑
云明昌二年立葢由未見碑陰但見文內有明昌
二年字遂以爲明昌二年立也据碑云經始於明
昌二年之春踰年而土木基構成越明年而髹漆
綵繪成又明年而衆功皆畢六年又以祭服祭樂
爲賜歷年如此其多非明昌二年立石明矣章宗
建號明昌只六年其第七年爲章宗承安元年玩
文內所載至六年止則文爲明昌六年所撰書遲
之兩年而後刻石承安二年者乃刻石之歲月也
書碑時党懷英歷官翰林學士碑與傳合至承安
二年則致仕矣衍聖公孔元措以承安二年二月
始兼縣令其修廟興工時尙是他姓權縣事故碑
陰題監修官曲阜縣主簿劉某權縣事也此數行
雖隸書與碑文筆法迥異非党書數行之外周刻
題記十五段內承安二年承安五年一段金人所

題其壬寅歲鶴元題壬寅係元太宗崩後之次年
六皇后稱制之初年甲辰七月魏璠等題甲辰乃
元太宗六皇后稱制之三年乙巳冬元好問等題
乙巳爲元太宗六皇后稱制之四年己酉二月嚴
忠濟題己酉爲元定宗崩後之次年嚴忠濟乃東
平行臺嚴實之子己酉立秋日王玉汝等題與上
段同歲所稱行臺公亦即嚴實也乙卯五月張德
輝等題乙卯爲元憲宗五年乙卯九月郝經題元
世祖即位郝經以翰林侍讀學士使宋被留此時
謁林廟當在世祖即位以前爲憲宗五年也庚子

七月高翿題詩庚子是元太宗十二年此下皆題詩不能定其年歲其末爲延祐六年劉文等題又有延祐六年祭文三篇以上各段皆年歲黍錯今依碑文隨錄不加詮次云

承安鏡文

鏡圓徑三寸八分正書

承安四年上元日陝西東運司官造監造錄事任押提控運使高押

按金史百官志都轉運司使掌稅賦錢穀倉庫出納權衡度量之制其屬有同知副使都勾判官戶籍判官支度判官鹽鐵判官都孔目官知法司吏抄事譯史通事押遞公使惟中都路置都轉運司餘置轉運司陝西東西路則置漢知法一員餘官皆同中都此鏡題陝西東運司官造蓋陝西東路轉運司所造也錄事之官志惟諸府節鎮有錄事司錄事一員正八品又諸府鎮都軍司都指揮使條下有云仍與錄事同管城隍其轉運司所屬不見有錄事此鏡有監造錄事又有提控運使大抵以節鎮錄事爲監造官也

圓覺禪院鐘欵

鐘界十五區每區高廣俱一尺七寸五分字多寡不等正書在韓城縣

皇帝萬歲臣佐千秋風調雨順國泰民安

圓覺禪院受業僧

都會首傳大　戒沙門廣以下僧名及助緣姓名俱不錄

前進士何孜　保義副尉□酒同□□□　忠武校尉□酒都□高□□　□信校尉行縣尉完顏□

徵事郎行主簿石嵩　□勇大將軍行同州韓城縣令納罕

平陽府襄陵縣郭　大鑑進義校尉許　男許德　許全　許成　孫許一　許二　許三　元孫泰壽　伯壽　倚壽　念四　念六　高僧

大金承安四年四月一日畢

出韓城北郭不半里許有高原突起頫視城中數千家如平沙列萬幕然日圓覺禪院閎傑壯麗俗所謂北閣寺者是也山門東偏有亭架鐵鐘一口聲甚宏亮寺爲金大定十三年重建鐘則鑄於承安四年土人云鐘自黄河浮來今按其欵有官莊郿周村薛村少梁相里保芝川店諸地名皆屬韓城則闔邑率錢共鑄已有明証土人之言誤或云相傳鐘初成工戒以勿擊俟行數十里擊之工行二十里遽擊之由是

芝川以南不聞鐘聲此又因括地志所言嘉興德藏
寺鐘而傳會者也至縣尉完顏某主簿石嵩縣令納
卑可據以補志乘職官之缺（古石跋刻）
按圓覺禪院今名圓覺寺在韓城縣北門外再建
高爽宏麗爲一邑勝槩宋咸平元年重修王欽若
書額至金時又有修建鑄鐘之事款題皇帝萬歲
臣佐千秋是向來寺觀碑識多如此此獨增風調
雨順國泰民安八字近代各處寺觀梁柱鐘鼎率
題此八字蓋昉于此矣此鐘周刻僧名及助緣男
女姓名二百餘人今但不錄內如北流水慶善坊

水磑社官莊社周村董村相里保趙村王村馬村
庾村北薛村芝川店客義坊北里村東少良紅神
底落村張莊顏家莊西王莊論公村皆村庄古地
名可資志乘家考證者不僅如古石琅玕所云也
餘如稱謂之異者有魚吳驢馬小官人姚大行者
因學究張教書皆足供談資又有書卜氏者二人
卜當卽錢字俗書省文已見於此併識之

驪山詩刻

石橫廣二尺七寸二分高一尺八寸連跋共二十三行行八字十七字不等正書在臨潼縣

陝西路按察使移剌霖

驪山有感

蒼苔遷滑明珠殿落葉林荒羯鼓樓渭水都來細如綫
若爲流得許多愁

詩之興也久矣其源本出於國風之什濫觴於漢魏
派演於六朝下逮唐宋汪洋大肆靡所不至大率以
鍊格鍊意鍊句鍊字爲法而能少相兼自各名家而
已必求其粹然可稱道者亦不多得焉嗚呼詩道之
難也如此　按察相公人品高秀天性奇穎始以儒
業自畢一游場屋芥拾甲科已而事與願違投筆就
宦然游戲翰墨之間初未廢其寸陰大篇短什率皆

出前人用心不到處士子仰之如泰山北斗向提憲
關中嘗有題華淸宮三絕句遠近傳誦不啻膾炙方
以不多見爲恨頃因再游復留一絕格愈老意愈新
句愈健字愈工恬然備四鍊體自非深於文章者其
孰能與於此友人賀吉甫已作傳遠計適命遼東孫
吉之書諸石九嵕徐從周刻其字晉陽舊部吏聞而
喜之復識歲月于後云承安曆維協洽書雲後七日
謹跋

移剌卽耶律金史有移剌履元好問集作耶律履是
其証商挺增修華淸宮記有太傅移剌公疑卽其人

後有跋自署晉陽舊部吏而無姓名關中金石記

按此詩不見於中州集陝西通志藝文卷載此詩題下注云二首選一則是此題有詩二首矣据此碑詩後跋語但云項因再遊復留一絕是原只一首不知通志所不選者又何詩也此跋又云提憲關中嘗有題華淸宮三絕句通志亦不錄跋後紀歲月云承安屠維協洽書雲後七日蓋承安四年己未歲冬至後七日也

金石萃編卷一百五十八

賜進士出身 誥授光祿大夫刑部右侍郎加七級王昶譔

金五

綏德州新學記

碑連額高一丈一尺二寸廣四尺二十四行每行下缺大約六十四字正書篆額在綏德州

新修州學之記

秦并天下以赤翟故地十五縣爲上郡卽今綏德是也漢初入於匈奴唐遍於土蕃五季領於李仁福蓋其民不沐中國涵養之德爲日久矣且承下闕以得名者亦以夷夏錯居止欲撫綏安輯之而已至於教化遑暇及哉國朝之興今殆百年民漸知化然以州據形勝襟帶關隴控制靈夏實爲用武之地又蒞或者率多武人故學者比內地爲少褎承安四年東原下闕名進士爲軍事判官繼而亳社秦君守正復以通儒來守相與謀先聖先師而廟居州之西北夾城地汙下廣不盈畝庭序像設不具惻然以爲陋謀徙而大之明年得地於州之東南極亢爽遂營新宮宮下闕夫子於陳蔡者像之登於堂餘六十二子繢於兩廡籩簋籩豋罍樽坫俎春秋祀事凡所以用之者如禮卽其宮爲學室筵齋講庖口廩庫下闕所以資之者無不備鑿宮前土山闢其扉以

臨通達方其營宮也凡業學以吏者約割月奉餘亦率
私錢以助幾百萬市材徵工神樓口基下闕尚書工部爲
郎中高獨典其事自夏及秋六月而工畢由是境內及
旁郡來學者衆迺邑書走東垣請予爲記予以謂王者
之治教化口本下闕也古者國家黨遂之閒有學有序有
庠有塾所以涵養其民爲至詩書六藝射鄉食饗以習
耳目以易心志以充其四體而變其風俗下闕腹之慾日
用而不去閒壓其材以爲天下用其或不率然後束之
以法令威之以刑罰其治本末如此故天下之勢安危
治亂每視其下闕吏受其民而牧之者當奉教化宣之於

民至於簿書期會刑罰法令一二胥吏職耳然非知治
之審則亦未嘗不本末倒置蜀舊不知下闕符柳俗弃裳
子厚不鄙其民動以禮法爲新廟學亦自矜奮意當文
公子厚之時循吏爲多至使天子之教化遠被夷貊獨
善二子者下闕而能推其本也今秦高於蒞治之始建學
校作士氣以奉　天子教化爲己任使其民知巾
國涵養之德釋然以慰秦漢唐五季之不幸其功豈下
蜀與柳耶可謂知本而得爲　天子之吏之體矣
是以樂爲之書肯
大金泰和改元歲次辛酉春正月上澣日記

忠翊校尉綏德州司候劉完提控監修　儒生張翥
同口口
從仕郎知法馬世安　監修令王亮
文林郎知臨洮府康樂寨事賜緋魚袋劉
徵仕郎保安州軍事判官慕容
登仕郎綏德州義合寨主簿鄒
儒林郎守平陽府霍邑縣令賜緋魚袋李
承事郎綏德州軍事判官高
鎮國上將軍同知綏德州軍州事護軍廣平郡開國
侯食邑一千戶食實封

奉訓大夫綏德州刺史兼知軍事上騎都尉天水縣
開國子食邑五百戶
碑後有綏德州義合寨主簿鄒口知臨洮府康樂寨
事劉完金史地理志云綏德州有義合寨置弟二將
臨洮府有康樂縣康樂當是先爲寨後升爲縣也又
有知軍州事天水縣子同知軍州事廣平郡侯兩銜
文中稱秦君守正以通儒來守高君口口以名進士
爲軍判官當即兩人姓名 關中金石記
按碑云秦并天下以赤翟故地十五縣爲上郡今
綏德是也翟即狄通用字左傳晉侯以樂之半賜

魏絳曰子教寡人和諸戎狄以正諸華國語不窋失官自竄于戎翟此狄翟通用之證也狄有赤白二種春秋宣公八年晉師白狄伐秦此白狄也宣公三年秋赤狄侵齊此赤狄也史記秦本紀惠文王十年魏納上郡十五縣此即碑所云十五縣爲上郡也地理通釋上郡今鄜延丹坊鄜銀夏綏德保安之地皆是也又史記趙世家趙惠文王三年滅中山遷其王于膚施膚施在上郡即十五縣之一也又匈奴傳武王放逐戎夷涇洛之北名曰荒服晉文公攘戎翟居於西河圁洛之間元和郡縣

志綏州春秋白狄所居戰國屬魏爲上郡鄭氏通志白翟及秦同州今鄜坊綏延皆古白翟地綜此數說皆謂白翟未有謂赤翟者此碑云赤翟故地恐是紀載之訛也陝西通志學校卷云綏德州學舊在州城西北金承安四年刺史秦守正移州治東嵯峨山南一百步泰和元年增修有記即謂此碑也据碑則秦守正以承安四年來守是州明年建學自西北移於東南是爲承安五年自夏及秋六月工畢明年泰和改元撰文立石蓋自移建至立碑首尾三年而通志乃云泰和元年增修誤也

嵯峨山漢書地理志左馮翊池陽縣巀嶭山在北師古曰巀嶭即今俗所呼嵳峩山是也按嵳峩山疑與此嵯峨山名同地異此山即䟽屬山一名雕陰山在州城内山海經貳負之臣曰危與貳負殺窫窳帝乃梏之䟽屬之山元和郡縣志龍泉縣有䟽屬山亦名雕陰山龍泉縣即膚施縣地唐天寶初更名隋大業中廢綏州置雕陰郡蓋因山得名也然以碑文按之山不甚高文云鑿宮前土山闢其扉以臨通道其大勢可知矣年月後列銜惟劉完張翥馬世安王亮署名餘皆有姓無名又碑之

一例也

泰寧宮鐘款

款二層横廣二尺五寸三分高二尺十二行行十字至十三字不等一止書年月五行行三字正書在渭南縣

維大金泰和陸年歲次丙寅上元日

竊以將崇　至道敢忘神宇之修欲振　眞風須假鯨音之作故鳩哲匠用鑄鴻鐘厥金索以高懸建寶樓而迭擊庶使群迷聞至音而開覺抑令滯魄仗餘韻以超昇伏願集此善緣仰增　聖筭時和歲稔國泰民安普暨一切有情莫不均蒙福利

昔泰和丙寅歲癸未月丁酉日記

三原縣后土廟記

碑連額高一丈廣三尺五寸二十二行行六十二字正書額題重修后土廟記篆書在三原縣

耀州三原縣荊山神泉谷后土廟記

懷城鄉貢進士王希哲撰

美田鄉貢進士劉光書并篆額

竊原混沌既判陰陽遂分穹窿而在上者謂之天盤礴而居下者謂之地天氣資始而不能資生能資生者莫大於地地勢坤坤至柔以和順奉天卒能生成於物易曰至哉坤元萬物資生乃承順天坤厚載物德合無疆

此賛美坤之爲用也伊六合之外邈無端倪難以形詰置而勿論姑以禹治九州之限論之取人易信內有嵩泰衡華恒五嶽互列江河淮濟四瀆旁流上中下三壤有叙山林川澤丘陵墳衍原隰五土各殊此上所產之物並有所宜皆坤輿所載而隸主之可見祖萬物子百靈長養無極含宏有餘者矣略陳人所賴者稼穡人之食桑麻人之衣棟宇取材於山林器用運土於埏埴珍藏有金玉珠璣異貨有羽毛齒革以至疾病有請禱之法出入有所向之方靜而思之人生一世未有須臾不資於地者故物理論稱其德曰母神曰祇亦曰媪大而名之曰黃地祇小而名之曰神州亦曰后土黃地祇舉八極之外地神州舉王畿千里之內地所在皆得言之凡立祠廟尤所宜矣若夫三原迺漢池陽之舊境也縣之東有　后土廟在神泉鄉今名龍泉鄉出郭門直行十餘里至大王村右轉北向入浮山或去釋典所載取象西方佛國興浮羅原與此無異可不偉歟又名荊山禹貢所載導岍及岐至于荊山疏云在馮翊懷德縣南是也其實一山而兩呼之谷行不遠已達于廟清流迸徑瀲數頃以常收古木參空歷四時而俱好三門三間十二架過樂臺正殿曰坤柔五間三十架獻殿并挾

水八間二十架仰瞻神像以婦道配天繪塑冠服一如帝后之狀側有五嶽殿三間十五架兩廊靈官堂禁神位子孫司客廳通計二十五間七十架次東北隅巽然有亭三間十二架以上屋宇皆山節藻梲曲盡其妙亭下有湫周圍與亭頗等水色澄湛深不可測餘水出于正南凡遇歲旱至誠祈禱卽日雨作生民蒙潤多矣三輔閭閻往往取水于茲登高四望東連唐高祖獻陵西接武宗端陵二陵相照屹然而起爲廟之肘腋也南對長川瞰渭陽之春樹北依大阜背漆水之驚波爲廟之襟帶也谷中地勢或掩或抱或高或低奇詭不一難於

具陳據此形勝塞耀下之爲軍也每當季春中休前二日張樂祀神遠近之人不期而會居街坊者傾市而來處田里者捨農而至肩摩踵接塞于廟下不知是報神休而專奉香火是縱巳欲而徒爲佚遊何致民如此之繁夥哉粤有里人梁再興梁勝梁玘昆仲等嘗記遠祖創始之日誠心所感致有祥雲瑞霧垂覆于地地係巳業卽於其地南北取五十步東西二十五步不受鄉人助緣獨力修成人稱爲梁家廟至今古老猶話其事祖父梁棟於宋慶曆四年重修父梁再成於紹興十年職修欽遇 聖朝太平日久梁氏昆仲於大定二十五

季明昌元年承安五年泰和元年四次添改修建至於完備一所無缺克遵先訓止辦家財亦不假鄉社一毫之助難乎其人矣故世世相承居處廟之右出入廟之下永爲廟主暁朔廟成功非是一朝之夕勒碑頌德庶傳千載之名戒尓子孫敬哉無替先業求記僕謂池陽多才俊善屬文老夫憒憒不能爲也其請益堅護索枯腸而書其大槩云耳時泰和五年乙丑歲季春上休日謹記

六年丙寅三月壬午朔十八日己亥主廟梁再興
梁玘 姪梁進等同立石 懷城楊瑞刊

按此碑題云耀州三原縣三原縣自五代迄明初皆屬耀州宏治三年改屬西安府至今因之碑云三原迺漢池陽之舊境漢書地理志池陽惠帝四年置屬左馮翊自北魏太平眞君七年改名三原相沿至今中間唐武德四年嘗更名池陽六年改華池貞觀七年復名三原元和郡縣志三原者以其地西有孟侯原南有豐原北有白鹿原也碑云后土廟在神泉鄉今名龍泉鄉陝西通志后土廟本名泰寧宮在三原縣東北四十里唐村廟祠泉谷中神泉一名白馬泉又曰白龍泉其泉澄泓旱

禱卽應碑云出郭門直行十餘里至大王村右轉北向入浮山又名荆山禹貢所載導岍及岐至于荆山疏云在馮翊懷德縣南是也其實一山而兩呼之三原縣志浮山在縣北二十里孟侯原西富平縣志荆山在縣西南十里元和郡縣志荆山在富平縣西南二十五里禹貢導岍及岐至于荆山孔傳山在岐山東漢書地理志褱德縣褱與懷同禹貢北條荆山在南懷德縣者卽富平縣地漢書地理志不著建置之年屬左馮翊後漢省入頻陽晉卽其城置富平縣自是不改以聽廢之富平之西南

與三原之東北接壤山在富平謂之荆山入三原
境則謂之浮山也碑云登高四望東連唐高祖獻
陵西接武宗端陵唐書本紀高祖葬獻陵碑作憲
陵與史互異據陝西通志高祖獻陵在三原縣東
北四十三里龍池鄉唐朱村武宗端陵在三原縣
東北三十里神泉鄉騰張村碑載二陵雖有東西
之別其實同在縣東北不過遠近相去十三里耳

眞清觀牒

石高七尺一寸五分廣三尺八寸八分分兩截書上截牒大小字共十二行行字多至廿九字止下截田契三十五行行二十一字正書

尚書禮部
據登州棲霞縣第一都太虛觀丘處機狀告同懷州修
武縣劉志敏狀告伏爲懷州修武縣七賢鄉馬坊村有
道庵一所自來別無名額於東平府納米請買到日字
号空名觀額一道乞書塡爲眞清觀者
牒奉
勑可特賜眞清觀牒至准
勑故牒
大安元年五月　日令史王貞主事翟昌言
奉直大夫翰林修撰同知制誥權員外郎趙
朝請大夫禮部員外郎納蘭
中憲大夫禮部郎中兼國子監丞王
翰林學士承旨中奉大夫知制誥兼禮部侍郎同修
國史提點司提□士張
皇弟開府儀同三司判禮部尚書韓王

本觀置買地土文契
出賣地業人修武縣七賢鄉馬坊村故稅戶馬愈男
馬用同弟馬和自立契將本戶下□□地二段共計
式畝叁厘立契賣与全眞門弟子王太和王崇德爲
永業修蓋全眞道庵準得價糸壹拾陸貫文各七□

九伯並拠即目見定交割謹具開坐如後
一出賣村南竹園地一段南北畛東長弍拾陸步伍
分西長弍拾陸步伍分南闊壹拾陸步北闊壹拾步
并次東一段東長弍拾陸步西長弍拾捌步半南闊
壹拾步北無步東至大河西自至南自至北自至並
拠糸業主對目商議定所有地內差稅物力實糸照
依通撿去馬愈戶下貯脚　供輸所拠地內竹竿樹
木不係賣數
天雨水透流車牛出入一依仍舊通行
右件前項出賣地土賣与全眞門弟子等爲永業並

不是裹私卑㓜口交亦不是債欠準折並無諸般違
礙又加立契日一色見𥝀交領並口別無懸欠恐人
無信故立此文爲𢬵
大定二十八年十二月自立契出賣地人馬用押
同立契人馬和　押
引領人部下王守𢁿　押
寫契人本村王瑩　押
稅說價𥝀壹拾陸貫文　廿三日

按此牒爲大安元年所賜與前大定二三四等年
勑者微有不同前牒或由本路轉運司或由戶部
差委發賣所此牒則但由尚書禮部據某縣某人
狀告而已前牒皆著錢數此牒則云東平府納米
亦不言米數前牒無字號此牒則有日字號餘式
並與前同牒後載本觀置買地土文契所列各條
與今人文契體例相仿契中年月後一曰立契出
賣地人卽今之賣主也一曰同立契人卽今之賣
主親族也一曰引領人卽今之中人也一曰寫契
人卽今之代書也自大安至今越六百餘年而買
賣地土之格大致相符可知凡事皆有緣起亦留
心世務者所宜知也

大安磚刻
磚高一尺二寸八分廣一尺五行行六字正書
大安二年四月三十日未時老翁感化趙門白氏捨地
建廟
按此不知爲何神之廟然文云老翁感化則必爲山神土地
之祠非仙佛廟也蓋張頑婦自昔已然存此以見陋俗之緣起

貞祐寶券
券高一尺五寸廣一尺二分作三層書第一層貞祐
寶券四字與券首伍貫二字俱橫寫第二層五行中
三行行六字正書旁兩行各五
字篆書下層十行行十五字

貞　字料
貞祐寶　字號
伍貫八十足陌
券
京兆府合同
准　行寶券並同見錢行　不限年
月　京兆平凉府官庫　券
寶券庫　押　專副　攢司　押
僞造者斬賞寶券叁伯貫仍給犯人家產
貞祐年月日
庫庫　攢司　押

寶劵庫使押　副　判官
庫使押　副押　判官
尙書戸部句當官　押
平涼府合同
右貞祐寶劵予辨其文一云平涼府合同一云京兆府合同按金史食貨志金海陵遷都置交鈔與錢並用宣宗貞祐二年五月權西安軍節度使烏林達與言關陝軍多供億不足所仰交鈔則取於京師徒成煩費乞降板就造便七月改交鈔名曰貞祐寶劵又百官志設交鈔庫於上京西京北京東平大名益都

金石萃編卷一百五十八　金五　十四

蔚咸平眞定河閒平陽太原京兆平涼廣寧等府瑞平淸通順薊等州三年罷之此劵有不限年月許於京兆平涼府庫倒換語知爲京兆平涼所刻板也　潛研堂金石文跋尾

楊振碑

碑高七尺四寸廣三尺八寸七分二十七行行五十五字正書在乾州

前進士河東元好問撰

前進士武功□□書丹

前進士華陰□□□篆額

□諱振字純夫一字德威姓楊氏唐鄭國十九世孫鄭國□於□□以□□之□□□□□之□□□□縣人鄭公以□□嗣行□生棻棻生溫溫生矧言矧言生饗饗生皐皐生兗兗生珍珍生□贇□贇生□□□□□□□□□□□御史襲封□□□□□乃□□人彭城劉氏有子十二人長曰公□次曰公神公酉公□公洪公素公□公□公□公□公□公□公□始□世□□諸房所居號□□□□總謂之□楊氏公□之子舜靖舜靖之子信信之子禹禹之子言言之子□□之子□□□配裴氏於公爲□父□金□□以太宗之家□祭祀□□□楊葬皆從西臺君子超道超道配尙氏正隆□避王

金石萃編卷一百五十八　金五　十五

統御之亂寓乾州南自□族人號□□翁公□□翁次子也幼喜讀書與□□張子□□嘗手抄經傳尤愛王符□論與賓客談時稱誦之弱冠仕州縣爲屬□□輿郡王□□西□□□知公名遝之□從甚信重之公□爲王□□與民皆吾人奪彼與此其利安在王嘆曰我正以此□罪今日之役□命□□□□□□言哉□□□吏有□□山□□名□一□以□□當之□公謂同列□奪人之□又誣以罪豈朝廷意耶吏□□秦和□見公府文移□□□□□謂所□□我往在丹州時見□□□□□□□□以□文相欺比來官□殆似之□

及桼和律下閔之踰月不樂者□之□亂□□□□□
□□□□□不如□□□統不□如制聖人立法□從
爲□人情不□□□亦□我於法□未嘗見一事可與
相當者□比附爲□□□□□□□□□□□□乃
事□先爲之防□猶□□□□以障江河必無是理知
不可行將□□□易紛紛不已安得不亂□□□□□
□□□□□□□□□□□□□□□令□□□富□□
□□□安□□□時皆處□像公率爲□禮又大舉顯
道□□□以事□上官幾□□□□□□□之□□□
□□□喜□□大官公之知人多□□□□□學古文戒

之曰無獨與同輩較優劣能似古人乃古文爾吾雖□
能想理當□□□以□□□□公□公□□若欲吾
見讀此耶必欲學詩□當從毛詩讀耶不然亦須讀杜
工部詩耳我見界上官□□兩國□□買□□□□無
的□□□□□□□乎復何望焉所謂讀毛詩者□如□
□□茹欲見輩就地頭買之耳以□祐三年三月二十
有五日春秋六十有三終□□□□□□□□□□
翟氏生子燧繼室閔鄉程氏□子□□□□燁煇繼室
晁氏生子□□炳舉進士第□辟東省□□□恒安撫
司經歷官□部令□諸孫六□以明年正月七日葬公

於州南小□村新塋□南翁墓次三夫人□焉禮也公
□雅重儀矩可觀家居未嘗有惰容子弟見者必□□
□乃前有所問□反復思之不敢對也當官公□所□
反甚多嘗夜□□里□兒爲其父作黃□召諸子告之
曰某家作□事人□之有孝心我覩之殆兒戲耳此人
□同列其斷獄□知之矣人有□由世人□有不□□
之爲首者□欲聆神耶我平生執法過誤或有之至於
故以□□物□□無□也後日□不謹愼□爲此以爲
識者笑耀人李安□□□公嘗贈以□□引云純夫吏
業而儒行家貧而好客居今之世而□□金帛而□□

畢是四反也□□名流其□□公如此故嘗論關中風
土完厚習俗不數易正隆大定間去平世爲未遠公生
於其間世族之所□風化之所□□以資□之美君子
之言長□之事宜不學而能之況志於學如此□今煥
□學爲通儒有㑹中夫子之□徃在□□□宰相□信
□□□□□禮□□□□□□□□□□□□□李都
□□□□司之純皆所□行與□蓋自百餘年以來
□中士大夫□重名者皆莫能□□□右□□□□知
□□銘曰
鄜唐虞□世□奉天子孫下衰混□齊編□公□□□

□□全□□□□□□□□□□□□□則□□□
□□□□□殆造物□□□之□□□□□窮之□
然則古所謂□聖□□□命所（下闕）

唐書宰相世系表載鄭國公侑子行甚行甚子棻棻子溫溫子劭言自劭言以下不及之碑云劭言生顒顒生臯臯生兗兗生珍珍生光贊光贊生懷順懷順官金紫仕至西臺御史襲封至五代漢國始除此可以補唐史之缺又云西臺有子十二人長曰公侯次曰公神公晉公賢公淇公素公石公祚公良公通公演公伏號十二楊村公侯子舜靖舜靖子信信子禹

禹子言言子宗宗子懋懋子超道公爲超道之次子攷唐以奉天之地四百頃賜楊氏故子孫遂爲縣人好問作楊奐碑文云譜系之詳見君自敘然則此即本奐所敘述矣奐即振子元禮華陰人見奐碑（關中金石記）

按碑文元好問撰閒段缺泐遺山集不載無從校補攷楊奐碑云父振則此碑爲奐之父也首行云公姓楊氏唐鄭國十九世孫鄭國公諱侑即隋恭帝遜位於唐封鄭國公據姓苑楊氏出宏農天水二望是在宏農者其一也隋書高祖紀稱高祖宏農郡華陰人推而上之東漢楊震亦宏農華陰人則振之世居華陰不因唐之賜地關中金石記謬矣自鄭國公以下唐書無傳僅見宰相世系表至五世而止此碑叙振事實大都習吏事而喜讀書者中及泰和律金史刑志承安四年覆定令文泰和元年所修律成凡三十卷名曰泰和律義振大意謂聖人立法從順人情令法令紛紛不已安得不亂又論學古文無獨與同輩較優劣能似古人乃古文爾又論學詩當從毛詩讀亦須讀杜工部詩又言沓夜閭里中兒爲父作黃籙召諸子告曰

某家作佛事人謂之有孝心我視之殆兒戲耳後日我不諱愼毋爲此云云觀此可想見其爲人矣

濟州李演碑

（碑連額高一丈六尺廣三尺九寸二十二行行六十字正書額題大金故贈中順大夫濟州刺史李公碑銘十六字篆書在濟寧州學泮池東）

大金故應奉翰林文字贈濟州刺史李公碑銘并序

朝列大夫□王府文學兼記室參軍騎都尉賜紫金魚袋臣崔禧奉　勅撰

翰林直學士□議大夫知　制誥輕車都尉天水郡開國伯食邑□百戶賜紫金魚袋臣趙秉文奉　勅

書
尚書省令史承直郎雲騎尉賜緋魚袋臣滸希孟奉
勅篆額
勇而易發此强悍者之喜爲也然臨難畏死者有之柔
而不武此仁賢者之常行也然見義捐生者有之蓋人
之忠節皆繇心理取舍之□□在虐辟氣之强与柔也
平居之時從容自許至於行義之莢孰不有是言哉負
勢而直往肆忿而輕死眞倨易也倉卒之變惑亂□撓
保身毀節向之剛猛皆虚氣所使安足恃哉其有天資
純固涵養正理晌晌然常有温粹之容低首斂氣退然

似不足者不幸而與禍會則明誠審决義不内顧雖狂
鋒虐燄樂□□就是豈前弱後勇哉惟其所畜之深有
激則奮必將絶世驚俗凜然爲兲下之英烈是可重也
然則節義者士之所素學以爲名教大法豈若世間淺
淺□□苟合偷生者耶其爲有國家者之旌賞也宜矣
粤貞祐之初兵久不解虜騎南下攻圍係戮肆毒侵淫
二年正月至於濟郡人李演以前應奉翰林文字□□
屈此因之□□者爲備禦三日虜不能得併召其黨大
集□城下勢不敵城陷公被執彼因疑其衣冠也曰若
非李應奉乎蓋虜中素聞其名意欲得而使之也□承
問曰然虜喜事之誘曰大官可得也公曰我進士第一
人重有祿位汝何禽畜吾豈爲汝使哉賊忿擊其脛碎
之終不屈繼中以刃至死猶罵云嗚呼烈哉是豈仁者
之眞勇與已而虜退　朝廷遣使宣撫山東廉得其實
奏請加贈　上意矜恤贈以濟州刺史之章仍令勒
碑致祭淵乎　聖慮其知所先務矣惟平亂定難在曉
人以逆順之理而起其忠義之氣今賞典首及死節之
士其於驅策將士深得□鼓舞之術也臣禧承　命拜
手爲之銘曰
君子所守　惟義之爲　威武不屈　死生不移

世敎舉此　以爲常理　此而不知　安足爲士
英英李公　初以文稱　循常謹甚　衆未謂能
孰知其中　慨有事在　志吞萬兵　氣蓋四海
胡雛雖鷙　甚翫而輕　姦欽雖僭　視之猶生
高節終完　素心不愧　聖主知賞　忠魂尤慰
鉅野茫茫　黄流湯湯　樹碑其側　名与之長
皆貞祐四年歲次丙子八月一日昭信校尉濟州倉
草場都監權司候李术晉監修
奉國上將軍濟州刺史兼知軍事提舉河防常平倉
事廣平郡食邑　戸護軍紇石烈立石

案金史本傳李演字巨川任城人泰和六年進士第一官應奉翰林文字丁憂里居值元兵圍任城墜衰守禦不屈死年三十餘特詔有司爲立碑今題銜撰書篆額皆云奉敕者此也後列銜李术魯紇石烈二人氏而不名其云濟州倉草場都監案百官志草場使防刺仍舊置都監一員濟州中刺史也草場設都監與史合而以倉并于草場則史未載也山左金石志

按李演以泰和六年舉進士第一至是殉難而死首尾相去僅八年卒後二十年而金亡則當喪亂之秋而猶能不没其忠贈官銘墓可見朝廷之紀

綱固猶未盡隳巳李术魯紇石烈皆金國部落之名碑立于貞祐四年所紀乃二年正月元兵圍濟州之事金史宣宗紀貞祐二年正月但載大元兵徇彰德府益都府懷州而不及濟州金貞祐二年於元爲太祖九年元史太祖紀九年不書正月事而於八年書是秋帝與皇子拖雷爲中軍取雄霸莫安河間滄景獻深祁蠡冀恩濮開滑博濟泰安濟南濱棣益都淄濰登萊沂等郡据此碑則濟州之陷在二年正月旣與元史異且陷而復退仍受金人宣撫又元史所畧也元史地理志濟寧路至太宗七年始割屬東平府而未詳其入版圖在何年要之貞祐二年猶未爲太祖所取可据碑以證也此碑撰者崔禧篆者潘希孟史皆無傳書者趙秉文傳稱字周臣磁州滏陽人登大定二十五年進士第泰和末累官兵部郎中兼翰林修撰俄轉翰林直學士貞祐二年上言願爲國家守殘破一州以宣布朝廷恤民之意上曰方今翰苑尤難其人卿宿儒當在左右不許碑結銜與史合李演墓在濟寧州城西二里碑應立於墓上不知何年移立州學碑書芙卽美字隧同禭字

進士題名記

碑殘缺僅存高二尺九寸廣一尺七寸五分字數行數無攷正書隸額在西安府

阜昌六 下缺

第一甲 朱希亻 下缺

第四甲 劉晉 錄事司 下缺

皇統二年狀元宋端卿牓下

第四甲 鄭之純 錄事司 經[illegible] 下缺

皇統九年狀元王堪牓下 第 下缺

第四甲 蕭簡 咸寧縣 承安 下缺

正隆二年狀元鄭子聃牓下 第三 下缺

第三甲　孟師顏咸寧縣　王缺下
大定十六年狀元張璧榜下　恩榜缺下
第三甲　程少連錄事司　第口缺下
貞祐三年狀元程嘉善榜下　第二甲馮辰臨潼縣
第三甲王格櫟陽縣　崔元亮錄事司　缺下
貞祐三年經義狀元劉汝翼榜下　第二甲吳口錄事
興定口年狀元張仲安榜下　第三甲楊天德高陵縣
缺下
張[illegible]缺下

按此碑殘闕玩其文乃金朝京兆府進士題名也所題自阜昌六年迄興定口年八科進士之名下截既闕而左右亦不能定其止於此否無記文序述可攷見其立碑之原委金史選舉志進士舉人之設始于天會元年十一月二年二月八月凡再行焉五年詔南北取士號爲南北選熙宗天眷元年五月詔南北選各以經義詞賦兩科取士海陵天德二年始增殿試之制更定試期三年併南北選爲一罷經義策試兩科專以詞賦取士世宗大定二十二年詔宰臣曰漢進士魁例授應奉若行不副名不習制誥之文者即與外除二十八年復

經義科章宗承安四年諭宰臣曰一場放二狀元非是後場廷試令詞賦經義通試時務策止選一狀元餘雖有明經法律等科止同諸科而已遂定御試同日各試本業詞賦依舊分立甲次第一名爲狀元經義魁次之恩例與詞賦第二人同餘分爲兩甲中下人並在詞賦之下宣宗貞祐二年御史臺言明年省試以中都遼東西北京等路道阻宜於中都南京兩處試之興定二年特賜經義進士王彪等十三人及第史志之可攷者大畧如此金史本紀凡賜進士某人等及第或書或不書故狀元之名不能備攷此碑首載阜昌六三字蓋是阜昌六年也金史劉豫傳甚略不足據宋史豫傳載阜昌四年二月策進士又七年春策進士獨不及六年與碑異碑載皇統二年狀元宋端卿九年狀元王甚正隆二年狀元鄭子聃大定十六年狀元張璧貞祐三年狀元程嘉善經義狀元劉汝翼興定口年泐一字據後題名碑是三年狀元張仲安宣宗紀貞祐三年四月丁未詔自今策論詞賦進士第一甲第一人特遷奉直大夫第二人以下經義第一人並儒林郎第二甲以下徵事郎同進士從事郎經

童將仕郎但詳其授階而不詳姓名據碑知兩狀元爲程嘉善劉汝翼也碑載諸狀元中惟鄭子聃金史有傳餘人無攷傳稱子聃字景純大定府人及冠有能賦聲天德二年廷試中第一甲第三人子聃頗以才望自負常慊不得爲第一甲第一人正隆二年會試畢海陵以第一人程文問子聃子聃少之海陵問作賦何如對曰甚易因自矜且謂他人莫己若也海陵乃使子聃與翰林修撰等同進士雜試七月癸未海陵御寶昌門臨軒親試以不貴異物民乃足爲賦題忠臣猶孝子爲詩題憂

國如飢渴爲論題上謂讀卷官翟永固曰朕出賦題能言之或能行之未可知也詩論題庶戒臣下丁亥御便殿親覽試卷中第者七十三人子聃果第一海陵奇之此狀元鄭子聃事實之可攷者也碑載進士里貫有注縣名者有注錄事司者金史百官志諸府節鎭置錄事司凡府鎭二千戶以上則置之是府鎭之民不隸於諸縣而隸錄事司者也

程震碑

碑高八尺五寸廣四尺二寸十四行行六十四字正書在偃師縣

金故少中大夫御史程君墓碑

河東元好問撰

東勝李微書

梁城李冶題額

君諱震字威卿先世居洛陽元魏遷兩河豪右實雲中二州遂爲東勝人曾大父獲慶大父總質直尚氣鄉人有訟多就決之至於婚嫁喪葬不能給者亦借力焉父德元自少日用俠聞嘗與羣從分財多所推讓州里稱之後以君貴封少中大夫雷內翰淵述世德之舊備矣少中子七人長曰鼎臣孝友仁讓閨門肅睦有古君子

之風以六赴廷試賜第調濮州司候判官次曰雷由武弁起身官懷遠大將軍行軍副統君其第三子也資嚴毅雖所親不敢以非禮犯之幼日夢人呼爲御史故每以諫輔自期　章宗明昌二年經童出身補將仕佐郎泰和中年及注授臨洮府司獄忻州司候判官以口幹西南路招討司奏辟提控沿邊營城糧草爭擢王綱膀詞賦進士乙科換偃師主簿　宣宗幸汴梁入爲尚書省令史時相知其可用不半歲特授南京警巡副使秩滿例爲廣盈倉監支納官興定初辟舉法行用薦者除陳留令將之官自府尹言縣務不治令自任

其責丞簿佐史輩無預焉幸無擾之使令得盡力尹諸
之既到官事無大小率自貧荷次官奉行而已時秋大
旱冬十月乃雨歸德行樞密院發民牛運糧徐邳君爲
使者言吾麥乘雨將入種牛役興則無來歲矣使者不
能寬十日程即民事果集雖乏軍興吾不辭也使者怒
而去君力畢農種糧運亦如期而辦行院仍奏君要譽
小民不以軍食爲急　朝廷不罪也既受代大司農奏
課爲天下第一御史臺察能吏亦爲奏首且言可充臺
諫京東揔帥府奏辟經歷官不許乃拜監察御史君蒞
職慨然有埋輪之志即劾奏平章政事荆王以　陛

下之子任天下之重不能上贊君父同濟艱難顧乃專
恃權勢滅棄典禮開納貨賂妄進退官吏從臾奴隸侵
漁細民名爲和市其實脅取諸所不法不可一二數
陛下不能正家而欲正天下難矣書奏　宣諭御史
臺程震敢言如此佗御史不當如是耶且有　旨切責
荆王出內府銀償物直敕司馬杖大奴而不法者數人
於是權貴皆爲之斂手東方頻歲饑饉盜賊蠭起特
旨以君攝治書侍御史兼戸部員外郎運京師糧八萬
碩賑徐邳君經畫饟道十里一置驛羅弓力以防寇致
其斧斤以完器用備醫藥以起病疾勸助藉以通留滯

羣運相仍如出衽席之上饑民踵來凡所以爲貸爲糴
爲賑贍計度肥瘠無一失其當州民請於京東帥司願
留我程御史以福殘民帥司奏君爲行部官　詔再往
徐邳荆王積不平密遣諸奴誘姦民徐璋造飛語訟君
於臺諸相不爲奏而王獨奏之　宣宗頗直君欲
勿問王執奏再三乃從之時　太子領樞密院事遣醫
藥官王子玉諭　旨推問官從御史爲縣治行第一監
察又稱職有罪無罪勿爲留難已而璋伏誣告君當還
臺在律官人與部民對訟無罪猶解職王諷大理寺御
史言天下事在所皆部民竟用是罷官君泰然自處都

無巳仕之慍聚書深讀蓋將終身焉天不假秊以正大
元年三月二十有一日春秋四十有四終於京師嘉善
里之私第積官少中大夫夫人史氏封安定郡君先君
歿子一人思溫舉進士四弟皆補君廕頤監西木場晉
監楨州稅務恒監緱氏酒務升　宣授招撫使以是秊
十月二十有七日舉君之柩祔於金昌府芝田縣官莊
里少中君之新塋禮也嗚呼生才爲難盡其才重爲難
使君得時行道坐於廟堂分別賢否其功烈可量也哉
方行萬里而車折其軸有才無命古人所共歎雖然地
遠而位卑身微而言輕乃以一御史犯强王之怒卒使

權貴落膽縉紳增氣雖不遇而去信眉高談亦可以無
媿天下矣倘何恨耶乃爲之銘曰
曲士賣直見射而慄鄙夫媕婀與鼂同波犯父子之至
難孰絞訐而上劘横潰我障剛㢡我訶鍊心成補天之
石奮筆爲却日之戈古有之和臣不忠忠臣不和彼容
容者之所得奚後福之能多有山維嵩有水維河程君
之名永世不磨

中統四年歲次癸亥秋七月己卯朔弟恒建

太原高簡刊

童鈺按程氏塋在今緱氏縣程家村東據元好問墓

表稱太中大夫而舊府縣志俱以爲少中大夫似誤
偃師縣志
億按程震金史有傳皆約取遺山此碑中有少異者
傳言與其兄鼎俱擢第碑云少中子七人長曰鼎臣
較史稱單名者不符碑下刻震兄内有雷亦一字單
名而長獨雙名莫知其義也或臣字當作以字以字
連下讀字形涉似勒石者誤耳傳載劾荆王語今舉
碑文後言未幾坐爲故吏所訟質之此碑乃部民徐
璋造飛語非故吏也史文欲約其事而義反不著皆
此類也碑言芝田縣官莊里今官莊在緱氏鎮東南
一餘里又碑前題兩程夫子之後妄庸人附會誤鑴
耳碑中統四年立金石攷乃謂至大七年若未覩此
碑者皆疎舛之甚也又童氏據遺山集云太中大夫
當由未見石搨今碑正言少中大夫足徵舊府縣志
非誤而遺山集傳刻者誤也偃師金石遺文
按此碑爲元遺山撰檢遺山文集校之有不同者
質直倘氣集下有節字後以君貴集以作用封少
中大夫集作太中凡碑言少中集俱作太中少中
子七人集作八人長曰鼎臣集無臣字孝友仁讓
集作孝弟調濮州司候判官集無判官二字官懷

遠大將軍行軍副統集無行軍副統四字以口斡
劾一字集作廉幹西南路招討司集作爲西京招
討司則無來歲矣集作則無來歲計矣而欲正天
下集無欲字程震敢言如此集作程某僨物直集
僨上有使字杖大奴而不法者數人集而作尤金史震傳荆王傳俱同
討度肥瘠集作忖度京東帥司集作帥
府下文同爲行部官集作行爲部官詔再往徐邳集
作徐宿邳時太子領樞密院事集作哀宗時在春
宫四弟皆補君蔭以下二十九字集皆無以是年
十月二十有七日集作以某年月日官莊里集作

某里生才爲難集作實難銘詞剛痺我訶集作我
阿有山維崧集作維嵩盍撰文與鐫碑定集皆不
同時宜乎文有小異也程氏墓碑見于偃師金石
遺文者有三一郎此碑一爲程思廉碑思廉者震
弟恒之子也一爲程思茂碑思茂者震之叔德懋
之孫也思茂碑爲元翰林直學士商野撰載程氏
世系規置還葬事極詳凡此碑所稱少中思茂碑
皆作太中內有云贈太中大夫震可知震官止子
少中不知何年贈太中故思茂碑稱震之父仍爲
少中稱震皆爲太中遺山集或亦因此改之也思

茂碑叙先世云居洛陽上程聚西晉侍中咸封上
程侯元魏遷兩河豪右實雲中三州始居豐徙振
武凡四遷爲東勝人較此碑更詳可以補所未備
碑云雷內翰淵述世德之舊備矣雷淵金史有傳
字希顔一字季默應州渾源人官至翰林修撰碑
稱少中子七人長曰鼎臣次曰雷三郎震末云四
弟顯晉恒升遺山集作八人而不載震之四弟無
從考定據思茂碑載少中第四子顯第五子晉第
六子惠第七子恒第八子升是集作八子者不誤
碑所以作七子者始惠已早卒也七子皆舉名銜

長子名鼎臣遺山集又無臣字思茂碑同武虛谷遂疑
臣當作巨字形相近而譌然碑下文郎云以六赴
廷試賜第此句不當用以字與下文複且文義亦
不合虛谷之說未確也震以明昌二年經童出身
金史選舉志經童之制凡士庶子年十三以下能
通二大經三小經又通論語諸子及五千字以上
府試十五題通十三以上會試每場十五題三場
共通四十一以上爲中選據碑震以正大元年卒
年四十四推其生在大定二十一年至明昌二年
年才十一也碑云西南路招討司集作西京路金

史百官志招討司有三處西北路西南路東北路
則集作西京者誤也宣宗幸汴梁乃貞祐二年事
碑云興定初辟舉法行用薦者除陳留令金史選
舉志興定元年令隨朝七品外路六品以上職事
官舉正七品以下職事官年未六十不犯贓堪任
使者一人三年定辟舉縣令制稱職則元舉官減
一資三品以上舉縣令稱職者仍量升除五年以
舉官多濫罷辟舉縣令之制據此則震之被舉在
五年以前矣劾奏平章政事荆王金史列傳荆王
守純本名盤都宣宗第二子貞祐元年封濮王三

年爲樞密使四年拜平章政事興定三年三月進
封英王時監察御史程震言其不法宣宗切責杖
司馬及大奴尤不法者數人哀宗即位正大元年
正月進封荆王甚震劾奏之時守純封英王而文
稱荆王者從其後封也徐璋造飛語事荆王傳不
書從略也震以正大元年十月葬遺山撰文宜即
在此時若待立碑之時爲中統四年則遺山卒後
七年矣遺山生卒本傳及墓銘俱不詳惟王鶚撰
遺山文集後引云余與子同庚甲考元史王鶚傳
稱至元十年卒年八十四推其生在金昌宗明昌

元年庚戌歲金史元好問傳稱好問卒年六十八
與鶚同庚甲則亦生於明昌庚戌由庚戌下推六
十八年爲元大朝丁巳歲以此知遺山撰此碑不
在中統四年也立碑者震之弟恒署名而不署其
官据恩榮碑稱恒官宣授沿邊監榷規運使下缺恩
茂碑載程氏先世居洛陽後遷東勝從伯父太中
震調官偃師始復先世居靑龍甲午天下甫定奔
走先塋陵谷變遷尋訪百至偶自民井怵見一穴
持火下視棺志宛然贈少中大夫輕車都尉安定
郡伯德元也旁近隱然二封繫之乃儒林郎濮州

司候判官贈驍騎尉安定縣男鼎監察御史攝治
書侍御史戶部員外郎贈太中大夫加二輕車都
尉進封安定郡開國伯邑缺百戶賜紫金魚袋震
也然則震與兄鼎同祔父塋而爵邑皆此碑所略
碑云祔葬金昌府芝田縣官莊里金昌府者卽河
南府興定元年所更芝田縣爲宋之永安縣乃析
鞏縣地置者金貞元元年更名入元乃廢今官莊
里在緱氏鎭緱氏鎭舊爲緱氏縣宋時省入偃師
故今偃師縣志載此碑遺山仕金終於翰林知制
誥金亡不仕故其所作雖刻于元例得錄入于金

後楊奐碑仿此

京兆府學教養碑

碑高六尺二分廣三尺四寸三分二十五行行四十八字正書篆額在西安府學

大金重修府學教養之碑

奉天楊奐書

徵事郎張邦彥篆額

蓋聞撥亂之後必有惟新之圖憂患之餘必有增益之
智不然安得勳高前古措世隆平者哉　我國家應
天順民雖馬上得天下然　列聖繼承一道相授以
開設學校爲急務以愛養人材爲家法以策論詞賦經

義爲擢賢之首天涵地育磨礪而成就之是以將相全
材磊落間出其犬者俊偉雄傑光華汗簡其次者猶能
以謹朴廉潔自重從源徂流徧稱多士郁郁彬彬追蹤
三代及乎妖孛纏次氛翳元都素教皇風闕闈未暇仰
惟　行省　參政　金源完顏郡公　卓然忠節深結
主知名高建武之功臣親沐貞觀之政化英風義
槩北伐南征沙漠江淮威名大震輕裘緩帶歌雅投壺
碩德元勳超今邁古軍國議餘乃會　參議知府石盞
公　尚書張公暨　潭府英髦而謂曰自兵凶以來貴
胄氏族子弟流離關中者爲多伍甫隸儕浮民恣意於

蒲博彈弋之間相與扇慝爲惡未見能善其後也事有
似緩而急者其此之謂乎聞之府庠贍士田舍皆前賢
淸俸所營吝而弗與何以副　明天子崇儒設學之
意乃發廩粟出帑資以爲黌塾之費而教育之慮規矩
之不肅以　行省　郎中宏文裴滿蒲先外郎　集賢
上黨張士貴都事裴滿世論龍山高誼柱石　廟堂蓍
龜帷幄胃中萬卷書筆下數千言道學淵源爲世摹範
俾提舉焉　奉政兀顏德正承直邳邦用皆當世聞人
老於學問俾教授焉於是檄有司督工役支傾補缺聯
斷洗昏植踣碑於茂草甚癈址於鞠蔬殿宇翬飛石經

堵立齋廚廊廡煥然一新濟濟乎洋洋乎聚秀異而誨
焉易以經之禮以緯之詩書以成之春秋以斷之標準
語孟鼓吹韓柳傳采於歷代史氏日漸月滋作爲文章
華國藩身厥績茂矣可謂過鼂董躐卿雲誠貫道之器
異夫雕花草而狀風雲也每月旦　二公洎學官鎖院
私試擇掾屬馳聲場屋者同考之選猶禮貢嚴類棘圍
明鏡前平衡下蚩妍自辨銖兩不差士子得占榜者同
華袞之賜其勉勵又可知已屢以　省醞百甕見貺助
醉經之餘旨講鄉射之遺風酌唐舜薰醲味周孔醇厚
斥諸子之澆漓黜老莊之淡泊吸幽挹霧發爲英華陶

然於洪鈞之中豈設醴之比哉將見直玉堂待金馬謀
王體斷國論詔感卒泣檄愈頭風一書下燕國三箭定
天山孰謂秦無人也諸生其勉旃勿負我　良相賢大
夫教養作成之意正大二年十二月中澣日蒙泉劉渭
謹記
　直學元善長張師德　學錄吳聽　學正安濟
　直學蒲察貞固顏盞公直　學錄蒲鮮元慶　學正
　蒲察成
　朝列大夫長安縣令賜紫金魚袋范昂霄　少中大
　夫咸寧縣令賜紫金魚袋紇石烈阿鄰督役

宣武將軍錄判張和　奉國上將軍錄判完顏得哥
宣武將軍京兆府錄事孫立立石
承直郎　省差教授賜緋魚袋邳邦用　奉政大夫
京兆府教授賜緋魚袋兀顏德正立石
長安樊世亨刊

右重修府學教養碑其云行省參政金源完顏郡公者完顏合達也金史哀宗紀正大元年三月以延安帥臣完顏合達戰禦有功授金虎符權參知政事行尚書省事于京兆合達傳則云元光元年正月遷元帥左監軍權參知政事行省事於京兆未幾眞拜年月互異要當以本紀爲正傳不云封金源郡公亦史文之漏也書石首者爲奉天楊奐即元史之楊奐奐乃奐之俗體非異文 潛研堂金石文跋尾

按此碑劉渭撰楊煥書以頌行省參政金源完顏郡公敎養京兆府學諸生之德政也碑立于正大二年十二月其時官行省參政者完顏合達金史百官志封爵郡公有十郡金源其首也金史列傳多不書封爵非獨合達爲然故合達傳中不言其封金源郡公其官京兆行省傳作元光元年正月哀帝紀作正大元年三月碑文不著到京兆歲月不能定其孰是然以教養學校大事傳無一語及之史之略也據傳載正大二年七月陝西旱甚合達齋戒請雨雨澍是歲大稔民立石頌德碑立郎在是年十二月而文中亦無一語及之或碑文作於七月以前歟陝西通志名宦傳僅節取史傳未嘗採及碑文以著其培養士子之功尤疎略之甚也文中稱參政知府石盞公行省郎中斐滿蒲先外郎集賢張士貴都事斐滿世論教授奉政兀顏德正承直邳邦用其在年月後者有若直學蒲察貞岡顏盞公直紇石烈阿鄰皆無傳可攷金國語解姓氏門完顏漢姓曰王斐滿曰麻兀顏曰朱蒲察曰李顏盞曰張紇石烈曰高獨於石盞闕焉史有石盞女魯歡傳亦不能攷其漢姓爲何邳姓不見於諸史列傳惟史記晉世家有邳鄭後無聞焉

全眞教祖碑

碑高一丈一尺廣五尺三十六行行八十四字正書在盩厔縣

終南山神仙重陽子王眞人全眞教祖碑
前金皇叔開府儀同三司上柱國寄國公金源璹譔
蓀眞觀靜大師前諸路道教提舉李道謙書篆

皇圖啓運　必生異人大定隆興道圓賢哲夫三教各

有至言妙理釋教得佛之心者達磨也其教名之曰禪
儒教傳孔子之家學者子思也其書名之曰中庸　道
教通五千言之至理　不言而傳不行而到居太上老
子無爲眞常之　道者重陽子王先生也其教名之曰
全眞屏去妄幻獨全其眞者神仙也先生名喆字知明
應現於咸陽大魏村仙母孕二十四月又十八日生按
二十四氣餘土氣而成眞人也先生美鬚髯大目身長
六尺餘寸氣豪言　辯以此得衆家業豐厚以粟貸貧
人惠之者半其濟物之心略可見矣弱冠修進士舉業
籍京兆府學又善武略聖朝天眷間收復陝西英豪獲

用先生於是捐文場應武　舉易名德威字世雄其志
足可以　知還被道氣克餘善根積著天遣文武之進
兩無成焉於是慨然入道改今之名字矣會廢齊攝事
秦民未附歲又饑饉時有羣寇劫先生家財一空其大
父訴之統府大索於鄰里三百餘戶其所亡者金幣頗
復得焉　又獲賊之渠魁先生勉之曰此乃鄉黨飢荒
譬如乞諸其鄰者亦非眞盜也安忍陷於死地縱捨使
去里人以此敬仰先　生愈甚咸陽醴泉二邑賴先
生得安是後於終南劉蔣村𠜂別業居之置家事不問
半醉高吟曰昔日龐居士如今王害風於是鄉里見先

生曰害風來也先生即應之盍因自命而人云正隆己
卯季夏既望於甘河鎮醉中啗肉有兩　衣氈者繼至
屠肆中其二人形質一同先生驚異從至僻處虔禱作
禮其二仙徐而言曰此子可教矣遂授以口訣其後愈
狂詠詩曰四旬八上始遭逢口訣傳來便有功明年再
遇於醴泉邀飲肆中酒家　問之鄉貫　年姓苔曰濮
人年二十有二姓則不知也其與歟醞歌頌五命先生
讀餘火之文載全眞集中自此棄妻子攜幼女送姻家
曰他家人口我與養大弗議婚禮醞之而去又爲詩故
以猥賤語詈辱其子孫其末後句云相違地肺成歡樂

擅入南京便得眞後別號重陽子於南時村作穴室居
之名曰活死人墓後遷居劉蔣村北寓水中坻凡肆口
而發皆塵外語鄉人唯以害風謔而未始詢其意遇游
則挈一壺行歌且飲有乞　飲者亦不拒或以壺取
水與人但覺其醲香冽異常後復遇至人飲以神瀵因
止酒唯飲水爲人闇先生口鼻聞醞酣之氣而已醉矣
大定丁亥四月忽自焚其菴村民驚救見先生狂舞於
火邊其歌語傳中具載又云　三年之後別有人來修
此庵口占詩有修庵人未比我風流之句遂晨東邁過
關携鐵罐一枚隨路乞化而言曰我東方有緣爾七月

至山東寧海州郡豪有馬從義者先夢南園仙鶴飛翥
未幾先生至馬公信猶未篤先生於鶴起處築全眞庵
鎖門百日化之或食或不食又絕水火庵至馬宅幾百
步復隔垂街馬公寢於宅中樓上門戶扃閉先生遇夜
親對談論不知從何而來人欲寫其神左目右轉右目
左轉或見老少肥瘠黃朱青白形色無定人不能狀之
馬夢母曰有客呂馬通者未嘗語人次日先生訓馬公
名曰通馬復夢有梓匠周生者傳道與馬卽辭乃尊有
關中之行被席出家見一道士入族人馬戶曹卽馬亦
隨入見先生與道士對坐有　馬九官人者求術於二

老先生曰公曰教馬哥代我於是馬公誦歌一首約二
百餘字夢覺唯記歌尾　三兩句云燒得白煉得黃便
是長生不死方翌日先生訓馬公法名曰鈺号丹陽子
又夢隨先生入山及旦先　生便呼公曰山侗至於出
神入夢感化非一有譚玉者患大風疾垂死乞爲弟子
先生以滌面餘水賜之盥竟眉鬚儼然如舊頓覺道氣
薰洒訓名處端号長眞子又有登州棲霞縣丘哥者幼
亡父母未嘗讀書來禮先生使掌文翰自後日記千餘
字亦善吟詠訓名處機号長春子者是也又願禮師者
雲集先生詬罵捶楚以磨鍊之往往散去得先生道者

馬譚丘而□八年三月鑿洞崑嵛山於嶺上採石爲用
不意有巨石飛落人皆悚慄先生振威大喝其石屹然
而止山間樵蘇者懽呼作禮遠近服其神變又或餐瓦
石或現二首坐　庵中人見游於肆或留之飯預言
來饒者何神通應物不可槩舉至八月間遷居文登姜
氏庵在張氏家食童子輩見月前琉璃瑪瑙珍珠衆寶
競來乞取餘人則不能見於文登建三教七寶會九年
己丑四月寧海周伯通者邀先生住庵牓曰金蓮堂夜
有神光照耀如晝人以爲火灾近之見先生行光明中
寧海水至鹹鹵先生呪庵之井至今人享其甘潔於是

就庵建三教金蓮會至福山縣又立三教三光會至登
州游蓬萊閣下觀海忽發飈風人見先生隨風吹入海
中驚訝間有頃復躍出唯遺失簪冠而已移時却見逐
水波汎汎而出或言先生目秀者卽示以病眸或誇先
生無漏者卽於州衙前登溷凡爲變異人不可測者皆
此類也在　登州建三教玉華會至萊州起三教平等
會凡立會必以三教名之者厥有旨哉先生者蓋子思
達磨之徒歟足見其沖虛明妙寂靜圓融不獨居一教
也萊人從之者衆獨納劉處玄者号長生子有鈞罷將
歸又見鰲之什此四子者世所謂丘劉譚馬也又於寧

海途中先生擲油傘於空傘乘風而起至查山王處一
庵其傘始墜至擲處已二百餘里也其傘柄內有敘陽
子号王自鬚鼢開誓遇龗庭宮主空中警化今呼云玉
陽子是也與寧海州署相對有卜隱郝生肅肆先生倒
坐於其間郝曰請先生迴頭先生曰爾不迴頭拂袖而
去郝亦隨悟乃廣寧郝大通也馬公之妻孫不二者亦
同入道早明心地世云孫仙姑者四哲之亞先生門人
又有此三太　　士矣先生一日告衆曰將將至矣
明日西行道友乞詩詞自旦至夜留詩曰登途上路不
由吾雲霧相招本性甦萬里清風常作伴一輪明月每

爲徒山青水緑程程送酒白梁黃旋旋沽今夜一杯如
有意放開紅燭照冰壺　筆尚未投從外有史公者來
送酒一座大驚先生勸人誦道德清淨經般若心經及
孝經云可以修證明日卒馬公等四人徑入大梁於磁
王家旅邸中宿止時遇歲除舉衆别曰我將歸矣衆乞
留頌先生曰我於長　安樂村呂道人庵壁上書矣枕
左肱而逝衆皆號慟先生復起曰何哭乎於是呼馬公
附耳密語使向關中化人入道至十年庚寅正月四日
口授頌曰地肺重陽子呼名王害風來時長日月去後
任西東作伴雲和水爲鄰虚與空一靈真性在不與衆

人同須㬈儼然而終是後馬公傳道四海大行伏遇世
宗皇帝知先生道德高明二十八年戊申二月遣使訪
其門人應命者丘與王也命丘主萬春節醮事職高功
五月見於壽安宮長松島講論至道聖情大悅命居於
官庵又命塑純陽重陽丹陽三師像於官庵正位丘累
進詩曲其辭備載磻溪集中八月懇辭還山至承安丁
巳六月章宗再詔王處一至闕下特賜号體玄大師及
賜修眞觀一所十月召劉處玄至命待詔天長觀自重
陽丹陽長春暨諸師皆有文集傳於世嗚呼先生起西
州化行山東道滿於天下名聞天子開發後人使盡道

遥之遊豈不偉歟後先生五十六年嗣法孫汴京嘉祥
觀提點眞常子李志源中太一宮提點洞眞子于善慶
二大士眞實道行闡揚祖道者也殷勤求文於玉陽子
友人樗軒居士居士援筆而爲之銘曰
咸陽之屬曰大魏村山川温麗實生異人幼之發秀長
而不群工乎談笑妙於斯文又善騎射健勇絶倫以文
非時復意于武戳定禍亂志欲斯舉文武二途天不我
與蓋公宿緣道氣爲主慨然　入道眞仙□□□刻授
之口訣秘語人呼害風先生承當或歌或舞以酒徜徉
維摩非病接輿不狂肆口而發皆成文章燒郝庵舍拂

袖關中乞化而往全眞道東寧海因緣萊陽通融丞顯
神異東人畢從陶汰　眞實朴純□□□長春大啓
其門遭遇聖朝爲王之賓先生高躅望若星雲瀛海渺
然仙跡宛存此道大行逍遥乎闕下
至元乙亥歲中元日陝西五路西蜀四川道教提點
兼領重陽萬壽宮事洞觀普濟圓明眞人高道寬
重陽萬壽宮提點悟眞了一襲明眞人申志信
衍眞復朴純素眞人張志悅立石　長安盧靜大闕下
功德主昭勇大將軍京兆路總管兼府尹兼諸軍奧
魯營繕司大使趙炳

營繕司副使王海
京兆等路採石提舉謝澤
副提舉段德積
按道家全眞教至元始有此名以王重陽爲之祖此碑蓋述重陽之道行也撰者題云前金皇叔密國公金源璹碑刻于元世祖時故稱璹爲前金金源者建國之號也金史地理志上京路卽海古之地金之舊土也國言金曰按出虎以按出虎水源於此因取以建國而璹乃用以著其籍也璹史有傳附越王傳後越王者世宗子諱永功元妃張氏所生其昭德皇后生子諱允恭爲世宗第二子允恭生子珣嗣位爲宣宗尊允恭爲帝廟號顯宗宣宗生子守緒嗣位爲哀宗碑文撰於哀宗之世璹父越王與顯宗同爲世宗子璹與宣宗同爲世宗孫故哀宗稱璹爲叔父也傳稱璹本名壽孫世宗賜名字仲寶一字子瑜喜爲詩工眞草書正大初累封密國公與文士趙秉文楊雲翼雷淵元好問李汾王飛伯輩交善天興初臥疾是時曹王出質璹見哀宗曰聞訛可欲出議和訛可年幼不苦諳練恐不能辦大事臣請副之上慰之曰承平時叔

父未嘗沾溉無事則置之冷地緩急則置于不測叔父盡忠固可天下其謂朕何于是君臣相顧泣下未幾以疾薨生平詩文甚多自刪其詩存三百首樂府一百首號如庵小藁其詩今見於中州集者四十一首而文無傳焉遺山云密國公璹百年以來宗室中第一流人也少日學詩于朱巨觀學書于任君謨文筆亦委曲能道所欲言所居有樗軒又有如庵自號樗軒老人此碑序末自稱樗軒居士者以此文叙重陽子示現神異之蹟大都皆本其法孫所陳事實多羽流夸誕之詞不足深論

其云重陽到處立會必以三教爲名因以重陽比之子思達磨似欲援儒釋爲輔佐使其教不孤立無他意也惟云重陽之教名之曰全眞屏去妄幻獨全其眞是全眞之教顯然爲王重陽所立據陶宗儀輟耕錄乃云金主亮貞元元年有吏員咸陽人王中孚者挪全眞之教談馬邱劉和之其教盛焉云云談馬邱劉本重陽弟子七眞中之四人重陽別無中孚之名與字其自關中至山左訪此四眞在大定七年丁亥歲上距貞元元年癸酉且十五年重陽以正隆四年己卯遇仙成道亦距癸酉

七年然則輟耕錄語或皆傳聞之訛也七眞者曰馬鈺號丹陽子寧海州人曰譚玉名處端號長眞子東牟人曰邱處機號長春子登州棲霞縣人曰劉處元字通妙號長生子萊州人曰王處一號玉陽子東牟人曰郝大通號太古廣寧人曰馬鈺之妻孫不二號順德世稱孫仙姑重陽化後七眞皆傳其教寧海神清觀七眞皆有塑像而邱處機遇元太祖於奈曼問攻戰言必在乎不嗜殺人問爲治以敬天愛民爲本問長生久視以淸心寡欲爲要太祖契其言戢伐生全者丗處二三萬人語詳

元史稱耆脩又賜號長春眞人居大都太極宮改額曰長春詳見日下舊聞重陽好爲詩碑中摘取其句者九處又掖縣志載劉長生於鄰壁上見頌二句俄遇王重陽於衆中又掖縣靑蘇觀有王重陽詩碑刻五言絕句一首又有詩碑刻悟眞歌一篇並見山左金石志又掖縣志仙釋傳載劉處元遇王重陽時重陽遺之詩曰釣罷歸來又見鼇已知有分到僊曹鳴榔相喚知予意躍出洪波萬丈高此碑但載首句今據以補足碑云邱屢進詩曲其辭備載磻溪集中又稱重陽丹陽長春諸師皆

有文集傳于世今惟邱處機磻溪集及譚處端水雲集顧氏採入元詩選餘則道藏所錄甚多曰重陽全眞集十三卷王嘉嚞撰集即碑所謂文載全眞集中者是也重陽教化集三卷重陽分梨十化集二卷此重陽居馬丹陽家化其夫婦賜混梨令丹陽食之凡元談妙理裒集得三百餘篇重陽金關玉鎖訣重陽授丹陽二十四訣皆論修眞漸次及修養丹法附馬自然金丹口訣論性命至理又仙樂集五卷劉長生造詩詞歌頌漸悟集二卷馬丹陽集詩詞歌曲又自然詩詞集一卷洞元金玉

集十卷皆馬丹陽述詩詞歌頌又丹陽神光燦一
卷亦馬丹陽撰又靈光集四卷王玉陽撰詩詞歌
頌長春子磻溪集六卷邱長春所撰詩詞歌曲譚
先生水雲集三卷譚長眞述詩頌詞太古集詩詞
歌賦序文共一十五卷郝廣寧撰皆在道藏弟同
氣連枝交友七字號內甚七眞之中惟孫仙姑無
專集耳重陽所爲詞今盩厔劉蔣村重陽宮爲重
陽成道處其始門人建祖師庵元初乃賜額重陽
萬壽宮有重陽手書無夢令碑又有蘇武慢詞碑
並見陝西通志重陽以金大定十年化去後五十

六年李志源于善慶二法孫求文于壽計其時爲
哀宗正大二年又五十年爲元世祖至元十二年
乙亥歲始立此碑統計距重陽之化百有六年矣
盩厔縣樓觀元初改額宗聖宮又十八年乃刻高
翻篆書道德經又刻正書道德經並列於說經臺
皆完好無缺可知當時道士振作宮宇之勤如此
此碑亦在說經臺王弇州稱之云道流李道謙書
遒偉有法洵不虛也碑中多空格想因石有裂文
讓出之非闕字

温泉風流子詞

石橫廣三尺三寸高一尺八寸十五行行九字後記共八行行十七字正書在臨潼縣

古齊僕散汝弼　良弼

三郎平少客風流夢繞嶺盡瑤臺看浴酒潑春海棠睡
暖笑波生媚荔子漿寒況此際曲江人不見偃月事無
端羯鼓數聲打開蜀道霓裳一曲舞破潼關　馬嵬西
去路愁來無會處但淚滿關山賴有紫囊來進錦襪傳
看嘆玉笛聲沉樓頭月下金釵信杳天上人間幾度秋
風渭水落葉長安

近侍副使　僕散公博學能文尤工於詩昔過華清
嘗作風流子長短句題之于壁其清新婉麗不減秦

晏四方衣冠爭誦傳之稱爲今之絕唱恐久而湮滅
命刻于石以傳不朽正大三年重九日承務郎主簿
慕蘭記
明威將軍縣尉李春
定遠大將軍縣丞楊永達
奉國上將軍臨潼縣令僕散希魯立石

僕散希魯跋云宋元至今刻石甚多殆難勝紀而當
以此爲第一其詞幽麗悽惋字畫勁峭有如拱璧因
砌而珍之關中金石記

按碑刻風流子詞一闋僕散汝弼所作慕蘭記稱

其博學能文尤工於詩而遺山中州集未收此詞
亦不見錄於竹垞詞綜攷萬紅友詞律云風流子
有二體一體三十四字一體雙調一百十字又名
內家嬌其一百十字者載宋張耒一闋此詞亦不
載以此詞與張耒詞校多一字下闋但淚滿攬山
句按之張詞只四字不應有但字葢是又一體爲
百十一字者詞律失採然詞律注引升庵語正謂
此詞云于驪山見石刻一詞必元人作卽詞統所
選三郎年少客一首也圖譜竟於風流子外另收
此詞別加一名曰驪山石因而分字句處與風流

子兩様云云据此是詞統圖譜皆收此詞獨詞綜
遺之也升庵謂必元人作者葢匆匆見石刻未及
細檢記有正大三年字耳

重摹唐太宗慈德寺詩

碑高六尺三寸六分廣三尺三寸詩共九行行二十六字後跋七行行五十一字正書在武功縣

唐太宗文武大聖大廣孝皇帝御製詩
貞觀六年幸　慈德寺舊宅四韻
新豐停翠輦朝邑駐鳴笳園荒一徑斷臺古半階斜前
池消舊水昔樹發今花一朝辭此地四海遂成家
貞觀十六年重幸　慈德寺故宮十韻
壽丘惟舊跡酆邑乃前基粵予承累聖懸弧亦在兹弱
齡逢運改提劍鬱匡時指麾八荒定懷柔萬國夷梯山
咸入欵駕海亦來思單于陪武帳景逐衛文䕨端扆朝
四岳無機任百司霜節明秋景輕冰結水湄芸黃遍原
隰儲峙積京坻其樂還譙讌歡比大風詩
大唐太宗文皇帝登極後忽夜夢太后若平日旣寤
潸然不自勝越翌日詔有司發倉廩賑濟貧窮及於
慶善宮側剏寺一所用荅劬勞之德故以慈德爲名
貞觀六年幸是寺顧謂侍臣曰朕始生於此念母后
永訣育我之德將何以報感而大慟左右亦爲之流

涕遐巖祀於正寢及燕羣臣題詩屋壁至十六年警
蹕重還故宮復題詩十韻憶孝思不忘此聖人無加
之德也住持沙門法号子寧闡道之餘博覽羣書每
讀大中繼明佛堂院碑載御製詩章久而無聞迨正
大丙戌偶獲二詩於縣令盧公處乃天聖中宰公种
世衡石刻也奈風雨侵剝字畫損壞住持惜之復命
工刊立于安養堂前庶使後之人得觀覽焉其帝之
功業有本紀在故不書丁亥歲中順大夫前平陽府
判上騎都尉隴西郡開國子食邑五百戶賜紫金魚
袋李文本跋首陽山老僧惠鑒書苑堂嗣祖了印梁

山買玼助緣　懷遠大將軍武亭縣令盧擬
子成德清道明德珂德秀德珍子瑞德瑨德潤德澤
幸緣幸俊都目趙昇南郊王玠刊字

按武功縣志慈德寺在縣治南即唐慶善宮故址金大定十六年修勅賜崇教禪院宋崇寧元年趙茂曾記云按唐紀太宗文皇帝以隋開皇十七年十二月戊午生于武功之別館有二龍戲門外三日而去是京兆武功之南有唐慶善宮今爲慈德寺乃其所也此碑刻唐太宗二詩一題曰貞觀六年幸慈德寺舊宅四韻一題曰貞觀十六年重幸

慈德寺故宮十韻考全唐詩載太宗詩此二詩在爲貞觀六年者題曰過舊宅二首次于後十六年者題曰幸武功慶善宮次于前並未嘗謂之慈德寺也葢慈德寺名乃宋時所題金大定十六年又賜崇教禪院額而此二詩題云慈德者當即宋天聖中种世衡刻石時所加非舊題也此碑刻于丁亥歲爲正大四年其時已改崇教禪院而李文本跋中不云崇教者何歟豈縣志語未確耶唐書太宗紀貞觀六年九月己酉幸慶善宮十六年十一月甲子幸慶善宮與碑合其六年幸舊宅詩全唐詩載二首碑所刻祇五言四韻尚有五言七韻一首碑所未刻葢正大丙戌得於縣令盧公者佚其次首也以全唐詩校之與碑異者譙邑駐鳴笳碑作朝邑一朝辭此地四海遂爲家碑辭作離爲作成十六年重幸故宮詩十韻全唐詩亦有與碑異者月逐衛文傀碑作景逐衛文貌無爲任百司碑作無機禾穎積京畿碑作儲峙積京坻共樂還鄉宴碑作共樂還譙譙似全唐詩別有所本不從碑錄也新唐書禮樂志九功舞者本名功成慶善樂太宗生于武功之慶善宮貞觀六年幸之宴從臣

賞賜閭里同漢沛宛帝歡甚賦詩起居郎呂才被之管絃以童兒六十四人冠進德冠紫袴褶長褎漆髻屣履而舞號九功舞進蹈安徐以象文德舊唐書樂志慶善樂太宗所造也冬至享燕及國有大慶與七德舞偕奏于庭此二條全唐詩系于十韻詩之下而碑則以四韻者爲六年作十韻者爲十六年作詳玩史志作被管絃自當用十韻不應祇是四韻且自當以第一次幸故宮詩被管絃不應用第二次則六年作者爲十韻十六年作者爲四韻疑碑誤爲倒互也

濟瀆靈應記

碑高五尺四寸五分廣二尺四寸十七
行行五十二字正書篆額在濟源縣

鄉貢進士淇水韓時舉撰并書丹

河陽梁邦瑞篆額

歲在戊子　天子以去冬不雨　宵旰憂民粤春王

正月　遣資政大夫中常侍兼上林署提點宫籍監使

內□□□□□藥局直長高佑銜　命降香于

濟瀆顯祐清源王　天語一發不浹辰而雨至者三使

車在路雪復盈尺民熙熙然咸曰大哉　王言一哉

王心二月□□使高佑□自□京師由三城戴星而行

未及已刻已抵祠下謹黙致　聖意及所　賜香酒

拜祝於　淵德殿殚奠紙於海紙立下如掣俄頃風行

□□勢忽海涌有　神物出其間狀大數圍俗所謂二

將軍者延頸被紙嚮首東南且進且退如舞如蹈凡數

四有望闕謝　聖恩意中使高佑敬懼釃酒　神迺

前□及數庖悠然而去觀者如堵以謂　聖主之德

至誠感　神躍魚之祥桑林之應方之　皇朝邈

不及矣　天且不違况於　神乎　神且不違况於人

乎　中興之功日月可冀畢祀皆合爪致禮鼓舞而退

吏□□爲□□未之睹也懇請立石以紀　聖感之

一敬謝不敏拜手稽首以書之　至大五年春社

後二日謹記

從行降香官嘉議大夫內侍局承應御直張節用

從行降香官龍虎衛上將軍同知防禦使事上護軍

彭城郡開國侯食邑一千戶食實封一伯戶蒲察黒

厮

宣權從宜經略使奉國上將軍知孟州防禦使護軍

金源郡開國侯食邑一千戶食實封一伯戶僕散桓

端建

里人來天瑞司□劉□刊

監刻碑人州吏趙源

通真大師賜紫知廟事楊欽　同知廟道士李鉞

碑述高佑銜命降香浹辰得雨之事稱爲濟瀆顯祐

清源王按金史禮志云明昌間封濟爲清源王此有

顯祐二字是史脫文也中州金石記

按濟瀆廟在濟源縣是時都汴自汴都西至濟瀆

廟戴星而行其程甚速也碑立於正大五年春社

後二日葢二月也文云天子以去冬不雨宵旰憂

民粤正月遣高佑降香於濟瀆顯祐清源王天語

一發不浹辰而語使車在路雪復盈尺金史哀宗

紀及五行志正大四年冬皆不書旱惟五年春書
大寒二月乙巳朔雷雨雪木之華者皆敗此卽碑
所云使車在路雪復盈尺也二將軍者不知何神
物能銜紙舞蹈而碑又云躍魚之祥則是魚類矣
文稱其狀大數圍延頸被紙以聽度之殆黿之屬
也是時元兵日逼不六七年而金亡文有云中興
之功日月可冀甚亂極思治之心猶惓惓也金國
語解僕散氏漢姓曰林蒲察氏漢姓曰李僕散桓
端官知孟州防禦使其曰宣權從宜經畧使者蹬
時暫設之官非常制也諸州防禦使從四品而桓

端階從三品上之奉國上將軍蒲察㬋厮官同知
防禦使正六品而階正三品上之龍虎衛上將軍
皆不能明其制也

重修濟瀆廟記

石連額約高五尺三寸廣三尺六寸廿二
行字多寡不等連額並正書在濟源廟

種竹老人譔

河陽梁邦瑞書丹

大金正大戊子歲自前冬不雪迄今春未雨二麥頗旱
百姓惶惶然　皇帝之心憂民不啻遣資政大夫中
常侍兼上林署提點　宮籍監使　內侍局令尚藥直
長高佑載星馳驛受　命呈香禱于　濟瀆顯祐
清源王復日至　祠正衿整服潔體齋心夙啓　天
誠夜獲嘉應膏雨巳容耕春雪又及尺俄有神物出海
須帋吞酒朝　闕如　謝使者廻　京都異事
奏　上　上深敬悅　賜銀二万五千星委自
孟州長吏防禦使僕散桓端提控同知納蘭和尚餅職
監修搆大廈之良材鳩三昧之妙手重簷疊栱採碧繪
金嚴崇　聖像謹飾從尊鴛瓦紺天鳳門輝日役未十
旬功興萬數殿廊齋厨創作一新也市民嬉游無不祝
讃匪　靈應之　神君豈可達於　朝廷非　聖明
之　天子莫能肅於　廟貌物成有日易舊更新聖

哉　神力德哉　王言德耶聖耶猶不能盡理述焉
正大五年六月十五日監修州吏趙源　知廟道士
楊知謙李得願
郭知常元知一
武節將軍行濟源縣令兼管勾河防常平倉事修廟
接手官納蘭抄合
昭勇大將軍遙授歸德府治中兼同知孟州防禦使
事上輕車都尉廣平郡開國伯食邑七伯戶　省部
委差監修納蘭和尚
宣權孟州從宜經略使奉國上將軍知防禦使護軍

金源郡開國侯食邑一千戸食實封一伯戸　省部
委差提控監修僕散桓端立石
石匠桑吉　劉通
按此碑與前碑同爲正大五年紀濟瀆廟請雨降香之事前碑記于春社後二日此碑立于六月十五日蓋因神著靈異奏請賜銀修廟未十旬而工竣遂立此碑知孟州防禦者仍是僕散桓端同知則易爲納蘭和尚矣金國語解有納剌氏漢姓曰康而無納蘭氏史傳有納蘭胡魯剌納蘭綽赤而納剌氏無其人此碑撰者署其號曰種竹老人而不署姓名文云賜銀二万五千星不知以兩爲星抑以銖爲星皆不見於他碑

金石萃編卷一百五十八終

金石萃編卷一百五十九

賜進士出身　誥授光祿大夫刑部右侍郎加七級王昶譔

金六

改建題名碑

碑連額高七尺二寸廣三尺七寸作三截上截二十四行行十六字中截三十行下截十三行俱人名字數參差不等正書篆額在西安府

改建題名之記
濩澤吳聽書丹
涇渭盧元篆額

府庠舊有題名然附他貫者皆闕而不書議者疑之正大乙酉　行省　外郎　集賢上黨張公以幕府餘暇閲月校試因覽是碑謂諸生曰　國家設學之意教育均矣每遇大比牓不乏人至於紀録獨取此舍彼則恐于獎厲之道未備迺命耆猶參訂名籍自高平李公備之而下得二十有八人列之貞石以發幽光使朋來求價者履跡景慕指某人隸業於此而登第某氏宦游於此而成名思與並驅爭先其益可勝旣耶舊碑之建也制度頗狹歷年滋久得人加多凡來書榮者或投隙抵罅僅容數字一何略也今玆告成極其宏壯前所不載者俱見擿錄顧不偉歟噫後之登科者請隨牓如式

書之儻易舊矩而作新意非所望也敢以此告是年十
二月中澣日門人孔叔利謹記
大定十九年張行簡下　李仲略高平　賈益通州
大定二十二年張甫下　焦炯開封
大定二十五年徐𨀦下　李秉鈞大定
明昌五年張檝下　趙去非定州
經義楊雲翼下　趙思文定州
承安二年呂造下　賀天祐三原　劉光謙大興　高國鈞
鶴野
經義李著下　馮璧真定

承安五年閻詠下　武洵直武功　高嵩遂城　劉從謙安
邑
泰和三年許天民下　王嗣初同州
大安元年經義第一　邢天祐浮山
崇慶二年黃裳下　侁庭用扶風
貞祐三年程嘉善下　馮辰盩厔　王元舉扶風　高宇
恩
陵
興定二年張□安下　李介遂陽
興定五年劉遇下　□献臣□□　蘇遊臨晉　李獻誠河
中　李恒亨河津

經義喬松下　李獻甫河中
正大元年王鶚下第二人劉繪獻州　司□張柔中大同　楊
侯大興　張邦憲信州　李元儼偃師　牛炳河中　吳芝澤州
𨛬邦用定安
經義張介下　張琚京兆　張珪京兆
正大四年盧亞下　孔叔利平陽　吳聽澤州　張珩京兆
正大七年李瑭下　任嘉言汾州　劉源雲陽　龐漢太原
郭士元□晉
經義孟德淵下　盧翔豐潤
學錄吳聽

學正安濤
承直郎　省差教授賜緋魚袋𨛬邦用立石
太中大夫東運司戸判兼提舉學校李暐
長安樊世亨刊

按此與前碑同爲京兆府學進士題名之碑前碑止於興定二年所載祇京兆本貫之登進士者此碑專載他貫之肄業京兆而登進士者起大定十九年迄正大七年凡十五科共四十三人据孔叔利記祇得二十八人殆立碑後增刻十五人也記文有云某人隸業於此而登第某氏宦游於此而

成名可知當時取士之途亦甚廣矣金史載狀元
姓名惟哀宗紀正大元年書詞賦進士王鶚以下
四年書詞賦經義進士盧亞以下七年書經義詞
賦進士李瑭以下追攷以前興定五年但書經義
進士考官於常額外多放裔松等十餘人其詞賦
進士劉遇則不書至興定二年但書武舉溫迪罕
繳住以下一百四十人及第又書詞賦經義進士
及武舉人入見賜誥命章服而姓名不書碑書張
口安泐一字賴證以前碑知其爲張仲安也自此
以前則紀皆不書矣碑載貞祐三年程嘉善爲詞

賦進士第一人攷金史李獻能傳獻能貞祐三年
特賜詞賦進士廷試第一人宏詞優等授應奉翰
林文字中州集亦云獻能年二十一以省元賜第
廷試第一人皆與碑不同碑載詞賦經義第一者
凡十八人內張甫一人金史有傳係武人非此碑
張甫餘有可攷者七人張行簡金史傳字敬甫大
定十九年進士第一人除應奉翰林文字累官翰
林學士承旨貞祐三年卒謚文正中州集稱其天
下言家法言禮樂言文章言德行者惟張氏爲第
一張檝中州集字巨濟先世泰州長春人有官於

山陰者遂占籍焉檝明昌五年詞賦第一人仕至
鎮戎州刺史文賦詩筆截然有律度時人甚愛重
之楊雲翼金史傳字之美其先贊皇檀山人六代
祖忠客平定之樂平縣遂家焉明昌五年進士第
一詞賦亦中乙料授應奉翰林文字累官禮部尚
書兼侍讀正大五年卒年五十九謚文獻中州集
云百餘年以來大夫士身備四科者惟公一人而
已李著中州集字彥明眞定人承安二年經義第
一人在翰林七年累遷彰德府治中城陷避搶上
掘搶倒而死閻詠中州集作閻長言字子秀濟南

長淸人少日慕張忠定之爲人故名詠避衛紹王
諱改爲衛紹王諱永濟其即位在泰和八年閻詠登第在承安五年爲衛紹王即位前八年其時未避諱好學工詞賦嘗以第一流自負平生多奇
夢果魁天下士論厭服在翰苑十年出爲河南府
治中亦名以道梗不得前卒王鶚元史傳字百一
曹州東明人工詞賦金正大元年中進士第一人
出身授應奉翰林文字累官左右司郎中天興三
年蔡陷將被殺萬戶張柔救之輦歸世祖即位建
元中統首授翰林學士承旨五年乞致仕十年卒
年八十四謚文康張介金史傳字介甫平州人正

大元年經義進士第一時爲國用安參議中州集云介彭城人歷鞏穀熟二縣令幼有賦聲以上皆第一人之可攷者也進士四十三人中有可攷者十一人李仲略史附李晏傳晏子字簡之澤州高平人登大定十九年詞賦進士第調代州五臺主簿累授山東東西路按察使泰和五年卒謚襄獻牲豪邁剛介特立所任以幹濟稱賈益史附賈少沖傳字損之通州人中大定十九年進士調河津主簿累爲太常卿元光九年卒趙思文中州集字廷玉永平人明昌五年進士貞祐中陷沒都城間

闕南渡累拜禮部尚書壬辰天興二年卒官劉光謙中州集字達卿潘州人泰和三年進士累官司農少卿碑載光謙大興人承安二年進士未審即一人否馮璧史傳字叔獻眞定縣人承安二年經義進士制策復優等累官同知集慶軍節度使致仕正大九年河南破北歸又數年卒年七十九中州集璧別字天粹致仕後居嵩山龍潭者十餘年諸生從之遊與四方問遺者不絕賦詩飲酒放浪山水間人望以爲神仙山中多蘭中春作華山僧野客人持數本詣公以香韻清絕爲勝少劣則有罰謂

之燭蘭所釀松醪東坡所謂歎幽姿之獨高者惟叔獻能盡之是後松醪闘蘭遂爲山中故事馮辰中州集字篤之臨潼人碑作盩厔貞祐三年進士辟涇陽令九歲知作詩李獻誠史附李獻能傳河中人先世有爲金吾衛上將軍者時號李金吾家迨獻能昆弟皆以文學名從兄獻卿獻誠從弟獻甫相繼擢第故李氏有四桂堂李獻甫傳字欽用獻能從弟興定五年登進士第歷咸陽簿累遷鎮南軍節度副使兼右警巡使死蔡州之難年四十張邦憲史附忠義禹顯傳字正叔泰州人碑作信州人登正

大中進士第碑作正大元年爲永固令天興二年避兵徐州卓翼率兵至城邦憲被執遂遇害張瑀中州集字子玉河中人碑作京兆人刻意於詩五言所長詩人喜稱道之至有張五字之目不言其登進士此碑載張瑀是正大元年經義進士未詳是一是二麗漢中州集字茂宏平晉人碑作太原人正大末年進士待次內鄉北山兵亂遇害碑載麗漢正大七年詞賦進士正大尚有八年未可云末中州集小異諸進士之可攷者如是至劉從謙無攷而史有劉從益傳渾源人大安元年進士碑載從謙安邑人貫

與渾源相近或爲從益之兄弟行李恒亨無攷而史有李復亨傳榮州河津人與碑載恒亨同貫或亦兄弟行識以備攷題名止於正大七年哀宗紀是年四月大元兵平鳳翔府兩行省棄京兆遷居民於河南而國勢日蹙踰三年而亡進士之試不復舉行然則是碑竟與金運同其終矣

黃華老人詩刻

碑四紙各高七尺廣三尺一寸五分四行行字數不等行書在大理府雙塔寺

王庭筠

王母祠東古佛堂人傳棟宇自隋唐年深寺廢無僧住滿谷西風栗葉黃

手拄一條青竹杖興來日掛百錢遊名陽欲下山更好深谷無人不可留

帝遣名山護此邪千家落落嶺西窻山人乞與山前地鶴托先開二十雙

掛鏡亭西掛玉龍半山飛雪舞天風寒雲欲上三千尺人道高歡避暑宮

按此碑刻黃華老人七絶四首不署題及年月雲南通志雜記卷載黃華老人詩金翰林王庭筠四絶句原在黃華山嘉靖間僉事崔官攜帖至榆李

元暘重摹之今碑在大理雙塔寺所載詩正與此四詩大同惟字句稍異者碑云興來日挂百錢遊志作自挂深谷無人不可留志作深林千家落落嶺西窻志作千家瑟瑟嵌西窻鶴託先開二十雙志作招客先開四十雙挂鏡亭西挂玉龍志作臺西寒雲欲上三千尺志作直上又帝遣名山一首碑作第三志作第四挂鏡亭西一首碑作第四志作第三此恐志別有所本也金史王庭筠傳字子端河東人登大定十六年進士第調恩州軍事判官累調館陶主簿明昌元年四月名庭筠試館職中選御史臺言其在館陶嘗犯贓罪不當以館閣處之遂罷乃卜居彰德買田隆慮讀書黃華山寺因以自號中州集不載此四詩其小傳云子端詩文有師法高出時輩之右字畫學米元章其得意處頗能似之平生愛天平黃華山水居相下十年自號黃華山主河南通志黃華山在彰德府林縣西二十里林慮山內山有三峯名仙人樓玉女臺魯般門其頂突出雲表名摩雲峯連峙若屏名連屏峯羣峯磊落如人名聚仙峯下有黃華谷志併載王庭筠詩三絶句一帝遣名山一王母祠東一

挂鏡臺西而次首手拄一條云云志所不載其次序與碑異者王母祠東一首碑作第一志作第二帝遺名山一首碑作第三志作第一挂鏡亭西一首碑作第四志作第三其字之異則河南志與雲南志同大抵從官所攜之帖詩與黃華山舊本同而河南志删其一首也庭筠隱黃華在明昌元年以後而其作此詩不知在何年黃華山寺與雙塔寺兩處之刻詩亦皆無年月可繫今姑附金末

楊奐碑

碑上闕四字搨本高六尺廣二尺五寸二十四行每行存五十三字末行以後文不全正行書在乾州

金故河南路課稅所長官兼廉訪使楊君神道之碑□□

河東元好問撰

柳城姚燧書并篆額

君諱奐字煥然姓楊氏乾之奉天人唐鄭國公之二十世孫也諸系之詳見君自敘載之先大夫墓銘茲得而畧之曾大父楙大父超道父振是爲藨軒翁及上二世皆在野母程嘗夢東南日光射其身旁一神人以筆授之已而君生藨軒以爲文明之象就爲制名君甫勝衣嘗信口唱歌有紫陽閣之語扣之不能荅也未冠夢游紫陽閣景趣甚異後因以自號年十一丁內艱哀毀如成人日蔬食誦孝經爲課人以天至稱焉又五年州倅宗室永元謂翁曰若老矣守佐重以校牘相煩闇若有佳兒姑欲試之即檄君爲倉典書時調度方殷君掌出納朱墨詳整訖歲終無圭撮之誤倅愛之謂他日當有望勸之宦學師鄉先生吳榮叔指授未幾迥出倫輩賦業成即有聲場屋間不三十三赴廷試興定辛巳以遺誤下第同舍盧長卿李欽若欽用昆季惜君連蹇勸試補臺掾臺掾要津仕子慕羨而不能得者君荅書曰先夫人每以作掾爲諱僕無所似肖不能顯親揚名敢貽下泉之憂乎正大初朝廷一新敝政求所以改弦更張者

君慨然草萬言策詣闕將上之所親謂其指陳時病辭旨剴切皆人所不敢言保爲當國者所沮忠信獲罪君何得焉君知直道不容浩然有歸志即日出國門而西教授鄉里者五年歲己丑乾州請爲講議安撫司辟經歷官京兆行尚書省以便宜署君隴州經歷皆辭不就再以參乾恒二州軍事親舊爲言世議迫隘不宜高蹇自便始一應之庚寅京師春試授館左丞張公信甫之門張公嘗謂人曰諸孫得君主善老夫沾丐抑多矣癸巳汴梁陷微服北渡羈孤流落人所不能堪君處之自若也冠氏帥趙侯壽之延致君待之師友間會門生朱

極自京師輦書至君得聚而記之東平嚴公喜接寒素士
子有不遠千里來見者嚴公久聞君名數以行藏爲問
而君終不一詣或問之故曰不招而往譏且業已主
諸侯矣將無以我爲二三乎戊戌　天朝開舉選特詔
宣德課稅使劉公用之試諸道進士君試東平兩中賦
論第一劉公因委君考試雲燕俄從監試官北上謁領
中書省耶律公一見大蒙賞異力奏薦之　宣授河
南路徵收課稅所長官兼廉訪使　陛辭之日言於
中令公曰僕不敏誤蒙不次之用以書生而理財賦已
非所長又河南兵荒之後遺黎亡幾烹鮮之喻正在今

日絲而擾之糜爛必矣願公假以歲月使得拊摩創罷
以爲　朝廷愛養基本萬一之助中令甚善之君初
蒞政招致名勝如蒲陰楊正卿武功張君美華陰王元
禮下邽薛微之澠池翟致忠太原劉繼先之等日與商
略條畫約束一以簡易爲事按行境內親問監務月課
如干難易若何有循習舊例以增額爲言者君訶之曰
剝下罔上若欲我爲之耶減元額四之一公私便之官
長所臨率有饋餉君一切拒絶之亦有被刑責没財物
于官者不踰月政成官民以爲前乎此蓋未有漕司惠
吾屬之如是也在官十年乃請老于燕之行臺以猶子

元楨襲職壬子九月　王府驛召入關尋被　敎
參議京兆宣撫司事累上書乃得請閒居鄉郡築堂曰
歸來爲佚老之所雖在病卧猶召子弟秀民與之酒諭
之曰吾鄉密邇豐鎬民俗敦朴兒輩皆當孝弟力田以
廉愼自保毋習珥筆之陋以玷傷風化及病革處置後
事明了如平時敕家人吾且死勿以二家齋醮貽識者
笑遂引觴大噱望東南炷香命門生員擇執筆留詩三
章恬然而逝春秋七十十賓乙卯歲九月之一日也後五
十七日葬於郡東南十里小劉里先塋之次夫人陳氏
劉氏祔焉禮也君三娶吳氏子男四人保垣元肇嵩山

緱山皆早夭元肇者在孕有異風骨不凡齠齔知讀書
八九歲聞君授卽通大義尋爲人講說十二以羸疾至
于不幸君喪之盡然有童烏之感女四人長嫁郡人張
侁次華陰王亨二幼者在室初泰和大安間入仕者惟
舉選爲貴科榮路所在人爭走之程文之外翰墨雜體
悉指爲無用之技尤諱作詩爲其害賦律尤甚至（此下碑闕）
（今據集補）於經爲通儒文爲名家不過翰苑六七公而已君
授學之後其自望者不碌碌舉業既成乃以餘力作爲
詩文下筆卽有可觀嘗撰扶風嚴院碑宋內翰飛卿
時宰高陵見之奇其才期君以遠大與之書曰吾子資

稟如此宜有以自愛得於彼而失於此非僕所敢知也
君復之曰辱公特達之遇敢不以古道自期飛卿喜曰
若如君言吾知韓歐之門世不乏人矣興定末關中地
震乾守呂君子成禱祠廟請爲祝文凡二十有四首
援筆立成文不加點在鄠下日中秋燕集一寓士忌君
名諷諸生作詩請君屬和君被酒謂客曰欲觀詩者舉
酒欲和以次唱韻意氣閑逸筆不停綴長韻短章終夕
成三十九首長安中目爲鄠郊即席倡和詩傳之性嗜
讀書博覽强記務爲無所不闚眞積力久猶恐不及寒
暑飢渴不以累其業也中歲之後目力漸減猶能燈下

閱蠅頭細字夜分不罷作文剗刮塵爛創爲裁製以蹈
襲剽竊爲恥其持論亦然觀刪集韓文及所著書爲可
見矣禮部閑閑趙公平章政事蕭國侯公内翰馮公屛
山李公皆折行位與相問遺御史劉公光輔編脩張公
子中諸人與之年相若而敬君加等河朔士夫舊熟君
名想聞風采又被三接文衡又有在所過求見者應接
不暇其爲世所重如此暮年還秦中秦中百年以來號
稱多士較其聲聞赫奕聳動一世蓋未有出其右者前
世關西夫子之目今以歸君矣有還山集一百二十卷
槩言十卷紀正大以來朝政號近鑑者三十卷正統六

十卷其自敘曰正統之說所以禍天下後世者几以不
出於孔孟之前故也且夫湯武之應天順人後世莫可
企及猶曰予有慙德武未盡善後世僻王槩以正統之
傳非私言乎今立八例曰得曰傳曰衰曰復曰與曰陷
曰絕曰歸始皇十年貶絕陷者何懲任相之失也太宗
傳之而曰得者何志奪宗之惡也責景帝者何短通喪
也責明帝者何啟異端也與明宗者何有君人之言也
與周世宗者何世宗而在禮樂可興也如是八例其說
累數十萬言以謂不如是則是非不白治亂不分勸戒
不明雖綿歷百千萬世正統之爲正統昭昭矣此書往

往人閒見之有詰難者則曰吾書具在豈復以口舌爲
辨後世有賞音者君不治生產不取非義仕宦十年而
家無十金之業然其周困急卹孤遺扶病疾助葬祭習
以爲常力雖不贍猶强勉爲之與人言每以名教爲言
有片善則委曲獎藉唯恐其名之不著或有小過失必
以苦語勸止之怨怒不計也評者謂君志立而學富器
博而用遠使之官奉常歷臺諫掌辭命治賓客必有大
過人者白首見招日暮途遠有才無命可爲酸鼻丙辰
冬十月予閒居西山之鹿泉員生自奉天東來持京兆
宣撫使商挺孟卿所撰行狀以墓碑爲請且道君臨終

念念不相置洒語殷重以謏述爲顧惟不腆之文曷足爲君重竊念風俗之壞久矣冰雪亙寒往復四千里爲其師爲不朽計門弟子風誼如生者幾人此已不可謂況於平生之言乃勉爲論次之而系以銘其銘曰

有文者嗛於跌者僵是爲關西夫子楊君之碑顧瞻佳城泣焉涕洟學道之難成使人傷悲君擅名場澤蘖孤罷逆乎騑儷而變古雅快潛蛟之雲飛謂君不逢歟奪回谿而澠池一命而佩金紫何若若兮纍纍鄙實於唐世久衰微河潤九里蔚松櫝兮增輝謂君爲逢歟徒以文窮而自喜斬伐俗學力涸筋疲世無元聖之矣望伯

起其庶幾白首太元坐爲悠悠者之所議緊正統之無適從職予奪之非宜君排諸儒斥偏執與詭隨彼月旦之有評且舉是而今非豈有一定罪功之名而槩終世之成虧我黜我升我招我麾不主故常不貸毫釐自我作古矣竊取爲自非慨然任當仁之重能不懼於西河之見疑維鼎之爲器也雖小而重屹神寶而弗移孰謂漢唐甚盛之際亦不免於窮運之攸歸我車司南爾轍背馳傳者嗟誰異時有如君家子雲者出邈千載兮求知

中統五年建巳月立元好問撰文姚燧正書并篆額

在乾州碑文往往與史合惟作萬言策未及上歸教授鄉里後安撫使辟經歷官京兆行尚書省以便宜署君隴州經歷皆辭不赴應參乾恒二州軍事庚寅春試授館張公信甫之門等事史不及之耳又史言著還山集六十卷天興近鑑三卷碑云還山集一百二十卷紀正大以來朝政號近鑑三十卷亦異燧與之弟三女壻關中金石記

按此碑全文二千六百餘字當時或有碑陰或刻二石今搨本僅得一紙自於經爲通儒以下全闕約一千六百餘字此搨上截每行整闕四字又間

有泐文左上角石已損闕今取元遺山文集補全不復旁注取其瞭然可讀也立碑歲月元集不載據關中金石記稱中統五年建巳月立當由得見全搨也元遺山卒于丁巳歲此碑撰于丙辰十月在未卒之前一年姚燧書篆自署柳城人元史燧傳稱燧字端甫世系見燧伯父樞傳樞傳則云柳城人後遷洛陽碑署柳城者從其祖貫也史言燧生三歲而孤育於伯父樞樞謂燧蒙暗教督之甚急燧不能堪楊奐馳書止之曰燧令器也長自有成爾何以急爲且許醮以女年十三見許衡於蘇

門十八始受學於長安二十四始讀韓退之文試習爲之云云此碑云女四人長嫁郡人張篪次華陰王亨二幼者在室不言第三女許姚燧考燧傳至大元年年七十除承旨學士四年得告南歸明年復名不赴卒于家年七十六當爲延祐元年甲寅歲推其生在元太宗己亥歲至丙辰遺山撰文之年得十八歲若燧書碑在是年碑文應有三女嫁姚燧之明文何以云幼在室也元史傳僅五百七十字較碑祇存十之二然皆取碑文有刪無增京兆府學教養碑奉天楊奐書當即此楊奐是楊

名又作煥也碑云壬子九月王府驛名入關所稱王府即世祖故傳云世祖在潛邸驛名奐參議京兆宣撫司事元史世祖紀壬子帝駐桓撫間奏立從宜府於京兆夏遣王府尚書姚樞立京兆宣撫司以孛蘭及楊惟中爲使關隴大治奐之參議正在是時碑云奐以乙卯歲九月一日卒後五十七日葬是十月二十七矣而文以丙辰十月始撰又九年而始立碑皆不與葬同時中統無五年是年八月丁巳改元至元碑以巳月立故仍稱中統傳稱賜謚文憲而不著何年此碑亦未載則在立碑

以後矣奐之葬所碑稱在郡東南十里陝西通志載楊掾史振墓在乾州東南十里子奐與父振葬同處振以貞祐四年正月七日葬於州南小劉村新塋城南翁墓次據碑不詳父振爲掾史而振號蕭軒翁不號城南翁未知通志又何本也碑云戊戌試東平兩中賦論第一耶律公薦之宣授河南路徵收課稅所長官元史食貨志太宗甲午年始立徵收課稅所凡倉庫院務官并合干人等命各處官司選有產有行之人充之其所辦課程每月赴所輸納邵遠平元史類編楊奐傳引奐自著還

山集云歲己酉中書耶律公以軍國大計舉近世轉運司例經理十路課稅易司爲所黜使稱長相豐歉察息耗以平歲入聽中書省總之此碑題課稅所長官正是易司爲所黜使稱長之時則當在己酉年矣碑云所著有還山集一百二十卷槩言十卷記正大以來朝政號近鑑者三十卷正統六十卷史傳載還山集六十卷天興近鑑三卷正統書六十卷今攷四庫全書有還山遺稿文一卷詩一卷乃明嘉靖初南陽宋廷佐掇拾殘賸之本而永樂大典未經錄入則其集之亡在明以前矣又

四庫提要云考集中臂儻記稱所著有還山前集八十一卷後集二十卷近鑑三十卷韓子十卷槩言二十五篇硯纂八卷北見記三卷正統記六十卷所載與碑詳略不同然則當撰碑時與所著書已多亡逸也正統記雖亡幸碑載其序例可以得其大指近鑑一書碑傳卷數懸殊至其紀號碑曰正大傳曰天興天興距金亡僅三年若正大以來倘得十年據碑稱正大初朝廷一新敝政君草萬言策指陳時病後知直道不容浩然有歸志然則近鑑一書因不上策而成者似碑所載爲確也顧

俠君元詩選錄奐詩百零五首不知與宋廷佐所輯同否邵氏元史類編所引還山集中語亦不知所見何本皆當俟攷碑云丙辰冬十月員生自奉天東來持京兆宣撫使商挺孟卿所撰行狀以墓碑爲請員生似即與臨終時執筆賦詩之門生員擇其人無攷元詩選有員炎小傳稱其字善卿衞州人歲己亥故人楊奐主漕洛師愍其窶用監嵩州酒已而隨所徵上謁奐方據案坐堂上吏魁胝行立炎拄布囊挺下杖巨梃直前曰楊使君不相知置我于此吾不能爲汝再辱遂揖而去此人當是員擇族人碑不載己亥年事亦可廣碑所略史商挺傳字孟卿曹州濟陰人年二十四汴京破北走依冠氏趙天錫與元好問楊奐遊東平嚴實聘爲諸子師癸丑世祖在潛邸受京兆分地闢挺名遣使徵至鹽州楊惟中宣撫關中挺爲郎中明年惟中罷廉希憲來代陞挺爲宣撫副使据此則其時宣撫使是廉希憲挺實爲副疑遺山集脫副字也

國書碑

碑連額高七尺廣二尺五寸二十三行字數多寡不等連額並國書

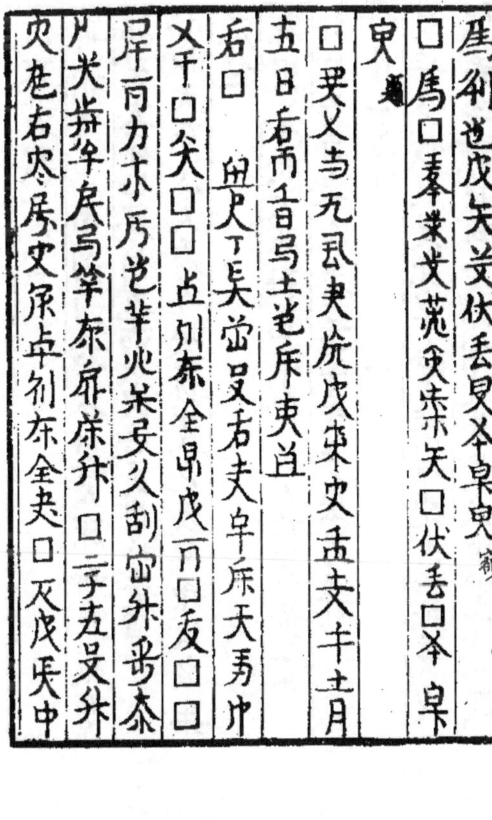

尭奐菐夂未尸于巾史口文史彐升口升
口缶戊石二子口史朿口巾弓史夬朿并刘
金癸金丑吴彐中西米文外文庄史史尸谷另
更更天竿判金舌癸缶丑龙夫买支关外史
岸父充布史句口刀当阜卞缶丑升缶　光巾斤
口口戊秉关号口口致口口冬父条米用
失斧典亦庠刎毒禹史义当俠义于卦史戊关
吏宪大仕卓刉羊余兼丙史采丈文卢文兆吊
口口右灭羊米赤米天缶西斥今父条米冈
岳丙岁史另休太为羊夺車全年口尭口口右

关西　入男尘缶关号角系此利並冊戊于扁夹
币中㒸休史宰六节戊文辛角朿失九角史朿
口斥布今斥关東朱更全壳文缶外布又丰奐升
夫赤丹辰卡丙菜果丑朿五屌外史外史合京禹
及戋不丈正卷弓
甬戊布升史角尸口口口厍父仍支丞史王广
缶天史亏五　　用代余凰兎丈典呆㞢奐
光又巴
足尘尭吏由升休朿仄火朿右半叁紗买杖申及
什丹口奐奐

伏氏棐致
舟利土　币苏刃吊不吏天朿命角乖保亍
朿买天朿口其句乙西戊史岳灵用父卢亏
朮伐天朿达光右半叁休岁巴友半申及义余
朿生
朿贝杀杖天朿朴巴呆弋史入佚条分圭
丑月亦日束朿我菜羊关岁采另并
廿月丰多日
显益王及伐虱吏庑羊毋吏丙斥壳夭朿外支戈
癸名半件斥可关冬匀支失岁条平受生来两

氏日
条友文亥西外表夫凡学角更孚朿
久长並申　　支戈冬右条何戈宗史破
九佳义斥屌口口口口　冈申朿九五　岳口口口史
有又氏並　　友庄不肩刎口口口口口
冬米风余口口口口口口口口　亣口缶車甾口口口口口口口口
文光太車有夾　乌朱西史巾　夾半肩五　币乒史米冬合支
弋　灵口斥内及　朿口口口　申学夹米六口口口口口口口
来九口　冬氏並申　皃夹朿来友米
口口口口口口口口口口　羊美巴美夯口口口口口口口口

㞢矢□□□□□□□□□□□□ 壷盃青灵不□戊 戾来玉
光佉令各□□□□ 卉伞亦旯□□□□□□
禾申臾 申乍吏米尚冈 冄□代两史叚 冄夊申五
东佘奂□□□□ 申□史□□ 光□□ 㞢走朱爻灰□□□□□□
□朿及君□□□□□□□ 㞒笄凿半奇□□
□□□□ 光佉夅冬夅仁 □東火刂及 凧史五
㞒竿奚叉氏□□□□□ 佘甪甪𠂪刂□□□□□□
□ 手弌𠮷冬夅旻弋□□□□□□□
夭甬允亦□□□□□□
㕛休兊佘 乖□□東□□□□□□□□

申乍吏米乇弁□□□□□□□□□ 夫爻殳旻
□□□□□□□□□ 㠯究宋五□□□□□□
東全夅书□ 𠂇月乚㐅日尚火爽古呆乇
亩市㕛槊 爽达㞢䒑佘庠 斧哭府秂亦
保反㚑廿乃玉达□□□ 𡗗玫呆舌

按此碑全是國書無譯文不能知其所紀何事姑依碑摹錄備攷碑文間有漫漶僅据現存點畫摹之其訛與否俟諸博識者攷定焉

附

齊

重置饒益寺石刻記

石高一尺七寸二分廣二尺八寸二十行行十三字正書在朝邑縣

左馮之東南踰三十里縣曰朝邑由縣之直南林木蓊鬱小徑縈紆約十里有鎮曰新市鎮有寺曰饒益乃陝右之名藍也路當秦晉要衝枕山河之形勢自唐宋以來名臣賢士經由往返莫不税駕投憩於此或題名於壁或留詩於牌不可勝數前後主僧慮歲漫滅悉勒之于石寺遭兵火焚毁殆盡如前人石刻往往埋没於頹垣遺基之下抃承乏領鎮事至此恨不及見饒益全盛之時實爲不足每暇日命僮僕事鍤築搜抉于荆榛瓦礫之間雖後名公大臣行記詩刻例皆斷折訛缺讀之

令人悲惋即其稍完者萃而置之於藏春軒壁與後之游觀者與葺之不替然周覽瓌覩必思其人焉時阜昌癸丑九月初一日東萊新市監趙抃謹記

饒益寺住持僧道顯立石

抃自署爲新市監金史地里志朝邑縣有新市鎮是也寺在鎮之西梁天監中建唐貞觀二年起浮圖以明嘉靖地震圮文稱自唐宋以來名人賢士經由往返莫不於此題名主僧勒之于石案今題名惟宋政和中賈炎謝鄜材二石尚存唐人名跡皆無之矣中闕

按今之同州府在後漢時謂之左馮翊建安初乃置馮翊郡碑故云左馮之東南縣曰朝邑也饒益寺在縣南十里今尚有鎮名新市者藏春軒壁間藏春塢關中金石記云今惟宋政和中賈炎謝卿材二石尚存謝卿材賈炎二題名已錄見前謝題乃元豐六年三月賈題亦宣和六年四月皆非政和中關中記偶誤耳此記刻於癸丑爲阜昌三年劉豫自阜昌二年金太宗定陝西以其地賜豫故同州境地爲豫所有刻石紀年乃用阜昌也趙抃爲監鎮之官而乃裒聚石刻於兵亂之餘俾垂久遠可謂好古者矣

孟邦雄墓誌

石高三尺七寸廣三尺八寸四十四行行四十四字正書在偃師縣學

大齊故贈通侍大夫徐州觀察使知河南軍府事兼西京留守河南府路安撫使馬步軍總管兼管內勸農使孟公墓誌銘

朝奉大夫前祕書少監編修國史賜紫金魚袋李杲卿撰

尚書禮部太史局中官正賜緋魚袋李肅書□篆蓋

公諱邦雄字彥國西京永安人也　曾祖諱順妣安氏祖諱晏妣趙氏累葉不仕　考諱恩贈□□大夫母□氏封恭人　公爲兒時已剛介不羣既壯强鷙善騎射以氣聞里中賢豪有能談兵者必屈折禮事以冀有得焉而後已用是諸家兵法略知大義前宋靖康建炎間中原喪亂盜賊蜂起嗣王走江浙海內洶洶遞相殘噬公乃招集亡命旬月間得萬人號曰義師保全一方力拒羣盜京城留守使司嘉其忠義便宜借補進義校尉兼差權永安縣尉既而借補承信郎權知永安軍事累遷修武郎京西河北河東路招捉使以　公有心力能撫軍衆便宜補敦武郎兼閤門祇候仍差河南府西六縣都巡檢建炎三年三月本路安撫使司改差知汝州寶豐縣四年正月累獲大功京城留守使司便宜遷武功大夫榮州刺史仍差權知河陽南城兼管內安撫使四月差充京城留守司同發書判官廳公事兼主管侍衛步軍司仍遷右武大夫榮州團練使許從便宜五月遷翊衛大夫六月遷中亮大夫改忠州防禦使

大齊開基阜昌改元　公適時知變乃以中亮大夫忠州防禦使權知河南府兼西京留守管內安撫馬步軍總管司公事兼管內勸農使歸附　聖朝　朝廷優加顯秩遷中侍大夫依舊忠州防禦使餘並如故

公迺謂人曰大丈夫事主當一心建功立名期不朽豈可乍服乍叛以速夷滅哉方思建立以圖恩寵適京西北路安撫總管翟興阻兵負險隔絶道路跳梁不軌殘忍尤甚　公迺厲志竭忠乘機奮發勸督將士協力赴功竟致渠魁破蕩巢穴厥績顯著　天子嘉之乃遷徐州觀察使自是西至關中南至漢上凡兵火隔絶曠日人迹不通之地一旦水陸舟車田野耒耜賈游於市商通於路　朝廷得以車書隴右開拓巴蜀皆　公之力也十月　皇帝遣使賜金帶以光寵之三年六月　宣諭赴闕上殿　皇帝問以邊事辯對稱

旨無所疑滯　天子愛之賜廣撫封保障一路仍正使號增重帥權特授依前中侍大夫徐州觀察使知河南軍府事兼西京留守河南府路安撫使馬步軍總管兼管內勸農使明年正月西賊叛逆順商號三州相繼變亂虜掠百姓攻圍城邑大兵未集遽入西洛　公不幸被執賊留之軍中意欲活而用之公乃毅然不屈請即死之遂力被害享年四十六先是厥　父恩被傷致殞男安世同日被禍三世忠孝萃于一門舍生取義不失全節方之古人殆無媿也　朝廷哀惻其忠義贈通侍大夫賜錢千緡及賻贈羊酒米麥等差諸縣夫役百人以助葬事許其弟武經大夫閤門祗候河南府路副總管邦傑不妨本職以領葬事七月二十日癸酉葬于永安軍芝田鄉蘇村之原公娶劉氏封恭人男一人安世贈朝奉郎女二人並未嫁侯嫁日各賜夫承節郎　公天性純厚明敏辯博事父母尤孝能以智帥人與士卒同勞苦資糧與均故人樂任使多立奇功其在西洛不唯威聲四馳見於將略至於撫衆治民政平訟理皆出懸歎有古良吏風古之爲將者或以智略或以壯勇或以死節苟得其一不害爲名將後世將弱兵驕其能智略壯勇與夫死事奇節顯顯名世者幾希故其

伺敵之來往往內懷怯心外彊威色畏避矢石不敢前臨時去就心挾二三幸勝則要功力屈則降敵若人者安能死節王事顧死馬革中以報　國家哉　公獨能兼是數者卒死忠義並驅古人非天賦英烈未易如是也僕不識　公之面友人將仕郎黃億實客於公之舍一日狀　公行事之實見祝爲文辭不獲已因爲之銘曰

帝造區夏　志淸多壘　兇醜跳梁　速誅干紀　公適時變　赤心款附　氣吞羣盜　亂庶遄沮　帝用嘉之　以廣撫封　正彼使號　以旌有功　留鎮西

洛　克服商號　舟車隴蜀　咸底偉績　董賊亂常
兇焰熾張　死節被執　斷頭不降　以忠捐軀
禍及三世　死馬革中　是謂得志　帝用憫之　厚
葬斯舉　錫以千緡　贈以異數　口安窀穸　永口
幽宅　巍巍嵩高　與功無極

汴京楊青刊

碑新出土字蹟工秀得虞褚規模良可愛也阜昌爲
劉豫年號豫以宋建炎四年爲金所立中州金石記

僞按孟邦雄事附劉豫傳後云孟邦雄發永安陵郎
其人也今邦雄墓亦爲土人掘井出之獨匿此石五

十餘年予宛轉屬覓搆之乃詳其始末蓋邦雄永安
人自劉豫僭號遂降豫授僞職至中侍大夫徐州觀
察使知河南軍府事兼四京留守河南路安撫使馬
步軍總管兼管內勸農使案四京以史證之豫升東
平爲東京改東京爲汴京又僭位大名及河南府西
京并爲四京誌文所云四字蓋謂是也誌稱京西北
路安撫總管翟興阻兵負險隔絶道路跳梁不軌殘
忍尤甚公乃厲志竭忠乘機奮發勸督將士協力赴
功竟致渠魁破蕩巢穴攷興本傳爲京西北路安撫
制置使兼京西北路招封使此文乃易安撫招討名
爲總管又傳劉豫將遷汴以興屯伊陽偉之遣蔣頤
持書誘興以王爵興斬頤焚其書誌文謂興跳梁不
軌殘忍尤甚當指於此至傳所云豫計不行乃陰遣
人啗禪將楊偉以利偉殺興擕其首奔豫則此誌以
邦雄勸督將士竟致渠魁是於興之隕殁皆由邦雄
所致與史頗不相符惟興本傳內小註或云賂偉爲
內應以兵徑犯中軍興奮擊墜馬死則邦雄乘機奮
發即當時以兵犯中軍者事亦或然也然則史小註
宜爲可據而傳故兩存之也偃師金石錄

按誌云邦雄西京永安人也葬于永安軍芝田鄉

蘇村之原今河南府鞏縣宋景德四年析置永安
縣金貞元元年改名芝田縣元時廢入鞏縣所謂
芝田縣者蓋即以鄉爲名則邦雄葬所當在鞏縣
地此石不知何以入於偃師誌載翟興阻兵負險
事以宋史傳攷之在紹興二年亦即阜昌二年此
誌蓋脫二年字也其云西賊叛逆順商虢三州相
繼變亂虜掠百姓攻圍城邑云云宋史劉豫傳紹
興二年二月知商州董先以商虢二州叛附豫十
二月襄陽鎮撫使李横敗豫兵於揚石乘勝趨汝
州僞守彭玘以城降三年正月庚中李横破潁順

軍僞守藺和降壬戌敗豫兵于長葛甲子橫引兵
至穎昌府攻下之三月豫聞橫入穎昌求援于金
豫亦遣將逆戰橫敗績橫軍本羣盜特勇無律勝
則爭取子女金帛故及於敗四月陷虢州誌所稱
西賊似卽指李橫然銘詞有云董先亂常兇焰熾
張死節被執斷頭不降是邦雄死于董手不知董
爲何人豈卽董先耶誌云黃億狀公行事之實見
祝爲文祝與囑同音猶今人言見囑也据本字文
義亦卽祈禱之意猶言祈求也

勅祭忠武王碑

碑連額高九尺廣四尺作兩截上截祭文省牒共三十一行行二十四字下截記二十三行行二十七字正書篆額在宜川縣

將仕郎臣王寵書
廸功郎臣孟醇篆額
維阜昌六年歲次乙卯九月辛未朔二十一日辛卯
皇帝遣武節大夫閤門宣贊舍人權知丹州軍州事兼
管內安撫司公事兼勸農事劉議昭薦于　咸寧郡
王維　神昔當節義爲時名臣當奉天之難唐室傾
危致命匡主克殄妖氛載在信史勳庸蔚然故能死而
不朽廟食咸寧英爽寥廓如生有祈必應民受賜爲邇
者時雨久愆官僚精禱祀彼　靈祠之淸泉遂獲嘉
澍槁苗勃興歲事有成長吏以聞深切嘉歎是用祗遣
使人持此名薰式陳明薦庶荅　神休維　神其監
之尙　饗
尙書禮部
部省付下本省奏禮部呈丹州知州劉議奏爲春旱牽
吏民詣唐　咸寧郡王謚字犯徽祖廟諱武渾瑊廟祈雨不
及旬日遂獲霑足契勘渾瑊前朝雖曾用當時謚號眞
封兼所賜封爵今來正犯　徽祖皇帝廟諱合行
迴避欲望以今來祈禱有應民賴生全特加美號八月
十三日奏得　聖旨指揮封爵犯　廟諱字依已
降　指揮不須别改外內祈雨感應事依已降　指揮
只特嚴潔　勅祭以謝今具下項須至符下一恭
依　聖旨差使臣張整賫　御香祝版前去
一勑祭用籩豆貳簠簋壹牲牢止用少牢壹牲幣帛壹
其合用篚箱罍洗酒鐏爵盞燎草差官行禮儀制並令
本州差長吏依祭祀社稷禮數排辦行禮籩貳壹實鹿
脯壹實魚鱐豆貳壹實芹壹實鹿臡闕以羊代簠壹實稻米
簋壹實黍米俎案壹羊腥幣帛壹長壹丈捌赤小赤丹
州主者仰恭依前項　聖旨指揮排辦行禮施行

金石萃編卷一百五十九

符到奉行
阜昌六年八月　日下
員外郎押
員外郎押
唐將咸寧郡渾王在德宗朝爲時名臣履折衝之任禦
侮定亂休功偉績著在信史貞元中綏樓煩郡王徙封
咸寧追謚忠武後世與建祠宇血食茲土從本封也丹
陽之民蒙賴德澤凡有祈禱應若影響阜昌乙卯歲自
春徂夏久旱不雨民心皇皇郡刺史躬率吏民敬謁祠
下屢獲嘉應前此以守臣有請雖錫眞封然止因舊謚

未足以稱褒崇之意仍以封號犯　徽祖廟諱抗
章有請乞别加美號以荅　神休九月辛卯
天子遣使者頒　尺一詔書賫　御香祝版
太常定儀式以祀社稷禮遣守臣武節大夫閤門宣贊
舍人權知丹州軍州兼管內安撫司公事兼勸農事劉
議　勅祭祠下是日也秋高氣爽祥烟瑞靄飛浮
棟宇巖谷生光士民□□　神人交慶咸以謂自
貞元迄今寥寥數百年　神之功烈被民垂光後世
荐被褒嘉寔一時之盛事而　聖天子不以疎遠
爲閡嘉良吏二千石愛民之意特垂　聽納如與
輔相近臣都俞於一堂之上以成康濟之功盛美流□
□□歆羨莫不嘆服而仰慕豈不懿歟阜昌七年正月
初四日奉議郎權丹州軍事推官臣王蔚謹記
承議郎權丹州軍事推官臣王蔚
朝奉大夫特差權通判丹州軍州事兼專一管內勸
農事臣張几
武節大夫閤門宣贊舍人權知丹州軍州兼管內安
撫司公事兼勸農事臣劉議　立石
刊字人臣麻永
碑爲僞知丹州軍事安撫使劉議立議以渾忠武王

謚犯徽祖廟諱抗章請避徽祖者豫之祖也李心傳
繫年要錄稱紹興二年四月庚寅豫遷都汴奉祖考
于宋太廟尊其祖忠曰毅文皇帝廟號徽祖宋史以
爲四月丙寅非庚寅者誤也是月壬戌朔庚寅月之
廿九日也史又云豫名迪功郎王寵不至此記爲寵
所書不至之說恐未必是孟醇趙宗室王蔚字叔文
史有傳關中金石記
按忠武王渾瑊廟在延安府宜川縣城東南五里
鳳翅山谷廟中有忠淨泉歲旱禱於此唐書渾瑊
傳瑊以平朱泚論功受封綏樓煩郡王徙咸寧唐

之咸寧至宋太平興國初省入宜川屬丹州故宜川有廟即瑊所封之地也瑊在唐本封咸寧郡王宋元豐中追封忠武王亦即瑊之謚也文避劉豫祖諱仍稱咸寧郡王此碑因旱禱雨有應有司上請遂降香勅祭所謂挹彼靈祠之清泉者即惠濟泉也碑首云阜昌六年歲次乙卯劉豫以宋建炎四年九月爲金所立奉金正朔仍稱天會八年十一月改明年元爲阜昌明年者辛亥年也則乙卯是五年此云六年者連初立之始年勅祭在六年而立碑在七年逾年十一月而豫廢矣

禹蹟圖

圖高廣各三尺四寸二分在西安府

禹蹟圖圖不繪

圖劉豫時刻攷豫以宋紹興元年爲金所立則是年當丁巳亦金天會之十五年也每折地方百里所載山川多與古合唐宋以來地圖之存惟此而已攷宋毛晃禹貢指南稱先儒所刻禹蹟圖黑水在雍州西北而西南流至雲南之西南乃有黑水口東南流而入南海中間地里潤遠今此圖黑水與毛說合是爲宋以前相傳之舊也唐書稱賈耽繪海內華夷圖廣三丈縱三丈三尺以寸爲百里中國本之禹貢外夷本班固漢書古郡國題以墨今州郡題以朱豈此圖之權輿與圖象之學自古重之山海經前五篇乃伯益經其後十二篇爲周秦以來釋圖之言故往往雜以後代郡縣今案其文有云在其東或在其北云捕魚水中云兩手各操一蛇云右手指青邱北之屬皆據形言之耳山海經本有圖故陶潛以之入詩張駿郭璞以之作讚始知班固藝文志入之形家有以也不知者乃以爲域外之言堪輿之學非聖經矣又史記言蕭何收秦圖書大宛傳言昆侖天子案古圖書

三王世家有御史奏輿地圖漢書言李陵圖所過山川地形元帝示後宮人單于圖明帝賜王景禹貢圖又班固案秦地圖虞喜志林薛瓚注漢書皆案漢輿地圖晉書言裴秀自製禹貢地域圖十八篇李吉甫元和郡縣圖志言起京兆府盡隴右凡四十七鎮每鎮皆圖在篇首今俱不存則此圖之傳良足寶矣地理之學古今互異試條其得失附以鄙証爲讀禹貢者有所採也　又案圖嶓冢山在秦州東南深合自漢以來相傳之說攷水經禹貢山水澤地所在言嶓冢在隴西氐道班固地理志言在隴西西縣漢氐道

及西縣治皆在今秦州自魏收地形志以嶓冢山爲
在華陽郡嶓冢縣括地志元和郡縣志並承其誤山
乃移今之寧羌州矣然唐人猶兩存其說據魏收以
駮班固自胡渭禹貢錐指始　又案圖西漢水出秦
州南至涪州入江東漢水出興元府東至漢陽入江
亦合于班固地理志之說其圖西漢水不通于東漢
則不合于古何則余嘗謂禹貢言嶓冢導漾是言水
之在今甘肅秦州者也東流爲漢是言水之在今陝
西漢中府者也又東爲滄浪之水則言水之在今湖
北省者也西漢至寧羌州西北有水通于東漢班固

所云東漢水首受氐道水郭璞爾雅音義謂之潛水
水經注謂之通谷水括地志謂之復水云出利州緜
谷縣龍門山今俗以爲燕子河也其水于圖當自興
元府南承東漢水流至利州北合于西漢而殊未之
及今四川廣元縣是唐宋利州治寧羌州是其東北
境龍門山在州北百五十里卽李吉甫所云利州東
北有龍門山者也樂史又云龍門山下有燕子谷或
水之所以名矣郭璞既稱舊云卽禹貢沱潛軼之非
也　又案圖黑水是三危之黑水黑水實有二余攷
華陽黑水惟梁州孔安國言東據華山之南西距黑

水張守節史記正義案括地志黑水源出梁州城固
縣西北太山以此釋梁州黑水較長酈道元案諸葛
亮牋稱朝發南鄭暮宿黑水卽此諸家解書以二黑
水爲一非也今水在漢中府城固縣西北五里案圖
漆沮之洛至同州南入于河古說皆入渭是洛自宋
金時改流入河近韓邦靖著朝邑縣志云洛水明成
化改流入河不察甚矣　又案圖無漆沮益洛卽漆
沮孔安國書傳水經見史記注晉灼所引今本無之闞駰皆言是也
李季卿三墳記石刻亦云漆沮泛溢馮翊暋塾是唐
人猶存其說矣漢人言漆縣西有漆水入渭在今麟

遊縣合雍入渭者爲詩自土沮漆之漆古但有兩漆
水耳水經注洛水下又有漆水又逕甲鼎山圖長安
西有漆渠俱非禹貢之漆然自樂史宋敏求以來所
在多漆水矣關中金石記

華夷圖圖高廣各三尺四寸二分在西安府

華夷圖圖不論

右華夷圖不著刻人名氏題云阜昌七年十月朔岐
學上石菝劉豫時所刻其年十一月豫爲金人所廢
阜昌之號終于此矣唐貞元中宰相賈耽圖海內華

夷廣三丈從三丈三尺以寸爲百里斯圖蓋仿其製而方幅縮其什之九京府州軍之名皆用宋制開封爲東京歸德爲南京大名爲北京惟河南不稱西京未詳其故也碑云四方番夷之地賈魏公圖所載凡數百國今取其著聞者載之又參考傳記以敘其盛衰本末至如西有沙海諸國西北有奄蔡北有首利幹東北有流鬼以其不通名貢而無事于中國故略而不載此亦見其去取之不苟矣潛研堂金石文跋尾

按禹蹟華夷二圖高廣尺寸相同禹蹟圖界方格每方折地百里列禹貢山川名古今州郡名古今

山水地名阜昌七年四月刻石華夷圖阜昌七年十月刻圖中所載多及宋朝通貢之語有建隆乾德寶元年號其爲宋時所圖固無可疑然其稱契丹云即今稱大遼國其姓耶律氏似乎作圖猶及遼盛時又渤海夫餘之間有女貞國名女貞一作女眞避宋仁宗諱改名女直然在宋則避之遼人尚仍其舊稱以此證之疑是遼人所繪故有大遼字若是宋人則當避貞字若金人則宜加大金之稱說矣然遼以幽州爲南京此圖仍作幽字而宋之四京獨詳其三又似宋人所作甚不能臆定也劉豫以七年十一月丙午被廢而十月朔尚刻華夷圖者蓋廢豫之舉不過奉詔降封並無干戈擾攘之事僞齊全境恬然安之當刻此圖之時初不料逾月即亡也兩碑但紀歲月不著所以刻石之故而華夷圖則有岐學上石字始由學校中得此二圖舊本刻石以示諸生耳餘說已詳關中金石記不複述

金石萃編卷一百五十九終

金石萃編卷一百六十

賜進士出身　誥授光祿大夫刑部右侍郎加七級王昶譔

南詔

南詔德化碑

碑前半已剝蝕殆盡石約高一丈三尺一寸廣八尺六寸行數不可考每行約九十字行書在雲南大理府

清平官鄭回撰

恭聞清濁初分運陰陽而生萬物川嶽既列樹元首而定八方道治則中外寧政乖必風雅變我贊普鍾蒙國大詔性業合道智覩未萌隨世運機覲宜無衆退不負

德進不慙容者也王姓蒙字閣羅鳳大唐特進雲南王越國公開府儀同三司之長子也應靈傑秀含章挺生日角標奇龍文表貴始乎王在儲府道隆三善位即重離不讀非聖之書嘗學字人之術撫軍屢聞成績監國每著家聲唐朝授右領軍衛大將軍兼陽瓜州刺史洎先詔與御史嚴正誨謀靜邊寇先王統軍打石橋城差詔與嚴正誨攻石和子父子分師兩殄兇醜加左領軍衛大將軍無何又與中使王承訓同破劍川忠績載揚賞延于嗣遷左金吾衛大將軍而官以材遷功由幹立朝廷照鑒委任兵權舜拜特進都知兵馬大將二河既

宅五詔已平南國止戈北朝分政而越析詔餘孽千贈持鐸鞘騙瀘江結彼兇渠擾我邊鄙飛書遺將皆輒拒違詔弱冠之年已負英斷恨茲殘醜敢逆大隊固請自征志在擒平梟千贈之頭傾伏藏之穴鐸鞘盡獲寶物並歸解君父之憂靜邊隅之寇制使奏聞酬上柱國天寶七載先王即世皇上念功旌孝悼往撫存遣中使黎敬義持節冊襲雲南王長男鳳迦異時年十歲以天寶入朝授鴻臚少卿因冊襲次又加授上卿兼陽瓜州刺史都知兵馬大將既御厚眷思竭忠誠子弟朝不絕書進獻府無餘月將謂君臣一德內外無欺豈期奸佞亂

常撫虐生變初節度章仇兼瓊不量成敗妄奏是非遣越嶲都督竹靈倩置府東爨通路安南賦重役繁政苛人弊被南寧州都督爨歸王昆州刺史爨日進梨州刺史爨祺求州爨守懿螺山大鬼主爨彦昌南寧州大鬼主爨崇道等將煞竹倩兼破安寧天恩降中使孫希莊御史韓洽都督李宓等委先詔招討諸爨畏威懷德再置安寧其李宓忘國家大計躡章仇詭縱務求進官榮宓阻扇東爨遂激崇道令煞歸王議者紛紜人各有志王務遏亂萌思紹先績乃命大將軍段忠國等與中使黎敬義都督李宓又赴安寧再和諸爨而李宓矯偽居

心尙行反間更令崇道謀煞日進東爨諸酋竝皆驚恐
日歸王崇道叔也日進弟也信彼讒構煞戮至親骨肉
旣自相屠天地之所不祐乃各興師召我同討李宓外
形中正佯假我郡兵內蘊奸欺妄陳我違背賴節度郭
虛己仁鑒方表我無辜李宓尋彼貶流崇道因而亡潰
又越嶲都督張虔陀嘗任雲南別駕以其舊識風宜表
奏請爲都督而反誣惑中禁職起亂階吐蕃是漢積讐
遂與陰謀擬其滅我一也誠節王之庶弟以其不忠不
孝貶在長沙而彼奏歸擬令間我二也崇道蔑盟構逆
罪合誅夷而却收錄与宿欲令讐我三也應與我惡者

竝授官榮与我好者咸遭抑屈務在下我四也築城收
質繕甲練兵密欲襲我五也重科自直倚稅軍糧徵求
無度務欲敝我六也于時馳表上陳屢申冤枉皇上照
察降中使賈奇俊詳覆屬豎臣無政事以賄成一信虔
陀共掩天聽惡奏我將叛王乃仰天嘆曰嗟我無事上
蒼可鑒九重天子難承咫尺之顏萬里忠臣豈受奸邪
之害卽差軍將楊羅顛等連表控告豈謂天高聽遠蝇
點成瑕雖布腹心不蒙矜察管內酋渠等皆曰主辱臣
死我實當之自可齊心戮力致命全人安得知難不防
坐招傾敗於此差大軍將王毗雙羅時　口牟苴等揚兵

送檄問罪府城自秋畢冬故延時序尙佇王命冀雪事
由豈意節度使鮮于仲通已統大軍取南谿路下大將
軍李暉從會同路進安南都督王知進自步頭路入旣
數道合勢不可守株乃宣號令誡師徒四面攻圍三軍
齊奮　先靈冥祐神炬助威天人協心軍羣全拔
虔陀飲酖寮庶出走王以爲惡止虔陀罪豈加衆舉城
移置猶爲後圖卽便就安寧再申衷懇城使王克昭執
惑昧權欲違拒請遣大軍將李克鐸等帥師伐之我直
彼曲城破將亡而仲通大軍已至曲靖又差首領楊子
與雲南錄事參軍姜如之齎狀披雪往因張卿讒構遂

令蕃漢生痍贊普今見觀釁浪穹或以衆相威或以利
相導儻若蚌鷸交守恐爲漁父所擒伏乞居存見亡在
得思失二城復置幸容自新仲通殊不招承勁至江口
我又切陳丹欵至于再三仲通拂諫棄親阻兵安忍吐
發唯言屠戮行使皆祇詆呵仍前差將軍王天運帥領
驍雄自點蒼山西欲腹背交襲於是具牲牢設壇墠叩
首流血曰我自古及今爲漢不侵不叛之臣今節度背
好貪功欲致無上無君之討敢昭告於皇天后土史祝
盡詞東北稽首舉國痛切山川黯然至誠感神風雨震
霈遂宣言曰彼若納我猶吾君也今不我納卽吾讐也

斷軍之機疑事之賊乃召卒伍擲然登陴謂左右曰夫
至忠不可以無主至孝不可以無家卽差首領楊利等
於浪穹參吐蕃御史論若贊御史通變察情分師入救
時中丞大軍出陳江口王審孤虛觀向背縱兵親擊大
敗彼師因命長男鳳迦異大軍將段全葛等於丘遷和
拒山後贊軍王天運懸首轅門中丞逃師夜遁軍吏欲
追之語曰止君子不欲多上人況敢凌天子乎旣而合
謀曰小能勝大禍之胎親仁善鄰國之寶遂遣男鐸傳
舊大酋望趙佺鄧楊傳磨侔及子弟六十人齎重帛珍
寶等物西朝獻凱屬贊普仁明重酬我勳効遂命宰相

倚祥葉樂持金冠錦袍金寶帶金帳牀安扛傘鞍銀獸
及器皿珂貝珠毯衣服駝馬牛樓等賜爲兄弟之國天
寶十一載正月一日於鄧川冊詔爲贊普鍾南國大詔
授長男鳳迦異大瑟瑟告身都知兵馬大將凡在官僚
寵幸咸被山河約誓永固維城改年爲贊普鍾元二年
漢帝又命漢中郡太守司空襲禮內使賈奇俊帥師再
置姚府以將軍賈瓘爲都督僉曰漢不務德而以力爭
若不速除恐爲後患遂差軍將王兵各絕其糧道又差
大軍將洪光乘等神州都知兵馬使論綺里徐同圍府
城信宿未踰破如拉朽賈瓘面縛士卒全驅二年漢又

命前雲南郡都督兼侍御史李宓廣府節度何履光中
使薩道懸遜惣秦隴英豪兼安南子弟頓營隴坪廣布
軍威乃舟楫備修擬水陸俱進遂令軍將王樂寬等潛
軍襲造船之師伏屍遍毘舍之野李宓猶不量力進逼
邆川時神州都知兵馬使論綺里徐來救已至巴蹻山
我命大軍將段附克等內外相應犄角競衝彼弓不暇
張刃不及發白日晦景紅塵翳天流血成川積屍壅水
三軍潰衄元帥沈江詔曰生雖禍之始死乃怨之終豈
顧前非而忘大禮遂收亡將等屍祭而葬之以存恩舊
五年范陽節度安祿山竊據河洛開元帝出居江劍贊

普差御史贊郎羅于恙結齎勅書曰樹德務滋長去惡
務除本越嶲會同謀多在我圖之此爲美也詔恭承上
命卽遣大軍將洪光乘杜羅盛段附克趙附于望羅遝
王遝羅奉淸平官趙佺鄧等統細千藩從昆明路及宰
相倚祥葉樂節度尙檢贊同伐越嶲詔親帥太子潘圍
逼會同越嶲同拒破繆會同請降無害子女玉帛百里
塞途牛羊積儲一月館穀六年漢復置越嶲以楊庭璡
爲都督兼固臺登贊普使來曰漢今更置越嶲作援昆
明若不再除恐成滋蔓旣舉奉明旨乃遣長男鳳迦異
駐軍瀘水權事制宜令大軍將楊傳磨侔欺急歷如數

道齊人越嶲再歸臺登澣𣴎都督見擒兵士盡擄於是
揚兵邛部而漢將大奔迴旆昆明傾城稽顙可謂紹家
繼業世不乏賢昔十萬橫行七擒縱略未足多也爰有
簪傳嗾爨氏饒人物殷湊南通渤海西近大秦開闢以
來聲教所不及羲皇之後兵甲所不加詔欲革之以衣
冠化之以義禮十一年冬親與寮佐兼總師徒刊木通
道造舟爲梁耀以威武喻以文辭欵降者撫慰安居抵
捍者顯繫盈貫矜愍解縛擇勝置城裸形不討自來祁
望風而至且安寧雄鎮諸爨要衝山對碧雞波環碣
石鹽池鞅掌利及牂歡城邑綿延勢連戎僰乃置城監

用輯攜離遠近因依閭閻櫛比十二年冬詔候隙省方
觀俗恤隱次昆川審形勢言山河可以作藩屏川陸可
以養人民十四年春命長男鳳迦異於昆川置柘東城
居二詔佐鎮撫於是威懾步頭恩收曲靖頒詔所及翕
然俯從 我王氣受中和德含覆育才出人右辯稱
世雄高視則卓爾萬尋運籌則決勝千里觀釁而動因
利興功事叶神衷有如天啓故能攻城挫敵取勝如神
以危易安轉禍爲福紹開祖業宏覃王猷坐南面以稱
孤統東偏而作主然後修文習武官設百司列尊敘卑
位分九等闡三教賓四門陰陽序而日月不愆賞罰明

而奸邪屏跡通三才而制禮用六府以經邦信及豚魚
恩霑草木戹塞流潦高原爲稻黍之田疏決陂池下隰
樹園林之業易貧成富徙有之無家饒五畝之桑國貯
九年之廩蕩穢之恩屢沾蠢動珍帛之惠遍及耆年設
險防非憑隘起堅城之固靈津蠲疾重巖涌湯沐之泉
越賧天馬生郊大利流波濯錦西開尋傳祿郫出麗水
之金北接陽山會川收瑟瑟之寶南荒溱湊覆詔願爲
外臣東爨悉歸步頭已成內境建都鎮塞銀生于墨觜
之鄉候隙省方駕憩于洞庭之野盖由人傑地靈物華
氣秀者也於是犀象珍奇貢獻畢至東西南北煙塵不

飛遐邇無剽掠之虞黔首有鼓擊之泰乃能驟首邛南
平眄海表豈惟 我鍾王之自致實賴 我聖神天帝
贊普德被無垠威加有截春雲布而萬物普潤霜風下
而四海颯秋故能取亂攻昧定京邑以息民兼□侮亡
冊漢帝而繼好時清平官段忠國段尋銓等咸曰有國
而致理君主之美也有美而無揚臣子之過也夫德以
立功功以建業業成不紀後嗣何觀可以刊石勒碑志
功頌德用傳不朽俾達將來□成家世漢臣八王稱乎
晉業鍾銘代襲百世定于當朝生遇不天再罹衰敗賴
先君之遺德沐求舊之鴻恩改委清平用兼耳目心懷

吉甫愧無贊於周詩志効奚斯頗齊聲於魯頌紀功述
績寔曰鴻徽自顧下才敢題風烈其詞曰
降祉自天 爾流後孕 瑞應匪虛 正祥必信 聖
主分憂 逖夷聳振 襲久傳封 受符兼印 兼瓊
秉節 貪榮構亂 開路安南 政殘東爨 竹倩見
屠 官師潰散 賴我先王 懷柔伏叛 祚不乏賢
先庸是繼 郡守詭隨 賤身逃竄 爾連虔毗
亂深豎燮 殃咎匪他 途冢自殪 仲通制節 不
詢長久 徵兵海隅 頓營江口 矢心不納 白刃
相守 謀用不臧 逃師夜走 漢不務德 而以力

爭 興師命將 置府層城 三軍往討 一舉而平
面縛羣吏 馳獻天庭 李宓總戎 猶爭覆轍
水戰陸攻 援孤糧絕 勢屈謀窮 軍殘身滅 祭
而楚之 情由故設 賛普仁明 審知機變 漢德
方衰 邊城絕援 揮我兵戎 攻彼郡縣 越巂有
征 會同無戰 雄雄蟠嗣 高名奕烈 惟孝惟忠
乃明 乃哲 性惟溫良 才稱人傑 邛瀘一掃
軍郡雙滅 觀兵爭傳 舉國來賓 巡幸東爨 懷
德歸仁 碧海效祉 金穴薦珎 人無常主 惟賢
是親 土宇克開 煙塵載寢 鼓擊犁坑 輻熙犨

品 出入連城 光揚衣錦 業留万代之基 倉貯
九年之稟 明明贊普 揚于之光 赫赫我王 實
賴之昌 化及有土 業著無疆 河帶山礪 地久
天長 辯稱世雄 才出入右 信及豚魚 潤深瓊
玖 德以建功 是謂不朽 石以刊銘 口口可久
共十
二

碑陰

四十一行俱書官名下半剝蝕字數無考正書

上闕帶段忠國 清平官大軍將大金告身賞錦袍金
帶口口口下闕上闕口虫皮衣楊傍佺 清平官小頗弥

告身賞錦袍金帶下闕上闕頗弥告身賞二色綾袍金帶槃
守口 清平官大金告下闕上闕李口口 大軍
將開南城大軍將下闕上闕口大大虫皮衣趙眉丘 大
軍將士曹長大頗弥口口賞紫袍金下闕上闕口衣楊細口
大軍將賞二色綾袍金帶王琮羅鐸 大軍下闕
上闕口袍金帶兼大夫虫皮衣張驃口于 大軍將前
戶曹長拓東口下闕上闕賞二色綾下闕上闕綾袍金帶王波鐸
大軍將前法曹長大頗弥告身賞二色綾袍金帶
楊下闕上闕口軍將小金告身賞二色綾袍金帶楊羅望
大軍將小金告身賞錦袍金帶下闕上闕大軍將賞二色

綾袍金帶尹瑳遷　大軍將小金告身賞紫袍金帶
楊龙楝下闕上闕身賞二色綾袍金帶尹附酋　大軍將
賞紫袍金帶趙□□□　大軍將兵曹下闕紫袍金帶
趙逸羅□下闕上闕色綾袍金帶兼大大虫皮衣孟綽望
軍將士曹長小銀告身賞紫袍金帶楊鄧佺下闕法
曹長小頗弥告身賞□□綾袍下闕上闕大軍將小銀告身
賞二色綾袍金帶楊各酋　大軍將賞二色綾袍金
帶趙龙細利　客曹□□□弥告身賞二□綾袍下闕
上闕賞二色綾袍金帶□□羅疋　大軍將兵曹長小
頗弥告身賞紫袍金帶段君利　大軍將　小

銀告身賞下闕上闕大軍將小銀告身賞二色綾袍金帶尹
□□　大軍將小銅下闕綾袍金帶周下闕上闕賞二色
綾袍金帶唐酋□　大軍將賞紫袍金帶喻酋□
大軍將賞下闕上闕倉曹長小銀告身賞二色綾袍金帶
兼大大虫皮衣□盛顛　，大軍將賞紫袍金帶下闕上闕
□定　大惣管小銀告身賞二色綾袍金帶兼大虫
皮衣□□□□　軍將□法曹下闕上闕綾袍金帶洪羅
楝　大惣管小銅告身賞二色綾袍金帶□
軍將兼下闕上闕色綾袍金帶段旋忙湊　軍將戶
曹長小銅告身賞紫袍金帶□□□堅　大惣管下闕

上闕忙湊　軍將尋牧大使小銀告身賞紫袍金帶楊
瑳白奇　都□□兼知表詰小銀告身下闕上闕和　大
惣管兼押衙小鍮石告身賞二色綾袍金帶右覆苴
大軍將小銀告身□□□□段□山邏下闕上闕帶李
奴鄧　客曹長賞紫袍金帶王　大軍將
小頗弥告身賞□□□帶□諾地下闕上闕弥告身賞紫袍
金帶阿怒　大軍將小頗弥□□□紫下闕上闕大軍將
賞二色綾袍金帶黑背□□　大軍將賞紫袍金帶
下闕上闕□　大□編賞紫袍金帶□白伽　軍將□
瑜石告身賞紫下闕上闕軍將賞紫袍金帶兼大虫皮衣劉

堅□□　軍將賞□袍金帶下闕上闕軍將前兵曹□官小
銅告身賞紫袍金帶杜顛伽下闕上闕趙充□□　軍將
兵曹副小銀告身賞紫袍金帶下闕上闕盛　軍將士曹
副賞紫袍金帶楊鄧四羅　□□□□袍金帶□□
□□下闕上闕軍將大鍮石告身賞紫袍金帶段下闕上闕伽瑳
軍將賞紫袍金帶楊洊□□下闕上闕軍將俳人佐揚
邏欽　軍將□紫下闕上闕紫袍金帶尹求寬下闕上闕將賞
紫袍金帶張趙邏　軍將賞紫袍金帶下闕上闕軍將賞
紫袍金帶□□利　軍將□紫袍金帶下闕上闕斂　詔
親大軍將大金告身賞二色綾袍金帶李外成苴下闕上闕

軍將兼白崖城大軍將大金告身賞二色綾袍金帶李
（下闕上闕）詔親大軍將小銀告身賞二色綾袍金帶李些豐
將（下闕上闕）詔親大軍將賞二色綾袍金帶放甘　　詔
親（下闕上闕）金告身賞錦袍金帶獨磨（下闕）

按此碑文約三千八百字存者約八百字蓋泐其
三千字矣今取雲南通志所載文補其泐字注於
旁乃可讀也碑稱王姓蒙字閣羅鳳大唐特進雲
南王越國公開府儀同三司之長子也唐朝授右
領軍衛大將軍兼陽瓜州刺史累拜特進都知兵
馬大將加上柱國天寶七載先王即世土遣使持

節冊襲雲南王長男鳳迦異入朝授陽瓜州刺史
都知兵馬大將初節度章仇兼瓊奏遣越嶲都督
竹靈倩李宓等委先詔招討諸爨王乃命大軍將
與李宓和諸爨而李宓行反間東爨諸酋乃各興
師召我同討李宓妄陳我違背又越嶲都督張虔
陀誑惑中禁職起亂階于時馳表上陳屢申冤枉
皇上一信虔陀奏我將叛王乃連表控告天高聽
遠不蒙矜察節度使鮮于仲通等統大軍至曲靖
又齎狀披雪仲通殊不招承仍自黜蒼山西欲腹
背交襲於是昭告皇天后土縱兵親擊大敗彼師

遂遣男鐸傳及子弟六十人西朝獻凱贊普賜爲
兄弟之國天寶十一載正月一日冊詔爲贊普鍾
南國大詔授長男鳳迦異都知兵馬大將改年爲
贊普鍾元二年十四年春命長男鳳迦異於昆川
置柘東城居二詔佐鎮撫時清平官段忠國段尋
銓等刊石勒碑志功頌德云云以唐書南蠻列傳
攷之南詔或曰鶴拓曰龍尾曰苴咩曰陽劍本哀
牢夷後烏蠻別種也夷語王爲詔其先渠帥有六
自號六詔曰蒙巂詔越析詔浪穹詔邆賧詔施浪
詔蒙舍詔蒙舍詔在諸部南故稱南詔居永昌姚

州之間鐵橋之南東距爨東南屬交趾西摩伽陀
西北與吐蕃接南女王西南驃北抵益州東北際
黔巫王都羊苴咩城別都曰善闡府王蒙氏父子
以名相屬自舍龍以來有譜次可考舍龍生獨邏
亦曰細奴邏高宗時遣使者入朝賜錦袍細奴邏
生邏盛炎邏盛炎生炎閣武后時盛炎身入朝妻
方娠生盛邏皮喜曰我又有子雖死唐地足矣炎
閣立死開元時弟盛邏皮立皮邏閣授特進封臺
登郡王炎閣未有子時以閣羅鳳爲嗣及生子還
其宗而名承閣遂不改開元末皮邏閣逐河蠻取

大和城又襲大釐城守之因城龍口夷語山坡陀
爲和故謂大和以處閤羅鳳天子詔賜皮邏閣名
歸義當是時五詔微歸義獨彊乃厚以利啖劍南
節度使王昱求合六詔爲一制可歸義已并羣蠻
遂破吐蕃寖驕大入朝天子亦爲加禮又以破洱
蠻功馳遣中人冊爲雲南王于是徙治大和城天
寶初遣閤羅鳳子鳳迦異入宿衛拜鴻臚卿七載
歸義死閤羅鳳立襲王以其子鳳迦異爲陽瓜州
刺史初安寧城有五鹽井人得煮鬻自給元宗詔
特進何履光以兵定南詔境取安寧城及井復立

馬援銅柱乃還鮮于仲通領劍南節度使卞忿小
方略故事南詔嘗與妻子謁都督過雲南太守張
虔陀私之多所求丐閤羅鳳不應虔陀數詬靳之
陰表其罪由是忿怨反發兵攻虔陀殺之取姚州
及小夷州凡三十二明年仲通自將出戎巂州分
二道進次曲州靖州閤羅鳳遣使者謝罪願還所
虜得自新且城姚州如不聽則歸命吐蕃恐雲南
非大唐有仲通怒囚使者進薄白崖城閤羅鳳遂
北臣吐蕃吐蕃以爲弟夷謂弟鍾故稱贊普鍾給
金印號東帝揭碑國門明不得已而叛嘗曰我上

世世奉中國累封賞後嗣容歸之若唐使者至可
指碑澡祓吾罪也按字書無祓字疑祓字之譌史文與碑詳畧
不同攷雲南通志古蹟載閤羅鳳刻二碑一曰南
詔碑在城西南注云天寶間閤羅鳳歸吐蕃揭碑
國門明不得已而叛西瀘令鄭回撰文今無可考
一曰蒙國大詔碑即德化碑也是南詔羣臣頌德
之碑注云在城北鄭回撰文杜光庭書今剝落殆
盡云云是南詔有二碑皆鄭回撰文其刻石國門
之碑朱子綱目系其事於天寶十一載此碑則在
大歷元年兩碑之立相距十五年而前碑已亡則

此碑雖剝落亦可貴矣碑陰上下皆闕中所存者
若姓名及告身袍帶之類皆無可攷其官名有清
平官大軍將兵曹士曹法曹倉曹戶曹客曹並有
長有副又有大幙爵羣牧大使唐酋口喻酋口等
名色唐書南詔傳云官曰坦綽曰布燮曰久贊謂
之清平官所以決國事輕重猶唐宰相也曰酋望
曰正酋望曰員外酋望曰大軍將曰員外猶試官
也幕爽主兵琮爽主戶籍慈爽主禮罰爽主刑勸
爽主官人厥爽主工館萬爽主財用引爽主客禾
爽主商賈皆清平官酋望大軍將兼之然碑中所

載諸曹長副及總管羣牧之官則史所不載雲南通志雜紀卷載南詔官職王左右有羽儀長八人清平見王不得佩劍惟羽儀長佩之爲親信有六曹長曹長有功補大軍將大軍將十二與清平官等列自曹長以降繫金佉苴俏絳紫有功加錦又有功加金波羅即虎皮也此所載較史爲詳可與碑陰參攷然史有云西人不蠶剖波羅樹實狀如絮紐縷而幅之則波羅是樹名非虎皮也

崇聖寺鐘款

款作上下兩層每層各界六區皆像上層區高二尺五寸餘廣二尺二寸餘下層區高一尺三寸餘廣一尺七寸正書在大理府崇聖寺

金剛波羅蜜

智寶波羅蜜

大輪波羅蜜

妙法波羅蜜

勝業波羅蜜

口響波羅蜜以上上層

增長天王

大梵天王

廣目天王

多聞天王

天主帝釋

持國天王

維建極十二年歲次辛卯三月丁未朔廿四日庚午建鑄以上下層

銅鐘高丈餘在大理府崇聖寺前樓鑄作兩層上層鑄金剛智寶大輪妙法勝業梵似作慧響波羅蜜下層鑄增長大梵廣目多聞天主帝釋持國各天王像末鑄建極十二年建葢南詔世隆年號在唐武宗懿宗僖宗時也杜鈞款

按崇聖寺在大理府城西北蓮花峯下雲南通志稱寺有觀音像高二丈四尺唐蒙氏時董善明鑄又稱唐天寶間崇聖寺僧募造大士像未就夜驟雨旦起視之溝澮皆流銅屑即用鼓鑄立像高二十四尺如吳道子所畫細腰跣足像成白光彌覆三日夜云云而不及鑄鐘之事此鐘但詳年月亦不言鑄者何人鐘爲建極十二年鑄建極者乃南詔世隆年號世隆唐書南蠻傳作酋龍傳云閣羅鳳子鳳迦異鳳迦異子異牟尋請歸天子爲唐藩輔德宗嘉之冊爲南詔王元和三年異牟尋死子

彝閤勸立明年死子勸龍晟立長慶三年死弟豐祐立宣宗崩時豐祐亦死坦綽酋龍立遂僭稱皇帝建元建極自號大禮國懿宗以其名近元宗嫌諱絶朝貢史文如此按唐元宗諱隆基惟南詔名酋龍是以云名近嫌諱如果名世隆則直犯元宗正諱不得謂之嫌諱然據馮甦滇攷實是世隆滇攷云大中十三年八月宣宗崩命内臣告哀世隆初立即凶狠悖慢謂我國亦有喪朝廷不弔問詔書亦賜先王于是以草具進使者而遣還又南詔向係父子以名相屬獨豐祐之子世隆名不相承

新安倪蛻撰滇雲歷年傳云蛻按豐祐或云勸利晟之弟或云勸利晟之子諸葛元聲滇史稱豐祐慕中國始不連父名但南詔野史云名晟豐祐當是勸利晟之子而又曰石刻爲勸豐祐則又承彝樂勸而爲勸利晟之弟矣且以後世隆之子隆舜隆舜之子舜化依舊父子相承則不連父名者僅世隆一代耳滇史未確也至唐書斥世隆爲酋龍以其觸犯僭悖而削辱之非果名酋龍也昶按此詔亦未確南詔官名有酋望龍爲鱗蟲之長酋龍二字並非削辱之稱當由朝廷避諱改稱酋龍而

史沿其舊文耳建極十二年在唐爲懿宗咸通十二年　跋者杜鈞江西新建人官大理府太和縣令

崇聖寺中塔題字

石二各高四尺六寸廣一尺六寸五分每石各四字正書在雲南太和縣

法界靈通　明貞乘塔

右八字作兩行書在崇聖寺前三塔中最高一塔第一層重簷蔽之故完好無剥蝕痕中間一碑磨平無一字蓋南詔時立不知何代剷去也杜鈞識

按雲南通志崇聖寺有三塔其一高十餘丈十六級其二差小各鑄金爲頂頂有金鵬世傳龍性敬塔而畏鵬大理舊爲龍澤故以此鎮之此所題字二行在三塔中最高一塔即十六級之第一級

大理

石城碑

石刻高四尺四寸廣二尺六寸五分作上下兩截書上十一行行十三字左行下八行皆人名行書在南寧縣

明政三年歲次辛未宣諭蹈奉承　睿旨統率戎行委服皆　恩撫安邊鎭是以剪除逆衆鎮長奇宗來州首領代連弄兎覆磨乃等三邑□　酋逆衆鎮以二月八日迴軍至三月七日到省城更討打賊郎羽若阿房田

洞合集卅七部娉伽諾十二將弄略等於四月九日硏
羅沙一遏兼須賜繖賞故遒其約盟誓務存人長上對
衆　聖之鑒知下揆一德而跕盂
三軍都統　皇廾布燮段子琮
都監三軍禮樂奕長附馬布燮段彦貞彦賁　宇覺
揚連永揚永彦
侍內官久贊段子惠李善
昝奕王清志
貼侍內官贊衛揚定存
摸陀道揚定福

陁栖袁永智蘇晟興
按雲南通志石城廢縣在曲靖府城北二十餘里
唐貞觀四年置莊州領縣七石城其一也石城碑
在城北二里許昔段氏破楊干貞與三十七部落
會盟立東方黑爨松爨共有三十七部其名曰陽城堡部休臘部嵴峨部強現三部王弄部舊爨甸部伴溪落恐部鐵容甸部官桂思陀部屈中部師宗部落家部彌沙部邑車部維摩部彌勒部磨彌部羅雄部納垢部夜苴部落溫部吉輪部褒惡部羅部仁地部白鹿部掌鳩部法塊部謀部于矢部維婆部洪農麻勸部華竹部張中部休制部步雄部羅伽部其會盟之所在曲靖北十五里
康熙十八年營兵於土中掘出碑字猶存文云
明政三年歲次辛未明政一作明正辛未爲宋太
祖開寶四年滇史載開寶二年段素順立改元明
正在位十七年卒私謚應道皇帝南詔之事唐書
所載自昭宗以後中國亂不復通史無可攷宋史
載大理國傳始於熙寧九年以前亦無可攷故泊
唐末迄宋初僅見滇考及南詔野史二書稱唐宣
宗大中十三年豐祐死子世隆立改元建極號大
理國僖宗乾符四年世隆死子隆舜立改號大封
民國建元貞明昭宗乾寧四年隆舜爲楊登所弑
子舜化眞嗣天復二年清平官鄭買嗣弑舜化眞
自立爲帝僭號大長和國改元安國蒙氏遂絕梁

太祖開平三年鄭買嗣死子旻立唐莊宗同光四
年鄭旻死子隆亶立改元天應明宗天成元年南
詔東川節度使楊干貞弑鄭隆亶而立侍中趙善
政改元尊聖次年改天應四年楊干貞自立改國
號曰大義寧改元光聖又改興聖長興元年又改
大明晉高祖天福元年通海節度使段思平討楊
干貞干貞自縊死二年段思平自立號大理國改
元文德晉齊王開運二年段思平死子思英立改
元文經三年羣臣廢思英而立其叔思良改元至
治周太祖廣順元年段思良死子思聰立改元明

德居位十七年改元順德是年死傳子素順宋太祖開寶二年段素順立改元明正即此碑所稱之明政也雲南當宋初爲太祖所棄史稱乾德三年正月王全斌平蜀欲以兵威取滇進滇地圖帝鑒唐之禍以玉斧畫大渡河唐書作大度河曰此外非吾有也由是滇南與中國不通大渡河在建昌城北源出吐蕃合金沙入大江趨東海其所經繞在巂昆明之間素順之立史既不載而此碑所載明政三年集三十七部討賊約盟之事即滇考野史亦不詳此碑出土逾百二十餘年文僅泐一字餘完好可貴也

地藏寺梵字塔幢

幢八面二面横廣二尺三寸二面二尺二寸餘各一尺一寸五分高九寸三分一面二十行二面十九行一面二十四行二面二十七行一面二十一行一面二十二行字數八字或十字十一字不等正書在雲南府

佛說般若波羅蜜多心經文不錄

大日尊發願文不錄

發四宏誓願文不錄

大理國佛弟子□事布燮　　敬造佛頂尊勝瑶幢記

皇都大佛頂寺都知天下四部衆洞明儞釋慈□大師段進全述

原夫一氣始弁二儀初分三光麗於穹窿五岳鎮於磅礴爰有擬秀愚智辦立君臣掩頓於八𡨋牢籠於四海隨技而設理運□而弁風常讀八索之書非學六邪之典淨邊遐綏定遠迩姦東海浪澄於驚波楚天霄淨於讒霧君臣一德州𨶒一心只智喆才能乃神謀聖運者則袁氏祖列之義也由乃尊卑相承上下相繼協和四海嬿同親而相知道握九州訶連枝而得意承斯鋒鋭不起飢荒無名鍾皷義而明明玉帛理而穆穆可謂求人而得人亦袁氏之德也至□敉高明生則大將軍高觀音明之中子也其高明生者文列武列万國□實而宣威神氣神風千將□摧而留世悲夫四大九無主六蘊空去來天地横□不慈大運□將不意□哉雲郁郁兮窮天□雨霏霏兮盡山悲楚方罷喧□京□畢本州爲兄第之土將相□上下之權子小紹暹系□亞脫其布燮□□者至忠不可以無主至孝不可以無親求𣪍銜於宋王□王果成功於務卒得卒將乃後嗣踵□化及□□霜風□而一海颷秋春雲布而万物曾潤懷其義者日用不知挹其源者游泳莫測此袁□□□□□也聖人約法君子用□□德而不可不傳以傳而備

遠有義而不可不記以記而□常□夕冥冥終朝感感
尋思大義孔聖宣於追遠愼終敬月元文釋尊勸於酬
恩拜德妙中得妙龕理知覺善住復七返輪迴如來說
一部咮敎曰加來智印□尊勝琁幢託其壙際而建之
鐵圍□成極樂臨其寒林而起矣地獄變爲蓮花即到
於菩提道場速會於常寂光土次祝非□□於生我育
我而先□於恩余建余復利於重義輕生盡□於亡身
報主大義事事以懷此敬節日日以惟新建梵幢而圖
功勒斯銘而標記

護法明公德運碑贊

碑高八尺八寸廣六尺五寸二十五行行四十六字左行行書在雲南楚雄府

□□護法明公德運碑贊

大理國高相國公仲子之孫諱日量成自幼有大器及
長思欲立大功定寰宇而道未合俄然四夷八蠻叛逆
中國途路如蝟毛百姓離散天不早命公斯民墜矣公
於時領義兵□鄉勇掃除烽燧開拓乾坤安州府於亂
離之後收遺民於虎□之殘四海淸肅路不拾遺帝勑
号曰□□□□□□□□□周道不行商道商以擔爲實
周以會爲實公𦊆与諸蠻會而不曾擔故行周道非獨
行周道代亦周代□□□□□放□□□□關門不閉

傳曰進賢受上賞蔽賢受誅戮齊有仲父鄭有子産竹
帛稱之爲民之父母孔子□誠之爲□進賢也□□賢
□□有德□□八紘宗族同一心四海爲一家詩曰濟
濟有衆此之謂也語云生而知之者上也公自幼孤久
失庭訓不喜盤遊弱冠歲餘天地合德日月同明温良
五備□六藝三□隨而有之所謂生而知之者上也公
不閑書史而所爲動作皆合書史公以禮義爲衣服以
忠信爲甲冑以智勇爲心肝□之來者割地而封之不
歸化者興兵而討之自是天下大化公明□□地了了
性源興修白□喜建伽藍衆山蘭若無不周備所謂溉

其根而□其實種其福而積其基帝憫其精勤有道爲
□濟民皆在斯焉再勑号曰護法公公在位几年乃讓
位与其姪中國公中國公心腹股肱瓜牙皆公之爲也
公爵地威楚府牟州石乘弄□處威楚府西隅去府五
十里地名□溪山林茂盛是賊巢穴採樵刈草皆爲賊
所□公□□勠居處建宮室賊散去不知其幾千里也
泉甘而山茂公之□處仲尼有云仁智者也四夷八蠻
𦊆會於此八方羣牧□□於此雖夷狄之深仇部曲之
怨恨到此善歸方寸惡竟氷釋抽刃懷刀一時捐弃甘
辭艷語以發喜戲古人有云人傑地靈也八紘四海聞

命於此可謂大矣樹異山靈□□□□松杉□□□
□□□白雲□□遅前栖一□兩□瑞□明月侍座清
風掃門書聽法皷明心不聞塵囂聒耳眞□□□□
□□□□□□□□□□□貧而生喜色況公功業
蓋天地道德高古人尙和光同塵而不貧自高自大之
意□□□□□□□□□□□□□皆以身爲天下安
危詩不云乎愷悌君子民之父母伍員者古之智勇忠
孝之士也□□□□□□□□□□尙不能忍將□
軍而代楚破塚鞭骨而寃未消□如公雖□深仇大讐
胷襟坦然□□不□此皆能仁之行□□□□□□□

宋國建武軍進士兩戰場屋畫虎无成□□南國十有
六年蒙公清照如□□人□命□□□□□□□□□
□□□□□□史記修春秋襃貶合宜爲万世之信□
而發微言曰知我者其惟春秋乎罪我者其惟春秋乎
□□□□□□□□□□□□公者百之一二□
尙未盡善也□之高氏如有聰明俊□克己復禮能□
□□□□□□公□□□□□□□□□□□□□
□□亦高□世世之□也与叙之不足乃作銘曰
□出社□　□位克己　□君奇□　□□□□　衆
星共北　是水瀬東　道毋古今　公比周公　外掌
部域　內浥眞流　□□□□　□□□□　染山樂
水　仁哉智哉　紫雲□□　□□□□　手拓山河
化洽乾坤　□□□□　公名常存
時□□□□□□□□□月　□□□□武軍進士□
□□□□士　奉命記　□先生□孫□□□謹書

按載記段正淳立於宋哲宗紹聖三年號後理國高
泰明相之稱爲高國主此碑年代剝落篇首稱高量
成爲相國仲子之孫則當在南宋之中葉繫國仍以
大理則改號之說恐無據又通志古蹟云高量成碑
在楚雄城西四十里紫溪山獅猻箐此碑當是也江右李榮陛識

按碑在楚雄城西四十里紫溪山獅猻箐雲南通
志山川卷不載獅猻箐而紫溪山則云在楚雄府
城西三十里薇溪山之右松竹陰森峯巒秀麗梵
宇琳宮踞一郡山水之勝又古蹟卷載德江城在
府城西北二里宋段氏時高昇泰執國柄封其兄
子明亮於此因築此城又名德江村昔高量成避
位居此一村化其德是卽碑所云威楚府西隅去
府五十里地名紫溪公挪居處建宮室也今之大
理府在宋時大理段氏以其地屬姚州名當筋瞼

後改威楚郡碑故謂之威楚府也高相國之始山于段氏以南詔野史滇攷滇史滇記叅攷之段氏之先爲武威郡人自段儉魏從鳳伽異敗鮮于仲通于西洱河蒙氏擢爲清平官易名忠國六傳而至思平爲通海節度使楊干貞忌之晉高祖天福元年討平楊干貞二年自立號大理國開運二年思平死子思英立三年羣臣廢思英而立其叔思良周太祖廣順元年思良死子思聰立宋太祖開寶二年思聰死子素順立太宗雍熙三年素順死子素英立眞宗大中祥符三年素英死子素廉立

仁宗乾興元年素廉死姪素隆嗣天聖四年素隆避位爲僧禪于素眞康定元年素眞死孫素興立慶歷三年國人廢素興而立思平曾孫智思之子思廉神宗熙寧八年思廉避位爲僧子廉義嗣元豐三年廉義爲其臣楊義貞所弑義貞自立篡位四月岳侯高智昇命子昇泰起東方兵誅之而立廉義之姪壽輝以靖難功加高智昇太保封德侯此高氏之始子昇泰封鄯闡侯代智昇爲相于楚雄築外城號德江城以封其姪子量成此高量成之始四年壽輝避位爲僧立思廉孫正明哲宗紹聖元年正明

避位爲僧國人奉高昇泰立之號大中國二年昇泰有疾遺命還國段氏而卒四年昇泰子泰明遵遺命立段氏正明之弟正淳改稱後理國以高泰明爲相徽宗大觀二年正淳避位爲僧子正嚴嗣政和七年徽宗詔使勅封正嚴爲大理國王是年高泰明卒追封國師以其弟高泰運爲相國高宗紹興十七年正嚴避位爲僧子正興嗣十八年六月高量成討三十七部叛夷平之以姪壽貞爲中國布燮自號中國公退居楚雄卽此碑所載之事也據此碑則中國公乃其姪壽貞之號非量成自

號量成固勅號曰護法公也高國主之稱始于高泰明而連及于高量成滇記載政和三年高正嚴向慕中國與國主高量成謀入貢從廣南東道請之倪蛻撰滇雲歷年傳疑之曰此時高泰明爲相何以又有國主高量成國主非官名恐是柵主之譌高泰運曾爲柵主或量成繼之耳此蓋倪氏未及詳玩此碑所謂國主者卽中國公之稱非謂大理國之主也碑無歲月以量成退居楚雄考之于時爲段正興永貞元年在宋爲紹興十八年

嵇肅靈峯明帝記

褒州陽派縣嵇肅靈峯明帝記

石刻高五尺二寸廣一尺八行行五十字左行正書在姚州興寶寺

夫自人而粹者天之道也自天而純者神之道焉運乾坤而變化何窮妙萬物而陰陽不惻至哉自天地川岳得其道者無不以清以寧以淵以靈故流爲江河結爲山嶽者艮之象也易曰終萬物始萬物者莫盛乎艮言其止而不動也噫含澤布氣以調五神積高厚下而安四極山岳之理可得而言歟有褒州陽派縣嵇肅靈峯明帝者德標鎮地高極配天秀出太虛之中結成元氣之始育靈孕聖懷寶含章誰足生甫之神獨稱應昴之傑千年卓立鸞神口之千宵万仞削成口青蓮之出海霏霏宵澤豈道徐州之車靄靄丹霞似擁芑碭之蓋風泉相懊枩竹共清靈變无端雲雷未惻蓋天府之巨鎮此方之靈祐也　公奉命登庸政成清謐雅頌一變山川再榮顧此靈峯鬱爲保障乃修柴望之理備方伯之儀口口無窮永申如礪之約令聞不已豈無勒石之功余志望郭生愧述崑峯之贊才非謝子敢題盧嶽之文畧敘風口以旌盛烈

時元亨二年敦牂歲徂暑月哉生明　口口楊才照

奉命記

按此碑在姚州興寶寺右側題稱褒州陽派縣嵇肅靈峯明帝記唐書地理志諸蠻州有裒州武德七年置本弄棟地南接姚州縣二楊彼樂彊据方輿紀要姚州有揚波廢縣在大姚縣東武德四年置褒州領揚波強樂二縣後廢二書所載州縣名互異不能定其孰是然以此碑證之題曰褒州與紀要合則唐書作裒者疑譌縣名陽派則唐書紀要二書之作楊彼揚波似皆以形似而譌雲南通志稽肅山在姚州城西七十里山有泉入陽派河據此則縣以河得名似陽派爲有據也惟碑稱明帝無攷文云天府之巨鎮此方之靈祐似明帝謂稽肅山神下文又云公奉命登庸政成清謐修柴望之理與禋通用備方伯之儀似係守此土者奉祀稽肅山神而立此碑但未詳所謂公者何人碑無姓名可攷碑立于元亨二年敦牂歲徂暑月哉生明段氏自宋孝宗乾道八年正興避位子智興嗣改元利貞又改盛德嘉會元亨安定滇雲歷年傳不詳元亨之號建于何年碑但稱敦牂歲是午年而不署何干据下碑二年丙午則元亨建于乙巳碑立于丙午歲六月三日也雲南通志古蹟卷載姚

州有稽肅碑在城西十七里上有天福二字今此
碑未見有此二字是所揭未全也

興寶寺德化銘

碑高五尺二寸廣三尺二寸二十七行行五十字尾六行刻於右側側寬六寸五分左行正書在姚州興寶寺

大理國上功高踰城光再建弄棟華府陽派郡興寶寺
德化銘并序
皇都崇聖寺粉團侍郎賞米黄繡手披釋儒才照僧
録闍梨楊才照奉命撰
盖聞率性之謂道妙物之謂神混成天地之先獨化陶

均之上體至虚之宅无毒无門運不隅之方何固何執
未嘗不出入五物誰側至變之端周流六虚旁行大衍
之數知大始者由之撰務作成物者宗之致能行象分
而變化斯奇動靜常而剛柔乃斷元凝易簡之理昭升
久大之功引而申之觸類而長之天下之能事畢矣異
哉仰觀俯察弗昧幽明之宗原始反終遂知生死之説
由有口有難保口於幻夢之常從迷積迷 凡窮況於風
浪之起至寂豈慮饗覽大覺忽目隨眠弗議四誓之言
永矢大千之化觀浄姓於日種孰類鄒人驗白身於腸
生豈疋虹渚昭四門之遠誡忻猒馳而交懷甘六歲之

幽求苦樂審其非道術求舊於往證之口濟惟新於所
化之生發神足於道場吉祥暫鋪草座入慈定於樹下
波旬立慟與尸光縱鹿園五老頓忘於本制德勝火室
三愚遂服於仁風示化橋而摧我人指恒河以明生滅
大教旁收於五性不化而自行法輪妙衍於三時不言
而自洽旭亡照之極耀幽滯圓鑒動希聲之大音盲聵
俱圻遂使九十六種貫類而聽命辛品拔茹以成摹門
微塵而開大經傾寶口而賑諸有莫不十度成叙六趣
捐關東名實皆息肩於竊團尚清淨者同味於大道時
來舍衛鶩子奉命於祇園暫上天宮優王遂與於僧像

卽礁土以闢淨剎寄有相以述真常欲使住三界之歸
依爲像法之洲渚妙哉恍惚无得而稱焉盖此寺者大
蒙知軍事布燮楊祿之所刱也年鐘建極口佐兵口口
蜀衞藩惟公是倚外則弼諧帝道事竭於君內則翼扇
真風心亡於法卜兹勝地刱此精藍歲月已淹痛哉圮
毀有公子高踰城光者曾祖相國明公高泰明祖定遠
將軍高明清巳備國史考口公高踰城生者定遠將軍
之長子也口剛柔之粹德鍾岳瀆之休靈清明在躬鑑
澄波之千傾風神絶倫擬巨岳之万尋率性稜於明朝
善猕縫於覇業降德惟忻口種口恩未禪及人戰則如

神鄗圯橋之取履政則凝化踵合浦之還珠□□□□
功高五伯懿哉寔□期之明哲也公高踰城光□□□
再案慶襲餘芬天資白朱龍章持異夙蘊風雲之□□□
實仁義之懷和□內凝英華外發器伐識□之歲蘭桂
有芬志高逐洛之年清曄自遠敬義无失忠節更堅□
行而異虺吞聲鶚□而群翔鷇□噫未及涯訓傷素冠
之觥兢□□天倫慕花萼之韡韡恭盡秋霜之戒友垂
冬日之暄肅肅焉穆穆焉輸至誠於君兄循肌膚於伯
父嗟乎義以道合事由□□不意蠅玷成瑕南箕自遠
及與□□公及先君諸舊臣等議曰大義不可無方至

不可无主惟其平圀大宰之遺將軍君臣之義宜高
叔姪之分尤重不異霍光輔漢姬旦匡周盛衰惟終安
危同力在我子孫後嗣弁茲歷世垂休孤立一隅介乎
大圀其不謂事之未乎然狐丌首丘葵能衛足不忘本
也姑可忽諸乃與中圀行成獨興廟計自此散從釋衛
縮甲抑戰公兄弟之力也至哉難不讓於歷試位則退
以居謙鬱其千里之才擢以百成之命奉旨則仁聲已
洽下車則清風載興簞食壺漿來甦而滿路逆民敬
吏覈考蠱以登朝乃煦以秋陽威以夏日坐甘棠而聽
訟設涯燎以思賢振□惠而字小人宏義讓以助君子

民識廉恥咸習管子之風家足農桑旁□孟軻之制緝
理之暇澡德靈源恨不手布黃金幸齊肩於善施日用
留心自馬庶接武於漢明傷德本之未滋痛斯藍之煬
燬遂乃役子來之衆鳩心覺之工妙啓新模式仍舊貫
喜得上棟下宇盡合大壯之宜矢棘翬飛届起斯于之
勢窮山水之幽致溢煙霞之□趣西則松風發□鶯□
苦空之音南則江月殘朝忽認靈臺之鏡東臨霧𨺗近
接應供之賢北枕平坡遠嫌釣鼇之客一一美麗事事
新奇盛矣哉信華州之嘉境也夫作而不紀非盛德焉
乃揖儒流粗陳風烈其辭曰

率性曰道　妙物稱神　混成天地　獨化陶均　其一
形象乃分　剛柔斯判　幽明迭興　生死相攙　其二
幻夢勿固　風浪非常　至寂豈默　一覺獨彰　其三
四□弗談　八相斯假　瑞景固天　徵鳥衛社　其四
四門昭戒　六載幽求　道成樹下　法演鷲頭　其五
鶖子標藍　塡主刻像　三界歸依　群生瞻仰　其六
□哉此寺　肇自楊公　心亡於法　事竭於忠　其七
捌此德基　忽遭煬燬　不絕人望　誕生公子　其八
寧祖靜域　顯考述邊　積善餘慶　□嗣□延　其九
□事天倫　敬而无失　恭履秋霜　友垂冬日　其十

雖則歷試　位乃居謙　擢以百里　德化清廉其十一
政理之餘　留心喜捨　想布黃金　思題白馬其十二
乃仍舊貫　式建仁祠　斯干盡制　大壯得宜其十三
鑿功既凝　貞珉可紀　其彼天長　盡善盡美其十四

元亨二年歲在丙午七月十五日

按雲南通志古蹟卷載姚州有興寶寺碑在城西十八里段智興元亨二年立實宋淳熙十三年即謂此碑也又通志寺觀卷興寶寺在姚州城西十五里元宣光間建元無宣光之號其誤顯然据碑則寺爲大蒙建極年知軍事布燮楊楨之所剏葢

建于蒙氏時矣建極之元建于唐宣宗大中十三年則元宜光者或是唐宣宗之訛碑題稱高踰城光再建自剏建至是閱歲三百四十餘年宜乎再建也高踰城光曾祖即高泰明祖高明清考高踰城生高泰明即大中國王高昇泰之子宋紹聖四年昇泰臨死遺命還國段氏段正淳立以昇泰爲相語已詳前此碑葢紀興寶寺興建之由因述高氏之世德謂之德化者猶言功德也前碑題褒州陽派縣此碑題弄棟華府陽派郡唐書地理志褒州州即褒本弄棟地方輿紀要姚州唐天寶末没于南詔爲弄棟府治大理段氏仍置姚州据此碑則段氏尚稱弄棟未改姚州然謂之華府又以陽派縣爲陽派郡其建置諸書皆無攷碑載釋儒才照之官曰粉圖侍郎又曰賞米黃繡手披似即袈裟之屬皆僅見此碑銘詞十四章章各四句又一體也碑書千頃作千傾百城作百成考槃作考盤似皆借用字

淵公塔銘

碑高五尺廣三尺厚八寸五分三面刻前面二十三行側五行後面二十行行俱五十字左行正書在雲南

大理國淵公塔之碑銘并序

楚州趙佑撰

淨徹昭融精眞冲邃虛明靈體曠閒靈微豈可以闊狹知其邊際稱量議其深淺且倏熏亡照之所覺勞而照性已迷覩彼太虛之形翳本圓明之體四大都起萬象交羅夢中重夢迷裏又迷故頭無得失之非見有忽狂之客自此已往相去遠矣因差路殊非法身大士奚能破塵出經安往法界者我　淵公隨緣白地誕粹于高氏之族故相國公高太明之曾孫政國公明量之孫護法公量成之子也母則王女諱成宗厥考護法公議武

定天下仁政法乾坤威行如秋仁行如春戎夷棄里而遠遁朝廷高枕而无虞中國蒙其惠異俗震其聲恩倬造化而澤潤草萊德被生民而模範天下則公之爲公之子也英姿卓茂氣韻清遠昂昂若雲鶴之處群雞也自有不羈之態視榮貴如幻炎執身心我人爲甚倒謬然有出世之心不肯爲凡夫年臯二十一日辭父兄出家知其志不可奪不得已壯而許之公侯將相朝士大夫及輿臺皁隸等皆曰今失命世之才莫不銜恨者故尋經論以言之將入道門欲得其正如人造象先辦眞金象成之後體無增減用眞心修无上菩提如將金爲

器器器皆金用妄心修无上菩提如將瓦爲器器器皆瓦故若於因地以生滅心爲本修因欲求佛乘不生不滅无有是處此諸聖之要言修行者之正因今公之發菩提心也可謂得其正矣如不以喜怒哀樂發菩提心富貴榮利發菩提心卽當以離前塵分别性發菩提心稱法界性發菩提心如此則文殊師利菩薩不動智佛主伴明矣如清涼謂啓明東廟智滿不異於初心寄位南求因圓不逾於毛孔則龍女善財豈迂滞哉是以鬚髮自茲而落俗裳自茲而變戒品氷潔威儀調順號智元字皎淵衣鉢之外分寸无餘猶虛室頻頻妙用難窮因自念創學之流未諸教跡執權爲實迷不進修不以聖教爲繩墨明師作指南菩提涅槃何在遥遠豈能會諸地於先心短長刼於一念遂師於　元凝尊者所以崇德廣業虛心外身拂傲慢於貴法除人我於進修攝漏塵之妄識餅裹之雀窟遮撿放逸之幻身井中之蛇深怕緣緣自淨物物无心謙尊而光卑而不可踰增上慢者見之而暴慢革无明固者遇之而智慧生爲法修忍三忍之行圓爲法除蔽六蔽之元淨振古佛之宗風尋祖師之公案本分作家手段量度鍛佛鉗鎚毀罵雷珠電掣讚善水月空花故當進齊乎佛果行弥於法界

難能而能不能於能者也　凝師於是曰眞个光昭先覺可謂不忝後昆自非得恁口人安能有如是法乃機緣俱會遂悟旨於言下卽以證入法界智如來果德理體妙慧爲修行之正因如王寶印一時普印无前後成文也故乃得生空之揔持除闡提之不信臻妙有之不極起万行以無疲　利貞臯叔於公世則渭陽之親近達磨西來之口祖祖相傳燈燈起焰自漢暨于南國代不失人至於王弟甚的見公之於法也機深於教門也進求以身爲逆旅未曾身於身以心爲緣相豈可滞於心貪如瀆海而不入嗔比誅戮而常離於是相與爲善

知識无二三其心以無作根本智□□行之因修法空之妙慧行□利以無窮出聲聞之淸水擢凡夫之淤泥如彼蓮花斗頓馨香无物以喻也又與　戒遵長老來法界之游爲新漫之友以无言之深言詮言絕之深理以无爲之妙行應无作之妙心融眞俗以無跡鎔靜亂而不偏壞其可壞遠離諸離智悲拂跡而雙入行願忘照以鏡興五蘊付於雲夢三界寄於電泡張四心之仁羅諸類以无遺展四攝之義導生品以咸歸大哉生死無以牽其慮涅槃无以住其心悲智交羅自在運用眞大丈夫之學佛者也乃務經論以符契心无證微言以

游同元旨長以因深果奧行廣位高當處發揮无非佛事貴與泰山之高利與滄溟之深而无以爲心則其□□□□□之善无不爲塵點之惡无不翦則其戒深矣舟本无人奚司其杳則其忍廣矣因果交馳慣習功濟則其進大矣境□□□□□□□□□□則其定凝矣妙有昭廓而臨機變化靈鑒无極則其慧明矣觀其臨時三昧觸事解脫者如或有憚公之調深行遠規矩難摹故致嬈之不置公唶焉似喪其偶而不知其所也公之友謂於公曰此不尊其尊无禮甚矣□當叱之公曰何謂其然也彼其之子焉能使予不類哉吾之所學

者佛也所貴者法也可以小不忍而亂法界大謨乎子不聞乎菩薩□□如飲鴆酒子當怒以怨乎公之友曰吾儕闒茸未能至於此也然吾不忍見公之修忍也以餅錫雲游乎又有皁隸之役公之弟公子□戰敗績而爲人所擒拘之久矣而守者依公之友奏於公曰當解拘以送之謂予不信有如皦日公曰无之文王拘於羑里而天命有歸天其有命矣信則信矣以吾弟之賢而汝曹送之則其事必矣然非吾佛法中事菩薩見詐如畏犲狼吾可以行詐乎其万行芬披摕窮萌多類於此可同日而語哉抑迺唯心回轉而善成同時具足而

相應盡如來之境界同異之性亦臧淨昭廓而明生明圓徹而覺滿異同之所不知无爲之理分明盡法界云一眞如緊發妙用而鑑窮沙界蔭慈雲而覆涅槃海非歷刼之功濟離念之縕修豈能以定慧照用身心如此之圓通也公以病故辭　凝尊者鳳曆之元庚申之冬栖託於茲山焉順行而至已矣出是德行星羅寶澤雲涌智周萬法而不爲悲等衆情而非已雖修万行不深世間因果交徹單複互融如毘楞伽寶一切皆現其中如夜夢千秋覺已隨滅矣且夫予以經義推其始終之事行位重重事理融徹如此觀之則文殊初心普賢行

行彌勒極果明矣其家譜宗系者自觀音傳于施氏施氏傳于道悟國師道悟傳于元凝元凝傳於公公之族子有慧辯追蹤景行惟喚奮勵而嚮醍醐者公器之因傳焉嗚呼公其來也化身歟其去也補處歟方網三昧之運用歟非世俗準儀言論云爲之所及耶以天開十年甲戌歲十月二十四日端坐泊如也一念圓融具德安住法界矣公以巳巳歲生修行位中四十有六夏父母之生六十有六年其嗣法弟子起塔于山瓣事如法已　帝命禮號塔曰寶紫謚曰頓覺禪師餘事備如畫贊文具載孫高明生姪高善祐雖妙年而義誘其衷謂

開國已來一人而已可以將示來者故俾公弟高觀音政撿校措意如公弟扶危撫弱防巢之義深者因申奏上聞琢石立碑命臣佑輒書其大略也如公之大者遠者非吾所與焉銘曰

法界之滓　天地是生　法界之靈　聖人是明　高不可仰　深不可撈　緣謝歸无　獨悲衆情　千秋万歲　物是人非　松風疎散　苔葉因依　白雲共住　山鳥猶歸　塔以表靈　碑以傳徵

時天開十六年庚辰歲八月十五日　貴國先生曾孫蘇難陁智奉命書　釋戒護撿校　金觸杜隆義鐫書　王長連琢石

按淵公即相國護法公高量成之子高量成事已詳前碑淵公年二十一出家天開十年甲戌歲端坐而化年六十有六天開乃大理段智祥建元智祥以宋寧宗開禧元年立改元天開至十年淵公卒推其生在宋高宗紹興十九年是時其父高量成討平三十七部叛夷以姪壽貞爲中國布燮自乃退居楚雄也

金石萃編卷一百六十終

補刊金石萃編跋

余家先世藏書甚富其爲金石之學自歐趙以降著有專書者亦不下數十種中惟青浦王少司寇述菴先生金石萃編博採旁證擇精語詳尤稱大備咸豐庚申遭粵寇之變散佚殆盡同治丙寅余忝宰青邑邑被兵最重竊以徵文考獻有司責也况刼火之餘斯事尤亟訪諸司寇之孫少逸徵君知萃編舊板幸存然已殘缺八百餘簡欲依原書補鋟而未逮也余方將贊成之旋奉檄調長洲遂不果庚午秋復來領縣事乃克與徵君謀付剞劂至辛未夏工竣又得元和祁君浩泉廣文爲之校讐祁君故深於篆古者也然後是書復完嗚呼徵君純謹誠篤博學能古文綽有祖風其端介自持尤爲邑之望今且老矣又經亂離家益貧抱殘守缺恐墜先業惕惕焉蓋未嘗一日安卒成其志庶可告無罪於司寇已而我家遺書數萬卷旣失而不能復得雖頻年掇拾猶什不及一撫斯編也能不惘然同治十年歲次辛未孟夏月嘉善錢寶傳謹識

重脩金石萃編跋

嗚呼痛哉此曾大父司寇公所著書也先徵君竟不及踐司寇公書乃以是遺予小子耶小子生而駑劣長丁亂離未嘗一日自力於學方幸長依膝下飫聞先徵君嚴訓庶幾獲免大戾天乎不弔遘此閔凶覩遺書之僅存傷箕裘之將墜其能執筆代先徵君措一辭耶雖然先緒勿可以勿竟司寇公著作等身金石萃編一百六十卷尤爲大集再傳至先徵君兢兢抱守罔敢失隕庚申之亂所有家刻書板東西奔竄輒用自隨事定澑檢萃編計散失八百餘簡漫漶者又若干板家貧脩補未逮先徵君時時以爲念會嘉善錢侯再宰吾邑徵文考獻謂是書不可任其殘缺不傳捐俸金助剞劂先徵君敬其事延張郁而學師及熊丈其英邱君汝鈘參校而自總厥成心力爲之交瘁去冬十一月工竣正擬蕆行而衰厥疾作當棄養之前數日猶諄諄命不孝督催手民以剞改之事嗚呼此固先徵君已成之緒也而獨以一竣付之小子痛哉痛哉先是宗祠旁隙地先徵君栽桑百本期以三年畢脩葺祠堂等集手植依然悲深風木昏瞀濡毫惟有淚零先徵君侍司寇公於在天倘其鑒之同治十一年春三月棘人王景禧謹跋

金石萃編未刻稿

金石萃編未刻稾目録

元

卷上

卷中

伯顏忽都公墓碑 至正十三年夏五月
重修文廟碑 至正十三年八月
又碑陰
能仁寺碑 至正十三年癸巳冬至日
圓濟禪苑元勳記 至正甲午孟春
重修宣聖廟記 至正十四年四月望日
鎮靖明惠夫人廟記 至正十四年甲午孟夏
重修神禹廟記 至正十四年甲午仲夏既望
重建廟學碑 至正十五年
蒲城王氏先塋碑銘 至正十五年戊子月
清陽宮誌 至正十六年丙申冬十二月
慈恩塔題名 至正十七年仲夏中旬五日
妙觀和尚道行碑銘 至正丁酉菊月
國子□□試題名記
峨嵋蘭若記 至正庚子孟冬

右金石萃編未刻稾三册録元碑八十無書題不分卷初不知爲誰氏作再三審諦乃知爲蘭泉少寇未刻之稾有三證焉體例與金石萃編合每碑題下注石之高廣行數字數書體及石之所在碑文之後附以諸家跋尾一也至順二年加封啓聖王等勅旨後附録錢竹汀先生跋尾其後有朱書文藻按三字與跋尾字跡相同知跋尾亦出朱先生手萃編本成于朱文藻錢侗两先生此爲其未數卷二也編中載雲南石刻九通遠在邊徼他人莫致蘭泉先生在滇三年殆轺車所至采訪得之三也特不知何以棄而不刊或元刻至多蒐輯未備故耶予往在京師得此本于厰肆置篋中且十年今乃析爲三卷補目于前付影印以傳之俾世之讀少寇書者無復遺憾焉宣統戊午二月上虞羅振玉書于海東寓金貞石之居

終南山重陽祖師仙跡記 正書

碑長丈一尺二寸寬五尺四寸二十六行行五十九字額四字隸

孔老之教竝行乎中國探源乎至道際六合無内外極
萬物無洪纖真理常全無有欠餘固不可以淺識窺測
或者剖殭名之原指成器之跡互相排斥是此而非彼
而二家之言遂爭長于天下是不知天下無二道聖人
不兩心所以積行立功建一切瀍導迪人心使之遷善
遠罪洋洋乎大同之域其於佐理帝王一也爲老氏者
曰吾寶慈儉又曰常善救物與夫孔聖本仁祖義之說
若合符契今觀終南山重陽祖師始於業儒其卒成道

凡接人初機必先使讀孝經道德經又教之以孝謹純
一及其立說多引六經爲證據其在文登寧海萊州嘗
率其徒演瀍建會者凡五皆所以明正心誠意少思寡
欲之理不主一相不居一教也師咸陽人姓王氏名喆
字知明重陽其號母孕二十四月而生美鬚髯目長於
口形質魁偉任氣而好俠少讀書係學籍又隸名武選
當天眷之初以財雄鄉里歲且饑人多殍亡有盜盡劫
其資以去一日適因物色得盜終不之問遠近以爲長
者正隆己卯間忽遇至人於甘河以師爲可教密付口
訣又飲以神水自是盡斷諸緣同塵萬有佯狂垢汙人

益叵測慮夫大音不入俚耳至言不契衆心故多爲玩
世辭語使人喜聞而易入其變怪詼詭千態萬狀不可
窮詰嗚呼箕子狂九疇敘接輿狂鳳歌出權智倒橫直
豎均於扶世立教良有以也師後於南時村掘地爲隧
封高數尺榜曰活死人墓又於四隅各植海棠一株曰
吾將來使四海教風爲一家耳居三年復自實之遂遷
於劉蔣與和李二真人爲友各結茅居之至大定丁亥
夏復焚其居人爭赴救師婆娑舞於火邊且作歌以見
意詰旦東邁徑達寧海首會馬鈺於怡老亭馬亦儒流
中豪傑者初未易許師故懸師庵居固其扃鐍率數日

不給食縱與食之亦未嘗見水火跡或時夜就馬語莫
知其所由來及去追之不及扃鐍如故閒與塊交夢警
分梨賜芋之化不一馬於是始加敬信與其家人孫氏
俱執弟子禮又得譚處端劉處元邱處機王處一郝大
通等七人多類此號馬曰丹陽譚曰長真劉曰長生邱
曰長春王曰玉陽郝曰廣寧孫曰清靜散人竝結爲方
外眷屬迨己丑季秋留王郝於崑嵛山携四子西歸抵
汴寓王氏逆旅無幾何呼丹陽付密語無疾而逝春秋
五十有八四子歸其柩葬於劉蔣故庵之側丹陽因廬
於墓次今之祖庭是也師先自六年前於長安樂村庵

壁留題云害風害風舊病發壽命不過五十八乃知仙齡有期非偶然也有詩詞千餘篇分為全真前後集傳于世玉峰老人胡光謙為之傳及丹陽嗣教從之者益衆其徒遂滿天下丹陽東歸長春因劉蔣故庵大加營葺玉陽又買額為靈虛觀凡住持者始受度為道士以奉香火世宗皇帝素欽其名嘗遣使訪焉戊申春長春玉陽應命至京師賜以冠巾條服命居天長觀尋又徵至北宮長松島與語大悅詔於島西築官庵居之承安泰和間道陵亦屢召玉陽長生至闕下賜居修真觀以待召問玉陽得號體元大師自丹陽而下所為歌詩各

有集而郝廣寧獨邃於易備見于太古集中至正大初密國公璹讚云全真道東四子傳化四子謂誰邱劉譚馬德其亞者王郝與孫共成七賢贊我真人玉陽長春天啓其門遭遇聖朝為王之賓瀛海渺然仙蹤宛存細玩此讚其師資道業槩可見矣僕適承乏翰林與提點嘉祥觀沖虛大師李志源及提點中太一宮沖虛大師于善慶無欲公李志遠為方外友因索鄙文以紀重陽仙跡僕往年從事鄠亭密邇靈虛宿聞真風故就為之說使後之學者知師出處之蹟其功用及物若是之大得以致觀而推行焉若其出神入夢擲傘投冠其他騰凌滅沒之事皆其權智非師之本教學者期聞大道無溺於方技可矣是不得以固陋辭天興元季九月初吉翰林修撰同知制誥嘉議大夫上輕車都尉彭城郡開國伯食邑七百戶賜紫金魚袋劉祖謙謹記安西王府文學姚燧以至元丙子中秋日書并題額

陝西四川等路道教提點同觀普濟圓明真人高道寬　重陽萬壽宮提點悟真了一集明真人申志信　衍真復朴純素真人張志悅立石

功德主昭勇大將軍京兆路總管兼府尹兼諸軍奧魯總管營繕司大使趙炳

營繕司副使王海

京兆等處採石提舉謝澤

助緣龐德林

重陽仙蹟記金翰林修撰劉祖謙撰而姚牧菴燧至元世祖朝以安西文學為書書法全學宋文貞碑此之孫李不作墨豬氣而文亦能略去幻化語稍蘊藉不為其徒張帝也重陽得無師智近六祖而懸識若誌公蹤跡又似萬回真異人哉弇州山人稿

右碑在縣西北二十里許大觀郡本卷中文與字未奇其跡可紀爾咸陽金石遺文

元時仙教大興諸仙蹟醜異者甚多不獨王馬兩公
豈賢傑不爲用皆逃而之羽化耶書畫跋跋
姚牧菴燧追書金劉祖謙文文頗蘊藉而書全法顔
平原但波拂鉤磔稍不及周以知勝國時不乏能書
者也石墨鐫華
姚牧菴書仿顔平原秀拔朴厚天有先正典刑人有
言此記可追姚東貞碑非妄褒予鎸夏記
祖謙之文以金哀宗天興元年作至是始刻于石耳
唐順之左編重陽姓王名嚞咸陽人關中金石記

大元國京兆府重修宣聖廟記正書　額篆書
碑長五尺九寸寬三尺九寸五分三十一行行六十五字陝西長安　篆字皆書在府石闕西室
前陜西四川□□行尚書省左右司郎中徐琰撰
古之教者家有塾黨有庠術有序國有學九始
□學國　□奠於先聖先師故學必有廟後世以孔
子爲先聖顔孟爲先師冉閔而下九人蓋以曾子爲十
哲皆侍坐而配享焉自餘六十一弟子及左邱明公羊
高孔安國劉□荀□楊雄鄭元王弼之等二十四大儒
繪於兩廡春秋二仲月日取上丁祀用王者事自天子
京師達於郡邑咸遵此制唐以來莫之或廢也金季板
蕩中原邱墟所在廟學例爲灰燼
大元開創撫有方夏謂生民不可一日無教孔子不可
一日無祀所首　命東諸侯歲□□平益□
濟南歷日銀□
宣聖廟於兖州曲阜之闕里其他郡邑起廢之議未遑
及之然修之與否各在其土□賢不賢爲不爲耳京□
舊有
宣聖廟辛卯棄城殿宇頹摧總管田侯護持僅存甲辰
歲征南先鋒使夾谷公□□　邑國昌言慨然以修復
自任既葺正殿復起二門工粗畢而力不繼又十餘年

平章廉公　參政商公宣撫陝□乃為搆其兩廡繪事
未興二公入相□轉運使　□公假館於學也率□屬
僦工為圖之年歲既久後就者雖新而先成者已復壞
矣正殿□建規制□□材植燒弱天雨浸□上棟為之
腐敗床床之漏適　當　鬴□學之師生蹙額仰視無
以措手教授李庭騰書有司走謁當路遑遑焉汲汲焉
若不能一朝居者時　陝西四川行尚書省平章賽公
屬有疆場之事駐□巴蜀　□省正奉嚴公視事之明
日祗謁廟下徘徊顧瞻已而嘆曰今夫為教於世者三
而吾夫子居其一彼二教者何其崇敬之甚也且以一

□□□寶□琳宮金碧□□觚稜相望介于民□□□
□者□數區少猶不減二三一縣凡幾鄉一州凡幾縣
一府凡幾州合而言之則不可勝計矣京兆獨轄八州
□□□臺□□□是秦□九道□之以為風化□□□
□宣聖一廟方之二家不為過分而狼藉　若此食人
之德繇人之教游於其門者寧□愧於心歟其議所以
□葺之□□□倖卿□經□且以為諸公倡於是省府
僚吏暨在學儒生莫不欣然讚歎咸願出錢而助之會
平章賽公之撤至許以鬻材別廩餘□糯米三伯石□
□通計□□所鳩之貲總為錢二千□□緡以新易舊

天七

以崇易庳□徒蕆事綽綽然有餘裕矣命京兆總管府
判冕君元德董其役經始於至元七年之冬斷手於明
年之夏□大成殿為七楹高其□□□□□乃命工
更塑先聖先師及從祀　者十人之像內外二門摧□
尤甚悉從改作石臺孝經唐明皇之御書也為之起樓
以貯□石刻九經開成間之舊物也為□架□以庥之
又作二堂於大門之內東□先正七賢之祠西則亭□
齋居之次祭器有庫烹飪有廚□其壇壝其市繚垣蹤
屏罘罳綽楔丹雘之華塗塈之飾無所不□其力雖皆
嚴公之指授而綱維□　□是修飾之潤色之判府冕

君之功為多爰擇吉日舍菜告成諸生濟濟駿奔在廟
禮殿高明法庭宏敞周廡深□重門洞徹籩豆有嘉笙
鏞間作進退周旋登降揖讓三獻而退邑里之民觀禮
識古剔耳刮目愉愉懌懌有感道懷和之意既卒事藝
穩先生招諸生立館下誨之曰汝知行基諸相作斯斯
廟之本旨乎非直為觀美也蓋以懿德之在人非學無
以就之人倫之在人非學無以明之𨗳秀俊造之資之
在人非學無以辨論之有民則有學有學則有廟廟以
致牆羹之思學以國漸摩之域其所由來尚矣秦中自
古帝王所都首善之制歷代相承人材之盛號為淵藪

天八

風聲氣習薰釀涵浸視他道為獨異於論鼓鐘於樂辟
雍有周之典也繼之以藹藹王多吉士惟君子使媚于
天子開設學校旁求儒雅以闡大猷西漢之規也終之
以數路□人文武並興名臣輩出增築□舍千二百區
鼓篋升筵八千餘士大唐之制也卒之以積學成功□
談辯治迹有其人光乎信史曰宋曰金遺跡於泮宮蜚
名於天府□傳記所載曾不讓乎鄒魯□□素教之効
與方今
聖天子孜孜求治網羅賢俊郡國文學妙齡秀發之士
朝取一人焉拔其尤暮取一人焉拔其尤□□臺閣安

置殆遍自關以東無郡無邑獨吾京兆未有一人應
詔者非天降材爾殊是亦教誨涵養鼓勸之不至也行
臺諸相增崇廟學其意以此竊□□□□　儒□
國家寬郅之典世世復其家無蒲繇之供無過踐之徭
飽食煖衣恣其讀書業稍精行稍□官□祿之矣□□
謂儒於道最高乃今始知為不妄何憚而不自勗哉廟
之不葺有官君子□其責而塞之矣學之不講吾與汝
曹之事也諸君韋努力焉東平徐琰在側適聞其語請
誌於石以為重修廟記先生曰諾於是乎書
至元十三年九月

昭勇大將軍京兆路總管兼府尹諸軍奥魯總領
營繕使司大使趙炳立石
勘刊石人山東劉彬

府學公據　正書額隸書

碑長六尺七寸廣二尺作兩截書上公據二十行行三十八字下截二十二行行二十四字俱正書

皇帝聖旨裏
皇子安西王令旨裏
王相府據京兆路府學教授孟文昌呈照得先欽奉
聖旨節文道與陝西等路宣撫司并達魯花赤管民官
管匠人打捕諸頭目及諸軍馬使臣人等
宣聖廟
國家歲時致祭諸儒月朔釋奠宜恒令洒掃修潔今後
禁約諸官員使臣軍馬無得於廟宇內安下或聚集理

問詞訟及褻瀆飲宴管工匠官不得於其中營造違者
治罪管內凡有書院亦不得令諸人攪擾使臣安下欽
此畢職切見府學成德堂書院地土四至東至廟西至
泮墻南至城巷北至王通判宅可四至內地土及房舍
誠恐日久官司占作廨宇或隣佑人等侵占乞給付公
據事相府准呈令給公據付府學收執仍□□仰諸官
府并使臣軍匠人□等欽依
聖旨事意無得搔擾安下及隣佑人等亦不得將府學
房舍四至地基侵占須議出給公據者
一成德堂七間計五十六椽　東廊一十間計四十椽

西廊九間計三十六椽　鹹膳廳三間計一十四椽
廚房三間計一十二椽　勃海舍三間計六椽
門屋三間計一十二椽　門西舍三間計六椽
又舍三間計六椽　土地堂一間計三椽
門東舍二間計八椽　又舊舍三間計一十二椽
一采芹堂七間計四十二椽　門屋一間計二椽
一西院正堂七間計四十二椽　廚房三間計一十二椽
小舍三間計六椽
右給付京兆路府學收執准此
至元十三年十二月十三日押押

重立文廟諸碑記
王府典書京兆路府學教授孟文昌記
府學正駱天驤書
物生天地間有象則有滋有滋則有數凡物之大小雖
異至於顯晦成壞莫不存乎數夫石之寓物蓋有形而
無情代而為碑刻鑱諸文章字畫垂法後世茲石之幸
者也不幸而毀折摧仆人能用術智使合本然之質實
曠代罕遇之奇事也京兆府學昔為國子監石經之次
諸碑它郡所亡有如秦丞相李斯暨陽冰之小篆晉右
軍王羲之之行書唐顏真卿柳公權虞世南之真楷宋

郭忠恕僧夢英之衆體是皆古今昭昭著人耳目爭先
覩之爲快者其毁折摧仆不知其幾年矣觀者歎惜末
如之何一日客僧遠方來自稱能煉藥補石時人始弗
知案牘雷君因事在廟學仰瞻殿障之未具首出淨貲
命工增葺而繪飾之遂試僧術倡之于前　總管任公
慨然爲僕言予之先世嘗以貢士讀書是庠遭亂以殁
子幸復居長安家稍優饒有子有孫豈非由聖人之門
父祖垂裕所致歟頹卒成勝事迺備錢百餘緡經費一
資于已俾前代名碑斷者重續廢者載立得還舊觀皆
公之力也公諱佐爲人誠篤仕錦院大使　雷君諱時

中字敬之幼失父事母盡孝友愛同氣鄉黨稱之領提
舉司案牘二公樂於向善在流俗中誠不易得僕嘉二
公用心喜物數有歸亦文教復興之兆姑書以爲樂善
之勸併識歲月云

大元至元十四年正月望日

學録徐鼎　學正董溥立石

府學生王仁刊

陝西學校儒生頌德之碑幷序　正書額篆書

碑長五尺五寸寬五尺四寸二十五行行五十三字在西安

王府典書京兆路儒學教授孟文昌撰

前司天臺判府學學正駱天驤篆額

嘉議大夫前隴右河西道提刑按察使僕散祖英書

夫武以禁暴文以致治文武相須恃爲長久斯百王不
易之道有國家者益不可闕而偏廢也
大元應天革命開創　基業神兵一耀萬邦景附
日月所照戒惟人面無思不服威武之擅提封之廣徼
諸往古蔑以加焉

太祖太宗恢廓規模未遑文事然猶設科取士給復其
家中優選者竝蒙寵擢澤延于世幾五十年
聖恩可謂博矣
皇上龍飛踐祚作新斯民永思爲治之要首崇儒雅網
羅耆舊咸登之　朝收攬豪儁位以不次興禮樂
定制度昭文物紀聲明樞機品式燦然具備至元十載
皇子安西王胙土關中秦蜀夏隴悉歸控御
宸眷西顧實爲蕃輔稽古建官一新庶政發號施令恒
以愛養基本爲務蠲賦税之常調以恤羣生省徭役之
重困以息衆力平獄寬刑去瑕盪穢弛山澤之禁罷關

市之征無非便利之道閑者有司以舊制儒其戶者止 天十五
當復身
賢王處文風不振特頒　　教令凡士之居境内皆隸
儒籍仍全復其家教所在毋擾毀勸學者以風四方士
當斯時歡若更生何其章𢿃館之諸生相與言曰竊聞
昔漢河閒王修學好古招致道術奏獻雅樂東平王樂
於爲善不惜金帛購求遺書名垂簡册至今稱之我
賢王敬老尚德本于　　天性命相舉賢月給廩秩
獎拔後進開文學府還左右旁求經籍增飾泮宮廣設
黌宇隆恩以育人材厚禮以聘儁彥俾士類出毗編之
元陝西學校儒生頌德碑二
雜無繭絲之供獲處樂土熙熙于于復聖道於已熄救
斯文於將墜方之二王
德邁遠矣且儒館獻歌昔人所美敢攄下情揄揚
吾王盛德萬一以代興人之誦遂作頌曰
於昭
聖皇丕宣重光首出萬方廓除祲氛戴恢　　帝勲
經緯以文道屯而亨不雷不霆大振天聲更造人倫一
陶化鈞所存者神百廢具興久晦乃明正學復鳴王邸
跡封啓土關中巴羌是同恩波四覃自西自南如海斯
涵養老優賢俾脫戶編獨戴二天既昫既濡其樂于胥

風以詩書有來青衿學校如林藹然徽音汝有猷爲薪
之槱之好爵爾靡文教孔彰仝　國熾昌永燭無
疆
至元十四年十月望日
元陝西學校儒生頌德碑三

有元重修玉清萬壽宮碑銘并序 正書

碑長六尺五寸寬四尺共二十八行每行四十九字陝西汧陽

奉議大夫陝西漢中道提刑按察副使姚燧撰

暉川講師王元輔書丹

雍西之山曰岍又西曰隴隴之山北起五原抉崆峒而南抵吳嶽隴左諸水北受之涇南屬之汧汧之源發小隴山甚微步仞可越迤邐循岍而東貫石門始奫淪又迤邐南折而入于渭岸石門而宇者即通微洞眞兩眞人為道之故廬也初長春愛其地築全眞堂後為玉清觀今溢名為宮遺徵蒲察姓道淵名洞眞于姓善慶名

洞眞始師丹陽丹陽返眞師長春二師皆受全眞學於重陽全眞之名重陽以道德性命之學實倡之金正隆大定閒自是以來為其言者雌從雄鳴百千為曹而縣宮懼其搖世欲錮其說以叛渙其群勢如風火逾撲逾熾獨何自而然哉亦嘗思之群斯人之難也未若渙之而人不小有創焉又群之之難也今夫帥三軍之衆者操斧鉞之威懸爵賞之欲投之所向無不如意脫有崩挫衆氣一歸輒鳥散而不能軍是威能必民之懼不能得其驩心欲能鬬民之貪不能得其死力也況無二者乎以貴則一夫以富無尺田非明識高世強力出物能

鼓舞其下者不若是㪅為上之抗而曰凡民能之乎然猶未及夫生人之功也一傳而為長春函夏陽九適遭其時哀斯民將膏砧鑕大闢元門為趨生之塗實拯億兆於滄海橫流之下於戲事不要其終徒始之究者殆不得而見天之所以昌斯教者其用以就斯乎宜羽服琳宮日新月盛乎金之世星羅碁分於我

有元之坤輿也迨乎長春返眞淸和嗣教無幾時舉斯位屬之眞常而休居當是之時求長春高弟與有生人之功道價淸重克繫西望者授付祖庭俾綱維關隴之教而洞眞始西轅洋時七十有三矣又十有二年而後

厭斯世焉嗚呼斯宮也眞人其始基之乎基之而不忘之亦人之情嘗求之吾身曰靈臺曰魂池曰神庭曰崑崙之墟猶為晝夜呼噏精氣神明之所舍況靈山遠川磅礴而雄高淸駃而幽深騰雲而蟄雷伏至寶其間為中州淑氣之歸會今眞人者心雖理融而不膠物焉知不魂遊茲山一覡夫故廬乎其徒有講師馮姓名道眞圓明號高姓名道寬提點魏姓名道陽三人者集其朋徒一力協中昭明敬虔乃崇斯基乃考斯宮題節山層丹臒翬飛林林百楹如峙如立凡二十三年而後成可見夫竟就之艱隴邑户來姬帥德通實倡賓先可見夫

佽比者之夥也教門提點李道謙為誦其麗且請銘燧
曰得若夫瀩石潭鍧玆爇出五色之魚以鼺叚太尉之
墓醲其餕於張女之祠然後求秦穆之鑄匈爐鼓而然
之以健吾湫鈞飲馬馬跡泉而歸援翰賦詩併刻碑膉
以侈美斯宮者又俟夫他日焉銘曰
行者於塗有佽以趨舂者歌呼相杵之相扶尚力氣之
休蘇雖遊方之外之臞豈是焉殊學必有與俱不栖栖
而營居通徼洞眞膠投漆如曰訪道其有閭求至璞之
全混必離廉而斲觚握手高蹈誓與世疏擁腫大樗斧
斤不鋤西南雍都有嶽維吳穴石以自廬或擇勝而娛

北瀹濯乎玆蒲寒暑切膚編笠草驕木荼結穚侶麀鹿
而友雄狐彼不駭以安舒視為枒中之枯株日餅一盂
隨青山以為廚心焉扶搖鵬南斯圖滯矣哉血肉之軀
不速其翰搶鶯鳩於尋丈之枋榆維丹寶之在吾亦何
嗇夫握璧而懷珠非有道能然乎是其為教雖或高出
乎縫掖之上而君子過諸然並夫歠糟是餔欲濁涔之
洿者不猶太山之與錙銖或浩浩其長辭返廣莫之無
郛吁道眞三人實維其徒懼靈跡之久蕪菑翳是誅恢
皇舊橅力不足而舉贏餘心雄萬夫人矜以孚貧力富
帑視□乎之須心焉雖輸曾日月之幾何屹雲構之渠

渠亦憂憂乎其艱劬我銘翚玦終于斯年兮不渝
□□□□年四春初吉本宮提點鮑道元立石
本宮提領何德儀刊

洛京緱山改建先天宮記 正書篆文 額作先天宮記額

碑高一丈一尺八寸廣四尺四寸 三十九行行一百二字

眞大道門人崇道廣演大師休庵老人前進士杜成

寬撰

緱山張瑜書丹篆額

原夫否極泰來宜元化從衰而漸達乾旋坤轉當聖獻

於是以重亨使群生復覩於淳風俾百姓咸濟於壽域

洪惟

太上金闕玄元老君爲造化根本作玄黃父母胚渾二

氣化育三才居太初太易之前處無象無形之內體希

元洛京緱山改建先天宮記一

夷而妙究道眇邈以難窮千古稽模百王執範遠書畫

卦爰由聖知之所爲毀穴焚巢端的神功而攸致定四

時而明五運分百穀而正万機興農桑養育於蒸元置

兵甲却攘於兇醜布蔭於普天之下垂休於率土之濱

明四目而達四聰敷五教而立五事四罪咸服五典俱

徽地平天成道行化洽漸見性情之逐物乃捄道德之

眞經救彰澆薄之風令通眞常之域導之以百行万善

捄之以三綱五常庶乎自忠信孝悌而悟底於修齊由

仁義禮知而還歸於道德〻〻奈去古日遠望道日微法

令雖張巧僞彌熾以利祿功名爲事業以富貴矜誇爲

天廿一

尊榮或言行通而化人翻成矯世而衒俗或以呪術而

爲救治或用符法而劾妖〻〻以齋醮爲行持以燒煉爲

修養是皆舍本而逐末安能成道而證眞惟我

祖師宋微眞人劉君生居滄州樂陵縣之北界首以愛

敬事母以清靜處身端由正念之克存乃感　聖師之

臨御復駕青犢來抵其家授以安秉傳以經筆俾興

大道之正教以度末世之黎民其教也本之以見素抱

朴少思寡欲持之以虛心實腹守氣養神及乎德成而

功成乃可濟生而度死以無爲而保正性命以無相而

驅役鬼神行教三十八年住世五十九載以法傳付

元洛京緱山改建先天宮記二

二祖大通眞人陳君二祖既掌天權弘宣祖道度人罔

極識化無方闡教垂一十五年法壽則莫得而識以法

傳付　三祖純陽眞人張君三祖稟質不凡行法好古

敷宣聖教克肖先師處世五十五年闡教二十五載乃

以教法傳付　四祖元陽眞人毛君四祖見性達聰罔

愆成法心厭塵世不永斯年掌教五星有奇得年三十

八歲復以教法遜與　五祖太玄眞人酈君五祖當教

之日值

大元立國之初法令未行〻〻魔亂起始終一十五載遭

逢十七大魔以五祖道德崇高威靈顯赫魔不勝道罪

天廿二

乃自平自戊戌以來化國以洽南通河徼北極燕齊立
觀度人莫知其數真人尊　玄之號教門得真假之分
闡教三十六年享壽七十八歲將法傳付　六祖通玄
大師孫君六祖得法之後德威
宸號名聞　朝野
君王春顏卿相至持東統轄諸路之職受通玄真人之
號嗣承宗教轉見輝光數化一十五年享壽五十六歲
於至元癸酉四月念二日以微疾而終雖與歷代同示
坐亡其應現威儀化其他有異於預先七日將法傳付
七祖順真大師李君其傳受事意又極昭彰道俗官　天廿三

元洛京緱山改建先天宮記三

民咸稱殊異七祖得法之後
宣授統轄諸路　賜順真體道真人名號有河南路洛
京提點舉師杜公德元來謁師堂告曰德元所住之府
店緱山乃周靈王太子
子喬仙君飛升之地也始創原廟　賜號賓天時有前
朝就為觀額廟處仙山之末觀居緱嶺之阿殿堂房屋
有四五百間受業之徒莫知其數屢經劫火焚蕩一空
至乙巳年閻得木里官民楊彈壓王彈壓及庄院人等
共現屈請本教道人楊德　主持北山以奉
仙君為祀　聖祈祥之地屈于丙午歲　先師五祖

真人法旨令德元與尊宿老大師李德用引領徒門鄰
德和侯德賢等同來俻禮〻元住此庵修真闡化之達
繼承師命賜德元紫衣明照大師號補作法師隨即陞
充保舉仍賜楊德元爲紫衣清和大師遷以法師之職
近　六祖真人掌教劄差德元爲河南路提點舉師楊
德元充本路道錄職事仍就此山爲闡教化人之所
德元與楊德元等同志協心經營起造躬持畚鍤親執
斧斤闢撥荆榛驅除瓦礫鳩工作址命匠掄材二三歲
間方有倫序真聖之堂再葺仙君之廟更新廡翼齋
齋廬咸辦既營廄庫乃建房廊內觀則丈室尊嚴外望　天廿四

元洛京緱山改建先天宮記四

則宮門整肅粤自結茅而立道至于築室以塑堂補故
作新奉真安衆既成其事上白　元師乃告于王遽然
褒　旨賜新革故改觀爲宮即作賓之嘉名孟先天之
美號爰從剏始迄至于今薙葺光陰垂三十載惟大道
光宇於此日化仙君丕顯於茲辰聖師闡聖教之端宗
主嗣宗門之法諸功德主作成之力大福德人護法之
功存設之得道淨流新舊之運心法侶同成勝觀共結
良緣又皆能竭力於教門孰不欲垂名於後世願德宗
師之法旨許令立石以紀〻〻於是乎奉明命捫師堂属
衰翁而作記既聞教語事敢推遜不辭逃遁之三十祀

力馳驅於一月卒令老朽得遺　神峯昔徒聞聖跡之
名今獲見靈蹤之實河南府西洛王戩訖邑永安今
同軍縣四水灣環於帝里輦出碩儒群山擁獲於仙宗
宜招羽客北邙隱映謨興千古之思高嶽崇高當獸萬
年之祝還來府店瞻望高岡茂林擁翳於煙霄獨峭巍
義於星漢欲登山而禮敬乃取道以躋攀路旁之殊異
百端草內之希奇万狀橋根出土宛然伏爪之虬惟石
隱叢光若藏牙之虎雲霞映日猶存蹻鶴之形客擒抱
吟風尚擬吹笙之聲韻谿登絕頂快觀宏門入觀仙陛
成瞻寶殿軒檻見丹鉛之色落楹爛金碧之光始被補

除石上之苔痕未没塊壁拂拭壁間之蝸涎猶存從興
增修將還舊觀愬暮天顯淡月呢光櫳玉石繹諗瑋色
朦朧霧華冷浸琉璃瓦卓冠於靈源洞府尊居於天上
人間百拜陛靈三熏致敬環觀四壁宛挂蜂節擁鸞輿
載觀兩廊錦襖繡衣乘寶輦金童侍兒玉女捧香葬當
時太子之尊榮無此日仙君之富貴億年不老万古長
春閲彼世凡之無鄉慕還觀賓天之古觀焕然基構之
新成堂宇翬飛門庭陀級會真殿裏玉清之聖像巍然
祖師堂中歷代之真容儼若儀豊至道於是興行可不
指歸以光昭代成寬巧胄然其曰物待以顯晟有其時

天廿五

地非福地不足以光斯道之光人匪高人亦不足以爲名
山之主今也衆師乃光庭之苗裔法師賓子雲之靈苗
惟其於大道有緣故來與仙宮作宰号從經始逮至子
今由化度而成真證道者不知幾多人同致治而脫苦
超生者難以數目計較其行則不爲不至言其功則不
爲不多尚圖極力爲山惟恐功虧一簣不以斷酒戒色
而便爲達道不以除邪治病而便望成真更期理事圓
明方見性天豁落撤後學毋隨根器與小道不辨是非
念見流聽總不奇且只得摘摘書誦但教會得當頭句
總是見山得寶人此道玄徽缺之不盡是觀也前代以

賓天爲號今朝以先天立名天與道本自同玄賓與先
中存深意賓天者乃太子之功德隆重可以作　上帝
之賓先天者言太子之神聖無方也能廣先天之道自是
則太上之至德無道運日月以無窮仙君之聖德神功
並乾坤而不替先天之號万古不磨所憚者此道重興
不從高位儔門小法相與混淆加以齋戒精嚴家風清
肅與從殊俗絶物不群以致常流多生謗詠其於正教
故日無心痛嗟來世天民不得聞斯妙義轉歸達妄難
見沉淪幸我行教之高人深得太玄之奥旨二流淨衆
能守規繩不得物欲援心專以裏善爲務以在存念道

天廿六

亡能弘尚稱聖祖神靈仙君感顯充此道於　國
王長者有力檀那敷化多方如風偃草使百姓樂唐虞
之化群生歌堯舜之年方知否極泰來以顯神功聖德
信心檀越協力賢徒雖功勞已在爾文然名姓未能顯
注敬當一一具載碑陰道不負人必要昭彰乃爲之銘
曰
斯道之大　万化之原　先天先地　玄之又玄
二氣胚渾　是爲太極　杳杳冥冥　宗於玄一
曰始曰元　由以立焉　柔剛仁義　相須以全
是爲三才　開物成務　若禮與知　從而宣布

名之曰德　用乃有爲　法制巧爲　皆本於斯
愈降愈下　日漸不古　隨波逐流　莫知所主
天理斯喪　人欲孔張　大哉至道　日以淪亡
救世度人　思惟太上　深恐斯民　終歸迷妄
乃爲宣演　道德真經　欲使末世　復見和平
人誦此經　要究其理　修身齊家　當默不以
以之治國　可底康寧　至于天下　道化復行
其教簡易　人皆莫識　以致漂流　淪胥及溺
邈哉大聖　爲念斯人　復以大道　授于劉君
見素抱朴　少思寡欲　接物利生　虛心實腹

此乃修身之法兼存濟世之功　立此大本　人莫能充
身苟能修　誠因以至　用無相之真機顯有爲之至一
至德及物　至誠感神　邪無不伏　法無不靈
以無爲而致神效非小道所可比倫以此名揚岐如暑日　化乃大行
觀因以立　繼祖效法　曰張曰陳　迄于四祖
元君其人　五祖鄭君　大弘此道　如德之人
咸來受教　河南緱山　王子登仙　爰立觀宇
號曰賓天　劫火洞然　觀因以毀　楊杜二公
因而重起　六世孫君　達于王庭　以大道故
先天其名　夫此仙山　真爲福地　窅然一峯

聳于雲際　万株檜栢　四季長青　名山列峙
圖畫難成　會於有圖　賓天有記　今此重新
仙蹤可繼　皇矣斯道　永劫綿綿　真仙數暢
不可名言　法侶精勤　不違戒律　絕世妖氛
除民病疾　不求施利　不事祈禳　瞻道之計
惟務農桑　質朴真純　不知修飾　晚起夜眠
麤衣糲食　□□□□　爲其厲民　今此正教
不取諸人　以道徇身　至誠格物　貪婪嗔癡
斷無染着　化人入道　亦取自然　不圖利養
惟保心堅　修進罔懈　身期輕舉　復以勳勞

起度玄祖　羽流修奉　曉夕無忘　香燈禮念
習以爲常　上爲　君王祝嚴　皇祚深又邦家
延長歷數　鴻基鞏固　聖壽無疆更爲蒼庶集福延祥
五穀豐登　萬方寧敉　疫厲不生　刀兵不起
諸功德主　大福德人　宗門淨侶　和協精勤
若德興業　既大且久　併勒堅珉　永傳不朽
大元國至元十五年歲次戊寅仲春二十二日本
宮賜紫悟眞大師法師兼知宮事黄成仙副宮韓
成道同立石
洛京石匠申貴　胡嶼　任成　張福朗　刻

碑云府店緱山乃周靈王太子喬仙君飛昇之地也
始剏原廟賜號宵天時有前朝就爲觀額廟處仙山
之末觀居緱嶺之阿按班固地里志云緱氏有仙人
祠水經注云休水又逕延壽城南即緱氏城也城有
仙人祠謂之仙人觀太平寰宇記云緱山緱仙鶴觀
在縣東三里嘗以漢以來相傳之廟矣續博物志稱
天寶中太子陵仙鶴觀每年九月三日夜有道士一
人得仙張竭忠爲令不之信陰令二勇士執兵覘之
至三更有一黑虎入觀來銜一道士於是中府請弓
矢大獵石穴中格殺數虎其觀遂廢爲陵使之居亦

此地也碑爲五祖眞人令杜德元就山開教德元與
楊德元經營起造而作盖元時去唐代漸遠人忘虎
恣而道教復興実　中州金石記
億按碑記題稱洛京考之史志河南府唐故名東京
宋爲西京金爲中京元之建國未嘗以京名也臨文
者或亦過就書之與記既出於杜成寬集其自題
署云眞大道門人崇道廣演大師休庵老人前道
士然則成寬亦士流也元史釋老傳眞大道教者始
自金季道士劉德仁之所立碑云惟我祖師東嶽眞
人劉君生居滄州樂陵縣之北界劉君即德仁也較

史并得其里居之詳又傳言五傳而至酈希誠居
燕城天寶宮見知憲宗始名其教曰眞大道成覺號
眞大道門人始由於此然案五傳之文證之於碑劉君
付二祖大通眞人陳君陳君付三祖純陽眞人張君
張君付四祖元陽眞人毛君毛君付五祖太元眞人
酈君皆史所不及賴此知其傳法所自也傳言其教
以苦節危行爲要而不妄取於人不苟侈於己今碑
云其教也本之以見素抱樸少思寡欲持之以虛心
實腹安氣養神亦足與史文相證碑言七祖得法
之後宣授統轄諸路賜額眞體道眞人名號據史

言至元五年世祖命希誠徒孫德統轄諸路由是推
之碑稱李君亦宣授統轄則其徒黨益盛史不悉載
也又銘內六祖孫君達於王庭史稱孫德福即其人
至後題河南府路洛陽縣姬磨司巡檢司典史杜著
百官志巡檢司巡檢未見以典史屬之此司又有河
南府路永濟倉使杜簡百官志京師永濟倉至元四
年置今亦於府路諸倉並有此名史尚未備錄余故
為著之也後又列主簿兼尉路德儒者志稱民少事
簡之地則以簿絕尉絕字誤依碑作兼為正武億偃師金石
遺文

碑中為皆作爲真皆作眞
德皆作德靈作靈
後俟寫時書正

靈感院地土四至記正書

石長一尺七寸四分寬七尺五寸八行行十四五字不等在偃師王原

浮山靈感禪院
置到地土四至為記東至第二平塚南北道為界南至
龜見頭下大塪為界西至瑶硔為伴北至水泉溝為界
四至已身化緣少資顧工開耕永遠常住於內為完立
石
歲次戊寅至元十五年十月初一日立石　僧福
燈銘記

蒲察大使索海市詩草書

石長四尺七寸寬三尺作三層書

每層各九行行五字至七字不等

應天以實不以文人間世事徒紛紛一自元靈感靈應
百年異代殊無聞山東安撫心好道一過蓬萊問　享
深期恍惚通仙靈不見嘉祥□懷抱是時巨海風濤息
萬里涵空襯天碧天邊和氣生紫煙海上群山削青壁
層城異木當顛現甲馬神兵隨後變雲幢旛蓋出山
寶闕瓊樓浮水面參差有若蓬萊宮□移三山出海東
鶴駕飄飖近西岸來向清時振道風

郎立

海市詩末署郎立二字無名立字銜元門演道　宗師之印相傳為郎祖碑分三層刻無年月在崇福宮寇天師傳碑陰按嵩嶽志云金郎長春世為嵩陽顯族大父初遇重陽真君于海上傳其道至元己卯太宗以蒲輪起于吳天觀至見上於漠北大雪山之陽似即真人也此詩及字皆瀟灑可觀嵩陽石刻記

碑分三層刻無年月相傳為郎祖碑題名蒲察大使索海市詩末大書郎立二字無名立字銜玄門演道宗師之印　中州金石攷

圓明朗照真人功行之碑行書額篆書

碑長七尺九寸寬三尺五寸二
二分二十八行行五十七字

摩峯進士唐璧撰

承仕郎涇陽縣尹兼諸軍奧魯王　篆

安西府路河渠營田使司副使王　書

嘗聞上古修真之士外而應物內則頤神功行俱備飛昇九霄今亦鮮此者其惟寇公真人乎公諱志靜字隱之道号圓明子家世櫟陽而金人寇萊公之後裔也父為同州節度使清廉有政聲母氏者經積善於前金泰和間夢吞電光覺而有娠厥後公乃生稟性清明處己謙慾厭紛華甘澹泊年十有五志在方外父母欲與娶室誓而弗許謂親黨曰身非我有況於偶乎世間恩情名利皆浮漚空花何足恃哉予將養真源以保長生不復輪廻塵寰中耳父母聞其語即令出家礼廣陽子許真人為師師見舉措異常必成大器密傳妙旨公豁然大悟若河決而注諸海鑑磨而　光徹天從此智識日加進修時敏居環鍊性極深研精火中識龍水中識虎其神妙孰能測焉金末五陰剝極九州鼎沸避鋒鏑東徙歷試諸難不憂不懼履變如履常足見所養深根固蒂矣至

大元甲午歲資運開泰飛龍在天混一六合萬化更新
元風大振復居環堵既久出環推先覺〻後之心隨方
闡教接物利生度門弟子數百餘衆四方來詰者輻輳
雲集戊戌還故鄉過大河阻渡公默禱於上翁河即冰
合乃得渡焉衆皆駭異越明年抵鄉中有竹千戶怡縣
丞范主簿禮請公於先師福地重修延壽宮以為祝
聖之所公應其請同悟真子全道真人賈志元暨徒弟
兩縣提領冲虛大師何志清等竭力經營廣其規制修
殿者三曰洞陽曰通明曰七真建堂者亦三曰法籙曰
靈官曰祠堂左為雲齋右為香廚兩廡翼張三門表立
元圓明朗照真人功行碑二
造南昌上宮築虛皇寶壇至於丈室庫房淨位環堵塑
繪金碧雕鏤之屬靡不具備其功豈小補哉噫公所脩
功行何止立宮觀而已觀其勤事父師無犯無隱始終
致敬此以知其孝行也度門人抉開昏瞶俾各悟此
以知其陰公也凡主醮說法天花飛座雲鶴遶壇此以
以知其妙行也或見人危疾必書符以救之或見民阻
飢必設粥以濟之或憫沉魂枯骨必捨財薦而瘞之其
他所為皆類乎此茲乃見於外脩者也推其內脩者虛
心忘形煉魄御氣合精毓神功加九轉炮陰陽而窮造
化蹈水火而貫金石現出神光顯作化身御風乘雲之

天卅五

舉不言可知外雖有為內實無為常應常靜內外相融
性相俱顯月印清溪誠得真常之道嗚呼公以身養浩
淵嘿聲名達于朝上賜金紫加圓明朗照真人號縉
紳欽仰焉或謂公積功累行充實光輝輝映今古振起
元門為羽流修真之儀範可信哉□示養晦遊廬一日
公之高弟講師文志通惠然踵門請予敘其師之功以
鐫諸石□廣陽名於後世余嘉志通等用心義難以辭
應之曰昔人見一善行尚表而錄之況今圓明子實行
真功溢人耳目予豈緘默弗揚其善哉然內而煉真神
機不可以言揚外而修善事且浩繁亦不可盡述姑舉
元圓明朗照真人功行碑三
其大槩而書以示方來之操修者銘曰
偉哉圓明　悟空入道　得師心傳　學道淵浩　襟
懷瀟落　戒行精確　扶先天秘　以覺後覺　立宮
度人　救苦濟貧　外而應物　內則頤神　功行兩
全　昭然達理　性徹形超　長生久視　門人存誠
遹駿有聲　命工鐫石紀銘　俾師千載揚名
至元十七年歲在上章執徐二月望日
知宮甘志堅　李道隆
尊宿孫光大師安志明　清虛大師王志洪立石
涇陽縣主簿兼尉劉天祐

天卅六

安西府路河渠營田使司副使李伯祿

安西府路河渠營田使司大使高　琳

安西府路河渠營田使司大使商　璘

元圓明朗照真人功行碑四

重修磻溪長春成道宮記 正書

碑長四尺七寸寬四尺五寸五分二十五行行五十一字陝西寶雞

河東處士薛庭諤篆額

金門三洞講經開元大師安西路都道錄賜紫孫德彧書丹

至元十七年重修長春成道宮成提點方志正具天樂李公之狀以文請謝不敏不獲接所具狀磻溪在鳳翔虢縣界一泉絕清泠北流十二里入于渭層巒疊嶂秀異如畫初入谷口甚狹沿溪五六里豁然塏爽土膏腴而樹蓊鬱雲煙朝莫千態萬狀使人顧揖之不暇所謂尚父之釣磯者在焉其曰磻豈非以是而得之邪始重陽真君寓寧海馬氏棲霞長春子知其為異人往師事之得心傳焉又二年與丹陽馬公長真譚公長生劉公從重陽入汴未幾重陽厭世長春與三子護喪葬於終南之劉蔣村長春以溪形勝慨慕古昔因卜居焉洗心練行深造自得時作歌詩以開示元秘用是名聲籍甚大定二十八年詔赴京師築館于萬寧宮之西以便咨訪明年乞還山從之明昌辛亥東歸棲霞又二十有八年

帝元太祖聖武皇帝遣近侍劉仲祿召至雪山之陽虛

元邱長春成道宮記一

席以問至道對以寡欲修身之要愛民永國之方及上
天所以好生惡殺之意上皆嘉納之是時干戈方殷賴
是以全活者不可以數計古所謂仁人之言其利溥哉
蓋謂是已又四年
勑居燕之太極宮即今長春宮也又
勑悉主天下道教事又四年乃羽化又十有一年弟子
洞真于公住持終南重陽萬壽宮感念磻溪宗師練化
之迹兵亂蕪沒召靈志清葺經度之時關中甫定土荒
人稀艱於得食磻溪當東西軍旅往來之衝志清葺披
荆棘薙草萊修垣墉力耕稼數年之間棟者守者楹而

元卯長春成道宮記二

礎者始有可瞻仰而定居矣乃額以長春而觀焉又十
有四年真常李公　　代禮嶽瀆炷香祖庭以
恩例升觀為宮而得今名焉志清即世道士方志正繼
述其事志正有幹局能勤苦刻勵以倡率乃聚構大殿
三曰玉虛曰通明曰大宗玉虛之南大宗之北曰南昌
曰思真自餘細大各有攸處嗚呼如志正者可謂篤於
向道有志而竟成者也雖然是溪之在太古荒寒寂寞
與天地山川為一氣初無名知也及尚父吞趙佐周以
有天下立齊與周相終始當斯時也君子謂如羲黃之
手唐虞文物始備可謂溪之治世矣自周自齊歷漢魏

天卅九

南北隋唐迄於五季幾二千餘年遂窮滅空洞不復有
大賢者出君子謂溪之復太古也亦宜自金大定至于
今百有餘年有長春宮積德累行開闡元化風行四方
以
人主之尊猶物色而招訪之雖逃空虛而樂山林一言
可以利天下不憚煩也用是人人想望其風采至今高
其德而不忘當斯時也君子謂如宣王勞來安集光啟
前烈可謂溪之後世而中興焉又謂自今至于百世萬
世溪之復古不古或蓋張熾光大則存乎其人焉至於
丹艧粉堊上觚稜而棲金爵是又吾長春子之甘棠云

元卯長春成道宮記三

是年五月朔日奉訓大夫陝西漢中道提刑按察副使
順聖魏初記
清真大師鳳翔府道門提點兼長春成道宮事方
志正同建
宣授陝西五路西蜀四川道教提點兼領終南山
重陽萬壽宮事天樂先生李道謙建立
前京兆路採石局提控湯洪刊

天卌

崇靈廟記正書

碑長五尺五寸寬三尺八寸四分
共二十一行行四十八字在渭南

嘉議大夫陝西四川道提刑按察使僕散祖英書丹

安西府學教授駱天驤篆額

至元己巳之春宣撫趙公介黄冠師朱德明子玉孟志
貞子正來相見曰二子素聞吾友甯從事于文字間故
來參訪且出其志貞之狀曰渭南縣治之南一舍而近
有觀曰崇靈迺晉將周處子隱之祠元康中民人聨萬
年反命處征之力戰而歿秦人思而祠之金大定間賜
額曰崇靈莊枕太華右抱𬮱山南揖靈臺北瞰渭水靈

山之秀枝樹林之蔽虧風土高爽原隰饒沃麻麥錯布
桑棗交映寔人間之奥區關中之佳境也主觀道士者
來無定不可枚舉至元甲子縣民孫貴渠進等禮請子
玉住持之子玉潁川人幼值壬辰兵革之變流寓陝右
九歲禮丹陽子馬尊師之孫太華李通源為全真師院
門既大敬奉之家衆發莫所須必齎餚之薦命子玉學
之子玉性聰穎不碁蔵曲盡其能且倜儻灑落喜接賓
客人有過門酒食芻粟必令豐厚之家有無不計也若
於應物人有所託極力營為己之利害弗顧也意從士
大夫游酒酣耳熱談笑起舞忘形忘世人之毀譽弗問

也其平慕子隱之風義故居其祠志貞所述如此宣撫
公曰子玉之意欲以己之出處大畧與其觀之梗槩刻
之琬琰願屬筆於子幸毋辭也予曰子玉之為人已詳
見於志貞之狀茲不再陳所謂慕子隱之風義故居其
祠者請擴而論之夫人之稟性所尚不同同則相契異
則相睽無古今之殊也志同則移千載為一朝不同則
睽一朝為千載今關中士民浩浩子玉與之禮貌非不
相際也言語非不相接也而不與之如膠漆之永固金
石之不變子隱之沒下竟於今數千百年矣而乃為之
朝瞻對而夕揖拜不啻若父兄之尊師範之嚴何耶志

同氣合忠烈果毅有以感發而然非矯揉勉強而為之
者正孟子所謂一鄉一國天下之善士斯友一鄉一國
天下之善士為未足而又尚論古之人也觀子玉志尚
如此則其為人可知矣或者曰學道之人唯當澗飲山
衣蓬鬆垢首木石之與居鹿豕之與游一塵不措於心
一事不留於想身世兩忘順以待盡豈可希慕古人又
引外物以求聲譽其於為己之學不亦遠乎□曰不然
夫知道之人以天地為聚落以古今為朝昏其視一身
也若太倉之稊米然然而好善惡惡是是非非之心寔
秉彝固有之良能有不可斯須而泯者大方之家詎不

歔歔而已也若子玉者誠所謂擴達通方之士與
或者退若八興造之規制道侶之姓名傳授之派別故
畧而不贅也是年重九日
嘉議大夫陝西五路西蜀四川都轉運使王博文記
大元國至元十七年十月下元日門人道士劉智
成等立石
劉善原刊

崇靈廟者土人祠周孝侯處設也碑只載處與氐人
齊萬年戰歿事謂秦人思而祠之措詞得正明人因
之乃謂孝侯郎渭南人且指到獸山爲孝侯斬白額
虎地附會縣東之赤水橋爲郎長橋穿鑿可笑碑云
云崇靈金大定間賜額　關中金石記

元崇靈廟記三

王博文題名　隸書
碑長四尺寬二尺六寸六分
共九行每行十七字
通議大夫燕南河北道提刑按察使西溪王博文子冕
巡按至曲陽翌日率書史相臺韓挺益雲卿書吏河間
李祐祐之秦差真定郭琮瑞之男師道侍欵謁嶽祠肅
禮而退從行者本縣達魯花赤敦武九十縣尹承事王
弼順輔主簿進義校尉楊祿伯福尉杜彥君美典史袁
亨嘉甫里中士人濮州倅關思義利用王傑漢卿人匠
局使保塞劉德源進甫實至元十八年正月晦日也
里人石端鐫字

元王博文題名

全眞第二代丹陽抱一無爲眞人馬宗師道行碑

正書

文中空字皆書丹時闕

碑長一丈一尺九寸寬四尺四寸共四十四行每行八十五字陝西盩厔

翰林直學士中順大夫陝西漢中道提刑按察副使

王利用撰

嘉議大夫安西路總管兼府尹李顗篆額

三洞講經闡元崇道法師安西路都道錄賜紫孫德

彧書丹

天地無爲而全道至人悟道以全眞廣大簡易不見其

朕資生資始而弗能主名道全於內者其天地乎屈伸

消長莫測其變德參化育而必臻其極眞全於內者其

至人乎丹陽馬宗師瑞金蓮於東海根元教於重陽起

跡於金源氏全盛之時流派於

我大元開刱之始與夫廣成鳴道於上古混元垂教於

姬周沖虛南華立言於戰國之世者無以異也師諱從

義字宜甫世業儒系出京兆扶風漢伏波將軍援之後

五季兵亂東遷寧海因家焉祖考字華叟以孝行稱父

師揚字希賢容儀可觀沈默有度事親爲學綽有父風

客或驚走以紬複櫛於家者視之黃金也白於父藏之

以待旬日客至即付之客謝曰吾呂僊也居幽谷村以

淘採爲業特 金 兩鎰將鬻於市遇於監稅者賴公

獲免願中分以報希賢固却之呂曰公有黃向風義後

當有高士出焉他日訪幽谷人無姓呂者始知其異人

也師將育母唐氏夢麻姑賜丹一粒呑之覺而分瑞金

天會元年癸卯五　月二十日也昆季五人以仁義禮

智信命之故號五常馬氏師次子也童時常誦乘雲駕

鶴之語及長善文學不喜進取適李無夢錄大丹於崑

崙山幾三載矣曰仙至則丹可成一日師遊其側無夢

見而異之曰是子額有三山手垂過膝眞大仙之材因

爲之贊曰身體堂堂面圓耳長眉脩目俊準直口方相

好具足頂有神光宜甫受記同步蓬莊既而丹果成忠

顯孫君惜師才德以其子妻之凡三息曰庭珍庭瑞庭

珪師嘗補試郡庠夜夢二衣褐者一素補兩肩跪且泣

曰我輩十萬餘命在公所主言訖而去遂之入屠者劉

清園中壁有字云我輩己亥十萬人太半已經辛巳殺

此門若是不慈悲世世輪頭常厮抹既覺聞屠豬聲往

視之則清之子阿溪屠二豬其一肩白欲止則弗及也

始悟己亥豬也辛巳清之歲屬也詣術士孫子元占之

以決其惑因稽壽幾何曰君壽不踰四十九師歎曰死

生固不在人曷若親有道爲長生計已而與客奕棋乃

失聲曰此一着下得是不死矣大定七年丁亥秋七月
師偕高巨才戰法師飲于范明叔之怡老亭酒酣賦詩
曰抱元守一是功夫懶漢如今一也無終日銜杯暢神
思醉中卻有那人扶中元後復會重陽祖師造其席戰
師曰布袍竹笠冒暑而來何勤如馬曰宿緣仙契逐來
訪謁與之瓜即從蒂食詢其故曰甘向苦中來復回桑
自曰終南不遠三千里特來扶醉人師心自謂曰前所
作有醉中人扶之語此公何以得之就叩何名曰道曰
五行不到處父母未生時席間談道多與師合乃邀居
私第出示所述羅漢頌一十六首祖師廟和究若宿成

元馬宗師道行碑三

遂心服而師事之北是師夢南園池中一鶴涌出今
祛欲為祖師結庵祖師即指鶴出之地師大異之庵既
構字之曰全真師欲從祖師西遊以累重難之祖師迺
威陳離鄉遠遊之樂以開釋焉是歲十月朔祖師令師
鎖　庵齋居百日止一餐雖隆冬祁寒惟筆硯几席
布衣草屨而已形神和暢若寒谷回春者焉八年春正
月十有一日庵始啓鑰祖師謂師曰將謂汝三數日從
我西遊直鎖害風百日乃作一場奇怪師悟以前疑付
庭珍華以離書付孫氏遂易服而道焉祖師因師夢中
歌有悦得白鍊得黃便是長生不死方之句命師更名　大卌七

鈺字元寶號丹陽子師又夢從祖師入山及旦祖師呼
曰山侗因為小字焉居崑崙之煙霞洞師忽患頭痛殆
若無所適者祖師令醫於家一日謂門弟子曰昨日馬
公飲酒其破道乎使候之師蓋藥用酒引不覺過量疾
甚人復曰馬公將死矣祖師拊掌嘆曰吾遠昇知汝緣
信道不篤而至此耶乃以鍊心語療之曰凡人入道必
戒酒色財氣攀緣愛念憂愁思慮此外更無良藥矣疾
遂愈其年十月朔令師焚誓狀于文登蘇氏庵師從祖
師至汴寓王氏之旅邸飲食起居悉以仙楳示之鍛鍊
既久遂承秘印十年春正月四日祖師將昇師請曰鈺

元馬宗師道行碑四

當為吾師服祖師曰可赴終南劉蔣之故居囑以後事
而逝師暨譚劉邱三道友入關詣和李二　真人請劉
蔣祖庵居之十二年春化自然錢於長安市中復讙仙
樞自汴之秦歸葬劉蔣遵遺命也師居廬頭分三髻三
髻者三吉字祖師之諱也十四年秋夕師與三道友言
志于秦渡鎮真武廟師曰鬬貧譚曰鬬是劉曰鬬志丘
曰鬬閑翌日乃別師復歸劉蔣構一齋庭為環堵之所
手書祖庭心死以表其顏庵為祖庭自此始也師謂門
人曰一晝夜凡幾時對曰十二曰十二時中天運造化
須少停息否對曰無師曰學道者亦如是矣十八年就　大卌八

化華亭劉昭信等大衆不果乃賦詩曰錦鱗不得空滂
漉收拾綸竿歸去來大乘即悞遂執弟子禮賜以靈陽
子之號十九年春二月師築環華亭大乘亦與焉墻外
來翁一株枯已久矣四月十四日移植環內以水沃之
曰今日純陽降世辰也予生于五月二十日至日此樹
生葉矣仍作頌云天上三十六地下三十六天地入寶
瓶七十二候足大乘請釋其旨曰此隱語也其應有日
矣及期綠葉敷榮始知移植之日至五月二十相去三
十有六是天地晝夜合爲七十二候也大乘因作異木
記以誌之秋八月遷居隴州佑德觀解元武子和革頗

執几杖以從繼而棄俗歸道者不啻百餘人二十年春
東還祖庭適長安居遂萊庵從善友趙思請也秋八月
旱師祈雨詩云一犁沾足待何時五五不過二十五至
日果雨二十一年冬師謂門人來靈玉曰世所稱衣服
舊弊重修潔者何名曰拆洗師曰東方教法年深弊壞
吾當往拆洗之未決旬宮中有滕發事遂以關中教事
付邛長春爲主張馬仙仗東歸過濟南有韓滔清甫者
慕康節之爲人所居號安樂窩禮師乞垂開發師曰夫
道以無心爲體忘言爲用柔弱爲本清靜爲基節飲食
絕思慮靜坐以調息安寢以養氣心不馳則性定形不

勞則精全神不搖則丹結然後滅情於虛寧神於極不
出戶庭而妙道得矣淘謝曰大道淵微無所扣詰今聞
至言得其門而入矣師嘗說四體用云行則措足於坦
途住則凝神於太虛坐則勻鼻端之息卧則抱臍下之
珠類此甚多蓋言道人分內事也二十二年夏四月至
寧海未幾行化於文登之七寶庵門人穿井九尺而大
石障之師乃云穿鑿須加二尺深甘泉自有應清吟及
疏鑿尺有八寸泉乃湧出冬十二月晦師謂門弟子曰
今日有非常之喜遂乃歌舞自娛二十三年春正月報
者云仙姑孫不二返眞于洛陽矣冬十月下元日文山

令尼庬古武節請師作九幽醮師謂姚鉉來靈玉曰空
中報祖師至青巾白袍坐白龜於碧蓮葉上龜曳其尾
而去十二月師赴萊陽遊仙觀忽肆筆書妥形替其略
云大哉　登眞路入青冥麟隨絳節鳳捧朱軒鳴鑾佩
玉履虛步雲超受眞誥上登玉宸特寫其歸眞之意耳
是月二十二日祖師誕辰師仰瞻天表曾瑣問其故曰
祖師偕和師叔至當赴仙會矣予知一日教門洪大胡
不懸遺師　曰堂堂歸去也作箇快活僊謂劉眞一曰
汝等欲作神仙須要積功累行縱遇千魔萬難愼勿退

隨果爾然後知吾言不妄矣又曰我開眼也見瞑目也
見元來不在眼但心中了然無所不見耳汝緣在北方
可往矣時將二鼓師東首枕肱而蛻是夜於劉錫屋壁
間留一頌云三陽會裏行功圓風馬乘風已作仙勸汝
降伏龍與虎自然有分亦登天俄頃人云師已仙矣方
悟留題蓋師之神也初崑崙紫金山東華庵有松數株
變青為白師曰松之白殆為我乎不半載師果逝焉長
生玉陽二宗師來莅喪事七日而卜兆於遊仙觀而安
厝之二十五年邑人疑仙骨陜右門人盜去萊陽宰顯
武劉公啓柩視之貌如生乃更衣於金玉堂復葬之師

幼習儒長克家有不貲之產而樂周急故得輕財好施
名禮所謂積而能散者此也雖為碩士接一童子必致
敬焉老氏所謂不敢為天下先者此也承師訓以開化
接門人以歸真雖寓形於家海以濟衆為己任語所謂
人能宏道者此也一遇異人得傳心法日經鍛鍊而不
弛其志孟軻氏所謂樂取於人以為善者此也以致感
海市之瑞像變甘泉為靈派劉清毀屋具而改行樂周
焚漁網以嚮風所過者化狂悖革其非心所存者神臺
稚為之雲集果行而泰飛歸東海凡五道場宏師教也
故曹瑱雷大通劉真一于洞真等數十人各修真達道

扶宗翊教之士悉出師陶鑄之手譚長真劉長生王長
春實祖師之高弟尊師曰叔師處之裕如也生平所作
歌詩皆出塵絕俗之語而沾丐後人者亦多矣至元六
年春正月
宣書加贈丹陽抱一無為真人之號十九年秋八　月
朝住持終南山重陽萬壽宮真人李天樂持師道行之
狀　致懇於僕曰吾嫡祖丹陽宗師葬于萊陽進
士張子翼作登真記已識之矣而祖師成己成物蘊德
大業師能纘承之乘風御氣長生久視之道師能揄揚
之祖庭會真寔李諸此不以貞珉載其道行以詔後人

殆為闕如子無靳其文庶傳其不朽也僕惟道德之源
繼繼承承不迷於後世者丹陽師之力也牢辭其可乎
乃繫之以銘其辭曰
乾坤大道法自然　至人一出千百年　道非人宏道
不傳　人能宏道道始全　重陽飽飲廿河泉　道眼
直視東海堧　金焰爍爍開七蓮　慨然捉馬揮玉鞭
丹陽鴻儒宿有緣　行功鍛鍊方且圓　渙然冰釋
歸真僊　詞源落筆如雲煙　機發於踵崑崙巔　降
龍伏虎秘法宣　知知覺覺無後先　道場五闕教力
宣　乘風御氣遊八埏　下視塵世猶天淵　若子若

孫䄂大賢　胸中氷雪壺中天　傳心嗣法無窮證
至元癸未歲重午日
安西路道門提點圓明致道大師郭志祥等運石
宣授陝西五路西蜀四川道教提點兼領重陽萬
壽宮事天樂真人李道謙　重陽萬壽宮提點保
和寧謐大師髙志隱　沖和悟道大師祁志安
沖虛大師王志和等　立石
侍者王德崗同刊
宣授隴慶平涼管民長官乾州軍民元帥武騎侯
希真居士劉德山
元馬宗師道行碑九
宣差陝西提領玉局人匠總管崇道居士袁德素
男玉局直長奉真居士德諒助緣
崇元大師張德寧鐫字

道士孫德彧字用章眉山人十一歲爲道士木書忘
讀書武宗賜真人號仁宗累加恩命管領諸路道教
居終南山重陽宮道園學古録
丹陽真人初名從義後名鈺重陽上足也其所云心
不馳則性定形不勞則精全神不擾則丹結然後滅
情于虛寧神于極亦是第所謂丹興祖者何物也丹
陽初有家爲重陽所導至再三乃棄之與妻孫各行

大九三

化得道碑爲元學士王利用譔而道流孫德彧書文
頗詳贍而書尤勁有魯公遺意　介州山人撝

元馬宗師道行碑十

大五四

樓觀大宗聖宮重修說經臺記 正書

碑長七尺一寸寬三尺五寸二分二十二行行九字末載撰書人及各題名陝西盩厔

宣授陝西五路西蜀四川道教提點古汾李道謙撰

文

制授體仁文粹開元真人書樓孫德彧篆額

本宮元壇講師盧水李志宗書丹

老子說經臺與古樓觀相直千步內傳所謂宅南小山是也巋乎特立而端嚴兀爾孤高而俊小萬峯環擁三面屏開大川橫展河山點綴雲煙濃淡艸樹晻藹周秦遺墟漢唐故址皆歷歷在指顧中信為天下之偉觀也

昔有真人曰尹文始當周昭之世結樓望氣以期真遇俄而青牛引駕薄華西游聖真胥會請著書以惠天下後世乃於此說道德二經以授受焉是為道家者流之原也自時厥後崇建廟貌焚脩藉火四方瞻禮號地肺第一福地為元門宮觀指南然而歷世曠遠屢經變故以教本所在隨廢隨興近之燹於金季靈宮華構蕩然一空

國朝丙申歲掌教清和大宗師起同塵李真人於邢臺俾任興復祖宮之責同塵辭不獲命乃率領門衆大興工役樓觀堂殿以次而舉首尾十載漸復舊規惟此臺啓元殿經變得不廢復以規撫隘陋拓而

新之繪歷代註經仙哲名德俱顯者四十八員於兩壁刱四子堂新靈宮祠前山門後客位臺之北級構弁殿堂暨雲房廚庫等室以居道衆且以元逸真人所付古文老子饒諸貞石與舊碑列峙殿前方之舊制益倍蓰矣功成勾文旌其事嘗試以所聞而為之說老子者道也生於無極之先起於太初之前混混沌沌虛無自然及乎結氣凝精分神應化或出於龍漢之紀或現於赤明之季隨世誕靈無有紀極惘時垂教代為帝師至其降迹殷周傳經授道鑿開渾沌剖析鴻濛啓衆妙之門示重元之旨以清靜無為宗以虛明應物為用以慈

儉不爭為行以之脩身則身脩以之齊家則家齊以之治國平天下則國治而天下平是蓋秉要執本有常道存焉故體是道者無古今無終始在天地先而不為古後天地存而不為老非有非無而該乎有無非闔闢往來而行乎闔闢往來敍而虛空而妙其深至於不可見不可聞其為無也至矣及其用而為有也若天地產為人物人物皆蘊元氣大道派為德仁義禮而德仁義禮至於萬有又皆分載混成之一無即一夫言之未始豈於智敏於愚生而有死而亡豈枉不殊而覺昧殊明晦在時而不在心至均且完各不相借其曰有無妙徼者

卽易之上下道器也生〻之本莊是矣夫易作於三聖
摠乎天人之道究人事之始終合天地之運動有無相
秉盈虛相盪此天地之用聖人之功也而老子之書遁
辭立用一任冥契特欲出於天地範圍之表而道前古
聖人之所未道者然亦不外乎盈虛相盪有無相乘所
謂道者蓋犧皇周孔之所貫豈復有所異哉六經之學
綱紀爲世而二篇之要又將有得於六經之外故太史
公言六經浩〻不如老子之約又曰爲陰陽者繁而致
蔵爲儒者博而多虛爲墨者苦而傷性爲名者華而少
實爲法者酷而薄恩惟老氏清虛無爲使人精神專一

元重修說經臺記三

動合無形指約而易操事少而功多彌爲大道爲是以
先黃老而後六經然善用之爲黃吳爲唐虞其不善用
之則爲兩晉齊梁之弊有不可勝言者此非言者之過
也唐陸希聲作傳有曰楊朱宗老氏之體失於不足以
至發身晚物莊周述老氏之用失於太過故欲絕聖□
智申韓失老氏之名而弊於苛急王何失老氏之道而
流於虛无由此六子之失而世因謂老氏之指其歸不
合於仲尼豈其名病其道不可以爲治是使老氏受誣
於千載道德不行於當世良有以也司馬子長作史傳
則列諸申韓班孟堅作古今人表則等諸疇列子雲法

天五七

言謂絕滅禮學吾無取焉退之原道以所見者小爲一
人之私言於戲其亦不思而已矣斯四子者學孔子者
也孔子蓋嘗從之問禮凡曰吾聞諸老聃者皆謹事之
詞誠無間然詎有聖師從之而爲弟子者畔之見而知
者尚之聞而知者咈之使其道異邪何爲有竊比老彭
及猶龍之語古今言老子者多矣未有若孔子之所言
也孔子後有孟子亞聖祖仁述義力恢聖□功〻楊墨
之辯如捍強敵如拒猛虎不容□緩其力者衛道故也
是時莊子在蒙地之相去才數百里學宗老聃氏鄙禮
文外名教詆舜其說貶剝諸方兩闕對壘猶水火南北

元重修說經臺記四

之相反然二家沒齒無一語相及厥意果安在哉後世
往〻於此致疑莫之能辨嘻是必有微意焉先王以道
治天下至周而彌文及其衰也文滅質博溺心禮壞樂
崩姦宄並起老子方將復淳反本以靜制躁故立言矯
激薄仁弃義雖聖智亦在所擯彼其心豈眞以仁義聖
智爲不足以治天下哉先王之道若循環春夏以出生
爲功秋冬以斂藏爲德一則使之榮華而致用一則使
之彫落而反根道猶歲也聖人猶時也明乎道孔老相
爲終始矣是則成己成物內聖外王之道此二子之所
以彼此不言也然則或語或默或從或咈識量有不可

天五八

發嵩於此可以□聖賢矣在當時為老子之學者自文 六五九
始而下迹其有書行世者如辛計然庚桑楚尹文子列
御寇莊周有言見於書者南榮趎士成綺崔瞿柏矩後
世列之十子者是也然或偏得一體非其至者也若夫
道德授受得其正傳惟文始歌讀之九篇淵源可見漢
初蓋公以書授曹相國參參用其書遂以成文景刑措
之治然而武帝信方士禱祠之事行焉淮南好神仙黄
白之書出焉老子之道於是乎詘矣下迨魏晉之世盛
談清虛隋唐以來劇行符籙以至丹藥奇技曲藝小數
悉歸之道家降及□代虛荒流蕩莫可致詰遺經高閣

視為無用之具矣嗚呼犧軒遠矣元元之道殆若登天
之難所謂信不足有不信也然而自本自根自古以固
存而不壞者固自若也是豈有淳漓昔今之異哉陰陽
相代理亂迭移運啓天元真人應期而出無為自化清
靜自正君為太古之君民為太古之民致理如反掌爾
易曰苟非其人道不虛行其是之謂歟茲臺方擬古重
修適畢與時符豈偶然哉敬誌貞石　為更新功德之
記
至元甲申歲陽復日後學黄山天集道人李道謙
齋沐謹述

尊宿 六六十
柳志圓　劉志□　劉道□
提點
□□□　董道宏　□志泰
提舉
楊志春
提領
袁道春　李道圓　雍道淳
知宮
劉德沖

副宮
劉道常　牛道遠　葛德昌　趙道希
知事
趙志祥　王道安　董道崇　徐志信　譚道元
林道寧　李道源　李道元　孫道綿　譚道宏
唐道明

案道謙文記修説經臺事并及老聃之遺緒數十
言格雖卑冗意亦詳盡如謂孔子師承老子孟子不
非毀操以武帝信方士淮南好黄白隋唐行符籙
至丹藥奇技悉附道家為亂老子旨殊有意趣碑首

出李志宗眞行不大佳題謙正書教祖碑雖近要諸
而亦頗遒倩何不自書乃使志宗操筆耶石墨鐫華
丹陽王喆高足弟子也與其妻俱得道王利用爲碑
孫德彧書文頗詳贍書亦有平原遺意但用筆過承
不免墨豬耳石墨鐫華
道流固習書元時書學尚盛故兩人書皆可觀書畫跋跋

天六一

右樓觀大宗聖宮重修說經臺記宣授陝西五路西蜀
四川道教提點古汲李道謙撰文集王秋澗集有贈
道尚李雲叟詩序云道人諱道謙出東齊世家年十六

元重修說經臺記七

棄家入道禮丹陽馬公高弟劉爲師既壯遊諸方洞
天參求元契又會圖居於陝多積靜功今主東雍之
神霄宮曰雲叟者蓋其別號云此碑自署終山天樂
道人又題古汲汲郡汴字蓋先世自鄴而徙於汴者歟文
稱掌教清河大宗師者長春眞人之弟子尹志平也
論語竊比於我老彭包咸以老彭爲殷賢大夫鄭康
成王輔嗣則以老爲老聃彭爲彭祖陸德明莊子音
義又引一說謂彭祖即老子碑引孔子竊比老彭及
猶龍之語是亦以老爲老聃矣潛研堂金石文跋尾續
道謙字和甫汴梁人初事洞眞眞人至元十四年安
西王開府陝西諸提點五路道教兼領重陽萬壽宮
事元貞元年賜號天樂眞人關中金石記

天六二

元重修說經臺記八

西嶽廟祈雨記殘碑　正書

碑殘缺存長三尺四寸寬二尺二寸十三行行二十五字

缺之初雲開霧霽月色皎然

缺在其上俎豆將徹陰雲復合　神之顯仁藏用蘊智

缺之雷霆潤之風雨是皆所□在德而無不應也代礼

官恐勝事不聞於今而泯于後命予□作記以載□諸

石辭不獲已敬為之書

至元二十二年九月　日典史傅濟上石

知廟孫志信　閻志沖

盧靜大師西嶽廟提舉李志實

體真盧靜大師西嶽廟提點姚志元

洞陽真靜大師西嶽雲臺提點王志明

將仕郎華陰縣主簿兼尉　高誼

□武□尉華陰縣尹兼諸軍奥魯王忙兀歹

進義副尉華陰縣達魯花赤兼諸軍奥魯太布

蕪湖縣學重新學記　行書　額作蕪湖重新學記系

碑連額長七尺三寸寬四尺二十二行行四十字

奉訓大夫太平路總管府治中張鎡篆蓋

設庠序以化於邑漢醇儒有是言也夫邑按周禮四井為邑四邑為丘四丘為甸四甸為縣是縣為邑之總名而邑乃民之生聚也古先聖王莫不以教化為大務凡設庠序以化於邑蓋謂邑去民為近儻漸民以仁摩民以誼節民以禮樂而庠序　設可乎猗歟盛哉邑曰蕪湖濱江帶淮庠序之設久矣前後修者亦不知其幾矣迨我

大元混一天下邑之庠序蕩然獨存禮殿湫隘弗稱邑教楊君應襄柘所闢之士子亦皆樂助中更別調一簣尚虧越三年當塗李君子章以路學前序分教是邑署事畢即攷制度立階圯爾戶庭殿脊簷牙跂翼翬飛見謂雄偉視廊廡之敝漏堂宇之傾欹每有力不暇及之歎甲申秋杪

行侍御苦齋雷先生膺字應來行臺按臨加意勉勵俾余至邑庠精舍訓諭諸生務習本業奉命祇謁日還諦觀左右前後誠有如李君所歎者因語李君并張君桂登日益新是圖李君一夕隨於佩事力派閒架工料來

詮諸朝命諸生立館下曰來前女知爾儒者之所以為

儒乎為其異於凡民也其所以異於凡民者為其立身

學校也學校如是女得無媿於凡民乎衆曰唯請受教

余乃量任視材用專一職以董其役且書而揭之曰某

修彼某造彼皆欒從焉始於乙酉之三月越一祺而迄

用有成完舊益新去陋就崇巍然炳然眞有愚溪翁所

謂峻整廓大氣象中間士有弗亟就之者則多得縣尹

臧君之力君名源字巨川治邑三年政聲顯著視修學

尤切切惟恐其一日弗葺也簿尉劉君善濟字伯川亦

與有力焉尹一日又謂李君曰學修矣殿則

夫子所居也工未既容可已乎亟命發學之餘廩期吕

訖其成功居無何李君来言尹將報政學且告成願勒

之石以紀其勤余應之曰春秋書作諱門不書修泮水

吕修學為常事也今而可書者以邑學難修於泮水也

泮水有魯侯則易修而邑學非臧尹則雖百邑教亦未

易吕修之也又過達魯花赤忻都来長兹邑尤以崇化

興學為第一義詎非邑學之幸歟余故喜而為之書亦

將以勸来者云旹至元二十三年歲在丙戌七月既望

將仕佐郎太平路儒學教授陳萬里記并書

學賓　　學賓張君錫學老徐震發學俞王德

敎學貢陳惟新前主學王載　前直學丁鈞齋長

陳國祥齋長王良貽提督趙崇元學錄戴應辰學

正衛應雷立石

大理新修文廟記
碑長七尺八寸寬四尺七
寸三十三行行五十五字
承事郎　理等路提舉學校趙子元
大理路儒學教授趙傳弼撰并書
吾道與天地並穹窿而司乎覆者天也磅礴而司乎載
者地也無聲無臭不識不知默然運乎其中者道也道
之於天地故日月星辰協其行風雨霜露若其序山川
草木安其常飛潛動植遂其性是皆聖人贊化於其中
禮樂綱常彝倫風教君臣父子夫婦長幼朋友之目燦
然彪炳可舉而行所以全天地未全之功傳曰　仲

尼祖述堯舜憲章文武上律天時下襲水土辟如天地
無不持載無不覆幬者是也繇此觀之覆天載地者又
吾道之功與雖然道固可以範圍天地非學校何以藏
明斯道哉古昔盛時治隆於上俗美於下及周之衰學
校之政不修吾
夫子出振木鐸之音宣杏壇之教刪詩定書繫周易作
春秋綱維吾道於萬世者豈止言論文字而已哉厥後
焚於秦火　於儒坑況於學校者乎迨漢之興置博士
求儒雅祀
孔子以太牢廣賢路以游學唐武德中始建國子學立

孔子廟高祖釋奠焉其他三國六朝之典禮未有若是
之盛者及五季不綱憲章律度戎幾乎熄矣繼而周程
朱張之目〃 〃月項相望而出首尊
孔道廟貌天下太極具圖白鹿示訓發前聖之所未言
有王者作必來取躅此吾道剝而復否而泰也洪惟
天朝域混車書遐陬荒服靡不臣僕惟南詔
龍馭親臨耽在
帝心民必蠲其徭農必利其本軍必重其賞官守者必
擇其俸有
君如此臣忍負之至元乙酉之春　雲南諸路行中

書省議恐南方之人逸居無教風聲氣習永流於夷毛
繇是聞奏
朝廷令各路設教官建儒學
帝嘉其言　中奉大夫參知政事郝公　分政大
理觀山川之雄麗甲於西南實為是邦都會之地謂然
嘆曰
帝意美矣學校建矣儒教宏矣惟吾
夫子廟貌　興而宗師吾道者莫知所自於是首析已
俸延僚寀而集議之其誰曰不然是時宣撫同知趙好
禮檄使是邦力襄厥事亦傾行篋以資其不足憲僉張

自賀外貲天祐與焉卜　廟地於省治之東未營之始
荆榛塞途坎窞没脛　公在心爲志以身帥先鄉士
從庶民從　爲自古絶無而僅有者廼鳩土工命梓匠
委前本路經歷段興董其役逷荆榛而薙之坎窞而平
之不日而基乃成掄材陶瓦安礎植木
大殿兩廡成於乙酉之冬三門耳墻畢於丁亥之閏
聖像堂堂從祀穆穆每遇春秋二丁吉朔朢僚儒學
官諸生弟子環列于　殿□之下禮畢明經觀者如
堵於戲盛哉此
王化自北而南也且南詔本哀牢夷之後其爲國也方

邈處離人或聰達禮樂衣冠皆未得其□也當今大理
荆修　學廟使舊染之俗咸與維新此亂秦之所絶
無漢唐三國六朝之所未見是皆　大叅中奉郝公
之力也昔魯僖作泮宮而詩人頌之文翁興蜀學而史
官書之此人情之所願聞今昔之所喜談而樂道也傳辦
學淺才疎路案命爲之記叙事之成職也義不可辭繼
之以銘曰
仰之彌高　山蒼蒼資之也深洱水湯湯廼作泮宮厥
位孔陽大叅郝公力爲主張土工梓人躬親較董乙酉
之冬大殿兩廊丁亥之閏三門耳墻天啓斯文萬古彝

王道由東魯教被南荒杏壇爰處木鐸載揚聲名文物
禮樂綱常昔所未見今焉可望使彼髳袭化爲典章儒
行舉醇與進立鄉廟貌之尊山高水長於粲洒掃悠久
無疆
至元二十四年歲舍丁亥閏二月　日
將仕佐郎大理路總管府經歷田澤
承直郎大理路總管府判官張子學
奉議大夫同知大理路總管府事趙好禮
太中大夫大理路軍民總管段信苴忠立石
石匠李成救楊些救等刊

新修廟學碑陰題名記 七行行三十三 十五字不等
大理廟學之建經始乙酉之夏五落成丁亥之閏二
其間楹袞户牖欄楯廊廡龕帳鐘磬之需所資亦浩
非衆力何以成之今將好事
君子芳名表示碑陰以記焉
明威將軍大理金齒等處宣撫司達魯花赤合只
昭武將軍大理金齒等處宣撫使賀天爵
宣武將軍同知大理金齒等處宣撫司事高慶
將仕佐郎大理金齒等處宣撫司經歷年進
懷遠大將軍鶴川路軍民總管府達魯花赤阿散

重修慈雲寺碑記　正書

碑長九尺千寸寬四尺九寸 罘
共三十二行行六十九字 陝西三原

禮部貢士安安野人雅安張廱戌撰

小師樗菴老人肯宣書

耀州管内僧判小師有才篆額

太極判三才位有人道焉以扶植天地綱紀世教在天
成象日月星謂之三光爲民立極佛道儒爲之三教日
在天爲三光之道佛在世居三教之尊故前賢品論以
佛爲日又經云佛者覺也言覺悟羣生也故梵語又以
覺爲海蓋日者言佛之大智光明照燭三千大千十方

世界微塵刹土而無遺海者言佛之功德浩大利益廣
博津濟洪深神通妙用無量無邊而莫測其如淨智妙
圓空花起滅脩行十地法界四觀露電泡影示生滅之
無常受想行識明色空之不異或言淨土之樂或論惡
趣之苦無非覺人以遷善遠罪之門見性成　佛之理
以至慈悲忍辱平等柔和布施禪定皆脩行之要道然
世人上性智慧者鮮下根迷鈍者多不知即佛是心即
心是佛不能返觀内照而徒患其深遠求則欲求其門
可無其地哉是故重立伽藍基安住真如地摹寫金容
而因像起敬朝參暮禮日進月脩以是求佛庶乎其有

階也念此寺之興迹具初基肇造於金國大定年間奉
勅賜額慈雲地在耀州三原縣之西南高化鄉東覽浮
山之秀西挹嵯峩之奇南關清溝北背平野樹陰繁翳
門無市譁中更金華離劫火洞然一無玷缺中法堂前
佛殿煖堂三門此故址也通寂大師法名永静住持于
此接静公父姓姚名斌母王氏家於横水鎮公幼而敏
悟志慕空寂九歲出家參禮洪福寺戒師惟深爲師十
五削髮二十受具遍歷諸方聽習經論演華嚴法界觀
文凡三乘典典靡不研究丁酉載來自洪福駐錫慈雲
四顧荒蕪荆榛觸目然終不以此退轉菩提乃勇猛精

進一力營脩歲月積漸凡增建補完構成僧堂五間三
十椽小僧堂後龜頭轉角東客位西挾房前東廳西經
閣纏腰各三間十二椽伽藍土地廚傳寮庫畢備其間
粧塑金像壁畫真容自舊來堂殿遺跡以外龜頭内塑
粧彌陁觀音勢至法堂諸佛星曜背坐觀音皆自我公
而一新之其經閣諸大部經寶笈琅函充斥左右既又
環以垣墻樹之竹栢前後幾五十穗乃潰于成捐金資
助既有檀那而公亦罄盡其囊鉢以濟用度費亦不貲
然則寺之興也上以祝嚴
天子萬壽下與鄉境大作福田其利益不爲不多矣而

公之真德實行可書者如齋僧而施菩薩戒經數百卷
華嚴九會千軸設孤魂利濟熱會施藥餌以賑貧病設
香供以飯大衆凡此之類特其緒餘至於宏敞講筵談
演元妙談座之下足以開悟後進警策學迷誠所謂深
造實相善說要法者是以諸方諸大禪剎禮請開講遠
自同州近而本邑無慮十數皆當塗官豪士夫傾心皈
嚮飛錫所至傳法第子百有餘人而同州嵯峨講席二
處公之精誠通感有五色霞彩聖燈顯現一日驗異群
指讚嘆其與聚石點頭天花墜散何以異哉又九路僧
統雄辯大師以兄禮恭拜邀請安西路僧官公亦遜謝

佛許非謙德而何要之是猶未足盡公之名實也方今
聖　天子宏設大會雲集高上名僧而公居首座
不甲則乙先是欽奉
聖旨兩次起資戒大會充內壇大德至元丙寅恭奉
聖旨至上都受戒於　帝師賜號通寂大師褒之曰
飽諳性相久煉身心檀山安衆之棟樑耀郡緇流之頭
角以次
國師從而讚曰學通經教德重人欽統領僧徒主持吾
道遂蒙　勅賜紅綾大衣　兆魯赤大王賜金襴
袈裟至元辛未

皇子安西王三啟大會命公充千僧內壇主賜紅綾袈
裟者三　朝廷褒賞於上四衆皈依於下非德行真
純有戒有律何以臻此其有常住田産基搆寺之周圍
併洪福寺祖業田産四至疆畛水磨油坊及諸方寺院
歸隸於慈雲者在處各有名額堂殿屋宇田地基業具
載碑陰令以世數敘之自壇山祖師派分燈傳至本師
惟深迨七世矣而公之傳度弟子有謙有讓有宣有祥
有才有珎有寧有勝有用有榮有祿一十一人皆精通
釋教善作佛事凡寺門營造俱與有力焉公以年高德
邁自念身如丘井諸幻無常且二鼠四蛇晝夜催逼時

不待人若不刊之文石以詒不朽未免遺憾一日杖錫
相過以創脩始末行實巨細囑僕爲文以記應戌儒家
者流素不通釋學然魯史體畫本自一體觸機而悟一
理則同懶辭不獲不揆敢措一辭雖不足以盡慈雲之
善美亦庶幾發揮教門之萬一也若夫一口吸盡西江
水悟馬祖禪者幾何人哉噫舍吾師其誰歸　銘曰
佛之慈　悲願海宏　法之雲　福廕天臨
善哉通寂　持身戒律　慈悲其心　雲廕其德
有德有心　慈雲載興　增修潤色　俱畢其能
大廷嘉賞　大衆欽仰　教門光輝　佛法流暢

行滿功圓　可書可鎸　揭之堅珉　不朽其傳

大元至元二十四年歲次丁亥七月十五日施石

僧有琳　住持僧有寧立缺

三原縣主簿兼尉石

將仕郎三原縣尹兼管本縣諸軍奧魯勸農事王

進義副尉三原縣達魯花赤兼管本縣諸軍奧魯

勸農事

宣授安西路都僧錄靈通顯慶大師　聖吉祥

大元聖旨碑　正書　額篆書

碑高闕長四尺七寸寛三尺七寸作三截上截二十六行中截二十八行下截三十三行上中截行二十一字下截行二十三字

上截

長生天氣力裏

大福廕護助裏

皇帝聖旨軍官每根底軍人每根底城子裏達魯花赤

官人每根底往來的使臣每根底

宣諭的

聖旨

成吉思皇帝

月古台皇帝

薛禪皇帝聖旨裏和尚也里可溫先生每不揀甚麼差

發休當告

天祝

壽者麼道有來如今呵依在先

聖旨躰例裏不揀甚麼差發休當告

天祝

壽者麼道安西路盩厔縣終南山有的

道祖古樓觀太清宗聖宮裏住持的本宗提點柔真大

師趙志元明德大師李志元提舉顯真葆和大師□□
這先生每根底欽□行的
聖旨与了也這的每宮觀房舍裏使臣每休安下者鋪
馬袛應休拿者稅粮休与者屬這的每宮觀裏的莊田
地土園林水磨浴堂解典庫店鋪船隻竹葦醋麵貨不
揀甚麼他每的休奪□要者不揀誰休倚氣力者這先
生每有
聖旨麼道没躰例的勾當休做者做呵他每不怕那
聖旨
元貞二年猴兒年十一月初七日大都有時分寫

元靈寶碑二

來
中截
長生天氣力裏
大福蔭護助裏
皇帝聖旨軍官每根底軍人每根底城子裏達魯花赤
官人每根底往來的使臣每根底
宣諭的
聖旨
成吉思皇帝
月古台皇帝

地二

薛禪皇帝
完□都皇帝
曲律皇帝聖旨裏和尚也里可温先生每不揀甚麼差
發休當告
天祝
壽者麼道有來如今依着在先
聖旨躰例裏不揀甚麼差發休當告
天祝
壽者麼道奉元路盩厔縣終南山有的
道祖古樓觀太清宗聖宮住持都提點通微元妙悟真

元靈寶碑三

大師董道淳□□□志□為頭兒先生每根底執把行
的
聖旨与了也這的每宮觀□房舍裏使臣休安下者鋪
馬袛應休拿者地稅商稅休与者但屬宮觀的水陸地
土園林碾磨浴堂解典庫店舍鋪席竹□船隻不揀甚
麼他每的休奪　要者更屬本宮舊有的□田村西觀
谷常住瞻宮地土不揀是誰休倚氣力侵占者這先生
每有
聖旨麼道没躰例的勾當休做者做呵他每不怕那
聖旨兎兒年　月　□日大都有時分寫來

地三

下截
長生天氣力裏
大福廕護助裏
皇帝聖旨軍官每根底軍人每根底城子裏達魯花赤
官人每根底往來的使臣每根底
宣諭的
聖旨
成吉思皇帝
月古台皇帝
薛禪皇帝

完□都皇帝
曲律皇帝
□顏□皇帝
□□□皇帝
護□□皇帝聖旨裏和尚也里可溫荅失□先生每不
揀甚麼差發休當者告
天祝
壽者麼道有來如今依着在先
聖旨躰例裏不揀甚麼差發休當告
天

□每根底祝壽者麼道奉元路盩厔縣終南山有的
道祖古樓觀太清宗聖宮住持本宗都提點□真□□
達妙大師劉道常提點脩仁明義通元大師趙□□顯
真葆和純靜大師提舉張道進爲頭兒先生每根底依
先例執把行的
聖旨与了也這的每宮觀裏他每的房舍裏使臣休安
下者鋪馬祗應休拿者地稅商稅休与者但屬宮觀的
水土園林碾磨店舍鋪席解典庫浴堂船隻竹□□
等不揀甚麼他每的不以是誰休倚氣力奪要者更屬
本宮舊有的東田村西觀谷常住贍宮地土不揀是誰

休倚氣力侵占者更這先生每道有
聖旨無躰例勾當行呵他每不怕那
聖旨□的
至順元年馬兒年七月十三日上都有時分寫來

集慶孔子廟碑 正書

碑高五尺八寸寬三尺八寸五分二十七行行四十字

前翰林學士通議大夫知　制誥同脩　國史虞集
撰
嘉議大夫江南諸道行御史臺治書侍御史王卄善
書并篆額
上元年
詔以興學作士爲王政先務申飭郡縣甚至二年秋八
月建康
孔子廟成校官文學先生厈諸生相與言曰吾州知昔

六代自國淮江之南學遂爲首善之地故宋據浙雖
陪都其守臣把留鑰制閫外其選必儒碩重望故吾昇
校規制雄偉擬成均迨甲東南學廢一旦追復已十
歲其燬其復吾輩所感所欣吾適所聞也不離諸紙以
詔來者可乎其燬大德四年閏八月其役始庚子者凡
監察御史楊君演記始己酉者臺臣御史大夫公靈渤
敎中丞廣公及其僚佐屬以董其役者路之治中梁著
華右其事爲書檄士子掾文學江寧貢師仁來定有諸
於退使涿郡盧摯校成矣宇士者備矣養士者具矣公
有以敎之振吾昇校也夫

孔子之道如日月之照亙古今萬世莫不戴其明以行
於世固不以棟宇崇庳加損今夫衆君子所以肶〻於
予者豈不以崇
孔祠爲增
國家右文之光懿臺臣郡守重道之志也遂作詩俾昇
之士息游歌之以金玉琢磨之歎庶幾有所感起報答
先風尚者樂育之意其詩曰
執昇于穹
夫子之宮孰燬于昔而復于今崇臺有嚴植綱斯邦維
教斯明維士斯發爰才爰工于址于棟維宇肵替維構

斯隆既翼其居廼睟其容曰章曰縫廼粒廼彝廼鍇
隸廼磬室鏞絲條其成始玉金終廼洋
聖謨以鋪
德音士習維羽而校斯林武器而實或咏于陽或來其
翰而儀其翔之習之即而賓于
王士式臺秉而梗而楠于焉度之以柱
明堂昇校之光昇士毋忘
右碑越廿有二年未之刻也訓導戚光傳其文廼
承
憲臺治書純齋王公書之始伐貞石不惟重名卜

之當傳亦可俾前功之有考其文雅潔渾厚尤於
多士數學游歌之道深有助焉是年郡既改名集
慶歲在庚午至順元年十月戊申朔識教授程熙
學正梅錫孫學錄陳玉直學喻琮立石
郡人鄭林鐫字

地八

增建大圓濟宫記 行書

石長三尺五寸寬二尺五寸九分十六行行三十六字内惟一行三十七字

樂山后人易庵趙良謹記
滇海念庵圖護書丹
夫我佛之教頓漸多門然舉要言之唯教與禪而已教者有三乘三藏五教十二分之異名盡載于五千余軸之大藏矣禪者爲正法眼藏教外别傳不立文字是以釋迦如來密授飲光而有天竺二十八祖達磨西來而有震旦七祖荆州南傳而有雲南五祖傳授證悟有自来矣惟大理啓運禪教之盛寔與竺漢侔大幾二百年有施氏頭陁者天縱其能所得之傳殊爲神妙諒以觀音大士親垂指示機契緣熟頓證悟於言下根元直截即與荆南之傳若合符節而大增重於献宗御試之論厥後其傳乃授於道悟國師道悟授於元凝宗師元凝授于凝真等輩然凝真嘗以寫經得道筆法齊如神助其書多至數千萬卷而名高德重爲世希有竊覩大國濟宫者乃宣宗元亨四年戊申高國公護之所創建宗師元凝之所住持也僅歷百有余載師資傑出背項相望爲時所尚今住持沙門山舟法海者即慧道長老之門徒也戒行精勤道器純熟三十有余年於此矣自念

地九

圓濟之境實名德之遺跡迨昔癸丑歲冬
皇元平定之後名師繼踵代不乏人然而規模制度猶
有稍闕若不稍增無以紹先績勉後學及以待嘉賓延
碩德也於是立後殿一禪堂一僧房衆寮前門後閣莫
不雄壯始於延祐之乙卯終於至治之癸亥觀其堂宇
深靚瞻逍遥宴坐之資花木幽香備勤進修行之具法
法妙道物物禪機是則主張其事者豈非明正法眼續
佛慧命之助乎福利其廣大哉旹至順二年歲次辛未
正月十九日承事郎蒙化州知州段信苴義立石

圓濟蘭若碑陰 行書

十四行行三十六字

故國三千蘭若圓濟亦為名刹雖制度狹小而事精
密居崇聖為上方凝禪師之道場師在元亨閒為國
師道望偕著緇白輻輳得其一言半句之益或出生
離死為世宗匠如詔州青公之入定堂水湛然水自
高公之坐禪庭蓮馥郁昌禪師之說法犛牛伏聽真
禪師之書經歷代寶崇其餘虛往實歸詎易殫[illegible]歟
傳之要大抵以空為體以寂為用以照為宗空故勦
諸聲色寂故泯諸念慮惟能所空寂其心心不昧了
了常知者為照之宗也其與夫無作三學涅槃三德
若合符契解脫故空真戒也法身故寂真定也般若
而照真慧也三德圓融三學齊貫匪偏匪別寧[illegible]
妙雖三元立要知見為宗寧異乎是圓濟之興繫其
頓力也雖時更世遷千刹寢廢暨于崇聖兩經回祿
然獨斯刹宛亦如新挺立而不改一水一石一花一
木師之真蹟存焉惟蒼山之高洱水之深豈易量其
心哉厥後主者不知其幾唯今山舟海老能與師相
先後仍百年之舊觀崇增廊廡創立堂閣雄偉壯麗
恢恢焉為其體叢林使師之陳迹久而彌芳尚慮其

道無聞於後世以碑陰見託余寓茲歲久聞師之道
爲詳因與書其大概噫後之視今亦猶今之視昔也
若其興創始末增崇由緒易菴之紀詳矣茲不復贅
言旹天曆二年歲次己巳七月既望□光教源比丘
雪庭普瑞謹記　滇海苾蒭念菴圓護書丹

加封啓聖王等勑旨　正書

碑長六尺二寸寬四尺
十六行行三十三字

上天眷命
皇帝聖旨闕里有家系出神明之胄尼山請禱天啓聖
人之生朕率覩人文載求往哲惟孔氏之有作集厥聖
之大成原道統則堯授舜傳之周文王論世家則契至
湯下逮正考甫其明德也遠矣故生知者出焉有開必
先克昌厥後如太極之生天地如鉅海之有本源雲仍
既報於上公之封考妣宜賅夫素王之爵於戲君子之
道孝而不匱建而不悖予以敦典而叙倫宗廟之禮愛

聖天子衮崇弘奬之旨而不能允宣惆然以重新爲己
任即會僚佐同知忽都不華判官周顒祖幕賓劉良成
謙謀之議既僉協遂各捐俸半載復資諸好事者得楮
券八千餘緡俾廉濟州吏陳素義士周傑掌其出納市
材傭工差日就緒工致其能徒效其勤烝烝芹宮萬指
偕作斲鑿朽墍髹漆丹雘究于三月乃克成功正殿而
下訖于齋舍五十餘楹截然一新巖偉絢麗噲噲噦噦
其正而寅也將落之判官張忽都帖木兒由宣徽譯史
秉既而州倅進士偰朝吾由枝江縣貼至目擊其事嘉
侯之用心行且受代不可使徽績沫而無聞命郡文學

秩々與倫吾欲廣關雎鵲巢之化皇々文治天其興河
圖鳳爲之祥可特封大成至聖文宣王夫人主者施行

至順二年六月　日

右加封詔二道其一加封齊國公叔梁紇爲啓聖王
魯國太夫人顏氏爲啓聖王夫人詔其一特封大成
至聖文宣王妻并官氏爲大成至聖文宣王夫人詔
也元史文宗紀及祭祀志祇載加封啓聖王及夫人
而不及并官氏之封史文之闕也加封事在至順元
年二月戊申碑書至順二年六月蓋立石之年月也
家語孔子年十九娶於宋之亓官氏之女今攷漢韓勅

禮器碑本作并官字詳前追封及此誥亦皆作并官
文字明白可證家語傳寫之訛廣韻引魯先賢傳孔
子妻并官氏今本亦誤爲亓蓋俗相傳失其本真
推石刻出于千載以前者信而有徵也錢大昕潛研堂金
石文跋尾三集

又潛研跋

加封顏曾思孟勅旨　正書

碑長六尺二寸寬三尺八寸五分二十四行行三十九字

上天眷命
皇帝聖旨朕惟得孔氏之門入聖人之域顏子一人而
已觀其不遷怒不貳過以成復禮之功無伐善無施勞
蓋著爲仁之効盍將不日而化矣惜乎天不假之年也
朕緬懷哲人留心聖學將大新於風教故特俢於褒加
於戲用之則行舍之則藏雖潛德一時之丕顯吾見其
進未見其止顧聖言百世而獨彰尚服寵光丕隆文治
可加封兗國復聖公主者施行

上天眷命
皇帝聖旨朕惟孔子之道曾氏獨得其宗蓋本於誠身
而然也觀其始於三省之功卒聞一貫之妙是以友於
顏淵而無愧授於子思而不湮者歟朕仰惠休風景行先
哲爰因舊爵式新稱於戲聖神繼天立極以來道統
之傳遠矣國家化民成俗之初大學之書其焉其相
之備齋茲式彰於褒顯可加封郕國宗聖公主者施行

至順二年九月　日

上天眷命

皇帝聖旨昔曾子得聖人之傳而子思克承厥緒於大
中庸之一書實闡聖學於千載朕自臨御以來每以加
意斯文為念萬幾之暇覽觀載籍至於致中和而天地
位萬物育稚然意焉夫爵秩之崇既隆於外配享行之
餘可後於褒加於闕有仲尼作於前執媲世家之盛得
孟子振其後益昌斯道之傳渥命其承茂隆丕緒可加
封沂國述聖公主者施行
至順二年九月　日
上天眷命
皇帝聖旨孟子百世之師也方戰國之縱横異端之充
元加封顔曾思孟勅旨二
塞不有君子孰任斯文觀夫七篇之書惓惓乎致君澤
民之心凛凛乎拔本塞源之論黜霸功而行王道距詖
行而放淫辭可謂有功聖門追配神禹者矣朕若稽聖
學祇服格言乃著新稱以彰渥典於戲頌詩讀書而尚友
緬懷鄒魯之風非仁義則不陳期底唐虞之治與風千
載蔚有耿光可加封鄒國亞聖公主者施行
至順二年九月　日

地十六

祈澤治平寺亨公捨田記 正書

石長五尺五寸寬二尺七寸不分作兩截書上刻記十三行行二十三字下四截十二行行六字七字不等

江左勝地古迹治平六朝遺恨自昔而興有莓無潤致
祖師生誦法華妙感龍女呈祈求有感祈澤名賡迄屯
千年香火常興徒僧姓陳其名曰亨自幼捨俗利禄皆
傾天之佑之時行道行凡事謹慎而無逾但守本分而
和
犂壽高六旬以上德洽衆士之榮耄考圓寂特攄至情
將在生但有衣鉢歸常住永作生營怡然而化　西方
是程　佛祖捨身捨命徑達大乘吾師捨田捨財忉利
元治平寺亨公捨田記一
當陞我輩聞鐘喫飯深慚無德無能自懿　一靈不昧
法力常增
又值耆宿譽公和尚　同發慨心捨田作
常住産同結善囘所祈　佛力護持者
歲在至元丁丑仲春吉日謹記
住山釋永順立石
至順辛未九月初二日
亨公泰庵和尚捨到田地山塘共計捌拾陸畝貳拾
玖步在艾塘後村范塘枯浒時等坪周廻四散坐落
謹記

地十七

耆公捨田叁号計伍畝壹角坐落侯村後小新塘下

承小新塘水利　記

西行記正書

碑長二尺四寸寬二尺四寸三分
共十八行每行十四字在池州□□

人生游宦離多會少理之常也離會之間雖用力期然而未必然有不期然而然者默默之中已有定數至順二季秋九月十有九日西臺御史讖齋吳公忽都魯別正卿范何仁周誼宋紹明子達分守甘肅四川省事偕行書吏皇甫通秀亨張英世傑李裕季脩齡吳密安之全宿槐里驛分襟之際相與約曰公務畢還期過是驛以語契闊之情明季春三月清明後二日果符前約夫四川甘肅修阻山川數千餘里公事之簡繁期程之遠近彼此不侔雖音問相通符券相遣亦未必如其約也而其所以然者非金蘭之契感假之誠而然歟遂刻諸石以紀其行云

至順三季春三月初五日

縣學田記　行書　額作縣數田記篆書

碑連額高四尺四寸五分寬三尺三寸八分二十六行行五十一字陝西涇陽

進士王欽篆

何希淵撰

□□□在乎得人得人之□必本於興學育材凡天

下郡邑設典教者□□□田以□□□□□□□□

□□□□□□□□□□□□□□□奬後進必籍

國家教養之力而後有成也誠教有所未遂養有所未

聰欲材之作其可得乎涇陽□□□□舟一□□□□

□□□□□□□□□□□□□其地東至忽撒馬丁

元涇陽縣數田記一

西至南□溝北至仲山南至亂石隍□□歷時既久有

□□□□□□或□於墮廢致為□□□□□□□

因而占據偽捏契券遂底欺昧當時教官皆以倒□日

月因循無有辯理者雖經屢訟于有司□□空□□□

□□□□□□□□□□莫能明迄今廿年于茲矣泰

定丙寅教諭牛德輔來□是戢則將循舊續而新其故

深以□田之□□□□□□□興復之志於是乃躬詣

投詞抗義爭之璧請于邑尹魏公等會集衆□□□□

董二□相与勠力贊成其事□□

行臺凡故地入于民者□考舊籍二□□付遂得其正

地二十

矣且有案牘存□茲不殫紀□呼茲地之設其意深矣

國家本為育材養士之所比無知之輩一旦乘隙切取

詎有坐視而不辯者耶仰惟

聖人德澤涵煦□□□斯民得蒙治化措之於無訟

之地是皆不得而喻之者知學之廢興物之得失諒亦

有數焉然於其理□莫能昧也審矣遠盛邑旦只班尹

李公簿薛公典幕王公學諭賈公乃相謂曰當刻諸石

傳之無窮以備落沒之患因摭始末求予為記予嘉牛

君之誠懇繼以尹簿之善政載覩　聖業之復

治俾後之學者束手而享其利何其□缺庶幾不負

元涇陽縣數田記二

聖朝崇□之美意也至於宣教化正風俗紹前學覺後

進豈不隆於翌日耶旹至順三年冬十一月上吉日記

奉元路涇陽□大使喬貞　副使馮□聰

瑞寧倉官張□民

典史王欽□　吏雷從禮郭□□趙世榮馬天騏

前吏□□□□□

奉元路涇陽縣尉□□僧

將仕郎奉元路涇陽縣主簿薛雍

承務郎奉元路涇陽縣尹兼管本縣諸軍奥魯勸

事李振

地廿一

將仕郎奉元路涇陽縣達魯花赤兼管本縣諸軍
奧魯勸農事旦只班
教諭□世隆 上石
耆儒□庸 □□學正張禎 王永安
□□□□
□□ □□ □□ □□ □□ □□
□□ □□ □□ □□ □□ □□
□□ □□ □□ □□ □□ □寧□

勅贈漢陽大別山禹廟碑 行書

碑連額長八尺六寸寬四尺六寸三十四行行約六十字數或有六十餘字不等

翰林學士承 旨正奉大夫知 制誥兼修 國史
臣閻復 翰林直學士中順大夫知 制誥同修
國史臣林元奉 □□□
中議大夫前參議中書省事臣許有壬
正議大夫前嶺南廣西道肅政廉訪使臣奧屯忽都
祿□ □□□
大德八年冬十有一月中書省・奏湖廣行省言昔禹
治水有功舊立廟於大別江濱久廢重建乞 賜廟碑
以崇明祀 制曰可命翰林述其事欽惟□
聖朝混一海宇天下名山大川古帝先王有功德於民
者莫不秩祀稽諸祭法能禦大菑則祀之能捍大患則
祀之且載禹能修鯀之功其治洪水豈非□□菑患之
大者歟故舜稱之曰地平天成六府三事允治萬世永
賴乃功則廟而祀之宜也荊州之域江漢為重漢鄂之
山大別為表禹東四載隨山刊木□□至于大別西則
岷蜀襄沔之衆流聚焉南則衡湘洞庭之巨浸匯焉疏
鑿排決亦云勞矣至今江游兩磯對峙順流東注朝貢
舟航浮于□入于□逾于□□□于 帝都此其故也冀

歲
世祖皇帝六飛南巡渡江次鄂駐蹕於黃鵠山時大別
形勝正當　睿覽嘗問父老曰山頭石磯何名呂公對
曰聞唐時有道人呂姓者吹笛其上□□□□缺前何名
不能對再三問有對曰聞諸古語云是禹功字音訛傳
大稱　聖意嘉獎久之蓋以拯溺平水之功黙契於拯
民水火之心也
今上皇帝嗣承丕緒孝思　祖武以鵠山乃黃屋臨御
之地　詔就歷雪亭故址創建大元興寺闡世尊慈悲
之旨以演

元大別山禹廟碑二

世祖慈仁之恩中書右丞相哈剌哈孫答剌罕時以平
章政事開省湖廣承　制鼎建不擾而辦丞相又以鵠
山大別夾江屏蔽爲鄂漢辰
世祖親見而留念者漢陽嘗隸屬江北奏請仍隸湖廣
就大別禹廟舊基經營締構以寄禹功之思令告落成
非常祠所可同語欽想
先帝神遊風馬雲車之所至一統阜康百神受職誠足
以慰在天之靈也然　公朝許樹豐碑者豈徒侈金石
之觀而已哉思昔天王使劉□□□□□□訥劉子
曰美哉禹功明德遠矣微禹吾其魚乎吾與子弁冕端
委以治民臨諸侯禹之力也盍亦遠績禹功而大庇民
乎今之江漢猶河洛也□□□□□□之思乎禹亦有
言德惟善政政在養民水火金木土穀惟修正德利用
厚生惟和九敘惟歌勸之勿壞意謂水土既平之後天
下國家之治□□□□□□□壞俾政得其敘德可以歌
而人有所勸則善也盡力千載之上垂念万世之下其
用心果何如哉是心也即
世祖燕翼詒謀之心也於是作迎神頌功降福之章使
典禮者歲時歌而祀之以揚
聖天子之嘉命　其一曰

元大別山禹廟碑三

新廟翼翼兮漢水之陽題牓翬飛兮昭宣寵光霓旌來
下兮神明洋洋元圭黻冕兮德冠百王來世瞻仰兮何
時弭忘　其二曰
濬川隨山兮大別堂堂乘載莅止兮胼胝度荒拯民昏
墊兮功參彼蒼
皇武六飛兮江漢是航念此疏鑿兮心包混茫不有淸
問兮禹功曷彰民而思禹兮其思
世皇　其三曰
天下統一兮今歸
聖皇九州耕桑兮暨于荊揚禹貢懷賦兮悉登職方山

川神氣兮若時雨暘万世永賴兮斯言永藏崇德報功
兮紀于太常籩豆薦嘉兮歌此樂章□□□□兮降福
無疆

禹功在天地亘万世不壞大別表表□廟宜焉大德
間平章答剌罕重修請碑于　朝詞臣有文而其碑
未立至順癸酉知府梁彥義等得其文缺間始買石
以刻屬臣有壬書臣有壬頓首伏讀獲覩始末書不
敢辭而但未悉其未立之故彥義等訪之耆舊莫得
其説索之掌故歲久無徵且缺　功童稚祈知祠宇既
設碑特一簣爾況　奏請出中書而文寔奉　詔筆
也因循乃爾殿格孰甚焉豈廟之修皆答剌罕既入
朝繼者不遑以至於是邪是亦有司之過也大德
八年距今三十年凡歷幾政無一人及之者彥義等
乃能舉於已墜知為政已抑廟與碑於禹何有而我
列聖功德纘服有加焉臣有壬既書之且記其槩庶
繼者知承流之重而一事之成不易若是則凡可以
舉於未墜者可不勉乎是歲九月臣有壬頓首謹書

瑞鹽記 正書額作勅賜御香瑞鹽碑誌正書

碑連額長四尺九寸五分寬二尺四寸五分共二十二行行三十六字

賜進士及第授承務郎集賢脩撰篤列圖撰并書
至順四年夏六月
新天子即位先是運司上言解州鹽池預期呈秀宜特
遣使授祠以答
神貺於是右丞相太師俊寧王太傅答剌罕左丞相等
奏遣使者集賢脩撰篤列圖欽奉
御香以至順四年七月初三日往率運使臣拜不花等
以牲齋致祠如禮運司又言致和天歷以來解州迫於
水旱鹽池致耗迨今五六年矣及茲而雨暘時若山澤
効靈貨利滂興　國賦充溢此實
聖天子元德彰聞神祗感格之所致也臣篤列圖拜手
稽首而言曰　聖人首出庶物德浹仁博而　天錫之
福昔伏羲大禹之時河洛出圖書堯舜文王之世鳳儀
于庭或鳴于岐此天人交感之理爲不誣也今
皇帝聖德龍飛而鹽池瑞應豈苟然哉凡百有司答敬
其事以脩厥職共承　天休嗚呼懋哉至順四年七月
朔拜手謹識

元統二年四月十三日　立石

將仕郎河東陝西等處都轉運鹽使司提控案牘
兼照磨承發架閣朱吉
從仕郎河東陝西等處都轉運鹽使司知事闞世
傑
承德郎河東陝西等處都轉運鹽使司經歷張彥
通
奉訓大夫河東陝西等處都轉運鹽使司判官忻
都
中□大夫同知河東陝西等處都轉運鹽使司事
郭元珐

中憲大夫前同知河東陝西等處都轉運鹽使司
事鄭榮逵
中大夫河東陝西等處都轉運鹽使知渠堰事張
庭祐
亞中大夫河東陝西等處都轉運鹽使知渠堰事
拜不花

大元勅賜曲阜孔廟田宅之記　正書額篆書
碑長四尺五寸寬三尺五寸　二十八行行五十一字
元統元年十二月廿五日御史中丞臣亦憐真班臣祖
常治書侍御史臣普化言於
上曰臣等及御史大夫臣脫別台臣唐其勢議江南行
臺按問江西僉憲任忙古台以罪坐沒入其私田八頃
八十九畝屋二十有七間家奴若干人在鄆境者實邇
曲阜
孔子林廟方今
聖天子師法
孔子設經筵崇儒術我御史臺以興學宣化為職事顧

孔廟歲入視前代猶儉春秋釋奠師生既稟時不給
請以今沒入產畀孔氏襲封世業之其家奴俾籍於有
司居所沒入居田所沒入田世服役孔氏為灑掃戶而
輸其租
制可明日臣唐其勢又自帥其同列臣亦憐真班臣祖
常臣普化等導意於內侍臣禿滿迭爾以啓
皇太后于宮中出諭
言曰善一如
皇帝制行之於是所司以產歸孔氏明年孔氏具牘來

屬元文諸石仰惟
皇元初得宋金郡邑校官田産與箕悉以共其祭祀食
其師生繕修其廟學其校官無田則以縣官緡錢充其
用無禁有司不奉命則御史部使者察之其為尊崇
孔聖之道非獨今日蓋嘗攷之鄒人書社七百里之事
有無不必知尼溪之田齊遂以封一變而止魯哉此於
世道有關聖人無與也
今上富於春秋政事參決東朝居令之臣能言附益孔
氏者皆引君當道之事也臺臣首陳經筵次表儒術豈
有他哉

元勑賜曲阜孔廟田宅記二

兩宮俞音
聖志一揆兆之行矣漢初六經甫脫嬴難高祖過魯之
祠天下駸駸然望斯文之治史乃稱文景不右儒術以
竇后故咎豈在是哉灌絳東陽侯之屬有一人者如今
臺臣謀豈必金石絲竹之音作而後不壞
孔子宅以書還孔氏邪漢之諸臣功烈卑矣元故著之
使來者知臺臣之意在是是識也侍御史臣朵列祖治
書侍御史臣彝威飲成之奏之日經歷臣秃滿都事臣
張　臣李　實從
元統二年　月中順大夫僉太常禮儀院事臣歐

九三十

陽元拜手稽首記文林郎藝文監丞參檢校書籍
事臣揭傒斯書承德郎太常博士臣趙期頤篆
亞中大夫濟寧路總管兼本路諸軍奧魯總管管
內勸農事知河防事臣張仲仁
奉訓大夫濟寧路兗州知州兼管本州諸軍奧魯
勸農事臣孫唆郎哈
文林郎濟寧路曲阜縣尹兼管本縣諸軍奧魯勸
農事臣孔思凱
五十五代孫大宗子孔克堅
嘉祥縣石匠晁本□刊

元勑賜曲阜孔廟田宅記三

此卅一

王輔嗣墓碑 隸書

石長三尺八寸二分寬二尺四寸大小字共四行蓋中八字分作兩行書

翰林詩制吴炳書
偃師伯王輔嗣之墓
元統二年冬十月偃師縣尹時禎立石

題云偃師伯王輔嗣之墓按水經注載王陸詩叙機初入洛次河南之偃師時忽結陰望道左若民居者因往追宿見一少年姿神瑞遠與機言元機服其能而無以酬折前致一辦機題緯古人綜檢名實此少年不甚欣解將曉去稅駕逆旅嫗曰君何宿而來自東數十里無邨落止有山陽王弼墓機乃怪悵還睇非路空野霾雲攢木蔽日知所遇者審王弼也太平寰宇記云墓在縣南三里一統志云在縣城東今有題碣可証或宋治非今治也 中州金石記

時公重刊王輔嗣墓碑 正書

碑長三尺八寸寬二尺七寸十四行行二十二字

儀封時公希顔假令偃師之明年治政事新百廢具舉暇日謁境内前賢塋域雖遺蹟可考者皆莫能□其的惟邑城東距二里有冢巍而大□其□□□餘步□□述北故石表在焉已頽仆断缺辨其文識其爲魏王輔嗣先生墓迺亡金忠顯校尉行河南府偃師縣主簿兼尉鮮于淵所建當明昌四年八月望日也公視之懼久漫滅即謀諸僚寀易以貞珉勒示悠遠監縣□判簿書典藏□同聲縱史不日而成之先生諱弼輔嗣其字也初與鍾會孟知名好論儒道才辭辨逸家于山陽用何晏薦爲尚書郎一時名流咸異其精達年廿四卒當註老子元專易學列彖象立訓傳探微索隱文旨幽邃其書顯行于世用是後封偃師□從祀台
夫子廟廷今時公復刊著姓字標其丘隴俾世之景行先哲者知有所聳敬云元統甲戌冬十一月望日河南
陳思忠誌

創建妙湛寺碑記 正書

石長四尺五寸寬二尺六寸二十行行四十七字至五十一字不等

昆陽長松山普照寺沙門雲峯普祥撰并書丹

滇城之巽隅二十里有郭曰蝸洞西北瞰碧雞金馬□
波秀麓雲木沓靄東南瞰琅藏寶江環注諸滇林壑岈
洼田疇豐穰宅民素樸尤篤於浮圖氏樂乎漁樵藝植
茂林脩竹之趣鄉士大夫游賞艤船於渡頭唫嘯自若
陶陶而忘反命之曰官度故有停舟之賦迺古拓東渡
習高候之苗裔生世攸乂之所也域有執範僧姓楊名
慶者莅衆倜儻事不齷齪業擅於瑜珈顯密德伏於獰

龍猛虎召門弟子曰生寄蜉蝣命若朝菌轂穿雀飛將
為嗟騰矣吾欲崇脩梵剎寅作庭燎嵩崞
皇元無疆之壽撫毓黔庶之德不亦偉歟僉避席曰唯
不敏請事斯語矣遂鳩斧聚工於至元庚寅即於郭
外江北嶄鼎新梵宇額曰妙湛肇搆虛閣曰妙德次建
大殿曰惣持肖能仁寂默慶喜飲光菩薩應真崇其中
又蓋麗譙以安業巖深省聞聞落成於元貞改元輪奐
宏儼極一時之勝槩後緣基址沮洳圖克日壽慶之嫡
孫曰宗曰中曰善曰福蹇淵一心聿脩厥息諗于衆曰
睹此柖提抑不肖祖禰之所剏也閱三紀有餘戴將湮

汩於氾濫擬移建中艮陬墢埴之地丕顯祖考之業伏
企仁者助成庸情於是旎倪翕然一諾百堵咸興重新
於泰定丙寅成於明年有李興賢者偕其子生陵二昆
季即寺昧谷別敞紺殿像設毘盧其庭殖其穩覺其正
噌其眞幟渫渫於仍舊實以膏腴田畝刻于碑陰用圖
不朽慨盧其席鬱陶如也公議曰耆德諱正號方山者
受業於法定寺住持覺海圓師戒珠鶴白意地砥平仍
濃門柱礎者也確請而尸之寔飄齒寒之弊自是民於
晨隙爰諏爰度求福不回湖海龍象雪笠雲衲磅礴結
轍焉元統二年冬方山謁予昆陽之長松語以厥績靡

豎需文以志權輿予曰懋哉龔龔蔦蘿施于條枚其是
之謂乎妙湛惣持不動尊斯楞嚴之袊喉也妙湛則法
身圓爲惣持乃般若端嚴不動繫解脫起感百川一月
三德一伊心境蟉蟠如寶絲網俾夫見者聞者本有之
義油然而作殞聲若多性發瀲灩之涵薦爍迦羅心方
金剛之固不勞肯綮恥贅於此哉矧夫壁閣濯濤墻之
豈靡有孑遺獨茲剎幢巋然而免回祿者蓋神之祐顧
之力焉故云三災彌綸而行業湛然者信不誣也盍文
乎銘曰
金輪統御　海宴河清　恩沾萬國　齊家澤旺　天

錫
皇元　混一寰宇　綏厥黎烝　德溥仁洽　世雄不
作　作必屈信　罔無隆替　弘之由人　刹種旋倒
乃淨乃觸　戎嬰六極　有享五福　妙湛儼然
總持日嚴　冉冉緇雲　冏珠出潛　繩繩追今　懿
範祇肅　佛祖願輪　賢良轉轂　南山其松　載蒼
載穹
丕基茂績　為之無窮
皆元統三年正月念三日本寺功德主阿左梨□
僧官文僧官情僧官真楊宗楊中楊善楊福立石

安晚軒記正書額篆書
碑長五尺九寸寬三尺七寸共二十一行每行三十五字
登仕郎江浙等處儒學副提舉陳旅撰并書
中書平章政事翰林學士承　旨知　制誥兼修
國史　奎章閣大學士銀青榮祿大夫涼國公趙世
延篆額
元統三年二月庚申文素仁德誠明真人孫公作軒四
楹於佑聖觀之東北檐牖豁疏几席清晏列圖書玩好
之物於左右將於是老焉三月丙午公生日時年七十
諸孫薛義等繪公像為壽而請名其軒曰安晚以公命
來徵記其言曰公承
累朝寵命主延祥佑聖兩觀兼領杭之道教幾四十年
未嘗以為榮煦養徒衆恩愛如一日未嘗以為德及建
延祥于變遷之餘而崇殿廣閣穹門邃廡與凡室屋園
田水石華竹之屬無不善備未嘗以為營杭為東南大
都會官于茲者多貴人大官與天下之名士大夫則皆
與公雅游情誼雖篤未嘗以毫髮事干焉佑聖祠元武
神杭人有禱必應蓋亦由主祠者精誠所孚有以格元
靈而集嘉貺也是軒之成故皆喜而言曰公雖有意知
足知止之道亦庶幾安乎所居以遲高年於無窮乎幸

為文記之夫人精神彊則足以極思慮之微氣血盛則足以任勞勩之劇顛危困戹常相遭而相角也及夫齒髮既衰役其心則神瘵馭其形則力敝視聽言動一或過於用焉則病矣故必有以寧其身而無櫌其真焉譬元氣發宣於春夏而斂藏於歲暮也萬物於是乎靈天地之居而蜡以息老所以報勞而順物性也孔子安老之義其有異於此乎雖然欲安者人之同情也而人則有不得然矣蓋天下未有不為其事而能收其效者足以有為之時而弛然無後日之慮窮智力以行險而欲求安宅之歸若是者吾知其無所於休也然則其必有道之士而後能安於晚乎真人揔道紀吳會叅勤積慮亦既久矣而凡經營弥縫於延祥佑聖者皆築安晚之基也況夫以約素自持而接物於泰和之間酬酢一世而未嘗爽其初心則其所以為安又豈晚而始然也

元統三年六月十日建 篆書

金華陳瑞刻

杭佑聖有安晚軒記石為元日儒學提舉陳旅所撰書其論安不始于晚而基于未晚詞音甚精而字亦可取此時子昂名方譟而能不依傍又可謂中有主獨立之士矣康國蒙未見而記末蒙書年月甚雅或其一班乎緇黃二氏淡于勢利而名根尚數數然卒之勢利厭滅而清事反被伊卷而收去往往能書能書之士轉借之以存名于世悲夫 墨林快事

皇元特授神仙演道大宗師元門掌教輔道體仁
文粹開元真人管領諸路道教所知集賢院道教
事孫公道行之碑　正書
碑長七丈二寸寬四尺七寸
共三十五行每行七十八字陝西盩厔
集賢侍講學士中奉大夫鄧文原譔
翰林學士承旨榮祿大夫知制誥兼脩國史趙孟頫
書
前中書平章政事　翰林學士承旨知
制誥兼脩國史　奎章閣大學
士銀青榮祿大夫魯國公趙世延篆額
天啓
聖元丕昭神武撫綏萬方髦儁臣附亦既杆智效能懋
建勳伐惟秦雍古稱神明之隩乃有樂道脩真之士宣
暢元風以上贊清靜無為之治際遇周渥振古所未有
也若輔道體仁文粹開元真人孫公幼穎慧甫能言母
氏程教以孔孟書一過輒成誦被兵孤即刻志恬澹寡
適終南山從穆真人踰十歲着道士服　元明文靖天
樂振教大真人李公器遇之授易老與義天樂之教由
馬丹陽　于洞真二真君以次相傳其胠抉淵秘雅
有宗緒紫陽楊先生仕金嘗摶運河南與遺山元公齊

元孫德彧道行碑一

地四十

名世稱元楊是也先生素慎許可過山中顧公屬句警
敏大嗟賞由是英譽日馳遂為京兆路講經師妙齡開
教流輩為傾淳和真人王公畀號曰開元太師提舉重
陽宮元壇事至元甲戌
昭睿順聖皇后命公侍　安西王掌祠事祈禱歆格
即充京兆路道錄已何　洞明真人祈公屬公典教開
成然留　王所不果行復提舉　洞真門下諸宮觀
秦王稔公才望俾提點道門之在京兆者　元遣
真人張公以秦蜀道教提點所非得瓌特士不可擢公
通議官壬辰提舉大重陽萬壽宮自甲午營構歷歲
五十有九而殿閣壇宇迄未完美至公而圖繪黝堊陶
甓塼□之工悉增舊觀遂由通議官陞副提點遙奉
王教蒞事殊庭羣鶴來翔衆嗟靈異大德己亥
成宗加　璽書授陝西五路西蜀四川道教提點領
重陽宮事越四年錫
御衣一襲寶鎮案陽殿宏壁天球莫喻輝赫癸卯冬十
二月　安西王妃大宴興慶池賜西錦衣赤驥期年
祀于靈宮　王又出綺袍玉鉤帶以旌之而公得寵
弗居益守沖約因乘傳之華山投簡龍湫西還道渭南
河水暴溢瀆隄捲倪且暮屢即死遮道祈哀公為前立

元孫德彧道行碑二

地卅一

夯衝熱禱人人為公危而公神色自若有頃河北流民
以恬息
肚遣侍臣奉　香幣即宮石禜馬秦人至今德公能
道其事爵拜諸路道教都提點公亦感激　眷知趣
裝入　覲留三載加體仁文粹開元真人領陝西道
教事實
武宗即位之二年已公歸終南將遂終老
仁宗志宏道妙欲簡用耆德遣使名赴長春宮掌全真
教至則見于　便殿大悅　制語褒嘉陽煦春育日賜
上尊酒一以示優老終南有甘澇二谷歲收

元孫德彧道行碑三

園林水利以贍其徒
詔有司毋令侵奪煩擾前所錫　御衣
勑中書參知政事趙世延為文紀于石自公之來元
訓是崇祠官祝釐所施如響其大彰著者延祐乙卯旱
公禱馬大獲甘雨宰臣致幣文臣詩之冬十二月星芒
見公肅將祕祀竣事而星退舍　賜白金泉幣荐橋
雨于　兩京皆應不踰期
帝喜顧謂侍臣曰真老成人也未幾　命翰林學士
承　旨趙孟頫贊公像且加
御璽其上前是為脩壽寧之北斗殿既又即長春建殿

北卅二

以奉法主今參議中書省事元明善撰詞勒碑昔公居
終南嘗為馮翊李氏有禱致雲見五色大夫士競為詩
文以表徵祥人意公靈符秘籙動致孚感不知精誠之
極與神明會非方士幽學誕恠怨荒之謂也公念道有
統紀若　于李穆王諸師請敘增封號用敦報本作甘
河橋以昭金正隆間　祖師遇仙之所時元明善遷
翰林侍講學士
勑為書成績至是公老矣上章乞西歸遂年
今上可其奏　陛辭奩香給驛以還暨入關觀者夾
道嗟異至治元年夏避暑靈泉觀八月朔夢作浪淘沙

元孫德彧道行碑四

曲皆辭謝榮名退老林泉等語越五日大雨盥浴作頌
翛然委蛻無怛化意公生宋淳祐癸卯六月三日壽七
十有九諱德彧字用章其先吳人避宮于蜀者自唐僖
宗書孫氏書樓而族益宏衍在宋則有御史中丞祚以
伉直聞公蚤棄俗志老氏學深有契乎見素抱樸少私
寡欲之旨卒能以善終始保其名譽可謂有德君子者
矣每暇憙作字為詩文有希聲集傳于世牖其室曰嚴
齋弟子任道明張若訥顏若退趙道直畢若沖等卜是
年九月十二日塟公于終南山仙游園楊太初曰吾師
往矣不可以無述來謁銘文原泰居集仙之署義不得

北卅三

辭銘曰
惟道沖漠　惟民敦茂　俗化澆淳　日與物媾　至
人虛靜　克守至正　一氣孔神　百靈順令　陟降
在茲　昭假非違　道宣遠而　方伎汩之　巘嶫坤
維　峨眉之麓　曰書樓氏　右江鄉族　粤生聞孫
潔身嚴阿　□性葆光　抱德煬和　維
帝簡在　鶴書來徵　耆佞登崇　元教以興　接神
明廷　禋祀靈畤　祈禳雩禜　亦資燮理
帝用蕃錫　曰予汝嘉　繫黃冠師　圭衮之華　公
念休老　陳詞于再　雲軺啟馭　歘其西邁　居有

園池　樹有松檟　不辱不殆　孰踰公者　迅景幾
何　德人其已　不已者存　雲山蒼蒼　終南仙游
游乎太始　銘詩樂石　光昭罔已
元統三年歲舍乙亥九月吉日建
特進神仙元門演道大宗師重元縕真宏仁廣義
大真人掌管諸路道教所知集賢院道教事完顏
德明

孫真人德彧碑鄧集賢文原撰趙承旨孟頫書德彧即書重陽真人碑者也承旨此書不甚取骨而姿韻溢出於波拂間蓋能用大令指于北海腕者也弇州山人四部稿一道流而能令翰林諸名公為撰文為寫碑彼時道教之重如此今時不能爾也書畫跋跋

趙文敏書道行碑更覺圓秀王元美云姿韻溢出於波拂間蓋能用大令指於北海腕者信然庚子銷夏記

此趙孟頫書雖出李北海而加以婉媚所可取者生宋四家後能一變其傾欹筆耳以方北海北海瘦而勁拙于藏鋒承旨肥而緩巧于取態而元美謂姿韻溢出于波拂間益能用大令指于北海腕者其然乎他日又曰承旨可出宋人上比唐人尚隔一舍此則

定論也石墨鐫華

右孫公道行碑鄧文原撰文趙孟頫書德彧歿于至治元年文稱今上者謂英宗也松雪於至治二年六月卒碑末云元統三年歲舍乙亥九月吉日建蓋二公撰書之後又十餘年而始勒之石碑末所題年月及完顏德明題名皆後人續書非松雪筆也篆額者為趙世延其署銜云前中書平章政事翰林學士承旨知制誥兼修國史奎章閣大學士魯國公此天歷以後世延所歷之官松雪未及見也亦後人追書潛研堂跋尾

古鮷氏縣重修泰山廟記 正書額篆書

石長五尺五寸寬三尺
二十行行二十八字

後學賈昌文撰

望江縣儒學教諭王

夫禮祀名山始多于蕀后及帝舜巡狩至方岳燔柴告
□□望□而祭□三公視五嶽然必稱岱宗爲首以其
處東北寅丑間萬□□□□□□之所爲宗於衆山
故也凡易姓受命報功告成東封其上□□□□□□
元一十三載錫以天齊王爵宋真宗遂加之帝號故其
祠宇□□□□徧方下泊蔡庶祈報者咸享焉東周

古鮷氏縣之廟五季末□□□□姓者初捐貲買地
而建之宋祥符天聖元祐間繼而修復慨□□□□□
土守福也前金承安泰和之際斷礱石柱增倫其功
者ナ□□□□□□也由兹而降迨今閱歲餘百棟撓
梁壞風雨弗支欹毀壁圮□□□□□三門六□寮屏
迴廊崇深宏偉冠于佗州者不能存其十一□□□
□衆曰兹廟之置其來永矣吾儕每值旱乾水溢則致
禱于中□□□□□捻皆靈貺也其正寢崩敗若斯展
敬無所繼不能改作寧無□□□□□而和者百有餘
人遂鳩財協力徵匠正乙材木撤去其朽毀□□□□

□舟雘華彩絢爛改塑神容冠被嚴肅升其堂如登天
門之高□□□□之表是功也興於皇慶癸丑至延
祐丙辰三月甫落其成衆□□□余余以桑梓之故
辭有弗獲固諗於衆曰泰山之靈孚而□不□□
□下況其神之精爽乎苟存誠以感之則其應也有不
疾而速不□□□子之衆於斯廟也不既誠矣乎推
是道以往尊其親弟其長而　　神休祐曷其有
已不然睢其土木壯麗而謂神專在是豈理□□□□
□樂書以告來者元統三年十月望日立石
石匠　夫□□

濟州重修廟學之記　正書　篆書

碑連額長八尺九寸寬三尺三寸十八行四十一字

一
天家包舉六合誕敷文德涵毓元元匡直輔翼俾自得
而振得之由京師以及郡邑莫不廟祀孔子敷化原也
濟州孔子廟其始狹陋不稱至元末監州朝成眞公德
方肇增崇殿宇繼而雲内郭君景仁洛陽李君宗武爲
州經營締搆門廡書閣講室齋次崚峙雄列岑乎其巍
肇乎其飛遡乎其餘州不可得而擬也厥後綿歷歲月
風雨攸食日漸月漬木朽土渝傾圮殆甚至順癸酉祁
陽張侯仲仁來知州事下車謁拜覩其如此大懼失

其所祀嚴其所尊于以報功而崇德尚篤其慶以相斯
文齊國公林娛此可加討啓聖王魯國太夫人顔氏可
加封啓聖王夫人主者施行
至順二年九月　日
上天眷命
皇帝聖旨朕國家惇興禮以彌文本闡門而成教乃睠
素王之廟尚虚元魄之封有其舉之斯爲盛矣大成至
聖文宣王妻幷官氏來嬪聖室番衍世家適豆出房固
流風於殷禮琴瑟在御存燕樂於魯堂功言邇若於遺
閫儀範儼乎其合德作爾禕衣之象稱其命鼎之銘意

趙蔚輔異石篆美走與侯有一日之雅適僑于濟蔚輔
等以覈士段寬事口口文辭請再三謹爲次第其歲月
又惟興化致理莫先學校侯能循序急所先務俾郡之
人顔瞻所以口敬聖人之至爲學之念油然而生父兄
命之子弟率從絃誦載興比屋達境乳乎鄒魯之盛將
見鉅儒名卿聞昇迭出于時矣曩東平行臺嚴公興學
養士其所以作成人材爲天下稱首收實效而貽澮休
至今賴之濟鄆接壤耳目尚新無愜徵古詩曰豈弟君
子遐不作人若夫推侯之心追嚴公之迹以興學育材
口務著菁莪之美勿替引之則侯乎君子焉于濮陽辛

明遠記幷書承務郎濟寧路同知濟州事偰朝吾篆額
元統三年十一月十有三日辛卯州學正趙蔚輔學直
王志規等立石　州人王惟功同弟克敬刻

濟州重修廟學記碑陰題名
□□□□□□□□□□□□□兼管本州諸軍奧魯
勸農事□□□□
奉訓大夫濟寧路濟州知州兼管本州諸軍奧魯勸
農事張仲仁
承務郎濟寧路同知濟州事偰朝吾
承事郎濟寧路濟州判官張忽都怙木兒
吏目劉良　成讓
司吏馮必□　□□　郭從義　□德　戴好古　李
伯□　馬明德

典史宋大亨　傅敬和　□□　王□　徐元　鄭
惟允　張居信　王□□　劉士敏　徐允　李鑑
徐復源　張世□　□□　□□　□安信　張
克遜
承事郎濟寧路任城縣尹兼管本縣諸軍奧魯勸農
事□文昭
將仕郎任城縣主簿王汝楫
任城縣尉李居貞
蒙古學正梅也先　醫學正詹伯玉　儒學教諭王
亨

曹州尹王朝列
河南□路總管□□□
翰林國史典籍官□將仕
□德府判官□承務
濟州同知明里怙木兒承務
□平縣尹張承務
敦武校尉宿州萬管軍百戶高守中
□□□敦武　郭宣差　蔣宣差　姚主簿　陳主
簿　曹照磨　孫書吏　劉縣尹　孫教授　潘學
正　谷學正　鹿敬　石成祖　柳垩□　呂道亨

范天驥　高明　陳鵬翼
濟州路□領□□□□大使張守智　副使□知□□
□□
行用庫大使劉佑　副使□□□□□□衛□□□
□□
馬站—提領□□□　司吏□□□
水站提領□君□　田□　□□
耆德□□□　胡□□　傅興　彭慶　劉瀚　楊
思敬　戴□□　白鮮　王□　□榮秀　周□　□□
□□　□□　趙璽　□□　劉源　王□　胡

□信　潘茂　胡友□　楊佘　王安寧　力亮

楊王春

監造典史王恩迴　□㕛□

典史張克肅

司吏林興　□□　□衡　友賢　劉璧

尉司吏朱仲明　□級　王合

醫學教諭□□□　州學吏綷□□

陰陽學正江□　□□□□　前□學直王□義

任城縣貼書董宗輔　戴□　張渾　□□禎　劉

□□　張承先　孫繼祖　張彬　謝克信　董□

王慶　李思誠　周亮　郝傑

祀太元妙應眞人記　正書　額篆書

碑高四尺寬二尺六寸　十二行行二十九字　伏羊特州

元統乙亥二月望日

制授洞陽顯道忠貞大師諸路道教都提點中嶽廟住

持都提點井公趣裝領嵩山中嶽廟事將之陝右泥陽

靜明萬壽宮

特奉

完者台皇后懿旨曰嘗聞五臺靜明宮爲唐孫眞人道

場也若往彼當賫捧

御香祝文於其奧行降致祭庶幾福我有

元宗社無疆之祚公唯其

命即於是歲十月詣還靜明謹擇日齋戒行禮是日也

風霾沉寂天朗氣清有以見將事者誠恪而表

宮闈之至敬也仙靈之垂佑也必矣敬再拜而刊之石

以壽歲月云西山逸民周德洽記

祭文

眞人太元　號秀唐年　芳名偉躅　千載依然

氣合鴻濛　神參太極　尚冀仙靈　福我

元國伏惟　尚饗

至元二年歲次丙子上元日

賜紫洞和明道崇真大師提點知本宮事楊德榮
等立石
賜紫洞照明元虛靜大師奉元路道門提點本宮
住持兼宗教事焦德潤
耀州吏目趙罪　耀州儒學正李權
承事郎奉元路同知耀州事蒲庸
奉政大夫奉元路耀州知州兼管本州諸軍奧魯
勸農事郭瑛
奉訓大夫奉元路耀州達魯花赤兼管本州諸軍
奧魯勸農事亦剌馬丹
裴德和刊

洛陽懷古四首 正書
石横長三尺六寸 高二尺二寸二分
金谷繁華東綠苔上陽羅綺暗塵埃風連砥柱河聲壯
雲駕扶桑海氣來秦樹夕陽歸鳥盡漢陵秋草老狐哀
獨憐一片邙山月曾照當時王輦迴
深谷高陵劫大空離離禾黍又西風斷霞落日低秦樹
衰草寒煙鎖漢宮猴嶺雲深鳴夜鶴禹河天遠下秋鴻
傷心欲問興亡事洛水悠悠晝夜東
帝走中原百戰餘塵生滄海竟遺珠天王北狩虛周鼎
伊闕西來真禹圖上苑平蕪秋射雉女牆老樹夜棲烏
綠珠樓上西風起惭愧王敦擊唾壺
自古中原壯九州昔人城此會諸侯漢興董卓三綱墜
晉尚清談九鼎休洛浦寒波無晝夜玉川破屋幾春秋
惟餘緱氏山頭月伴我乘槎泛斗牛
元統三年歲次乙亥孟秋朔備御史張翔雄飛
紹題
洛中懷古
攬轡登臨感興濃東都形勝古來雄兩關地阨東西外
一氣天分子午中雲漸邙山高塚在水流伊洛故城空
銅駝陌上思前事落日悲聞牧笛風

元統甲戌九月十一日
西臺都事劉𠑊文炅題
至元二年歲次丙子仲春吉日立石
王裕敬刊

西湖書院三賢祠記

碑長四尺四寸廣四尺五寸
二十二行行三十一字

西湖書院本故宋太學其初岳武穆王飛之第也歲丙子學與社俱廢至元二十八年以其左為浙西憲司治所其右

先聖廟在焉三十一年東平徐公琰為肅政廉訪使乃即殿宇之舊改建書院置山長員主之先是西湖鎖瀾橋壯有三賢堂祀唐杭州刺史白文公居易宋和靖處士林公逋知杭州事蘇文忠公軾於是奉以來祠之元統二年秋大成殿東南角壞葺之者不良于謀因盡撤

而治之費浮而物竄功未集而適已積泄來承乏竭歲入不足庫養既弗贍教於何有翰林余公謙國子助教陳公旅提舉江浙學事蓋深憂之至元元年乙亥秋魯郡胡公祖廣繇江西行省參知政事來為肅政廉訪使凡工費之未庚者日訴于庭乃詢于提舉提舉白其狀胡公矍然以為己任即檄真定萬戶府鎮撫符公倫覈實其費去其浮三之一時浙東道宣慰使鐵木哥公來監憲司事治書侍御史衛郡李公嘉賓參知浙省事胡公與之謀俾儒司以浙右郡縣學書院羨財助之憲司經歷程公文輝知事徐公宗仁咸輔成之憲史忽都海

乎承賫唯力於是宿遁清而繕備之事備矣乃扁三賢
祠曰尚德徐公祠曰尚功列志仁集義達道明德四齋
以居多士立大小學以迪後進闢思敬齋以為會采致
齋之所既成士子言於泌曰子之至不幸承前人之獘
以弗寧于教養幸兹匽寧其可忘所自乎宜紀諸石嗟
乎聖人之道與天地同流無適不在學者來游于湖上
心遡乎洄沂鳶飛魚躍各極其造聖謨洋洋固在是矣
若夫三賢所以得祠者亦以其立朝風節與隱居以求
其志皆有關於世教也然則篤意於是役者豈無所謂
而然哉於是乎書至元二年夏五月朔山長陳泌記賓

元西湖書院三賢祠記二

序前本院山長承務郎平江路吳縣尹陳恕可主奉將
仕郎建德路捴管府知事孔文學教瀆黃奭謝瑛儒職
張慶孫張榮老直學張慶仁儒人陳珪陳永錫范繼孫
陳垍孫沈富仁顧昌大范倫孫魏必明殷宏穀吳禎盛
明德等立石

司吏吳元澤　　刻者謝文炳

地五九

濟州重修尊經閣記　正書。額無濟州二字篆書

碑長八尺八寸寬三尺九寸　二十四行每行五十四字

通奉大夫江北諸道行御史臺侍御史前進士殷起
巖篆額
徵事郎湖廣等處儒學副提舉眉山王宜振撰
前東平鄉貢進士肥城尚廿澍書丹

學者欲求帝王之治於千百世之下者惟觀乎道欲求
帝王之治與道惟觀乎經經所以載道也人之所以為
人帝王之所以為治聖人之所以為教何莫非道筆之
於經垂之萬世昭若日月人生於數千載百之下不能

元濟州重修尊經閣記一

得聖人之道於口傳面命之間則考之於經信而有徵
不啻如親相授受舉而措之國家天下施之禮樂刑政
士君子得之以齒敍其爵聽誦敎其文章發揮其事業
經之有益於人也多矣學校乃宣明教化之地聖人以
道為教將以厚人倫美教化移風俗捨經何以哉閣而
度之時而閣之哉冠博帶以臨之以示尊禮之意此閣
之所以名也濟為四瀆之一距洙泗為甚近杏壇木鐸
之遺響日接於時人之耳目經訓脩明道化淪浹千載
一日衣冠文物之盛甲於他所歸然靈光宮殿突兀琛
以三珥翼以兩廡聖師像位繪塑如法又有重簷傑閣

地六十

屹乎其中榜曰尊經凡古今之奎章寶畫聖經賢傳諸子百家奇聞異見之書皆錦標玉軸寶而藏之於其上以垂久遠向所謂石渠天禄芸閣秘府之儲將不是過蓋大德戊戌知州克誠李侯之所建距今二百餘甲子矣歷歲愈遠摧圮滋甚職教者以歲入之不給坐視其敝而莫之恤甚非所以尊禮聖經之意元統乙亥之夏同知僕朝吾来佐是邦見而惻然大懼風雨凌震棟桷腐落倒架頹籤散亂編帙使為士者於聖人之教無所聞為政者於古帝王之治與道無所見將何以訓於今而傳於後此實有關於風化之大者乃喟然歎曰朝吾

不才聞道最後雖不獲親炙聖訓猶幸得口誦聖經接於目而會於心以增益其所未能今承乏此来適覩斯敝安敢以郡事之不理為辭而付之悠悠乎乃斷自心畫會材委工而經理之工費浩繁學無恒產則首捐廩稍以為之倡不給則以諗夫郡大夫上之仁且賢者與夫民之可以義起者叶力以贊其成傑棟飛雲重簷溜雨榱衡梁攙口堊丹雘咸與維新矣而不卑文而不華廼架廼櫝經史異衢軸帶帙籤新若未觸覩者讚歎既成僕君以疇昔之知貽書遠来求余文以為記將勒之石以傳久遠余雖不獲親覩其盛然亦喜聞而樂道之

乃為之說曰大哉聖人之道乎窮天地亘古今而不可泯也人文肇開明聖繼作宓犧氏以書契代結繩而文籍生焉自是以来歷皇帝王霸漢晉隋唐幾千百年以迄于今而其為經則有墳典索丘書史詩春秋禮樂與歷代之信史及百氏絺章繪句散滿天下其人亡其書存其政與教未嘗不舉也嗚呼經之不可一日無也如是僕君撤而新之以固其藏其為天下後世慮也遠矣是不可以不書僕君字世則妙齡好學至治辛酉科進士其昆季登上第者六人詩書之澤未艾也故其為政知所本云

至元三年歲次丁丑六月　日　學正仙抱一

直學王志規　　嶧山碧雲李道誠立石

石匠王惟恭同弟克敬鐫

三清龕復出記 正書

石橫長二尺五寸寬五寸三分共十三行行十字

匡舟道人盧德洽叙

太元至元四年戊寅春領道元宮主明德真人陳淵浙
宮室徐德清因治址而為基業得□是龕之復出以文
將代明練高士之製噫人依神而立神亦從之者乎是
乃陳君誠意懇切隱顯出沒致祥之驗乎因以書歲月
云爾

繪江陳桂出

道士□□□□□石

有元贈中奉大夫湖廣等處行中書省參知政事
護軍追封魯郡公許公神道碑銘 有序 正書

碑橫長五尺六寸寬四尺四寸共七十六行行三十六字

翰林侍 講學士通奉大夫知 制誥同脩 國史
兼國子祭酒歐陽元撰
翰林學士承 旨榮祿大夫知 制誥兼脩 國史
趙孟頫書篆

安陽公居政府之五年一日得請于 朝旣釋機務
將歸省其先塋於洹水之陽以顯考魯公行狀命其友
歐陽元文諸神道之石元惟方今公卿大臣辭翰擅美
無以右安陽公兩都有大營繕諸臣僚家先世碑板咸
以 奏請屬筆安陽公為榮於法當援 世宗究文忠公
例自表厥考崇公之阡又自書之為宜安陽公堅辭以
為不可乃勉叙其行實而銘之魯公諱熙載字獻臣姓
許氏生七歲孤太夫人挈之依外家公多有異質處群
髫中終日持重寡言稍長攻讀書習為儒二十能舉子
業有儁譽年及受室娶里中名家外舅仕湖廣行省公
欲就學東南因往焉遂為當道所知以行省檄辟德慶
路提控按牘由是以本職歷永衡兩路湘潭一州凡三
考成資調長沙稅使遷臨江撫州兩路總管府照磨進

將仕郎湖廣行中書省理問所知事改從仕郎會福院
照磨兼管句承發架□□位不滿德而所至稱職吏服
其能民懷其惠不可悉數其一二存諸簡書略見始末
者若在德慶時鄰撫蠻境州將趙往瞽捕府無它官以
次攝事公料丁壯輸粮糧高城深池備禦有法會城中
民饑比馳狀請粟而先以賑貸民用無它虞將士俘鹵
有愬非辜宣慰部使者雜獻之渠帥利所獲從旁執爭
公駁之□冤徒脅從猶當理出王民闌入賊衆又從而
臧獲之可乎上官用其議薄有□驗皆免為民□是公
以新進下僚代攝郡寄一切興發事皆已出當道意頗

元許公神道碑二

甚之暱平吏民咸稱其應變方略有餘又見其面折元
戎脫民于殍乃更賞嘆共剡薦之在永永尚巫鬼里社
舁土木偶相晉□服食共具以侈相夸民坐凋匱公梟
樊侯毀淫祠數百區以室其妥又撤其材以給費舍公
廨倉庫之用公私便之在衡安仁盜表舜一怨苦播州
餉負險挺亂旣誅　朝廷宥其餘黨甚衆民有越軍
砦為竊攘者有司得之獨以强論不赦公曰彼從盜為
亂猶貫殊死此因亂為盜乃服上刑不爭請併彼舍之
議上卒從其言□□□ □□跑重二者嘗過友家乘虛
撣□□□鑷器以歸友蹤跡甚急范斬怖而返之物游

地六五

衆撫吏拘范及友於官公推讞得實既而有赦吏欲
墨范辟景跡其身公謂詞未送官物先入主法不涅亦
不當錮范卒為良民在長沙征算不苛羨增秋毫歸官
在撫州豪民有龔胡者僞造楮幣十餘年轉鬻閩浙聲
已振藉甚對自首官疑有隱索之關地得宿用板印經
數皆倍所首獄輸　朝廷遣使分道慶決龔厚賛祈
免姻族又助其營捄已蔵滅死公持不可曰首實隱多
去宋存本與未首同衆莫能奪乃寘諸法末奉祠在京
□祿優暇而年近休致諸子又皆顯融力請謝事未報
得疾薨于官生以中統二年辛酉十一月丁亥薨以

元許公神道碑三

泰定四年丁卯二月癸酉壽六十有七葬以是年十一
月壬午祔安陽武官原新塋許氏世居許昌曾高已上
金亂失譜祖考隱德曠僚諱信考贇彰德湯陰因徙家
焉初贈亞中大夫彰德路總管輕車都尉追封高陽郡
侯再贈嘉議大夫僉書樞密院事上輕車都尉追封魯
郡侯諱發妣以孫婦趙氏讓封初追封湯陰縣君再封
高陽郡　累封高陽郡夫人進封魯郡夫人妣宋氏公
初贈嘉議大夫禮部尚書上輕車都尉追封高陽郡侯
進贈中奉大夫湖廣等處行中書省參知政事護軍追
封魯郡公配高氏萬寧縣尹榮之女初封恭人再封湯

地六六

陰縣君累封高陽郡君進封高陽郡太夫人追封魯郡
夫人恭謹令淑孝敬事姑惠慈睦姻性多慈惻尤樂施
予閭故舊家有喪致襚飲食拯閭里貧病如救溺焚魯
公待客好豐諸子隆師蓄書嘗鬻簪珥以繼其資雖居
中饋經營彌縫能使夫子處約之久不失令名有古賢
媛之風焉至順二年辛未五月庚子卒于揚州壽六十
有七□兪樞而下皆以安陽公貴推恩伯子有恒大寧
路儒學正調大理路軍民總管府知事篤於養志力於
幹蠱魯公年四十不親細故内獲夫人倫勤之助外藉
伯子□敏之資□□安居樂道專致教子以有今日先

元許公神道碑四

魯公祥之二日卒年四十有五時論惜之娶李繼狄集
賢直學士文忠之女仲子有孚是爲安陽公登延祐□
年進士第初授同知遼州事歷山北廉訪司經歷吏部
主事南臺内臺監察御史詹事院中議中書左司員外
郎右司左司兩郎中兩淮都轉運鹽使兩爲參議中書
省事治書侍御史陞中奉大夫兼　奎章閣學士院侍
書學士同知　經筵事拜中書參知政事轉通奉大
夫以本官知　經筵事在位有相業臨事決議不愧古
人以封讓祖姑者其初娶景州儒學教授永平趙兼善
女金源世科進士家也繼室趙氏銀青榮祿大夫中書

平章政事魯國公世延女也並封魯郡夫人孫子有儀
　經筵檢討武昌水陸事産副提舉娶劉平江知州傑
之女季子有孚國學上舍生登至順元年進士第授承
事郎湖廣等處儒學副提舉改湖廣行省檢校官娶張
繼賈安慶總管汝□女也女二長巽貞適江西行省都
事趙彝次安貞未嫁而卒孫男四寶山燕山白者黑者
孫女五小茶三茶增茶順茶相茶公器識深長學問篤
實内行慎獨外交盡忠性不能酒長夏盛暑衣冠儼然
書不釋手爲貧謀養不擇祿仕閭闠外補四十餘年僦
屋以居糴市以食親故嘗靳之曰君位劣祿薄親年又

元許公神道碑五

高何獨不至是公笑曰爲臣當廉何有大小之別記獨
不云小臣廉乎宋夫人年二十八居嫠守節自撫迄公
成人教育甚至公逮事終身子職無闕司徂長沙作綵
衣堂以志其樂宋夫人病利力求去職侍疾寢食爲廢
初喪號慟絶而復蘇旅殯原上苫出廬墓者三年毎晝
端坐木下狀如泥塑樵夫牧豎迫而視之始驚爲公年
踰五十時祭必哭哭必致哀喪禮倣古不用緇黄人始
議其倫及送終之厚祀事之豐莫不願習行之既祥非
疾病蔬麪不御臨江之除訝吏再四必後其妻孥守卯
壠乃去今長沙人即公廬墓之地作書院以表其孝請

于中書得永額所植松柏愛護之成林晚歲研精理學
易簀之年正月朔日命諸子講周子太極圖說至原始
反終慨然而嘆因論人世脩短有若將終焉之意男氏
宗君寶蚤年擇師訓公遇若己子公迎養以禮有子為
娶令族俸入盡以資之□□□□□東程岡曰以東岡
為號後更號真拙著經濟錄四卷文數六卷尤長於詩
有東岡小藁傳于世
仁廟初策進士漢人賜緋者十有一人唯安陽公年時
二十有九父母具慶時人歆之每以為義方之勸公在
會福安陽公官已卿士而公身教嚴厲安陽公出入必

咨□然前脩家法公疾禱神謁醫靡不極至公竟貧不
能治斂又思得渼頤衷慕不知所為　朝廷聞而厚
賻之始克歸葬公塋墓土赤燥安陽公數遷遂至宰輔
故贈親之典備極寵榮惟公生平種德行義自厚於躬
而遂巡退託未嘗有鉄微責報於天求上於人之意迨
夫積善之報在理必然則人固莫之與京天亦莫之或
違也狀公行者為今南臺侍御史濟南張公起巖志公
壙者為今御史中丞浚儀馬公祖常至元為神道碑三
人皆安陽公同年進士嗚呼斯亦他貴臣家所難而魯
公有焉銘曰

允矣魯公生而敦厖為儒則通治吏不尨儒通不窮若
歲徒杠吏尨則蒙乃昏然釭䖍聲粵禺初武之璗嬰身
事衡不震不撓憂民有忡遇事無慢或縱爾于華或逑
爾于鏦或鶴爾倥侗或驫爾幻哤世涂憧憧公志倥倥
爲于渢渢與俗異腔且行且□執搏執控盤桓令終德
厚信矼荆士景從康隱維龎江夏向風蔚孝無雙醲河
為灘漢岷為江滐源之鴻沿流漎漎高陽豊彤庭堅尨
降仲丰棟隆仲力鼎扛公也亢厖宗仲也與我邦洹水
泏灖□行崆峣佪山為雄廞水匆洚若堂其封堅珉如
矼石人戴碧其樹如幢仲詞舂容銘䛩友恷公當如□

□□□毋瀧

至元四年歲在戊寅八月吉日建

能靜處士茅紹之□勒

昌欲謁安陽公墓以事不果從吏云墓有公神道碑
高丈二尺餘四面各可四尺皆有字趙文敏公書也
昌使之拓墨本以來廼安陽公之父魯郡公墓碑歐
陽文公為文茅紹之集文敏書刻之安陽公終廼染
為文刻之碑者中州文表
葉文莊公歐云古人所作墓文碑誌敘述子婦者甚

少詳書其子之行實生卒及婦家之世出者加少也
惟歐陽圭齋於圭塘之父獨然豈變例歟 古夫于亭雜錄
案碑少有剝損惟後載能靜處士茅紹之口勒丶丶上
一字鐫鑿無可仿据中州文表及郭文簡並云集趙
文敏書是集勒也紹之與文忠同時見至正集有同
茅紹之飲野人家疏圃二首詩即此碑題能靜處士
者視其與許公偕逝可以徵似其人矣後又載至元
四年歲在戊寅以紀年考推之是為後至元中州
金石記授堂金石文字續跋悉列入前至元是時許
公猶未降生也許公以至元二十四年六月生迨後
至元四年立碑公五十二歲距家魏國公之卒在至
治二年六月已十七年矣二跋皆沿於不審戊寅紀
歲乃致此誤故書之以為考古者戒 安陽縣志

御賜尚醞釋奠記 正書 額篆書

碑長六尺五寸寬三尺一寸
二十二行行二十五字

嘉議大夫益都路總管東野潛書
奉訓大夫社稷署令蔡思忠篆
至元五年後己卯正月
皇帝田于柳林以上丁在邇允 御史臺 奏因
宣聖五十四代孫監察御史臣思立出
上尊酒釋奠于闕里遣御史從事臣高元肅馳致之禮
竟曲阜縣尹權祀事臣孔克欽言于宗黨曰茲誠希有
之盛典不識諸石罔以貽後于是其宗人前湖廣行中
書省都事臣思迪等屬臣宜記之宜延祐初科進士且
嘗助教國子揄揚
聖德職也遂不敢辭而諾之曰
吾夫子在魯哀公雖誄之而未極其尊漢高帝雖祀之
而未盡其禮後代褒崇封爵之未悉其道詎若
皇元累頒
明詔既於至□文宣王上加封以大成復於二丁永享
以太牢重以香幣白金之 錫奚啻再三寅奉尊
隆
禮意淵悔邁越古昔遠矣今憲臺攢宏 縟典齋光

禄之
大醼以備祖庭禋酌豈惟孔氏子孫有光實天下儒服
之士舉有光也迺拜手稽首而樂為書之朝散大夫濟
南路棣州尹兼管本州諸軍與魯勸農事臣溉直謹記
宣聖五十五代孫從仕郎濟寧路曲阜縣尹兼管
本縣諸軍奥魯勸農事權奉祀事孔克欽立石

大元勅脩曲阜宣聖廟碑　正書　額篆書
碑長二丈一尺五寸寛七尺六寸
四十二行行百字
翰林侍　講學士通奉大夫知　制誥同脩　國史
兼　國子祭酒臣歐陽元奉　勅撰
奎章閣學士院大學士資政大夫知　經筵事臣巙
巙奉　勅書
正奉大夫侍御史臣張起巖奉　勅篆
今上皇帝臨御之七年歲在己卯春三月戊辰御史大
夫臣別里怯不花臣脫脫等言天歷二年十月
文宗皇帝在御奎章閣學士院臣沙臘班等列奏曲阜
宣聖廟自漢唐宋金凡有隳廢必奉勅繕修功成
則勒之石衍聖公以舊廟將壞飭書奉圖屬學士院以
聞時
文宗攬圖諭　旨省臣趣修之事竣則立碑以詔方來
今新廟既完而成績未紀懼無以稱塞先　詔御史
韋上臣等僉議請　勅翰林侍　講學士臣元為文
奎章閣學士院大學士臣巙巙為書前侍御史臣起
巖為篆以臺儲中統楮幣二萬五千緡為立石之費
制皆允迺命　宣聖五十四代孫御史思立傳
勅臣元俾篆其事元拜手稽首言曰天佑下民作之君

地七四

作之師昔者伏羲神農黄帝堯舜禹湯文武數聖人者
作君師之道備於一人用能左右 上帝克綏厥猷
吾 夫子出天獨畀以師道凡天叙天秩天命天討之
事 夫子明禮樂删詩定書讃易道修春秋而品節
之以為百王法於後世儀封人曰天將以 夫子為
木鐸子貢曰固天縱之將聖 夫子自論斯文之任
上以屬於天下以屬於己使得位設教即前數聖人所
為繼天立極者也是故天欲興一代之治則吾 夫
子之道必大昭明於時歴千萬世如出一轍
皇元龍興朔方

元勅修曲阜宣聖廟碑 二

太祖皇帝聖智天授經營四方
太宗皇帝平金初年歲在丁酉首 詔孔元措襲封
衍聖公復孔顔孟三氏子孫世世無所與增給廟户皆
復其家是歲歴日銀諸路以其半益都東平以其全給
修 宣聖廟尋詔元措括金人禮樂官師及前代典
册辭章鍾磬等器以數來
上仍命於曲阜閲習禮樂以備時用又詔諸路設學遣
官分道程試儒業
世祖皇帝初在藩邸多士景從作其即位大召名儒開
廣庠序命御史臺以勉勵校官國子監學以訓誨胄子

大司農以興舉學社興文署以板行海内書籍提舉教
授以主領外路儒生宿衛子弟咸遣入學輔弼大臣居
多俊乂内廷獻納能明 夫子之道者言必稱首
在位三十五年之間取士之灋興學之條日討論之規
橅益宏遠矣
裕宗皇帝時在東宮賛成崇儒之美
成宗皇帝克繩祖武鋭意文治踐阼之初 詔曰
孔子之道垂憲萬世有國家者所當崇奉既而新作
國學增廣贄合數百區胄子教養之法始備
武宗皇帝増興制作加號 孔子為大成至聖文宣

元勅修曲阜宣聖廟碑 三

王遣使祠以大牢
仁宗皇帝述
世祖之事宏 列聖之規尊五經黜百家登崇俊
良以張治具我 朝用儒於斯為盛
英宗皇帝鋪張鉅典廓開弥文
明宗皇帝凝情經史愛禮儒士
文宗皇帝緝熙聖學加號 宣聖皇考為啓聖王皇
妣為啓聖王夫人改鑄衍聖公三品印章賜山東鹽
運司歲課及江西江浙兩省學田歲入中統楮幣三十
一萬四千四百緡畀濟寧路俾修曲阜廟庭

文宗賓天
太皇太后有　旨董其成功
今上皇帝入纘丕圖儒學之詔方頒闕里之役鼎感山
東憲司泉濟寧捴管張仲仁曲阜縣尹孔克欽涖事共
恪以元統二年四月十一日鳩工至元二年十月初吉
落成宮室之狀以寧神棲樓閣之崇以度寶訓周垣繚
廡重門層觀丹碧黝堊祠倂王居申命詞臣揚厲丕績
於是內聖外王之道君治師教之誼大備於今時猗歟
盛哉
皇元有國百餘年以来緜脩　宣聖廟者在丁酉之

元勅修曲阜宣聖廟碑　四

初以開同文之運天歷之際以彰承平之風東冒出日
西踰昆侖南盡火維北際冰天聖道王化廣大悠久相
為無窮端本實在玆矣臣元奉　命撰述有　詔
御史思立奉祝幣牲齊馳驛造祭告厥成功臣元既序
顛末請系以詩詞曰
厥初生民　倥侗顓蒙　三五繼作　大道為公　風
氣日開　民習日漓　道統絕續　孰綱孰維　少昊
之墟　東魯之土　挺生聖人　以淑萬古　聖人既
生　代天以言　立我民極　與天並存　惟皇建極
尊用其道　百王軌範　于以慘攷　三光以全

地七七

寒暑以平　俊民用章　時廼迷衡　天
子垂拱　大臣承弼　體信達順　鳳麟時出
皇元之興　厚集大命
太宗興文　首法　元聖
世祖龍飛　髦士屬心　恢宏文治　濬發德音　世
及三紀　仁漸義摩　建學立師　善人用多　溫文
裕宗　祇荷詒燕
成廟崇儒　廸若天顯
武皇英毅　入繼離明　載崇徽號　玉振金聲　濬
哲

元勅修曲阜宣聖廟碑　五

仁皇　文德繼世　誕揚祖訓　顓俊尊　帝
爰及
英宗　禮樂孔殷　穆穆
明考　蓄德懿文
文宗纘緒　聖聖克肖　廼闢奎府　廼飭孔廟
今上嗣位　丕式大猷　勒石新廟　宏賁鴻休　新
廟奕奕　泰山具瞻　衡紞紘綖　袞衣襜襜　維宗
維金　遺刻具在　於赫我　元　衍冕百代
我　元聲教　極彼堪輿　實含萬里　誦
詩讀書　維茲曲阜　斯道之壹　如水有源　如木

地七八

有本　皇鑒在上　執我道樞　相我
熙朝　蹐民唐虞　聽言臺臣　職是風紀　昭
宣　徽謨　是用歸美　聖道王化　如日麗天
儒臣詠歌　億載萬年
至元五年歲次己卯十一月吉日建
新安詹徽刻
碑陰
多列各官姓氏共計三十五行在陰之上截
奏事御史臺臣
御史大夫

别里怯不花
脫脫
侍御史
達世帖睦邇
何約
治書侍御史
韓鏞
殿中侍御史
脫脫木兒
經歷

吉當普
都事
王守誠　師伯顏察兒
監察御史
別魯沙　帖木兒不花
忽里哈赤　蠻子
不花察兒　佛嘉閭
哈剌　咸普
阿塔赤　朶兒只班
卜顏　完者帖木兒

阿剌忒納肅哥沙剌班
雅帖謨邇普化
李獻
孔思立　趙槃
康庸　張遵義
孟泌　董銘
趙麟　呂彝
史經　洪世閎
王理　何執禮
管勾

也兒吉尼　亦思晗
照磨
斷義

李君義行記　正書

碑長七尺七寸寬三尺五寸二十五行行五十一字

贈從仕郎奉元路咸陽縣尹國駿撰
前進士董立題額
前河東鄉貢進士薛均書

富居五福之一人之性□所不學而俱欲者也處得其道則為德為義為阜厚為完美否則為吝為驕為貪得為怨府為禍階是以君子藐不義之富而尚夫喜施然世固有傾萬金之資以食客分千金之產以業人者前不□□□以宜其適非大姦即大佚是又與於不義之

甚也益財者生於百物本於天地不可妄求而□得生之有道則積有餘用之以禮則利於物而所及者溥故易繫云何以聚人曰財穢謂積而能散惟夫不侈用不妄交不孑孑以求譽不規規以取羸悉人不期其誠見義勇於必為斯之謂能施余素聞三原□龍橋鎮李君恭甫有施與名今年春鎮人嚴生遵古持張好古所為□□言曰□□□君厚德欲求大夫士詩歌以發揮其義前中奉大夫甘肅行省大參晚節□公既為之序尚慮無□以示永久得請□邑大夫監縣君何里沙尹李君漢卿簿謝君惟寧尉杜君彥常司寶朱君宏道將

鑱石以紀其行卒先生文以記之余再四辭不容已一
按其狀君名子毅恭甫字也世雲陵人其考贈奉元路
治中府君始徙家于鎮以市藥爲業至君性質謹孝友
閑於治生益致富厚於□華宴遊之□無所好賑窮周
乏則汲汲如不及□族鄉黨因其資而婣者三十嫁婚
者八十餘娃貿鬻而爲良者□凡□取其子　或不能
償輒焚毀□其劵前後總爲錢六萬若干緡關中頃經
荒札有田業者率賤售救死時君所買田凡約數頃厥
後例聽倍其直以贖君惟取初價□即歸其主族人㘦
售不能贖者畀之直計錢四千一百五十緡里巷失火

比屋延燒數百家近其安火自息人謂君積德之所致
隣比之被災者復捐錢二百五十緡以周之君舍有當
市道之衝者毀以爲路又修石梁清渠以便行者用錢
一千緡貧無衣食病無醫藥者往往賑之不可以數計
與弟子劉建三皇氏廟數十楹故翰林侍讀學士南陽
李术魯公子翬爲之記又建書院割田百畝以供釋奠
廩師生共輸錢緡二十萬門請故峨山程悅古先生以
訓後進故集賢學士蕭貞敏公門余先大夫文貞賞遊
其家以相其事貞敏公以學古扁其顏又書朱文公學
古齋銘仍爲記使并刻諸石行省上其義

朝廷以義士旌其門君嘗
宣授民匠提舉遂不仕孝友耆耋而康寧好德益勤不
怠□□善禮復能繼述以昌其業昆弟子姪竝登仕版
藹藹閒譽嗚呼君亦可謂善處富者矣昔朱公居陶以
其天下之中四方貨物所□劬也乃廢著□時逐而不
責於人十九年凡三致□富再分散與貧交疏昆弟史
遷稱其善治生而富好行其德今君所居亦關中都會
能擇人而任時居積致富□施之德洽于鄉族□之心
□于大夫士之歌□其亦得朱公之術者它日必有良
史書其事余既□尚君之富而好禮又嘉嚴生之以德

報德故摭其實以爲記
大元至元六年歲次庚辰春三月吉日立
長安何信刊

萬春山眞覺禪寺記 正書

碑長七尺三寸五分寬四尺七寸五分
厚一尺二十五行行四十六字

翰林侍讀學士知制誥同脩國□□□大夫雲南諸
路行中書省参知□事李源道撰
蒙速思丞相三世孫□□□承務郎威楚鹽使司提
舉完者禿書丹
秘書監著作郎亞中大夫□雲南諸路肅政廉訪司
事杜敏篆蓋
滇池西走六驛有郡曰威楚東北五舍治深山入長谷
有巖并取雄於一方以□

元萬春山眞覺寺記一

氏之□□□□也顧其義惑因果之說往往與易者
或有不可誣者蓋人之生稟二氣清濁之不同有以五
戒自持欲正其法身者又有十業自檢以淪於外道者
豈非善惡之區別乎冥冥之中昭昭之報猶影響然乎
嘗謂世之人莊嚴佛身頂禮佛足嘗然金雕□矣庸詎
知明心證性固能成佛之為妙也明心證性者啓為善
之根也範金雕□者皆有漏之因也君山□行峻潔弘
揚聖教而亦嘗慮及於茲即其刻斯文以示南人南
方俗雖暴悍而崇信浮圖□□庶幾因□生悟人知嚮
方□□善□去惡者則君山繼持創建之力也

地八五

栴檀林前□鐘之樓後度經之閣法堂方丈齋廡庖□
湢□□□□□燃望煥耀益田荒□僻絕之境見茲亢
史可喜也嘗論夫佛法入中國二千年華人尊崇七謹
猶一日也遂而至於殊方絕域之外又至於深山窮谷
之間人跡所不到之地亦奔走崇奉如是之篤也烏乎
我
佛以平等為性慈悲為心以淨染為幻以寂滅為樂以
五蘊為空以三歸為戒尊人以遷善去惡明心證性如
斯而已□知者以為其言宏□勝□以死生禍福動人
則非西竺聖人之旨矣雖然西方氏之教慈矣

元萬春山眞覺寺記二

國用以濟民建厥利至博也井之西一里許有山曰萬
春墻立屏峙聳出天外翼山□延□龍江之水踞虎嶺
之麓巨石嵌空居人在山谷間惟萬春為勝據也延祐
乙卯僧曰君山洎土之者□□興議謀曰吾儕介于
□□爾絕徼荷
縣官之庥銅山澤之利食土之毛皆
帝之力與佛之造也可無報乎於是捐巳貲集衆力建
佛宇于山之陽名曰眞覺禪寺即萬春之顛以祝
天子萬年之壽也殿寢堂與橫山跨谷□
毘盧□那佛釈化佛文殊普賢之像右有選佛場左有

地八六

時至元六年歲次庚辰□□朔十有九日巳巳
開山住持僧臨濟並君山林叟等立石 鐵神筆君
神殿
□□□□洞宣道先□□□劉德清□□
大般若波羅密多經□部全□□□銀□
肅政廉訪分司首會威楚路榜沙 永鎮此

□□題
石右側三行行十四字正書

萬春覺寺留題
山崦□□□隨雲度碧谿真如趣大覺□□出秀氣歸
萬春天然碑若綠□□詮梵誘群迷翠栢叢鶯囀
枝定鳥栖□乃與民興福地名賢到此肯留詩上方
□□□任意息塵泥
雲南僉憲天竺西人蒲哩翰和南
李慎齋觀音奴知路題句鐵林刊
右左側五行行二十九字正書
天生碑□□僧□□□文章道士雕□地□□□□
□□□三教豈能飈

重修華嚴堂經本記 正書

碑長四尺六寸寬三尺 二十三行行三十五字

范陽逸人賈志道撰并書

至正改元夏四月有高麗國僧名慧月者因禮文殊大士於五臺衲衣錫杖幽然脫俗路經房山縣西鄉里東峯古梵刹名曰小西天華嚴堂其境清勝奇麗逺超市井跡絶塵囂唯有志者居焉其堂并華嚴經本等十二部皆石爲之蓋有年矣真古今祝延

聖壽之域窮歲月綿延住僧雲至堂摧經剥者有之唯存基址焉寺僧傳曰

三藏經宿之處也慧月留止於此不旬日閲堂户昔刻曰釋迦如來正法像法凡千五百餘歲迄貞觀二年已浸末法七十五載時群住者從兹失導者衆有僧靜琬隨爲護正法率諸弟謹化檀越共結良緣苦行即兹山頂刊經板不勝其數冀於曠劫濟度衆生蓋靜琬肇起于此矣其境藩條時有樵牧者憩焉經文殘缺者斯其由矣慧月憫其石户摧圮經本殘缺□然惜其將来浸泯靜琬之功而安能復其初以斯感發化緣之念志堅而心篤幸□□政院使資德大夫龍卜高公匠作院使大夫黨住申公慧月拜礼詳陳其事公等允其言

興大功德布施淨財千餘緡命慧月施勞董工修石户經本不月餘而俱□□得布施一毫不私於己聞者咸曰施財者猶爲易得人者實爲難惟慧月則其人也不□湎不茹葷儉衣食而絶物慾同歸善者幾人焉慧月寧忘己勞而不没人之能今立石以紀功德揚人之善豈慕勤劬著己之功願言所過者化所存者功嘗謂人曰事落成而吾適他矣豈久淹於此哉若值經廢之緣興功者如是庶佛門無愧矣同金玉局提領李特狀詳其事刻諸石来謁其辭予不獲已姑依命摭其實録一二云爾

旹至正改元夏五月初八日高麗國比邱慧月立石

大功德主 高龍卜院使 申黨住院使

山主斯滿

同緣功德主 也先不花太傅 不花怙木兒揔管 李揔管 五閘古提點禿滿達

同緣功德主 中政院使伯怙木兒 王丹夫人

同願僧 西域智諦 達而宝

補寫經板高麗國天台宗沙門達牧

金玉局提領李得全 李得 程仲玉刊

佑文成化之祠碑正書

碑長四尺七寸寬三尺三寸十七行行三十八字

嘉議大夫前江西等處摧茶都轉運使張國寶集顏
魯公書
資善大夫陝西諸道行御史臺御史中丞趙成慶題
額
帝君尊名教中最有功自三代聖王不作古風頽靡天
啓帝君職司内史凡天下嗣裔爵禄廢置予奪怏怏黴
𠆸之中德被六合力敵造化故歷代神降出則巨儒碩
爲明神尤孜孜以忠君孝親扶植斯文化淑民心爲任

者又冣大延祐中
天子下詔因舊封神文聖武孝德忠仁王冊尊爲輔元
開化文昌司禄宏仁帝君廟有靈應而易新之曰佑文
成化之祠劒門原廟存焉蜀人虔事天下名郷鉅公賢
大夫士咸感帝君德善所在立祠秦中未有一日誠士
馮敬珪承厥考之遺言慕帝君之靈貺與子鏞乃捐己
財以卜善地得爽塏而營之夘工度材以壯厥居以安
神棲垣墉紆迂雄亘通衢甍棟穹隆翬飛數尺丹青赭
堊以壯侍衛銅鏤斧藻以美輪奐造焉者祇肅過焉者
悚懼凜凜其威人始知輔元開化文昌司禄宏仁帝君

之神祠也神以祠而見人之敬耳人以祠而知神之靈
也因神之靈人起修省之心趨風結軌如萬折朝東羣
烏趨鳳是祠不可謂無益矣敬珪堅恪誠心竭力不怠
雖浮言所摇不改其志廟成越三季走詞成都懇予以
記夫道涣而爲氣氣運而爲精精變而爲神神化而爲
靈出乎自然者也維神也得自然之妙用顯不測之威
靈稟氣含精出入無間與道爲一与天爲徒如月在天
如水行地在周乃張仲孝友在晉爲亞子耳既爲儒者
師乃補神之職彰明善惡進取賢能時若雨暘作新人
材㢸國爲堯舜之君迪民爲雍熈之民校陰隲于忠孝

之場權其小大輕重而中持衡者乃分内事也人樂爲
之祠予特書以記至正癸未冬十月望錦城隱士張勤
撰
奉元路東關馮敬珪洎男鏞等立石

武林弭菑記 正書

碑長六尺七寸寬三尺四寸共十六行每行四十字

至正二年四月一日杭城大菑燬民廬舍四萬有畸明
年五月四日又菑作於車橋火流如烏孛如棓衡所指
即炎㷭且偪西湖書院在官正徒奔走莫遑救武守府
守雖亢而無所於用肅政司在院東於時憲副高昌斡
欒公覃懷李公憲僉大名韓公知事廣平張公照磨睢
陽張公齊由火和首曰火寧焚予躬勿民灾也言一脫
口風從西北轉東南若有神懾熸而返者鬱攸熖及院
北垣即銷滅沉丟又若金支赤蓋度河而溺也繇是院

元武林弭菑記一

與司皆按堵如故而城郭郊保賴以安全院之山長畊
陵錢㻞偕城中高年尋余西湖之陰請紀其事辭弗獲
則為之言曰迅矣哉天之以火警人也敏矣哉人之以
心迴天也當鬱攸之勢卷土而至雖水犀百萬之兵莫
能敵也而憲府官併心一念皐及于躬憂及乎民而反
風息火之應捷於景響予故曰天道遠人道邇人遂以
天為虛無曠邈不與人接不知其遠者在其道之近者
耳故閱書于菑而知有天道者以此於乎吾觀劉昆事
而徵於今仁人一念之利實於無為者固優於丈城表
道之力夫火者哉宋璟都督廣州民居無延燬且為立

人五

紀頌今風紀者之德為出政之本足以迴天弭變於是
乎知有天道固宜詳錄其官氏登諸貞石以風勵有民
社者使知人之感天者至敏而天之應人者至近不遠
也於是乎書賜進士出身承事郎前台州路天台縣尹
兼勸農事楊維楨撰文林郎江浙等處儒學副提舉陳
遘書奉政大夫江浙等處儒學提舉班惟志篆蓋至正
三年十二月望日耆儒朱慶宗張慶孫教導葉森姚潛
儒職葉寶孫張榮老盛明德陳珪殷宏毅家鼎孫范儉
孫陳埴孫吳禎直學朱儀莫維能學吏葉璇杜耆老呂
大榮徐永德沈從善張肅劉道隆顧德潤程德普吳元

元武林弭菑記二

澤沈富仁蘭德誠等立石

刻者謝文炳

人六

重建東嶽廟記正書

碑高四尺八寸寬四尺五寸七分共二十二行行四十字

前太平路儒學經師錢鐸譔
中大夫太平路總管兼管內勸農事胡國安書丹
中奉大夫江南諸道行御史臺治書侍御史秦從德
篆蓋

維五嶽分鎮天下各有分土東嶽品秩最尊是謂岱宗界域既廣行祠故多當塗浮印山其一也山雖不甚高峻而神之靈則有功於民雨暘疾沴有禱必應一境之內賴以寧謐嘗聞天子祭天下名山大川諸侯祭境內山川為民求庇賴爾浮印行祠當塗一郡之司命嘉平殿舊建于宋皇祐三年辛卯越政和三年甲午重行建造惟我

皇元混一以來至元統元年癸酉歲月既深棟宇朽腐神弗安靈時郡守哈剌那海公凡治下廟宇損壞勸率脩葺郡人吳松山一鄉之望也居相近毅然出力以為之倡衆圖哀集以輔之及益以本廟香錢而用實不敷翁悉捐己財以給其事未幾而翁卒越三年至元丙子淑明殿為颱風所扇延及大殿與凡備祀之所悉神厭其界陋而不循居之耶抑天數之偶然爾至元四年戊

寅監縣遜都台公出己俸以為脩廟之資松山翁之子起之方爾慨父之成功中廢乃以繼志述事為責然所用材料視昔加數倍大率增多兩廡神祠殿宇地位脩廣宏潤故也經營量度晨夜不息懼無以愜父之初志黝堊丹漆多未備竭力數年而後成吁此一神居也吳氏父子不憚勤勞不吝資貨始之終之克成厥初盛矣福田利益之未有艾也且以太平一路言之所屬三縣戶幾十萬繫蒙神佑無一如吳氏之用心者豈不難斯得乎以父子數載之勤勞起郡縣萬年之瞻敬集百狐腋而成一裘雖若藉衆美而綴緝組紃之功實多況又補助其不及而卒臻於大成此繼志述事之大者人皆義其所為是固宜書覩舊聞為立石以紀其事命余識之余則以為有吳氏自述本末勒之堅珉矣奚庸贅然亦不敢逆諸公之美意於是乎書

至正四年甲申建子月望日太平路醫學教授陸子明學正朱□廣福禪寺住持釋惟益縣吏邵帷德高年士民池文鮑紹祖湯廸馮天祥喻汝敵君良潘良輝楊□□□□胡□陸惟恭趙廷元朱紘潘勝祖黎德壽王顯宗喻子聰周仁溥杭元壽丁安富陳德魁張立新蔡文遠孫天麟立石

郡人駱義刊

重繪賢像記　正書　額篆書

碑連額長九尺寬三尺八寸十五行每行三十四字

夫聖人之道垂憲萬世歷代賢者莫不宗吾夫子以明
於時故易彖曰天地養萬物聖人養賢以及萬民嚮之
時大矣哉嘗謂有天下者自京師以及諸郡十室之邑
千夫之長□不尊嚴廟貌消潔致祭以報本歷代及我
皇元累封公侯伯爵冕旒章服各有等殺實聖人
養賢於悠久而垂憲於萬世也至元甲申□州監郡聶
公德方創建大成廟貌繼設賢像以配神祀迄今六十
年矣冕旒章服□色□落謁拜者見而靡不增嘆奉訓
大夫濟州知州蔡侯思中觀其若是首以重繪自任喻
□倅金登伯餘縉復會僚佐同知史承事判官楊承事
吏目賈彥等共議厥謀以協其□□是求善得丹青者
以飾之侯日以政暇親督其役煥然為之一新使先賢
配饗於□□□謁者知吾道之尊崇一日告成國學生
孫復禮和寧路儒學正高謙祖謁拜廟庭□□□增新
於是執其端樂為求文勒諸石以嘉我侯之德予叨三
固辭不克敬為書□□□中書左丞獻肅蔡公子守
成父業不墜箕裘始蔭社稷令次領濟州知州尤得諳
□之道公平廉政交章薦觴迄今四載事無壅滯賦受

其惠誠可紀也
至正四年歲次甲申仲冬吉日濟州儒學正孔克亮訓
導馬驥直學宋志蟾等立石　　尚任王惟恭謹刊

重繪賢像記碑陰題名
奉議大夫濟寧路濟州知州兼管本州諸軍奥魯
勸農事劉□
承事郎濟寧路同知濟州事史□懷
承事郎濟寧路濟州判官楊□賢
吏目賈彥　邢□
州吏曹瑞　陳公輔　曹世賢　王居敬　孟居
仁　樊克恭
州貼書張居信　鮑岫　肖義　李志行　吳玉
于德源
前濟州儒學正劉玫
濟州醫學正曹野
濟州陰陽學正陶景初
勑受大都路醫學教授谷璨嵓
上都路桓州儒學正潘克敬
宗正府宣使高明
前濱州達魯花赤真佛律
前都水監奏差姜信
濟寧路司吏吳博文
旌表孝子古任槐鐸

濟州道門提舉胡道濟
濟州官門僧首吳朗吉祥
承事郎濟寧路任城縣尹兼管本縣諸軍奥魯勸
農事崔謙
登仕郎濟寧路任城縣主簿曹師文
任城縣典史趙惟賢
縣司吏苟彥　孫好禮　李銑
貼書韋謙　聶至剛　孟文禎
任城縣儒學教諭董信
任城縣儒學教諭趙惟舉
豐縣儒學教諭楊嘉
古任儒士范天驥　李好問
東昌路醫學教授謝伯寧
濟州驛提領徐懋　單敬
濟州儒學直陳素立　王思義
金州蒙古字學正賈希文
濟州儒士高暐祖　石工琢　鹿從禮　劉潤
李彥明　翟好問　沈道寧　郝鐸
慶都儒士劉從理　黄元叔　劉惟煥
郝州醫學正劉允中

元重繪賢像記碑陰題名三　人十三

濟州儒學　齋長陳素辟　齋諭高尋祖　禮生
韋信道　禮生劉舜輔　學司馮誠　生員王尋
禮　禮生李守德　學生劉士敏　學生□信義
禮生王克忠　禮生劉允脩　執事生畢元慶
門生徐臣忠　郝彥中　廟丁劉成

元重繪賢像記碑陰題名三　人十四

西臺御史留題正書

石横長二尺五寸五分寬一尺五寸九分詩四行行七字前後小字各五行字數不等在興平

敎諭張洵書

西臺監察御史□吉台洪範偕書吏丁宜□□馴賀中

彥正審囚西道至興平知馬嵬去此不遠因感興乃走

口歸以紀歲月云

審獄西行署正驕偶逢故老說前朝馬嵬坡下風聲慘

猶怨真妃恨未銷

至正六年六月上澣

承事郎興平縣達魯花赤禾□飛□

元西臺御史留題

承德郎興平縣尹張□

進義副尉興平縣主簿牛仲明

興平縣尉劉元德

典史□淵立石

八十五

興教釋源道派之圖

奉政大夫華州知州劉文翀書

祖師唐三藏國師

大德圓測法師

大慈恩大法師

皇元興教第一代住持

宣授扶宗宏教大師釋源宗主號龍川

宣授真覺國師釋源宗主文才號松堂

資德大夫殊祥院使僧典

元興教釋源道派圖一

榮祿大夫大司徒都總攝號月嵓

光祿大夫大司徒釋源宗主法洪

慈懸廣惠大師僧弁

棲雲洪覺國師惠淵

至正六年九月上吉日院主惠海等建

大元勑功德主兵馬都元帥太師泰國公劉

經律論師興教寺住持惠能

首翔住持　智廣

尊宿　法興

僧衆

八十六

法御　惠環
惠燦　惠
惠昌　行果
碑二面連額長三尺七寸六分兩截書一面寬一尺九寸上三行行八字下十一行行十五字一面寬一尺一寸五分上截已磨滅下七行行十一字陝西○○

元興敎禪源道泳圖二

奉元路重修廟學記正書額篆書
碑連額長四尺七寸寬四尺共三十行每行六十二字陝西長安
翰林侍講學士通奉大夫知制誥同脩
國史虞集撰
嘉議大夫禮部尚書王守誠書
中奉大夫陝西諸道行御史臺侍御史蘇天爵篆額
我
國家龍飛　朔方奄有中夏
世祖皇帝既定大統人文聿興學校之設為急務奉元
本京兆漢唐故都地望尤重是以分鎮於陝者平章廉
公希憲參政商公挺僉省嚴公忠範先後作成
宣聖廟儒學於郡東南有禮殿有儀門東西廡為從祀
之舍殿後有石經之亭唐人石刻附焉儀門之外有齋
宮外為都宮有櫺星門此其大畧也時東平徐公琰方
為行省左右司員外郎實記而刻諸石則至元十三年
丙子之歲也其後陝西行中書省行臺皆治奉元有司
校官治廟學無敢闕失會歲荐饑勿遑繕葺仍改至元
之二年歲在丙子騰思帖木兒不花為行臺御史乃建
言曰今歲事有成民汔小康禮義之教當此焉出歲行
六十時其復矣以更治廟宇為請且曰從祀諸賢如國
子監廟制皆塑像為宜臺端唯而從之相繼以就其功

元奉元路重修廟學記一

者則御史李伯述何執禮李中蔡明安達尔諸君子教
授則張冲也於是陝西行省行臺咸割公用以為之先
豫王聞而資以五千緡王傅官巢呂帥府奉元路洎
怯憐也田二揔管府下至郡邑亦皆翕從好義之士聞
風勸助者相續四月命工度材各給其直工傭之費稍
廩之給凡為鈔貳萬緡如民間交通工易事無官府之
擾是以明年八月告成而民不知有是役也四年二月
官又給費修石經廊廡五年夏御史李中又計學廩之
贏修神廚倉屋更衣之室及提學官廨冬御史蔡明安
達尔更建櫺星門是年李御史巡行西道得豪民盱侵

學田五十餘頃刻石著其疆畔租入之數以畀之學官
六年御史燮理溥化司廩以為學校之政既脩風紀之
效為大使學生姜碩以其事來徵予為文以為記嗚呼
有徐公之文在集何敢有所紀載於其後予而二君知
集之先雍人也集其敢不為雍之父兄子弟頌憲臺君
子之美而紀其成績推本關陝道學之自以成諸君子
作成人才之意乎集聞之茲土也昔者周公嘗治而教
之矣禮樂其具也出之於　宗廟朝廷之上行之乎學
校井田之間固其秉彝好德之懿而詠歎夫天命之不
已固夫卦畫示人之蘊而發揮乎變通之無窮致嚴於

閨門袵席之微而推至乎天地神明之著致察乎時物
衣食之末而究極乎輔成化育之功耕稼之均施之四
海而無不準也祭祀之達傳之子孫而無不保也三代
以降人文莫過焉世降俗易仲尼猶有不復夢見之歎
而況於千載之下乎漢唐之遺迹無復存者又何有於
教之可言邪昔二程子得周子之傳而起于洛邵子在
焉橫渠張子特起於關中其學一原也而尤有意於制
作之事焉程子言有關雎麟趾之意而後可行周官之
法度此周公之遺意而張子之志也與正蒙之書學者
受讀訂頑之銘推極乎事親事天之誠而程子以為其

脩辭之不可及其勇知之所造非振古之豪傑孰能與
此而其言曰貧富不均教養無法雖欲言治皆苟而已
議與學者買田畫井正其經界不失公家之賦而立斂
法廣儲蓄救災恤患厚本抑末以見先王之遺意而當
今可行也又曰今欲以正經為事自古聖賢莫不由此
而始遠者大者有所未及而可於家庭見之又曰學者
且須識禮可以滋養德性集義養氣盖有所據依即有
常業可以見諸行事其端緒可見如此方是時關洛相
望表裏經緯孟子以來亦未有盛於此時者哉其為言
也放被天下後世至于今賴之詠歎周南者不亦歸求

而有餘乎
世祖皇帝初年單懷許文正公亦嘗與師友講明於斯
矣去之　朝廷儒者之效遂大見於當世而至元大德
之閒猶有守志厲操之士高蹈深隱於其鄉　朝廷不
愛尊位顯爵以延致之以表式于四方聞其風而及其
門者亦多矣未必其寂然也夫其風氣四塞之固上厚
而水深其生人也質直而忠厚是以文王周公之教易
行焉仲尼所以贊諸易詠諸詩載之於書者莫非其事
至於關洛諸君子而大明焉舍此無以為教矣學於斯
者思周公之為治以極于孔子之道因橫渠之學而博

通乎濂洛之原則化行俗美賢才衆多豈不於吾雍學
而見之乎詩曰南山有臺北山有萊樂只君子邦家之
基不有聖賢之道教則斯焉取斯乎請以復諸大夫君
子而與其都人士講焉
至正六年十月望日教授趙翥等立石
提舉司吏目雒惟中
學正王哲學錄牛琎
吏陳昜毛復禮
直學賈興宋有宏趙惆
司書王仲賢

京兆何信刻
守誠字君寔著經世大典成拜陝西行臺監察御史
字法近虞世南合以虞文蘇額可稱三絕關中金石記

宏聖寺洪公塔記 正書

石長二尺四寸半寬一尺五寸五分共八行行十字趺名△△

大元特授光祿大夫大司徒釋源宗主大都壽安山大
昭孝宏聖寺領興教住持海覺澄照文慧大師雲麓洪
公之塔
旹至正八年歲次戊子孟夏五月旦吉日嗣法門
人興教寺住持隱峯惠能建
尊宿法興法郎 僧衆惠凉□□ 惠壽行果 行□惠槃 □□惠海

元宏聖寺塔記

人廿三

代祀記 行書

碑長五尺四寸寬二尺七寸二十行行三十七字

至正八年秋七月廿日
上御灤京之水晶殿右丞相臣朶兒只左丞相臣太平
平章臣教化參政臣孔思立
奏室遣宣文閣授經郎臣董立以香酒乾羊致祭于曲
阜 孔子廟
制曰可乃 手香加 額致敬久之以授思立出
宣
旨命臣立詣日而行爰以廿八日發程次月廿二日至
心闕里廿三日展敬林墓廿四日具儀廿五日臣立爲
初獻衍聖公孔克堅爲亞獻守臣濟寧路總管呂魯爲
終獻知兗州臣劉思誠等備分奠丑初將事寅末而畢
遂會孔氏族黨饗胙于齋宮與坐者五十餘人衣冠成
儀抑抑濟濟足以感懌人心禮成衍聖公言使者奉
天子明命禮于 先聖宜有紀以示後臣立伏惟
夫子之道高明博厚與天地偕並三綱正而九法叙
皆其功德之福斯民也凡有天下國家者不容後其報
我
朝

元代祀記一

人廿四

列聖相承右文興化尊崇　夫子度越前代　殊
恩優典固已載于信史壽之金石追于
皇上躬行仁義以為民極日　御經筵　緝熙
聖學宰相文臣又能啓沃以斯道之正其發　命遣使
夫豈徒然蓋以荅　神之貺祈　神之祐厎世運于唐
虞三代之隆也然則凡為孔氏之後與夫與祭執事于
廟者可不體承
聖君賢相之美意以沐浴　聖化哉臣立敢拜手稽
首以是文諸石
至正八年八月二十九日五十五代孫曲阜縣尹
臣孔克欽　立石
古邾常琳刊

周從進等遊朝陽巖題記
石長二尺七寸寬二尺　九行行十二字正書
至正九年歲在己丑仲春之月湖南僉憲周公從進按
部舂陵艤舟二水倚掾史張沖讓馮禮卿遊郡之朝陽
巖尋幽攬奇憐慨弔古風日和美品洞虛明恍若僊境
也因命刻石以紀勝游且誌歲月從行者總管牛中同
知野先海涯推官李讓經歷白鏞謹記　府吏李汝舉
書

上元縣祈澤治平寺佛殿碑銘 正書

碑長五尺七寸寬三尺三寸七分二十五行行四十字

金源興化禪寺住持沙門伯玄撰

中順大夫秘書卿泰不華書

廣慈圓悟大禪師住持大龍翔集慶寺曇芳守忠篆

額

至正五年春予自溧水道逕徑山曇芳禪師住持大龍翔集慶寺因館予寺之東菴祈澤之徒如龍錄其寺故碑謁館所求紀佛殿成蹟且言故碑殘缺并欲掇其概書之不獲辭按碑云寺建於宋營陽王義符景平元年

時有秋僧諷誦感龍獻泉之異原隰資以灌溉歲旱禜寺有予後於厄會昌墟其地南唐昇元間邑人陳子朝復故址舉僧德識主之識道行聞於人人咸翼輔以作興又得徒智安協贊迄成精藍於保大之歲殆將千載今其里人陳公謙亨樂善有識一日瞻撥于殿覩榱棟將毀墮頹謂僧永遠曰聖人之居不加營為何以昭崇祀廣教化吾其為新之可乎遠曰亟憂殿之弊無所闕其新公舉諸心發諸口寺有幸矣公曰諾吾於殿若有宿負殫吾力何辭捐貲一萬餘緡賦工度材經始於後至正二年壬午夏落成於四年甲申冬象釋迦文殊普

賢衆聖位乎其中十八大聲聞列其左右殿之後位以觀音大士凡供具皆新之復施田給香燈以計永久其志勤矣竊惟法教東被世濟其道人知嚮方反乎生而靜者其陰翊王度非刑賞懲勸之所能然囿其中而不知為之者猶化工之於物也故象教昭代所尊事公信道不回悟物俱寂思植善本以廣教源爰俾叢山移為靈鷲人之至於是而有所觀感者豈小補哉嘗謂世之事居積者豪競之利不輕出雖已之所當為猶悉而不為則肯急他人之所欲為乎是其為利之計重樂善之心輕耳曾不知久則已且不能有而欲傳諸後後之賢

否或失廢守覆廢有者多矣視公之為可謂　而能散豈不題歟或曰施報之理何如應之曰辟夫播嘉穀之種吾知其不為稊稗也審矣然權於寘寘者非乃所知

公字遜卿為之銘曰

煌煌大教西而東爰以漸頓闢羣蒙神僧誦課精識通倐忽雲氣下飛龍靈泉浩浩來無窮旱乾雩禱成年豐民荅惠利嚴祠宮會昌鞠為荊榛叢父老咨嗟陳靈昇元保大復廢功迨我

皇元極優崇幢刹基布俱隆陳公作殿發深衷夜摩覩史移曾空玉豪金相光曈曨一念無初復無終超入佛

境功行驗朝昏鐘鼓興鐘法音遐暢寔
皇風
至正九年己丑歲四月吉日建住持沙門僧如定
立石
監造僧德珎　永如

義田記　正書

碑高五尺六寸廣三尺四寸[illegible]石十六行行
二十一字字[illegible]正書在吳縣范[illegible]

晉陵錢公輔譔　[illegible]
吳興趙雍書

范文正公蘇人也平生好施與擇其親而貧疏而賢者咸施之方貴顯時於其里中買負郭常稔之田千畝號曰義田以養濟羣族族之人日有食歲有衣嫁娶凶葬皆有贍擇族之長而賢者一人主其計而時其出納焉日食人米一升歲衣人一縑嫁女者錢五十千娶婦者二十千再嫁者三十千再娶者十五千葬者如再嫁之數葬幼者十千族之聚者九十口歲入粳稻八百斛以其所入給其所聚霈然有餘而無窮仕而家居俟代者預焉仕而之官者罷其給此其大較也初公之未貴顯也嘗有志於是矣而力未之逮者二十年既而為西帥以至於參大政於是始有祿賜之入而終其志公既歿後世子孫至今脩其業承其志如公存也公雖位充祿厚而貧終其身歿之日身無以為斂子無以為喪惟以施貧活族之仁遺其子而已昔晏平仲敝車羸馬以朝陳桓子觴之曰君位之上卿祿之百萬而敝車羸馬是隱君之賜也晏子曰自臣之貴父之族無不乘車者毋

之族無不足於衣食者妻之族無凍餒者齊國之士待臣而舉火者三百餘家如此爲隱君之賜乎彰君之賜乎於是齊侯以晏子之觴而觴桓子子嘗愛晏子好仁齊侯知賢而桓子服義也又愛晏子之仁有等級而言有次序也先父族次母族次妻族而後及疏遠之賢孟子曰親親而仁民仁民而愛物晏子爲近之今觀文正公之義其與晏子比肩矣然晏子之仁止於生前而文正公之義垂於身後其規模遠舉又疑其過之噫乎[]人人都三公位享萬鍾祿其邸第之雄輿馬之盛聲色之侈妻孥之富必乎一己而族之人不得其門而入者豈少哉況於施賢乎其下爲卿爲大夫爲士而廩稍之充奉養之厚足乎一己而族之人操壺瓢爲溝中瘠者又豈少哉况於賙人乎是皆文正公之罪人也公之忠義滿朝廷事業滿邊陲功名滿天下後必有良史書之者予可無書也獨書其義田以警於世云

舊本刻于天平山忠烈廟中有脫簡文英庚午歲任湖州安定山長求趙文敏公子仲穆書此本謹刻于書院忠厚堂之前廡以永其傳龍集至正庚寅孟秋七月望日主宗祀八世孫文英識

裔孫伯仁摹勒

奉元路圓通觀音寺記正書

碑刻于後周武成年造像之陰凡二十行行四十字陂石岩各 長四尺五寸 寬三尺五寸

陝西廉訪司廉訪使幹勒海壽譔

璧峯禪師石寶金書

嘗謂吾儒與釋氏如陰陽晝夜每每相反然日爲陽而明於晝月爲陰而明於夜實並行而不相悖焉圓通佛氏均謂之釋特陰陽之不同耳故其法曰來法禪曰左禪其化人示驗如日月之光不可偏廢人亦不得而遏之非徒不過又從而崇信之有由然矣奉元路東郊之北有何祿氏者世居斯地往來江湖間衣粗食淡遇窮

困顛連濟施不吝人皆稱號溥惠長者一日在金山從法義禪師授華嚴義奉菩薩戒滋久益嚴嘗手抄楞嚴法華華嚴普門品經凡數百卷朝夕稱念佛菩薩號每千百數歸莊率衆供僧每以千數又作龍華之會習天台賢首二教退則跪誦繙大藏經身不曠禮口不絕贊祁寒暑雨如是不怠至正二年壬午日食之夜忽見東南隅有祥光五色如雲聚集不散人皆異之次日再觀光亦如是乃率善衆掘得石菩薩一尊容體衣紋宛如天成遠近來觀咸以何氏信心感召咸此地舊爲寺基秘久呈現事聞

安西王尋亦感夢果如所閼乃命比邱如海間發善心
為修造主於是合衆施為殿藏閣寮前庵後寢凡費六
百萬工始癸未之春訖庚寅之秋歷七年而後成檀越
李萬成等又共施三百萬為二佛六菩薩十八大士群
衛之像遂為一方具瞻信令述古吾儒之事璧峯之言
諒不我誣昔終南石佛放光程薄拒而不信曹卒偶得
佛指終身破臂以藏佛菩薩之靈異儒俗之信否古今
人一也獨何祿氏等事釋之誠抄經之苦不亦為世之
強梗者勸哉吾竊附韓文公通大顛之書陳止齋跋徐
夫人寫佛經之卷乃承

元圓通觀音寺記二

王命為璧峯復之俾後世知脩寺之因肇於此云

大元至正十一年歲次辛卯二月甲寅日立石

人卅三

至正十一季進士　此行未對

石約長四尺五寸寬約三尺四寸
三十二行行四十九字或五十字

至正十一季歲在辛卯二月天下貢士三百同國子生
肖百二十人會試京師知貢舉官正奉大夫中書知政
事同知　經　寀試　翰列大夫左司郎中　提
崇文少監正中大夫周檢校　籍事兼　經　叅贊官
周伯綺　宣文閣鑑書博士承德郎兼　制誥兼　國
史院編脩官提翰監試官奉訓大夫監察御史大都承
直郎監察御史張士堅中選者脫回吾華李國鳳國学
生帖都御試提調官光祿大夫中書平章事知經　事

元辛卯會試題名記一

提調都水監之住讀卷官資善大夫中書左丞同知
經筵事翰允善翰林學士　太子諭德李好文亞中大
夫叅議中書省事兼經筵官馬古孫良楨翰林待制儒
林郎兼國史院編脩官吳當監試官　梅考
事所對以聞　制河賜篤列圖文允中等進士第三月
十二日　崇天門唱名放榜四月十七日授官賜袍笏
二十七日宣　一日集賢脩撰承務郎篤列圖等上表
謝　恩翼　宰執于中書省逐賜　恩榮宴于翰林
國史院押宴官中書左丞翰允善　請國子監釋菜于
先聖先師題名國子監

人卅四

蒙古色目
第一甲
朶列圖
第二甲
普林遠　札剌歹　買閭　喆璆五里阿□
達蘭帖木兒
第三甲
普延台　忽都　伯顏溥化　台
脫因普化　哈賀　安壇不花　普顏帖穆
兒　栢翰撒理　榮僧　拜住

元辛卯會試題名記二

野仙　沙寶　斡馬　安童溥
伯顏　元哲都　萬鈞　完者不花
溥顏　普顏濂　伯顏帖木兒
實寶　沙的　達實帖睦兒
宋也
漢人南人
第一甲
文允中
第二甲
吳裕　張守正　蕭飛鳳　馬晏

洪衷
第三甲
宋貞　盛景李　李國鳳
梁舉　王猷　李夢符　許汝
陳順孫　朱徽溥　嚴瑄
朱正　方德至　蕭文孟　張本
張恒　何淑成　秦惟贊　劉承直
龔有　尋達　孫克敬
呂誠　蒙大魯　翁復吉　賈元坤
署淵　穆國儒　潘從善

元辛卯會試題名記三

陶賢　向孫堅　鄭德潤　裴遷
曹　吳顯
正議大夫國子監祭酒魯郡王思誠記奉訓大夫
國子監丞臨川　南丘文煒篆

太上老君日用妙經 正書

石横長二尺五寸寬一尺八寸八分十六行每行四句陝西盩厔

敬天地　重日月　懼國法　孝父母　上謙謹　下和睦　好事行　惡事止　成人學　破人斷　高知危　滿知溢　靜常安　儉常足　慎無憂　忍無辱　去奢華　務真實　掩人非　揚人德　行方便　和鄉里　親賢善　遠聲色　貧守分　富施惠　行平等　休倚勢　長克己　莫讒妬　少慳貪　除狡猾　逢寃解　積人行　許不違　結有信　念孤寡　濟貧困　救危難　積陰德　行慈善　休殺生

元太上老君日用妙經

聽忠言　莫欺心　依此行　必超昇

大元至正歲次壬辰孟夏上吉日

從仕郎盩厔縣達魯花赤兼管本縣諸軍奥魯勸農事定安於終南山道祖說經臺立石

草堂寺詩 行書

碑長一尺五寸寬二尺七寸共十五行各行字數不等陝西鄠縣

雪菴溥光

終南草堂寺為天下之名藍以什師圭峯二大士之故也野衲来秦中幸獲一遊亦所謂遂盡平生願見者之一也勉為二絶句書以遺寺主應公法師

草堂名刹歲年深　三藏談經事莫尋　唯有千章雲木在　風来猶作海潮音

圭峯去世幾経春　道價光輝四海新　要識吾師眞面目　晴嵐萬叠照西秦

元雪菴溥光草堂寺詩一

大元至正壬辰四月望日住持沙門　志通上石

往見茶牓書乃雪師所書出入顏蘇殊有雅致然稍覺拘束乏自得之趣及見師草堂再題圓融妙麗法兼晉唐始悉其胷襟蘊藉有龍跳虎卧之槩盖于宗門法旨庸不貫通故于詞章筆畫戲為餘事真足以来有道之歸仰也而什圭二師流風遺韻足以興起後人者亦彷彿想象之令復不復以僧書槩茶牓矣墨林伏事

光師茶牓為世白眉乃根自魯公而兼之長公者耳茲見其行草詩帖清勁自得具妙又出于筆墨之外

者名不虛成也然詩言遇而而謂二師之嗜而酒之夫而淘法水抑安得心而酒之心有可酒其歷可知是必待而酒而酒而得以酒之冝也題曰自警豈亦有所歛而然邪謂予不信請看二碑 墨林快事

雪庵詩石凡二又一石爲艸堂值雪詩行書前書衛尉副使奥屯公留題名不可辯書史會要溥光字元暉號雪庵俗姓李氏特封昭文館大學士賜號元悟大師 關中金石記

三蘇先生祠堂之記 正書

碑連額長七尺八寸寬三尺二寸五分二十五行行五十三字

鄉貢進士曹師可譔

省除穎上縣理儒學正曹彬書

承事郎南陽府郟縣尹兼管本縣諸軍奥魯勸農事

楊允題額

故宋三蘇先生乃蜀之眉州人因號眉山自是以往游宦四方隨其所居而各立號焉老泉其父也東坡穎濱其子也俱歷仕於仁英神哲之朝其文章□事高冠於當世炳炳焉與日月爭光巍巍焉與山嶽並秀論其志則浩然剛大之氣塞乎天地論其心則粹然忠義之德動乎鬼神真一代英偉之器經濟之才者也昔東坡先生由黄而來爲汝之團練副使默相其風土於郡治之東約六十五里鄉曰鈞臺里曰上瑞有山曰山□其脊也雄峙崑陽其□也清流汝□覩其形勝適可以爲宅兆之佳者至於紹聖章惇爲相以元祐黨論謫居南海既而詔至毗陵因病以書屬弟子由曰吾死葬之於汝既卒由是而安措之厥後穎濱先生卒亦葬於斯焉噫自昔至今歷世幾四百年矣纍纍然兩塚卧於荒煙古木之間可勝慨哉洪惟我

皇元以人文治天下東漸西被朔南暨聲教其致治之
盛則遠娩堯舜而高軼漢□矣
建紳奏請褒崇歷代先賢至順間以禮部□文行下郟
縣於墳之□□僅十里有薛店當東西衝要樹石以表
之曰眉山兩蘇先生神道然老泉不與焉為其捐館究
穸不在於斯故也郟之為縣丨始於大德甲辰設立迄
今五十餘年所歷監縣縣尹簿尉不為不多然其間了
無一人惻然動念請立祠堂為舉至正庚寅冬十月縣
尹楊公到任視事三日遍謁諸祠□□畢公詢諸耆舊而
言曰吾奉

元三蘇先生祠堂之記二

朝廷選擇□□來尹是邦禮宜告廟今乃縣治雖小雖
土不及百里豈無前代之賢乎耆舊僉曰距縣治西約
以三十餘里有東坡潁濱兩先生之□盍往焉公曰
信翌日率領僚屬躬詣致奠□彼四顧寂寥惟有看墳
廣慶□在□公□住持僧從懋語之曰古昔聖人制禮
有其墳必有其廟墳以安措廟以薦享二者不可無□
也既有先賢塋壙而無先賢祠堂可乎□□春秋之祭
朔望之薦孰歆而孰享哉況□□□□衣□之所需食
用之所費皆出於先賢□墳地土之所供也其不報德
可乎僧從懋合掌□頭感悟斯言遂擇日鳩工□材木

陶瓴甓巋然起祠堂四楹於梵宮之北塑繪老泉先生
儀像居以南面暨東坡潁濱兩先生左右侍焉仍題其
額曰三蘇先生祠堂是堂也經營於至正辛卯□月之
秋落成於至正壬辰三月之春功既告成郟之士夫咸
曰賢矣哉縣尹楊公也知人所不能知謂之智行人所
不能行謂之仁既仁且智抑亦能使三蘇先生之神安
□於□題畫棟之堂時享於犧罇籩豆之祭非□□□
而誰力後之縣大夫來吉來薦未必不自此始若不壽
石以彰其德將何以遺後世□□□命僧從懋求文於
余以為記余曰嗚呼三蘇先生宋之大儒也名賢也學

元三蘇先生祠堂之記三

術之□博德業之崇大而其立言著書尤照簡冊則古
今士君子之所共知而共聞者也奚庸余言之贅雖然
□既無□疑斯文之在茲義不獲辭略為是記
至正十二年□月　日住持僧從懋立石
郟縣督藝僧首劉提點郟縣作頭袁誠范太
畫工田子新　塑匠張天秀　石工梁棣鍇
文稱東坡墓在鈞臺鄉上瑞里又云至順間禮部行
文下郟縣于墓之東南十里薛店樹石以表之曰眉
山兩蘇先生神道又云郟縣大德甲辰置祠為縣尹
楊公建名字無攷攷史子過傳云軾卒于常州過葬

汝州郟城小峨眉山遂家頹昌　中州金石記

重修雷公亞父廟記　正書額篆書

碑長六尺五寸寬二尺七寸
共二十五行每行三十五字[illegible]

鄉貢進士彭衙潘䆊撰并題額書丹

蓋聞靈顯於世澤施於民而又禦災捍患

聖天子必為之制之以祭祀封之以爵位建之以祠宇

使之奠位一方以為民之歲時祈福之所此誠故邑雷

公亞父神之謂也原神之出而記未載詢諸故老而語

相符接生而正直化而為神吾彭衙之土神也當縣之

東地踰半舍里曰雷祥祥諱也今曰公即神之家廟也

人昔見曳杖於阡陌驗眉如霜素冠蒼衣逍遥相羊而

莫知其誰何恭睹厥像惟肖噫此神之顯化適意於田

園之境也耶境内蝗食民之禾稼禱之而蝗自除冠竊

民之財物禱之而冠即獲以至俾瘖者言實有濟於斯

民諒無禱而不應此真不負

天朝加封致祀之美意也里人趙思誠高林等慨其年

深歷宋踰金廟貌頹毀瓦裂椽駐風雨不能蔽牛羊牧

踐而已於是遂勤羸體共起虔誠會衆僉謀鳩錢督工

市諸材木通力併功舊殿敝者正之敗者易之又翔起

兩廊樂樓壹拾柒楹既又點碌施青堊瓦瓴甓涓門庭

皆圯繚垣無不畢整使其簷牙高啄金碧相輝像設儼

然侍衛將然未踰數月輪奐一新觀天地域堧壇樹林
蓊鬱遠則睹雲煙之開合面揖金粟背倚黃龍左環洛
水右控神峰近則憑走虬以盤蛟岡原為之翼拱溝池
為之停依巍巍焉煇煇焉恍若廣寒之天府蓬瀛之仙
宮真一方之勝境有氣象之萬千非徒為觀視之美使
過之者有所叅禮而居民千百世獻誠之地也經始於
庚歲夏落成於冬思誠等欲勒諸石以垂永久懇予為
記予因而固讓曰君等之功易故登新變瓦礫荆棘為
福場非一朝一夕之計實綿遠而流芳彼見義不為者
固不可同年而語也予何人哉敢讚神之德澤君之是
功耶其請愈堅辭不獲已姑書興造之始末繼之以詩
曰
瞻彼神祠　鼓衛之東　寒暑年深　荆棘之叢　將
增葺制　氣象光雄　峻極于天　曰神致宮　民被
德澤　禦盜捕蟲　樂我農業　黍稷豐登　疫者得
言　靈其有通　擬周班爵　明王之封　主我邦土
亞父雷公　我倉既盈　我庾惟充　歲時香火　報
神之功　石著光輝　萬世無窮
　旹大元至正十二年歲次壬辰十一月望日立石
扶叢樊亨弟樊貞刊

本州高政施鈔壹拾兩

璽書碑陰正書
碑字起長工尺六寸寬二尺二寸作兩截上截共二十六行行二十五字下截道衆署名　陝西盩厔

洪惟我
太祖皇帝龍興朔方建億載無疆之業首
詔長春子以師禮尊崇而闡修治齊平之道
世祖皇帝混一六合培萬世不拔之基　褒崇
聖教雅暴元風
即位之六年追贈五祖七真為帝君真君真人之號明
年
宸命易古樓觀為太清宗聖宮在終南山之陰天下一

元璽書碑陰一

福地也宮之始自姬周之世以歷迄今二千三百有餘
歲矣宮乃　文始仙伯尹氏之故居
太上混元上德皇帝說經駐車之瓊館代代尊崇繩繩
相繼
國朝以來
聖恩優渥
璽書護持仙跡以祈　福祐
列聖繼作罔弗克承欽惟
聖天子以聰明睿智之資寬裕溫柔之德樂善而愛民
神武而不殺在位之二年亦錫

璽書護持琳宇
聖聖協心以隆法界可謂奉　大道至尊垂世立
教之功俾道俗尤重於歸依也由是教日益興善日益
進寔乃
天錫　聖澤以光　仙境衆咸向化然有善地生
善人必有德望之羽士同獲宿緣所以遇茲榮幸於住
持之所豈不偉歟豈不偉歟
眷命編年而遠恩湮沒刊之琬琰用紀無窮旨之提點
唐道明謹識
至正十三年春正月　吉日建

元璽書碑陰二

下截
提點
馬道安　胥德□　龐德元　唐道和　丘道和
提舉
周德慶　張元玉
知宮
楊德榮　李德禄

三原縣重修廟學記正書額作重修文廟之記篆書
碑連額長五尺六寸半闊二尺六寸共二十行行三十六字在三原
勅授慶陽府儒學教授安夢齡撰
進士段惟新篆
鄉貢進士唐茂□書
至正庚寅夏四月李公承事來尹是邑越明年德政洋
溢少長懷安發號出令人咸服信公乃謂監邑也速迭
兒判簿傳繼祖幕賓仵希中曰
三皇
宣聖繼天立極開萬世之太平其所以衣
食仁義我民備載典册固不容贅言凡吾之戴天履地

元三原縣重修廟學記一

中處並立由委而源可不自知矧我輩奉
朝廷命官以守令職以撫字究本報稱其任當如何今
三皇
宣聖廟貌學古書院殿宇歲久湫荒雨
漁破漏棟宇弗支垣墉傾頹至以土壅其本胡不厚顏
哉或增或改此惟其時僉曰善於是剗傜售材鳩工命
匠功役之用弗預於民摧朽者架棟渠圮壞者新柱礎
峻□楹飾壁宇洞敞豁達以安神棲繪賢像儼靈星数
有講授庠舍齋百廢具舉奐然一新過者企觀甲諸
昔時自經始至於工畢近於半載以間計者凡若干公
吏聳勝士庶忻忭以舍菜禮而落成焉山長張訥縣學

人卅九

諭胡禍等狀事徵記僕自揆忝屬編儒陋於為文辭切
請懇屢不獲已乃諾述事實用傳將來公素以經明行
脩詩文典雅為關中推重及臨政任德緩刑輕徭薄賦
沉思果斷明察秋毫三季之間闔境之民俱有召父杜
母之稱雖隣邑遠縣亦深知公之所操持所施設出於
至誠而心乎愛民也其勸農興學均差理訟屏除姦盜
斂撤常平凡約束群吏處置多方在任政事德惠去後
群黎見思會待吾鄉之士大夫者皆琢石勒辭大書屢
書不一書而止也於此不復致其詳至論增飾廷其常
事之云爾雖然苟不紀其由曷示來哲至正癸巳清和
節望日記

元三原縣重修廟學記二

至正癸□奉元路三原縣儒學教諭胡禍立石
雨金趙懋男趙恒刊

人四十

元伯顏忽都公墓碑 正書額書大元二字

碑連額長六尺六寸寬二尺九寸中書大字二行行
十一字左小字二行共三十字右小字一行十三字

故資善大夫燕南河北道肅政廉訪使伯顏忽都公之
塋

左 長男文林郎歸德府同知亳州事安住 立
次男承直郎中書戶部員外郎月魯

右 至正十三年夏五月 日

完顏恭鐫

濟寧路重脩文廟碑 正書 篆額

碑長七尺四寸寬三尺五
寸十八行每行三十五字

宣聖五十五代孫中奉大夫襲封衍聖公孔克堅撰
將仕佐郎江陰州知事劉謙書
通奉大夫浙東道肅政廉訪使胡祖廣篆額

維十有三年春三月丙子朝請大夫濟寧路總管王侯德將出守茲郡未及半載載瞻泮宮歲久就圮教法弗張學徒益懈州固魯邦四方所望郡治直西有河決之害徙往而東化州為郡文學弗崇何以示化 元興承平幾百年物盛氣極牙斯孽矣蜂屯鼠啾嘯呼聚謀首撼尾應相肩繼起大群攻城邑小聲犯剽刼大軍行誅至于今未弭郡當南北要衝軍興儲峙饔飧之需砥鍛捆敕之具廩廩恒懼乏弗繼侯於此時乃能礪志斯事獨有其切可謂難矣 大成殿既集次而廡若門若堂若尊經閣若墻若塗既斷既劚既甓既甃乃煥乃塈乃堅乃完凡用至正新幣二百定准錢緡千以三月八日經始六月廿日訖工作凡百日 羅請立石刻其文曰

若昔魯僖能作泮宮史臣克作頌以頌其功遂荒徐宅莫不率從王侯作守寔維魯邦徐戎方珍淮夷繼起大軍行誅三歲未弭芻茭糗糧單孖恒懼乏弗給重

獲罪以死俟以其間作廟有翼戈甲如林不懈益力俾
四方覩者知其為禮義之國庶化先罷及彼蠻貊固兹
華面豈曰無益僖既得頌俟亦思紹馴梗為柔罔不在
敎請刻此石光垂　宮廟
至正十三年八月吉日濟寧路儒學教授孔思善學正
楊家奴學録徐理立石刊李王　　李玉刻

濟寧路重修文廟碑陰題名
通奉大夫濟寧路總管府達魯花赤兼本路諸軍
奥魯總管府達魯花赤管内勸農事知河防事普
化
武德將軍濟寧路總管府達魯花赤兼本路諸軍
奥魯總管府達魯花赤管内勸農事知河防事墨
頭
中議大夫濟寧路總管兼管本路諸軍奥魯管内
勸農事知河防事楊惠
奉政大夫同知濟寧路總管府事賈棟
奉議大夫濟寧路總管府判官張中行
承務郎濟寧路總管府判官伯顏察兒
承直郎濟寧路總管府判官伏不花
承直郎濟寧路總管府推官石文蔚
從仕郎濟寧路總管府經歷王恭
從仕郎濟寧路總管府經歷馮允初
將仕郎濟寧路總管府知事孫伯善
濟寧路總管府提控案牘兼照磨承發架閣王士
手
譯史王郁　通事伯顏察兒　濟寧路司獄吳利

用
司吏樊嗣宗　胡居仁　郝郁口　楊士彬　口
遵禮、馮守道　王鑄　劉惟古　馮時吉　朱
思口　董日新　李居仁　馬志仁　范欽祖
翟國臣　嚴明善
督工官吏石佛閘提領張文英　東昌路錄事司
判官孫復禮　義士田榮賀天祐
任城縣達魯花赤脫脫木兒　縣尹王均　縣尹
張廷瑞　主簿大都律　典史劉允中　司吏賈
誠
任城縣儒學教諭楊嘉　河南憲司書吏曹偉
山東憲司書吏吳博文
濟寧路口口口教授于顯　濟寧路蒙古字學正
哈剌歹
前本路直學徐珪　直學朱士安　前學司郝元
亮　學司班時中

寶珠山能仁寺之碑　行書

碑長五尺五寸五分廣二尺五分二十三行行五十七字

中奉大夫雲南諸路行中書省參知政事述律杰譔
中順大夫四川等處行中書省郎中王士熙書
古郡闌城之右西山之阿有邑曰石髀衕其間而襄陵
漫入幽谷樹林茂鬱窈而深幾三百弍喬木陰森湍流
鳴玉如在塵寰之表也又徑直而隲一里餘高門崇牕
階城崛岉扁曰寶珠紺殿巍峨甍棟琛偉金光耀燏睟
駭心目恍若覩史之璜像
釋迦如來以位其中菩薩左右八部四周一顧儼然咸
生敬仰俾鄙悋頓消使凡情之且格會龍像有丈室擬
選佛有僧堂衆香之廚室明之室蘭若所需罔不備具
瑞氣靄於巖隈祥風披於澗曲此乃慧雲靜公禪師自
玉案以來斯勸率本邑人楊阿左衆長太師忠董實董
慶宗王松張宗尹生等蕆募昆城檀信同力之所創也
寺后巖顛有瀑泉飛流百丈如垂萬索珠簾之狀雖天
造地設之神異非公之□尋人莫可知也經始於至治
辛酉之嘉平落成於泰定丁卯之始洗上祝
聖天子萬年之壽下祈黎元巽蕃之樂也公厥祖居滇
生而天質淳粹行潔圭璧總角之齡穎悟絲塵終歸于

盡遍捘寶積壇主宗嗣玉峯雄辯大師上足雪庵諱主
被薙受律華容縢之居一無儲蓄諳泊虛懷研究竺墳
審諦真理八載間氷蘖無改其始終之如此其弟亦為
僧曰祖孔赴京勤事
帝師法旨特降號曰慧雲㵎公之能也噫公之心佛而
事道履道而傳功有如此者日召弟竹慧鏡高弟鑑庵
謂之曰人之所以能其道者貴乎有所繼述也今吾於
此芟荊誅棘辦此一段因緣庶幾繼人之志無愧於雪
庵也吾將老矣述其事者非汝其誰侃鑑庵授厥旨而
能畢其未畢之志廼恢地而創建鐘樓列序廊廡禪樓

香積之室左右俱完四時朝夕鐘皷喧然皆鑑庵力為
之尤不愧于慧雲公之命也至正癸巳春予告老而歸
岷麓之鶴庄鑑庵不遠數千里造价抵書以慧雲創造
之實錄與其重修之顛末願丐文辭勒諸堅珉以圖不
朽缶示方來予因考佛書其書浩瀚邈無涯涘畢　有
不能窮其說者竊據其要而論之不過曰明心見性則
聖〻之道其猶以金鎔金以空合空曷嘗有毫釐之異
哉苟不明乎心性觸途生滯強知生見妄執紛拏有若
布網羅者徒自疲勉而已且建寺造像供佛飯僧培因
感果成已利人儻明無住之理斯亦修而無修為而無

為至指功緒洞達圓融交澈同濟妙道豈不題歟予嘗
勉應諸山上人之請矣茲於鑑庵也容讓為辛遂撮其
槩而叙之仍綮以銘其辭曰
層樓縹緲雲慈寵　金宕晃耀鎮青紅　巍〻浩〻出
林表　宛若幻化誰能窮　剗仄截在幾今古　巖有
祥光互吞吐　□□□□□□□　□□□□□
□□高飛瀑布泉　簾珠燦爛斷復連　鏘金戛玉　空
㵎宮徵　快心盈耳音淙然　猗歟慧雲解□□
谷□□□□□　□□□□□□　□□不□□□
□　嗣音主山真好事　鑑庵繼述誠無貳　洪音一

振千雲樓　丈室□□□□志　鑑庵坐致忘心齋
□□□□虛□□　□□□□□□□　□　□□□
□□

至正十三年歲次癸巳冬至日　湞海盤坤山
比丘聞□□書
通□縣石匠□□誠刻

太守段公增添大圓濟禪苑常住元勲記 正書

石高三尺九寸五分寬一尺九寸二十行行三十六字

勤齋后人清逸先生楊泰子亨撰

趙州知州 齋段信亶祥篆額

復齋文敏先生楊惠書丹

蓋以 信施率作方崇於道本福基禪慧圓修徑登於

祖宗 佛地于以報

九重神□于以資諸有生需財法交馳賴言斯啓有大

檀越

宣授奉訓大夫趙州牧段信亶贊世襲南中土守眾沐

北闕恩光撫圓濟之□方惟故理之禪苑延請於 山

舟長老遵興於 百丈芳規衲子雲臻戒臘冰潔盡是

湖山龍象無非 佛法棟梁家 國以之乂寧雨暘因

而和暢創增其舊景運惟新慮於歲月遷延致于時世

殊異條段莊之壤地具載寺之碑陰起于證文陳厥誠

欵愚謂信為方行之首施唯六度之初有布金贖園

捨樹供 佛者良有以也然涅槃妙理教外單□迦迦

葉得於 能仁達磨授於震旦枝分乎五派直指乎一

心雲南始建之宗惟忠覲講於李□順故理别立之旨

法明容付於施頭陀祖祖相傳心心相印二宗之前

逸雖異悟入之根器廼全丗系秪承于不重叙所謂根

深而蒂固源遠而流長矣至如蒼山秀色洱水潮音元

烏多華白雲霞嶂則具大眼目者咸悉見知凡噉茶飡

飯運水搬柴嚬蹙於三千威儀全歸於摩訶般若嗚呼

元亨之後心法寖微有所知歸得其粗意迄于至治辛

酉僅歷二百餘年 山舟為之寒心 清規以選 佛

殿公因而外護增常住以供需蓋非般若宿薰焉顯大

家乎段履斯道而生 佛不二住斯堂而寂照互融大

用現前自他無異然則尋枝摘葉之輩握土弄泥之徒

無入而不自得也施行無施之施修契無修之修攝入

實相元門名為清 常住化洽於 紘界趣盡覺於蠢

蠢迷流頓息妄緣同圓法性者矣旹至正龍集甲午孟

春 澣良日

奉訓大夫趙州知州段信亶贊等立石

重修宣聖廟記正書額篆書
碑連額長四尺四寸寬三尺一寸二分共二十四行每行六十字陝西宜川
延安鄉貢進士任惟孝撰
前環州儒學正白好義書
崇聖人之道以興學校之教者必達時務之要者也爲
自古推聖人爲天下之表儀惟學校爲風化之原本故
治世之法必出於聖人禮義之典□□□□爲守令
者固不可不知也吾夫子當衰周之際天縱生知金聲
玉振集羣聖之大成爲百王之典憲人知其刪詩正樂
而不知其道斯民之性情□□□□所知其繫周易

元延安路重修宣聖廟記一

作春秋而不知其原羲文之心於卦畫嚴褒貶之義於
名分知其序書述禮而不知其明帝王之道以全上下
恭敬之體則寧我□□□□於夫子賢於堯舜有若
以爲聖人出於其類拔乎其萃自生民以來未有盛於
孔子豈徒云哉宜川古咸寧郡元魏改爲丹州式以丹
石爲名武以□□□□末詳孰是然邑之山明水秀物
阜民殷世有文雅之風焉闢雖回秦晉要衝又爲天險
之地金末城中祠宇灰燼無遺迹我
皇元聖元乙酉縣尹李宥始建文廟於治之西後來者
雖名葺理因仍苟簡而已至正壬辰正月真定劉侯士

八六一

涇來宰是縣下車之日恭謁宣聖□□□□存丹青
剥落棟梁雖安而風跡漏則知雀牙鼠角爲患於前堂
飛鳥革失望於後者久矣乃慨然自任咨其僚屬必欲
修葺者□傳金以資經營□□□□然富者願輸其
財貧者思效其力土木一役之能無不欲贊其美特以
汝賴金商盜賊紛熾調發横出未克如志乃於是年七
月完構□□講堂□□□□齋閣者六爲師生潛修
之所又以官地碓西齋後民田一區築室間者三俊者
二爲主教者居處之宅越三年甲午乃重修正殿杖之
敧者正之棟之□□□之楣之摧者理之栈之朽者易

元延安路重修宣聖廟記二

之加以琉璃之獸數以鶯脁之光丹户瑣䆫朱楹赤壁
焉又一新兩廡直建中門形捧勢合乃塑乃繪乃塈乃
□□□□□無適宜以定四聖公先賢後儒之次焉
又起凌霄門於中門外内翼之以左右思恭致敬之宜
爲時祭報本之端焉與工於仲春中旬畢事於□□
□□□厥土燥剛厥位面陽厥材孔良厥爲禮樂教
化之光者矣昔者文翁興學於蜀昌黎延師於潮卒能
俾蜀之化同齊魯潮之人有文行卓然□□□□□
之宰於中年以致人不忍欺政有三異時二子之善著
於一時二公之賢訓及百世今劉侯之尹宜川既修文

八六二

廟以尊聖人文與學校以教□□□□□□務之俊
傑矣宜川俊造能因侯之用心志聖人之所學致知格
物以明理孝弟忠信以成德自四書而六經由一身而
愚務必以誠敬為入□□□□□□以造乎聖賢之
閫域□□□□則他□□□學所顯者於獨善兼善
也何有至此益知劉侯之功為大文辭卓魯宣得世尊
其美哉監縣公保童□□□□將命刻諸堅珉以傳不
朽予雖不□□□□辭若夫侯之聽訟決獄濟人利物
崇三皇之廟樓晨夕之鐘善及於民者未易以遽數於
是乎書

至正十四年四月望日謹記
延安路宜川縣儒學教諭曹士衡　延安路宜
川縣典史孫□
延安路宜川縣尉尉□□
進義副尉延安路宜川縣主簿屈克己
徵事郎延安路宜川縣尹兼管本縣諸軍奥魯勸
農事劉士涇
延安路宜川縣達魯花赤兼管本縣諸軍奥魯勸
農事保童立石
□中大夫延安路總管兼本路諸軍奥魯總管管

內勸農事□□

晉寧鎮靖明惠夫人忠烈廟記　行書
石長四尺八寸五分寬二尺七
寸五分二十一行行四十一字
登仕郎大常博士索巖貫貴撰
奉訓大夫中慶路同知事伯顏卜花篆額
夫人姓楊氏諱娘字淑賢父毅晉武帝以為南蠻校尉
寧州刺史領雲南三十七部甚著威惠卒于官夫人生
而明敏性識剛毅綽有父風父沒群蠻皆叛救援莫至
衆推
夫人領寧州事嬰城固守城中糧盡掘鼠羮煑草木而
食夫人志氣愈厲親擐甲冑俟蠻稍怠輙出擊之蠻兵

敗走終得保完首曰以夫人為寧州刺史南蠻校尉嗣
父統三十七部在職三十餘年群夷懾服州民肅安境
內清宴終於州任百姓哀號若喪考妣相与立廟歲時
致祭水旱疫癘禱之必應隋開皇中刺史梁毘奏于隋
朝封鎮夫人自斯禱請愈崇唐武德元年以爨弘達為
寧州刺史會群蠻叛擾圍城弘達禱於祠是夜風雨晦
暝蠻兵驚乱因而擊之大消州境遂平弘達上其事于
朝請加封鎮靖明惠夫人自後靈響非一開元初賜其
廟額曰
忠烈之廟我

皇元奄有天下八荒孚謐六詔皆為郡縣立行省以鎮
之廟祀仍舊至順二年以河東牛公光祖為參知政事
公嘆曰神本以功業著忠貞烈之德明忠英烈廟食於
斯今愚民不知礼義男女污雜以為淫祀豈不哀哉負
神多矣今欲刻諸堅石以明神之英烈以禁男女之淫
乱以明愚民之淫祀豈不美哉遂遣使不遠千里特求
文於予辭不獲命以表牛公之用心謹按神之內傳綸
而次之以明愚民之淫祀明夫人之忠烈且按祀典有
功於民則祀之姑以斯言以昭神休以垂不朽謹繫之
以辭曰

廼能剛烈　荒夷聽令　寬而不弛　遐陬寧晏　蠻
陌入安　兵伍修整　遺惠在民　立祠奉祭　兩加
封爵　忠烈廟陳　水旱有禱　惠乃邦人　有功則
祀　實載典墳　禁彼淫祭　辯正是圖　福我邦家
靖此極邊　垂之金石　何千萬年
旹至正十四年歲次甲午孟夏良日本州土官高
繕　將仕郎
將仕佐郎晉寧州判官何敏立石吏目楊生蘇智
滇城香山寺住持沙門鑑白中書　中慶張情刻
本州金海寺管僧長老蘇義蕪悳　前長老李普

孫宗　山寺提點李世　庫主趙永　廟主杜長
杜昇

元鎮靖明惠夫人廟記三

人六七

龍門重修神禹廟記行書

碑長六尺五寸廣三尺三寸共二十七行每行五十二字陝西韓城

前左浪文學掾同州訓道芝巖李克敬謹記

承事郎奉元路韓城縣尹兼管本縣諸軍奥魯勸農事裴時静書丹

奉訓大夫奉元路同州達魯花赤兼管本州諸軍奥魯勸農事百嘉納篆額

惟有天下之大聖可當天下之大事凡欲建其事之大成其功之偉者不有大聖人出孰能與於此昔在帝堯之世洪水横流氾濫於天下懷山襄陵民遭昏墊之厄非

元龍門重修禹廟記一

神禹闢鑿疏通之勤生民其爲魚鱉久矣可得奠居而粒食者哉考虞史及傳所稱　禹聚四載決九州距四海平水土八年於外雨沐風櫛手胼足胝可謂勤且勞矣故其成功也如此其大西韓龍門之地山崇石峽水捍湍奔河流東於兩崖之間聲如萬雷震蕩天地望之使人心掉股慄髮竪冠衝懔懔然危惧過天下之至險也又密邇冀都　禹之施功於是爲甑瀨河西壖負山面水舊有　禹廟存焉祀以报功鄰於道當道家者流倂主之蓋前修姻人成若退經營於至元年間

人六八

距于今七八十年矣奈物換星移風凌雨剥未能免於
傾圮至正癸巳冬臺委同州監郡百嘉納奉訓公巡行
禹渡經涉於此祇謁祝香於廟惻兹殘壞率倡韓邑縣
尹馬禹舍令尹裴納靜等叶力劉金責任本宮主者苗
德澤重為葺理承命惟謹掄材鳩工剔其蠹而更其新
補其弊而完其缺以至戶牖之丹雘增除之粧甃廊廡
道宮元元殿宇罔不從而修飾之輪然奂然適副來者
之觀瞻也經畫於其年冬至次季夏四月告厥歲功嗚
呼微昔之人莫能修之於前惟我監郡誰能繼之於後
亦有本邑賢大夫與主事之道流又能肅其事竣其功

成可尚也已若夫
大禹修六府利民之用別九州逖民之生加以胼胝而
得天下授受而繼道統至德丕績與之濟續不勝其載
焉家夫復何言今奉訓公進士出身讀聖人書仰聖人
德豈不如
大禹為百世當祀之聖故以葺修廟宇而伐其勞矛然
營葺始終之歲月董督役作之姓名不可不勒於石以
薦後之君子至正十有四季龍集甲午仲夏既望
汾陰崇仁坊孫德明刊
本院尊宿提點葆光大師雷德輝　院門提舉喬

道徵　解善良　張善安
本渡把河提領梁忠進　前司吏賀書
鳩金督工司吏賈瑞　王仲　奉元路史党允恭
司吏强崇　馬思敬　楊敏　杜昌　張登　刘
宋　姬恭敏　李副　陝敬忠　尉吏張克己
奉元路韓城縣典史孟居仁
奉元路韓城縣尉王從仁
將仕佐郎奉元路韓城縣主簿郝行簡
從仕郎奉元路前韓城縣尹兼管本縣諸軍奥魯
勸農事趙矗

徵事郎奉元路韓城縣達魯花赤兼管本縣諸軍
奥魯勸農事禹舍

杭州路重建廟學之碑正書

碑長九尺五寸五分寬五尺九寸

共三十一行每行五十二字

承務郎江浙等處儒學提舉王大本爲文

光禄大夫江浙等處行中書省平章政事提調行宣

政院事江浙都时賦事康里慶童書

通議大夫江東建康道肅政廉訪使周伯琦篆額

皇元既屋宋社稷大一統而臣萬方置江浙行中書省

于杭以鎮撫其民而封建厥福乃即宋京學爲杭州路

儒學而省憲率群有司以告朔謁謝於斯以春秋釋奠

於斯以育才義者而興賢論秀於斯於是杭學遂爲一

行省首善之地而非他路儒學所可昆弟語矣自時厥

後有廢有興或仍其舊貫或因而改爲其規制位置猶

未克丕變視雄藩大閫外執政之居命之教而爲學者

爲弗稱不有君子其孰能立隆教基於虐燄灼天之後

作新士氣爲儒林拔萃之舉乎至正十有二年弄兵之

盜濫觴于河南而横流於江表既三閱不守直抵杭城

特暴不豫民無固志遂焚蕩我省治延燎我比閭而杭

之廟學燬焉曾無一瓦之覆簾業寄於煨燼石經委諸

榛土屬戎務方殷未遑興復士類無所依歸彝倫失厥

攸叙否傾而復圯極而崇所以黙相斯文者天意固有

所屬矣

朝廷以杭寔東南甲郡地大人衆供給浩繁師帥之重

每慎厥選十又三年癸巳之冬

制授中大夫杭州路總管康里公寔來既視篆塗務作

而言曰興舉學校承流宣化之大者也其可諉以百姓

新免毒螫瘡痍未瘳而謙讓未遑乎既以其事具牘行

省移文憲司示不敢專遂經始度地略丈數物土方揣

高畢議遠邇左廟右學一循國學之制攻位而位成乃

量功命日須材計傭處財用儲餱糧選工師量事期以

令役于有司首建禮殿尊祀

先聖先師東西兩廡從祀位焉丹楹刻桷清廟有嚴全

桷朱扉戟門斯闢煥前規而高廣宏壯視舊址而恢廓

乎寬信于垂憲萬世賢於堯舜人存政舉道隆則從而

隆者矣先是外之石靈星門距戟門爲不遠至是則徙

遇而南其深八丈有奇由公買地以拓充之也若夫學

校之建則明倫之堂宏敞高亮以隆迪教講道之原諸

大小學四齋以嚴授業辨惑之會庖湢有所倉庾有居

先賢后土有祠來朋見賓有門中唐有甓泮水有梁而

學校之制大備爲蓋經始於十四年之五月而落成於

明年之五月是役也行省憲司咸樂善以成其美倡義

以佐其貴同寅協恭慫相斯役府判官張公思誠則又
爰始爰謀爲之矩矱而典其規程也予謂郡縣有學〻
必有廟而杭之廟學乃卓犖輪奐於極廢大壞之後一
時燀光之宮燬於回祿者衆矣其徒悉力化誘皆蓄縮
弗克有爲賢太守杭志作新卓〻自任學計幾何而能
化納而裕多助之至非有福田利益以歆動之也信乎
聖人之神於昭在上如日月麗天照臨之下莫不心開
目明樂成其美先師有相之道則五星之芒寒色正者
也東委好德同人之所同人道敏政地道敏樹於賢太
守之有猷有爲良足徵焉公名帖木列思字周賢康里

元杭州重修廟學記三　人七三

氏故平章軍　國事贈純誠佐理同德翊戴功臣追封
東平王之孫陜西行中書省平章政事忠定公之子世
篤忠貞勲業行實載在　國史公累遷清要而居是任
觀其勇於見義樹功吾道而克濟其美淵源有自來矣
杭之人士相與言曰是舉也官無廢事民不知役而吾
黨與有光焉其可無述以救公功乃斲石樹碑以圖不
朽予寔提學江淛徵予文以志之不敢以膚陋辭繫之
詩曰
維昔盛時　建學立師　以立治本　以崇化基　學
必有廟　聿嚴惡祀　重簷複殿　神靈寔處　東南

都會〻甲郡惟杭　首善之地　萬民之望　更化云
初　未遑改作　因陋就久　靡究靡度　斯學斯廟
其休而徽　廢興殊致　倚伏一機　變生不虞
竟燬于盜　煨燼灰寒　孰念厥紹　天錫賢侯　維
蕃維宣　嘉惠斯文　不忘不愆　乃葺其匕　乃傾
其否　瓦礫之場　化而棟宇　昔黯今煥　昔圮今
崇　多士稽首　太守之功　我爲銘詩　勒此貞石
宣昭義聞　永〻無斁
至正十五年　月　日杭州路同知朶羅歹治□
成大用判官張思誠推官楊維經歷王明善知事

元杭州重修廟學記四　人七四

丁鉞照磨解復郡史楊迪郎吟沈博王惟賢吳天
瑞東南録事達魯花赤阿老瓦丁吏完顏本仁教
授賈天祐學正胡䶮學録楊英直學鄧斯永學吏
計禹疇夏文裕立
高平范伯仁鐫

蒲城義門王氏先塋碑銘有序 正書

碑長九尺五寸寬四尺六寸二十八行每行六十五字陝西蒲城

翰林學士承　旨光祿大夫知　制誥兼脩　國史

冀郡歐陽元撰

奉訓大夫兵部員外郎臨川危素書

中奉大夫河南江北等處行中書省參知政事兜四

趙期頤篆額

蒲城王訥以其家七世同居事狀來京師諗元銘其事
於先塋麗牲之石庶俾其後人歲時展省墓下有所興
慕勿替其先訓焉元避其義敘而銘諸敘曰王氏世居

關中之蒲城漢景置祋祤縣即其地也其先自五季末
已五世同居至金元光間吏兵旋蕩析後有府君諱毅
年餘四十始子□以□已乃有家生子□政善治生寖
饒于貲而性寬易好施未嘗放利專欲兼致鄉曲善譽
有子五人曰恩曰志曰恕曰忠曰惠其資糈均如一家
居力田不事聞達父嘗命之曰吾先人以孝義同居名
于鄉汝曹異時毋分所財産以墜先猷由是兄弟同處
恪守父訓恩生璧璽璵志生瑜恕生瑄瑞琪琦忠生瑋
琛琇惠生理瑛瑢初從十有四人同處若初璧璽璵瑄
琪琛琇瑢務農瑜瑞琦瑋理瑛業儒一日志謂其弟忠

曰吾家子弟衆多豈無才器可爲王官者生遭□時終
歲家食何以自拔齊民乃令瑋從執齋劉先生學學成
資之入京遊以廉靜峭直受知中朝搢紳仕至奉議大
夫行宣政院經歷一時交游多名公卿煒然有聲梁雍
間父忠以瑋貴推恩承德郎鳳翔府判官□則□□亦
至將仕郎延安路知事琦辟吐蕃宣慰使司掾獨不就
琛抱家政畢力生殖里有貸貧不能康逭□券王
氏家日益豐内無閒言外無怨讟琛力居多理好客親
賢門多冠蓋璧璽無子璵生詳瑜生誠諒瑄生詢訓誨
讜瑞生諧諠琪生詒訢謨諳琦生讚瑋生訥諰譏琛生

諄諶琇生議詵誇理生謙瑛生諾詡諠瑢生謹謁再從
凡廿有七人其間務德安土生聚相守者居半諒諾嘗
爲儒官議詒累舉鄉貢士訥以門功主澄城簿用才辟
稱翁季不以已貴稍衒其車服之盛于家有萬石君家
灋焉諰辟革昌師府行人若謙若訓若謹若謁若詵訢
謗諠讜皆習經史諄尤博雅相與潤色其門庭延祐中
有司以其五世同居聞于　朝中命所屬旌其門惠文
揚公題其額曰蒲城孝義之□縣長貳對石縣門書王
氏孝弟以興民讓天歷初旌以六世尋上其事載之
皇朝經世大典今二十餘年又加一世矣其先塋在

邑之□相原南廣□二頃先代卒葬歲月不能悉書嗚
呼自秦廢井地開阡陌宗子法不得獨存於是唐虞比
屋可封之俗無復多見於當世岐豐之民卒有成周遺
風不為秦法廢壞其善性觀蒲城王氏由五季涉宋金
至于今將四百餘載父祖子孫家庭告語不忘其先世
同居之誼可謂難矣且五閧多故之世也王氏已能同
居于斯時金季亦罹亂之秋王氏以煢煢之身甫定
之際僅及再傳兄弟漸多儉勤自將生業隨振即思
復先世舊行造物者相之使終遂其志以至一門數千
指之衆屢見表異於熙朝非俗之美疇克臻茲秦興

衣之詩說詩者以為雍州土厚水深其民質直勇悍周
人用之以興二南之化秦人用之以成強兵力農之業
愚則曰此其本俗之好義非特好勇而樂鬭也為是詩
者設為之辭以言同袍同裳於無事之時未若偕作偕
行於師興之日斯足以為義也其義施諸朋友且爾況
同氣乎蓋能同患難則可以同安樂其王氏先世之謂
歟周禮地官以本俗安萬民一曰媺宮室二曰族墳墓
三曰聯兄弟媺宮室所以同其生族墳墓所以同其死
聯兄弟所以同其義豈非周官之良法實有以維持其
善俗于王氏□□以列其奕世同居之美而將銘之先

塋焉為之賦秦風之同袍考周官之族葬而銘之曰
東仁西義天道之常漢置校祠西周故疆允矣王氏□
厥□俗尚義同居七世彌篤　皇錫民訓惟義之程表
厥宅里有覺其閧興居有時出入有節朝夕所由於此
根泉庖靡異膳粟靡私藏有酒有漿同為烝嘗載瘖先
塋〃序□□昭穆成行□□相望乃徵惇史請述以文
詒厥来裔迪求前聞吁嗟王氏昔在五季同居者稱亦
既五世迨金元光物改時變殺也来歸不絕如綫我
光照肯居室始□政也單傳生計孔艱雖則孔艱不年
不侵生五男子寔同一心雖五男子服膺父訓兄弟同

居身屋俱潤神介之福有孫有曾蕃衍盛大如川之增
播彼先疇□彼先廬載菑載畬載拮載据□汁力耕出
汁力學鉏艾既豐丹塗斯渥固蒂深根楊英舒翹今也
王氏非復擴僚人亦有言□鵲匪安同患不易同樂尤
難我告王氏□爾聲從辨厥內外外輕內重內重維何
維義之從率是而行用允厥宗已謀勿衷婦言勿裹勿
以暴貴加厥宗子惇史勒銘以頌以規王氏濟美左券
在茲穹碑崔嵬松柏鬱蒼百世其□□□銘幷

至正十五年戊子月壬辰立石

彭衙樊仲祥并男樊□賢樊居仁　刻

書史會要期頤字子奇汴梁人官至陝西行臺治書工于篆六研齋筆記期頤篆迹渾樸高古以禹碑周鼓爲宗無一筆似陽冰 關中金石記

元蒲城義門王氏先塋碑五

清陽宫誌 行書額篆書陝西咸寧

蓋前篆額四在石計六字

中統建元之初龍飛九五東漸西被四海同文琳宫秘宇隨方肇建清人寂士十百爲居嵒棲谷隱木食澗飲怡然若陸氏之世元風大振始時有宗師清真廣德真人賓守信率門人宋志希等單荷畚鍤力重建古清陽宫爲祝誦之一區耕鑿桑麻沃壤千畝有奇桔槔水輪碾磨以待羽客饘粥之瞻僅百年公恐契券爲恐異世變故地水火風湮沒無聞刻諸貞石以傳永久清陽宫住持宗門提點通元子賀道莱謹識

大元至正十六年丙申冬十二月上吉日提點安真子元道義

提舉純真子張道靜立石

元清陽宫誌

何太古慈恩塔題名 飛白書

與宋玉許題名同在一石二行共十八字徑尚長安

至正十七年仲夏中旬五日古雍何太古遊觀

妙觀和尚道行碑銘 行書額篆書

碑長五尺五寸寬二尺七寸兩面刻皆十七行行三十八字至四十五字不等

講經論沙門□蒼山滇海□□□護撰并書

亞中大夫太理路軍民捴管段信苴功篆額

師天水趙氏諱定號妙觀

上賜也其先理人元祖曰團興宇家音律甚寵遇滇敕

高充延居善闡褒□布燮之職興生祥充選官祥生昇

〻〻三子師其長也曰泰至元丁巳七月十二日母將誕

夕有彌團蒲筆之夢兆及甫冠有闌達之量妙冷倫類

書教乙酉年拜覲枝玉接笻竺寺

寶集壇主嫡嗣雄辯大師而祝髮焉遂習闡覺四純博

通内外乃与母夢而信然也　先師欽

制宣教諭引南荒師次以廣布法化滇始有闡大教之

漸也辛卯春師勸母登緇乃飛錫蒼嶺元帥信苴忠請

閱藏於再光寺而誦習尤勵數載足不戶外大德巳亥

春遊水目雲徒望風亦咸講首楞嚴戚金甲冑者現身

護法遂集楞嚴纂要註十卷講金剛經盈會咸覩白光

輪菌而煜煇于邃卯譯金剛方語集解兩本有武者德

營峰幽邃非恒所見中叟寶字紙有一老者出方洛

其所尸老者曰慈氏菩薩□既而廓尔見師獨在不及

語而寤癸卯秋明威跋公政復迓居再光泊圓濟宮亦
集淨土道場儀兩卷并錄賢劫千佛名經板至大戊□
懸□而之中慶因過燕雲游僧淵講師〻率首請開華
嚴大疏自此大教始翕然比華之盛也至大庚戌年毋
仁殯遂遵禮葬之明年明威公妻弟信首賢即令八伯
司副使奉訓公也備馭迎還于理請尸崇恩寺開華嚴
就刪定華嚴心鏡兩卷皇慶壬子中奉恭政跋公慶請
分席於咸通清涼臺再肆華嚴大疏仍造元談輔翼八
卷外集三卷捐己貲伍阡索穀百□□□□常住九
學究一卷□□表□而□之嘉大教之流布也理近有

僧門之傑者如鑑無照□雪溪通元峰智愚溪□尊宿
師門之所出也雖名公鉅卿莫不登門而歎服尊嚴而
喜施泊于四方獻納者未嘗弭焉延祐甲寅捐衣去食
新吉祥殿繪華嚴法界圖揮金縷碧黃成具體以付髙
弟德雲公住之丙辰年下岩峰重新舊制頗有綸緒亦
命德雲公分領之俾妙峰呂悏衆事師前後凡選名剎
凡增禪滇洱諸山常住者茲不贅焉明年還中慶爲覺
照寺至治癸亥春示疾進藥石者如林師拒而告曰吾
歸當月二桼至三月二日午端然逝也春秋耳順有八
僧臘三十有九滇省左轄阿昔思公曲靖宣慰使按琳

前憲签中慶路揔管張元庭等躬主喪事留龕三日哀
挽葬于商山之原舍利瑩然于荼毘之火觀者悽歎欣
踴如師再世三公乃分舍利於理理闍郡人哭泣仰瞻
盡敬且慕若與師復面會也德雲公塔舍利于金相南
扃設大會以慶其事妙峰十四年間美觀畢舉至順壬
辰將之杭德雲公充振師經始之志以致大成至正庚
寅妙峰廻錫于趙州華藏乃慨然與德雲公而謀曰師
其行跡先且大使後世不昭〻而見之殆非負法乳之
罪歟乃然之捐貲樹石命予書其一二予師之裔也雖
不及拜於師堂亦蒙被其餘烈焉用辭嘗論之行爲道

本有其行而大道以隆教籍人宏捨其教而至人莫顯
蓋根乎智發乎悲窮其理盡其性始感人如此也然彼
金甲之衛白光之凝者德之夢兆舍利之瑩然者唯神
而明之非人之所能議師道之驗在茲乎然情乎無長
扛巨筆以發揚妙觀之正眼正眼則何彼何此非色非
空豈金甲白光舍利夢兆之形容者哉且夫師之風妙
徵德雲無以續師法乳恩徽妙峰無以張予乃稽首而
銘曰
大道淵源　惟師獨挹　義空象忘　筌蹄莫覊　蒼
山峩峩　師行堅密　洱水漣漪　師道清謐　金甲

白光　詣理驗術　名公士庶　傾心共禪　耳順有
餘　大事已畢　剖大珠圓　滇洱輝奕　金相遺風
德雲乃繼　妙觀正眼　孰能以筆　師法乳恩
莫報其一　茲惟妙峰　請以書石
至正歲次丁酉菊月吉日門弟金相前住持妙峯
妙善立石　石匠提領楊明刻

元妙觀和尚道行碑銘四　八八五

□正庚□國子□□試□名記　正書額篆書
碑連額約長九尺餘寬三尺二寸五分二十五行行六十一字
前國子祭酒張翥撰
國
列名進士
□□　已亥當
郡縣□□□士之江從□客□□
則議者□材本以待士而限貫□使不
得自見非廣求賢之道也乃約　□□□□
□□□□□□□□□移春官□□　□
妄取四色進士合京額為三十五人□試生仍舊　制
中書以　聞
詔□□□□□□寒雋作士氣而牖
□文甚盛舉也□國子生由鄉貢第者又廿一□□□
□□□□
祖宗建學立□迨今一百八十有七年　累朝□□□
□□□□先後輩出彬彬然題名可識也竊比季來講
時多難諸君于天下事固精思熟策宜有文武長才出
其間用濟斯世以報　國家光前修為□□□□□
□達為可嘉使来者觀之而嗜曰大學有人如是哉目

元國子試題名記一　八八六

題名不徒記矣亦厲師也敢書以諗之
正榜
蒙古
五兒字達道　虎□
脫□溥化字允善□羅納　脫歡字企顏乃潼
溥顏巾　必禮圖字善道乃蠻
色目
仲保閭字斯道兀　當閭字存善
普顏不花字□□　□明理字□□畏兀
壽山字　伯顏字希回
元國子試題名記二
漢人
郭永錫字九疇永嘉　張鳴鶴字□□□皐
王德芳字　□杞字
閻志仁字惟善□□　孔□□字
副榜
蒙古
孛衆帖木兒字　闊奴字
□位字　布鶯吉□字
色目
□□理字　同□字□□唐兀

□□□□　法達忽剌字彥德甯易
漢人
余植字士立寧州　蔡大舉字□□□□
□□□字　李以約字□□□□
王琬字之文洛陽　亻機字
辶氵字□□　張海字大□趙州
王宗□
劉與字□□□孫　王升字
元國子試題名記三

建藏通峨嵋蘭若記 行書

石長□尺□寸寬二尺四寸十六行行五十字

講經論沙門藏通山住持滇海念菴圖護文并書丹
蒼山梵宇之中者藏通也感通勝處茲之爲冢住僧曰
峕妙山周鑑堂父子也其先布燮段正正而上六理之
著矣峕之師吴僧月峰也周之師宗主雪庭也峕周俱
履勝道六外行不幸既退離筌泪三聖之法席於泰定
甲子改元春方啓顚卜基于此乃謂于路㕓段中奉曰
可謀于院僧耆德曰然明年春遂捨衣盂募人力兼躬
鋤曰無虛工雖龜手刓足而不以爲憚只圖其成矣東

面卧木砌石南北削高就下延袤二百步之平美景曰
出規模益壯青龍注泉應延于經始也構正殿通程丈
二尺五縱廣六均中位普賢顚王內圖壽光藥師并列
九普外像水月圓通入法界會莊金□碧交映奪目盡
其巧也覺悲石軒迴廊而抽南廊檽施殘生瑞也雲連
耳墻門樓神□積香有儲岐有廩永資有田驅使有戶
九宜用者不缺誦習匱諸部雜花警省有鐘磬鐃鈸又
徑南陟于後崗創大室三楹爲□□花木泉石咸稱幽
雅且從本尊而爲閣若干載而落于至正戊戌春是
歲路㕓段亞中請余住持本山周鑑堂余法屬也□求

八八九

言其事藏曰普賢如空依眞而住斯之區區何理之有
又大聖化跡實始大峨茲之名之矣爲悟當夫我□顚
王周法界脤生□遣之一柳莫存容之萬法俱在遂通
感悉着現色身悚重小以示難思攬大千而歸毫末其
上智猶迷彼淺識者悲能窺其彷彿者也斯乃入斯門
也渾河積行海之深蒼嶺展頭林之廣文殊法界峙歷
右之潞屏感通招提列食前之方丈兜法信瑯清華襟
白雲帶磨濺日其心與境冥理與神會凡其況毅悍鷙
之性者漸化矣嘻二公之志豈小補哉亦足以被
上聖　福生民此繕脩之大端也向所謂勝而最之者

其惟在乎是
普賢山寺基界址書記於右東至五祖亭南至路
水溝西至寶慶山龍首下北至青華山禪堂後□
□爲界
大功德主通議大夫遇授雲南行省參知政事大理
路軍民總管段信苴功襄頒
至正庚戌孟冬吉日住山比丘釋性周立石
揚提領明鐫

八九十

金石萃編補正

金石萃編補正

光緒甲午七月
上海醉六堂印
桐城張祖翼署

石印金石萃編補正序

青浦王氏金石萃編百六十卷起三代而迄金武進陸氏續編二十一卷亦起漢而迄金錢竹汀學士言宋以後好碑少耳獨大興方彥聞大令所著金石萃編補正起于梁而迄元於元人石刻得十八種皆釋其全文而綴以跋尾考證一如王氏陸氏之例大令可謂好古之摯者矣慨自石刻日已漢魏善本不多見不得已而思其次至于唐宋亦可謂觀止矣而士大夫搜奇銜異之心且層出不窮顧不暇計其書法之有裨後學不也是編大都皆賞鑒家素未經眼者足以補前編續編之闕而於元人蒙古文字及當時譌體俗語皆條分而縷晰之其字畫之詭異體例之叢襍文詞之俚鄙亦自来石刻所未有亟宜傳之以廣金石之例烏程吳中甫太學得抄本于蘇州思付手民與王陸所著合而為一而索觀者衆迫不及待乃先用泰西石印法以應同志之求暇日再當詳加編校壽諸棗梨以成不朽之業庶幾與方大令共足千古矣印既竣屬書數語于簡耑

光緒二十年甲午桂子秋風時節桐城張祖翼書于上海客次

金石萃編補正目錄

右碑文五十種方彥聞先生所錄也先生名履籛世居大興自高祖居常州遂為郡人而仍著籍大興嘉慶二十三年舉人官福建閩縣知縣問學博邃工為駢體文又篤好金石嘗歷游冀兗青豫遇殘碑斷碣必手搨其文故是編所錄於中州為多正王氏金石萃編譌者若干補其缺者若干而篇第多未次序蓋未成之書也寶山毛休復丈與先生善嘗假是書鈔其副而屬志述為校勘并依時代編次之用別為補目錄於前且稍稍正其參錯云道光十九年歲次屠維大淵獻九月甲辰武進黃志述謹記於暨陽書院生雲垂露之軒

昔錢竹汀少詹言宋以後碑好者頗少惟引李南澗一人為同志今讀此四冊自唐以下凡宋金元等各碑一一手釋其文纖悉無遺我彥聞先生可謂真知篤好矣惜不起少詹見之時道光八年十月十日元和顧千里觀并記

舅氏彥聞先生金石萃編補正四卷黃仲孫志述重編次此蓋從黃本重錄者用辨志書塾紙則亦同肄業於李鳳臺之人可知書額朱字即或李鳳臺書光緒丙子假之仁和龔君宅耕校讀因記陽湖趙烈文

金石萃編補正卷一

梁永陽昭王蕭敷墓志　大興　方履籛彥聞

故侍中司空永陽昭王墓誌銘正書褾本　普通元年十一月
尚書右僕射太子詹事臣徐勉奉　勑譔
公諱敷字仲達蘭陵蘭陵人
皇帝之次兄也炳靈聖緒體自璇源積德累仁之基配
天經營之業固以詳乎二筴載在六書令無得而稱矣
公夙挺珪璋早標時譽風儀□朗神鑒淵凝孝友天至
率□而盡義讓因心無待傍習行爲表綴動成鎔範斟
酌流品肴核羣藝莫不採其英華振其經領雖墻宇重
仞而溫其如玉氣厲秋霜而體含春露故游之者未識
涯涘挹之者虛往實歸加以沖謙下物傾身接士愛好
閑靜雅善談諷寵辱不干懷抱喜愠罔滯匈衿汪汪焉
疊疊焉固不可量已解褐齊後軍長沙王行參軍武陵
王始開戎號妙簡賓僚又行參冠軍征虜二府軍事入
爲太子舍人濯纓承華清風載穆衡陽王冠婚禮備開
□彼十以公爲文學稱爲盛選俄遷太子洗馬又爲南
海王友洗馬之職既允儀形會友之任實弼斧藻裝本此處誤于南海王下接職既允儀形會友之任寔弼斧友先馬之獨藻十八字文義慎錯今爲改正于上下紙色接筍處亦甚合惟多一獨字不知當置何處姑闕疑以俟他日得未裝本再校正之可也長虞公
幹莫或加焉出補丹陽尹丞復入爲太子中舍人三陟

之貽字疑當爲妃擬妃志作太

龍樓仍歷坊禁清談時論咸以爲榮司部濱接蠻虜亟
有充斥漢東之國貽憂西顧以公兼姿文武出爲建威
將軍隋郡內史下車隱恤威德大著時獯獫侵逼義陽
四山互相影響郡內孤危兵糧竭弱公深加獎厲視險
若夷於是百姓相携入城二中殆無復相容處咸曰賊
若能來必爲府君死戰物情如□□□竊遂息於是關
拆清夷民俗殷阜進號寧朔將軍內史如故久之徵爲
後軍廬陵王諮議參軍從容諷味雅有弘益天不憖遺
遠逢未至以齊建武四年八月六日薨春秋卅有七知
與不知咸嗟殄悴
聖上應期革命受終文祖覽周南而雪涕詠常棣而興
哀天監元年四月八日　詔曰亡兄齊故後軍諮議參
軍德履沖粹識業淵通徽聲嘉譽風流藉甚道長世短
壓□緬邈感惟既往永慕慟心可追贈侍中司空永陽
郡王食邑二千戶謚曰昭王禮也子恭王伯游嗣恭王
早世子隆嗣昭王之昭王氏於本國爲太太妃以今普
通元年十一月九日薨其月廿八日舉祔塋之典又下
詔曰亡兄故侍中司空永陽昭王墳塋當開靈筵暫設
追慕摧慟不能自勝可遣使奉祭言增感哽惟公體道
淵塞風格峻遠履信基仁自家形國寶運勃興地隆裝本誤以隆字置寶運句上
魯衛茂册徒休神猷永戢今幽埏蹔啓褒
餝虛陳　皇情深孔懷之悲縉紳仰人百之慟爰詔司

事式改明旌廼作銘曰　維山峻極羣峰以攜惟海泱
泱百流是□莽矣　皇業昭哉洪胄布葉分枝如彼列
宿恭惟茂德英明在躬談茲學行稗是清風令問不已
羽儀克隆若林之蔚若川之冲資□此字漏以寔乘心而
蹈立人之美。符前誥奉靡華情約不移操莫覩其涯
莫窺其奧爰初理翰振藻騰光出高蕃采入映華坊且
文且會煥彼周行言貳河輔緯有餘芳闕候未息亂繩
宜理作守漢濱戚懷斯俟既弭烽□又清獄市樹績來
歸優游衡里孰云與善遄逄始半徽華繁霜襍本樹字下接善字
而以績來歸至云與十字反裝于徽華之下遽揖華館歲時荏苒松陰行□
□后天飛典章有爛姬公垂制袝禮載申幽扃斯啟容
物斳陳窮泉一閟於焉反真　我皇□□□真字下裝本止空一格慢也其中應有三字德彼新碑諸來葉永鑒清塵

吾友劉君青園得梁永陽昭王及其妃王氏兩誌拓
本其文則徐修仁精心之作也其書則繼蹤右軍而
不以名傳者也其事則南史梁書之所未備也其石
則已久晦於世也藏碑之富古稱歐趙近則蘭泉竹
汀淵如諸先生皆未及見此也不謂片楮珎墨蕭此
衆妙尚貽留於天壤間豈亦荊和之璧豐城之劍哉
永陽王名敷梁武帝次兄所敘歷職皆與史合而較
詳亡時未有碑銘至普通初其妃王氏薨開墓合塋
而補爲之南朝有立碑之禁豈幽室之誌亦不得轍
刊必待貴盛而後可耶此誌惟見於王厚之復齋碑
錄及于奕正天下金石錄亦第存其名未載所存之
地遂無可訪覓矣戊子仲夏至大梁青園留宿講會
出此相示拭目驚賞得未嘗有亟錄其文并校正裝
本舛錯數處而跋其後

梁永陽敬太妃墓誌　正書　普通元年十一月

故永陽敬太妃墓誌銘
尚書右僕射太子詹事臣勉奉　勅撰
永陽太太妃王氏瑯琊臨沂人也其先周靈王之後自
秦漢逮于晉宋世載光華羽儀相屬既以備於前志故
可得而略焉祖粹給事黃門侍郎父儼左將軍司馬尋
陽內史並見稱時輩太妃體中和之氣稟華宗之烈蹈
此溫　表茲淑慎孝敬資於宾發仁愛率於自然至於
四教六訓之闕工言貞婉之德無待教成罔不該備故
景行著於中峕淑問顯乎言歸作嬪盛德實光輔佐親
縫幕之用昭服澣之勤及卑世翟居遺孫載貌提攜撫
育逮乎成備斷織之訓既明閨門之禮斯洽劬勞必盡
曾不移志用能緝睦於中外。以弘濟乎艱難雖魯姜
之勤節曹妃之敬讓方之蔑如也　皇業有造愍憂戚
聖追維魯衞建國永陽恭王纂嗣藩号式顯廼拜爲太
妃策曰維天監二年六月甲午朔十日癸卯　皇帝遣
宗室員外散騎侍郎持節兼散騎常侍蕭敬實宗命永

陽王母王氏爲國太妃曰於戲惟尒茂德内湛粹範外
昭國序凝芬蕃邍仰訓是用式遵舊典載章徽服往欽
哉其肅茲休烈可不慎歟脩褕瑱之華而降心弥約居
千乘之貴而處物愈厚既而恭王不永禮從又歎訓導
嗣孫載光榮祉年高事重志義方隆宜永綏福履而奄
奪鴻慶以普通元年十月廿三日遘疾十一月九日己
卯裝本誤以隆宜永綏福履而七字誤置於己卯二字上薨於第春秋五十有九
詔曰永陽太太妃奄至薨逝哀摧切割不能自勝使
出敘哀可給東園秘器喪事所須隨由備辦祖行有辰
式弘茂典又　詔曰故永陽太太妃禮數有殊德行惟
光訓範蕃嗣式戚母儀即遂戎期悲懷抽割可詳典故
以隆嘉謚禮也粤其月廿八日戊戌祔葬於瑯琊臨沂
縣長千里黃鵠山用宣風烈以昭弗朽廼爲銘曰
清瀾徙邈其儀尚矣龍光疊照風流世祀猗歟冈匱於
昭不已誕資仁淑作嬪君子幽閑表操明德自躬推厚
處薄秉默居冲叅差採芼揜映言工鑒昭彤管識懋任
風凝芬載湛芳猷允塞徙舍爲訓止閫成則曹号母儀
宣伊婦德穆茲閨闈形於邦國　龍飛集運禮數攸鍾
憲章盛典車服有容泰而愈約貴則弥恭蕃祉方茂纂
嗣克重巾帚差池朝夕咸事雖曰任傳承請斯備是惟
仁姑厥德可庇恂恂濟濟蘭芬環秘光陰易晚祺福難
留閨儀罷映褕華奄收莫遏朱邸駕指行楸芳塵是勒
大夜方攸

右刻惟見于陶南村古刻叢鈔亦歐趙以下諸家所
未收錄此拓較陶氏本無所缺損惟少月廿三三字
乃係裝工誤棄非拓本脫落也往欽哉下有一其字
陶本所佚又陶本所缺之字此皆可辨早世誤鐫作
畀以釐爲嫠以劬爲劬以攸爲悠皆當時通用之文
也修仁此文較前篇尤爲整密不意當世有此異寶
既爲青園所得而余獲展翫摹誦真有無量福雖盧
陵先生亦當稱羨矣　顧澗蘋校古刻叢鈔以此誌
中己卯誤刻作乙卯遂與下廿八日戊戌不合因以
各本互校最後得知不足齋本始定其爲己卯此固

足見澗蘋用心之精而就知當世尚有此拓本固分
明作己字耶歸江南當以詫澗蘋爾

北齊石拳門銘正書共七行高六寸廣六寸三分

大齊天保八年九年造銅雀臺石拳之門百代之後見
此銘者當復知之
将陳驤　軍副程顯
承婁晞　幢主孫悦
軍主董侯　幢主楊晏

九年當係九月之訛

北齊明空等造像正書河清二年三月高六寸廣尺五寸共十六行行五字

大齊河清二年歲次甲申三月己未朔十八日丙子比
邱明空等邑人仰為□現師父母白王帝主及一切衆
生敬造盧舍那像一軀願善道資身福因門識等悟息
循齊鑒我淨長乘四生永登一實

此刻可證劉仲實筆法　翁方綱記

于汪君鐵處見拓本錄之　筆法樸老而整未有覃
谿先生題字二字

北齊平等寺碑隸正書相間共二十八行行五十三字高六尺六寸廣三尺四寸六分在偃師

大齊馮翊王□□□□□金像□□碑
蓋□功唯□□□□□道□通言□□在自□成□
□□闍鷲山大則照神光於大千徵則揔百億於微芥
乘權援手津被塵沙有感斯應□□□金□□□□於
長門迹□□於西林□教□於東夏真言□廣靈□再
興不有覺人孰宏斯道至若拔山移海之力復夏與周
□□□□□□□□□□□之□或負氣□門□葉
累世或神化澹泊百祀千齡莫不委骨高於山岳屑淚
多於河海共轉輪廻之苦同歸□□□□□□月□寧
□彼岸平等寺者□□平□□□□永平中造定光
銅像一區高二丈八尺永熙季金塗訖功僞在寺外未
得移□□□□皇綱□紊□□犬□□□□□□□
□□□□大殿正屋□邑為豺狼之窟皇居成戰闘之場
四海分崩八宏淪胥人物將盡函業□□□□□□神□
皇帝□□□□□□□□先天奉時魏□□作於是虎
視豹變鷹揚鵲起補西北之虧天紐東南之軼地大拯
蒼生康茲類□自崤函西割□□□□□□□帝城
□鋒□□幾甸機衡淪祿便使七政難齊衣冠道軼將
令五德僭制謀遷協於卿士卜從吕決著龜上天勉從
大同□□於　皇輿□□□□□□移鼎洛謬堂城寺□
毀銅駝之術無復連驪金馬之門寧聞待詔荒涼宮空
禾黍生悲寂漠池臺丘墟流歎□□祖以王業草創迺
寂□□志去闕泥觀兵故洛見僞瓌奇神儀屢感莊嚴
具足相好如真若出崛山猶居祇樹時流運謝隱晦□

紀遂使□月□□□淨□青蓮未還福地達人宏道觸物
兼懷發菩提覺心希無上正果躬親致化遷僞入寺登
給羽林長□守□武定末　世宗文襄皇帝□□□□
□河洛歷攬周京覩佛儀相每來當有身色光明實所
希妙崇申礼敬廣施軍資增給兵力因□□□而年代
驟改□□非固□石尚□□盧易毀簷甍傾禆結構崩
頹駁癬上於雕梁表青苔衣於藻井遊塵積壓等形往
於慧禪草莽生懷□神留於智定行□□□□□□枯
□□之內菊為茂草太宰河暘道大行臺錄尚書事馮
翊王高潤即　神武皇帝之稚子　文襄　景烈
孝昭　武成四皇帝之弟金□□之懿□稟精瑶室分

萼蠶林縠氣所膺誕茲英哲可謂崐山之上美玉挺生
瀛海之中明珠間出□□迥□□□自□□□□數伋
崖岸平□好士匪梁燕之儔富學豈簡平之背既能調
通四氣宣導三光鼎餗由其致和禮教因之敬洽飛□
真問忠□樹聲揮麾方□□□□□□□□土宇受賑
而靜闕河德若膏蘇恩同雲雨出軍命將必稟策呂折
衡掠地屠城會謎謀於帷幄王既通明二□洞□三□
知佛□□□□□□□究竟護浮囊於苦海艤寶棹
於金河自推轂專行□戎奉律治兵餘暇降志元遵鳴
鑾展禮覺駐騑服俄見繡雉飛於梁□文狸起於□中
歎淨宮之彫毀嗟伽藍之落構永言舊事思用脩復割

捨俸於布金窮材磬於文梓匠人單五都之妙畫繪極
汜土之奇崢嶸□□□□□□虬紉於鯨棟扶鳳竦
於紅梁類元圃之銀樓等蓬萊业玉闕天衣容裔颻三
銖之重僞設□□□十力业□□□□□□□□□
□□□始可言矣寺則背彼崇卭面茲清洛右依城雉
左帶洪陂嵩兵攤其莆靈河行其後望景□□□□
□□□□□□□□□□□□□□□□興賢□勝地真粵
福田於是苦行異人慧心高德皆通九部咸曉二禪乃
振錫來儀□□□□□風□□□□□□成
田高山虧而□□□豐碑宜勒銅柱須樹徽猷盛事無
殞長業其詞云

覺理常□□□□□□□□□□□□□□□□□□
□同歸大師□□空播音徽其一彼岸須登寶月宜運劫
石期盡肌膚何恡聖帝英王□□□□□□□□□□
能□□□□□□□□□□□□□□是屬貞明瓊宮
□氣瑤臺和精氛氳降祉生此人英其三慧劍既佩誠珠
是□□□□□□□□□□□□□□□□□□□□
興千雲臨旭其四雕梁□柱粉壁丹櫨朱扉玉砌青瑣金
鋪風鳴韻鐸日照和珠高山仰□□□□□□□□□
□□□□□□□□□□城輿潤招提是構□□□□
三乘七覺衢罇侯問其六山虧一匱海涸三⊕般墟閴寂
周室□□□□□□□□□□□□□□□□□□□

□□□□□□□□□□□□□□□□□□□□□
□□□□□□□□曰□□

大齊武平三季歲在壬辰八月十五日刊

此碑上半多蝕文甚佳惜不能暢論也書則楷隸間襍其整俊處亦非他碑所及　田字寫作⊕尤奇

唐杜公墓誌正書儀鳳二年五月共十七行行三十四字高二尺九寸五分廣一尺四寸在寶豐

周豫州刺史淮南公杜君之墓誌篆書橫額

君諱　字　　　　之後矣締構

層華望仙雲而連若木□□□□浮潤海而接霄潢公

天挺英靈神資朗悊髫年吐秀綺歲含芳初舉茂才爲

許州□□□令懿德裁風美青鸞之儔化嘉猷僊俗光

彩翟之依仁政舉薰風譽流天扆又詔遷□□刺史諸

軍事淮南公被雲雨之膏液降霜霰之輕威區群苛子

育之恩庶彙抱陶鈞□□搴帷千里衢歡何暮之謠露

冕百城門嗟來晚之詠遇周社之傾覆會鼎祚之流移

鹿散中原梟鳴宇縣高班厚袠屬喪亂而頓淪墨綬金

章偶崩離而失主嗣子洪貴六人及孫恒周三人等蕃

耀珠泉潛華玉岫光逾月呇□□星輝玉樹分榮聳亭

亭於迥薄金柯引翠抽欝欝於長林或則學贍文豐兵

韜武略或則風雲在議金石斯懷琢謝王而咸球貴華

珠而並貴嗟崇基之失緒咨峻趾之湮沈徘徊木雁之

間彷徉語默之致於是懷五愼佩九箴孝二尊篤三益

咸以斂身夜從晞露朝晞天不憖遺溘然長謝公周天

統二年終乎私第春秋八十有二以隋開皇元年十月

一日與夫人馮氏合葬於龍山□□□原□之禮也其

地東窺郤埭代楚之迹猶存西適澠城避狄之隍如在

畢條第一行郎第一行也有十三字曰唐大德寺造像碑題係勅撰碑銘金已全缺所見　俱字滬池非[illegible]下作

南鄰湹水神龜游括地之瀾北瞰龍山仙鶴憩聳天之

岫僉其琢木慈翠嘉樹紛□是汝□之形勝荊楚之□

□者焉曾孫善達義節八人等痛風枝而結思悼霜露

以摧心遠謝□裘遐慚落構恐□□變海陵谷首遷耿

介長淪芳菲永歇勒茲貞石迺爲詞曰　　承芳惠苑

誕秀清流□□開屏懿德臨州鳳戲鳳翔早歇英猷爰

有嘉胤遠謝箕裘敬雕□兮翠琰度永播兮清□

大唐儀鳳二年歲次丁丑五月壬戌朔七日戊辰雕

瑩功訖

右杜君墓誌係其曾孫補刻首行剝落諱字皆不可

審書撰人亦不著姓名筆法與小歐道行碑無二必

其手書也墓誌而有篆額古所希見此石在寶豐余

向求之未得今從青園兄處借得錄之前後各四行

下截皆損首行缺四字餘俱缺二字據訪碑錄尚有

碑陰青園亦無之　　偃作偃謟作韜終作歿憩作憩

貿作貿

唐大德寺劉仁則等造象碑正書共四十一行行二十八字下截三十四行共高二尺五寸廣二尺七寸在澠池

□□□□□□□□□□□□□□□□於□□□

□山于紫□□□□□□□□□□□□□□□□

□□□□□□胡齡越恒氵□□□□□□□□元

風廣被俱昇來□之場□妙難闡衢重雲而不□□□

塁字田字作心字之字亦疑作乏

萃編閉作閉恐作闕是也

云字亦作流

逼字亦作迴

陸念淨於心田□□□□□五乘調勝意樹崇遵正覺鑒
照不周□□之□□靈來盡□□□□衆動息無常明陰
洞陽空窮其數廣開杳□□□其□聖道幽元不悉其
吉舉威無上抑神無下彌于宇宙攝以毫□□□□淋
芥城難竭拂石屢盡塁乘無窮照王燭而轉金輪散堯
云而□□日肆捌史□濟□晷千□法宣陽獎延拾塗
云呂大德寺者荊河之□□也上叔岩逼漢下幽邃窅
蒙左則金臺寶闕右則豈草嵩隆前上洛□□ 同涓定
鼎洪流其後盟津達於甞闕俳徊 盤欝五臺陸府史扃
晷山□川史過外□倍扆靈龜能耳鯉鱗獻書進圖入
匪賦贄威賢納総纖美□誷□產西詩菜菲晷膺旣殷

皇家駐止萬代神墓明堂鈿鈺雖非拔濟□預孤園
末□舍衛香城宜非闍峯雪岫者鄉荊元魏帝規矩弁
尼霸□隆邦標祥表於慈父龍威珽帳妙處雲而瑞旗
明靈揮巖刊塔□為大德寺也 皇儀數改帝業頻移
衢遇遍周 旹遷價道虧尊靡像遂斷香路於西方滯游
魂於淨土回以釋數陵遲神 香頗及珮形殊景獨處堂
闢菩薩真人閒夜檐落對金顏於麗埜幽 玉面於摧龕
聖德深䁖舉淪留於金□大帝乘時出震 恩徹九閣
遠眺昏貧親覩隱殁撲炬燎於邪烽殲群迷於苦乘頻
奉明詔重令修緝復崇前蹤度尼五 等竝早
辭百兩宿契曇乘幡香剪綵疑曇花之志無常無我法

標字下一字萃編作泉誤作光俱不似

全字萃編作金亦作同當誤細字作細誤

忍於此不據碑本不提行也

印尊儀戒行不虧陸□無累復有法于清信□□劉仁
則廿六人等幼懷貞敏宿誤曇空長敬神情先苞肆忍
絲中句縷食內撤餐禪營寶塔特造僧房□待布金俳
徊已就鴻鐘黀而還擊聲徹九而清唄再稱聞於九垓
全建石碑像壹軀金容毫相出界無雙玉面莊嚴十方
俙有聞名今掌□劫墨除見影佢頭恒沙皐滅復營彌
閣壹所金鈴寶鐸和而樂已鏗鏘妙□□花齊綺雲而
合霏闢大千史路渡彼岸津梁聖數軼而復全蒼生鼻
而還福□舟待殲竟無越乘之功鐔滿衢中安知艳□
□□而皇上元資福壅拱而莅捌荒德被黔黎穀稚而
□□國 恩□竹骨石室歸仁澤及蛸蜚金文流傷法

相常住齋晷光□□□□皇福臻同□□史固再申斯
句刊勒茲銘輒以輕□聊興擲□□神智劍□□□鋒
□□金挺能摧怨弩闢臨大穀儔覩遊□礎贍玫□□
□鶴儔文言□□□□慈門宏勝業於神州設蔓功於
赤縣今迺鐫□□□鏤石尋遼繼釋祖史遺風嗣金文
史秘碣恐塵飛洲衆桑出波中讃□□□難窮歎慧風
而靡絕翹心渴仰願奉神光普照無邊成歸妙旨□□
□□
□雄慈父靈儀頗識說法有功論義智力入斷五慾出
降六賊□□□□破魔軍息一其新構雲閣鯨棟鯢虹丹
梁綵綺宿鳳樓龍龕觀如見鶴□□真空波行論法沼

語驚鴻二其四虵迅速烏飛兎散火宅非固諸子爲難金
鼓䫻韻方超彼岸口等脩謹常遵誦讚三其東流頗息西
口難追去來無礙四運相隨而長李久釋廟逶迤金望
常固寶印無虧四其口宮斤殿青紫丹墀左連帝闕右鎮
王畿俄二妙德供養巍二常遵福埊口共歸依五其上遼
遼重歲次甲戈口秋足滿(卍)足(乙)奉　詔而下諸州口
士女觀僧尼寺光被廢令儀像堂闕現存並還舊寺口
口別足五
口
口口口主功土劉仁則
大都化主麻師何

齋主騎都尉平正張洛
齋主錄事楊定鄉
齋主功土社石生
齋主驍騎尉司倉呂買
齋主功土牛伯通
齋主雲騎尉劉承基
齋主邵南府隊正景口
齋主武騎尉張志範
齋主司倉楊胡仁
齋主雲騎尉趙文達
齋主錄事劉惠達

齋主飛騎尉馮大智
齋主上柱國隊正張志隆
齋主趙智道
齋主雲騎尉王祇僧
齋主功土上官衡
齋主驍騎尉段義方
齋主雲騎尉楊万香
齋主功土杜義昌
齋主功土程懷果
齋主張楚才
齋主上騎都尉張養

齋主功土董志恪
齋主功土宮君言
供養主呂英儒
供養主呂杜主
供養主霍行基
供養主景保熾
供養主宮仁基
供養主程仁達
供養主元神載　以上三十四行在碑下截如河内武定三年碑之式
口口口日　碑像口口壁元畢口口口口(乙)
右一行在碑側

出字失編 作嘉字誤 戚字作 戕亦誤 萃編作年 陵接子建 安侍中誤 尚書郎脫 吏部字以 選字下空 一格亦誤 遷字誤 作於

右大德寺劉仁則等造像記搨手甚劣以金石萃編及
澠池志對校始能粗錄其文文義既艱澁字體又多舛
異加以碑石半泐故無可審諦也惟碑側一行前人皆
未見邑志遂疑武后制字非始於僭位之日蓋止知此
碑有上元之號而未知碑側有載聖元年諸字也假借
古體及當時俗書及武后所製錯襍用之

唐蘇文貞公碑張說銘盧藏用撰序并八分書共二十八行行六十字高九尺二寸廣三尺四寸

唐故司空文貞公蘇府君之碑篆額三行

唐故尚書左僕射太子少傅贈司空荊州大都督蘇文
貞公碑

范陽張說撰銘　盧藏用撰序并書

維唐景雲元年歲在庚戌十一月己巳太子少傅許國
蘇公薨于崇仁里之私第春秋七十有二嗚呼哀哉粤
明年三月己酉　制　塋我公于武功之先塋禮也公諱
瓌字昌容京兆武功人其先出自帝高陽厥胄曰黎實
勤火正逮昆吾之子始封於蘇以國受氏公其後也暨
漢平陵侯建建子侍中嘉魏侍中則晉尚書郎遐聯華
國圖代載明德公高祖周度支尚書邳國公諱綽立言
成務垂濾後昆公曾祖隋尚書右僕射開府儀同三司
邳國公諱威嘉謨成績懿於當代大父隋尚書職方郎
鴻臚卿諱夔理綜羣品職覃衆妙烈考秘書丞池台二

始字誤作 好隋無親 史誤作隋 皆從文 襛金誤作 禮亂

州刺史口岐州刺史諱亶遊藝聚學素風不隕公係上
聖之遐緒鍾盛德之泉茂資元和以體仁餘清酬以成
美初孩而孤稟絳郡夫人之慈訓幼而岐嶷聰敏冠常
始讀山樓志一覽便誦及長博綜經史尤善屬詞年十
八進士高第補冀州參軍轉恒州司濾丁絳郡夫人憂
自中山涉褰跣從至京兆哭不絕聲性以禮全形以哀
瘠左庶子張大安以孝悌　上聞服闋拜恭陵丞轉相
府錄事參軍　王政封豫官亦隨府　上即帝位拜朝
散大夫尚書水部員外郎未幾兼侍御史淮南廉按餓
拜夏官員外兼宮尹丞歷水部祠部郎中兼判司禮事
以親聯出為朗州刺史轉歙州刺史并州武興令檢校

冀州刺史累遷汾鼎同汴揚陝以累最入為尚書右丞
加銀青光祿大夫遷尚書左丞戶部尚書又拜侍中京
師留守兼理究滯　車駕還京持節河北按撫加金紫
光祿大夫轉吏部尚書東都留守尋迺還守本職廷拜
尚書右僕射同中書門下三品封許國公監修國史
令上踐祚拜尚書左僕射屢亢詞乞骸優答不許拜太
子少傅公有子七人長子頲字庭碩歷給事中中書舍
人修文館學士太常少卿入掌　綸誥與公聯侍紫墀
接機黃閣前後之拜近古未有公體道貞固立心簡直
多識前言編詳舊事自周隋損益家牒可紀公則紹之
罔不畢綜故閨門之內孝弟成則朋友之間忠信亨舉

盼猗為甘誤　埃台為宮誤　萃編脫安孳字　兩口萃編作南宮誤闕作發誤　以米粟為粟米誤

其在叅佐也婉孌柔嘉醜夷不爭其事藩邸也從容諷
議賓寮是仰四為郎而彌綸之功布於省閣九為牧而
循良之績著於州郡周旋二轄煒耀文昌迴翔兩台輝
鑠巖廟版圖國之信而五教在寬冢宰人之紀而九流
式敘左右端揆盡訏謨之畧東西掖闡備忠讜之美德
逾盛而心益下位彌大而行益恭用能高而不危長守
富貴考父三命謙光以朝平仲一心中孚累聖非至
德淵慎疇至此哉夫其仁恕篤密清廉簡惠躬儉約以
自持蹈名教以檢物祿以周急不積於家財以睦親必
均於衆故義廣而私謁之途阻名揚而兼濟之道宣茲
亦叔敖之賢國僑之懿也幾深通志精悟默識文以蹠

實靡佝其華學以辯微固信於己故始終機揆舉無遺
策斯又子房之智孔明之能也造膝沃心務存匡救引
過稱善不近於名故聲聞於天而口無擇績宣於外而
事兩專蓋封子之仁孔光之慎也兼斯衆善以會明德
方將三階載理兩曰更曜天命不佑闇忽遷徂朝喪其
楨人殞所感天子悼焉遣大府卿李從遠冊書弔祭
輟朝三日有司備禮發哀追贈司空荊州大都督賻絹
布八百段米粟八百石凶事葬事竝官給賜東園秘器
大鴻臚監護將作立碑大常考行謚曰文貞禮也皇
太子別次發哀遣洗馬弔祭賻物二百段祖載之日制
羣官口口于開遠門外別遣左常侍徐口宣旨送於

可字下釋作行字亦非　此本亦難辨以蘇為詞誤　脉字萃編作衛與碑不合

郊令遣洗馬如初禮宮臣已下畢赴朱旂載路班劍
啟行哀榮之禮備矣諸侯之孝終矣公家在代尚儉載
纘竹其生也堂無晏客門無立嬪其終也塋無封樹隧
無碑表大漸之始遺令遵行公卿暨親戚贈襚弔祭一
無所受周身之外唯布車一乘頤等泣血受命罔有踰
越雖迫朝旨不旌墳壙建碑於塋北一十五里故臨
大節而不奪見大義而能勇經緯之迹文藝之行備於
國章布在人口懼違先訓旨略而不書中書侍郎同中
書門下平章事昭文館學士兼修國史皇太子侍讀范
陽張說雅俗之鎮具瞻令德文章之雄談者為楷偉公
道德之首巖獻可刊石紀頌公鮴如清風其辭曰斤斤

蘇公體正含道稟靈涵粹為唐元老忠以衛主孝以立
身文以經國惠以安人司牧九郡九郡惟靜平章百工
百工爰整千載典憲三朝綱領上纘先人五代相國下
垂餘慶七十令德帝謂庭碩伊公是似接侍玉墀序
拜金弛聯華疊潤佐我天子於戲彼蒼國幹云亡地
頹五嶽天圻三光備禮詔葬羣官會喪掌吏司德刊銘
路旁

唐王仁皎碑　明皇御書開元七年共二十二行行五十四字廣四尺八寸高未拓足

唐故開府儀同三司贈太尉益州大都督上柱國祁國
昭宣王公碑
右羽林將軍口撿校幽州都督節度行下缺第三行正書字小

天字六兩格書碑與書行處平抬即清格　曜萃編作曜非　貞萃編作不　三年下十二字皆萃編所無　以下皆渺　萃編於下第六字為於閱字他誤雜書訛字　萃編外下缺十六字第一作若　萃編人下多中口歟較之又五字

於隷書逓中

天命帝于萬邦維坤配乾母萬物以親九族后父之屬
尊□□百官開□□□□□□□□□□□□祁公
其人也下缺九字諱仁皎字鳴鶴太原祁人王子賓天
啟靈僊之族司徒衍□大忠義之門□□□□□賢□
□□祖闕十六字刺史考文洎贈右僕射纘戎前烈啟
迪後人公之生也膺□曜之禎體□□□□禮□□□
□□□□□於缺十三字未兆而養之以蒙智用無際
而處之以默故實勝於文行□於譽其隱德也三年不
言其□時也一日千里缺十四字□兵應將帥舉授甘
泉府果毅遷左衛中郎將上昇春宮□正紀壺擢將作

大匠□時工□□□□□□太僕缺十二字□內禪引
伸外戚懷榮畏滿歔劇思閑公既深辭以職□□□使
之□散□□□□之禮具□公□□開府議同三下闕十一
字□戶三千實賦三百公於是寓情宴喜□述朝行入
告嘉猷□密而人莫窺□□□□晦而人莫知也不
自□於下缺十字□經曰明二天子擇賢共理瑣二姻
婭則無膴仕不識不知□木□而己善矣□□□□□
□□□□□□外下缺二字十□□退事不事而懸解為不
為而理會一以無牛之□一以無亢龍之悔所謂言□
□□行中□歟後之人下缺三字十□而蹈高軌也享年六
十有九開元七年歲次己未四月□未朔廿日戊寅薨

萃編第十七字作鵲呂鳳為訛誤　此一行下萃編有允女二字今不見　望雲二字作業誤　首萃編作指

於京師皇上悼焉設次大下闕四字十□終追贈太尉益州
大都督賜東園秘器舍襚賵錫牵加□禮乃命尚書彭
城侯□知一下缺廿字□南安侯龐承宗持節弔祭左庶子
白□慎倅馬公卿命□更弔迭喻謚巷填門為二下缺廿字
□□前□夫天作聖合必起大邦故軒妃美於西陵周
婦□於東海公繁□之慶□肖二十□□□或闕十六字□
望雲業參練石內被螽斯之德外偃關雎之化門風□
□也如彼□□惟力戴君□心下缺二十字□□□有才子八
族我盈其□武王有理臣十人家□其□稽諸□史罕
或前聞有下缺二十三字□□□華□錄旨要則皇帝所為
也詞臣承詔作之銘□

萃編空六字祁公誕靈□□有□其慶高萃編□慶□下多之
外□溫□□□忠焉孝下缺三十一字□□□社□玄社帝曰
欽哉祁公之德柔嘉維則令儀□小心翼翼如下缺二十六字
□□此邦□休風其永豐□□□□□□□□□□極
開元七年歲次己未十一月乙丑朔
右碑剝蝕過半以校金石萃編得失無甚懸殊也其
中頗有摹擬可識者而上下文皆缺遂不敢臆斷耳
此拓未有下截蓋工人以其無字不復加墨大約即
拓亦不能有所辨識矣第二行正書官銜十四字萃
編誤以為在碑末又年月一行尤為漫漶然十一月
下隱隱見乙卯字萃編釋作乙丑復以長歷校之恰

是乙卯爲之一快
唐慶唐觀紀聖銘八分書每行十字　裴本共十二頁廿行碑在山西浮山縣
大唐龍角山慶唐觀紀聖之銘　御製御書
神也者妙有物而爲言化也者應無方而成象豈立神
之主象微宰化之知苟言象之不存焉則神化或幾乎
息矣窮神而極化者其惟至至之人乎
我遠祖　元皇帝道家所號太上老君者也建宗於常
無有立行於不皦昧知雄守雌爲天下谿知白守辱爲
天下谷故能長上古而日新雕衆形而化湋□萬物而
不爲戾澤萬代而不爲仁巍乎不覩其項深乎不測其
極復歸無物存教速以立言奄有太清感聖朝以利見
肇　我高祖之提劍起晉太宗之杖鉞入秦鵰摶
風雲龖闖日月夏臣醜而已去殷鼎輕而未徙
老君逌洸然華皓白驥朱髭見此龍角之山示我龍興
之地語絳州大通堡人告善行曰五而唐帝之祖也告
吾子孫長有天下於是一闡赤伏而萬姓宅心一麾白
髦而六□大定傳曰有聲之聲不過百里無聲之聲延
及四緐非夫神唱明德翕叶人祇者歟善行以武德三
年二月初奉神教恐無明徵□之敢洩至四月老君又
見曰石龜出吾言實乎時
太宰爲秦王討宋金剛揔戎汾絳晉州長史賀若孝義
以其狀上啟遽使親信杜昂就凶禮謁俯仰之際靈兒

客焉昂馳還白信矣逌遣昂善行乘馹表上比至長安
適會邠州獻瑞石如龜有文曰天下安千萬日
高祖徽其〻異擇善行朝散大夫命舍人柳憲往祠焉
玉帛既陳尊儀復見其始覩也杲〻旻〻若紅峯綠嶺
吐春日之光景其卻隱也蕭〻條〻若雨息雲消視烋
天之泬漻來莫知其所自去莫辨其所往出於寂寞入
於惚怳蓋不可得　詳諸汾陽之龍角山者天帝隆福
之庭　高祖用師之道□上有華池靈府下有石
穴洞宮氣接姑射集神僊之別館脉通霍鎮潤珠玉之
隣家　高祖以□鑾頓迴霓裾累紫故版廟於行
過之所劃壇於受命之場刻飾　聖容彩繪真衛神
光離合殿臺苑轉於空閒雲氣踟蹰笙磬往還於天路
因改浮山縣名神山焉志靈應也是歲仲秋及五年三
月晉州奏　老君言我亳廟之中枯柏更生子孫當王
又云我神兵助軍伐劉黑闥立㝎當平事過如言皆先
事之識也尒後
高宗垂拱則卿雲涌於神座今又祠中柏樹蒲萄
裛而託根門端根木枝翁而還茂疊實黑豐本樸翠繁柯
聚祥煙之青藹靆〻一色散佳氣之蔥鬱鱗〻萬重識
者以爲太和暢陳朽之徵王會納殊隣之象惧彼虛應
搖然夕陽朕演靈金根纂命璿扆舊學道記嘗味至言
是用假途禮樂託宿仁義尋末以窺本潛麁以詣精爲

無為於此心事無事於天下而　宗稷太福宸縣小
康實　上祖惠無疆之休亦下人率自然之化夫維幽
容昭見偉事也神告帝符環瑞也發祥善行吉類也慶
雲重代鴻懿也戎菓附植合異也橋幹華滋蕃熾也此
六者興五之嘉祉曠恩之絕紀者已朕不敏頗聞君子
之教矣繼其後者天其祖習其訓者父其師揄揚道德
性存孝敬商頌美乎成湯周雅尊乎后稷先王之舊典
也吾豈墜其文哉夫戴角之類龍為之長羊也定形而
不易龍也神化而無端龍蓋五土之精國家弈土而王
故改山號名龍角焉迺銘金石以彰靈變詞曰
思文　聖祖　默靈聲混兮無名超兮至清　入

神舍名捐物假身尊　元後有天下　高祖鳳翔雲
舉晉揚　大宗龍戰風　趨秦甸龍角仙都
王師戒途聖形入有神言出無瑤衣玉騎告帝天符神
方據我人亦來蘇迺立清室徽　讖　衆僊停蹕直興
慶雲氤氳氤氳再端　明君庭有栢兮遠菓寄秀門
有根兮瘣條更茂顧慙菲德蒙神之祐誦我道經介我
神聽繼明五聖禋事三靈請從格言天德出盈大道幽
蔭湛慈廣接意路何階言津難涉化有影響神無華菓
一千一百七十字
開元十七年太歲在己巳九月己丑朔三日辛卯建
右碑小隸書精整無倫惟前御製御書四字及後年
月二十字係正書碑字大小如衛景武公碑

毅卿集古錄之安公美政頌

唐殘碑　正書
□□□□載也下泐
□□□□聖文神武皇帝□聖□□至大也大□□下泐
□萬物包之以大道而　九重端拱理在垂衣□下泐
□經云一念成就即生□樂國即此國是也於是下泐
言若不多生劫中廣修淨業不應此國同會大乘下泐
仁真抱朴再見還淳而剖斗折衡焚符破璽即□下泐
向寺　有尾僧焉誠草貞心猴池淨質不在乎□下泐
卓然超異塵劫其城也板築帷晉其寺也創迹在下泐
□有唐開元二十有八年秋七月十有五日邑有下泐

騎楊義信無染無著在家出家識賠四空智緣七下泐
視□門州隻八單七郎俯弘道果久隣寺側今□下泐
□詞曰率土之內莫非王土率土之賓莫非王臣下泐
□晉曰　我帝恩惟我佛力乃命工規□下泐
□□□百寶莊嚴宛如涌出四維上下自若飛來下泐
□□□邑有宰焉朝散大夫武威安公庭堅我肖下泐
□□　辞裾代代詞美人人即源流共清可潮東
□□□□□之詠今日對俞夂之鳳追前遊之
右高二尺六寸廣一尺九寸
□□之□實詩以道志書以道事禮以道行樂以道和
□以道□□□以道名分我鄗魯之士縉紳先生而能

明之也但齊物順時□□□長能滿聽珠玉可談即姑
臧李銳為丞隴西李擢為主簿□□□□陽張璿
之河南獨孤昊隴西牛庭玉長安杜鄰為尉惟□□
□□□□月登崐山而聚玉俯麗水而齊金吞烏之才
礜流東海□□□□□京而共潔壺冰同澄清渭即
此功德圓滿者賴吾宰君□□□□□福而成就焉
人以悅來工以妙盡即此陽邑古城陽字□□□
□陽處父望在北平食邑此城因以字之從阝人姓楊
字□□者□□□闕西孔子楊振之胄望在華陰故以
字之從木為城望北平人□□□郭雖是人俗已非黃
花一門朱輪十乘邑君之里嗣我宗祧□□□□□獻

如故視其所以觀其所由察其所安人也遠□之有其
忠□□□□□敬煩使之有其能卒問之有其智急與
之期有其信委之以□□□□□之以危有其節醉之
以酒有其則襍其處而識其危固閑庄周之□□□人
之讐其詞曰　自古昌國莫之　我唐自古聖
帝莫之　我皇齊天之覆同日之
光其如來□□□夫子□國通此八□下泐□眷此伽
藍時穆代久鴈塔□下泐□□草重春三其城下泐
□□□子頁子□騎都尉翟義本男庭驛宣靜府錄事
男庭諭□樹林男万業男万威雲騎尉孟殺万男奉仙
都思敬男元□孫男□□都阿七男元超雲騎尉王文
達男崇貞男崇令校尉楊知仁楊思知驍騎尉翟雲禕
男女交品子翟元相男希璧希言翟元旭翟元禮
右碑側四行

萃編云款高三尺二寸上圍四尺九寸下圍六尺九寸

右高三尺六寸廣三尺碑側高一尺九寸廣四寸未拓
完
右唐殘碑二石未知脫落幾許文義殊難貫通似是
陽城築城記而又有言及佛寺及優婆尼者未知究
屬何所指也其書朴雅非蘇靈芝所能為文則體律
不純所頌邑宰安公庭堅及楊義信等皆無可考青
園兄藏此碑余向所未見亟錄如左

唐洞清觀鐘款正書高二尺四寸上廣三尺六寸中廣四尺九寸下如中

維大唐開元廿九年歲次辛巳閏四月辛巳朔廿八日
戊申女道士蔡淨廉曹淨儀曹紫虛孫雲礜蔡仙經謝
玉那寂元觀上座朱處封檀越主蔡方運蔡思奉吳少
表蔡祚樂等勸率衆緣敬造銅鐘一口奉為國王帝主

牧宰官僚下及蒼生同霑福祐永充洞清觀供養
用銅三百斤　時匠佘令玉
吳延誠朱守虬曹雲岫及妻蔡五娘蔡邦瞻及妻鍾李
定謹孫貞幹蔡仙望蔡兼母鍾四娘曾四娘謝意謝仙
諒僧調御蔡嶠母朱孫封黃□劉智新蔡朝欣蔡齊炎
蔡承親蔡齊希朱伯巡蔡齊康蔡懷慶曹處貴朱玉貞
鄭世玉謝賀朝謝獻之黃待徵朱惠建朱師雅曾思合
李庭芬蔡半千蔡祚封李定廉朱希母歐陽
謝賀封蔡晏堯為亡兄璧及嫂劉劉智常李廉母朱二
娘為亡聟二官蔡公緒蔡思京李定通蔡化邦蔡因業
蔡祚盈朱思齊蔡貞母羅朱思樂鍾虬為亡考蔡魏母

劉大娘蔡齡母李夫人蔡尹嗣朱先母蔡鍾嶠為妻李
氏朱守諫朱守元孫順女道士蔡真仙朱智葳蔡淨智
蔡雲嬌蔡仙勝蔡紫蓋李仙定朱仙臺李仙雲曾雲童
謝紫霄蔡階蔡微
縣令貟元禮丞元仙皃主簿鍾離廷祐尉皇甫玲錄事
朱守盈前錄事沈再思倉督黃處異朱靈郁劉仙朝劉
俊又及妻蕭大娘趙靈岫及母乇四娘黃御鶴及妻朱
六娘沈壽及母溫、 刂仙諸鄧庭珪為亡考蔡舊明
義期李表泓蔡祚仝 五大娘蔡推母董三娘為亡
翟護軍曾光庭蔡靈舉為亡妣朱經母蔡為亡翟蔡妃
娘沒故蔡嬌含蔡四柔

以上四段皆係唐刻每段四行分兩截中隔以橫格二行其文及人名皆係上下截連讀每一段後間以方格大於有字之處上下截各一方

孫封 朱玉 黃戍貞 此三人刻于第二段橫格二行之中

昭武大將軍南安路總管兼管內勸農事趙國器捨此
洪鍾于本路通真道院永充人天共養者至大二年己
酉歲九月吉日開山住持道士程紹真徒弟程自元謹
題 六行行十二字至九字不等在第二段後下截方格中

蔡遊巖曾雲峯蔡崇舠宗瑗朱球琢吳均為亡孝歐陽
平朱千里曾席母謝二娘蔡希妻李四娘蔡休祥謝興
母蔡五娘 右四行似亦是唐開元時所刻在第三段後上截方格中

准勅省指揮鑄題咸平三年
拾壹月 日
守縣尉周
守主簿夏侯成
守殿中丞知縣事成中 右五行在第三段後下截方格主簿知縣之姓下一字似是押

刻極淺細

弟子虔州百勝判官知勾判南康縣事銀青光祿大夫
檢校户部尚書兼御史大夫上柱國陽坤當縣洞清觀
洞鐘壹口先平圍作孽之時捋擄入峒至元復元年坤
統押將士收破郡復前件鐘將歸本縣緣洞清觀傾因
亂罹多年荒廢切見可封里晝錦禪院未有銅鐘今將

轉捨冀保弟子官榮顯達將卒興隆邑內居人同霑福
利鴻音遠布永鎮伽藍天祐元年歲次甲子七月癸亥
朔廿九日辛卯題院主僧宏滿開元寺僧義全書
右七行在第四段後上下兩方中亦每行接讀 下方末多一行

右銅鐘銘翁宜泉先生樹培贈青國之拓本字皆完好未知鐘在何地此鐘刻於唐開元廿九年至唐末為峒城掠去知南康縣陽君坤平賊收回置之晝錦禪院其時乃天祐元年也開元時所列鑄鐘人名甚衆天祐時刻記一篇宋咸平時又有題字元至大時昭武大將軍趙國器所刻又移至通真道院竟以此鐘為己所施捨則未免竊美矣 金石萃編云

在江西南康縣
唐哥舒翰紀功碑殘字八分書存者高四尺七寸廣二尺六寸
之德施化侔天墜經綸象雲雷日月所臨之
西夏其惟犬戎種落猖狂保聚山谷故聖王
之　月支　斤　舊章特
申約言載錫姻好
實也潛通約而反間　遠　万觀
不加
懷　敗謀　也僉聞何以頌曰
明德　大服小
也慓　軍士　舉而定　木

叛　聖榮謀從　力也
有七德今則過之而頌聲
唐元靜先生碑行書裝本每行七字每頁十行共十三頁
唐茅山紫陽觀玄靜先生碑并序
秘書郎河東柳識撰　大理司直吳郡張從申書
李陽冰篆額此五字篆書
道門華陽亦儒門之洙泗蓋玄化振於此也白日登昇
有西漢茅氏兄弟隱景遁化有東晉許氏一門襲明冲
用以闡道風有梁貞白先生唐玄靜先生開元中　玄
宗禮請尊師而問理化對曰道德經君王師也昔漢文
帝行其言仁壽天下次問金鼎對曰道德公也輕舉公
中私也時現其私聖人存教若求生徇欲則似繫風
上悅因加玄靜之稱無何固以疾辭東還句曲先生諱
含光本姓弘則天諱弘改為李氏孝孝威州里号貞隱
先生家本醇儒晉陵人也夫性與道妙則真有運無古
之學者離有得有不外欲馳景而內觀馳化心不遠望
化金而近思化欲今之學者多見反是若乃行於真理
窅然觀妙先思正性發明宗元則玄靜其人也年十三
辭家奉道端視清受慈向蠢類闇室之中如對君親時
人見之性情皆斂幼工篆隸或稱過父一聞此議終身
不書所撰仙學傳記闕遺備載又論三玄異同著真經
及本草音義而皆精詳祛惑窮理於學如鍾蘊聲其後

師事華蓋峰司馬君雲篆寶書傾囊傳授既而目之曰
真王清之客抱虛元而行功者與道不窮託幽阜而滅
迹者於德亦淺承之自遠宜圖救人於是引後學昇堂
稟玄訓也先生元氣不散瑤圖虛映達靈已久晦曜為
常動非用開靜非默閉當吹萬之會若得一之初應跡
可名常道不可名也羣蒙求我豈勞言說孕育至化虛
融物心心一變至於學學一變至於道同淑氣自來得
之不見所以摳衣而進無有遠迩仰範元和茂姿全性
者若秋芳之依層巘夏潦之會通川也先生忘情於身
而慈於人禎祥屢應視同衆象士庶諮詢色授其意常
令章壇閑院醮火擇薪精微誠敬率皆比類異者　天

書繼至務欲尊崇及公卿祈請信無虛月辛使玄門之
中轉見真樸持慈儉之寶歸羲皇之風至矣哉我師教
也大曆四年冬十一月顧謂入室弟子道士韋景昭孟
湛然曰吾將順化神氣恬然若坐忘長往時年八十七
靈雲降室執簡如生據真經斯迺稟化自由仙階深妙
者也門人等以為醴泉之味飲者始知我師之道學久
方見顧敘真宗以示於彼忝曾遊道敢述玄風文曰
古有強名元精希夷黃帝遺之先王得之縱心而往与
一相隨真性所容太元同規日行先路不語到時人言
萬靈我見帝姿　玄宗仰止徵就京師紫極徒貴白雲
不知遐方後學來往怡怡空有多門真精自持委順而
去人焉能窺玄科秘訣本有冥期
大曆七年八月十四日建此十字大二寸許
右碑石已毀世少拓本青園兄得此誠可寶異以較
江寧金石錄所載全文止少一字由俗工剪裁去之
也額已無存而少温所書之款則仍用篆書碑後年
月一行大逾數倍此皆創格張從申書余惟見季子
廟碑一通此本用筆較彼尤為剛勁文亦清妙中有
曰不歎外馳景而內觀馳心不遠望化金而近思化
欲至哉言乎非區區黃冠之說也惟以宏字為避則
天所諱則殊誤宏字乃則天子孝敬皇帝之諱耳此
本係王孟津所藏題籤十餘字亦可貴　卷一終

及字萃編作丈誤　益字作孟誤　羡作羑誤　庭作廳誤

金石萃編補正卷二
唐裴耀卿碑六尺八分書共二十七行行六十八字高六尺七寸廣三尺一寸
唐故侍中尚書右僕射贈司空文獻公裴公神道碑
銘并序
正議大夫行尚書兵部侍郎上柱國高陽縣開國
子賜紫金魚袋許子孟容撰　銀青光祿大夫行尚
書工部侍郎上柱國長洲縣開國男歸登書并篆
□
地配天而萬有生意賢合聖而百常順序
巨唐六葉明皇帝登寶位之廿一祀得師友臣侍中文
獻公而泰階益□鏡照益清陳力　推□昭□□□
□□□□　耀卿字子溴河東聞喜人也伯益裔孫非
子周封於秦至桓公少子鍼去國食菜於晉其邑曰裴
遂為氏焉自鍼至五代祖廿四葉昭羡振□重□□□
□□□□□□□□□景仕周舉秀才富平縣令大
王父正隋豐州司馬蘇州大總管府贊治王文眘
皇廟舉秀才授許州司戶登　明庭高科遷□□□□
□□考守真□□□□□□□□□封尉太常博
士詳正學士夏官員外成寍二州刺史贈戶部尚書公
即尚書府君第三子也初河東夫人之夢熊羆神靈鉠下
廿二字第聖歷中書判入等補麟臺正字未幾丁尚書府
君憂茶蓼之毀禮不能節服除調集以太夫人有羸老

宜作莫誤　萃編兩字下少一府字　艸字萃編誤作廾　數作政誤　九作地誤　戲作戱誤　洛邑誤作活也　遂作逵誤　陳陳二字誤陳陳　竄字萃編誤作竄

之疾乞閑官就闕二十字翰家轉國子主簿詹事府丞太夫
人捐館苴□溢米哀隣減性制終除河南府士曹參軍
睿宗以耆列宫寮加朝散闕二十二字時謂淫雅不襍
而繩墨誠陳也亟轉兵部郎中長安縣令　轂下塗
多事弁冠弊相習名逌利誤堅貞鮮遂公吏張其闕十二
字月政稱神明時宰有銜私醜正者出濟州刺史案換
宣冀二州清明愷悌三郡一致物皆饒阜人不忍欺而
濟陽信都彫闕二十二字除左庶子仍領崇文館事疾間復
拜戶部侍郎尋遷京兆尹　上曰神都九有歸會
宜辨吏宜處風化取則付之於卿公下車而近闕十五字華
□漁棄兼并者讓田而市義穿窬椎剽游情苦窳莫不

聆禁令而却走視條綱而易業　明皇帝嘉器
任之適每前席以聽闕十六字糴貴將幸洛邑　上
徵救人之術公遂陳王者損上益下宅上中關內之利
因秦鼎新漕運以廣儲廩置河□三門□崖集津倉闕十
六字有陳陳之積中都有不涸之饋功齊神化利及億兆
逋負之徒征徭之毗追琢貞珉歌謠仁智今存於道左
明皇帝舉勞旌善擢授闕十三字文館學士天
下轉運都使尋還侍中加銀青光祿大夫又以千畝五
推之禮加金紫光祿大夫中書令張九齡奏請私鑪金
錢公以為闕十八字夷州刺史楊濬贓汚　詔下流竄仍杖
六十公以為郡守嘗父母百城鞭笞實虧損愛敬以流

失支韓不及二字為信

代死　聖朝之寬典也殘毀闕二十字河西隴右兩道
節度公密疏曰嘉運長於趫悍勁勇闕於沈深計慮矜
功侮敵恐未百全後果喪師失律大起邊患三者皆悉
闕二十字藻樞衡之動由其極齋□坦夷溥博幾微用有藏
晦中無磷緇推功與能癉惡相違皆所以載編簡而成
乎表式洽人聞而播闕十六字右僕射上嘗命畫工寫白圖
于凌煙閣　手制曰所謂傳神國之故事自武德至
是宰輔一百八十七人登丞相左右揆其一其闕十字盈
而若虛貴而□卑衣無華絲食不珍異正考父之益恭
晏平仲之矯時蘧瑗之暮夜匪懈孫宏之衣食不飾取
類前志我無媿心闕十七字文章著蔡俱無公結金石之契

□以□律之叩王忘味逝為牙期也濟川中止敦主大
鑪難老不錫曷云輔善以天寳三載七月十八闕十八字明
皇　震悼罷朝贈太子太傅謚曰文獻以其年十月歸
葬絳州稷山縣姑射山之陽尚書府君塋東四里有子
八人遂泛浤綜延闕二十一字漢數□□□□□祉同縣綜
皁皆知名綜官至吏部郎中皁官至給事中郎中子吏
部侍郎佶京兆少尹武給事中子諫議闕十九字飽□聞之
益於□詞推麗則之雄由夫交道嘗踐門閭功德儀刑
將垂芳於不朽發揮鑽仰執授簡之嘗仁銘曰
日月貞明洪鈞造物股肱匡戴元化陰隲
於赫明皇追蹤昔王聿求仁哲俾闡昭光文獻膺時慶

来字萃編誤作夫翔四靈二字俱缺

霄来翔四靈缺二字十世風流慶存翼子貽孫江海華藻
圭璋友昆靈源之上姑射之下窆府兆域人曾松櫝照
燭葳蕤崢嶸豐碑終古地盤下缺
元和七年十一月十六日建立　將仕郎守恒王府
參軍姜濬模勒并刻字
許公之文暢達而有雅韻歸冲之本工草隸此頗不
及徐蔡諸公疑碑係後人重鐫然亦多剥損矣萃編
所載校之殊多舛誤下截雖無可辨以每格大小考
之每行應得六十八字萃編作六十六字誤也還京
兆尹上曰神都九有都會宜辨吏宜處辨即辦字辦
吏猶言幹員爾故下言風化取則付之於卿此則非

辦吏所能王氏釋九作地釋吏作更遂使文義不屬
將幸洛邑釋作將幸活也陳二之積作陘東之積此
皆訛之大者碑體例亦不一之處如明皇帝或空三
格或空四格或空五格未審何說下截前數行全泐
中段亦有二三字可辨者
唐張夫人誌正書元和十四年十月方九寸共九行行十四字至十一字不等
唐周琢故妻張夫人墓誌銘并序
夫人清河人也父悅夫人悅之幼女也春秋六十有八
時元和十四年四月廿四終于私舍以其年十月一日
窆于依仁鄉甫里村周氏宅地王塋礼也有子澄叩地
泣血恐陵谷改移刻磚于号　銘曰

寂寂高堂　寥寥泉戶
月照長松　千秋萬古
右誌雖刻于中唐而筆意拙澀有北朝意境亦係君
鎡所藏惜之不以相贈遂錄其文
大和元年重修□□□□□□
□□□九郎堂
□□□□□□
□□□羗石匠□□方通平
知馬當山節級　老忠　書□王□□
皇祐六年二月廿日奉
命持　文詣　祠請雨

三月既望復伸賽謝
□峴誌
唐青衣洞邢全等題名八分書共七行行五字高九寸廣一尺三寸在仁和
大唐開成元年六月十□日□□□□岳道士邢全錢
唐縣令錢才記道士諸葛鑒元書
右亦從青園藏碑中檢出錄之
唐再建圓覺大師塔誌正書共十六行行四十字高三尺四寸廣一尺七寸
在澠池
再建圓覺大□□□塔誌
案梁武帝銘大師碑大師大同二年示終於洛州遺塔
於吾坂即茲塔也司徒中書令汾陽郡□郭子儀復東

京之明年抗表乞大師謚
代宗皇帝謚曰圓覺名其塔曰空觀大師名達摩西域
人也梁天監中自五天來昭昏轍荒鍼析端詭俾沇造
作者識羈縶之醜落空寂者知凝滯之非指迷轅於炳
直之途揭惠旭於幽夷之表分别邪正閑抑漸頓使摩
泒奔輸若得瀆而趍海也傳本宗大聖所付至支那為
最上乘第一祖至若往來之有無地位之高下非吾輩
所得言焉過梁而徂及魏而止繫汝遇不富我行藏緣
弥則遷豈墮諸數道且不住跡其可留取者自言我則
何有熊耳山下一塔歸然骸葬形遊文詳於梁武靈泉
瑞木表祕於汾陽月闕其圓天之道也

武宗皇帝謂真諦不可以相取密跡不可以像設徒使
動盪清靜泉數昏晦會昌癸亥歲遂　詔發釋氏於是
率土塔廟鞠為丘阜大師銘誌亦隨湮滅碧空鐘梵與
霜露而俱銷金地松筠掩荆棘而無類
今上即位即曰韋復大中庚午歲八月十三日　詔河
南尹河東公再建斯塔令擇僧有大德可用儗大師者
俾宰之洛陽僧與軒冕之士累百同舉手而稱曰大德
僧審元其人也　河東公賁　詔書詣龍門以
天子意起之於是元公杖錫至山下不言而人化無幾
而塔成雲構矗立忽若疊巘匠石覃思礦砆就雕彼育
王鬼功多寶踊出未獨多也分高中岳鼎足二陵浩刼

未灰無以見毁
大唐大中七年歲在癸酉正月五日頴川陳寬誌
京兆少尹崔倬書
右碑雖已中斷而字皆無缺惟遇王字則皆刓去
唐盧鄯幼女姚婆墓誌正書大中七年七月共十四行行十五字至十八字
不等高一尺五分廣一尺一寸在滎陽
范陽盧鄯幼女姚婆年八歲生而穎悟髫而秀妙纔能
言而知孝道纔能行而服規繩纔能誦而諷女儀纔能
持而秉織組動有禮致婉而聽順衣食服飲生知禮讓
先意承志不學而能常期長成必有操行芳譽流於親
戚之間何圖玉樹先秋舜華早落敏而不壽痛可言耶

以大中六年十月三日夭于襄州官舍以明年七月十
三日葬於鄭州滎澤縣廣武原祔
叔祖贈給事中府君之　松檟冀冥冥之内魂而知
歸以其封樹不廣懼年代未遠而丘壠夷平聊刊片石
以叙其年月與事實冀千載之後不至湮没耳唐大中
七年七月十三日前檢校禮部員外郎盧鄯記

錢忠懿王神道碑
□□□□□國崇文耀武宣德守道中正功臣武勝軍
節度使開府儀同三司守太師尚書令兼中書令使持
節鄧州諸軍事行鄧州刺史上柱國鄧王食邑□萬七
千户食實封□萬六千九百戶賜劍履上殿書詔不名
追封秦國王謚曰忠懿神道碑銘并序
推忠同德佐理功臣銀青光祿大夫尚書吏部侍郎
兼祕書監上柱國隴西縣開國伯食邑七百戶臣李
至奉
勅撰
翰林侍書朝奉郎行殿中侍御史賜緋魚袋臣王著奉

勅書并篆額
□□□人之興也有開必先故能成天下之務君子之
動也見機而作故能通天下之變在昔高祖造漢始搆
大象有若吳芮以百越佐帝共攻崤函蕭王中興用顯
丕業有若竇融以河西歸國預平汧隴 我國家率服
夷夏惠綏黎元交三神之歡接千歲之統鳥獸魚鱉冈
不咸若山川鬼神亦□□□又其有歷祀百載三世五
王霸有東南代修職貢在天成象冠三台之位在地成
形視列岳之秩極人臣之寵數兼文武之雄才遭
我盛明益推誠節助建業之薄伐獻全吳之舊地盡室
歸朝束身向化生則國封王爵焜燿於一時歿則美謚
追榮寵崇其九德有始有卒知微知章□□見之於
秦國王吳王諱俶字文德唐武德中陪葬功臣潭州大
都督巢國公九隴 王之十一代祖也威勝軍節度推
官累贈太師諱寬秦國太夫人 丘氏王之曾祖父母
也天下兵馬都元帥尚父守尚書令吳越國王謚曰武
肅諱鏐晉國昭懿大夫陳氏 王之祖父母也天下兵
馬□□元師守尚書令吳越國王謚曰文穆諱元瓘吳
越國恭懿大夫吳氏 王之考妣也惟 王爲吳越國
王 三十載任太師守尚書令兼中書令四十載爲元
帥五十□載歸 朝之後封國王者五領節制者□□
後八換功臣名奉邑通真 食□□七萬三千九百戶

帶劍不名自存及歿三膺册封之命以後唐天成己丑
歲八月二十四日生於餘杭之功臣堂 皇朝端拱戊
子歲八月二十四日薨於南陽之正寢春秋六十嗚呼
哀哉鰲柱中摧虹梁忽圮日邊之楚子雲飛天上之武
侯星墜春者爲輟相邦人爲罷市草樹淒色兒童隕涙
無邵矣兮何怙□□毋兮何恃 上聞訃潸然出涙
寖浯秩輟梁武驚任昉之謝投瓜 以悲太宗哭張謹之
喪辰日無避嗟乎君臣之情曾不過是 詔廢朝七日
示震悼之深也是歲孟冬五日自鄧徂梁權殯於京城
之東墅 詔大鴻臚營葬中謁者祭奠贈賻加等塗芻
備儀襄事所須縣官咸給乃命有司撰日貳卿持節追

封為秦國王文昌會議曲臺稽□謚曰忠懿惟幽惟顯
以哀以榮御蓋重茵方念祭遵之疾畫棺玉匣遽盛梁
竦之神越明年正月望日以鹵簿鼓吹導王櫬翣歸全
於西京洛陽縣賢相里陶公原禮也王芬至論止窆京
畿崔瑗遺言勿歸鄉里異代同達不亦賢乎　上乃永
懷懿鑠慮或湮滅　詔臣論次其事揭為豐碑臣拜命
周章冈知攸措懼不能彪炳嶽列游揚好詞副聖君之
知效良吏之作然而獲在天祿得遊書林覽太史公之
傳記久矣閱諸侯王之事迹多矣夫金石之刻所以垂
勸來代彰明往懿故無過實無虛美斯令戒之所式亦
微臣之所恥謹按家牒詳　國史拜手直書將傳信乎

刋紀粤若錢氏之先也堯封彭城其裔曰孚在宗周時
實司圜府因而命氏丹則戰國之隱士產則嬴秦之亞
相讓則漢庭之良牧鳳則晉室之名臣椒聊蕃衍慶流
天下憑高積厚宜生間傑頃者天厭唐祚盜起中原王
室衰微不能尊國之征伐方隅叛換而敢問鼎之輕重
内則岐梁跋扈置宗廟于印墟外則巢蔡横行壁生靈
於塗炭龍虵起而英傑出干戈尋而區宇裂武肅王蘊
經濟之略屬艱虞之運鶻起豹變頤指氣使料敵制聖
神授其謀尊主□民天與其德寔〻　薛郎莫追膏原戲
〻董昌旋從伏鑕或以少擊衆敗黄巢於臨安或仗順
討逆平漢宏於甌越遂成霸業實啟孫謀于時寓縣罹

灾姦雄樂禍或負固於嶺表或假息於閩中或竊號於
邦溝或僭稱於庸蜀皆屢馳單介勸以自尊　王皆拒
而不答慷慨增憤及理命之際手書以戒子孫且曰吾
生平所受數異□□之後當悉去之以守藩臣之禮故
得尊莫尊於尚父屈珠旒以崇之貴莫貴於真王降玉
册以封之五廟之蒸嘗不絶弈葉之富

右錢椒墓碑計當在洛陽今無拓者未知原石尚存
否青園得其裝本一册約有一千六七百字然僅有
其半爾文甚瑰麗王著行書深得晉人遺矩余驚喜
錄之不敢以其宋殘碑而忽之也下册未審在何所
青園當益精心蒐葺延津劍合是所望爾

竹汀錢氏十駕齋養新錄曰錢讓事不見於史册湖
州府長興縣志皆列入人物所載事迹未可盡信錢
氏舊譜又載九江寇周生范容擾淮泗徐揚間詔拜
讓廣陵太守征東大將軍都督江左六州諸軍事斬
賊帥徐鳳謝安於陣而范容周生等自縛欵首桓帝
旌其功封富春侯以范史證之俱無影響大率後人
附會之詞攷鄭樵氏族略曰漢哀平間錢遜為廣陵
太守避王莽亂徙居烏程而讓亦官廣陵太守意者
讓遜本即一人夾漈避宋濮安懿王諱改讓為遜乎
今此碑述叙先世有云讓則漢庭之良牧雖未别其
時代在東京前後而確有是人為太守則殊可據也

竹汀先生博極羣書獨未見此碑故未引證及之耳
巢國公九隴唐初功臣新舊唐書皆有附傳丹則戰國
之隱士產則嬴秦之亞相侯考考羅隱集錢氏太宗譜列傳中有錢
巘封晉安縣開國子長子元修以貞觀五年補長興
縣博士正與九隴同時而所序世系並未羣入九隴
而此碑以為十一代祖又似確有所據者何耶

宋法海院石塔記行書共十九行行三十一字高五尺一寸廣二尺九寸

法海院新修石塔記篆書橫額

河南府密縣　勅賜法海院新修妙華經舍利石塔
記
將仕郎守許州陽翟縣主簿張哲撰　大隗山人閻

羽書　洛京翟信鐫
是塔功訖琢石待筆憑予故人閻了雲賓跨山千詞以
驚其新於戲招迷導愚　佛自有書褒空頌元僧自有
徒斯塔也物微不足增輝斯文也才輕不足借名但寫
其因錄其形載其歲月彫其姓字而騰之於無窮之齡

也字本泐則於兩字之間

惟密邑法海院
上首帝天下年二月五日夜有籍人安南郡仇知訓者
忽寤中自奚造此石塔既覺遂弃已財洎旁誘羣好共
果厥誓凡繩準高下規模洪促即山以採索良珉發地
以闢集奇勢皆自知訓襟臆出所購匠氏但倫磨刻而
己二年四月二日營始八月十日先以舍利瘞於地室
是歲二月九日休作甃蓮經七以圍其軀冥金像十四
以實其虛雙扉作鎔仙寵匿露短檻危龍星繩纏空十
尋峻峙迴若躍地九疊岹嶢遠疑懸霄其或人恬天惺
清飈韻鈴陰浸地膩狂苔駮砌射翠飛寒大少之巔匝
步櫕觀汴路之間浹嶺凝煙塔與　同堅湞源長泉塔
與爭延不以土不以木惟石也剛介俾風雨朽之不速
不為宫不為壇惟塔也高衆使今古仰而不彈噫人之
來者閱塔遊記知功辯志則如堂之地永新佳致与他
邑異時咸平四年七月十五日記　副維那彭城
郡劉彥瓊　都維那安南郡仇知訓
功德主僧志德　講百法論院主僧志理

將仕郎守縣尉任　將仕郎守主簿權縣事郭文
緇承　承奉郎守國子博士知縣事武騎尉程□振
石記糾首王倫　前監酒稅句□□□□清
酒務官朱□□　副□□監官王斌　□□□□
和廷乂　馮文義　王元□　□□□□□□
于知訓　張師明

碑陰共三十四行行五十七字前十餘行均稱以後遂多少不等餘正書
勅賜法海院起立法華經舍利石塔壹座高五十五
尺計　下面別盖東腰壹遭石基階面連記并亭子
計使錢貳阡捌百伍拾貫
□□□施并逐　鐫一施主計施到錢伍佰玖拾叁貫

陸伯文拖牌到錢貳佰陸拾貫自來抄麦壹佰伍拾石
計錢柒拾伍貫文自來兩度打萘得錢壹佰捌拾貫文
巳　都　施利錢壹阡壹百捌貫陸伯文　塔下東
嚮壹拾貳間連記亭子并基階地面龍柱四條石香爐
兩座并瓦木人工合使錢計肆佰伍拾貫　維
那仇知訓　須彌坐自方九尺高六尺計使錢貳佰貫
文施主仇知訓　上面蓮花并塔身自方七尺高七尺
五寸石門壹合塔内功德壹拾　出二十八品出
相四修羅王眷屬合使錢叁佰貫　持牌維那王守則
等楊守信孫用李謙楊恭鄭榮石坦段明李美侯文翼
持牌維那　維那　惟寍維那張若水維那嚴宗

議維那趙全懿張贇持錢肆拾伍貫和守信張守元王
正常再榮武又馮千高仁乂郭守信王再興張守信
王侯　張福和延朗　曹美元文瞱馮文乂劉廷嗣
管守志康彬元文贇元演李榮章文乂元再榮第一刧
白石舍蓋并科枓栱琥珀方　施主僧法敏施主副維
那劉彥瓊　第二刧連隔身施主副維那劉彥瓊
第三刧舍蓋連隔身施主犨肇郭守□妻李氏朱繼
忠妻李氏元文政妻曾氏　白石构欄盤裏面天王
四尊行道僧十一六事施主都維那仇知訓　第四
刧舍蓋連隔身蓮花一口施主張超妻李氏男進妻裴
氏施主子畺男任再興　第五刧舍蓋連隔身施主嚴

顯趙仁遂劉思進和泉乂高延福劉守達　第六刧
舍蓋連隔身施主曲河鎮雍再榮母親賈氏妻袁氏弟
維楨男文化　第七刧舍蓋連隔身蓮花一繒施主
張贇妻趙氏　第八刧舍蓋連隔身施主姜繼昇
第九刧白石舍蓋連隔身施主于知訓妻張氏男再
榮男文貴男再遇姪守志　上面甬山相
輪九層盛露盤白石蓮花施主副維那劉彥瓊　火珠
連雲盤并艷頭上白戲龍兩條施主龐知遠妻秦氏男
新婦張氏　高文義母親李氏新婦竇氏男十哥
尚氏陳氏任再興妻楊氏女子五姐女子八姐
法華經第一卷施主僧法敏　第二卷施主劉彥瓊妻

賈氏男用識新婦歧氏男用和　第三卷施主劉彥瓌
妻李氏　第四卷施主武詧
第五卷施主馮文義妻　谷氏姪男守皓男大栲栳男
男小栲栳新婦劉氏女聟馬延貴妻馮氏　第六卷施
主武詧　第七卷施主武詧妻郝氏第再昇新婦王氏
男繼輔新婦石氏孫男李五女夫　韓緼武氏寫法
華經一部七卷施主都維那仇知訓妻陳氏男寶佳
施主曹吉　妻李氏男希顔王知訓妻劉氏張全義
王守還妻胡氏弟守瓊妻張氏要美妻王氏李守志男
斌上官源妻張氏焦遇田閏唐遇李延嗣劉懷乂妻王
氏員顯曰妻崔氏呂守節妻史氏男德元新婦栗氏孫

男王哥任文政新婦劉氏弟文顯新婦王氏男順哥張
師明男益胡興妻董氏張繼昇王福母親邢氏胡守璘
妻氾氏曹澄仁王興妻劉氏和文信張繼勳妻孟氏
楊文緒張文秀張顯　李懷懿若干政王文
贇元延興仇知素男守元仇氏仇氏陳知遠妻栗氏魯
氏嚴政妻畢氏嚴顯妻侯氏嚴廷逸嚴廷玉嚴宗讓嚴
宗緒嚴宗吉嚴宗諒嚴宗議趙仁遂妻郭氏男全懿新
婦衛氏男陳七惡海超妻董氏男王六上官濟　□維
那鎮主王守均均高訓趙知順雍再榮高昱高知密王
宗瞻馮與張璲鄭倫王襲惠莊劉　邠州客谷榮氾
水趙欽榮陽縣王饒張文乂史守贇張懷信劉思進妻

馮氏　女夫鄭清三姐劉氏外生謝五孫珣妻　王
光嗣陶雍李廷遂妻劉氏賈榮母親　氏李演宗　母
親若干氏新婦張氏男惟岳男惟慶男惟吉　□□邑
人維那侯忠侯均張守榮侯豐贍杜廷玉侯釗侯思進
龐乂邵譚侯光演　邑人維那要□又高乂馬守則李
氏周氏惡海超男加緒新婦薛氏男張九男張　邑人
維那張守元張延起張筠張師訓張守璘張思溫張再
興張福張廷訓張志遠　若干榮祁廷斌賈常再榮毛文
顯若干進李廷翰楊謙蘇王楊榮李讓王□□□王万
榮王万進杜守貞祖守榮段仁遂衛漢溫衛漢榮魯廷
隱徐守貞孫守榮張遇王福吳懷美郭守榮孫緒侯知

進鄧琛杜再興呂彥威邸延美陳進□大□邑人維那
劉知榮劉知遷趙寶种知遠劉延美劉延福劉知朗趙
士元蔡乂孟志全　鄧仁涓妻王氏劉守達妻鄧氏
女夫王信大姐劉氏謝姑王女韓□□經僧栖書寫經
人潘大有鐫經僧清則鐫經人霍文琮裝功德人馬塋
描花樣人成詠造金斑瓦頻茄鵠獸匠人張延遇造青
棍斑瓦匠人郭謙
□山□造起立石匠人張守均等四十人武嵩卑廷美
趙文顯男端時再興韋守千唐美木匠都料桑文密男
廷寶碩匠人弟桑文乂弟文政楊廷辯妻杜氏□□□
□□氏男□□兒孫男冬冬兒趙村母親高氏男王知朗

弟守吉弟守璘石延福母親高氏　新鄭高浩賈寶榮
母親張氏新婦張氏弟賓琢新婦張氏大姐賈氏徐守
謙□□□□□□功案前行史用和　戶案前行姜繼
昇　印司王溫　茵案前行邢訓　倉案前行栗忠
兵案前行王則　茵案前行石坦　士案前行丁守則
缺住房僧吉後行宇文德　後行姜□信　後行侯
行後武利用　後行李文吉　後行馮坦　節級
趙遂　節級李美　節級張乂　節級李謙　雷懷玉
妻嚴氏男王十
上缺十餘字住房僧道丕小師守品　功德主師弟志譚講
誦法華上生經施主僧志辯施主僧志昇師弟志容志

密志靜志蒙志鑒智明　住房僧法海　師弟志堅
堅上鈌金剛經施主僧藏益　住房僧元密小師歸信
講經綸沙門惠靄　僧義實　講金剛經僧宗清
僧法岫僧信清張歸悟　寫字人王貞白
上鈌僧□□　僧志球　僧可全　僧僧鷂謙　左街
特念大德清一　僧審真

法海院當在密縣碑言仇知訓孌中筭造塔工竂即損己財及勸諸施主重建此塔而一切制造皆自出胸臆以詔匠氏觀所載工用之繁鉅知其用心勤矣記文通篇協韻大係創見行草雅有唐初風度碑陰列記出入之財及像設之處無不詳盡所云一刧至

九刧者當即塔之層級也其中施主姓字有數奇姓如歧氏怨氏皆未曾見若干氏當即北朝若干惠之裔宋時尚有此姓大可為證據也碑陰拓本有破損處前數行故多缺字此非石之泐文倘得完本尚可補之故以　記其字數後數行則每行上截皆有剝蝕矣仇知訓劉彥瓊皆本邑人而稱安南彭城蓋舉其郡望也母親之稱見於文字者亦始於此

宋法門寺重修九子母記行書共二十三行行二十二字高一尺九寸廣如之在扶風

法門寺重修九子母記　儒林郎守乾州司理叅軍張奭撰

夫九子母學浮圖者言之在異趣矣始則馮負恃力突戾懟忍洎大雄氏示現威德攝以正道故力殫氣沮神弗克競而旋能服義畏威降志下體慄然歸順逮夫能仁之教流被震旦嚴詞善剎充滿天下故存其像貌儼列左右蓋錄其背邪歸正之道亦足尊尚矣法門寺東廊下有故像一堂以其子孫衆多耆舊傳云寡續之後者苟蠲禋精禱則身枝蕃茂而席其福然年祀浸久堂宇傾圮雖有陳形弊質亦不可克副瞻仰者之恭畏也景祐丙子歲里人試匠薄鉅鹿魏德宣與同閈人清河房君有鄰武威奉職安君召相與建圖再議裝緝時屬西夏跋扈邊鄙興師供億煩勞故不果早就其志迨今

年五月中方畢其事續塑一新其母則慈柔婉約且麗且淑端然處中視諸子如有撫育之態其子則有裸而携者有襁而負者有因戲而欲啼者有被責而含怒者有迷藏而相失者有騶牛牽衣而爭恩者二人焉有勝冠服膺而夾侍者二人焉擁戀庭闈天姿騃治不可得而談悉非施者之心專勤匠氏之功精妙亦不能允臻其極□□君子之聲意也以家鐘餘慶業茂素封惟茲有後未□虩虩因相為祝寅盤迺衷功未及終咸遂其應噫神道□昧昭感之績信未可誣爽不佞辱見請文其事讓不獲已因敢聊序其大略云爾時慶歷五年閏五月一日記　院主僧廣隨　進士魏戡書　塑人王

澤　畫人任文德
眞身塔主兼都修造主正辯大師賜紫法能立石
勾管本殿僧廣嚴　張遵刻字
文整雅有法書尤佳宋碑中上乘也

宋禮眞身塔詩 行書左行 共九行每行字數不等 四尺二寸廣二尺八寸

禮法門寺眞身塔
殿中丞漢嗣張問昌言
衆生聽穿窣堵迴向大覺身內顧六尺軀一雨無諸塵
慶歷戊子暮春二十九日友人衛尉寺丞琅琊王宗
元題
瑯琊宗元與勃海遵禮贊皇宗古彭城舜卿汝南永
錫同謁道者廣秘　皇祐己丑清暑之翔
題字大小不等蒼勁圓秀無一俗筆王宗元所作也
宗元與四人題名附於其後皆不著姓但以郡望稱
究非通例

宋慶豐堂記 正書 共十七行行廿五字

慶豐堂記篆額
慶豐堂記
大常博士直集賢院知　州軍州事祖無擇撰
河東柳淇書　京兆章友直篆
予去年春正月自廣南東路徙荊湖北路皆為提點刑
獄秋七月按部道次鼎州奉

詔改廣南東路轉運使時廣源州蠻入寇陷領外數州
朝廷趣行乘遽日馳二百里浹辰而達所治遠方久無
事戎備既寡糧餉不給賊氣方銳我師屢敗予不量力
亦提羸兵追攝其後遂出竟外未幾以罪移典此州其
始至也見城郭井邑在迤邐衆山之間如圖畫屏障使
人清趣自生俗慮都去羣僚務簡居多暇日小寢西有
地一畝餘荒穢蕪無人跡命糞除之為堂以休焉公退
則擁書隱几而坐考聖賢之事業以自廣間或速賓友
以琴樽相歡因為坐客曰昔也委妻子而去履山川之
險見危致命可為勞矣今也曹無事秩有祿飽食終日
不亦泰乎人雖以為貶予不以為貶也顧無以報陛下
之德為憂耳是秋禾大熟百姓足食上下莫不悅懌乃
名其堂曰慶豐且持其說私自賀焉皇祐五年十月二
十日記

宋三賢堂贊 正書 四寸廣二尺四寸在新鄭 共十六行行十五字高一尺

旌賢崇梵院三賢堂贊并序
起居舍人知　制誥劉敞原甫
丞相沂公葬東里子產之墟而與裴晉公鄭人以三
賢者之行事已上養人使民其終始同然則宜相近然
為之作祠堂合而享之豈所謂尊德樂善緇衣之遺風
也歟贊曰
賢不常出　曠世而遇　其猶旦暮　如三人者

或相一國　或相天下　善始令終　高明有融
盛德大功　時之遠也　千有餘歲　若相長弟
循迹揆心　死而不忘　孰有古今　其像於此
自鄭人始　有來仰止　嗚呼　若登高山
若浮深淵　夫又深測焉
嘉祐四年己亥重陽日緯書中書省玉冊官司馬銳
刊
大明成化十二年中秋日住持僧可鑑　石匠董薰
重刊
石文與書俱足錄合原甫可謂四賢碑矣雖係明人
重刻不為減色或於甫字之左加水旁則妄庸子之

所為也

宋石輅墓誌銘正書共三十一行行三十二字高二尺六寸半廣如之

宋故太常少卿石公墓誌銘
右朝散郎權尚書兵部侍郎上輕車都尉賜紫金魚
袋杜純撰并篆蓋
左奉議郎充秘閣校理守秘書丞武騎尉晁補之書
公石氏諱輅字君乘濮州范縣人也曾祖諱溫祖諱文
舉皆不仕考諱崧益州司理參軍贈工部侍郎工部以
明經入官而好文自公幼學則諄諄語之日女當以文
顯即大感發晝夜誦讀貧無燭至梯其屋就月視書無
幾何則以詞藝稱中進士乙科調青州節度推官改知
萊陽縣縣負海民習為姦利公　明恕賊民多改或遁
去又以吏事稱康定中夏英公經畧西邊奉掌永興書
記管勾機宜文字方元昊叛時獻策畫多見聽用再從
辟涇州渭州用特敕薦改著作佐郎賊圍鎮戎急後騎
日益諸將以為利疾戰且深入牽其勢公起席未言曰
賊鋒銳未可大將葛懷敏怒曰兵因敵而制勝石君安
能逆知往先馳之軍盡沒或走入塞者猶道懷敏臨死
而悔曰坐以書生待石君至此公既久從軍毋老與諸
子安土不肯行欲解官歸帥惜其才使部尉氏還戍因
督送軍衣京東閒從范縣過問毋或欲以事疵帥者摘
其違法作責監長葛縣酒稅稍徙知崑山縣簽書陳州

判官通判綿州邛州事會嘉祐閒　朝廷以諸路計不
入詔三司薦可任吏公在書中擢廣濟河都大輦運廣
濟輸尤不繼數十年或置或罷公究知其弊奏更法數
事軍大將有罪不敢決三司得專治自公始明年東州
之粟至京師者百萬石擢知真州又改虔州韓魏公聞
其名召至中書與議鹽事許以便宜措度十邑綿地千
里民狡善訟文案如山守董董不能省公治不煩而威
甚行三獄為空以疾求北歸知光化軍復領輦運移梓
州路轉運判官遷利州路改提點兩浙路刑獄事疾病
分司西京熙寧二年七月十八日卒年六十二自佐著
作九遷為太常少卿階朝奉郎勳輕車都尉爵河東縣

開國男食邑三百户取孟氏長壽縣君四男子伯宗古
內黃縣尉仲宗奭通直郎李宗彭皆前卒而叔宗壽揚
州錄事參軍廉平而文能裕其蠱者也公少孤事兄悌
遇族人恩嘗請於朝願納官官授兄一致事官不行乃
以其任子恩任兄之孫為人靜慎遇事警發既老猶好
書不倦病不問家事怡然俟盡可謂君子也已宗壽卜
元祐八年十月十七日塟公于河南府澠池縣大塢鄉
鳳皇山之原以純鄉里舊知公為詳屬純銘=曰
親教以學　雖淺以聞　推此而往　可與事親
君任以事　雖輕以成　推此而往　可與事君
小試必立　豈大不能　壽貴不稱　短窮亦福

寧此有餘　而彼不足　惟此有餘　小人無之
惟此不足　聖賢有之
石公之官亦已顯達而似有未竟其用者則屬文者
之妙於用筆也杜純文名不甚著而此誌簡雅不減
於歐王宜晁无咎之甘為書手矣石公歷官於外卒
則有太常之稱豈晋　耶願納兩官乞授兄一致仕
宮而朝議不行當時之愛惜名器如此
宋鉠人題款　紹聖四年五月　正書
維大宋太原府故綿州魏城令劉植
縣君張氏男元吉新婦謝氏房弟延
昌姪萬孫男應鄉貢進士世安世臣

世順進士重孫塋謹卜紹聖四年三月
朔日立此金神用彰陰報一人積德
於百年後裔承恩於四世常修祖
業望昌盛於無窮獻爾丹誠庶永
期於不朽外甥鄉貢進士張鑑記以上為一方
太原府文水縣
助緣人市令馮遠木牙人
節級齊照等楊諫成新
武宿八友王玉朱信同助緣
人義社弟兄盧清成顒
八安鄭昌道武秀孟銓

牛唐俊孫皐八皐魏和
郭清　任規　文水大聖
任榮男任斌任貴任進
任約孫男任諒任政
任輔　任普任履
高任見□以上十二行為一方
助緣人李遷　符氏　郝万　閻新
鄉貢進士武安行郭弁房京焦日□
張京李晏王欽王通董昌王丙
侯閏楊銓王誠韓吉申安段玘
李吉張友李丹友楊昌武皐張仙

白雅谷昇席新胡吉楊宣王珏
武萬趙英郭珏王俊光和李友以上七行為一方　以上三方在東面鉄人
上
甲午社都維那頭
趙和弟趙閏□楊七楊八
副維那李立父李仁
副維那張□□父張
社人李和楊福張□
鄭誠　喬水　□立
趙俊道士白可遇陳
大監王昌　弟王和

紹聖五年四月初一日
焦方以上十一行為一方
大宋太原府□□□□
社趙和等特發□□□
捨淨財鑄鉄人一所獻上
昭濟聖母永充供養
質堅神侍　靈□□
永古興情庶俗□□
福於長年咸仰□明
□□祐□□位□□
年三月吉以上九行為一方

施主司福妻李氏
施主屠户王德王興
□□□匠人王因王□
□李□以下四行為一方
太原府岳廟南邑人趙□□
王斌賈吉和清溫縣畢江
趙尚曹宣馬□范玉王□
郝貴畢昌畢崇畢□以上四行為一方　以上四方在西面鉄人上
右二鉄人在太原晉祠顯靈昭濟廟殿基上東面所鑄記字頗精西面字質粗多脱筆大有等差不僅士匠之分矣八字不可識青園云即俗寫錢字自宋以

來皆有此式他金石刻字可證也又有介字則竟無可考索矣其後尚有明永樂正德時人補鑄題名及
國朝所刻題字茲不録

宋旌賢院牒　牒文行書餘正書大小共十八行　行字不等高四尺四寸强在新鄭

中書門下牒旌賢崇梵院
右諫議大夫天章閣待制勾當三班院王子融奏臣亡兄曾於鄭州新鄭縣安塟墳側脩到僧院已奉勑賜号崇梵院欲乞依呂夷簡等墳所僧院例每年撥放剃度行者并臣亡兄曾神道碑昨蒙
御篆賜名旌賢其崇梵院欲乞賜号旌賢崇梵院候
勑旨

牒奉
勑宜特賜旌賢崇梵院為額每年乾元節與剃度行者
壹名牒至准
勑故牒
皇祐三年九月十三日牒
工部侍郎平章事文（押）
大觀元年七月二十二日埶謹命工模勒上石
沂公之塟亦建祠度僧恐非賢者本意也牒勑行書
圓勁可翫古人之公牘文字亦復可愛若此然自元
以來則不逮矣此碑雖無重刻之詞而可決其非宋
人原刻蓋模勒非甚佳手小字已失其神彩大字尚
可而亦有破壞之體如節字郎字者余故有此臆斷
耳

宋祭昭濟聖母及汾東王文（行書三十行行二十字字高一尺八寸二分）
（廣三尺一寸 在晋祠）

維宣和五年歲次癸卯五月朔癸丑初七日己未起復
太尉武信軍節度使充上清寶籙宮使兼 神霄玉清
萬壽宮直睿思殿河東燕山府路宣撫使譚稹謹以清
酌庶羞之奠致祭於
顯靈昭濟聖母
汾東王之祠茲衛 命而出使兮總燕晋之撫綏並并
州之故壘兮訪往古之蘇祠适乘傳而修謁兮歷山路
之遠迤謁遺跡於父老兮曰禍福惟 神之所司屬常
賜之稍愆兮渴霈澤之甘祁雖路徧而節晚兮懼南畝
之失時念密雲之或布兮久屯膏而未施顧無路以訟
風伯兮又力不能鞭夫雷師惟雲翔之附初兮震大聲
於遠夷諒非 神之陰相兮何以杜鼠竊於藩籬迺潛
心而默禱兮薄精誠之上馳達龍香之芬苾兮聳冠佩
之陸離步長廊之回環兮考故事於 豊碑惟
聖母之發祥兮肇晋室而開基王有文之在手兮其神
靈之可知顧林薄之映帶兮發巖岫之英奇泉一出於
堂下兮作萬頃之洪陂信靈仙之窟宅兮宜 廟食之
在茲矧歸來之盛德兮惠故土而不疑曾未逾於浹辰
兮遂滂漉於靈旗初霡霂而裛塵兮斂霶霈之已垂散
鬱結為歡愉兮回清潤於赫曦諒枝才於大澤兮起高
卧之潛螭何作霖於膚寸兮被遠近而不遺麥酣酣而
將秀兮萬綠淨之紛被助耒明之長養兮驗豐年之可
期惟神鑒之甚昭兮實大芘於黔黎念何以報貺兮乃
諏日而灼龜奠蘋蘩之佳釀兮奉薀藻以薦詞冀
明靈之終惠兮盛百穀之如茨惟菲薄之是媿兮恃神
聽之無私伏維 尚饗
朝散大夫充河東燕山府路宣撫使司勾當公事賜
紫金魚袋趙令時書
朝奉郎直秘閣充河東燕山府路宣撫使司管勾機

宜文字姜仲謙譔
龍圖閣直學士通議大夫河東路經略安撫使兼知
太原軍府事張孝純立石
此係祭賽之文固宜用韻當事諸君皆有學識此刻
可謂全美惟譔人銜名列於書人之後他碑所少當
係敘職耳

金石萃編補正卷二終

金石萃編補正卷三

大興方履籛彥聞

金寶寧禪師塔銘

正書共六面每面十一行第六面係十三行每行廿一字高一尺二寸每面廣七寸五分

□□□□□□□力世□□□□□又□□□□□□
發論下缺
□德□□□□□□□□□□□□□不□□□□□
金缺一行
知□□□□□□□□□□□□□人說□□□□□
□頂修□□□□□□□□□□□□未□□□□□
年八□□□□微□□二十□□□□□□□□□□

無□悔□□□五日華嚴□□□□□□□□□□□
□花幢□□□□□□□□□□□□□□□□□□
□之右艮□□□□□□□□□□□□□□□□□□
□□是其師□文□□□□□□□□□□□□□□
方容□□□□□□□□□□□□□□□□□□□
以上十一行為一方應在前一行
□□□□□□□□□□□□□□遂□□□□□□
□□□□□□□□□□□□□□□□餘□皆仕□
□蓮□□□□□□□□□□□□□□二月□餘日
□□□歲□□□□□□□畐石□□□□□□□幽
□□□白□□□□□□□□□□□□□□施之又

遺教經□□□□□□原□□□□□□□□□四聖
□□□□□□□□板印□□□□□□□□皇統二年
□□□□□□□□□□□□□□□□□□□□□
圓□□□□□□□□□令一□□□□□□敢當焉
□□□□□□□□□懇請而文□□□□□□餘教
□□□□言益華嚴圓覺去□觀等以釋□情□□□
□言□欲瓶錫遊方遍訪矣□□□□□□□□□□
鈔胥誤空一行
□□佳庵師因酬素願寫華嚴經遂早錫嘉□□餘□
□□外緣惟以大經為專務餘工翰墨歌詠道□諸六
□□咸慕其風物華四事供養無□□□□□□□□

□□□攻伐太原其上□□兵火既□□□□□□
□□女人□□衆隨處寄□知□□不能□□常□
□□悉慶又公官稅私債逃避於外有□□宿□□□
□集衆□官舉□□□住□□□□□□□□己□□
□菴尋計□□□□□釋迦□□□焉歲末一周官
□積□一無所欠又贖水碾磑等物及刱建□□三門
□□□千□□寧公塔銘
講經論比邱智圓□□□
□觀心無心從顛倒而妄起耳觀身無身□因緣而□
□耳了一心之不遷真常寂照觀萬物之流□□念□
□故肇公云生死交謝寒暑迭□有□□□□之常情

□則謂之不然何者法無去來無動轉□□華□□
□諱寶寧字永閑世為太原榆次縣來異村人俗姓李
氏生而有異自孩及□不嬉戲不茹葷出於天性不強
□也年十五詣府□□生□□□□□□次年□□
□三□□其戒資質瑩澤心識明敏舉止出衆□□□
□□□□□宗□拘□教於□□勲□若華嚴法□
□次年會衆□住持□□□□□□□□□□□□
□表師之資又狀其行懇求於銘余不敢當恐□□□
□懿範衆曰若非親友熟□□□行識固辭不□□
作其銘〻曰　華嚴法師　廼真佛子　□□□
其族曰李　幼而聰惠　童不嬉戲　身□□□

閑幨雲水　□居七載　□心□□了不□□
悟圓頓理　何斯達往　□衆□□□□□□
㊙道利人　去何緣兮　返未歸真　□□□□
晉溪之濱　白雲作伴　明月為鄰　□□□□
刻之堅垠　皇統八年八月十□日建
□□　□□　□□
□□　□□　□□　□□　□□
□□　□□　□□　□□　□□
□□　□□　□□　□□　□□
仁府華嚴
□□□□郎□□□□□□□□□□□□

丞□遠曹選□士齊□□喬□□□□□□□
登仕郎郝祥將仕郎王琦評事王□□□□
王廉閆京郭□孟福華寧溫□趙□□□□□
佐安祺□真府孔目官閆□貫□□□□□□
轉武德將軍張應醫學博士李仲□董□□□
壽李道修武校尉李琦李儀張端李□□□□
王仲王全常景昭張忠□忠翊校尉李□楊□
古并王□□□
右寶寧禪師塔銘刻于石幢凡六面剝落已多其有標題當係第一方有銘詞者當係第五方但書人名而低格寫者當係第六方其餘則不可辨其前後矣

此刻已十泐其六七而禪師之姓號里籍及撰僧之名與時代歲月皆不晦沒亦一奇也書甚秀逸金碑中所希見余據青園藏本錄之其石疑太原山右石刻多可珍之品安得一二有心人為之搜采耶

金英上人塔記　正書二十二行行三十三字高二尺九寸廣一尺九寸

三泉寺故英人上禪師塔記
提點大靜安寺傳妙大德賜紫　覺聰　述并書
師號祥英俗姓黃氏世居香河望仙鄉人也父名公才母曰董氏髫專慕道冠討離俗于興國院依妻上人為師皇統二年蒙
恩具戒酒後於覺山憫忠寺聽習首楞嚴經至第八三漸次修有省處遊方在念利物為懷遍述名山訪參師友心安頓歇寂澹疏食榴衣忘寢或與虎豹同行無別異念一日冬夜撥火次倏然悟道觸物無異冥符圓通覺性澄圓放曠無礙一物不為可盡林泉之老也奈何菓熊香飄住緣化導所居報國中盤千像上方三泉水普為修葺匪今淪墜至承安改元興國院村洪智壇信持疏伏請塼園院瓦甓聊總綱維不幸承安四年二月十有九日以疾卧化猶大覺入圓寂之地冥然卧雙樹之間廼俗壽七十有九夏臘五十有八於是門徒慟泣不可勝數也伏感陰雲黲黷白霧垂祥荼毗之時數千

引從羣擧而行伏以白蓮瑞現花雨空中蟬化金光香馥滿地四泉瞻仰數曷盡矣門人志空分舍利葬於三泉之寺建塔而安之伏與同修於虛明軒祈記道人曰
師之衜行　邈乎綿綿　髫齔慕道　冠離俗像
首劾楞嚴　參曹洞禪　撥火悟道　覺性復圓
韜光林下　三十餘年　一物匪為　菓熟飄然
盤陽千寺　修葺從緣　未從鄉老　命豐麗垣
噫哉緣盡　以寂歸僊　耶維瑞現　空雨白蓮
金蟬化地　白露彌芊　分奪舍利　處處為先
三泉之寺　巍巍塔堅　虛明祈記　強以銘焉
筆不可書　文豈能詮　以光虛廊　昭符靈源

來者瞻仰　高鑠寒煙　稽首歸誠　今古明然
門人志周　志定　志成　志譽　志幽　志雲
志琮
承安四年己未歲正月望日山主小師　志空　建
劉德明模刻
此碑頗似遼時刻蓋燕京書人數十年內筆迹尚相
似也　興興聰聰等字他所未見
元姜太中晉祠詩詞碑行書共三十一行行廿二字高二尺六寸廣三尺六寸

姜太中晉溪留題
承事郎河東山西道提刑按察司經歷張維書

至元十八年三月中澣日　太史大夫河東山西
道提刑案察使姜彧文卿因視水利敬謁　祠下少
道目前之勝槩從行者前嵐州知州平晉尹魏章書
吏王中千中權秉中伯庸簿尉史彥英
東風裊裊駐吟鞭適意山光水影前我欲頻來休我厭
塵纓時復濯清泉　夕陽林影水中深水色山光四
座侵獨倚危欄誰會得數聲幽鳥伴人吟　山林朝
市兩茫然醉裏溪聲攪醉眠落日西山呈畫樣一雙白
鷺點蒼煙　祠前花柳障紅塵祠下清泉一派分老
去宦情如嚼蠟買舡閑釣晉溪雲
浣溪沙二闋

生平句缺一字

方丈堆空瞰碧潭潭光山影靜相涵閑軒千里供晴嵐
流水桃花疑物外小橋煙柳侶江南挽將風月入醺酣
山滴嵐光水柏堤草香沙暖淨無泥只疑悟入武林谿
兩岸桃花烘日出四圍高柳到天垂一尊心事百年期
是歲九日陪
御史中丞來遊即席賦鷓鴣天
滿谷蕭蕭落葉黃繡衣總馬駐平崗一川野色迷秋色
四面山光接水光花作陣酒為漿晉祠風物正重陽慇
懃留住　皇華使同放乾坤入醉鄉
一代衣冠共勝遊晉陽祠宇若為酧溪山影裏聯金勒
簫鼓聲中倒玉舟蒼壁秀錦屏幽留連一醉也風流生

平適能如此不信青青兩鬢秋
十有九年上巳日重遊
白髮催人老光陰一擲梭塵埃臨水少風雨傍山多世
路羊腸轉春風馬耳過勞心成底事尊酒惜蹉跎
太中公來臨是邦澄清之餘專以勸農桑興水利為
急務觀其辭翰足以知　公之有志乎民也
至元壬午穀雨前一日平晉達魯花赤買住　縣
尹魏章　簿尉史彥英建安君章刊

元宣慰謝公修石壁寺記 正書共二十三行行四十六字高四尺廣一尺九寸六分

宣慰謝公述修考妣功德之記
本縣教授滌伯善撰　進士郝文蔚篆額
從仕郎交城縣尹婁浴詢書
至元甲申三月晦日縣尹婁君拉余有龍山石壁之遊
因謁瓊公禪師方丈從容語及寺之興替師曰自元魏
之初已有此寺然亦不知始自何代有唐碑云北都甘
露壇記乃李逢吉之文天下三壇此其一也
聖朝革律為禪 此行獨高一格
賜號永寧禪院寺中有古千佛鐵像代經喪亂亡失僅
存者百餘尊金季兵荒寺為劫火所燼散置巖竇間至
真難滅恒放光焰人屢見焉初宣慰謝公之先君老相
公及太夫人耶律氏生平奉佛精進之心過於釋子飯
僧之供曾無虛日凡在招提無不施捨而於玉山萬卦
石壁尤盡意焉一日以設供詣寺適見吾佛放光拜稽
嘆異遂命營閣而安之凡有缺毀悉加完補施以渾金
毫相光輝粲溢人目俾見者生恭敬心功甫三之一不
幸太夫人謝世而先相公尋亦捐館勝事多障長可嘆
也日者宣慰公痛父母之志未終以俸餘之資及夫人
奩具完畢金像朝視暮閱惟恐其怠聖人謂積善之家
必有餘慶觀公今日之功名貴顯凡兩為宣撫一簽西

省三綫大鎮而復宣慰河南又復宣慰湖北仍領工部
鈞軸之拜行有日矣豈非先相公與太夫人平昔種諸
善根之所致耶予應之曰公之今日云先相公與太夫
人之所積誠如師之言師特未知公之所以立功名享
富貴者皆自孝所致耳夫孝者善繼人之志善述人之
事者也公自先相公太夫人送終之日皇皇焉如有望■
而弗至撫心懇懇誓終父母功德之願然方是時公初
起家以身許　國屬當　聖天子即位之初王事鞅掌
東西南北良未暇也三十年之間曷嘗一日忘於心哉
公今還自江南有駐車之歎是以不惜重費首營佛事
嗚呼親終既遠人所易忘而能追而不忘者非孝子之
至德之厚而能如是乎故記曰德大者必得其位必得
其祿必得其名必得其壽蓋天之生物也必因其材而
篤焉此其所以然也孔子曰夫孝始於事親中於事君
立身行道揚名於後世以顯父母者於公見之矣師喜
予言因命書以為記予亦喜述公之美輒不辭而諾之
公諱仲溫字君玉天下之士莫不聞知其名位勲業它
日勒諸鍾鼎書諸史册必將昭昭焉茲非淺陋之所能
萬一云
至元二十一年五月十一日　大龍山十方護國石
壁永寧禪寺住持嗣祖沙門廣瓊立石
本縣石工　楊仲安刊

謝公先世修石壁寺未訖功而皆逝至宣慰乃克繼
成其志誠可羨也宣慰名仲温字君玉無它行業表
見於世則深有賴於此碑以傳其名矣吉寺中有李
逢吉所撰北都甘露壇記碑及鐵佛像未知今尚存
否仁和趙晉齋有此拓本云係元至順三年所立則
至元時當已殘毁矣　老相公之稱始見於此

元法王寺請玉公長老疏 正書共二十六行行字數不等高一尺一寸廣二尺三寸

皇帝聖旨裏
國師下
宣授諸路釋教都總統

嵩巖玉公長老住持河南府嵩山大法王禅寺
勸請
為
國梵修祝延
聖壽無疆者
伏以法王大刹自古名藍居中嶽之中闕主中之主
非人心力諸聖安排伏惟
王公長老磊ニ落ニ巍ニ堂ニ得言句之揔持為叢
林之模範豕當惟論半肯舉揚無故全提跳出門裏
門外草慢ニ背向聲前聲後浮逼ニ　玉峯ニ下拈一
注香嵩巖ニ前祝

萬年壽謹疏
宣授總
至元十五年紇元諸路日疏
釋教印
宣授諸路釋教總統正宗宏教大師　臣
宣授諸路釋教都總統慶壽長老　臣

元貞二年七月廿三日
法王住持覺亮提點覺定監寺覺成同建

元請就公住持少林寺疏 正書共三層連額共高六尺七寸廣三尺在
登
封
請疏 正書額

大都三禅會
勸請
古巖就公大禅師住持河南府嵩山祖庭大少林禅
寺為
國梵修　祝延
皇帝聖壽萬歲者
世尊拈花妙心傳於迦葉達磨面壁宗旨付於神光六
葉敷榮千花嫵媚枝分派别代不乏人伏維
古巖就公大禅師　雪庭親孫足庵首嗣建心慕遠清
節不群和寂寞以窮音求虛無而責有論禅道神欽鬼
伏具戒德玉潔冰清既　榮禄以吹噓求　仁師之肯

諾念叢林之凋弊須作者之扶持五乳峰前重新祖令
單傳堂下再振宗風用荷法心展爲人手穩稱乘象駕
莫辭千里之勞高踞 猊座 仰祝
萬年之壽謹疏
皇慶二年 月 日疏
大萬壽寺住持靈峯 思彗 [illegible]
大聖安寺住持雲溪 信喜 [illegible]
大慶壽寺嗣祖西雲 [illegible]
集賢大學士榮祿大夫陳灝 ○
以上第一層共二十四行
河南府路總管府

勸請
古巖就公長老住持嵩山祖庭大少林禪寺爲
國焚修 祝延
皇帝聖壽無疆者
嵩山少林禪院達磨祖師道場分派之淵源命十成之
宗匠我 古巖就公長老即其人也胷懷灑落肯代規
撫人事諧和叢林標表羣選人於派下竟揀月於天心
涇清渭濁必區分珉表粹中須賞鑒伏望單傳堂下續
雨來不盡之心燈立雪庭前祝
北闕無疆之聖壽謹疏
皇慶二年 月 日疏

承務郎河南府路總管府推官李
府 判 闕
奉議大夫同知河南府路總管府事耶律 並
通議大夫河南府路總管兼本路諸事與魯總管
內勸農事郭 忻
大中大夫河南府路總管府達魯花赤兼本路諸軍
管內勸農事 [illegible]
延祐五年六月吉日監寺子安立石
以上第二列共二十二行
登封縣

勸請
就公長老住持少林禪寺爲
國焚修 祝延
聖壽無疆者
伏以
帝王天下得賢聖而國界安寧法播寰中藉大僧而佛
門昌盛 恭維
就公長老形同槁木性比秋蟾得足庵一勺之甘接方
來之英彥續少室千燈之焰燭長夜之昏衢既飄香於
天壍之南宜駐錫於大江之北慫後輩學人跂望嗟祖
庭猊座久虛請拈象藏名香仰祝
大元聖壽謹疏

皇慶二年　月　日　疏
縣　尉　闕
將仕郎河南府路登封縣主簿趙　圭
忠翊校尉登封縣尹兼管本縣諸軍奧魯勸農事周
保義副尉登封縣達魯花赤兼管本縣諸軍奧魯勸
農事脫歡　丝
泰安州長清黃山石匠張克讓　李克堅　蘇八
小張夫刊
以上第三層共二十三行
肯代當係昔代之訛　第三層總管達魯花赤之姓
獨用蒙古書一創例也

元瀟公道行碑　正書碑面二十七行行四十六字碑陰廿二行行四十六字又有小字六行連額高四尺九寸廣二尺三寸
汾溪瀟公禪師道行碑　篆書額
宣授諸路釋教都總統佛慧普通慈濟大禪師汾溪瀟
公道行碑
　朝列大夫隨路諸色民匠都總管胡居祐撰并篆額
原夫覺皇誕世始自周初大教東流彰於漢代作苦海
之津梁為衆生之彼岸修之者超出輪迴奉之者脫離
塵垢至於明王聖帝靡不欽崇及乎達磨東度九年面
壁神光立雪一乘初傳六祖源遂分五派千燈相續代
不乏人

故諸路釋教都總統佛慧普通慈濟大禪師汾溪和尚
諱福瀟太原汾洲西河人也俗姓何氏師生而歧嶷姿
相豐偉自居髫齔清亮不凡父母奇之遂送孝義梁家
莊之觀音院禮照公為師落髮受具天資超邁日誦萬
言雖居於童丱之間已見其大成之量善根夙著如羅
什之談鋒圭竇含光待良工之斲削惟我
聖元世祖皇帝堯天廣覆舜日光輝識果知因含真體
道崇奉　三寶廣濟慈航以至元丙子建資戒大會
於京師天下緇流雲騰雨集於是師不遠千里躬詣壇
下受具戒已師念執此一遇之見未窮四海之源於是
負笈尋師遍名山而不厭鈎深探賾歷講席而忘歸既

而攬五千四十八帙之琅函誦十萬一二三乘之妙義
圓融內外洞達真詮演華嚴之秘典名動多方開起信
之洪宗道高當代旁求周孔之書無幽不達廣博道家
之說象罔皆窮至於子史九流無不通貫尚以有為之
學恐障礙於根塵非想之心當求之於物外遂參磁州
大明堂頭理公一言之下悟徹示之宗風頃接之間得
無生之妙趣良以師之玉質金心一鑒之而成器珠光
惟慧重映日而尤明既混融於無我無人豈滯累於有
生有滅遺塵埃之俗念契佛祖之真源於是棲迹句茅
山居七念性忘心化猛虎來馴夫獸之暴而能使之馴
非忘彼此滅空有與造物游者其孰能與於此師日課

楞嚴坐臥不輟道通塵外得如來非想之機身處山林
流遐邇高人之譽名既昭於寰宇雖欲隱而彌彰至元
壬辰
詔舉行業超羣學高時輩無室家可充僧官者萬衆一
辭咸言師氷清其操如烈日之共秋霜履德堅貞若太
山之於滄海淵虛自守抱璞無求於是起師充輝州僧
正師笑曰吾遺世累居山林與太虛爲儔尚不欲友王
公而接諸侯而能促促与州縣吏伍耶乃報袖去孤雲
倏徃空遺猿鳥之悲秋杖錫神游遠邁風煙之路聞京
師萬壽乃禪林之淵藪實衲子之叢林是以徑詣焉時
東川讓公大和尚主是席告香入室勘辨印可焉豁塵

芥於胸中義天朗耀洗微瑕於玉外球瑰斯光於是乎
潤含川澤之輝圓覺菩提之旨毋固毋必惟妙用之流
通見性見心適千門之一致鎭陽大會虛席衆以師當
代之師于昌時之法龍請師主之歲餘東川圓寂師詣
都會葬事訖將還僉議曰萬壽京師大刹朝貢往還實
非易處師得法東川四方欽仰主是席者非師而誰遂
相與遮留拜請乃允之踞方丈擊大法鼓提唱宗乘師
報祖恩也聞於
上詔授諸路釋教都總統師處是職經年德之所被不
言而化若明月之中天群星失彩如寶珠之藏浦山嶽
增輝師壓噣棄功名如脫屣雲歸遠岫樂松竹之超塵

馬訓以下刻於碑陰

然杖錫獨歸遂隱夾山之野適汝水之香山道虛師席
諸僧仰慕師之盛德不遠千里求主是刹師慈仁利物
不遑安于一身濟衆匡危惟救時之急務遂從所請領
略院事內外安肅補益甚夥諸方聞者咸頂禮讚歎師
之德如是也立叢林施慈化博愛濟衆功德不可量傳
猷爲正務拯接群機凡入室者進道又加慈訓俾一衆
雍雍然行之義也倉庫豐備希代者之安智也由是觀
之豈獨可以主法席而安衆生以是道施之於政教其
何遠哉嵩陽太室法正實雒浦之名山乃古今之勝槩
非其至德孰能居之今提點儀公等以師釋門之領袖
道高德邁越古超今禮請者三從師遠遊不辭千里之

勞察其誠到特允三祈之請來主是席首捐衣鉢之資
一千五百緡以創藏殿復以三千五百緡施之常住罄
己之資助其不繼何止一隅噫師視金玉如瓦礫觀外
物若塵涅惟以成就山門而周其所急爲事師之用心
大哉溥矣茲不盡録延祐改元歲舍甲寅師於寺之艮
隅龐塢起不一小室移居於彼衆咸異之而不知其所謂
至春末忽示微疾三月廿七日平旦起坐顧侍僧曰午
正否衆答以未頃之復問如初凡三問之侍僧云日午
矣索筆書偈云榮枯夢中事死生水上漚絕後重蘇者
逍遥自在遊擲筆端坐而逝夫死者人之所畏而師處
之恬然若棄傳舍如拋重負身雖滅而道愈彰何生何

滅識雖亡而性自存來去豈殊入大安樂之涅槃得無
漏心之法忍師之景行與髙髙並列其傳無窮師之機
鋒迅捷唱髙和寡所以嗣續者一人而已曰喜象齊龍
章首住洛之天慶焉師將葬之日會者千人莫不感涕
歎傷悲法幢之忽委撫膺疾首慟道樹之摧陰將起之
際白氣充室山谷震蕩鬼神悽愴猿鳥驚嗟荼毗甫畢
微雨沾洽龍天灑泣幽顯同哀靈輿還寺則天忽開朗
了無纖翳師之動天地感鬼神者如此臘三十七壽六
十四寺之諸知事輩同小師惟和等聚靈骨舍利起塔
藏於寺之東南二里以旌之由是惟和且徵文於余不
肖以才力鄙淺學術荒蕪辭不敢當不肖於至大已酉

捧
天香至南陽香山得一識師之風表覩其議論宏博見
性明心如秋水之一潭若月輪之輝耀真大潙圭峯之
流亞歟不肖以熟師之德義不可辝謹系之以銘曰
達磨始祖初來東　法中獅子僧中龍　一言見性
超億刼　機關打破開盲聾　遞來七百有餘歲
兒孫派别傳家風　曹源洞下多巨象　法王聖者
恒流通　汾溪老師東川嗣　非空非有明心骨
香山萬壽兩奇絶　茲山大和鳴鴻鍾　雲埋靈骨
舍利塔　峰環翠壁青玲瓏　水聲似行大乘偈
樹影如照黃金容　天花雨散維摩室　鈴音遍響

雲間銅　虛空著眼請君看　寥寥惟有巖前松
刻之宛炎昭萬代　禪源正派流無窮
大元延祐改元歲次甲寅八月　日　嗣法小
師住持河南府在城十方天慶禪寺沙門　福喜
立石
下髪小師惟嚴　惟本　惟和　惟潭　惟宛
惟簡　惟先　惟愈　惟痊　惟履
惟明　惟容　惟宣　惟廉　惟寧
惟受　惟惠　惟量　惟善　惟從
惟德　惟昌　惟證　惟祥　惟安
惟衆　惟悅　惟行　惟應　惟寬
惟琛　惟淨　惟理　惟超　惟祐
惟深　惟闡　惟成　惟敬　惟勤
惟元　惟棟
惟擇
首座覺成　首座覺音　首座福寧
勸舊首座全朗

本寺知事　當該首座洪安　提點法儀　監寺勝才
維那惟和　修造監寺德慶　書院惟
藏主妙偉　副寺印慧　大侍者普
宣　副寺思翰　官門洪寶
典座定全　直歲廣全　直歲寶龍　殿
主普吉　直歲思遷　直歲圓通　西磨
勝惠　錢帛惠秀　東磨主普量　知客
主志玉　下庫普妙
嵩山大法王禪寺傳法住持嗣祖沙門法弟思徵主
緣并書丹
邢臺魏伯川男仲實刊

右汾溪滿公道行碑分兩面刻之文駢散兼行尚無
滯率書則板俗此刻在法王寺余遊嵩嶽獨未到此
寺故篋中少此拓本也滿公初聞舉充為輝州僧正
自以不能與州縣吏爲伍其後入京師遂爲釋教都

總統鞅掌風塵即爲兒徒所輕州郡汙人之語深可
嘅也　傅猷二字屢見俟考

元海公道行碑 正書共二十九行行五十字連額高五尺一寸廣二尺三寸八分在登封

月菴海公禪師道行碑 正書額

嵩山大法王禪寺第十二代月菴海公禪師道行之碑
法王當代傳法嗣祖小師思徵撰　山門書記子和
書丹并題額
萬松一枝復菴嫡派正續綿綿之道蹇聯葉葉之芳代
不乏人克當遠繼者孰歟思徵躬仰我
師本貫絳之翼城人也楊姓也福海法諱也月菴自號
也裔積善因二親明達爲師值孩時凝然丰彩唯樂佛
像容止不凡遂捨出家于香雲寺禮　誠公講主大和
尚爲師班于行輩氣清沉毅日課習經受無窒塞洒掃
應對皆合善緣薙髮訓名以旌其兆名曰福海稟持戒
行孜孜不忘自茲游方訪善知識初詣泰中投誠
伯達老和尚告香入室達憫其幼自是老成勘辨明了
又舉柏樹子因緣徵之應捷高邁蒙記授之曰扶持祖
道者他日非子而誰從之最久後因省親而還聞河南
嵩巖和尚道價熾然徑謁得進叩參累年節屆重九
得句偶然曰極目黃花妍嶽岫滿林紅葉映嵩陽巖聞
之曰維那異日可當嵩山法主師乃掩耳潛行聞復菴

老師受燕萬壽寺請命挑囊而進告香入室又經三禩
復承印可授以衣頌俾監其寺凡百增輝老師退隱齊
河小刹已因書名之果符嚴讖於至元庚辰春開堂于
法王創整叢席傳猷之外凡諸修造輪焉奐焉海會單
寮一新創建安居清衆通貫十方經七寒暑歲丙戌其
龍門寶應及汝陽香山齋命念　大悲聖迹應緣切
心欽奉
綸旨住持間出已資覓工運水供衆十有餘年舊弊革
古式仍田野闢倉庫增單寮新雲侶會傳持專務接待
諸方及疊寺基周圍巖巖壁立三門擁路甃石砌開自
始歸正矣於大德戊戌受山東靈巖命傾囊蕆助香積
彌新餘諸修造備已又刱蓋方丈鑿石定基功倍於前
一日因與耆宿輩游山遂指寺後奇峯曰予終可瘞於
斯大書偈於石上云層峯爲塔響谷爲鈴清風明月題
我之銘噫可謂所養高妙也又齋僧萬員通主經五祀
於壬寅退席閒受丹霞請命開荆榛除瓦礫闢正塗而
入出已財鑄鐘板鍋釜諸會衆因及府北竹園蕪甚塹
圍成就是歲癸卯香山復命纔經一周又蒙萬壽祖刹
不憚迢遞邀請躬領是刹已擊大法鼓震大法雷梵修
傳猷的爲專務兼欲補諸修造值常住齋然知事輩怵
惕而告之師固不免仍相爲曰勝事若行何患無錢由
是努力復新無還軒暨創建後廚廊廡間於大德丙午

春果應本願欽承
恩錫一萬五千緡如渴得漿其勝緣尅日而成後果當
王公大人施利雲委又創新通(元)闤店鋪各嚴備
已嗣法門人開堂□方亦應化矣師閱世七旬不為夭
僧臘四十五有不為少將辭於世凡遇淑人君子云有
河南之行俱叵測其由不期於至大□□正月十四日
忽示微恙儼然終於萬壽方丈之西室為僧之道昭然
更無加于此矣雲空忽開雪霽風和時值禁酷敬奉
晉王令旨遣使以嘉醖百甁黄香一盒寶鈔五百緡來
享其祭其發引之日南北兩城諸刹各嚴香花儀式將
又百會送終□□□王府官僚教禪大德暨士庶法眷

其觀者無不嗟讚闍維靈骨蒙萬壽等刹分之于五一
分建塔藏於本寺西岡焉末後□□□集賢陳大學
士主張之力也嗚呼思微居學位時侍師廿有三年仰
師道行而弗稱愆於我也故傾橐樹石以告之為 下缺
稽首復庵　法海舟楫　承繼萬松　茂林枝葉
嫡付我師　月庵先哲　嗣續牲〻　遂成派列
我師之□　□□□　焚修專務　尅誠昭哉
我師之道　至(元)至興　五位聯綿　正偏兼到
我師之德　坦然明白　伯達□□　□□□□
我師之功　無所不通　五住大刹　三寶興隆
按師行實　言〻準的　末後流徽　敬承

寵錫　寶醖及香　享於靈堂　發引之日
孰不哀傷　靈骨有歸　建塔翠微　刻銘貞石
願
大元延祐三年歲次丙辰五月　日　首座覺因　首座全朗
首座洪安　首座妙偉　首座文□　□□□
山主普量　竹園頭思□　□頭福才　□□□
□□□□□　佛門提點法儀　□門提點□□□
修造□□□□度　□□□□　維那行□　官門
□□□□　修造監寺□□□□□□□　□主普
宣　大侍者福□　□剔寺洪崑　修造□□□詮
大直歲善妙　小直歲□□□　□□□□　小待
者德□　□主正□　□□□□□　□□□□
□□□　菜園□□□　□主建忠□□全□
□□□□　行園□□　以上分作四行刻年月之下
集賢大學士進榮禄大夫陳
碑陰

闕列　月庵大和尚法嗣於後
南陽丹霞糸懋禪師　南陽德用庵主
嵩山法王普醒禪師　晉寧顯峯庵主
汝陽香山思言禪師　膠西清琳庵主
裕州大乘福德禪師　汝陽思謙庵主
洛陽天慶思才禪師　白茅定聰庵主
藏雲慧山禪師　輝州定讓庵主
順德天寧思微禪師 今主法 王　晉寧行裕庵主
上都華嚴惟壽禪師　輔城明金庵主
山東龍泉思然禪師　德州惟興庵主
中山乾明寶潤禪師　晉寧思聰庵主

古燕鞍山智藏禪師　古燕圓淨居士
下髮小師思恭思圓同師孫惟順惟新惟□□□惟
澤惟開重師孫妙聚等同興緣　法王當代住持
嗣法小師思微謹編立石

右碑完整書與文皆有蔬笋氣海公所至之處以興
建為務僧家之功業如此欲修萬壽寺而常住窮乏
其徒止三乃曰勝事若興何患無錢此語最足長人
意氣勿以釋子忽之也佛家本有飲酒之戒而海公
之亡時方禁酤晉王反以嘉醞賜之奇矣　晉王及
集賢學士陳俟考

元追封隴西郡伯李公墓碑 行書共二十二行行四十九字高六尺六寸零廣三尺一寸

贈朝列大夫同知大名路總管府事騎都尉追封
隴西郡伯李公墓碑銘
中奉大夫禮部尚書清河元明善撰
翰林學士承　旨榮祿大夫知制誥兼修　國
史吳興趙孟頫 下缺
翰林學士承　旨光祿大夫知制誥兼修　國史
領給事中同修起居注注中書勛 下缺
皇帝臨天下第六年遂頒封贈之制朝列大夫知無錫
州事李讜品歷從四
璽書贈其考彬明列大夫同知大名路摠管府事騎都
尉追封隴西郡伯妣尚氏妻郭氏劉氏並封隴西郡君
戴思錫慶不　□二將刻其事於石走余門求有以夫
之其事曰郡伯廣平曲周人農隱四事世令著許州長
社戶版當金季兵□挾其武勇將□功名於弓劍間走
隸大將兵珎戲下岳珎從天興主出奔郡伯實執干戈
在行金滅從岳珎入宋既二年
天旗南指岳珎率德安人十許萬來歸元帥第功以郡
伯為許城都尉常從取光州戰疾力受上賞河南經畧
使□其能使都夕盜賊淮壖人懷其風烈久之請老長
社至元二年二月十有五日卒于私居之正寢享年七
十越二旬葬長社□北□原郡君□之沈丘人尚處士

女溫有婦德後六年二月廿有五日卒享年六十有四
祔於郡伯之藏子男讜也女嫁□川稅使□蔚讜字□
甫再取婦孫男三人師德師仁劉氏所生師道廉也曾
孫男一人曾孫女四人□甫讀書向成郡將引為從事
史歷□□襄城□城汝陽椽皆以能制劇稱湖南道宣
尉司辟為令史使督軍興餉征交趾軍丞相順德王時
行中書省湖廣才□召為□奏入
勑授承事郎長壽令雨歲潟其田大築隄防改崇陽令
建社壇于□二亭上農千□十有七推其輸與下農鞭
上農而□□□□塘百九十有九改公安令三縣儒學
醫學大興通祀修舉民服其教趨約束如子姓□公安

呉汝權兄弟廿年不一好語□□□時時造縣庭化汝
權為義門臥同知崑山州事築田園六百廿有六所涖
有遺惠利賴不小靳害雖在身不恤也遷令官□□□
致仕師德用父任將仕佐郎杭州路行用庫使嗚呼李
氏日益起蓋有以也　銘曰
嗟々郡伯生屬多艱皂國其艱踸踔荊蠻天歷在
元挾衆來遷孤生犀甲手殺黃間負幹不辱嶷立猶山
才也天難胡靳王官□受歸□□□大年既有令子以
受
帝祉夫婦錫爵輝華蓋里弗榮子生乃貴於死天道易
諶彰善之侈謙甫是似屈身府史三尹劇縣倅州益理

口我□□□□□先食朓々尚仁不示傲色天錫多男家
是方湛會弁嚴々士林具瞻郡伯德潛其昆之漸勤辭
孔嚴讀者□歐
延祐五年四月建
李謙既致仕始得遇國家頒封贈之制乃追封其父
而立碑紀榮叙德也彬以武勇歸命官至都尉謙則
以能吏起家官亦僅至知無錫州事而所封甚顯榮
且得元趙兩公之文筆為之闡揚可謂才矣碑下截
已裂為二文義尚可貫行末雖剥落所損亦止一二
字也謙字謙甫前兩處叙及皆缺惟銘中可見

元晋祠游詠三首並刻石記 正書共二十八行行二十一字高二尺二寸廣二尺八寸

聖母祠禱雨一首
天泓雪霤凜寒松聖母祠靑可鑑容水利萬家豐稻晦
山靈千古壯周封司炎政虐連雲稼使憲情深望雨農
弌灑甘霖徧寰宇泉閣譁起抱珠龍
唐叔汾東王伯一首
掌文握瑞既符天宗子維城是尚賢功在生靈報
君父禮宜尸祝配山川裔雲色蔽三農壤旨雨神報萬
斛泉幸與諸公謁詞下令人長歎劉桐篇
晋祠奉酬張僉憲韻一首
泉淄琮琤玉溂香稻膳歷落封齊疆山頭雲氣眩媒雨
木杪風聲凛孕霜神漢有靈凝沆瀣客纓無垢得滄浪

不須對境譚今古聊詠新詩送夕陽
御史李木魯谷子翬由　翰林
國史院編修調河東山西道肅政廉訪司經歷既拜
西臺監察御史未赴前龍集丁巳四月初九日陪
本道廉訪使普化嘉議崔資善僉憲張承德憲賓孫
承務照磨直兒瓦鶻將仕偕遊于晋溪樂其山水秀
麗酒酣賦詩援筆而成其辭嚴義密音節宏亮風骨
清雄雖唐之鼓吹無以加焉歸將所作近體前後凡
弌背並付隱士鵬舉李君然公弁鵬舉術符義契慨
然作抱拙齋記今見樹碣於家塾李君亦素願爲公

門下士愛其詩律披翫三復腴味百出弟恐微言之
將泯故壽諸石以俟來詰其鐫師安仲祥洎子勝亦
感公之雅意惠臣以大卑以名亦不計互謀利樂與
之刋也宜哉時延祐
奉政大夫保寧等處
識拜書

詩雖有俗韻尚能清澈記則蕪雜不足觀矣書之秀潤係元人本色而喜作古體字又有極不經之字殊出其間皆足為筆墨之累也

元天寶宮碑陰題名 正書 共分四列高七尺五寸廣三尺三寸

奉訓大夫前汴梁路許州知州兼管本州諸軍奧魯勸

農事呂沖霄書　文并篆額
本郡時任官寮
武德將軍汴梁路許州達魯花赤兼管本州諸軍奧魯
勸農事　木南子
奉政大夫汴梁路許州知州兼管本州諸軍奧魯勸農
事于　繼祖
忠顯校尉汴梁路同知許州事儀　君祚
將仕郎汴梁路許州判官　輿魯不花
吏目李允中
司吏許明　張茂　孫繼祖
董思敬　蔡思敬　王士允

忠翊校尉汴梁路長社縣達魯花赤兼管本縣諸軍奧
魯勸農事　鎖郎哈歹
承事郎汴梁路長社縣尹兼管本路諸軍奧魯勸農事
游　居敬
將仕佐郎汴梁路長社縣主簿尚　毓德
汴梁路長社縣尉朱　克紹
典史崔倬司吏林棟梁任端朱允服許天翼
司門宿德
宣授明真洞照大師南陽府桐柏山淮瀆廟提點蘇
清信
賜紫錦襴悟真崇素明德大師教門都舉正李

成貴
大都大天寶宮賜紫金襴通元明德大師從教門
都提點高　進明
賜紫金襴通元明德大師從教門提點党　天
忠
賜紫錦襴素真大師河南府緱山賓天宮舉師
王　請賓
賜紫錦襴顧神持正大師本宗教門提點謝
進榮
賜紫錦襴崇妙葆真大師汴梁路方下法師蔡
進榮

右第一列
諸方道衆
汴梁路
在城紫微觀法師檀　進喜
景福觀直素大師提舉王　天素
萬壽觀提舉王　天和
壽寧觀提舉朱　天祐
清寧觀知觀彭　天良
封邱縣太黄寺太元觀知觀高　天祐
尉氏縣在城天寶觀知觀沈　天然
通許縣在城上清觀葆光太師知觀蘇　進寶

杞縣義陽固紫陽觀賜悟真大師提點李　清光
西陳保修真觀知觀萬　天素
園鎮明道觀明道大師提舉張　天祐
許州在城順真觀賜紫真常大師提舉魏　天和
長社縣趙莊村神寶光知觀屈　天祐
桃杖村上清觀賜紫錦襴崇文妙演大師提點
張進　喜
郾城縣在城龍泉觀知觀張道紀
洞真菴提舉金　進舉寶
襄城縣在城崇直觀明素大師提舉余　天静
長葛縣玉清龍泉宫知宫沈　和童

鈞州在城紫微觀知觀梁　天妙
陽翟縣方陂村崇(元)觀提舉曹　天驛
密縣土關玉溪宫賜紫錦襴保真通和大師提點楊
進春
陽子臺陽子臺宫提點郭　天然
右第二列
密縣平陌靈陽觀賜紫體常大師提舉張　天祐
邵家河白雲觀法師印　進信
(元)應觀提舉　天元
悟真菴知觀吴　進道
宛清玉清菴知觀李　進昌

新鄭縣在城軒轅觀知觀丁　進用
鄭州在城天聖觀
管城縣中郭村龍泉觀提點王　進貴
滎陽縣柏樓村延慶觀知觀趙　天常
陳州商水縣天寶觀提舉孫　清貴
宛邱縣丁口寶光觀提舉王　進貴
西華縣清水鎮玉清觀知觀崔　天妙
南陽府唐州東鄉平市店順真觀提舉李　進福
裕州方城縣古莊保三清觀提點張　進福
昆陽鎮雙梟觀提舉劉　天净
汝寧府潁州泰和縣太橋村太清觀賜紫葆真大師提

㸃張　進福
右第三列
本宫道衆
賜紫明素大師沈　進淵
賜紫葆真大師劉　進寬
賜紫真常大師陳　天祥
賜紫純一大師王　天真
賜紫真一大師田　天和
純素大師司　天常
宫門知宫楊　天和
宫門副宫張　金童

王　天和　王　天忠　焦　天良
馮　天良　冀　天和　牛　天鶴
張　天秀　李　元童　沈　聚童
晁　賽童　王　進童　馬　萬童
王　安童　郭　真童　蘇　明童
張　清童　李　鶴童　宋　興童
王　海童　李　德童　張　壽童
郭　山童　郭　義童　王　慶童
李　德童　姚　明童　張　順童
馬　元童　任　瑞童
龍泉觀知觀華　天素　鄭　進元

天仙觀知觀李　天良
天寶觀知觀王　保童
功德主解玉
溦瀾于江道淵書碑陰　賜紫純素大師宫門提舉勾
天曆二年三月望日
天常
賜紫常靜大師宫門提點楊　進貴等立石　此行最後貫於
四列上下
鈞臺石匠劉德海刊

元請亮公長老疏　正書共八行行字不等高一尺七寸廣二尺四寸三分

河南府路總管府

勸請
亮公長老住持
嵩山大法王禪寺爲
國焚修祝延
皇帝聖壽無疆者
伏以虎體元班何必重添紋緑驪珠不冗直須
特地針錐蓋無師之智悟必因師然出鑛之金
餘無重鑛況法王之師席寔洛水之閟藍不遇
當人孰宏斯道伏惟
亮公新長老出窟金毛師子通江赤尾錦鱗既
然頭角完全自是風雲際會四遠雛龍渾不顧

崧高一喚便迴頭振洞山久隆之元綱續鼻祖
不傳之惠命行藏出處時節因緣但凡有意難
求况乃無心自得臨機莫讓見義當為拈一炷
祖師香祝
九重天子壽疏
至元三十一年　月　日　疏
承直郎河南府路總管府判官許　斧
奉議大夫同知河南府路總管府事帖木兒　壹
少中大夫河南府路總管盧　向
武德將軍河南府路總管達魯花赤那兒臧　謚
至元弍年歲次丙子重陽下旬有五日

住持嗣法　無能　了學　立石
山門監寺智湛　書
中嶽廟提舉李元進刊
元天寶宮聖旨碑 正書共二十行行四十字六 高七尺一寸强廣三尺一寸
長生天氣力裏
大福蔭護助裏
皇帝聖旨軍官每根底軍人每根寶底城子裏達魯花
赤官人每根底往來的使臣每根底
宣諭的
聖旨
成吉思皇帝
月古台皇帝
薛禪皇帝
完者都皇帝
曲律皇帝
普顏篤皇帝
格堅皇帝聖旨裏和尚每也里可温每先生每荅失
蠻每不揀甚麼差發休着告
天祝壽者道來如今呵依着在先的
聖旨体例裏不揀甚麼差發休着告
天者
咱每根底祈福者麼道汴梁路許州有的寶天寶宮裏

住持的明真廣德大師提點王清貴為頭先生每根底
執把行的
聖旨與了也這的每宮觀裏使臣休安下者鋪馬祗應
休拿者商稅地稅休與者莊產園林碾磨店鋪舍席解
典庫浴房竹葦船隻不揀甚麼他每的不揀是誰休使
氣力者休拿扯要者這的每倚有
聖旨麼道沒体例勾當行的他每是不怕那甚麼
聖旨俺的
泰定三年虎兒年三月十五日　大都有
時分寫來
元時觀所刻聖旨碑大率相似此刻在許州天寶宮

書甚瘦勁乃師柳誠懸者前後有三寶字刻於行
間蓋用璽文處也每行止三十三字遇抬頭高三格
則有四十六字然通計亦止有一行係低三格而到
底者其餘皆抬頭矣泰定三年歲在丙寅故曰虎兒
年

元天寶宮張真人道行碑 正書 共三十五行行六十五字高七尺二分 廣三尺五寸二分額在外

大元汴梁路許州長社聶村天寶宮剏建祖師之碑
泰定三年春予以養疾寓天寶宮之別館其宮之道士
合辞言曰吾教之興自金人得中土時有劉祖師避俗
出家絕去嗜欲斷酒肉勤力耕種自給衣食耐艱難

辛苦樸儉慈憫志在利物戒行嚴潔一時翕然宗之繼
劉者陳〻而張〻而毛〻而酈〻始居天寶宮際遇
國朝名吾教曰真大道自為一枝不屬在前道教所掌
酈之後有孫有李有岳而吾之師嗣焉吾師張氏虔州
奉天縣人儒宦著族大父德閒為軍官長千夫父永興
襲其職母呂氏師長身古皃瞻耳美鬚蕭然埃壒之表
望之知其有仙風道氣自幼惡殺不啖肉味年十六從
天寶宮李師為道流錫名清志然猶師養父母年十八
辞家入太白山越一年往覲李師復還省親久之辞親
入終南山大父年老招之出山乃家居侍養年二十六
剏長安明道觀又適鳳翔扶風縣立天寶宮及李師死

令字當是今字之誤

師事岳師畀以扶風道教之職年三十三為永昌王祈
福于五嶽四瀆名山大川既徧復來關中修理前所剏
寶觀居太白山龍虎洞三載妖魅障亟至一皆不攝
聞大母喪歸服喪如禮會陝西行省官有疾治之而愈
有所贈遺皆卻不受彼乃為辦葬資服闋至京師岳師
試以勞事喜曰是子可矣又遣之出曰他年再來吾師
暨徒二人入東海大珠牢山結茅而居山舊多虎穴虎
避他處頗為人害吾師曰吾奪其所可去之於是遊山
東諸州為人除疾驗應之速若或相之云已而岳師死
吾師還喪之喪畢潛遁踰大慶渡至河東居臨汾五紀
白雲菴地大震城邑鄉村屋廬悉摧壓死者不可勝計

獨師與其徒居中所裂為二得免於患師徧巡木石間
聽呻吟聲救活甚衆復歸華山舊隱而天寶宮二趙一
鄭攝掌教事五年之間相繼殞滅鄭臨終語其徒曰天
降凶災死亡薦臻得非於教條有違逆與吾聞張清志
躬受岳師囑付蓋仁人也可奉之掌教庶有濟乎於是
宮之徒衆尋訪吾師得之於華山嵒谷既至衆皆悅服
師諭徒衆曰吾教以慈儉無為為寶令聽獄訟設刑威
若有司然吾教果如是乎繼今以始凡桎梏鞭笞之具
盡廢之衆曰諾自是衆安害息五年宿弊一旦悉除詣
奉聖州酈師所建太元宮及晉山香水園值
車駕臨幸嘗移文集賢院欲解職而去弗可歸鄉展省

以下四行皆高一格

墳墓因至河南盧山時
仁廟俞集賢之奏加　恩進號
英廟命往華嶽大日山祝釐令
天子即位有　旨促還師曰山澤之癯於
國不能寸補何敢乘駟騎乎步行而前闔人牽駟騎以
從吾師之孝其親也大父母父母之存□□親視藥必
親嘗出入必告應對必謹清温定省靡或有闕母嘗病
疽殆甚口吮其膿去毒遂得穌瘥又患膈氣疾幾不救
師禱神進藥不寢食四旬母忽吐涎塊如□□應乎復
居喪致哀於儒者喪制不悖師之敬其師也塵賤之役
人不屑為者皆不厭倦澣衣執爨汲井翦厠一無所辭

師之持其身也衣布納𢃄銅鑵自為粥以食久□危坐
未嘗鮮衣甘寢不衣絲纊及氈罽皮毛之屬至於乳酪
酥蜜亦未嘗嚌也師之濟於人也少能力耕其鄉土厚
泉深艱於得水盛夏時每日於農務之餘汲水肿□□
中使盈而不竭以待鄰里放牧牛羊及禽鳥之渴者來
飲之宗戚之家親死子壯葬娶愆期則傾橐為之葬娶
饑饉之歲見不能自存之人輒賑卹令不餒死行禱嶽
瀆山川時自賚錢三千緡隨□□濟所惸獨無告者鈞
州邵家河居民近山麓莫可鑿井遠取河氷以飲師為
相土脉俾井其處果得甘泉人甚便之新豐戲河地在
高原亦以無井為苦或告以師前在□□河得水之事

缸字當係往字之誤

子字當係予字

衆詣師請師曰前特偶然爾其可再乎請不已竟為掘
二井師之達於命也汴有狂民以逆取敗其所置墨與
師同姓悞執師以枉治獄者鞠問師凝然不動無一□
辨鮮拘繫年餘有省臺官徐察其誣特與釋免吾師謙
冲損抑掌教將二十年教風日盛於天寶宮完舊營新
祝聖之殿誦經之堂禮師之祠安衆之寮以至庖庾庫
廐各有攸宜日食數千指而吾師澹乎無欲仙翁神君
亦將讓德欲立石以紀天寶宮重興之由敢以為世之
能文章者請予曰子之教自托於老氏其原蓋深遠矣
其流之別教各不同予未暇細論洪惟
我朝列聖之於二教其思甚厚其禮至隆前古未之有

也而子之師皎然獨清於衆濁之中□絕葷羶之味身
絕汚穢之行可謂獨立不群者矣若夫客塵不入而心
常□□珍不出而腹常實　神氣合一如夫妻母子之
相戀而不離長生久視以閱生生滅滅之衆此則老氏
之末流所謂神仙之技也予學孔氏不足以知此然或
罔克究竟而□世盜名者蓋亦不無若子之師潔白質
素泊然自守庶乎可與游方之外者哉先是翰林院承
制行詞授師演教大宗師凝神冲妙元應真人統轄
諸路真大道教事遡而上之以逮其祖師九傳矣
累朝俱賜真人之號曰崇元廣化真人者其八傳岳
德文也曰順真體道真人者其七傳李德和也曰通元

真人者其六傳孫德福也曰太元真人者其五傳酈希成也曰體元妙行真人者其四傳毛希琮也曰沖虛靜照真人者其三傳張信真也曰大通演教真人者其再傳陳師正也初祖號無憂普濟真人加號無憂普濟闡明洞微真君者其劉祖師也今與子接而自言其教者宮之賜紫錦襴明真正德扶教大師河南陝西四川江淮等處本宗提點都舉正王清貴率其徒衆共立石焉

歳在丙寅三月乙巳朔

翰林學士太中大夫知　制誥同修　國史吴澄撰文

昭信校尉汴梁路鈞州達魯花赤兼管本州諸軍奥魯勸農事安童篆額　襄陽路録事司儒學教諭程璧書丹　鈞臺石匠劉德海刊

此碑標目曰瓶建之碑祖師而所述則皆張志清之道行未嘗言及興建之事也作者但就其徒口中褒揚之語叙之成文而其後稍加論讚於其時國家之崇二教及僧道之行皆有微詞可無媿於能文章之稱矣書亦方峻而訛字屢見乃刻者之愼其中凡遇偏旁有從屮者皆改作巾如朔作朔之類　瞻耳俟考

金石萃編補正卷三終

金石萃編補正卷四

元重修晉祠記

行書　共二十二行行四十字高六尺八寸不連額廣二尺四寸

重修晉祠廟記　篆額

朝列大夫僉河東山西道肅政廉訪司事曾郡王思誠撰

儒林郎河東山西道肅正廉訪司知事河中王　九思篆并書

逵冀甯西南四十里而近距太原廢城五里而遥曰晉祠山水靈秀甲　東所謂懸甕之山晉水出焉者是也祠際水湄因以為名并人歲時游觀禱祈咸走焉其殿之北面南向曰唐叔汾東王西面東向曰顯靈昭濟聖

母南面北向曰昭惠靈顯真君歲久棟橈牆圮金碧剝落上漏旁穿無以庇風雨其餘若仙嶽若府君若樂王諸祠若寶墨堂又皆掃地無遺惟有頽基神像暴露風日中以瓦覆其頂而已前政每欲營葺而竟不能也泉發源聖母殿底滙為二井南曰難老北曰善利昔人作亭庇之刻石記焉難老泉至分水塔派而二之周流阡陌間下灌衆渠溉田二百頃激機磑六十區一方之人舉鍤為雲決渠成雨不知旱暵之憂安享豐稔之樂皆水之利也至正二年三月并土大旱穀種不入邦人憂之使臧君中憲公事知事王君子有率掾吏若冀甯之官屬禱于祠下周覽摧敝慨然起興修之念舉酒祝曰

山川雲雨神實司之七日之內而雨吾其為神葺之遂
卦之一擲獲大吉出門而微雲興中途而雨作比至城
衣冠皆濡濕越三日大雨連夕優渥霑足耕夫滿野歡
聲浩如也中憲公復率衆謝於祠下爰割俸為衆倡和
者響應凡鈔以中統計臬司得二十八定冀甯五十定
公又召衆渠長洎渠下民諭之曰若等受神惠而不知
報可乎若從吾言則使刻名於石永有利於汝家不從
吾言則不得利於水也衆口一辭曰惟公命是從於是
計畝均賦畝鈔二百文無慮得一千餘定乃卜日庀材
僦工傭徒擇府吏仇廉周天錫董其役傾者正之朽者
易之廢者起之闕者補之金碧之剥落者繪飾之墉壁

之漫漶者塗墍之輪焉奐焉□然一復其舊并人觀者
莫不感歎曰不圖今日復見殿宇之完矣始於四月一
日訖於十月十五日向公之禱于祠也余方按部河中
未還既歸偕僉事達實鐵穆爾明善往謁焉事適經始
乃同割俸之為助既□之又陪中憲公洎僉事乞奴天
祐王君章甫幕長普顏帖木兒執中照磨于君德文並
往觀□□□□余曰曷為文紀與葺彰神應以示永久
乎遂捃摭其實以記若夫祠之隆替神之封號則有廟
中諸石刻在茲故不書

至正二年歲在壬午十月吉日　立石

修晉祠記行書圖徑而氣勢寬博頗似唐晉祠銘筆
意其中有衆渠及衆渠長二處皆係四字跋刻
元時鈔法當細考此言以中統計則其歷朝鈔法不
同而此獨以最初者計多少也未知中統鈔每定係
若干錢

著 藏字下係如此寫法不可識

元洞林寺藏經記 行書 共二十三行行四十六字內有三行多一字者高七尺廣三尺零四寸在　陽

鄭州滎陽縣洞林大覺禪寺藏經記
翰林學士大中大夫知制誥同修國史李謙撰
特賜圓通普照大師東昌路莘縣應海寺住持講經
論沙門惟妙書并篆額

昔釋迦如來為衆生說法普令一切世間識原達本發
無上菩提妙心以之療衆疾以之濟苦海以之破黑暗
以之開迷惑其所傳法旨自東漢時流入震旦歷魏晉
數朝以至隋唐名公大士潤色敷暢增衍廣大曰經曰
律曰論曰疏浸至五千餘卷惟是凡愚之人貪著愛慾
顛倒忘想以徼福免禍為心知有是經而不能讀讀而
不能知知而不能從殆與未嘗聞未嘗見者無異京師
宏法寺素有板本惟其楮墨之工為費不貲故所在名
剎傾竭資産有不能致者
佛慧圓鑑雪堂大禪師厲志勇猛猖道有緣始振迹雲
朔來游　京輦

當字已剝存者惟少為一字不可辨

儲闈王邸宗臣世戚歆挹道譽爭先尊禮延致無不得
其歡心都城名剎非一皆莫肯依止第求永泰寺彌陀
院故基雜草萊掇瓦礫葺而居之今
皇兄晉王駙馬高唐王皆樂為外護檀施雲集蓮宮湧
起相好光明一一俱足瞻者無不起敬諸方同派法屬
傾仰依嚮若京師之開泰大名之臨濟汴梁之慧安嵩
陰之羅漢豐州之法藏洛陽之發祥潞邑之勝覺京兆
之開元西京之護國鄭州之洞林皆禮請住持書疏迭
至輒忻然受之雖杖錫未能徧及凡一寺經畫必相關
白有所興作則出衣盂之資　　以助初
今上在潛邸師嘗奉

命持香禮江浙名藍法航所至州府寮屬作禮供養日
積樂貲購所謂五千餘卷滿二十藏為函一萬有奇浮
江踰淮輦運畢至凡所統十大寺率以全藏授仍請衛
法璽書寺給一通其用心博哉師之意若曰與其□利
於已何若利他與其福惠私屬何若俾人人因經識義
即義達理洞明佛祖傳法心要其為功德詎可量耶自
今為其徒者如即山采藥隨采意得無病不愈又如入
倉求米恣其取食何飢不飽既飽而安曾不究其所自
其可哉師名普仁字仲山許昌張氏子幼祝髮於壽峯
湛公祠西菴賫公得法於臨濟為十八世孫雪　堂其自
號也至元三十年

詔授江淮福建隆興等處釋教總統力辭不就其英爽
義氣俠好施予交接當世名士蓋本天性然元貞二年
四月初吉野齋記
　皆大元至正二年歲在壬午秋七月吉日洞林大覺
禪寺住持沙門慧和大師德現等立石
　　　　　　　　王　安　王文質
　　　　　　石匠郝德溫　郝　贇
　　　　　　　　郝　全
雪堂僧以一人掌十大叢林遂以所得資財印藏經
萬函分置十寺此其願力之宏非同恒輩在佛門亦
可稱大栴檀林矣此洞林寺所刻書甚秀逸頗近子

昂無一字缺損可貴也石匠中有名贇者俟考
　碑陰凡五截
長生天氣力裏
大福廕護助裏
皇帝聖旨軍官人每根底軍人每根底城子裏達魯花
赤官人每根底來往使臣每根底宣諭的
聖旨
成吉思皇帝
月古歹皇帝
先皇帝聖旨裏和尚每也里可溫先生每不揀甚麼差
發休當告

天祝壽者麽道有來如今依着在先
聖旨体例裏不揀甚麽差發休當告
天祝壽者麽道屬雪堂總統的鄭州大覺禪寺裏住持
的瑋長老祥提點福藍寺璨監寺這的每四箇根底執
把行的
聖旨與了也這的每寺院房舍裏
羊兒寶年正月二十七
日大都有時分寫來
以上第一列 共廿二行行十九字
長生天氣力裏
大福蔭護助裏

皇帝聖旨軍官每根底軍人每根底管城子的達魯花
赤每根底官人根底來往的使臣每根底宣諭的
聖旨
成吉思皇帝
月可台皇帝
薛禪皇帝
完者都皇帝
曲律皇帝聖旨和尚也里可温先生每不揀甚麽差發
休當告
天祝壽與者道來如今呵依着在先
聖旨体例不揀甚麽差發休當告

天祝壽與者麽道屬雪堂總統鄭州有的洞林大覺禪
寺普照寺裏的住持瑛長老寓提點現監寺等和尚每
根底執把着行的
聖旨與了也這的每寺裏房子裏使臣休安下者鋪馬
祗應休拿者地税商税休與者但屬寺家的水土園林
碾磨店鋪席解典庫浴堂不揀甚麽物件他的不以是
誰休奪扯要者休使氣力者更這和尚每道有
聖旨麽道無体例勾當休做者做呵他每不怕那甚麽
聖旨俺的
鼠兒年二月二十八日大都裏有的時分寫來
以上第二列 共二十六行行十九字
長生天氣力裏

皇帝福蔭裏
皇太后懿旨管軍官每根底軍人每根底管城子裏
達魯花赤官人每根底來往的使臣每百姓每根底
宣諭的
懿旨
成吉思皇帝
月古歹皇帝
薛禪皇帝
完者都皇帝
皇帝聖旨裏和尚也里可温先生每不揀甚麽休着告

天祝壽者道來依着
聖旨体例裏不揀甚麽差發休當告
天祝壽者麽道鄭州有的屬總統雪堂長老的洞林
大覺禪寺寺裏住的爲頭兒長老提點監寺每執
把行的
懿旨与了也這的每寺裏房舍他的使臣每休安下
者鋪馬休拿要者商稅休納者但屬寺家的水土
薗林水磨店鋪席解典庫浴堂不揀甚麽他的不
揀是誰休使氣力奪要者這　和尚每有
懿旨麽道没体例裏的勾當做着行呵他不怕那甚
麽

懿旨
雞兒年八臘十五日五臺行的時分寫來

皇帝聖旨裏
帝師吃喇思巴斡節兒法旨軍官每根底軍人每根
底使臣每根底城子裏達魯花赤官人每根底鎮
守每根底通事每根底站赤每根底來往科差的
每根底百姓每根底教諭的
法旨
上位與了的
聖旨体例裏屬雪堂總統的鄭州大覺禪寺裏住持的
璋長老祥提點福監寺璨監寺四箇執把告

天祝壽住坐有寺院房舍裏使客休安下者差發鋪馬
祗應稅粮商稅休要者屬寺家田地水土薗林碾
磨店鋪浴堂解典庫不揀甚麽休爭奪要者休因
而取要東西者休倚氣力者交安隱住坐者麽道
執把行者
法旨與了也見了
法旨別了呵追問者這的每倚有
法旨麽道無体例勾當休做者
牛兒年三臘十八日大都大寺裏有時分寫來
以上第三列兩方共三十六行行二十五字
長生天氣力裏

皇帝福廕裏
愛育黎拔里八達令旨軍官每根底軍人每根底城
子裏達魯花赤官人每根底各又下官人每根底往
來使臣每根底
宣諭的
令旨
成吉思皇帝
月古歹皇帝
薛禪皇帝
完者禿皇帝
皇帝聖旨和尚也里可溫先生每不揀甚麽差發休當

告
天祝壽者麽道有來如今依着
聖旨大体例裏不揀甚麽差發休當者告
天與
皇帝
皇太后咱每根底祝壽者麽道鄭州有的屬總統雪
堂長老的洞林大覺禪寺普照禪寺寺裏住的爲
頭兒長老提點監寺和尚每執把行的
令旨與了也這的每寺院房舍裏使臣休安下者鋪
馬祇應休拿者地税商税休納者但屬寺家的水
土薗林碾磨店舍鋪席浴房解典庫不揀甚麽他

的不以是誰休倚氣力奪要者再這和尚每有
令旨麽道没體例勾當休做者做呵他不怕那甚麽
令旨
鷄兒年八月十七日五臺行時分寫來
長生天氣力裏
皇帝福廕裏
晋王令旨管軍官每根底軍人每根底管城子達魯
花赤官人每根底過往使臣每根底省諭的
令旨
大聖旨裏和尚也里可温先生每不揀甚麽差發休着
告

天祝壽者宣諭的
聖旨体例裏不揀甚麽差發休着告
天祝壽者麽道鄭州有的屬雪堂總統的大覺寺裏住
持的瑋長老福首座璨監寺爲頭和尚每根底執
把行的
令旨與了也這每寺裏房子裏使臣休安下者鋪馬
祇應休拿者税粮休與者水土薗林水磨不揀甚
麽他的不揀誰休奪要者再這和尚每這般省諭
了呵别了經文体例寺裏無干礙的水土爭競行
呵他每不怕那甚麽
令旨俺的

鷄兒年正月十四日大都有時分寫來
以上第四列兩方共四十一行行二十五字
長生天氣力裏
皇帝福廕裏
也孫帖木兒晋王令旨城子裏達魯花赤官人每根
底軍官每根底軍人每根底往來使臣每根底
宣諭的
令旨
大聖旨裏和尚每根底也里可温每根底先生每根底
不揀甚麽差發休當告
天祝壽者道有來如今依着

聖旨体例裏不揀甚麽差發休當告
天祝壽者麽道汴梁路鄭州屬司空雪堂總統的洞林
大覺禪寺普照禪寺王析大明寺二裏住的月巖
瑛長老朗首座詮提舉海提點寓提點現監寺出
監寺和尚每根底執把行的
令旨與了也這的每寺裏使臣休安下者鋪馬祇應
休与者地稅休納者水土薗林碾磨不揀甚麽他
得不揀是誰休使氣力扯洩奪要者這的每更倚
着這般說麽道別了經文体例没体例勾當做呵
他每根底那甚麽
令旨俺的

虎兒年十一膶二十一日赤那思有時
分寫來

長生天氣力裏
皇帝福廕裏
小辥大王令旨没路上有的民户每根底城子裏達
魯花赤官人每根底脫脫和孫每根底管站的每根
底船户每根底管和尚頭目每根底來往的使臣每
根底把城門每根底
皇帝洎每哥哥兄弟每根底教祝
壽的上頭洎每的鄭州滎陽縣屬雪堂總統的洞林禪
寺住的瑛無瑕庵主為頭兒三箇和尚每根底長

行馬三疋為做好事勾當的上頭來的時分去的
時分不揀是誰休得遮當者經過的百姓每根底
人嘴的茶飯馬喫的草料依
大聖旨体例裏与者麽道沿路上行的
金印
令旨与了也這和尚每做没体例勾當交百姓每生
受呵他每不怕那甚麽
令旨俺的
馬兒年二膶初七日大都裏有的時分寫
來
以上第五列兩行共三十四行行廿五字

右洞林寺所刻聖旨碑上下分五列自三列以下皆
分前後兩方共合為八通也第一第二為皇帝聖旨
第三乃皇太后懿旨其四乃帝師法旨其五乃愛育
黎拔里八達令旨其六乃晋王令旨其七乃也孫帖
木兒晋王令旨其八乃小辥大王令旨皆因雪堂掌
教此寺而發其為當時尊重可知而元人之崇信佛
法朝政之秕亦可見矣以前七通免其房院田土粮
稅不許官吏侵擾末一通則如頒發路引使髠徒遠
行有供給無遮當也凡圜宇加草體皆作体俗體無
足怪
帝師吃喇思巴斡節兒　晋王未知即也孫帖木兒晋

此題當云元洞林寺刻西堂寶公頌古序碑

王否　赤那思　脫脫和孫小薛大王皆須考　不
載元　號年月但以歲　紀之雪堂前兩碑皆至正
二年所刻大約此亦係至正時也

元洞林刻書序上截高三尺五寸下截高四尺廣三尺零五分行書

鄭州滎陽縣洞林大覺禪寺第一代西堂寶公大崇師
頌古序

翰林侍學士中議大夫知制誥同修國史王構序

古無是說孰傳於今古無是說孰信於後古之人以心
傳心以法正法千偈翻瀾不離眞諦一言中的超悟元
機嚮有

洞林西堂寶公以上無智慧騁無碍辨音應緣百世之

後契詣於百世之先思古之人不可得見寔遺義垂示
宣揚古有一說令立一頌如龍淵産珠〻出而淵倍生
光如薝蔔花開本枝不改而香豔重新當亡金大定初
年道價日重一時　國王大臣莫不欽敬者儒若魏道
明張元石孟友之皆以之為莫逆交及是頌出人〻爭
先覩之為快令五世孫釋教總統　雪堂仲山通才具
德振起宗門戒力山崇願心海濶又以公之頌古傳於
古而不傳於今使今之學者無以證𨒂綉梓以廣其傳
嗚呼聲〻色〻觸目菩提本〻源〻隨心佛土濟下代
有人矣　元貞丙申端月四日

魯人王構肯堂謹序

又序大都報恩禪寺傳法
住持嗣祖林泉老衲從倫
序

昔雲竇頌古天下禪林號為絕唱萬松寄湛然書云吾
宗雪竇天童猶孔門之有游夏詩壇之李杜世蓋採我
花而不擷我實也故佛果假陽春白雪而評唱是頌碧
巖集在焉且免曲高和寡之議復遇
洞林寶公宗師愍物垂慈利生為念篇〻皆出示衆句
句未嘗支離提攜後進有收有放有縱有奪或言逆而
意順或以是而為非斯旨意不在言〻非有意若不具
金剛正眼決難覷透莫使情關固閉識鎖難開畧與鈞

叢歸孔燕穴紙出痴蠅方信洞林潤澤四生福廕九有
不虛設也方今嗣續椄萃者三〻少林鑒機鋒罔測變化
無窮天下衲僧難出其縠真一代英傑之士也慶壽亨
雄文逸翰咳玉噴珠有珍重白蘋紅蓼花之句章廟大
稱賞之故師號為紅蓼花竹林藏禪學穩密道眼通明
頌口方珠玉拯濟孤貧令四海英流悉皆富庚若非青
出於藍氷寒於水曷能如是光顯一時　國朝崇敬雪
堂總統乃西堂五世孫也因兵燼餘失其頌一日偶
見不勝忻慰遂不惜囊資板行是錄令天下學者而知
此心不忘本也　元貞二年月　日林泉老衲從倫焚
香謹序

洞林大覺禪寺第一代西堂寶公大宗師林溪錄序

翰林直學士朝列大夫

知制誥同修國史東明

王之綱序

佛示滅後二十八世菩提達摩始携其心法來中國又六傳至曹溪派而五之燈〻照耀久愈光熾視四家尤演溢者惟臨濟宗乎門庭宏峻其三元三要寔緇衲之津梁叢林之趨嚮若子若孫爲龍爲象不可殫紀粤有洞林寶公臨濟七世孫瑯瑘嗣也生金大定初性圓融機穎悟淨名休用纖微具悉禪定之餘憙事翰墨一時名士多與往還如魏雷溪道明張竹堂元石孟翰友之

皆爲方外友詞章泰叩見於酬唱名重當世大宗師也衆主名刹各有遺跡其住持鄭州普照爲最久人率稱鄭州寶公前後題唱法語甚富兵後散失無今止存林溪錄一篇嗣法五世孫釋教總統雪堂仲山得之如摩泥珠如球琳玉藏諸十襲不輕以示人然神光文采絢爛照灼終不久韞櫝中將爲衆目所具瞻雪堂廼鋟梓以惠宗門學者則公之行業得所傳矣後之紹述者爲無負〻矣

旹元貞丙申元日東明

王之綱盥手焚香謹序

又序大都報恩禪寺傳法住持嗣祖林泉老衲

從倫序

自飲光傳衣以來可祖安心之後名喧宇宙者代不乏賢故臨濟下出二大宗師曰慈明圓曰瑯瑘覺〻下出洞林寶望瑯瑘第六世洞林下出安閑望洞林下出安閑望洞林第三世安閑出雪堂望洞林第五世也莫不門庭孤峻機辯崢嶸雲涌星馳雷轟電掣施越格超宗之量運絶聖兼智之籌雖云七事隨身那許三元繫綴若不著寶公大宗師焉能爲敲磕識情袪除意路師有時實際理地不受纖塵有時建化元門不捨一法豈非向中原收得秘在彤山暗中信手拈來衣内親曾覷破

廣興法施惠無緣之慈拯濟貧乏獲有餘之利口皆名休相稱使之然也故與大名竹林聯錄於世令寰海叢席悦服稱贊不已是知學富才豐修美文德掌不世之珍鼎峙饒益補口足之足也嗚呼累經世變板册俱亡一日正祈禱有一僧至持林溪語錄并頌古四册得之如暗得燈如貧得寶陳根之朽再發口花今雪堂總統輸泉鋟梓用廣其傳噢宅時宇〻放光擲地金聲去在

元貞　年　月　日林泉老衲從倫焚香謹序

特賜圓通普照大師東昌路莘縣　應　海　寺

住持講經論沙門惟妙書

篆額

前住持嗣祖月巖瑛公大
禪師請序
前住持退堂貞慧大師潓
寓勸緣
輸泉協義槐林李罍犀助
緣
㫖大元至正二年歲在壬午秋吉日住持沙門慧和
大師德現等立石
省除汴梁路滎陽縣典史
黃元富勸緣
勑授汴梁路滎陽縣尉曾

孟可勸緣
進義副尉汴梁路滎陽縣主簿韓希
俞唐彥勸緣
承務郎汴梁路滎陽縣尹兼管本縣諸軍奧魯勸農
事閆祐勸緣
勑授汴梁路滎陽縣達魯花赤兼管本縣諸軍奧魯
勸農事哈兒八女勸緣
將佐郎汴梁路前滎陽
縣達魯花赤遠澤鐵穆邇勸緣
文林郎汴梁路同知鄭州
事蒲理翰□勸緣

右上截共四十六行行五十字
施錢檀越德號
滎陽東關 焦君澤 郝思溫
西邢村邢仁卿 邢仁甫 邢伯王 邢仲玉 蘭
邢大 南邢十 邢三老 吳明舉 楊子珎
楊十翁 楊仲明 楊里正 楊懋卿 盡邢大
邢子忠 崔□之
東邢村韓仲謙 刁 固 邢國寶 鄭伯祥 劉
里正 劉 七 明里二
槐林村邢直卿 王 二 張奉先 李希賢 陳
伯祥 陳仲祥 張敬忠 金老公

趙庄侯里正 丁四翁 丁十一
賈峪王里正 後河 任大貴
王塔田社長 宋成甫 齊伯溫 齊二
程村谷 璲 王家庄 孫百川
馬成
路家河閆八老 閆九老 閆 太
魏家庄魏 五 周清甫 黃 太 李從正
將軍塚邢里正 李順卿 楊仲卿 周 六
張 山 周 四 劉 六
馬家庄馬彬卿 馬良卿 姚 五 孟漢卿
暖泉河張嵩傅 李思溫 劉 大 程子忠

李思敬
閆家庄武顯卿　齐　五
李固村姜社長　常伯玉　彭　二
須水店王　二
任村史寬甫　小史大　本寺客庄主　滎澤縣
李村孫七　付家庄付十一
隣峯諸山住持道号助
本寺法屬派出寺名（此二行大字刻於上列其下皆小字分列諸寺名）
觀音寺住持敬院主　大海寺住持澄院主　印吉
祥　須水寺住持興院主　馮留隆興院住持栢雲
寶全　賈峪迎福院住持義院主山院主　韓村寺

住持通院主
鄭州普照寺洪懲　滎陽王折大明院文浩伯達
鄭州西関雉垢寺洪性　在城清涼寺德　琛金佛
寺山提點　鄭州西関龍泉寺海吉祥　氾水大李
村顯慶院洪靜　金山顯應院法嚴
庚村興國寺洪端　裕州崇法院洪興　羅渠店福
勝院德俊　興福院德潤　觀音堂德辨　白家渡
石佛寺德勝　三清店永興院德玉
客縣寺郭報恩寺德欽　浮山彌陀院德慶　顯勝
院德慶　中解龍壽院洪廣　黄堈顯勝院德因
滎陽西秋弥陀院德應　南滿仁王寺德珽　賈裕

極樂菴法嚴　寺庄延洪院法祥
普照寺　瑠菴寺　嵩提舉　春提點　明提點
監寺法印
本寺僧行　童行　普堅　普淨　普妙　普和　普
端　普通　普廣　普清　普鑒　普滿　普澄
普淵　普鍫
副寺法就　知客法悟　外庫法彬　侍者法泉
法朗　福智　法柔　法俊　錢帛法談法滌　法
資　法端　法全　副寺法文
庄主德容　殿主德隆　提點法海　監寺法謙
監寺法果　維那法浩　口寺法潭　副寺法喜

直歲法輪　直歲普忠　錢帛普濟　典座普雲
宗主德琛　首座德玠　提舉法潤　提點法義
提點法暉　監寺法林　官門福江　講主普欽
維那法吉　副寺法原　直歲法應　直歲法文
前住持本寺退堂貞慧大師德寓勸緣
旹大元至正二年歲在壬午秋吉日住持沙門慧和
大師　德現　等立石
王安安　王文質
東鄰石匠郝思溫　郝贇刊
郝全　郝興
右下截共三十行

右雪堂禪師得其祖師西堂寶公所著頌古一冊西溪錄一冊既付梓人復以序其文刻之於石每冊序文二首碑分兩截上截刻四序而附載當時滎陽官吏之名下截則皆施錢之人及寺僧名也雪堂即以已資購藏經萬函者此事較彼願力為甚微而亦必鐫此穹碑則可哂矣序無佳者且多不可解之語上截書尚秀餙餘不免俗

元游晉祠詩序 正書　共四十一行行二十六字　高二尺四寸五分廣三尺五寸二分　至正五年

春日游晉祠詩序

冀寧古并州也距西南之山五十里有勝槩焉曰晉祠

是周成王始封其弟唐叔虞於晉而祠之也後封為汾東王諸山羅列蜿蜒北來奔騖馳驟層巘疊出焉及斯祠也左右環顧拱揖懷抱若施帷扆靈氣所鍾焉山之麓有泉出焉湧躍騰沸光瑩澄澈而不濁也周流匝布溉田口頃而不堪也民蒙其利崇德報功又為昭濟聖母之宮於其上以闡厥靈凡有求必禱焉歷年滋遠不可殫記古木恠柏華館藻檻簷牙柯葉陰蔽騶州人士女歲時致祭簫鼓喧雜牲醪脯腆蓋其佑民多矣至正五年乙酉上巳資善大夫河東監憲鐵公仲剛視篆之初率同寅而往謁焉齋肅奉薦誠慤敬謹風和景明衆賓歡暢臨流酌酒登高詠歌太行拖乎其前汾水走乎下弔古昔之戰場慨時光之迅速劇談樂甚僕忝憲佐舉酒勸酬而謂賓曰子知山下之泉蒙乎君子以果行育德也蓋五行之生天一曰水水得其理澤及萬物混沌而不止也豈非神司之冥冥乎今監憲公事神治人一主於敬風動諸司其惠於民猶水之潤物百姓由之而不知也豈非政治之熙熙乎然則孰為而然也欽惟

我

聖天子德化仁育尊賢使能無為而治其聖功也今吾輿子登斯祠也涉斯境也不知有齊梁之饑不知有廟堂之憂樂斯樂也亦莫知所以然也於是攬金轡驟玉驄訪老氏於靜居之壇扣金仙於門〻之殿濯清泉坐

白石問先後之天究有無之境探丹爐之火候指庭前之栢子駕天風之駘蕩橫鐵笛以歸來衆賓賦詩各述適志以紀歲月徵言於余是為詩序同斯游者中憲大夫憲副　李仲賢承務郎經歷李可新奉議大夫知事張惟權從事郎照磨王敬甫也嘉議大夫僉河東山西道肅政廉訪司事高昌偰玉立撰并書

訪古晉祠山曉集汾水橋星河没倏淡野色見平遥樹鳥啼冥〻塗馬鳴蕭〻　游車接飛蓋駕言修禊朝荒城忽已迥遠嶠如相招振衣投林卬浥露濯塵囂澗壑聳綠檜原隰散紅桃敞殿羅幢旛虛庭雜牲醪逶迤廣寒宮獻酬瑤池皐境勝地亦靈心悅神自超法鼓青山巔

僊家白雲標極留不可暫鶴唳天風高

高昌偰玉立

木蘭花慢

憶蘭亭佳致從憲長賸追尋問開花高山晉祠流水誰
是知音雖無鳳笙龍管勸行杯時有不絃琴馬首家＝
明月眼前處＝禪林　一觴一詠暢懷襟塵世任浮沉
甚莫論興亡休爭人我且樂歡心韶華豈能常在又斜
陽西下暮雲深好袖東風歸去春宵一刻千金

天來李普

剖符錫壤厚彝倫盛剪梧桐本至仁善利靈源滋稼穡
濟時甘雨壽黎民興安殿老含滄素環翠亭高隱靜真

自古山川司造化顯推寰宇被陽春

燕南張執中

主簿李忠監造

余曾見姓氏書所載云偰姓乃契之後加人為偰今
此碑係偰玉立所撰自著籍曰高昌蓋海東人也
春宵宵作霄係別字

元靈隱大師長供記　正書　共二十六行行十九字高一尺七寸六分廣二尺七寸

圓寂靈隱大和尚長供之記

維大元至正閼逢涒灘月旅林鐘蓂生五葉有釋氏宣
公霖神於鈞州文殊院師諱普宣普寧臨汾小榆里人
也俗姓劉氏生而氣韻長而溫良不樂俗榮而辭父母
投禮本村普濟寺誠公講主以為師矣雉髮雖在幼歲
頗有老成風味而誠甚加垂言師未嘗有怠也年至二
十尋師擇友越天塹之南而居陝州逢衆講肆飲經論
之學矣趨靈巖參桂庵詣香山謁汾溪擊碎禪關穿透
教網道心堅固學業精純于時請汾溪主法王禪寺師
之巾瓶迴桂錫於嵩懷復求未聞者也一日印可深入
證源師於常年充監寺提點之職紀綱寺事輔弼叢林
荷衆量寬不憚寒暑至元庚辰法王致疏請尸文殊院
轉法輪安釋子不三歲而殿堂華麗廊廡清新凡有者
咸口備之日夕無倦至公之也師於至正甲申夏六月

五日而圓寂矣乃荼毗訖仍留衣資則七千五百之緡
也爰有本山住持仝衆知事將師之賄罄入常住供無
盡之三寶師之日忌來於癸未十一月五日去於甲申
六月五日也年設二齋用垂後世永＝無窮者也以斯
洪因口嚴覺路洎諸法界幽顯存亡盡獲無窮之妙樂
故立銘石以傳不朽仍茲古洛天慶灑掃海印為記云
歲次攺元至正六年丙戌十月　　吉立
嵩山大法王禪寺衆知事同　　立石
當代傳法嗣祖沙門慧燈普照大禪師無極助緣
道士張　德澤　刊

文之膚劣不足論此一散僧而遺貲積至七千五百

緡足以見元時釋子之富矣

澠池縣碑目凡訪碑錄所有𠓗註。

唐石窟大德寺劉仁則造象碑上元元年

唐石窟鴻慶寺碑聖歷時

唐穀州澠池縣天壇山浮圖銘年月泐

唐造象碑開元三年正書在石窟寺剝蝕難辨

唐魏元玠立尊勝經幢開元七年七月正書　四面高二尺

唐趙庭芝書經幢開元廿九年十月正書　八面高三尺五寸

唐張思恭等建尊勝經二三書　年月泐　八面高四尺

唐再建圓覺大師口口塔記大中七年八月正書　陳寬撰　崔倬書

碑陰分兩截上截刻觀音像下截刻草書心經

唐上柱國邵元策勝等鐫尊勝經浮圖大極元年張元暐正書　凡四層高約各一丈五六尺四面寬約三尺第一層四面縱橫各二尺餘刻經西北面尤漫患

宋重修禹王廟記太平興國五年姚賓王撰正書

宋尊勝經幢淳化元年徐無黨撰　正書　在廨院寺碑亭中

宋小龍門記至和元年徐無黨撰　正書　在治北石門山

宋大烏鄉姚村供床題名政和二年王林正書　在張村泰山廟

宋壽聖院牒熙寧元年四月正書

碑陰金大定時刻行書

宋太常少卿石口墓誌銘元祐八年杜純撰晁補之正書

宋佛頂尊勝陀羅尼真言大觀二年正書在廨院寺碑亭中

宋廨院寺公據紹興十年八月正書

金寶珍和尚塔銘大定廿四年正書沙門孝小師撰

金九龍菴榜貞祐四年十一月正書

元重修靈光洞記憲宗五年正書

元昭濟侯廟記中統元年正書

元脩北極紫微廟記至元七年薛元撰正書。

元修天壇紫微廟記并銘大德五年劉偉撰趙守正書。

元創立興國觀記大德五年馬光國撰王正一正書。

元昭晉侯獻殿口亭記至大三年雷豫撰并正書

元馬峰神廟記銘至治元年五月正書在清涼山本廟中

元濟民渡河神祠記延祐五年鄭謐撰任冋正書

元興國觀增置塑象碑記大德十年雷豫撰范自慶正書

元興飛騎尉洛陽男楊君世慶碑元統三年孛朮魯翀撰　慶正書。

元廨院寺碑記至元二年正書此當稱為勸請鳳林德公長老復住韶山雲門寺疏。

元修五岳碣至元三年　焦子播撰正書

元寶泉寺碑至正三年三月正書。

元廨院寺珪公行狀字淺難拓

新鄭縣碑目

東魏造佛像碑碑在三堂寺上下皆刻佛像中截每行六字共十八行　武定元年二月正書寺在縣東三十五里

魏崔府君墓誌蓋石在時家庄觀音堂篆刻魏金紫光祿大夫陶城郡守崔府君墓誌ノ三字　篆書

妙法蓮華經石幢無年月在唐以前寺在西門外　石在卧佛寺山門內

北齊造佛像碑在三堂寺墻上上截刻文下截刻人名天保九年四月
北齊造佛像碑碑在觀音堂石裂為五正面鐫諸菩提象及四比邱名碑陰刻文五百五字
河清三年四月　寺
在縣南二十里
唐開元時幢在卧佛寺
唐崔峙極墓誌磚郭店西北半里　開元十一年四月
唐右衛勳衛吏部常選辛府君墓誌在捕章山東　闕元七年二月　辛
君名景祚
宋封秦國陳公碑銘碑在墓南二百餘步　王舉正撰周越正書　即陳省華碑　寶元
二年八月　在縣北三十二里停驂鋪東北俗呼三宰墳
宋陳文惠公自撰墓碑慶歷四年九月在墓上
宋推賢院牒石刻在成皋寺縣北三十里　大觀元年七月　寺在

宋三賢堂贊在成皋寺　嘉祐四年劉敞撰明人重刻
宋三賢堂記在成皋寺　吳育撰正書　大觀元年七月
宋鄭文正公墓碑碑在墓傍正書大字
宋贈尚書魚公墓誌蓋縣南大清觀中觀在縣西南二十里
宋朝請大夫龍圖閣待制吳公墓誌蓋
宋通直郎權發遣開封府推官公事劉君墓誌在文廟　韓宗
文撰并書　丁恂題蓋　元祐二年十一月　劉君名仲熊
宋奉議郎武騎尉王君得君墓誌銘在崇孝寺東陳家村觀音堂李之儀
撰并正書元祐二年九月
章縣君墓誌有額無蓋甚漫漶即王得君之妻也
宋鳳臺寺浮圖題名辛口等題名無年月　又宣和元年八月題名　在南門外

宋王銑石幢在郭店保安寺中　正書宣和六年四月
宋王庠經幢在歐陽寺中　皇祐六年十一月
宋大理評事口君石幢在歐陽寺中　皇祐六年十一月
宋劉君誌蓋大理評事　篆書
宋歐陽君誌蓋輕車都尉　篆書　二者皆在歐陽寺中
宋戶部尚書林公誌蓋在岡時寺　篆書
宋通直郎呂師履墓誌蓋在城內篆書
宋楊府君誌蓋郭店西岡王村
金崇孝禪院牒大定三年六月　在縣北三十二里
金靈泉禪院牒并記石在靈泉寺　泰和二年　皇甫顯書
金隱士畢圖墓表泰和甲子

鹿邑碑目
金續修太清宮記明昌二年十月
元太清宮聖旨碑中統二年四月
宋先天太后贊真宗御撰御書　祥符七年正月
唐湛橋寺石像頌天寶九年比邱道文造天宮石象而鐫頌其下也書法朴茂時兼分隸
在河南襄城
唐淨住寺文賢象銘河東裴行純寫佛像供養於淨住寺撰書姓名俱不存碑云有道成
法師者口像極鑒體包觀露組桒門之落構激俗諦之願口云云其分隸頗拘
以上二碑見襄城劉太史青藜所纂金石續錄此錄
所得無以異於衆惟此二碑為他著錄家所無
禹州城南杜岡寺有魏大統十三年碑如石柱然高八

史許乃京兆杜姓因官而居于此者所置　又有宋紹
聖元年興國郡侯夫人墓誌砌神座下

金石萃編補正卷四終

金石萃編補略

金石文獻叢刊

金石萃編補略二卷

曲園俞樾題

曲園居士

光緒八年太歲在壬午九月刊

自金石之學興舉凡簪璥以至章布殫心篤嗜恣意網羅往往侈唐宋之摹搨別整翦之異同一字存亡千辭辯駮孤本獨抱廣座矜奇求其按代編排依文著錄津逮來學流傳前哲蓋亦尠矣　蘭谷學博行爲世式紳與古會扇兩湖名勝之清芬拾三泖漁莊之賸馥積四十通綜二萬言秘寶不私識鑒彌邃擎自兩漢訖止三唐實事求是泛博非矜以此例彼品藻自異喆嗣同伯比部余典試浙江所得士也勵行脩名能世其學葆守遺書將付剞劂乞序於余因誌卷端司冠有知必爲愉快光緒壬午仲秋浙江督學使者太和張澐卿序

金石萃編補畧自序

王蘭泉先生序金石萃編之言曰天下之寳日出不窮其藏於嗜古博物之家及叢祠破冢爲田父野老所獲者何限是在同志之士爲我續之旨哉斯言誠貴有以續之也夫以蘭泉先生歷仕滇秦西蜀往來青徐兗豫燕趙垂五十餘年僅積千五百餘通余自顧何人少年足不出戶得鄉薦後始往來京師二十餘年稍收輯碑版文字嗣乃司訓壽陽仍然足不出戶遊歷既少聞見益孤第抱殘守鈌而已續云乎哉然以幼時篤好金石凡鼎彝鐘畢所有榻本俱以裝制成帙碑版雖少檢之

亦不下八九百通其中有歷久摺痕自裂者有燥濕不時腐敗者有挪移居趾遺棄者有友人假借乞去者如不早爲編錄星散雲飛莫可究詰其負疚古人爲何如矣齋居無事因檢萃編所未采者自漢至唐凡四十餘種倣蘭泉先生之例錄其全文末加案語時越四旬書成二卷亦曰補畧云爾續云乎哉所采止於唐不及宋遼金者非敢外萃編之例而有所不屑也蓋唐以後碑版雜以字帖取舍難分種類又夥補不勝補是將有望於後之續萃編者補畧云乎哉

道光三十年歲在庚戌仲秋之吉仁和王言述

金石萃編補畧卷一目錄

卷二目錄

金石萃編補畧　目錄　二

金石萃編補畧　目錄　三

金石萃編補畧卷之一

勅授文林郎嚴州府壽昌縣學訓導王言撰

蒼公墓記

石長四尺三寸濶一尺二寸額有蒼公碑三字行書

□公者黃帝時□侯也姓蒼名頡觀鳥跡以□始制文字鬼遂夜哭黃帝時白日龍見帝亦乘龍遊行及蒼頡造書龍□潛藏白日上天而去□有文字恐人書□之而鬼哭龍藏也蒼公者黃帝時史官也蒼公創古文篆書是蒼□傳云兗州西南八十里有蒼公□學之臺□古今存焉蒼公墓者葬□雍州東北之同州界白水縣

東北彭衙城是也黃帝墓者坊州侚□古今喬麥是也

蒼公墓志譯古今文

黃絹幼婦外孫韲臼

詩曰

鳳凰□勢蔭□□
軒□□□□□□
事□□□□□谷
□□□□□文宣
巫山□□南邊□
□□□□□□水連

每到李□□明節
後□儒宗洛□先

碑側第一紙第一層

衙令朔方臨戎孫羨□□□□□□從事永壽二年朔方太守上郡仇君察孝除郎中大原陽曲長　延熹四年

□九月乙酉詔書遷衙令五年五月到官奉見劉明府立祠刻石表章大聖之遺靈以示來世之末□謹出錢千百□者下行自紀姓名

衙守丞臨晉張疇字元德五百守左尉萬年長沙瑗字

字君平五百

第一紙第二層

衙縣三老上官鳳季方三百
衙鄉三老時勤伯秋三百
衙主記椽楊綬子長三百
衙門下功曹裴篤伯安三百
衙門下游徼許愔功上三百
衙門下功曹□徐□□□

第一紙第三層

功曹史上官□□□□□□

錄事史楊翕孟布三百
集曹掾馬津子孝三百
倉曹掾任就子□□百
故功曹郭□□□□百

第一紙第四層
軍假司馬衙
從掾位郡□
從掾□衙□
故文學掾衙□
故文學掾□

碑側第二紙第一層
議曹史蓮勺楊□三千
功曹書佐頻陽成□千
□吏蓮勺任叅六百
□吏高陵□肆六百
□吏臨晉□珠六百
□吏高陵張順六百

第二紙第二層
萬□左鄉有□□□□□□
萬年左鄉有秩游智□□□□□

萬年北鄉有秩□□千五百
蓮勺左鄉有秩杜衡千五百
池陽左鄉有秩何博千五百

第二紙第三層
□□□□□
夏陽侯長馬琪□
粟邑侯長何惲□
□□侯□□□

碑無建立年號惟碑陰有永壽延熹字知此爲漢石無疑字畫方整古勁尤非唐隸所能仿彿文雖

剝落可辨者尚有十分之七八惟碑下詩語已泐十之七八讀不成句碑正面上截載文約十之六下截載詩約十之四碑側二紙第一紙第一層首載湖方臨戎云云似書年月末行卽書君平五百并連書出錢人名姓凡四層第二層書衙縣三老上官等第三層書功曹史錄事史楊翕等第四層書軍假司馬等其第二紙分三層第一層書蓮勺等第二層書萬年左鄉等第三層書夏陽侯長馬琪等夫永壽延熹皆漢桓帝年號也延熹五年有蒼頡廟碑有碑陰有兩側采入萃編卷十墓碑則

未之見也此碑書延熹四年在立廟碑之前一年何王氏見彼不見此也同此一石也同此一時也同在一鄉也一顯一晦不同若是余因亟錄之以補王氏之畧惟此碑側出錢人姓名爵里與廟碑無異并前後次序亦同殊不可解或者以廟碑兩側之文誤附此碑後耶抑不知墓碑之側猶有舊搨人誤附於廟碑後耶否則必無前後合轍如此之異墓在今西安白水縣漢左馮翊衙縣而碑側衙字則又作御皇覽云蒼頡墓在利陽亭南墳高六丈即春秋秦晉戰於彭衙之地故漢有衙縣之

稱碑文所云東北彭衙城是也據萃編云廟碑已損臥土中嚩縣令移至學宮不可得則此墓碑之失更久矣余何幸得此漢拓與西岳華山半碑同一可寶耶余前在京師得華山碑半冊

爨龍顏碑

石長九尺濶五尺二十四行行四十五字正書額有宋故龍驤將軍護鎮蠻校尉寍州刺史邛都縣侯爨使君之碑正書二十四字

君諱龍顏字仕德建寍同樂□□□□□□□□項之玄胄才□祝融之眇胤也清源流而不滯深根固而不傾夏后之盛敷陳五教勳隆九土糾□□□□古仁功播於萬祀故乃燿輝西岳霸□郢楚子文銘德於春秋□朗紹縱於季葉陽九運否蟬蛻河東逍遙中原班肅刪定漢紀班固述脩道訓爰暨漢末菜邑於爨□氐投焉姻婭媾於公族振纓蕃乎王室乃祖肅魏尚書僕

射河南尹位均九例□革□朝遷運庸蜀流薄南入樹安九世千柯繁茂百葉雲興鄉望標於四姓邈冠顯於上京瑛豪繼體於茲而美祖晉寍建寍二郡太守龍驤將軍寍州刺史考龍驤輔國將軍八郡監軍晉寍建寍二郡太守追謚寍州刺史邛都縣侯金紫累跡朱紱充庭君承尙書之玄孫監軍之令子也容貌瑋於時倫貞操超於門友温良冲挹在家以聞本州禮命主簿不就三辟別駕從事史正式當朝靖拱端右仁篤顯於朝野清名扇於遐邇舉義熙十年秀才除郎中相□西鎮還南蠻府行參軍除議守遡寍太守治得本□衣錦晝遊

民歌其德士詠其風于是賈伍廊朝本州司馬長史而君□振慷慨志存遠御萬□將闕除散騎侍郎進無休容退無愠色忠誠簡于帝心芳風宣于天邑除龍驤將軍試守晉寍太守軺車遊□金章紫綬棨戟幢幨襲封邛都縣侯歲在壬申百□遘寧州土擾亂東西二境凶豎狠暴□戍寇場君收合精銳五千之眾身伉矢石撲碎千計肅清邊隅君南中磐石人情歸望遷本□龍驤將軍護鎮蠻校尉寍州刺史邛都縣侯君姿瑛雄□高畧敦純懿之宏度獨步南境卓爾不羣雖子產之在鄭蔑以加焉是以蘭聲既暢福隆後嗣者矣□非愷悌君

子孰能若斯也哉旻天不弔寢疾彌篤享年六十一歲在丙戌十二月上旬薨黎庶痛悼□幾傷懷□□朝遠感追□中牢之饋也故吏建寍趙□之巴郡杜長子等仰寶□德永慕玄澤刊石樹碑褒尚休烈其頌

巍巍靈山峻高迢遰或躍在淵龍飛紫閣邈邈君□天姿瑛哲纓紳□門揚名四外束帛戔戔禮躬交會優游南境恩出寘□撫伺方岳勝殘去煞悠哉明后德重道融倜儻七經鶱鶱邈躬鳳翔京邑曾□比蹤如何不弔遇此繁霜良木摧枯光輝潛藏在三感慕孝友喪傷銘遡玄石千載垂功

祖已薨背考志存銘記良願不遂奄然身終嗣孫碩子等友乎哀感抒尋□訓永慕高蹤從勒在□仲秋七月登山采石樹立玄碑表殊勳于當世流芳風于千代故記之

寍州長子驎宏早終次弟驎紹次弟驎暗次弟驎崇等建樹此碑

大明二年歲在戊戌九月上旬王子蒲嗣孫□□□□碩□碩萬碩思碩□碩羅碩□碩俗等立

匠碑府主薄益州杜長子

文建寍爨道慶作

碑尾阮跋

此碑文體書法皆漢晉正傳求之北地亦不可多得乃雲南第一古石其永寶護之總督阮元

碑尾邱跋

右爨使君碑在陸涼東南二十里貞元堡碑立于劉宋文帝大明二年九月距今已千三百餘年矣通篇僅十數字漫漶餘皆神采煥發較之南詔碑獨爲完善設移入中土早經摹搨流傳顧以遠在邊陲不獨趙宋以來錄碑諸家所未見卽王蘭泉司寇在滇收採金石亦未之及至阮芸臺節相開

府滇黔始訪而得之稱爲雲南第一古石歷任滇
蘊出之于礪綸鍜波迹可不謂厚幸與余承乏州
牧拓得數本裝潢成帙旦晚復有粤西之行遂携
寘囊笥中倘亦陸績鬱林之遺意乎時道光十二
年歲次壬辰月建壬子癸酉判知州事閩黔邱均
恩跋因以題名
道光七年知州□□建亭
碑陰題名作三層書
第一層
府長史建寧爨道文

司馬建寧爨德文
錄事叅軍武昌尉劉覬
功曹叅軍建寧孟德倫
倉曹叅軍建寧爨□宣
戶曹叅軍建寧周賢□
中兵叅軍鴈門郡王□
府功曹建寧□□□
主簿建寧趙道王
別駕建寧爨敬祖
治中晉寧趙世伐

主簿建寧爨德助
主簿建寧孟升明
西曹益寧楊琮子
西□晉寧駱雄
第二層
鎮□長史建寧爨世明
司馬建寧□順□
錄事叅軍建寧毛瑋□
功曹叅軍□□李融之
倉曹叅軍牂柯謝國□

□曹叅軍□廣楊道育
中兵叅軍建寧爨孫記
□前功曹建寧□正祖
主簿建寧孟令□
主簿建寧孟順德
門下建寧爨連□
錄事□陽□舒仁
西曹建寧周令括
戶曹建寧陳世□
□事安□□稚上

書佐建寧孟羅
□張孫明
第三層
錄事孟林宗
西曹劉道喜
戶曹伊仲華
記室張升□
朝直張世保
□下都督王道盈
□□□□頭

□□□□文
□□□康
門下張□
錄事爨敬
西曹伊開
戶曹□叔子
□書李道學
書佐單仲□
□盛慶子

爨龍顏宋書無傳乃祖肅仕魏任尚書僕射三國志魏書亦無傳下又敘祖晉寧建寧二郡太守父入郡監軍而皆不書名祖之名肅者乃其始祖非曾祖也故下云尚書之元孫監軍之令子劉宋纂晉以來至大明二年已三十八載矣中年多故寧州僻阻遠方故祖爲晉寧建寧二郡太守寧州刺史父亦爲晉寧建寧二郡太守寧州刺史及身仍爲寧州刺史想爾時祖孫自行襲替鎮據一方未必書承朝命也逮其後自王蠻中唐書直以兩爨蠻目之蠻芋蠻矣聲敎不通習俗亦異文章書法欲求如劉宋時之制作諒不可得幸有此碑光於

一千三百餘年之後乃知爨氏之所由來本非蠻人此金石文字之所以可寶也兩爨有白蠻烏蠻之分自曲州靖州至安寧距龍和城通謂之西爨白蠻自彌鹿升麻南至步頭謂之東爨烏蠻西爨自云本安邑人七世祖晉南寧太守中國亂遂王蠻中有地二千餘里至隋開皇時爨瓚之子名震翫者襲位入朝隋文帝誅之諸子沒爲奴至唐高祖始以其子宏達爲刺史奉父喪歸而爨氏乃微矣說見唐書南蠻列傳唐書曰自云安邑人且僅溯其七世祖而不知其源流得此可以爲唐書之

確証并能遠述仕魏之祖唐書所謂七世祖晉者當是龍顏之子孫也顏死於劉宋文帝元嘉二十三年丙戌以年六十一歲推之當生於晉孝武太元十一年丙戌舉義熙十年秀才時年二十九由是除郎中遷忝軍遂爲邛都縣侯不知何爲司馬氏所授何爲劉宋所授碑俱不載且晉宋興滅之事概寘不錄故余以爲僻阻遠方官或自襲均不可知此碑於壬辰癸巳間寓都中儀徵阮相國第公子錫卿由滇南至京以此見貽并媵以新莽金錯刀一柄藏之行篋幾二十年今因補萃編之鈌亟錄之以示將來

凝禪寺浮圖頌

石高六尺濶三尺六寸正書碑額繆篆書凝禪寺三級浮圖之碑頌十字奇古雄健

纖景凝麗斯海鏡圖明皇秀潛暎則□□□□□□聖□□□□□□□縱現元吉而輝□□□□高蹈七步躍天人之儀駕遊四門悲生老爲□啟□光□於長夜流齣彩貞於重昏元鑒動於眞機靈照渙於寂像无言之論拂石記年沙童之說彈指爲證權影哀於羣宗應響□于類族靡身不郎郎也□流仁無音不曉曉也而知覺斯實不思議之至妙也然化歷世二境□盡四域之鄉靈軒迻軓遷隱雙樹金顏雖遙經圖流範是用育王之塔東生隆基優□之像西域彌禮法輪滿世妙露斯光但羣品異途行乖殊致念迷井之猶自匕于木絹百首之鱗縣鰓于鈎庸貪愛溺于死河春蠶圓絲入纏自□抽類神峯超然孤秀者焉能于滄濶之津而拯彼坼哉□止信佛弟子趙居士名融字祖和元氏人也其先與秦同姓至周穆王造父有蘇□之勲賜姓趙氏又匡弼晉□暨于武靈王布錦千城散綺萬國郁郁顯于篆冊穆穆聰至於斯矣遠祖□漢司徒公征□將軍都督內外諸軍事冀州刺史趙郡公纂□芳于遐葉遂因封此焉居士融蘊冲淡之妙性加荔□之瑤馨懷珠照□

若胥漢之玥月雅志貞素行潔儒流清風峻遠栖心□
史恆以世禪育命食□養年化無徹迹人不□言霜齡
長碧雪月□清不闕玉帛之門不踐縉紳之□靖夜閑
吟任運衰榮卓絕□倫可謂冲操自然矣居士融每嘗
嘆曰蜎蠖無夕命椿柯亦雕零神飄生滅境如雀飛空
□鄉□覆詠斯文則淚沾變石居士融正以妙床自怡
何暇珠纓之禁□□□尚其仁素祚貫其清方歔欽木
蘭之洪露兮夕飡秋菊之渃英携筲挂以紉蕙兮索胡
繩之□纚安貧樂道井丹之流兮忠清滔信子貝之徒
兮輕金樹福□達之倫兮愔然孤舉之翰逍遙出塵之

志是故鄉老呼之曰居士融乃怵然而嘆曰觀世之□
死也何異飛蛾之夕火焉倏鳥羽之度牖悼蝴蝶之變
靈怨蟬啼之漏促悲霜薤而淚盈即共長兄浮陽太守
文□元氏公文□邯鄲令□奴元氏令靈和昉子令靈
宣長兼叅軍□□兄弟等孝友恭良頤居茂于紫荆皆
□叙衣冠□錦百里率鄉賢道俗二千餘人等並信敬
玄深體空虛寂詳造三級浮圖凝禪寺□構蕭廓寶堂
密靖層甍耀于霞漢玉績雕于瓊珉餝以丹碧雕以仙
形松柳翠鬱井級淒凉鴻飛則雲波風嘯百籟吟居士
融復衛設義飡珍饈□□□迎愧送□於文□至其處

□噫擽墀霞□之所蒸荅北城峻峙百王之周綿基東
有村□蓊蔚連烟西嶮□岌□光豁而迴薄其寺妙像
精異遊□忘歸所造之福仰資皇□□□丞相休永王
公百司師僧父□識性之類梵水洗心常生淨樂居士
融之善上昇人天下□鬼壤鄉義僉言□茸纖容之功
尚詠于金篇片瓦之施猶頌于遺陵况居士融建斯景
福豈得箴聞哉恐靈迹勝因空傳無記故鄉人中兵叅
軍鄭鑒邑義二千等慕海春之餘韻羨□□之追仁乃
相與託鍾山以旌妙軌刊玄石以驅鴻芳當徒淥竹之
彩常搖於紫風青松之碧永輝于素月其詞曰

燊燊冲覺寂寂虛清塵中獨鏡霧里孤明龍□□跡素
木歸靈□夢垂影雪山流□□□同習分言其聲明珠
泣醉羊鹿悲嬰林□水淥虬翔雲枝嶺鶩風遠給孤化
移金粟爰集文殊來儀釤拂重秀枯蓮更猗遺芳之軌
妙猷仍玄濁淚澄曦晌曙凝淵□士□和兄弟眞賢體
兹四空五有非祢□率鄉儒營斯福田津流遐□果鍾
人天秪□還日提河再年惠風鐲拂昏境除烟
大魏元象二年歲在申二月乙未朔十□五日巳酉
造刊□訖□

第一層

□□將軍段州長史河東薛安民
趙郡太守趙伯材
博陵太守趙□棠
安東將軍銀青光祿大夫秦州刖駕□城太守趙元□
高柳太守趙武□
鉅鹿太守趙問石
廣平太守趙稚
渤海太守趙玉
華陽太守趙太周
趙郡太守趙元顯

廣陽太守趙曇度
樂安太守趙世顯
常山太守趙彤□
平原太守趙神□
齊郡太守趙神□
蘭陵太守趙珠
常山太守趙領標
襄城太守賈蘭根
代郡太守賈祐齊
鄉郡太守賈高

廣川太守賈王
樂陵太守賈道貴
成陽太守程文生
伏波將軍大行臺下帳內刖將程顯邕
伏波將軍程纘烏
鎮遠將軍程景導
靖境刖將程雲遵
定陽太守劉班□
下邳太守侯晉安
定陽太守侯富爾

□屯太守□金杜
趙郡太守□□桀
沛郡太守□超世
廣平太守□甫
征虜府長史馬市買
北平太守□僧悛
元氏令趙芳林

第二層

□趙太守趙江貴
鉅鹿太守呂市保

伏波將軍路縣令趙□花
安戲令趙道安
九門令賈曇受
元氏令張奴
高邑令張論
元氏令趙□□
趙郡曹郝市邕
高邑令劉次保
平鄉令賈□
德州西曹賈仲業

南□令鄭詳
深澤令程沙遜
南宮令程武安
□子令程□□
平鄉令程麴
毋極令程萬興
元氏令程曇金
毋極令范聽
伏波將軍程顯和
欒城令杜思和

中水令趙景林
元氏督護褚景馥
殿中將軍兒慶和
□都令侯拒
趙郡上官楮悦
趙郡主簿褚豐禮
趙郡上官褚文□
易陽令□倉
瀛州□守董景□
鎮城長史侯早

曲陽令江□
九門令王□

此碑上半截書頌文下半截書人名書名又分十三層其第一第二兩層則書官書名俱備錄于右其下十一層但書名而無官皆鄉里中人也每層約三十九八十一層其有四百十餘人字繁不錄元象者東魏孝靜帝年號而元象只有元年其二年改元興和歲在巳未末行書元象二年歲在申殊不可解碑有但書年之天干者今乃畢書地支想是興和二年庚申也地僻在遠不知改元因以

興和二年爲元象二年耳創建者爲居士趙融而書名中之趙姓有官爵者二十八何趙氏之盛也興和二年爲梁武帝大同六年是時南北皆崇釋教浮圖之建俗尚如斯其字則楷書而仍兼隸法方整嚴密實出唐碑之上當是兵叅軍鄭鑒所書也迻卽移字楚詞屢懲艾而不迻是也或又作拖作斂猶音禽鷙獸也䌌同纓音施絲有粗細經緯不同也說文云粗緒也濕同灕瀑水沸湧貌泆音亦與溢同水放泆也飡同餐渃俗落字不見字書筃卽茵字同茵餝同飾嵢音倉山勢嵯巨支切音耆本釋典字嵯鷟二字頗新其餘多怪刖不見字書

周驃騎將軍鞏客卿墓誌

石長方一尺有一寸
楷書後有吳光榮跋

周驃騎將軍右光祿大夫雲陽縣開國男鞏君墓誌銘

公諱賓字客卿張掖永平人也自壽邛之山卿雲照三星之色襄城之野童子爲七聖之師繼喆傳賢肇終古而長懋垂陰擢本歷寒暑而流芳曾祖澄西河鼎望行滿鄉閭後梁召拜中書侍郎建威將軍玉門太守屬凉王無諱擁戶北遷士女波流生民塗炭乃與燉煌公李保立義歸誠魏太武皇帝深加禮辟授使持節大鴻臚散騎常侍高昌張掖二郡太守封永平侯贈凉州刺史祖右文西平鎭將考天慶汝南太守政脩奇績世襲茅土州閭畏憚豪右敬推家享孝子之名朝揖良臣之譽門稱通德里號歸仁公惟哲惟神克岐克嶷幼而卓爾爽慧生知長則風雲英聲自遠永安二年從隴西王爾朱天光入關任中兵叅軍內決機籌外摠軍要除平東將軍大中大夫周太祖龕定關河公則功叅草創沙苑苦戰勳冠三軍封雲陽縣男邑五百戶大統十七年除岐州陳倉令周二年除鄜州中部郡守歷居宰莅民慶來蘇野有三異之祥朝承九里之潤保定二年授司土上士四年遷下大夫濟濟鏘鏘允具瞻之望兢兢謇謇

見匪躬之節天和二年授驃騎將軍右光祿大夫四年
任豫州長史別駕駿驥足起千里之清塵鬱鬱鳳林
灑三春之憓澤君子仰其風猷小人懲其威化諒人物
之指南實明君之魚水俄以其年十二月遘疾薨于京
第春秋五十有五夫人許昌陳氏開府儀同金紫光祿
大夫岐州使君西都公豐德之長女也緜翔飛鳳則四
世其昌天聚德星則三君顯號清音麗響與金石而鏘
鏘秀嶺奇峯隨風雲而縈鬱夫人資光婺彩稟教嚴閨
淑順內和容言外晈高門儷德君子好逑保定元年先
從朝露春秋卌十五爲仁難恃天無獨善之徵樹德遂

孤神闕聰明之鑒唱隨俄頃相繼云亡逝者如斯嗚呼
何巳公夫人之卽世也時鍾金革齊秦交爭車軌未并
主祭幼冲且隨權瘞今世子營州總管司馬武陽男志
次子右勳衞大都督上洪男靈運屬昌朝宦成名立恩
起蓼莪心纏霜露攀風枝而永慟哀二親之不待陟岵
屺而長號痛百身之罔贖乃以今開皇十五年歲次乙
卯十月丙戌朔廿四日巳酉奉厝于雍州始平縣孝義
鄉永豐里高岸爲谷愚公啟王屋之山深谷爲陵三州
塞長河之水懼此貿遷故以陳諸石鏡銘曰
白帝朱宣實粤金天西河艮將張掖開邊承暉接響世

拔英賢賢哉上喆時之人傑夏雨春風松心竹節肅等
霜嚴淸同冰潔司戎幕府作守敦陽蝗歸河朔瑞見陳
倉大夫濟濟士實鏘鏘文龜玉印紫綬金章首僚驥足
耀此龍光必齊之姜必宋之子儷德高門家榮桃李行
滿婦箴聲揚女史春秋代序春非昔春閱人成世世不
常人精華巳矣空想芳塵口目怛逝時屬屯窮蒿里尙
隔黃泉未通孝子惟孝追遠追終永茲玄宅宍此幽宮
山浄苦霧樹動悲風流冰噎水上月凝空悠悠自古寞
寞皆塵

附吳拔

嘉慶巳卯年四月偃師叚嘉謨訪出此石于武功
縣之南鄉移置縣之大堂南海吳榮光觀並記
曾祖仕梁又仕魏祖父均仕魏客卿以魏孝莊帝
永安二年從爾朱氏入關至大統十七年卿猶仕
西魏未仕周也故用西魏大統年號至宇文氏起
卿乃除敷州中部郡守周武帝保定二年授司士
上士周天和二年授驃騎將軍至四年乃卒越二
十一年而天下統於隋又越六年爲隋開皇十五
年乙卯始卜葬于雍州卽其所歷由魏至西魏暨
周凡三見滄桑而不獲一日見唐統一之盛生長

亂離承平乃葬其所過亦可哀矣字是北派頗有
隸意以出土較遲筆畫未損今置之武功縣署恐
椎搨日多未能歷久也

中郎將石府君墓誌

石長方尺二寸

故左武衛中郎將石府君墓誌銘并序

前太子通事舍人朱仲武撰并書

公諱暎字先進其先樂安人後世家於京兆今則京兆人也晉將軍苞之慶胄衛純臣碏之靈苗祖考守珎皆公侯繼業鍾鼎傳門載籍昭彰其來自遠公策名委質夙著令聞孝以承家忠以奉國故得鄉黨稱悌焉朋友稱義焉可謂不忮不忧有典有則者也頃以方事之暇爟火不息而能率先義勇克集茂勳累遷至左武衛中郎將前朝賞有功也公志懷敦素性守謙冲不以榮顯介情但以優遊晦迹而已所冀神降其福天與之齡何圖兆夢泣瓊臧舟弆壑哀哉以歲次□□十一月十四日遘疾終于私第春秋六十有八夫人孫呂夙稟坤儀素傳內則鼓琴瑟而有節主蘋藻而知禮嗚呼蕣花早凋瓊枝遽折天不憖遺先公數稔而亡今以歲次甲子四月庚午葬公於長安龍首原夫人祔焉禮也嗣子清士晁岳岊湊岫秀等蓼莪在疚欒棘其形泣血於苴麻竭力於窀穸恐時遷陵谷事或幽封爰命揮毫敬刊貞石詞曰

性質溫溫神儀洸洸職叅禁衛位列中郎流芳後代秉
義前王冀保永終曷其云亡卜兆吉辰素車薄葬爰遷
嘉偶及此同壙魄散泉扃神遊繐帳後背重崗前臨疊
嶂聊紀世載式昭門望

碑稱前朝又云前太子通事石君蓋南北朝陳人
或爲周人均未可知復以左衛中郎將官名挍之
此官漢因秦制晉武帝始省去至南北朝宋孝武
皇帝大明中復置齊亦因之則以石公爲宋齊間
人亦無不可總之南北亂離區宇莫主書曰前朝
爲隋之已統一北南而諱也不書隋號不忍忘其
舊也其葬于甲子蓋即隋開皇改元仁壽之四年
也

元公墓誌銘

石長一尺五寸濶一尺九寸三
十七行行三十七字正書

大隋故朝請大夫夷陵郡太守大僕卿元公之墓誌銘
君諱□字□智河南洛陽人魏昭成皇帝之後也軒丘
肇其得姓卜洛啟其興王道盛中原業光四表其後國
華民譽瓊萼珵枝源派流分奮乎百世具諸史冊可畧
言焉六世祖遵假節侍中撫軍大將軍尚書左僕射冀
青兗豫徐州諸軍事冀州牧常山王高祖素假節征西
大將軍內都大官常山康王曾祖忠使持節散騎常侍
鎮西大將軍相太二州刺史侍中尚書左僕射城陽宣
王祖昺使持節散騎常侍都督徐州諸軍事平東將軍
徐州刺史宗正卿父最使持節侍中驃騎大將軍開府
儀同三司尚書左僕射華敷南秦并幽晉六州諸軍事
六州刺史司徒公樂平愼王維君幼挺奇資早飛令譽
識鎮表於覩虎風流見於乘羊落落高標排青松而獨
聳亭亭峻節映綠竹而俱貞吐納美風規雍容善辭令
通人仰其好仁僚友稱其孝友於是聲譽流洽孟晉迫
羣周保定四季詔擢爲左給事中士禁內清切王事便
繁許史之親乃膺斯授金張之寵方降此榮陳力效官
獨高前代天和四季遷爲給事上士貴遊子弟實符東

哲之辭名士俊才不愆苟綽之記望袁准而高視顧蘇
林而載馳建德元季入爲主寢上士粤自居中遷于內
寢自非不言如子夏至愼若嗣宗豈能淑愼於否臧無
言於温木三年二月轉爲掌式中士君■清脩疾惡正
色讜言簪筆自肅於權豪肅備不吐於强衛故已聲齊
乳虎號擬蒼鷹官得其人斯之謂矣五季四月以君婞
正幹職遷爲司御上士時三方鼎足務在并兼旣物色
賢人且資須良馬五監三令未易其人宣政元季以軍
功封豫州之建寧縣男邑二百戸其年八月又錄晉陽
之役加使持節儀同大將軍大象二年又仍舊封進爵

爲子擁兹綷節擬上將之儀苴以白茅開建國之杜尋
遷少駕部下大夫䇿金日磾以謹養致肥武帝擢之中
監百里傒以時使不暴穆公授以上卿望古儔今於兹
爲美開皇元年出爲益州武康郡太守公導之以德齊
之以禮田餘滯穗路有遺金又進爵爲伯轉儀同三司
從格例也秉彼躬珪輝煥五等服兹袞冕照映三台九
年授使持節扶州諸軍事扶州刺史十六年改授渝州
諸軍事渝州刺史公頻刺二州申威千里抑强而惠鰥
寡舉善而矜不能猾吏無所竄其情姦盜不能匿其跡
聖士纂承洪緒改刺州選任能官更授夷陵太守公

肇應嘉舉彌厲淸勤巴衽暗居不□官燭王閎獨坐不
發私書由是徵入爲太僕卿朝請大夫如故時逵遽令
式贊弓矢摠駒駼之監長統昆□之令丞駟加駿銳於
軍容犧牲備腯於　柴望方當控兹八駿御彼六龍登
栢梁而賦詩出上林而奉轡而晦明之疾旣湊膏肓之
豎先徂大業九季厄從遼碣□月□日遘疾云亡薨于
懷遠之鎭春秋六十有四嗚呼哀哉迺以十一年太歲
乙亥八月辛酉朔廿四日□□葬于大興縣□□鄉□
□里禮也維公器局疏通神情秀上虛心以待物直已
以明義不吐不茹正色正言面刺有汲黯之風□爭見

王陵之節旣而出宰牧守入作卿士姦吏懾其擿伏朝
卒挹其能官重以知止知足維清維愼家餘海陵之粟
旣自足於餘粱室傳夏后之璜差無乏於珎玩至於殖
錢月給必均之於下吏祿俸歲受皆散之於親知斯乃
公孫弘之高風晏平仲之淸規矣仁乎不慭嗚呼惜哉
今龜筮協從房陽行掩式鐫玄石用作銘云
巖巖其趾浩浩其源極天比峻浴日同奔鳳生鳳穴龍
陟龍門煥爛珪璧郁馥蘭蓀爰啟常山迺建王爵振振
趾定韡韡跗蕚執法南宮建旗東岳袞黻委他蟬珥照
灼太僕瑤枝人之表儀六德孔備百行無虧丘陵難越

墻仞莫窺仁爲已任淸畏人知執法主寢牧州典䣊謇
謇讜言洋洋淑問虎去雉馴風和雨順政號廉平民稱
惠訓靈旗東指巡海稜威秉轡作傑方効乘機忽悲撤
瑟俄驚復綍龜謀空襲魚躍虛歸飄颻反葬眇冥陽魄
永愴烝蒿長悲宅窆蓋偃伍松鑪攢拱栢茂德洪名永
宣金石

元公西魏宗室入北周爲左給事中士故碑云魏
昭成皇帝之後又云保定四年詔擢爲左給事保
定西魏武帝年號也至天和四年遷爲給事上士
建德元年入爲主寢上士則西魏已亡而仕於北

周矣由是宣政二年封建寍男大象二年進爵爲
子不二年而北周又亡乃仕於隋之開皇元年爲
益州武康郡太守身歷三姓仕北周二十四年仕
隋二十九年至隋之大業九年乃卒於懷遠其人
遭亂而無特立之節正是五代陋習無可稱述周
隋二史俱不爲之立傳惟曾祖諱忠者見於周書
元偉傳偉亦河南洛陽人與碑云洛陽正合又云
魏昭成之後與碑又合忠爲尚書左僕射城陽王
與碑又合惟傳云城陽王而碑則云城陽宣王耳
偉傳云祖盛父順而碑則云祖昺父埬想彼此但
其曾祖而自忠以下祖父則又支分派别也據偉
傳按之元公當是偉同曾祖之從昆弟然元氏多
達人偉傳附載有所謂元欣者有名子孝者名季
海者名育者名儉者名贊者名則者名羅者名正
者名顏子者名壽者名審者不下十數人而昺與
最俱爲將軍並同曾祖何獨不見采入良可疑也
或據碑以補史之缺畧亦無不可此碑元公名號
已泐不可攷賴有曾祖忠之名與爵里可與史證
又賴有此石使昺與最之名並垂不朽於千載後
未始非金石文家之力也拓本藏於紹興後馬周

氏辛亥二月周啟人兄自後馬來壽邑抄本見示
用亟入於萃編補畧云

元公夫人姬氏之誌

石長一尺六寸濶二尺二十七行行廿七字正書

大隋故太僕卿夫人姬氏之誌

夫人姓姬□□也圖開赤雀文德暢於三分瑞躍白魚武功宣於五伐大封四十維城於是克昌長享七百本枝以之蕃衍蟬連史策可畧而言曾祖懿魏使持節驃騎大將軍東郡□公祖亮魏使持節大將軍開府儀同三司燕州諸軍事燕州刺史東郡敬公父肇周使持節侍中驃騎大將軍開府儀同三司光祿大夫東秦州諸軍事東秦州刺史勲晉絳建四州諸軍事勲州摠管神

水郡開國公　夫人幼挺聰慧早摽婉淑瑤資外照蕙性內芳既閑習於詩書且留連於筆研馬家高行終降志於袁門曹氏淑姿且悅巳於荀氏年十有八歸於元氏焉太僕弱冠登朝盛播名德夫人亦虔恭內職憂在進賢穆琴瑟之和展如賓之敬天和四年六月爵拜建寍國夫人褕狄委佗光膺典策衡珮昭晣肅拜朝榮於是輔佐以寄官自防以典禮送迎未嘗逾閾保傅然後下堂既而五福先虧六氣多爽青要素序奄摇落於穠華玉露金風竟摧殘於蘭蕙建德六年六月九日遘疾云亡時年廿九嗚呼哀哉以今大業十一年太歲乙亥八月辛酉朔廿四日甲申合葬於大興縣□□鄉之□□里禮也昔三春之倶秀獨掩翠而先訣今百年而偕謝始同歸於其穴襃金鏤而長埋掩銅窻而永閇嗚呼痛矣乃作銘云

帝嚳肇祖君稷分枝上覩星象下相土宜桊隆在鎬仁盛遷岐三讓至德九錫光施

驃騎誠烈早飛聲問擁茲絳節大啟東郡開府堂堂忘情意愠神水恂恂劬勞惠訓

有淑其德言容不迴星光東楚春芳摽梅六珈照日百兩驚雷鳳飛金帳龍翔玉臺

典策纔臨瑟琴方睦猶垂翠帳忽辭華屋槿籬留挂巾奩餘馥志沮旦莊神傷晝哭

昔日體齊早别春闈今茲合葬還共塵泥雙鳥甍隻兩劍終齊千秋萬歲永誌貞妻

此碑即元公夫人合葬之碑但敘母家三代不及元公名并其子女亦不書恐卒時年二十餘尚未有子女也不然何脫畧乃爾

濮陽令于犀角碑

石高四尺八寸濶二尺二寸有碑額篆書大唐故騎都尉濮州濮陽縣令于公之碑十六字碑文正書

大唐故騎都尉濮州濮陽縣令于公之碑

君諱孝顯字犀角河陰河南人也肇自赤雀棲戸白魚躍舟時經百代歲逾千祀崇基緬邈與嵩岱而齊高華胄芬芳共蘭蓀而竝馥廷尉以陰□□□名播漢朝將軍以陷陳揚麾聲流魏室自此琳琅接耀軒冕連陰雖張湯之七葉珥貂郗鑒之四世台鼎方之蔑如也曾祖提魏孝文以勅勤地居□氣接幽都陸梁狠望之前掘

強龍庭之外遂授公節鉞奉使宣威公喻以□亡示其禍福勑勤犁□樹□獻馬稱藩主上嘉使乎之功授以征北將軍隴西太守自魏歷將終周圖已兆元臣舊佐咸加爵賞蒙授使持節太傅柱國大將軍封建平郡開國公從班例也祖瑾周太師三老尚書右僕射柱國燕國公謚曰文巨川舟楫鼐鼎塩梅燮理陰陽寒燠無急舒之□殲□王□□令有清靜之□父檀周使持節大候正大將軍趙州刺史安平郡開國公周武帝親御六軍問罪東夏躬麾九伐爰整西師乃以公爲大使揔知兵馬節度□□居鼎□□□齊王處帝弟之親咸皆稟

其英謨諮其進止公平施十計閒出六奇或飛書下城或搴旗陷陣□□飈之卷寒蘀旭□之泮春冰曾未浹辰僞都平蕩□武平齊之日揔集僞官謂高□艈肱曰平郡國者由此人也昔呂子牙之佐周號鷹揚而滅紂王士洽之翼晉歌龍讓而殄吳□代相望□無慙德君稟川岳之靈膺星辰之氣角立傑出高蹈獨翔括四行之樞機軼九德之軌躅一室不掃陳仲舉之生平萬里封侯班仲升之意氣發巖電於神彩韞□□于胸懷騫翥如積風之運鵬昂昂如鶱雲而□驥開皇十三年起家任右親衞非其□也阮嗣宗之傲誕屈以步兵馬犮

子之文詞登之武騎俄而文皇晏駕煬帝嗣興劉刮舊章革犲新政瑱室瑤臺之制邁辛癸之宮車轍馬跡之行越姬劉之幸公乃告歸託疾養素邛園不事王侯鑿坏而已於是瀛賓斷問慶弔不通保周陂而訪三姜依蔣徑而尋二仲甘樂山藪木石爲隣燕歌唱而白雲凝邛琴奏而玄鶴舞讀張衡之賦且悅歸田諷宋玉之詞寍憂失職逮隋風已替率土分崩九服移心三靈改卜天星驟落海水□□萬姓嗷嗷瞻烏靡所太上皇龍躍□野鳳舉秦川揮寶劍而斬素靈擁神兵而膺赤伏羣雄畢湊眾善咸歸遂仗劍轅門投□獻款蒙補左武候

錄事參軍於時義寍元年也皇圖淑落帝典權輿王世
充叛換洛川竇建德憑陵河朔蟻集蜂扇狠顧鵄張騷
掠我黎元違拒我聲教眘言經畧理資英傑乃授元帥
府鎧曹參軍于是破八關堡清城宮□太陽門陷陣先
登獲勳第一蒙授騎都尉武德四年授雍州錄事參軍
處神州之要居輦轂之下五方雜沓四民設阜糺遊姦
伏思若有神不待赭汙之□詎勞鉤距之詐貞觀元年
又授朝議郎行濮州濮陽縣令君下車布政除煩去瘼
而移風易俗□□三年俗富刑清纔逾朞月還牛怨米
是表於深仁馴雉移蝗爾彰於善政豈止沉丕鄰縣留

神□壇而已茂水積歸塘竟滔滔□東注日沉昧谷遂
黯黯而西徂辰巳之夢忽□膏肓之祟便□以貞觀十
年四月四日寢疾卒於濮陽官舍春秋六十四陶潛琴
酒對彭澤而誰懽言偃絃哥臨武城而莫奏嗚呼哀哉
君器宇淹凝風神秀逸□懷肅穆與寒松而並勁志氣
蕭條共秋天而競爽履仁爲度蹈義成基不以富貴嬌
人常以謙虛待物可謂淑人君子邦家之彥者與爰以
貞觀十四年歲次庚子十一月壬寅朔十日戊子遷窆
于雍州三原縣洪壽鄉之原夫人李氏平昌縣主皇帝
堂姑王姬下降作嬪君子四德□□中饋六行欁于閨

儀婉嫕□聲幽閑表德旣而于君長逝守志孀居同穴
之義莫從異路之悲奄至撫育遺稚皆遵禮度雖亭□
存教斷織貽訓曾何足云嫡子正則等並學稟箕裘德
齊顏閔竭忠貞以事主極愛敬以安親列鼎切季路之
懷從車軫□參之歎乃詢諸古老考之前代紀素譽於
玄石刻遺範於幽埏庶感風樹之悲以慰寒泉之思文
曰迷矣洪源遐哉峻趾崇山億丈長河千里陸離英彥
森梢杞梓纓冕遞承琳琅間起其一廼祖英果懍懍□霜
乃父誠積謌謌勁王雄圖獨運逸氣孤翔東征獻凱北
使歸壇其二篤生君子風神特達□侍丹墀譽巡紫□履

鞶負羽橫戈載鶡驥騄旣馳穠盧方劌其三有□道亟滄
海橫流知機體命卜築林丘一人御物六合承休翻然
筮仕佐府參州其四參州伊何纏違糺惡佐府伊何□弓
砥鍔姦魁息訟邊隅靜柝衢路風生戈矛霜落其五一同
出宰百里□風霜威狡猾露惠煢窮庶□永錫如何不
終武城絃絕彭澤□空其六□□□□□□孫楚長
埋韓□永逝朝思餘□□悲遺惠先秋刈蘭當春剪桂
□□□□□□□俄□答□遽歎舟藏松風席□□
□□□

犀角唐書無傳貞元時于頔傳言頔爲周太師謹

七世孫太師官既合以時計之亦合則犀角乃顚
之高祖行也惟謹瑾字刖當從碑以正唐書之譌
字秀整文尤典麗惜無撰書人姓名文中凡而字
俱作隸體蓋碑在唐初猶有六朝餘韻也徑作俓
字與處士張文起碑同張碑亦無書撰人名字亦
多新刖蓋貞觀十四年去龍朔元年僅二十餘年
彼時俗尚如此耳他如稟作稾朐作朐鵙作鵊歌
作哥驕作嬌析作柝岱作岱總作惣燕作鷰均有
俗有通惟四民設阜句設阜二字尤新異設音拏
言紛亂不解以喻民俗之紊纏而富庶也

文中魏作䰟楫作楫鹽作塩侯作俟璿作璿臺作
臺隋作陏偃作偃裘作裘皆依原碑

唐左監門大將軍樊君碑

石高七尺闊三尺三十一行行六十一字正書

大唐故左監門大將軍襄城郡開國公樊府君碑銘并序

若夫軒弧登御威有截而開基嬀威陳階格遠方而載
化是知器之攸假理無廢於三材國有所隆業有階於
七德皇家躍龍而啟千載翥鴻而淸九野叱咤而會風
雲抑揚而徙舟竅其有應銜珠之象縱傑挺生延捧日
之徵程材命世繁桑以申其略坐樹以挹其庸惟襄城
公爲體之矣公諱興字積慶安陸人也將軍感燕取貴
易濱之義武陽讓楚終高戲下之功學稼問仁暎闕里

而騰譽推田削契掩湖陽而擬美自時厥後支分派流
昭被靑編可得而略也高祖□魏武陵太守曾祖叡魏
員外散騎常侍巴州刺史新淦縣開國侯祖文寔隨南
陵太守逎資忠爲德置言成範體三□而流潤苞六象
而揚輝雅達從□□□□□俗召父延於時諺任子悅於
吡心父方皐朝金紫光祿大夫慶善宮監撫器虛室戢
景太玄偶出震之休期縻賓王之華秩公挙鱗□□奉
鞫□□霑□露於紫宸燭靈輝於黃道體仁而貫其勇
由衷而講其信竭勁心於風草比貞節於霜筠言表身
文愼樞機於自邇行成士則摠枝葉於昌年超越女之

工五投當傳其術高楚臣之藝七札木謝其能至於當
敵制權臨機授律明其可否之筭審其向背之宜聊取
鑠金之□□踐蹬鋒之地義旗肇建乃授朝請大夫隨
班例也尋破西河授通議大夫又平霍邑加金紫光祿
大夫特以戰功蒋加勳級殊賞稠疊雖用詳言俄而克
定京城加左光祿大夫除左監門郎將恩流□□□屬
宸階嘉猷黼於紀明未佇司徒之袞茂識遒於安世盜
資博陸之賢未幾以功次除左監門將軍周□□侯折
衝伊寄宮禁肅清簡在帷穆昆□□□尙結妖氛聽鳴
鼙而載懷命寅車而戢罰以破犨舉勳授上柱國西華

縣開國公賞物五百段楚班爲貴躡昭陽□大功漢著
斯永聯類陰之茂爵劉武□□□洛水肆虐懷生公廼
奉旄麾而電邁滶驂驅而風掃乃封襄城郡開國公賞
物千段於時三川振蕩孽醜虔劉□□歲竊預誅千紀
王世充竊建德因茲□蕩□勳餘十二轉迴授其子賜
物二千段金三十斤武德五年建德重茲兒聚帶州挻
亂於是長驅銳騎封豨滅妖加勳□轉賜物千段并奴
婢牛馬劉黑闥跋□□□陳兵曠歲公克宣智勇殲厥
奸渠以超輩之勳賚物六百段六年破徐圓朗於徐兗
厥功斯懋賞物千段巳丑三年手詔以公策名日久立

効居多因□□□軍將八年獯獫犯塞大駭涇陽權烽
夕舉胡塵曉望公推鋒轉鬬羣凶折首九年以公夙昭
勤効爵封四百戶授□國公貞觀六年破陵州羣獠賞
口六□□□授左驍衛將軍坐公事例十一年還除右
監門將軍望重禁闈誠深貞固驟招榮旨亟踐便繁十
五年扈從巡□□授左驍衛大將軍領千騎十八年授
雲麾將軍守左監門大將軍封襄城郡開國公食邑二
千戶十九年鑾輿東指龔行遼隧公於定州奉令乘馹
□□副梁國公宮城留守任寄之重莫或與京宸駕凱
旋特蒙勞喻賜物三百段撿校右武候大將軍廿二年

從幸玉華宮因而留守有頃乃嬰風疾勅遺名醫就療
賜告還京砭藥亟加間月而愈廿三年除左監門大將
軍屬公車晏出紼翻晨移奉端闈而限赴望疑山而崩漂
從而負茲彌痼悁景推辰有司以寢瘵逾時因而奏解
爰降綸汗恩贍尤多給防閤祿賜國官府佐帳內一依
見職并遣醫賫藥終始將療又降中使就第慰問賜絹
□匹終期介胄爲禮孤標細柳之名鍊石居心獨擅下
江之懿如何尺波行閱風駭龍驤之水一葉可悲霜凋
馬陵之樹以永徽元年四月廿三日終於雍州長安縣
懷遠里第春秋六十有三聖情念切惟舊傷悼者久之

贈左武衛大將軍洪州都督江饒吉袁鄂虔撫八州諸軍事使持節洪州刺史賻絹布二百疋陪葬獻陵賜東園秘器喪事所須隨由資辨給儀仗去還諡曰恩公禮也粤以其年歲次庚戌七月戊戌朔九日景午陪葬於獻陵惟公德符先覺利見在□立功立事威稜慴遠信義行於州里孝友著於家風喜愠不形寵辱惟一歌鍾繼發無累虛白之心軒蓋交陰詎隔濠梁之想踐三宮之奧先實涇流之壽奬萬夫之勇方投越水之醪宜其克壯風猷永綏多祜俄而丹烏迅景下崦山而靡息白馬奔濤委□□而□□長子護軍濮王府兵曹參軍事

修義世子上騎都尉荊王府法曹參軍事修武等下堂斯慎葢孝之道夙彰趨庭有奉敦悅之風先備遽纏手澤之慕□□□□之哀□□□駭遷珽窆相賀思滕鼎之餘範懷景鐘之遺□萃琬勒其鴻規清芬垂而靡究

其銘曰

叔世道消夷羊在牧乘時啟聖長鯨且暴瑞與碭野祥開□□式寄爪牙允資心腹其一山甫姬□□□□□□巖巖□□瀰瀰祖考昭德騰華紼綺政體山廸業甄河冢其二介福潛衍克昌厥嗣賁軌鶩寘承羈絕轡□□□□□□□□聚米均聲沈沙比□其三□□□□□□□□□□□如蘭堅心匪石家存衞劍門趍鄭驛藝優方窮道希函席其四得人斯盛多士維寍鎊躬文□□□扃□□挺銳括羽□貞功深□□□□□□□□□□楹貽釁泗水迴瀾武山頹仞九京可作百身靡愯麗龜轂枝飛龍罷引其六遠日告辰如疑戒禮容車夙載嚴闉早啟烟景空蒙夙□□□□□□□□□□□而揮涕其七

武德六年改武功宮爲慶善宮葢以元宗誕於此宮也玉華宮造於正觀二十一年七月在坊州宜君縣之鳳凰谷碑云父方爲慶善宮監又云樊公

從幸玉華宮因爲留守因病還京閒月而愈葢坊州去京較遠也明年廿三年夏太宗崩太子治立是爲高宗年號永徽其二年卽改玉華宮爲佛寺矣樊公唐書無傳而唐會要陪葬獻陵名位中有樊公之名獻陵陪葬太妃公主外自河間王至密王其十八王而大臣陪葬者甚少一爲幷州摠管張綸其二卽爲樊公餘爲潭國公邱和巢國公錢九隴刑部尚書劉德茂刑部尚書沈叔安六人而已惟樊公史作榮國碑作開國公稍異不知孰是樊公死於永徽元年卽以其年七月九日丙午葬

諱丙作景者避代祖元皇帝之名元皇帝爲高祖
之姪太宗之從昆弟名昺碑蓋遠諱嫌名知府之
嚴於避諱如此唐制幷荆燕等州爲大都督府官
正三品洪越潤等爲中都督府官亦正三品惟通
梁夔鄜涇潭等爲下都督官從三品死後贈洪州
刺史蓋中都督正三品官也

化度寺海禪師墓碑

石方廣一尺正書

大唐化度寺故僧海禪師年六十有六俗姓劉綏州上
縣人也永徽五年十一月八日卒於禪衆以顯慶二年
四月八日於信行禪師所起方墳焉
顯慶三年歲次二月廿五日癸巳建

顯慶三年歲在戊午碑書歲次而不加支干自是
創例字極工整可與平原抗衡惜姓名未之載耳
文亦但書卒葬月日生年鄉里一洗唐碑繁縟之
習良可寶也

駙馬都尉盧遜墓誌銘

石長方一尺七寸楷書

大唐故駙馬都尉衛尉少卿息豆盧□墓誌銘并序

君諱遜字貞順河南洛陽人也太祖武皇帝之外孫太宗文皇帝之甥也原夫星街北鎮氣雄高柳之鄉日域東臨威震扶□之表及祥分玉板運坦金行盛王業於雀臺肇霸圖於□塞辭燕入魏既得□□□□□□□□□成功於勍主故得門傳戈鼎業擅綸圖巳宏散以孤征□□□□□□□□□□可得言焉曾祖通洪州總管沃野公謚曰安道濟風雲□□□□□□□□□

□□□□□麃於朱轓落鳴烏于玉輦百僚既所其仰金□□□□□□□□□□□□□□□禮部尚書左衛大將軍光祿大夫行岐州刺□□□□□□□贈□□□□□□□□□海岳擒靈辰象提氣風格沉肅凝暎□□□□□□□□□□□□□□□□□□傳而竝馳榮數極於生前縟禮繁於身後□懷讓駙馬都□尙□奉御□□□□□□府衛尉少卿地望高華音容韶令家延□□室茂王姬同遊劍水之龍獨□□□之鳳君即衛尉第三子也親長沙長公主□□台於婺象分玉種於藍田□□□□□□光以動色彩澄飛月凝夜景以□□□□日稱奇髫初表嶷□□□馬□□□□□材肇自□羊方允河東之美豈亡□□早歲獨茂重玄元鳳凰齡亟□□□□□□蓼痛□匪莪標氣就淪惕□□雖年代浸遠風枝之恨罔渝□綴外□□□之情尤切至若教成斷緯業就離經筆海浮天鏡璇波於抃岳談□麗日□□□□□加以族茂燕垂氣淩河右弓開明月碎密藻於楊珊騎轉浮雲散輕□□□故得薦紳屬望披薜馳心猶决羽之□丹烏若涓滴之歸滄海豈謂寒風□□□□於初華繁霜夜零剪庭芝於方秀嗚呼哀哉粤以大唐顯慶四年四月

十六日□於雍州萬年縣之常樂里第春秋一十有七即以其年太歲己未八月己巳□□□日壬申遷窆於萬年縣少陵原禮也□□□粱景族□戚□□生平鐘鼎之□□□分裾之會□天資濬雅性奥謙恭□□□□之心自得風塵之表惜其英資□□□於明時盛德芳華巳淪於□麥長沙主□□□□□□□□□之水碎□□□□葬薄謝鴟鳶馬鬣開封竟□螻蟻故□□□□□□□□□□□□□□□□□烏見滕公之白日泉飛□隝□陸□□□□□□□□□□□□□□□□□□□而嘶馬秋風驚□□□□世田□方

易□舟□□□□□□□□□□□□□□永扇其詞
曰地隔紫□是分柳塞山川盻嚮風雲□□□□□□
□□匪睎□□辭燕中山入代二公垂績所敷前載就
日標華浮膂□□□辟□□□鬧□職移丹棘花飛
穠李門慶斯來篤生君子玉暎方潤璧山齊美□海□
分□□鳳峙日烏空落蕃羊趧擬謙恭神授孝友天成
烟□自重戈鼎攸輕方遊星闕奄闥泉扃將華落蘂方
秀摧榮百身何贖千祀徒名悵□秋蟲檐飛暗翼晝柳
朝引素騏夕急荒隴沉暉寒郊寡色□□遽返歸魂何
極空餘素範方標懿植

按唐書高祖十九女有二長沙公主一下嫁馮少師一始封萬春下嫁豆盧寬子懷讓此碑文兩見長沙公主幷首行豆盧字尤完整知貞順之母即長沙公主始封萬春者無疑惜碑中但有曾祖通名其祖寬其父懷讓名俱已剝落不可辨然唐書但云下嫁寬子懷讓不詳主所出子何人得此石知盧遜爲公主之子足以補史之缺

唐故處士張君墓誌銘

石高廣二尺
有奇正書

君諱興字文起南陽西鄂人也漢太史衡之胤胄昔靈表西豐酉侯建幃幄之筴星移東井常山與締搆之功或師範萬乘照彰圖籍光臨千里煥丙繼緗異勳三台識司空之忠烈吟謠兩穗表太守之仁明奕葉簪裾蟬聯珪組規矩重疊代有人焉緬究遺編可略而言矣曾祖瓘魏冀州信都縣令絃歌不奏美化洽於一同鳴琴詎張仁風清於百里祖虔周太僕寺主薄才能幹濟智畧強明壽□辟除轉授瀛州河間縣令父才附揚州江都縣烝輔弼風規俗流清化贊道名教邑致歌謠君胤系高華等琨琚之貞劔箕裘纂組若青邛之群鸞義烈因心未資於典籍忠貞天縱不假於規模崇有道之林宗慕無爲之李耳名利之所不拘榮辱之期混一弓旃不應羔雁無移道契虛玄性符高尚機寂寥而賞邀持澹泊而怡神志道研精非邀鼎食窮微盡要詎徇輕肥得性琴書吟嘯烟霞之表時談物義進退木鴈之間妙疑榮期高符黃綺時遊三徑乍撫一絃以道義而爲尊輕蟬冕而非貴探賾幽隱迥邁莊惠之機致遠鉤深遙鉗黃老之趣想秦晉之有迻見潘陽之代親遂婚於辰

州辰溪縣令漢陽趙徽之女幽閑婉嫕中饋聿修懿淑
温和母儀庭宇君纂業成勞遇楊雄之痾疾逞書作療
遭皇甫之沉痾氣擁膏肓疾纏腠理厲華佗而不瘉見
扁鵲而無瘳以貞觀廿二年七月廿七日卒於私第春
秋六十有二夫人趙氏卒於永徽四年春秋六十㕥以
龍朔元年歲次辛酉十月癸亥朔廿三日乙酉合葬於
故鄴城西八里禮也面平原背漳浦左帶蕪城右連林
麓刊兹玄石紀以清徽勒彼鴻名光斯泉戶庶使青山
爲礪表盛德而彌芳碧海成田闡嘉聲而不泯嗚呼哀
哉乃爲銘曰

規矩重疊珪璋代暎三台表異兩歧興詠人倫楷摸搢
紳龜鏡百代逾芳千齡彌競道合幽玄性符林壑迹齒
滄波名流臺閣昔不充誦賤不殞鑊思巧雕龍光逾刻
鶴有謂昇堂相期入室帷薄猶空繁華未賓儵忽不幸
咄嗟已失一棺既閉萬事長畢茗尭壟首龎施山足露
消草翠風飛樹綠玄門一掩寒燈無旭私壞式題貞芳
載燭

此碑無書撰人姓名字頗渾樸不見采於王氏萃
編碑石完好想近日出土蘭泉先生未之見也文
中聯作聡字書無聡字卒作殀通卒說文曰大夫
死曰殀旌作旍徑作侄皆古通迠字不見字書莊
作㽵俗字鉗黃吉之趣鉗取也楷模作揩摸揩平
聲摩拭也摸音莫摸索也或通摹不與摸通揩摸
不與楷模通一時筆誤耳昆吾俗作琨珸河圖云
流川多積石名琨珸石鍊之成鐵以作劍光明如
水精故劍之美者曰琨珸吳均詩云我有一寶劍
取自昆吾溪照人如照水切玉如切泥昆吾曰溪
蓋指石在水中也又可通作錕鋙見列子竟即競
字鑿作䥣俗譌字穊字不見字書諷想即屈字穊
想即倏字閇俗閉字　皮字陏字㷁字万字皆依
原碑

雷太岑造像碑

石高一尺二寸濶二尺
正書廿三行行十字

若夫二儀有象顯覆載以含生四時無形潛寒暑以化
物是以庸愚者皆識其端□陰洞陽賢智者罕窮其數
況乎佛道崇虛乘幽空寂宏濟□品典御十方□威靈
而莫□抑神力而無下大之□於宇宙細之□于豪釐
無滅無生歷千刼而不□若隱若顯□百福□□妙通
凝□□□莫知□□□□蠢蠢□□區區□□□□□
□□□□□□□□□□□□十二人□□□□□早
悟三空之心□□菩提建立禪象一區一爲皇帝陛下

法界一切衆生及所生父母因緣眷屬早登菩提同臻
彼岸
龍朔元年歲次辛酉七月甲午朔廿三日丙辰成佛
弟子雷太岑

民間造像以祈福壽或言自爲已身或保及妻子
上推父母止矣此獨追尊皇帝下及衆生是爲創
例字亦方正得北派正傳此本得自都城厰肆不
知石存何處遍撿金石遺文概不著錄殊令人望
古邈思不寘也

張君懷玉銘

石長方尺
二寸楷書

大唐故張君之銘
君諱對字懷玉南陽白水人也祖貴朝散大夫父素身
有勲官潛居白屋惟君積善餘慶始驗無徵構疾一宵
遂殞和弟身以光唐乾封三年歲次戊辰正月乙酉朔
十七日辛丑春秋一十有七即以其月二十五日殯于
龍□西平原禮也恐陵谷遷變滄海成田勒石泉扃傳
芳永久

碑字工整有李北海風度惟云積善餘慶似非頌

美十七歲童子語氣想搆疾一宵遺恨千古愁憤
之極不自檢攝耳

唐故韓君墓碑

石長方尺二寸十二行行十三字正書

大唐故韓君之墓誌

君諱寶才長安人也君德行著于鄉閭義物芳於隣里不謂天降痾疢漸加困劣名醫頻療曾不見瘳忽以咸亨四年歲次巳酉十月朔廿九日卒于京城懷德之第春秋七十有三遂以其年十一月九日殯于京城西布政之原小嚴村之左恐年代遷移墳將凋落勒茲玉琬以記其處乃爲銘曰

然君孝□莫不恭順生前著芳沒後留潤

此碑字極秀潤有李北海夫子廟碑神韻而整飭過之惜無書人姓名其唐作庿任意將口移上不知所本咸亨四年歲在癸酉此云巳酉一時筆誤耳

阿彌陀像文

石長二尺四寸濶一尺二寸正書

阿彌陀像文

竊以理實冥際證一法以標同道契應機隨十方而顯號故以光開別相起化逾宏業現他心崇因更遠是知方稱妙樂開妙覺之重闈玉樹金臺啟菩提之秘苑觀日觀華之□鑿深晋于薰脩仰十□以虔誠妙旨資其密感弟子宣義郎周遠志等並翹想馳于法浦乃結願于西方僉憑六八之言遂要盟于彼會然卽幽途皎鏡承慧日於堯天覺路重開蕩六塵於舜海旣而沐茲鴻造想徇恆深誓臣禮而寫眞容申孝仁而圖淨域奉爲天皇天后太子諸王遠刼師僧七代父母敬造阿彌陁石象一龕今得成就素毫融質矚三界而凝明聖衆乘心罩太虛而應物祥花捧座延勝福于花臺寶樹流光證慈光於道樹蓮開渥沼瑩朝日以增輝聚月分容闢昏衢而永旦用斯功德保祚皇基兼被幽明同歸福海豎通有頂捴契无生傍亘無邊俱昇淨境

大唐上元二年十二月八日功記□

東申　吳進四巳日

碑無撰書人名想卽周遠志所自爲也文甸雕琢

對未精工字頗雅飭惜多新別文中如脩作脩毫
作毫融作融延作延契作契碧作碧皆任意增損
未得六法之正至所云延勝福于花臺可知花臺
二字釋氏常用虢國公楊花銘自當以楊氏屬上
作姓觧金石錄以爲臺名楊花風韻可喜足發一
笑蓋楊即楊思勗特書姓不書名耳得此碑可以
證虢國公楊碑潛研堂解注楊字之確

亡宮六品墓誌

石長澗
俟考

大唐故亡宮六品墓誌

承芳蘭蕙稟性松筠族茂五陵望雄六郡嬪風早著柔
範夙彰身以良家言充永巷盤龍明鏡契玄鑒於靈臺
迴文綺機荷巧思於神府春秋六十以儀鳳四年十月
二日葬於城西禮也其詞曰
□暉過隙閱水驚川□辞明宇永閟窮泉隴寒霄月松
深曙烟唯餘令範千載攸傳

案唐制皇后之下有貴妃淑妃德妃各一人爲夫
人正一品昭儀昭容昭媛修儀修容修媛充儀充
容充媛各一人爲九嬪正二品婕妤九人正三品
美人九人正四品才人九人正五品寶林二十七
人正六品御女二十七人正七品采女二十七人
正八品以備周禮六宮之數其外又有尚宮尚儀
尚服尚食尚寢尚功諸名目龍朔二年改易官名
置贊德二人正一品以代夫人宣儀四人正二品
以代九嬪承門五人正四品以代美人承旨五人
正五品以代才人衛仙六人正六品以代寶林供
奉八人正七品以代御女持節二十八人正八品以

代𥡴女又置侍中三十人正九品咸亨二年仍復舊號此碑云七宮六品下云儀鳳四年則去咸亨已七八年久經改從舊號所云六品者寶林二十七人中之一也惟儀鳳止有三年其四年已卯六月已改元調露此石建於四年十月何以尚沿儀鳳之稱殊不可解搨本藏於紹興後馬周啟人家庚戌八月抄本見贈因編錄之其石想不甚大尺寸未敢懸揣也碑中稟作稾靈作靈皆俗字

朝請大夫陳府君墓銘

石長方一尺六寸正書

唐故朝請大夫陳府君墓誌銘

君諱護潁川人也昔簫降二女唐堯安洪水之災運□六奇漢祖免白登之敗其後太邱之長道貫聚星河朔之才文光倚馬地靈相繼時英不絕曾祖並絕幹千尋斷山萬仞一簣發籯金之彩五車覽羣玉之書君姿靈秀氣誕粹沖和澄雅操以霜明照清規而月舉踐義爲勇履孝成忠漸礼義之膏腴嗣箕裘之聲訓藏器而逢乱代進德以及明時爰屬義師甓披誠款推鋒後殿擐甲先登雕弓挂滿月之輝雄劍耿長天之色蒙授朝請大夫賞有功也既而輕忽簪組踞傲泉石魚山騁望懷子建終焉之心鵬海驚濤養孟軻皓然之氣惜乎浮生易夭七百之壽未階飄忽難留千月之期行盡以上元元年終于私第春秋一百有一夫人蔡氏即以垂拱四年正月廿三日合葬于□時鄉礼也子文德仰高天而垂弔跼厚地以纏哀恐舟壑潛移莫辨藤公之室海田斯變不曉原氏之仟式誌陰溝乃爲銘曰

至矣大君超然不羣事君以敬在家必聞信著朋執義□仁恩早霑舜雨風奉堯雲提戈仗劍掃祲除氛□□

□畧功横大勳循路頡阻昭代俄昏落徂光之□□□
長夜之歸魂起寒烟于櫝檖下白露于松門□□□□
百代後盜知埋玉此邛墳
碑無撰書人姓名文溯曾祖不叙祖父自是墓誌
創格此乃捉刀人疏畧不可以爲例也文對偶尙
工字亦瘦勁幹字不見字書想是幹俗體乱字乱
字俱從原碑

金石萃編補畧卷之二
勅授文林郎嚴州府壽昌縣學訓導王言撰
華陰郡君楊氏墓碑
石長方二尺六寸正書廿五行行僅存二十八字
詠常流非乎高韻自然靈心無閡曷能詔問聯古垂光
不□□是哉□□讓帝平恩貴戚僦丹第而封侯弈棻
承家淪瀾浸遠莫不光被金簡炯□夫輿歎當侯雄飛
蕭何以刀筆見稱初猶雌伏祖耀隨滕王東閤祭酒儀
禮父神雅有奇節居多勝氣雖簪璽棄目常洎如也漆
園非遁自許逍遥蹤生甫初孩聰而善對孝悌由乎天
性仁慈發乎率由自六經筆削之餘有之不習而妙矣
貞觀年制授杭州錄事參軍綱紀六曹風飈四起吳恩
信察姦邪棻縣飛梟時來調帝中牟乳翟化及遊童豈
惟我迷寘恩庸隆二年制除恆州司馬城鄰代野塞□
胡郊俗負雄邊人多俠氣爰自農棄張露冤之風裕題
輿之續嚴城偃柝偵櫓銷鋒家含鼓腹之歌人有户文
明年突厥猖狂潛伺寢掠寒縣既折涷水初堅占滿月
而宵飛漲秋城思周靈契焉生則楊煙保穀精應無方
卒令醜類潛奔兇徒駭散尋除佐將謂鹽梅利往鼎調
餁于槐司簪紱時來節聲明于衮路而輔仁徒説六月

七日寢疾卒于私第春秋六十五夫人華陰郡君楊氏
赤泉鴻胤朱周別生而玉度長協金箱奉柔訓以宜家
縉榛修而主饋若乃纂組之飾歲通天二年正月五日
春秋七十六卒于私第子彥協等思樵終憂情逾禮以
景龍三年七月十九日合葬于長安縣西龍首原禮也
若夫纂撰家深碑遷山頂而其中有象與恍惚而無窮
人莫不知賢幽明而獨在者不色絲之雄績哀哉俾九
原之可作知孝心於古石頌曰
起乎賢林嵩邱之陽汝濆之陰時之永矣東箭南金二
祖肅肅道爲君子光文史皇考恬素獨酌玄猷風情陰

俗文氣橫秋濯纓滄渚洗耳清流傳其淑幽蘭作操叢
著轀卜精動時主人徵象木鶴鳴在陰鴻飛于陸生綵
詞情忘恥過獄去惟疑灾蝗避境姦吏懲欺我求寺任
翩然遥集肇□及北門雄鎮南望邊衝戎塵每舉漢甲
常逢自從爲政亭絕飛烽允桑是競戸閏恥革家興廉
正旋降璽書恭承爵命否運流之何止痛□巳窟碑表
徒象光靈永歇無復明鏡照春顏唯有霜枝掛秋月
陝縣尉河東柳紹先撰荆府法曹隴西李爲仁書
此碑失去上截恆州司馬之姓名均無可考惟有
六月七日寢疾卒于私第春秋六十五一行尙有
明文夫人楊氏卒于萬歲通天二年以景龍三年
合葬歷歷可按銘詞亦止缺上截是以不能成誦
所幸書撰人姓名官衔現俱備具字極疏秀搨本
亦甚清朗其界格甚細且絲絲可辨想近時出土
蘭泉先生是以未經采入惟以失去上半爲可恨
耳

毗伽公主墓誌

石長二尺二寸闊二尺

唐故三十姓可汗貴女賢力毗伽公主雲中郡夫人阿那氏之墓誌并序

駙馬都尉故特進兼左衛大將軍雲中郡開國公踏沒施達干阿史德覓覓

漠北大國有三十姓可汗愛女建冉賢力毗伽公主比漢主公焉自入漢封雲中郡夫人父天上得果報天男突厥聖天骨咄祿默啜大可汗天授奇姿靈降英德君臨右地九姓畏其神明霸居左袵十二部忻承美化貴

主斯誕天垂織女之星雄渠作配日在牽牛之野須屬家國喪亂蕃落分崩委命南奔歸誠北闕家聟犯法身入宮闈聖渥曲流齒妃嬪之倖女佳天恩載被禮秦晉於家兄家兄即三十姓天上得毗伽煞可汗也因承叡澤特許歸親兄右賢王墨特勤私第兼賜絹帛衣服以充縻用荆枝再合望花蕚之相輝堂棣未花遽風霜之凋墜春秋廿有五以大唐開元十一年歲次癸亥六月十一日薨于右賢王京師懷德坊之第以其年十月癸巳朔十日壬寅葬于長安縣龍首原禮也天漢月消無復織樓之影星河婺散空餘錦帳之魂男懷恩兄右賢王手足斯斷鴈行之痛于深膝下長違烏哺之情永紹雖送終之禮巳啟松塋而推改之俗慮爲蕪沒撫貞石以作固鏨斯文以爲憑庶海變可知田移物□其詞曰倏辭晝閣永臥荒墳人生至此天道寍論日催薤露風急□門千秋萬古寂寞孤魂

唐有九姓部落十姓部落而無三十姓名號得此可補唐史之缺高祖元年始畢使骨咄祿特勤來朝賜宴太極殿奏九部樂永淳二年突厥阿史那骨咄祿復反叛骨咄祿者頡利之疏屬是骨咄祿者以始畢所使之人觀之則爲姓其名則特勤也

以阿史那觀之則又爲人名骨咄祿之弟又名默啜是骨咄祿默啜係是兩人而此則合稱骨咄祿默啜殊不可解要之骨咄祿爲姓則無疑矣骨咄祿死後其弟默啜篡位其子小可汗又爲骨咄祿之子闕特勤所殺乃立右賢王默棘連是爲毗伽可汗毗伽即位于開元四年此云毗伽公主或爲默棘連之女未可知也然默棘連仁而愛人衆爲之用又有左賢王闕特勤噉欲谷相爲輔佐國固未嘗亂離也棘連死其子依然可汗立八年卒其弟苾伽骨咄祿可汗立明年爲闕特勤所殺遂立

毗伽可汗子又爲骨咄葉護所殺立其弟又殺之
葉護乃自立爲可汗碑所云家國喪亂其在斯時
乎公主殆爲葉護所殺毗伽可汗之子之女黙棘
連之孫女也

曹氏墓誌

石長方尺四寸十七行行十七字正書

曹氏譙郡君夫人墓誌銘并序

夫嚴霜萃草獨歎蘭摧驚飇拂林偏傷桂折人誰不死
嗟在㐫賢伊賢者何譙郡君夫人是也夫人曹氏諱明
照曾祖繼代金河貴族父兄歸化恭惟玉階惟孝惟忠
允文允武夫人柔聲在性婉娩呈姿妙紃組于閨闈潔
蘋蘩于沼沚年十有八適左驍衛將軍折府君爲命婦
六禮猷備四德凝姿孟氏母儀宗姬酌其訓曹家婦禮
里閈揖其風豈謂石破山崩奄從傾逝以開元十一年
十月八日終于居德里之私第夫人春秋不或卽以其
年十一月廿三日遷窆于金光坊龍首原之禮也慮樹
偃千年人移百代式刊方石乃爲銘曰
天街旣形髦頭有經經緯相汁夫人誕靈如何孤應危
露先傾悼逝川之不返敢不生而著銘

夫人適折府君折姓書史少見其初有折可適與
魏道武帝俱起雲中號爲代北著姓郭逵帥鄜以
眞將種稱之後拜淮康軍節度使復帥涇原其姓
至趙宋尚有折克行者沈勇有力在邊三十年戰
功尤多號爲折家父官至秦州觀察使今折府君

亦宮驍衛將軍蓋世嫺勇藝當元魏至唐時已然夫人譙郡曹氏與魏太祖想亦同系皆宇內盛族也或𢡖卽惑字敢字或卽感字不惑句以一婦人而用聖人造道自述之詞可謂儗不於倫猶銘中耶將石府君之孫夫人以爲天不憖遺同一可笑此四六文之所以卑陋也孫夫人碑見前隋仁壽四年

秦望山法華寺碑

石高七尺闊三尺二寸行書廿三行行五十四字四邊刻雲氣寸半闊

大唐秦望山法華寺碑并序

括州刺史李邕撰并書

昔者法王道開崛山相現會是大事職非小緣順喻孔多證入彌遠故以三界爲宅五濁爲火四生爲子六度爲門一乘爲大車十力爲長者轉實熱惱之衆延集清涼之都念茲在茲廣矣大矣法華寺者晉義熙十三年釋曇翼法師之所建也師初依廬山遠公後詣關中羅什架入禪慧尤邃佛乘雖禮數摳衣而名稱分坐與沙門曇學俱遊會稽覩秦望西北山其峯五蓮其溪雙帶氣象靈勝林壑虛閑比興者闍營卜蘭若蓋涅槃食納如來衣專精法華永言寶意感普賢菩薩爲下俚優婆提猪子于竹筐寄釋種于蓬室師以縮屋未可枕屐乃明移出樹間延入舍下及杲日初上相光忽臨乘六牙衛八部勝幡虹引妙樂天迎翩仙騰雲遙裔上漢師想望太息沈吟永懷葉公好龍巳遇眞物羅漢測佛未了聖心于是苦行自身煽誠通夢宛如昔見彌恨前非象勸持徑嘗難其語鳥來聽法不易其人剏乃攝以蜂王吼以師子禮謁者掎其裳袂讚歎者合其風雷時太守

孟顗以狀奏聞因以爲寺則知妙法者眞如之正體蓮
花者淨道之假名是故崇厥經署于牓入無口義成不
住因至若高僧慧其邑人陳載皆踵武投跡傳燈襲明
或五柱範堂或七寶規殿立普賢座追蓮弗藍龍王讓
池鴈子疏搭迦羅衞國連至雲山淨明德宮更開日月
固足以發慧印啟元門入位畢臻出家偕應則有持誦
等觀永藏同流或慧舉十徵或昭明再誥或簡文瑞象
或武帝香鑪寶鈴吟風珠幡交露僧瑆墨意畫長豪之
妙光宮女纏功織大身之變相次有陳隨國施州邑吏
擅百寶盈于九隅羣經備于三藏所以神鍾警夜保賢

聖之天居祥鳥肅賓逕軒葢之雲集忍辱靈草梠棲棲
于小莖優曇異花寒灼灼于喬幹故得人天迴首江海
因聲芭蕉過雷倏焉滋茂葵藿隨日至矣勤誠登山而
野曠心空浴水而垢除意淨施及先律師道岸今弟子
釋儼並身栐久伐禪刹都遺性通七事戒摠八關金杖
五分優劣旣等綃采四色功德豈殊甘露有加香油不
墜頃若豪州刺史前此邦別乘太原王公名翻法海廣
大慧炬融明德立于衷義開于物郅惲致主之節有耿
校竿葛亮報國之誠不忘草奏夫人武氏佩服眞空干
櫓正覺及男緬緒等惟肖二尊克愼三業若行若坐依

佛依僧去煩惱之外糠得慈悲之內實啟普賢臺一級
爲法華經千部廣化人吏大啟津途郎普賢臺立法華
社每年二月重會一時且地效其靈山呈其秀有上座
正覺寺主道解都維那神慧僧表道賓律師行深慧燈
等多材爲林衆器成樂一體和合年用住持相與言于
王公曰夫名者事之華碑者物之表其或表不立則瞻
仰失容名不興則讚述無地願言刻石是用齊山朝散
大夫前侍御史今都府戶曹袁公名楚容其皎如日其
心如丹負兼濟之雄才托演成之雅意顧慚作者徒使
憤然其詞曰會計南山泰望北寺高僧往還聖跡標寄

耆闍比夆法華取義羣公護持應國擅施陸寶大來海
珍摠萃幡影連珠像光發瑞臺壓龍首殿開鳥翅象駕
菩薩鳥迴車騎異香謐靜神鍾髣髴松巘蕭疏竹澗菍
翠綱紀有條禪律不墜椽曹正直別乘仁智作爲碑板
讚述名字

唐開元十三年二月廿八日建

刻石人東海伏靈芝

碑石完整字無磨泐即近時出土者亦不能如此
清潤想是翻刻重建之碑然旣是重建何以碑無
明文旣是翻刻必有舊本何以如此大件著作近

在會稽蘭泉先生竟未之見也總之字極圓勁可與攝魂碑相埒紙身又極濶大必非好事者僞作余檢舊篋得此不知碑所由來前人既不著錄無可考證生平未至防山并不知此碑立于何處所謂法華寺者今日存替如何暇當訪之秦望山頭與始皇石刻同觀也神鐘作神鍾古字通祕𥡴大香也或作䄙又通作茀史記司馬相如傳晻薆咇茀是也㨿摟于小莖㨿當從手與攗摭字同史記荀卿孟子韓非之徒往往㨿摭春秋之文以著書蓋謂拾取之也若作㨿郎柹之別名與下句辜字不對矣

膚施縣令上柱國于公墓誌

石方濶一尺六寸正書有額篆書大唐故于府君之誌銘九字

□□□州膚施縣令上柱國于公墓誌銘 兼序

□□□恭字履揖其先東海人也漢太守定國之徹消五代祖謹仕魏遂居河南今郎河南人也續著前史慶貽後裔曾祖宣道隨左衞率□皇京甘肅瓜沙五州諸軍使涼州刺史成安子祖永寧皇商州刺史增建平公父元祚皇益州九龍縣令襲建平爵尙德靜縣主公郎主之次子也公言行周密風儀閑雅弱冠以諸親出身解褐授好時縣尉初大周御宇分邦制邑劃尔畿甸貎爲稷州選部甄材擢授斯職亦當時之槃選也自玆以降累遷郡邑尋贊臨潁復典膚施關右馳聲許邦思惠非此能備也開元十四年春天子若曰縣令在任淸白者還日擢用公郎隨調選方俟遷陟命何不融疾成不治以其年秋九月戊戌卒于私第春秋六十有六時來不偶其如之何夫人譙郡戴氏姸妙凝華貞順勉行自承饋盥克諧琴瑟降年不永雖恨偏沉同穴相期果然終合開元十五年七月乙酉權祔于京兆神和原禮也拱樹蕭蕭坐看成古佳城杳杳空見微月嗣子弼嬰等泣血崩心絕漿茹蓼旲天莫報長夜不曉慮陵爲谷刊

石爲表銘曰
死生有數晝夜不捨嗟彼于公長歸地下高墳峩峩宅
此祟阿千秋万古孰知其他
按膚施縣屬關西延州文首行州字上所泐當是
延字猶有末筆可辨在禹貢爲雍州之域春秋時
白狄所居在漢巳有膚施之名其地有五龍山由
來久矣惟延州于唐開元二年升爲都督府州升
而縣則猶舊也書撰人姓名不載而楷法獨精碑
額隷書尚有小篆餘韻尤爲古逸亘可寶也文中
雖字竒万字仍原文

本願寺銅鐘銘
石長五尺四寸闊三尺
鹿泉本願寺銅鐘銘并序
東京大福□□□□□撰并書
□□之歷數者金爲長金聲之動物者鐘爲大□□□
革木□無心□□□□攷□□□□必蔭其体妙乎
其機神乎□□帝廷用之以和樂□□□之而助道有
旨哉□□□道□□鬼王□□郎□□建塔之北有隨
氏因□□焉
皇□統天增壯厥構雖臺殿有赫石鐘□未雄曰都維
那慧□寺主道□□□慧□等顯允今□營爲紀綱洞
三□之困□張二嚴之巨翼以爲是聲是聞有□敷衆
□不廣不大□□遍十方及□□□□昌茂□□我心
匪石□應如雲緇□輔仁而克勤克懋清淨委施而爲
□爲㙜于是乎遠貿精金博召良冶梟□□陶□翼□
旣修杯模垣火正咄吒以起號風師閧怒而陳力巨扇
包□洪鑪□曦燄奪清夜光連紫微旁通竇□□□大
□成于□世□□陰未凝陽尚烈壞□泉沸氣積雲洩
旣旬而後寒旣堅而後發轉於隧漸□堂混乎其輪□
□然而轉蜴仙獸助其下驪龍蟠其上蓄精□洽寥亮

乃神工之旣濟而□□□□□也且夫作有功而體有
□□□□□爲中則不□不石不鬱不棹雖鴻音未□
□者巳知其妙矣故緇衆□□我□□□□縣之□冠
□□□□□□□□□翕營晉臺□□□□沆瀣一色
然豈□中□□大□□□□□□□攢□力□下□軋
豐穹□□□雄□□□□□□□□□□□□元大器
斯屬鴻椎乃鏗威□隨溶而一□□響岌礫乎三界上
極□鼎□出□□□□□□□□□爲□不□羊塵滯
□開冥蒙滌曠封之瑕滅□□之苦使結福潛潤□幾
□□其□□□□□□□□□□□□□□之□一柞

□□昌□捧於是矣允鬒僧務□三聲而□□式□□
□□四變而□□□初□細□□□□□□□□□□
入□□□□妙於是壯也乃重而畢□□是者□皆皇
覺啟□抑揚□□□也□□普其□□乎□□□□□
□□□□□萬籟成若六時登聞不惕不□以安以樂
或謂霆闢雷裂山□河洩靈祇殲走猛□偃跡皆恐怖
□□□事□□□□雄慈制叉惡乎然哉若乃顒顒聖
賢翼翼龍象□之懺□以之宏宣徽妙其心精進□德
有秩有序不差不忒伫□□□教詳羡我元風洞達我
幽明清寍我邦國神□不可以巳者其在茲乎皇十有

八年春仲月八日是鍾□□□卽其秋孟月上□□臺
也復□他方聖衆或飛來而讚揚地中菩薩或踊出而
瞻仰於是□□會□茲□□梵□□□之煌耀乎休哉
越寶旌之能事畢矣而宏範莫紀不以□乎斯河南史
凜然□□之□也□□石邑□□□禪□化□淸于灌
壇希聲重美于洪器命我昭述式副擘□之望焉而主
簿□農楊景新尉楊光朝等並□□□□敏懋於道克
奉天秩允恭□□轄營樂石贊就厥美雖至黙者果得
不言乎銘曰
靈鐘山□儀法天體道內虛含至圓雄威□□時乃宣

□擊□□流大千十方調論□及聖賢應我眞聲開梵
筵一切若輪□熾然聞我眞聲咸息肩虛空有盡福無
邊神用廣□莫與先
□嵩寺沙門道光慧遠義珪法空與淸儒士晉纂等並
贊成斯善凡百耆老悉記于碑陰
中山劉僧璡刻字
按碑首一字全泐知爲鹿泉者以開元九年造本
願寺舍利塔鹿泉信士畢瑜也碑但云皇十有八
年春仲八日而無年號以本願寺作于開元九年
則此碑當亦在開元時也蓋畢瑜旣先造塔沙門

道光慧遠等與儒士昝纂踵事增之爲鑄銅鐘作鐘樓次第續成也書撰人名沕字極蒼秀文亦雅鍊

舍利塔碑其主僧希名都維那僧惠仙上座僧惠超威儀僧道光法師僧智秀律師僧道瑗等名此碑亦有都維那與道光名䒷時之相去只十年耳道光前爲威儀今列名在首已爲寺主僧矣碑又有慧某慧某道某未知卽惠超惠仙道瑗否字沕不可辨惠作慧前後書者以音同誤耳

本願寺銅鐘銘碑陰前三行隸書後另行書名楷書

石長五尺四寸闊三尺

皇唐開元十七年□寺都維那慧□□□厥謨□□□及邑□淸□士芳□□□□□國敬造神金之鐘以十九年二月八日鑄成其秋十月上旬鐘樓亦就□廿六年龍舉□寅春□□十六日□碑方建凡諸儒施並刊列□□以爲不朽而將來□也

都檢校造三門樓及鑄銅鐘兼造鐘樓五□昝義纂□

□□事張楚珪蒼□張文斐會□承

□□鄉錄事李奉珪　　錄事張鳳歸

封龍鄉錄事韓處亮

豐潤鄉錄事霍三艮　　錄事趙少珪

光泉鄉錄事雍伯恭

崇善鄉錄事馮□仁

鄉博士趙庭

鄉博士范体純

鄉博士杜□

縣學博士田成器

鐘銘已見前此碑陰也附于銘後唐制有錄事參軍卽漢魏間督郵主薄也開元時又改爲司錄參

單此云某鄉錄事某鄉錄事似非州郡所置官屬
故無叅軍之名特總理一鄉之士之通稱博士亦
鄉人非官博士也故亦曰鄉博士且列名于錄事
之後

天寶三載佛頂尊勝陁羅尼呪

石長尺六寸
潤二尺正書

佛頂尊勝陁羅尼呪

那謨薄伽跋啼啼彝路迦鉢囉底毗失瑟吒耶勃陁耶
薄伽跋帝怛姪他唵毗輸馱耶娑摩三漫多噃婆娑
破囉拏揭底伽訶那娑婆噃輸地阿鼻詵者蘇揭多伐
折那阿蜜㗚多毗曬雞阿訶囉阿訶囉阿踰散陁羅尼
輸馱耶輸馱耶伽伽那毗輸提烏瑟尼沙毗逝耶輸提
娑訶娑羅喝囉濕弭珊珠地帝薩婆怛他揭多地瑟咤
那頞地瑟恥帝慕嚟彝拔折囉迦耶僧訶多那輸提薩

婆伐羅拏毗輸提鉢囉底你伐怛耶阿瑜輸提薩末那
頞地瑟恥帝末你怛闥多部多俱胝鉢唎輸提毗薩普
吒勃地輸提社耶社耶毗社耶毗社耶薩末囉薩末囉
勃陁頞地瑟恥多輸提跋折㗚跋折囉揭鞞跋折藍婆
伐都麼麼薩婆薩埵寫迦耶毗輸提薩婆揭底鉢唎輸
提薩婆怛他揭多三摩濕婆娑頞地瑟恥帝勃陁勃陁
蒲馱耶蒲馱耶三漫多鉢唎輸提薩婆怛他揭多地瑟
吒那頞地瑟恥帝娑婆訶

佛說無垢淨光大陁羅尼神呪

南謨納婆納伐底喃怛他揭多俱胝喃察伽捺地婆盧

迦三摩喃唵毗補麗毗末麗鉢囉伐麗市鄁伐囇薩囉
薩囉薩婆怛他揭多馱都揭韡薩庭地瑟瑿帝莎訶阿
阿耶咄都飯尼莎訶薩婆提婆鄁婆訶耶弭勃陁阿地
瑟侘鄁三摩也莎訶
南謨納婆納伐伐底喃怛他揭多瞭伽捺地婁盧迦俱
胝鄁庾多設多索訶薩囉喃唵普怖哩折哩尼折哩慕
哩怒哩社邏跋哩莎訶

天寶三載歲次甲申二月十五日建

萃編載陁羅尼呪一爲天寶七載一爲乾元二年一爲嵩山隱士書而無年月一爲元和八年一爲長慶元年一爲大和三年一爲咸通七年一爲乾符六年俱皆書經非書呪也此碑在天寶三載王氏未採因并錄之後并有無垢呪尤爲他經幢所無

唐段常省塔銘

石長八寸濶一尺二寸正書

唐故優婆姨段常省塔銘并序

藴閟宿殖勝因生逢政教仰尋師友意達直心學普敬法門恭不輕瓈行貞心守志塵俗不汙其情性等虛空證眞如之境獨拔愛網厭世榮華□薩埵雄悲重迦文之妙典火宅之內駕馭三車捨內外之財望三祁願滿春秋七十有六以天寶八載九月十日卒于私第捨報歸林以天寶十二載建塔于玆知神魂而不固其詞曰

女劉三娘建

妙慧歸眞德超上智慈悲起行忠孝無二敦故重新必存剛志宿植德本動靜合理

優婆夷梵語稱女子之事佛者又云鄔婆斯加碑中夷作姨俗字也男子則云鄔婆索迦秦言善宿男唐言近事男亦云靑信士又爲優婆塞皆梵語也此女有女無子女乃爲之建塔是墓碑中所罕見者文錯雜不盡對偶字頗娟秀惜無書人姓名

文安郡王張公神道碑

碑長六尺有奇闊四尺二十九行行五十五字正書

唐故開府儀同三司兼左羽林軍大將軍知軍事文安郡王贈工部尚書清河張公神道碑銘并序

秘書監安陽邵説撰

前太常寺奉禮郎江東□膺書

大曆乙卯歲夏四月有星犯於北落洎秋九月癸巳大將軍維岳薨于位冕旒悼惜贈工部尚書申命有司備禮以其年十月乙酉葬于高陵縣奉政之先塋公髫髦敏異弱冠宏達風儀則徹望之嶷然業于武專于學精

于戰陳□□于兵鈐萬人之敵也天寶末改服仗鈒北趍朔邊屬幽陵首禍安羯稱亂汾陽王郭公子儀偉其才略引爲步將清渠之戰特拜左衞將軍党□□□德悉爲陵逼肅宗命公以麾下敢死亟往摧之還右衞大將軍乾元中汾陽蕩定咸洛追鉏元惡公奮無□□勇拔棘而馳自衞杜鄴殺傷滿野加通義大夫太僕卿封南陽縣男思明繼逆再擾東夏太尉李光弼扼河陽之險制賈懷之寇公凌垛□□□□擒魁渠矢貫其背血流被臆聖私表異還銀青光祿大夫試鴻臚卿李國貞繼掌師律身戕衆潰虜旅散掠居人駭亡公冦□寇盜完安郡邑僕固懷恩之授鉞也亦仗公以心腹公閲視才力教之引滿藝成徹札者凡二千人署曰平射營爲師之左右先後今聖踐極改試殿中監進封開國伯自是從朔義踰九河梟凶馘逆日聞凱獲授特進試太常□進封南陽郡公食以實封累加開府懷恩之逆封漢東郡王增封一百五十戶充朔方都知兵馬使公以三軍無帥客于邠嫌歸闕下□食四百五十戶拜右羽林軍將軍知軍事公固辭爵邑之大食二百五十戶前此軍政壞蠹習以生常有無其人而私入其食與其衣有市井屠沽之伍避屬所征役而冒趍戎行者公悉罷

斥歸之尹京解紫紱而從褐衣者凡千二百輩其餘慰撫字恤討而訓之皆趫才勇悍一以當百丁憂去職柴毀過禮而官曹之事復曠紊無章大君深惟其人莫克纘奉起公于苴絰之内俾復舊官改封文安郡王泣乞終喪抑而不納于是圖贍軍實貿遷有無製良弓勁矢强弩堅甲動萬萬計其長戟利劔戈矛殳鋋亦萬萬計至于經費餘羡緡錢紬縞米鹽稻麥之數莫之能□咸登于内府入于禁倉其有牛車什器入于中者亦數十百萬上所奬重還本軍大將軍公以天時地利明主之所當知也創風□氣候圖密以上獻復慮國用不足奉

私財佐軍帝益加歎因而賜帛公始自將校驟隨節制
幕下之碩畫公必佐焉軍中之右職公必更焉□禁旅
洊諸渥澤一人之顧問公實參焉九重之謀議公皆造
焉錫以金券仍畫像于凌烟閣爲亨飴者爲邦翰垣不
及中身何劉喪之速殯瘞之日御醫結轍傾落之後中
貴盈門賻襚之數加常一等或吊唁其室或貿祭于塗
其恩□之厚也如此公外强毅而内滔至其奉親也竭
力于養盡心于疾養則問其所欲視其所膳晨昏莫之
違也疾則衛其色致其憂冠帶莫之解也雖迫以嚴命
竟從於金革而飲恨終身永痛於創鉅加以義禮接於

姻戚任卹深於子姓窶貧飽其惠孤藐忘其亡蓋孝悌
之極也本乎世系則隨齊州刺史政之曾孫皇太子家
令元濟之孫豐王府司馬贈靈州大都督履仁之子世
尚忠肅以術學理行聞蓋靈源之濬也議其祚胤則益
王府長史蒭左監門衛率府録事參軍杲太子司議郎
晟崇文生髫長未及冠弱纔知方然而因心克孝率禮
不越蓋積慶之深也公視其母弟有志切于已焉家之
餘財身之後事盡委于志旣而喪紀辦護豐碑篆刻皆
令季之所爲也人謂文安友愛有志弟悌張氏之業其
不替乎銘曰

勲臣之賢將有文安累康屯艱爲邦垣藩婁燮巨滑射
天吠主帝念汾陽專征耀武惟公憤發願從旗鼓擧自
朔裔南馳闕輔闕輔旣濟復東其□訓激貔虎戕摧寇
虜思明繼逆再擾三河河陽之師實制纘□桓桓太尉
將定諸華忽是覃懷附于兇邪公擒其帥勲伐居多懷
恩授鉞計余姦羯蹶公烈烈遂掃遺孽汾上之潰我成
其功違難遠嫌宛□清風訓馭北落澤華有融如何旻
穹而降斯凶贈以冬官洪惟餙終轄發京邑堋歸渭汭
精魄何之英名孰繼窆留片石萬有千歲

貞元八年三月十日建

按張維岳唐書無傳撰人安陽邵說卽大歷四年
爲太常卿趙㪘冲撰神道碑者惟趙碑題銜書尚
書兵部郎中而此則書秘書監按舊唐書說擧進
士爲史思明判官史敗說降于郭子儀累授長安
令秘書少監遷吏部侍郎太子詹事第傳只云少
監而此則直書秘書監爲不同耳書人臍上一字
泐無可攷邵說始事史思明張公先亦屬僕固懷
恩後殺懷恩子瑒於榆次傳首京師投降於郭子
儀者二人皆始叛終歸能識順逆位至通顯可節
取也而碑文未及此蓋說以已度人代爲諱也此

碑字極秀整惜未得姓氏翰作翰稍嫌近俗上有
小篘小方印想小篘曾藏此拓本耳

徐偃遺廟碑記

石長二尺濶二尺四寸正書十八行行
十四字有額篆書徐偃遺廟碑記六字

朝議郎守尚書

徐與秦俱出伯益爲嬴姓國於夏□相賊害卒償其國
而沉其宗徐處□王無道意不在天下好道士詭得□
於徐之旌者三十六國得朱弓赤□而從之萬有餘家
偃王死民號其□迹史書徐氏十望其九皆本於偃□
縣龍丘有偃王遺廟或曰偃王之□閒即其居立先王
廟云開元初徐□前碑所謂今戶部侍郎其大父也□
黑晦昧就滅藩拔級夷庭木秃缺祈工齊事惟月若日

工告訖功大祠□鑴之石辭曰　秦傑以顛徐繇遞繇
利害孰與王當姑蔑之墟太末之□多孝世奉王廟達
夫之來□愼詔□惟王雖古誰亢王死於仁彼以暴喪
旹
龍飛皇唐元和九年十二月

徐與秦俱出伯益碑因徐偃王遺廟而立文特借
秦以䂍起徐之當立廟耳蓋秦以暴喪徐以仁亡
以仁亡者不忍百姓之戰爭死于鋒鏑偃王雖爲
楚滅其遺澤在人民不能忘此立廟之所由來也
文云三十六國郎博物志所謂江淮諸侯伏從者

三十六國也後漢書亦云偃王處潢池東地方五百里行仁義陸地而朝者三十有六國其說與碑正合碑云得朱弓赤矢即博物志所謂舟行上國乃通溝陳蔡之間得朱弓矢以已得天瑞遂因名爲弓者是也文云萬有餘家即志所謂爲楚所敗逃走彭城武原縣東山下百姓隨之者以萬數是也後漢書亦云走武原縣東山下百姓隨之者以萬數因名其山爲徐山說正與碑合蓋廟之立也即以王所居之地爲建還廟碑云縣龍耶縣字上碑文巳泐字不可辨未知在於何地此碑不見采

於前人無可攷證姑闕疑焉無書撰人姓名其首行所謂朝議郎守尙書及碑中所云今戶部侍郎俱不書名尤不可考文云秦傑以顛徐繇邈縣又云王死于仁彼以暴喪頗有南宮适禹稷羿奡之吟立言有本非唐文之專尙華縟者所得望其肩背也其人不傳可爲歎息

龍花寺韋和尙墓銘

石長一尺五寸闊一尺四寸正書

唐故龍花寺内外臨壇大德韋和尙墓誌銘并叙

從父弟鄉貢進士同翊撰

大德姓韋氏法號契義京兆杜陵人也元和戊戌歲四月庚辰恬然化滅報年六十六僧夏四十五粤以七月乙酉遷神於萬年縣洪固鄉之畢原遺命不墳不塔積土爲壇植尊勝幢其前亦浮圖敎也曾王父諱安石
皇尙書左僕射中書令大父諱斌　皇中書舍人臨汝郡太守烈考諱衮　皇司門郎中眉州刺史家承卿相德勲之盛族爲關内士林之冠始　先妣范陽盧夫人以賢德宜家蕃其子姓故同氣八人而行居其次在女列則長焉自始孩藴靜端介潔之性及成人鄙鉛華靡

麗之飾寘心于清淨敎親戚制奪其持愈堅年十九得請而剃落焉大歴六年制隸龍花寺受具戒於照空和尙居然法身本于天性嚴護律度釋氏高之　國家崇其善教樂於度人勅東西街置大德十員登内外壇場俾後學依歸傳諸佛心要旣膺是選其道益光門人宗師信士向仰如水走下匪我求蒙持一心之修繕佛宇來四輩之施捨金幣高闕山聳長廊鳥跂象設旣固

律儀甚嚴率徒宣經與衆均福故聞者敬而觀者信如來之教知所慕焉嘗從容鄉里指于北原而告其諸弟曰此吾之所息也爲其識之嗚呼生歸于佛没歸于鄉至哉其孝乎所以報生育劬勞之恩備矣窀穸之制咸所遵承弟子比丘尼如壹等服勤有年號奉遺教杖而會葬者數百千人極　□氏之哀榮難乎如此迺沉礎而志于墓云

迷方之人妄聚之身白月下臨苦海無津我得度門性□□□亦既落髮于焉報親孝乎終始歸于故里石□□□□□□□跐

安石與斌唐書皆有傳而衮則無之且斌之子弟有名况者少隱王屋山屢薦不起起亦到官後郎以疾辭斌子無名衮者得此可以補史之缺安石史稱萬年縣人而此云杜陵其葬則在萬年縣且云没歸于鄉則史云萬年人者較信也碑云左僕射史云右僕射兼太子賓客封郇國公史詳碑畧碑之結銜不能不畧也左右異者葢生時則爲右僕射因妻晉婢事爲御史所劾遷爲蒲州刺史死後天寶初乃追贈左僕射耳斌初爲太子通事舍人天寶中乃爲中書舍人兼集賢院學士改太常寺少卿以李林甫構韋堅獄斌以宗累貶巴陵太守移臨汝爲安祿山所得憂憤卒韋氏簪纓之盛其曾祖祖父外斌之兄則有陟贈尚書左僕射安石之兄則有叔夏贈兖州都督修文館學士叔夏之子則有縚終太子少師安石從父兄子則有抗贈太子少傅抗之弟拯爲萬年令史所謂四弟同時列戟衣冠罕比者誠莫與比也衮之女以鼎族而少年剃度葢有監于曾王父之籍贓憤死乃祖之陷賊憤死父董終于一州則是入如來乃求之堅臥林泉藉可悠游養性耳碑有撰文人名而無

書人姓名然書法亦甚整秀以比丘尼而稱和尚尤爲新刖碑但云元和戊戌戊戌十三年也

韋公玄堂誌

石長一尺四寸闊一尺三寸
二十七行行二十五字楷書

唐故朝散大夫秘書省著作郎致仕京兆韋公玄堂誌
第四子前山南西道節度判官將仕郎試
大理司直兼殿中侍御史紓謹撰并書
唐元和十四年三月廿三日　公棄背於長安新昌里
私第享壽八十有三嗣子纈洎系綀紓絢哀號於天毀
未敢死乃稽先王卜兆之義以明年五月一日奉遷
靈座祔於萬年縣洪固鄉畢原先太夫人太原王氏之
塋焉纈等咸以公潛耀道德不求顯著他人論譔未能
盡美盍自志之
公諱端字正禮　五代祖孝□後周大司空鄖襄公高
祖津隋民部尚書　曾祖琬皇成州刺史贈禮部尚書
祖季溺太僕寺主簿　烈考廉尚書庫部郎中自鄖
襄公以盛業洪伐延耀後嗣以至於郎中茂續其□□
官壽不至士大夫到於今嗟稱之　公郎郎中第二子
也體苞元精天付全德孝友忠信莫匪生知以古之賢
達有保身遺□不降其志不辱其身之道莫不洞與心
契歸於一揆故常以恬曠自適怡攝為宗是以家人忘
貧位不稱德官歷率更寺主簿下邽縣主簿下邽陽翟

二縣丞國子監主簿凡五仕三為色養二為孤幼皆非
公之志也自是之後蕭然杜門淮夷削平之明年
皇帝在宥天下方宏　孝理詔百辟父母存有顯擢沒
有褒贈時纈為工部郎中由是拜　公朝散大夫秘書
省著作郎致仕　先太夫人追贈臨汾縣太君時謂
公之義方纈之顯揚斯為至矣　太夫人曾祖諱子眞
皇襄州錄事參軍祖恰河南尹東都留守考毗昭應縣
尉太夫人生令族德門稟柔明淵懿脩睦婦道裁成母
訓輔佐君子踰廿年所以敬養先姑無違尤慈幼惠下
無怨悔纈等不孝祿養未及禍罰已鍾而外族淪替靡
所依倚是以霜露怵惕有加罔極之痛焉以貞元六年
奉安京兆至是蓋附嗚呼蒼天纈工部郎中系陽翟縣
尉綀鄉貢進士紓兼殿中侍御史絢前太廟齋郎紓頑
嚚不類哀敬不文泣血書石以寘泉隧
貞元六年母先葬於萬年縣畢原至元和十四年
父京兆公歿以明年附於母塋所謂至是乃附也
罔作冈不見字書誌父墓并誌母族三代名爵自
是創格想母氏無人誌之以昭統系所謂外族淪
替者是也

司馬君夫人新安孫氏墓銘

石長方一尺三寸正書

唐朝議郎行鳳州司倉叅軍上柱國司馬君夫人新安孫氏墓誌銘并序

前翼王府叅軍賈中立撰

夫人字堅静建業人也曾王父瑜睦司馬郎吳之淇允矣祖從朗錄事父愿皇尉望江咸襲緐祉垂裕後昆夫人婉娩令淑挺然生知及笄年適于司馬司倉宗窈窕閑雅謙和優柔行合規矩言堪典模蒸理黍稷調暢琴瑟義光中饋孝顯家風絅衣無華舉案有則訓女四德示男六經親族娣姒肅然心伏凡在閭閻莫不書紳性止恬淡情忘嗜慾洞了生滅俄而謝世元和十五年五月十六日微疾冈瘳終于長安頒政甲第也享年五十口以其年十一月廿二日將遷于國西阿城南原禮也嗚呼生事畢矣二女早逝有子長裕泣血哀號抑情就禮痛雍穆之風泯然斯絕刊石紀德庶幾不朽中立舊館之賓睹其家道不揆爲銘未充名實銘曰

婉娩積善不享遐齡貞操符禮柔和合經尺波一謝寸晷冈停愛其芳烈刻石存銘

孫夫人之葬但言有子長裕而不及司馬想司馬已早世碑特未經叙入耳叅軍有司戶司田司兵司功諸目司倉叅軍亦猶是也賈中立爲王府叅軍官無可攷慶朗舍人家令之屬

兵曹鄭君墓誌銘

石長方一尺楷書

故右內率府兵曹鄭君墓誌銘并序

潁川陳齊之撰

昔鄭桓公爲王卿士始受鄭于周因封命氏漢魏以降其族滋大有唐以來□□□軌君其裔也曾王父璿河南少尹王父溥尚書右部郎中歷青邪相衛□幽懷七州刺史入爲左庶子皇考華駕部郎中吉州刺史仕濟其美時與其能君郎吉州之少子也隱不違世顯而成晦於所與以義於取人以廉以□遊江湖而無所爲累

也君諱準字□道其先滎陽人有憲也之貧□□□之貴人□於此皆不堪其憂君之於此未嘗滑其□□□□爲知命也大和四年正月二日遘疾終于蘇州華亭縣白砂鄉徐浦場之官舍享年六十有三有子五人嗣曰宗備次曰宗韞次曰宗慶次曰宗遜皆銜恤茹哀克奉先訓又一子奉釋氏教端愨清靜修無生忍名曰宏直嗟乎伯仲叔季於執喪之禮皆得順變郎以其年秋八月廿五日權葬于義興縣洞庭鄉震澤里下朱村原從宜也有女三人皆在冲幼五子以余有往年之舊請余於文銘曰其生也天其死也天死生皆□兮河適非然嗚呼苟不達于此哀何勝焉

衛歷府本秦官漢因之唐爲左右衛率府龍朔二年改爲左右典戎衛咸亨元年復舊置率各一人領兵宿衛督攝隊伍總判府事副率二人又有倉曹參軍掌糧廩膳脩田園又有兵曹參軍又名鎧曹又名胄曹掌軍器儀仗碑云右率府兵曹蓋郎衛率府兵曹參軍之省文鄭君不知何郡人所謂滎陽者其先人也故曰權葬於洞庭蓋蘇州去洞庭較近故葬於此猶今人以官爲家歸無田里文中所以云有憲也之貧不堪其憂也字極娟秀絕

似十三行瘞本是可寶也文中廿字郎世字蓋諱世字缺筆

唐高平郡開國公劉公故夫人楊墓碑

石長二尺三寸濶二尺二寸正書

唐左神策軍護軍中尉副使兼左街功德副使金紫光祿大夫右監門衛將軍上柱國高平郡開國公食邑二千戶劉公故夫人宏農縣君楊氏墓誌銘并序

朝散大夫試太子詹事兼監察御史魏則之撰

夫積慶者宜鍾乎介祉享祐者宜降以永年緜藝若斯根源靡究然修短之分豈造攵而踰焉嗟乎月墮仙娥星收婺彩花摧玉樹噫足悲哉夫人宏農楊氏諱珽字瓊華京兆長安縣人也曾祖待賓皇昭武校尉守綏州

義合府折衝祖延祚皇任內飛龍厩都判官寶應功臣太中大夫行內侍省內常侍上柱國賜紫金魚袋父惟貢皇任華淸宮使朝散大夫守內侍省內常侍上柱國賜緋魚袋皆簪組傳榮衣冠弈葉庸勲繼代誅譜詳諸夫人郎內常侍公之長女也坤靈毓質蘭畹挺姿性稟冲和量懷溫雅詩書贍曹家之奧管絃精蔡氏之能婉嫕含貞宗族攸重三星始見百兩爰來年洎初笄適于高平劉公渙潤齊眉等貴合璧聯輝相敬如賓和鳴並耀日來月往卅餘載晨昏盥饋夙夜無違逮事舅姑益彰溫凊因夫延寵疏邑顯榮石窌之封固無慙德繇是閨門欝郁素履彌芳壼範聿修彤管稱美宜乎永諧宮徵終契百年之歡樂往悲來旋徵二豎之夢膏肓有驗和扁無瘳沉瘵連緜委惙臻極以大和四年六月十二日卒于輔興里之私第享齡五十有四粧奩遽閉香閣永辞逝水不迴奄歸長夜嗚呼哀哉瓊枝忽墜鸞鏡徒懸悼隔幽明痛深泉路兆卜先遠龜筮告從旌旐啓行輀軒就引卽以此年十月廿九日還窆于鳳城西之龍首鄉龍首原禮也有子五人長曰仕仟子亭判官太中大夫行內侍省內府局丞上柱國高平縣開國男食邑三百戶次曰仕脩朝議郎行漳王府叅軍上柱國次曰

仕侗中散大夫行內侍省內府局丞上柱國彭城縣開國子食邑五百戶次曰仕僚次曰仕份賜緑或趍馳禁掖或叅試王曹或委質宮闈或優遊墳籍皆神形持立雋秀當時聲掩八龍價邁三虎茹荼叩地瘠毁苦廬泣血絕漿孝侔曾閔攀號不逮殞慕罔依感切風泉哀纏骨髓恐川成嶮岳山變洪波願刻貞珉庶旌盛烈銜悲見請竊愧謏才握管搆辝多慙漏畧銘曰

易讚坤靈詩美嬪則婦道母儀柔從淑克行標茂範德播擇鄰事上盡敬撫下推仁宜昌百祿保壽千春天胡不憖降禍玆辰宅兆何所鳳城西偏松檟云樹曉夕凝

烟楊棻蕭蕭馬鬣危危芳塵漸遠朗月空垂
將侍郎試太常寺奉禮郎李約書
吳郡朱弼刻字
唐文宗年號太和凡九年後乃改元開成其四年則歲在庚戌也碑末載入劉公名渶潤不書其所自出而夫人則反叙三代名爵甚悉蓋銘爲夫人製故詳畧有異如撰文人魏則之書人李約二人均不著閥而文理與書法俱精足見唐人才藝之精者不必俱在高位也契作㓞㓞作𠚕俱俗罔作冈古通盭古戾字繆盭卽繆戾唐有六廐一曰飛黃二曰吉良三曰龍媒四曰騊駼五曰駃騠六曰天苑而無飛龍至廣德元年乃有飛龍使此言飛龍廐卽飛龍使耳將仕郎作將侍郎大中大夫作太中大夫俱從原碑

智空和上碑

石長尺二寸闊二尺正書

唐故內供奉翻經義解講律論法師智空和上塔銘并序
正議大夫守秘書監上柱國瑯瑘縣開國公食邑一千五百戶賜紫金魚袋王申伯撰
天地之德至大非風雷日月之用不能贊其化育而發生乎萬物釋氏之敎至精非聰達惠覺之士不能揚其妙道而化度乎羣疑天生法師克契斯義用安一世以垂化後云法師諱智空姓任氏弱而神清幼而不羣年八歲心已向佛誠請旣行緣愛自去遂授經於惠雲卒學景鸞耳所一聞亦旣懸解目所一覽又若夙習䟽陳精奧師皆歎異知口其法非天縱之孰能如斯法師常謂弟子曰我靜觀衆生或瞽或聾嗷嗷嗤嗤溺于狂妄之敎又將安施於是張善惡報應驅僻邪于中正導眞若智者不能拔仁者不之慈雖獨揭厲于淸源則大聖如之理解拘縛之勞登高抗音化所不化侍
代宗則聲仁王之文言發而歸于大中理貫而合于至正故君聞而仁臣聞而忠推而廣之夙化斯變 詔法師與天竺三藏譯六波羅密經功畢上獻
天子感歎錫賴有加雖異方之奉斯學者知有所本矣

由是大教揚溢于海內惠風漸漬于人心朝廷垂衣刑
措於下其或有助乎嗚呼時將不幸人其無依以貞元
十年正月十五日告行于興唐寺報年六十一弟子惠
見等與俗侶白衣會葬服縗者千人□以其年三月四
日弟子智誠寺共起塔于畢原高岡旣相與號慕不逮
因諮鄙人刋銘于石述其妙道用慰永懷銘曰
佛有妙法使皆淸淨世界罕聞色塵皆盛其一心遂于
妄情亂于性扇爲頹風蕩然莫止其二大哉我師降厥
慈悲開示寂樂破摧昏疑其三法相旣圓色□自離千
萬大眾欷泣而隨其四大教旣揚威德□光除彼煩□
化爲淸涼其五功成身去自契自藏銘于塔石與天俱
極
大和七年歲在癸丑八月十五日比邱智亮等
建
從一法源超秀惟□□安惟永智兼日榮海□
惟時
惟旭自謙善□□游京兆田復書
大和七年癸丑唐文宗在位之七年也師葬于太
宗貞觀十年三月至此已越一百九十餘年之久
歷高宗中宗太后睿宗元宗肅宗代宗德宗憲宗

穆宗敬宗凡十二朝何葬與立石之相去太遠也
其中年號必有一誤習俗辯字本作習北齊所造
字字彙補云習佛書辯字是釋教辯正作習尙非
俗體巧言爲辯猶行不及之爲後不正之爲歪也
文爲王申伯撰無書人姓名建立後末一行有田
復名未知碑卽田復所書抑或後來附入均不可
知文中狂妄妄字誤作妾

唐鉅鹿魏君夫人墓銘

石長方尺
六寸楷書

唐故宣功叅軍鉅鹿魏君夫人趙氏墓誌銘并序

前延州防禦衙推文林郎試左驍衛兵曹叅軍

王儔撰

公諱邈字仲方廿本云秦改魏爲鉅鹿郡也後徙家於
山南今則洋州興道人也昔周建侯王是稱盤石國命
良相謚曰文貞公洎枝派初分導自洪源之注蘭蓀並
振時爲銓藻之芳祖賓父朝隱皆敦儒術諒識宏深高
樂園林自求野逸公孝達參閔學茂游夏稟志孤貞潔

行端操須因入仁多爲台鼎廉察之知累以德藝精粹
聞於天庭始奏授懷州參軍次選授果州司戶叅軍次
任婺州司功叅軍次任宣州司功叅軍凡歷四郡皆以
直道佐理惠洽優人官賴其能民受其福以玆樹善旣
至必獲神休豈謂天喪貞良倏延荒瘵乃針石靡效寘
齡荷乖奄忽俄然盡爲松櫝是則逝波遷沒而不還風
燭泯光於殘夜以元和九年十月十三日不祿於任壽
年五十有五卽十年四月護歸京兆窆於萬年縣洪同
鄉北韋村北原也夫人天水趙氏考皇任璧州長史昇
之仲女也少習師保內則素彰懿淑茂儀柔順芳婉而
乃失翼凌虛亡舟涉濟孟母彼美敬姜謂歟以會昌四
年冬偶嬰微疾殆踰累旬冬筍冰魚日無不至十一月
十五遂殁于延州豐林縣之私第享年七十有五今以
五年十一月廿三日護喪祔于萬年縣洪固鄉北韋村
北原禮也有女四人長適皇甫氏次適李氏次適侯氏
幼適王氏並早閑保傅□于柔儀□德婦功怡聲婉娩
或逝水不返或婦言益嘉雖女使無□□□諒□□有
子三人長曰齊質前任延州豐林縣令次曰匡贊前任
劒州普女縣主簿幼曰文質任□州永泰縣令俱以響
笏官途學行淸敏政則治民惠乃周物自□□□負泣

血絕漿號護憒毀瘠終制及□□□南邁哀戀北堂
禘嘗之儀豈替增潔竊以廌行式序祈詩□□土木非
剛刊石爲事儔每媿孱薄冲讓未獲辱命染翰爲詞頗
難銘曰
黑水之西終山之北厥土上上人惟溫克鄰謂之先秦
風是□響笏所繼其儀不忒淑愼佳美咸曰貞廉婦禮
彌著母德式贍家以議從子以道謙未獲榮養奄弃恩
澤豈曰盛衰抑奪人慾千載之後悲此山曲

碑有撰文人名而無書碑之人且魏公葬于元和十
年夫人葬于會昌五年夫婦合葬同原而銘詞多頌

夫人魏公較畧殊不可解且文亦生拙字尤草率
以至次任婺州二句失寫旁注甚非鄭重銘幽之
意姑存之以補萃編之所未備

太原縣開國男王公墓誌銘

石方潤尺
三寸正書

唐故正議大夫行内侍省内府局丞員外置同正員上
柱國太原縣開國男食邑三百戶賜緋魚袋王公墓誌
銘并序

將仕郎試右監門率府錄事參軍劉景夫述

公諱守琦父皇任朝散大夫充内酒坊使諱義通之弟
九子也公早朝禁掖旋授恩配賢父夭實遇慈昊訓
以文藝卓以詩筆教以温常誡以廉克仁德播於流聲
特遐名於肘掖恪恪奉主孜孜在家貞清絕邁於古賢
硎聽全逾於往哲斯可謂天之佑也故得常居寵秩朱
紱銀光擁恩不樹於先宗煥彩實暉于後嗣貞元十二
祀入仕大中三載退歸私第因寢疾崩於歲十二月十
五日緣久居崇秩先塋稍隘爰于舊墳西南隅創建斯
塋也伏以先墳高聳碑秀峨峨族裔具書此不列之公
先夫人張氏早世附在大塋嗣子四人長曰從祐適而
往逝亦附大塋今夫人謝氏追念前恩怨嗟殁後哀慟
過於斑家調訓同於孟母今至孝男允賓次曰從盈又
次曰從泰等嗷嗷血淚逾甚高柴啟侍晨夕殊邁曾晳
生事已畢葬事將營宅兆吉晨用刻大中四年正月廿

三日禮葬鄉曰崇義村號南姚土事銘詞因斯建也

銘曰

彤彤王公穆穆和恭侍親以孝事君以忠四科畢備書釼全功能章禮樂能揚國風少承光寵暮乃將退居上其宗居下共愛身沒名章魂消譽在釵鏡人仁孰不欽

賛

王公之父爲内酒坊使此官不見于唐書蓋即周宮酒正之屬在唐亦只與五坊宮苑使相等至王公則爲内侍省内府局丞以至賜緋魚袋内侍省初名内侍監咸亨元年乃易監爲省後亦時改時復唐制内侍省其官員内侍四人内常侍六人内謁者監六人内給事十八人謁者十二人典引十八人内侍伯二人寺人六人外又有五局一曰掖廷局掌宮人版籍二曰宮闈局掌内宮門禁其屬有掌扇給使等員三曰奚宮局掌宮人疾病死喪四曰内僕局掌宮人輿輦導從五曰内府局掌宮中供帳五局有令有丞碑云内府丞則掌宮中供帳之人也故文首即有早朝禁掖之説武后時增設中官碑云外置同正員者添設之員猶正設之員也至稱上柱國開國男唐之寵遇内官可見亦

猶左右監門將軍及觀軍使等號耳穹作穹秩作秩喪作喪嗣作嗣班作斑均俗後作後亦俗但字作𢓊不及頗有文義釵字不見字書想亦劍俗字至死于私室竟敢言崩于某年某月内臣之無忌憚何乃竟至于此

榮王府長史程公墓誌

石長二尺濶一尺八寸三十行行三十字正書

集賢直院官榮王府長史程公墓誌銘并敘

鄉貢進士温憲撰　男進思書　男再思篆蓋

程氏之先出自保休甫其後程嬰春秋時存趙孤以節義稱故奕世有令聞公諱修已字彦□曾祖仁福左金吾衛將軍祖鳳婺州文學父儀蘇州醫博士公幼而□固通左氏春秋舉孝廉來京師遊公卿名人間能言齊梁故實而於六法特善□□錫自顧陸以來貧絕□出惟公一人而已大和中陳丞相言□公於昭獻因授浮

梁尉賜緋魚袋直集賢殿累遷至太子中舍凡七爲王府長史趙郡李宏慶有盛名常□鬥雞□□對傷首異日公鬪其勝者而其對□壞籠怒出擊傷其晝李撫□駭□□昭獻常所幸大名盧□一旦有弊蓋之歎上命公圖□□宮中敗夫□者皆俯伏上寵禮特厚留於□院凡九年問民間事公□口不對唯取内府法書名畫日夕指擿利病上又令作□障數十幅□成因□爲詩命翰林學士陳□行等和之盛傳於世公於草隸亦□□□章陵玉冊及□安太后謚冊皆公之書也丞相衛國公閤有客藏□□書帖三幅衛公購以千金因持

以示公公曰此修已給彼而爲非眞也因以水濡紙抉起果有公之姓字其爲桃杏百卉蜂蝶蟬雀造物者不能爭其妙於□際仍備盡法則筆不妄下世人有得公片迹者其緘寶耽翫千□古昔公嘗云周修傷其峻□張□其濟□盡之其唯韓乎又曰吳惟□元通陳象似幽恙揚若瘵人强起計若市人饕食性夷雅疏澹白晳美風姿趙郡李遠見之以爲沈約謝朓之流大中初詞人李商隱每從公遊以爲淸言□味可雪濁垢憲嚴君有盛名于世亦朝夕與公申莫逆之契高遊□引非公不得預其伍公之爲畫毛詩□圖藏于内府以咸通四

年二月一日遘疾□□□□□□享年□十九先娶龔氏有子三人長曰進思鄜州甘泉□□次曰通□□□□尤高妙□□公迹殆相乱又其次曰再思於□學所不通工篆擕其□狀濟古道健後娶石氏有女二人長適□州景城縣尉景紹一女幼石氏亦先公而亡以其年四月十七日葬于京兆府萬年縣姜尹□憲嘗爲詠蛺蝶詩公稱其句因作竹蝶杏花畫三蝶相從以寫其思其孤以憲辱公之眄遂泣血請銘銘曰

五曜垂晶華山降靈鍾兹間氣瑞我昌庭遇物生象乘機肖□情通肹蠁思入微冥顧陸遺蹤□張舊轍芳塵

寂寥妙迹□□□□□空存神□永轂千齡万祀慘澹衷
滅

唐制親王府傅一人咨議叅軍一人友一人文學二人東西閤祭酒各一人長史一人司馬一人掾一人屬一人主簿一人記室叅軍二人錄事叅軍一人功曹倉曹戸曹兵曹法曹士曹等叅軍各一人　叅軍二人行叅軍四人典籤二人餘親事府及帳內府等官不下數百程公爲榮府長史居祭酒之次司馬之上蓋從四品官也榮王唐史無所攷程公精畫唐書亦不載其人大和中陳丞相者

陳夷行也然夷行之相大和已改元開成矣非在大和中也　文中恙字乱字蟒字蝨字万字俱照原碑

大原王公夫人清和張氏墓誌

碑長二尺濶二尺行書廿三行行空格多少不一

大唐幽州節度賠使押衙銀青光祿大夫檢校國子祭酒太原王公夫人清河張氏墓誌

鄉貢進士李玄中撰

夫人姓自軒轅之弟子揮始造安實張羅網世掌中其職遂爲氏焉夫人家族奇常洪維茂著精妙淑氣稱善人襄奉養盡心於晨堂婦道飽恭於大族可謂金玉顯明禮樂嘉世惟孝其德惟□其仁整立規風溫顏內外實可比於行狀也　祖万友　父少清曾儒相襲業普

何荷不仕

王庭取恣優逸古今之有也于嚱輪搖小焰翅促年光夫人無何以咸通四年正月廿日寢疾至五月廿四日歿於幽州幽都縣界勸利坊私第享年六十有一嗚呼行路悼焉姻親感慟子孫泣血僉曰孝門

夫人有子四人長曰宏泰見任雄武軍平地耨巡檢烽浦大將游擊將軍試左驍衛將軍文武全材　次曰宏君親遐寄弓開落雁詞逸橫科次曰宏雅

籍　次曰宏楚咸著義方俱修禮樂壯年當代名郎其成時謂曰弓裘不墜矣

夫人以七月十三日禮葬於幽州幽都縣界保大鄉樊村之原也嗚呼哀哉愴兮奄㝛知白楊早落虛青松後凋代變人移紀之陵谷乃鏤其石保其始終銘曰

人寰何限兮流年光窴路何促兮空蒼蒼明月照墳兮下泉寥春秋來去兮高白楊煙雲凝思兮埋古壟風光聲哀兮成慘傷陵谷變移兮朝與暮寂窴終天兮堪斷腸

哀子宏泰書　楊君建刻

碑末行後小楷跋云

道光辛卯京師西直門外農民拙土出此石及太原王公誌石福山于景元文學購得之自留其一以此石贈鹿春如太守余見而愛之春如遂以轉贈壬辰四月初一日棲霞牟房誌

按太原王公無名可攷當攷之文學自留一石上今惜未之見也李公撰文子泰書俱不見佳且多脫字首軒轅之弟子當云軒轅弟五子弟第可通脫一五字便無文理廣韻軒轅弟五子始造弦碑作造𡖋字不可識𡖋當是唐時弦俗字全材全字作仝中但一ノ而少一豎尤草率他如壯年當代句不可句讀第以出土方新字畫明白存之以備

一品

佛頂尊勝陁羅尼經

石長六尺濶七寸行書共八頁頁九行行不計字

佛頂尊勝陁羅尼經并序

白鹿山人李端符拾書奉報四恩三有永充供

養吳郡陸承鼎鐫字

佛頂尊勝陀羅尼經者婆羅門僧佛陁波利儀鳳元年從西國來此土到五臺山次遂五體投地向山頂禮曰如來滅後衆聖潛靈惟有大士文殊師○於此山中汲引蒼生教諸菩薩波利所恨生逢八難不覩聖容遠涉流沙故來敬謁伏乞大慈大悲普覆令見尊儀言已悲

泣雨淚向山頂禮已舉頭忽見一老人從山中出遂作婆羅門語謂僧曰法師情存慕道追訪聖蹤不憚劬勞遠尋遺跡然漢地衆生多造罪業出家之輩亦多犯戒律惟有佛頂尊勝陁羅尼經能滅除惡業未知法師頗將此經來否僧曰貧道直來禮謁不將經來老人曰既不將經空來何益縱見文殊亦何必識師可到西國取此經來流傳漢土即是遍奉衆聖廣利羣生極濟幽明報諸佛恩也取經來至此弟子當示文殊師利菩薩所在僧聞此語不勝喜躍遂裁抑悲淚至心敬禮舉頭之頃忽不見老人其僧驚愕倍更虔心繫念傾城迴還西

國取佛頂尊勝陀羅尼經至永淳二年回至西京且以上事聞奏天帝遂將其本入內請日照三藏法師及勅司賓寺典客令杜行顗等共譯此經施僧絹三十疋其僧悲泣奏曰貧道捐軀委命遠取經來情望普濟羣生救拔苦難不以財寶爲命不以名利關懷請還經本流行庶望含靈同益帝遂留翻得之經還僧梵本其僧得梵本將向西明寺訪得善梵語漢僧順貞奏共翻譯帝□□□僧對諸大德共貞翻譯譯訖僧將梵本向五臺山一入於今不出今前後所翻兩本並流行于代小小語有不同幸勿恠焉至垂拱三年定覺寺之僧志靜因

停在上都魏國寺親見日照三藏法師問其逗留一如上說志靜就三藏法師諮受神咒法師于是口宣梵旨經二七日句句委受具足梵音一無差失仍更取舊翻梵本勘校所有脫錯悉皆改定其咒初注云最後别翻者是也其句稍異于杜令顗所翻者其新咒改定不錯并注其音訖後有學者幸詳此焉至永昌元年八月于大敬愛寺見西明寺上座澄法師問逗留亦如前說其翻僧順貞現住在西明寺此經救拔幽顯宸不可思議恐學者不知故具錄委曲以傳未悟者

佛頂尊勝陁羅尼經　沙門佛陁波利奉詔譯

經文不錄

末一幅云

佛頂尊勝陁羅尼經一卷

喜衆君子建尊勝幢因書長句　興岳沙門道朗

書住因來詣法王七生業累獲消亡還居忉利持章句

不遂天人戀色香波利一心瞻佛祖文殊再遣往西方

今朝國士雲幢立口智巍巍天地長

大唐乾符三年歲次丙申十一月甲戌朔廿二日乙未

建

都維那僧宏益　上座僧令從　寺主僧行忠

老宿杜諫　都料郁　直歲僧智宗

舊時標惠山寺經幢不知所據萃編載唐陁羅尼

經幢起天后至大和八年凡三十一種起開成至

唐末凡三十五種合計六十六種搜羅不爲不力

而獨無乾符三年之刻因補錄之

終南山老子道德經

碑長六尺四寸濶三尺四寸計二石石分

七層每層三十八行行十字無書人姓名

全文不錄

按碑末有終南山古樓觀立石于道祖說經之臺

十五字餘無所誌人稱老子或稱老君無呼爲祖

者文曰道祖蓋唐以老君爲祖猶蓬萊歌之所謂

聖祖五千言也　雖無年代可考斷爲唐石無疑

因列唐碑之末云

先君所著有春秋推日編綱鑑推日編月令粹編補略以及古今體詩四卷皆手自鈔錄庚申辛酉之變避兵遷徙皆隨藏行篋嗣以身幾不保而各種遂佚痛矣是卷亦係秉鐸壽陽時所輯爲佐延先兄手錄夾置各碑帖包中以碑帙重累瑣碎遂與舊書等庋置紹興暨陽鄉下以後屢徙不復再攜迨肅清後急往暨陽於破書堆中得之其原碑榻本亦尚存六七故存者猶得據以校正幸矣光緒八年九月男同校字并誌

金石萃編補目

金石萃編補目序

南海吳荷屋中丞有歐趙之嗜宦轍所至搜羅金石文字不遺餘力道光戊子歲由湖南藩司坐遷巡撫解后過余詢及吾鄉舊刻爲指陳其略且縱談至海内所有因舉目見者以對中丞大駭曰君誠博雅士也余以三十年心力所蓄不下數千種尚有不能盡知者況目驗乎君何言之娓娓如是也於是招入幕府即以此事相託因得盡發所藏參以敝篋存本取青浦王述庵氏所著金石萃編爲藍本凡萃編已有者皆不再錄就所無者自三代以下校年編次備錄原文加吕考校一遵萃編成例六閱寒暑底稿甫成題曰萃編補遺總計卷帙且多於王氏原編中丞旋以左遷京職挈稿而去每於一氈冷坐時迴憶殘碑剩墨幾如過眼雲煙其考訂處頗有前人所未及者惜當時不及錄副而中丞又久歸道山原稿已無可求索殊覺怏怏於懷偶於篋中檢得原目因思近日孫氏訪碑錄有目無文並無考校亦可傳爲搜羅前導遂改題曰萃編補目以存中丞好古之心鄙人代輯之力時咸豐元年中秋後一日虎癡黄本驥書於龍標學舍

咸豐庚申夏大興劉子重銓福以寧鄉黃虎癡此目清本相示云吕未刻本子重在湖南時手付者亟命錄副以存吾亡友遺箸一種五月三日寫者畢工因校首卷記之是日長至又賤子五十生日他日此稿或因以傳也郘亭眲叟

金石萃編補目卷一　　聚學軒叢書第三集

長沙黃本驥編次　　貴池劉世珩校刊

夏

禹王碑萃編所錄乃長沙西安四川雲南四本惟長沙本係宋刻餘皆明刻此本嘉慶初出於衡山蓋原刻也遂庵未見故錄以冠首

秦

泰山石刻殘字在泰安

漢

萊子侯封田贍族戒石新莽天鳳元年在鄒縣

買地券建初元年在山陰

封龍山頌在元氏

三公山神碑四種光和二年在元氏

李喬題字永建元年在襄城　李喬當作李事永建當作永壽　邵亭校

囹令趙君碑初平元年舊拓本

白楊村畫像題字二種在鄒縣

隨家莊畫像題字在嘉祥

仙人唐公房碑陰在城固

子游殘碑五段在安陽

三國漢

楊侍中闕此種冠以蜀而不言漢劉燕庭謂是十六國春秋所載李雄時為侍中之楊發當是也石在四川梓潼　邵亭校

武侯廟殘碑在成都

黃初殘碑在郃陽

吳

谷朗碑鳳皇元在耒陽

十六國前秦

鄧艾祠碑建元三年在蒲城

南朝宋

爨龍顏碑大明二年在陸涼

齊

造維衛佛題字永明六年

梁

永陽昭王敷墓誌普通元年

永陽敬太妃王氏墓誌普通元年

北朝魏

中嶽嵩高靈廟碑大安二年在登封

造象記十七段

解伯達大和口年在洛陽　焉种育正始二年　張乾神龜二年在咸寧　趙

阿歡等三年在洛陽　曹望憘六年在臨淄　元法義等孝昌二年　皆

公寺三段三年在樂安　徐景妃三年　歷山二段在歷城　張神

遠永安三年在臨淄　趙文歡普泰元年　田果等在洛陽　趙某等在洛

陽　崔仁在盆都

大基山石人題字正始二年在掖縣

鄭道忠墓誌正光三年在洛陽

龍門山造象記四十九段在洛陽
孫大光正始二年　楊小妃二年　會眾四年　比邱惠合二段正始
二年　楊安祥五年　口慶永平二年　尼法行三年　曹運四年　張榮五年
劉洛眞延昌元年　尼法興二年　白口生四年　比邱惠榮熙平二年
卄□人神龜元年　闕姓名二年　杜壬安二年　楊善常二年　比邱
惠榮三段正光二年　王某二年　徐口和二年　尼法險四年　尼法
照四年　李某四年　任陵姜五年　尼僧口孝昌元年　周天蓋二年　欲
會年　丁辟邪二年　尼法璨二年　尼智空二年　榮九州二年　女
寅僧年　尼法光普泰二年　樊道德二年　孫姬永熙二年　元成髮
王江奴　口伏及　庾方成　張口貞　比邱
惠鑒　比邱道齊　善相等　周知敬　闕姓名

鄭羲碑永平四年在掖縣
鄭羲石像在掖縣
鄭道昭登雲峰論經書詩在掖縣
道昭雲峰山觀海島詩在掖縣
道昭大基山詩在掖縣
道昭雲峰山題字八段在掖縣
耿伏奴題名在掖縣
石工于仙題字在掖縣
梁鑒碑延昌四年
崔敬邕墓誌熙平二年在安平
魏

高貞碑正光四年在德州
張元墓誌普泰元年
僧思猛墓誌
東魏
中嶽嵩陽寺碑額及陰天平二年在登封
造象記十七段
僧洪寶等天平二年在洛陽　范定洛二年在洛陽　孫思香四年在洛
陽　張僧安四年　汝陽王四年在歷城　杜收虎元象二年　姚敬遵
二年　趙勝習興和二年　胡方等四年在泰安　邑義九十人武定元年
在河內　路文助二年在萊陽　楊顯叔二年在歷城　王雙虎等二年
在東阿　朱永隆等三年在河內　尼曇靜三段三年在洛陽　吳顯

仲七年
張府君碑興和三年在靈壽
西魏
始平縣伯造象記大統十七年在諸城
齊
相里氏造象碑有陰有側天保三年在洛陽
崔頠墓誌天保四年在清河
造象記四十五段
尼惠暈天保五年　張景暉五年在益都　江阿歡六年在陽曲　陶長
貴七年在益都　垣周等八年在登封　朱靈振等八年在慶雲　僧道
潤等十年　李道顯皇建元年　龍道果太寧二年在益都　邑子殘字

六段河清二年在益都比邱明空三年在益都薛匡生三段武平元年邑
義等河內二年在武成胡后臨漳二年在石方僖二年在鄃封僧
練益都二年在邑義百人三年在滋陽尼法元等四年在曲陽華
舍等洛陽六年在尼圓照等六年在慶雲楊安都等七年在偃師
韓叔子等八段七年張思文永光元年在諸城李道和在諸城
尼道大等在登封聖壽寺殘字在嘉祥桓某在濟寧智超
等許始等二段在蘭山延洪興等在蘭山朱天景等
在偃師
銅雀臺石龍門銘天保八年在安陽
高叡修佛寺碑天保八年在靈壽
靈泉寺經刻乾明元年在安陽

維摩經及㑺修羅碑皇建元年
僧法懃塔誌太寧二年
鄭述祖重登雲山記河清三年在掖縣
石佛寺迦葉經河清三年在鉅野
鄭述祖天柱山銘天統元年在平度州
鄭述祖雲居館記天統元年在掖縣
造石象銘武平元年
映佛巖大般若經武平元年在泰安
朱岱林墓誌武平二年在壽光
尖山磨崖經刻武平六年在鄒縣
石經峪金剛經殘字計三十二字在泰安

水牛山文殊經舍利佛經在寧陽
靈泉寺華嚴經并大乘妙偈有陰有側在安陽
韋子深等造象碑有陰有側在鄒縣
周
皇甫景元等造浮圖記武成二年在長安
造象記四段
法明天和元年嚴氏五年尼曇樂建德元年永樂縣殘字在滿城
匡喆刻經讚大象元年在鄒縣
尼惠暉金剛經大象二年在鄒縣
葛山磨崖經刻大象二年在鄒縣
李巨敎等小鐵山題名在鄒縣

小鐵山崖殘字在鄒縣
孫洽等題名二段在鄒縣
宇文公碑在掖縣
小安寺造象碑在郟縣
隋
艮照國造象幢開皇元年在洛陽
造象記一百九段
晉陽山殘字開皇元年在濟寧王他奴四年鄭敬希七年在東平
尼郗元等七年在歷城寶山寺十年在安陽僧曇獻十年在東平
張洪亮等十五年在益都李鍾葵十六年蓮花洞五十四段
在長清白佛山四十七段在東平

尼洪相造塔記 開皇三年
王某妻張氏墓誌 開皇四年
仲思那造橋碑 開皇六年在鄒縣
龍藏寺碑額并陰側 開皇六年在正定
十佛崖造象記八段 在歷城
鄧景茂開皇七年 時昔八年 李景崇十年 宗去疾十一年 安永
照十二年 吳某十三年 宋僧海十三年 楊文蓋十三年
王子華白佛山題名 開皇七年在東平
章仇氏造經象碑 開皇九年在汶上
少容山佛經 開皇十三年在行唐
尼梵脩石室誌銘 開皇十三年在益都

僧信行塔銘 開皇十四年在長安
華賓墓誌 開皇十五年在長安
蜀王美人董氏墓誌 開皇十七年在完縣
孔子廟碑 仁壽元年在完縣
舍利塔記 仁壽元年在閿鄉
岐州舍利塔下銘 仁壽元年在岐山
鳳前寺天王像 仁壽元年在岐山
首山舍利塔碑 仁壽四年在永濟
元太僕墓誌 大業十一年在長安
元太僕妻姬氏墓誌 大業十一年在長安
李慧達鐵鏤文 大業十一年

爲文皇帝造龍華碑
出家功德經 在濟寧
涅槃經 在汶上
晉陽山磨崖六段殘字二十段 在濟寧
青州默曹殘碑 在益都

唐

千佛崖造象記二十段 在歷城
僧沙棟武德二年 僧德明貞觀十八年 劉元意顯慶二年 南平長
公主三年 趙王福三年 僧明德三年 王方等永淳二年 趙咋文明
元年 尼无畏景龍三年 劉君操 劉操 王元亮 高道
邱 周世軌 李樹生 崔供養 張直方 王

丰德 陵感 叚婆
僧靈琛灰身塔銘 貞觀三年在安陽
商王廟碑 在安陽
于孝顯碑 貞觀十四年在三原
陳元瑜等和杂甎刻 貞觀十四年
龍門山造象記五十三段 在洛陽
張世智貞觀二十年 田宏道二十一年 闕姓名永徽元年 樊慶二年
田某二年 王寶英三年 王師亮四年 趙安四年 楊行口六年 李
福海顯慶元年 爨君協四年 無姓名四年 石靜業四年 趙元慶
五年 劉某五年 劉典豊乾封年 李元奕龍朔元年 楊某元年 楊某二年
闕姓名三年 蘇寶才麟德元年 馮士良二年 王尹農二年 朱景

徵二年王合二年女陰二年王元尋總章元年法藏尙元年無姓
名二年薛仁貴咸亨四年僧惠簡四年周遠志上元二年比邱某
三年趙婆儀鳳三年無姓名調露二年處貞永隆元年僧大滿元年尼
智隱三年尼智眞三年公孫神欽開耀元年王寶明永淳二年趙
奴子文明元年魏莊垂拱二年徐節三年蔡大娘二段周天授二年
逹奚靜延載元年闞門冬大足元年宋婆長安四年任延唐景雲元年
馬隨天寶九年裴治　王承頵　李保
晉祠碑額及陰貞觀二十年在陽曲
文安縣主墓誌貞觀二十二年在醴泉
思順坊造象記後題名貞觀二十三年在洛陽
順義公碑在醴泉

歐陽詢九歌
牛秀碑在醴泉
豆盧寬碑永徽元年在醴泉
樊興碑永徽元年在三泉
李懷仁清德頌永徽元年在寧晉
房仁裕母李氏碑永徽三年在醴泉
崔敦禮碑顯慶元年在醴泉
造象記五十三段
崔慈等顯慶二年孫文才麟德元年附碑陰功德記在河內孫智海上元
二年在鄰縣安僧達等永昌元年侯文衍等周天授二年在鄭州口君
愷如意元年隆唐觀長壽二年在登封閻人元相二段聖歷元年在永

淸李弼徵并刻經長安二年在金鄉泗水橋二年在濟寧僧德威三年
中山郡王隆業四年在洛陽顏文逹等唐神龍元年在嵩山口元
素二年在鳳臺安樂村二段一慕容元等一郭正禮等皆先天二年在定州杜
潛輝開元二年在洛陽王元度八年在鄭州陳法明等十八年在嘉祥
王惟敬二十一年在河內大明寺十九段在孟縣丁思禮天寶
八載在沛縣常董生十一載在濟寧孫氏在房山雲門山十二載在益都
朱五娘十五載在鄒縣口遇緣乾元二年在歷城僧肅然建中元年在河
內盧徵貞元七年在洛陽蔡宏願太和九年在餘姚范陽殘字石藏
錢塘韓氏尉遲氏殘字在晉州念德等在晉州劉令山在泰安
舍利函記顯慶二年在臨桂
顧升瘞琴銘顯慶二年在吳縣

房仁裕碑顯慶二年在醴泉
海禪師方墳記顯慶三年在長安
信法寺彌勒像碑顯慶二年在元氏
豆盧遜墓誌顯慶四年在咸寧
口令賓墓誌顯慶六年在孟縣
紀功碑陰題在汜水
韓通碑龍朔元年在浮山
程氏塔銘龍朔元年在咸寧
張興墓誌龍朔元年在臨漳
李汪墓誌龍朔元年在隴西
道因碑頭佛號在長安

于德芳碑 麟德元年在三原
梁某妻成氏墓誌 麟德元年在長安
會善寺碑 麟德元年在登封
清河長公主碑 在醴泉
張對墓誌 麟德三年在洛陽
司馬興墓誌 咸亨元年在孟縣
楊棫白佛山題名 咸亨元年在東平
韓寶才墓誌 咸亨四年在長安
王札等造浮圖銘 上元二年
許洛仁妻宋氏墓誌 在長安
淮南杜某誌陰 儀鳳二年在寶豐

劉通洛刻經記 在房山
王留生墓誌 儀鳳四年
栖霞寺講堂碑并陰 儀鳳四年在魚臺
心經九種
强三娘 永隆二年在乾州 陳令望 天寶元年在房山 丁思礼 八載無
姓名 元和五年 張方迪 咸通五年在滋陽 趙偃碑林草書 在長安
無名姓二段 在長安
蘭師墓誌 永淳元年在洛陽
晉陽精舍碑 在濟寧
馮鳳翼等花塔寺題名 在長安
奉先觀老君像碑額及陰 垂拱元年在濟源

張世墓碣 垂拱二年在濟源
王行淹墓誌 垂拱二年在洛陽
龐德威墓誌 垂拱二年在咸寧
陳護墓誌 垂拱四年
梁寺墓誌 垂拱四年在長安
白鶴觀碑 在長安
法如禪師行狀 永昌元年在登封
張元弼墓誌 永昌元年在襄陽
雷某墓誌 在長安
塗金銅像座題字 載初二年在諸城
馬文貞投龍記二段 一周天授二年在唐縣一三年在濟源

張景之墓誌 載初三年在襄陽
程元景墓誌 長壽三年在長安
焦知慶供佛記 萬歲通天二年在鳳臺
龍龕道場銘 聖曆元年
袁夫人墓誌 聖曆三年在長安
馮慶墓誌 久視元年在冀州
薛剛墓誌 久視元年在長安
經幢七十八種
比邱宗肇 周大足二年 比邱智秀 唐開元九年在獲鹿 王元明 十九
年在鞏縣 無姓名二段 元和十三年在咸寧 尼契義 在咸寧 劉相公 十四
年 僧宏達 會昌元年在會稽 姚仲文 元年在歸安 陳榮 在歸安

無姓名四年在海寧　元承嗣四年在海寧　施安大中二年　沈某五年
在歸安　卜某五年在歸安　尼智榮七年　陳鴻九年　薛志禹十年在扶
風　王用三段十一年在歸安　闕姓名在歸安　李蘋十一年在金華　唐
彰咸通二年在蕭山　胡季良在蕭山　仰君儒四年在歸安　王劭四年
在龍溪　鍾幹六年在海寧　朱尺七年在嘉興　崔君口八年在滋陽　無
姓名在嘉興　僧景讓十年在鄞縣　沈士達十年在歸安　朱常慶
十一年在滋陽　尼清素在歸安　徐師範在歸安　沈某十三年在嘉興　方
藹十五年在海寧　僧義學在海寧　闕姓名乾符元年在長興　劉幼昇
二年在偃師　僧敬能五年在常熟　范信在歸安　李茂彰中和四年在亳
州　張某五年在鄭州　尼和雅在歸安　口歸十在咸寧　僧瑊在東
陽　僧圓寂在趙州　僧令洪在海寧　韋遇在咸寧　李師僩在江

都　惠敬逸在咸寧　僧幼恭在咸寧　某贊善在咸寧　王晟在咸
寧　無姓名二十一段皆無年號一在孟縣二在山陰二在登封一在長安一在
趙州餘失所在
順陵殘碑周長安二年在咸寧
尙眞墓誌長安三年在鄠縣
王美暢妻長孫氏墓誌長安三年在洛陽
裴梃之妻鄭氏碑長安四年在洛陽
頌盧公清德文碑題字唐神龍二年在滎陽
龍興觀道德經景龍二年有陰有側在易州
岑植德政碑景龍二年在句容
梁嘉運墓誌景龍三年在襄陽

邱清懿等石幢記景龍三年
顏瑤墓誌景龍四年在咸寧
石佛寺浮圖銘景雲二年在郟縣
陸元感墓誌景雲二年在崑山
奉先觀祭告文景雲二年在濟源
僧九定等造浮圖記景雲二年在滋陽
本願寺山門碑在獲鹿
修定寺碑開元三年在安陽
崔昇妻鄭氏墓誌開元三年在正定
邱悅彌陀像讚開元三年在洛陽
姚懿碑開元三年在陝州

宋元撫碑在沙河
華岳廟題名九段開元六年在華陰
修定寺傳記開元七年在安陽
石經山石浮圖銘開元九年在房山
王慶墓誌開元九年在掖縣
龍興寺額在益都
建大殿殘碑在益都
游石門山詩在青田
唐貞休碑開元十年在掖縣
錦屏山磨崖在吉州
王進思碑在安陽

茹守福墓誌 開元十一年在咸寧
老孔子顏子讚 開元十一年在金鄉
賢力毗迦公主墓誌 開元十一年在長安
曹夫人墓誌 開元十一年在長安
靳恒碑 開元十一年在襄陽
唐昭女端墓誌 開元十二年在咸寧
王無競墓誌 開元十二年在掖縣
常道觀勅 開元十二年在灌縣
常道觀還就奏 開元十三年在灌縣
光業寺碑 開元十三年在隆平
行次成皋詩 開元十三年在汜水
夷齊廟碑 開元十三年在蒲城
薛某妻裴氏墓誌 開元十四年在洛陽
聖容院碑 開元十四年在長葛
鄭溫球墓誌 開元十五年在鄠縣
于士恭墓誌 開元十五年在長安
僧敬節塔銘 開元十七年在咸寧
慶唐觀紀聖銘 開元十七年在浮山
王禪成造塔幢 開元十八年在太原
麓山寺碑 開元十八年在善化
雲門山功德銘 開元十九年在益都
開元殘碑 開元二十年在咸陽

元智墓誌 開元二十年在洛陽
董靈寶投龍記 開元二十一年在肅寧
張軫墓誌 開元二十一年在襄陽
北嶽廟碑額及陰 開元二十三年在曲陽
神寶寺記 開元二十四年在長清
僧義福塔誌 在洛陽
令長新誡 開元二十五年在大荔
檀山浮圖讚 開元二十五年在沁水
僧惠隱塔誌 開元二十六年在洛陽
本院寺銅鐘銘及陰 開元二十六年在獲鹿
漢徐子墓碣 在南昌
張孚墓誌 開元二十八年在襄陽
多寶塔銘 開元二十九年
某尊師殘碑 開元二十九年在丹徒
張嘉祐墓誌 天寶元年在洛陽
張尊師遺烈碑 天寶二載在孟縣
玉真公主祥應記 天寶二載在濟源
某夫人墓誌 天寶三載在洛陽
李璿墓誌 天寶四載在文安
任令則碑 天寶四載在武功
權澈琵琶泓詩 天寶五載在鳳臺
王璠清德頌及側 天寶五載在隆平

飛來峰題名四段在錢塘
源少良等天寶六載王澹等永貞元年蕭悅寶歷二年烏重儒等
衛某妻劉氏墓誌天寶六載在河內
張軫墓第二誌天寶六載在襄陽
成某墓誌天寶六載在長安
北嶽廟碑額及側天寶七載在曲陽
子產祠殘碑天寶七載在嘉興
僧元林碑天寶八載在安陽
郭密之石門山詩天寶八載在青田
盧正道勅碑側三段天寶八載在滎陽
王某墓誌天寶九載在孟縣

薛待伊石浮圖記天寶九載在濟寧
道士劉若水碑天寶十一載
多寶塔碑額天寶十一載在長安附補他碑額二十三種
張某妻令孤氏墓誌天寶十二載在長安
張朏墓誌天寶十二載在襄陽
韋某墓誌天寶十二載在長安
黃揭公妻劉氏龕誌天寶十三載在洛陽
重立龐履温碑記天寶十四載在元氏
隴西尹公浮圖銘天寶十四載
大恐寺門樓碑額及陰天寶十九載在深澤
李陽冰篆書三種

天清地寧四字在金華紫陽洞天四字在吳縣生公講
臺四字在吳縣
張巖等殘幢
顏魯公鮮于氏離堆記寶應元年在南部
新平郡王儼墓誌永泰元年在咸寧
怡亭銘永泰元年在江夏
元結華陽巖銘永泰二年在道州
元結窊尊銘永泰二年在道州
李寶臣碑額及陰永泰二年在正定
鐵元始贊并承天軍城記大歷元年在井陘
戒壇碑額及御書批答大歷二年在登封

安楷洛碑大歷三年在富平
元結㢆亭銘大歷三年在祁陽
趙叡沖碑額及陰大歷四年在虞鄉
元鏡遠妻鄭氏墓誌大歷四年在洛陽
儲潭神頌大歷五年在贛縣
福興寺碑大歷五年在上元
庾賁碑陰記大歷五年在寧陽
靈泉寺詩大歷六年在安陽
元結右堂銘大歷六年在祁陽
元結浯溪銘在祁陽
党煜等香山題名大歷七年在洛陽

僧肅然禪房記大歷七年在河内
王大使等桃源峪題名大歷八年在泰安
顏魯公浮玉二字在歸安
滑臺新驛記大歷九年在滑縣
馬承光碑在涇州
王景秀墓誌大歷十年石藏長白寅氏
妬神頌大歷十一年在平定州
盧濤墓誌大歷十一年在洛陽
鮮于氏里門碑大歷十二年在南部
解慧氏三門樓讚大歷十二年在正定
改修吳季子廟碑大歷十四年在丹徒

重刻吳季子墓碑大歷十四年在丹陽
大岯山銘建中元年在濬縣
獨秀山石室記建中元年在臨桂
舜廟碑建中元年在臨桂
李某妻賈氏墓誌建中二年在元氏
彭說權殯誌建中二年在通州
張孝忠山亭再葺記建中二年在易州
涇王妃韋氏墓誌建中三年在長安
張希超墓誌貞元元年在海寧
道士景昭碑貞元三年在句容
李丕墓誌貞元三年在通州

張延賞碑額及陰貞元三年在偃師
濟瀆廟碑側題名七段貞元四年在濟源
文宣王廟碑貞元五年在涿州
卧龍山題字貞元五年在山陰
韋端妻王氏墓誌貞元六年在咸寧
杜兼等孔廟題名貞元七年在曲阜
僧法玩塔銘貞元七年在登封
張夫人墓誌貞元八年在長安
張維岳碑貞元八年在高陵
王庭瓌妻馮氏墓誌貞元八年在長安
梁思墓誌貞元九年在平遥

于昌嶠墓誌貞元十一年在密雲
少林寺廚庫貞元十四年在登封
孔廟龍門記碑側題名三段貞元十五年在曲阜
劉某妻卞氏墓誌貞元十五年在宛平
僧明演塔銘貞元十八年
浯溪題名八段在祁陽
杜傑等貞元十八年王軒等大和四年盧鈞開成五年馬植缺年房
魯會昌五年韋瓘大中二年李行修等三年胡璠咸通十二年
畢遊江墓誌貞元十九年在正定
侍郎廳題名六段
路恕貞元十九年李吉甫等十九年梁寶先元和二年楊於陵

欽年韓春長慶四年宋覩光化四年
定山題名五段在仁和
李幼清元和五年李夷簡二年鄉敦祀二年盧鎮四年李某等
欽年
萬仁泰墓誌元和二年
盧永題名元和三年
諸葛武侯碑陰題名元和三年至開成二年在成都
裴復墓誌元和二年在洛陽
劉可大等雲居寺題名元和四年在房山
施昭墓誌元和四年
麟臺碑元和五年在鉅野

零陵寺石蘭讚元和六年
石神福墓誌元和八年在正定
石壁寺甘露壇碑元和八年在交城
僧神行碑元和八年
李術墓誌
彌勒像讚元和十年在東平
魏邈墓誌元和十年在咸寧
盧元輔天竺寺詩元和十年在錢塘
十哲讚元和十年在山陰
員某墓誌元和十一年在登封
辛秘香山寺題名元和十二年在登封

辛秘少林寺題名元和十二年在登封
尼義契墓誌元和十三年在咸寧
西門珍墓誌元和十三年在長安
大德塔銘元和十四年在鞏縣
崔載墓誌元和十四年　平
薛平題名殘碑元和十四年在盆都
司馬宗妻孫氏墓誌元和十五年在長安
靈巖功德題名四段在長安
僧法英等長慶元年僧神祐等二年宋佺　高祚
僧泛舟塔銘長慶二年在安邑
張九齡碑長慶二年在曲江

李紳端溪題名寶歷二年在高要
盧士瓊墓誌大和元年在長安
張遵墓誌大和元年
楚州刺史石柱題名大和三年至會昌三年在山陽
鄭準墓誌太和四年在宜興
裴休等題名太和四年在長安
劉英潤妻楊氏墓誌太和四年在長安
白居易濟源山水詩太和五年在濟源
僧聳空塔銘太和七年在長安
硤石寺法華會記太和七年在鳳臺
崔蕃墓誌太和七年在長安

杜行方墓誌 太和七年在咸寧
環某妻程氏墓誌 太和八年在鄜州
劉崟墓誌 太和八年在長安
裴口等石鼓山題名 太和九年在清泉
劉某妻辛氏墓誌 太和九年在盆都
劉源墓誌 開成元年在海鹽
金剛會碑 開成三年在歷城
樊忠義功德碑有陰 開成三年在魚臺
鄭宏禮妻李氏墓誌 開成四年在孟縣
楊漢公顧渚山題名 開成四年在長興
趙某妻夏侯氏墓誌 開成五年在襄陽

李坦題名三段 在零陵
華嚴巖 開成五年 朝陽巖 會昌四年
金剛經殘碑 會昌二年
趙某妻張氏墓誌 會昌三年在長安
魏邈妻趙氏墓誌 會昌五年在咸寧
温佶碑 在安陽
高元度等九寘碑側題名 大中元年在曲阜
蘇道淙三疣洞題名 大中元年在安徽口口
蓬萊觀碑 大中二年在象山
高公佛龕偈 大中二年在涇州
王守琦墓誌 大中四年在長安

岳林寺塔記 大中五年在奉化
劉某妻郭氏墓誌 大中六年在九城
萬夫人墓誌 大中六年在江都
趙君平墓誌 大中七年在安陽
岳林寺塔銘 大中十年在奉化
盧錯墓誌 大中十年在偃師
康叔卿墓誌 大中十年在淄川
袁某妻王氏墓誌 大中十四年在咸寧
藥師像讚 咸通二年在河內
程修己墓誌 咸通四年在咸寧
王公晟妻張氏墓誌 咸通四年在宛平

楊籌妻王氏墓誌 咸通五年在咸寧
中嶽廟記 咸通六年在登封
冉子墓碑 咸通六年在鄆城
王仲建墓誌 咸通六年在孟縣
過訥墓誌 咸通八年在盆都
劉仕備墓誌 咸通八年在長安
僧真性碑 咸通八年在房山
江公都墓誌 咸通十一年在蕭山
王公晟墓誌 咸通十一年在宛平
高憲功德記 咸通十二年在濟寧
僧曉方塔記 咸通十二年在鄭州

韓國昌碑咸通十三年在莘縣

李纓妻楊氏墓誌咸通十四年在咸寧

顧謙墓誌咸通十四年在華亭

來佐本墓誌咸通十四年在滋陽

雲居　經咸通十五年在房山

碧落碑重刻殘記咸通十□年在絳州

張常洧祠殘碑在句容

綦君墓誌在山東□□

馬某妻張氏墓誌錢塘倪六舟拓本

韓允忠碑乾符二年在莘縣

趙琮墓誌乾符二年在益都

趙虔章墓誌乾符三年在咸寧

蜀王廟記乾符四年在涿州

成君信墓誌乾符五年在益都

佛頂贊廣明二年在唐縣

淨土寺毗沙門天王碑中和二年在鞏縣

戴昭墓誌中和二年

敬延祚墓誌中和三年在大興

崔璉誌蓋在偃師

王夫人墓誌附大順元年在吳縣

某節度生祠碑景福元年在山陰

孫珦妻張氏墓誌景福元年在益都

道德經景福二年在易州

燉煌某君碑乾寧元年在甘肅沙州衛

道宗常寶二僧碑乾寧元年在薊州

昇仙廟興功記乾寧四年在偃師

夷齊像刻字在天台

韓詩外傳殘刻在滋陽

舒州刺史何公碑在偃師

某平章殘碑

太平觀主神道碑額

某禪師碑額

尼僧空塔銘在長安

陳環墓誌

鄔某墓誌

尼章提墓誌在咸寧

陳某殘誌

彌勒像讚

墓誌蓋四段

劉某在滋陽　路某在孟縣　姜氏在孟縣

敬善寺石像讚在洛陽

金剛經在獲鹿

金剛經殘本在諸城

遺教經殘字二種在長安

桃源洞詩刻四碑 在桃源

武元衡 無年月 杜牧 無年月 胡曾 無年月 李羣玉 無年月

梁重立墓誌 天祐七年在冀州

重修文宣王廟院記 天祐十五年在定州

法門寺碑側題名 天祐二十年在扶風

李國昌碑 在代州

李克讓碑 在代州

五代梁

樂某妻徐氏墓誌 乾化四年在鄞縣

王彥同墓誌 乾化五年在鄞縣

觀音經幢 貞明五年在東平

唐

僧行鈞塔銘 同光四年在洛陽

皇甫經宗等題名

經幢三種

僧令欽 天成元年在孟縣 僧思敬 長興三年在鞏縣 闕姓名 清泰三年在東平

暨立生臺記 長興三年在河內

僧過思等靈巖題名 清泰二年在長清

東谷二字 在象山

某君墓誌

晉

經幢四種

孫紹樂 天福二年在天台 闕姓名 三年在汝州 祖溫 五年在鄆州 胡守凝 九年在泰安

冷球飛來峯開路記 天福四年在錢塘

斛律王廟記 天福五年在絳州

相里金碑 天福五年在汾陽

奈何將軍廟堂石室記 天福六年在泰安

新寫藏經碑 天福八年在泰安

白馬寺造象建塔記 開運二年在洛陽

漢

奉宣祭瀆記 乾祐二年在濟源

重立石窟寺唐幢記 乾祐二年在鞏縣

父母恩重經 乾祐三年在甯陽

石暎墓誌 在長安

周

石屋洞造象記三段 在錢塘

滕紹宗 廣順元年 梁文誼 顯德六年 夏保威

曠山磨崖題字 廣順二年在濟寧

雲門山功德記 廣順三年在益都

任漢權屏盜碑 顯德二年在鉅野

郭進屏盜碑額及陰 顯德二年在汲縣

祇園寺舍利銅塔座識 顯德五年在[illegible]山

虎邱經幢 顯德五年在吳縣
顏文鐸碑 在曲阜

十國吳

尋陽長公主墓誌 乾貞三年在江都

南漢

崇福寺鐘款 大寶四年在桂陽州
乾亨寺鐘款 大寶四年在賀縣
俏文假碑 大寶七年在曲江

吳越

錢鏵謝客巖題 甲申年在錢塘
慈雲嶺磨崖記 甲申年在錢塘

朱行光墓誌 寶大元年在海鹽
風山靈德王廟碑 寶正六年在武康
文穆王神道碑 在錢塘
崇化寺西塔基記 戊午年在蕭山
經幢六種
錢元權 唐長興四年在蕭山 晉安塔 在錢塘 錢俶二種 宋乾德三年在仁和
吳越王二種 宋開寶二年在錢塘
李訶妻徐氏墓誌 周顯德元年在吳縣
忠懿王墓誌 宋端拱二年在洛陽

閩

閩主作巷池記 唐天祐二年在侯官

金石萃編補目卷二　聚學軒叢書第三集

長沙黃本驥編次　貴池劉世珩校刊

宋一

温室洗浴衆僧經 建隆二年在洛陽

善女廟記 建隆三年在涇州

濟州廳壁記 建隆四年在鉅野

重修中岳廟記碑額 乾德二年在登封　附補他碑九種

盧進造幢記 乾德三年在曲阜

僧夢英十八體篆書 乾德五年在長安

周康王廟碑 開寶六年在咸陽

龍池石塊記 開寶六年在濟源

後周太祖廟碑 開寶六年在長安

南海廟碑有陰 開寶六年在南海

女媧廟碑 開寶六年在趙城

相國寺金剛經并心經 太平興國二年在祥符

十善業道經要略 太平興國二年在祥符

經幢十一種

僧義□ 太平興國二年在滎陽 闕姓名 淳化二年在嘉祥 苑福贇 至道二年在汝州 翟若水 大中祥符元年在嘉祥 劇如錫 景祐五年在趙州 闕姓名 元祐五年在祥符 李邦彥 宣和六年在孟縣 李□心 紹熙三年在仁和 李訓 嘉定十七年在仁和 闕姓名 辛巳年 闕姓名 有二一在仁和一在

流縣

飛來峯題名二十四段 在錢塘

郝璇等 太平興國三年 劉古 七年 瑯邪守俊等 咸平二年 張奎等 康定元年 李公謹等 慶歷六年 錢德範等 皇祐二年 李谷 治平元年 立之等 熙寧四年 晁美叔 八年 子容等 九年 蘇子容等 十年 李琮等 元豐二年 楊景略等 同上年 胡宗師等 同上年 查應辰等 崇寧元年 □□濟 政和□年 王競等 宣和四年 趙善郊等 嘉定十五年 陸德輿等 淳祐八年 王伯虎等 癸卯年 道宗等 己未年 石景衡等　直翁等　盛紀等

龍興寺三門記有陰 太平興國七年在滋陽

宋儀制令碑 在長沙

廣慈院瑞像記 雍熙二年在咸寧

徐休復拜文宣王廟記碑額及側 淳化二年在曲阜

廣慈院莊地碑 淳化三年

咒水眞言二石 淳化五年 一在歷城 一在滋陽

同山王母宮記 咸平元年在涇州

臥龍寺鐘款 咸平二年

造象記七段

李恕等 咸平二年在嘉祥 七日山匠人 天禧四年在嘉祥 飛來峯有三 二胡承德 一陸慶 皆乾興元年在錢塘 郭崇妻魏氏 熙寧五年在滎陽 常景 元豐元年在洛陽

僧夢英書偏旁字源 咸平二年在長安

龍泓洞造象記二十一段在錢塘

蔣七娘咸平三年吳豫□文□皆同上年湯用四年俞贊

儲匡贊有三闕姓名朱承贊呂七娘張□

某判官妻皆同上年戴讚五年李典同上年周延序袁高

妙僧子鸞周某僧智與僧梵芝題名

寶相寺記咸平五年在汝上

重刻絳守居園池序記景德元年在絳州

明道寺舍利塔記景德元年在臨朐

北嶽廟碑陰題名二十八段景德二年在曲陽

文宣王贊并陰大中祥符元年在曲阜

亭亭山敕并祭告文大中祥符元年在泰安

孔廟題名四段在曲阜

張齊賢等大中祥符元年梁某等天聖元年黃輔國等大觀元年高

士曈宣和四年

眞宗孔子贊明人重刻在濟寧

從祀先賢先儒贊明人重刻在曲阜

般若心經序大中祥符二年在咸寧

收藏御書器物牒大中祥符二年在曲阜

廣武原宣聖家廟記大中祥符二年在滎陽

東嶽廟碑大中祥符六年在泰安

高□裕神道碑大中祥符六年在洛陽

先天太后贊大中祥符七年在鹿邑

淮瀆廟記大中祥符七年在桐柏

太極觀像記大中祥符八年在曲阜

靈巖功德頂題名大中祥符五年在長清

新修碑樓記大中祥符五年在滎陽

彌勒閣記大中祥符五年在河內

回山王母宮頌有陰天聖三年在涇州

僧惠深碑天聖三年在鞏縣

華嚴巖題名八段在零陵

徐陟天聖三年孫君舒等景祐四年王文恩康定元年成儀等二年

柳拱辰等至和二年沈紳等治平四年曹洪叔等六年劉蒙等

元祐九年

龍門山修路三段在洛陽

丁裕有二皆天聖四年田子政元豐七年

龍門山題名五段在洛陽

丁裕有二皆天聖四年孫世文等嘉祐七年江忠等政和七年蔡居

厚

保寧寺牒天聖四年在興平

逍遙栖禪寺水磨記天聖四年在鄠縣

重修郭進屏碑記丙寅年在汲縣

王曙香山寺天聖五年在洛陽

魏咸信碑天聖六年在洛陽

白水縣齋十詠天聖六年在白水

白水縣獄記在白水
敕賜賀蘭栖眞詩天聖九年在濟源
浯溪詩刻三十一段在祁陽
盧察天聖九年陳統景祐五年周世南缺年楊冀嘉祐七年毛抗熙寧
二年柳應辰九年蔡說紹興四年李君虛五年范成大乾道九年陳
從古缺年牟希元嘉定三年劉用行八年林伯成九年留鈞二段
十年曾煥十二年徐自明同上年張璐十四年衛樵紹定六年婁
續祖同上年趙楷端平三年曾宏正淳祐二年張仲十一年王壺
寶祐五年沈宓節等同上年俞掞等景定三年文有年同上年劉
錫五年文子璋同上年口祐孫咸淳五年汪瓊六年
龍隱巖題名九段在臨桂
蓀光等明道口年狄青皇祐五年余藻治平元年王祖道等崇寧五年
詹儀之等淳熙十三年張釜紹熙五年董世儀等慶元四年鄒應
龍等嘉定十年胡槻十四年
昇仙廟大殿記碑額及陰明道二年在偃師
索長宮廟記有像景祐二年在密縣
孔道輔祭祖廟文景祐二年在曲阜
延慶院舍利塔記景祐三年在濟源
鄆州新學記景祐五年在東平
昭慶寺夢筆橋記景祐五年在蕭山
五賢堂記在曲阜
華岳廟題名二十四段在華陰

衛廷諤妻徐氏墓誌寶元二年在孟縣補釋　附廷諤誌
龍華寺題名十一段在錢塘
司馬池等康定元年蘇軾等元祐五年范成大等淳熙五年周子
充等六年王希呂等八年蕭燧等十年梁安世等同上年京
鏜等紹熙五年何澹等慶元三年袁說友等六年潛說友等咸淳
七年
南屏山題名八段在錢塘
張若谷等康定二年鄭戩等慶歷元年鄭民瞻等二年蘇溫雅
等同上年蒲廷熙等皇祐三年王廷老等熙寧八年魯元翰等
八年晁仲舒等
琴銘三種
范仲淹慶歷元年周必大嘉泰元年文天祥景炎元年
下忠貞墓碑在江寧
南海廟牒慶歷二年在番禺
任布龍潭寺詩慶歷三年在濟源
陳堯佐琴臺詩慶歷四年在單縣
諸葛武侯碑側題名五段慶歷四年在成都
朝城縣修學記慶歷四年在朝城
聖王殿記慶歷六年在河內
張從訓設醮記慶歷六年在臨朐
北岳廟碑陰題名十七段慶歷六年在曲陽
峴山石柱文慶歷七年在襄陽

法門寺碑陰題記二段慶歷八年在扶風
醉翁亭記慶歷八年在滁州
扶風夫子廟記慶歷八年在扶風
蘇舜元千佛頌題字皇祐元年在錢塘
沐澗題名十二段在河南
王起等皇祐元年張吉甫二年李百川等四年艮器等口年張
諒等至和元年潘旦等嘉祐二年王嘉壽等熙寧元年寇元明等
四年張斐等元祐六年陳珏等崇寧二年知先等二年劉子安六年
嵩陽宮石柱題名二十二段在登封
上官士衡等皇祐二年陳知損等三年蘇舜元五年趙士宏
等六年錢衮孚等嘉祐四年陳知雄等七年陳守柔八年邢恕熙寧

二年無姓名五年祖無擇等六年張起等同上焦通等同上
年陳知儉等同上年束端卿等元豐元年張克蒙等崇寧二年
李孝稱同上年文及甫三年夏聖求等大觀元年唐通叟等
政和元年邢儔等宣和五年何㮚七年馬雲夫㮚
文彥若墓誌在洛陽
祖無擇南海廟題名皇祐二年在番禺
浯溪題名六十六段在祁陽
王忞咼皇祐三年狄青四年柳拱辰等二段六年潘夙嘉祐元年俞
洵直二年米君平等同上年余靖五年施口治平三年沈紳四年
宋旻卿等熙寧元年宋昭遜等二年柳應辰等二段六年蔚宗
七年丁僑八年柳應辰九年陶輔等元豐四年孫欽臣元祐元年陳

宏二年錢吕紹聖元年盧約等元符二年鄒浩等崇寧四年高衛同上
年錢餘大觀二年藍士口四年李伯魚同上年劉德甫同上年
吳少逸宣和三年黃仲堪靖康元年賈時舉等建炎三年潘正夫
缺年游何紹興五年劉堯二十七年李元老二十八年李逸三十一年劉
芮隆興二年王彥清乾道七年李處端八年劉學雅缺年薛子法
等紹熙三年趙彥橚嘉泰四年趙崇憲等嘉定八年趙崇尹同上年
方信孺十年王析缺年趙崇模寶慶二年趙崇寬同上年李伯
堅紹定四年李日新缺年李曾伯淳祐十年周邵虎同上年凌攀
龍同上年凌登龍十一年張仲等同上年楊瑾淳祐缺年楊惔
寶祐五年楊履順等咸淳四年樂炎發缺年唐復七年趙孟琉九年
趙崇口　趙文翁　蘇大忠　嚴應卯　叔權以上
五人缺年

韓魏公淮陰廟記皇祐三年在井陘
宋禧青帝觀詩皇祐四年在泰安
王母殿記皇祐五年在泰安
慶豐堂記皇祐五年在宜春
富鄭公龍潭詩皇祐五年在濟源
梁蕭印心銘皇祐五年在錢塘
朝陽巖題名八段在零陵
高滁等皇祐五年柳拱辰至和二年梁宏等治平三年鞠拯等四年
鞠拯等熙寧元年程博文元祐七年孫覽等八年劉蒙等同上年
辰浯溪題名皇祐六年在祁陽

移立使院唐幢記皇祐六年在祁陽
唐晉祠碑陰及兩側題名十五段在太原
北岳廟碑側題名三段至和元年在曲陽
南海廟牒至和元年在番禺
周石淙秋宴序後題名四段至和二年在登封
寶乘寺碑至和二年在荊澤
劉異藥水寺詩至和三年在略陽
杜堯臣靈岩詩在長淸
太白山龍神牒嘉祐二年在郿縣
盧藏永州三巖詩嘉祐二年在零陵
張掞孟姜廟詩嘉祐三年在同官

宋宗諤孟姜廟詩嘉祐三年在同官
寶相寺旗■石題字嘉祐三年在汶上
僧彥脩書裴說詩張旭帖嘉祐三年在長安
洪山題字嘉祐五年在嘉祥
嵩陽宮題名二段嘉祐五年在登封
汾州重刻狄武襄桂林磨崖記嘉祐五年在汾陽
沈文罕寫經換塔記嘉祐五年在長洲
劉奕墓碣嘉祐六年在侯官
張墀法門寺題名嘉祐六年在扶風
郭汾陽廟碑嘉祐六年□□□明人重刻在華陰
靈崖千佛殿記有陰嘉祐六年在長淸

張掞靈崖寺詩嘉祐六年在長淸
開封二體石經三種嘉祐六年□□□
周易三石在祥符　尙書二石在祥符　周禮二石在陳留
李師中宋頌嘉祐七年在臨桂
狄靑碑嘉祐七年在汾陽
重刻醉翁亭記嘉祐七年在費縣
劉敞先秦古器記嘉祐七年在長安
澹山巖題名十五段在零陵
闞洞嘉祐七年　楊永節等熙寧七年　王辟疆九年　柳應辰同上年
孫頎等元豐二年　王覲等缺年　高公傑等缺年　畢若卿元符二年
孫仲益紹興四年　程逖等二十六年　黃槪乾道九年　衛樵等紹定五年

高不傳淳祐八年　杭一民咸淳元年　王亞夫等同上年
蓮花漏記嘉祐八年在鉅野
蓮花洞題名二段在長淸
張慶等嘉祐九年　張吉妻周氏元祐七年
嘉禮篆楷二體石經禮記殘碑在洛陽
中嶽廟鐵八款治平元年在登封
梁軌祠記治平元年在絳州
李奎太史公廟詩治平元年在韓城
石鼓山題名九段在淸泉
薛俅治平二年　劉摯熙寧五年　陸□等十年　王定民元祐三年　柳韶
等七年　程博文等九年　王光祖乾道八年　□孝祥缺年　劉震孫

寶祐二年
九曜石題名二十二段在南海
盧士宏等治平三年金君卿等熙寧六年許彥先七年程思孟
等八年有二皆曾布等元豐元年李之紀等元祐二年連南夫等
紹興九年詹文舉等十三年呂少衛等二十二年蘇少連等二十
三年無姓名乾道二年鄒非熊等淳熙五年李元口慶元元年張滏
等同上年陳疇等嘉熙三年黃朴等四年顧儒修等淳祐元年唐
元齡等咸淳元年劉度臣　米黻　時仲等唐祐元年
中山寺脩塔題名治平三年在唐縣
陳逓古龍潭題名治平三年在濟源
南海廟碑治平四年在番禺

濂溪周子含暉巖題名治平四年在零陵
蘇子瞻等題名治平口年在諸城
王竦醴泉題名熙寧元年在醴泉
大悲閣記熙寧元年在蕭山
龍泓洞題名二段在錢塘
孫覺等熙寧元年賈似年咸淳三年
報恩寺石柱文二段在東平
朱安熙寧二年呂則年三
張校張揆贈靈巖僧詩熙寧二年三年在長淸
定山題名八段在仁和
祖無擇熙寧二年蘇軾　周之祥等元祐八年趙汝愚　游

茂先元符二年陶定乾道六年朱元晦紹興四年李某等
元居中靈洞靈泉四字在仁和
周潘尊師碣陰題名十五段在登封
慈雲嶺佛字熙寧二年在錢塘
趙宗道妻崔氏墓誌在洛陽
李康等臥羊山題名熙寧三年在葉縣
修復千倉渠牒熙寧三年在濟源
送僧詳赴靈巖詩熙寧三年在長淸
送義詳亞僧住靈巖詩熙寧三年在長淸
韓恬墓誌熙寧四年在安陽
趙某墓誌熙寧四年在諸城

趙宗道墓誌熙寧四年在洛陽
唐嵩陽觀聖德感應頌碑陰題名二段在登封
張琬熙寧四年盧漢傑宣和七年
脾山悼園祔誌熙寧五年在汝州
蘇文忠賞牡丹詩熙寧五年在錢塘
附蘇書無年月七種
黃茅岡詩在長淸玲瓏山九折巖三字在臨安蘇門山
題字在輝縣蜀岡詩明人刻在郟縣東坡蘇公帖　麥嶺題
名在錢塘煎茶歌口口口
孝經熙寧五年在山陰
齊州水門記熙寧五年在歷城

彌勒下生經熙寧五年在滋陽
蓬萊觀碑側題名三段熙寧五年在象山
宗室陳國公祔葬記熙寧十六年在汝州
石屋洞題名五段在錢塘
陳襄熙寧六年王廷老等熙寧六年魯元翰熙寧七年賈似道咸淳三年
潛說友咸淳五年
水樂洞王廷老等題名熙寧六年在錢塘
靈巖山題名六段在長清
韋驤等熙寧六年曹夫人韓氏政和元年趙子明政和五年李堯文政和六年王喚八年王淵宣和七年
潘景純等伏波岩題名熙寧七年在臨桂

柳應辰澹山巖記二段一熙寧七年一熙寧九年
火星巖題名五段在零陵
柳應辰熙寧七年李士燮等八年程敏叔元祐七年馬德元等咸淳二年趙與訕四年
柳應辰押字題記并詩熙寧七年在祁陽
杜子美白水詩熙寧九年在白水
鄭仲賢緱山詩熙寧九年在偃師
還立龐履温碑記熙寧十年在元氏
蘇文忠讀書堂三字熙寧十年在歷城
种放會眞詩後題名在泰安
龍洞題名九段在歷城

韓鐸有二元豐元年一二年韓鐸誠應邕三字同上范純仁四年閭邱孝修五年潘世美元祐八年張頡等崇寧二年張勵等政和七年王有道八年
梁沂六洞題名元豐二年在白水
蔣之奇等王母宮題名元豐二年在涇州
韓忠獻祠堂記元豐三年在定州
王景修太史公祠堂題名元豐三年在韓城
相公廟長鄰竿記元豐三年在泰安
張公讀書堂詩元豐三年在歷城
玉臨靈巖道場四字元豐三年在長清
麓山碑側題名三段在善化

米黻元豐三年程粟等政和三年曾思等紹興八年
蘇氏乳母任氏墓誌元豐三年在黃岡　明人重刻
曾公巖題名四段在臨桂
陳債等元豐三年胡宗回等紹聖二年張莊大觀四年徐清叟等嘉熙三年
蔣穎叔昭仁寺碑陰題名元豐四年在長武
王子淵百泉題名元豐四年在輝縣
文潞公濟瀆廟詩元豐五年在濟源
九成宮碑陰題名四段元豐五年在麟遊
耆英會圖并詩元豐五年在夏縣　明代刻
蘇文忠游天和寺詩元豐六年在扶風

加封孟子牒元豐六年在鄒縣
石羅漢刻字二段元豐六年在嘉祥
郭巨石室題名三段元豐六年在肥城
楊孝醇等慈寺碑側題名元豐八年在汜水
司馬温公書經傳六種在錢塘
易損益辭凡兩刻 家人卦 有序悔亡是其輔言八
字 中庸道不遠人六節 樂記君子曰禮樂不
可斯須去身三段 左傳昭二十八年晏子對景
公語
陶眞人靈驗記在象山
龍穴題名二段在濟源

魯元翰元祐元年唐仲容二年
岱頂避風巖題名七段在泰安
章邱先生留題詩元祐二年張買奴宣和二年薄文叔等二年
彥和二年程文鉅二年楊式玉等四年輔之等[redacted]陳京等
郭祥正石室游記元祐三年在德慶
越州朱儲斗門記元祐三年在山陰
吳季子廟記元祐三年在丹徒
司馬温公布衾銘元祐三年在夏縣
郝質妻朱氏墓誌在洛陽
懷素聖母帖元祐三年在長安
羅仲宣碑元祐三年在淄川

渾瑊祠詩記元祐四年在乾州
濟瀆廟碑側題名六段元祐五年在濟源
韓魏公祠堂繪畫遺事記元祐五年在定州
韓魏公祀典敕元祐五年在定州
棋谷聖燈記元祐五年在林縣
游師雄過九成宮詩元祐五年在麟遊
宸奎閣碑元祐六年在鄞縣明人重刻
仲宣等焦山題名元祐六年在丹徒
蘇文忠滿庭芳詞元祐六年在黃岡
蘇書醉翁亭記元祐六年在滁州 附明刻草書本
王摩詰畫竹題字元祐六年在岐山
顏魯公廟碑元祐七年在費縣

煙霞洞題名四段在仁和
林虙等元祐七年尹彥明等紹興八年林景度等乾道七年何應
伯等淳熙四年
小蓬萊題名八段在泰安
孫明叔元祐七年東元伯元祐八年劉晦叔等元符二年景復等政和
元年李元英等年有二缺一年辛卯張梃等 鄭紹先
姜三校洪山題字元祐七年在嘉祥
邢恕華巖詩元祐八年在零陵
二大士贊元祐八年在長安
阿房宮賦并序元祐八年在長安

懷素藏眞律公二帖元祐八年在長安
泰少游淄石硯記元祐八年在鉅野
温泉題名八段在臨潼
游師雄等元祐九年王純臣等元符□年李德初等大觀四年任
知幾等政和六年雍右賢甲申年雍元之乙酉年師堅　薛
俅等
慈恩寺題名七段在咸寧
仁宗佛牙贊紹聖元年在錢塘
游師雄題趙光輔觀音畫壁紹聖元年在耀州
淮瀆祈雨記紹聖元年在桐柏
僧靈裕塔銘在安陽

李太白單父臺詩紹聖二年在單縣
天慶玉皇像記紹聖二年在鉅野
蘇文忠雪堂詞紹聖二年在黄岡
振文岡題名五段在泰安
□均等紹聖二年趙令棌等三年張佖等丙子年劉詢等壬辰
年王立
澆聖廟記紹聖二年在河内
泰山桃源峪題名八段在泰安
張邦茂等紹聖二年趙茂實等政和四年張友之等　王中
信　李子莊等　石道人　荀從義　郭進翁
呂升卿弑劍石十三字紹聖二年在吴縣

雷簡夫開元寺經幢題名紹聖三年在隴州
張旨碑紹聖三年在河内
陳安民等焦山題名紹聖三年在丹徒
仇公著墓誌紹聖三年在益都
羅適巢父亭詩紹聖四年在汝州
賀蘭栖眞詩碑記紹聖四年在濟源
呂升卿謁先聖記紹聖四年在歷城
延眞觀紀異詩紹聖五年在黄縣
神通寺宰堵波銘紹聖五年在歷城
李文定靈巖詩紹聖五年在長清
王母池呂洞賓詩紹聖五年在泰安

馮惟寅書將軍廟辭紹聖五年在蕭山
越州城隍廟記紹聖五年在山陰
米元章露筋祠碑無年月在高郵
附米書無年月五種
第一山三字在盱眙琴台二字在錢塘寶藏二字在無爲
墨池二字在無爲孔聖手植檜贊在曲阜
慈雲寺造塔記元符二年在錢塘
王正臣等草堂寺題名在鄠縣
順應侯牒有陰元符三年在歷城
諸葛武侯廟碑陰題名元符三年在成都
喬元龍等朝元閣題名元符三年

岱頂唐磨崖東壁題名七段在泰安
孫慥等元符三年楊舜賓等建中靖國元年郝樫年等崇寧元年王
寔同上年王貽公等政和三年張大受等五年韓眞等
白龍池題名六段在泰安
呂全元符三年任艮等建中靖國元年劉純叔等崇寧二年誠中等
三年龍潭二字　龍潭銘
程懿叔遇雪詩元符三年在臨潼
唐會善寺戒壇記側題名元符三年在登封
李翰比干廟碑建中靖國元年在汲縣
奉符縣鐵桶記建中靖國元年在泰安
石窟寺鐘贊建中靖國元年在鞏縣

黃魯直青原山詩建中靖國元年在廬陵
附黃書無年月四種
杜子美詩　此君堂詩殘石在桐城　鈎深堂三字
達摩頌在登封
湘南樓記崇寧元年在臨桂
魏紓等虎頭岩題名二段崇寧二年在掖縣
高適琴臺詩崇寧二年在單縣
徐澤等中山寺塔題名崇寧二年在唐縣
楚通叔妻朱氏墓誌崇寧二年在洛陽
仿顏書宋璟碑側記崇寧二年
普照寺造幢記崇寧二年在濟寧

陳崇禱雨記崇寧二年在河內
延陵季子　崇寧二年在江陰
紫陽觀鐘題字崇寧三年在句容
馮皇卿碑崇寧三年在渠縣
王毋池幡竿石題字二段在泰安一崇寧三年一政和八年
黃魯直浯溪詩刻崇寧三年在祁陽
王評唐紀功頌碑陰題名崇寧四年在汜水
賜辟雍詔并後序三種一崇寧四年在山陰一大觀元年在鉅野
愼徽等明道院題名崇寧四年在臨朐
吳栻靈岩詩二石崇寧五年在長清
華嚴經會序崇寧五年

黃石公廟石香爐款大觀元年在東河
范致君后土殿題名大觀元年在泰安
金鄉縣學記有陰大觀元年在金鄉
米元章章吉老墓表大觀元年在無爲
佛慧山題名二段在歷城
梁純之等大觀二年張勱政和七年
蔡佃明月堂詩
大觀聖作碑五種一大觀二年在臨朐一同上年在城武一三年在滎陽一在藍田一
在武功
僧普惠塔銘大觀二年在河內
崇興橋記大觀二年在長清

錢龢浯溪詩大觀二年在祁陽
僧海淵塐像記大觀三年在江陰
觀音洞題名二十一段在長清
皇沂等大觀三年　彭希回等四年　李景安同上年　鄒某政和元年
賈某等二年　杜瑨等三年　陳元直四年　楊昇等七年　李元裕政和元年
同上年　梁元均同上年　于德同上年　阿亭等宣和元年　李唐臣
等三年　黿箄王二叔五年　常惠士同上年　蒙叔壬申年　穎叔
等壬申年　劉信叔　李某等　李道長　董勛
萬春洞題名八段在濟源
張朴等大觀三年　聖用等四年　李某宣和五年　魯元翰　彭彰
陳達善　權煜等己丑年　闕姓名

鄭秉德等神通寺題名大觀四年在歷城
東嶽行宮記大觀四年在海鹽
僧仁欽五苦頌大觀四年在長清
程頫上超化寺詩大觀四年在密縣
張杲崇福宮題名大觀四年在登封
龍門鎮題名二段在洛陽
元益等政和元年　口和等三年
賢唐裔等清輝閣題名政和元年在韓城
僧靜照誠小師語政和元年在長清
張藚仰天巖題名政和元年在臨朐
趙明誠等沂山題名四段一政和元年二宣和三年一無年月在臨朐

越州新學記政和元年在山陰
蔡卞達摩庵六字在登封
邱希仁等九龍山題名政和元年在鄒縣
普濟寺記政和二年在澄城
張戩等超化寺題名政和三年在鄒縣
賜魏廷美告政和三年在汝州
嚴因崇報院牒政和三年在江寧
岱頂趙明誠等題名政和三年在泰安
穆氏先塋石表政和三年在章邱
錦屏山題名三段在吉州
張道益等政和四年　魏伯文有二一八年一宣和三年

錦屏山南池記政和四年在吉州
孔融祠堂記政和四年在濰水
雲峰山題名二段在掖縣
趙仲檝等政和四年　舒天衢等七年
元豐大觀詔書碑政和四年在東平
李元禮戒殺生文政和五年在登封
王子詩刻政和五年
李昌孺示初公詩政和六年在登封
李昌孺少林寺詩在登封
報恩塔記政和六年在歷城
劉海蟾仙蹟碑政和六年在新鄉

徽宗御筆靈符碑政和六年在濟源
李聿興靈巖詩二段政和六年在長清
孫覿墓記政和六年在泰安
巢鶴巖題名五段在長清
張勱政和七年四如巢鶴二字　王晉老　高伯度
季嶠
居中效等青帝觀題名政和七年在泰安
龍隱橋記政和八年在臨桂
布袋和尚像題字政和八年在益都
豐澤廟敕宣和元年在濬縣
神霄玉清萬壽宮碑宣和元年在祥符

程伯常洪山題名宣和元年在嘉祥
改寶豐縣敕宣和二年在寶豐
盧功裔嵩山題名二段宣和二年在登封
張遹錦屏山詩宣和二年在吉州
大明寺造象記宣和二年在孟縣
蔡絛書李勝之詩宣和二年在登封
蘇文忠舍利塔記宣和二年在長清
僧惠清塔記宣和二年在河內
祈澤寺僧高遜詩宣和四年在上元
蔡京少林面壁塔額宣和四年在登封
鄒國公廟牓宣和四年在鄒縣

虎邱千手眼觀音贊宣和四年在吳縣
孟子廟碑宣和四年在鄒縣
董邦彥百門泉詩宣和五年在輝縣
青帝觀眞君殿記宣和五年在泰安
宋全等施石床記宣和六年在河內
裴僑宋廣平祠題名宣和六年在沙河
靈巖五百羅漢記宣和六年在長清
寸眞廣記在三原

金石萃編補目卷三

聚學軒叢書第三集
長沙黃本驥編次　貴池劉世珩校刊

宋二

趙仲湜西禪寺題名 建炎四年
顯寧廟牒 紹興元年在山陰
昭祐公牒 紹興元年在山陰
戒石銘二刻 一在道州一在梧州府
李若虛浯溪詩 紹興五年在祁陽
鹽官縣學記 紹興五年在海寧
臺宗　等祈雨題名 紹興七年在汚縣
岳忠武滿江紅詞有二刻 一在錢塘一在湯陰

吳郡大成殿記 紹興十一年在吳縣
韓蘄王翠微亭題名 紹興十二年在錢塘
天竺寺題名四段 在錢塘
吳栻等紹興十二年 李艮等淳熙十三年 吳璞等有二一缺年一淳祐七年
高宗御書石經 紹興十三年在錢塘
姑孰修學記 紹興十四年在當塗
李陽冰當塗縣三字 紹興十四年在當塗
南海廟六侯記 紹興十五年在番禺
重刻李衛公上西嶽書 紹興十六年在潞城
高宗御書忠實二字 紹興十七年在錢塘

王佐牓題名錄 紹興十八年在滁州　明人重刻
御書傳忠廣孝寺碑 紹興十八年
寧壽觀牒 紹興二十年在錢塘
李集妻楊氏墓誌 紹興二十一年在湖北咸寧
桂林岳洞歌 紹興二十四年在臨桂
□彬墓記 紹興二十八年在辰溪
道士劉能眞道元觀題記 紹興三十二年在錢塘
高宗賜劉能眞詩 在錢塘
六和塔金剛經 在仁和
六和塔布施題名 在仁和
吳縣義井題字七段 在吳縣

孝宗御書石湖二字 在吳縣
開化寺賜額碑 隆興二年在仁和
南海廟碑 乾道元年在南海
開化寺牒 乾道元年在天台
崇道觀帖 乾道二年在天台
重修南海廟碑 乾道三年在番禺
南海風雷雨師殿記 乾道三年在番禺
崇道觀牒 乾道四年在天台
壺天觀銘 淳熙元年在臨桂
張栻等水月洞題名 淳熙二年在臨桂
張南軒招隱二字 淳熙二字在臨桂

威顯神君像題字 淳熙五年在階州
蘇書金剛經 淳熙六年在仁和
南山順濟廟記 淳熙六年在都昌
石龍淨勝院捨田記 淳熙七年在仁和
高麗寺碑陰記 淳熙七年在錢塘
興福院記 淳熙八年在仁和
趙昌吉等白鹿洞題名 淳熙九年在郴州
蒙巖題名八段 在宜章
管鑑 淳熙十三年 雷深 十四年 雷深 慶元二年 姚逸仲 寶慶三年 趙
希逾 紹定六年 六年
趙子直等題名 淳熙十年在仁和

張曲江像贊 在曲江
王大通鳳山二字 淳熙十四年在仁和
王大通勝果寺題名 淳熙十四年在仁和
廣巖院碑 淳熙十五年在階州
石門題名十段 淳熙十五年在襄城
周子拙賦 在道州
周子愛蓮說 在道州
般若會善知識祠堂記 在錢塘
朱子忠孝四大字 在侯官
朱子石室清隱四字 在道州
朱子書繫辭 明人重刻在道州

張本中聖傳頌詩 紹熙元年在陽山
顯寧廟牒 紹熙元年在山陰
梅摯瘴說 紹熙元年在臨桂
呂升卿卧龍山題名 紹熙二年在山陰
洪景盧高州石屏記 慶元元年在臨桂
蘇文忠贈文長老三詩 慶元元年在道州
南高峯大佛字 慶元二年在錢塘
蘇唐卿竹鶴二字 慶元二年在吳縣
紹興府進士題名三碑 二慶元二年 一紹定五年在山陰
集古錄跋尾四段 本朝人刻 附慶元二年
南海英護廟敕 慶元四年在番禺

萬壽山觀音祠記 慶元五年在襄城
長洲主簿廳記 慶元六年在長洲
冶城山東井銘 嘉泰二年在江寧
陸務觀與玘公八札 嘉泰三年在金華
唐太宗屏風書題跋三段 嘉泰四年在餘杭
胡六八開井記 開禧二年在吳縣
鳳圖贊 嘉定二年在丹徒
樓鑰少林三字 在錢塘
靈護廟碑 嘉定六年在三臺
方信孺龍隱巖詩 嘉定七年在臨桂
陸務觀詩境二字并信孺詩 在臨桂

芭蕉橋記 嘉定七年在湘鄉
米元章自畫像并方信孺記 嘉定八年在臨桂
胡榘瑞石山題名 嘉定十年在錢塘
顯靈公敕 嘉定十一年在襄城
澹山巖詩刻二段 在零陵
王子申嘉定十三年 文有年景定三年
蘇文忠浴日亭詩 嘉定十四年在南海
新羅寺鐘款 嘉定十七年在安慶
理宗御書見滄二字 在錢塘
南海廟記 寶慶元年在番禺
吳道子畫老子像贊 寶慶元年在吳縣

高鹿寺牒 寶慶三年在錢塘
重修黔陽縣治記 紹定元年在黔陽
建安社稷壇記 嘉熙元年在建安
趙希袞惠山題名 嘉熙三年在無錫
金祝靈衛廟碑 淳祐元年在錢塘 明人重刻
張即之息心銘 淳祐元年在武城
虎邱題名四段 在吳縣
潘昉淳祐三年 程振文淳祐十一年 王質等咸淳五年 戴覺民等德祐元年
慈聖院記 淳祐四年在邵武
善應廟敕 淳祐五年在侯官

萬文勝排衙石題字 淳祐五年在錢塘
蔡邕九疑山銘 淳祐六年在寧遠
帝王紹運圖 在吳縣
天文圖 在吳縣
地理圖 淳祐七年在吳縣
林華浯溪圖詞 淳祐九年在祁陽
吳履齋存悔齋箴 淳祐九年在山陰
徐霖爛柯山詩 淳祐九年在西安
長明寺心經并大士像 淳祐十二年在錢塘
登科題名碑 淳祐十二年在黔陽
張埴塘誌 寶祐元年在蕭山

封太學土地敕 寶祐四年在錢塘
忠顯廟牒 景定元年在錢塘
賈似道葛嶺題記 景定三年在錢塘
廣壽慧雲寺記 景定三年在錢塘
張鎡捨宅誓願文 景定三年在錢塘
封劉錡天曹猛將敕 景定四年在吳縣
濂溪書院碑 景定四年在道州
慈雲院部據府帖 景定五年在錢塘
秦少游踏莎行詞 咸淳二年在郴州
咸淳丁卯同班記 咸淳三年在錢塘
咸淳己巳同銓題名 咸淳五年在錢塘

六祖大鑒禪師殿記 咸湻五年在南海
咸湻壬申同銓題名 咸湻八年在錢塘
焦山詩 咸湻八年在丹徒
太學忠佑廟敕告 德祐元年在仁和
平樂鐘款 德祐二年在平樂
通靈廟牒 德祐二年
鍾宗直等晉陽山題名 甲辰年在濟寧
蒼公墓記 在白水
衛煥章唐太宗廟題記 在醴泉
翟公書門畫像并詩 在濟寧
山河廟詩 在褒城　明人重刻

吳同春金天王紐四字 在曲阜
白玉蟾符篆 在祁陽
龍井神運石殘字七段 在錢塘
錦屏山題句二段 在吉州
重修太清宮碑額 在鹿邑
六榕寺證道歌 在南海
夫人夏氏墓碣 在孟縣
龍洞演老嵓三字 在歷城
冰壺洞三字 在金華
蒼谷題字 在錢塘
蘭谷二字 在濟寧

韓悅道誌蓋 在安陽
游龍山記額 在元氏
洪山佛身題字 在嘉祥
文老七日山題字 在嘉祥
郭良等丈人峯題名 在泰安
秋水道人詩
宋賓王殘詩 在房山

遼

祐唐寺講堂碑 統和五年在薊州
唐心經碑側題名五段 咸雍二年在房山
雲居寺經幢 乾統十年在房山

金

地祇廟圖記 天會二年在滎河　明人重刻
護國顯應王廟記 天會七年在河內
湯王廟記 天會十四年在河內
兗州宣聖廟碑 天眷三年在滋陽
僧淨如靈巖詩 皇統三年在長清
大士十勸詞并梵相 皇統六年在長清
任瀛贈雲禪師詩 皇統七年在長清
觀音聖跡圖并序 皇統七年在長清
康淵贈禪師詩 皇統八年在長清
海蟾堂記 皇統八年在新鄉

金堆院記皇統九年在福山
韓文公伯夷頌皇統九年仁和趙氏拓本
東坡跋吳道子畫二則在蓬萊
東坡海市詩在蓬萊
道士劉希岳朗然子詩天德二年在洛陽
洪山題名四段在嘉祥
程康年等天德三年王盤等二段四年一正隆五年一段在等明昌七年
僧崇遠塔銘貞元三年在長安
張汝爲靈巖題名正隆元年在長清
紫虛元君殿記在河內
僧法和塔銘正隆二年在登封
杜少陵古柏行在口口
普恩院牒大定二年在修武
林公倚嶽岳題名大定四年在登
吉祥院牒大定四年在武功
溵修泉池記大定五年在河內
僧德誠塔銘大定五年在興平
華藏世界海圖并陰大定五年在泰安
觀音院碑大定五年在隴州
林柏寺記大定七年在趙州
福勝院碑有兩側大定九年在益都
萬壽院牒大定十年在長清

新修縣學記大定十二年在文登
大天宮寺記大定十二年在豐潤
修像施錢記大定十四年在房山
福嚴院牒大定十四年在醴泉
白馬寺釋迦舍利塔記大定十五年在洛陽
重修宣聖廟記大定十六年在章邱
大明禪院碑大定十六年在河內
嗣大王祖宅塔記大定十六年在解州
僧惠才山居吟大定十八年在長清
兵相院蘇書大定十八年在長清
僧法言造塔記大定十八年在陝州
洪谷金燈記大定十八年在林縣
李成說和衆題名大定十八年在華陰
濟源縣石橋記大定二十年在濟源
敕賜存留寺碑大定二十年在鄒縣
慈恩寺題名二段大定二十年在咸寧
東嶽廟記大定二十二年在泰安
栖雲老人溫泉題名大定二十二年在臨潼
重修宣聖廟記大定二十三年在泰安
王重陽玉花疏大定二十三年在盩厔
郭建碑大定二十三年在益都
大明院鐘款大定二十四年

三清殿記大定二十四年在嘉祥
杜天師忽鶯圖大定二十四年錢塘何氏拓本
四禪寺羅漢洞記大定二十四年在長清
天封寺記大定二十四年在泰安
□處信同山碑陰題名大定二十五年在涇州
王去非墓表大定二十五年在平陰
岱頂題名四段在泰安
徐鐸大定二十六年濮國大長公主明昌元年
玉皇觀牒并記大定二十七年在鄆縣
趙攄百泉詩大定二十七年在輝縣
仙人臺記大定二十七年在華陰

道士馬鈺歸山操大定二十八年在濰縣
馬鈺滿庭芳詞大定二十八年在濰縣
劉處元范懌靈虛宮唱和詩大定二十九年在掖縣
竹林寺羅漢洞記大定二十九年在登封
范恐振衣岡題記大定二十九年在泰安
至聖炳靈王廟記明昌元年在濟寧
張華碑明昌二年在日照
太清宮記明昌二年在鹿邑
赫猇孟廟題名明昌二年在鄒縣
京兆府學地舍碑明昌五年在長安
治平院山堂記明昌五年在鳳臺

僧惠眞誠庖廚頌明昌五年在東平
普照寺開堂疏明昌六年在濟源
重修廟學記明昌六年在惠民
党懷英書王荊公詩明昌六年在濟寧
五祖堂記明昌六年在河內
僧智照塔銘明昌七年在濟源
瑄公禪師塔額在濟源
大明院鐘款承安二年
滹南老人緱山詩承安二年在偃師
圓教院記承安三年在定州
刱建宣聖廟記承安三年在濟源

魏徵廟記承安三年在澄城
党懷英杏壇二字承安三年在曲阜
成氏祖塋記承安四年在嘉祥
靜應廟牒承安四年在河內
東海徐氏廟碣承安四年在濟寧
中岳廟圖承安五年在登封
驎野華岳廟題名承安五年在華陰
重陽子無夢令承安五年在長安
谷山寺記泰和元年在泰安
僧廣公塔記泰和二年在房山
釋迦佛像記泰和六年在泰安

長春子青谷山詩泰和七年在掖縣
玉泉寺勤跡檀那銘泰和七年在長清
邵公高眞容疏泰和七年在登封
僧興崇塔銘泰和七年在登封
郭佚等岱岳題名泰和八年在泰安
草堂寺刻詩大安元年在鄠縣
玉泉院牒大安二年在長清
靈應宮鐘款大安二年在郿縣
洪福院晁氏墓碣大安二年在嘉祥
重修孟廟碑大安三年在鄒縣
太極宮建醮記崇慶元年在臨潼

興國院牒崇慶元年在濟寧
天齊廟彌勒像頌貞祐元年在鄒縣
孔朝散老君庵詩貞祐二年在邵縣
普照院牒貞祐二年在洲縣
張穀等香山題名貞祐四年在洛陽
僧慧杲塔銘興定二年在寶豐
趙某書方丈二字興定四年
神應觀牒并記興定五年在寶豐
僧祖昭淨土寺碣興定五年在鞏縣
釋迦牙像塔記興定五年在鞏縣
字山祖修水記興定五年在郿縣

少林面壁庵記興定六年在登封
印公開堂疏元光二年在鄠縣
達摩像贊元光二年在登封
僧敎元塔額元光二年在登封
梵文唵字贊正大元年
唐太宗贊三藏羅什詩正大二年在鄠縣
趙閑閑游草堂寺詩正大三年在鄠縣
劉從益惠政碑正大四年在葉縣
道士郭居澄預作墓誌正大六年在鹿邑
王重陽題太淸宮詩正大七年在鹿邑
帶川書紅龍池三字在薊州

桂窟二字在登封
南陽樊公龍山頌在元氏
鄭獅岩三大字在長清
元好問涌金亭詩在輝縣
元好問靈巖題名丙申年在長清
洞眞觀記戊申年在長清
劉章墓碣在長安

西夏

感通塔碑天祐民安五年在武威
感通塔番字碑在武威

劉豫齊

永慶寺大殿記皇昌五年

外國

奉國寺鐘銅銘

眞鑒禪師碑

新羅僧朗慧塔銘

奉先宏慶寺碣記上四種在高麗

昭光寺鐘銘昌符九年在越南

金石萃編補目卷三終

讀金石萃編條記

讀金石萃編條記

沈欽韓

卷一

近世好言金石然不通古今不精史學涉筆成誤雖鈔寫史志而循文誤解彼此舛錯吾見其秏心於是者徒資笑噱也王侍郎昶萃金石萃編蒐羅甚富辨說甚詳自信爲傳世之書與洪趙諸家抗行矣戊寅歲仲夏欲重注昌黎文集因從人借閱唐代碑錄有失之煩瑣穿鑿者有甚淺陋謬戾者蕺其隨手疏記涉獵靡悔或曉年目眚門下士助其料撿書史爲其所給昔查愼行注蘇詩動云某人宋史及東都事略無傳今檢二書悉有之蓋同此誤也余掇其尤謬者不欲貽誤後生非好持

人長短也具疏於左

張琮碑云除左衛長史釋云不知何衛也按唐六典隋左右衛置長史一人皇朝因之則琮爲左衛大將軍長史矣

平百濟碑云汹水挺祅九嬰遂戮釋云汹與洶同涌也水聲也九嬰未詳按淮南子本經訓堯使羿殺九嬰於凶水之上高誘注九嬰水火之怪爲人害北狄之地有凶水嬰字唐碑省體耳

令賓墓志南陽人也釋云河陽古無南陽之名孟縣志河陽卽南陽者非也按僖廿五年傳王與之陽樊溫原攢茅之田晉於是始啟南陽水經注清水篇修武故甯也亦曰南陽馬季長曰晉地自朝歌以北至中山爲東陽朝歌以南至軹爲南陽故應劭地理風俗記云河內殷國也周名之爲南陽是唐之懷孟二州今之懷慶府通得晉南陽之目但撰當代文字不宜更以河陽爲南陽如李白之鵲寀啟宋祁之謬妄耳王氏繁引東魏僑置鄀縣之南陽而不知古有南陽殆於目不見其睫也

李孝同碑以淮安王神通山東道行臺尚書左僕射新舊史俱作河北通鑑與碑同惟神通前爲山東道安撫大使並作山東釋云太宗元年分天下爲十道但有山南無山東也開元二十一年始分山南爲東耳按山南東道開元後之采訪至德後之節度並治襄陽與神通經略河南河北之處懸絕漢唐都關中故周宋齊魯之地皆云山東賈子云陛下高枕亡山東之憂鹽鐵論賢良曰山東天下之腹心賢士之戰場也秦漢言山東者非一以

唐論之高祖使太僕卿宇文明達招慰山東徐世勣據李密舊境未有所屬魏徵請安集山東乘傳至黎陽竇建德既平劉黑闥復盜據山東文苑英華李邕劉知柔碑云一淮南廉察再山東巡撫舊唐書李抱眞奏赦書至山東士卒無不感泣通鑑武后長安元年突厥寇并州以薛季昶充山東防禦軍大使滄瀛幽易恆定諸州皆受季昶節度故杜牧罪言合幽并冀三州爲山東唐言山東者亦非一以淮安王始末言之武德元年秋宇文化及在魏縣故以神通爲山東安撫大使山東諸軍並受節度討化及明年陷於竇建德武德四年夏建德就禽以太子左庶子鄭善果爲山東道撫慰大使就洺州選補山東州縣建德官博州刺史馮士羨復推淮安

王神通爲慰撫山東使徇下三十餘州建德之地悉平秋七月闡劉黑闥作亂乃置山東行臺於洺州以神通爲山東行臺僕射五年劉黑闥與范願等二百騎奔突厥山東悉平四月廢山東道行臺神通之奉使山東其事如此安得謂史爲誤要之今人之病平時不反覆熟究臨時握管泛取史籍掠剩偶中則哆然負博洽之名而窮窘赤露不可彌縫反成笑端

大德寺造像建閣碑有齋主功士劉仁則等稱功士者凡八人以他人稱騎都尉驍騎尉雲騎尉武騎尉者推之則功士乃公士之誤公士民爵也册府元龜高宗乾封元年民年七十以至八十賜古爵一級中宗神龍元年賜民爲父後者古爵一級是碑之立適在其時李燾續通鑑長編端拱元年七月賜諸道高年百二十九人爵爲公士則唐宋皆曾舉行也又考河東州刺史王府君碑（武后聖厤元年立）新昌縣開國子公士王善寶正作公士則此公士審矣而王氏於兩碑俱不考

王仁求碑長子雲麾將軍行左鷹揚翊府中郎將釋云唐制左右衛上將軍缺以中郎將代光宅元年改左右侍衛曰左右鷹揚衛按此不解史文妄說也新書百官志云左右衛將軍一人押仗將軍缺以中郎將代（六典云權代其職新史每喜省文以誤人）此謂兩衛將軍於常日押五仗入殿將軍偶缺則中郎將代押入非謂將軍缺員以中郎將遷居其職也史云將軍而演爲上將軍上將軍乃貞元二年置舊書職官志敘十衛大將軍訖乃舉貞元二年之敕使讀者不至緣後誤前最爲得體新史開端冠上將軍而小注於末行學者循文而誤已非解人況又增損其文潦草塡塞乎武衛又誤作侍衛

尊勝陀羅尼幢（張少悌書）前五人皆宦官後列直官果毅及駕士長上扶車長上等朱竹垞據六典言長上之制又引河渠署有長上漁師（此見舊志有長上漁師短番漁師新志省作漁師十三人者非）證駕出扶車皆宿衛士王氏駮之以爲內給使按上有果毅則宿衛之長直者明矣駕士主駕車六典乘黃署令駕士一百四十人而內僕局亦有駕士周禮旅賁氏車止則持輪扶車長上類是宋史輿服志謂之捧輪將軍六典尚輦有奉輦十五人

□震經幢首題（缺職官勳階封不具錄）使持節鳳州諸軍事鳳州刺史兼御史中丞充興鳳兩州都團練使□震敬造并文及書末題大厤十三年金石家不能據史傳以補其姓園已臆矣按其時乃嚴震也唐書嚴震傳代宗時山南西道節度表爲鳳州刺史坶喪解起爲興鳳兩州團練使權德輿集嚴震墓誌銘充興鳳兩州都團練使就加殿中侍御史至於御史中丞爵馮翊郡公進封鄖國居部十四年新書方鎮表乾元二年置興鳳二州都團練使通鑑大厤十二年詔自都團練使外悉罷諸州團練守捉使是團練曾罷而不廢都團練也王氏釋云御史中丞疑是以刺史還朝兼此官也未見有所謂都團練使者非獨不觀全史并方鎮表亦不一撿對矣如湖南福建浙江東道江南東西宣歙觀察使無不帶都團

練者兵興時縣有團練使亦有都團練使文苑英華豆
盧詵嶺南節度判官宗羲仲碑云上元初楊公爲同州
刺史表公兼韓城令當縣團練使李翰信州司馬任信
墓誌云代宗幸陝州擢爲涇陽令充渭南十縣團練使
其防禦兼兩州者爲都防禦觀察兼他道者爲都觀察
節度兼他鎮者又爲節度都使顏魯公集謝浙西節度
使表云臣以今日發赴本道都統節度觀察使李峘處
分訖是節度使又須咨禀於都統節度也天寶以來節
度使兼御史大夫觀察防團兼御史中丞已有定例柳
州集諸使兼御史中丞廳壁記云今之制受命臨戎職
無所統屬者亦謂之使凡使之號專焉而行其道者也
開元以來其制重大故御史之名而加焉至於今若干

年其兼中丞若干人必待刺史還朝而爲此官乎
其官屬部曲題名有都押衙押牙釋云押衙二字僅見
於舊史惠文太子傳按王思禮傳思禮與哥舒翰對爲
押衙高崇文傳裴度討蔡奏高承簡以本官兼御史中
丞爲其軍都押牙李衛公兵法教旗左右牙官駐隊如
偃月形通典今制每隊押官一人隊頭一人則押牙者
押牙隊如漢魏牙門將矣又有都虞候左右虞候釋云
不詳虞候始於何時按隋書百官志太子府率左右虞
候各置開府一人掌斥候伺非常胡三省通鑑注宇文
泰相魏置虞候都督衛公兵法凡七軍之制左右虞候
各一軍若漢之軍候而都虞候總軍府事尤爲雄職故
郭子儀都虞候杖殺營中走馬者段秀實請節度使白

孝德願爲都虞候治亂兵也又有都游奕將游奕將通
鑑天寶十四載濟南太守李隨遣游奕將訾嗣賢濟河
殺安祿山所署博平太守馬冀乾元二年郭子儀使都
游奕使韓遊瓌將五百騎前趨河陽文苑英華李邕右
羽林大將軍臧君碑充太武軍遊奕副使蓋主遊兵巡
綽若宋之踏白軍又有右四將二將左四將副將等此
即唐初秦齊二王府左右六護軍之制若丘行恭爲左
一府驃騎尉遲敬德爲左二副護軍秦叔寶爲右三統
軍也獨孤及毗陵集奏破劉展捷書表左第一將張嵓
光左第二將皇甫山棲左三將梁翰康承寂等左四將
吳季之等大約營制有十將十將又分左右高仙芝父
念□累勞至四鎮十將段秀實以十將張羽飛爲招召

將李愬討吳元濟有山河十將領山河子弟昭義節度
劉從諫疾病以奴李士貴爲使宅十將兵馬使又考通
鑑李希烈據淮西選騎兵尤精者爲左右門槍奉國四
將步兵尤精者爲左右克平十將則知使府自置軍都
額如此王氏考之殊未悉也又有子將釋云子將二字
見宋沈括詩云別分子將打衙頭亦不解其何義按通
典每軍大將一人副將二人子將八人當府兵未廢時
折衝都尉果毅都尉下有別將即子將也李衛公兵法
大總管副總管立十旗以上子總管立四旗以上通典
云後周總管下有大都督帥都督都督其都督即子都
督也北周書達奚武傳以戰功拜羽林監子都督庾信
紇干弘碑魏永安中任子都督大統三年轉帥都督北

史李賢傳曾祖富魏太武時以子都督討兩山屠各則子都督之名久矣至唐自上開府儀同三司以下並爲勳官都督爲武騎尉僅從七品上其後軍中小將因曰子將通鑑開元四年大武軍子將郝靈荃懿宗咸通元年浙東觀察使鄭祗德遣子將沈君縱別將張公署擊裘甫李燾續通鑑長編元符元年六月蕃官熙河州部落子將權涇原路準備使喚李忠傑河州部落子巡檢李世恭是宋時亦有此名目其職級大約在都將副將之下矣

少林寺戒壇銘及葉先生碑並題括州刺史李邕書釋云舊書李邕傳姚崇嫉邕左遷括州司馬未嘗爲刺史必是寺僧立碑假邕書以取重但據傳聞邕在括州遂以爲刺史也按舊書邕在文苑傳其左遷括州司馬後徵爲陳州刺史贓汙事發貶欽州遵化尉從中官楊思勗討賊有功又累轉括淄滑三州刺史新唐書邕傳云討嶺南賊有功徙澧州司馬開元二十三年起爲括州刺史是史傳有明文而橫謂邕不爲括州刺史幷疑其碑爲僞託可笑之甚顏魯公家廟碑戰國有率燭秦有芝貞漢有異肆釋云俱無考按顏率爲東周君求救於齊乃戰國策第一章顏燭郎顏斶古今人表作顏歜皆異文也顏芝與子貞秦時傳孝經見隋書經籍志大農顏異復非而誅見史記平準書顏駟江都人見太平御覽三百十五漢武故事又王充論衡逢遇篇云顏駟周人駟肆聲同通用

賀蘭氏墓誌銘洎大漸移寢於瘖法之方丈蓋攘衮也釋云攘衮未詳按晉書庾翼傳云翼遷襄陽舉朝謂之不可議者或謂避衰此攘衰之議同也漢謂之避時天文志太后避時昆明東觀論衡辨崇篇宅盛即留衰則避之及歲破直符輒舉家移徙

多寶塔碑朝議郎判尚書武部員外郎釋云尚書上加判字不詳其制據本傳則眞卿時爲東都采訪判官再轉武部員外郎判者判采訪不知碑何以云判尚書按殷亮顏魯公行狀云吉溫諷中丞楊洌奏公爲東京畿采訪判官九載十二月轉侍御史百餘日轉武部員外郎判南曹新書選舉志玄宗詔吏兵部各以員外郎一人判南曹六典吏部兵部員外郎各一人掌選院謂之南曹舊書韓滉傳遷吏部員外郎判南曹凡五年按胡三省引宋白曰南曹起於總章二年司列常伯李敬玄奏置通典職官門員外郎注同新書誤謂玄宗吏兵部以員外郎判選曹亦猶戶部以侍郎判度支矣天寶十一載改吏兵爲文武部王氏不曉反詰書碑者之誤

顏公李臨淮碑父薊國公楷洛天后萬歲中燕國公武楷固爲國大將威震北陲有女曰今韓國太夫人擇薊公配焉釋云是光弼母武氏傳云母李子爲李氏不應母與同姓史誤顯然按通鑑武后久視元年契丹將李楷固善用緆索及騎射舞槊每陷陣如鶻入烏羣所向披靡及孫萬榮死來降以爲左玉鈐衛大將軍封燕國公賜姓武氏舊唐書李景略傳大父楷固張鷟朝野僉

載云稍貪財好色出爲潭州喬口鎭將憤恚而卒也然則碑言武者仍武后之賜姓也唐文粹楊炎李楷洛碑云本出於隴西燕齊之亂族沒鮮卑久視中有命招諭解甲來朝以其本枝復賜李氏云云天寶元年五月二十日薨考通鑑貞觀二十二年以契丹帥窟哥爲松漠都督高宗時已云李窟哥則賜姓在武后前也碑言本出隴西乃飾辭耳宰相世系表謂之雜李云柳城李氏世爲契丹酋長新書契丹傳天寶四載以李楷洛襲松漠都督據楊碑知襲契丹王者別一李楷洛而光弼父楷洛蓋於久視中與李楷固同降卒於天寶元年也胡俗本不知同姓爲婚之嫌況李氏又非本姓王氏但據碑稱武氏而未嘗考二人之本末也碑又稱光弼嘗貯伏突於韡中考舊唐書傳

作納矩刀於韡中唐書西域傳泥婆羅君佩寶伏突通典作寶紫伏突則知伏突乃佩刀耳王氏又釋云光溯之弟光進碑有兼御史大夫渭北節度使傳所無也按新舊書竝載光進爲渭北鄜甯節度使若御史大夫節帥無不兼者無待言也

沔縣諸葛武侯新廟碑貞光三祀府王左僕射馮翊嚴□經理西鄙營軍沔陽云云府王乃府主之誤碑有損也關中金石記不曉府主爲何人乃强以舒王謨爲荆襄江西沔鄂節度行營都元帥按舒王謨事在建中四年未行會涇師作亂而止且在山南東道與興元無干此其謬不待言矣王氏釋云不審嚴某爲誰按嚴震傳建中三年代賈耽爲山南西道節度使興元元年德宗幸梁州車駕將還加檢校尙書左僕射貞元十五年卒於任德宗幸興元非細事嚴震非微者荒謬至此可歎

鄭楚相德政碑陳京選衞尉卿鄭雲逵書釋云陳君兩唐書皆無傳百官志無衞尉卿雲逵署銜用古名耳按新書陳京在儒學傳舊書附見袁高傳食貨志建中三年京爲太常博士建議括富商錢冊府元龜一百四李吉甫奏其事於憲宗帝切齒稱爲賊臣卽此人也柳柳州集有陳京行狀唐九寺如漢九卿之數惟改少府爲太府耳承梁所改六典及兩志竝云衞尉寺卿掌器械文物何云無之

徐州使院石幢記釋云後列官屬姓名幾二十人惟鄭據見全唐詩餘俱無考按劉元鼎長慶元年以大理卿

爲吐蕃會盟使卽見崑崙河源者也在吐蕃傳郭行餘元和時擢進士大和九年與王涯等同誅在李訓傳文苑英華沈亞之平盧節士文云李師道從事郭昈爲緘書遺郭航持詣彭城直詣賓府見郭行餘願見將軍則郭行餘爲徐州從事時也王參元見柳柳州文集節度使王棲曜之子李義山集僕射濮陽公遺表云與季弟參元俱以詞場就貢濮陽公王茂元也

裴度西平王李晟碑改封西平郡王釋云溯其前竝先有封爵碑傳皆失書按碑固失書然前云階爵竝在第一則固言已封王矣新舊書晟傳竝云封合川郡王考金石而其人本傳曾不一閱乎

明州阿育王考碑重立刺史于季友請處士順陽范的

書之釋云順陽地無考按宋書州郡志曹操分南陽郡西界立南鄉郡晉武帝更名順陽元和姓纂順陽范氏漢度遼將軍范明友之後

李光顏碑釋云不曉滄州復建橫海軍之所由按其事在興元元年以程華爲滄州刺史橫海軍副大使知節度事詳程日華傳

太和寺重修大像記四至云西晉三娘釋云晉氏絕無一人登史傳者按除史記晉鄙外後漢書班固傳有晉馮符融傳有漢中晉文經晉有尚書郎晉灼書注漢 未見史傳何可妄談

玄祕塔碑題左街僧錄釋云百官志貞元四年置左右街功德使總僧尼之籍法師蓋充此職按僧錄乃僧職如明之左右善世今之僧綱司通鑑會昌四年以道士趙歸眞爲左右街道門教授先生則僧道職並分左右街也若左右街功德使始於代宗郗士美傳魚朝恩署牙將李琮爲兩街功德使其後則中官領之岱岳觀題記有大厤七年八年修功德中使內侍魏成信題記圭峰定慧碑云內侍省古街功德使王元宥施石新書宦者傳吐突承璀爲左神策中尉左街功德使權德輿集宦官孫榮義碑云貞元十九年拜右驍尉將軍充右神策軍護軍中尉右街功德使則左右中尉分領左右街功德使也

高元裕碑釋云道士趙歸眞馳驛事兩書無考按新書元裕傳第二行卽載此事

方山證明功德記會昌五年毀去佛寺五千餘所蘭若三萬餘所僧尼廿六萬七百餘人所奉驅除釋引山左金石志云新唐書帝紀不言如此之多按舊唐書武宗紀八月制拆寺四千六百餘所還俗僧尼二十六萬五百人折招提蘭若四萬餘所收膏腴上田數千萬頃收奴婢爲兩稅戶十五萬人通鑑考異引杜牧杭州南亭記大略皆與碑合新紀何足取證

劉遵禮墓志開成五年方賜緋授將仕郎掖庭局宮教博士六典掖庭局宮教博士從九品下按宦者傳吐突承璀亦爲之蓋巳前白身給使但黃衣廩食也碑中敘復賜銀朱復賜紫金魚袋不過言由綠而至緋紫耳唐會要景雲二年詔衣紫者魚袋飾以金衣緋者飾以銀銀朱卽緋銀魚袋碑末敘四子其二無官故云並巳賜綠考宦者傳魚朝恩養息令徽尚幼爲內給使賜服綠與同列忿爭歸白朝恩明日見上曰臣子官卑爲儕輩所陵乞賜之紫然則內給使固先服綠中葉優假宦豎如此碑中所言本自易明文苑路巖渾偘神道卽日以銀魚朱袍賜之所謂銀朱者也昌黎集送韓重華序詔拜殿中侍御史錫服朱銀見於唐文者不可數計而釋者舍現行之章服橫引車服志袴褶云賜綠者大約四命之綠又謂銀朱亞於金紫銀青等大夫是誤目爲官階展轉迷瞀動處窒礙

顏公李玄靖先生碑高祖文嶷陳桂陽王國侍郎釋云陳書桂陽王伯謀爲明威將軍置佐史所謂王國侍郎者蓋卽佐史之屬也按漢續志王國郎中二百石隋書

百官志梁制王國置侍耶其秩在第四班梁定十八班以班多者爲貴陳因梁制故非清選寒素起家爲之此國官也志又云親王起家則爲侍中若加將軍方得有佐史無將軍則無府止有國官按將軍之號自二十四班至一班明威將軍在第十三班代舊當朔然在佐史是府官與侍郎國官絶不佫何得云侍郎即佐史乎

金石萃編校字記

金石萃編校字記

王述庵少寇金石萃編成於旄年迫於授梓讐校之功頗疏魯魚亥豕觸目皆是讀者恆厭苦之聞吾鄉魏稼生先生本存有校正之作然大江南北偏詢無傳本殆已成書未板行也玉以光緒壬午廣購碑板校勘是書譌文誤字悉爲糾正碑字漫漶幸可辨仞而萃編缺如者亦爲補出五閱月甫校七百餘碑旋赴試虎林篆尒中輟鍵槖匧中匆匆三歲今春暴書得舊槀鼠蝕大半舊蓄諸碑亦多淪失無从輯補而事故日紛恐無復著書之樂亟拾燼餘寫存十之三四爲校字記一卷世之讀少寇書者或有取於斯乙酉夏首上虞羅振玉

周

壇山石刻

地□□□□□數千年振玉案碑作地荒且偹經數千年

自亳社之鎮陽振玉案碑作亳社之鎮鎮陽

開　郡守王君振玉案碑作開□後郡守王君

令趙□□誌振玉案碑作令趙㞐誌又案此行後尚有□□書三字此失錄

匠人王和刻字振玉案王和碑作任和

漢

祀三公山碑

□蒷瓺行振玉案碑作祭奠瓺行

蝗旱鬲我振玉案我碑作并

開母廟石闕銘

原祥符瑞振玉案原碑作㫗乃貞字非原

相肩我君振玉案肩碑作㕡乃肩字非肩

穎芬茲淋于圖牒振玉案淋碑作𣶒乃𣘦字非淋

北海相景君銘

惟漢安三年振玉案三年碑作二年

躬作遜讓振玉案躬作碑作躬伯

息彌盛兮振玉案息碑作𢡱

□石勒銘振玉案碑作刊石勒銘

武氏石闕銘

使石工孟孚李弟卯造此闕振玉案李弟碑作季弟

孔廟置守廟百石卒史碑

今□加寵子孫振玉案碑作今欲加寵子孫

李孟初神祠碑

吏佐□元舉振玉案碑作吏佐揚元舉

孔君墓碣

約身□□振玉案碑作約身守道

韓勑造孔廟禮器碑陰

遼西陽樂張普仲堅□百振玉案□百碑作二百

郎中鄭固碑
吏諸曹掾史振玉案吏碑作更
蒼頡廟碑
老名永久振玉案碑作垂名永久
孔宙碑
延熹七年□月戊□造振玉案□月碑作七月
禹陵窆石題字
□□□□無暇日□□□見聖躬勞古栢□□□□
氣梅梁□海作波濤振玉案碑作沐雨櫛風無暇日
胼胝□見聖功勞古柏參天□元氣梅梁近海作波
濤

張壽碑
婁□忠謇振玉案碑作婁炳忠謇
夏承碑
積德勤紹振玉案碑作積德勤約
析里橋郙閣頌
以建寧五年二月辛巳到官振玉案五年碑作三年
魯峻碑
字仲巖振玉案碑作字仲嚴
校官碑
郡位既畢振玉案碑作郡位既畢
魏

言靈評平柄煥振玉案柄碑作炳
晉
任城太守孫夫人碑
孤宜□□振玉案碑作孤寡□□
梁
始興忠武王碑
□百胥會振玉案碑作八百胥會
必毗贊訏謨振玉案必碑作公
苞含鑾埏振玉案碑作苞含鑾蜒
鬒眉絲髮振玉案碑作鬒眉緒髮
哀痏在皇振玉案皇碑作皂乃臮之別字

兼總關拆振玉案碑作兼總關柝
賓迎□囧振玉案碑作賓御□惘
北魏
孝文弔比干墓文
徒委質而巔亡振玉案巔碑作巔
碑陰
河南郡元朩振玉案朩碑作穡
上黨郡白勑振玉案勑碑作勑
齊□閭令臣廣平郡游綏振玉案□閭令碑作登閭
令
□□陵令臣高平郡徐丹振玉案□□陵令碑作守

蘭陵令

始平公造象記

真□□於上齡振玉案真□碑作真顏

□□照則万□□□振玉案□□照碑作□玄照

若悟落八間振玉案落碑作洛

孫秋生等造象記

大魏太和七年振玉案大魏碑作大代

王洛州張□□□□□□□振玉案碑作王洛州張

龍鳳董洪□王醜

和龍度□□□諸□□□□振玉案碑作和龍度邊□

熾諸葛頠德

賈款子賈□□振玉案碑作賈款子賈万壽

郭志相振玉案碑作郭志明

張卝振玉案碑作張花

孫炏振玉案碑作孫榮

董万遮振玉案碑作董万度

唯郱米法興振玉案碑作唯郱朱法興

王韻□振玉案碑作王龍□

唯郱朱祖香振玉案碑作唯郱來祖香

邑子中散大夫□陽太守振玉案碑作邑主中散大夫滎陽太守

安城　□白犢振玉案碑作安城令衛白犢

比丘法生造象記

以申□□□生□始王□□□夙□歸功帝主振玉案碑作以申接遐法生□始王家助終夙霄綿敬歸功帝主

石門頌

□岨□迂振玉案碑作峭岨□迂

扌境糹邊振玉案碑作撫境綏邊

□天嶮難升振玉案碑作以天嶮難升

皆□□棧□□□及□迴□□□□□振玉案碑作皆塡石棧鑿石嶮□及迴車□□□

□奠四方振玉案碑作□宣四方

河山帷□振玉案碑作河山帷險

水□悠□□□□□長振玉案碑作水眺悠晶林望幽長

以紀□塵振玉案碑作以紀鴻塵

河南郡□陽縣振玉案□陽縣碑作洛陽縣

元萇溫泉頌

駛及奔星振玉案碑作馳及奔星

乃自然之經方振玉案碑作卽自然之經方

無公蘇之探振玉案探碑作樑

朝舞於水湄振玉案舞碑作發

列□而環渚振玉案列□碑作列錦

手□□犬振玉案碑作手孳白犬
俊我□堂而振玉案碑作俊我于堂而
齊郡王祐造象記
跡遠於鹿闕振玉案鹿闕碑作塵開
齊郡王祐振玉案祐碑作祐
臨觀淨境□絶□□振玉案碑作遐觀淨境□絶塵
□
□□□□福田有慶振玉案福田上一字碑作空
刁遵墓誌
都督洛兗州□□□□振玉案碑州下一字作諸未
泐

賈思伯碑
□州刺史高祖朕□事兼州別駕振玉案碑作徐州
刺史高祖朕□燕冀州別駕
本州□中正振玉案碑中上無泐字
□□太和中振玉案碑太和中上泐一字非二字
□遊雅素振玉案碑作優遊雅素
□君仍授輔國將□振玉案□君碑作□拜
一載□召拜滎陽太守振玉案碑載下無泐字
官任未朞振玉案碑作在任未朞
□有懃德矣振玉案碑有字上無泐字
君接之以□振玉案碑作君接之以□

關境懷仁振玉案碑作闔境懷仁
士女□詠仰□□□□□□□□□□□□
□□□□□□振玉案士女□詠仰□□□□□□
□碑作士女□詠仰□□徽□□□石石字下碑本
無字此本泐十四字誤
照灼英徽振玉案照灼以下乃銘文當跳行別寫不
應接書
繪藻□□華振玉案藻字下泐一字非二字
□績既□振玉案碑作内蹟既□
張猛龍清頌碑
以延□中出身除奉朝請振玉案延□碑作延昌

□乃辭金退玉之貞振玉案□乃碑作至乃
正元三年正月廿三日訖振玉案正元碑作正光
碑陰
散祖懒振玉案碑作散祖懒懒散郎懒郎懒字
魰武□孔□□振玉案孔□□碑作孔伏恩
戶曹椽卜僧禮振玉案禮碑作化
西曹佐薛文會振玉案此款在第三列西曹佐星桃
符之次此蔓書當補
路僧妙造象記
□鍾善集振玉案碑作福鍾善集
舍門□□辨振玉案碑作舍門□曇辨

東魏

敬史君碑

世阜哲人振玉案阜碑作阜

化貐絲□振玉案碑作化貐絲綱

檀越□景和振玉案碑作檀越馮景和

碑陰

民望許容振玉案碑作民望許雲

司馬王貝輝振玉案碑作司馬王買輝

邑吴成奇振玉案碑作邑吴六奇

李仲琁脩孔廟碑

若木嘉祥振玉案碑作若水嘉祥

碑陰

長流□參軍林盜振玉案碑作長流參軍□叔盜

□父令朱槃父振玉案碑作□父令朱槃庯

祭酒從事史禮當德振玉案當德碑作當徒

太公呂望表

碑萬載之後振玉案碑碑作俾

北齊

夫子廟碑

字□□□□開封人振玉案字□□碑作字恭文

姜纂造像記

澤治邊地振玉案治碑作沽

宋買造象記

據□曹掾之故堰振玉案據□碑作據在

都邑主趙崇化振玉案化碑作仙

臨淮王像碑

伏閻壵之狂鳥振玉案狂鳥碑作狂烏

道興造象碑

早詑績門振玉案碑作早詑緖門

六月甲申日功訖振玉案訖碑作記

□□半升吳茱萸半升酒五升振玉案□□半升碑作生薑半升

李膏豉等分合擣如彈丸振玉案李碑作来即棗字

頭髮灰一李大振玉案碑作頭髮灰一来大

古屋上凡打碎一斗五升水三升振玉案碑作又方古屋上凡打碎一斗五升水二升

灸兩手外研骨正大頭振玉案大碑作尖

鬼黴形如地菌藂生墐垍振玉案碑藂生上有多字

蠒録當補

療反花瘡振玉案碑作療反花瘡方此蠒方字

又方以酢二升置□勿使氣泄振玉案碑作又方以酢二升置□中取熟燒灰一升投之以破刺處內大□中熰之勿令著酢即以衣擁□勿令氣泄此蠒書二十九字

急攬以絹攄頓服取汗振玉案攄碑作濾
取方□候乙發日平旦和酒振玉案取方□候乙發
日碑作取方寸匕候發日
隨年□又方以繩遶項下□至兩□□間振玉案隨
年□碑作隨年壯又□至兩碑作垂至兩
獨顆蒜□頭書墨如湶大振玉案湶碑作来
取小□一升煮令極爛取汁四五升振玉案小□碑
作小豆四五升碑作四五斗
使不下闕一㨖以水三升和煮消盡振玉案使不碑作太
便不
以葱葉小頭去□內□行孔中振玉案去□碑作去

尖內□行碑作內小行
燒鷹經繩灰三指撮頓服振玉案頓服碑作酒服
療赤白利方取鼠尾草花下闕服三方□□又方下闕振
玉案碑此下有服並良又白利麻子汁煮菉豆空腹飽
服又方赤石脂五兩干薑二兩擣末飲服三方寸匕日再
□又方赤下闕擣車前草□□蜜一匙頓下闕五十一字此
夔録
骨鯁方含水獺骨立□振玉案碑作魚骨鯁方含水獺
骨立出
□□吐逆□乳□□□振玉案碑作又卆吐逆灸乳
下□□□□壯

噎方下闕每取□內酒中溫服振玉案碑作噎方□□
生薑□□升合微火煎五六沸每取□內酒中溫服
馬天祥等造象記
㐌子馬天成振玉案㐌子碑作色子
㐌子馬天相振玉案㐌子碑作㐌字
道民王成人振玉案道民碑作道氏
周
聖母寺四面像碑
□□□□非積行何能□□振玉案碑非字上乃冢
字未泐
大□□□和儁振玉案碑作大儁主□和儁

識□□常體□□□□振玉案碑作識四□常體□九
导
□□□之□工振玉案碑作娉□□之□工
邑 眷屬振玉案碑作邑子眷屬
邑子雷定禖振玉案禖碑作族
邑子雷顯順振玉案順碑作慎郎順別字
邑子雷蒲□振玉案邑子雷蒲智
華嶽頌
坐石□而穿陷振玉案石□碑作石闕
能挂恒娥之驂振玉案挂碑作掛
□履陰晉振玉案碑作巡履陰晉

以大統十季振玉案十季碑作七季

曹袂樂碑

君諱□振玉案碑作君諱恪

隋

龍藏寺碑

揖讓而升大寶振玉案升碑作斗即升別字

建取勝之幢振玉案取碑作㝡

虔心從石振玉案從碑作徙

崢嶸醪葛振玉案醪碑作髎

州谷苞異振玉案碑作川谷苞異

惟此大城□□□跋振玉案碑作惟此大城壤□所

跋

碑陰

行參軍楊砏振玉案砏碑作砅即砎字

州光初主簿房嶬振玉案嶬碑作嶬

明威將軍□□□□□廣陽令振玉案□□□□□碑作

□□司馬

平等沙門曇令振玉案以下十七欵萃編原缺今爲

補錄

正定沙門玄宗

斷事沙門智超

前知事上坐僧恍

知事上坐法朗

前知事上坐道圓

寺主惠鐙

寺主明建

翊軍將軍恒州長史遊偕

翊軍將軍恒州司馬趙穆

驃騎大將軍開府儀同三司五郡守京并二省倘書

左右丞三州刺史前常山六州領民都督內丘縣散

伯叱李顯和

驃騎將軍開府儀同三司領恒州左十七府兵東燕

縣開國侯高子王

上儀同三司鄧州蒲原縣開國伯副領右十八開府

李平

上儀同三司恒州右十七開府安德縣開國公石元

使持節驃騎將軍儀同三司恒州左十七開府丞國

公劉達

儀同三司恒州右十七開府副懷仁縣開國伯曹明

合州道俗邑義一万人等

張景略銘

大隋車騎祕書郎張君之銘振玉案此行在文前萃

編原奪錄今爲補此

尤輝朗潤振玉案尤碑作光

曹植碑
其氵迋國啟基振玉案碑作其後建國開基
太祖武皇帝振玉案碑武下空一格
安喜公李君碑
□□逸使持□□南道都□狄□□□□□子振玉案
碑作父逋逸使持節東南道都督狄道縣開國子
百□□□□十尋□上振玉案碑作百鍊不□千尋直
上
府□□重振玉案碑作府望隆重
□氏徵□鞫□振玉案碑作齊氏徵兵鞫旅
□□□□□□司武□□大夫振玉案碑作宜政元
年□左司武熊□大夫
進□□公振玉案碑作進爵爲公
□□祭□□□之□莫傳振玉案碑作王褒祭馬得
賢之頌莫傳
空育□□□之□振玉案碑作空有延齡之術
□□□動唯仁是託振玉案碑作非義不動唯仁是
託
□□軍□雅善兵□振玉案碑作□心軍決雅善兵
□
而才□半古□不充□振玉案碑作而才踰半古位
不充量

安□先□之狀振玉案碑作安有先賢之狀
陳叔毅脩孔廟碑
應斯命世振玉案碑作應期命世
唐
宗聖觀記
韓□未墮振玉案碑作韓登未墮
孔子廟堂碑
皆絕乎竹素振玉案絕碑作紀
一日萬幾振玉案幾碑作機
昭仁寺碑
我皇基與淨刻振玉案淨刻碑作淨剝
房彥謙碑
者也玉質金相振玉案者也碑作昔也
□慕容氏□度振玉案碑作隨慕容氏□度
竦搆于霄振玉案碑作竦搆干雲
碑陰
賵贈優渥□□□□□振玉案碑作賵贈優渥特異恆
倫
別加兵千功役振玉案兵碑作三
臨葬□振玉案碑作臨葬日
碑側
太子左庶子振玉案左碑作右

太子中允口口彳扌振玉案碑作太子口口口渤海
男
化度寺塔銘
碑其處者百端振玉案碑碑作研
口口寡要振玉案碑作口口而寡要
致捕影之口振玉案碑作致捕影之譏
極象妙之門爲口振玉案碑作拯衆妙而爲言
太原分陰人振玉案分陰碑作介休
孺郎郭也晉祖孺叔振玉案碑作孺者郭也孺叔
依山稠禪師振玉案碑作山口雲門寺依稠禪師
嘗撫禪師而口諸門徒口振玉案碑作嘗撫禪師而

啟諸門徒曰
餌口茅成口振玉案碑作菁茅成室
甃蘁之口振玉案碑作甃蘁之輩
放祉呈祥振玉案碑作效祉呈祥
九成宮醴泉銘
維貞觀口年振玉案口年碑作六年
北口元闕振玉案碑作北拒元闕
冰凝鏡澈振玉案鏡澈碑作鏡澈
裴鏡民碑碑高七尺七寸廣三尺七寸七分二十七行行五十二字萃編據裝本入錄不載高廣字數爲補
著之
宜其計功代振玉案代碑作伐

仲衍有其餘慶振玉案有碑作膺
虛牛與貞固同歸振玉案牛碑作牝
日開靈鑒振玉案碑作自開靈鑒
多從口奪振玉案碑作多從權奪
咸事無迷振玉案迷碑作遺
除尚書左口兵郎振玉案碑作除尚書左外兵郎
是非器重望口振玉案是碑作自
以口子之口振玉案碑作以帝子之尊
ワ序銜須振玉案碑作溫序銜須
关能口重義振玉案碑作脅熊掌口重義
口口道於口口搆丕基於口緒振玉案碑作口雅道

於周行搆丕基於鴻緒
口四序之遷口振玉案遷口碑作遷變
大寺流光振玉案碑作大畤流光
高門鍾口世口旗口振玉案碑作高門鍾鼎世口旗
常
口靈氵峻振玉案碑作仰之口峻
口口資口公府馳名振玉案碑作口緩資始公府馳
名
口掌書記彳屬銓衡振玉案碑作叐掌書記俄屬銓
衡
口仰之府六口軍政振玉案碑作靈開口府典口軍

政
層梁没□振玉案碑作層梁毀才
青□□風□□紀□振玉案碑作靖□□風□戈紀
德
□靈開□振玉案碑作萬古書忠
明□重□振玉案碑作明□重世
追風□緒□□□□振玉案碑作追風頹緒以□□
□
□□□□□□□□□□□□□□□□萬古書
忠振玉案碑末無萬古書忠句此句在前九京不作
句下錯列此又萬古上原碑無沕字此作沕十七字

誤
建□縣開國男振玉案建□碑作建安
皇甫誕碑
激清風於□□振玉案碑作激清風於後葉
□□□其勳德振玉案碑作茅社表其勳德
□□□□□□奇釆於隨珠振玉案碑作媚川照闕曜
奇釆於隨珠
父□使持節□騎大將軍振玉案碑作父璿使持節
車騎大將軍
□貞體道振玉案碑作居貞體道
忠□□救之道振玉案碑作忠藎匡救之道

則譽加上客振玉案加碑作光
作□銅梁振玉案碑作作鎮銅梁
授□并州摠管府司馬振玉案授□碑作授公
萬機□磯亘之歎振玉案碑作萬機起磯亘之歎
賜帛五千□□三千石振玉案碑作賜帛五千段粟
三千石
踐□□隅振玉案碑作踐其陝隅
□命輕於鴻毛振玉案□命碑作性命
可謂□□雅俗振玉案碑作可謂楷模雅俗
參綜機□振玉案碑作參綜機務
奄鍾非□□□振玉案碑作奄鍾非命之酷

□□□仲之墳振玉案碑作莫識祭仲之墳
□陵之東振玉案碑作平陵之東
庶葛亮之□□□禁之以樵蘇振玉案碑作庶葛亮
之隴鍾生禁之以樵蘇
□后□□□□□人物□□□□□□世振玉案碑
作般后華宗名卿冑系人物代德衣冠重世
夜光愧□振玉案碑作夜光愧寶
抑揚元□□□□□□□□□□□□伏□青□
振玉案碑作抑揚元輔參贊機鈞王業東封貳圖北
啓伏奏青蒲
晉陽□□□重府□□聞震□振玉案碑作晉陽就

職望重府朝謦聞宸極
㮝□□□□□□□□□德永□□□振玉案碑
作㮝橫古樹雲鎖喬松敬銘盛德永播笙鏞
姜行本碑
□化所沾振玉案碑作仁化所沾
濛汜之鄉成暨振玉案成碑作咸
莌天山而池□海振玉案□海碑作瀚海
伊闕佛龕碑
未從海若而泳天地也振玉案天地碑作天池
段志元碑
□聲稱頌振玉案碑作□聲雅頌

考偃師散騎常侍振玉案偃師碑作優師
就列踰蜀漢□□振玉案碑作就列踰蜀漢之士
與□□劉元靜破□□□□凤突通振玉案元靜碑作
文靜
又從上□王世充振玉案碑作又從上平王世充
撿校武□大將軍振玉案武□碑作武候
中使結徹於□□振玉案碑作中使結徹於里閭
雖□□之□□孫□君之悲仁祖振玉案碑作雖漢
后之痛□孫胥君之悲仁祖
□質運始□□□□振玉案碑作委質運始宣力□
□

言□木訥振玉案碑作言思木訥
□道既融振玉案碑作帝道既融
晉祠銘碑字行書萃編作正書誤
資懿親以化輔振玉案化碑作作
襟帶邉亭振玉案亭碑作亭
名鏡流輝振玉案名碑作石
油雲膏雨□□振玉案碑作油雲膏雨是起
軆聖□之屈伸振玉案碑作軆聖賢之屈伸
□□□□爲珎振玉案碑作帶仙宇而爲珎
玉幣豐□振玉案碑作玉幣豐粢
神光望之而逾□振玉案逾□碑作逾顯

□□□之爲惠振玉案碑作豈僅簏之爲惠
□□□栨振玉案碑作癸初鞠栨
□□□□□□茫茫万頃振玉案碑作寔賴神功故
知茫茫万頃
則有□□之害振玉案碑作則有炎枯之害
不資□□□靈福者乎振玉案碑作不資靈福者乎
中閒無泐字
此乃庸鄙之享振玉案之享碑作是享
孔穎達碑
若□□□□□□帝振玉案碑作若夫順天問□□
帝

風俗以之肅□振玉案碑作風俗以之肅清
父□□□州法曹參軍振玉案父□碑作父安
□□□大之操振玉案碑作少懷遠大之操
聞之者□面而虛□振玉案□面碑作未面
苞□□□牢籠□□□育□□□振玉案碑作苞□百
氏牢籠□許孕育毛□
紀地□□濫觴振玉案碑作紀地由乎濫觴
爲□府文□館學士振玉案□府碑作秦府
實□於關右振玉案碑作實招於關右
□太子中允振玉案碑作行太子中允
前鄭後鄭之□疑振玉案□疑碑作危疑
以公□□副□振玉案碑作以公匡弼副□
□戸多□□舉雲梯□□□□戟振玉案碑作閉戸多
精□舉雲梯爭迴雄戟
□春反旆振玉案碑作大春反旆
□□可略而言之振玉案碑作書記可略而言之
鑑□□隨□□愴恨振玉案碑作鑑乎泰隨豈不愴
恨
□木□夢振玉案碑作兩楹□夢
□衣博帶振玉案碑作褒衣博帶
五經正義一□□□十□振玉案碑作五經正義一百
七十□

邁南董於曩□振玉案曩□碑作曩策
帝□□尚□□制□□振振玉案碑作帝□□尚后
倉制擅□振
□專之藥無效振玉案□專碑作魏專
□光闕里□□□□□振玉案碑作道光闕里績著旗
常
□□孫筆世尙□□□振玉案碑作策高孫筆世尙典
故
孫思邈福壽論
金翠之有□振玉案碑作金翠之有餘
以致蠹魚鼠□振玉案鼠□碑作鼠□
其所驚者□所□者貴振玉案碑作其所驚者賤所
價者貴
池陽清安人揚素一振玉案清安人碑作清安老人
王師德等造象記
湣于敬一制文振玉案此欵當在文後年月前一行
此誤列文前當改正
張荀子徐□振玉案徐□碑作徐凱
同希浮境振玉案碑作同希淨境
邑□達人振玉案碑作邑里達八
愛□斯□振玉案碑作愛流斯涸
薛收碑

及□茂陵之舊章振玉案碑作及家茂陵之舊章
許□見機□歸□之振玉案碑作許□見機運歸□
之
□上柱國　汾陽縣男振玉案碑作授上柱國封汾
陰縣男
太宗與公□□□□敬書□□與卿□□□□□振
玉案碑作太宗與公□人兄子元敬書曰吾與卿□
□□□
暨繼明振玉案碑作暨繼明統業念
多□□於□□振玉案碑作多□比於廣□

平百濟國碑

輕生重義之□□□□而難□振玉案難□碑作難
尊
至於□□□撫邊夷振玉案碑作蠢□□撫邊夷
與青松而競□振玉案碑作與青松而競高
通二畧振玉案碑作通三畧
早聞周孔之□振玉案碑作早聞周孔之教
亻薦司勳振玉案碑作仛薦司勳
□□□島與日月□長懸振玉案碑作洲□□□島與
日月而長懸
□飲□居振玉案碑作□飲鶉居
□及□□代非一圭振玉案碑作□及三五代非一
圭
式□□□未□西□□□□□振玉案碑作式□區
宇未□西□□□東□
□我聖皇振玉案碑作粤我聖皇
□□千古振玉案碑作□鏡千古
咸□正朔振玉案碑作咸稟正朔
叛换障國振玉案碑作叛换澤國
豹□龍驤振玉案碑作豹蔚龍驤
□□□□□□□□桒振玉案碑作前誅蟠木□□扶
桒
赳赳□□明明号令振玉案碑作赳赳五營明明三
令
日□□淨霜戈□□□□□□□振玉案碑作日寒江
淨霜戈夜□雲□□□
巨□授首振玉案碑作巨猾授首
嘉樹不翦□□□□□□□□□振玉案碑
作嘉樹不翦廿棠□□花臺塋月□殿□□

岱岳觀碑

三月二□大洞三景法師葉法善奉　勑於此敬□
修齋振玉案碑作三月三日大洞三景法師葉法善
等奉勑於此東岳□齋
敬造壁畫元始天尊萬福□□□德旣畢振玉案碑

作敬造壁畫元始天尊萬福天尊像四鋪功德既畢
孫文儁奉　而册金輪聖神皇帝肆〇口〇
敕振玉案ㄇ〇碑作伍〇
傅城縣主簿闕廳諱傅振玉案諱傅碑作彥傅
并壁畫而尊一鋪廿二事振玉案廿二事碑作廿三
事
專管官宣德郎行兖州都督府參軍事全處廉振玉
案專管官碑作專當官又碑此行前尚有岱岳觀主
倫虛白一行此奪
專管官文林郎振玉案碑作專當官文林郎
專管官岳令振玉案碑作專當官岳令

許洛仁碑
代忻口蔚西州口口口代州刺史振玉案口蔚碑作
朔蔚
山岳閉其寶振玉案閉碑作閟
望口爲隣振玉案碑作笙古爲隣
顯於西京口戚振玉案口戚碑作外戚
襲爵盜口縣公振玉案碑作襲爵盜國縣公
節慕原當志凌口口振玉案碑作節慕原嘗志凌韓
口
援旗異野振玉案碑作援旗異野
典口之勤宣繞口口之口口振玉案口之口口碑作

弗之倚也
擊口州口陳振玉案碑作擊蒲州口陳
仍治平京口口口口口振玉案碑作仍治平京城積
前後勞
段口喬軌口莫府功臣振王案碑作叚雄喬軌並莫
府功臣
悉在部口振玉案碑作悉在部內
薛仁口妄假大名振玉案碑作薛仁果妄假大名
口承實融之機振玉案碑作弗承竇融之檄
及飲至口勳振玉案碑作及飲至策勳
遂停嚴會既而口口口口振玉案碑作遂停嚴會既

而姬羨前口
公翊衛口陳口口振玉案碑作公翊衛金陳歷茲
十八年除口監門將軍振玉案除口碑作除左
帝圖莫翊振玉案碑作帝圖草㨋
聖旨自謂其冂振玉案謂碑作爲
又感口仁誠節振玉案碑作又感洛仁誠節
命刻石圖像口於　口口振玉案碑作命刻石圖
像置於昭陵
恒出口馬振玉案碑作恒出好馬
公自以莫府宀舊振玉案宀舊碑作寮舊
令口鄉親振玉案碑作令其鄉親

以冥麾將軍□參振玉案□叅碑作朝叅
□□□乎苟何庸勳齊乎絳灌振玉案苟何碑作苟
何
張至篤□俄車白駒之歎振玉案碑作張至篤巢俄
歎白駒之歎
以為東觀紀□□觴□□振玉案碑作以為東觀紀
言隨觴□□
横圖禁闥振玉案横碑作黄
或情玉軌□□帝難振玉案碑作式清玉軌爰膺帝
難
杜君綽碑萃編所據本失下截今據蔣君伯斧補校寫本錄全文於此

大唐故左戎衛大將軍兼太子左典戎衛率贈荆州
都督上柱國懷寧縣開國襄公杜公碑
上闕臺司藩大夫隴西李儼字仲思撰
上闕六十二字績□□草昧執□衛□之美寵茂□闕而□
德秉□徽猷闕七字垂芳袞侍中□□□□□□金之□
尚書□□□□當塗□史□□峻代可略言焉闕三十二
字以□□□□歌而闡化祖□北齊舉秀才授□□
□功曹□□□□□□令捴□□而揚□包水鏡以
凝情劾五美於亨闕三十字皇朝拜使持節汝州諸軍
事汝州刺史納靈秀起含章□□□□藝隱扣□
□生前之德既□身後之榮彌峻公公蓄闕二十九字之

□昭乎弁歲□忠信之甲冑□儒墨之域□□讓惟
於仁□□訁□於義室雖□紫紆青一□之業可尚
而圖功立事六闕二十八字闕折鍵之材踰羣拔□落雁
吟猿之技棄俗標時□夫旬闕九字匾宇□□黎元吸
霜衣霧掛怨早禍郊原於闕二十六字朝□劍而嵉□輪
誠　奥主義盜之始□□都投義闕三十字鳳邸子時
國步□艱方隅未一闕二十九字已摧未金□於夏縣雖
運□舞地縱以神□而勢言亻□資乎□□公□□
□□□著勞績既竭力勤彌荷　恩顧尋夫闕九字
御輦矢及□　宸闈闕二十八字八闕二十九字尋封□
城縣開國侯食邑一百戶□食𢓊□除闕三十八字公闕二

十二字六□□□□斯極闕八字之□冊□侯之闕九字年
授忠武將軍行左監門中郎將加護軍□衛紹忠醋
踐中郎之職韓□聰達歷護軍之位在於漢魏是□
得人以公方之彼未為重明年闕十六字詔於元武
北門留守賜綵一百段消　鑾輿旋闕資物如前
迨乎從幸靈武又賜馬兩匹雜綵五十段尋拜燕領
軍將軍□□翠微玉華等宮又並　詔公居守宮闕
之重帑藏之寄亟承　天盼彌劾忠肅廿三年正
除右領軍將軍加上護軍撿校左武侯將軍才屯營
兵知□□□屯羽林於中壘嚴肅可□擁緹騎□□
衛姧凶自屏豈止運以明謨篤以□慎稱乎損益統

彼兵權而巳哉永徽之初兼撿挍左武衛將軍又撿
挍右武侯大將軍兼知右箱諸門兵馬隊使許仲康
□忠勇乃儕其位□昭姊□□妙□溢其職至乎
恩禮綢繆亻□□□□□□我彼亦多愧河鞏之
地是□舊京近控三州遙分九谷測圭定鼎宅中觀
隩華闕□雲雕宮納景眷言監守式俟朝賢其年奉
□馳驛往東都留守改授左領軍將軍屬以公
方盡闕七字都城載謐加上柱國及　天蹕□巡以
公留守稱旨賜黃金一百兩絹一百五十匹從幸許
州奉　勅撿挍左衛將軍氵扩京室又撿挍右衛將
軍禦衛之重心膂攸託寵授頻加人□景頁□之□

□太子左衛率　詔曰左領軍將軍懷盛縣開國
公杜君緯志性沈果識懷惇懿時逢締搆宣力於霸
朝運偶□平効官於陛戟儲宮禁衛勞舊斯佇宜令
衆典以申幹□尋授撿闕六字飛華紫禁奉　□枍蘭
□騰芬青陛警周廬於桂宮兼綜斯美忠勤允著頃
之奉使於鄜州道簡點明年又□□東道經略大使
賜物一百五十段金帶一□駿馬一匹弭節馳原揚
鑣□□□等□□□甸闕五字宣秘□節於遐□三韓
之酋載惕朝嘉其美錫以崇章拜左領軍大將軍寵
茂登壇榮高坐樹董司戎政爰戒不虞同羊祜之周
密類陶回之方範其年　□駕闕十七字京龍朔二年

册拜左戎衛大將軍兼太子左典戎衛率　册曰
夫五□斯重允切於惟曹三宮以穆□佇於時英咨
爾□氣昭果英姿沈毅功宣闕二十字西□光膺卜洛之
寄羽旆東臨克隆翦華之守綢繆心膂□懷弼亮□
□鈞陳僉望攸屬往欽□□其□徽前烈允□圖始
方謂麦巨貽祉虓路鷹□□月□於膠庠奉　天
遊於□奕豈□逝川□反□□涉洹之莜藏山不留
俄深遊岱之恨春秋六十有二以龍朔□年□□廿
五日□朝薨於□廉　天子震悼廢朝三日乃
下　詔曰□餟之榮□□於遐册□棺稱禮事襚
於遙□故左戎衛大將軍兼太子左典戎衛率杜君

緯器用□□體局淹遠典王在運誠盡　霸□
□照登□功宣代邸當五營之劇務總七萃之機謀
時歷二朝年將四紀永言勳舊情義兼常少選□□
俄從怛化□心驚悼□□□忄□茂徽章式旌忠烈
可贈使持節都督荊硤岳明四州諸軍事荊州刺史
餘如故仍贈絹□四百段□粟四百石陪葬於
昭陵賜東園秘器凶事葬事所須並令官給鼓吹儀
□送至墓所往還仍令司庫大夫氵□□□
闕十四字并贈物一百匹粵以三年歲次癸亥二月乙
酉朔十□日壬寅遷窆于　陵東南一十□奉常
考謚曰襄公禮闕十字礻運琁質而巖峙抱瓌闕二十字智

燭機初神深慮表在物奚忤見烈火而猶安□□□
□墜會臺而靡□□其趫勇雄毅絕衆□□斬□□
之虫格不虞之歎金匱□□之術得闕二十一字爰屬隆
□陪風竦翰襲英緹于俊路楊茂軌於清朝鸞閟㝍
巖龍□□祕□私於巳公平之道克彰不諜其慭忠
亮之規弥遠雖徂齡弗駐九原闕二十五字上柱國之基
等並光凌謝玉移嗣韋珠充窮之酷既深苦槀之容
弥切泣清儀之永□懼徽□之將泯載刋□琬式樹
昭亭與山川而並下闕
上闕三十二字須□嬌嬌風標□令中山㤰㤰佽資□正於
鑠顯考立德無觳□□可稱追崇景命偉哉上哲茂

質□興迩善若流闕三十一字節氣摠奇□依仁踐孝服
義基忠輯顏允德□言脩躬徃厲道□韜□戢翼令
逢□始攀雲騁力影照□鉤光浮越棘闕二十九字迴
天顧寄重神京肅蕭□軟昭昭迺誠萬化無期九
泉俄閟弔鶴先□□鷄□萃壠阝雲愁山空月思書
芳篆石此詞□□
上闕日建　殷王府字闕八文舘高正臣書　萬寶哲刻
字

道因法師碑

乃伐宏誓振玉案碑作乃發宏誓
證釋梵本振玉案碑作證繹梵本

李文墓誌

曾祖□振玉案碑曾祖下原空一字非泐
㘃馬難□振玉案碑作㘃馬難留

紀國陸妃碑

□□靈泉振玉案碑作□啓靈泉
靈液手□振玉案碑作靈液手歃
□□命□中陽振玉案碑作始錫命於中陽
□生□流之藝振玉案碑作更生九流之藝
端□之情獮厲振玉案碑作端已之情彌厲
□□□□□石室藏書一覽□探奧賾振玉案碑
作□□郎究精微石室藏書一覽便探奧賾

縱□體於銀鉤垂□文□鏽篆振玉案碑作縱八體
於銀鉤垂六文□鏽篆
紫□□□姓之□振玉案碑作紫泥除□姓之□
□□□□□□□□□□□□鴻勳表於維翰
振玉案碑作□車命秩盛德□於建侯□玉□□鴻
勳表於維翰
□□□□之□三星□照振玉案碑作□□□鳴之
兆三星始照
鳲鳩□養蓼莪□□振玉案碑作鳲鳩均養蓼莪□
恩
終□之於□□振玉案碑作終□之於繈褓

□□芳□□□賢罕能□□振玉案碑作或聯芳彤
管□賢罕能齊躅
道□梁藩振玉案碑作道邁梁藩
舉族□其徽音□□□其懿範振玉案碑作舉族挹
其徽音□□傾其懿範
□愛子而爲一振玉案碑作方愛子而爲一
□金□之□室振玉案碑作□金芝之照室
□□登辰俱□斷機之訓振玉案碑作□髮登辰俱
稟斷機之訓
□□□之□□□□□□□□棠棣之花□□振玉案
碑作□□□之芬芳膏壤分□□棠棣之花□實

謂□□九□永保□筵之□振玉案碑作謂浮觴九
獻永保長筵之□
而福謙恖□振玉案恖碑作慈
□液□痾振玉案碑作金液□痾
□□□流俄吸仲由之泣振玉案碑作□隙易流俄
吸仲由之泣
□麟德□年□月振玉案碑作□麟德二年六月
□□□□□□陪葬於昭陵振玉案碑作米粟二百石
陪葬於昭陵
楊知正監護儀仗振玉案碑作楊知止監護儀仗
榮辱一致偏□□□□之言振玉案碑作榮辱一致偏

崇柱下之言
□□□山□歌振玉案碑作□□塗山□歌
雅會□□之曲振玉案碑作雅會娥臺之曲
禮備於飾□□□戒□振玉案碑作禮備於飾終竊
軫戒徒
□鐫金碣以樹山□振玉案碑作□鐫金碣以樹山
門
□□□□□□□□□□□□□□振玉案碑作□□
祚繁門□黃閤路□□□□一其
□□□□行廼專一振玉案碑作□□□□四行廼專
一

學□□史振玉案碑作學該□史
□瀆□□振玉案碑作□瀆垂耀
莱藹□丹振玉案碑作莱藹青丹
曹□月明振玉案碑作曹□月朗
水言孝思振玉案碑作永言孝思
悼□捐玦振玉案碑作悼深捐玦
庶貽範於穹□振玉案碑作庶貽範於穹壤
張阿難碑
□望兼華振玉案碑作門望兼華
公稟靈川　振玉案碑作受稟靈川嶽
□□問於青規振玉案碑作受顧問於青規

茅□用□振玉案碑作茅土用□
公□德□□振玉案碑作公□德逾□
聲□騰於萬古振玉案碑作聲徽騰於萬古
可謂□□□□□□範著歟振玉案碑作可謂立
□□□□□□□範者歟
□陳□□勇冠三軍振玉案碑作□陳九德勇冠三
軍
掃定河□□□□□□□□□分振玉案碑作掃定河
汾皇極□建茅土遂分
□□長秋□□大樹振玉案碑作□迹長秋□暉大
樹

阿史那忠碑
□□□□　□爲使□□長□道行軍大總管振
玉案碑作顯慶□□詔爲使持節長□道行軍大總
管
四州諸軍事荆州刺□振玉案碑作四州諸軍事荆
州刺史

明徵君碑
履步林亭振玉案碑作屧步林亭
□幽尋之蓑跡振玉案碑作憑幽尋之曩跡

開業寺碑
故使天隆異人振玉案碑作故使天降異人

四□八歲之文振玉案碑作四章八藏之文
都幾壯而　帝服開振玉案碑作都畿壯而帝服開
並董脩戒範振玉案董碑作薰
遠人隆百代之基振玉案遠人碑作達人
而仕□還鄉振玉案碑作而仕必還鄉
傍詢碧殿振玉案碑作傍詢碧礎
凌雲之□振玉案碑作凌雲之搆
勝彼伽藍振玉案勝碑作睠
四□標榮振玉案碑作四牡標榮

王徵君臨終□授銘
不俟啓爲振玉案俟碑作候

乙速孤神慶碑
淨□寺釋行滿書振玉案行滿書欵及苗神客撰欵
並在文後此誤錄在文前
而推産不□□式之資□給振玉案碑作而推産不
干卜式之資□給
□枝楊蓁振玉案碑作戢枝楊蓁
卓矣高□振玉案碑作卓矣高縱
寓省□□振玉案碑作寓省才高
後一行
□跡鄉□振玉案四字在年月前一行此誤列年月

□震經幢

□□縣開國侯□震敬造并撰文及書振玉案□震

碑作嚴震

盧正道勅

令贈卿祿秩振玉案贈碑作增

田義起石浮圖頌

香爲登津振玉案爲碑作為

契苾明碑

□攣不留振玉案碑作㔾攣不留

擅班馬之雄辦振玉案班馬碑非馬

法藏禪師塔銘

□備師資振玉案碑作禮備師資

葉有道碑萃編本乃廣試同治初宜平縣署掘得原碑正書二十二行行五十六字以校萃編譌誤甚多具錄於左

唐故葉有道先生神道碑并序振玉案原本作唐有道

先生葉國重墓碑

栝州刺史李邕文并書振玉案原本作江夏李邕撰

並書

道純天地振玉案原本作道統天地

生得夫子振玉案原本作生德夫子

埋照後谷振玉案原本作埋照浚谷

潛盤窮山振玉案原本作潛盤窮山

𦾔少典錫羡高辛纂緒振玉案原本作自少典錫羡

高辛纂緒

率神從天振玉案原本作帥神從天

特起五部振玉案原本作特超五部

侯誰嗣哉振玉案原本作侯誰嗣哉

幼尚純篤振玉案原本作幼尚真篤

聰以達遠振玉案原本作聰以知遠

嘗静貞動耗振玉案原本作故静貞動耗

雲外□壑振玉案原本作雲卧牝壑

放閒保和振玉案原本作放閑保和

緇髮純漆振玉案原本作緇鬒純漆

畯發皇眷振玉案原本作跡發皇眷

速之以暢轂振玉案原本作速之以暢轂

終處子之業振玉案原本作終處士之業

偏貢介性振玉案原本作偏質介性

將探道慕類坐致奇齡振玉案原本作將採道慕德

坐致遐齡

使者蓄而之疑振玉案原本作使者蓄無言之疑

懃歎閒列振玉案原本作整放閑列

聆嘉聲而屬□者振玉案原本作聆嘉聲而屬想者

謬四時之分振玉案原本作謬四時之序

荆鬼越祥不知所况子亥母癸烏識其原振玉案原

本作天道運行不知所况子亥丑癸焉識其原

皆乘遽逵尋振玉案原本作皆乘遷逵尋
豈伊小說鯫生振玉案原本作豈期小說鯫生
卜兆幽石振玉案原本作卜兆幽谷
道微若聲振玉案原本作道徵若聲
運曆知天振玉案原本作運磨知天
孫子景龍觀道士鴻臚卿越國公振玉案原本作孫
景龍觀道士鴻臚卿越國公法善
出也法玉京振玉案原本作出也發玉京
作仁宗師振玉案原本作作八宗師
宗門素履振玉案原本作宗文素履
黃公術左振玉案原本作黃公術在

性與真筌振玉案原本作性與真詮
一門累祖四世百年振玉案原本作一門累組四至
百年
全樸爲利振玉案原本作全璞爲利
志嘗無忝振玉案原本作心嘗無忝
載違廷闕振玉案原本作載違闕廷
孝終事立振玉案原本作考忠事立
侍者清溪觀士詹玄振玉案原本有此八字萃編無
當補
正覺浮圖銘
聞銷意垢□□振玉案碑意垢下空二格非泐

吳文碑
惟大將軍吳公諱文振玉案吳碑作矣
娑羅樹碑
推藏薪盡之餘振玉案推碑作摧
方岫駿邁振玉案碑作方岫駿邁
卿望司徒覇莆振玉案卿望碑作鄉望
休徵各徵兮振玉案各碑作咎
土八西還兮振玉案土碑作上
刻石東海元省已振玉案此行原列文前李邕款後
一行此誤列文後
思恒律師誌文

會祖明周在監門大將軍振玉案在監門碑作左監
門
大智禪師碑陰記
通宣郎行河南府伊闕縣尉集賢院待制兼校理史
惟則書振玉案此款碑列文後劉同款前一行此誤
列文前
周尉遲迥廟碑
前華州鄭縣尉□伯□敘振玉案□伯□碑作□伯
璵又案□伯璵敘及顏真卿銘蔡有鄰書三款碑列
文末此誤錄在文前
兼益梁□□八州諸軍事益州刺史振玉案□八州

碑作十八州
改□蜀郡公振玉案碑作改盜蜀郡公
豈獨長安置□□□成都□□□□□振玉案碑
作豈獨長安置郊勞之禮
俄拜大右㢸□□大□□振玉案大□□碑作大前
疑
不憚□□以勸事君振玉案碑作不憚征繕以勸事
君
唯幼孫獲□振玉案碑作唯幼孫獲宥
立朝則兼掌□□振玉案碑作立朝則兼掌巡□
□稱多□振玉案碑作□稱多祟

匹夫匹婦強□者振玉案強□者碑作強死者
□巾□□振玉案碑作綠巾□□
易州鐵象頌
□□□通車道三所振玉案碑作開北山通車道三
所
□□□□營入城振玉案碑作移高陽軍營入城
唐儉碑
見之□□莒公矣振玉案碑作見之開府莒公矣
□門大章之樂振玉案□門碑作雲門
翻然改□振玉案碑作翻然改圖
隆闡法師碑

比連河於陽面振玉案比碑作北
並入擅航振玉案航碑作䑸
石臺孝經
朕聞上古其楓朴略振玉案楓碑作風
劉感墓誌銘
左武衛翊府右郎將振玉案碑此下有賜紫金魚袋
旋授定遠將軍行左龍武軍翊府右郎將二十一字
此缺録
葬於咸盜縣黃臺卿之原振玉案卿碑作鄉
少林寺還神王師子記
不知□由振玉案碑作不知所由

天巧自然　神之力振玉案神上泐一字非空格
鳥鵲不□振玉案碑作鳥鵲不汙
二師子郎常相□□振玉案碑作二師子郎常相採
弄
顔魯公與郭僕射書
尊者爲賤所逼振玉案賤碑作賊
臧懷恪碑
李秀巖題額振玉案題額碑作模勒
□光羽儀振玉案碑作光光羽儀
臧希晏碑
澤覃存没振玉案覃碑作彰

□兵斷□於匈奴振玉案碑作短兵斷臂於匈奴
□□以盜是用咨於多□也振玉案碑作周武以盜
是用咨多士也
鎮六龍之旂振玉案鎮碑作鎮
□□父子振玉案碑作陳氏父子
□紀忠□振玉案碑作長紀忠貞
入關齋會報德記
慼懷歡欣振玉案慼碑作感
州縣□畏振玉案碑作州縣震畏
亦皆毀而瘞藏之振玉案毀而碑作毀折
□□□失文義乖絶振玉案碑作瘢痍壞失文義乖
絶
□不能窺涉其門宇振玉案□不能碑作纔不能
然惜其高□堙没振玉案高□碑作高蹟
遂命攻治□□□□續其次振玉案碑作遂命攻治
□□殘補續其次
曹州□□縣主簿□師□傳打石本振玉案碑作曹
州乘□縣主簿唐師□傳打石本
李陽冰書黃帝祠宇額
丹陽葛蒙勒石振玉案丹陽碑作丹楊
元結墓表
名雖成而官未立振玉案官碑作宦

文宣王廟新門記
裴平下丹篆額振玉案碑作裴平下丹並篆額
干祿字書跋原錄譌奪太多茲據盡屖路氏所藏宋本錄入
柳公權對穆宗用筆法曰心正則筆正是言也雖公
權時以筆諫然論書法理固如是余觀顔魯公筆蹟
乃知公權之言不妄魯公忠正人也功名事業列於
國史其全德偉行英風義烈貫映千古文學之外尤
工隸書大小二體筆力遒勁如服介胄如冠獬廌凜
凜乎若諸盧杞而叱希烈有不可犯之勢蓋其心畫
所寓誠可畏而仰之往由左宦臨牧吳興暇隙書干
祿字樣鐫刻于石傳示後生然石刻在刺史宅東廳
院傳之惟艱故世罕得善本而蜀士大夫所見惟板
刻尤鮮得其真　府尹　龍閣　宇文公比刺
湖州得魯公所書與楊漢公所摹二本特爲精詳公
深喜魯公書於干祿字樣尤致意焉非獨愛其字樣
而且愛其書法之工非止愛其書法而又愛其心術
之正惟愛之篤故惜其久而淪廢於是俾以楊蜀二
本參校若顔書之刓缺者以二本補焉不可推究者
闕之命通顔書之士摹勒刊石於泮使學者矜式且
欲所傳之廣噫魯公所書實大厤九年自大厤至開
成僅踰甲子石已刓缺姪頵欲移他石不果後刺史
楊漢公摹勒成顯志時開成四禩也自開成厤五季

迄皇朝距今凡五甲子漢公傳本亦寖磨滅魯公真
蹟所存纔十四五爾刱公去郡今復幾載其石存亾
不可知幸而存焉無好古博雅君子寶而護之且有
風雨摧剥之虞則彼筆□□未可保今公再傳茲石
雖謂摹刻失真然梗槩猶在學者意解神悟尚庶幾
得髣髴□□抑自公始也紹興壬戌八月既望梓學
教授成都句詠記左遂王紹文宗王材刻
真化寺尼如願墓誌
隴西秦吳書振玉案此款碑原列文後此誤列文前
無憂王寺寶塔銘
得□清淨振玉案碑作得眼清淨
刻名以紀之振玉案名碑作石
旼爲誠實道場振玉案誠實碑作成實
賡其銘矣振玉案賡碑作賡
□德□年□□法門□振玉案碑作武德八年旼爲
法門寺
□□及物振玉案碑作咸□及物
精□動　天振玉案碑作精感動天
□□初五月十□日振玉案□□初碑作上元初
聖躬臨□振玉案碑作聖躬臨遺
王餚及瑟瑟數珠振玉案王碑作玉
痛□□乎海裔振玉案□乎碑作達乎

□大慈悲聿宏製之振玉案碑作起大慈悲聿宏製
造
八音希聲振玉案碑作大音希聲
□□□□□量宏深振玉案碑作令王千□雅量宏
深
樹□□□相與□簡□□頌□振玉案碑作樹此□
福相與授簡畀予頌□
□金□兮□□□振玉案金□碑作金軀
對真容兮愆□情振玉案□情碑作宦情
不空和尚碑
□知至道振玉案碑作周知至道
代□初以特進大鴻臚褒表之振玉案代□碑作代
宗
卽時成佛之速振玉案卽碑作則
朱巨川告身
吳郡開國公臣真卿振玉案吳郡碑作魯郡
建中三年八月十四日振玉案八月碑作六月
張敬詵墓誌
命公爲狎衙振玉案狎碑作押
軒轅鑄鼎原銘額題軒轅皇帝鑄鼎原銘八字篆書此失記當補
𨐌轅黃帝鑄鼎原銘　序振玉案黃碑作黃又序
字上有𢍺字

黃帝宮一□□三墳振玉案碑作黃帝宮一龕然三
墳
壇丕秦皇　薉徒　振玉案碑作壇丕秦皇隳薉徒
勤
廿惟谿□振玉案廿碑作𦬊
□原王顏探振玉案□原碑作蓀原
巻滋書振玉案碑作巻滋籀書
碑陰釋文
軒轅皇帝鑄鼎原碑銘并序振玉案以上十一字失
錄當據碑補
□月□□朔□日建振玉案碑作□月癸巳朔十日

建
進□□□表振玉案碑作進上石□表草
□詳史册振玉案碑作備詳史册
獨此□原振玉案碑作獨此鼎原
厤代□循振玉案碑作厤代㠯循
□知官軍將□晏等振玉案□知碑作專知
時□□□所□振玉案碑作時爲□□所損
臣以此□振玉案碑作臣以此處
差朝請□行司兵□軍暢賞振玉案碑作差朝請郎
行司兵參軍暢賞
諸葛武侯祠堂碑

□嘗以筆法對穆宗振玉案□碑作弟
人傳者人亦重振玉案碑作人傳者文亦重
李輔光碑
或以長師薨殁振玉案師碑作帥卽帥字
皆恃塞怗險振玉案怗碑作怗
次日希昇振玉案昇碑作昪
使院石幢記
激誠淚　俯仰交感振玉案碑淚下有血字
大宋皇祐六年甲午歲二月二日申使乞差兵匠自
金銅門外出取到舊使院碑幢二座于新使院內豎
立都孔目官銀青光祿大夫撿校國子祭酒兼監察

御史武騎尉朱吉振玉案已上六十七字碑列文後
此失錄當據補後又有乾隆五十八年永齡跋此並
鈌
南海神廟碑
陳諫書振玉案碑陳諫書下有並篆額三字
令　王亦爵也振玉案碑王字上不空格
祀號祭式振玉案祀碑作祝
故明言齋廬振玉案言碑作宫
某恭且嚴如是振玉案某碑作其
武夫舊棹振玉案棹碑作掉
誅其尤無良不聽令者　振玉案良不聽令以下文均

未泐述庵先生跋云泐百八十三字誤
卽祝于旁振玉案祀碑作祝
海濱之陬振玉案碑作海嶺之陬
元和十五年十月一日建　刻字人李丼齊振玉案
立碑年月皃刻石人名碑列文末完好未泐此鈌錄
當據補
荇璘碑
翰林學士承　旨兼□侍書振玉案碑侍書上原
空一字非泐
督□軍合討之振玉案□軍碑作諸軍
悅賊虐日□振玉案日□碑作日甚
自安□以還振玉案□碑使安史
先公日不□振玉案不□碑作不然
潛通其□振玉案碑作潛通其誠
李懷光殺蒲反振玉案殺碑作據
又按□葬振玉案碑作又按窆葬
元秘塔碑
一教談論振玉案一教碑作三教
薛行周題名
邑宗末振玉案宗卽大字釋文作宂誤
三㝵萘振玉案萘卽子字釋文未詳
包公夫人墓誌
恩通巳子振玉案碑作恩過巳子
高元裕碑萃編所錄譌奪太多不勝補正茲錄全文於後
唐故銀青光祿大夫守吏部尚書上柱國渤海縣開
國男食邑三百戶贈尚書右僕射高公神道闕
翰林學士承　旨朝散大夫守尚書戶部□□知
制誥上柱國彭城縣開國男食邑三百戶賜紫
金魚袋□□
金紫光祿大夫左散騎常侍上柱國河東郡開國
公食邑二百戶柳公權書
公諱元裕字景圭六代祖申國公諱士廉　皇朝爲
侍中尚書右僕射右佐命之勳謚文□公與房玄齡
魏徵等□□□□□□□□□□之苗裔也在陶唐
氏爲姜姓末□以隱德起爲周文王師者號爲太公
望始受封於呂子孫世仕於齊八世孫公子高□孫
傒與管敬仲俱爲齊上卿合諸侯有功□侯命傒以
□□字爲氏傒廿七世孫洪後漢末爲渤海太守因
家焉高氏故著爲渤海□□平□□□後魏太
尉錄尚書事生岳北齊侍中封清河王生敬德開府
儀同三司改封樂安王申公卽樂安之令子也□□
高祖諱□□皇朝蒲州長史撰小史行於代
曾祖諱迴杭州餘杭令贈尚書戶部員外郎
大父諱虤秘書省著作郎贈右諫議大夫

皇考諱集太原少尹兼御史中丞□司徒
公郎司徒府君之少子也幼而穎悟及長魁岸秀發
弱冠博學工文擢進士上第調補祕書省正字佐山
南西道荆南二鎮爲掌書記轉試協律郎大理評事
攝監察御史入拜真御史轉右□□復□侍御史以
彈奏不□豪舉擢拜司勲員外郎　公之佐山
南西道也節度使崔公從以清明藻鑒推重簪組洎
公抗揖上席雅望益洽及登御史府好爲犖
犖事自判涉商於是列□□仕□□備急宣居常稚
秣在櫪廐吏多山吡不□條制爭□過客□呵□導
者必恐遽惟廹授以驛馬不敢問積習爲獘刺史不
能治有道士趙歸真者長慶初用黃老祕言得恩倖
□□旁午自言神恠在驛脅吏以馬自給時　公
方　徼入遇歸真於途連叱之謂曰汝妄人耳　天
子置驛馬俾尔鼠輩疾駈耶且黃冠驛馳用何條制
顧左右牽躓之歸真沮撓不敢仰視　□□□
奏以□□□未幾歸真投竄荒裔聞者憚焉
公之爲柱國也當寶曆初　天子年少新
即位事多决於内或坐　朝頗曠旬朔大臣罕得
對謁　公上疏指斥極言不避中外之嫌以鎮
□□人人爲　公懼方處之偘然　公之
爲吏部郎也精□簡峻肖徒懍畏若踐刀戟未竟南

曹事會與銓長以公事爭短長剛憤不能下請急□
□□去出□道除左司□□遷諫議大夫中書舍人
公之爲諫議也屬　朝廷多故李訓鄭注
貽禍□亂欲先立威定事　公察其必變銳以勁
氣捽其頭角章疏繼上　文宗知而不能
用及爲中書舍人逆注益用事注初以藥道進至是
熾然以才望自居會注遷秩□□□□□□□揚其
□□□狀注方倚　恩自大恚不能堪遽出
公爲□州刺史注敗復入爲諫大夫兼充
侍講學士尋兼太子賓客　文宗重儒術
尊奉講席　公發揮教化之本依經傳納
上傾心焉又以□□□儲□胄筵之選爲念
故□□護之授　公雖以通經文雅任職而操
剸強濟素重　朝廷　上復欲□之未幾
擢拜御史中丞兼金章紫綬之錫　公正色立
朝百吏震肅當暑霜風凛凛生□簡下搜擢僚吏率
多賢畯崇奬體□不篤濟辦□倪甚威邪朋自遂班
行相顧聳動屏息議者以爲風憲振職自元和以來
惟　公爲稱首遷尚書右丞改京兆尹未幾授
左散騎常侍遷兵部侍郎轉尚書左丞知吏部尚書
銓事會　恭僖皇太后陵寢有日充禮
儀使　公爲左右轄也郎吏藉公岸谷之峻皆砥

礪凝檢□事迎理及銓綜衡鏡之務抉奸與善如見
肝膽猾吏變□異端□□□易又字□竄□記□為
防虞□迷視聽　公指摘□病是非立辨搡為成
憲迄今賴焉不枝一人九流式□尋改宣歙池等州
觀察使兼御史大夫入拜吏部尚書
懿□皇太后遷殯□兩儀殿充□明□□守復為
□□使□事遷檢校吏部尚書山南西道節度觀察
等使　公友睦清約車服飲食比寒士而勤於吏
職奉公探物汲汲如嗜慾居一室凝塵積机澹如也
於宛陵以三郡理於漢南以八郡化率用慈儉□□
□□□與利除害刋為故實在漢南奏免管內積年

逋租七千八百餘万貫節用勤己公私充羨百姓歌
舞之初　公自　侍講為御史中丞
文宗久難其繼　公內舉毋兄少逸
上嘉納而遂其志少逸果能以二帝三王之業發
明□□　上益敬重當時□者咸謂
公以誠事君者也愛□不忘舉其親舉親不忘存其
義眉壽景福宜其有歸　公為襄州之五歲慨然
有懸車之念累章陳懇故復有□□冢宰之命卽日
渡江將休于□且行□志□大中六年夏六月廿日
次于鄧無疾暴薨于南陽縣之官舍享年七十六
上聞撫机震悼廢　朝一日贈尚書右

僕射其年十一月十日歸葬于河南府伊闕縣□□
之南原以李夫人合𥨊從祔于　□府君之兆次□
□公前娶隴西李□吉州刺史宣之女也再娶京兆
韋氏鄭國公孝寬七代孫也皆一時冠族□□□□
先考司徒府君才高位屈□□□國太夫人□
氏陰教修備及　公貴盛累贈至□服□□□
哀榮之禮渥縟矣有子□一人曰璩李出也進士擢
第試秘書省校書郎文行脩潔□服無□記曰有大
德者必得其祿其位其名其壽□　公始終可謂
全德矣銘曰
烈山之□源□太古稀溪之高起作周輔齊卿演盛

隆公錫姓申公嗣興攀龍佐命蟬聯煥赫代延秀令
降及　公生□□□□道為時師才為廿資人瑞
□闕□深二□行茂曾顏□高終賈霜松迥霭玉□
清寓化動毫端政嚴官下世號鵷游我敦德義時慕
清談我□吏事神鋒有斷大㦸無味君□之容□□
□□奸妄者誰□兇稔□闕我堅豸觸天方相道以
斥而徵　禁林密侍講席陪昇因經納誨承問
□能輔道□□忠良所憑委講□□□□□□□道
□細□□承□文昌闕以節以□□分兩地
□□□□□□羊杜□□□□撫字□□□□□
傾多士□庭望□闕止闕門原沙水□兆宅闕　朝

柱國告石刻
領宣爵賞振玉案領碑作頌
福田寺三門記
今聖朝頗□□紀振玉案碑作今聖朝頗變星紀
鴻□西化振玉案碑作鴻飈西化
有洛山離塵禪□師之門人振玉案□師碑作大師
魏公先廟碑萃編錄此碑錯列到置之處太多不勝舉正茲錄全文於此
上闕特進侍中贈太尉鄭國文貞公魏氏在貞觀立家
廟于長安昌樂里□二百世五年有來闕歲既協于
帝道化光洽前此　詔贈先□□□侍御史□
君爲吏部侍郎先夫人南陽□□闕姓曰㐲惟聖訓

祭器不假宗廟爲先今吾□□德慙前人而□位卿
相歲時尚祭寢缺然崇祀之闕廟而新之則流光歸
烈祖雖非達禮必稽于有司□□太常頗孝禮令
酌損前文□勳勞闕考公於是靖端慮中列上感疚
既獲　俞命□□□□□□□□書緣時日□工與
事陶斵築□堅闕物宿設助祭夜鼓四通公祗祓夙
興纓冠鳴玉入進于位賢親就列視史贊導虔奉
祖考鄭公府君諱闕部府君諱彝□神主第升于室
室上□□以　祖考妣鄭國夫人河東裴氏皇考妣
河東裴氏王考妣陽堂之事既成而退他日使門吏
左補闕鄭愚□謂璵曰其滌慮虔思由教以移忠竭

忠以致位因位以有□闕詳求能敵予之重託者宜
莫如子璵聞命震悚即走相君之門固辭不獲歸次
其廿胄德行官業垂承烈休闕文侯能師聖門人而
不好古樂故風頽而不得□五伯至無忌而不□□
而封信陵與齊趙楚公子相矜奮爲闕派緒滋廣因
自別爲西祖暨諸戎盜華晉鼎凌□舉宗隨遷世仕
□朝頡臣四世之孫曰釗樹勳捍難爲義闕懷忠亂
朝直封詛政侵轢奸倖不容於時出長屯留去無慍
色或有以詞致誚者方激發憤吒志氣橫厲權□闕
厲時濁昏勖勸西東懷奇含耀濡足霧晦竟逢　大
晨助　日月□龍攄鳳鳴爲祥輔昌□

闕見國書爲臣克配於　國享爲祖不遷於家祀雖
童子婦人亦識□然□鄭公□司業府君諱□琬祗
訓闕□成師儒道光教源益濬於世次爲顯考以
相國位猶滯於三品室未備數尙□孝思司業□須
州府君是為第□室闕□積慮洽聞業履無忝命塞
不雠咎宜孰歸第三室河西府君天資恢□抱器卓
邁□無不通而以先德貴嘗以□□闕於時爲邑南
陽當希烈猖獗之餘邑□蕩析殘壙痕藉半空於鴹
耕無以力乃用古□□□□□犁作爲區□歲大有秋
宿秉攅闕長有爲中貴人于政者違言交肆□□□
□□蔽罪無頗邑長獲申剛中特操前無□□□□

是舉出爲□□犄氏令人咸爲□闕四室郎吏部府
君渾粹秀發識洞玄□□□□□機難尙□中□
□立德無方而□□□□蘊之華藻當時賢□遜聽
風徽□闕遷始以大理評事兼監察換殿中侍□闕
召拜大理司直□□□□小大時當性不苟合□□
當宵以□□□□□　泰陵□□闕鄭公忠勞大
代爲　唐室闕出比四世無□□□□没振謂
天道□□　相國承之公□□□□□□□□
□闕終始一德命求昆裔期肖前人以闕□□□□
可朝閶夕拜疏視之下□病猶在□□言之□□
□闕上書草充溢囊篋使好事者得之皆闕　文

宗益欲寘於側郎以爲右史入　侍未嘗不使之
闕故會昌中權倖惡忌擠之外郡聞□闕征兼領邦
憲開歲進陟公台仍專闕索將勇□整易于城之不
材者蚤□孳孳□征繕是圖而□公府大體闕之舊
宅永興里肇卜貞觀闕材以成之厥後綿歷祀禩爲
他人有元和□興闕猗猗後爲右補闕至公恭守儉
闕中被衮朝　天乂菁故廟奉時□蒸□□□之維
忠與孝可謂大備闕銘石於麗牲其烝烝之志歟闕
孔昭厥緒益遥人爵或替闕檝爰操肇□　皇
□廉端諫闕魏還祖居旌直　恩購闕□居第奉祠
不敢改爲衮職舊官載□闕□聞躬潔祼羞俎折闕

綏嘏錫□□□□□考私□□報□闕

五代晉

羅周敬墓誌

偶黛不羣振玉案羣碑作郡
大盜助興振玉案助碑作勃
梁□主宣召入內振玉案□主碑作末主
俄偕會尸之期振玉案尸碑作屬

宋

勸慎刑文

□續之以贊振玉案碑作故續之以贊
廣樹無疆□□也振玉案碑作廣樹無疆□福也
□得情勿喜振玉案碑作夫得情勿喜
遂抵罪髡鉗振玉案碑作遂抵罪髡鉗
嘗推芳州刺史李□□振玉案碑李下原空二字非泐
其後見□□振玉案碑見下原空二字非泐
至□□國爲丞相振玉案碑作至子定國爲丞相
吾在□□時振玉案碑作吾在□書時

慎刑箴

河□府進士盧經書振玉案盧經書及麗房篆額款碑原列文後年月之下一行此誤録文前
則仁德之□振玉案碑作則仁德之厚

安衆禪院主悟本大師惠□監刻字振玉案碑惠下無泐字又此款原在李周士款之前此誤列李周士款後

游師雄墓誌

蔡挺師涇原振玉案師碑作帥帥即帥字

公言羅兀無幷泉振玉案幷碑作井

尚委公以行諸壘振貸振玉案尚碑作尙

秦師呂大防振玉案師碑作帥

嘉熙題名

嘉熙己亥歲□□□□振玉案此無錫惠山題名未注明

橋亭卜卦硯銘

趙元記二行在左正書振玉案趙元記乃行書非正書

金

黃花老人詩刻

名陽欲下山更好振玉案名陽碑作夕陽

金石萃編校字記